U0552656

本书为国家社会科学基金一般项目"中国近现代媒介批评史（1815-1949）"（批准号：14BXW007）的最终结项成果

中国近现代媒介批评史 1815-1949 上册

胡正强 著

中国社会科学出版社

图书在版编目（CIP）数据

中国近现代媒介批评史：1815—1949 / 胡正强著. -- 北京：中国社会科学出版社，2025.5. -- ISBN 978-7-5227-4198-7

Ⅰ. G219.2

中国国家版本馆 CIP 数据核字第 20258TB054 号

出 版 人	赵剑英
责任编辑	郭晓鸿
特约编辑	杜若佳
责任校对	师敏革
责任印制	戴　宽

出　　版	中国社会科学出版社
社　　址	北京鼓楼西大街甲 158 号
邮　　编	100720
网　　址	http://www.csspw.cn
发 行 部	010-84083685
门 市 部	010-84029450
经　　销	新华书店及其他书店

印刷装订	北京君升印刷有限公司
版　　次	2025 年 5 月第 1 版
印　　次	2025 年 5 月第 1 次印刷

开　　本	710×1000　1/16
印　　张	95
字　　数	1592 千字
定　　价	499.00 元(全二册)

凡购买中国社会科学出版社图书，如有质量问题请与本社营销中心联系调换
电话：010-84083683
版权所有　侵权必究

总目录

上 册

序　中国近现代媒介批评的宏大视野 ……………………… 刘建明（1）
绪　论 ………………………………………………………………（1）
第一章　道咸同光时期的媒介批评 ………………………………（24）
第二章　维新变法时期的媒介批评 ………………………………（137）
第三章　清末宪政时期的媒介批评 ………………………………（245）
第四章　辛亥革命时期的媒介批评 ………………………………（355）
第五章　民国初建时期的媒介批评 ………………………………（466）
第六章　五四运动时期的媒介批评（上） ………………………（577）
第七章　五四运动时期的媒介批评（下） ………………………（689）

下 册

第八章　国民革命时期的媒介批评 ………………………………（803）
第九章　十年内战时期共产党人的媒介批评 ……………………（912）
第十章　十年内战时期国统区的媒介批评 ………………………（1023）
第十一章　抗日战争时期中国共产党的媒介批评 ………………（1134）
第十二章　抗日战争时期国统区和沦陷区的媒介批评 …………（1247）
第十三章　解放战争时期的媒介批评 ……………………………（1356）
结　语 ………………………………………………………………（1468）
参考文献 ……………………………………………………………（1482）
后　记 ………………………………………………………………（1499）

上册目录

序　中国近现代媒介批评的宏大视野 ………………… 刘建明（1）

绪　论 ……………………………………………………………（1）

第一章　道咸同光时期的媒介批评 ……………………………（24）
　第一节　中国近代以前的媒介批评 ……………………………（25）
　第二节　鸦片战争之际传教士的媒介批评 ……………………（34）
　第三节　鸦片战争之际国人的媒介批评 ………………………（43）
　第四节　洪仁玕的媒介批评 ……………………………………（53）
　第五节　同光之际传教士的媒介批评 …………………………（61）
　第六节　同光之际港、穗报人的媒介批评 ……………………（73）
　第七节　同光之际上海报人的媒介批评 ………………………（82）
　第八节　王韬的媒介批评 ………………………………………（96）
　第九节　晚清驻外使节的媒介批评 ……………………………（109）
　第十节　清廷官方的媒介批评 …………………………………（123）
　小　结 ……………………………………………………………（133）

第二章　维新变法时期的媒介批评 ……………………………（137）
　第一节　郑观应的媒介批评 ……………………………………（138）
　第二节　何启、胡礼垣的媒介批评 ……………………………（147）
　第三节　康有为的媒介批评 ……………………………………（159）
　第四节　谭嗣同的媒介批评 ……………………………………（168）
　第五节　维新时期康门弟子的媒介批评 ………………………（179）

· 1 ·

第六节　严复的媒介批评 ································· (188)
第七节　白话报刊视野下的媒介批评 ···················· (199)
第八节　光绪等官方开明派的媒介批评 ··················· (209)
第九节　张之洞的媒介批评 ····························· (220)
第十节　顽固卫道者的媒介批评 ························· (230)
小　结 ·· (241)

第三章　清末宪政时期的媒介批评 ·················· (245)
第一节　官报的媒介批评 ······························· (246)
第二节　梁启超的媒介批评 ····························· (257)
第三节　"苏报案"与媒介批评 ························· (268)
第四节　针对《申报》的媒介批评 ······················· (280)
第五节　宪政时期《东方杂志》的媒介批评 ··············· (289)
第六节　报馆公共章程与媒介批评 ······················· (298)
第七节　汪康年的媒介批评 ····························· (308)
第八节　英敛之的媒介批评 ····························· (319)
第九节　革新报界的《时报》与媒介批评 ················· (331)
第十节　革命派与保皇派之间的媒介批评 ················· (342)
小　结 ·· (352)

第四章　辛亥革命时期的媒介批评 ·················· (355)
第一节　孙中山的媒介批评 ····························· (356)
第二节　陈天华、秦力山、胡汉民的媒介批评 ············· (366)
第三节　雷铁厓的媒介批评 ····························· (376)
第四节　于右任的媒介批评 ····························· (386)
第五节　郑贯公的媒介批评 ····························· (397)
第六节　秋瑾、范鸿仙、朱执信的媒介批评 ··············· (407)
第七节　戴季陶的媒介批评 ····························· (419)
第八节　留学生报刊与媒介批评 ························· (430)
第九节　辛亥革命时期报案与媒介批评 ··················· (440)
第十节　报律制定与媒介批评 ··························· (450)
小　结 ·· (462)

第五章　民国初建时期的媒介批评 (466)

- 第一节　暂行报律风波与媒介批评 (467)
- 第二节　袁世凯的媒介批评 (477)
- 第三节　黄远生的媒介批评 (486)
- 第四节　章太炎的媒介批评 (497)
- 第五节　章士钊的媒介批评 (510)
- 第六节　伍廷芳的媒介批评 (521)
- 第七节　朱世溱的媒介批评 (532)
- 第八节　刘鼐和的媒介批评 (542)
- 第九节　读者的媒介批评 (552)
- 第十节　来自域外的媒介批评 (564)
- 小　结 (574)

第六章　五四运动时期的媒介批评（上）(577)

- 第一节　北京《晨报》的媒介批评 (578)
- 第二节　罗家伦的媒介批评 (590)
- 第三节　胡适的媒介批评 (600)
- 第四节　徐宝璜的媒介批评 (610)
- 第五节　邵飘萍的媒介批评 (621)
- 第六节　邵力子的媒介批评 (630)
- 第七节　孙伏园的媒介批评 (640)
- 第八节　张东荪的媒介批评 (651)
- 第九节　王拱璧的媒介批评 (663)
- 第十节　王新命的媒介批评 (675)
- 小　结 (685)

第七章　五四运动时期的媒介批评（下）(689)

- 第一节　李大钊的媒介批评 (690)
- 第二节　陈独秀的媒介批评 (700)
- 第三节　蔡和森的媒介批评 (710)
- 第四节　邓中夏的媒介批评 (721)
- 第五节　袁玉冰的媒介批评 (732)

· 3 ·

第六节　瞿秋白的媒介批评 …………………………………………（742）
第七节　恽代英的媒介批评 …………………………………………（752）
第八节　萧楚女的媒介批评 …………………………………………（762）
第九节　赵世炎的媒介批评 …………………………………………（777）
第十节　《向导》《中国青年》的媒介批评 …………………………（787）
小　　结 ………………………………………………………………（798）

序　中国近现代媒介批评的宏大视野

刘建明

南京师范大学新闻与传播学院胡正强教授的《中国近现代媒介批评史（1815—1949）》一书，呈现中国媒介批评的悠久历史与宏伟图景，堪称媒介批评研究的一部巨著。从远古烽火传播的"烽柝是警，实扰移关之民"的评说，到现代对《大公报》"不党不卖不私不盲"的不同评价，再到延安《解放日报》因脱离实际遭到批评而改版，揭示了媒介批评振聋发聩的意识效应，分析了"文人议政"的激昂与稚拙。该书从史实到理论，对中国媒介批评的浩繁卷帙进行了梳理和透视，展现了中国媒介批评的沧桑跌宕，记录了历代媒介批评家的精辟言论，为媒介批评和中国新闻史研究提供了深厚的沃土和指南。

《中国近现代媒介批评史（1815—1949）》以大量的实例澄清了"媒介批评"的概念，把媒介批评的含义划定为"媒介评价"范畴，纠正了许多媒介批评论著对这一概念的一隅之见。该书在"绪论"中强调："媒介批评的任务就是对媒介内容的是非、好坏和美丑进行分析与评判。"这一结论揭示了"媒介批评"含义的基点。媒介批评并非只是对媒介的一种能动性反思活动。所谓反思，是指对媒介传播的错误进行反省，总结失策和教训，不包括对信息传播助益社会的肯定。媒介批评更不仅仅是一种"对大众传播媒介的批评"。这里的"批评"一词，指的是否定媒介的错失。批评这个概念具有狭义和广义两种内涵，狭义是指否定、指出错误，广义是指"评价"或"评论"，对媒介进行褒贬。正如《现代汉语词典》对这个词的主要解释是"指出优点和缺点；评论好坏。"[①] 阐释"媒介批评"的

[①] 中国社会科学院语言研究所词典编辑室编：《现代汉语词典》（第5版），商务印书馆2005年版，第1034页。

内涵首要突出"评价媒介"这一属性,既肯定媒介的价值与积极作用,又反思媒介的有害倾向,同时也要指出它的外延,即批评内容的类型和覆盖的媒介领域。这样,"媒介批评"的完整定义应当是:褒贬媒介活动、媒介作品、媒介工作者和媒介制度,对媒介运作的正误、得失作出评价,揭示媒介传播的倾向和利弊,包括报刊批评、影视批评、出版批评和网络批评。[①]该书陈述的历代媒介批评活动,都体现了上述定义的指向和范围,给媒介批评提供了准确的寓意和大量有力的佐证。

虽然中国媒介批评活动的历史十分悠久,但直到2023年,研究中国近现代媒介批评史的著述仍然凤毛麟角,翔实地阐释中国近现代媒介批评史的力作更是寥寥无几。没有一部著作像胡正强教授这部大作这样融会贯通、精雕细刻,笔酣墨饱地记录、分析了中国媒介批评的发展进程,给读者提供了一部体大思精的鸿篇巨制。全书使中国新闻批评史与中国新闻史研究的诸多被遗漏的重要细节得以复现,新闻传播观念与政治逻辑清晰地呈现在读者面前。该书从唐代著名文学家柳宗元提出的"仰万乘之威,而通内外之事"的邸报政治功能,到林则徐对外刊的"颇多妄语,不能据以为实"的警示;自《汇报》与《申报》的相互对抗与攻击至康有为与孙家鼐有关《时务报》的争议;再从《江声日报》主笔刘煜生因揭露官吏丑闻被国民党当局枪杀,到1942年博古批评《解放日报》没有完成党的战斗机关报的责任……覆盖了近两千年各种形式的媒介批评和不同性质的媒介斗争,深刻揭示了媒介批评的思想性、政治性与阶级性,拓宽了媒介批评的认识范畴、思想深度和表现形式。

《中国近现代媒介批评史(1815—1949)》汇集的我国历代媒介批评的内容和方式,展示了媒介批评的十种类型。(一)在报刊、书籍的编辑方针中提出媒介传播应遵循的原则,拒绝和批判与这类原则的对立倾向,宣称本报、本刊或本社的思想追求和政治立场。(二)媒体人和社会活动家对媒体或传播内容的赞誉或否定,分析媒体传播的积极价值或错误倾向,以实例和论证相结合的形式表达批评言论。(三)受众对媒体及其传播内容予以肯定或否定,对媒体表达赞誉或不满,以读者来信、记者访谈或短文等形式发表在媒体上。(四)不同媒体因社会问题发生分歧,各自发表针锋相对的报道或政论,尤其是结合对新闻媒体传播原则和职业操守的专

---

① 参见刘建明《媒介批评通论》(第2版),中国人民大学出版社2012年版,第2页。

业理解，而产生媒体论战。（五）国家管理机构随时掌控媒体的新闻报道，对媒体违背国家意志的重大问题的新闻和言论，及时提出批评，要求媒体严禁发表危害国家或某个集团利益的文字。（六）所有现代国家都建立了新闻发言人制度，新闻发言人对国内外媒体发表不符合本国方针的重大新闻或有污本国国格的攻击性评论，都在新闻发布会上加以驳斥，澄清或掩盖事实真相。（七）在专制主义时代或专制主义国家，揭露政治黑暗和政府官员不良行为的媒体与记者，经常遭到政府的弹压，媒体被捣毁或被封闭，媒体负责人和当事记者被逮捕，甚至遭到杀害，制造各种报案。例如我国1903年的"苏报案"、1909年的"民呼报案"、1911年的"大江报案"、1933年的"江声报案"、1935年的"新生报案"（新生事件）等。（八）新闻官司经过法庭辩论，媒体和控告者对新闻报道是否违法和侵权展开申辩。媒介的司法批评在现代社会频繁出现，作为被告的媒体常常在法庭上为自己的报道辩护，反驳原告的维权申诉，原告则指斥媒体的侵权行为。（九）评选优秀新闻和报刊文章，设置多种奖项奖励优秀作品和作者，是管理媒介的定期评价活动。这种评比性媒介批评在国家和媒介机构层面一般每年进行一次，由杰出的专业人员和新闻传播学专家集中对推荐的作品进行评价和投票，推举出更优秀的作品，由管理机构向选中的作品和记者颁发奖金和荣誉证书。（十）许多国家的出版机构经常发表理论性媒介批评的重磅论文或专著，对媒介价值、媒介制度、媒介机制和媒介政策存在的问题和改进方向进行系统的分析与评价。这种媒介批评注重理论演绎，在西方称为传播批判理论，在国内称为宏观媒介批评或学术性媒介批评。胡正强教授这本史著论域全面地展示和分析了以上十个方面的近现代媒介批评人物的重要论断，对媒介批评史、媒介批评理论和中国新闻史研究具有重要参考价值。

中国近现代媒介批评文本分散在各种报刊与书籍中，"灿若繁星，数不胜数"，许多畛域和人物的媒介批评活动与见解鲜为人知，已出版的媒介批评史著很少囊括如此浩繁的篇章。胡正强教授这部巨著的最突出特点是内容千头万绪、无所不包，但却融会贯通、井井有条，把中国近现代媒介批评的人物和言论尽收眼底，取其精华，给人一种琳琅满目、色彩纷呈的感受。该书所列举的媒介批评人物，诸如雷铁厓、伍廷芳、朱世溱、戴季陶、罗家伦、樊仲云、王世杰、陶孟和、袁玉冰、潘公展、江肇基、王公亮、张啸虎等近百人的批评论断既别具一格，又令人耳目一新。胡教授在五年多的时间中,不辞辛苦,手不释卷,五车腹笥,对洋洋大观的珍贵史料齐聚荟萃、条分缕析,付出巨大的精力。该书涉及大量报章典籍,从新闻传播史、新闻学说史和政治思想史中寻求媒介批评观,又从这些知识体系走出来,以历时性和共时性为经纬,建构了苴实的媒介批评史学与理论宝库,读者从中受益匪浅。

媒介批评涉及的内容异常宽泛,大量媒介与信息传播问题都可以成为批评对象,但批评的重点无疑是对媒介政治倾向、社会作用和对社会重大影响的评价。《中国近现代媒介批评史(1815—1949)》提纲挈领,秉要执本,以宏大篇幅记录了不同阶级、阶层的人物对报刊的政治主张与传播动机,体现了媒介领域的进步与反动、革新与保守、正义与邪恶的思想较量。光绪帝在百日维新期间允许创办报刊,鼓励针砭时弊,上书言事;而慈禧则下令全国报馆一律停办,捉拿各报主笔,污蔑报人"皆斯文败类,不顾廉耻"。直隶总督袁世凯曾评述"中国各报馆,大半有文无行之士,作奸犯科";而晚清福建侯官人陈衍不仅参与上海《求是报》旬刊的创办,而且支持报刊议政,鼓动民众发声。梁启超倡导"思想自由、言论自由、出版自由,实惟一切文明之母","报馆者国家之耳目也,喉舌也,人群之镜也,文坛之王也,将来之灯也,现在之粮也"。《光华日报》首任主笔、同盟会会员雷铁厓宣称"报纸之言,理论也,理论者,事实之母";"报纸者,社会之导师也,不可见小利而忘大义,以私害公"。1946年陆定一铿锵有力地评价两种迥然不同的报纸:人民大众的报纸,告诉人民以真实的消息,启发人民民主的思想,叫人民聪明起来;新专制主义者的报纸,告诉人民以谣言,闭塞人民的思想,使人民变得愚蠢。没有前者,所谓文明,是不能设想的;而后者,"对于社会,对于人类,对于国家民族,是一种毒药,是杀人不见血的钢刀"。两种对立的新闻与媒介评价在本书中层出叠见,论证有据,观点中肯,思想深邃。这种宏观媒介批评在各个年代都不断出现,常常针锋相对、大相径庭,是对立政治思潮的根本反映,读后让人醍醐灌顶。

《中国近现代媒介批评史(1815—1949)》作为一部思想史类型的史著,始终能够严格遵循"读史证信,孤证不立"的原则,贯彻历史唯物主义的史学观,在浩瀚的报刊文献中演绎历史真实。全书以搜集、归纳和展现史料为轴,以历史人物的言论为线,以文献与文本分析为体,厚积薄发,全面观照批评家的人生经历和社会环境,详尽罗列媒介批评观点并充满理智判断。作者娴熟地运用考据法，对史料的把握全面、准确、典型，突出个案分析，对代表性媒介批评观进行周密、全面探索，引导读者透视媒介活动的动机和社会根源。全书十分重视对比分析，通过比较对照，判断媒介观的异同并分析其内在缘由，论述了媒介批评思想的历史关联和立场趋向，从而为媒介批评史著的研究与撰写提供了范例。

是为序

清华大学新闻与传播学院教授　刘建明

于北京永定河畔溪水园寓所

2023 年 4—5 月

绪　　论

　　古希腊哲人苏格拉底有一句格言："未经省察的人生没有价值。"① 它一语道出价值问题之于人类的意义。人作为有意识的存在物，他应该自觉地反思自己的生活目标，经常检视自己的生活方式和过程，度过有意义有价值的一生，而不应如动物一样只是按着肉体自然的规定来生活。价值存在的客观性决定了批评活动的普遍性和必然性。在社会生活中，批评是一种极为普遍的存在。凡是有社会关系的地方，就有批评的存身之所，没有人能够逃避批评与被批评的罗网。在新闻传播领域，以媒介及其传播活动为客体的"媒介批评"自然也就是一种普遍存在的精神活动现象。这种普遍性根植于社会评价活动存在的普遍性，根植于媒介与人之间所具有的普遍而必然的联系，是人的社会关系本质的必然表现。

　　马克思明确指出："人的本质不是单个人所固有的抽象物，在其现实性上，它是一切社会关系的总和。"② 人是自然界之子，其生存和发展必须依赖于外部自然界，但是，外部自然界不会自动满足人的生存和发展的需要，人必须制造和使用工具，并在这一过程中形成一定的社会关系，以改造外部自然界。正是在这种改造外部自然界的实践过程中，逐渐形成了主体和客体的区分，并在主客体之间的关系中形成了物质形态上的"为我"关系。"凡是有某种关系存在的地方，这种关系都是为我而存在的；动物不对什么东西发生'关系'，而且根本没有关系，对动物来说，它对他物的关系不是作为关系而存在的。"③ 为我关系在本质上是客体属性满足主体

---

　　① 转引自周国平《未经省察的人生没有价值》，见姜德明主编《七月寒雪·随笔卷》（下），大众文艺出版社2000年版，第502页。
　　② 《马克思恩格斯选集》第1卷，人民出版社1995年版，第60页。
　　③ 《马克思恩格斯全集》第3卷，人民出版社1956年版，第34页。

需要的价值关系，即主体总是根据客体属性是否满足主体的需要而赋予客体以肯定或否定性的意义。这种建构物质形态为我关系的实践活动必然要内化到主体的意识之中，形成为我关系的意识活动，"这种为我关系的意识活动就是评价活动"。[①] 评价既是认识活动的一部分，又是实践与认识之间的中介。如果没有评价，认识就可能仅仅停留在复映的阶段；有了评价，认识就有了引起实践行动的重要动机和条件。"正是在评价的基础上，主体才可能产生新的目的、意向、联想、设想、计划、方案和决策，也就是意识从反映世界向改造世界过渡，从认识向实践飞跃。"[②] 因此，评价是一定反映过程的终点，也是一定创造活动的起点。认识是人类最基本的活动，是一种普遍性的社会意识现象。在新闻传播领域，以评价为标志和内容的媒介批评亦是无时无处不表现出来的重要活动内容。

一 研究的缘起与意义

媒介及其传播活动是人类社会生活的中心和重要内容之一。美国传播学者斯蒂文·小约翰指出："传播是人类生活中最普遍、最重要和最复杂的活动。在高层次上进行交际传播的能力把人类与其他动物区分开来。我们的日常生活受到我们自己与他人的交流、受到来自世界其他地区和历史上我们不认识的人们提供的信息的强烈影响。"[③] 媒介自然是人类的杰出产品，而人类亦是媒介的神奇动物。对人而言，媒介及其传播活动就像空气一样，是一种自然而然、无所不在而又必不可少的元素与活动。正因如此，美国传播学家威尔伯·施拉姆等才用充满感情和睿智的语言形容传播与人的关系及其巨大的社会功用："传播似乎在社会机体里流动，就像血液在心血管系统里循环一样，为整个有机体服务，根据需要时而集中在这一部分，时而集中在另一部分，维持身体各部的接触，保障身体的平衡和健康。我们习惯于生活在传播的汪洋大海中，已经很难想象如果没有传播如何生存了。"[④] 在

[①] 陈新汉：《评价论导论——认识论的一个新领域》，上海社会科学院出版社1995年版，第3页。
[②] 李德顺：《价值论》，中国人民大学出版社1987年版，第259页。
[③] [美] 斯蒂文·小约翰：《传播理论》，陈德民、叶晓辉译，中国社会科学出版社1999年版，第4页。
[④] [美] 威尔伯·施拉姆、威廉·波特：《传播学概论》，何道宽译，中国人民大学出版社2010年版，第19—20页。

绪 论

人类社会发展的漫漫岁月长河中,媒介与人形影相随,须臾不离。媒介是人类的产品,但在一定的意义上也可以说人是媒介的动物。人类的历史不过是人类与传播媒介及其以之为介质和载体的传播活动相互生发、裹挟前行的绵长过程。

人是目前已知宇宙中最具有智慧的生物。人和动物一样,都具有自己的生命活动,都必须不断地同外部环境交换物质和能量,但人与动物最大的不同在于:动物与环境处于统一之中,而人与环境处于对立之中。人的生活、人的生命活动是他意识到了的存在。恩格斯指出:"历史和自然史的不同,仅仅在于前者是有自我意识的机体的发展过程。"[1] 信息传播是打造人类关系的素材,它如同一条永不枯竭的浩荡溪流,贯穿着人类的整部历史,使我们的感官和信息渠道不断延伸、拓展。"意识在任何时候都只能是被意识到了的存在,而人们的存在就是他们的实际生活过程。"[2] 反思是人类的本质特征之一。"反思以思想的本身为内容,力求思想自觉其为思想。"[3] 面对着气象万千、生动丰富的传播活动,以反思为基本内容的媒介批评始终处于生生不息的活跃状态,通过精神、观念和意见生产的方式,随时随地地规制和影响着人类信息传播的方向、规模和质量。

认识活动是人类的本质存在。媒介批评说到底是社会主体通过一定的中介以观念的形式掌握与新闻传播客体之间价值关系的一种认识活动。媒介批评活动在本质上属于社会舆论监督范畴,是社会评价和政治、经济、文化、道德、思想方面的斗争在新闻和信息传播领域内的反映或继续。媒介批评与新闻传播的历史同样久远,信息传播活动产生之时,即人类对信息传播进行反思之始。"殷鉴不远,在夏后之世。"[4] 清醒而自觉的历史意识将极大地延伸人们思考的时间范围,从而扩大人们认识视野的空间世界,在悠长的时间和广阔的空间节点中确定媒介活动的历史方位与现实走向。大众传媒令人惊叹不已的作用诱使人们不断回首过去,希图从以往的活动中为当下的传媒实践提供历史和理论上的根据。美国传播学者斯蒂文·小约翰曾经一针见血地指出:"批评就是运用价值进行判断,它在

---

[1] 《马克思恩格斯全集》第 20 卷,人民出版社 1979 年版,第 580 页。
[2] 《马克思恩格斯全集》第 3 卷,人民出版社 1960 年版,第 29 页。
[3] [德]黑格尔:《小逻辑》,贺麟译,商务印书馆 1980 年版,第 39 页。
[4] 《诗经·大雅·荡》,《十三经注疏》,(清)阮元校刻,中华书局 1980 年版,第 554 页。

传播领域内有着很长的历史。比如修辞批评认真地研究和判断话语与其他传播形式的质量。"① 因此，媒介批评活动是新闻传播的有机组成部分，媒介批评史是新闻传播史的重要分支。

媒介及其传播活动与其他社会系统一样，都存在并发展于无始无终、连绵不绝的时间链条之中。"以古为镜，可以知兴替。"② 前事不忘，后事之师。这应当是牵引中外新闻传播史研究不断向前发展的社会动因之一。在过往的新闻史研究中，人们在追索新闻传播的道路何以如此的时候，更多地聚焦在政治体制、经济水平、文化传统、技术进步等显在因素的讨论上，而对于潜隐其后的精神性活动则远远关注不够，尤其是忽略了媒介批评在新闻生产和传播中所起的巨大作用。事实上，以思想生产和观念交锋方式运作的媒介批评已经并正在使新闻传播活动的规模和方向发生着根本性的变化。"研究必须充分地占有材料，分析它的各种发展形式，探寻这些形式的内在联系。只有这项工作完成以后，现实的运动才能适当地叙述出来。"③ 如果说在大众传媒发展早期，媒介批评活动因主体和形态分散、规模效应并不明显，这种由于学术研究视域疏失所致的负面作用还不十分突出的话，那么在公民社会主体意识空前高涨的当下信息社会中，这种对新闻传播发展关键性因素的遗漏，无疑会极大地限制新闻传播学术研究的质量和水平，进而影响对新闻传播规律的探寻和把握。"要真正地认识事物，就必须把握、研究它的一切方面、一切联系和'中介'。我们决不会完全地做到这一点，但是，全面性的要求可以使我们防止错误和防止僵化。"④ 所以，对媒介批评史的关注和研究，是使新闻传播史获得学术"全面性"的重要一环。

具体言之，中国近现代媒介批评史研究，具有如下几个方面的重要意义。

1. 具有学科完善和建设意义

与喧哗不已的媒介批评实务和新说纷呈的媒介批评理论研究相比，中国媒介批评史研究很长一段时间内都显得寥落冷清，路静人稀。从20世纪

---

① [美]斯蒂文·小约翰：《传播理论》，陈德民、叶晓辉译，中国社会科学出版社1999年版，第407页。
② (唐)吴兢编：《贞观政要》，上海古籍出版社1978年版，第33页。
③ 《马克思恩格斯选集》第2卷，人民出版社1976年版，第217页。
④ 《列宁选集》第四卷，人民出版社1960年版，第453页。

80年代末起步至今,学术研究积累极为有限,虽也间或出现了一些专题论著,但至今仍然缺少公认的结构体系完整、内容丰富精当的系统性研究成果。媒介批评史研究的滞后不仅影响了学科发展应有的均衡性,而且无形中也极大地限制了媒介批评学整体学科水平所应达到的高度。一个民族媒介批评思想及其活动的特质,往往在其初始阶段就已经决定,并因此确立了其发展演变的不同历史趋向和特定形态。中国当代媒介批评学的产生和发展自是受到了西方媒介批评理论尤其是传媒批判理论的提示与启发,但只有厚植于本民族历史文化的肥沃土壤之中,具有中国特色的媒介批评学才有健全发展的可能。研究中国近现代媒介批评史,无疑可以为媒介批评理论发展提供历史资源和时间性参照,使我国媒介批评学科体系获得相对的完整性与历史感。

2. 对开展媒介批评实践具有一定的理论借鉴和指导意义

媒介批评作为对新闻传播的一种反思性评价活动,既受到当代社会政治思潮、受众现实需求、当局新闻政策和技术可能性的客观影响,也受到历史文化、民族心理、学术传统的左右和制约。媒介批评是一个从过去到当下并奔向未来的永续过程。人类社会一出现,新闻传播就成为社会生活的一部分。有了新闻传播,也就有了媒介批评活动。从近代新闻事业产生以来,面对和身处各式各样的新闻传播活动之中,各色人等就不由自主地主动或被动地卷入了针对媒介及其新闻传播活动的言说之中,从事着多种意义上的媒介批评活动。他们的媒介批评实践有的取得了成功,达到了批评者的预期目的,有的遭遇了失败,受到被批评者的反唇相讥,更多的则是其言说发出之后,如石沉大海一般,没有激起任何浪花,无声无息地永远消失在滚滚的时间长河之中。万事皆有因果。研究中国近现代媒介批评史,发挥历史资源在时空维度上的参照作用,可以大大地增强现时言说的针对性,提高媒介批评的效率。

3. 为中国新闻传播史研究提供新的理论视角和学术资源

尽管媒介批评话语与新闻理论话语和历史话语有着密不可分的关联性,但对批评特性的强调使媒介批评既不依附于新闻理论,也不依附于新闻史著。媒介批评的某种自足自为性使媒介批评从来都是次生性话语中最鲜活、最生动的部分。这种鲜活与生动并不必然意味着批评话语的原始和幼稚,相反,在媒介批评的话语中,却可能蕴涵着更为丰富的社会景观、时代风貌、意识形态症候和文化遗存。正是在媒介批评话语的隐微和细腻之处，通过历史的展示和呈现，更能凸显主体精神的发展线索及其演变轨迹，昭示新闻传播发展的主观动因和客观条件。对中国近现代媒介批评文本进行阐释性的解读，无异于是对媒介批评话语的再一次观照，一种精神向另一种精神的垂询，一种观念与另一种观念的交流，因此，研究中国近现代媒介批评史，中国新闻传播史叙述中此前诸多被遗漏的生动细节将得以复现，中国新闻传播演进的历史逻辑和时代内涵也将因此得到新的链接与揭示。

二　研究文献综述

中国近现代媒介批评史研究，目前在国内正处于方兴未艾的起步发展阶段。

20世纪60年代，在大众传播业高速发展繁荣的推动和催生下，媒介批评学在西方学界兴起并迅速成为一门边缘性学科而引人注目。1987年，中国台湾学者黄新生的《媒介批评——理论与方法》一书出版后不久传入大陆，引起国内新闻传播学界的关注和重视。从1995年起，国内学者开始提出并尝试建立具有我国特色的媒介批评学，陆续推出了一系列专题论文和专著，初步搭建了我国媒介批评学的学科知识体系。2000年11月，教育部委托有关专家起草的《高校"十五"新闻传播学学科研究规划及课题指南（草案）》发布，将"媒介批评的理论与实践"列入"十五"重点研究课题，并将之归入"21世纪新闻学与传播学理论建构"专题之中，从而给媒介批评学的研究及其进一步开展注入了强大的动力，一些高校开始将"媒介批评"列入重点研究范围，并作为国家社会科学基金项目申报。2001年，刘建明先生的《媒介批评通论》与王君超先生的《媒介批评——起源·标准·方法》相继出版，标志着中国大陆的媒介批评理论研究获得了相对属于自己的一套知识话语体系，进入了一个初步形成专业研究范畴与规范的新阶段。在媒介批评理论研究不断推进和媒介批评实务持续繁荣的带动下，中国媒介批评史研究也渐有进展。与中国近现代媒介批评史研究直接相关的学术成果目前主要表现在如下几个方面。

（一）关于中国媒介批评的专题史和断代史研究

这方面的成果主要有《中国现代媒介批评研究》（胡正强，2010）、《中国媒介批评史》（刘建明，2011）、《鲁迅：中国现代媒介批评的开拓者》

（宋双峰，2013）、《清末民初知识分子与媒介批评研究》（胡丹，2014）以及《中国媒介批评的历史考察》（胡正强，2015）等几部论著。

2010年由中国传媒大学出版社推出的《中国现代媒介批评研究》，是国内第一部媒介批评史专题论著。该书采用从线到面、逐层展开的方式，以中国现代媒介活动家的媒介批评实践和相关论述、媒介批评报刊及专栏内容、媒介批评事件以及相关论争为研究支点，结合历史实际还原和再现媒介批评活动的具体场景，以链接和呈现中国新闻传播事业发展的历史轨迹，并将中国现代媒介批评的发展过程置于现代新闻事业发展的坐标下进行审视，使研究既具有纵向的历史感，又具有媒介批评的自身学科特性。有学者评价该书"史论结合，内容扎实、见解独到，既从宏观上梳理分析中国现代媒介批评的演进轨迹，又从微观角度详细探讨主体、客体、文体、载体等因素在中国现代媒介批评活动中的建构作用，是一部难得的媒介批评史研究专著"。[①] 该书第一章"中国现代媒介批评的历史流变与时代特征"，将中国现代媒介批评分为孕育、形成、发展、转型和异化等五个历史阶段，归纳了每个阶段媒介批评的具体形态特征，多方面地初步展示了该阶段中国媒介批评的具体内容和风貌。

清华大学刘建明教授的《中国媒介批评史》，是国内第一部以"中国媒介批评史"为专门研究对象的通史性论著。该书78万余字，规模宏大，从宋代的"邸报禁令"到21世纪初大陆对"新闻专业主义"的倡导，对1200余年时间跨度内中国媒介批评的发展过程及内容，进行了较系统的述评。其中涉及"中国近现代媒介批评"研究的是该书第一章第二节"外报的'格物致知'"，第三节"国人新报初期的报业观"，第二章"三民主义的宣传方略"，第三章"马克思主义的报刊思潮"，第四章"国统区的言论管制与新闻抗争"，第五章"民国知识界的报刊睿见"，第六章"中共党报初期的批评与发展"等。该书在内容结构上，"前五章基本以人物为线索，后几章则以历史时期或事件为叙述顺序大体按年代启承的先后排列"，[②] 相关讨论主题集中深入，媒介批评史演进的线索清晰。其中蕴涵的媒介批评

---

① 董天策、胡丹：《中国内地媒介批评论著十年扫描》，《山西大学学报》（哲学社会科学版）2011年第2期。

② 刘建明：《自序：中国媒介批评的视域与历程》，《中国媒介批评史》，福建人民出版社2011年版，第1页。

精神，给读者打开了新的知识天窗，有学者评价该书的出版标志着"中国媒介批评学的研究和建设，开始进入了更加自觉的阶段"。① 该书重视对史实的撰编和介绍，尽量通过引述史实和历史人物的原话再现历史的原有风貌，使有关论述显得论证扎实，信而有征。

宋双峰的《鲁迅：中国现代媒介批评的开拓者》一书，是在其博士学位论文基础上形成的一部长篇传记性媒介批评论著。鲁迅先生不仅是一个严肃的文学家和深刻的思想家，而且是一个有着批评的灵魂的社会解剖大师。该书以鲁迅的报刊活动为主线，通过介绍和分析他与媒介的种种交往，以点带面，构建了围绕其间的媒介交往及其恢宏的批评图景：鲁迅喜欢看广告，常把剪下的广告分门别类，作为写作的素材；鲁迅常常以批评家的高瞻远瞩审视媒介、媒介制度和媒介现象，犀利地抨击和无情地嘲讽南京政府"文禁如毛"的言论专制。宋双峰对鲁迅媒介批评思想的来源、批评的原则与取向等方面进行了细致的梳理和论述，揭示了鲁迅在中国现代媒介史批评发展过程中的开拓作用，最后仍回到当代的新媒介时空，关注21世纪E时代情境下"网络鲁迅"的兴起，以及鲁迅独立自由的批评精神在当今社会的深远影响，从而为促进我国媒介批评的学科建设和鲁迅研究，提供了颇为独到而新颖的研究视角和价值取向。

胡丹的《清末民初知识分子与媒介批评研究》一书，力图将清末民初新兴知识分子作为一个整体进行观照，将之视为中国现代媒介批评的主要参与力量，探讨他们在现代媒介批评发轫时期主要的批评话语实践以及媒介批评思想。胡丹通过梳理清末民初我国新兴知识分子所开展的媒介批评话语实践及其历史脉络，详细考察了在这一时段内中国媒介批评思想的时代内涵。胡丹认为，清末民初是我国具有现代意义的大众传媒的初兴时期，传媒面临众多的问题和挑战，社会定位模糊不清，这恰好为新兴的知识分子提供了媒介批评话语实践的广阔平台和生存空间。正是在这种对媒介传播现实不断进行反思和干预的过程中，中国现代媒介批评逐渐走向独立、理性和职业自觉。但受到时代环境的约束与影响，清末民初的媒介批评话语实践，未能走向系统化、理论化，政治性色彩常常导致媒介批评走向误区。②

胡正强的《中国媒介批评的历史考察》是作者承担的与本课题同名的

---

① 郝雨：《中国媒介批评学》，上海大学出版社2015年版，第6页。
② 胡丹：《清末民初知识分子与媒介批评研究》，江西人民出版社2014年版，第215页。

教育部人文社科研究项目的最终成果。该书内容结构上含有三个单元，第一个单元是以时间先后次序对中国媒介批评的发展过程进行历时性的梳理，分别为中国古代的媒介批评、清末民初的媒介批评、五四运动时期的媒介批评、民国政府时期的媒介批评、抗日战争时期的媒介批评、解放战争时期的媒介批评；第二个单元是对中国媒介批评理论分析视角的专门探讨，作者分别从编辑、科学、美学、伦理、法律、漫画等六个视角进行了解析；第三个单元是以媒介批评主体为线索，分别研究了汪康年、梁启超、邵力子、邵飘萍、邹韬奋、金仲华等人的媒介批评实践及其思想。该书以史、论、人相结合的模式结构中国媒介批评史的知识体系，使中国媒介批评史的叙述获得了相对立体、丰富而生动的属性。

（二）关于中国近现代某一时段媒介批评的专题研究

在不同的历史时段内，媒介批评面临不同的社会问题，因而呈现某些具有共性的时代典型特征。以中国近现代某一时段的媒介批评作为研究和分析对象，吸引了部分研究者的关注。这方面研究成果有30余篇，多以学位论文和期刊论文形式出现，主要有：《我国古代与近代的报刊批评》（焦健，2006）、《五四时期——中国现代媒介批评的诞生期》（张慧玲、任东晖，2006）、《新中国成立前的党报批评》（武婧，2006）、《香港媒介批评的历史与现状》（黄辉，2007）、《论中国媒介批评的现代传统——二十世纪三四十年代新闻学论著中的媒介批评思想研究》（刘自雄、王凤翔、曾永胜，2008）、《土地革命战争时期中国共产党媒介批评的主要内容》（胡正强，2008）、《论中国现代媒介批评中的编辑学视角》（胡正强，2009）、《论中国现代媒介批评的孕育与表征》（胡正强，2009）、《论中国现代媒介批评的文体形态及其表现》（胡正强，2009）、《我党媒介批评产生的背景与特征》（胡正强，2009）、《论五四新文化运动时期中国媒介批评的时代特征》（胡正强、李昭颖，2009）、《论媒介批评与〈申报〉"五卅"运动中的政治转向》（胡正强，2010）、《论我国媒介批评的起源、现状及走向》（王志娟，2010）、《论中国现代媒介批评中的科学性视角》（胡正强、王妍妍，2010）、《中国现代媒介批评视域中的新闻失实》（胡正强，2010）、《论五四时期中国媒介批评的主体与动力机制》（胡正强，2010）、《土地革命战争时期中国共产党媒介批评初探》（胡正强，2010）、《论中国现代媒介批评中的美学视角》（胡正强，2010）、《中国共产党早期媒介批评实践与思想论略》（胡正强，2011）、《论抗战时期中国共产党媒介批评的理论背景和价值取向》

（胡正强，2011）、《论抗日战争时期中国共产党媒介批评的主题和内容》（胡正强，2011）、《中国现代媒介批评视阈中的新闻检查制度批评》（胡正强，2011）、《论媒介批评对传媒的政治规制——以〈申报〉"五卅"运动中的表现为例》（胡正强、周红莉，2011）、《中国现代媒介批评的"发生"》（胡丹，2014）、《从自发走向自觉：现代媒介批评的初兴》（胡丹，2014）、《展开媒介批评的话语实践——清末民初知识分子对出版界乱象之针砭》（胡丹，2014）、《中国现代媒介批评的学科化发展及其思考》（胡正强，2016）、《论中国近现代漫画中的媒介批评及其表达》（胡正强，2016）等，都在各自的论域内对相关主题进行了比较深入的探讨，研究中涉及媒介批评的主题、内容、动力、视角、修辞、艺术特征等方面。这些无疑为中国近现代媒介批评史的书写提供了丰富的素材和进一步研究的出发点。

媒介批评的历史是建构媒介批评理论合法性的重要内容之一，因此，在一些媒介批评理论著作中也有部分内容关涉到中国近现代媒介批评的研究。如刘建明的《媒介批评通论》第二章第一节"我国的新闻批评"、王君超的《媒介批评——起源·标准·方法》第二章第三节"我国媒介批评的萌芽"、陈龙的《媒介批评论》第一章"媒介批评的历史与现状"、雷跃捷的《媒介批评》第五章"五四新文化运动时期的中国媒介批评"等，对中国近现代媒介批评的历史发展过程以及相关内容都有所涉及。这也为中国近现代媒介批评史的研究提供了一些有益的文献线索。

（三）对著名人物、报刊活动家媒介批评实践及其思想的研究

人是媒介批评活动中最为活跃的因素，以历史人物的媒介批评活动为考察对象，也是媒介批评史研究中相对容易入手并取得较多学术成果的领域。这方面的成果有30余篇，主要如下：《鲁迅对新闻失实的批判》（吴海民，1986）、《鲁迅对资产阶级报刊的批判》（方汉奇，1991）、《谢六逸：不应被遗忘的新闻批评家》（胡正强，2004）、《试论邹韬奋的新闻批评实践及其思想》（胡正强，2005）、《梁启超新闻媒介批评实践与思想论略》（胡正强，2005）、《试论瞿秋白的新闻批评实践及其思想》（胡正强，2006）、《论李大钊媒介批评思想的来源及其马克思主义转型》（王颖吉，2006）、《邹韬奋媒介批评思想撷要》（李筑、王颖吉，2007）、《胡愈之媒介批评思想初探》（胡正强、张翠芹、王西强，2007）、《夏衍的媒介批评实践》（胡正强，2007）、《试论夏衍的媒介批评方法和艺术》（胡正强，2007）、《试论邵力子的媒介批评实践及其贡献》（胡正强，2008）、《郑振铎媒介批评

思想论略》（胡正强、李娜，2008）、《郭箴一与媒介批评史研究》（胡正强，2009）、《试论袁殊的新闻实践及其理论贡献》（胡正强，2010）、《论鲁迅的媒介批评》（雷跃捷、付蕾，2010）、《毛泽东媒介批评实践与思想论略》（胡正强，2010）、《袁殊的媒介批评实践及其贡献》（胡正强，2011）、《一位谨慎、务实的批评者——胡适媒介批评话语实践与思想特色》（胡丹、楼宁，2012）、《李大钊媒介批评实践与思想论略》（胡正强，2012）、《范长江的媒介批评实践及其思想论略》（胡正强，2012）、《陈独秀的媒介批评实践及其思想论略》（胡正强，2012）、《陆定一媒介批评实践与思想论略》（胡正强、李海龙，2012）、《谢六逸媒介批评思想及其现代价值》（王永伦，2013）、《邵飘萍媒介批评实践与思想论略》（胡正强，2013）、《汪康年：最早批判"有闻必录"口号的中国报人》（胡正强，2013）、《从感性批评转向理性思考——于右任媒介批评思想研究》（胡丹、王艳萍，2014）、《金仲华媒介批评实践及其艺术特色论略》（胡正强、张龙，2015）、《邓拓的媒介批评实践与艺术特征》（胡正强，2016）、《汪康年媒介批评实践与艺术论略》（胡正强、王菲，2016）、《政治视域下的传播价值判断——论胡乔木的媒介批评实践与艺术》（胡正强，2016）、《张友渔媒介批评实践与思想论略》（胡正强，2016）、《胡适的媒介批评理论与实践——以〈努力周报〉为例的研究》（吴金泽，2018）等。研究对象既有李大钊、陈独秀、毛泽东等领袖人物，也有汪康年、于右任、谢六逸、鲁迅、范长江等知名报刊工作者。这些研究论题相对集中，论述较有深度。

（四）对媒介批评重要文本、媒介批评学科化等问题的研究

1933年2月，英国杰出作家、诺贝尔文学奖获得者萧伯纳访问中国，并在上海会见了宋庆龄、蔡元培、鲁迅等中国知名人士。鲁迅和瞿秋白编译辑录了中外各家报刊对萧伯纳访华一事的有关报道和评论，添加序言、按语后成《萧伯纳在上海》一书，于1933年3月由上海野草书屋出版发行。2006年，胡正强教授发表《论〈萧伯纳在上海〉在中国媒介批评史上的地位》一文，指称该书是我国"实乃中国新闻媒介批评史上的第一部专著，在中国新闻媒介批评史上具有开拓性的意义"。[①] 2011年，胡丹发表《"〈萧伯纳在上海〉是媒介批评专著"观点驳正》一文进行商榷，认为《萧伯纳在上海》是辑录而成，称之为"专著"的观点不能成立。胡正强

[①] 胡正强：《论〈萧伯纳在上海〉在中国媒介批评史上的地位》，《当代传播》2006年第5期。

随后又发表了《论媒介批评的话语实践形态》一文，对胡丹的论断再次进行商榷。这种反复商榷、论证引起了学界关注，将相关问题的研究引向了深入。

这方面成果还有《〈评上海各日报的编辑法〉的媒介批评价值》（胡正强，2008）、《中国现代媒介批评的学科化发展及其思考》（胡正强，2016）等。

而《中国内地媒介批评论著十年扫描》（董天策、胡丹，2011）、《论中国媒介批评史研究中的学术边界模糊现象》（胡正强，2012）等研究成果的出现，说明人们已经开始对中国媒介批评史研究行为本身进行学术性反思，显示了中国近现代媒介批评史研究已经呈现逐步走向深化的学术发展趋势。

总之，学术界对中国近现代媒介批评史的研究已经初步展开，不仅对中国近现代媒介批评进行了历时性的专题史、断代史纵向梳理，而且对相关人物、文本进行了深入的共时性的探讨和分析；既对相关媒介批评实践的外显内容进行展示，又对媒介批评的传统、动力与机制、媒介批评的艺术特色等内在气质进行归纳，显示了研究范围逐渐拓展、研究质量不断提高的发展态势。但是，毋庸讳言，现有成果所涉及的论域以及成果的数量和质量，还都远远无法与中国近现代媒介批评所应有的丰富历史和复杂内容相匹配。具体言之，中国近现代媒介批评史的现有研究仍有如下一些明显的不足或缺陷。

第一，历史线索过于粗疏和简略。专题史、断代史研究成果往往集中于对个别人物及其媒介批评活动进行专题分析和介绍上，而对中国近现代媒介批评史自身的成长脉络缺乏细致的历时性勾勒，难以全面呈现中国近现代媒介批评发展的整体风貌。

第二，个案研究媒介批评史意义不足。个案性研究成果在某一论题上开掘较深，在微观分析方面很有特色，但多为散金碎玉，由于缺少必要的横向比较和关联，映照不出其在中国近现代媒介批评史上的地位和价值，无法充分获得媒介批评史的意义。

第三，研究成果数量太少。在中国近现代新闻传播领域，媒介批评文本以各种形式散存于各种报刊之中，灿若繁星，数不胜数。现有的研究成果仅仅从数量上看，就显得十分寒碜与不够，更与中国近现代媒介批评的实际内容和应有分量完全不成比例。

第四，研究范围空白较多。从现有研究成果的覆盖面上看，遗漏太多，特别是一些重要的媒介批评人物，如雷铁厓、伍廷芳、朱世溱、戴季陶、罗家伦、樊仲云、王世杰、陶孟和、袁玉冰、潘公展、江肇基、王公亮以及张啸虎等人所进行的媒介批评活动，在当时都曾经产生过一定的社会影响，但现有的媒介批评史研究论著中均未涉及。

第五，论域不清。部分成果缺乏对研究对象的甄别，没有将媒介批评从新闻事业史、新闻理论史、新闻活动史和新闻思想史中剥离，缺乏对媒介批评文本的鉴别和能够体现其独特个性的细腻分析，媒介批评史研究的逻辑自洽性不足。

三 主要概念和论域界定

本课题研究为"中国近现代媒介批评史"，显然，"近现代"与"媒介批评"是其中两个重要的关键词，不仅关涉研究对象所覆盖的时间跨度和阶段划分，更直接制约着研究对象的内涵和外延的边界。虽然人们对这两个词语并不陌生，甚至颇为熟悉，但现实生活中各人对其指涉含义的理解多有歧异，甚至大相径庭，这导致了学术研究中某种自说自话的交错混乱。因此，对这两个关键词的含义进行界定甚为重要而且必要。

1. 近现代

通常意义上所指的"近现代"，是根据社会性质对人类发展历史时间段进行划分而获得的一个定性界说，是与"古代"相区分的一个社会发展阶段概念。在世界史学界，一般的观点是以文艺复兴作为世界古代和近代的划分时间点，即自人类诞生以来到文艺复兴（15世纪前后）这一时段为人类的古代社会，涵盖了原始社会、奴隶社会和封建社会等三种不同性质的社会形态。虽然社会性质的演变是一个渐进的过程，古代与近代的划分不能具体指定到某一年，但美国历史学家福斯特在《美洲政治史纲》中提出世界近代史开始于1492年的地理大发现，即哥伦布发现美洲新大陆是世界近代史的开端。这一说法得到了不少学者的认同。世界"近代史"的时间下限一般认为是1917年俄国的十月社会主义革命，即世界近代史在时间段上基本就是资本主义萌芽、产生、确立和定型，逐步形成资本主义世界体系和向帝国主义过渡的过程。1917年十月革命后，世界进入了资本主义与社会主义共存竞争并延续至今的"现代"发展状态。

关于中国历史发展各阶段的划分,学界主流观点是以1840年鸦片战争作为中国古代和近代的时间划分点。而在中国近代与现代划分的时间点确定上,学术界则争议较多:"究竟是以1919年作为中国近代史和中国现代史的分界线,还是以1949年作为中国近代史和现代史的分界线?数十年来,这一直是一个争论不休的问题。"① 这是学术研究中百花齐放的一种正常现象。总体上看,在1998年以前,大陆史学界多以1919年作为中国近、现代史断限,1998年以后,则以1949年为中国近、现代史断限的观点渐成共识。在这个相对长的时间段内,人们自然又可根据社会主要矛盾及其运动、国际关系、政治、经济和文化观念的变迁等诸多因素,各自进行更细致的阶段性划分,以获得某种历史叙事的便利和建构叙述框架的时间理据。

在中国新闻传播领域,新闻史学界公认1815年8月5日在马六甲创刊的《察世俗每月统记传》是世界上"第一个中文近代报刊"②,也就是说,1815年是中国近代新闻事业史开端的时间上限。媒介批评首先发源于对媒介及其传播活动的审察和省思,没有媒介及其传播活动,当然也就谈不上有什么媒介批评。在一定意义上,媒介及其传播活动与媒介批评犹如实践与认识、物质与意识的关系。所以,"中国近现代媒介批评史"中"近现代"在时间上的范畴,我们与通常的中国新闻传播历史时段划分保持一致的看法,即"中国近现代媒介批评史"是指"1815年至1949年"的中国媒介批评史。"近代"与"现代"是性质不同的两种社会形态,但考虑到"近代"与"现代"不仅时间相续,而且历史其实是人类活动及其与时间、空间的统一,具有恒在的属性,本来并没有断代,所有古代、近代、现代乃至当代概念的获得及其区别,都是历史学家依据某种相对主观的标准,从强调某种时代因素或社会特征的需要出发而人为划分的结果。因此,本研究并不刻意地寻求对媒介批评进行近代和现代的时间断限与区分,只是为了叙述和结构的方便,参照传统的中国近现代史和中国新闻传播史的知识与书写框架,基本上是以历史事件先后为纽带而建构的中国近现代媒介批评的叙事体系。

---

① 张海鹏:《中国近代史和中国现代史的分期问题》,《人民日报》2009年11月20日。
② 方汉奇主编:《中国新闻事业通史》第一卷,中国人民大学出版社1992年版,第252页。

2. 媒介批评

何谓媒介批评？媒介批评的内涵与外延是什么？这是"中国近现代媒介批评史"研究首先要厘清的概念。

虽然随着新闻传播学的迅速发展，"媒介批评"作为新闻传播学的分支学科，越来越受到人们的关注和重视，有关研究渐成气候，学术影响有不断扩大之势，但由于学科确立时间较晚，距今尚不超过30年，因此，学科知识积累相对薄弱，加之研究者知识结构和立论出发点不同，学术界对很多基本概念并没有达成共识。"媒介批评"虽然是媒介批评学领域中最为核心的概念，但由于研究者知识结构和立论出发点各异，导致人们对之理解仍是互有歧异和偏差。因此，对"媒介批评"概念进行梳理和辨析，就成为媒介批评研究中一个持续至今仍未完成的学术现象。2003年，雷跃捷先生就在论文《媒介批评是对大众传媒和大众文化的反思活动》中，对国内有关"媒介批评"定义进行了辨析。2005年，陈龙《媒介批评论》的绪论即为"媒介批评界说"，也对当时已有的相关"媒介批评"的定义进行了梳理和归纳。据其初步统计，国内此前关于"媒介批评"的定义已不下20种。2007年，音坤在其论文《也谈媒介批评的概念》中，仍在继续对国内众说纷纭的"媒介批评"概念进行了梳理和辨析。2007年10月，在珠海举办的首届媒介批评国际学术论坛上，国内外一些学者对媒介批评的概念、内涵等问题，仍然存在诸多的争议和讨论。此后，《中国现代媒介批评研究》（胡正强，2010）、《鲁迅：中国现代媒介批评的开拓者》（宋双峰，2013）、《清末民初知识分子与媒介批评研究》（胡丹，2014）等论著，仍然在对媒介批评的内涵与外延进行界定和厘清。这一方面反映了研究者对学术严谨的追求，另一方面也反映了在基本概念的使用上，学术界还没有取得一致意见的现实。

目前学术界关于"媒介批评"概念的界定大致有如下几种观点。

（1）价值判断说。该观点认为，"媒介批评在本质上是一种价值的判断，它是对新闻传播媒介系统及其各要素进行批评的过程"。[①] "所谓媒介批评，是指根据一定社会和阶级的利益与理想，并按照一定的标准，对大众传播活动所作的价值判断和理论鉴别。"[②] 这种观点重在强调媒介批评是

[①] 王君超：《媒介批评——起源·标准·方法》，北京广播学院出版社2001年版，第15页。
[②] 雷跃捷：《媒介批评》，北京大学出版社2007年版，第10页。

一种价值判断，把握到了媒介批评的实质与核心问题，也力图照顾到批评对象的周延性，但相对忽略了媒介批评活动的主体性和目的性。需知所有的价值判断都是认识活动，都具有为我的性质，因此，媒介批评的任务就是对媒介内容的是非、好坏和美丑进行分析与评判。但媒介批评除作出价值判断外，还必然同时隐藏或肩负着引导社会舆论、监督媒介活动、保障媒介良性运行和健康发展的使命，而且这一使命恰恰是很多媒介批评活动具体启动的主体动机。

（2）理性反思说。该观点认为，媒介批评就是对媒介（新闻）及媒介产品的思考或者反思，这是国内较早出现的对媒介批评所作的概念界定："顾名思义，媒介批评就是对大众传播媒介的批评，是对媒介产品以及媒介自身作用的理性思考。"①"（媒介批评）分析媒介现象，反思新闻报道的得失，评价记者的作品，从而形成新的新闻观念。"② 这种观点将媒介批评的视野放到整个大众传播事业上，着力强调媒介批评活动的理性品质，力图将媒介批评上升到学理与科学的层次，但它忽略了在现实具体的媒介批评活动中，实际上存在大量的充满情绪性的感性成分与内容。"媒介批评不只是理性思考的内容，媒介批评的历史向我们昭示：媒介批评是一个多声部合唱，理性的批评固是其中的主流，但感性的批评也大有存在，而且为数不菲。"③ 媒介批评的形式千姿百态，既有严谨的学理性阐释，也有某种情绪性的冲动宣泄，他们都有存在的理由。现实生活中的媒介批评也确实如此。

（3）传媒评论说。该观点认为媒介批评是一种评论活动，或者说就是一种由传媒进行的新闻评论。其典型说法是："新闻传媒评论是一种主体性活动，即由评论者根据个人的体验和理解评价新闻传媒行为，无疑具有强烈的主观色彩。"④ 新闻管理和指导部门比较认同这种说法。媒介批评在大多数情况下确是对媒介内容和媒介现象的评论，批评主体也多是传媒行业中人。这种观点注意到了媒介批评的文体和载体特征，突出了媒介批评所具有的某种评论属性，但其不甚周延的缺陷也甚为明显，因为凡是对媒

---

① 吴迪：《媒介批评：特性与职责》，《北京广播学院学报》1995年第5期。
② 刘建明：《媒介批评通论》，中国人民大学出版社2001年版，第1页。
③ 胡正强：《中国现代媒介批评研究》，中国传媒大学出版社2010年版，第12页。
④ 哲峰：《新闻传媒评论：主体、客体与标准》，《新闻出版报》1997年1月17日。

介批评了解的人都知道这样一个事实:"评论只是媒介批评类型中的一种,而不是全部,而且媒介批评活动仅仅限于评论也是不够的,学理化的数理分析、抽样调查是媒介批评常用的理性方法,据此写成的定性分析报告,是一种典型的媒介批评内容。"① 在中国近现代媒介批评史上,这样的批评文本比比皆是,不胜枚举,如王恩蕃等人的《报纸的新闻分析》②、谢小鲁的《我国各大报纸面构成之分析及其批评》③ 等文。这种批评文本因其严谨、客观、注重数量分析和逻辑,而具有更大的权威性和说服力,也容易产生更大更好的社会效果。只是它们在数量上要比那些短小精悍的短评、随笔要少而已。

应该说,关于媒介批评的这三种界定都有一定的根据与合理性,他们在内涵上并不互相排斥和完全对立,但也都有一定的不足。比较而言,笔者倾向于认同这样的观点,即所谓的媒介批评,是指根据一定社会和阶级的利益与理想,并按照一定的标准,对大众传播活动所作的价值判断和理论鉴别。④ 虽然这种观点具有较为浓郁的意识形态色彩,但事实往往就是这样,因为在任何阶级社会里,媒介批评都不可能彻底摆脱意识形态系统的缠绕和渗透。

这里需要说明和强调以下几点。

第一,在通常意义上,大众传播媒介包括报纸、期刊、图书、广播、电影、电视、互联网等,媒介批评的对象理应包括所有的这些传播媒介,但鉴于国外媒介批评多是针对"新闻媒介"⑤ 而言,因此,为与国际学术研究惯例接轨,我们这里所说的"媒介批评"也基本限定在对"新闻媒介"批评的范围之内。这一限定对中国近现代媒介批评史研究尤其具有现实意义。因为在中国近现代史上,只有报纸(刊)承担了新闻传播的主要任务。

第二,虽然报纸和期刊在编辑流程、编辑属性上有诸多相通、相似之处,标准意义上的期刊基本上不承担新闻传播的任务,这在 20 世纪以后尤为如此。但报、刊之间从来都没有不可逾越的天然鸿沟,它们在彼

---

① 陈龙:《媒介批评论》,苏州大学出版社 2005 年版,第 5 页。
② 王恩蕃、杨兆焘:《报纸的新闻分析》,《清华学报》1924 年第 1 卷第 1 期。
③ 谢小鲁:《我国各大报纸面构成之分析及其批评》,《新闻学期刊》1935 年 2 月。
④ 雷跃捷:《媒介批评》,北京大学出版社 2007 年版,第 1 页。
⑤ 李彬、王君超主编:《媒介二十五讲》,清华大学出版社 2004 年版,第 277 页。

此区别、对立中又互相过渡、互相接近。在中国近现代新闻传播史上，曾经很长一段时间内报、刊不分。因此，中国近现代媒介批评史研究中所指的媒介就不仅仅是指报纸，当然也包括一些具有新闻信息传播职能的期刊。

第三，顾名思义，媒介批评是对媒介的评价活动。但是，作为学科性术语的媒介批评不只是对媒介本身的评价，因为任何媒介都不是也不可能是孤立的存在，而是需要在与社会其他系统、环节、因素的互动过程中才能现实地予以展开。所以，媒介批评活动还包括对媒介环境、媒介制度、媒介现象、媒介内容、媒介方法、媒介工作者、媒介受众、媒介效果等诸多媒介系统、结构、环节、要素的评价活动。

第四，在社会生活中，"批评"是一个应用领域广泛的词语。诚如中国现代著名作家杨振声所说："批评是一件太普遍的事了，普遍到使我们相忘于无形。其实呢，我们无日无时不在批评着人，也无日无时不在被人家批评着。"[1] 正因如此，人们往往是在不同的意义上理解和使用着这个词语，这就使"批评"一词具有丰富而复杂的语用，这也是为什么对媒介批评会产生不同界定的重要原因之一。对"批评"内涵的界定，影响到对"媒介批评"外延的理解，影响到对媒介批评文本的认知、选择和处理。我们认为，中国著名古代文学批评家郭绍虞先生对"文学批评"的界定值得学习和借鉴：

> 文学批评的产生和发展，是在文学的产生和发展之后。在文学产生并且相当发展以后，于是要整理，整理就是批评。经过整理以后，类聚区分，一方面可以看出文学和其他学术的不同，一方面也可以看出文学作品本身之"本同而末异"，于是也就认清了文章的体制和风格。所以《诗赋略》在《艺文志》中占一席地位，也是批评的开端。于是，再要选择，选择也就是批评。选择好的，淘汰坏的，不能不有一些眼光，这眼光就是批评的眼光；同时也不能不有一些标准，这标准也就是批评的标准。以前的目录学者常把总集与文史合为一类，是也有相当理由的。所以挚虞《流别》，李充《翰林》，也就成为文学批评的滥觞。这两种可以说都是帮助读者解决问题的。再进一步，于是

---

[1] 杨振声：《批评》，书林主编：《杨振声文集》，线装书局2009年版，第38—39页。

再要给一定的评价,这就是所谓品第,而品第就更是批评了。①

本研究也将在这一比较宽泛的意义上使用和处理中国近现代媒介"批评"的相关文本和材料。也就是说,凡是中国近现代史上能够体现和反映媒介批评意向的各种文本,无论是文字还是图像,是话语形式还是实践形式,是来自民间还是官方,都是我们需要加以观照和分析的研究对象。

四 研究思路、方法与内容结构安排介绍

我们认为,在中国近现代新闻传播的发展过程中,媒介批评是新闻传播的一种社会建构性实践,是一座飞架于传媒业界、传媒学界、社会公众之间的理性桥梁。媒介批评以观念碰撞和交流的方式,规定和形塑着中国近现代新闻传播事业发展的内在理路与外在风貌。在一定意义上,一部中国近现代新闻传播发展史同时也是媒介批评活动具体展开与实践的形象画卷史。中国近现代新闻传播与媒介批评的发展互为因果、互为支撑。

(一)研究思路

为了体现媒介的自为和独立性,我们将尽量把媒介批评从新闻事业史、新闻思想史中剥离,把中国近现代的媒介批评活动作为专门和特定的对象加以审视与考察,从媒介批评话语和实践及其理论表现形态的变迁过程、特点出发,揭示新闻传播与社会其他系统之间的关系,再现媒介批评系统运作发展所具有的内在规律;将媒介批评作为一种相对独立的政治和文化现象加以考察,经纬结合,在对中国近现代媒介批评历时态纵向考察的基础上,通过对具体媒介批评文本、批评实例的分析,实现对中国近现代媒介批评的共时态横向把握。

为了求得历史的真相,本课题研究中尽量将中国近现代媒介批评作为一个独立而自为的整体去加以审视和把握,尽量去除和摆脱意识形态上的某些偏见。"中国现代的历史叙事,党派成见影响甚深,意识形态束缚尤多,所以很难求得客观、公正、深切的理解。必须以更超越的心态、广博的胸怀,把中华民族作为一个整体,并真正置于世界之中,作百年以上长

---

① 郭绍虞:《中国文学批评史》,上海古籍出版社1979年版,第1页。

时段的宏观考察与分析，才可以说得上史学的创新。"① 绝对摆脱意识形态的影响和制约可能并不现实，但整体性研究思路的规定和执行，确实可以帮助人们更加接近历史的真实。

（二）研究方法

1. 文献分析法

中国近现代媒介批评史属于史学范畴，在研究方法方面，本课题以历史文献分析法作为主要的研究方法，在尽可能获取完整的媒介批评原始资料的基础上，再辅以文本分析、语境分析、意识形态分析和类型学研究等方法，以时间为序，点面结合，以媒介批评实践和相关论述所形成的媒介批评文本、媒介批评事件为支点，对中国媒介批评发展的观念及实践的背景和动机、主体和对象、主题和内容、方法和效果等，作结构性的解剖，尽量还原媒介批评活动的具体历史生活场景，展示其存在的形态与演进过程，以归纳和探讨中国各个历史时期媒介批评的发展逻辑、主要内容与理论内涵，概括和呈现符合中国近现代媒介批评发展与变迁的历史实际情况的客观运行规律。

2. 个案分析法

在中国近现代媒介批评史上，有过很多的批评事件，有的取得了预期效果，有的则事与愿违；有的轰轰烈烈，持续一段时间，引起了社会的热议和关注，有的宛若流星，无声无息，转瞬之间消失在芜杂茂密的话语所编织的无边黑幕中。无论是成功的经验，还是失败的教训，个中原委都耐人寻味，值得后人汲取和借鉴。个案分析法也称为典型分析法，是对有代表性的事物或现象深入地进行周密、仔细、全面的研究，从而获得整体性认识的一种科学分析方法。管中窥豹，举一反三，通过对一些有代表性的批评文本进行剖析，讨论其具体批评的时机与环境、结构与修辞、方法与方式等，引导人们再认识其成败利钝的原因，从中体悟和获得来自历史深处的启示与智慧。

3. 比较分析法

比较是根据一定标准发现联系着的两个或两个以上事物之间相似性或相异程度的有效方法，比较分析法在历史学研究中一直有着长久的渊源和

---

① 章开沅：《辛亥革命百年纪念文库·总序》，见严昌洪、许小青《癸卯年万岁——1903年的革命思潮与革命运动》，华中师范大学出版社2011年版，第6页。

广泛的运用。本课题的研究将坚持历时比较与共时比较相结合，既对一百多年以来中国媒介批评从起源、产生、发展和变化的各阶段状况和特点进行纵向的比照与分析，溯源穷流，发明旨意，又对同一时期不同的媒介批评进行横向的比较和甄别，从而考其差异，凸显个性与特征。比较分析法基本上将贯穿本课题研究的始终。在近代媒介批评与现代媒介批评、此一阶段媒介批评与彼一阶段媒介批评、这一区域媒介批评与那一区域媒介批评的比较中，得出具有说服力的信实性结论。

4. 史料学方法

史料是历史研究的重要前提和基础。"史料为史之组织细胞，史料不具或不确，则无复史之可言。"[1] 史料匮乏是此前中国近现代媒介批评史研究受限的原因之一。在这方面我们要向中国传统史料学借鉴和学习，包括史料的来源、搜集、辨别和整理等。中国近现代一百多年的媒介批评史料，数量浩繁，内容丰富，形式各异，类别众多，往往散见于各种历史报刊之中，有些史料查找和获取不易。因此，必须大力拓展史料来源，借助现代图书情报信息检索方法和检索工具，尽量利用各种文献、档案、日记、文集、回忆录和数据库，从中发现媒介批评史料线索，发掘和掌握第一手资料。对史料进行细致的甄别和整理，将中国近现代媒介批评史研究建立在坚实的史料基础上，以期获得研究结论上的突破。

（三）内容与结构安排

媒介批评是一种历史性的现实。作为历史叙事，历时性地呈现历史的演变线索，自是中国近现代媒介批评史研究的题中应有之义。但任何时间段的历史又都有着各自不可替代的具体活动内容，因此，历史叙事必须做到历时性与共时性的辩证统一，即在梳理其纵向的发展轨迹，显示其时间上的接续和更替时，又以具体生动的生活实践内容确证其独特存在的价值和不可移易的历史规定性。"自然的过程可以确切地被描述为单纯事件的序列，而历史的过程则不能。历史的过程不是单纯事件的过程而是行动的过程，它有一个由思想的过程所构成的内在方面；而历史学家所要寻求的正是这些思想过程。一切历史都是思想史。"[2] 具体到中国近现代媒介批评

---

[1] 梁启超：《中国历史研究法》，商务印书馆1947年版，第54—55页。
[2] ［英］柯林武德：《历史的观念》，何兆武、张文杰译，商务印书馆1997年版，第302—303页。

史研究中，就是将共时性媒介批评活动的具体内容和历时性的媒介批评的发展历史两种研究范式有机地统一起来，①既分析具体的媒介批评内容，又重视媒介批评的演进轨迹，即在尽力横向开拓媒介批评具体内容的同时，又密切关注其具体内容因时间移易而引起的纵向发展与变化。

历史的演进固然纷繁多姿，但毕竟有着时间的连续性和内在的逻辑联系。在一维性的时间坐标中，历史总是连续的并且不具有一般性，因此，所有的历史分期和断代都是根据某种需要进行认定和选择的结果。历史研究中历史分期是必要而有效的研究方法，在没有历史分期的情况下，过去的时间只不过是一个个具体而分散的事件，没有一个框架来帮助人们理解事件所具有的意义，这将直接导致历史事件的难以理解或者理解得不准确。在历史的永续发展过程中，政治、经济、文化、技术、习俗、民族、家庭甚至个人，这里的每一个社会要素都有着不同的历史，并不断地施加重叠。人们为了认识和叙述的方便，通常会对一段历史时间予以非常系统化的标签，虽然这种标签可能会受到质疑并被重新定义，但是这种历史分期的时间标签一旦建立起来，就不仅是一个表面的形式问题，还是一个对历史的看法和评价问题，会获得对不同历史时期或阶段之间性质差别的揭示，从中发现其发展特点及规律，具有某种认知方法论的意义，因此人们很难摆脱它们。

相对于新闻传播，媒介批评在很多时候是一种次生性的话语实践活动。在中国新闻传播史的研究中，从什么角度准确地把握新闻传播的嬗变轨迹，并对其进行较为合理的划分，确实是评价新闻传播的关键所在。新闻史分期问题几度得到人们的关注和讨论，②虽然这个问题至今还没有得出较为统一的结论。因此，在综合考虑各种新闻史的分期之后，我们对中国近现代媒介批评史研究作出了如下内容和结构上的安排：绪论内容包括：（1）研究的缘起和意义；（2）研究文献综述；（3）主要概念和论域界定；（4）研究思路、方法与内容结构安排介绍。结论为在前面研究和分析的基础上，提炼、归纳和总结中国近现代媒介批评在一百多年演变过程中所具有的一些共性特征和规律性的问题。除了绪论和结语，将中国近现

---

① 参见胡正强《中国现代媒介批评研究》，中国传媒大学出版社2010年版，第15页。
② 北京广播学院新闻传播学院编：《新闻传播学前沿 2004》，北京广播学院出版社2004年版，第45页。

代媒介批评发展史依次划分为十一个历史阶段，它们分别是：道咸同光时期、维新变法时期、清末宪政时期、辛亥革命时期、民国初建时期、五四运动时期、国民革命时期、十年内战时期、抗日战争时期、解放战争时期。鉴于十年内战时期也是中国媒介批评较为发达和繁荣的历史阶段，性质复杂，内容丰富，所以又根据媒介批评主体政治身份的不同，将之细分为中国共产党人、国统区文化人士媒介批评两个大的板块。抗日战争时期的媒介批评同样因内容较多而分为上、下两章进行叙述，上、下两章也大体上按照批评主体政治身份的不同而加以分类排比。因此，本课题的整体研究，由主体部分十三章，加上绪论和结语，共十五个部分组成。笔者深知，根据任何角度和标准的概括都会牺牲历史的丰富性和复杂性，以上对中国近现代媒介批评的历史阶段划分，也只具有一定的历史认识意义和叙述便利上的价值。

　　人是历史活动的主体，一切历史研究的旨归都在于人，都在于展示人的活动，并为人提供启示和服务。因此，本书在每一个章节中，在对该时段内媒介批评的内容进行归纳和概括的基础上，大体上是以具体人物的媒介批评为研究单元，系统分析其媒介批评的活动内容、艺术特色和社会影响；一些典型性的媒介批评事件、刊发媒介批评文本较集中的报刊，由于具有较强的代表性和认识上的某种指标意义，因此也单独安排进行个案或专题分析，以便帮助和增强人们对中国近现代媒介批评发展全面性、整体性的了解与认识。

第一章　道咸同光时期的媒介批评

媒介批评归根结底属于意识的范畴。人的意识不是脱离物质世界而独立存在的无源之水、无本之木。马克思指出："意识一开始就是社会的产物，而且只要人们还存在着，它就仍然是这种产物。"① 中国封建社会异常漫长，这使与之接榫的近代社会背负着异常沉重的历史包袱。18世纪60年代，欧洲开始了工业革命，1789年蒸汽机开始应用于棉纺织业，之后又逐步扩展到化工、冶金、采矿、机器制造、交通运输等部门，从而唤醒了此前沉睡的社会生产力，资本家开始越出国境，走向世界，寻求更加广阔、更加庞大的商品市场。正如马克思、恩格斯在《共产党宣言》中所指出的那样："美洲的发现、绕过非洲的航行，给新兴的资产阶级开辟了新的活动场所。东印度和中国的市场、美洲的殖民化，对殖民地的贸易、交换手段和一般的商品的增加，使商业、航海业和工业空前高涨，因而使正在崩溃的封建社会内部的革命因素迅速发展。"② 从1655年到1816年，西方国家的使节抵达北京不下十数次，企图叩开中国的大门，但每一次都是怀着希望而来，又带着失望而去。"面对西方人强韧持久的进取之势，中国的最后一个王朝却越来越自觉地走向保守防范的抵拒。"③ 乾隆——清朝的一位有为君主，在《乾隆御制诗》中却吟咏道："间年外域有人来，宁可求全关不开。人事天时诚极盛，盈虚默念惧增哉。"④ 真实而生动地表现了其保守的心态。中国有着悠久的文明历史，但很长一段时间内社会发展停滞不前，无法挣开封建制度的束缚。1840年鸦片战争中英国侵略军的大

---

① 《马克思恩格斯选集》第1卷，人民出版社1972年版，第35页。
② 《马克思恩格斯选集》第1卷，人民出版社1972年版，第252页。
③ 陈旭麓：《近代中国社会的新陈代谢》，上海社会科学院出版社2006年版，第32页。
④ 转引自陈旭麓《近代中国社会的新陈代谢》，上海社会科学院出版社2006年版，第32页。

炮终于轰开了古老帝国沉沉锁闭的大门,《南京条约》的签订,也使外人获得了在中国创办报刊进行宣传的合法性权利。随着中文近代报刊的出现,以报刊传播活动为反思对象的中国近代媒介批评,自然也就随之破土出芽,开花结果。

第一节 中国近代以前的媒介批评

价值问题始终是人类实践中的一个基本要素。"人类要满足自己的需要,就不能不对自然界本身及其规律有所了解和服从,于是,满足主体需要的意识同把握客体现实的意识就同时成为人类意识或认识中的两个基本方面。"① 价值意识与主客体价值关系的现实联系就是人的评价活动。人们始终生活在社会关系之中,这是人类的本质存在。任何人、任何事,都逃脱不了社会的评判,这是人类把握客观社会对自身意义的一种必然的观念性活动。人类的新闻传播总是在某种既定的利益和利害关系的舞台上展开的现实活动,其活动的结果必然又会生成某种新的价值关系。因此,媒介批评近乎于人类所具有的一种社会本能,它凝聚着人对自然、社会以及自身信息传播关系认识的结晶。顾名思义,媒介批评是对媒介及其传播活动的反思,是一种受动性的行为。即自从有了新闻传播活动,也就有了媒介批评。② 虽然最初人们的媒介批评意识可能比较淡薄和初级,但并不意味着其不存在。

一 汉唐时期的媒介批评

中国在远古时代就有了广义的新闻传播活动。中国是世界上最先有报

---

① 李德顺:《价值论》,中国人民大学出版社1987年版,第21页。
② 董天策教授曾经提出媒介批评是"作为现代性语境下展开的话题","媒介批评"中所说的媒介是指现代媒介,因此,现代意义上的中国媒介批评是在19世纪70年代以后,中文商业报纸如《申报》、文人论政报纸如《循环日报》相继创办、中国现代报刊特质充分彰显"以后才逐渐产生"。刘建明教授则认为"不管在哪个民族或国家,只要出现媒介及传播活动,随之就会出现媒介批评。媒介与媒介批评的相继出现,是人类品评意识成果的自然现象。当具有真正意义的媒介——手抄文本被人类使用,对手抄作品的评价——赞成或反对也就随之出现"了。参见董天策《中国媒介批评的发生学研究成果——评〈清末民初知识分子与媒介批评研究〉》,《新闻界》2015年第19期;刘建明《媒介批评通论》,中国人民大学出版社2012年版,第36页。

纸的国家，也是世界上最先有新闻事业的国家，但在漫长的先秦时代，新闻几乎完全依靠口头传播，因此目前没有确切的文献材料能反映和佐证当时的媒介批评情况。《庄子·人间世》云："夫传两喜两怒之言，天下之难者也。夫两喜必多溢美之言，两怒必多溢恶之言。凡溢之类妄，妄则其信之也莫，莫则传言者殃。"① 庄子不仅分析了情感对信息传播真实性的干扰，而且指出了真实传播的重要性以及一旦信息传播失实就会导致一系列的恶果。这种对信息传播的论断确实非常精到，逻辑推理严密，即便在今天看来也不失其高明深刻之处。尤其值得注意的是，这其中已经显露了某些媒介批评意识的萌芽。

秦代统一了文字，整饬交通，出现了以书面形式传播官方新闻的萌芽。降至汉代，官方新闻开始以诏书、露布等文字形式正式传播，媒介于是被赋予了意识形态的维护功能。烽火传警，是中国西周时期即已经使用的一种军事情报传递技术，"这种本来属于情报性质的信息传递，由于无法秘密进行，也就等于向群众发布了战争信息"。② 烽火也就有了信息传播媒介的属性，其功用自然就会成为人们评说的对象。"烽柝是警，实扰移关之民。"③ 从媒介批评角度看，就是在评述烽火、击柝传警方式对民众生活所造成的巨大影响。④

唐代中后期诞生的进奏院状，是世界上最古老的报纸。这是由地方诸道和各藩镇派驻朝廷的邸吏，向地方长官传发的一种新闻性媒介。这时虽然还没有出现由封建中央政府发行的官报，但已经确立了经由中书省的政事堂将某些政事活动"条布于外"的制度。与现代的词义十分接近的"新闻""编辑"等词语，在唐代都已经出现，新闻传播与人们的社会生活关系日益密切，读"报"常常成为一些官僚和知识分子的日常生活内容。阅读是媒介批评活动的前提和条件，因此，"读"也是判断媒介批评文本的语词标志。晚唐时期著名散文家孙樵的《读开元杂报》一文，是经常被新闻史家征引的材料。这是一篇读报记录，重点是比较唐代不同时段因王朝盛衰反映在媒介记载内容性质上的某些不同，其中寄寓了作者读报时的感

---

① 《二十二子》，上海古籍出版社缩印浙江书局汇刻本1986年版，第23页。
② 方汉奇主编：《中国新闻事业通史》第一卷，中国人民大学出版社1992年版，第26页。
③ 《庾子山集》十三《陕州弘农郡五张寺经藏碑》。
④ 胡正强：《唐宋时期媒介批评探微》，《青年记者》2013年12月（上）。

慨:"及来长安,日见条报朝廷事者,徒曰今日除某官,明日授某官,今日幸于某,明日畋于某,诚不类数十幅书。樵恨不生为太平男子,及睹开元中书,如奋臂出其间,因取其书帛而漫志其末。"① 故而具有一定的媒介批评性质。

如果说进奏院状是古代的报纸,那么,进奏院则可谓古代的报社。唐代著名文学家柳宗元的《邠宁进奏院记》就是这样一篇评述报社的媒介批评文本。其中述进奏院的功能:"其余归时事,修常职,宾属受辞而来使,旅贲奉章而上谒。稽疑于太宰,质政于有司,下及奔走之臣,传遽之役,川流环运,以达教令。大凡展采于中都,率由是焉。故领斯院者,必获历闻阁,登太清,仰万乘之威,而通内外之事。王宫九关而不间,辕门十舍而如近,斯乃军府之要枢,邠宁之能政也。"② 在柳宗元的笔下,进奏院因为能够接近皇帝,得睹天颜之便,于是也就有了"仰万乘之威,而通内外之事"的政治象征意义,而修建这座进奏院之举,自然而然地也就获得了"邠宁之能政"的美誉。

二 两宋时期的媒介批评

宋代不仅开始出现了在封建政府中枢部门统一管理下发行的官报,还出现了民间发行的小报。新闻媒介日益深入人们的生活之中,在文人的诗文、书信、日记中频繁地出现媒介的身影,媒介越来越成为人们日常关注、思考和评价的对象。例如在宋代文献中,就保存了不少读者看邸报后赋诗的记载,王安石《读镇南邸报》、苏轼《小饮公瑾舟中》、张自明《观邸报》、张世南《游宦纪闻》卷三所引杨万里的一首七律感事诗等,都是观看邸报之后,作者们对宦海升沉、国家兴亡和世事沧桑的感慨。中国古代媒介批评正式产生的社会条件至此已经基本具备和成熟了。

宋代邸报是封建统治阶级为了传达政令、政情,维护封建王朝利益,巩固封建统治秩序需要而建立起来的政治传播系统。但是,媒介作为信息传播工具,能否起到维护主流意识形态的功能,并不完全由统治者随心所

---

① 转引自方汉奇主编《中国新闻事业通史》第一卷,中国人民大学出版社1992年版,第46页。

② (唐)柳宗元:《柳河东集》,中华书局1960年版,第445页。

欲地掌控，要看媒介掌握在何人之手，传播的内容如何。宋代各个时期，都非常注意对邸报传发工作的管理，对一些不利于封建统治的传报活动加以限制。宋王朝邸报管理的主要手段是实施具有新闻检查性质的"定本"制度，进奏官由中央统一任命，进奏院由中枢部门直接指挥领导，并建立了进奏官采录、检正、检详官编定，给事中判报，枢密院审查等一系列的发报制度，从而有效地统一了发报的事权和发报的内容。除此之外，宋王朝还屡屡通过颁发具有法律属性的各种禁令，通过法律手段对邸报传发活动加以刚性调控。值得注意的是，在这些法律手段出台之前，往往都会伴随着媒介批评，伴随着对媒介传播活动的否定性认知和评价。媒介批评的主体是皇帝和大臣，媒介批评的标准为邸报的传发是否依"例"合"制"，严禁"妄行传报"朝廷机事。

宋仁宗庆历八年正月十二日，秘阁校书、知相州杨孜进言：

> 进奏院逐旬发外州军报状，盖朝廷之意，欲以迁授降黜示赏功罚罪，勉励天下之为吏者。积习因循，将灾异之事悉报于天下，奸人赃吏游手凶徒喜有所闻，转相煽惑，遂生观望。京东逆党未必不由此而起狂妄之谋。况边禁不严，细人往来。欲乞下进奏院，今后唯除改差任臣僚，赏罚功过，保荐官吏，乃得通报。其余灾祥之事，不得辄以单状伪题亲识名衔以报天下。如违，进奏院官吏并乞科违制之罪。[①]

这是一篇比较完整的媒介批评文本。从朝廷进行新闻传播的本意出发，解释因为"积习因循"而导致在实行的过程中逐渐走样，列举产生诸多弊端的现实表现，并据此推论和申说将来还可能有更多更大的危害。因为有前面的实际情况为立论基础，所以后面的推论申说在逻辑上就显得顺理成章。最后作者据此所给出的预防和治理措施，就是水到渠成，不能不让人心悦诚服，予以首肯和接受。杨孜的建议为宋仁宗所采纳，此后灾异方面的消息即很少见于邸报。可见，杨孜对邸报传播弊端进行的批评取得了预期效果。

宋代小报是中国新闻史上最先出现的非官方报纸，小报的出现使中国

---

① （清）徐松辑：《宋会要辑稿》第 165 册，刑法二之二九，中华书局 1957 年影印本，第 6510 页。

古代报纸走出雍容华贵的皇城和门禁森严的官厅衙门，赋予了传播媒介本应具有的市民味和社会化。宋代小报是体制外的传播媒介，它的出现冲破了统治者对传播媒介的垄断，自然难为其所容，这为媒介批评发展提供了充分的对象性基础。与前朝相比，在宋朝的史料典籍中，当局对这种体制外的小报进行批评的文字倏然多了起来，控制传播的意图昭然若揭。在这些批评文字中，以周麟之的《论禁小报》最为典型：

> 方陛下颁诏旨，布命令，雷厉风飞之时，不无小人讹张之说，眩惑众听，无所不至。如前日所谓旧臣之召用者，浮言胥动，莫知从来。臣尝究其然，此皆私得之小报。小报出于进奏院，盖邸吏辈为之也。比年事之有疑似者，中外未知，邸吏必竟以小纸书之，飞报远近，谓之小报。如今日某人召，某人罢去，某人迁除。往往以虚为实，以无为有。朝士闻之，则曰：已有小报矣！州郡间得之，则曰：小报已到！他日验之，其说或然或不然。使其然焉，则事涉不密；其不然焉，则何以取信？此于害治，虽若甚微，其实不可不察。臣愚欲望陛下深诏有司，严立罪赏，痛行禁止。使朝廷命令，可得而闻，不可得而测；可得而信，不可得而诈，则国体尊而民听一。①

这段文字对小报的由来进行了深究，对其"以虚为实，以无为有"的传播状态进行了概括和描述，对其危害社会治理的效果进行了定性分析，然后据此要求对小报一体查禁，以达到国体尊崇、舆论统一的目的。论述全面具体，论证逻辑绵密，因果分析条理分明，因此最后的结论就如水泻地一般，入情入理，可谓宋代媒介批评中的成功之作。

三　元明时期的媒介批评

元代官方虽然没有如宋代那样的邸报，但有除目之类官方新闻媒体的存在。② 民间与士人之间的信息传播活动也大量存在且很活跃，如唐代诗

---

① （宋）周麟之：《论禁小报》，《海棱集》第3卷，见韩国均辑《海棱丛刻》第四种《海棱集》，民国排印本，第2页。
② 李漫：《元代传播考——概貌、问题及限度》，北京大学出版社2013年版，第32页。

人之间的题壁唱和风习，在元代仍然沿袭不绝。元著名诗人萨都剌《雁门集》中的《过鲁港驿和贯酸斋题壁》，就是萨都剌在鲁港驿的墙壁上看到了贯云石的题诗因而唱和的一首，也可谓元代诗坛佳话。但总体上看，由于社会政治体制不周延，信息传播系统不完善，加之元朝国祚短促，所以现存文献典籍中，鲜有元朝的媒介批评资料可供征引。倒是元世祖忽必烈创制八思巴文字，企图以之取代汉文和维吾尔文字，显示他敏锐地关注到了文字在信息传播过程中附载的意识形态属性："朕惟字以书言，言以纪事，此古今之通制。我国家肇基朔方，俗尚简古，未遑制作，凡施用文字，因用汉楷及畏吾字，以达本朝之言。考诸辽、金，以及遐方诸国，例各有字。今文治浸兴，而字书有阙，于一代制度，实为未备。故特命国师八思巴创为蒙古新字，译写一切文字，期于顺言达事而已。自今以往，凡有玺书颁降者，并用蒙古新字，仍各以其国字副之。"① 文字是信息传播的符号，但确实又不仅仅只是一种符号，就像汉服一样，它承载和浓缩了汉人对自己民族文化的神圣情感。元代修《辽史》时，甚至专门开辟了一个"汉服"条目，② 无疑是蒙古统治者体认到汉服附着的民族文化意义后的一个特有举动。忽必烈不愧一代伟人，他针对信息传播符号的这段话很有些媒介批评的意味。

中国封建社会的新闻事业，在明代发展到一个新阶段，封建官报发行体制更加完善，渊源于宋代小报的民办报纸获准公开，办报成为社会上一项有利可图的新兴职业。明代末年活字印刷术在报纸生产领域应用，出现了使用活字印刷的报纸。邸报与生活关系日益密切，社会作用不断扩展，人们开始有意识地利用邸报制造舆论进行政治或军事斗争，伪造章奏事件屡屡发生。③ 随着人们对邸报功能认识的加深，明代的媒介批评也有了很大的进步。有明一代是个皇权高度集中的朝代，对邸报的传发有着非常严格的管理。由于明代邸报长时期大部分是抄写本，在传播过程中容易通过增损手法作伪，这使邸报成为人们关注评述的对象。

万历年间曾任礼部尚书的于慎行在其《谷山笔麈》中有这样一段评述

---

① 转引自李漫《元代传播考——概貌、问题及限度》，北京大学出版社2013年版，第214页。
② 李冬青、刘涛：《汉服的文化意义及传承方式研究》，《辽宁丝绸》2014年第2期。
③ 参见方汉奇主编《中国新闻事业通史》第一卷，中国人民大学出版社1992年版，第138页。

邸报的文字：

> 近日都下邸报，有留中未下先已发钞者，边塞机宜，有未经奏闻先有传者……幸而君上起居，中朝政体，明如悬象，原无可掩。设有造膝附耳之谋，不可使暴于众，居然传播，是何政体。又如外夷情形，边方警急，传闻过当，动摇人心，误事大矣。报房贾儿博锱铢之利，不顾缓急。当事大臣，利害所关，何不力禁。①

上述批评理路与口吻，与周麟之的《论禁小报》几无二致，反映了同为统治阶级阵营的他们由于身处相同的地位，面临相似的传播问题，其思维和态度也必然有着某种一致性。

不过，历史的车轮滚滚向前，明代社会人们所面临的新闻传播问题毕竟与宋代有了很大的不同。就邸报在社会生活中的存在状态而言，明代士大夫、读书人与邸报的关系与宋代相比要更为密切，甚至形成了一种对邸报的依赖关系。"读报、评报、藏报和利用旧报资料从事著述，已经成为明代士大夫知识分子的经常性活动，成为他们政治文化生活中的一项重要内容。"② 因此，对于最高统治者厉行的新闻控制，一些具有阅读和利用邸报习惯的官员甚为不满，例如南京户科给事中段然，就曾经大声疾呼道："禁科抄之报，不使誊传，一世耳聋，万年长夜。"③ 有意思的是，段然的这一节批评文字，恰恰刊于邸报，因而在当时腾播众口，影响甚为广远。明代士大夫知识分子对邸报功能的批评，不经意间已经越出此前一味封杀媒介以维护社会秩序的单一视角，显示了媒介批评视角有意义的转向。

四 清前中期的媒介批评

清代邸报出版发行沿袭宋明旧制："国朝定制：各省设在京提塘官，隶

---

① 于慎行：《谷山笔麈》，中国社会科学院历史研究所明史研究室《明史资料丛刊》第三辑，江苏人民出版社1980年版，第91页。
② 方汉奇主编：《中国新闻事业通史》第一卷，中国人民大学出版社1992年版，第172页。
③ 《万历邸钞》，第1619页，转引自尹韵公《中国明代新闻传播史》，重庆出版社1990年版，第84页。

于兵部，以本省武进士及候补选守备为之，由督抚遴选送部充补，三年而代。凡疏章邮递至者，提塘官恭送通政司，通政使、副使参议校阅，封送内阁。五日后，以随疏赍到之牒，应致各部院者，授提塘官分投；若有赐于各省之大吏，亦提塘官受而赍致之。谕旨及奏疏下阁者，许提塘官誊录事目，传示四方，谓之邸抄。盖即如唐宋之进奏院，而法制详慎。"① 相比明代，"清朝在发抄皇帝谕旨及属于机密的奏折这样重要的文书上，却更加严密"。② 充分体现了皇权的集中和威严，邸报内容更严格地框限在统治者的意志范畴之内，虽然乾隆朝以后，邸报普遍采用印刷技术，业务上有一些进展，但本质和内容则始终无法越雷池一步。

清代是我国最后一个封建王朝，又是少数民族统治，其定鼎开国之后，即施行严厉的思想和文化钳制、高压政策，除了借编纂《四库全书》之机销毁、篡改不利于自己统治的大量书籍外，还屡兴文字大狱，以达到震慑和消灭异端思想的目的。在中国两千多年的封建社会里，文字狱屡见不鲜，而清朝的文字狱，次数之频繁、株连之广泛、处罚之残酷，则大大超过以往的任一朝代。

清代文字狱从康熙朝即已开始，顺治时候，因忙于镇压南明非常激烈的武装斗争，文网尚不苛密。"雍正时，统治阶级内部矛盾激化，文字狱除镇压具有反清思想的知识分子之外，又成了统治阶级内部斗争的工具。案件数目陡增，罪名苛细，吹毛求疵，故意罗织成狱。"③ 雍正上台伊始，就着力整饬信息传播制度。

雍正元年（1723）覆准："凡书吏、提塘、京报人等，除红本上谕外，如有讹造无影之辞者，该科给事中查拿治罪。"④ 不利于专制统治的信息被禁止传播，即便可能引起联想的信息也在严控之列。雍正二年（1724）七月，松江提督高其位上奏："飞鸦食蝗，秋禾丰茂，请将原折发钞，并宣付史馆，以彰嘉瑞。"雍正批示道："若以飞鸦食蝗为瑞，则起蝗之初，得无有由乎？昨发下奏折与诸王大臣阅看者，诚恐尔等体朕扰民之意，不释

---

① （清）永瑢、纪昀等奉旨敕撰：《钦定历代职官表》（一），卷二十一，第601册，《影印文渊阁四库全书》，商务印书馆（台北）1986年版，第414页。
② 程丽红：《清代报人研究》，社会科学文献出版社2008年版，第43页。
③ 戴逸主编：《简明清史》第二册，人民出版社1984年版，第234页。
④ 《清会典事例》（十一），卷一○一四，都察院一七/六科，中华书局影印1991年版，第176页。

于怀，故将蝗不成灾之处，令众知之，非以为瑞也。其发钞及宣付史馆，俱不必行。"① 雍正的心思非常细密。

雍正四年（1726）端午节，雍正召住在圆明园内的王公大臣10余人，在园内勤政殿侧的四宜堂会面，并请他们吃了过节的粽子，"逾时而散"。结果，提塘报房的小钞报道如下：

> 初五日，王大臣等赴圆明园叩节毕，皇上出宫登龙舟，命王大臣等登舟，共数十只，俱作乐，上赐蒲酒，由东海至西海，驾于申时回宫。

一派歌舞升平、君臣同乐的景象。其中登舟、作乐、赐酒、游园等绘声绘色的细节，纯为子虚乌有，事件的时间也说得不完全准确，编造痕迹明显。当时，雍正与允禩、允禵集团的权力斗争正处于激烈时期，雍正对提塘小报这一报道十分敏感，暗地揣测定是政治对手的流言排陷，故立即批交兵刑二部"详悉审讯，务究根源，以戒将来，以惩奸党"②，一下子将之上升到"奸党"所为的政治高度，后以"捏造小钞，刊刻散播，以无为有"的罪名，将发行这一小钞的何遇恩、邵南山二人判处斩刑，③ 制造了中国新闻传播史上最早的一起因办报获罪而被杀的报案。

至于乾隆年间的传抄伪稿案，更是创造了有清一代牵连人数最多、追查时间最长、波及范围最广的信息传播案件。

无产阶级革命导师马克思曾一针见血地指出："书报检查就是官方的批评。书报检查的标准就是批评的标准，因此，就很难把这种标准同批评分割开来，因为它们是建立在同一个基础上的。"④ 由统治阶级制造的报案，无论缘由为何，过程怎样，都是统治阶级意志和价值观的贯彻与实施，是一种媒介批评的"官方的批评"的司法实践方式及其表现。

---

① 转引自程丽红《清代报人研究》，社会科学文献出版社2008年版，第83—84页。
② （清）王先谦辑：《东华录》雍正朝卷八，雍正四年五月初九日，清光绪十三年上海广百宋斋铅印本。
③ 方汉奇主编：《中国新闻事业通史》第一卷，中国人民大学出版社1992年版，第202页。
④ 马克思：《评普鲁士最近的书报检查令》，转引自何梓华、尹韵公、雷跃捷主编，马克思主义理论研究和建设工程重点教材配套用书《新闻学概论教学参考书》，高等教育出版社2011年版，第57页。

中国古代的新闻事业，到清代走完了它最后的途程。封建官报发行体制趋于定型，民间新闻事业虽然有了一些发展，但受到官方的强力控制，始终不能摆脱僵化的模式。清代跨越了中国古代和近代两个历史阶段，鸦片战争前，未受到外来侵略，此时邸报、京报等古代报刊占据着中国新闻传播的主导地位；鸦片战争后，随着世界列强的不断入侵，近代化报刊日益成为中国社会新闻传播的主流媒介。因此，清代媒介批评也可相应地分为古代媒介批评和近代媒介批评两个部分。清代前中期的媒介批评与唐宋元明时期的媒介批评性质相似，亦属于古代媒介批评的范畴。1815年8月5日，《察世俗每月统记传》的出版拉开了中国近代化报刊的大幕，虽然邸报和京报等古代媒体并未因此而遽然消失，而是与近代化报刊并立共存，一直到清朝覆亡十多年之后才寿终正寝，但它毕竟已经不是此后中国媒介舞台上的主角，无法吸引人们主要关注的目光，反而作为日新月异的近代化报刊的陪衬和反面被人评说，其命运必然如秋扇之见捐，渐渐隐入历史的尘封之中。

第二节　鸦片战争之际传教士的媒介批评

英国是世界上最老牌的殖民扩张主义者，从16世纪至20世纪初叶，英国殖民主义者一直在对外大肆进行着侵略扩张活动。19世纪初，英国殖民者来到了古老中国的门口，但他们发现向中国扩张势力困难重重。当时的中国仍处于封建社会发展阶段，个体农业和家庭手工业相结合的自给自足的自然经济在社会经济结构中占据着统治地位，信息闭塞，经济发展迟缓，对外实行闭关政策，对中外贸易限制甚严。为了进入中国，一向与英国殖民活动密不可分的海外传教士，则充当了打开中国大门的先锋。创办近代报刊，是传教士经过摸索后决定采取的旨在规避清廷禁教政策的迂回手段。"中国之有近代报刊，始于传教士。"[1] 据不完全统计，从1815年至1948年，单基督教新教传教士所办的中文报刊就有878种之多，[2] 如若算上天主教系统，则传教士所办中文报刊总数当在千种以

---

[1] 熊月之：《序言》，赵晓兰、吴潮：《传教士中文报刊史》，复旦大学出版社2011年版，第1页。

[2] 转引自赵晓兰、吴潮《传教士中文报刊史》，复旦大学出版社2011年版，第7页。

上。在百年多的时间里，传教士中文报刊经历了初创、发展、辉煌、式微、终结等几个阶段。① 在每个阶段传教士中文报刊所起的历史作用各有差等，并不划一。报刊是言说的工具，批评是其最基本的功能。从媒介批评史的角度看，鸦片战争之际传教士媒介批评的作用，是将西方的近代报刊观念接引到中国社会传播的现实语境之中，为国人开展媒介批评提供了新的专业语汇和理论资源。

在中国报业发展史上，19世纪70年代是"中国人自己办报的时代"。② 换言之，19世纪70年代是中国报业史上的分水岭，此前是外报一统天下时期，从中国近代史的角度看即是两次鸦片战争之际。这一时期中文报刊的主体部分是传教士所办报刊，主要有《察世俗每月统记传》《特选撮要每月纪传》《天下新闻》《东西洋考每月统记传》《各国消息》《遐迩贯珍》《六合丛谈》等。这一时期传教士的媒介批评大多包蕴在所创办报刊的序言、小引等文本之中，在中国近代媒介批评发展史上具有一种发蒙、肇端的意义。

一 《察世俗每月统记传》的媒介批评

1815年8月5日《察世俗每月统记传》问世并以各种方式进入中国人的视野，"无疑给闭关自守的中国提供了以中国统治阶层或上层社会为对象，以反映朝廷动态的官文书等为中心内容的'邸报'以外的另一种报刊形态"。③《〈察世俗每月统记传〉序》是中国近代第一篇具有一定媒介批评意义的文本：

> 看书者之中有各种人：上中下三品，老少、愚达、智昏皆有。随人之能晓，随教之以道。故察世俗书必载道理各等也。神理、人道、国俗、天文、地理、偶遇，都必有些。随道之重遂传之。最大是神理，其次人道，又次国俗，是三样多讲，其余随时顺讲。但人最悦彩

---

① 参见赵晓兰、吴潮《传教士中文报刊史》，复旦大学出版社2011年版，第3—7页。
② 方汉奇主编：《中国新闻事业通史》第一卷，中国人民大学出版社1992年版，第468页。
③ [新加坡]卓南生：《中国近代报业发展史（1815—1874）》（增订版），中国社会科学出版社2002年版，第2页。

色云，书所讲道理要如彩云一般，方使众位亦悦读也。富贵者之得闲多，而志若于道，无事则平日可以勤读书。乃富贵之人不多，贫穷与作工者多，而得闲少，志虽于道但读不得多书，一次不过读数条。因此察世俗书之每篇必不可长也，也必不可难明白。盖甚奥之书不能有多用处，因能明甚奥理者少故也。容易读之书者，若传正道，则世间多有用处。浅识者可以明白，愚者可以成得智，恶者可以改就善，善者可以进诸德，皆可也。成人的德并非一日的事，乃日渐至极。太阳一出，未照普地，随升随照，成人德就如是也。又善书乃成德之好方法也。①

这篇序言初看平淡无奇，但个中其实蕴藏着一种价值评判，蕴藏着对什么样的报刊才是适合读者需要的考虑和理论视角。今天的人们固然可以对这篇序言做出是"一篇外国文化渗透的宣言"②的意识形态解读，但也不得不承认它那种适应中国人阅读习惯、符合中国人欣赏口味、办成适合中国老百姓需要的期刊定位与表现形式，即便是在今天，也仍然具有着可资借鉴之处，更遑论对当时的中国人来说，这是一种多么别样而全新的阅读体验。

二　《东西洋考每月统记传》的媒介批评

普鲁士传教士郭士立创办的《东西洋考每月统记传》是出现在中国大陆的第一种中文近代报刊，郭士立虽然是传教士，但他所创办的《东西洋考每月统记传》则旨在宣扬西方文化的优越性，它几乎每期都有"新闻"专栏，以报道各国的近况，内容上已经完全脱离了宗教刊物范畴，不具有明显的宗教性质。从报业发展史的角度看，该刊的出现标志着中文近代报业发展的一种新趋向。尤其值得重视的是，1834年1月（癸巳年十二月），该刊发表了一篇300余字、题为《新闻纸略论》的文章，这是中文报刊上第一篇关于西方国家报刊出版情况的专文，也是第一篇具有媒介批评性质

---

① 《〈察世俗每月统记传〉序》，《察世俗每月统记传》1815年8月5日创刊号。
② 王翠萍：《一篇外国文化渗透的宣言——简评〈察世俗每月统记传·序〉》，《特区展望》1999年第4期。

的文字，全文如下：

> 在西方各国，有最奇之事，乃系新闻纸篇也。此样书纸乃先三百年初出于义打里亚国，因每张的价是小铜钱一文，小钱一文西方语说加西打，故以新闻纸名为加西打，即因此意也。后各国照样成此篇纸，致今则到处都有之，甚多也。惟初系官府自出示之，而国内所有不吉等事不肯引入之，后则各国人人自可告官而能得准印新闻纸，但间有要先送官看各张所载何意，不准理论百官之政事。又有的不须如此，各可随自意论诸事，但不犯律法之事也。其新闻纸有每日出一次的，有二日出一次的，有七日出二次的，亦有七日或半月或一月出一次不等的。最多者乃每日出一次的，其次则每七日出一次的也。其每月出一次者，亦有非纪新闻之事，乃论博学之文。于道光七年，在英吉利国核计有此书篇共四百八十多种，在米利坚国有八百余种，在法兰西国有四百九十种也。此三国为至多，而其理论各事更为随意，于例无禁。然别国亦不少也。①

从内容上看，这篇文章的主体是介绍性质，从西方国家报刊的起源、报刊形态到刊期和各国报刊数量分布等，都有所涉及。文章虽然简短，但信息量很大，尤其是话语倾向性鲜明，如"在西方各国有最奇之事，乃系新闻纸篇也"一语，看似平淡，但"最奇"一词的刻意使用，语义中不无欣赏之意。短短300余字的文章，多处出现"人人自可告官而能得准印新闻纸""各可随自意论诸事，但不犯律法之事也""其理论各事更为随意，于例无禁"等意义相近的表述，在语言上却没有丝毫的重复累赘之感，显然是一种经过精心推敲的修辞手法，暗含对西方国家新闻自由制度的称道和推广。如此的意义植入，无疑是一种很高明的媒介批评艺术。如果我们注意到这篇文章的标题中"论"一字的使用，则就更能体会到作者的良苦用心。因为在中国的文体中，"论"是一种典型的用以表达作者观点和主观倾向的论说文体。可以说，《新闻纸略论》是以"论"的形式开中国媒介批评之先河。此前人们往往关注到这篇文章的"介绍"性，而相对忽略了其"论"的内核与实质。

---

① 《新闻纸略论》，《东西洋考每月统记传》，道光甲午年正月，1834年1月。

可以说，《东西洋考每月统记传》对西方的言论自由、信教自由十分重视。该刊除了在《新闻纸略论》一文中反复述说外，在1838年（道光戊戌年）三月号的《自主之理》一文中，在介绍个人权利之时再次指出：

> 欲守此自主之理，大开言路，任言无碍，各语其意，各著其志。至于国政之法度，可以议论慷慨。若官员错了，抑官行苛政，酷于猛虎，明然谏责，致申训诫警，如此露皮漏肉，破衣露体，不可逞志妄形焉。且崇上帝，各有各意见，国民若操自主之理，不敢禁神道，而容诸几各随所见焉。虽攻异端，然不从严究治其徒也。各人必按胸自问心意真诚否。①

中国人崇尚谦虚、低调，但《东西洋考每月统记传》却反其道而行之，在刊物中不厌其烦地自我宣传推销，如丁酉正月号（1837）的《序》、丁酉四月号（1837）的《光阴易度》、丁酉十二月号（1838）的《叙谈》《诀言》、戊戌正月号（1838）的《招签题》等，都对该刊进行了自我推销。《诀言》写道："乃此《东西洋考》，书内述有各项事情，可以广览见闻，察之足以明理，而开人心，如灯之能照于暗室也。"② 为了扩大销路而自行宣传，可谓开后来广告形式媒介批评的先河。

三 《遐迩贯珍》的媒介批评

第一次鸦片战争后，外国殖民主义者凭借不平等条约，突破了原来清廷的限制，取得了在中国境内办报的权利，传教士中文报刊获得了较大发展。1853年8月1日，马礼逊教育会创办了中国香港第一份中文媒体《遐迩贯珍》月刊，部分内容如下：

> 中国除邸抄载上谕奏折，仅得朝廷举动大略外，向无日报之类。惟泰西各国，如此帙者，恒为叠见，且价亦甚廉，虽寒素之家，亦可购阅。其内备载各种信息，商船之出入，要人之往来，并各项著作篇

---

① 《自主之理》，爱汉者纂：《东西洋考每月统记传》，道光戊戌年三月号（1838）。
② 《诀言》，爱汉者纂：《东西洋考每月统记传》，道光丁酉年十二月号（1838）。

章。设如此方，遇有要务所关，或奇信始现，顷刻而四方皆悉其详，前此一二人所仅知者，今乃为众人所属目焉。中国苟能同此，岂不愉快？若此寸简，可为中国人之惠，毫末助之，俾得以洞明真理，而增智术之益，斯为吾受无疆之贶也夫！①

在中国新闻发展史上，"《遐迩贯珍》是划时代的刊物"。② 它虽是传教士所办，但以宣传西学而非西教为刊物主旨，它非常注重对西方各国政治制度、历史、地理和科学知识的介绍，注重新闻报道，它的论说倾向十分明显。即便是一些新闻报道，也常常在新闻结尾处发表与之相关的引申性言论。如1855年4月号的《岁客香港进支费项》一文中，在逐项介绍香港政府的年收入、支出后，有一段评论道："尝闻中国与余为友者，说及官府所取于民，不入国库者强半，所受以给兵，而不如数以与者亦然。此言果否，余不敢置议，惟以上所陈大英等国之常例，华夏未有行之，故敢略录其概，庶使行政者于修己治人之方，或未必无小补云。"③ 这已触及对中国政治制度的批评了。与《察世俗每月统记传》和《东西洋考每月统记传》相比，《遐迩贯珍》序言的媒介批评也有很大的发展，它开始把中国的传统邸报纳入论证传教士所办中文近代报刊合理性的逻辑当中，以"仅得朝廷举动大略"强调邸报消息传播的局限性，以"顷刻而四方皆悉其详"来凸显传教士所办的中文近代报刊的优越性，向中国输入近代"日报"的概念和知识。通过比较两者优劣长短达到不证自明、不言而喻的批评效果。

如果说《遐迩贯珍》序言中所进行的媒介批评还比较含蓄的话，那么，它在内文中对京报的批评，就是直言不讳地揭露。《遐迩贯珍》第一期的《西兴括论》在正式报道太平军消息之前，也对中国信息传播的弊端进行了指责，指出中国既无像西方那样的日报，又没有很便利的邮政，传统的信函速度极慢，邸抄又只刊登官宪应奏朝廷之事和皇帝谕旨，军旅之事言之不详。它曾挖苦北京报房《京报》有关太平军的战事消息，"除时地之外，足征不讹者无几"，④ 以此表明自己对新闻真实性的崇奉。

---

① 《序言》，《遐迩贯珍》1853年8月1日第一号。
② ［日］松浦章：《序说：〈遐迩贯珍〉的世界》，沈国威、内田庆市、松浦章编著：《遐迩贯珍：附解题·索引》，上海辞书出版社2005年版，第6页。
③ 《岁客香港进支费项》，《遐迩贯珍》1855年4月1日第四号。
④ 《西兴括论》，《遐迩贯珍》1853年8月1日第一号。

虽然《遐迩贯珍》自己也未必能真正做到它所宣称的"得究事物之颠末，而知其是非"的那样，但这种对新闻真实性的言说和追求确是值得肯定的方向。

值得重视的是，《遐迩贯珍》在中国报业史上首次提出了报刊"体格"的问题：

> 有友劝余将招帖印在贯珍中者，惟嫌体格不合，不便从命。但各商人，如有欲出招帖者，可于下月携至英华书院印字馆黄亚胜处，彼可代印，使自为一册，而附于贯珍之后，如此则招帖可藉贯珍而传矣。西方之国，狃卖招帖，商客及货丝等，皆藉此而白其货物于众，是以尽沾其益。苟中华能效此法，其获益必矣。凡印此招帖者，初次每五十字要银半员，再印者则半其初价。若五十以上，每字加一先士。[①]

这里所谓的"体格"，就是报刊的体例问题，也就是报刊的内容分类、编排等，它直接影响到报刊的性质和外在形态，形塑着报刊的生命个性。《遐迩贯珍》编者这里已经触及了报刊与广告等其他内容的汇整与统一问题。

四 《中外新报》《六合丛谈》的媒介批评

1854 年 5 月，美国浸礼会传教医师玛高温在宁波创办了《中外新报》。1858 年 12 月 19 日，传教士应思理接替玛高温的编辑工作，出至 1861 年 2 月停刊。[②]

在中国媒介批评史上，《中外新报》的第一个贡献就是首先以"新报"为报名，以此与中国的邸报作出区隔，从而显示近代中文报刊的独特意义。第一次鸦片战争前后，国人对西来文化多以"夷"称之，如夷商、夷酋、夷船、夷炮、夷技、夷语、夷情、夷事等，明显带有一种贬低、蔑视的文化意义。当时国人常常把传教士所办的近代中文报刊比附为中国封建

[①] 《〈遐迩贯珍〉小记》，《遐迩贯珍》1854 年 12 月 1 日第十二号。
[②] 参见赵晓兰、吴潮《传教士中文报刊史》，复旦大学出版社 2011 年版，第 127 页。

社会传统体制之内的塘报、邸报、京报,而来自不同文化背景和不同政治体制之内的外国传教士则清楚了解两者是具有本质区别的物事。因此,玛高温给自己创办的这个报刊命名为《中外新报》,看似不经意间其实大有深意焉。在中国的传统文化和语用中,新与旧一直为对待之词,中国早有"苟日新,日日新,又日新"和"周虽旧邦,其命维新"之说,"新"被赋予了希望、前途、光明、生命、生机、生长等诸多附加意义。"中外新报"的命名,显得十分机巧,它无形中把邸报置于"新报"的对立地位,而与"新"之对立的"旧",又常常在另一个语词系统中意味着守旧、过时与落后等意义,明显地暗含一种价值判断色彩。正是在这个意义上,"新报"的命名才具有了媒介批评意义。

应思理在其接编的第一号《中外新报》上,有如下一段文字:

> 窃思,《中外新报》所以广见闻、寓劝惩,故序事必求实际,持论务期公平,使阅者有以兴起其好善恶恶之心。然一人之耳目有限,报内如有报道失实者,愿翻阅之诸君子,明以教我。又,或里巷中有事欲载报内,可至敝寓,商酌补入,无非人求多闻,事求实迹之意,览者愿之。①

作者不仅明确提出了《中外新报》的办刊目的,而且通过对新闻、新闻真实性的强调,显示了该刊不同凡响的媒介形态和新闻生产方式。这对后来《申报》的内容生产方式无疑具有一种示范作用。

在上海的《六合丛谈》创刊前夕,《中外新报》就热心地向读者进行过报道:"明年正月初一日,上海墨海书馆有新刊新报,名曰《六合丛谈》,其纸账有六页,每本计卖价钱十二文。予思新报一事,为中外修好之法。盖彼此事务,得有新报载明,则了如指掌。甚愿五码头人民具有新报可买,则消息不隔远近,一切国事民事,以及商贾买卖,均有利益焉。"②

新闻报道以叙事为主体,但也可以通过语词的选择表情达意。这篇新闻报道,对《六合丛谈》的功能评价,因"了如指掌""均有利益"等语

---

① 转引自赵晓兰、吴潮《传教士中文报刊史》,复旦大学出版社2011年版,第129页。
② 《中外新报》第三卷第十二号,咸丰六年十二月十五日,1857年1月10日。

词的使用而跃然纸上。再如玛高温在该报对同类传教士报刊进行的介绍，也具有一些媒介批评的意义："昔香港新报，名《遐迩贯珍》，上海新报，名《六合丛谈》，因买之者少，亏截浩繁，故皆截然中止。惟予所作新报，浙宁人稍有买之，故每月虽有亏截，而巍然独存。"① 这里"巍然独存"一语是精心选择的结果，它能很好地突出《中外新报》的独特价值和地位。

1857年1月26日，英国传教士伟烈亚力在上海创办了《六合丛谈》月刊，时在香港的第一份中文报刊《遐迩贯珍》停刊半年多之后，所以《六合丛谈》的创刊在一定程度上标志着中文报刊中心从香港向上海转移。《〈六合丛谈〉小引》有云：

> 始吾西人之僻在西隅也，耳目之所及不远，辙迹之所至未周，于时有人采国之奇事异闻，镌板传布，因此一举一动，众无不知，民甚便之。迨后日积月盛，其规渐拓，至于家喻而户晓，不独富贵者能知之，即贫贱者亦预闻焉。军国之政，先睹为快，货值之书，不胫而走，盖几视四海如一室矣。今予著《六合丛谈》一书，亦欲通中外之情，载远近之事，尽古今之变，见闻所逮，命笔志之，月各一编，罔拘成例，务使苍穹之大，若在指掌，瀛海之遥，如同衽席。是以琐言皆登诸纪载，异事不壅于流传也。是书中所言天算舆图，以及民间事实，纤悉备载。粤稽中国，载籍极博，而所纪皆陈迹也。如六经诸子、三通等书，吾人皆喜泛览涉猎，而获其益，因以观事度理，推陈出新，竭心思以探奥窔，略旧说而捌妙法，惟在乎学之勤而已。②

伟烈亚力在这里不仅介绍了西方报刊产生的社会根源及其普通性特征，而且交代了他创办该刊的目的是志在"通中外之情"，从而就揭示了报刊本质上的信息交流功能，以及"苍穹之大，若在指掌，瀛海之遥，如同衽席"的效果。这种效果虽然具有一定的幻想性，但对于欲了解世界的人来说，确实具有很大的诱惑力。此外，他还顺笔对中国此前的信息传播所存在的缺点进行了批评："粤稽中国，载籍极博，而所纪皆陈迹也。"先

---

① 转引自［新加坡］卓南生《〈中外新报〉（1854—1861）原件及其日本版之考究》，程曼丽主编《北大新闻与传播评论》第三辑，北京大学出版社2007年版，第265页。
② 《〈六合丛谈〉小引》，《六合丛谈》1857年第1期。

扬后抑，化解中国人的排拒心理，让读者认同下面的道理：虽然中国的典籍很多，但都不过是有关过去的"陈迹"，无法给人带来对当下情况及其变化的认识，从而巧妙地宣扬和推销了自己所要创办的这个刊物的独特性及重要性。伟烈亚力对报刊"通中外之情"功能的强调，启发和提示了后来国人对报刊功能的认识与理解。19世纪70年代以后，国人开始创办近代报刊的时候，他们几乎无一例外地从这个角度来阐释和论证报刊存在的合法性与正当性。

鸦片战争之际传教士所创办的报刊是中国近代中文报业发展史的第一阶段，即"宗教月刊时期"①。主办者清一色都是传教士。报刊内容除了宗教教义阐释，夹杂着时事、自然科学与地理知识、广告等。版式上以书本形态编印，每期线装一册，不仅种类少，而且存世时间短。为了尽可能多地影响中国读者，改变中国人对西方宗教与西方事物的看法，所有的刊物对中国读者几乎都是免费赠阅，但即便如此，发行数量也十分有限。这一时期的中文近代报刊除了有固定出版周期这个时间性特征比较突出，基本上与一般传教的小册子区别无多，其新闻媒介性并不鲜明。另外，传教士创办报刊，并非志在发展新闻事业，而只是将之作为传教的利用工具而已，对新闻媒介本身并没有太多的兴趣。也正因如此，鸦片战争之际传教士关于报刊的言说，媒介主体意识较弱，只具有初始性的媒介批评意义。

第三节　鸦片战争之际国人的媒介批评

在人类历史上，一个新时代开始之时，时代入口处的人往往浑然不觉。1815年，中国农历乙亥年，也是大清王朝第七个（清军入关后第五个）皇帝——嘉庆登基二十年，这一年在中国的历史上仿佛波澜不惊。如果非要找出一点与后世牵扯的蛛丝马迹，那么，这两个事件倒是有些意义：三月，朝廷颁定搜查洋船鸦片章程；十月，西洋人兰月旺违禁潜入内地传教，于湖南耒阳被捕处绞。这在当时也算不上什么惊天动地的大事，如果不是历史学家耐心地打捞和记载，可能都已经化作过往云烟，成为乌

---

① ［新加坡］卓南生：《中国近代报业发展史（1815—1874）》（增订版），中国社会科学出版社2002年版，第205页。

有。不过，这一年却有一件当时很多国人都没有惊觉的小事，却注定载入中国史册，即8月5日，英国传教士米怜在马六甲出版了《察世俗每月统记传》月刊。这是世界上第一份中文近代报刊，虽然该刊并非诞生在中国本土，但刊物锁定的读者对象却是中国广大民众，因此，世人公认该刊的诞生，标志着中国报刊迈入了近代的大门。虽然这扇大门开启得是那么缓慢滞涩，但历史毕竟由此而翻开了新的一页。

一　国人对《察世俗每月统记传》的批评

阅读是媒介批评的必要前提和条件。《察世俗每月统记传》是免费赠阅，读者每月初一至初三可到米怜处领取，外地华人函索即寄，同时也"借友人通信游历船舶之便，以传布于南洋群岛、暹罗、安南各地华侨荟萃之区，而中国境内亦时有输入。"① 因为南洋与大陆天遥水隔，在当时往来极为不便，增添了该刊输入中国境内的困难。当时清朝政府采取严厉的禁教政策，自从1759年发生洪任辉至天津控诉的事件后，清政府把中国人和外商的接触视为隐患。为了防止再发生此类事件，是年，两广总督李侍尧规定了《防夷五事》，着重点是防止中国人与外商接触，尤其是对那些书籍小册子之类防范尤严。1832年（道光十二年），闽省渔户杨某在大洋面上与夷船用鱼换米，并得西人所赠书册。结果，在官府的干预下"起获夷书，咨请军机处，恭呈御览"，并招致上谕对督抚的切责和追究："查阅纸片字画，直系内地手笔，何似之有？且书内语句，多不成语。该抚所奏，无非上下朦混规避而已。"② 《察世俗每月统记传》自创刊后，相继持续了7年，1822年2月因主编米怜病重而停刊，共出版7卷80余期。

魏源《海国图志》百卷本第五十三卷《英吉利国广述下》曾经引述了如下一节文字：

<blockquote>麻六甲者，《明史》之满剌加也。不知何年建华英书院，凡英夷</blockquote>

---

①　米怜：《基督教在华最初十年之回顾》，转引自方汉奇《中国新闻事业通史》第一卷，中国人民大学出版社1992年版，第256—257页。
②　中国史学会编：中国近代史资料丛刊《鸦片战争》（一），上海神州国光社1954年版，第95—97页。

学汉字者居之。又于新嘉坡建坚夏书院，凡弥利坚夷学汉字者居之。经、史、子、集，备聚其中，才秀者入院肄业，以闽粤人为导师。月刊书一种，谓之《每月统纪传》。或录古语，或记邻藩，或述新闻，或论天度地球，词义不甚可晓，而每月皆有市价篇，取入口、出口各货，分别等差，而详其价目焉。盖善贾市，争分铢，而王之俸饷经费，一皆于此取办，尤所措意也。①

这节文字源出萧令裕的《英吉利记》，在《海国图志》百卷本第五十三卷《英吉利国广述下》的开头即有"《记英吉利》，道光十二年清河萧令裕"的明文记载。

萧令裕（1789—1854），字梅生，淮安府清河县（今江苏淮安市）人，早年在淮安榷关充任文案之职。1821 年，萧令裕应两广总督阮元之邀，前往广州充任总督府幕僚。此时他即开始敏锐地认识到英国崛起所构成的威胁及鸦片贸易对中国的巨大损害，撰有《粤东市舶论》《英吉利记》等著作，提出一系列富有远见的强国御侮主张，影响深远。②《海国图志》中所载的《记英吉利》即是萧令裕的《英吉利记》。此文被王锡祺的"小方壶斋舆地丛钞再补编本"收录，后世研究鸦片战争的相关文献史料工具书，如中国史学会主编的中国近代史资料丛刊《鸦片战争》、杨家骆主编的《鸦片战争文献汇编》等，多据此收录。这篇文章撰写于道光十二年，即 1832 年。这在《海国图志》中有准确无误的标示。普鲁士传教士郭士立于 1833 年 8 月 1 日创刊于广州的《东西洋考每月统记传》，是中国境内第一份由传教士创办的近代化中文报刊。萧令裕撰写《英吉利记》时，《东西洋考每月统记传》还没有问世。显然，该文提到的《每月统纪传》绝无可能是《东西洋考每月统记传》，而只能是另外的刊物。

在《东西洋考每月统记传》之前，世界上还出现过两种以"每月统记（纪）传"命名的中文近代报刊。一是 1815 年 8 月 5 日创刊于马六甲的《察世俗每月统记传》，伦敦布道会传教士米怜主编，该刊前后持续了 7 年，1822 年 2 月因米怜病重而停刊；二是 1823 年 7 月创刊于巴达维亚

---

① 魏源：《海国图志》（上），岳麓书社 1998 年版，第 1453 页。
② 王泽强：《萧令裕的强国御侮思想》，《光明日报》2016 年 7 月 4 日。

（今印度尼西亚的雅加达）的《特选撮要每月纪传》，该刊由曾经在米怜外出期间代编过《察世俗每月统记传》的英国传教士麦都思任主编，1826年停刊，目前存世的只有藏于英国伦敦博物馆的创刊号和第三期两册。虽然《察世俗每月统记传》与《特选撮要每月纪传》表面上为两种不同的中文期刊，但本质上实为一种。两刊都由伦敦布道会创办，《特选撮要每月纪传》的主编麦都思也曾参与《察世俗每月统记传》的编辑工作，两刊不仅在内容和精神上一致，外观形式上也相近，都以中国书本式样刊印，封面上名字及出版年号的排列位置也都十分相似，故而报刊史专家卓南生先生称《特选撮要每月纪传》是《察世俗每月统记传》的"巴达维亚版"[1]，可谓一语道出两刊二而一的关系。

萧令裕《英吉利记》文中"月刊书一种，谓之《每月统纪传》。或录古语，或记邻藩，或述新闻，或论天度地球，词义不甚可晓"的评述，虽并未指明该"月刊书"到底是《察世俗每月统记传》还是《特选撮要每月纪传》。但若细绎文意，笔者认为，此处"月刊书"应该是指《察世俗每月统记传》而非《特选撮要每月纪传》。因为《特选撮要每月纪传》的封面刊名是"每月纪传"，而非"每月统记传"，两者虽然在内容和形式方面有诸多相似，但两者名称的不同也较为明显。因此"月刊书一种，谓之《每月统纪传》"的期刊，也只能是《察世俗每月统记传》而非《特选撮要每月纪传》了。

萧令裕《英吉利记》一文写作于1832年，其时《察世俗每月统记传》虽然已经停刊多年，但还在世上以这样或那样的方式流传着。该刊虽然刊印于马六甲，但发行对象则是以云集东南亚各地的华侨和中国本土的中国人为主，通常是免费分送给槟城、暹罗、安南等东南亚各地的华侨，分送方法是通过朋友、通讯员、旅行者及船运等方式。在最初三年里每月只印刷500份左右，1819年每月达到1000份，每年年底还将一年的内容合订成书发行，其中一些重要的文章也曾印成小册子广泛颁行。因此，虽然《察世俗每月统记传》1822年的时候已经停刊，但其后很长一段时间里仍然在民间广泛地流传着则是应有之事。

---

[1] ［新加坡］卓南生：《中国近代报业发展史（1815—1874）》（增订版），中国社会科学出版社2002年版，第39页。

二 国人对《特选撮要每月纪传》的批评

1822年初,为了加强伦敦布道会在恒河以东的传教活动,此前在马六甲与槟城等地有过"文字播道""教育播道"经验的麦都思抵达了巴达维亚(雅加达)。他从中国带来了刻字工人,准备出版中文书刊。因此,在《察世俗每月统记传》停刊不久,麦都思就在1823年出版了《特选撮要每月纪传》。在该刊创刊号的序文中,麦都思明确宣布,该刊志在继承《察世俗每月统记传》的未竟事业:"弟如此继续此察世俗书,则易其书之名,且叫做《特选撮要每月纪传》。此书名虽改,而理仍旧矣。"① 确如其夫子自道,《特选撮要每月纪传》在内容上与《察世俗每月统记传》几无二致,都是以阐扬"神理"为中心,再辅以人道、天文及地理等知识介绍。不过,二者也不是完全雷同:不仅"《特选撮要》的说教色彩要比《察世俗》略为浓些",② 而且"对于中国人的风俗、习惯及其传统的宗教,都毫不客气地予以抨击"。③ 麦都思在自述其利用书刊传教方式时曾说:

> 为了唤起人们的注意,我采取下列的手法:传教者有时带着几本小册子,跑到公共场所坐下来朗读给周围的人听。接着,围观的人多了,传教士就开始阐述其小册子的内容。最后,则分发几本小册子给他们,一般反应还不错。由于差不多每天都到此唐人街,因此有机会和所有到此消闲的人打交道。为了达到这目的,我不放弃任何的时机,并选择最方便与人对话的良好地点。④

虽然发行的方式很灵活,而且发行者也颇锲而不舍,但这样内容和倾

---

① 《特选撮要序》,《特选撮要每月纪传》道光癸未年六月号(1823年7月号)。
② [新加坡]卓南生:《中国近代报业发展史(1815—1874)》(增订版),中国社会科学出版社2002年版,第39页。
③ [新加坡]卓南生:《中国近代报业发展史(1815—1874)》(增订版),中国社会科学出版社2002年版,第41页。
④ 转引自[新加坡]卓南生《中国近代报业发展史(1815—1874)》(增订版),中国社会科学出版社2002年版,第42页。

向的刊物，则必然会招致当时很多国人的极度反感。麦都思曾经在回忆录中述及：在有关中国人佳庆宴会的小册子中，由于直截了当地抨击了他们的迷信行为，因此触怒了偶像的崇拜者。其中有一个人还坐下来，在其小册子上对教会提出反驳：

> 在小册子上，他指责穷凶极恶的蛮夷竟想要改造天朝之民，真是荒唐与无知之极。他还指出，为了本身的利益，把毒品与鸦片等推广至中国民间，毒害他人，足见蛮夷缺乏仁义之心。他列举道：派遣军舰与军队到他国抢劫并占为己有者，是无法伴装为义者的。至于允许男女在公开场合同时露面并在街上牵手阔步而行，则说明了他们丝毫没有羞耻心。除此之外，他们还拒绝接受古代先王之遗训，显示他们不求上进。在实际上，信是蛮夷惟一可以自我标榜的道德。在五伦之中，居然缺了四项，人们怎能期待他们改造他人？①

正是基于上述对西洋人输入鸦片、派遣军舰肆无忌惮地侵略他国的行为极其不满，中国人对西方传教士所倡议的博爱与礼仪等，充满怀疑。为此，他们认为传教士所刊印的传教小册子（其中估计也包括《特选撮要》）是金钱的浪费。"一名读者还将传教士的印刷品置于地上，予以践踏"，② 以表达该读者的极端憎恶。

麦都思的回忆，证明了《特选撮要每月纪传》及其他传教小册子并没有真正获得中国民众的接受。但这种"予以践踏"的行为本身，恰恰是一种比话语更直观、更生动，也更强烈的媒介批评方式，它鲜明地表达了中国民众对该刊的价值判断和阅读态度。

三 林则徐对外人报刊的批评

在《特选撮要每月纪传》于1826年停刊后，以伦敦布道会为中心的

---

① 转引自［新加坡］卓南生《中国近代报业发展史（1815—1874）》（增订版），中国社会科学出版社2002年版，第41页。
② ［新加坡］卓南生：《中国近代报业发展史（1815—1874）》（增订版），中国社会科学出版社2002年版，第41页。

西方传教士在鸦片战争前又先后发行了《天下新闻》（1828—1829）、《东西洋考每月统记传》（1833—1838）及《各国消息》（1838—?）等中文报刊。《天下新闻》的出版地是马六甲，而《东西洋考每月统记传》和《各国消息》的出版地则是中国广州。《东西洋考每月统记传》的出版时间较长，发行面广，对中国人影响也较大。《各国消息》的内容安排迥异于此前的几种传教士所办报刊，它完全排除了传教文章，转而重点介绍各国的国情及商业讯息，不仅"为后来者提供了另一编辑方针的模式"，① 作了有意义的示范，更反映了当时从事对外贸易的中国商人群体已经开始出现，以及他们对海外讯息与商业情报不断增长的时代需求。只是令人遗憾的是，《各国消息》存世时间不长，只出版数期即告停刊。此外，外国人还在澳门和广州等地先后出版了《蜜蜂华报》《中国丛报》等多种葡文和英文报刊。这些报刊在鸦片战争之际也受到了林则徐等人的关注。

林则徐于1838年末受命为钦差大臣，前往广州禁烟。到任伊始，他即发现沿海文武员弁不谙夷情，只是震于英吉利之名，道听途说，而实不知其来历。林则徐早年潜心于经世致用之学，是一位头脑比较开明和清醒的官员，本着知己知彼、百战不殆的战略考虑，他十分注意情报搜集工作。他到达广州后，一方面即行"指点洋商、通事、引水二三十位，官府四处探听，按日呈递"。② 为了更详细地了解夷情，他不仅派人广泛地搜集了在广州、澳门出版的外国报刊，如《广州周报》《广州纪事报》《中国丛报》等，还搜集了一些英文出版的书籍，包括商业情报和传教小册子，并物色和组织翻译人才，选择译出呈报。③ 他在给怡良的一封信中有言："新闻纸零星译出，前本散漫，兹令抄齐统订数本，奉呈台览。惟其中颇多妄语，不能据以为实，不过藉以采访夷情耳。"④ 通过翻译和阅读外人报刊，林则徐确实了解不少夷情。1841年4月，当时他已被削职，但因有"协办夷务"之旨，所以他在致奕山的信中还曾详细地述及该事过程，并将之作为

---

① ［新加坡］卓南生：《中国近代报业发展史（1815—1874）》（增订版），中国社会科学出版社2002年版，第64页。
② 《论中国道光十九及二十年新闻纸》，魏源：《海国图志》，平庆泾固道署1876年版，卷81，转引自方汉奇主编《中国新闻事业通史》第一卷，中国人民大学出版社1992年版，第449页。
③ 杨国桢：《林则徐传》，人民出版社1995年版，第217页。
④ 杨国桢编：《林则徐书简》（增订本），福建人民出版社1985年版，第46页。

"制夷"的重要手段之一提出：

> 其澳门地方，华夷杂处，各国夷人所聚，闻见最多，尤须密派精干稳实之人，暗中坐探，则夷情虚实，自可先得。又有夷人刊印之新闻纸，每七日一礼拜后，即行刷出，系将广东事传至该国，并将该国事传至广东，彼此互相知照，即内地之塘报也。彼本不与华人阅看，而华人不识夷字，亦即不看。近年雇有翻译之人，因而展转购得新闻纸，密为译出。虽近时间有伪托，然虚实可以印证，不妨兼听并观也。①

这段话比较全面地反映了林则徐对外国新闻纸的评价：第一，他认为新闻纸是"将广东事传至该国，并将该国事传至广东，彼此互相知照"的一种工具，即具有内外信息沟通的功能和作用；第二，"近时间有伪托"，也是前述所言的一种"妄语"表现，即并不完全真实可信，说明对其信息真实性，林则徐有着自己的判断，这种判断既是真实性判断，也是一种价值判断，是对其存在状态的一种主观倾向性分析，具有媒介批评的性质；第三，"即内地之塘报也"，反映了林则徐面对这种近代报刊，并没有一味排拒，而是理性待之，并力图为其寻找一个合理化的解释，以纳入自己的知识结构之中，表现了作为一个民族伟人超迈同侪的卓特之处。书信是林则徐媒介批评的言说方式，这与一般公开性的媒介批评有别。在一定的意义上可以说，林则徐更多的是以一种亲自接触、利用的实践方式，为中国近代媒介批评的生成和发展创榛辟莽，前驱先路。

三 魏源对近代报刊的认知与批评

魏源与林则徐一样，是中国近代史开端时期第一批能开眼看世界的杰出思想家，他的思想和著述对中国的近代化产生了深远的影响。鸦片战争期间，国人已注意到了"英逆每日阅看京报"②的事实。实践是最好的老

---

① 杨国桢编：《林则徐书简》（增订本），福建人民出版社1985年版，第174页。
② 中国第一历史档案馆编：《鸦片战争档案史料》第五册，天津古籍出版社1992年版，第673页。

师。鸦片战争前，中国长期以"天朝上国"自居，视所有的外国为"蛮夷之邦"。"鸦片战争中，统治集团始而盲目虚骄，终而屈膝投降，前后两番表演，原因实是一个，即对外国事务极度茫然无知。"① 战争结束以后，最迫切的问题本应是放下天朝的架子，获取世界知识，以便找出中国与世界的差距，迎头赶上。但是当权的封建统治阶级已经腐朽透顶，完全丧失了应付重大事变的能力，只图侥幸得以苟安，不惜出卖民族利益，还自己打肿脸充胖子，讲些"抚之以恩""暂事羁縻"等自欺欺人的胡话。作为当时最有识见的改革家和思想家之一，魏源在突然而至的国难面前，始终保持着相对清醒的头脑。他既坚决主张抵抗侵略，又努力寻求对付侵略者和实现民族自强的道路。在鸦片战争爆发之前，他就与其朋友龚自珍一样，"惯于外事"，② 他在鸦片战争中通过审问战俘和其后编写《海国图志》的过程中形成了对西方以及世界的系统性认识，其中也包含他关于近代化报刊的一些了解和判断。

魏源的《海国图志》一百卷本是一部划时代的伟大著作，这部著作得力于《东西洋考每月统记传》者不少。据历史学者黄时鉴先生统计："魏源引用《东西洋考》凡13期，文章达24篇，自然，其中多数是与世界地理有关的文章。若按篇目内容分别计算，《海国图志》引用《东西洋考》的文字达28处。从《东西洋考》看，它刊出的世界地理文章35篇总数之中18篇被魏源引述。从《海国图志》看，魏源所引录的他那个时代的7种西书约257处，其出自《东西洋考》者占第4位，约占引录总数（处）的十分之一强。"③ 按魏源撰著《海国图志》的体例看，他大约没有得到全部的《东西洋考》各期，若他读到的更多，他当引用得更多一些。但即使情况确实如此，《东西洋考》无疑也是他写成《海国图志》的主要参考文献之一。

魏源除了通过《东西洋考每月统记传》、萧令裕《英吉利记》中有关文字介绍来了解近代报刊，《海国图志》中还有如下一些地方触及近代新闻事业。

---

① 陈其泰、刘兰肖：《魏源评传》，南京大学出版社2005年版，第437页。
② （清）魏源：《定庵文录序》，《魏源集》，中华书局1983年版，第239页。
③ 黄时鉴：《〈东西洋考每月统记传〉影印本导言》，《黄时鉴文集》（Ⅲ），中西书局2011年版，第323—324页。

第一，百卷本《海国图志·英吉利国广述上》："英国字母最少，翻译中国《四书》、《五经》及各著述，又刊印逐日新闻纸，以论国政。如各官宪政事有失，许百姓议之，故人恐受责于清议也。"①

第二，百卷本《海国图志·英吉利国广述中》："澳门所谓新闻纸者，初出于意大里亚国，后各国皆出，遇事之新奇及有关系者，皆许刻印散售，各国无禁。苟当事留意探阅，亦可觇各国之情形，皆边防所不可忽也。"尤其值得注意的是，魏源在辑录这段文字后，加了一段按语，表达自己的理解和观点，其中有"探阅新闻纸亦驭夷要策"②之语。

第三，百卷本《海国图志·西洋器艺杂述》："西国书籍，或以铅字摆板，或以铜字刊板。其摆板不过二十六字，如中华之点画钩剔，所印除经史诗词歌赋外，并印刷新闻纸。其纸各家不同，约千余样，始如欧巴罗刊刷，录见闻布告四方。其纸长至五尺，阔至三尺，其纸不订装，底面皆印字。或每日一出，或七日出三四张，或半月出一张不等。每一出，多者约有二万张，少者约有五百张。每年收看新闻银一元至十二元不等。内载船只往来时日，货物价值增减，买卖田地、租赁房屋时价，并官员、士子、兵丁言行，及天下一切事物。此外亦有每月新闻书，书内载钦天监、医生、乐工、律例、学问、劝世文等事。其书有一季一出者，约二三百篇；亦有如中华之时宪书，一年一出者，约三四百篇，内载日月出没薄蚀之原由，士农工商本年应如何营作，各国本年人数增减，惟无吉凶趋避之日，然亦不过史传、舆地志、先贤言行记略，并天文、音乐、大小学、文章、劝世文等书。"③ 这里至少已有着对西方新闻媒体形式和内容上的某种了解与认识。

可见，魏源对国外近代报刊的情报（信息）、"清议"（舆论监督）功能，以及近代报刊的形制和时间性等，都有一定的了解，亦非全然没有批评，只是《海国图志》成书的辑录方式限制了他的言说表达。从生平履历上看，魏源从未走出中国一步，除了1847年短暂的香港、澳门之游产生的心灵震撼，他对西方近代文明基本上不是切身体会、感受，加之语言的障碍，他撰著《海国图志》的史料基本上是书本、图片、西人报纸等间接材

---

① （清）魏源：《海国图志》，中州古籍出版社1999年版，第333页。
② （清）魏源：《海国图志》，中州古籍出版社1999年版，第345页。
③ （清）魏源：《海国图志》，中州古籍出版社1999年版，第458—459页。

料，采用的是以辑录为主的传统舆地著作成书方式。从现有资料上看，还根本无法得出魏源对该刊抱持有不屑一顾或不理解的阅读态度。相反，若魏源对该刊抱持不屑一顾、不理解的态度，又怎会在《海国图志》中大量征引《东西洋考每月统记传》的内容呢？其实，征引行为的本身倒是充分说明了魏源对该刊可能抱持着一种理解和尊重的态度，只是对其中有关宗教、伦理道德的说明和宣介可能不予苟同罢了。

媒介批评作为社会对媒介及其传播活动的评价活动，反映了人类社会对媒介及其活动不断认识与深化的过程和规律。从萧令裕的《英吉利记》到魏源的《海国图志》，清晰地显示了鸦片战争前后中国人对国外报刊从排拒、不屑一顾，到征引、吸收的态度转变轨迹。现实是最好的老师。在与外国人打交道的过程中，国人对近代新闻事业的印象日益深刻。林则徐翻译外报的做法因其抗英的民族英雄形象而被视为一种切要、明通之举，进入社会大众的叙述和记忆之中，以故咸丰八、九年间，因英、法构衅，广州、上海等地的清廷官员，就经常收集新闻纸，并把有关新闻上奏，咸丰也曾多次转发新闻纸上的有关情况给相关官员。近代报刊正是在这种方式下强迫性地进入了中国人的日常生活，给国人带来了不同于邸报及其他传统信息方式和工具的现代性体验，从而慢慢开始塑造一种新型的个体与个体、个体与社会之间的信息联结关系。

一个时代性的转变就要开始了。

第四节 洪仁玕的媒介批评

洪仁玕（1822—1864），字谦益，号吉甫，广东花县官禄布村人。他是太平天国天王洪秀全的族弟，也是"拜上帝会"最早的参加者之一。从1843年起，他就跟随洪秀全在故乡花县一带进行反清革命活动。1851年洪秀全金田起义，洪仁玕曾两次率领一些拜上帝会的成员前往广西，但困于清军封锁堵击，都未能与太平军会合。1852年至1858年，洪仁玕流亡在广东东莞和上海、香港等地，以授馆收徒、行医谋生，其间他结识了很多著名的英美传教士，如麦都思、理雅各、湛孖士、慕维廉、艾约瑟等人，也曾在香港与我国第一个毕业于美国耶鲁大学的留学生、著名外交家和教育家容闳会面。他不仅学习西方的天文学、数学和医学等自然科学知识，而且十分留心考察西方资本主义世界的"体制情伪"①，探讨其社会政治学说，分析英美等国的治理制度，思考它们何以能比中国富强，从而为以后写作具有指向"中华共和国——自由、平等、博爱"（马克思语）②的近代民主主义气息的《资政新篇》作了思想上的准备。1858年，洪仁玕借机离开香港，不避艰难险阻，于1859年辗转到达天京，被洪秀全封为"精忠军师干王"，任命他"总理朝纲"，成为太平天国后期洪秀全的重要助手。洪仁玕到达天京后，为了扭转太平天国已日趋严重的发展颓势，他即着手撰写了以大规模倡导和发展资本主义为主题的重要理论文献《资政新篇》，较为集中地表达了他治国理政的政治思想，其中也包含他对新闻及其传播所作的理论思考与价值判断。

一

据洪仁玕自述，在上海、香港的几年中，他曾"在夷馆学习天文历数"③。虽然洪仁玕并没有明确叙述到他阅读报刊的经过和体验，但众所周知，西方传教士开办的"夷馆"不仅是当时的报刊出版中心，而且当时很多"天文历数"知识就是以近代报刊作为主要的载体之一，因为西方传教士之所以在报刊上刊载这些科学知识，目的之一也就是为了吸引中国人的阅读以达到传教的诉求。所以，洪仁玕接触并阅读到西方传教士所办的中外文报刊自然是题中应有之义。马光仁先生曾指出，19世纪50年代，上海"麦家圈"的墨海书馆在中国新闻史上功不可没，因为这里培养了上海乃至中国最早的一批报人。"主张办报的太平天国要员洪仁玕，也一度寄居在'麦家圈'墨海书馆，他的新闻思想形成，与在'麦家圈'受到的启迪有关。"④耳濡目染，洪仁玕对近代新闻媒介的政治和社会功能自会有所体认，并将之与西方的政治制度及其运作联系起来一并进行思考。因此，他在《资政新篇》中论述如何治国理政的时候，虽然其着力处并不主要在新闻上面，但他自然而然地就将报刊纳入了其政治体制改革的系统运作之

---

① 扬州师范学院中文系编：《洪仁玕选集》，中华书局1978年版，第80页。
② 转引自李泽厚《中国近代思想史论》，人民出版社1979年版，第29页。
③ 扬州师范学院中文系编：《洪仁玕选集》，中华书局1978年版，第79页。
④ 马光仁主编：《上海新闻史（一八五〇——九四九）》，复旦大学出版社1996年版，第35页。

中，从国家政治结构的角度对报刊进行功能性设计，以期借助报刊来帮助他实现经天纬地的宏大目标与壮志雄心。

洪仁玕在《资政新篇》中，以"治国必先立政，而为政必有取资"①为出发点，从国家政权整体结构的层面，对媒体的社会角色及其存在提出了如下一些制度上的设计。

第一，报纸是实现民主政治的重要工具。洪仁玕主张依靠报纸来实现太平天国中央与地方的信息沟通，从而达到巩固国家政权的目的："要自大至小，由上而下，权归于一，内外适均而敷于众也。又由众下而达于上位，则上下情通，中无壅塞弄弊者，莫善于准卖新闻篇或暗柜也。"②信息沟通固然有多重渠道和方式，但在洪仁玕看来，其他渠道和方式，都没有新闻媒体来得有效，"莫善于"的结论，显然是建立在对各种信息沟通渠道和方式进行了一番功能和效果比较而后所得出的判断。在任何时代和社会中，信息渠道的通畅都是权力正确行使的前提和保证。如信息沟通出现壅塞，势必出现权力梗阻，弄权、滥权现象就会出现甚至泛滥成灾，最终将危及国家政权的存废。"有新闻篇以泄奸谋，纵有一切诡弊，难逃太阳之照矣。"③这里已是对新闻传播舆论监督功能的认识，"太阳之照"的比喻不仅新鲜，而且异常独到深刻，让人不由得联想到后世西方国家以"阳光法案"称谓相关信息自由法案所具有的某种政治修辞学的意义。

第二，报纸具有统一全民意志、移风易俗的社会教育功能。洪仁玕认为，"设新闻馆以收民心公议，及各省物价低昂，事势常变。上览之得以资治术，士览之得以识变通，商农览之得以通有无，昭法律，别善恶，励廉耻，表忠孝，皆借以行其教也"。④因教行而法著，法著则知恩，民众知悉规矩，就会互相劝诫，因此社会就才德日生，风俗日厚，社会风气就不断走向纯洁和敦厚。新闻传播这样就可以改变社会风气，起到一种潜移默化而又十分强大的伦理教化作用。这对国家的法律治理无疑是一种强大的维护和帮助。工、士、商、农，分别代表了当时社会的各个阶层，显然，新闻馆的设立，在洪仁玕的眼里，拥有着一种普遍的社会公益价值。正是

---

① 扬州师范学院中文系编：《洪仁玕选集》，中华书局1978年版，第3页。
② 扬州师范学院中文系编：《洪仁玕选集》，中华书局1978年版，第13页。
③ 扬州师范学院中文系编：《洪仁玕选集》，中华书局1978年版，第5页。
④ 洪仁玕：《资政新篇》，转引自方汉奇主编《中国新闻事业通史》（第一卷），中国人民大学出版社1992年版，第463页。

在这种社会公益的层次和意义上,新闻传播才能起到统一全民意志的某种教化和规制作用。

新闻媒体及其传播要真正起到舆论监督和社会教化作用,其前提是新闻媒体拥有一定的独立的社会地位。关于新闻媒体在社会结构中的角色定位,洪仁玕也有明确设计:"兴各省新闻官,其官有职无权,性品诚实不阿者,官职不受众官节制,亦不节制众官,即赏罚亦不准众官褒贬,专收十八省及万方新闻篇有招牌图记者,以资圣鉴,则奸者股栗存诚,忠者清心可表,于是一念之善,一念之恶,难逃人心公议矣。人岂有不善,世岂有不平哉。"① 新闻工作者独立社会地位的设计,确是很有必要。因为一旦新闻传播受到某种社会势力的裹挟和掣肘,就容易产生片面与偏私,无法做到真实、客观、公正的报道,舆论监督势必就会演变成自欺欺人的一句空话。值得注意的是,洪仁玕在《资政新篇》中还触及了如果新闻报道发生失实,社会应该如何处理的问题。他主张应该宽容待之:"朝廷考察,若探未实者,注明有某人来说,未知是否,俟后报明字样,则不得责之也。"② 就是说,只要态度认真负责,即便有报道不实之处,也不应该过分地责备,以免阻遏新闻传播的发展。

二

新闻传播一般借助于语言文字予以表达,而语言文字的使用总会体现话语主体的某种主观色彩或倾向,体现其背后的某种时代性。当语言使用在一定时段内形成某种倾向或潮流的时候,就形成了某种文风。因此,文风是社会上带有普遍性的话语实践倾向,体现某种社会风气与时代症候。从社会治理的角度看,文风不是可有可无的小事,而是涉及一个时代的思想价值和精神定位。优良的文风可以促进社会的发展,也是社会进步的表现;恶劣的文风则会阻碍社会的进步,是社会危机的征兆。古往今来,有眼光、有作为的政治家往往都很重视文风问题,推崇平易、质朴、实在的语言风格。

洪仁玕在多种场合对新闻宣传活动中的文风问题进行过论述。他力主

---

① 扬州师范学院中文系编:《洪仁玕选集》,中华书局1978年版,第15—16页。
② 扬州师范学院中文系编:《洪仁玕选集》,中华书局1978年版,第15页。

在新闻传播中戒浮文、弃巧言，推崇写实。在《资政新篇》中，他提倡浅明通俗的文体，把真实作为新闻写作中文风的首要标准加以强调："新闻馆以报时事常变，物价低昂，只须实写，勿着一字浮文。倘有沉没书札银信及伪造新闻者，轻则罚，重则罪。"① 值得称道的是，洪仁玕还具体设计了新闻采写及其发行、传播的具体方式，即将新闻与邮政系统合二为一，"邮亭由国而立，余准富民纳饷，禀明而设，或本处刊卖，则每日一篇，远者一礼拜一篇，越省则一月一卷，注明某处某人某月日刊刻，该钱若干，以便远近采买。"② 显然，这一设计得之于他在香港的实地考察。

1861年，洪仁玕与幼赞王蒙时雍、殿前忠诚二天将李春发，根据洪秀全的指示，联名向全国发布了一篇关于改革文风的《戒浮文巧言谕》的谕文，从国家政治的高度阐述了形成去浮存实文风的必要性，堪称我国近代史上由国家领导人倡导和发动的一次文风大革命。洪仁玕在宣谕中指出：文以纪实，浮文在所必删；言贵从心，巧言由来当禁。他认为洪秀全此前之所以删改六经，就是为了弃伪留真，去浮存实，以使人人共知虚文之不足尚，而真理自在人心也。《戒浮文巧言谕》对当时一些流行的陈年套语进行了分析和批判：

> 况现当开国之际，一应奏章文谕，尤属政治所关，更当朴实明晓，不得稍有激刺、挑唆、反间，故令人惊奇危惧之笔。且具本章不得用龙德、龙颜及百灵、承运、社稷、宗庙等妖魔字样。至祝寿浮词，如鹤算、龟年、岳降、嵩生及三生有幸字样，尤属不伦，且涉妄诞。推原其故，盖由文墨之士，或少年气盛，喜骋雄谈。或新进恃才，欲夸学富，甚至舞文弄笔，一语也，而抑扬其词，则低昂遂判。一事也，而参差其说，则曲直难分。倘或听之不聪，即将贻误非浅，可见用浮文者不惟无益于事，而且有害于事也。
>
> 本军师等近日登朝，荷蒙真圣主面降圣诏：首要认识天恩、主恩、东西王恩；次要实叙其事，从某年月日而来，从何地何人证据，一一叙明，语语确凿。不得一词娇艳，毋庸半字虚浮，但有虔恭之意，不须古典之言，故朕改字典为字义也。本军师等朝奏钦遵之下，

---

① 扬州师范学院中文系编：《洪仁玕选集》，中华书局1978年版，第15页。
② 扬州师范学院中文系编：《洪仁玕选集》，中华书局1978年版，第15页。

不胜敬凛,为此特颁誯谕,仰合朝内外官员书士人等一体周知:嗣后本章禀奏以及文移书启,总须切实明透,使人一目了然,才合天情,才符真道。切不可仍蹈积习,从事虚浮,有负本军师等谆谆谕诚之至意焉。①

确乎如此,诸如"鹤算""龟年""岳降""嵩生"及"三生有幸"等字样,在语用上更多地只具有形式和修辞上的价值,于意义的表达上并没有太多直接的帮助,有时反而会造成思维和理解上的某种延宕,阻碍事物意义的传达和接受,影响意义传播的时效性。

虽然魏文帝曹丕曾盛赞:"盖文章,经国之大业,不朽之盛事。"② 把文字之事提到了与事功并立的地位,高度肯定文章为政治服务的功能,突破了两汉以来轻视文章、诗赋之学的传统观点,但唐代诗人李贺"寻章摘句老雕虫,晓月当帘挂玉弓。不见年年辽海上,文章何处哭秋风?"③ 的诗句,却也从另一个方面更真实地透露、诠释和坐实了社会上一直或多或少地存在视文章之学为"雕虫小技,壮夫不为"的看法。《戒浮文巧言谕》把一般人忽略的话语表达提升到"尤属政治所关"的高度予以认识和强调,充分表现了洪仁玕作为一个政治家所具有的不凡识见。推崇写实,是他在传播方面一贯的主张。洪仁玕对当时社会弥漫的虚夸之风深恶痛绝,"文士之短简长篇,无非空言假话;下僚之禀帖面陈,俱是谀词赞誉。商贾指东说西,皆为奸贪诡谲;农民勤俭诚朴,目为愚妇愚夫。诸如杂教九流,将无作有,凡属妖头鬼卒,喉舌糢糊,到处尽成荆棘,无往不是陷坑"。④ 他认为在这种恶习的熏染之下,社会必会堕入黑白颠倒、美丑不分的价值错乱之境,必须果断地予以摈弃。

三

洪仁玕的媒介批评实践主要表现在他的《资政新篇》和《戒浮文巧言

---

① 扬州师范学院中文系编:《洪仁玕选集》,中华书局1978年版,第53页。
② 郭绍虞主编:《中国历代文论选》第一册,上海古籍出版社1984年版,第158页。
③ 朱东润主编:《中国历代文学作品选》中编第一册,上海古籍出版社1980年版,第219页。
④ 扬州师范学院中文系编:《洪仁玕选集》,中华书局1978年版,第5页。

谕》中，他从国家治理的高度审视文章的语言表达，把文风与世风联系起来进行思考和认识，在那个时代确可谓独具只眼，卓尔不凡。著名中国哲学家李泽厚先生曾评析《资政新篇》的思想和理论价值在于："它在近代条件下，给农民革命提示了一条摆脱封建羁绊，甩开落后空想，继续前进的方向和道路。这是当时符合历史发展、推动社会进步的唯一的方向和道路。尽管由于军事局势，根本没能实行，但它在思想史上的意义是重大的。"[①] 李泽厚先生的这一评价，为我们衡估洪仁玕媒介批评实践在中国媒介批评史上的地位提供了一个有益的参照。

章太炎先生在《资政新篇》颁行40多年后的1903年5月，曾为该年出版的《革命军》一书作序，专门论及太平天国时期的舆论宣传问题，序中有云：

> 蜀邹容为《革命军》方二万言，示余曰：欲以立懦夫，定民志，故辞多恣肆，无所回避，然得无恶其不文耶？余曰：凡事之败，在有其唱者而莫与为和，其攻击者且千百辈，故仇敌之空言，足以堕吾实事。
> 夫中国吞噬于逆胡，已二百六十年矣，宰割之酷，诈暴之工，人人所身受，当无不昌言革命。然自乾隆以往，尚有吕留良、曾静、齐周华等持正议以振聋俗，自尔遂寂泊无所闻。吾观洪氏之举义师，起而与为敌者，曾、李则柔煦小人，左宗棠喜功名、乐战事，徒欲为人策使，顾勿问其曲非枉直，斯固无足论者。乃如罗、彭、邵、刘之伦，皆笃行有道士也。其所操持，不洛、闽而金溪、余姚，衡阳之《黄书》，日在几阁，孝弟之行，华戎之辨，仇国之痛，作乱犯上之戒，宜一切习闻之。卒其行事，乃相缪戾如彼！材者张其角牙以覆宗国，其次即以身家殉满州，乐文采者，则相与鼓吹之。无他，悖德逆伦，并为一谈，牢不可破。故虽有衡阳之书，而视之若无见也。然则洪氏之败，不尽由计画失所，正以空言足与为难耳！[②]

也就是说，章太炎认为太平天国的革命舆论宣传工作显得太薄弱了，所能动员的群众还不够广泛，而清政府的反革命舆论相对则较为强大。他

---

① 李泽厚：《中国近代思想史论》，人民出版社1979年版，第28页。
② 汤志钧编：《章太炎政论选集》上册，中华书局1977年版，第192—193页。

认为这是最终导致洪秀全起义失败不可忽视的重要原因之一。应该说，这一分析确有一番见地。从章太炎的这一分析，我们再来观照洪仁玕有关设立新闻馆的提议、有关舆论监督的思想、有关祛除浮文之风的主张、有关文风与世风关系的论述，就会发现洪仁玕有关媒介与传播思想的难能可贵。

洪仁玕的《资政新篇》是经过深思熟虑、兼顾目前和长远的施政纲领。这个纲领在太平天国战略决策上的贡献，学术界诸方家已多有揭示。但更为重要的是，《资政新篇》所论列的各个方面，其实具有更多的现实针对性。只是由于当时太平天国迫在眉睫的任务是扭转军事上的不利局面，而军事擘画又非洪仁玕所长，因此，这个纲领性文献的现实针对性及其价值常常为人们所忽略，尤其是提出了改进太平天国政治生活的建议，尤具有现实针对性和迫切性。军事是政治的继续，太平天国后期军事上的危局，与太平天国政治生活的不正常具有密切的关系。通过设立新闻馆，为解决上下梗塞、君民不通而设计的方案则充分显示了洪仁玕在现代意识熏陶下的广阔视角。其内容包括兴建以火车为骨干的全国交通网络；由民办的书信馆、新闻馆与官设的各省新闻官、意见箱及邮亭相结合的全国信息网络。这里包含由人民监督各级官吏权力行使的思想，其主要渠道和方式是发挥报纸作为信息传播媒介和舆论监督工具的作用。这里无疑蕴含促进社会生活走向现代化的主观契机！

洪仁玕在中国近代思想史上的卓特之处是"把中国近代'向西方学习'推到了一个新的高度，他提出了'与番人并雄之法'，要与外国竞存。他的好些主张和后来资产阶级改良派差不多，但洪仁玕这个方案，比后来改良派陆续提出的发展工商业的主张，不但早二三十年，而且也更为全面和彻底。"[①] 他在《资政新篇》中所展露的诸多观念在当时的中国可谓是十分先进的思想。但也许正是因为过于超前，他在《资政新篇》中针对媒介及其传播所提出的一些主张显得不合时宜，而没有得到太平天国天王洪秀全的立刻同意。如洪秀全对"准卖新闻篇或暗柜"建议所作的批示为："此策杀绝妖魔行未迟"，[②] 对"兴各省新闻官"之条建议批示为："此策现不可行，恐招妖魔乘机反间，俟杀绝残妖后行未迟也。"[③] 若结合当时的

[①] 李泽厚：《中国近代思想史论》，人民出版社1979年版，第29—30页。
[②] 扬州师范学院中文系编：《洪仁玕选集》，中华书局1978年版，第13页。
[③] 扬州师范学院中文系编：《洪仁玕选集》，中华书局1978年版，第15—16页。

形势通盘考虑，仅就这一点，应该说洪仁玕确有实际斗争经验不足的一面。他的这些论述也就只能更多地拥有着媒介批评的某种意义。

当然，洪仁玕的媒介批评及其思想不可能是灵光乍现的天外飞来之物，而必然是有一定的理论源头和现实依据，是当时社会生活的产物。具体地说，一是他在香港时期的所闻所见给予他的具体启示；二是传统经世致用的思想基础以及由此衍生而来的政治抱负；三是知识分子针对当时的文风流弊所必然引起的现实关怀。多种因素的耦合，促成了他产生设立新闻馆的构想。"他的办报构想，明显具有西方自由主义新闻政策的性质。"[①]体现了当时先进的中国人对近代报刊所能达到的认识高度。这或许恰恰构成了洪仁玕人生和思想的"深刻悲剧"，[②] 因为中国民族近代新闻媒介的产生和发展，主要还需依靠中国资本主义的发展提供不可或缺的经济土壤和社会舆论环境。洪仁玕的《资政新篇》最突出的内容就是强调了解国内外情况，介绍了西方资本主义制度的优越性，提议与各国通商，允许外国教师和科技人员来华传教和传授科技知识，通篇洋溢着资本主义制度的气息。其思想和理论的深度及其超前性，在19世纪60年代的中国确是无与伦比之作。它像一缕阳光射进封建专制主义烟雾笼罩的中华大地，给后人以新的启迪，闪耀着令人炫目的光芒。正是在这一个意义上，我们认为洪仁玕的有关论述具有值得珍视的在中国媒介批评逻辑演进上的重要历史地位和不朽的时代价值。

第五节 同光之际传教士的媒介批评

第二次鸦片战争至19世纪80年代末，是为清朝晚期的同治光绪之际。这一时期传教士报刊发展呈现了一种新格局。随着中外一系列不平等条约的签订，在中国自由传教的大门被打开，传教士报刊活动的政治限令不复存在，鸦片战争之前通过输入西学以吸引中国人阅读的传播策略已不再必要，传教士中文报刊发展出现了分野："一部分传教士继续兴办世俗报刊的同时，另一部分传教士则重新创办了宗教报刊。这种现象的产生，既反

[①] 方汉奇、张之华主编：《中国新闻事业简史》，中国人民大学出版社1995年版，第73页。
[②] 张育仁：《自由的历险——中国自由主义新闻思想史》，云南人民出版社2002年版，第68页。

映了传教士内部在办刊方针上分歧的存在,也影响了传教士中文报刊最后的发展方向与归宿。"[1] 当时不少掌握中文而又熟悉中国情况的传教士都先后担任香港英国殖民当局的官员,或通商口岸领事馆的翻译员,其中很多人身兼中文报刊的编辑。因此,这一时期传教士中文报刊"除了继承《东西洋考每月统记传》的方针,宣扬西方文明的优越性之外,最令人注目的动向之一是新闻比重增加。它们同时也向中国读者介绍有关广告栏及经济栏等近代化报刊的概念"。[2] 对新闻的关注必然使传教士中文报刊媒介批评的本体意识日益觉醒,媒介批评渐趋积极而活跃。

一 《中外新闻七日录》的媒介批评

1865年2月2日(清同治四年正月初七日),[3]《中外新闻七日录》创刊于广州,编辑部设于传教士开办的惠爱医馆中,创办人和首任主编是英国传教士湛约翰。这是一张8开版周报,每逢星期四出刊,单张印刷,每期两版,每版分上、下两栏,是我国近代最早单张发行的中文周报。

该报创刊号头条为创刊词《小引》:

> 我侪传耶稣教者,忻忻而创是《新闻录》,非欲藉此以邀利也,盖欲人识世事变迁,而增其闻见,为格物致知之一助耳。若其中之所载,间有文理不通,事实不符者,是余智之所未逮,万望诸君恕而正之。今所印第一张,即行分送,不取分文,嗣后喜看者,每张须给钱二文,聊为纸料人工之费焉。[4]

为什么创办者在这里要刻意地强调该刊"非欲藉此以邀利也,盖欲人识世事变迁,而增其闻见,为格物致知之一助耳"呢?这是因为这个刊物

---

[1] 赵晓兰、吴潮:《传教士中文报刊史》,复旦大学出版社2011年版,第206页。

[2] [新加坡]卓南生:《中国近代报业发展史(1815—1874)》(增订版),中国社会科学出版社2002年版,第207页。

[3] 甘惜分主编的《新闻学大辞典》(河南人民出版社1993年版)"中外新闻七日录"条,认为该刊创刊于"1865年2月3日",误。因为该创刊号上已明确标注了创刊时间为"同治四年正月初七日",该天阳历为公元1865年2月2日。该创刊号书影见赵晓兰、吴潮的《传教士中文报刊史》,复旦大学出版社2011年版,第285页。

[4] 《小引》,《中外新闻七日录》1865年2月2日第一号。

第一章　道咸同光时期的媒介批评

与此前"宗教月刊时期"传教士所办报刊有了质的变化。一是此前传教士所办报刊，无论其内容若何，其最终目的都是为广布福音服务，所以对华人读者都是免费分送，而《中外新闻七日录》则是收费发行，难免会让人猜测其中是否有借此谋利的成分；二是当时社会上的京报为收费发行，刻意强调"非欲借此以邀利也"，也有与京报切割的意思。

有学者认为，"《中外新闻七日录》刊登了几篇关于新闻评论的文章，其中的观点对于我国新闻学有一定影响"。① 这些"关于新闻评论的文章"其实就是媒介批评的文本。主要有如下几篇。

该报第74号《宿马麻士论日报》：

> 西国古时无新闻纸，前三百余年，英国始刻小篇。今欧洲各国，无处不有，无省不印。所造式样，亦非一种。其中所论国家治乱、民俗善恶、政治得失、风气弱强、邦势盛衰、货舶往来、物产繁庶、民情向背、习尚奢俭，无一不了如指掌。阅者不出户庭，而天下之形势可以遍览矣。独惜中国人好古典而不好新闻，其见识未免偏而狭矣。②

其中对"中国人好古典而不好新闻"，以致新闻媒体不发达，提出了委婉批评。该报第106号《新年小引》云：

> 我侪鉴空衡平，不戈名，不渔利，但愿公事兴隆，唐番相友。凡传新闻，务求真确而扬善贬恶，一切不敢持以偏心。有时近事不足传播，则乘此间隙，而以泰西之学问，译与众观，其中如天文、地理、医法、制器等事，既为斯人浚方寸之灵明，抑或驳邪教，宣正理，更为上天作警世之木铎也。若览者因此而细察真理，则由浅入深，吾自意快而心足焉。③

这里提出了"真确""不敢持以偏心"的报刊评价标准，即真实、公正的要求。为了做到新闻报道真实，编者反复地向报纸投稿人提出这方面

---

① 赵晓兰、吴潮：《传教士中文报刊史》，复旦大学出版社2011年版，第289页。
② 《宿马麻士论日报》，《中外新闻七日录》第74号，同治五年五月十六日，1866年6月7日。
③ 《新年小引》，《中外新闻七日录》第106号，同治六年正月初三日，1867年1月29日。

的要求。如在第107号《作新闻录章程》中就提出："求写姓名，加以贵邑盛乡堂名铺号等字，以为正心诚意之确据……若夫无名之书，与夫托讹言以报私仇，造谤言以污名节者，一概请辞，必不肯受。"① 在该报第110号上，接编《中外新闻七日录》的美国传教士丕思业发表了《暂理〈七日录〉》一文，亦表示将尽量"尽心采访，每事必求其真确，以奉诸先生荃察而已。若夫托谗说以报私仇，播讹言以污名节者，一概置之不录"。② 该报第139号的《本馆告白》云：

> 送新闻纸来时，函内求写一真名，复求写一别号。迨发刻时，止将别号印出，而真名则秘而不宣。即有人来查访，亦断不敢告知。其求各友写真名者，无非欲送新闻者之确实有据。香港新报如是，上海新报如是，本馆不能不如是。盖欲绝子虚乌有之谈，故先示杜渐防微之意也。若夫无稽之言，不经之论，或倡邪说以害正义，或造讹言以毁善人，或假公事以报私仇，或居下流而讪上位者，一概不敢妄录。③

所谓"香港新报如是，上海新报如是，本馆不能不如是"之说，显然，编者这里是有意将准确真实作为一种媒介"通例"予以提出。在第155号《新闻纸规矩》中，更是将其概括和提炼为"新闻纸规矩"，即具有普遍性的新闻传播原则：

> 本馆新闻纸规矩，凡有送新闻纸来谷埠丕思善堂者，必再三访问街上之店客，与街上之端人，非众口一词，断断不肯付刻。一防假公事以报私仇，一防借浮言以作实据也。若送新闻纸来本馆，其函内请书一真名，另书一别号，印新闻时，止将别号印出，其真名则隐而不宣，即有人来本馆相问，亦断不说出。其所以欲写真名者，欲知送来新闻实而非虚，可为凭据。本馆如是，香港新报如是，上

---

① 《作新闻录章程》，《中外新闻七日录》第107号，同治六年正月初十日，1867年2月5日。
② 丕思业：《暂理〈七日录〉》，《中外新闻七日录》第110号，同治六年二月初二日，1867年2月26日。
③ 《本馆告白》，《中外新闻七日录》第139号，同治六年九月初六日，1867年9月21日。

海新报亦如是也。①

新闻传播原则一旦确立并得到广大读者的认可，就必然会成为对新闻媒介具有约束力的一种普遍规则，也就演变和上升为社会对媒介批评的标准了。

二 《万国公报》的媒介批评

在传教士中文报刊发展史上，《万国公报》是一份颇为特殊的报刊："它创刊时是宗教报刊，后来演变成为非宗教报刊，并在这一演变过程中日臻完美，迎来了传教士中文报刊史上最为辉煌的黄金时代，最后又由于各种原因使之重新向宗教报刊收缩"，② 从而失去了昔日的辉煌，走到了生命的终点。

1868年9月5日，美国监理会传教士林乐知在上海创办了《万国公报》的前身——《中国教会新报》周报。这是一份以教徒为阅读对象、旨在联络教徒教友、传递教会信息、宣传宗教教义的报刊。林乐知后来回忆其创办该刊的动机道：

> 余年弱冠即来华海，欲求一民间之报馆而杳不可得，间尝接晤华人，亦鲜有能谈天下事者，回思欧美诸国创立日报、间日报、三日报、礼拜报、半月报、一月报、季报、年报，诸馆各就体例以传见闻，开拓心胸，启发智慧，至深且远，他事莫可比拟。中华为堂堂大国，乃竟相形见绌，不觉代为浩叹。③

可见，林乐知创办这份报刊时，并非仅在传教，通过报刊"以传见闻，开拓心胸，启发智慧"也是其重要目的之一。欧美报馆已经发展成熟的"体例"，为林乐知创办这份报刊提供了可以参照的样板，使这份报刊在诞生之始就立在一个较高的专业起点上。1874年9月5日，出至301期

---

① 《新闻纸规矩》，《中外新闻七日录》第155号，同治六年十二月二十九日，1868年1月29日。
② 赵晓兰、吴潮：《传教士中文报刊史》，复旦大学出版社2011年版，第159页。
③ 林乐知：《重回华海仍主公报因献刍言》，《万国公报》第122册，光绪己亥年二月，1899年3月。

时改名《万国公报》。1883年出至750期时因经济原因休刊。1889年2月复刊，成为由英、美基督教新教传教士和外交人员、商人等在上海创立的出版机构广学会的机关报，同时改为月刊，仍由林乐知主编，李提摩太和丁韪良等外籍传教士也参与编撰工作。1907年7月出至第22期，因林乐知此前不久病逝而停刊。《万国公报》复刊后完全转为综合性时事政治刊物，大量介绍西方政治、经济、文化知识，经常发表时事评论、重要法令、条约和外报译文，鼓吹将基督教教义与儒家思想相结合以改良中国社会，年发行量最高时达4.5万多份，是当时发行量最大的中文刊物，在中国上层官绅和知识分子中有着广泛影响。在中国近代媒介批评领域，《万国公报》留下了深深的足迹。"《万国公报》对报刊重要性的论述以及它本身的示范，对戊戌时期中国报刊的兴起有一定的引导作用。"[①] 李提摩太、花之安、艾约瑟等传教士先后在该报发表了一系列评论报刊的文章。其媒介批评的重点是阐释报刊的功用，反复强调报刊之于社会的多方面益处，特别是在增广见闻、新人耳目方面效果尤夥。

> 士之动作者，文墨是也。著书立说，风化攸关，而增识见，新耳目者，莫如新报。西国各等之报，指不胜屈，皆出有定期，或每季每月一出，或七日每日一出，最多者日报，每日下午四点钟，主理新报者脱稿付印，及时卖报之儿童十数辈排列门前，伸手以待。才听机声一动，瞬息间卖报之声喧填街巷矣。余亲见铺纸落墨刷印裁张折叠，皆机中自为，计五分钟可出五百张，黄昏后家家灯火，皆读本日之新闻。其中语寓劝惩，学兼天人，议朝政则侃侃直陈，述民情亦娓娓动听，词无取艰深，大雅与庸愚共赏，笔必期严正，褒忠与贬恶同行，俾乱臣贼子无地售奸，嚚妇顽夫胥归雅化，此泰西之所以骎骎日上者，未始非新报之能事也。然非铸铅字以代梓板，创机器以代刷印，则每日刻期责成数十万纸，不几动数十万人之书手乎？不止此也，更有天文地理格致测算各等实学之书，均与富国之道相关。有此等书，则致富不难，无则匪特不富，而且民困日深。由是知新报与书籍之有益于国计民生者，是岂言之所能尽哉。自有汽机以来，刷印不难，书多价贱，即贫乏之家，亦易易购置五车黄卷也。不宁惟是，各城又有

---

① 王林：《西学与变法——〈万国公报〉研究》，齐鲁书社2004年版，第247页。

藏书楼，其书之堆积，不惟本国册籍汗牛充栋，即天下各国并我中国之经史子集亦匪不翻译珍藏，至于书之较菽粟布帛尤为切要者，莫如《圣经》，即《新旧约》，计六十六本，盖富国之本在兹。人生祸福之源无不在兹焉。故泰西各国特设印造《圣经》之会，公捐银钱以便多印，分送民间，必使家给户足，人人各有一部而后可。观泰西各国，凡有益之举，一国创始，各国踵行。新报与书籍，遍行日久，皆著有成效，据谓有国者不可不于《圣经》先加之意也。虽然善则善矣，设如古之巴比伦、犹太、希腊等国，或用砖石镌刻，或用羊皮抄写，欲人人有书，不亦戛戛乎其难哉。①

这段文字出自《海外闻见略述》的《论富国》文中，作者将报刊嵌入了"富国"之术的整体话语中，使报刊因为满足国人急切的"富国"需要而迅速、自然地在心理上获得了存在的合理性。甲午战争后，传教士又把报刊功能置入新民、自强的时代语境中阐释，更能得到中国人的接受，获取社会的回响和认同。李提摩太把创办报刊作为"教民之法"，视为一种拯救中国的"新政策"极力地向国人推荐，并将之列为首要之务："欲通上下，亦有四条目焉。一曰立报馆。欲强国，必须富民，欲富民，必须变法。中国苟行新政，可以立致富强，而欲使中国官民，皆知新政之益，非广行日报不为功。非得通达时务之人，主持报事，以开耳目，则行之者一，泥之者百矣。其何以速济？则报馆其首务也。"②认为只有通过报刊沟通上下信息，举国一体，新政才能施行无碍。

如果说对报刊功能及其重要性的阐释尚属于正面论述的话，那么，李提摩太《中国各报馆始末》一文，其媒介批评色彩就显得十分浓郁而直接了。《中国各报馆始末》的论述手法非常巧妙，该文起首将报刊与"新法"进行了连接，以此凸显报刊的有无、多少之于维新变法的重要意义和价值："泰西各国竞立报馆者何也？缘百年之内，各国所出新法，有益于教养者多，故先登报章，俾人周知，择善而从之也。"③然后花了很大的篇幅

---

① 得一庸人：《海外闻见略述·续前二篇论富国三》，《万国公报》光绪庚寅年七月第20期，1890年9月。
② ［英］李提摩太：《新政策》，《万国公报》第87期，1896年4月。
③ ［英］李提摩太：《中国各报馆始末》，杨光辉、熊尚厚、吕良海、李仲明编：《中国近代报刊发展概况》，新华出版社1986年版，第1页。

铺叙世界各国拥有报刊的数量，再紧接着叙述中国报刊的历史和现存数量状况。看似平淡无奇、枯燥乏味的数字统计，但因为中外报刊在数量上形成了强烈的反差和对比，其评价也就不言而喻了。作者行文至此，意犹未尽，再对中国现存各报进行了分别点评：

> 惟现存每日所出之报则《循环日报》、《华字日报》、《中外新报》、《维新日报》各出香港，《广报》出广东，《申报》、《沪报》出上海，《时报》出天津。除此以外，现在每月出者即《万国公报》、《中西教会报》、《闽省会报》；按四季出者《格致汇编》等共有廿八种，内有十五种系教会报。其日报，十篇中有二三篇论中外交涉之事，惜职此报之人出洋者少，未曾周历外洋，故虽论说精微，总不免有未中肯处。《万国公报》、《中西教会报》每报必有数篇皆西国博学之士所著，凡五洲教务之事无不通达，故欲考察此教者，阅此二报可知。以上诸报，皆非纸上空谈，均有据之言也。此报不但论教务，亦且论古今各国兴衰之故，并西国学校之事及格物杂学。至于天主教所出之报，惟《益闻录》最好，《格致汇编》惟论格致最详。凡欲博考世务者，此等报甚勿轻忽也。①

寓评于叙，评叙结合。应该承认，李提摩太的点评虽然可能有先天立场上的偏颇，但总体上看，他关于中国人自办报纸"虽论说精微，总不免有未中肯处"的评价，确实是点出了国人当时自办报刊所存在的缺陷。

三 《益闻录》的媒介批评

1878年12月16日创刊的《益闻录》，② 是上海天主教会创办的一家报

---

① ［英］李提摩太：《中国各报馆始末》，杨光辉、熊尚厚、吕良海、李仲明编：《中国近代报刊发展概况》，新华出版社1986年版，第2页。
② 关于《益闻录》的创刊时间有两说：一是甘惜分主编的《新闻学大辞典》"益闻录"条（河南人民出版社1993年版，第285页）、宋原放等主编的《上海出版志》（上海社会科学院出版社2000年版，第224页）、高振农主编的《上海宗教史》（上海人民出版社1992年版，第708页）等，指为"1879年3月16日创刊"；二是赵晓兰、吴潮《传教士中文报刊史》（复旦大学出版社2011年版，第267—268页），作者考证后认为该刊创刊时间为"1878年12月16日"。今从《传教士中文报刊史》之说。

纸,由上海徐家汇天主堂出版发行,初为半月刊,不久改为周刊,一年之后又改为周二刊,内容以时事新闻为主,宣传天主教教义的文章很少。1898年8月与《格致新闻》合并,改名为《格致益闻汇报》,仍为周二刊,1899年8月后简称《汇报》,1912年改名为《圣教杂志》,至1938年8月因日军侵入上海而终刊。《益闻录》虽是天主教会主办的报刊,但其主编则是华人天主教徒李杕。

李杕(1840—1911),江苏南汇县西李家(今上海浦东)人,原名浩然,字问舆,后改称问渔,受洗入教后取教名老楞佐,别署大木斋主。李杕家世耕读,早年有志举业,亦曾潜心攻读经史,国学基础深厚。后入徐家汇圣依纳爵公学,兼习科学及法文。1859年放弃科举仕途,转习拉丁文、哲学、超性学及教理法藏等,1869年晋升为耶稣会司铎,先后传教于江苏省松江、青浦、南汇及安徽省之建平、宁国等地。《益闻录》创办时,他回沪主持该报编务,并兼任修道院教师、神师、理院、出版宗教图书审批等职。从1887年3月起,他又兼任教会另一报刊《圣心报》主编。1906—1907年,兼任震旦学院院长和哲学教授。李杕学贯中西,是我国第一个担任教会报刊主编的华人教士。他主办《益闻录》等报刊,前后达33年之久,每天"鸡鸣即起,无间寒暑。报务之外,著译等身,而从不自耀",[①]其道德文章颇受时人称道。李杕在致力于报业及介绍西学的过程中,还有意识地进行各种形式的媒介批评活动,潜移默化地向国人传授有关新闻知识,以提高国人的媒介素养。

报刊具有移风化俗的功能,因此,报刊工作者应有慈善家悲天悯人的社会关怀,而不可将报刊作为游戏人生的工具。早在《益闻录》创刊之初,李杕就曾批评当时新闻界普遍存在的一种"资谈笑、志怪异"的新闻文风:

> 近世创立闻报者,殆皆追慕古风,殷然有望治之心,不徒资谈笑、志怪异而已也。考汉司马迁作《史记》,自五帝讫货殖,其间纪表记传,备言天地阴阳,家国伦纪,人品物类,贯穿经传,包括百家,而究以褒贬覈断劝奖箴诫为法,详前人所未详,明后人所欲明。

---

① 参见葛伯熙《益闻录·格致益闻汇报·汇报》,《新闻研究资料》(总第三十九辑),中国社会科学出版社1987年版,第190—196页。

读是书者，益于性命，益于邦家，推之万事万理，无不于此大有赖焉。故是录之名以"益闻"者，亦愿参司马公之意义，而效太史氏之阐发也。①

19世纪后半叶，在《益闻录》创刊之前的中国沿海城市，传教士们开启的创办报刊之风开始劲吹，例如在香港，这时已经存在《香港中外新报》《香港华字日报》《循环日报》等多家中文报刊，上海的《申报》也行之有年，并呈蓬勃发展之势。新闻日渐受到人们的重视，而成为报刊的主体内容。但是，新闻作为一种由外来文化引入的文学体裁，早期的中国报人对新闻这种相对陌生的体裁有些不知所措，自然就习惯地以中国传统文化的方式来进行处理，所以"在中国近代报刊史的初期，许多报刊中的新闻往往被处理成为中国人所熟悉的稗史志异、市井风闻之类的文字"。②李杕对这种新闻处理方式颇不以为然，而是从中国传统史家有益于国家"望治"的角度，阐发新闻应有的品格，提出了一种以司马迁治史的风格与精神相衔接的新闻观。

报刊是一种工具，能为善，也能为恶。李杕作为报界中人，对报刊的工具性有着非常清醒的认识。他肯定自近代报刊引入以来，裨益华人社会洵非浅鲜，但同时也指出，报刊的这种工具性如果用之失当，则会给社会带来各种祸害。为此，他在1883年《益闻录》第319期专门发表了《日报利弊说》一文，从正、反两个方面详细胪列、分析了报刊之于社会的利弊得失。他认为报刊的益处如下：

> 恭登上谕，照录奏章，将朝廷爱赤之心，官吏勤公之绩，前此只见于邸抄，不过传诵于衙署中者，今则天下周知，万民共晓。大府明褒贬之公，胥吏懔弹章之布，由是贪吏改悛，小民知感，政治之新，蒸蒸日上。日报之益，未可忽也。今夫学问之功，贵致力又贵阅历。故文则立会，诗则结社，君子多同道之交，壮士切远游之志，原不欲踟蹰芸窗，埋头故楮，终其身见闻寡陋，无如翱翔有愿，囊橐无资，遂使咿哦腐儒，不达世务，往往然也。至于今日则不然，出钱数文，

---

① 《〈益闻录〉弁言》，《益闻录》1879年3月16日第一号。
② 赵晓兰、吴潮：《传教士中文报刊史》，复旦大学出版社2011年版，第272页。

购报一楮，前后数千言，记时事，列诗词，载西学，录论说，随所欲知，无一不备。宛将天下人之行为，括而置诸一纸，初或走马看花，未知趣味，阅之久则茅塞顿开，识见大异。知宇宙间国都林立，不特中国为大邦也。知西人有格致之学，灵奇之术，华人徒读圣贤糟粕，犹未可自信为明人也。

但是，如果报刊工作者在办刊过程中缺乏社会责任，也会贻害无穷，为祸匪浅：

> 据是以思，书报之责，最严且重，好言自我，莠言亦自我，一经刊出，驷马难追，如果化俗为怀，择言必雅，其造福原是无穷。若专尚才华，令人喜阅，述事宣淫，措词取巧，进人若加膝，退人若坠渊，不问事之真赝，有闻必录，更不问人之善恶，矢口讥评，甚至国是军情，攸关重大，而亦加意夸张，耸人耳目，自明理者见之，胸中自有成竹，不惟不信，且将鄙薄其人。然自无识者见之，市虎蜃楼，喧传茶肆，匪类生心，由是肇祸。此日报之弊，殊可痛也。本馆自创设以来，迄今五载，刍荛之献，随在经心，痛绝淫词，迸除虚耗，传疑传信，私见尽泯，犹恐羊枣菖蒲，嗜好不一。而日报自有体例，一人难惬众心，以故为是说，以明本馆之心迹云尔。

李杕这里其实从反面提出了报刊工作者的工作态度问题。"经心"之说，其实就是要严肃慎重。尤其值得注意的是，他这里已经对当时在报界非常流行的"有闻必录"口号，表达了不满之意。他认为新闻应该追求真实。报道事实，先要分清真赝。评论是非，要坚持善恶标准，不可信口雌黄，泯灭善恶界限。能在那个时候就提出这种观点，难能可贵。

四 杨鉴堂的媒介批评

杨鉴堂是汉口基督教仁济医院的助理医师，也是基督教汉口伦敦会花楼会堂执事。1872年8月，英国牧师杨格非在汉口创办了传教刊物《阐道新编》，杨鉴堂和沈子星（杨格非的中文秘书）主持编辑。该刊初为手抄本，不久改为木活字印刷，月出一册，出至1876年停刊。这是伦敦会在湖北创办的第一份宗教性刊物。在编辑该刊的过程中，杨鉴堂"肯定是积累了一定的办报经验"。① 1887年2月，杨鉴堂又在汉口主编了由《武汉近事编》改良而成的《益文月报》。该刊为书本式，木刻印刷，每期30页左右。这是一份以刊载自然科学为主的综合性刊物，首论天文、地理、格物之学，次载一切新机新法及各省近事，末录诗词歌赋及医学等。已知发行53期。杨鉴堂虽然主要在汉口从事医务、传教活动，但常在上海的《万国公报》《画图新报》上发表文章，尤其是在《万国公报》及其前身《中国教会新报》上发表了很多文章。1876年8月，即《阐道新编》月刊停刊的这一年，他在《万国公报》第407期发表了《总论新闻纸有十益说》一文，大力鼓吹报刊的积极作用。

> 泰西人之启新闻纸馆，自香港传至于上海也。香港新闻纸，一名《循环日报》，一名《中外新闻》。上海新闻纸，一名《字林》，一名《万国公报》，一名《申报》，俱犹《春秋》之作。孔子曰，知我者，其惟《春秋》乎！罪我者，其惟《春秋》乎！今新闻纸不免招尤，然自予论之，有何尤乎！观其记事，剀切详明，褒则可褒，贬则可贬，行三代之直道，吾观之已十余年矣。其旌人之善，不过其实，如直隶总督李伯相救荒善策，四海歌颂，水灾迭出，设法以济之，旱灾屡经，立法以周之，惠泽逮下，民尽欢忻。是故彰善固足鼓舞乎一世，而瘅恶亦能惩戒夫万民。

接下来，杨鉴堂列举了报刊发表的一些新闻，说明正是通过这些报道，读者才得知事情的前因后果，得到启发和教育，社会各个阶层都可以从新闻纸中获益匪浅：

> 惟农人苦骨劳筋，服田力穑，与工人审曲面势，穷形尽相，勾心斗角，尚有余力而习新闻纸之所叙者，而行新闻纸之所行者，而传新闻纸之所传者，不可引动商人乎？盖商人市廛往来，持筹握算，蓄货多日，似要亏本，若遇行情甚好，有获利十倍五倍三倍不等。试思商人之为商人，百计图维，旦夕劳瘁，总欲大获利息而后快。间有商人喜买

---

① 唐惠虎、朱英主编：《武汉近代新闻史》，武汉出版社2012年版，第123页。

新闻纸得探生意消息,货物有一时价贵,有一时价贱,时值雁杳鱼沉,莫获音信,惟新闻纸传诵甚迅,所有时价高低,一览清楚,买卖益处多有得于新闻纸者也。夫商人不第于买卖而占风雷之象矣。闻有善者之行事,何尝不为之兴起,闻有恶者之行为,何尝不为之戒慎。

作者文末总结新闻报道一共有10个方面的益处:益善、益恶、益君、益臣、益士、益农、益工、益商、益洋、益华,几乎囊括当时政治、经济、文化、伦理、传播、外交等主要社会生活领域。这在读者看来,既然有如此多的益处,那么,也就必然会得出"可不家喻而户晓哉?"[①] 的结论。虽然杨鉴堂的言说在逻辑上有些以偏概全、不甚周延的论证瑕疵,但有了前面因阅读报纸而受益的实例,后面"新闻纸有十益"结论的得出,自然在语势和逻辑上显得顺理成章、有理有据,容易令视报纸为新物的人们所接受。

同光之际传教士的报刊活动虽然没有了政治限制,但来自国人对其异质文化的心理排拒仍很强大而顽固。为了服务于迅速扩大教徒队伍的传教目的,报刊仍是其传教活动中一个颇为有效的工具性选择。如何说服国人接受和阅读报刊,就是这一时期传教士们还需要面对和解决的一个问题。通过阐释报刊的益处,诱使国人接受和阅读报刊,成为报刊的读者,批评报刊活动中存在的各种不良现象,通过话语建构一个与人们已有的政治、文化、伦理等观念相适应的社会媒介形象,是传教士媒介批评的重要背景和动因。正因如此,同光之际传教士的媒介批评中,他们往往援用中国传统的"讽谏""清议"和"教化"等思想资源,将报刊视为统治者进行政治和社会治理的一个辅助性工具加以论证。报刊被赋予了很高的政治和道德责任,而其在西方社会通常具有的商业性则鲜被提及。这种自上而下的迎合视角与传教士向当局建言的性质颇为一致。在社会阅报风气未开的时代背景下,这实际上也是一种十分有效的文化和观念输入策略。

第六节 同光之际港、穗报人的媒介批评

自19世纪50年代末,中国人开始涉入外人所办报刊的编、撰活

---

① 杨鉴堂:《总论新闻纸有十益说》,《万国公报》第9年第407卷,1876年9月23日。

动之中。① 中国早期中文日报的发展，与中国东南沿岸英文报业的发展密不可分。另外，外国人在中国出版中文报刊的历史此时已 40 余载，近代化报纸的模式和有关报刊理念已经传入中国。加之从 60 年代起，越来越多的中国知识分子应聘参加外报的编辑工作，他们在实践中逐渐掌握了报刊编办的知识和技能，"这就给中国人自己办报，创造了条件，提供了必要的准备"。② 更为重要的是，鸦片战争之后，随着中西贸易的繁盛，在香港、广州等开埠之地，中国商人阶层开始形成并不断壮大，社会上出现了对中文商业信息的迫切需求。创办中文报刊，在这时已经不再是服务于传教的慈善事业，而是一种有利可图或有此潜能的行业了。于是，从 19 世纪 50 年代末开始，《香港中外新报》《香港华字日报》和香港《循环日报》等一批国人自办报刊先后问世，19 世纪 80 年代，广州的《述报》《广报》亦接踵而起。中国新闻传播进入了国人自办中文报刊的时代。媒介批评也因传媒生态的不同而具有了新的内容。

一　《香港中外新报》的媒介批评

1857 年 11 月 3 日，《香港中外新报》的前身《香港船头货价纸》创刊。该报由英文孖剌报馆发行，实为英文《孖剌报》的中文版。每周二、四、六出版，以单页报纸的形式两面印刷，内容以船期、货价、行情和广告等商业信息为主，是中国第一家以商业新闻为主体内容的报纸。因此，该报的出版在中国新闻事业史上是一个里程碑式的事件，"标志着早期宗教华文报刊垄断时代的结束，与中文商业报纸的崛起"。③ 大约在 1864—1865 年，该报改名为《香港中外新报》。1873 年后，该报终于发展为完整

---

① 如我国近代报刊先驱王韬在 1849—1865 年进入上海墨海书馆工作，担任中文助手，与《六合丛谈》的编辑出版和翻译有着密切的联系，在该刊 1857 年第 1 卷第 9 期以本名王利宾发表了《反用强说》一文，发表在该刊的《重学浅说》《西洋原始考》《西国天学源流》《华英通商事略》等 4 篇当时未署名，后来在上海美华书院出版的王韬的《西学辑存六种》则将这 4 篇收入其中，王韬在《弢园著述总目》中称《西国天学源流》一卷为"西士伟烈亚力口译，长洲王韬笔受"。可见，王韬 19 世纪 50 年代初与《六合丛谈》就发生了编、撰关系。参见赵晓兰、吴潮《传教士中文报刊史》，复旦大学出版社 2011 年版，第 140 页。

② 方汉奇主编：《中国新闻事业通史》（第一卷），中国人民大学出版社 1992 年版，第 468 页。

③ ［新加坡］卓南生：《中国近代报业发展史 1815—1874》（增订版），中国社会科学出版社 2002 年版，第 119 页。

的日报。

作为依附和脱胎于英商的一家中文报纸,《香港中外新报》的具体编撰业务是由中国人主持。中国报业史研究专家戈公振先生曾指伍廷芳提议创办该报,卓南生先生则认为此说不尽可信,因为《香港船头货价纸》创刊时,伍廷芳还只是一个15岁的少年,并不具备主创该报的条件,倒是中国三名最早留美学生之一的黄胜(黄平甫),直接参与最初的编辑工作的可能性较大。因为孖剌曾批评黄胜"谨慎得近于胆小",① 足见黄胜确曾在孖剌的中文报馆里工作。不过可以肯定的是,《香港船头货价纸》及其改名为《香港中外新报》的编务实际主持者应为华人。所以,在中国国内的问题上,除了会在关系到英国切身利益问题时,对清廷政府极尽讥讽抨击之能事,而对其他一些内政问题,"有时也对当局提出善意的批评,多少流露出中国人编者要求中国改革的愿望"。② 这种"善意的批评",也表现在媒介批评领域之中。

1872年5月4日,《香港中外新报》第2版右上角刊载《本馆谨启》云:

> 时事所以广见闻,行情所以便商贾,本馆于行情货价一节,极意采访。盖期于贸易场中同人获益也。惟向来于出新报之日,其行情款项则附于新报纸中,此亦为便览阅起见也。然而事各有所见,近阅新报之客商,多有请于本馆者,谓贵馆于行情一款,间日则附诸新报纸内,似未便汇览,盍为改辙焉。兹本馆因顺商情,不惜工资,嗣后将行情货价等款,除礼拜日外,每日皆另纸刊印派送,概不附登新报。特此以闻,尚其垂鉴。③

早期《香港中外新报》目前所知仅1872年5月4日的一份报纸存世。因此,这则《本馆谨启》对于分析该报早期媒介观念就显得弥足珍贵:第一,编者认为新闻可以广见闻,行情可以便商贾,对新闻信息的功能有着深刻而全面的体认;第二,《香港中外新报》的读者对象主要面向商人,

---

① [新加坡] 卓南生:《中国近代报业发展史1815—1874》(增订版),中国社会科学出版社2002年版,第122页。

② [新加坡] 卓南生:《中国近代报业发展史1815—1874》(增订版),中国社会科学出版社2002年版,第147页。

③ 《本馆谨启》,《香港中外新报》1872年5月4日。

所以对商品行情信息极意采访，格外加以关注，以体现报纸服务商人的经济色彩；第三，编者已经注意到报纸的内容分类编排形式，与读者信息接受便利与否具有某种对价关系，显示了编者具有较强的读者观念；第四，编者虽然对读者需要极为重视，但并没有因为读者提出某种要求而予取予求，迁就读者需要，而是对报纸的内容及其编排等问题有着相对独立而完整的通盘考虑和设计，但这种考虑和设计又纳入了读者需要元素，既显得合情合理，又体现了媒介个性。大概由于读者以商户为主，有人对行情纸附于新报感到阅览不便，故而该报听从读者意见，将"新闻纸"与"行情纸"分开，前者一周三次，后者除礼拜天外日日都有。"可见香港的商业环境对香港报人的办报观念有较大的影响。"① 这样的论断固然大体不差，但我们尤应注意到这一媒介价值观形成的内在主体因素，特别是该报在某个时期刊登一连串同类性质的文章与报道，多少反映了当时的报人已经懂得主动应用报纸这一新式传播媒介，发挥舆论的作用。

1857年11月3日的《香港船头货价纸》第一号上有这样一则启事："启者：唐人如有切要时事，或得之目击，或得之传闻，不论何事，但取其有益于唐人，有合于同好者，均可携至本馆刻刷，分文不取，特此布闻。新闻纸馆谨启。"② 新闻史研究专家认为：这是中国近代报刊上出现的第一份征稿启事。此前中国近代报刊的新闻，一般是通过自派访员、信件往来和转载的方式获得，这种新闻来源具有一定的被动性。《香港船头货价纸》在中国新闻传播史上，是第一次以启事的方式，向社会各界主动征求新闻稿件，以吸引读者参与到办报活动当中来。这种编辑思路，使中国报纸向近代化的方向又迈进了一步。更重要的是，"有益于唐人，有合于同好"办报方针的确立和选择，其中固然可能有着借以拉拢读者推广报纸的某种营销性策略考量，但更蕴含着深沉的民族主义立场和爱国主义情怀，这种立场和情怀融入具体的编撰活动之中，必然会凝结成一种媒介价值观，进而影响到新闻稿件的选择和判断的标准，直接制约着媒介批评的具体走向。1865年4月20日，地处广州的《中外新闻七日录》曾发表《香港中外新报论》的专题文章，其中即有云："香港《中外新报》，原有益于商贾及庶民，惟因仔剌主人不识唐文，故不免多谬说，参入其间。今

---

① 邵志择：《近代中国报刊思想的起源与转折》，浙江大学出版社2011年版，第57页。
② 转引自方汉奇、李矗主编《中国新闻学之最》，新华出版社2005年版，第137页。

将其最著数件，择出以证言……"① 报刊主持人的国族身份就被纳入了具体的媒介批评活动之中，成为分析和判断媒介倾向的一个重要因素，实是必然而自然之事。这在随之继起的《循环日报》《香港华字日报》的媒介批评活动中就得到了继承且有着十分突出的表现。

二 《香港华字日报》（《中外新闻七日报》）的媒介批评

1872 年 4 月 17 日，香港另一家中文日报《香港华字日报》创办。该报的前身是香港英文报纸《德臣报》于 1871 年 3 月 18 日创刊的中文专页《中外新闻七日报》。创办一家中文的报纸，"是《德臣报》多年来的心愿"。②《中外新闻七日报》的主编陈霭廷，是广东新会人，1856 年到香港，曾肄业于香港圣保罗书院，后来一度在巡理府当书吏，1871 年 3 月受聘《德臣报》副主笔兼司理翻译事宜，并同时任《中外新闻七日报》主编之职。1872 年 4 月 17 日，《中外新闻七日报》改名《香港华字日报》，脱离《德臣报》独立出版，陈霭廷是该报的第一任主编，直到 1878 年 4 月离港赴沪，报人生涯前后达 7 年之久。与他同时代的著名报刊政论家王韬曾评价他，"精于西国之语言、文字，西人延为西文日报主笔。西学之长，近时允推巨擘"。③ 他加入《德臣报》之后，在爱国主义情感的激励下，自然萌生了创办一份中文报纸为国人发声的动机，这在该报的很多新闻和评论中都有所体现。

1871 年 5 月，《德臣报》刊登一篇文章，介绍印度的孟买有 53 家报馆，其中 14 家为英文兼当地语文，另 39 家为纯当地文字的报纸。该文章借此指出：长期以来我们期望香港也有一家当地的报纸。为什么在本殖民地的中国人，不能拥有一份表达他们独立看法的机关刊物呢？对于这项报道与短评，《中外新闻七日报》不仅在 5 月 6 日特别地将它翻译出来在该报登载，而且进一步地借题发挥，论说创办华人报纸的必要性和重要性：

---

① 转引自［新加坡］卓南生《中国近代报业发展史 1815—1874》（增订版），中国社会科学出版社 2002 年版，第 114 页。

② ［新加坡］卓南生：《中国近代报业发展史 1815—1874》（增订版），中国社会科学出版社 2002 年版，第 158 页。

③ 转引自［新加坡］卓南生《中国近代报业发展史 1815—1874》（增订版），中国社会科学出版社 2002 年版，第 162 页。

"然华人居港者现以英俊鳞集，记录一事固有笔挟风霜成链锷者，但无自设之新闻纸，则凡有要事关涉华人者，每欲传达而究不克，自专此中关系实非浅鲜。故西人恒翼华人有志之士，自设一新闻纸以便记录，且得藉扩闻之益焉。"该报接下来还满怀兴奋和希冀地鼓励道："事莫大于益被同人，功莫重于为其创始。吾知必有欣欣鼓舞而为之跃跃欲试者矣。"[①] 为华人自创报纸呼吁呐喊，推波助澜。

1871年7月8日（辛未年五月二十一日），陈霭廷在《中外新闻七日报》上发表署名文章《创设香港华字日报说略》，其文有云：

> 或勖余曰：径贵脱夫恒蹊，事当为其创举。日报之道，亦何莫不然。然有非因之因、不创之创者，则以华人而为华字新报是也。何因乎尔？盖华字日报业已匪今伊始，则以华人起而纲纪之，其举虽创，其事则因也。何创乎尔？在昔华字日报胥属西人承办，今忽以华人而为主宰，则提挈之惟我，左右之惟我，此其事虽因，而其举又实创也。且非特此也，日报之所关甚巨，述政事，纪民情，辨风俗，详见闻，大之可以持清议，小之可以励人心，所以激浊扬清，褒善瘅恶，采舆众之公评，存三代之直道，实有足以转移风尚，鉴诫世人。况时处今日所宜讲求者，非泰西各国之事乎？广为翻译，备加蒐罗，用以昭示同人，俾知其政治之得失，悉其民情之向背，察其风俗之淳浇，览其见闻之广隘。虽以瀛环之远，不啻如视之掌，其足以神益于我者，岂浅鲜哉！向者华人皆以日报一道无足系于重轻，不知所以佐中治而稔外情者，实在于此。其良法美意，足以供我揣摩，艺术造作，足以资我仿效，而日报之中无不具详，有不同于他人之徒工粉饰仅托空言者比也。[②]

陈霭廷不仅表白了创设《香港华字日报》的初心和目的，阐释了日报的社会功能，还从历史发展的宏观视角，指出编办一家"以华人而为主

---

① 转引自［新加坡］卓南生《中国近代报业发展史1815—1874》（增订版），中国社会科学出版社2002年版，第162页。
② 陈霭廷：《创设香港华字日报说略》，《中外新闻七日报》（辛未年五月二十一日），1871年7月8日。

宰，则提挈之惟我，左右之惟我"的中文日报，所将具有的历史性开创意义，认为"向者华人皆以日报一道无足系于重轻"的媒介观念，是一种看不见媒介转移风尚、鉴戒世人、增广见闻等重大社会作用的短视行为。

1872年4月上旬，在《香港华字日报》正式发刊前夕，《中外新闻七日报》上发表了一篇署名"德臣新闻纸馆"的《本馆告白》，该文长达八百余字，再一次强调了即将与读者见面的《香港华字日报》为"唐人自设"的国族特色，与"向来所行者皆倡自西人"的报刊有所不同，还进一步表示该报"译撰、遴选、命意、措词"等方面"皆唐人为之主持，为之布置，而与西人无预也"的根本性区别，意在唤起读者的民族主义情感，起而大力支持和赞助该报的编撰与出版：

> 且夫新闻之有裨于世，固非浅鲜也。贸易之道，消息固时贵流通，事物之繁，阅历亦足增学识。迩者中西合好，光气大开，估舶客帆，羽集鳞萃，奇臻远至，列货云屯，迩年以来，日臻繁盛，人众事殷，几于日不暇给。其有关于中外交涉者，尤为至要。况夫泰西邮报所载其于军国大计，言之尤详，他若乡埠交际之往来，行旅转输之远近，格物致知之新奇，习艺制器之精美，以逮夫国势之盛衰，民心之向背，风会之转移，习俗之变迁，与夫一切富强之术，无不讲求，此非中国士民所亟欲知者乎？①

在例举新闻"有裨于世"的诸多益处后，作者使用了反问句的修辞手法——"此非中国士民所亟欲知者乎？"以增强语气，激发读者感情，加深读者印象，使自己观点的表达获得不容置疑的说服力。随后再突出该张报纸的不同凡俗之处："至于新闻所述，上自国政，下迄民情，中权人事，凡船舶之出入，电报之迟速，货物之周流，价值之贵贱，载无不周，采无不遍，务期乎至新至真，俾一览之余即可了如指掌，是于行贾者亦大有裨益。"② 这就使得读者对这张报纸抱着一种期待。刻意显示和突出自己的特长，无形中衬托出此前报纸所存在的不足或媒介生态中的品类空白，含蓄

---

① 《本馆告白》，《中外新闻七日报》，壬申年二月二十九日，1842年4月6日。
② 转引自［新加坡］卓南生《中国近代报业发展史（1815—1874）》（增订版），中国社会科学出版社2002年版，第163页。

而巧妙地起到一种媒介批评的效果。

三 广州《述报》的媒介批评

近代以来，广州坐拥地利之便，一直是中国新闻事业较发达的城市。这里诞生了中国境内的第一份英文报纸《广州记录报》，第一份中文报纸《东西洋考每月统记传》，第一份中文周报《中外新闻七日录》，第一份石印中文报纸《各国消息》。1884年4月18日（光绪十年三月初一日），中国第一张石印中文日报《述报》也在这里问世了。该报由海墨楼石印书局承印。该报除了新闻和评论，还刊载了不少石印的新闻插图，因此也是国人自办报刊中第一家使用图片图画进行新闻报道的报纸。虽然该报存世时间不到一年，但它"是同时期在编辑出版业务上，包括版面、标题、插图、印刷等方面，远远超过侪辈，表现十分突出的一份报纸"。[1]《述报》主人姓甚名谁，由于资料匮乏，目前还不清楚，但根据该报新闻的内容和评论倾向，有学者推断应该"是一位中西学问兼通、关心时事政局，且富有财力，能够有钱订购中西各报的知识分子"，[2]且与官府关系比较亲近。人们怀疑就是印刷该报的海墨楼石印书局的老板。但令人非常遗憾的是，即便是这位海墨楼石印书局老板的具体情况及历史踪迹，现今人们也是所知无多，甚为模糊。

发表在《述报》第1期的《述报缘起》，不仅是一篇全面表达该报创办旨趣、动机和意义的创刊词，而且是一篇体现《述报》馆主人新闻价值观念的媒介批评文本：

> 日报之设，始自泰西。能使上下消息，一气相通，中外情形，了如指掌，诚善法也。我中国自咸同以来，香港上海始有报馆。初创时阅者寥寥，厥后渐多，咸知其益。由是通商各埠，相继开设，十余年来，此风日盛。本馆主人于诵习之余，颇好留心时事。中国现有之各报，靡不购阅。至于通商各国，其著名报馆，凡可邮寄者，亦必多方罗致，以便译读。固欲以兼收并蓄者，集思广益。且每有同此一事，

---

[1] 方汉奇：《序言》，李磊：《〈述报〉研究》，兰州大学出版社2002年版，第1页。
[2] 李磊：《〈述报〉研究》，兰州大学出版社2002年版，第59页。

各报悬殊，互考参观，乃确得其实据。盖兼听则明，偏听则昧，理或然也。浏览既多，略知体要，举其利弊，各有数端。①

可以看出，《述报》主人通晓此前中国近代报业的发展历史，并在历史知识的基础上形成了对当时报业生态现状的清醒认识和把握。在创办该报之前，他已经细心地搜集了当时中外各家报纸，潜心地观摩和比较了各报的优劣长短，掌握了近代报纸的"体要"，也就是对报纸的本质和功能、内容和形式等，都有了较为真切的了解，并已经在订购、阅读报纸的过程中习得了一系列近代报纸的运作环节与流程。正是在这一基础上，他不仅看到了报纸对社会的益处，也看到了其弊之所在。他认为报纸的益处有四：一是能让读者明了中外情形和朝廷大政方针；二是能传播新知，养育新的人才；三是通晓商业情况，利于商业竞争；四是能更好地学习西方的科学技术，富民自强。可贵的是，《述报》主人也看到了新闻报道容易产生一些弊端，"若夫传闻失实，采访失真，求速而遽登诸报，市井滥言，前人说部，贪多而溢录"，不仅会导致一些社会的混乱，而且败坏了报纸的社会形象。但即使这样，《述报》主人仍然坚持认为，报纸对社会终归是利多而弊少，未可因噎废食，不能因为新闻报道中存在少数失实之处，就"相戒不阅"。作者据此对作报者与读者都提出了要求：

> 窃谓阅报者，固不可因小疵而没作者之心。而作报者，亦当求全美以快阅者之目。与其求速而贻讥失实，何如少缓而信有征。与其务得贪多，致类齐东野语，曷若绘图贴说，兼翻海外可书。②

显然，这些是当时一些报纸存在的缺点，已经给报业的发展带来了负面的影响，但若从中吸取教训，也可以成为后起者的借镜，化危机为转机，转挑战为机遇。那么应该如何克服这些弊端呢？《述报》主人自述："本馆有鉴乎此，多聘通儒，遍阅各报，去疑存信，加以论断。事必核实，语戒荒唐。又以西国图画，庶合众长而衷一是，以为讲求时务者之一助，若言渔利犹后也。"因此，《述报》主人才自信地说："本报为

---

① 《述报缘起》，《述报》光绪十年三月初一日（1884 年 4 月 18 日）。
② 《述报缘起》，《述报》光绪十年三月初一日（1884 年 4 月 18 日）。

日报中之创格。"① 如果没有对报纸"体要"的熟习，没有对报纸利弊的细致观察，所谓"创格"之说就难免流于自夸和虚话。《述报缘起》的媒介批评意义正在于此。

作为国人自办报刊，不仅要为国人利益鼓与呼，而且要站在国家和民族的立场上，对西方报纸关于中国不负责任的报道也要敢于批驳，以澄清是非，引导舆论。《述报》曾经针对上海英文《文汇报》的相关报道进行驳斥：

> 《文汇报》云，据中国人传说，法自东京启衅以后，法人之死于越南者，计二百八十六万四千三百八十七人。台湾则死一万一千七百八十四人。另打沉法大铁舰八只，孤拔打死者六次，重伤者三十七次。东京领兵官打死八十四次，重伤一百九十七次云。该报述之以为笑，而不著此语之何自来。该报殆惟笑他人，而忘人之笑其后欤。②

新闻报道应该注明新闻来源，而不可道听途说。揆情度理，以当时中国报纸的报道实际情态而论，或许《文汇报》的有关报道和评论不仅并非子虚乌有，而且可能正戳中了一些中文媒体新闻报道中的不足。问题是其讥嘲的态度，令国人实在难以忍受。所以，在朴素的爱国主义情感的支配下，《述报》抓住《文汇报》有关报道和评论缺少消息来源的缺陷，对其反唇相讥，显得相当的机敏。

第七节　同光之际上海报人的媒介批评

第一次鸦片战争以后，上海虽然与香港一起，成为外报在华出版的基地，但在第二次鸦片战争以前的约20年间，外报在上海的发展，无论是数量还是发展势头，都要比香港迟缓和落后许多。但自19世纪60年代以后，形势发生了重大转折，上海后来居上，无论是外文还是中文报刊，上海新闻事业都远远超过香港，更遑论广州了。据初步统计，在1861—1895年

---

① 《述报缘起》，《述报》光绪十年三月初一日（1884年4月18日）。
② 《西报可笑》，《述报》甲申年卷九，第54页；该条新闻同时见刊于《字林沪报》光绪十年十一月初七日（1884年12月23日）。此处引文引自《字林沪报》。

间，香港新出版的英文报刊为 8 种，而上海则为 31 种。若以中文报刊而论，两者间的差距就更为明显。在 1861—1894 年间，香港新增 3 种，而上海为 31 种，超过香港 10 倍，且占全国中文报刊总数的 57% 以上。① 在维新运动之前，上海已经跃为全国规模最大、语种最多的新闻出版中心，尤其是全国最大的商业报纸出版中心。更为重要的是，一批因为各种原因而接触、参加外国人报刊出版活动的中国人，从中体会到了新闻传播的巨大力量，习得了近代新闻运作的技能和知识，他们渐从"隐姓埋名，躲在幕后，以避乡人的舆论压力"②的生活与工作状态中摆脱，开始飞文染翰、发抒己见，甚至激扬文字、指点江山，成为引领社会舆论的时代弄潮儿。这一发展势头在 1872 年《申报》问世之后，表现得尤为明显。

一 钱莲溪的媒介批评

钱莲溪，生卒年不详，只知他是江苏云间（今松江）秀才，是著名报人王韬在墨海书馆时结识的朋友，当时也为上海的传教士工作，而且是教中人士，他在松江的家还是一个传教据点。③ 钱莲溪与王韬交情甚笃，二人常结伴流连徜徉上海的茶楼柳巷，并诗酒唱和。钱莲溪 1870 年曾在《中国教会新报》总第 102 期署名发表了一篇《劝人播传新报启》，这是上海中国文人较早在报刊上论及新闻纸的一篇文字，其中蕴含的新闻知识及观念，在中国媒介批评史上具有重要的意义：

> 天下事有足以益人又有足以损人者，其惟书乎！夫书有邪正，邪者何以作？自古风流才子往往借托闺情以写其缠绵之意，而措其哀艳之词，付梓流传，为害匪浅。凡子弟之率不谨，妇女之行不端，皆由邪僻之书诲之也。风俗人心渐渍而变坏者，莫甚于此。而人明知是书必不可阅，必不可藏，又何乐为之招，且不惜重价得之，惟恐不先，无他，欲海茫茫，人易陷溺故也。言之殊堪痛心。至若书之正者，载

---

① 方汉奇主编：《中国新闻事业通史》第一卷，中国人民大学出版社 1992 年版，第 305—306 页。
② 马光仁主编：《上海新闻史（一八五〇——一九四九）》，复旦大学出版社 1996 年版，第 35 页。
③ 参见邵志择《近代中国报刊思想的起源与转折》，浙江大学出版社 2011 年版，第 62 页。

籍极博，而欲求道理之真，莫如林乐知先生所制《教会新报》一袭，其详论万事万物，理无不真。理真则以之持己，卒无虑其颠危；理真则以之待人，亦勿虞其浮泛；理真则以之酬应，纷纭万变，可经可权，终不失之偏私驳杂，遗误无穷。夫岂徒阅之以广见闻，藏之以备考证云尔哉。新报一袭，本参详天道为务，而其中或附中外新闻，要皆关涉世道人心，为有益于修齐治平之略。至有时详天文，则日月星辰，记载悉凭实据。有时详地志，则山川河海形势，俱本舆图。有时详人物、禽兽、草木，亦各按其性理而有本有文。即如论金石元质条分，稽舟车气机缕析。凡气球之高举，电线之速传，亦莫不是究是图以明其秘旨。休哉，无奇不载，无义不搜，是书直可与张茂先之《博物志》并传。一稔藏五十卷，兹共计一百零二卷。知先生苦心传真理，于今已有三稔余矣。每卷分送，阅满一星其（期），取资不过半元，值已廉甚。惟恐取资过寡，工费难支，价值既不加增，阅者各须推广，藉春风以嘘拂，草木共被生成，讬明月以照，遐迩同沾光耀。既义精而词显，雅俗咸宜，又物美而价廉，彼此均益。倘爱故宫之旧乐，当从南内旁搜，彼窥全豹之文章，奚惜杖头小费。凡我同志，各宜鉴原在先生固体救主之爱情，晨夕忍劳耐苦，而吾侪应谅先生之美意，播传近悦远来。倘教户诵而家弦，奚虑洛阳纸贵。毕竟有益而无损，共邀洞府福遐。[①]

这是作者为了推广《中国教会新报》而撰写的一则启事。既然是启事，就要把所推广之物的优点充分表现，以打动人们。作者先从人们熟悉的书籍和阅读经验起论，说有些书对人有益，有些书则对人有损。接着话头一转，说林乐知主编的《中国教会新报》对人有益而无损，因为该书（报）不仅"详论万事万物，理无不真"，而且中外新闻报道，皆为关涉世道人心之事。作者不仅将阅读《中国教会新报》与中国读书人"修身、齐家、治国、平天下"的传统理想结合起来，而且将《中国教会新报》内容包罗万象的特点予以突出，并与西晋张华（张茂先）的《博物志》进行比附，使《中国教会新报》的价值得到了充分的展示，从而巧妙地消解了中国传统读书人对教会报刊的排拒心理。因此，《劝人播传新报启》是一篇

[①] 钱莲溪：《劝人传播新报启》，《中国教会新报》1870年第102期。

颇能成功打动中国传统读书人心灵的媒介批评文本。

二 沈毓桂的媒介批评

沈毓桂（1807—1907），字寿康，号赘翁、鲍隐氏、平江赘叟、古吴困学居士等，江苏吴江人。沈毓桂出身于世宦之家，但幼时父亲即去世，家道中落，由祖母抚养成人，所幸他天资聪颖，少负才名，只是科举之路蹭蹬，很长时间内只能在家乡充任塾师。1849年因苏南大水成灾，遂游沪上，结识同样为功名所困的王韬，二人相见恨晚，顿成莫逆。1859年为避战祸，再赴上海，起初以课徒为生，后结交西人，对西学渐生兴趣，曾在传教士所办的英华书馆任教，并帮助传教士艾约瑟等人翻译西书。1860年前后，结识了刚到中国不久的美国监理会传教士林乐知，1867年受林氏之聘，任其"记室"，协助林乐知办理《中国教会新报》，1894年，因年老体衰，辞去《万国公报》的"主笔"之职，前后任职该刊20余年，成为在该报馆任职时间最长、编辑期刊最多的华人编辑。这里需要说明的是，"沈毓桂在《万国公报》馆中的地位前后有所变化。在自1874年9月5日《教会新报》更名为《万国公报》至1878年3月林乐知返美的一段时间里，沈毓桂在《万国公报》馆仅是一名普通的华人编辑，其主要职责在于处理《万国公报》的文字事务，并对林乐知的文章加以润色和笔述。此即其所谓的'襄理报牍'时期。自1878年3月林乐知返美至1883年7月28日《万国公报》的暂时休刊，沈毓桂已由一般的编辑一变而成为《万国公报》的'主笔'，开始全面负责《万国公报》的组稿、选稿、编辑和主持评论等工作"。[①] 1883年，《万国公报》第738期发表署名"鲍隐氏"的《设报馆以博见闻》一文，正是沈毓桂任《万国公报》主笔之职时的作品，颇能代表他对媒介功能的认识。

这篇文章源于李提摩太的启发。从19世纪80年代起，李提摩太开始在中国社会各地系统性地宣传变法，他的变法主张集中反映在《近事要务》之中。《近事要务》连载于从1881年11月12日至1882年1月28日的《万国公报》上，署名"中西友"。"这是短札式的变法提纲，凡98则，每则几十到一二百字，举凡天文、地理、物理、化学等各门学

[①] 杨代春：《华人编辑与〈万国公报〉》，《湖南大学学报》（社会科学版）2008年第6期。

科，工业、农业、教育、卫生等各个部门，以及宗教、道德、外交、立法等涉及国家和民族前途和命运的重大问题，均有涉及。"① 因为是短札式的论述，比较简略，所以给人的印象不是十分深刻。沈毓桂认为这些意见，很多是对中国国计民生大有裨益的事情，为中国应办的切时要务。于是，他署名"匏隐氏"，在《万国公报》上连载了《近事要务衍义》，对李提摩太所提的建议，进行演绎和发挥，以使其观点能够得到更广泛的传播，深入人心。《设报馆以博见闻》一文就是在该报刊载的"近事要务衍义"第19篇。

昔至圣有言曰：多闻，择其善者而从之，多见而识之，知之次也。朱注以为所从不可不择，记则善恶皆当存之，以备参考。如此者，虽未能实知其理，亦可以次于知之者也。而吾则谓一己之见闻有限，天下之事理无穷，只以有限之见有限之闻，而欲悉无穷之事无穷之理，恐耳有所不及，目有所难周，即何以多闻而多见？不能多闻而多见，又何以择而从之，默而识之？尽知天下之事理以博一己之见闻耶？若是乎见欲其博，闻欲其博，而见其善者可以感发吾之善心，闻其恶者可以惩创人之逸志，并天下无穷之事，无穷之理，皆为吾目所见，吾耳所闻，可以备诸参考，而不愧为知之者，则必赖乎新报馆之设也。然我中国则仅有京报颁发，以供缙绅及衙署之阅览，至民间则鲜观之。余则另无新报之设。盖素所不行焉。而西国则久已盛行之矣。间考泰西新报，厥类綦多，且报馆之设，凤与学校并列，是故学问之类，竟居其半。凡格其一事，悟其一理，即行刊入新报而使全国均得见闻，以沾其益。不论何种学问，凡属有益于人者，莫不刊发之，以增人之识也。所以新报之种类，各西国洵不鲜矣。如德国于五年前计新报共有二千七百五十七种，三四年前共有二千七百九十二种，一千八百七十二年共出新报二千五百另十万六千九百另九张，全国新报共有一千零十六种。又俄罗斯国计新报共有三百三十七种，又大英国新报共有一千四百四十六种，又大美国纽约城新报一年之间共出四万九千二百七十七万八百六十八纸。种种新报如是之多，其报馆之多不问可知已。所以然者，恐民庶之见闻狭隘而不谙事理，不识学

---

① 熊月之：《西学东渐与晚清社会》，上海人民出版社1994年版，第590页。

第一章 道咸同光时期的媒介批评

问,未免冥顽梗化,是亦贻国家之忧。故特广为开设。而上自朝廷之政事,官吏之贤否,下及工商之攸系,风俗之要端,以及忠孝节义之道,天文地理之诣,鸟兽草木之异,名物象数之繁,并论格致,谈时势,明医术,传教道,莫不一一详载,而使诸色人等,各随所见以增其所闻,各就所闻以扩其所见,且得以通上下之情,辨贤愚之判,悉利害之由,而耳目不致有所蒙蔽矣,事理不致有所隔阂矣,见闻可以渐博矣。然则国家新报馆之设,果曷可少哉? 中西友曰,博学诸儒,理宜各发宏论,或益民生,或关国政,或切时弊,或讲实学,广为刊报,使寓目者有所采择,益诸世道。余冀其言为识时务者所见用,一旦效西国之新报,开馆广设,庶几近而一乡一邑,远而各府各省,推而及之天下,佥得而鉴阅之,纵使事理之无穷,奚至见闻之或昧,将所知之广博,自有不期然而然者矣。是则予之所厚望也夫。①

这是一篇观点明确、逻辑严密、论证充分的媒介批评文本,充分显示了作者政论写作的水平。新闻媒体的最基本功能是信息传播,也就是帮助人们耳闻目睹变动的社会现实。沈毓桂紧紧抓住"见闻"二字作为立论的中心。首先摆出孔子"多闻,择其善者而从之,多见而识之,知之次也"的观点,紧接着又转到另一位大儒朱熹所说的"所从不可不择,记则善恶皆当存之,以备参考"之说,将论证重心从"见闻"顺利地转到了如何才能使见闻广博的途径上。现实生活中个人亲身的耳闻目睹毕竟十分有限,面对天下之事理无穷的现实,只以有限之见、有限之闻,而欲悉无穷之事、无穷之理,显然会耳有所不及,目有所难周,多闻而多见根本没有可能。既然不能多闻多见,择善而从亦势必流于虚话。要做到多闻多见,只能借力于外在的帮助,传统的邸报又做不到,则新闻纸就成了唯一的选择。随后作者又通过胪举世界上发达国家新闻纸的种类和发行数量,以翔实而准确的数字来衬托设报馆以广见闻的必要性和重要性。"论如析薪,贵能破理。"② 作者综合使用引证和例证方法,论点与论据之间的逻辑联系非常紧密,始终围绕论点展开和使用论据,

---

① 鲍隐氏:《设报馆以博见闻》,《万国公报》1883 年第 738 期。
② 周勋初:《文心雕龙解析》(上),凤凰出版社 2015 年版,第 305 页。

不仅语言简洁，不蔓不枝，而且主题鲜明而突出，论证严密而有力，具有很强的说服力。

三 《申报》馆华人编辑群的媒介批评

在中国近现代新闻事业史上，1872年4月30日由英国商人安纳斯脱·美查等人集资创办的《申报》仿佛是一座雄伟山峰一般的存在。它不仅以其创办年代早、存世时间久、发行量大、影响广泛而成为记录中国近现代社会历史的一座文化宝库，而且是我国早期新闻学研究的重要园地。尤其是在19世纪七八十年代，发表了很多论述新闻学的文章。作为商人的美查，营利自是主要目的，以故他采取"洋人办报，秀才主笔"的办报道路。他虽然引进了西方近代新闻纸的模式，积极地报道新闻，刊登商情，但媒体首先是作为推动市场商品经营的一种工具或手段加以运作，在通过媒体引导社会舆论方面，并没有特别的自觉意识，基本上是依靠着一批学识兼长、追求进步、在思想上具有近代启蒙意识的中国口岸知识分子主持报纸的笔政，特别是在同光之际，"《申报》则是成了当时人才聚集的文化机构之一"。[①] 如蒋芷湘、钱昕伯、何桂笙、沈定年、吴子让、蔡尔康、吴友如等一批传统文化素养功底扎实、拥有"秀才"等功名的知识分子，群集在申报馆内。这些人生活在靠近上海江浙一带，比居住在内地的人能较多地接触到西学东渐以来的近代文明，呼吸到欧风美雨带来的新鲜空气。他们凭借洋人兴办的传播机构所拥有的得天独厚的条件，较早较多接受了西方文明和先进的科学技术，感到中国的落后，产生了希望改变中国现实面貌的迫切要求。

在新闻事业方面，他们不仅撰写了一系列专题文章，正面"评述近代新闻事业与国家兴旺、精神文明的关系"，[②] 而且通过报道新闻媒体动态、与其他报刊进行争论等活动，以言说和实践的方式书写着中国近代媒介批评的时代篇章。

据不完全统计，《申报》自创刊到1892年的20年间，主要发表了如下一些评述新闻事业的文章：

---

① 宋军：《申报的兴衰》，上海社会科学院出版社1996年版，第19页。
② 宋军：《申报的兴衰》，上海社会科学院出版社1996年版，第21页。

《申报》1872—1892 年评述新闻学文本一览表

序号	篇名	作者	出处
1	本馆告白		第1号，同治壬申年三月二十三日，1872年4月30日
2	申江新报缘起		第4号，同治壬申年三月二十九日，1872年5月6日
3	招刊告白引		第5号，同治壬申年四月初一日，1872年5月7日
4	本馆自述		第6号，同治壬申年四月初二日，1872年5月8日
5	本馆告白		第11号，同治壬申年四月初八日，1872年5月14日
6	本馆告白		第13号，同治壬申年四月初十日，1872年5月16日
7	采访新闻启		第24号，同治壬申年四月二十二日，1872年5月28日
8	本馆自叙		第51号，同治壬申年五月二十三日，1872年6月28日
9	邸报别于新报论		第64号，同治壬申年六月初八日，1872年7月13日
10	本馆辩诬论		第79号，同治壬申年六月二十六日，1872年7月24日
11	本馆自叙		第92号，同治壬申年七月十二日，1872年8月9日
12	本馆自叙		第113号，同治壬申年八月初七日，1872年9月2日
13	书《中西闻见录》后		第128号，同治壬申年八月二十四日，1872年9月19日
14	刊行《瀛寰琐纪》自叙		第141号，同治壬申年九月初十日，1872年10月5日
15	论西字新报屡驳《申报》事		第194号，同治壬申年十一月十三日，1872年12月13日
16	英国新报之盛行		第246号，同治癸酉年正月二十一日，1873年2月18日
17	论杭州停卖新报之故		第308号，同治癸酉年四月初五日，1873年5月5日
18	论中国京报异于外国新报		第375号，同治癸酉年六月二十四日，1873年7月18日
19	汉口创设昭文新报馆		第397号，同治癸酉年闰六月二十一日，1873年8月13日
20	论各国新报之设		第401号，同治癸酉年闰六月二十六日，1873年8月18日
21	读邸抄书后		第589号，同治甲戌年二月十六日，1874年4月2日
22	论新闻日报馆事		第571号，同治甲戌年正月二十四日，1874年3月12日
23	上海日报之事		第623号，同治甲戌年三月二十七日，1874年5月12日
24	论日报		第777号，同治甲戌年九月二十九日，1874年11月7日
25	苏城来函		第702号，同治甲戌年七月一日，1874年8月12日
26	驳香港西报论《申报》事		第818号，同治甲戌年十一月十七日，1874年12月25日
27	论英京大新闻馆事		第835号，同治甲戌年十二月初七日，1875年1月14日

续表

序号	篇名	作者	出处
28	主客问答		第847号，同治甲戌年十二月二十一日，1875年1月28日
29	书同治十三年《申报》总录后		第853号，同治甲戌年十二月二十八日，1875年2月4日
30	论粤督英宫保闻新报惩勇丁寔为政治之助		第935号，光绪乙亥年四月十三日，1875年5月17日
31	延友访事告白		第978号，光绪乙亥年六月初四日，1875年7月5日
32	蒐访新闻告白		第981号，光绪乙亥年六月十一日，1875年7月9日
33	集阅新报告白		第983号，光绪乙亥年六月十四日，1875年7月12日
34	本馆告白		第991号，光绪乙亥年六月二十三日，1875年7月21日
35	本馆告白		第994号，光绪乙亥年六月二十六日，1875年7月24日
36	论《字林西报》言中国必能盛行新报事		第1020号，光绪乙亥年七月二十四日，1875年8月24日
37	论新报体裁		第1059号，光绪乙亥年九月初十日，1875年10月8日
38	论本馆作报本意		第1061号，光绪乙亥年九月十三日，1875年10月11日
39	论日报公用		第1106号，光绪乙亥年十一月初五日，1875年12月2日
40	觅请报事人		第1148号，光绪乙亥年十二月二十四日，1876年1月20日
41	访请报事人		第1172号，光绪丙子年正月二十九日，1876年2月23日
42	论日本禁止新报		第1172号，光绪丙子年正月二十九日，1876年2月23日
43	劝看民报		第1246号，光绪丙子年四月二十六日，1876年5月19日
44	论本馆销数		第1475号，光绪丙子年十二月二十八日，1877年2月10日
45	选新闻纸成书说	宛委书樵	第1508号，光绪丁丑年二月十四日，1877年3月28日
46	论各省会城宜设新报馆	王韬	第1783号，光绪戊寅年正月十八日，1878年2月19日（选录香港《循环日报》）
47	论京报贵速不贵迟		第3172号，光绪壬午年正月十五日，1882年3月4日
48	立言有体说		第3854号，光绪癸未年十二月初五日，1884年1月2日
49	论军报不易灼知		第3946号，光绪甲申年三月十五日，1884年4月10日
50	论新闻纸之益		第4785号，光绪丙戌年七月十二日，1886年8月11日
51	新闻纸缘始说		第6020号，光绪庚寅年正月初六日，1890年1月26日
52	中国振兴日报说		第6313号，光绪庚寅年十月四日，1890年11月15日
53	中国宜设西字报		第7000号，光绪壬辰年八月二十六日，1892年10月16日

总而言之，《申报》阐释和评述新闻学的文章，主要传播了如下一些专业理论知识。

1. 申述报刊有益于国家、人民的社会功能。《申报》认为新闻事业与国家之间具有相辅相成的关系，新闻事业的繁荣和兴旺，能够推动国家的发展和进步：

> 故凡朝廷之立一政也，此处之新闻纸或言其无益，彼处之新闻纸或言其有损，朝廷即行更改，必待各处新闻纸言其尽善尽美而后为。致于行事、制器无不皆然。所以有一举动，必历数十年之久，必经十数人之智。及其成功，则莫能与敌。盖目二百数十年以前，各国之新闻纸未设，而各国亦尚无如此兴旺。目今兴旺最大之邦，莫如英、美、普、法四国，而新闻纸亦为最盛。或曰，然则新闻纸果盛于国家兴旺之后乎？抑或国家兴旺果系由于新闻纸乎？曰，二者相辅而行，不能偏废。新闻能以致兴旺，兴旺愈以多新闻也。或曰，奇哉，子之言也。新闻纸仅一小篇，而果能致国兴旺乎？曰，子未闻泰西各国之举动，皆取益于新闻纸乎？而且朝廷立政，小民纵欲有言，未免君民分隔，诸多不便，一登于新闻纸内，则下情立即上达。至于间阎行事、制器，或远隔重洋，或另在他国，信函相商，多劳往返，一登于新闻纸内，则千里如同面谈。泰西之新闻纸，其有益于朝廷、间阎也如此。子顾可以窄狭无用之一页之纸而视新闻乎？①

这比此前仅从报纸对国家有益的一面进行单向性论证，显得更为周全、辩证。

2. 确立新闻媒介的报道体例

体例原本是一种事物的组织形式。这种组织形式对该事物的内质具有着某种制约和选择的作用。对于新闻媒体来说，媒体也有着自己独有的编排格式，这种编排以一种成规、惯例的方式存在，不仅是凝聚和形成媒体面貌的重要形式因素，而且是使一种媒体区别于另一种媒体、显示自己精神和本质的一种内在因素。所以，媒介体例是人们认识和接受媒介的第一步，也是新闻工作者首先要面对和处理的重要业务规范。媒介体例意识其

---

① 《论各国新报之设》，《申报》同治癸酉闰六月二十六日第401号，1873年8月18日。

实是一种专业自觉意识，它表现着报刊工作者对本专业的理解和认识层次。《申报》报人群在该报创办之始就已经产生了初步的媒介体例意识。如该报创刊号的《本馆告白》云：

> 今天下可传之事甚多矣，而湮没不彰者比比皆是。其故何欤？盖无好事者为之纪载，遂使奇闻逸事阒然无称，殊可叹惜也。溯自古今以来，史记百家，载籍极博，山经地志，纪述綦详。然所载皆前代之遗闻，已往之故事，且篇幅浩繁，文辞高古，非缙绅先生不能有也，非文人学士不能观也。至于稗官小说，代有传书，若张华志博物，干宝记搜神，齐谐为志怪之书，虞初为文章之选。凡兹诸类，均可流观。维其事或荒诞无稽，其文皆典赡有则，是仅能助儒者之清谈，未必为雅俗所共赏。求其纪述当今时事，文则质而不俚，事则简而能详，上而学士大夫，下及农工商贾，皆能通晓者，则莫如新闻纸之善矣。新闻纸之制，创自西人，传于中土，向见香港唐字新闻，体例甚善，今仿其意，设《申报》于上洋。凡国家之政治，风俗之变迁，中外交涉之要务，商贾贸易之利弊，与夫一切可惊可愕可喜之事，足以新人听闻者，靡不毕载，务求其真实无妄，使观者明白易晓，不为浮夸之辞，不述荒唐之语，庶几留心时务者，于此可以得其概，而出谋生理者，于此亦不至受其欺。此新闻之作固大有益于天下也。且夫天下至广也，其事亦至繁也，而其人又散处不能相见也，夫谁能广览而周知哉。自新闻纸出，而凡可传之事，无不遍播于天下矣。自新闻纸出，而世之览者，亦皆不出户庭而知天下矣。岂不善哉！①

这里有三点值得注意：一是"传播"的观点，《申报》主笔认为报纸与书籍一样，都具有知识和信息传播的功能；二是在传播内容方面，报纸有自己的特点，与已有的史记百家、山经地志、稗官小说等有着巨大区别，并以此显示自己独特的价值，对于人们认识和把握世界不可或缺；三是《申报》的创制并非天外飞来之物，而是与香港已经出版的中文报纸属于同类。这种对新闻媒介"体例"的认识，显示《申报》报人已经从接触和阅读报纸中获得了基本的近代媒介知识与观念，"体例"意识已经成为

---

① 《本馆告白》，《申报》同治壬申年三月二十三日第1号，1872年4月30日。

一种自觉的专业意识渗透在其日常的业务工作之中。

1886年8月1日,《申报》于论说中再一次就媒介的体例问题发表看法道:

> 报馆之体例,第一在于尊王。所谓尊王者,非但以歌功颂德,为庆腾之拜,作升平之颂已也。凡事之有裨益于国家者,则剀切详明,深谋远虑,必思贻国家以安,而无一事之扤陧。凡事之有损于国家者,不辞苦口,不掸逆耳,声明昭著,详尽曲折,虽批逆鳞,触忌讳,所不辞也。若此者,谓之直道大行。泰西各国以有此一举,而蒸蒸有日上之势。前此无之,未见其强如此也。仆前论谓理财之道,当扼其要者,一则录其清帐以示议院,令公议其是非,一则举其收支之数目,登之报纸,以见大公之无我。此皆泰西善法,所可取而行之者也。①

这里对媒介功能的探讨实质上已经触及了舆论监督问题,深入新闻报道与社会各方面利益关系的分析,关涉到对"益处"内涵的全面理解。作者认为,批逆鳞、触忌讳的报道固然为某些人所不喜好,并有可能被污名化,但从国家和社会整体利益的角度看,这才是真正的关心与爱护国家,新闻媒体对此坚持"所不辞也"正是其天职之所在。

3. 探讨媒介批评的风度

报纸在报道和评论新闻时,难免会引起相关当事人的不爽和恼怒,特别是当报道和评论对象为媒体行为的时候,所指涉的媒体常常会反唇相讥。这本是媒介之间互相监督的一种正常的媒介批评现象。媒介互相监督常常能够促进媒介克服缺陷,获得改进。但是,若媒介批评超越正常舆论监督的界限,流于恶意攻讦,则有损媒介的社会形象。在《申报》出版两年多之后,由广东籍上海知县叶廷眷参股、容闳等人发起的《汇报》也创刊问世了。一开始两报还能和平共处,而且《申报》对《汇报》的出版还表示了欢迎,认为上海一埠如果只有独家日报,未免孤陋寡闻,多一家报纸,会使新闻事业更进步。但是不久《申报》在报道杨月楼一案时,文中出现涉事女方有广东人、"咸水妹"的字眼,由此触动了《汇报》创办人

---

① 《论新闻纸之益》,《申报》光绪丙戌年七月十二日第4785号,1886年8月11日。

的乡籍情结，愤而在《汇报》上发文对《申报》进行驳难，后来这种驳难"甚至发展到了肆意攻击的程度"。① 如《申报》报道杨乃武与小白菜案长达3年之久，直到冤案平反，《汇报》（后来改为《彙报》）则说《申报》之所以对此案报道如此积极，是因为《申报》馆内窝藏有案犯的"同党"。《申报》主张中国购买外国机器以供织布之用，《汇报》则斥为是在帮助外国人，损坏国人利益。《申报》提倡开发矿产，《汇报》则说这样会破坏风水，会引起当地人的变乱，等等，不一而足。为此，《申报》特地于1875年10月8日发表了一篇《论新报体裁》的长文，在规劝《汇报》的同时，较为系统地论述了媒介批评应有的品格和风度：

> 新设报馆之主人詈驳本馆，不但逐日詈驳肆骂，且每报一张而有骂至一二三者，甚至四篇不等，皆揭短本报，或妄谤本馆内各执笔之人。该报主人以为张才矜能，可以驾于本报，献媚于阅报之人，余则殆恐彼报主人未免反讨嫌于众人也。缘新报之设也，所以述事广闻，岂有主人□私泄怒，将满幅尽载以驳人空论之理乎？该报主人与本馆似有大宿仇，不共戴天之怀，本报亦未尝觉有仇于该报也。故兹见该报每走歧道，愿进一言之劝曰，若欲广销而发达，与其屈才废时，仅事著写詈我之妄论，不如少就新报正道，采录正经信息，博论重要事务。如此，既不羞新报之设意，而新报生意必可望发达焉，岂不美哉？②

作者认为这是一种"詈驳"，是媒介批评的"歧道"，因为从长远看，这只会影响媒介的社会形象，不应提倡和鼓励。应该说，作者这种观点对媒介批评的健康发展无疑具有十分积极的促进作用和帮助意义。

值得注意的是，随着穗、沪等内地中文报纸的崛起，中外报纸因媒介观念和实践的差异而导致的媒介论争也不断产生。媒介论争不仅具有吸引读者围观吃瓜的功效，而且对于社会媒介观念的普及具有某种推助和催化作用，是媒介批评的一种重要形式。1874年，香港外文报纸曾发表文章，批评《申报》将神鬼妖异等荒诞不经之事作为新闻进行报道。被批评者自

---

① 宋军：《申报的兴衰》，上海社会科学院出版社1996年版，第33页。
② 《论新报体裁》，《申报》光绪乙亥年九月初十日第1059号，1875年10月8日。

然颇不服气,《申报》特在报端发文为自己辩护道:

> 近有香港西字报专作一论,责本馆以登录妖异之事,采择神鬼之说,以为煽惑愚民,簧鼓众听,莫以此为甚,云云。噫,异矣。本馆所述此等事件,原系得之传闻,并非果以为信也。然来告者既正襟而道以为事固有征,送稿者复伸纸而书以为言无成饰,本馆细绎新报之职,在于采集人言,搜罗众说,何敢以区区一人之见,遂谓天下不恒有之事即为古今所必无之事,而凡各郡中之目见耳闻、争相传述者概谓之假托,概斥为妄言耶?是以凡分托采访各友人,遇有奇迹异谈,但使事有可取,亦即为之登录。盖缘此类事件,华人固疑信参半,即便全诧为妄,亦姑喜其新异如古之《夷坚志》《睽车志》《太平广记》等书所载者,必且篝灯读之,举为谈助。纵曰孔子大圣怪与神均在所不言之列,而干宝搜神、东坡说鬼,又岂非千古通人哉?虽然本馆于此等事件,并非时时有之,而所尤奇者,则本馆每印一篇则必见其翻入正凤西报之内,而于经济大事反少有见者,岂非该报之主笔自喜阅妖异之事耶?或以为此等事人皆喜阅之耶?虽或藉以加责本馆,然正凤主人岂自能特立千秋,笔削独操,而足为本馆迷途之南针,觉岸之导师耶?夫中西之人心,细核之亦大同而小异耳。盖西人幼时受教,必信古时奇异之事,如各种书中所录者,必敬而信之,及长而犹不敢谓为不信也。华人则信今时怪异之事,于古书所载者,亦或知其非真,及众口相传,则必动色倾听矣。是其所分,特古与今之别而已。本馆得其规责之词,不甘自默,因为之论列如此,以质之阅《申报》者。①

应该说,《申报》的辩护虽然也不无一定的道理,但从新闻真实性的角度看,是混淆了新闻与小说之间的界限。这只能说是其新闻观念不成熟的一种表现。《申报》在这里的有关说辞已经流于一种狡辩,实不足为训。

应该承认,传教士是晚清西学东渐的先锋。基督教传入中国之后,虽然由于其文化和信仰上的异质性,屡遭国人的排拒,"但事实上,基督教

---

① 《驳香港西报论〈申报〉事》,《申报》同治甲戌年十一月十七日第818号,1874年12月25日。

自传入之日起，中国的知识分子即开始了与其认同的历史。只不过在最初的时候，愤怒排拒太强太浓，以至完全遮住了那个虽然缓慢却悄然发生、发展的认同潜流"。① 由于语言、文化、习俗的隔膜，传教士在中国生活与传教的过程中，都想方设法尽量接近和取得中国知识分子的帮助。如在上海墨海书馆一地之内，就聚集了王韬、沈毓桂、吴子让、李善兰、蒋敦复等一批精通传统旧学的中国知识分子，有些人协助和参加了传教士的报刊编撰活动，这些当时社会的"边缘人"②"新人"③，因缘际会，有幸成为在报刊上论及新闻媒介及其传播活动的第一批中国报人。除了王韬，钱莲溪、杨鉴堂、沈毓桂以及《申报》馆的华人编辑，也是其中的佼佼者。特别是《申报》的媒介论述，不仅数量多，而且影响大。虽然该报评述新闻学的文本中，有一些含有启事、广告意味，有一些是与竞争对手进行的论战，但正是在这些看似不完全规范的媒介批评文本中，《申报》报人在向社会传播近代新闻知识的同时，也以这些新闻知识为标准对新闻传播活动进行评述。当然，在媒介批评的过程中，尤其是在与对手论争时，该报所持有的观点并非总是正确，在一些具体问题上有时也难免有意气用事之嫌。但这种争论存在的本身，对社会媒介素养的提高实是有益之举，因为正是通过阅读和"围观"媒介论争，国人在耳濡目染之中，逐渐熟习和接受了这些近代的新闻观念。

第八节　王韬的媒介批评

海上潮声日夜流，浮云垒垒古今愁。
重洋门户关全局，万顷风涛接上游。
浩荡东南开互市，转输西北共征求。

---

① 夏俊霞：《清末民初知识分子对基督教的接纳与认同》，《世界宗教研究》1999年第3期。
② 所谓"边缘人"（the marginal man），也称为"边际人"，是美国芝加哥社会学派罗伯特·帕克提出的一个概念，其核心意思是指"和两种不同文化生活与传统的人们密切地生活居住在一起。他不愿意与传统决裂，即使他被允许这样做；而由于种族的偏见，即使他正在努力寻求社会中的一席之地，却也不能被新社会所接受。他是处于两种社会和文化边缘的人"。参见翁梓轩、薛玉琴《近代"边缘人"科举观述评——以沈毓桂为例》，《绍兴文理学院学报》（哲学社会科学版）2015年第4期。
③ 所谓"新人"，参见［美］柯文《在传统与现代之间——王韬与晚清改革》，雷颐、罗检秋译，江苏人民出版社1995年版，第5页。

第一章 道咸同光时期的媒介批评

朝廷自为苍生计，竟出和戎第一筹。①

这是我国近代著名思想家、报人王韬于1848年第一次离开家乡赴上海省亲，舟行黄浦江中，目睹一艘艘外国商船和兵舰自由自在地在中国江河里来往游弋时，无法按捺自己悲愤心情而写下的诗句，字里行间饱含着一个爱国知识分子对国运的深深担忧，以及对当局无能的批判。每一个时代都有其代表人物。从道光至光绪年间，在外力的威逼和压迫之下，中国正处于从古代向近代社会急剧转折的过渡年代。在时代的激流中，一批知识分子挥动手中的如椽之笔，勇敢地向旧世界宣战和进击，为新社会的诞生提供思想的资源和动力，从而在中国近代历史的大舞台上构筑了属于自己的思想丰碑。在中国近代思想史的碑林之中，王韬无疑为"一座不是最高最大但却处在前排显眼位置的碑碣"②。他不仅是一个思想家，而且是一个教育家、政论家和报人，尤其是在中国近代新闻事业史上，他以中国"第一个著名报刊政论家"的英名而永载时代的史册。在王韬内容丰富、题材广泛的政论作品中，基于政治和职业关怀而进行的媒介批评是其中十分重要的有机组成部分。

一

实践是人类关于社会观念认识的最初来源。认识不可能以某种先验的形式预先现成地存在于主体的头脑之中。认识作为一种理论关系，本身就意味着要从客体获得内容。观念的认识是一个由感性的认识上升到理性的认识，由对客体的感性掌握上升到理性掌握的能动的辩证过程。在认识的过程中，存在一系列认识方法的运用。"任何一种具体的认识，由于其对象有自己构成自己的具体的特殊道路，因而有其具体的特殊的方法。"③ 在人类的认识过程中，观察是主体有意识地发挥感觉器官的功能，形成感性的反映形式的基本方法。王韬的媒介批评是他认识和掌握新闻传播的理论

---

① 王韬：《漫游随录》，卷一，"黄埔帆樯"，转引自张海林《王韬评传》，南京大学出版社1993年版，第27页。
② 张海林：《王韬评传》，南京大学出版社1993年版，第1页。
③ 夏甄陶：《认识论引论》，人民出版社1986年版，第285页。

方式，他对媒介的这种理论掌握虽然主要发生在1874年创办《循环日报》以后，却渊源于此前对近代新闻传播的观察和体验。

1848年初春，家在甫里（今苏州甪直镇）刚满20岁的王韬，乘船前往上海看望在该地设馆课徒的父亲：

> 一入黄歇浦中，气象顿异。从舟中遥望之，烟水苍茫，帆樯历乱，浦滨一带，率皆西人舍宇，楼阁峥嵘，缥缈云外，飞甍画栋，碧槛珠帘。此中有人，呼之欲出；然几如海外三神山，可望而不可即也。①

无疑，西人建筑的宏伟外观及其背后的文化支撑，使王韬大开眼界，给他带来了巨大的视角冲击，"气象顿异""楼阁峥嵘""几如海外三神山，可望而不可即也"的文学性修辞，恰当地传达了视觉冲击之后引起的心理震撼。作为一个年轻人，对来自异域的新鲜事物抱着浓厚的观赏和了解兴趣，自是人情之常。在上海省亲期间，他去墨海书馆参观，受到了墨海书馆主人麦都思的热情欢迎和接待。麦都思让自己的两个女儿出来相见，并命女儿为王韬鼓琴一曲以助兴，"抗坠抑扬，咸中音节，虽曰异方之乐，殊令人之意也消"。墨海书馆的新式印刷技术及其先进的生产力，更是令他惊异叫绝，无比佩服："后导观印书，车床以牛曳之，车轴旋转如飞，云一日可印数千番，诚巧而捷矣。书楼俱以玻璃做窗牖，光明无纤翳，洵属琉璃世界，字架东西排列，位置悉依字典，不容紊乱分毫。"② 这是西人先进的印刷出版技术带给王韬的第一印象。虽然他这时还不能跨越传统文化的樊篱而转向对西方文化的学习，但显然这第一印象并未造成他对西方文化太多心理上的抵制和排拒。

人生的道路虽然漫长，但紧要处常常只有几步。1849年夏，因父亲病故，王韬随即面临承担起供养母亲、兄弟、妻女的责任。这对于王韬这样的知识分子来说，无疑是一个重大的人生挑战和艰难选择。不得已之下，他只好接受了此前已经结识的麦都思的邀请，前往墨海书馆当中文编辑。在墨海书馆期间，襄理艾约瑟、伟烈亚力等译书，并参与了

---

① 王韬：《弢园老民自传》，孙邦华选编，江苏人民出版社1999年版，第26页。
② 王韬：《弢园老民自传》，孙邦华选编，江苏人民出版社1999年版，第26页。

1857年伟烈亚力主办的《六合丛谈》的编辑工作。《六合丛谈》虽由传教士主办，但较之此前传教士所办的宗教刊物，该刊"通中外之情，载远近之事，尽古今之变"的编辑方针，使之具有了近代时事新闻杂志的面貌，散发着近代新闻事业的气息。虽然《六合丛谈》只维持了一年多的时间即告停刊，但这段经历对王韬后来的报刊编辑工作无疑是有力的先期铺垫和准备。

1862年4月，35岁的王韬因化名上书太平天国而获罪清廷，遂在墨海书馆工作中结交的一些外国朋友的帮助下匿居于英国领事馆中，并于1862年10月5日的风雨之夜，乘坐英国怡和洋行"鲁纳"号邮轮，走避香港，在英国传教士理雅各为院长的英华书院，助译中国经典，并于1864年主编由罗郎也所办的中文刊物《香港近事编录》，逐渐开始积累办报的实际经验。理雅各在王韬的倾力协助之下，陆续将中国的《礼记》《诗经》等古代文化典籍翻译成英文在英国出版，在西方学术思想界引起了轰动，理雅各也因而声名鹊起，于1876年被牛津大学特聘为第一任汉学讲座教授。1867年初，理雅各因事回国，年底来信正式邀约王韬"往游泰西，佐辑群书"。① 王韬遂于该年12月15日搭乘普鲁士轮船，离开香港前往欧洲一游。王韬此行横越数万里，历行亚欧十多国，前后盘桓两年零四个月。"从中国走向世界这一角度说，王韬的欧洲之行是中国文化知识精英第一次以自由身份对欧洲的实地考察。"② 特别是旅英的后半段时间里，王韬在英国已经是小有知名度的人物了，社会团体和民间集会不时邀请他莅临演讲。当地报纸也将其事迹行踪刊入新闻予以报道。在欧西社会游历之行中，耳濡目染，王韬对西方新闻媒体的社会功用有了较为切实的体会，逐步认识到西方国家制造之精、制度之美、民风之好，与西方社会拥有发达的新闻传播媒介生态之间互为因果的逻辑关联。他后来在《重订法国志略》一书中对欧洲新闻业作出如下评价：

> 日报之于泰西诸国，岂泛然而已哉？所载上关政事之得失，足以验国运之兴衰；下述人心之事，亦足以察风俗之厚薄。凡山川之形胜，物产之简番，地土之腴瘠，邦国之富强，莫不一览而了然，其所

---

① 王韬：《弢园老民自传》，孙邦华选编，江苏人民出版社1999年版，第155页。
② 张海林：《王韬评传》，南京大学出版社1993年版，第117页。

以见重于朝野,良有以哉!①

观念的认识是感性直观和理性思维的统一。王韬之所以对泰西媒体社会作用做出这种在当时具有先进性的价值判断显然是他实地考察的结果。这种来自实践的认识,成为他从欧洲返回香港之后创办《循环日报》的一种思想动力。

二

从欧洲返回香港之后,王韬即和友人黄平甫等购买了原来英华书院的印刷设备,组成中华印务总局。1874年2月4日,王韬创办了《循环日报》。《循环日报》是中国新闻事业史上第一家由中国人自办成功的中文日报。② 王韬在《循环日报》等报刊先后发表了《本馆日报略论》《日报有裨于时政论》《倡设〈循环日报〉小引》《西国日报之盛》《本局日报通启》《答西人论〈循环日报〉说》《论各省会城宜设新报馆》等论文,对当时诸多与报刊有关的媒介观念、传播问题等,进行了批评。

1874年2月5日《循环日报》第4页(版)发表的《倡设〈循环日报〉小引》是王韬阐释办报目的的一篇"起手式"新闻学论文。该文云:

> 原夫日报之设,创自泰西各国,固所以广见闻,通上下,俾利弊,灼然无或壅蔽,实有裨于国计民生者也。自中西通商后,香港始仿行之,次即行于上海。由是中外军国大事,以及一乡一邑之间,其事有足传者,无不广询博访,登载靡遗,识者咸乐为之观玩。然主笔之士虽系华人,而开设新闻馆者仍系西士,其措辞命意,未免径庭。即或扬厉铺张,尊行自负,顾往往详于中而略于外,此皆由未能合中外为一手也。欲矫其弊,则莫如由我华人日报始。犹忆往年当道者曾拟于上海开设新闻总局,悉听华人主持,嗣以他故中止,闻者惜焉。

---

① 转引自张海林《王韬评传》,南京大学出版社1993年版,第146页。
② 在《循环日报》之前,香港虽然也出现了《香港中外新报》《香港华字日报》两家中文报纸,但这两家报纸都是由外人报纸的中文版演变而来,还不是严格意义上的国人自办的报纸。参见[新加坡]卓南生《中国近代报业发展史(1815—1874)》(增订版),中国社会科学出版社2002年版,第179页。

第一章 道咸同光时期的媒介批评

今本局同人定于本月中旬在香港踵成是举。凡中西重事及文人学士，其持论或有益于家国者，下至轶事奇闻，令阅者足以赏心豁目，如入波斯之国。但觉满目琳琅，咸所未睹。即按日登刊，驰报各省，务使行之及远，雅俗共赏，岂非中国诸人所更快心者哉！论者恐以中国人谈中国事，未免位卑言高，似非所宜，不知自古圣明之世，未有不悬铎置铎，博采舆评。况本局所刊日报，纵或述政事，纪民情，亦皆所共见共闻，诚非草野清议可比。至于广为翻译，备加蒐辑，俾足以佐中治，稔外情，详风俗，师技艺，其良法美意足以供我揣摩，地利民风足以资我闻见，则尤今日所急宜讲求者也。若夫物价之低昂，火船之来往，以及京报告白等事，亦俱随时登入，便于观览。设使退迩名流，四方雅士，苟有宏词伟论，高见远识，足以豁愚蒙而增智慧者，赐知本局，自当亟为登录。①

近代新闻媒体在当时的中国还是一个新鲜的事物。王韬在这篇文章里，不仅申论了新闻媒体在泰西各国发达的原因，而且简要地回顾了自中西通商之后，近代新闻媒体在中国各地次第产生和发展的路径，然后一针见血地指出，虽然香港、上海已经陆续出现了中文报刊，但这些报刊都存在一个共同的缺点："主笔之士虽系华人，而开设新闻馆者仍系西士，其措辞命意，未免径庭。即或扬厉铺张，尊行自负，顾往往详于中而略于外，此皆由未能合中外为一手也。"实质就是传播学中的媒介把关人问题，这是他对媒介倾向表达与媒介所有权之间关系进行细密观察和深刻体认后的论断。所有权、编辑权、文论权固然内涵有不同，甚至有时有冲突，但就一家媒体来说，大体上必须保持一致。编辑权和文论权具有一定的独立性，但这种独立性相对于所有权来说，仅具有相对和有限的意义。这些新闻媒体主笔虽是华人，但媒体老板是外国人，华人主笔的话语权终究有限。彻底解决这个问题的办法当然也就只能是办一个"华人出资，华人操权"的媒体，以完全地掌控话语权，使媒体成为国人自己的耳目与喉舌。这实际上是向读者表明，《循环日报》作为一家全由中国报人开办的报纸，它一定会为捍卫中国人的利益做出自己的贡献。于是，这里华人出资、华人操权之说，就不再只是一种广告和媒介

---

① 《倡设〈循环日报〉小引》，《循环日报》1874年2月12日。

宣传的意义，而具有了发现传播生态空白而积极进行填补的媒介批评意义。

王韬认为，国人观念的陈旧和落后，是阻碍中文新闻媒体发展的重要原因，"以中国人谈中国事，未免位卑言高，似非所宜"就是一种不合时宜的观念，不仅是既不知古，又不知今的腐儒之见，而且是一种奴隶心态。因为新闻媒体这种舆论发抒渠道，古已有之。而且新闻媒体广采博览，其记事述情，能够有效开阔人们的闻见，传播今日社会所急切需要的各种信息。一种事物或言行的适宜与否，需看是否能够满足社会的需要。其中透露的不仅是天下兴亡、匹夫有责的社会担当，而且是对人民身份平等意识的一种表达。

王韬在《本局日报通启》中指出："国之大患，莫若民情壅于上闻。民情不通，则虽有水旱盗贼，皆蔽于有司，莫得而知矣。"他以人的身体来比喻国家说，如果一个人周身元气不通，那么必然耳失其聪，目失其明，手足艰于行动。国之有民，犹人身之有元气。如果人民是废人，那么国家也必然是一个病弱之躯。"近世儒者，囿于耳目，见有谈时务者则曰大言不惭；见有谈外事者则曰夺于外诱。岂知日月丽天，不废秉烛，为明有不及也。"① 新闻媒体传播信息如同流通于人身体的血液，只有血液流畅，身体才有生机活力。

有反对者质问王韬说：日报是泰西各国的时髦货，中国自尧舜以来从未见过，你既然读圣贤之书，服周公之礼，就应该专心致志于帖括之学，以期策名簮仕。何以志不及此，反而日操不律，东涂西抹，博采遗闻，不知上进。如此下去，恐既无以鲜好名之讥，而或兼蹈位卑言高之罪也。在当时的社会中，国人受八股取士制度束缚，但知有时文，不论实学。在常人看来，王韬此举不啻是"草野狂愚，未谙大体"，超越了读圣贤书的范畴，但王韬不以为然地反驳道："吾儒束发受书时，固早以致君泽民为己任，乃既不获如志，悠悠忽忽以至日暮途穷，而犹瞻顾彷徨使平生之见解不得，托诸空言，身似寒蝉，岂非真负天地生我、君师成我、父母育我之德乎？"② 他认为中国士子应该改弦更张，断然放弃皓首穷经、徒托空言的科举之途，以免湮没了经世致用的真知灼见。"透过王韬辩证而又曲折的言词，

---

① 《本局日报通启》，《循环日报》1874年2月12日。
② 《日报有裨于时政论》，《循环日报》1874年2月6日。

其价值观的转变已殷然可见。"① 在此时的王韬眼中，报纸及其报人至少已经取得了与科举或做官并驾齐驱甚或等而上之的社会地位。

三

王韬于1876年撰写的《论日报渐行于中土》一文，历来受到新闻史学者的注意，一是因为王韬在文中系统梳理了此前中国报刊的发展历程，具有很高的新闻史料价值；二是在这篇文章之末，他对"秉笔"之人应该具有什么样的素质提出了自己的看法。这种看法体现了社会对新闻工作者素养的基本要求，具有很强的时代普适性，故而该文受到人们的重视，成为中国近代新闻史上的一篇重要文献，成为解读王韬新闻思想的重要根据。其实，《论日报渐行于中土》实质上是一篇媒介批评文本。主要原因和依据如下。

第一，该文标题"论日报渐行于中土"，顾名思义，它显然是对这种日报渐渐在中国流行的新闻传播现象进行的评述。只是王韬主要是运用了历史回顾的方法，通过具体列举日报发生和发展历史轨迹的方式，让事实和数字说话，以说明日报先外后内、先少后多"渐行于中土"的这一趋势，意在凸显这一趋势的客观性以及可期的未来前景。因此，这是一篇具有主体意图十分明确、意在推助新闻媒体发展的媒介批评文本。只是历史学的文本组织和论证方法，大量繁复的数字和史料的使用，在读者思维方向上形成了一定的语义干扰，使主体的批评意图显得较为隐晦含蓄罢了。

第二，虽然作者运用的是历史叙述方法，但贯穿文本的论证逻辑其实非常严密。作者先叙述泰西各国日报的发展历史状况：

> 泰西日报，约昉于国朝康熙时。日耳曼刊录最先，而行之日盛。他国皆厉禁。凡关国事军情，例不许印；妄置末论者，辄置诸狱。后禁稍驰而行亦渐广，英、法、美各国皆继之而兴，僻壤偏隅无不遍及，而阅者亦日众。然法国所刊间阎隐密报，法廷闻之，立加禁斥，诚以日报之例，不得讥刺人之隐事也。西国之为日报主笔者，必精其选，非绝伦超群者，不得预其列。今日云蒸霞蔚，持论蜂起，无一不

---

① 张海林：《王韬评传》，南京大学出版社1993年版，第156页。

为庶人之清议。其立论一秉公平，其居心务期诚正，如英国之《泰晤士》，人仰之几如泰山北斗，国家有大事，皆视其所言以为准则，盖主笔之所持衡，人心之所趋向也。美国日报，一日至颁发十万张，可谓盛矣。大日报馆至用电报传递，以速排印。夫岂第不胫而走也哉？

然后再叙述中外报刊的发展历史状况。从中国本土第一个中文刊物《东西洋考每月统记传》，一直叙述到当下，按照时间的先后顺序，依次叙述了上海、香港、京师等地中文报刊的出现和存在情状：

> 华地之行日报而出之以华字者，则自西儒马礼逊始，所刻《东西洋考每月统纪传》是也，时在嘉庆末年。同时，麦君都思亦著《特选撮要》，月印一册。然皆不久即废，后继之者久已无人。咸丰三年，始有《遐迩贯珍》刻于香港，理学士雅各、麦领事华陀主其事。七年，《六合丛谈》刻于上海，伟烈亚力主其事，采搜颇广。同时，有《中外新报》刻于宁波，玛高温、应理思迭主其事。同治元年，上海刊《中西杂述》，英人麦嘉湖主其事。嗣皆告止。近则上海刊有《教会新报》，七日一编，后改为《万国公报》，林君乐知主其事。而《中西闻见录》亦刊于京师，艾君约瑟、丁君韪良主其事。顾此皆每月一编者，兼讲格致杂学，器艺新法，尚于时事简略。惟香港孖剌之《中外新报》，仿西国日报式例，间日刊印，始于咸丰四五年间，至今渐行日远。其他处效之者，上海字林之《新报》，广州惠爱馆之《七日录》，又港中西洋人罗郎也之《近事编录》，相继叠出。三四年间，又益之以德臣之《华字日报》，而我局之《循环日报》行之亦已二年。上海则设有《申报》。自《申报》行而字林之《新报》废。去岁春间，粤人于上海设有《汇报》，旋改为《彙报》，近数月间，又有所谓《益报》。闻福州亦设有日报，但行之未广，未得多见也。港中日报四家，上海日报两家，皆排日颁发，惟于星、房、虚、昴四日则停止耳。

客观的媒体数量和空间变化，因置于时间推移的框架之中，自然而然生成出事物变动的社会意义，从而向读者暗示中文报刊发展不可阻挡的远大前景，给人以巨大的鼓舞和无限的希望。表面冷静的历史梳理，其实潜隐着作者内心的追求,"日报之渐行于中土,岂不以此可见哉"的结论,既是事实自身体现的逻辑,更是作者对媒介发展趋势的热切呼唤。一切历史都是当代史。历史学家研究过往从来都不仅仅是为了缅怀过去,而更多地体现对当下的现实关怀。史料的分析和展示,终归是由现实生活的各种因素所触动。因此,一旦在事件中加入时间的概念,历史的陈迹就具有了当今的含义。王韬在新闻学论文中喜用历史资料和叙述方法,其原因或在于此。该文最后一段更是显示了王韬见微知著、超迈同侪的识见:

> 顾秉笔之人,不可不慎加遴选。其间或非通材,未免识小而遗大,然犹其细焉者也;至其挟私评人,自快其忿,则品斯下矣,士君子当摈之而不齿。至于采访失实,纪载多夸,此亦近时日报之通弊,或并有之,均不得免。惟所冀者,始终持之以慎而已。①

人们常把这节文字理解为王韬的新闻工作者素质观。这种理解当然不错。问题是王韬为什么会在一篇以评述日报"渐行"趋势的文章中提出这个观点呢?从文章的结构看,这节文字与前面所述似乎不很紧密,甚至有某种突兀之感。如果我们将这篇文章视为一篇媒介批评文本而不是一篇政论文,那么就容易理解了。王韬身为报界中人,不仅熟稔当时中文报刊发展的历史,而且对报刊的现状尤其是存在的诸多问题也都有着细密的观察,并且对导致这些问题的背后原因有着深刻的体识。识小遗大、挟私评人、采访失实、记载多夸等问题,已经客观存在并对报刊发展产生了负面影响。在王韬看来,报刊与国运密切相关,虽然报刊的发展是不可阻挡的历史大趋势,但报刊工作者毕竟是报刊活动中最活跃最关键的因素,报刊工作者的素质直接制约着报刊发展的可能性,因此,秉笔之人的遴选必须谨慎就不能不是一个迫切需要注意和重视之事。

四

虽然在19世纪70年代,中文报刊在香港、广州、上海、宁波等地已

---

① 王韬:《弢园文录外编》,上海书店出版社2002年版,第171—172页。

经呈现了日渐盛行的发展态势,但相比于偌大的中国,如果从社会治理的角度看,无论是种类和数量,都远远不敷使用,所以在《论日报渐行于中土》一文发表两年后,王韬又在《循环日报》上发表了《论各省会城宜设新报馆》一文,针对当时我国中文报刊存在数量不足的现状,提出了中国各省会城市应该设立新报馆的倡议。中国近代史学大师梁启超有言:"审定史料之是否正确,实为史家求征信的要具。"① 历史事实具有无可辩驳的证据力,论说文中征引先贤观点和史料常常是一种有效的逻辑论证方法。孔子曾说:"天下有道,则庶人不议。"② 在这篇文章中,为使自己的倡议能够得到人们的认同,王韬首先征引了孔子这句格言。当然人们会因此而产生"庶人为什么不议"的疑问。王韬就此给出自己的解释说:"非不敢议,无可议也。"就是圣人所做事情公平正直,无可非议。但即便如此,圣人仍希望人们能够对各种事情有所议论。"盖圣人不自有其圣而唯恐下情之壅于上闻也。"从而亮出"下情上闻"的论证主旨。新闻媒介的主要功用之一是言说,故而被喻称为社会的耳目与喉舌,是下情上闻的主要渠道。古代那些贤能的帝王,为了解下情,进行了很多舆情采集的制度性设置。所以尧设直谏之鼓,舜立诽谤之木:

> 夫以尧舜之圣,牧岳咸赞,堂陛都俞,当时亦可以无过举矣,然且询政行人,问老衢室,途议巷说,靡不收采,岂直以市好谏之名哉,诚以天下之大,兆民之众,非博采舆论,何以措置咸宜。是以盛治之朝,唯恐民之不议,未闻以议为罪也。及周之衰,上不求谏于下,而下亦不敢以谏其上,然国风、小雅犹能依类托讽,美刺并陈,太史采而登之于朝,矇瞽习而播之于乐,则民情之向背,政治之得失,犹恍然而可见。及风雅废而人主益无所闻,奸宄益无所忌矣。夫至人主无所闻、奸宄无所忌而欲久安长治也,岂可得乎?昔厉王监谤,而召公以为"防民之口,甚于防川"。郑人游乡校以议执政,而子产不毁。然则今之新报,抑亦乡校之遗意也。③

---

① 梁启超:《中国国学问答》,《梁著国学入门》,中国工人出版社2007年版,第103页。
② 唐满先译注:《论语今译》,江西人民出版社1982年版,第171页。
③ 《论各省会城宜设新报馆》,《申报》1878年2月19日。

王韬在这里对中国古代政治制度体制中一些有关信息流通和舆论传输的设计与方法进行梳理，从古已有之的做法中为新闻媒体的存在寻找历史根据，从尧舜到召公、子产，历数其有关做法，并以周厉王监谤作为反面对照，"今之新报，抑亦乡校之遗意也"就具有了十分充足的历史合法性。不独如此，王韬还进一步将欧洲近代新闻媒体发展的历程作为一种见闻向国人介绍以作为参考，尤其是将西方媒体对中国情况的报道，进行了归纳和概括，以突出其作为耳目喉舌的价值：

  新报之设，始于欧洲，继而及于通商口岸。上自朝廷之措置，下及间阎之善恶，耳闻目见，莫不兼收其论。欧洲各国也，凡夫风土人情，山川险要，政令之沿革，技艺之短长，纤悉言之，若烛照而数计。其论中国也，则四方之水旱，货物之盈虚，讼狱之是非，民情之苦乐，备书其事以动当局之听闻。其睹一善政也，则忭舞，形诸笔墨，传布遐方；其或未尽善也，则陈古讽今，考镜得失，蔼然忠爱之诚，故言之者无罪而闻之者足以戒。由是言之，即新报亦未尝无益也。①

借古喻今，借外观内，于是作者引导人们自然地联系到对我国的现实，进行自我批判性的反思："顾今之所设者不过上海、香港耳，而内地各省均未之设，故其所闻之事犹有不尽不实，以贻局外之讥。"然后再正面阐释到，如果各省会城市仿而行之，延聘博古通今之士主持报务，那么将至少产生如下三个方面的益处：一知地方机宜；二知讼狱曲直；三辅教化之不及。近代新闻媒体诞生以后，一些封建顽固派攻击新闻媒体的一个口实就是因媒体报道和评论新闻而致败坏士风，类于讪谤，因此他们极力主张禁止。针对他们的这种论调，王韬则从"兼听则明、偏听则暗"的角度一一给予了有力的批驳，指出泰山因为不择寸壤所以成其高，江海不择细流所以成其深。"新报者亦何必非寸壤与细流也哉？"② 通过古今、正反等方面反复的申论，这就使"各省会城宜设新报馆"的观点得到了充分的论证。这个观点在今天看似平淡无奇，但是，"19世纪70年代间，在中国以日报形式出现的舆论工具，除香港的《华字日报》、上海的《申报》等

---

① 《论各省会城宜设新报馆》，《申报》1878年2月19日。
② 《论各省会城宜设新报馆》，《申报》1878年2月19日。

几家以外，可以说是寥若晨星；对这种新鲜事物的作用和意义有一定认识的人，也毕竟是极少数"。① 所以，历史地看，王韬通过媒介批评所阐发的新闻观念，既传播了先进的新闻思想，提示了新闻事业发展的历史方向，又反映了中国知识分子对报刊独特的理解和价值判断，特别是寄托了他们忧患天下的爱国主义情感和强国富民的远大理想，因而有着极强的历史进步意义。

王韬的媒介观念来源于他的切身体验。他对外国人创办的中文报刊的认识有一个发展的过程。他在墨海书馆橐笔佣书时，朋友来信索取《遐迩贯珍》。王韬复信云："承索《遐迩贯珍》，但此糊窗覆瓿之物，亦复何用？徒供喷饭耳。此邦人士，躐等而进，才知字义，已矜著述，秉笔者半属落魄商贾，饾饤末学，欲求其通，是亦难矣。"② 其中充满当时一般中国传统知识分子对西方文化浓浓的不屑和鄙视。随着与西人接触的增多和近代中文报刊的发展，王韬原先情感上对西方文化的排拒逐渐消解了。1875年，他在《瀛壖杂志》中再次述及西人所办报刊道：

> 西人于近事，日必刊刻，传播遐迩，谓之"新闻纸"，有似京师按日颁行之《邸报》，特此官办，彼则民自为之耳。沪上设有专局，非止一家，亦聚铅字成板，皆系英文，排印尤速。同治初年，字林印字馆始设华文日报。嗣后继起者，一曰《申报》，倡于同治十一年，英人美查主之。一曰《汇报》，倡于同治十三年，美人葛理主之。皆笔墨雅伤，识议宏通，而《字林》遂废。每月有火轮邮舶二，自中土往来，克期而至，虽甚风雨不爽时日。必携其国之日报、信札，按名给派。故虽隔数万里之遥，而国中有事必知。军国急要事，则由电线传递。盖视六合如一家、四海同衽席矣。③

不仅对西人所办的"新闻纸"与中国传统邸报在性质上进行了有效的区分，而且对其特点和价值给予了极高的评价，字里行间流露出一股钦

---

① 夏良才：《王韬的近代舆论意识和〈循环日报〉的创办》，《历史研究》1990年第2期。
② 王韬：《与孙惕葊茂才》，《弢园尺牍》卷二，光绪二年（1876）秋九月以活字版排印天南遯窟所藏本，第87页。
③ 王韬：《瀛壖杂志》，上海古籍出版社1989年版，第121页。

佩、敬服之意。其前后变化之大，令人叹为观止。社会环境和媒介发展的现实终究是人们观念转变的最终根源！时代就这样玉成了中国近代第一批报人在社会历史舞台的登场亮相。

在王韬等第一批中国近代报人的心目中，近代新闻媒体从来都不仅仅是一种单纯的信息传播工具。修身、齐家、治国、平天下，历来是儒家传统知识分子的人生终极理想，穷则独善其身，达则兼济天下，立德、立功、立言被视为人生三个不朽的价值证明，笔墨是他们能够操之在我、指点江山的利器。以笔墨代衮钺，固儒者分内之事，褒贬、评价世事是体现知识分子担当和价值自我确证的一种方式。王韬曾明确地表达其办报的理念和志向是："弢虽身在南天，而心乎北阙，每思熟刺外事，宣扬国威。日报立言，义切尊王，纪事载笔，情殷敌忾，强中以攘外，诹远以师长，区区素志，如是而已。"① 他之所以成为中国近代第一位报刊政论家，对媒介进行关注及褒贬，也许有时代的误会和偶然的因素存在，但更多的还在于其内心深处以天下为己任的爱国主义情怀和士人抱负。

第九节 晚清驻外使节的媒介批评

1840年鸦片战争以后，中国被迫步入了近代社会。1861年3月11日，清廷掌管外交事务的总理各国事务衙门（简称总理衙门）正式开张，启用关防。随后不久，1861年3月25日、26日，法国公使布尔布隆、英国公使普鲁斯相继抵达北京，建立公使馆。"总理衙门的成立，是中国近代史上的一个里程碑——沉睡的东方巨龙开始觉醒，中国近代化的历史车轮由此启动。"② 作为对等，中国本也应即刻向各国派出外交使节，可是，中国却迟至15年之后的1876年12月，才派遣郭嵩焘出使英国。在技术不发达的中世纪，使节、旅行家和商人的域外游历见闻，向来是人们知晓天下之事的主要信息来源。由于商业特别是对外贸易的不发达，又由于个人物质条件、主动精神和活动范围受限，即使在1840年以后，中国知识分子的出洋，在绝大多数情况下只能属于官方派遣的性质。这是近代以来中国和西

---

① 王韬：《上潘伟如中丞》，转引自萧永宏《王韬与〈循环日报〉：王韬主持〈循环日报〉笔政史事考辨》，学习出版社2015年版，第33页。
② 池子华：《幻灭与觉醒——咸丰十一年实纪》，河北大学出版社1999年版，第87页。

方人员交流上的一个特点。总理各国事务衙门从开始便规定出使各国大臣，必须以日记形式，定期向政府报告驻在国情形，并及时翻译咨送有关中外交涉事宜的书报议论。这项规定，虽然以后并没有得到完全恪守，但初期尚为有效。据不完全统计，在 1900 年前，这些驻外使节给我们留下了"成百种使西记载"。① 其中所反映的内容十分驳杂而丰富，作为一种散发着异域文化气息的事物，西方社会的新闻媒体及其传播活动自然也进入了他们观察和评骘的范围，从而成为中国晚清时代建构媒介观念的重要知识来源。

一

晚清的总理衙门及其派遣的驻外使节，都是第二次鸦片战争后中国门户进一步向外国开放的产物。关闭上千年的天朝大门的打开，既突如其来，又艰难而勉强。人们对此并没有思想准备。因此，尽管在 1840 年之后，中国人已经有了出洋的可能，绝大多数人尤其是读书人在浩渺的大洋波涛面前，仍然格外的踯躅和犹豫。中国的知识分子去到西方国家并且作出自己的观察和记述，大体上要到 19 世纪 70 年代才开始：

> 道光、咸丰以来，中国再败于泰西，使节四出，交聘于外。士大夫之好时务者，观其号令约束之明、百工杂艺之巧、水陆武备之精、贸易转输之盛，反顾赫然，自以为贫且弱也。于是西学大兴，人人争言其书，习其法，欲用以变俗。②

而上述人人争言西学的局面，直到 19 世纪 80 年代以后才出现。从 1861 年英、法公使驻京，到 1876 年郭嵩焘出使英伦，中国迈出遣使驻外的第一步，何其迟疑艰难，竟足足用了 15 年之久。当然，在 1876 年之前，中国也不时有人因各种机缘而踏足欧美，他们返国之后，也曾留下一些关

---

① 朱维铮：《导言》，王立诚编校：《郭嵩焘等使西记六种》，生活·读书·新知三联书店 1998 年版，第 4 页。
② 邵作舟：《危言·纲纪》，转引自李滨《中国近代报刊角色观念的发展和演变》，岳麓书社 2011 年版，第 38 页。

于外国新闻媒体及其传播的述评。例如1847年春,自小生长于华洋杂处通商口岸——厦门的林鍼(1824—?),因素习番语,受花旗银行之聘担任翻译,随商船到达美国,在美国工作了一年有余,第二年返回福建。大概因为自觉经历独特,回乡之后诗兴大发,遂写下一首百句五言长诗《西海纪游诗》,并以加注的方式,反映他这一段时间的见闻和经过,其中即有"巧驿传千里,公私刻共知"之语。诗中自注:"事刊传闻,亏行难藏漏屋(大政细务,以及四海新文,日印于纸,传扬四方,故官民无私受授之弊)。"① 这里描写的就是美国的新闻传播。当时中国还没有日报这种近代媒体,自然也没有日报、新闻等日常生活词汇,② 更无熟练运用这种词汇可资借鉴的句子,所以面对这种陌生之物,作者只能以"巧"来传达自己的惊奇感受和评价。

1866年初,中国海关总税务司、英国人赫德回国休假,行前他向清政府建议,带几名同文馆学生到英国游历,增长识见,以培养同外国打交道的专业人才。山西襄陵知县、时年已63岁的旗人斌椿因此前曾有应赫德延请,在总税务司办理文案的经历,所以被选为首席代表,率团赴欧,名义上是旅游观光,实际上是借此考察西方社会。1866年3月7日,斌椿率三名同文馆学生及自己的儿子广英,从北京出发,先后游历了法国、英国、荷兰、丹麦、瑞典、芬兰、俄罗斯、德国、比利时等多个国家,历时4个多月,开中国官方旅游团赴欧洲之先河。游历英国时,斌椿受到英国女王的非正式接见,可谓中国第一个跨出国门具有外交使节身份的正式官员。在游历期间,斌椿随时记载,不仅写下一册《乘槎笔记》,还不时因观览有感而吟就《海国胜游草》组诗,也可以与笔记参看。在荷兰参观时,斌椿赋诗一首,不料被荷兰人得知后,随即在报纸上发表了这首诗。这让斌椿感触尤深,遂不禁再作一首七绝,以记其事,此即《海国胜游草》第39首:

《昨观火轮泄水,偶题七律一首,已入新闻纸数万本,遍传国中。今日游生灵苑,所畜珍禽异兽甚多,长官具中华笔墨索题,走笔》

---

① 转引自王锦丽《〈西海纪游草〉与纽约城市想象》,《殷都学刊》2017年第1期。
② 中国虽然在唐代就已出现了"新闻"一词,但与现代"新闻"的含义有很大区别,也没有进入一般百姓的日常生活之中。

> 远方景物倍鲜妍，得句频联翰墨缘。
> 今日新诗才脱稿，明朝万口已流传。

诗本身只有寥寥28个字，但诗题却长达49个字。习惯了缓慢时间观念的人，乍一见到自己作品隔日即街知巷闻，兴奋之情自是溢于言表。这大概是中国人初次在当时的新媒体——报纸上发表作品后的一种制式反应。一百多年之后，我们初遇互联网的种种花样，惊喜和兴奋的心情也不过如此。短诗长题，实在是因为对于未见识过现代传媒的读者，不如此就不足以清晰明白地交代和传达其海外经验，这样的解释实在是必需之词。虽然诗意还没有脱离"翰墨缘"的传统境界，可题材总是新鲜的了，因此，以自己的眼光和口吻来介绍蒸汽机时代的新产品，在中国近代新闻传播史上，自有其不可磨灭的存在价值。诗中把今日与明朝对举，不仅有效克服了中国旧体诗歌在表现海外新鲜经验时所遭遇的普遍难题，更重要的是使读者由此获得了一种关于近代新闻媒体传播在时间维度上的体验和想象。

斌椿的随从张德彝也以一部日记体裁的《航海述奇》闻见录，记载了中国人对蒸汽文明的第一印象。有一些我们现在早已习见习用的东西，作者当时"讶于初见"，也一一地加以记载。如同治五年三月二十日，张德彝用1500余字描写了他所见到的火车："第三车沿途刊印新闻纸，携带信文。"[1] 述及了"每日出六万七千张"，"日有二百馀人在城市寻访事故"的"印造新闻纸处"。[2] 这些描述当然具有文化史、民俗学的价值。更为值得注意的是，同治七年八月初七日在伦敦，张德彝还见到一种中文报纸名《飞龙报》，他不仅对其作出了"国事人情、地图景致"和广告的内容描述，还作出了"镂版细致，刷印精工，而文法不甚佳，盖粗通笔墨者所撰也"[3] 的评价。虽然这种评价是以"文法"的角度，与现代媒介批评的评价标准有别，但其批评意识则是显露无遗。

斌椿、张德彝等人关于西方近代新闻媒体的描述，对中国近代中文新

---

[1] 转引自钟叔河《走向世界——近代知识分子考察西方的历史》，中华书局1985年版，第96页。

[2] 转引自钟叔河《走向世界——近代知识分子考察西方的历史》，中华书局1985年版，第97页。

[3] 转引自钟叔河《走向世界——近代知识分子考察西方的历史》，中华书局1985年版，第104页。

闻事业固然没有产生多少直接的影响，但无疑是以见闻的形式培育了一批对西学有兴趣的中国知识分子关于近代新闻出版的某种感知和想象，这对日后中国新闻事业的发展仍然具有一定的积极意义。

二

郭嵩焘（1818—1891），字筠仙，别号玉池山农、玉池老人，学名先杞，后来改名嵩焘，湖南湘阴人。少时曾就读于湘阴仰高书院，1835年考中秀才后，进入强调经世致用、治学传统的岳麓书院读书。与曾国藩、刘蓉等人相识，互相切磋、砥砺气节。1847年考中进士，步入仕途。1875年初，朝廷筹议兴办洋务方略，郭嵩焘奏《条陈海防事宜》，认为中国仅单纯学习西方兵学之技，无法彻底富国强兵。只有学习西方的政治和经济，全面发展工商业才是出路。郭嵩焘因此名震朝野。恰在此时，云南"马嘉理案"发生，英国借此要挟中国，要中国政府派员亲往英国道歉。清廷议定派郭嵩焘赴英"通好"。是年8月，清廷正式加授郭嵩焘为出使英国大臣。1876年冬，郭嵩焘偕副使刘锡鸿一行赴英，任中国首届驻英公使。1878年初，又授命兼任出使法国钦差大臣，至1879年2月始离开返国，在英国驻节时间两年整。[①] 在英期间，他充分利用一切机会，参观和考察英、法、德当时世界上最先进的工厂、军事基地及科学技术设施，深入了解其政治、经济、文化、教学、科学、技术等方面的情况，多次赴英国皇家学会听著名学者的学术讲演，最早将中国传统的"实学"概念与西方近代自然科学和社会科学联系起来。他说："实学，洋语曰赛英斯［Sincence］。"[②] 从而在对西方科学的认识方面实现了质的飞跃。

在郭嵩焘的《使西纪程》中，他多次评述赴英途中所接触的西方近代新闻媒体：

> 禧在明得西报于锡兰，令与刘和伯翻译之。中论烟台条约，所言利病，与当事所见绝远。非深悉洋情者，不能辨知其得失也。[③]

---

① 参见王兴国《郭嵩焘评传》，南京大学出版社1998年版，第142页。
② 郭嵩焘：《郭嵩焘日记》第三卷，湖南人民出版社1981年版，第173页。
③ 王立诚编校：《郭嵩焘等使西记六种》，生活·读书·新知三联书店1998年版，第29页。

禧在明言：英国日报凡四：曰《代谟斯》，曰《得令纽斯》，曰《斯丹得》，曰《得勒格纳福》。《代谟斯》为国政公议，《得令纽斯》则民政议院之旨也。《斯丹得》主守常，《得勒格纳福》主持异论。四者各有所持议论，而《代谟斯》为最要。又有七日新闻报凡三：曰《斯伯格对得》，曰《撒得对尔日溜》，曰《贝勒墨勒太至得》。①

新加坡得《代谟斯》日报二纸，锡兰得日报一纸，论中西交涉事宜各数则，以属德在初、凤夔九与禧在明翻译。洋情、国势、事理三者，均有关系。即此可以推知洋务情形，而得其办理之法。乃令刘和伯、张听帆、黄玉屏稍节其有犯忌讳者，录成三摺。②

新加坡得《代谟斯》日报二纸，一，西历十一月初三日，实中国九月十八日；一，西历十一月初十，实中国九月二十五日也。锡兰得日报一纸西历十一月廿五日，实中国十月十一日也。中论滇案事宜各数则。洋情、国势、事理三者，均有关系。乃属德在初、凤夔九与禧在明翻译。节其有犯忌讳者，录成三摺，谓即此可以推知洋务情形，而求得其办理之法。环顾京师，知者掩饰，不知者狂迷，竟无可以告语者。中国无人久矣！此可为太息流涕者也。③

抵达英国后，郭嵩焘在《伦敦与巴黎日记》中，仍然多次述评外国新闻媒体的情况及其有关报道。例如：

往观《代模斯》新报馆。馆主马克敦罗陪同游历。日收新报编次之，而检字机器为多。初用机器制出铅字廿六字母，送校对处校之，凡历数次，乃合编入大铁板中，用机器压之，其字皆影入纸上。再置一圆机器中，镕铅贯之，随纸高下成字。合四铅板成新闻报一张，置印文机器中。卷纸逾数百丈，若洋布然。印车动，随转随印，至前截断其纸，而用扇板前后扇之。每车印两铅板，前后分异，无相混者。再转入一机器，折成四叠。大约检铅字及检对之力为多。合成铅板以

---

① 王立诚编校：《郭嵩焘等使西记六种》，生活·读书·新知三联书店1998年版，第38页。
② 王立诚编校：《郭嵩焘等使西记六种》，生活·读书·新知三联书店1998年版，第39页。
③ 王立诚编校：《郭嵩焘等使西记六种》，生活·读书·新知三联书店1998年版，第40—41页。

第一章 道咸同光时期的媒介批评

后，每日印刷新闻报七万纸，不过一点钟可以竣事。三佩宜得新闻报一纸，每纸两大张，表里两面各得四板，计十六板。凡一施令得新闻报四纸，七万纸抵一万七千五百佩宜，合金洋八百七十五磅。所用工力三百余人，日间不过数十人，为英国报馆之最巨者。其俄、法、美、德新闻，用电报传递，旁设检字机器，随传随检成文句，用机器压成字，送校对处校勘。①

连日《代模斯》新报讥刺中国，深中凑理，直谓相沿制度及各衙门所办事件及官人德行，相习为欺诈已数百年。所以招商局半官半商，无所主名，未见其利，先受其累，终无能求有益处也。阅之叹息而已。②

新报载：德国毕斯玛克立法严禁私会，并及新报及议绅之诋毁朝政者，欲于两议院专派三十人稽查，有诋及朝政即捕系之。德人大哗，谓如此不如竟废议绅。至是始知德国之立议政院，始于一千八百四十五年，盖甫及三十二年之久也。西洋之设议院，实创自英国。各国以次仿行之，而德国为最后。其间有利亦有病，民气过昌则主权日替。德国谋收主谋，毕斯玛克遂欲以一人之力，遮遏一国人之势，使不得相抗。操之过急，则将溃而四决以成乎乱；操之缓，则终无济也。③

这里的评述对象已经是新闻媒体及其传播问题了，特别是关于德国立法禁止新闻媒体评议朝政之事的评述，已经触及媒体与舆论（民气）之间的关系问题。其中透露对媒介新闻、媒体功能的理解和尊重，这在当时尤其显得难能可贵。虽然当时少有和者，甚至受到国内一般人的诋毁，但历史发展已经证明，郭嵩焘的先知先觉，以及眼光的深邃和远大，并不因之而失去意义。

在清廷的驻外使节中，郭嵩焘是较为特殊的一位。从他的日记看，读报是他生活中的重要内容。早在1856年初，他受曾国藩之托，赴浙、沪为

---

① 王立诚编校：《郭嵩焘等使西记六种》，生活·读书·新知三联书店1998年版，第78—79页。
② 王立诚编校：《郭嵩焘等使西记六种》，生活·读书·新知三联书店1998年版，第222页。
③ 王立诚编校：《郭嵩焘等使西记六种》，生活·读书·新知三联书店1998年版，第225页。

湘军筹款，曾到访墨海书馆，受到馆主麦都思的欢迎，麦氏向他赠送了有关书报。郭嵩焘的日记中对此记载道："外赠《遐迩贯珍》数部，前格物理一二事，而后录中外各处钞报，即所谓新闻报也。"① 显然，郭嵩焘应该翻阅了《遐迩贯珍》，但他这时的兴趣主要集中在西方文化的器物层面，对近代报刊的了解尚不深入，他作出上述不完全准确的评判自是意料中事。不过，郭嵩焘的卓特处在于，他不仅是国内较早接触《遐迩贯珍》的中国官员，应还是第一个在国外长期阅读《申报》的驻外使节。1876 年，郭嵩焘到达伦敦后，就经常收到上海文报局寄来的《申报》。在他的日记中不仅屡屡出现阅读《申报》的记载，而且时有对报上内容发表感想和评价。如光绪四年（1878）正月十四日，他读到《申报》上"沈幼丹（沈葆桢）劾奏刘咸、杜文澜以下各员吸食洋烟"的报道，得知刘咸等人被革职，赞叹"此近年举措之最当人意者，阅之为一快"。② 二月二十七日，他读完近期《申报》后，认为"近有三折差当人意"。③ 虽然郭嵩焘在伦敦读《申报》，主要关注的是国内要闻，其批评对象为国内时局而非《申报》，但毕竟是《申报》给他提供了批评的对象和内容。

三

> 挐舟出海浪滔天，满载痴顽共一船。
> 无计收帆风更急，那容一枕独安眠。④

这是郭嵩焘光绪六年（1880）八月十七日作的一首诗，诗中充满缺少同道的一种时代苍凉感。"这种不甘束手而又无可奈何的心情，相当生动地反映出一个孤独的先行者的形象。"⑤ 他所指称的所谓同船"痴顽"者，就包括他出使英国时的副使刘锡鸿。刘锡鸿也曾留下了一部名为《英轺日记》的使英日记。

---

① 郭嵩焘：《郭嵩焘日记》第一卷，湖南人民出版社 1981 年版，第 33 页。
② 梁小进主编：《郭嵩焘全集》（10），岳麓书社 2012 年版，第 401 页。
③ 梁小进主编：《郭嵩焘全集》（10），岳麓书社 2012 年版，第 440 页。
④ 转引自钟叔河《走向世界——近代知识分子考察西方的历史》，中华书局 1985 年版，第 194 页。
⑤ 钟叔河：《走向世界——近代知识分子考察西方的历史》，中华书局 1985 年版，第 194 页。

第一章 道咸同光时期的媒介批评

刘锡鸿（？—1891），字云生，广东省番禺县人。其父以贩鱼为业，年轻时在广东参加过抵抗英国侵略的战争，道光二十八年（1848）中举，郭嵩焘署理广东巡抚时，一度赏识他的才干，并怜其不遇，也曾经找他帮办一些事情并颇加倚畀。刘锡鸿从小接受正统的儒家文化教育，在郭、刘出使前一年多时间里，也就是1874—1875年，清朝政府内部发生了一场大辩论。郭、刘在洋务问题上的观点截然对立，刘的根本立场是坚决反对把"夷狄之道"施诸中国，他认为若如此，就是"用夷变夏"，神州就要陆沉了。这与郭嵩焘的根本立场有着很大的分野，这是他们二人后来交恶的主要原因。本来出使英国的正、副使臣，已经派定郭嵩焘和许钤身二人，不料临行前总理衙门忽然决定改派刘锡鸿担任郭的副使，因此，后世学者论断道："在刘、郭二人辩论中发表的政见如此尖锐对立的情况下，作出这种安排显然是为了使他们互相钳制，彼此掣肘。"① 证诸使欧期间，刘与郭屡屡抬杠、争辩的事实，这一论断洵非虚语。

刘锡鸿在思想上是一个顽固的保守主义者，出使英国期间，面对英国充满勃勃生机的近代资本主义文明，时时不忘施以贬词，确也从另一个方面映照出新的思想和观念要在中国传播和接受，将会遇到多么艰难而曲折的旅程。在刘锡鸿的《英轺日记》中，也有一些对英国新闻媒体的评述。主要有两节文字，一是《伦敦新闻纸无异中国之宫门抄》，其文云：

> 伦敦新闻纸，乃清议所系，国主每视其臧否，为事之举废、弛张。有曰"戴晤士"者，才识特优之绅士主之，朝野所共览者也。次则曰《地哩牛士》，次则曰《地利家其》。曰《司丹达》者，则官授之意者也。曰《磨棱卜士》者，则备载仕宦往来与其升黜，无异中国之官门抄、辕门报者也。论政者之有所刺讥，与柄政者之有所伸辩，皆于是乎著。②

主要是对伦敦新闻纸的简要介绍，主旨不脱异域见闻性质，其评价主要体现在"伦敦新闻纸无异中国之宫门抄"的题目之中。此前，《申报》已于1872年，接连发表了《邸报别于新报论》《论中国京报异于外国新

---

① 钟叔河：《走向世界——近代知识分子考察西方的历史》，中华书局1985年版，第242页。
② 王立诚编校：《郭嵩焘等使西记六种》，生活·读书·新知三联书店1998年版，第232页。

报》等文，阐释了新报与邸报之间的不同，虽然这些阐释在今天看来有些也不完全得其要领，但对两者的区分则甚为明显。刘锡鸿亲眼目睹了英国新式报刊及其传播，却得出了两者"无异"的结论。与《申报》秀才们的识见相比，只能令人惊叹刘锡鸿已经顽固、愚昧、颟顸、中毒到无可救药的地步了。

二是《印报何为必用机器》，其文云：

> 《戴晤士》为伦敦第一报馆，日售新闻七万份。……二十三日，接正使赴该馆阅看。馆人二试演。其先，以铜活字板填砌入铜格，压印纸上，为凸凹，形如其字。置诸小圆铁匣，熨贴平，灌铅液以成模，遂付诸司机器者。机器形类小瓜蔓架，前面横贯小铁轴二，大铁轴一。小者以刷墨，大者以属模。其下铁长匣为切刀。机器前，纸卷贴地，大如车轮。机动则纸飞过大铁轴，即印成字。转入铁长匣下，即截而断之。复飞上架，由后面堕落。每落皆两纸。别一机器将纸各折叠平整。电驰风掣，为时仅及瞬息，新闻纸之堆案者，已累累然。故一点钟而七万份皆就。伦敦报事，阅一时而毕周者，以此。虽其馆会记之手，送报之足，役人非不多，然就刷印新闻而论，则第司字模者二人，司机器者五六人，即敷用矣。
>
> 以余迟钝之见筹之，若专用人力，当令每人自备活字板一份。凡新闻撰成，各限一时刷印百纸，力无不给也。计二十八万纸，应得二千八百人刷印之。以每日所入洋银四千三百七十五元，分给诸二千八百人，每人可得一元半有奇。虽英国浇裹费重，八口之家，亦足赡养。是二万数千人之生命，托于此矣。何为必用机器，以夺此数万人之口食哉？①

如此的思维方法和结论，如此决绝而鲜明的结论，真令人瞠目结舌，大开眼界！以致人们怀疑此是否为刘锡鸿故意出之的戏谑之辞？否！刘锡鸿对英国新闻传播进行评述时真真确确的是怀着虔诚认真的态度。问题是他越虔诚，就越荒谬，越认真，也就越可笑。当你得知刘锡鸿面对英国社会风俗与中国多有不同，竟然能作出"盖其国居于地轴下，所戴者地下之

---

① 王立诚编校：《郭嵩焘等使西记六种》，生活·读书·新知三联书店1998年版，第239页。

天，故风俗制度咸颠而倒之也"①的绝妙述评时，一切惊异都会涣然冰释。刘锡鸿等一批人顽固地抱着"用夏变夷"的传统观念和愿望，以之理解和批判近代资本主义文明，其举动犹如堂吉诃德一般匪夷所思，只能沦为后人的笑料，其间蕴含的是时代的悲剧。

当然，在一些具体事物上，刘锡鸿的观点也有所松动和变化。例如他在英国见到该国报纸甚多，官绅士庶因此而得以各出所见，以议时政。而使馆翻译人少，无由遍读新闻纸，造成一定的困难，就批评道："出使西洋，必须熟于翻译者多员，遍观其书报，乃有济。向谓洋语洋文不必广募人学习者，误也。"②毕竟事实胜于雄辩，当事实一次又一次击破了他原来的偏见之后，他才能半推半就地对一些事物或道理予以接受。

四

刘锡鸿的媒介观念及其批评让我们见识了近代新闻观念被国人接受的不易。同为清廷驻外使节的薛福成，其面对外国近代新闻传播事业时所作出的媒介批评，同样令人玩味和深思。因为在中国近代史上，薛福成虽然在统治集团中充当着一名并不十分抢眼的角色，但亦一向以精习西洋地势制度、博学多通、识略闳深而为时人所称道，在清廷当时的驻外使节中，因娴熟洋务而有"美使才"③之誉。

薛福成（1838—1894），字叔耘，号庸盦，出生于江苏省无锡县一个并不富裕的封建知识分子家庭，虽未彻底摆脱科举致仕道路的诱惑，但自幼即受时代影响，广阅博览，致力经世实学，誓志匡济时艰，起衰振弊。1865 年，因《上曾侯相书》受到曾国藩的赏识而被延揽入其幕宾，从而步入仕途。1889 年 5 月 17 日，清廷以赏二品顶戴、三品京堂候补的身份命其为出使英、法、意、比四国的钦差大臣。在出使期间，薛福成不忘著述，除了《出使四国奏疏》、《出使四国公牍》和记游考史诸文，始终坚持日记的写作，有《出使英法意比四国日记》6 卷和《出

---

① 王立诚编校：《郭嵩焘等使西记六种》，生活·读书·新知三联书店 1998 年版，第 270 页。
② 转引自钟叔河《走向世界——近代知识分子考察西方的历史》，中华书局 1985 年版，第 253 页。
③ 转引自丁凤麟《薛福成评传》，南京大学出版社 1998 年版，第 201 页。

使日记续刻》10卷行世。其中关于外国新闻传播的记载有如下一节评述性的文字，从一个侧面显示了面对新闻事业时中外不同思想观念的冲突及其调和。

  十九日记。中国有惜字会，大抵始于学士文人。其说以为：文字者，圣贤之精神，造化之机械，而一切立德、立功、立言之秘要，赖之以传者也；敬之、惜之，罔敢亵也，罔敢弃也。此风不知始于何时，大约一二千年以来，相承久矣。无论智愚贤否贵贱，皆知存此心。偶有不知此义而秽亵字纸者，则鬼神罚之、雷霆殛之；虽半由因果家附会之谈，然亦有威灵显著，为众人之耳目所共闻见者也。
  泰西之俗则不然。尝见有身坐车中，阅新闻纸，随阅随弃，任其抛掷于沟渠污秽之中，不问也。或揩洗器物，皆用字纸；男女如厕，无不携新闻纸为拭粪之具。虽西人皆知敬畏上帝，从无以污秽字纸而受罚于上帝之说。岂蟹行之体，不如虫书鸟篆之根源；字母所拼，不如会意象形之体制乎？然其为道术所寓，学问所寄，政教号令所系，事务记载有关，则一也。
  余谓惜与不惜，存乎人心。中国风气，人人皆知惜之，则天地鬼神亦从而惜之；偶有一二不知惜者，造物亦得致罚于一二人以儆其余。若外洋则本无此风，人人皆不知惜，而天地鬼神之威亦有所穷，则听之而已矣。然中西风气，必有大同之一日。则惜字一会，亦必由东而西，其在数百年之后乎？①

  敬惜字纸也就是敬惜带字的纸。汉字是中华文化的根基和重要组成部分，相传中国文字由上古黄帝的史官仓颉发明，字纸代表着文化，承载着中华民族的精神与情感，古人认为应当对写有文字的纸张表示尊敬和爱惜，久而久之，就形成了敬惜字纸的传统，其本质是对文化的敬重。文以载道，仕因文显，在科举制度的影响下，出于对文化与文字的尊崇，敬惜字纸又掺杂了仕子对利禄功名的追求，彰显科举社会中文化阶层的地位。

---

  ① 王立诚编校：《郭嵩焘等使西记六种》，生活·读书·新知三联书店1998年版，第309—310页。

清韬公的《燕京旧俗志》载:"污践字纸,即系污蔑孔圣,罪恶极重,倘敢不惜字纸,几乎与不敬神佛,不孝父母同科罪。"① 敬惜字纸作为一种传统文化理念,已经越出纯粹的文化范畴,于是具有了某种宗教信仰和伦理道德的普遍意义,对社会各个阶层有着深远的影响,在中国民间社会里流传着各种与敬惜字纸有关的果报传说和故事。其实,所谓"敬惜字纸"不过是起源于原始社会巫术崇拜的一种迷信,是蒙昧状态下人们对符箓敬畏心理的残余。在中国社会里,敬惜字纸已经不仅是一种社会风习和现象,而是一个与纲常名教相连的观念问题。英国社会没有这种风习,新闻纸享受不到这种高级待遇,不仅人们在阅读新闻纸之后,随阅随弃,任其抛掷于沟渠污秽之中,而且用之揩洗器物,甚至男女如厕亦用之。面对新闻纸在英国社会中这种与中国全然不同的境遇,薛福成不仅从"惜与不惜,存乎人心"的角度给予了相当的理解和宽容,而且更有意思的是他从"天地鬼神之威亦有所穷,则听之而已矣"的角度进行了合理化的解释。无独有偶,此前张德彝在出使期间也曾注意到西方社会中的"将新闻纸及书札等字,看毕即弃诸粪壤,且用以拭秽,未知敬惜"②的现象,不过他对此极为不满,大发了一通牢骚。薛福成"则惜字一会,亦必由东而西,其在数百年之后乎?"的预言,仿佛使人们看到,从张德彝到薛福成,中国传统媒介观念在现实面前的松动和演进。

继薛福成之后任出使英、法、意、比四国大臣的龚照瑗,除了1896年曾在英国设计诱捕孙中山一事,几乎"没有任何事迹可说",③但他遴选的使馆参赞宋育仁(1857—1931)在中国近代学术史上则颇有名声。1894年,宋育仁随公使出使欧洲,出使期间,他锐意考察和研究外国政治、经济、社会情况,写成《泰西各国采风记》,介绍西方的政教、风俗。他在该书中对英国的新闻传播也有评述,题目是《报馆学会即清议所在》,其文云:

> 英国报《泰晤士》最著。法国报《覃排》最著,主笔者皆必有品望、学望,由学会所推,即其国之清议所在。报无不实,论必持平,

---

① 转引自李乔《文史拾荒》,东方出版中心1997年版,第281页。
② 转引自钟叔河《走向世界——近代知识分子考察西方的历史》,中华书局1985年版,第102页。
③ 朱维铮:《导言》,王立诚编校:《郭嵩焘等使西记六种》,生活·读书·新知三联书店1998年版,第19页。

余家不及。

  凡立报馆,必请于国家。国必允行,但由官考察章程,禁其诈索人财。有犯者,本馆察知,立去其人。议院设报馆听议处,有笔札,令其记闻传播,但无造言恶詈,余俱不讳。政虽不以此决从违,民得因此知国事。论洽民心,一时遍国中百姓或即联名献议,两院议允,即得施行。故国政报馆亦自重声望,不妄发言。兼及外国政事,故欧人于别国兵灾、新政、异闻皆知,不似中国士民茫然隔膜。

  事归学会主持,清议有乡校之意,诞告多方,属民读法。其规模故远不及先王,然亦有可观者矣。此外,银钱贸易之属,掌故小说之属,分门为报馆,皆各业各会人理之。①

  与薛福成有所不同的是,宋育仁在出洋之前从来没有办理过洋务的实际经验。他对大清帝国时弊的感受,很大程度上来自用传统经义作尺度裁量现状的结果。当他用同一理想化的尺度裁量西政西学,实际所做的是中西两种现状的比较。尺度本身决定了尺度崇拜,虽然宋育仁企图从中国古已有之的清议、乡校视角来观察西方的近代化新闻媒体,但他通过现实的比较仍然发现了中外之间所存在的差距:"欧人于别国兵灾、新政、异闻皆知,不似中国士民茫然隔膜。"这里"皆知"与"隔膜"的语用,看似没有多少感情色彩,但无疑包含着对西方近代新闻媒体优势的钦慕和对中国信息传播现状的不满。

  同光之际出国的驻外使节,大多经过科举"正途"而跻身朝士行列,饱读经书,深受传统文化熏染。在步出国门、踏入异域之后,面对琳琅满目的不一样的风景人情,传统思维和观念必然会对他们的认识产生牵制和影响,造成心理上的困惑、矛盾和冲突。他们关于西方社会的记叙未必可靠,议论或许肤浅,甚至有些人还可能曲学阿世,以挑剔攻讦异域政治文化为能事。不过重要的不是他们描述的客观性和评骘的公正性,而是他们都是出现在工业革命和民主革命以后西方世界的首批中国使者。帝国外交官员的身份使他们得以贴近观察欧美诸国的权力运作状况,得以连续俯瞰工业化世界的社会生活概貌,得以经常接触西方社

---

① 王立诚编校:《郭嵩焘等使西记六种》,生活·读书·新知三联书店1998年版,第379—380页。

会具有不同影响力的政客、官僚、财阀以及学者、文士等。中西社会文化的巨大差异，尤其因为这些驻外使节处在双方政治冲突的前哨位置，使得他们观察的敏感度和感受的对比度，较诸那些久客异域者更为强烈。他们认识上的困惑、矛盾和冲突，确实在一定程度上妨碍了他们接受新思想的洗礼，但是没有妨碍他们对新事物进行观察和作出记录。他们的观察和记录生动地反映了，即便是像张德彝、刘锡鸿、宋育仁这样的人，在不自觉的情况下，只要被历史潮流卷上走向世界的道路，也就不可能不承认新的、多样化的世界确实是客观存在的这样一个事实。所以，他们的游历见闻，他们对西方社会新闻媒体及其传播活动的述评，便从一个特殊的角度，清晰地展现晚清中外文化学术的互相冲突，在饱受传统熏染的上层士大夫中间，可能激发的种种反应。他们在对西方新闻事业及其传播活动记述和批评中所流露的思想和情绪，在封建专制社会的漫漫长夜里，如一点闪烁着希望光芒的爝火，或许一瞬即逝，却也划破了无边的黑暗，值得后人永远纪念。

第十节　清廷官方的媒介批评

在任何阶级社会中都存在两个截然对立的阶级——统治阶级和被统治阶级。马克思和恩格斯曾经指出："在过去的各个历史时代，我们几乎到处都可以看到社会完全划分为各个不同的等级，看到由各种社会地位构成的多级的阶梯。"[①] 因此，到目前为止的一切社会的历史都是阶级斗争的历史。媒介批评作为一种话语叙事，反映和承载着人们对媒介社会角色及其功能的期望，体现着批评者自身的境遇与立场，必然会因为体现不同利益主体需求而呈现众声喧哗的言说景观。"在社会科学上，权力是基本的概念，犹如在物理学上能是基本概念一样。权力也和能一样，具有很多形态，例如财富、武装力量、民政当局以及影响舆论的势力。"[②] 不同社会利益主体所能掌控的社会权力和资源有别，其话语言说的影响力自然有所差异。统治阶级为了维持现有的生产方式和社会形式，维护自己的既得利益，势必运用国家政权力量，在政治、经济和思想上进行统治。"统治阶

[①] 《马克思恩格斯选集》第 1 卷，人民出版社 1972 年版，第 251 页。
[②] ［英］伯特兰·罗素：《权力论》，吴友三译，商务印书馆 1991 年版，第 4 页。

级的思想在每一时代都是占统治地位的思想。这就是说，一个阶级是社会上占统治地位的物质力量，同时也是社会上占统治地位的精神力量。支配着物质生产资料的阶级，同时也支配着精神生产的资料，因此，那些没有精神生产资料的人的思想，一般地是受统治阶级支配的。"① 职是之故，在中国近代媒介批评的话语言说中，来自清廷官方的批评自是一种具有弥漫性甚至是宰制性的声音。统治阶级由于掌握了军队、警察、法庭、监狱等国家机器，其媒介批评就不仅仅是单纯的话语形式，而更多地通过法律、制度及其执行等实践行为予以表现和传达。马克思在《评普鲁士最近的书报检查令》一文中指出："我们不是那种心怀不满的人，不会在普鲁士新的书报检查法令公布之前就声明说：即使丹纳士人带来礼物，我还是怕他们。相反，因为新的检查令允许对已经颁布的法律进行讨论，哪怕这种讨论和政府的观点不一致，所以，我们现在就从这一检查令本身谈起。书报检查就是官方的批评。书报检查的标准就是批评的标准，因此，就很难把这种标准同批评分割开来，因为它们是建立在同一个基础上的。"② 新闻检查本质上就是一种官方的媒介批评，在现实的生活中对新闻媒体及其传播发挥着直接而有效的规制作用。

一

在晚清的一些小说和笔记中，清朝官吏往往给人一种愚昧、颟顸、麻木的印象，实际情况并不尽然。在新闻传播领域，一些清廷官员因为实际政务的需要，对新闻信息传播还是保持了较高的敏感。1853 年，江西巡抚张芾在围剿太平军的过程中，有感于官方手抄邸报过于简略，而民间刊刻传播的《京报》又往往缺乏应有的权威性，可信度不高，于是奏请刊刻邸报，发交各省，但为清廷所拒绝，谕旨斥张："见识错误，不知政体，可笑之至。"③ 虽然张芾的提议没有通过，但提议的本身说明一些清廷官员已经注意到信息传播在清廷社会治理中的重要作用。同年 8 月 1 日，创刊于

---

① 《马克思恩格斯选集》第 1 卷，人民出版社 1972 年版，第 52 页。
② 马克思：《评普鲁士最近的书报检查令》，转引自何梓华、尹韵公、雷跃捷主编《新闻学概论教学参考书》，高等教育出版社 2011 年版，第 57 页。
③ 《钦定大清会典事例》卷一五，第 5 页，转引自方汉奇主编《中国新闻事业编年史》（上），福建人民出版社 2000 年版，第 31 页。

第一章　道咸同光时期的媒介批评

香港的《遐迩贯珍》月刊，作为鸦片战争后在中国境内出现的第一个中文期刊，虽由马礼逊教育会的传教士主办，但设有"近日杂报"新闻专栏，大量报道和评论中国的各种时事，特别是对太平军信息的报道尤为时人所重，成为该刊传播内容方面的一个重要特色。时为江苏巡抚兼江南大营帮办的许乃钊，亦立刻注意到了该刊新闻报道中所隐藏的一些于清廷不利的政治倾向，因而密奏该刊："杂识时事，语含刺讥，而于杨逆所作所为，反称其颇有法度，尤为狂悖。"[①] 不管出于什么目的和通过什么样的渠道，许乃钊应是仔细阅读过《遐迩贯珍》，方才作此论断，则为确定之事。传教士所办的早期刊物首先是载体，是传教士传播西方文明以及宗教的技术手段，当然，在传教士看来，定期刊物和新闻纸不言而喻也是西方文明的要素之一，尤其与西方的政治制度密切相关。但是，当时的中国士大夫对西方文明特别是政治制度尚未具有明确的认识，他们大多是以了解夷情的态度而接触由西方传教士所办的新闻媒体，还无法达到从政治体制设计的高度来认识和评判新闻媒体及其传播活动。但即便如此，许乃钊从官方主体视角的批评也不能不说显得甚为犀利、精准，其批评话语颇有一针见血的穿透力。

1861年总理各国事务衙门的设立，是清廷对外交往的一个重要标志性事件，它更在深层次上反映了清廷世界关系观念的转变，即由传统的"天朝上国"观开始向中外平等的近代外交观念转变。具体地说就是在道咸同光年间，中国对外态度逐渐产生了重大的转变，开始对来自外界的信息产生兴趣并主动地利用这些信息以维护自己的利益。美国著名汉学家芮玛丽曾经以清廷对来自外国的图书的不同态度说明这个有意义的转变。[②] 1845年，俄国人向中国政府捐赠一批图书，这本是清廷借以了解世界的一个绝佳机会，但当时这批图书全部被送进了档案库尘封，到了同治末年，情形发生了很大的变化，原先只是将自己对西方的兴趣局限于技术和国际法的实际运用的总理衙门，开始主张对西方社会作广泛的了解。1869年美国政府也向清廷赠送了一批图书，总理衙门对此很感兴趣，同时又

[①] 转引自［新加坡］卓南生《中国近代报业发展史1815—1874》（增订版），中国社会科学出版社2002年版，第79页。

[②] ［美］芮玛丽：《同治中兴：中国保守主义的最后抵抗》，中国社会科学出版社2002年版，第298页。

记起了此前沉睡已久的那批俄国图书，要求重新加以整理和研究。"阅读外国报纸和公共文献，以便与变动不定的世界事务同步而行，是一个突出的变革。研究有关基础知识的外国著作，这在中国有过先例；但是在中国从未有过任何一种可以与19世纪的西方报纸相比的信息渠道。早在1862年詹事府詹事就曾强调阅读外国报纸对于了解外国人动向的重要性。薛焕定期将有关外人在华中活动的新闻报道传达北京，尽管他声称怀疑此种报道的可靠性。"① 1861年，在英国驻北京使馆工作的医生芮尼曾多次谈及，总理衙门的大臣对世界事务非常熟悉，他也提到总理衙门有香港出版的中文日报，② 而这些中文日报似乎是定期订阅的出版物。

晚清重臣、洋务运动领袖李鸿章对新闻传播更为重视。1862年初，李鸿章率淮军到达上海后就立即命人收集、翻译新闻纸，他在给曾国藩的信（同治元年四月初二日）中曾谈及对新闻媒体的评价："一、外国新闻纸，商行用清字摹刻者，大都买卖场中之事，无甚关系。其英字新闻在洋官处，多要语，昨令会防局请人翻译三分，按旬呈送，一京师总理衙门，一尊处，一敝处。兹先寄上二纸。"③ 在另一封致曾国藩的信（同治元年闰八月二十一日）中李氏再次言及对近代新闻媒体的印象和评价："一、会防局翻译新闻纸，已饬其十日半月总钞一纸交递洋行。新闻纸谣言过多，然系闲散洋人藉此牟利，闻有挟恩怨编造送刊者，无凭拏办，亦未便禁阻。"④ 李鸿章从外国新闻纸报道内容上的"大都买卖场中之事"而概括出了其所具有的"牟利"特点，但"多要语"则透露其主持翻译的原因，其判断大体上反映当时一些理性务实的洋务官员对新闻纸的态度与认识程度。曾国藩、李鸿章等人在上海开办的广方言馆也把翻译西书西报作为一项重要的内容。该馆1870年制定了《再拟开办学馆事宜章程十六条》，第十条专门对翻译新闻纸作出了如下规定：

---

① ［美］芮玛丽：《同治中兴：中国保守主义的最后抵抗》，中国社会科学出版社2002年版，第299页。
② ［英］芮尼：《北京与北京人》，李绍明译，国家图书馆出版社2008年版，第308页。
③ 吴汝纶编：《李文忠公（鸿章）全集》"朋僚函稿卷一"，文海出版社1980年版，第2385页。
④ 吴汝纶编：《李文忠公（鸿章）全集》"朋僚函稿卷一"，文海出版社1980年版，第2412页。

录新报以知情伪。查耶稣教之流行中国也,往往借传教以为名,实则觇我虚实,为彼间谍,中外偶有举动,不逾月而播闻彼都。闻每月阁钞,在外国已有寄阅者。夫我国之实,尽输于人,何至懵然不觉。通商已经百余年,岂无人知其情伪者……夫新闻纸一项,其刊布中国者,类皆商贾传闻,谬误滋甚。而英法美各国均月有新报,因是洋文,中国不便观览,其译出华文者,所言虽不足尽信,而各关口货物出进之数及各国占据港口,制造奇器,利便舟车,言之凿凿可据。有心人于此,考其形势,觇其虚实,随时密采,证以见闻,未尝不可资策划也。兹拟选沈潜缜密之士,凡各国之传闻可信者,简其要而删其繁,分类辑录,以备省览。昔林文忠采录香港新闻纸,颇知彼国情形,徐氏《瀛寰志略》、魏氏《海国图志》,亦多采取其说,则各国新报亦周知情伪之一助也。[①]

曾国藩、李鸿章二人是晚清时期具有巨大影响的风云人物,他们对近代新闻媒体功能的认识大体代表了当时官方的普遍观念。他们对近代新闻媒体的理解大体上还停留在 30 年前林则徐所达到的认识高度,即仍然把新闻信息作为一种情报来看待。此足可见在传统观念的羁绊下,晚清之际官方新闻观念演进是多么的步履维艰和迟滞缓慢。

二

在 19 世纪 60 年代以前,外国人所办的新闻媒体在中国占据了绝对主导地位,这导致在社会治理过程中,官方无法掌控言论、信息的发布,往往陷入一种舆论被动。为此,一些地方官员萌生了创办新闻媒体为我所用之念。同治六年(1867)十二月,时任两淮盐运使的丁日昌专门上奏了一份条说:

通商码头设新闻纸馆,外由商人出名,而密派妥员总司其事。夫西人设立新闻纸馆,上以议国家之得失,下以评草野之是非,可以知

[①] 高时良编:《中国近代教育史资料汇编》(洋务运动时期教育),上海教育出版社 1992 年版,第 188 页。

四方之物价，可以悉外国之情形，原为有益之举，今宜仿而行之，惟不准议朝廷得失。凡外国物价，外国情形，及中国人有被外国人欺凌者，或传教不公道者，皆可写入新闻纸，布告各国，咸使闻知，使归曲于彼。且以见中国百姓痛恨洋人，必将激而生变，庶彼君臣闻之，惕然知惧，必饬令彼国公使、领事，自行约束。其新闻纸格式，用汉、洋文各二分，庶可由近及远。①

丁日昌也是晚清之际的重臣。1842 年，20 岁的丁日昌中秀才，次年补廪生，1844 年入惠潮嘉道李璋煜幕僚，后因协助李璋煜镇压农民起义军有功而步入仕途，历任广东琼州府儒学训导、江西万安、庐陵县令，苏松太道，两淮盐运使，江苏布政使，江苏巡抚，福州船政大臣，福建巡抚，总督衔会办海防、节制沿海水师兼理各国事务大臣等职，是中国近代洋务运动中的风云人物之一。丁日昌在这份条说中明确地提出了创办新闻纸的主张，从时间上看应是晚清之际第一个持此观念的地方大员。为打动皇帝采纳其意见，他不仅对西方新闻媒体的报道性状进行了介绍，而且从上、下、内、外等四个维度对新闻媒体的社会功能进行了较周全的介绍和论证，特别是从中外交涉维护国家利益的角度述说了创办近代新闻媒体的益处所在。新闻纸馆为"有益之举"的论说，显然与此前视新闻媒体为无益、有害的传统观念针锋相对，具有强烈的媒介批评性。虽然该主张当时并没有被朝廷接受，但其中所体现的新闻媒介观念及其认识，显然要比林则徐、曾国藩、李鸿章等人的认识向前迈进了一步。丁日昌的媒介主张直到 9 年后才在上海一隅得到尝试。

1876 年 11 月 23 日，时任上海道台的冯焌光创办了每日出版的《新报》。冯焌光是广东南海人，咸丰二年（1852）的举人。他先从曾国藩军，积功升为海防同知。他平时颇留心西学，素习算造之术。1864 年署理江南机器制造局局务，后任江南制造局总办，也是当时有名的洋务派官员。1875 年接篆上海道台，上任伊始，即遇到甚为棘手的吴淞铁路中外交涉问题。1872 年，美国驻上海副领事奥立维·布拉特福成立一家"吴淞道路公司"，诡称要修筑一条"寻常马路"。上海道台沈秉成不知就里，批准了他

---

① 李书源整理：《筹办夷务始末》（同治朝），第六册，卷五十五，中华书局 2008 年版，第 2268 页。

们的购地申请。吴淞道路公司征购了上海至吴淞间长约14.88千米、宽约13.7米的土地，后以资金短缺为由转让给英国商人狄克松另外组成的"吴淞铁路公司"，并增购土地，修整了线路路基。狄克松与怡和洋行又签订了在上述路基上建造一条轻便铁路的合同，随后筑路工程开始。路基工程于1874年开工，表面上仍说是修筑一条"寻常马路"，1875年，路基工程基本完成。1876年2月14日，一公里长的试验轨道铺成，"先导号"机车上线试行。美英合伙设计的骗局被试验机车汽笛的鸣叫揭穿，这是无视中国主权的行为，清廷责令冯焌光交涉收回。在交涉过程中，上海的外商报刊包括《申报》在内，异口同声地为英商说话。冯焌光甚感新闻媒体的重要性，为此，俟吴淞铁路交涉有了眉目之后，即支用道库银两创办了《新报》。为了不给外界议论和责难的口实，遂托各省商帮名义兴办。《新报》每号8张，报道态度和内容十分严肃而整齐。"有《京报》全录，两江督辕事宜，苏省辕门事宜，浙省辕门事宜，鄂省辕门事宜，以及本市和中外新闻。"①《新报》创刊号上，即发表了《铁路会议条款》，宣布吴淞铁路由中国政府收回，听洋商公司继续承办运行一年，盈亏与中国无涉。全套文件用中英文同时刊出，"比上海当时所有报纸都刊得周全，像一张官方机关报的样子"。②所以国人谓之"官场新报"，而外侨则称为"道台的嘴巴"。无论其称谓如何，称谓的背后都是一种社会性的媒介批评。这张机关报的成功创办和实践，有力显示了国人对近代新闻媒体的认识已经从观念跃升到了实践层面，以及国人新闻观念的历史进步轨迹。

最早比较明确地观察到报纸与西方政治关系的清朝官吏还是驻外使节郭嵩焘。他不仅把西方的报纸当作了解"洋情"的工具，而且在对英国和法国的实际观察中，获取了更多关于新闻的知识，即报纸在西方政治系统中的角色和功能。通过实地观察，郭嵩焘认为新闻纸有两大功能：其一，传布政事、登载民意；其二，为一"公论"场所：

> 西洋一切情事，皆著之新报。议论得失，互相辩驳，皆资新报传布。执政者亦稍据其所言之得失以资考证，而行止一由所隶衙门处分，不以人言为进退也。所行或有违忤，议院群起攻之，则亦无以自

---

① 马光仁主编：《上海新闻史》，复旦大学出版社1996年版，第80页。
② 马光仁主编：《上海新闻史》，复旦大学出版社1996年版，第79页。

立，故无敢有恣意妄为者。当事任其成败，而议论是非则一付之公论。《周礼》之讯群臣、讯万民，亦此意也。①

这里涉及行政、立法之分权和言论自由的问题。近代资本主义国家的新闻自由，是言论自由的表现形式，是建立在民主政治基础之上的存在。郭嵩焘将西方的近代新闻媒体与中国古代社会政治中的"讯群臣、讯万民"相比附，固然显得有些不伦不类，但他看到了西方新闻媒体所具有的舆论监督功能，在某种程度上与中国古代"讯群臣、讯万民"的政治制度设计有某些相通之处，希图以此对其进行合法性解释，其良苦用心，则标志着晚清时代中国士人一种观念转变的开始。

三

在现实生活中，人们常常将政治等同于国家或政府的活动。其实，在现代意义上的国家和政府还没有出现之前的相当长的历史时期，一些地方就已经出现了政治活动。② 通常的意义上，政治是指以政权为核心的一切政治现象和政治关系。"在大众传媒与政治之间，深刻的关联与内在的相互制约和牵制体现在政治对传媒的决定性作用以及传媒对政治必然存在的反作用。"③ 在现代社会中，新闻传媒的政治功能始终无法回避。中国近代新闻媒体的产生固然有着深刻的经济发展因素，特别是《申报》等一批近代新闻媒体的诞生更是市场繁荣催生的结果。虽然《申报》老板安纳斯托·美查在该报出版不久，就告诫华人主笔们下笔时要慎重从事："慎勿评品时事，臧否人物，以撄当世之怒，以取禁止之耻。"④ 但一家新闻媒体既然要报道时事，完全不涉及政治几乎是不可能之事，尤其是在晚清时期文字狱非常残酷的情况下更是难乎其难。不管多么谨小慎微，也不可能在所有的新闻报道中都不触犯朝廷或者地方官吏，而一旦触犯朝廷或地方官吏的虎须，则来自官方的权力压制和干涉就有可能接踵而至。《申报》的主笔

---

① 郭嵩焘：《伦敦与巴黎日记》，岳麓书社1984年版，第401—402页。
② 孙关宏、胡雨春、任军锋主编：《政治学概论》，复旦大学出版社2009年版，第1页。
③ 刘华蓉：《大众传媒与政治》，北京大学出版社2001年版，第1页。
④ 转引自宋军《申报的兴衰》，上海社会科学院出版社1996年版，第13页。

们身处其中，自然对其多有体会，他们就此问题发表过评论：

> 夫民间创设新闻一事，其中难免无干犯君官之语，君隔九重，或尚不知，官则未有不知者。一旦大肆威虐，重则惩办，轻亦封闭，故民间亦不敢冒罪而开设也。近因通商开市，于香港设华字新闻三馆，于上海开设华字新闻一处，主笔虽系华人，而馆主实为西人也。至于汉口新闻馆，内无西人，甫开即闭矣！现闻粤人拟在上海另开新闻馆一所，首先倡捐者，上海令叶邑侯也。倡议开馆者，唐君景星诸人也。倡立馆规者，容君纯甫也。主笔诸君，皆延请粤中名宿也。机器铅字，皆容君所承办也。馆则设立于招商局侧，并闻另延西人，代为出名。但赫赫县尹，堂堂粤绅，办此小事，尚不敢出头，反请西人露面，未免心欲大而胆欲小矣。①

这篇评论已经把中国当时办新报借助于洋人的原因和盘托出，惟妙惟肖。官方阻力的背后当然是官方的媒介观念。除了一些接触洋务较多的官员对新闻媒体持有一种较为开明的接纳倾向，总体上看，当时官方对新闻媒体抱持的是蔑视和排斥的态度，特别是当新闻媒体有关议论涉及政治主张时，容易引起某一方的反感和拒斥。这在当时清廷内部爆发的海防、塞防之争中表现得尤为明显。进入19世纪70年代，沙俄武装强占我国伊犁，阿古柏盘踞新疆喀什等地，日本国入侵台湾，中国西北和东南边疆同时进入多事之秋。在这种局势下，李鸿章等认为两者力难兼顾，主张放弃塞防，将停撤之饷，即匀作海防之饷。左宗棠对此则力表异议，指出西北如果自撤藩篱，那么我退寸而敌寇进尺，尤其容易招致英、俄等国的后续渗透。在双方争执不下的过程中，《申报》发文支持李鸿章等人的观点，首先是反对在喀什噶尔用兵，认为应该优先加强海防，并进而主张放弃新疆；其次，反对因用兵而向洋人告贷，认为这对日后的国计民生会带来长久的负担。② 这里姑且不论《申报》所持观点的是非对错，但这种观点对左宗棠用兵新疆的主张无疑造成了极大的阻力，使之在争论中陷入一种舆

---

① 《论新闻日报馆事》，《申报》1875年1月24日。
② 参见卢宁《早期〈申报〉与晚清政府——近代转型视野中报纸与官吏关系的考察》，上海科学技术文献出版社2012年版，第126页。

论不利的境地，从而招致了左宗棠的很大反感和批评。

左宗棠在一封答同僚的信中痛斥该报说："《申报》本浙江无赖士人所编，岛人资之以给中国。其中亦间有一二事迹堪以覆按者，然干涉时政，拉杂亵语，附录邸报，无纸不然。纤人之谈，不加究诘，置之不论足矣。合肥竟以入奏，并议撤西防以裕东饷，何耶？"①应该说左宗棠并没有对《申报》的有关报道一概抹杀，他也认为该报的有些新闻报道是具有"堪以覆按"的文献佐证、查考的价值。他反感的是该报"干涉时政，拉杂亵语"，即认为该报不当介入政治。这种媒介观念导致他认识的情绪化，对该报从业人员予以"无赖士人"的污名化界定。左宗棠认为李鸿章的很多观念都受到《申报》的误导，他甚至怀疑《申报》之所以如此是因为背后受人收买或指使，从而更加对之嗤之以鼻："吴越人善著述，其无赖者受英人数百元即编新闻纸，报之海上奇谈，间及时政，近称洞悉洋务者，大率取材于此，不觉其诈耳。"②平心而论，《申报》的观点或许确实有所偏颇，但仁者见仁，智者见智，视角不同而观点各异，本来是情理之中的事情，而若因为如此就一定预先给其扣上一顶"无赖"的大帽子，显然不足为训。只是左宗棠在帝国主义瓜分中国的历史情况下，力排李鸿章等人放弃塞防的非议，毅然率部西征，收复新疆，符合中华民族的长远利益，被后世目为爱国主义的代表，无形之中使其对《申报》报人的有关评价广泛传播，长期地影响着社会大众对新闻媒体的印象和认知。姚公鹤《上海闲话》曾就此评述道：

> 光绪初年，新疆用兵，左文襄倡议借用洋债。此为中政府募集外债之始。（商人之欠洋款，由来已久，检道光壬寅中英《江宁条约》第五款，酌还商欠三百万两。此为国家代还商欠，非国家自身欠款也。）委道员胡雪岩主其事。新闻传至沪上，各西报略有讽议，谓借债募兵，非计之得。又有谓国际用兵，（新疆兵事，颇涉中俄间关系。）第三国不宜有所资助。此等论调，看似忠于为我，其实此次借

---

① 左宗棠：《答两江总督沈幼丹制军》，《左宗棠全集·书信》，岳麓书社1987年版，第576页。
② 左宗棠：《与两江总督沈幼丹制军》，《左宗棠全集·书信》，岳麓书社1987年版，第570—571页。

款,划出若干为购买枪炮之需,债权者得两重利益,故得之者欣然,旁观者遂不免发为妒词也。(偶阅《外债痛史》,于此事亦有记载。)及华字报稍稍登载,事为左所闻,左即致书某友云:江、浙文人无赖,以报馆主笔为其末路。盖即指此事为言。噫!尊重舆论,在今日号为共和时代,尚未得此机会,遑论彼时!然以"报馆主笔为无赖文人之末路"一笔抹杀,可为失言之至矣!①

姚公鹤的论断确实独具只眼,得其肯綮。事实就是这样,当时的中国还蹒跚在通向近代的路途上,新思想的发展非常微弱不足,社会还没有准备好对资本主义文明的接纳。诚如亲身经历该时代的梁启超所概述的那样:"然尽此六十年中,朝士即有言西法者,不过称其船坚炮利、制造精奇而已,所采用者不过炮械军兵而已,无人知有学者,更无人知有政者。"② 大众报刊作为资本主义商业的产物,从其一诞生起,就被赋予了与封建统治秩序格格不入的人文品格,政治民主、言论自由的追求,使它在深受封建意识形态熏陶的官员眼里,自然就别具一种叛逆和异质的意义,所以左宗棠对《申报》等新闻媒体的评价,实际上正是当时社会的普遍而正常的主流认知。今天看来当然不足为训,但在当时实在又不足为奇。

小 结

19世纪的中国是一个急剧变化的时代,鸦片战争的创深巨痛唤起了人们改革旧物的最初意识,过去被士人置于眼界之外的"夷务",在林则徐、魏源等一批时代的先驱者手里开始成为一门学问。一种变革自强意识慢慢地在古老中国的社会里孕育、萌生、滋长,人们开始以一种新的眼光打量世界,重新审视中外关系。"19世纪下半叶,中国知识话语的一个重要转变,恰恰是关于文明比较中价值标准开始发生了变异,即认为西方也有相当成熟和合理的伦理道德系统,西方也有中国一样的文明。"③ 观念变革往

---

① 姚公鹤:《上海闲话》,上海古籍出版社1989年版,第21页。
② 梁启超:《戊戌政变记·上谕恭跋》,中国史学会主编:《戊戌变法》(二),上海人民出版社1957年版,第18页。
③ 葛兆光:《中国思想史》第二卷,复旦大学出版社2009年版,第459页。

往是一个痛苦过程,在 19 世纪七八十年代,清廷官员中仍弥漫着浓重的保守氛围,顽固派无论在朝还是在野都有相当大的影响,他们仍然在"百般阻挠和抵制使用近代机器工业生产和科学技术"。① 媒介批评是人们对媒介及其传播活动的一种认识活动,这种活动既是人类的意识活动过程,又是人类意识活动的产物,它首先是社会生活的必然产物:"思想、观念、意识的生产最初是直接与人们的物质活动、与人们的物质交往、与现实生活的语言交织在一起的。观念、思维、人们的精神交往在这里还是人们物质关系的直接产物。"② 因此,中国近代媒介批评的发生和发展仍然植根于新闻传播活动。没有近代的新闻传播活动,所谓的近代媒介批评也就成为无源之水、无本之木。

19 世纪初叶,传教士作为外国殖民者的先锋率先闯进了中国,在他们为敲开中华帝国紧闭的大门而紧锣密鼓活动的时候,深感出版近代报刊的需要。传教士在创办近代中文报刊的过程中,为了消除国人对近代报刊的排拒心理,他们充分利用各种言说机会,反复地申述报刊的功用,以此来打动国人的心扉。因此,这批外国传教士在创办近代中文报刊的同时也将近代新闻观念和媒介知识一并输入了中国。中国人在接触近代中文报刊之时,自然也耳濡目染地从中习得了先进的近代媒介观念和知识,并以此为基础逐步改造和形成了新的媒介知识体系,从而获得观察和评价媒介及其传播活动的新的价值判断依据。需要是有机体感到某种缺乏而力求获得满足的心理倾向,它是有机体自身和外部生活条件的要求在头脑中的一种反映,是人们与生俱来的基本要求。需要是价值产生的根据,需要以利益为中介,具有通过实践活动最终推动社会历史发展的作用机制等方面。所以,中国近代媒介批评初启之时,媒介批评的最重要主题之一就是对媒介"有益"的阐释和强调。这一点恰好与中国的政治传统与社会现实需要相合,导致具有资本主义异质性的近代报刊观念具有能够为中国知识分子所接受的可能性。在中国文化的发展脉络中,无论在具体的政治观点上有多大的分歧,儒家传统中的实用理性,始终都是中国知识分子从事新闻传播活动及其开展媒介批评时的出发点和最终归宿。

西方传教士创办的报刊在中国沿海城市出现以后,国人很自然地用中

---

① 李侃等:《中国近代史》,中华书局 1994 年版,第 151 页。
② 《马克思恩格斯全集》第 3 卷,人民出版社 1998 年版,第 29 页。

国的眼光看待和打量这些外来事物。与这些事物最相近的就是中国的邸报，但邸报单纯上对下的线性传播作用及其方式，又无法完全解释邸报与近代媒体的相异之处，于是陈诗采风、谤木谏鼓、清议乡校等古代曾经存在的言论流通方式，都被他们一并纳入了新闻媒介"通上下"的功能设计和想象之中。虽然这些设计和想象仍然意在巩固和维护最高统治者的权力与地位，但以陈诗采风、谤木谏鼓、清议乡校等作为新式报刊意义的解释，无形之中又突出与契合了现代报刊的民间性特征，更能抓住现代报刊的精神气质。19世纪70年代，在上海、香港等通商口岸城市，读报已经成为日常生活的一部分。1872年9月28日，《申报》专门刊登了一首吟诵阅读《申报》的竹枝词："客窗寂寂静难禁，一纸新闻说字林。今日忽传有《申报》，江南遐迩共知音。"① 1883年11月30日，《申报》又刊登了一首《读〈申报〉偶占》七律："于今谁把狂澜挽，赖此能为直道防。中外品题罗月旦，春秋笔削挟风霜。蜃楼海市谈非幻，牛鬼蛇神载不妨。别有宦途千百变，尽他纸上梦黄粱。"② 这两首诗表达的是阅读《申报》的个体心理体验，如果仅从阅读的层面看，确实表明了报纸阅读有效地减弱了旧式书籍阅读与现实世界的疏离隔膜之感，让读者在时间和空间的浓缩中，尽享选择信息和参与社会的某种精神快感。因为新闻纸所呈现的现实世界，其在空间上具有国家事务的意义，而其时间则显著地落在当下。若从媒介批评的角度看，这又是一篇夹杂运用中国眼光和知识对《申报》现代媒介功用的一种批评，狂澜挽、直道防等语，未免对报刊的功能有所夸张，但对新闻媒体政治和道德功用的刻意强调，确又明白地透露出当时一批口岸在野知识分子仍未泯灭的政治参与热情和企望。这种政治参与热情和企望在后来王韬、梁启超等维新报人的报业活动中，一部分被转化为具有中国特色的政论报刊实践。

  随着中国近代报业的发展，其与社会日常生活的关系日益密切，国人的媒介观念和媒介批评意识在不断滋长。1893年3月23日，在英商于汉口创办的《字林汉报》创刊号上，发表了题为《说报》的论说。该文首先从报纸起源的角度给中国报纸正名："报纸之设，人皆谓其肇自泰西，而

---

① 嘉门晚红山人：《续沪江竹枝词二十首》，《申报》同治十一年八月二十六日（1872年9月28日）。
② 《读申报偶占》，《申报》光绪九年十一月一日（1883年11月30日）。

不知朝报之名权舆于炎宋，京报之制盛行于前明。盖我中国固先已有之而由来者旧矣。"① 随后作者又比较了中国传统史籍、邸报与西方近代媒体的不同："特泰西报纸靡所不载，非若朝报京报仅供搢绅先生之流览者比。故其法较善，而其益亦较大。"② 具体说来近代西式新闻纸有如下益处：一是报纸文酌今古之宜，雅俗共赏，浅深各随所见，故耳目总觉其常新；二是报纸能合朝野而编摩，极体例之美善，上自公卿，下至士庶，皆可不出户庭而识天下之事；三是报纸首列论说，务使博闻，虽云局外之闲谈，要在集思广益，使民间疾苦达诸长吏庭阶；四是报纸采录尽东西洋，甄纪及南北极，无远弗届，有闻必传，讵忧一物不知，成儒者之深，耻始信存，而不论特诸子之空谈；五是报纸不仅明白易晓，而且真实不浮，事必简而能详，文亦质而不俚，既非牛鬼蛇神之笑柄，可供茶余酒后之清谈；六是报纸大而国家政令之因革，远而人情风土之异同，中外交涉之要务，商买贸易之利弊，与夫一切惊愕可喜之事，凡足新人听闻者，无不具于尺幅，纵横万里，上下千年，披一纸之书而胜百城之拥，对商业流通具有巨大的帮助作用。虽然《说报》一文有在《字林汉报》创刊时尽其推销之意，但对新闻纸功能认识的深度，看似与同时代一些早期维新报人对新闻媒体功能的认识大体相当，但论述的条理性，则比之郑观应等人更胜一筹，显示了中国近代媒介批评整体虽然缓慢但仍不断前行的演进轨迹。

当阅读新闻日渐成为一种寻常生活时，也就意味着一个崭新的媒介批评时代如同躁动于母腹中的快要成熟了的婴儿一般，即将来到人间！

---

① 《说报》，《字林汉报》光绪十九年二月初六日（1893年3月23日）。
② 《说报》，《字林汉报》光绪十九年二月初六日（1893年3月23日）。

第二章　维新变法时期的媒介批评

1840年鸦片战争之后，帝国主义列强对中国发动了多次侵略战争，逼迫清政府签订了一个又一个损害中国主权的不平等条约，中国由此一步一步地变成了一个半殖民地半封建的社会。19世纪末，英、美、法、德、俄、奥、意、日等世界主要资本主义国家相继进入帝国主义阶段，从而加紧了对落后国家和地区的侵略，帝国主义列强趁机掀起了一股侵略中国的狂潮，中国边疆地区危机重重，偌大的中国被分割成了列强的一块块势力范围，整个国家已呈瓜分豆剖之势。亡国灭种的危急形势迫使一些先进的中国人开始思考和寻找新的救国救民的道路。早在鸦片战争前，一些较开明的汉族地主阶级分子如林则徐、龚自珍、魏源等人就主张打破现状，改例更法。龚自珍明确警告清朝统治者说："一祖之法无不敝，千夫之议无不靡，与其赠来者以劲改革，孰若自改革？"[1] 随着政治形势的不断恶化，维新变法思想也在发荣滋长，并在19世纪90年代终于因清政府在甲午战争中大败而演变发展为一场声势浩大的维新变法运动。与此相应，中国近代新闻事业迎来了第一次国人办报高潮。据不完全统计，从1895年到1898年，全国出版的中文报刊有一百一二十种，其中80%左右是中国人自办报刊。[2] 这些报刊的出版，有力地推动了维新运动的发展，打破了此前外报在华出版的垄断性媒介生态，成为主导中国社会舆论走向的重要力量。一大批以救国救民为己任的报人迅速走到了中国历史的前台，搦管染翰，指点江山。新的媒介生态和传播格局带来了新的传播问题，中国的媒介批评史也因此进入了一个新的发展阶段。

---

[1] 龚自珍：《乙丙之际箸议》第七，《龚自珍全集》，中华书局1959年版，第32页。
[2] 方汉奇主编：《中国新闻事业通史》第一卷，中国人民大学出版社1992年版，第539页。

第一节　郑观应的媒介批评

　　维新变法作为一场社会改革运动，并非突如其来之物，而是有着深远绵长的思想基础与铺垫。中国的维新变法思想，是伴随着外国资本主义侵略的日益加紧和清王朝封建专制危机的不断加深而发生并逐步发展起来的社会思潮。早在19世纪六七十年代，从洋务派中就分化出了一批知识分子，他们在军事上要求抵御外国资本主义的入侵，讲求武备，加强国防；在经济上主张振兴工商业，维护和发展民族工商业；在政治上要求学习西方的政治制度，主张实行君主立宪，兴民权，开议院；在文化上提倡学习西方的科学技术，废除落后的科举制度，创办新式学校，培养经世致用的有用人才。这个早期鼓吹变法图强的知识分子群体，被称为早期维新派。郑观应就是早期维新派中"人生经历都不乏许多丰富多彩的内容"的一位重要人物和杰出代表，而郑观应的媒介思想及其媒介批评，则也是中国媒介批评史维新变法篇章中一个不可或缺的精彩片段。

　　郑观应（1842—1922），本名官应，字正翔，号陶斋，别号杞忧生，晚年自号罗浮偫鹤山人，广东香山县（今中山市）人，出生于"一个有数代经商史"[①]的知识分子家庭，1858年到上海学商，先后在英商宝顺洋行、太古轮船公司任买办。19世纪70年代中后期，郑观应相继参加了宏远公司、上海机器织布局这些由政府出面主持的洋务企业的筹议、筹建活动，不断密切与政府方面的关系，历任上海电报局总办，轮船招商局帮办、总办。1883年6月中法战争期间，被委赴暹罗、西贡、新加坡等地了解敌情，逐一绘图贴说。1885年初，途经香港时，被太古轮船公司借故控追赔款而遭拘禁，经年始得解脱。1890年后返乡养疴，开始撰述《盛世危言》一书。该书从1884年秋天立意写作到1892年暮春初稿杀青，前后历时约有8载。1892年，受盛宣怀、李鸿章之邀，任轮船招商局帮办。1902年冬，郑观应辞去招商局之职。1909年，乘袁世凯被清廷削职返籍之机，支持和协助盛宣怀发起组织轮船招商局商办，第三次入轮船招商局，任该局厦门分局总办、营业科长等职。1911年初，郑观应离沪返粤。民国以后，郑观应虽然在政治上渐入颓唐，沉迷于修道养生，"在生命的最后数年中，

[①] 易惠莉：《郑观应评传》，南京大学出版社1998年版，第13页。

求生及摆脱病困的欲望使郑观应沉迷于修道成仙,甚至参与发起许多虚妄荒诞的公开的社会活动",① 但又对袁世凯称帝、张勋复辟和军阀混战甚表不满。1922 年 6 月,郑观应病逝于上海提篮桥招商公学宿舍。

一

郑观应 17 岁时即赴上海学习经商,先后在一些外商兴办和官督商办的企业里担任高级买办或帮办,本色上是一个商人,但幼年曾深受传统文化的熏染。他的祖父是一位"不屑以寻章摘句为能"的文人,遍观诗书,具有相当的文化素养。父亲郑文瑞"夙承家学,读书过目成诵,藏书颇富",② 虽终身未获科名,长期作乡村塾师,但性情慷慨,慕义乐施,爱国主义情怀向不后人。郑观应的早期教育由其父亲一手完成,在"小试不售"即参加科举考试没有成功的情况下才转而习商。19 世纪六七十年代的上海,外国人创办的新式报刊已经颇为常见,不仅有《六合丛谈》月刊,还有《上海新报》《中国教会新报》等,英国商人安纳斯托·美查 1872 年创办的《申报》,更是在短短的时间内即异军突起,很快成为众多商家的案头读物。不仅浓厚的近代报刊文化传播环境对郑观应会产生潜移默化的影响,而且作为一个商人,留心报刊上的商品信息更是工作上的题中应有之义。郑观应曾自述他在与外国人打交道的过程中,所观察到的外国人通过新闻媒体就世事进行评说的情况:

> 余质性鲁钝,鲜能记诵。长而客游四方,日与异国人相接。而沪上为江海通津,南北冠盖往来,群萃旅处。达人杰士往往获从之游,与之周旋晋接。窃闻时论,多关大计。以为由今之道,变今之俗,宜览往古,法自然,诹远情,师长技,攻其所短,而夺其所恃。而泰西人久居中国,亦时时申其论说,作局外之旁观。因下筹而借箸,盖所谓事杂言庞,莫甚于兹矣。③

---

① 易惠莉:《郑观应评传》,南京大学出版社 1998 年版,第 725 页。
② 易惠莉:《郑观应评传》,南京大学出版社 1998 年版,第 13 页。
③ 夏东元编:《郑观应集》上册,上海人民出版社 1982 年版,第 63 页。

受外国人在报纸上评论时事的影响,郑观应也慢慢地养成了阅读报刊并在报刊上发表论说的习惯。1872年11月,他在《救时揭要》的自序中,曾言及其作品在《申报》上发表的情况:"仆家贫服贾,负米娱亲,普济虽有怀,恨乏点金之术;显扬仍未遂,徒深投笔之心。惟是庭训夙承,不敢自弃,性耽铅椠,大意粗知。于是不揣固陋,聊效芹曝。研性理则辑道言精义,论感应则集志果诸书,窃冀广推,妄灾梨枣;又复触景伤时,略陈利弊,随所见闻,频登《申报》,更伸鄙臆,撰成是编。"① 据有关研究者的统计,从1872年4月30日《申报》创刊,到《救时揭要》成书的是年11月末,郑观应先后在该报上发表了11篇文章。其具体篇目与在《申报》上发表的时间列表如下:②

篇名	发表时间	署名	注释
澳门猪仔论	8月3日	岭南指迷道人郑香山未定稿	发表于《申报》头版,收入《救时揭要》时,结尾部分有改写
续澳门猪仔论	8月6日	镜濠[濠镜]醒世道人来稿	发表于《申报》头版,收入《救时揭要》时,开头部分有改写
求救猪仔论	8月28日	岭南苍生合启	发表于《申报》头版,收入《救时揭要》时,中间添加150字左右
痛亡者无归论	8月29日	粤东假鸣子来稿	发表于《申报》头版,并加有编者后记。收入《救时揭要》时,中间添加改写300字左右
议遍考庸医以救生命论	9月25日	罗浪[浮]山樵稿	发表于《申报》头版,原名《议遍考医家以救生命论》,收入《救时揭要》时,改"医家"为"庸医",内容也略有改动
拟请设华官于外国保卫商民论	10月11日	星峰待鹤居士稿	发表于《申报》头版,原名《拟请设华官于外国以保卫商民论》,收入《救时揭要》时,去掉一"以"字,内容略有文字改动
记猪仔逃回诉苦略	10月17日	(无署名)	发表于《申报》头版,原名《论皮鲁国贩人为奴事》,收入《救时揭要》时改名,开头部分删去约150字
论禁止贩人为奴	10月18日	(无署名)	发表于《申报》头版,原名《论禁止贩人为奴事》,收入《救时揭要》时改名
拟自禁鸦片烟论	10月29日	星峰荣阳居士甫稿	发表于《申报》头版,原名《拟禁鸦片烟论》,收入《救时揭要》时,加一"自"字,内容添加170字左右
澳门窝匪论	11月12日	醒世道人荣阳氏甫稿	发表于《申报》头版,收入《救时揭要》时文字略有改动

---

① 夏东元编:《郑观应集》上册,上海人民出版社1982年版,第5页。
② 参见易惠莉《郑观应评传》,南京大学出版社1998年版,第57—58页。

续表

篇名	发表时间	署名	注释
论救荒要务	12月3日	待鹤居士	发表于《申报》头版

　　由此可见其在《申报》上发表文章的频率非常之高，特别是考虑到当时《申报》创办时间不长，社会风气未开，新闻媒体在社会上接受程度较低，一般报社主笔、访员均被视为不名誉之职业，不仅官场中人仇视之，而且社会上一般人，亦以其搬弄是非而轻薄之。"父老且有以不阅报纸为子弟勖者。"[①] 郑观应向报纸投稿的行为在当时就具有开风气的意义，十分难能可贵。1875年春，郑观应在其《易言》一书自序中述及向报刊投稿之事云："积若干篇存之箧衍，徒自考镜，未尝敢以论撰自居。而朋好见辄持去，杂付报馆，又阑入近人所刻《闻见录》中。"[②] 所谓"朋好见辄持去，杂付报馆"之说，看似他在《申报》上发表文章属被动情事，然而真实情况正相反，都是他"积极主动地向《申报》投稿"[③] 所致。这些发表在《申报》上的文章，内容上都与《申报》这一时期中所报道的新闻、评论的话题十分接近，具有较强的时事评论性质。郑观应于1872年10月17、18日连续在《申报》上无署名地发表《论皮鲁国贩人为奴事》《论禁止贩人为奴事》所以有研究者甚至认为，如果将此二文理解为他"应《申报》之约而代做的报馆评论，也不无合理性"。[④] 读报是他参与社会的一种甚为重要的方式，报刊上的有关新闻报道、论述自然也成为他批评的对象，刊载这些新闻报道、论述的媒体自然也会进入他观察、思考、批评的范围。《辩洋人新闻纸于中土不宜开金矿论》一文，就是为与上海西人报纸的言论进行辩驳而撰写的专文。该篇文章的开头即有"贵馆论"的指称，虽然是针对其某一观点进行的辩驳，但无疑也同时指向刊载这一观点的报纸，对该观点的辩驳，无异于对"贵馆"即媒体的辩驳和批评。这当然是"郑观应很善于取用新闻及各种新近资料作为写作素材"[⑤] 特点的一种自然延伸和表现。

---

① 姚公鹤：《上海闲话》，上海古籍出版社1989年版，第127页。
② 夏东元编：《郑观应集》上册，上海人民出版社1982年版，第63页。
③ 易惠莉：《郑观应评传》，南京大学出版社1998年版，第59页。
④ 易惠莉：《郑观应评传》，南京大学出版社1998年版，第60页。
⑤ 易惠莉：《郑观应评传》，南京大学出版社1998年版，第387页。

二

郑观应虽然主业经商，但对新闻媒体的认识和重视程度超过同侪。1874年6月16日创办于上海的《汇报》（后改为《彙报》《益报》）被誉为第一批"国人自办比较完整的新闻纸"[1]。虽然王韬等人主办的《循环日报》早于《汇报》，但该报偏居香港一隅，对国人影响受到限制。1873年4月在上海由江南制造局出版的《西国近事》也比《汇报》问世为先，不过该报是份译报，内容取自普、英、瑞等国报纸，每日或数日择要闻十余条，印送官绅阅看，然后刊印成册，继续出版发行。刊印成册的则称《西国近事汇编》，而且其刊期不固定，有时按季，有时按月，有时竟延宕半年、一年才汇编一册。所以，《汇报》的创刊在中国新闻史上就具有某种开先河的意义。关于这份报纸的新闻史地位，学界虽然肯定该报为维护中国的利益，勇于和外国人主办的《字林西报》《申报》等进行辩论，但也指出该报在与《申报》进行辩论的过程中，在不少问题上"持论未必都很正确，特别是反对建造铁路一节，更表现了作者知识的陈旧"[2]。需要指出的是，在《汇报》的创办过程中，郑观应与有力焉。

关于《汇报》的缘起，学术界认为是因《申报》在报道杨月楼一案时，有关新闻和评论中存在暗示粤籍女子品行不良甚至侮辱香山人的文字，引起广东人的愤怒，从而负气创办该报，以便与《申报》争辩。应该说，在《汇报》的创办过程中，因愤怒而负气创办的因素确实存在，但并不是唯一因素，甚至不是主要因素。因为在《汇报》发刊后一段时间，该报并未与《申报》展开争论，而是在改名为《彙报》之后双方才展开笔战。郑观应作为香山籍在沪知名商人，参与《汇报》的创办自是情理之中事。在《汇报》创办的过程中，郑观应无疑是重要的发起人之一，因为该报的馆规章程和序言是由他执笔起草，这就是收入《盛世危言后编》中的《创办汇报章程并序》一文。该文不仅透露了该报创办的一些原委，而且还对当时的媒介现状进行了一些评述，其文开头云：

---

[1] 马光仁主编：《上海新闻史（一八五〇——一九四九）》，复旦大学出版社1996年版，第74页。

[2] 方汉奇主编：《中国新闻事业通史》第一卷，中国人民大学出版社1992年版，第488页。

第二章 维新变法时期的媒介批评

盖闻西洋向有新报馆之设，原以励风俗、宣教化，俾善者劝而恶者惩，兼之采朝野之新闻，穷格致之物理，下及舟楫留行、市廛货价粲然备列，流遍寰区，扩充见闻，增长神智，自非妄谈国政空论是非者比，其有益于民生国计、世道人心岂浅鲜哉！若夫遐迩名流才智之士，苟有鸿词伟论，发人深警，自当亟为登录，庶知我中国人材有高出寻常万万者。窃思上海为华洋辐辏之区，事赜人稠，足资观感，拟欲仿照泰西新报，兼译洋文传述中外风土人情、格致功用，既可维持风教，又堪裨益民生，夙志未果，心甚惜之，兹集同人共襄美举，纠合千股，汇成万金，兴创大局，必期先定格式，俾各循矩蹈规，以垂久远。所有公议章程胪列于后，海内诸君如有卓见，随时增入，以期尽善，是所厚望。①

此文具有报纸发刊词的性质，首先向读者交代创设该报的理由和目的。当时上海一地中文报刊虽然已经有了《申报》，但一般社会大众对新报接受的程度还没有普及，因此以外国新闻媒体作为创设一家报馆的根据，在华洋杂处的上海就容易被人们接受。"窃思"之语则是对上海媒介生态进行宏观考察之后进行的判断，上海是一个人口较稠密的大都市，"事赜人稠，足资观感"，拥有新闻媒体生存的社会条件和需要，但"夙志未果"，即没有足够数量的新闻媒体来满足这种需要，故存在巨大的媒介市场空白。而"既可维持风教，又堪裨益民生"之说，使创设《汇报》之举建立在满足官、民两方面的心理需求上。郑观应作为一个有眼光、有思想的爱国实业家，他是从某种政治高度来审视新闻媒体的社会功能。他对新闻媒体的认识，在某种程度上受到李提摩太等传教士的影响，曾经将新闻视为"各国教育人才之道"②的一部分而加以论述。而在他的名著《盛世危言》五卷本中，《日报》则被安排在居于重要地位的第一组文章之中，且将《日报》编排在《议院》篇后，表明他对报纸联系政府与民间的功能的认识更重于其对民众的教育功能的认识。

从郑观应的《创办汇报章程并序》一文中可以看出，《汇报》是一份依靠多人集资创办起来的报纸，所以章程对如何使用集资款项、如何存放

---

① 夏东元编：《郑观应集》下册，上海人民出版社1988年版，第1173—1174页。
② 易惠莉：《郑观应评传》，南京大学出版社1998年版，第386页。

增息、如何分红等，都预先作了详细而明确的规定。谋利自然是商业报纸不能缺少的目标之一。章程之一规定："本局专以翻刻中外新闻逐日传报，以期改良社会之习惯，周悉外人之风尚，考较商业之良窳，增进国民之智慧，尤要协力同心，公正办理，以图生意畅旺。"① 合作经营如何才能持续发展，作为商人的郑观应自是了然于心。章程中的这一规定仿佛是一支预防针，但也如同一句冥冥之中注定的谶语。作为国人创办的第一批具有商业色彩的新闻媒体，《汇报》前后坚持了一年半的时间，历经两次改名，最后仍然没有摆脱停刊的命运。

值得注意的是《创办汇报章程并序》还有这样一个规条：

> 凡有到局请刻新闻，其词句间或讥人私恶，或败人名节，是非混淆，种种恶习概勿承刊，免生事端。如事属关要，必期刊刻传播使大众咸知者，务须先觅殷实保人肩任出具保结，然后方准刊入日报，以昭慎重。②

这一规定，看似是为了避免日后陷入无谓的法律纠纷，其实是从侧面针对当时已经出现的媒介因为新闻报道不谨慎而引起的争端而言，甚至可以说在某种程度上，就是针对《申报》此前在报道杨月楼一案时用词偏颇或怀有某种地域偏见而进行的委婉批评。

三

郑观应并非中国新闻传播史上举足轻重的人物，但他在19世纪八九十年代是一位杰出的实业家和思想家，他于1894年刊印的《盛世危言》一书，则是这个时代中国新兴的资产阶级知识分子的代表性之作。"在近代中国，郑观应是最为系统鼓吹资产阶级维新变法的第一人，连康有为也要向他叩教。"③《盛世危言》首版发行后，正值甲午战争民族危机严重和资产阶级维

---

① 夏东元编：《郑观应集》下册，上海人民出版社1988年版，第1174—1175页。
② 夏东元编：《郑观应集》下册，上海人民出版社1988年版，第1175页。
③ 王贻荣：《"七尺身躯大丈夫，百年世事竟如何"——郑观应与〈盛世危言〉》，王贻荣评注本：《盛世危言》，中州古籍出版社1998年版，第7页。

第二章 维新变法时期的媒介批评

新思潮日益高涨之时,它所宣传的富强救国思想,在广大读者中引起了强烈反响。礼部尚书孙家鼐、安徽巡抚邓华熙等人,都曾向光绪推荐此书,光绪读后即下令印刷2000部发给大臣阅读。郑观应自己排印了500本,也很快被求索一空。全国各省书坊翻刻印售竟达十余万册之多,可谓不胫而走。

在1894年《盛世危言》5卷本中,有一篇《日报》,1895年增订为14卷本时,又增加了一篇《日报》,分为上、下篇。郑观应不是一个报人,他除了1874年参加过《汇报》创办筹划和1898年应康广仁之邀,在上海曾短时期客串性质地参加过《自强报》的一段编辑工作,基本上没有正式从事过新闻工作。①《日报》上、下篇合在一起长达3200余字,在当时的新闻学论文中,算是篇幅较长、论述较为完备之作。为了说服统治者及唤起社会对报纸的重视,他在文章中从多个角度阐述了对日报的看法。其中所表述的新闻观点,自然也就随着《盛世危言》的一纸风行而广为传播,成为维新变法时期代表新兴资产阶级论证新闻媒体合法性的重要文本之一。

郑观应写《日报》上、下篇,主要是针对当时不合理的现状有感而发。具体言之,当时的不合理现状有如下几个方面。

第一,清朝政府"禁止华人而听西人开设"报纸,致使发生外交冲突时,中方处于不利境地。郑观应指出,中国通商各口岸,如上海、天津、汉口、香港等处所开设的报馆,主持者都是西人。每当遇到中外交涉之事,间有诋毁当轴,蛊惑民心者。近通商日久,华人主笔的议论尚能够公正持平。例如广州的《广报》《中西日报》就属此列,但是"大抵皆西人为主,而华人之主笔者亦几几乎摈诸四夷矣"。② 这种局面无疑是清廷没有对本国民众开放报禁的结果。所以,他建议说:"今宜于沿海各省,次第仿行,概用华人秉笔,而西人报馆止准用西字报章。无事之时,官吏设法保护,俾于劝善惩恶,兴利除弊;以及人才之盛衰,风俗之纯疵,制作之良窳,泰西各国政事有何更改,兵制有何变迁,商务制造有何新法,足以有益于人者,精心考核,列之报章。大、小官员苟有过失,必直言无讳,不准各官与报馆为难。如有无端诋毁勒诈财贿者,只准其禀明上司,委员公断,以存三代之公。"③ 郑观应通过"日本无郡不有日报馆""英、美、

---

① 徐新平:《维新派新闻思想研究》,湖南人民出版社2010年版,第29页。
② 夏东元编:《郑观应集》上册,上海人民出版社1982年版,第346页。
③ 夏东元编:《郑观应集》上册,上海人民出版社1982年版,第347页。

比三国无禁报馆言事之条"的事实，呼吁"当道亦宜妥订章程，设法保护，札饬有体面之绅士，倡办以开风气。如英国《泰吾士日报》馆主笔者，皆归田之宰相名臣，自然无勒索人财，亦名驰中外矣"，[①] 以尽快促进和发展我国的新闻事业。

第二，批评当时一些报馆主笔怀有偏见，态度不公，华而不实，主张新闻媒体在报道和评论时要公正无私。"盖秉笔者有主持清议之权，据事直书，实事求是，而曲直自分，是非自见，必无妄言谰语、子虚乌有之谈，以参错其间，然后民信不疑。论事者可以之为准则，办事者即示之为趋向，使大开日报之风，尽删浮伪，一秉真胙。主笔者、采访者，各得尽言无隐，则其利国利民实无以尚之也。英国议政者，必以日报为众民好恶之所在，而多所折衷。法国之从政者，则以日报为足教官吏而不敢违背。"[②] 只有这样，报纸才能够具有权威性而得到广大读者的信任，才能够真正起到移风易俗的社会教化功能。郑观应曾经参与过《汇报》的筹办工作，在《申报》创办之初，就多次向该报投稿，自然对《申报》和《汇报》双方在新闻报道和评论中的意气之争印象深刻。所以，他的这番话看似泛泛而论，其实自有指涉，具有明确的媒介批评意义。

第三，报业发展的长久之道是以规以法办理。郑观应不愧是一位有远见的思想家。早在1896年1月，他就提出了健全报律等新闻事业发展的体制问题。其《译英国报律序》一文对此论述道：

> 盖日报通民隐达民情，且增智慧明义理以伸公论，俾蒙蔽欺饰之习一洗而空，西人尝谙日报议论正、得失著、而褒贬严。论政者之有所讥刺，与柄政者之有所申辩，是非众著隐暗胥彰，一切不法之徒不敢肆行无忌，势若三千毛瑟。然利害相因，善者有如是之利；不善者颠倒是非，莠民乱政亦有如是之害。余已详载于《盛世危言》，今我国各埠报馆日多，主持笔政立论公平一准春秋笔削之义，而足为社会之圭臬者固不乏人，而其中非无斯文败类之徒藉此行诈不遂者，则任意毁谤得人贿赂，曲可为直，虽恶人亦称其善，直反为曲，虽善者亦称其恶，而伤风败俗有害于世诚非浅鲜。余不惜重资，请曾君子安译英国报律一书两年

[①] 夏东元编：《郑观应集》上册，上海人民出版社1982年版，第346页。
[②] 夏东元编：《郑观应集》上册，上海人民出版社1982年版，第350页。

第二章 维新变法时期的媒介批评

蒇事亟呈盛杏荪官保鉴定,饬交南洋译书局校正付梓,以冀政府采择施行,俾维持风化崇正黜邪,聊尽棉力挽世之心而已。①

郑观应这番话显然不是无的放矢的空洞议论,而是针对"今我国各埠报馆日多,主持笔政立论公平一准春秋笔削之义,而足为社会之圭臬者固不乏人,而其中非无斯文败类之徒藉此行诈不遂者,则任意毁谤得人贿赂,曲可为直,虽恶人亦称其善,直反为曲,虽善者亦称其恶,而伤风败俗有害于世诚非浅鲜"的传播现实。新闻传播与其他社会职业一样,其从业人员亦良莠不齐,借报业话语权以谋私利者,在各个时代几乎都大有人在,因此,郑观应在民间报业初兴之际发此言论,确实是见微知著,慧眼独具。

郑观应在《盛世危言》增订新编凡例中说:"书中专纪时务。凡中西利病情形,或得自阅历中来,或闻自中外友朋,或辑自近人论说。随手笔录,不暇修琢词句,故文气未能一律。惟求有益于国计民生,无论士农工商之言,悉为胪取编入,以备当道采择施行。"② 由此可见,他的《日报》上、下篇宏观指向的是新闻传播事业中所存在的某种"病"态。指出新闻传播的"病"态就是一种较标准意义上的媒介批评活动。如果仅从新闻观念的历史生发和提出角度看,将郑观应《日报》上、下篇中所表述的新闻理念放到 19 世纪 90 年代的时代大背景下,其思想创新价值可能已经并不十分突出了。因为对报刊有益观点的强调,早在 19 世纪 70 年代就已经由《申报》主笔们、王韬等人多次提出并予以宣扬,但是若从一种观念的提出到观念变为实际,可能需要从漫长历史过程的角度看,再如果考虑到中国直到 1898 年戊戌变法之际,新闻媒体才拥有了存世的政治合法性的实际情况,则郑观应的有关论述就仍然具有为近代新闻媒体的发展开疆拓土的实践价值,并因此而获得媒介批评的理论意义。

第二节 何启、胡礼垣的媒介批评

何启、胡礼垣是中国 19 世纪八九十年代具有鲜明特色的资产阶级政论

---

① 夏东元编:《郑观应集》下册,上海人民出版社 1988 年版,第 406—407 页。
② 夏东元编:《郑观应集》上册,上海人民出版社 1982 年版,第 237 页。

家。他们二人都长期生活在香港等地，接受过较为全面完整的西方资本主义文化教育和熏陶，比起大部分时间居住在中国内地的一般改良派来，西方资产阶级民主思想在他们身上的烙印更深。他们在中国近代政治思想史上，"最早宣传'公平'思想，最早比较系统地宣传社会契约论和天赋人权论，最早把民主思想扩大运用于反对民族压迫的民族主义。他们毫不掩饰地提出了资产阶级的权力要求，公开、系统地回击了封建专制主义对民权思想的反扑"。① 他们在政治上倡导效法西方，进行根本改革，主张向西方国家学习先进的科学技术，使中国尽快摆脱贫穷落后的状态。虽然在他们的思想中，还存在对中国传统文化的优秀成分认识不足、对西方资本主义文化弊端和缺陷也未能给予充分揭示与批判的某些局限，但在1900年以前，他们的政治主张和理论在整体倾向上无疑具有很强的时代批判性与历史进步性，对当时孙中山等人的民主革命思想起了一定的启蒙作用。② 他们在阐释政治主张和思想见解时，报刊因被作为政治制度设计的一部分而被纳入其理论言说的体系之中，从而形成了中国近代媒介批评史上立场和态度都颇具特色的批评话语实践。

何启（1859—1914），字迪之，号沃生，原籍广东省南海县西樵村，1859年3月21日生于香港。其父何福堂（进善）天资聪颖，早年随父闯荡南洋，后入基督教。1845年10月在香港合众堂受封为牧师，成为继梁发之后被按立的基督教第二位华人牧师。何启出生后即由理雅各牧师施行洗礼，成为伦敦传道会道济堂的会友。1872年，何启赴英国留学，先后入阿伯丁大学、林肯法学院攻读医学和法学，1882年返回香港，任律师和医生，并先后办起了雅丽氏医院、香港西医书院。胡礼垣（1847—1916），字荣懋，祖籍广东三水人，1847年出生于买办商人家庭。1857年，胡礼垣随父亲来到香港，接受西式教育，不久进入香港中央书院学习。此前胡礼垣已具备了扎实的中国传统文化素养，这时的西洋文化又为他提供了一个比较和鉴别的对象，"互为参照物的反思、甄别，其结果便是新思想的萌生。从胡礼垣终生所具备的知识结构而言，香港时期的教育，为他铺垫了良好的西学根基，使他初步具备了在东西方文化间漫步的条件"。③ 1870

---

① 熊月之：《中国近代民主思想史》，上海人民出版社1986年版，第173页。
② 参看陈锡祺《孙中山与辛亥革命论集》，中山大学出版社1984年版，第61页。
③ 张礼恒：《何启 胡礼垣评传》，南京大学出版社2005年版，第126页。

第二章　维新变法时期的媒介批评

年，胡礼垣从中央书院毕业，因学业优秀而留校担任中文教师，两年后辞职，一度在王韬所经办的《循环日报》社工作，担任该报翻译，由此与王韬结识并成为至交。1893—1895 年，胡礼垣游历日本，他目睹了明治维新以后日本政治和社会经济的迅速发展，对祖国的落后和清廷的腐败认识更加清晰。

1887 年 1 月，曾出任清朝驻英、法、俄国公使的曾纪泽在英国伦敦《亚洲季刊》发表了一篇著名文章《中国先睡后醒论》。该文在批驳西方的中国"危险"论的同时，指出中国在经受了第一、二次鸦片战争的打击后，已经从所谓的"睡梦"中觉醒，19 世纪 60 年代开始的洋务运动便是明证，引进西方先进科技、大力发展军工生产、兴办事关国计民生的交通运输业、工矿企业，均已表明中国正在改弦易辙，不断调整对内对外政策，以主动适应世界局势的变化。曾纪泽认为目前解救中国于危亡之境的第一步应是近代化的军事建设，并乐观地预测只要沿着业已确定的国策走下去，中国将会成为一个"全备稳固"的国家。[①] 曾文一经发表，立刻在国内外引起了强烈反响，法文版、德文版以及香港、天津、上海等地的西方报纸，争相转载，传诵一时。胡礼垣对曾文宣扬的先军事、后政治的理念不以为然，考虑到曾纪泽的名人效应，一旦任其散布，势必会引起思想界的混乱。正当胡礼垣决意撰文批驳以正视听时，何启带着他刚写完的英文稿登门拜访。原来，何启在阅读了曾纪泽的文章后亦深感其谬，遂用英文撰写了《中国之睡与醒——与曾侯商榷》的反驳文章，全面地驳斥了曾纪泽以发展军事业为主的观点，认为徒有军事业的发展，并不能将中国带入一个富强、文明的境地，根本的问题是进行政治制度改良。该文在《德臣西报》上发表后，何启考虑到中国人中懂英语的毕竟是少数，所以又欲译为中文发表，以便让更多中国人了解自己的观点，但他自感国学基础较差，欲寻求胡礼垣的帮助。胡礼垣是何启在中央书院时的旧识，当时胡礼垣留校任教，何启是该校学生。胡礼垣阅读之后，不禁拍案叫绝，连声称赞，高兴地接受了何启的邀请。胡礼垣将此文修改、翻译之后，共同署名以《中国先睡后醒论书后》（又名《曾论书后》）发表，在中国思想界掀起了一场轩然大波。从此，何启、胡礼垣两位性格和社会地位不同但思想相通的人走到了一起，后来又合作撰写了《新政论议》《新政始基》《康说

---

① 张礼恒：《何启　胡礼垣评传》，南京大学出版社 2005 年版，第 57—58 页。

书后》《新政安行》《劝学篇书后》《新政变通》等政论文章,并于1900年春与总序二篇汇编为《新政真诠》一书在香港出版发行。其中,多有对报刊及有关观念进行批评的文字。

一

甲午战争是中国思想界的一个分水岭,它标志着一个时代的结束。此前,中国主流思想皆把"中学为体、西学为用"当成救亡图存的灵丹妙药,将引进西方的坚船利炮视为中国走向富强的捷径。甲午战争如当头棒喝,彻底击碎了中国人不切实际的美妙幻想。何启、胡礼垣的《新政论议》一文,完成写作于1895年4月,① 正是甲午战争结束之际。这是两人第二次合作撰写政论文章。他们二人一生中基本上都没有从事过新闻工作,但他们对报刊有着自己独到的观察和思考。作为维新思想家,他们是从中国政治改革的宏观角度认识和理解报刊的功能与地位。② 与同时代其他维新思想家相比,何启、胡礼垣对中国社会改革的思考具有很强的整体性特点。他们在《新政论议》一文中提出的改革主张一共有16条,涉及政治、军事、经济、教育、司法、新闻等诸多方面,特别是将"宏日报以广言路"作为政治改革的措施之一,进行了充分的论述。为了引起人们的思考,作者使用了"何以言宏日报以广言路也"的设问修辞手法,从如下几个方面进行层层推理论证兴办日报的理由。

首先,日报可以增广见闻,有助于培养人才。作者指出:"人之才识得诸见闻,若闭其见闻,则与塞其灵明无以异。"何以如此呢?因为人的见闻是人思维的材料和来源,"盖见闻不广,则思虑不长,思虑不长,则谋猷必隘"。思维的有无和思维质量的高低,是人能力的重要方面。"以无思虑之人,而与有思虑之人较,则有思虑者胜矣;以思虑短之人,而与思虑长之人较,则思虑长者胜矣。"这是一个显而易见的道理。"而思虑俱从见闻而生,见闻多由日报而出。夫古典虽多,不合当今之务,旧闻莫罄,难为用世之资。"日报的新闻报道有助于当今人才的培养和成长,所以才

---

① 参见张礼恒《何启 胡礼垣评传》,南京大学出版社2005年版,第148页。
② 徐新平:《宏日报以广言路——何启、胡礼垣的新闻思想》,《湖南师范大学社会科学学报》2010年第2期。

说："欲长人之见闻，以生人之思虑，而使事则善益加善，物则精益求精者，莫如宏开日报也"。①作者在论证过程中使用了递进、反推、顶针等多种修辞手法，步步推进，论证绵密，从而使"莫如宏开日报"的结论具有很强的说服力。

其次，广设日报对社会各个领域都有很大益处："日报之设，上则裨于军国，下则益于编氓，如一乡一邑，凡议政局员条议各节，极之会议时诸员之形容举动，皆列于报内，评其得失，而民隐无不通矣。一案一讼，凡两造状师所辨事情，以及判断时陪员之可否如何，皆登诸报中，记其精详，而民心无不惬也。"②日报不仅可以让人们及时了解政治、司法领域的各种情状和进展，而且如同社会的一面巨大镜子，毫厘不爽地将生活的各个方面都映照在人们面前：

> 若夫官家之颦笑，京国之传闻，各国之约章，战守之时务，物价之行情，市道之旺弱，股份之价值，店铺之张歇，田宅之买卖，创举之节略，生意之授受，学校之抡材，船艘之往来，铁路之接续，邮寄之便捷，百工之处所，行客之姓名，官员之迁调，货物之出入，关税之征收，都邑之公项，司事之人员，医道之善法，药物之灵异，矿物之奇赢，格致之日进，植物之丰歉，杂技之优劣，人才之选举，陪员之轮值，地方之灾祥，生死之报章，婚姻之纪事，案牍之消长，军政之筹划，公务之兴作，工作之需人，外国之时事，异邦之习尚，海外之奇谈，天气之寒暑，风时之休咎，善士之品题，奇人之传记，书说之新出，凡有益于民生日用性命身心者，闻则无不录，录则无不详；虽极之高人之单词只字，愚妄之一行一藏，足以寓劝惩，使兴感者无不罗而布之，发而明之，阅者快焉足焉，而征信质疑，莫善于此。③

作者采用排比方法，一口气罗列了几十个新闻报道领域，不仅语气如高山坠石，有效地加强了语势，极大地加强了文章的节奏感，而且使文章

---

① 郑大华点校：《新政真诠——何启　胡礼垣集》，辽宁人民出版社 1994 年版，第 145 页。
② 郑大华点校：《新政真诠——何启　胡礼垣集》，辽宁人民出版社 1994 年版，第 145 页。
③ 郑大华点校：《新政真诠——何启　胡礼垣集》，辽宁人民出版社 1994 年版，第 145—146 页。

的条理性得到突出，表达的感情更为峻急强烈。

作者为了加强观点的说服力，在上面论证的基础上，接着介绍英、法两个世界强国日报的情况，"英国之议政者，必以日报为众好众恶所在，而多所折衷；法国之从政者，则以日报为教官教吏之文，而不敢违背；盖为此耳。若夫医学则另设一报，化学则另设一报，电学则另设一报，军装战舰等无不另设一报。不惟详言其事，而且细绘其图，此又利世利民，而欲与天下共趋于上者也。夫日报逐日阅之殊不费时，随事求之必有所获"。① 然后作者笔锋一转，将此与中国的现状进行对比，"中国惟泥守古法，故此中利益无自而开，即民情亦不能上达，告谕亦不得周知"。② 从而见出没有日报的危害，从正、反两个方面说明："若日报一行，则民之识见必加数倍，民之志量必高数筹；以此愈进愈深，愈求愈上，吾知其必无止境也。"③ 最后，作者给出了"宏日报以广言论"的具体办法：

  自今新政既行，亦令国中各省、各府、各州、各县俱设日报馆，凡为主笔者必须明于外国之事，达于公法之情，地方有公事如议员会议、陪员审案之类，则派访事人员亲至其处，秉笔作记，录其端详，至各省及都会之地，其日报馆每日所出新闻，必一纸邮寄京师，主上批览；其有志切民事，不惮指陈，持论公平，言底可绩，天子则赐以扁额以旌直言。如是而国势之隆，蒸然日上矣。④

这样的论述不仅具有十分强烈的现实批判性，而且还具有一定的建设性，并且将之与"国势之隆，蒸然日上"的美好前景连接，给人以无限的希望，从而使"宏日报以广言路"的观点更容易被人们接受，获得社会各界的共鸣。

二

虽然在戊戌变法期间，光绪皇帝发布上谕："着津、沪、鄂、粤，凡

---

① 郑大华点校：《新政真诠——何启　胡礼垣集》，辽宁人民出版社1994年版，第146页。
② 郑大华点校：《新政真诠——何启　胡礼垣集》，辽宁人民出版社1994年版，第146页。
③ 郑大华点校：《新政真诠——何启　胡礼垣集》，辽宁人民出版社1994年版，第147页。
④ 郑大华点校：《新政真诠——何启　胡礼垣集》，辽宁人民出版社1994年版，第147页。

有报章,各地督抚咨送当地报纸于都察院及大学堂,许其实言,不必忌讳"。① 日报一时间获得了存在的政治合法性。但是,戊戌变法如昙花一现,9月21日,慈禧临朝,幽囚光绪,变法失败。1898年10月9日,慈禧发布谕令,查禁全国报馆,严拿主笔。维新变法时期一度如雨后春笋一般蓬勃发展的报刊,转瞬间如风吹落叶,余片无存。中国思想界重新陷入了一片肃杀的白色恐怖之中。不仅官方禁止办报,社会上也流传着诸多似是而非、有碍办报的糊涂观点。为了廓清思想迷雾,1898年冬天,离戊戌变法失败仅过去3个月的时间,何启、胡礼垣又合作撰写了《新政安行》一文,阐述对中国进行政治改革的设计蓝图。他们在该文中,直接或间接地批驳了当时各种流行的错误观点,再次申论报刊的重要性。

在《新政安行》一文中,作者在论及日报地位和作用时,开宗明义地指称日报在西方国家中是一种制度性设置,在信息沟通方面,没有比日报更有效的方式了,正是日报发挥了信息的传播功能,才把国家导向了进步和光明之境,使"泰西文治之法,最盛莫如日报,有一城百数十家,一家数十万里纸者,思虑辟,闻见周,上德宣,下情达,无以过此。是故士阅之而文艺愈进,农阅之而田功愈多,工阅之而技巧愈神,商阅之而贸迁愈盛,寰球时事如亲见之,世界光明,民心知向,靡不由来"。② 如此,日报对于统治者的社会治理,具有莫大的积极和帮助作用,欢迎唯恐不及,当然没有禁止的理由。但是,清廷统治者的作为却偏偏与世界大势背道而驰,逆历史潮流而动,疯狂查禁日报。何以如此呢?何启、胡礼垣愤怒地分析说:"然而禁之者则以为毁谤时政,摇动人心,类讪上之下流,比横议之处士,而不知其大谬不然也。"③ 害怕人们议论,只能反证统治者的无道。古语有云,天下有道,则庶民不议。因为即便想议论,也无可非议之事。高明的统治者明乎此道,不然的话,古代的进善之鼓、敢谏之旌,又因什么会设立呢?孔子论国运兴衰的根由时,曾告诫国君要能听得进逆耳之言。孟子规劝人们要勇于改正错误,内心忧困,思想阻塞,然后才能奋起;心绪显露在脸色上,表达在声音中,然后才能被人了解。孔、孟先贤

---

① 转引自汤志钧《戊戌变法史》,人民出版社1984年版,第380页。
② 郑大华点校:《新政真诠——何启 胡礼垣集》,辽宁人民出版社1994年版,第311—312页。
③ 郑大华点校:《新政真诠——何启 胡礼垣集》,辽宁人民出版社1994年版,第312页。

的格言和教诲，是世事洞明后的经验总结和规律概括，如果你真地接受了他们的教导，就应该把它作为处事的法则，去切实地践履它，而不是仅仅说说而已。如果你真的这样做了，"则未有不尊崇日报者也"。① 人们常说日报起始于西方国家，何启、胡礼垣批驳说：这是一种错误之见。他们认为日报的本质其实就是中国古代的《春秋》之法：

> 人知日报始于泰西，而不知其始于中国，且始于中国之孔孟。周末，教化凌迟，王纲不振，礼乐征伐自诸侯出。故孔子惧而作《春秋》。战国之世，邪说暴行，充塞仁义，故孟子惧而明《春秋》。《春秋》之法行中国，今日必为天下各国之长。惜经秦火，左氏晚出，公羊穀梁不明其理，何休董子臆见互参，阴阳五行灾祥妖说，谬妄附会，不可弹纪，宋儒寡识，益张其帜，遂令天经地义不克见于中华，置一国于漆室之幽，坐亿兆以涂炭之辱。斯文将丧垂二千余年，正幸外洋日报之行，足以继《春秋》之志而大明之，将欲开平康正直之风，而成去杀胜残之治者，端赖乎是，独奈何而反欲禁之也？
>
> 《春秋》盖各国之简书，但其时文教未昌，不能如今时之日报偏行民间。夫实事所在，民既不知，则或有流为稷下谈天者矣，或有流为齐东野语者矣，以讹传讹，人心必至于诬惑，故修明其事，以行诸世，存是非之正而得毁誉之真，发潜德之光而夺凶人之魄，明人伦之至而挽世风之颓，严情欲之防而复性理之善也。今外国定好恶，卜人心，在上者不敢倒行逆施，在下者不敢作奸犯法，皆日报之功，即《春秋》之法也。②

不仅如此，日报的社会教化与《春秋》也是同源一体，别无二致："惟著明其事，则虽不言其善恶，而人亦知善恶之别矣。此《春秋》之志也，即日报之体也。"③ 日报对于国家治理尤其具有重大的作用：

> 日报出，而世未能无亡国，然人莫不知其为亡国而思欲振兴之

---
① 郑大华点校：《新政真诠——何启　胡礼垣集》，辽宁人民出版社1994年版，第312页。
② 郑大华点校：《新政真诠——何启　胡礼垣集》，辽宁人民出版社1994年版，第312页。
③ 郑大华点校：《新政真诠——何启　胡礼垣集》，辽宁人民出版社1994年版，第313页。

也。虽然惧人贱之而不敢为淫奔,惧人诛之而不敢为弑逆,惧人灭其国而不敢为苛政,此有形之法也,三尺是也。惧己自贱而不敢有淫奔,惧己自诛而不敢为弑逆,惧己自灭而不敢为苛政,此无形之法也,寸心是也。以铜为鉴可整衣冠,以古为鉴可知兴替,以日报为鉴既可知本国行政之得失,亦可知外邦举动之情形,其德克明未有善于此者。视各大吏之条陈,都察院之奏事,必无此清切也。盖进言者苟有顾忌,言必不真,苟有希求,言必不切。日报无顾忌也,无希求也,其有所顾忌者,乃恐人之议其不能真详也,其有所希求者,乃欲人之尝其都能切直也。视所以而察由来,是日报之设大足为国家之用也。汉庭贤吏惟汲黯为社稷之臣,南渡诸臣惟李纲为金人所畏,顾安得汲黯、李纲时时为吾耳提而面命也?而乃得之于日报诸家。①

何启、胡礼垣将日报看作现实生活的一面镜子,统治者从中可以察知行政得失,获悉外国情形。此确是真知灼见,道出了日报之于社会治理的本质,但他们将日报推举为事关国家兴亡的枢纽,有关论述不免有些夸大之嫌。他们认为日报源于中国,甚至认为古之《春秋》就等同于现代的日报,也并不完全符合实际。但他以古喻今,以外比中的批评方法,对报刊社会价值的阐发在逻辑上则甚为鲜明而有力。

何启、胡礼垣更是对诬蔑报人为"斯文败类"之说迎头痛击:

然则日报者邦家之光,方当旌赏之不暇,何可目为斯文败类而概行禁绝也哉?今外国之兴衰强弱无不视报馆之多寡以为定程,盖凡为国民既气盛而言宜则为之,国家必迩安而远服;若民既敢怒而不敢言,则其国家将由危而即于丧。昔秦隋讳盗,皆亡于盗;南诏之败,唐明皇尚以为胜;襄阳之危,宋度宗犹以为安;无日报之故也。春秋重于孔孟而日报不克盛于中华,是亦未能平理近情顺道公量而已。②

历史是一面最好的镜子,讳盗、讳败、讳危,如同鸵鸟一般,不敢直面现实,最后只能落得一个家败国亡、为天下笑的可悲下场!

---

① 郑大华点校:《新政真诠——何启 胡礼垣集》,辽宁人民出版社1994年版,第314页。
② 郑大华点校:《新政真诠——何启 胡礼垣集》,辽宁人民出版社1994年版,第314页。

三

何启、胡礼垣虽然认为"日报之设，为利无穷"①，但同时也认为这种"利"的实现其实有着一定的先决条件。这个先决条件就是报馆对言论权、采访权的掌握。"必其主笔者、采访者有放言之权，得直书己见，方于军国政事风俗人心有所裨益。"② 如果唯诺由人，浮沉从俗，那么势必就会遇到官府旷职则隐而不言，遇见小民含冤则忍而不发，哪里还谈得上什么春秋之笔、南董之风呢？何启、胡礼垣认为只有"言必能直，于日报方为称职。言而不直，于日报则为失职也"。③ 这样的报纸才是真正履行了自己的天职，于社会发展才是真有益处。为什么中国创有日报已经很有些年头了，却并没有收获应有的利益呢？他们认为这就是秉笔之人不敢直言而造成的结果。而秉笔者不敢直言则是因为政治环境的恶劣，没有给新闻媒体充分的言论空间，致使其动辄得咎，举步维艰：

> 今有于官司之不题而偶一及之者，则其报馆必致查封，其主笔必被拘系，不问其事之真与伪也。今有于官门之受赃而涉笔言之者，则主稿者祸不旋踵，司报者灾必及身，不问其情之虚与实也。是故不知忌讳者不可以为日报，不识情面者不可以为日报。知忌讳识情面而不肯阿谀奉承地方有司者仍不可以为日报。于是华人之为日报馆，不敢自标其名，反借洋人之名以求保护。其受制也若此，尚能望其有益于实事哉？④

何启、胡礼垣将此局面的改变寄希望于"新政"的实行，认为如果施行新政，则事事整顿，社会政治环境必将在整体上焕然一新，那么阻碍日报发挥职能的外在客观因素，也就将自然而然地消除了。显然，何启、胡礼垣把新政实施的前景未免想象得过于乐观了。

---

① 郑大华点校：《新政真诠——何启 胡礼垣集》，辽宁人民出版社1994年版，第177页。
② 郑大华点校：《新政真诠——何启 胡礼垣集》，辽宁人民出版社1994年版，第314页。
③ 郑大华点校：《新政真诠——何启 胡礼垣集》，辽宁人民出版社1994年版，第177页。
④ 郑大华点校：《新政真诠——何启 胡礼垣集》，辽宁人民出版社1994年版，第177—178页。

第二章 维新变法时期的媒介批评

何启、胡礼垣在维新变法前后的政论文章中,针对性最强、最具有媒介批评意义的是对张之洞《劝学篇》中有关报刊论述的批驳。

张之洞是晚清中枢重臣,早年是清流派的首领,晚年为洋务派的主要代表人物,素以儒臣名世,政绩斐然,① 在晚清政坛举足轻重。《劝学篇》刊行于1898年,是张之洞精心结撰集中阐释其政治文化思想的一部重要著作,全书24章,分内、外两篇。"内篇务本,以正人心;外篇务通,以开风气。"② 张之洞在书中提出了中学为内学,西学为外学,以中学治身心、西学应世事的观点,主张先明内学,然后择西学以用之,是当时宣扬中体西用洋务思想的代表之作。《劝学篇》得到了光绪皇帝的肯定和褒奖,认为其"持论平正通达,于学术人心大有裨益"。③ 1898年7月25日,清廷特地将《劝学篇》颁发给各省督、抚和学政各一部,令其广为刊布,因而该书挟朝廷之力而行,不胫而遍于海内。在甲午之后数年的社会维新思潮中,张之洞不时"有趋时之言,与泰西法貌相似",④ 而一度呈现某种改革支持者的姿态,以故被一些人援引为维新变法的同道。也正因如此,《劝学篇》颁布以后,其"空口高谈变法,提出一些枝节主张而根本反对具有迫切意义的当前变法问题的主要关键——开议院和改革政治法律制度(参看《劝学篇内篇·正权第六》),也尽量避免涉及当前具体的实际要求(如裁厘金、加关税等)"⑤ 的真实嘴脸,更令维新变法人士愤怒不已。何启、胡礼垣特地撰写了《〈劝学篇〉书后》一文,详尽地逐篇予以驳斥,淋漓痛快地揭露了他的统治阶级顽固派的立场本质。

张之洞在《劝学篇》中,将"阅报"置于"译书"之后,作为"务通"的一项内容加以论述,认为阅读报刊可以为"学问之一助",一定程度上承认了报刊存在的合理性。应该说张之洞的观点,比一些顽固派显得开明。张之洞还认为,中国积弊甚多,但我们对中国社会中的很多弊端可能习焉不察,因此,对来自外部的批评意见不妨虚心倾听,所以他并不赞成那些在外国报刊上见到诋訾中国的文字就怫然大怒的态度:"近人阅洋报者,见其诋訾中国不留余地,比之醉人,比之朽物,议分裂,议争先,

---

① 冯天瑜、何晓明:《张之洞评传》,南京大学出版社1991年版,第214页。
② (清)张之洞:《劝学篇》,华夏出版社2002年版,第1页。
③ 转引自李泽厚《中国近代思想史论》,人民出版社1979年版,第77页。
④ 转引自李泽厚《中国近代思想史论》,人民出版社1979年版,第78页。
⑤ 李泽厚:《中国近代思想史论》,人民出版社1979年版,第77—78页。

类无不怫然怒者，吾谓此何足怒耶？勤攻吾阙者，诸葛之所求；讳疾灭身者，周子之所痛。古云士有诤友，今虽云国有诤邻，不亦可乎？"① 将别人的非议毁谤，视为一种诤言，这种态度从某种角度看也未尝不可，甚至是一种有涵养的表现，但这种说法从另一种角度看，又可能是模糊了直言规劝与恶意诋譬的本质差别。如果面对恶意妖魔化的非议毁谤，尤其是面对那些隐藏着侵略图谋，或为侵略政策辩护的恶意之言，也只能忍辱含垢，自我检讨，而不能或不敢愤而批驳，那么无异于是一种失去民族和国家尊严的懦夫之举。何启、胡礼垣就此撰写了《阅报篇辩》进行驳斥道：

> 中国之弊政，虽在平民亦多知之，在官者岂有不知之理？无如或则知而不言，如王安石之吝于改过；或则知而故犯，如武三思之笑骂由人；或且变羞成怒，如秦赵高之偶语弃市。此中国日报馆虽设，而非借洋人之保护，断不敢效直言敢谏之风也。西人诋譬中国，比之醉人，比之朽物，在盱衡当世者闻之，犹不过太息长叹，姑付之于无可如何，若其分裂争先之议，则未有不闻而发指者。乃《阅报》篇竟谓此不足怒，云云，初读之，以为其必有法以处此也，既而淡焉，既而寂焉，未几而封禁报馆之令且下矣。然后知吝于改过，笑骂由人，以及偶语弃市之风于今为烈也。②

何启、胡礼垣认为，张之洞的论调其实是揣着明白装糊涂，其实质是回避变法，没有真正地从制度层面去认识报刊的重要性。他们主张当局应该鼓励和扶持新闻媒体："其有志切民事，不惮指陈，持论公平，言底可绩，天子则赐以匾额以旌直言。"③ 而不是动辄就封闭报馆捕杀报人。

何启、胡礼垣《新政真诠》中媒介批评的文字写作于1887—1900年，主要作于1895年之后的维新运动高潮之际。无论在时间上，还是在思想认识的高度上，他们显然超越了活跃于1860—1895年的早期改良派，某些见解甚至并不亚于当时的维新派康、梁等人，在当时也产生了很大的影响。如他们在《新政论议》中"宏日报以广言路"的论述，就

---

① （清）张之洞：《劝学篇》，华夏出版社2002年版，第48页。
② 郑大华点校：《新政真诠——何启 胡礼垣集》，辽宁人民出版社1994年版，第387页。
③ 郑大华点校：《新政真诠——何启 胡礼垣集》，辽宁人民出版社1994年版，第147页。

基本上被郑观应借鉴、吸收到《盛世危言》"日报下"的论述中。中国现代著名政治学家萧公权先生曾比较康有为、张之洞与何启、胡礼垣的"体用观"道:"康长素言变法,以改制托古为根据。张香涛言变法,立中体西用之原则。何、胡立言虽时引中籍以相印证,而其宗旨实在于采取西洋民权思想以彻底改革中国之政治,与康、张等留恋专制与依傍古学者,其态度根本不同。二氏盖深有动于西洋政教文物之盛,故不顾非难,昌言群经之义今日无可宗尚,以破旧党及康、张等之尊孔主张。"① 何启、胡礼垣在《〈劝学篇〉书后》序中,交代该文写作体例和动机道:"初仅欲将其正权一首为书后以辩。继而思之,本不立者道不生,体不明者用无济,故取其全书,每首要节略为折辩,而置正权一篇于末,而节节辩之,一语无遗,以明其弊端实由于此。所以然者,深恐似此之说出自大吏,不难如曾侯中国已醒之论,又害我中国十年也。"② 由此可见,他们关于报刊的论述,确是在明确"折辩"意识主导下具有强烈针对性的一种媒介批评行为。

第三节　康有为的媒介批评

　　每一个历史阶段都有各自时代的英雄人物,历史的发展总是要把一些人推到社会表演的前台,使他们成为与某一事件不能分开的代表人物。康有为无疑就是晚清时代风云中极其夺目的一位英雄。康有为(1858—1927),字广厦,号长素,广东省南海人,出生于一个诗书继世的官僚地主家庭,从小受到严格的封建正统教育和文化熏陶。11 岁时,在其祖父的官舍里,康有为开始接触邸报,从中获悉一些朝政信息。1879 年,他从朋友处获得了《西国近事汇编》《环游地球新录》等西书译本,遂起意赴香港一游。他在香港看到了英人治理之下的城市面貌,其工商业的兴盛和交通运输业的发达,给他留下了深刻印象,"乃始知西人治国有法度,不得以古旧之夷狄视之",③ 意识到西方资本主义制度优越于古老腐朽的封建制度,进而产生了对西方的向往。1882 年,乘赴京应试后返粤、途经上海之

---

　　① 萧公权:《中国政治思想史》(三),辽宁教育出版社 1998 年版,第 743 页。
　　② 郑大华点校:《新政真诠——何启　胡礼垣集》,辽宁人民出版社 1994 年版,第 336 页。
　　③ 康有为:《康南海自编年谱》,《戊戌变法》(4),神州国光社 1953 年版,第 115 页。

机,特意到十里洋场转了一圈,见其宫室桥梁道路之整,巡役狱囚之肃,舟车器艺之精,而我首善之区一切乃与相反,"益知西人治术之有本"①,于是大购江南制造总局的西书满载而归,并订购了一份《万国公报》,回乡后大讲西学。1888年,康有为再赴北京应试,结果又一次铩羽而归。面对列强侵逼、河山沦敌的危局,他借机上书皇帝请求变法,受阻未达。1895年在京应试期间,得知《马关条约》签订,他联合1300多名举人"公车上书",强烈反对割让台湾,力陈战守之方,名震京师。不久,康有为中了进士,被授予工部主事,他以此身份接连上书,提出变陈法以图自强、设议院以通下情等一系列维新主张。在1898年的戊戌维新高潮之中,康有为策动光绪帝实行变法。变法失败后,他逃往日本,自称持有光绪帝的衣带密诏,组织保皇会,鼓吹君主立宪。辛亥革命后,作为保皇党首,康有为反对共和制,始终宣称忠于清朝,1927年病逝于青岛。在鼓吹和推动维新变法的活动中,康有为非常重视报刊的宣传和组织作用,把办报作为维新的一项重要内容予以实施。他的办报实践及其有关媒介功能的论述,成为维新变法时期我国媒介批评活动的一种重要的思想和动力来源。

一

1895年5月2日,康有为在《上清帝第二书》(即"公车上书")中,即对新闻媒体的信息沟通功能进行了概括性论述:

> 《周官》"诵方"、"训方",皆考四方之慝,《诗》之《国风》、《小雅》,欲知民俗之情。近开报馆,名曰新闻,政俗备存,文学兼存,小之可观物价,琐之可见土风。清议时存,等于乡校,见闻日辟,可通时务。外国农业、商学、天文、地质、教会、政律、格致、武备,各有专门,以为新报,尤足以开拓心思,发越聪明,与铁路开通,实相表里,宜纵民开设,并加奖励,庶裨政教。②

---

① 康有为:《康南海自编年谱》,《戊戌变法》(4),神州国光社1953年版,第116页。
② 姜义华、张荣华编校:《康有为全集》第二集,中国人民大学出版社2007年版,第42—43页。

第二章 维新变法时期的媒介批评

这是康有为第一次公开发表的办报主张，他从古代曾经具有的陈诗采风之俗为新闻媒体寻找存在合法性的历史根据，认为新闻媒体是了解社会各方面情形的重要渠道。相对比较高明而深刻的是，他把铁路、报刊并置等观，指出二者本质上具有某种相同、相通之处，都具有社会不可或缺的"交通"功能，可谓互相表里之物，建议当局通过奖赏和劝进的方式鼓励民间开设，这样将对政治教化大有裨益。在1895年6月30日的《上清帝第四书》中，康有为又将"设报达聪"作为"自强"的五项措施提了出来，其文曰：

> 《周官》"训方"、"诵方"，掌诵方慝、文志，庶周知天下，意美法良，宜令直省要郡各开报馆，州、县、乡、镇亦令续开，日月进呈，并备数十副本发各衙门公览。虽乡校或非，宵旰寡暇，而民隐咸达，官慝皆知。中国百弊，皆由蔽隔，解蔽之方，莫良于是。至外国新报，能言国政，今日要事，在知敌情，通使各国著名佳报咸宜购取，其最著而有用者，莫若英之《太晤士》，美之《滴森》，令总署派人每日译其政艺，以备乙览，并多印副本，随邸报同发，俾百寮咸通悉敌情，皇上可周知四海。①

在前述的基础上，对报刊明确地作出了"意美法良"的极高评价。关于报刊的创办措施也更为具体，不仅要在直省要郡开设报馆，而且要开设到乡镇一级，实现能覆盖全国各地各级的报刊网络，将报刊定位为解除"蔽隔"的最良之方。不仅要通过大办报刊去了解国内的社情民意，而且要积极主动地购取、翻译外国报刊，印行后随同邸报一同传发，从而使皇上与文武百官能够知悉敌国情形，随时掌握世界大势。康有为不仅广泛地阅读外国报刊，而且认为"英之《太晤士》，美之《滴森》"是其中的"最著而有效"的"佳报"。显而易见，他不仅阅读了外国报刊，而且在阅读过程中有所比较，所以才会得出如上的判断。

1897年5月完稿、1898年春由上海大同译书局刊印发行的《日本书目志》，是康有为的代表作之一。该书15卷，由自序、总目、分卷目录和正

---

① 姜义华、张荣华编校：《康有为全集》第二集，中国人民大学出版社2007年版，第86—87页。

文组成。小类之后，一般均有康有为撰写的、文字长短不等的评介性按语："《日本书目志》每类后的评语，政治性远大于学术性，也从一个侧面说明该书是康氏鼓吹维新变法的政治工具。"① 也就是说，康有为主要是借他人酒杯，浇自己块垒，发抒自己对某一问题的看法。其中有一段就日报的丛报书目而及对新闻起源问题的议论文字：

> 太师辖轩采风以知国政，吾中国固有报馆哉！特古者谓之为风，今者谓之报耳。风者，讽也，谓其言相讽告，如风之周遍也。特古者以有韵之文，今者以无韵之笔耳。如《清庙》、《载见》、《鸳鸯》、《瞻卬》，皆官门抄也。《车攻》、《采薇》、《六月》、《江汉》，纪田猎征伐也。《正月》、《旻天》，忧时事也。《谷风》、《氓蚩》、《新台》、《桑中》，纪民俗琐案也。《七月》、《载芟》，陈务农也。杂沓繁博，皆与今报体相同。古者万国是有万报馆也，诵《诗》闻国政，王者所以坐一室而知天下，以有万馆采风之故也。后世杜少陵之诗史，白居易之乐府，亦庶几知报馆之义哉！泰西之强也，在开民智也。开民智之故，在报馆也。日人知之。大学诸士，固有报矣。至于农工商局，皆有报焉。巡边有报矣，小至微粒子之病，有专报焉。至茶、桑、糖、茧、织、漆、绵、瓷之物，莫不有会，会莫不有报。夫无会无报者，谓之闭。一人独学，虽有敏慧之资，终为寡陋矣。有会有报者，合亿万人之心灵以为我灵，合亿万人之知能以为我能。日日知新，日日摩厉，故民日以益智也。日本之强，盖在报馆。②

与此前康有为关于日报的论述一样，这段文字重点仍在说明报馆是"中国固有"，为新闻媒体的存在寻找合法性根据。在这节论述中，他充分使用了类比论证的修辞方法，把中国古代《诗经》各篇与近代新闻媒体的有关报道进行关联，极力突出两者在"叙事"方面所存在的相同点，从而巧妙地将已经通过孔子背书的《诗经》的合法性类推、映照到近代报刊上去，有力地论证了"泰西之强也，在开民智也。开民智之故，在报馆也"的观点，使近代报刊也获得无可置疑的存在、功能合法性。

---

① 王宝平：《康有为〈日本书目志〉资料来源考》，《文献》2013年第5期。
② 姜义华、张荣华编校：《康有为全集》第三集，中国人民大学出版社2007年版，第411页。

第二章　维新变法时期的媒介批评

在"公车上书"之前，康有为虽然已关注到近代报刊的存在及其功能问题，但基本上仍停留在话语言说方式阶段，以思想和精神生产的方式向社会传播报刊知识，还没有上升到以创办报刊来践行自己报刊理念的实践阶段，直到筹备强学会的时候，创办报刊作为"合群"的需要才现实地被提上议事日程。

二

1895年6月，康有为与梁启超等人在京师商议组织团体，以实际的行动推动维新变法运动。康有为认为，要救国就必须变法自强，要变法自强就必须开通风气、广联人才，而要开通风气、广联人才，就必须组织团体。众人拾柴火焰高，依靠集体的力量去营造运动的浩大声势和规模。他听从梁启超的建议，决定以创办报刊为推动变法运动的抓手。经过一段时间紧锣密鼓的筹备，1895年8月17日，《万国公报》在北京问世了。这是康有为创办的第一家具有近代意义的政论报刊，也是中国资产阶级维新派创办的第一家政论报刊。中国历史上第一次国人办报高潮由此拉开了大幕。1895年10月，由于《万国公报》的言论和京师强学会的筹备活动引起了封建顽固派的注意和忌恨，一些人准备上书弹劾康有为。康有为接获有关消息后，决定暂时走避南方，另辟阵地。1895年11月，康有为到上海，与梁鼎芬、黄遵宪、张謇、汪康年等人，发起成立了上海强学会。康有为起草的《上海强学会章程》规定了强学会的四件要事：译印图书、刊布报纸、开大书藏（图书馆）、开博物院。其中"刊布报纸"一项说：

> 陈文恭公劝士阅邸报以知时务，林文忠公常译《澳门月报》，阅报以觇敌情。近来津、沪各报，取便雅俗，语涉繁芜；官译新闻纸，外间未易购求。今之刊报，专录中国时务，兼译外洋新闻，凡于学术治术有关切要者，巨细毕登，会中事务附焉。其邸抄全分，各处各种中文报纸，各处新事，各人议论，并存钞以广学识，各局互相钞寄。[①]

康有为对津、沪各报作出"语涉繁芜"的批评，表明即将诞生的《强

---

① 姜义华、张荣华编校：《康有为全集》第二集，中国人民大学出版社2007年版，第93页。

学报》，会以政论报刊的干净面貌和姿态、关注学术治术的价值取向卓然屹立于报刊之林，为国人报刊开一新境界和新纪元。1896年1月12日，由康有为的弟子徐勤、何树龄主编的《强学报》在上海问世了。这是上海强学会的言论机关报，其宣传变法维新的政治色彩比北京强学会的《中外纪闻》更鲜明，第1号即刊登了未经公开的廷寄上谕，并加附论，阐述变法的必要性。尤其值得注意的是，在该刊第1号，发表了具有发刊词性质的《开设报馆议》一文，该文发表时虽没有署名，"但寻文绎意，知其出于康有为或康门弟子"，[①] 代表了康有为的媒介观点则应无疑义。因为该文在论述报馆存在和设立的历史渊源时，仍沿袭了《日本书目志》中的思维论证理路，把《诗经》中的某些篇章与新闻报道的某些类型进行类比，只是在论证报纸的政治与社会功能时，进行了更为精练的概括：

> 一，士夫可通中外之故，识见日广，人才日练，是曰广人才；二，公卿耳目渐广，兵事敌情渐熟，办事立约，不至大误，是曰保疆土；三，变法当顺人心，人人以为然，则令若流水，是曰助变法；四，士夫终日从公，余则酬酢，绝无暇日读书，有报则每日一张，各学皆有日日增长，是曰增学问；五，吏畏上闻，不敢作奸，是曰除舞弊；六，小民疾苦，纤悉皆知，是曰达民隐。有此大利，亟应举行。由此推广直省郡县，则天下一家，中国一人，其于风化，为益大矣。[②]

将报纸的作用总结和归纳为广人才、保疆土、助变法、增学问、除舞弊、达民隐等六个方面，其思维的抽象性和概括性，比之前有了较大的提高，特别是从当下现实政治需要的角度出发，突出了报纸保疆土、助变法的功能，使论说的鼓动性得到进一步增强。

康有为创办的第一份近代报刊之所以名为《万国公报》，自然是因为此前广学会所办的同名报刊在清吏中行销有年，有很大影响，新办报刊袭用其名有利推广，其深层次的原因是康有为对该报印象颇佳。对此，广学会的传教士心领神会，甚至很是得意。因此，他们在得知康有为等在北京办起了同名的《万国公报》后的反应是："他们办了一些杂志，甚至也取

[①] 汤志钧：《戊戌变法史》，人民出版社1984年版，第155页。
[②] 《开设报馆议》，《强学报》1896年1月12日第1号。

名为《万国公报》，真是'称赞莫过模仿'。这份杂志看起来就像是完全转载我们在上海出版的文章一样。"① 也就是说，康有为不仅把广学会的《万国公报》作为观察和了解西方世界的一扇窗口，而且将该刊的编办形式作为报刊的一种体式加以模仿。他亲手创办《万国公报》的行为过程，确可以视为一种实践方式的媒介批评。

康有为是一个有战略眼光的政治家和思想家，随着维新运动的开展，他也常常从全国的角度思考媒介的布局问题，以期更好地推动维新变法运动。1897年2月，他在广西桂林与前台湾巡抚唐景崧、大理寺卿岑春煊等人创立圣学会，并创办了《广仁报》。这个圣学会与强学会一样，也是一个政治团体，其办理条规章程也出自康有为之手。他还曾写有《圣学会应办各事》一文，阐述了如下一些报刊编办理念：

一，会中报必须妥定条例，勿与《时务》、《知新》两报有重复之诮。

一，会中报必须征引详博，议论宏通，匪特为粤西劝诫，且将为天下观瞻耳。（原注：此公优为之，所以云然者，公视之太轻，以粤西风气初开，须从浅近入也。湖南学报极佳。）

一，会中报必须条程秩然，若棼乱无纪，则一二报后，读者将议拟言讥谲之，不能行远也。②

他不仅对《湘学报》作出了"极佳"的评价，而且将读者的评价及其对报刊的影响因素也一并加以考虑，显示了一个熟悉报刊运行机制的政治家的睿智卓识。

三

有学者认为："康有为开创了出版管理的先河。"③ 这是因为在百日维新期间，康有为共上奏折63份，除了在许多份奏折中涉及新闻出版问题之外，还有三份关于报刊出版及其管理的专折，它们分别是《请将上海时务

---

① 转引自《出版史料》1990年第1期，《同文书会年报》1895年第八次。
② 转引自孙文铄《康有为》，见《新闻界人物》（6），新华出版社1985年版，第18页。
③ 戢斗勇：《康有为对编辑出版事业的贡献》，《编辑学刊》2002年第2期。

报改为官报折》《恭谢天恩条陈办报事宜折》和《请定中国报律片》，以促使最高当局对报刊及其出版的重视。

　　1896年8月9日《时务报》在上海创刊以后，初期梁启超、汪康年、黄遵宪等人尚能各得其所，精诚团结，致使报务蒸蒸日上。随着《时务报》的社会影响越来越大和变法宣传的步步深入扩大，它一方面赢得了广大爱国臣民的热烈欢迎和称许，另一方面也遭到了一些守旧顽固派的嫉视和反对，原本潜隐在报馆内部的思想分歧日趋明显、尖锐。与张之洞关系密切的汪康年不仅在经理、行政方面乾纲独断，而且笔削与压制梁启超文章的发表。日渐激烈的排抑和轻蔑之举令梁启超无法忍受，遂于1897年11月，借去担任湖南时务学堂总教习之职而决然地离开了报馆。《时务报》遂成为汪康年把持的"洋务派的喉舌，而不再是维新派的舆论机关了"。①为了重新夺回《时务报》的领导权，1898年7月17日，康有为代宋伯鲁拟了一道《请将时务报改为官报折》的新政建议。康有为在奏折中陈述了将其改为官报的理由，如下。

　　一是为政之道，贵通不贵塞，贵新不贵陈，而欲求通、求新，则报馆为急务之一。昔日日本明治维新之始，派遣伊藤博文等游历欧美考察，讨论变法先后顺序，而伊藤考察回来后首先就奏请在东京按照西方国家的媒介体例，创办官报。在伊藤的自著笔记中，"乃举西人一切富强之原，皆归功于报馆"。②二是泰西各国都重视报刊，"各国上自君主，中及士大夫，下逮妇女佣匠，无人不阅报，无日不阅报。而其国家政府或举行新政，遇有疑难，辄旁采报馆之言以取决焉"。③所以，泰西各个国家的报馆众多，一纸风行。三是"报馆之益，盖有四端：首列论说，指陈时事，常足以匡政府所不逮，备朝廷之采择，其善一也；胪陈各省利弊，民隐得以上达，其善二也；翻译万国近事，藉鉴敌情，其善三也；或每日一出，或间日一出，或旬日一出，所载皆新政之事，其善四也。"④正因如此，德国的著名宰相俾斯麦才这样说："与其阅奏疏，不如阅报，奏疏多避忌而报皆征实也；与其阅书，不如阅报，书乃陈迹而报皆新事也。"⑤可见，报馆与民智

---

① 方汉奇主编：《中国新闻事业通史》第一卷，中国人民大学出版社1992年版，第571页。
② 姜义华、张荣华编校：《康有为全集》第四集，中国人民大学出版社2007年版，第331页。
③ 姜义华、张荣华编校：《康有为全集》第四集，中国人民大学出版社2007年版，第331页。
④ 姜义华、张荣华编校：《康有为全集》第四集，中国人民大学出版社2007年版，第331页。
⑤ 姜义华、张荣华编校：《康有为全集》第四集，中国人民大学出版社2007年版，第331页。

同国运有着莫大的关系。

在正面一般阐述报馆的重要意义后,康有为又从国家治理、变法维新的角度,力陈报刊的不可或缺:唐虞有明目达聪之典,三代有谤木谏鼓之条;自古创业定难之君,必赖广听兼纳之益。况今万国交通,时局大异,变法之始,条理至繁;虽皇上圣明天亶,然欲坐一室而知四海,舍阅报无由。中外诸臣,半属守旧,不谙外务,无以奉行新政,如果想诱导他们支持和参与变法,亦舍阅报无由。至于各省学堂生徒,是为了培养将来的有用之才,尤必以周知四国为当务之急,则阅读报刊的重要更是自不待言了。但是,唯中国前此一统,闭关不讲外事,故只有邸抄,奉扬纶音,记载奏牍,而其他未之及。虽然在乙未以后,办起了《官书局汇报》,但是没有能够采用西方的媒介体例,不仅多所忌讳,没有论说,而且在翻译西方报纸时,率多删节,平淡无奇,似乎还不足以启沃圣听,发扬耳目。比之各国官报规模相去甚远,无法达到崇国体、广民智的办报目的和作用。

在康有为看来,一言以蔽之:欧、美、日各国皆有官报,报纸与国运民智相关。在变法之初催动各地奉行新政的情况下,要了解时事动向,除了读报,没有其他更好的办法,所以要办官报。康有为对报刊与维新变法关系的评述,确实颇能打动光绪皇帝之心,所以光绪帝接折以后很快地予以准奏。

1898年8月9日,康有为在上光绪帝《恭谢天恩条陈办报事宜折》的同时,还附上了一个《请定中国报律片》,在中国近代史上首次向最高当局正式提出了制定报律的问题。他之所以同时附上这个折片,实是针对孙家鼐的《改上海〈时务报〉为官报折》中的一节文字而言。孙家鼐在该折中针对《时务报》改官报后的具体办理事宜,提出了三条章程,其中第一条即为:"《时务报》虽有可取,而庞杂猥琐之谈,夸诞虚诬之语,实所不免;今既改为官报,宜令主笔者慎加选择,如有颠倒是非,混淆黑白,挟嫌妄议,渎乱宸聪者,一经查出,主笔者不得辞其咎。"[1] 孙家鼐虽是帝党官僚,实际上徘徊帝、后之间,行政经验很是丰富,对改良派的维新持有所保留的态度。他在《改上海〈时务报〉为官报折》中之所以有这节文字,实有趁机压制改良派的变法宣传之意。[2] 康有为对此自然有所领会,

---

[1] 孙家鼐:《改上海〈时务报〉为官报折》,张静庐辑注:《中国出版史料补编》,《中国近现代出版史料》(6),上海书店出版社2003年版,第55页。

[2] 汤志钧:《戊戌变法史》,人民出版社1984年版,第192页。

但又不便挑明,故在片中有"然他日或有深文罗织,诬以颠倒混淆之罪,臣岂能当此重咎"之语,亦有某种为自己将来开脱和自保之意。但值得称道的是,康有为在该折片中不但明确提出了设立新闻法以管理新闻出版的要求,而且表达了"凡洋人在租界内开设报馆者,皆当遵守此律令。各奸商亦不得借洋人之名,任意雌黄议论,于报务及外交,似不无小补"[①] 的看法,体现了他对此前该种状况的不满之意,希望通过贯彻西方法制平等的思想,以维护国家的主权。

历史上康有为的名字往往总是与戊戌变法联系在一起,几乎没有人把他与媒介批评联系起来。其实,康有为不仅是中国近代的政治家、思想家、教育家,而且是一个有识见和谋略的媒介批评家。从1895年创办《万国公报》始,到1917年复刊《不忍》杂志止,他的报刊活动前后持续时间达23年之久,他一生亲自创办的报刊在7种以上,而受他控制和指挥的报刊则有数十种之多。在戊戌变法前,作为维新运动的实际领导者,戊戌政变后作为保皇总会的会长,几乎所有资产阶级改良派的报刊不是由他提供经费,就是由他派人主持,或者在宣传上受到他的思想影响。[②] 综其一生看来,他在一些具体的媒介批评实践中所体现的报刊观念,特别是他身体力行地创办多种报刊,不断地向社会传播着具有资产阶级意识形态气息的新闻媒介观念,以实践的方式开展媒介批评,虽然有些方面还没有完全摆脱封建思想的樊篱,但在本质上已经属于资产阶级报刊思想的体系范畴,尤其是他从《诗经》中寻找现代媒介存在根据的方法,影响了戊戌时期的媒介言说方向,成为当时一种主流论述。康有为不愧是在媒介思想和实践领域开一代风气的伟大先行者,今天仍然值得我们尊崇。

第四节 谭嗣同的媒介批评

谭嗣同(1865—1898),字复生,号壮飞,又号华相众生、通眉生,湖南浏阳人,出生于一个传统的封建官僚家庭,维新运动著名的"戊戌六君子"之一。变法失败,谭嗣同被捕后慷慨就义,囚系期间在狱室壁上题诗云:"望门投止思张俭,忍死须臾待杜根。我自横刀向天笑,去留肝胆

[①] 姜义华、张荣华编校:《康有为全集》第四集,中国人民大学出版社2007年版,第343页。
[②] 参见孙文铄《康有为》,见《新闻界人物》(6),新华出版社1985年版,第3页。

两昆仑。"① 表现了一种视死如归的大无畏精神。国事蜩螗、动荡剧烈的近代中国社会玉成了许多可歌可泣的时代英雄人物,谭嗣同就是其中的佼佼者之一。青年时期受到谭嗣同深刻影响的毛泽东曾说:"前之谭嗣同,今之陈独秀,魄力雄大,诚非今之俗学所可比拟。"② 谭嗣同所著的《仁学》,是维新派的第一部哲学论著,也是中国近代思想史中的重要著作,他不仅是"晚清思想界的彗星"③、杰出的资产阶级启蒙思想家,而且在我国近代新闻传播活动中也曾作出应有的贡献,尤其是在媒介批评领域,以横绝六合、大声镗鞳的英勇气势,猛烈抨击顽固守旧派对报章文体的恶毒诬蔑和蓄意攻击,为中国近代新闻事业的发展廓清思想迷雾,扫清前进道路。他不仅是戊戌变法中舍生取义的悲壮志士,还是我国近代媒介批评园地中芟蒿除莠、护佑新苗的创业先驱。

一

在晚清维新派的知识分子群体中,与同时代的一些口岸知识分子相比,谭嗣同的资产阶级改良主义思想有一个鲜明的特点:既姗姗来迟,又后来居上,态度激烈决绝。青少年时期的谭嗣同受到家庭生活环境的限制,"此时他所学到的学问,主要还是中国传统学说,他所接触的社会,主要还是他那个封建官僚的家庭,他对西学还很隔膜",④ 甚至可谓瞽昏一无所知。1893 年夏天,谭嗣同由武昌东下,准备赴京,道经上海时,意外遇到了英国传教士傅兰雅,相互交谈之间,深受启发。傅兰雅一方面给谭嗣同讲述西方各国近况,一方面让谭看江南制造总局翻译馆译的《西国近事汇编》《格致汇编》等各种翻译书籍。从此,谭嗣同开始接触西方资本主义文化,对西学产生了浓厚兴趣。甲午战争的爆发及《马关条约》的签订,亡国灭种的惨祸敲击着亿万中国人的心灵,也使谭嗣同受到极大的震动和打击。谭嗣同曾经自述其转变的心路历程:"三十以后,新学洒然一

---

① 转引自梁启超《谭嗣同传》,见蔡尚思、方行编《谭嗣同全集》增订本(下册)附录,中华书局 1981 年版,第 546 页。
② 转引自李喜所《谭嗣同评传》,河南教育出版社 1986 年版,第 1 页。
③ 李喜所:《谭嗣同评传》,河南教育出版社 1986 年版,第 292 页。
④ 张春波:《谭嗣同》,《中国近代著名哲学家评传》上册,齐鲁书社 1982 年版,第 585—586 页。

变,前后判若两人。三十之年,适在甲午,地球全势忽变,嗣同学术更大变,境能生心,心实造境。"① 他由此发愤提倡新学,"在甲午战后的两三年中迅速成为维新变法运动的闯将"。② 并着手提倡和创办报刊,大力从事维新变法改良主义思想的宣传活动。

谭嗣同的报刊活动主要发生在 1896—1898 年。1896 年 8 月,谭嗣同的父亲谭继洵花重金为他捐了一个候补知府的官衔,分发江苏,等待委任。在南京候补知府期间,谭嗣同一边着手写作《仁学》,一边集资办报,希望与此时在上海创办的《时务报》相互呼应。他又和友人吴樵等准备在汉口创办《民听报》,自己筹办《矿学报》。他虽然在南京多方奔走,积极筹措,连创刊启事都已经写好了,但最后终因资金严重不足而中途夭折,于是谭嗣同转而为改良派的其他报刊如《时务报》、《农学报》和香港的《民报》等写稿,并在南京主动承担了《时务报》的推销工作,还为它筹集经费,组织稿件。在这段时间里,谭嗣同经常往来于上海、南京之间,与梁启超、汪康年、吴雁舟、宋恕、孙宝瑄等维新改良派活跃人士交流观点,砥砺进步,并参与《时务报》的编辑出版和妇女解放活动。③ 1897年,谭嗣同被推举为《时务报》的董事,与该报负责人梁启超、汪康年保持着密切的书信联系。现存的谭嗣同 80 余件遗札中,就有 14 封信谈到了《时务报》的工作。他在与汪康年的通信中,对该报的编辑宗旨、编辑方式、社会反映等方面都提出了具体的意见。

与此同时,维新运动在湖南也已经如火如荼地开展起来了。谭嗣同的同学唐才常等人于 1897 年 4 月在长沙办起了《湘学新报》旬刊(自第 21 期改名《湘学报》),主要介绍西方近代社会科学和自然科学知识,宣传维新变法。倾向维新变法的湖南巡抚陈宝箴,又开设了时务学堂,聘请梁启超、谭嗣同、唐才常为教习。1898 年 2 月,谭嗣同弃官回湘,参与维新变法活动。鉴于《湘学报》刊期长,文字典雅艰深,谭嗣同与唐才常等人,于 1898 年 3 月 7 日,又创办了《湘报》,谭嗣同任该报董事。该报每日出一大张(星期日休刊),单面印刷,每张能容纳八九千字,可裁成四页,集订成册,标题和正文均用四号字,附注用五号铅字,广告标题则用木刻

---

① 蔡尚思、方行编:《谭嗣同全集》增订本(上册),中华书局 1981 年版,第 259 页。
② 李喜所:《谭嗣同评传》,河南教育出版社 1986 年版,第 84 页。
③ 参见李喜所《谭嗣同评传》,河南教育出版社 1986 年版,第 304 页。

大字，专门由上海请来技工指导印刷业务。这是湖南省第一份具有现代意义的日报。《湘报》创刊后 2 个月内，谭嗣同在该报发表了 20 多篇文章，[①]从各个方面为维新变法摇旗呐喊，大造舆论。

媒介批评是谭嗣同参与《时务报》《湘报》编办活动的重要内容和方式之一。谭嗣同时常通过阅读其他报刊，品评其内容和形式上的利钝得失，竭力为《时务报》《湘报》提供借鉴与参考。1897 年 1 月 20 日，浙江瑞安利济医院院长陈虬在创办利济学堂的基础上，又创办了《利济学堂报》半月刊。作为中国近代最早的高校学报，[②] 这既是一份以研究中医学术理论为主，兼及新闻、时政、工农、商业、数理、天文的综合性科技期刊，也是我国最早具备现代期刊特征的中医期刊之一。只是主持者陈虬虽然在医学上不乏创见，但在医论上过分强调五运六气学说，将运气视为医学之本，主张将运气与藏象、经脉相提并论，不免有神秘主义之嫌。[③] 因为《利济学堂报》在创刊之初曾在《时务报》上刊登广告，故而谭嗣同订阅了该报。不料接获之后，谭嗣同立即发现该报"中多迂陋荒谬之谈，直欲自创教，不关于学术"的缺陷，顿时大失所望。在致汪康年的信中，谭嗣同直言不讳地批评该报说："非嗣同敢为反复，致劳清神，实虑此报为害不浅。其阴阳、五行、风水、壬遁、星命诸说，本为中学致亡之道，吾辈辞而辟之犹恐不及；若更张其焰，则守旧党益将有词，且适以贻笑于外国，不可不察也。彼欲为教主之私意犹其小焉者也。"[④] 对该报迷信思想的非议，反映了谭嗣同此时已经能以西方的自然科学观念来分析和评价报刊的传播内容，并从新、旧思潮斗争的角度来考虑问题，定其然否，表现了高度的政治敏感。

1897 年 6 月，浙江温州人黄庆澄创办了《算学报》月刊。该刊是我国近代第一份数学期刊，在编撰方面注重实用，通俗易懂，配以图解，引人入胜，颇能激发读者兴趣。创刊号发行后，深受欢迎，远方读者纷纷来函

[①] 钱江：《谭嗣同的办报活动和新闻观》，《新闻研究资料》第 17 期，中国社会科学出版社 1983 年版，第 158 页。
[②] 陈矩弘：《晚清〈利济学堂报〉办刊特色及科技传播贡献》，《杭州电子科技大学学报》（社会科学版）2017 年第 5 期。
[③] 王睿、姚远、姚树峰、吴幼叶：《晚清〈利济学堂报〉的科技传播创造——兼论我国高校专业科技期刊的起源》，《编辑学报》2008 年第 6 期。
[④] 蔡尚思、方行编：《谭嗣同全集》增订本（下册），中华书局 1981 年版，第 506 页。

订购，为当时津、沪舆论界所重，《国闻报》将之列入重要刊物加以介绍。汪康年曾致信谭嗣同询问阅读《算学报》后有何评价。谭嗣同在阅读了三期该刊后，回信评述该刊道：

> 前蒙公垂问此作到底何如，时甫见一册，不敢率尔妄对。今渐窥见底蕴，似乎不佳。盖算学之粗浅者，本不能更出新奇，则抄袭亦自不足怪，并且不能免。第一册、第二册之图尚有心得之处，至三册，则潦草抄袭而无味矣。然此犹得曰取便初学，无贵精深也。独何以于谈算时阑入谈教之语，夫非欲以教之虚无恍惚而文饰算之浅陋耶？嗣同亦酷好谈教者，乃忽作此语者，何哉？盖谈教时尽可牵引他专门之学，谈专门之学时则必不可谈教，此一定之体例。其故，则因教能包括各专门之学，而各专门之学不能包括教，于此而谈教，除非有特识，为古今人所见不到者乃可。不然，则徒费纸墨，既荒其学，又适同谤教，学与教两无所处也。①

可见，谭嗣同媒介批评的态度，一是谨慎，阅读该刊第一册时，汪康年向他询问对该刊的评价，但他没有贸然开口，而是阅读完三册之后才予置评。二是从专业刊物体例纯净的角度进行批评，从而使批评具有较强的专业色彩。

二

谭嗣同发表于《湘报》1898年3月18日第11号的《〈湘报〉后叙》是一篇具有明确的媒介批评意义的论说文本。因为在《湘报》的创刊号上，唐才常的《〈湘报〉序》已经向读者交代了报纸的创办过程及办报宗旨，但并没有解释在已经有了《湘学报》的情况下，又为何再办一个《湘报》。故谭嗣同的《〈湘报〉后叙》并不是《〈湘报〉序》的再次重复，而是主动地在更高层次上对"日报"的媒介形态价值进行理论阐释。这种阐释意图虽然作者没有在文中显露，却通过对文体的刻意选择而表现出来。文体是文本构成的规格和模式，它是某种历史意识内容、习惯长期积淀的

---

① 蔡尚思、方行编：《谭嗣同全集》增订本（下册），中华书局1981年版，第510—511页。

产物，反映了文本从内容到形式的整体特点。文体虽然属于形式范畴，但对文本主题和内容的表达具有某种先在的体式选择与引导作用。"后叙"显然是在阅读了一个时期后，针对阅读对象有感而发，其评价性就不言而喻。

谭嗣同在《〈湘报〉后叙》一文中，首先引经据典，从哲学层面上集中阐释了"新"的社会意义。他认为"新"是一种"盛美无憾"的境界。所以，《诗经·大雅·文王》有"周虽旧邦，其命维新"之语。夷狄、中国之间的界分不是地理意义上的区隔，而是守旧与开新意义上的不同。"守旧则夷狄之，开新则中国之。新者忽旧，时曰新夷狄；旧者忽新，亦曰新中国。新同而所新者不同，危矣哉！己方悻悻然自鸣曰守旧，而人固以新夷狄新之矣。是夷狄中国，果不以地言，辨于新，辨于所新者而已矣。"[①]谭嗣同再进而言之，不能仅仅就新字本身来谈论新，因为新与旧在不断转换，新与旧总是相对而言，如果仅就新言新，那么新与所新者其实无法辨别。因为昨日之新，至今日而已旧；今日之新，至明日而又已旧。哪里还能形容和描述其盛美而无憾的状况呢？造成新与旧转换的根源到底是什么呢？谭嗣同说自己从《礼记》的"苟日新，日日新，又日新"和《周易》中的"日新之谓盛德"中终于觉悟到了"言新必及于日新，始足以为盛美而无憾"的道理。也就是说，只有每日不断地改变创新，随时地推陈出新，才称得上深厚的品德。

人要做到日新，就必须得到"助人日新之具"。书籍确是助人日新的一种工具。但书籍有一个致命缺点，书籍记载的都是过去的事情，属于陈迹。大千世界以后的变化，古人无法逆知，而过去发生的情事，今天的人实际上也不能完全凭空揣度。温故固然可以知新，但个中更重要更关键的枢机还是人能够运用其中的道理。新书之新，其实只在有限的意义上才能够成立："然日日使新人、阐新理、纪新事而作为新书，其构意也有日，谋篇也有日，成卷也有日，刊行也又有日，比书之寓吾目，则去其初著书之时，不知凡若干日。昨日之新，至今日而已旧；今日之新，至明日而又已旧。"[②]故而所谓新理、新事必更有新于此者，而书也就不是什么新书了。谭嗣同说江标督学湖南，就是为了避免新书变旧书，才创办了十天一

---

① 蔡尚思、方行编：《谭嗣同全集》增订本（下册），中华书局1981年版，第417页。
② 蔡尚思、方行编：《谭嗣同全集》增订本（下册），中华书局1981年版，第417页。

出的《湘学新报》。但即便如此，仍然无法完全避免昨日之新今日已旧、今日之新明日已旧的缺陷。十天可以说是新的了，但还不可以说是日新。正是为了做到日新，所以才又创办了日一出之的《湘报》，"其于日新之义庶有合也"。显然，谭嗣同赋予了"日报"以维新变法的政治象征意义和殷切期望。

谭嗣同视日报为"日新之具"之一。他认为"假民自新之权以新吾民者"的方式具体有三种：一是创学堂、改书院，以造就英年才俊，但是学堂、书院的规模容纳受到限制；二是创立学会，学会可以弥补一些学堂、书院因规模容纳有限而无法入学的缺点，但学会也有一个缺点，即一般设在都会之处，都会之外的人就无法听讲，更不要说外州外府的了；三就是创办报纸：

> 报纸出，则不得观者观，不得听者听。学堂之所教可以传于一省，是使一省之人游于学堂矣；书院之所课可以传于一省，是使一省之人聚于书院矣；学会之所陈说可以传于一省，是使一省之人晤言于学会矣。且又不徒一省然也，又将以风气浸灌于他省，而予之耳，而授以目，而通其心与力，而一切新政、新学，皆可以弥纶贯午于其间而无憾矣。①

谭嗣同对报纸的认识在这里抵达了与他同时代人所没有的深刻和高度。这种深刻和高度可能连他自己都没有明确地意识到。他这几句话的理论意义，不仅是把报纸作为维新的工具进行实践操作，更在于他隐约表达了报纸为一种想象的共同体的凝聚和形成提供了一种技术上的手段，它们提供了一种最根本的心灵联结。报纸通过源源不断的新闻报道，对世界进行持续而及时的呈现，有效地克服地理空间的客观限制，使不同国度、民族、地区、性别原本匿名和分散的人，因为关注同一事件而连接起来，互相观察，互相诉诸思虑并协调行动，彼此各异、分离的关系和生存情境转化为周遭世界如同邻居一般的同一世界、同一领域，从而因为统一而生成巨大的社会变革力量。谭嗣同的报纸"而予之耳，而授以目"之说，难道不就是麦克卢汉"媒介即人体的延伸"的观点的中国式表达么？谭嗣同对

---

① 蔡尚思、方行编：《谭嗣同全集》增订本（下册），中华书局1981年版，第418页。

报纸功能的论述在 19 世纪末的中国，诚可谓一种天才的想象！

三

  谭嗣同政治思想的卓绝之处，就是他政治活动的最高目的，是给资产阶级争取政治权利和扫除束缚资本主义发展的思想障碍，所以他政治思想的核心必然是要求平等。他认为给中国造成不平等的原因，就是以名教相标榜的封建伦理纲常和等级森严的封建制度。在反封建问题上，谭嗣同的激烈程度，超过了其他改良主义者。为了反对君主专制，他论述了君主的起源和君臣、君民之间的关系："生民之初，本无所谓君臣，则皆民也。民不能相治，亦不暇治，于是共举一民为君。夫曰共举之，则非君择民，而民择君也。夫曰共举之，则其分际又非甚远于民，而不下侪于民也。夫曰共举之，则因有民而后有君。君末也，民本也，天下无有因末而累及本者，亦岂可因君而累及民哉？夫曰共举之，则且必可共废之。"[①] 谭嗣同由此推理出，君主是为民办事的人，大臣是助办民事的人。赋税取之于民，是作为给办民事的资本。比如乡社赛会，如果事不办那么就要易人，此亦天下之通义也。谭嗣同对君主起源的阐释显然并不正确，但他指出君末民本，君主不过是大家选出来为民办事的人，君如果不为民办事，民则可以共废之。这种理论直接反对了君权神授，反对了君主特权，在那个时代确是石破天惊、振聋发聩之言，具有极大的历史进步性。正是基于这种君民关系观，谭嗣同提出了新闻报道为民史的观点。

  在《〈湘报〉后叙》文末，谭嗣同充满激情地说：

>   且夫报纸，又是非与众共之之道也。新会梁氏，有君史民史之说，报纸即民史也。彼夫二十四家之撰述，宁不烂焉，极其指归，要不过一姓之谱牒焉耳。于民之生业靡得而详也；于民之教法靡得而纪也；于民通商、惠工、务材、训农之章程靡得而毕录也，而徒专笔削于一己之私，滥褒诛于兴亡之后，直笔既压累而无以伸，旧闻遂放失而莫之恤。谥之曰官书，官书良可悼也！不有报纸以彰民史，其将长此汶汶暗暗以穷天，而终古为喑哑之民乎？西人论人与禽兽灵愚之比

[①] 蔡尚思、方行编：《谭嗣同全集》增订本（下册），中华书局 1981 年版，第 339 页。

例，人之所以能喻志兴事以显其灵，而万过于禽兽者，以其能言耳。而喑之，而哑之，其去禽兽几何矣。呜呼！"防民之口，甚于防川"，此周之所以亡也；"不毁乡校"，此郑之所以安也；导之使言，"谁毁谁誉"，此三代之所以直道而行也。吾见《湘报》之出，敢以为湘民庆，曰诸君复何忧乎？国有口矣。①

显然，这段话不是无的放矢，而是针对压制报纸的社会环境有感而发，从而具有强烈的现实指向性和批判性。他曾鼓励汪康年说："居今之世，吾辈力量所能为者，要无能过撰文登报之善矣。"② 就是因为他视报纸为作育新民的有力工具之一，从而视为维新变法的重要内容而尽力加以培植与呵护。

谭嗣同连载于《时务报》第29、30册的《报章文体说》一文，一般治中国新闻史者都将之作为谭嗣同"关于报章文体的看法"③ 进行归纳，固然不差，但往往忽略了这篇论说的媒介批评性质，即这篇文章是为了批驳当时社会上流行的一种鄙视报刊的观点而写。文章原来的题目是《报章总宇宙之文说》，④ 发表时改为此题。1897年农历正月十八日，谭嗣同在致汪康年的信中曾述及此因："而遇乡党拘墟之士，辄谓报章体裁，古所无有，时时以文例绳之。嗣同辨不胜辨，因为一《报章总宇宙之文说》以示人，在湘中诸捷给口辨之士，而竟无以难也。今检以寄呈，可登诸贵报否？"⑤ 近代新闻媒体在19世纪末的中国虽然已经不是什么稀见之物，但由于官方并没有明令允许民间创办报刊，已经存在的新闻报刊大多是托庇于通商口岸租界之中的"洋旗报"，国人自办报刊仍没有获得政治上的合法性。中国近代报刊本是西学东渐之物，无形中被视为西方文化的一部分及其表征，从而不自觉地在时代的语境中被赋予了向西方学习乃至维新变法的政治意义。社会上要不要办报刊的争论其实隐喻和承载着维新与守旧两种观念的交锋。谭嗣同"报章总宇宙之文说"的原题中已经包含了鲜明的论述倾向性，细绎谭嗣同致汪康年上述信中的有关文意，则将文章标题

---

① 蔡尚思、方行编：《谭嗣同全集》增订本（下册），中华书局1981年版，第419页。
② 蔡尚思、方行编：《谭嗣同全集》增订本（下册），中华书局1981年版，第493页。
③ 徐新平：《谭嗣同的新闻思想》，《新闻三昧》2006年第9期。
④ 蔡尚思、方行编：《谭嗣同全集》增订本（下册），中华书局1981年版，第375页。
⑤ 蔡尚思、方行编：《谭嗣同全集》增订本（下册），中华书局1981年版，第493—494页。

改为"报章文体说"应是一种编辑行为。很难说《报章总宇宙之文说》与《报章文体说》这两个标题哪个更为恰切，但这篇文章的媒介批评性质则无可置疑。

谭嗣同从历史发展的角度指出，在古代文体的演变中，选本具有很大作用。文体的应用和发展在一定程度上操诸选家，"然选家率皆陈古而忽今，取中而弃外，或断代为书，或画疆分帙"，① 选家的文体偏好使文体无法获得全面发展，自然不能适应和满足反映日新月异生活的社会需要：

> 以云识时务，谦让不遑，而曰广见闻，未见其可。若夫橐牢百代，卢牟六合，贯穴古今，笼罩中外，宏史官之益而昭其义法，都选家之长而匡其阙漏，求之斯今，其惟报章乎？咫见肤受，罔识体要，以谓报章繁芜阘茸，见乖往例，此何异下里之唱，闻韺镛而惶惑；辇井之蛙，语溟瀚而却走者矣。②

在严词批驳了顽固派以古绳今、讥讪报章体例的荒谬后，谭嗣同系统地缕述了此前中国的各种文体，将之概括归纳为三类十体，指出"乃若一编之中，可以具此三类十体，而梨然各当、无患陵躐者，抑又穷天地而无有也"。③ 此前中国还没有产生能够尽纳如此之多的文体文本于"一编"之中的传播载体。近代报刊的"体例之博硕，纲领之荟萃"，则完成了海纳百川、众美皆备的体例创新：

> 胪列古今中外之言与事，则纪体也；缕悉其名与器，则志体也；发挥引申其是非得失，则论说体也；事有未核，意有未曙，夹注于下，则子注体也；绘形势，明交限，若战守之界限，货物之标识，则图体也；纵之横之，方之斜之，事物之比较在焉，价值之低昂在焉，则表体也；究极一切品类，一切体性，则谱体也；宜撰述之致用，则叙例体也；径载章程，则章程体也；勾稽繁琐，则计体也；编幅纤

---

① 蔡尚思、方行编：《谭嗣同全集》增订本（下册），中华书局1981年版，第375页。
② 蔡尚思、方行编：《谭嗣同全集》增订本（下册），中华书局1981年版，第375页。
③ 蔡尚思、方行编：《谭嗣同全集》增订本（下册），中华书局1981年版，第377页。

余，又以及于诗赋、词曲、骈联、俪句、歌谣、戏剧、舆诵、农谚、里谈、儿语、告白、招帖之属，盖无不有焉。上下四方曰宇，往古来今曰宙，罔不兼容并包，同条共贯，高掫遐揽，广收毕蓄，识大识小，用宏取多。信乎经国之大业，不朽之盛事，人文之渊薮，词林之苑囿，典章之穹海，著作之广庭，名实之舟楫，象数之修途。总群书，奏《七略》，谢其淹洽；甄七流，综百家，惭其懿铄。自生民以来，书契所纪，文献所征，参之于史既如彼，伍之于选又如此。其文则选，其事则史；亦史亦选，史全选全。文、武之道，未坠于地；知知觉觉，亦何常师？斯事体大，未有如报章之备哉灿烂者也。①

报刊文体的多样性是生活复杂性的反映，社会生活五光十色，反映生活的文体自然也应琳琅满目，但报刊文体的繁多只是比较而言，不可能囊括古今中外的文体于一身。谭嗣同将报章文体的丰富性推崇到极致，显然并不尽当，但他在论证自己观点的时候，大量使用排比句式的修辞手法，节奏如长江大河滔滔奔流一般，气势非凡，浓烈的情感宣泄，使文章论点获得了很好的表达，给人以强烈的印象。

19世纪七八十年代，随着民族资产阶级的产生和西方文化的渗透，涌现了一个新型的知识分子群体，即以资产阶级改良主义者为核心的维新知识分子群体。这些人或是近代工厂企业的创办者，或是清政府的外交官，或是出洋留学生、游历考察者，或是学校、报刊、出版机构的工作人员，因此他们能够了解洋务运动的内幕和世界的发展局势，较多地接触了西方文化。随着洋务运动的失败，他们由洋务运动的积极鼓吹者变为洋务运动的有力批评者，要求清政府在学习西方船坚炮利的同时，改革内政，振兴商务，发展资本主义，传播资产阶级文化。谭嗣同是这个知识分子群体中有着鲜明个性的一员。他的媒介批评直接从属和服务于他的维新变法的政治目标，他对报刊重要性的强调，对报刊文体的推崇，基本从理论上"解决了是否应该办报的问题"。② 从媒介批评历史前进的角度看，他无疑是用自己的生命履行了时代所赋予他的社会职责和使命。

---

① 蔡尚思、方行编：《谭嗣同全集》增订本（下册），中华书局1981年版，第377页。
② 钱江：《谭嗣同的办报活动和新闻观》，《新闻研究资料》第17期，中国社会科学出版社1983年版，第162页。

第五节　维新时期康门弟子的媒介批评

　　康有为1888年借进京应试之机毅然上书光绪皇帝请求变法，不但没有任何结果，反而遭人讥讽。失败和挫折使他认识到，依靠个人的单枪匹马无法战胜封建顽固派，必须培养一大批用维新思想武装起来、忠于维新事业、自己能够指挥的骨干队伍。1890年春，他举家迁往广州，并开始讲学。此前以布衣身份上书之举给他带来了很大名气，致使当时正在学海堂书院读书的陈千秋、梁启超等人纷纷前来请益，并为他的学识所折服，愿为弟子，并分头引荐各自亲友中的有志青年投师康门，至年底已有学生20余名。1891年春，遂租赁长兴里邱氏书室正式设立学堂，后因来者日众，旧址不敷周转，1893年，再迁校于广府学宫文昌殿后的仰高祠。康有为正式将学堂命名为"万木草堂"，亲题匾额高悬堂上，寓培植万木为国栋梁之意。康氏也因此而声名鹊起，从游者动辄数百人。康有为办学宗旨是突出教育为政治服务，为维新变法服务，教学内容以孔学为中心，强调经世致用，特别重视西学，上海制造局译印的西书，几年间购置凡三千余册。众多学生成为他开展维新运动的得力助手，不论是公车上书，还是在各地创办学会、报纸、学堂，扩大维新宣传，以至于百日维新中均有出色的表现。在19世纪90年代维新运动高涨的年代里，国人自办报刊与维新运动相表里，也形成了一个国人自办报刊高潮。而在维新派所办的报刊中，康门弟子发挥了领导和骨干的重大作用。"其中像梁启超、徐勤、麦孟华、何树龄、欧榘甲、韩文举、陈继俨、罗孝高、王觉任、伍宪子、梁伯鸣等数十人，后来都成为维新派的著名报人。"[①] 在维新变法时期，康门弟子中的梁启超、吴恒炜的媒介批评尤为引人注目。

一

　　梁启超（1873—1929），字卓如，一字任甫，号任公，又号饮冰室主人、饮冰子、中国之新民、哀时客、自由斋主人等。1889年中举，翌年春，赴京参加会试，不中。返乡路过上海时，看到了上海制造局翻译的一

[①] 方汉奇主编：《中国新闻事业通史》第一卷，中国人民大学出版社1992年版，第541页。

些西书以及介绍世界地理情况的《瀛环志略》，大大开阔了知识视野，从此对西方的政治、文化、科技等产生了浓厚兴趣。同年秋，梁启超与陈千秋结交，并通过陈千秋认识了康有为，遂退出原来就学的学海堂书院，转投康门，并且接受了康有为的改革主张和变法理论，逐渐走上了维新改良的道路，并成为康有为在维新变法运动中最得力的助手，在戊戌变法中与康有为并驾齐驱，史称"康梁变法"。维新运动时期的诸多著名报刊，如《万国公报》《中外纪闻》《时务报》《知新报》《湘报》等，梁启超都躬身参与，尤其是他任主笔的《时务报》，更风靡一时，名播海内。不仅如此，梁启超在维新变法时期还积极地从事新闻理论建设工作，为维新变法鸣锣开道，是当时撰写媒介批评文本篇数最多、影响最大的康门弟子。

1895年8月创刊于北京的《万国公报》是梁启超等人编辑的第一份维新派报刊。该报第18期上刊发的《报馆考略》短文，发表时虽没有署名，但有学者考证后断定这是梁启超最早评述报刊的文章。[①] 我们认为，据目前的资料看，还不能完全坐实《报馆考略》一定就是梁启超的作品，因为这篇文章内容大致可以分为三个部分。第一部分主要是对外国新闻媒体发达情况的介绍，这部分的内容又同题见于1897年6月出版的《广州报》，并被该年度出版的文摘性刊物《萃报》第2期选载。第二部分则是通过挖掘和梳理中国古代与信息传播相关的史事，并与当时的新闻报道进行比附，以证明报馆是中国古已有之。这部分文字表述和观点与康有为在《上清帝第四书》《日本书目志》的有关内容如出一辙。第三部分是在此基础上归纳"报馆之利益"有六个方面，其内容又与1896年1月12日《强学报》第1期上的《开设报馆议》的表述完全一致。而《强学报》创刊时，梁启超在北京正忙于《中外纪闻》的编办工作，没有参与前者的编辑工作，所以，认定《报馆考略》一文为梁氏之作论据尚不充分。维新变法时期的中国报刊还是一个属于西学范畴的新生事物，有关现代新闻媒介的知识属于社会新知，人们在谈论相关问题时常常互相征引，但无论如何，将《报馆考略》一文的著作权归于康门应属不差。

1896年10月，梁启超在《时务报》上刊登了《西学书目表》，共著录有关西学书籍300余种，分西学、西政、杂类3大类。其"杂类"中包

[①] 何炳然：《梁启超最早一篇议论报纸的文章》，《新闻研究资料》总第51辑，中国社会科学出版社1990年版。

第二章 维新变法时期的媒介批评

括当时外国传教士编办的报刊。每书著录书名、撰译人、刻印处、本数、价值，表上加圈识，表下有"识语"。所谓"识语"就是识别之语，寥寥几句，简明扼要点出书之优劣、程度深浅等，表后附《读西学书法》，介绍各书之长短及某书宜先读、某书宜缓读等读书方法，以指导治学门径。梁启超将报刊归入书目表中，显然是从读书的角度来认识和评价报刊，这其实是借鉴和移植了中国古代传统诗文与小说评点模式的一种媒介批评方法。《西学书目表》中共收录了《中西闻见录》《西国近事汇编》《格致汇编》《万国公报》《中西教会报》等5种外国传教士所办报刊。

梁启超对《中西闻见录》的"识语"是："久停，现甚难购，所载亦太旧。"① 《读西学书法》中的评价是："三十年前，京师创有《中西闻见录》，略述泰西政艺各事，阅者寥寥，不久旋辍。嗣在上海续翻《格致汇编》，前后七年，中经作辍。皆言西人格致新理，洪纤并载，多有出于所翻各书之外者。读之可以增益智慧。惜当时风气未开，嗜之者终复无几，闻傅兰雅因印此编，赔垫数千金云。故光绪十六年以后，即不复译。今中国欲为推广民智起见，必宜重兴此举矣。"② 对《西国近事汇编》"识语"是："自癸酉讫壬午，凡九年。"③ 对《格致汇编》的"识语"是："凡七年以上二书（指《西国近事汇编》与《格致汇编》两种——笔者注）皆极佳。"④《读西学书法》中的评价是："欲知近今各国情状，则制造局所译《西国近事汇编》，最可读。为其翻译西报，事实颇多也。自同治癸酉起译至今。然自壬午以后，无刊布之本，实可怅恨。译出以活字板排印，送总署南北洋海关道各一分而已。每月一本。所译者英国《泰晤士报》也。"⑤ 关于《万国公报》，梁启超的"识语"是："前数年极佳，惜今已难购。"⑥《读西学书法》中对该报的评价是："癸未甲申间，西人教会始创《万国公报》，后因事中止，至己丑复开，至今亦每月一本，中译西报颇多，欲觇时事者必读焉。然教会所立，士夫每不乐观之。"⑦ 梁启超编制

---

① 梁启超编撰：《西学书目表》，朝华出版社2018年版，第48页。
② 梁启超编撰：《西学书目表》，朝华出版社2018年版，第109页。
③ 梁启超编撰：《西学书目表》，朝华出版社2018年版，第48页。
④ 梁启超编撰：《西学书目表》，朝华出版社2018年版，第48页。
⑤ 梁启超编撰：《西学书目表》，朝华出版社2018年版，第110页。
⑥ 梁启超编撰：《西学书目表》，朝华出版社2018年版，第48页。
⑦ 梁启超编撰：《西学书目表》，朝华出版社2018年版，第110页。

《西学书目表》一书，直接服务于他维新变法的政治目标。他在该书中一针见血地指出：中国之所以衰弱不振，乃是因为大多数知识分子只知沉醉于考据、辞章、帖括、家言等不切实用之学。中国要自强，就必须放眼世界，学习西方的声、光、化、电、农、矿、工、商等诸学新知。他对外国传教士所办报刊评价的着眼点，明显是以其传播自然科学知识的新旧与多少为断。

二

发表在1896年8月9日《时务报》第1期上的《论报馆有益于国事》是梁启超署名发表的第一篇媒介批评文章。该文首先申论了如下观点：国家的强弱在于信息的通塞；报刊是去塞求通的重要渠道之一；报馆的存在和设置于古有征；泰西诸国报刊特别发达；泰西国家保护报馆；泰西士民喜读报纸；阅报越多者其人越智，报馆越多者其国越强；新闻工作者在西方国家地位很高，才德之士有昨为主笔而今作执政者，也有朝罢枢府而夕进报馆者；新闻工作者对国是的见解，每与政府互通声气。尽管如上观点不是梁启超的独有之见，因为此前王韬、郑观应以及《申报》的报人已经申述过类似见解，但梁启超在该文中以其笔锋常带感情的特有语言表述魅力，使这些观点得到了更为广泛的传播，为更多的读者所接受，生成一种社会常识，这对推动社会媒介观念的整体进步无疑仍具有积极的意义。其次，梁启超随后对英、德、日等国"于报馆有诽谤之律，有惩罚之条"进行评述。梁启超分析说，这是为了避免和防止如下几个方面的弊端：

> 记载琐故，采访异闻，非齐东之野言，即秘辛之杂事，闭门而造，信口以谈，无补时艰，徒伤风化，其弊一也；军事敌情，记载不实，仅凭市虎之口，罔惩夕鸡之嫌，甚乃揣摩众情，臆造诡说，海外已成劫烬，纸上犹登捷书，荧惑听闻，贻误大局，其弊二也；臧否人物，论列近事，毁誉凭其恩怨，笔舌甚于刀兵，或飏颂权贵，为曳裾之阶梯，或指斥富豪，作苞苴之左券，行同无赖，义乖祥言，其弊三也；操觚发论，匪有本原，蹈袭陈言，剿撮涂说，或乃才尽为忧，敷衍塞责，讨论轶闻，纪述游览，义无足取，言之无文，其弊四也；或有译录稍广，言论足观，删汰秽芜，颇知体要，而借阐宗风，不出郑

志，虽有断章取义之益，未免歌诗不类之憾，其弊五也。具此诸端，斯义遂牾，遂使海内一二自好之士，反视报馆为蟊贼，目报章为妖言，古义不行，良法致弊。呜呼，不其恫欤！①

虽然上述报刊传播的弊端是针对西方国家情况的批评，但从梁启超对该问题关注和分析的深入程度来看，其实是以外喻内，批评矛头所向仍是现实的中国。这在"具此诸端，斯义遂牾，遂使海内一二自好之士，反视报馆为蟊贼，目报章为妖言，古义不行，良法致弊。呜呼，不其恫欤！"的抨击中，昭然若揭。

难能可贵的是，梁启超虽然羡慕西方国家新闻传播的盛况，但他非常清醒，指出"今设报于中国，而欲复西人之大观，其势则不能也"。何以如此呢？他坦率地分析说：这是因为中国当下与西方国家在很多方面都不相同，西方国家支撑新闻业的条件中国都不具备，"西国议院议定一事，布之于众，令报馆人入院珥笔而录之；中国则讳莫如深，枢府举动，真相不知，无论外人也。西国人数、物产、民业、商册，日有记注，展卷粲然，录副印报，与众共悉；中国则夫家六畜，未有专司，州县亲民，于其所辖民物、产业，末由周知，无论朝廷也；西人格致制造专门之业，官立学校，士立学会，讲求观摩，新法日出，故亟登报章，先睹为快；中国则稍讲此学之人，已如凤毛麟角，安有专精其业，神明其法，而出新制也。坐此数故，则西报之长，皆非吾之所能有也。"② 如此，岂不要令国人绝望了吗？梁启超接着指出中国报刊不能一味攀比西方国家，怨天尤人，中国报刊自己的道路是：

> 然则报之例当如何？曰：广译五洲近事，则阅者知全地大局，与其强盛弱亡之故，而不至夜郎自大，坐瞽井以议天地矣；详录各省新政，则阅者知新法之实有利益，及任事人之艰难经画，与其宗旨所在，而阻挠者或希矣；博搜交涉要案，则阅者知国体不立，受人嫚辱，律法不讲，为人愚弄，可以奋厉新学，思洗前耻矣；旁载政治、学艺要书，则阅者知一切实学源流门径，与其日新月异之迹，而不至

---

① 梁启超：《论报馆有益于国事》，《时务报》1896 年第 1 期。
② 梁启超：《论报馆有益于国事》，《时务报》1896 年第 1 期。

抱八股八韵考据词章之学，枵然而自大矣。准此行之，待以岁月，风气渐开，百废渐举，国体渐立，人才渐出，十年以后，而报馆之规模，亦可以渐备矣。①

梁启超规划的中国报刊之路，既考虑了中国的社会现实情况，又结合了中国的社会未来需要，其中仍然蕴含着对"抱八股八韵考据词章之学，枵然而自大"者的强烈批判，因为这是阻挠中国社会接受近代新闻事业的一种强大而顽固的社会现实存在与心理力量。梁启超接着又鼓舞人们道：虽然社会阻力很大，但只要坚韧不拔地努力，未来仍然可期。他在文章末尾，饱含感情地向社会和读者倾诉道："嗟夫！中国邸报兴于西报未行以前，然历数百年未一推广。商岸肇辟，踵事滋多；劝百讽一，裨补盖寡；横流益急，晦盲依然；喉舌不通，病及心腹。虽蚊虻之力，无取负山；而精禽之心，未忘填海。上循不非大夫之义，下附庶人市谏之条；私怀救火弗趋之愚，迫为大声疾呼之举；见知见罪，悉凭当途。若听者不亮，目为诽言，摧萌拉蘖，其何有焉？或亦同舟共艰，念厥孤愤，提倡保护，以成区区，则顾亭林所谓'天下兴亡，匹夫之贱，与有责焉'已耳。"②既给读者营造了一种时不我待、只争朝夕的紧迫感，又生动展示了一个传统的儒家士大夫的爱国政治情怀。正是这种爱国政治情怀使他们自觉地把现代报纸与维新变法的社会运动联系起来，赋予其强烈的工具属性，从而鼓舞人们投身报刊的实践之中。

三

吴恒炜，字介石，广东顺德人，康有为万木草堂的及门弟子，③生卒年不详，现只知其在1934年1月1日还为"康有为自写年谱手稿本"写过跋语。1897年2月22日康有为在澳门筹划出版的《知新报》，吴恒炜名列该报公布的八名"撰述"之一。在该报的创刊号上，吴恒炜发表了

---

① 梁启超：《论报馆有益于国事》，《时务报》1896年第1期。
② 梁启超：《论报馆有益于国事》，《时务报》1896年第1期。
③ 参见茅海建《"康有为自写年谱手稿本"阅读报告》有关"吴恒炜"条注释，《近代史研究》2007年第4期。

第二章 维新变法时期的媒介批评

《〈知新报〉缘起》一文,从信息传播的角度,系统地阐释了报刊之于国家强弱盛衰的重大意义,对阻挠报刊发展的各种错误观念和行为进行了有力的批判。该文不仅观点表达明确,论证刚劲有力,而且语言形象生动,因而具有强烈的感染力,被作为晚清之际的传世之作而受到时人和后世的推重。1937年由生活书店印行、著名文史专家郑振铎先生主编的《晚清文选》,全书三卷,收录了晚清130家近500篇文章。所收诸家,自林则徐至陈天华,大力突出图强与革命的思想主题。书中选龚自珍、冯桂芬、郑观应、薛福成、王先谦、王韬、谭嗣同、林纾、严复、章太炎等人文章甚多,不仅为研究中国近代文学、史学提供了宝贵资料,而且其进步的编辑宗旨是晚清其他各种总集、类选所不能企及,通过对文章体例和内容的分析,可以大致了解当时社会变动之巨、思想转变之烈,堪称观察晚清思想文化转变的一个重要窗口。《知新报缘起》一文不仅为后世治中国新闻史者所重,且被收录于《晚清文选》之中,由此可见该文在中国近代思想的转变过程中,曾经具有一定的指标意义,绝非浪得虚名。从媒介批评的角度看,这也是一篇有观点、有力度的上佳之作。

吴恒炜在该文起首处,以隐喻的手法向人们呈现了盲、聋、哑三种病症的可怕:

> 不慧于目,不聪于耳,不敏于口,曰盲聋哑,是谓三病。此古今之达忧,天下之大患也。吾尝披藻火,佩明月,抱韶乐,怀金玉,游于无明之邦,临于不闻之乡,登于反舌之场。为之夸色,若则默然勿睹也;为之奏声,若则隆然勿听也;为之敷言,若则漠然勿辨也。岂不痛甚矣哉!虽然病一人耳,犹可言也,病一家耳,犹可言也,病一邑、病一方,犹可言也。若胥古今之远,疆域之广,帝王之尊,士夫之贵,工商之庶,渔农之盛,妇女之众,苗獞之伙,普天之下,血气之伦,而一一中盲聋哑之毒,岂可言哉!嗟乎!享其蓄而乐其殃者,今中国四万万人是也。[①]

目、耳、口是人们感触和了解世界的必要器官。一旦目、耳、口患病致盲、聋、哑,这是现实生活中人人皆知、人人皆怕的病症。一个人、一

---

① 吴恒炜:《〈知新报〉缘起》,《知新报》1897年第1期。

个家庭、一个村庄、一个地区若患上这个毛病,为害尚小,如果一个国家的人都患上了这个毛病,那该是多么可怕的结果!每一个人对目、耳、口之于自己的作用和意义当然知会,报刊与人的耳目喉舌在感知和传输方面的某些相似性,容易让人们由此及彼地进行连接和想象。把报刊比作人的耳目喉舌不是吴恒炜首创,梁启超此前《论报馆有益于国事》中已有"无耳目,无喉舌,是曰废疾。今夫万国并立,犹比邻也,齐州以内,犹同室也。比邻之事而吾不知,甚乃同室所为,不相闻问,则有耳目而无耳目;上有所措置,不能喻之民,下有所苦患,不能告之君,则有喉舌而无喉舌;其有助耳目、喉舌之用,而起天下之废疾者,则报馆之为也。"① 吴恒炜的贡献在于,他对报刊耳目喉舌作用的论述更形象,给人的印象更深刻。

更直接、大胆地批判明清以来统治者的言禁政策,是吴恒炜这篇文章的卓特之处。他不仅痛斥明太祖朱元璋禁著私书、禁谈国事、禁止直言、禁倡清议,妄兴文字大狱,如秦始皇焚书坑儒一样,而且指斥清朝统治者步武前明,从其风而扇之,鼓其浪而扬之。其结果是上行下效,海内学士大夫又从而加诹,钳其口舌,囚其手足,沁沁焉甘为奴隶。直至今日士气益衰,民风益靡。吴恒炜更为高明的是,他比较分析了道咸以来清廷推行洋务运动结果仍败于日本的根本原因在于:"日本求通之道胜,中国求通之道失也。"② 中国衰弱的根源就在于信息传播的不畅。作者形象地表达了报纸在社会交往中的地位,在参照西方报业的发展之后,吴恒炜非常明确地指出了国家发展与报业的关系:"报者,天下之枢铃,万民之喉舌也。得之则通,通之则明,明之则勇,勇之则强,强则政举而国立,教修而民智。故国愈强,其设报之数必愈博,译报之事必愈详,传报之地必愈远,阅报之人必愈众,治报之学必愈精,保报之力必愈大,掌报之权必愈尊,获报之益必愈溥。"③ 值得注意的是,吴恒炜这里提出了"治报之学"的说法,在中国新闻传播史上较早地关注到了新闻学这一问题,标志着国人对报刊的认识和思考,已经出现了由术而学的理论萌芽和趋势,这无疑是国人报刊观念取得进步和深化的一种表现。

---

① 梁启超:《论报馆有益于国事》,《时务报》1896年第1期。
② 吴恒炜:《〈知新报〉缘起》(续前稿),《知新报》1897年第3期。
③ 吴恒炜:《〈知新报〉缘起》(续前稿),《知新报》1897年第3期。

第二章 维新变法时期的媒介批评

为使人们对报业与国家盛衰关系有更深刻的印象，吴恒炜进一步比较了中外报刊的不同生态。"胥天下之心思知虑，眼目口耳，相依与报馆为命，如室家焉。是以英之霸也，《太晤士报》，日五六十万，甲海外焉。日之兴也，《朝日报》日十五六万，名亚东焉。中国人数号称四百兆，非谓不庶矣，出报之处，乃不逾三十；分报之类，多不逾四十；销报之数，不逾十万，阅报之人，不逾百万。顺天为首善之区，而阅报者寡其人；河洛为中原之壤，而传报者窘其步，且旬月之内，从而折阅者有焉。期年之间，从而中止者有焉。且其中十余种为教报，阅外国者仅百十耳。比而较之，直百万倍之二，五千人之一，譬犹诸天之微尘，沧海之一滴耳。其去欧美诸邦，何霄壤也？且求足以寓目者，不可多觏也。我安得不为人弱哉？智者知其然矣。"① 比较是最好的证明方法。通过比较中外媒体各方面状况的不同，从而有效地激起人们的紧迫感。

1897 年的中国，报纸已经不是什么十分稀罕之物了，但像《时务报》这样的报纸还很鲜见。吴恒炜在交代了《知新报》将与《时务报》桴鼓相应的媒介布局后，对当时全国媒体的倾向和品质进行了分析和批评：

> 今维粤省，泰西之孔途，岭南之重镇，中原之外府也。人民之庶，户口之众，商贾之富，市廛之盛，甲他州矣。十余年来，报馆之设，不为少矣。报张之销，不为罕矣。第宗旨既乖，毫厘斯谬；风雅不作，徒取芍药；王道不说，只惭乌茛；淆变是非，指鹿以为之马；艳说骈俪，购椟而遗其珠；徒陷人心，徒戁风化，徒害政术，徒芜教学，徒亵国体而已，勿怪有识者唾秽而尘垢之。至等秉笔政，于市侩无行者相伯仲也。彼且矜然喜，以市侩无行自傲也。岂不异哉？嗟乎！不为通之，将以塞之！②

报刊的宗旨很大程度上决定了报刊的功能。"宗旨既乖"，报刊对于国家和社会变革非但不能有推动之功，甚至还可能起破坏、淆乱的作用。《知新报》之所以能成为维新变法时期我国华南的舆论重镇，自然与其自觉地服务于维新变法政治的报刊宗旨，有着重要而直接的关系。吴恒炜在

---

① 吴恒炜：《〈知新报〉缘起》（续前稿），《知新报》1897 年第 3 期。
② 吴恒炜：《〈知新报〉缘起》（续前稿），《知新报》1897 年第 3 期。

中国近代新闻事业上不为一般人知,但《〈知新报〉缘起》一文进行的媒介批评及其所表达的报刊理念,对近代报刊知识的推广,显然具有一定的帮助和推动作用。

尊师重道是中国自古有之的文化传统。为师者担负着传道、授业、解惑的责任,在社会文化生产与传承中立于执掌帅旗的重要地位。在晚清时代大变革之际,康有为以天下兴亡为己任、锐意求变、率先垂范的人格魅力,填补了传统退位后留下的精神信仰的空白,吸引众人追随,成为一位受人尊崇的精神导师。1927年3月8日,康有为七十大寿,其弟子梁启超亲撰《南海先生七十寿言》有云:"戊戌以后之新中国,惟先生实手辟之。今之少年,或能讥弹先生,然而导河积石,孰非闻先生之风而兴者,事苟有济,成之何必在我,先生其亦或可稍抒悲悯,雍容扶杖,以待一阳之至也。"[①] 维新变法时期国人自办报刊之所以能够掀起一个高潮,固然是时代的需要,但也与康有为登高而呼,众多康门弟子鼎力相助、互相拉抬有关。他们从变法实践中认识到要进行社会变革,必须"开会""合群",即依靠集体和组织的力量去推动方可有成:"度欲开会非由报馆不可,报馆之议论既浸渍于人心,则风气之成不远矣。"[②] 虽然在戊戌变法失败以后,康有为在思想上日益趋于保守,最终成为时代的落伍者,跌入了保皇派的泥坑,曾经追随他的众多弟子也开始分化,并各自走向不同的政治道路,但维新变法时期康门弟子曾以集团作战的方式,从各种角度去阐释报刊的功能和社会意义,为报刊的合法性鼓与呼,则是值得后人永远铭记的历史功业。

第六节　严复的媒介批评

严复(1854—1921),原名宗光,字又陵,后改名复,字几道,福建侯官县人,出生于一个中医世家。14岁时父亲去世,1867年考入福州船政学堂学习驾驶,1871年毕业于福州船政学堂。1877年派赴英国格林尼治海军大学学习,其间广泛接触西方资产阶级自然科学和社会政治学说。1879

[①] 转引自林克光《革新派巨人康有为》,中国人民大学出版社1990年版,第533—534页。
[②] 梁启超:《致汪康年》(7),上海图书馆编:《汪康年师友书札》,上海古籍出版社1986年版,第1833页。

第二章　维新变法时期的媒介批评

年回国，被聘为福州船政学堂后学堂教习，次年任天津北洋水师学堂洋文总教习，1889 年报捐同知衔，以知府选用被派为北洋水师学堂会办。甲午战争后，深感国势日危，遂在报刊上发表系列文章大力抨击封建专制，并翻译了《天演论》，系统介绍西方民主和科学思想，宣传维新变法，主张向西方学习。后又担任京师大学堂译局总办、上海复旦公学校长、安庆高等师范学堂校长、清朝学部名辞馆总编辑等职，是中国近代著名的资产阶级启蒙思想家、翻译家和教育家。而在 1895—1898 年，严复"是一个最出色的维新变法理论家，提倡新学（西学）、反对旧学（中学）。这是他最进步的时期"。[①] 也正是在这一时期，严复在中国媒介批评史上留下了深深的足迹。1897 年 10 月 26 日，维新运动正如火如荼之际，严复与王修植、夏曾佑在天津创办《国闻报》和《国闻汇编》旬刊，刊登国内外及各省要闻，倡导维新变法，特别是连载了严复翻译的英国著名博物学家、达尔文的朋友赫胥黎宣扬生物进化论的名著《天演论》，一时间风靡大江南北，使"物竞天择""适者生存"等新名词很快充斥报纸刊物，成为其时人们讨论频率最高的话题。从创刊到 1898 年 10 月 14 日，严复一直是《国闻报》最主要的负责人，该报许多重要文章（社论）都出自严复之手。"可以毫不夸张地说，《国闻报》是严复一生中最重要辉煌的事业之一。"[②] 而在成就《国闻报》为维新派华北舆论重镇的报刊实践中，媒介批评则又是严复对《国闻报》进行角色定位与理论建构的主要途径和方式。

一

虽然《国闻报》是严复与王修植、夏曾佑三人联合创办，但"严复是《国闻报》最主要的创办人与主编者"。[③] 该报创刊号上说明报纸宗旨和性质的《国闻报缘起》一文，即系严复的手笔。《国闻报》发刊时，上海的《时务报》已发行了 40 多期，澳门《知新报》和湖南的《湘学新报》、广西的《广仁报》也都已经问世达半年之久，维新派所办的各种报刊在

[①] 王栻：《前言》，王栻主编：《严复集》第一册，中华书局 1986 年版，第 1 页。
[②] 孔祥吉、村田雄二郎：《从中日两国档案看〈国闻报〉之内幕》（上），《学术研究》2008 年第 7 期。
[③] 王栻：《严复在〈国闻报〉上发表了哪些论文》，王栻主编：《严复集》第二册《附一》，中华书局 1986 年版，第 434 页。

各地已经如雨后春笋一般出现。严复自然也注意到了这个新的媒介生态格局，所以他在《国闻报缘起》一文中，开宗明义地向读者交代了该报的办报宗旨：

> 光绪廿三年之夏，馆之主者，议创《国闻报》于天津，略仿英国《太晤士报》之例。日报之后，继以旬报。越五月而后成事。报将出，客有造室而问曰：《国闻报》何为而设也？曰：将以求通焉耳。夫通之道有二：一曰通上下之情，一曰通中外之故。为一国自立之国，则以通下情为要义。塞其下情，则有利而不知兴，有弊而不知去，若是者国必弱；为各国并立之国，则尤以通外情为要务；昧于外情，则坐井而以为天小，扣篱而以为日圆，若是者国必危。①

1785年英国人约翰·沃尔特创办的《泰晤士报》，随着大英帝国在世界各地殖民扩张的步伐，在19世纪中期已经发展成一张对世界政治、经济、文化有着巨大影响的综合性报纸，以至于该报的驻外记者常常被视为英国的第二大使。在19世纪上半叶开启的西学东渐过程中，《泰晤士报》被国人想象为一种报纸的楷模，"从清末到20世纪初，在国人关于'新报'的构想中，'泰晤士报'一直是言说的重心。无论从传统思维视野抑或现实变革层面，新报的概念透过'泰晤士报'的言说获得较为具体而深入的诠释"。② 如果要说媒介的"求通"宗旨在当时维新派的诸多报刊中，并无多少突出过人之处的话，那么，将《泰晤士报》与《国闻报》进行报刊体例的连接，则是一种颇具匠心的媒介设计，因为在当时的具体历史语境之下，读者自会对《国闻报》产生一种媒介想象和阅读期待。这种想象和期待在下面对国内媒介生态的评述中又会得到加强：

> 道光之际，既通道于欧墨各洲；咸同以来，若广州、若福州、若上海、若天津，各以次设立报馆。自上年今大冢宰孙公创设《官书局汇报》于京师，而黄公度观察、梁卓如孝廉、汪穰卿进士继之以《时务报》，于是海内人士，似稍稍明于当世之务，知四国之为矣。踵事

---

① 王栻主编：《严复集》第二册，中华书局1986年版，第453页。
② 唐海江、丁捷：《中国近代新闻思想史上的"泰晤士报"》，《国际新闻界》2017年第10期。

第二章　维新变法时期的媒介批评

而起者，乃有若《知新报》、《集成报》、《求是报》、《经世报》、《萃报》、《苏学》、《湘学》等报。讲专门之业者，则有若《农学》、《算学》等报。虽复体例各殊，宗旨互异，其于求通之道则一也。虽然，凡此诸报，其撰述事例可略分为二类：大抵日报则详于本国之事，而于外国之事，则为旁及；旬报则详于外国之事，而于本国之事，则为附见。阅报之人，亦略可分为二类：大抵阅日报者，则商贾百执事之人为多，而上焉者或嫌其陈述之琐屑；阅旬报者，则士大夫读书之人为多，而下焉者或病其文字之艰深。夫若是，则于求通之术，其或有未尽矣乎？①

这节文字有述有评，述评结合，特别是对各家报刊"求通之道则一"的概括，可谓高屋建瓴，显示了作者善于从纷繁不一的事物表象中发现其本质。报刊表面上千差万别，但既然是报刊，就必然具有"求通"的基本信息传播功能，而这恰是当时国之急需。严复对日报和旬报报道内容有不同的观察，不仅细致入微，而且由报道内容的不同而及于读者知识层次和阅读倾向的分野，更是对于媒介定位具有指导意义，因为媒介定位的核心或本质其实就是对相关读者群的发现和确定，只有满足读者需要，媒体才有可能受到社会的欢迎。《国闻报》之所以能够成为维新变法时期与《时务报》齐名的舆论重镇，应该与严复等人通过对媒体生态和读者需要进行了一番调查和研判，寻找到了当时媒介生态中的空白和薄弱之处，然后有针对性地进行媒介形态和性质设计，确立媒介特征，有着直接的关系：

本馆取报之例，大要有二：一、翻译；一、采访。翻译之报，若俄、若英、若法、若德、若美、若日本、若欧、墨其余诸国。萃取各国之报，凡百余种，延聘通晓各国文学之士，凡十余人。采访之报，如天津本地、如保定省会、如京师、如河南、如山东、如山西、如陕甘新疆、如奉天、吉林、黑龙江三省，如前后藏、如内外蒙古；外国如伦敦，如巴黎，如柏林，如森彼得堡，如纽约、华盛顿。访事之地，大小凡百余处；访事之人，中外凡数十位。本馆编报之例，大要亦有二：凡寻常之事，无论内地边地，中国外国，义取观览明晓者皆

---

① 王栻主编：《严复集》第二册，中华书局1986年版，第453—454页。

登之。每日续印之报，至重要之事，亦无论内地边地，中国外国，苟足备留存考订者皆登之。十日合印之《汇编》。阅兹报者，观于一国之事，则足以通上下之情；观于各国之事，则足以通中外之情。上下之情通，而后人不自私其利；中外之情通，而后国不自私其治。人不自私其利，则积一人之智力，以为一群之智力，而吾之群强；国不自私其治，则取各国之政教，以为一国之政教，而吾之国强。此则本馆设报区区之心所默为祷祝者也。①

如此巨细靡遗地向读者交代《国闻报》的体例设计，目的当然是为了让读者尽快地认同该报，但这种认同无疑是建立在该报具有的传播特点上面。当刻意突出和强调该报的这些特点或优势的时候，无形之中使该报与其他报刊形成了鲜明对比与区隔。比较就是鉴别，鉴别也就是批评。显然，这种对比无疑也是一种媒介批评意识的表现。

二

媒介批评的文体不一定非得是中规中矩的论说不可，大凡可以表达作者观点的文体其实都可以用来开展媒介批评。在中国的文体大家庭里，短小、锋利、隽永的杂文向来以反映社会事变或动向直接和迅速而为人称道，观点表达既泼辣鲜明，又杂而有文，具有很强的艺术感染力，在媒介批评中理应尤擅胜场。但是，纵观中国近代媒介批评中，杂文类媒介批评文本却并不多见。1898年6月5日，严复在《国闻报》上发表了一篇《道学外传》。有研究者认为虽然这篇文章发抒和表达的不过是一般维新派的论点，但艺术手法精妙，"极讽刺学究先生的能事，是一篇绝妙文章"。②所谓该文的绝妙处，就是作者充分利用了杂文的艺术表现手法，以绘画式的笔触，生动细致地刻画了一个死守经义、空疏浅薄、昏庸腐朽、利禄熏心的村学究的形象。这一形象的意义，不仅在于对封建社会一般道学先生的典型形象进行概括和批判，也是对当时叫嚷"圣人之道、百世不殆"的

---

① 王栻主编：《严复集》第二册，中华书局1986年版，第455页。
② 王栻：《严复在〈国闻报〉上发表了哪些论文》，王栻主编：《严复集》第二册《附一》，中华书局1986年版，第445—446页。

封建顽固派的辛辣嘲讽。

鸦片战争之后，特别是19世纪七八十年代，中国社会里已经有人开始以资产阶级的观点提出变法主张。他们通过著书立说的方式，发表个人意见，但他们人数很少，所代表的群体力量很弱，社会影响很小。甲午战争的失败和《马关条约》的签订给中华民族所带来的奇耻大辱，使朝野上下为之震惊不已，一时间举国激愤，群情鼎沸，要求自强的维新变法思潮遂随风鼓荡，广为传播。一批资产阶级启蒙思想家乘势崛起，疾呼变法救亡。但是，人类历史新旧嬗递的每一步，都不可能一帆风顺，平静无波，都会遇到被利益和道德召唤来的愤怒的卫道者。近代中国前行的步伐在这种矛盾中尤其显得拖泥带水、滞重趔趄。维新变法的关键之处在于变法，维新派们大声疾呼：今日中国不变法则必亡；而要变法，就必须大力提倡新学，铲除盘踞在中国思想文化领域内长达两千年之久的旧学。《道学外传》在新学、旧学的尖锐冲突中展开其批判主题：

> 自明以八股文取士，而义必限以朱注，迄于今日，六百余年。遂至无论何乡，试游其地，必有面带大圆眼镜，手持长杆烟筒，头蓄半寸之发，颈积不沐之泥，徐行偻背，阔颔扁鼻，欲言不言，时复冷笑，而号为先生长者其人者。观其人，年五六十矣；问其业，以读书对矣；问其读书始于何年，则又自幼始矣。夫人自六、七岁入塾；至五六十岁，中间又未尝隶军、服贾；即偶入仕，亦未尝膺烦剧。则度其四五十年间，日日均可读书。质虽驽下，无一得之智，无远略之怀，但能循途守辙，日诵数十行，时日既多，意者亦必有可观者焉。试入其室，笔砚之外，有《四书味根录》、《诗韵合璧》、《四书典林》，无他等书。其尤博雅者，乃有《五经汇解》之经学，《纲鉴易知录》之史学，《古文观止》之古文，《时务大成》之西学。微问之曰："先生何为乐此？"答曰："国家之功令在是也。"问曰："功令脱改，先生奈何？"答曰："功令曷为而改哉！天下之文，未有时文若者。惟时文之义理格律乃能入细，凡文之不从时文出者，尽卤莽灭裂耳。且功令若改，则国家将亡矣。汝毋为此亡国之言。"问曰："然则，先生于时文观其深乎？"答曰："然。余之文崇理法。"问曰："不识时文之理法，上帝所令乎？教主所制乎？国宪所颁乎？且时文之义理，即圣门之义理乎？"则色然而不应。知其怒，哀其既老，思有以慰之，曰：

"先生之齿长矣，岁所入似若为丰矣，盍谋所以娱此暮年者！"答曰："予不敢稍纵也，将以遗之子孙。"问曰："度先生之力，即极约，量不能致千万金，子孙而贤，何以此为？子孙而赖此，则又非先生之所望矣。"则又色然而不应。知其不可告，思以他辞乱之，曰："先生亦阅报乎？"答曰："亦偶阅之。然今日之报，即今日天下之乱民也。西人之来，谋利而已，本无大志；且穷奢极欲，衰将及之。而各报乃日日以瓜分为言，是不啻导西人之至，而胁中国以必从，愚而自用，贱而自专，灾必及之矣。况民主者，部落简陋之习也，各报艳称之，不知支那即改民主，汝未必即伯理玺天德；支那即开议院，汝未必即议员。若支那真瓜分，吾辈衣食自若也，汝胡以此哓哓为？甚矣！各报之为今日天下之乱民也。"于是问者亦遂不敢复请。①

面对鸦片战争以来的被动挨打局面，严复的卓绝和睿智之处，是他较为彻底地摆脱了中国传统学术的束缚，开始运用新的西学理论和世界眼光审视这一千古变局，提出了一揽子救国方案："是以今日要政，统于三端：一曰鼓民力，二曰开民智，三曰新民德。"② 所谓开民智，就是启发蒙昧，加强对全体国民的科学知识教育，培养国民的理性批判精神。严复猛烈抨击八股取士制度，指斥其"锢智慧，坏心术，滋游手"③，破坏人才，腐化道德。严复以文学的手法，在《道学外传》中给人们描绘了一个只知唯上唯古、没有丝毫生机与活力的社会僵尸，逼真地勾勒了八股取士制度戕害国民性灵的严重恶果。"夫支那积二千年之政教风俗，以陶铸此辈人材，为术密矣，为时久矣，若辈之多，自然之理。以钱财为上帝，以子孙为灵魂，生为能语之马牛，死作后人之殭石，悯恻不暇，安用讥评！独恨此辈既充塞国中，岂无上膺执政之权，下拥名山之席者？而今乃奉此五百兆炎黄之胄，二千年圣神之教，以听若辈之位置，返之仁人志士之用心，当咸以为不可也！是以不惮刻酷之讥，轻薄之责，形容一二，以例其余。"④ 严复视报刊为传播西学的载体，将"阅报"与开民智联系起来，通过这位

---

① 王栻主编：《严复集》第二册，中华书局1986年版，第484—485页。
② 王栻主编：《严复集》第一册，中华书局1986年版，第27页。
③ 王栻主编：《严复集》第一册，中华书局1986年版，第43页。
④ 王栻主编：《严复集》第二册，中华书局1986年版，第485页。

"道学先生"对报刊的评价,使其顽固不化、荒谬虚妄之态得到充分展示,并将之作为一个绝好的"讥评""酷讥"对象,显示他主动而鲜明的媒介批评主体意识。

三

严复的《说难》是又一篇具有文学色彩的媒介批评文本。而《说难》的成文显然受到战国末期著名思想家、政论家韩非子的影响。战国七雄中韩国是最弱小的国家,韩非是韩桓惠王之子,他目睹韩国在群雄逐鹿的战争风云中日趋衰弱,曾多次向韩王上书进谏,希望韩王能够励精图治、变法图强,但韩王置若罔闻,终未采纳,这使他非常失望和悲愤。韩非原本师从荀卿,但思想观念与荀卿大不相同,没有承袭儒家思想,而喜好刑名法术之学。他历观往者得失之变,从中探索变弱为强之路,写下《孤愤》《五蠹》《内外储说》等十余万言的著作,系统阐述了他的法治思想,抒发了忧愤孤直而不见容于时的愤懑,成为战国末年法家之集大成者。后来这些著作流传到秦国,秦王嬴政读后,大加赞赏,推崇备至。秦王为了见到韩非,便下令攻打韩国。韩王此时为形势紧迫,遂派韩非出使秦国。秦王见到韩非后虽然十分高兴,但未给予信任和重用。韩非曾经上书劝秦王先伐赵缓伐韩,由此遭到了诋毁。李斯和姚贾等人道:"韩非是韩国的公子。当今大王欲并诸侯,韩非最终为韩不为秦,这是人之常情。今大王既然不任用他,时间长了他就返回韩国。这对大王来说,等于是自己又把祸患派遣回去了,不如找个借口杀掉他。"秦王认可了他们的说法,于是下令将韩非入狱审讯。李斯派人给韩非送去毒药,让他自杀。韩非想向秦王自陈心迹,却无由进见。秦王在韩非入狱后有所悔悟,下令赦免韩非,但为时已晚。《韩非子》共五十五篇,《说难》是其中之一,为韩非的后期作品。严复的《说难》虽与韩非之文同题,但文章的重点和主旨全然不同。韩非的《说难》从分析宣传游说的对象——人主的心理反应入手,备言宣传游说的种种困难,重点是研究对应的策略,表现出作者积极应世的一种进取态度。而严复《说难》文章的重点则是对当时的媒介恶劣环境进行控诉和批判。作者亦采取对话体展开论说:

某甲谓某乙曰:"天下有三事同习气;一酒肆中之庖人,二北里中之女子,三报馆中之文章。此三事者,托业不同,而终于无以善其后则同也。"

某乙曰:"何谓也?"

某甲曰:"充酒肆之庖人者,未始无大家之良庖也;为北里之女子者,未始无良家之处子也;作报馆之文章者,未始无当世之文人也。然而既已在酒肆、北里、报馆中,则断不能逃三者之习气,必尽失其本来,无他,欲使人人讨好而已。盖其始为之也,未尝无欲矫然自异之心;而及其后,则疑谤揶揄,一时交集,将不足以自存,乃不得不为此面目模糊、良心尽死之物,使人人不以为甚是,斯人人不以为甚非矣。此所以不能逃三者之习气,而且尽失其本来也。"①

严复将报馆中之报人与酒肆之庖人、青楼中之妓女并列,认为三者有同一习气。严复自己也有报业经历,亦可谓报馆中人,他为何要自轻自贱呢?显然,他的目的并不在于自责和自嘲,而在于通过剖析报馆"人人讨好"生活的根本原因,抨击社会的不良媒介制度和环境。作者认为这种人人讨好的生活,酒肆最易,女闾稍难而仍易,唯报馆最难。何以如此呢?严复对此进行分析道:

若夫报馆,则职在论说与记载天下之事变。方日出而无涯,众生之意念又不可以纪极,而欲以一二人之力应之。其记事耶,记而不确,则焉用报为?其记而确,则局外之人观之,未必即遽爱报馆也,不过曰:分所当为而已;而局中之人,则以为报馆宣泄其事,而衔之次骨。不悟苟有所作,人必知之,有报馆与无报馆等也,而其怨则已深矣。

其论说耶,夫人之语言,犹人之行步也,一举足则不能无方向,一著论则不能无宗旨。从甲则违乙,从乙则违甲,故甲观之以为是,乙观之必以为非;甲观之以为是之极,则乙观之必以为非之极。正负相生,断难免一。而其甚者,则甲乙丙无以为是者焉。此譬使治庖者日作一羹,而使合万众之口;为妓者方与一客语,而使诸客环

---

① 王栻主编:《严复集》第二册,中华书局1986年版,第490页。

第二章 维新变法时期的媒介批评

听之,此而欲求其合也,是恶其景而疾走也。故曰:报馆之文章至难也。①

严复这里触及了新闻媒介点对面的大众传播专业特点。大众传播总是传播者与受众的交流和对话,在传播的过程中,传播者有着自己的观点,这种观点必然会在所传播的内容中或明或暗地体现出来,并为受众所感知,而大众传播的受众具有多样性的特征:"每个人对不同媒介都有不同的喜好,对各种媒介的关注习惯也不一样,因而不同媒介的到达问题便略显差异。"② 在现实生活中,传播者与受众发生观念的冲突是一种必然而自然之事。严复没有停留于这种专业角度的分析,而是在此基础上,对其所造成的危害进行了展示:

支那之设报馆三十年矣,向见各报,其论事也,诡入诡出,或洋洋数千言,而茫然不见其命意之所在。其记事也,似是而非,若有若无,确者十一,虚者十九。方怪其何以若是,及其后经于世故者渐深,乃知人间世之情伪相攻,爱恶相取,崎岖险阻,不可方轨而驰也。彼之为此,盖有不得不然之道焉。非所谓欲人人讨好,而乃不觉而成此习气哉。③

严复反对报馆人人讨好的传播态度。至于如何克服这种报馆习气,他在文章中借对话者提出自己的主张:"就吾见闻,敬告天下。平心以出之,正志以待之,如此而已矣。若必谓效其习气,而后可免于今之世,则何如无此报馆之为愈乎?"④ 这个观点虽然具有较为浓郁的理想主义色彩,但在当时的历史语境之下,具有针砭时弊的作用,对促进新闻业的健康发展无疑具有一定的积极意义。《说难》这篇文章先是在《国闻报》上发表,后又辑入《国闻报汇编》,可见严复对之也是颇为看重。

综观严复的一生,他并不像梁启超那样是一个具有强烈实践意识的知

---

① 王栻主编:《严复集》第二册,中华书局1986年版,第491页。
② [英]丹尼斯·麦奎尔:《受众分析》,刘燕南、李颖、杨振荣译,中国人民大学出版社2006年版,第54页。
③ 王栻主编:《严复集》第二册,中华书局1986年版,第491页。
④ 王栻主编:《严复集》第二册,中华书局1986年版,第492页。

识分子，其思想也更偏向于学术理论的建构，而较少政治制度的设计，因此，在他的强国理想中，多偏向于对下层社会的重视。这种取向最终落实为对民力、民智与民德的关注，而这种价值意识也在他编办《国闻报》的取向中有所体现。严复是《国闻报》《国闻汇编》的中心人物，报刊上的主要政论文章均由其捉刀。从一开始，严复就是在努力办一份具有人文色彩且有利于传播西方先进知识和文化的报纸，这个目标也正是他为何没有继续为《直报》撰稿而要独立创办一份报纸的原因。严复1895年就已经在《直报》上撰文介绍斯宾塞的社会学说，不过，由于该报是一份商业性报纸，尽管内容多以新闻为主，但其以赢利为目标的方针决定了报纸本身的内容安排与导向，与严复所设想的报纸理想状态有着遥远距离。他同时也不满政党机关报式的报纸，认为这种报纸因为囿于政党私利，无法做到报道真实、评论正确：

> 中国南北报纸，皆属机关。《亚细亚报》自经政府利用之后，所谋失败，信用自属全无；而《顺天时报》，又系日本机关，此时专以倾袁为目的，欲求纪载较实，议论较正者，殆绝无也。①
> 辰下京、沪报社，大抵皆粗识之无党人，借此向其党中领资度日，以造谣播讪攻击所反对者为目的，钱尽则事终，故虽如麻而起，而不久都尽。前刚子良目此等为斯文败类，诚哉其为败类也。②

严复的最终目标在于传播西学知识与关注社会变革，一份以此为价值取向的报纸有助于他这种理想的实现。所以，《国闻报馆章程》第二条提出："日报首登本日电传上谕，次登路透电报，次登本馆主笔人论说，次登天津本地新闻，次登京城新闻，次登保定、山东、山西、河南、陕西、甘肃、营口、牛庄、旅顺、奉天、吉林、黑龙江、青海、前藏、后藏各处新闻，次登外洋新闻。至东南各省新闻，东南各报馆言之甚详，本馆一概不述。"③ 这条规定流露了不同凡响的价值取向。《国闻报》去除了行业新闻和广告的篇幅，专注于社会新闻传播，反映了严复对报纸的理解具有更

---

① 王栻主编：《严复集》第三册，中华书局1986年版，第635页。
② 王栻主编：《严复集》第三册，中华书局1986年版，第650页。
③ 王栻主编：《严复集》第二册，中华书局1986年版，第455—456页。

多的社会变革色彩。取法乎上，《国闻报》之所以创办不久就能够"一举成为当时北方地区办得最好的一家日报"，① 显然与严复的这种媒介批评眼光与具体擘划不无关系。他的"报馆之文章至难也"的感喟，当然从一个侧面反映了当时媒介现实的残酷，但不也同时衬托出严复媒介理想及其追求的凌虚高蹈与纯洁可贵吗！

第七节　白话报刊视野下的媒介批评

　　近代中国外患不断，内乱频仍。甲午一役，对老大中国来说可谓创巨痛深："唤起吾国四千年之大梦，实自甲午一役始也。吾国之大患，由国家视其民为奴隶，积之既久，民之自视亦如奴隶焉。"② 不过深重的灾难同时又是一种精神上的强击，它促成了鸦片战争以来中国民族具有群体意义的觉醒。知识分子历来是一个民族的大脑，揭示民族的前途和方向是他们的使命。参加"公车上书"的1300余名举人，兼有学生和士大夫双重身份，他们共同呐喊与联合行动，声气广披朝野，虽然知识修养和理论视野或新或旧，驳杂不一，但在自强救亡的同一目标之下，通过报刊以开启民智几乎是维新派们不约而同的选择。随着对民智内涵的认识日趋深入，普通民众的语言文字障碍很快进入了维新派们的视野，并迅速转化为报刊实践。"清末民初（1897—1918）出现了三四百种白话报刊，以《大公报》为代表的50余种文言报刊辟有白话栏目或出过白话附张，另外尚有为数众多（300种以上）的文字浅易的蒙学报、浅说报、女报、通俗画报问世，加上几十种以刊载白话小说为主的文艺杂志，以及大量行世的白话教科书、新小说、改良戏曲、通俗歌诗和成为时代风尚的白话演说潮流，形成了一场规模空前、声势浩大的白话文运动。"③ 清末民初的白话文运动绵延起伏，前后持续了20余年，其第一个潮头就是维新派所掀起的浅说、俚语、白话报刊。维新时期迅速崛起并引起注目的白话报刊，既是时代的召唤，也是维新派报人主动通过媒介批评，分析和发现社会需要之后对媒介空白的实践回应。

---

① 方汉奇主编：《中国新闻事业通史》第一卷，中国人民大学出版社1992年版，第605页。
② 梁启超：《戊戌政变记》，中华书局1954年版，第133页。
③ 胡全章：《清末民初白话报刊研究》，中国社会科学出版社2011年版，第1页。

一

　　早在宋元时期，中国古代文章语言已经形成了文言和白话两种书面书写系统，虽然两种书写系统在发展过程中互有影响，但各有自己的发展领域和逻辑。① 降至晚清，民众在社会发展中的作用逐渐凸显。特别是在中西文化交流和民族危亡的大背景下，知识分子开始重视民众的存在。在异域文化的参照下，中国言、文分离的事实被重视并引起士大夫们对中国自身文化结构的反思，他们开始将倡导言文合一作为维新变法运动中开启民智的一个内容并予以实践，其突出表现和成果就是一批白话报刊的创办。

　　中国近代白话报刊可以上溯到1876年3月30日《申报》馆所出的《民报》。当时该报馆为便利文化程度不高的读者阅读，特地出版了一种通俗增刊《民报》。此报专为民间所设，所以字句俱如寻常说话，每句及人名、地名尽行标明，稍识字者即可读懂。这是我国最早的白话文报纸，但该报并非启蒙思潮的产物，且存世时间较短，影响不大，不具普泛意义。1897年11月7日，章伯初、章仲和（即五四时期被目为三大汉奸之一、被学生痛打的章宗祥）兄弟在上海主编的《演义白话报》，是维新运动中涌现的第一种白话报刊。该报创刊号《白话报小引》一文述其创刊缘起云："中国人要想发愤立志，不吃人亏，必须讲究外洋情形，天下大势；要想讲究外洋情形，天下大势，必须看报；要想看报，必须从白话起头，方才明明白白。目下我们中国读书人中，略有几个，把外国书翻作中国文理，细心讲究外洋情形。但是通文既不容易，看书也费心思，必须把文理讲做白话，看下便不吃力。"② 可见，主编赋予了近代中国第一份白话报刊以强烈的思想启蒙使命，其编辑方向和形式创制都对后起的白话报刊有诸多的启发和示范性影响。

　　维新时期产生重大社会影响的白话报刊，当首推裘廷梁创办的《无锡白话报》及其改名后的《中国官音白话报》。

---

　　① 邓伟：《试论晚清白话文运动的文化逻辑——以裘廷梁〈论白话为维新之本〉为中心》，《东岳论丛》2009年第3期。
　　② 《白话报小引》，《演义白话报》第1号，1897年11月7日。

裘廷梁（1857—1943），又名可桴，字葆良，江苏无锡人，出生于仕宦之家，1885年乡试中举，入京会试，两次不中，遂绝意科举，致力于开通民智和变法维新的宣传。他认为要富国强民，必须改变千年愚民的传统，开发民众智力。为此，裘廷梁和同乡顾述之、吴荫阶等人于1898年5月11日创办了《无锡白话报》，用通俗文字宣传俄皇彼得变法、日本明治维新的历史故事，普及科学知识。他在创刊号上发表了《〈无锡白话报〉序》，首先正面阐释报刊与维新的关系："无古今中外，变法必自空谈始，故今日中国将变未变之际，以扩张报务为第一义。阅报之多寡，与爱力之多寡，有正比例，与阻力之多寡，有反比例。"① 然后对当时国内的报刊现状进行评述道：

> 甲午以后，报章盛行，惟日报撷拾细碎，牢不变前式，披沙拣金，百才一二。外此旬报月报七日报，皆当代通人，主持报务，痛哭流涕，大声疾呼，天下感动。然每期销报最多者，万四千册而止，曾不逮中国民数万分之一。职是之故，朝野上下，非不渐生动力，而一爱万阻，终于无成。幸而成之，终于无效。法非不善也，政非不美也，泰西行之而效者，犹人之四支百节，必与全体相连，而后有运用之妙。中国弃其全体，而取一支一节，脑筋血轮，未由贯注，在彼则运掉变化，无不如志，在我则朽腐而已。中国三十年来，仿效西法，大率类此。向者震其强而不知其所以强，今者羡其富而不知其所以富，于是机器改造、土货种植、畜牧、开矿、铁路诸事，廷论杂沓，交章陈奏，朝廷则已俞之矣。院司道府，亦已推广而奉行之矣。岂不以此数者，为西国致富之根本，养民之善法哉？然而海内深识之士，私忧窃叹，决其不效者，民智未启也。②

裘廷梁通过梳理甲午以来的史实，指出虽然报刊迭出，但维新变法效果不彰，认为其中根本的原因还是在于民智未开。报刊本来有开启民智的效果，但为何办了报刊而没有预期之效呢？裘氏指出，这是国人能够读懂报刊，且明白其中道理的人太少之故。他认为国人中原本能够读书识字者

---

① 裘廷梁：《〈无锡白话报〉序》，《时务报》第61册，1898年5月20日。
② 裘廷梁：《〈无锡白话报〉序》，《时务报》第61册，1898年5月20日。

的数量其实并不少，但是"一由学究教法不善，一由中国文义太深"，其结果就是导致很多人"不通古今，不知中外，不解字义，不晓文法。商不知角逐，工不知制造，农不知变硗瘠为膏腴"。① 裘廷梁创办《无锡白话报》时间上虽然晚于章氏昆仲的《演义白话报》，但他对白话报的关注则早已有之。他在此文中曾经自述说："去岁七月，廷梁至海上，力请汪君穰卿，增设浅报，穰卿事冗不遑也。其后二月，演义报出，余甚喜之，然区区一二人之力，不足应天下之求，余又以为必每县自设一报，浸淫遍于十八行省，而后民智大开耳。"② 可见，裘廷梁创办《无锡白话报》在一定程度上得力于对当时报刊现状的观察和分析。换言之，媒介批评是社会需要通向裘氏报刊实践之间的桥梁。

裘廷梁对《无锡白话报》的体例设计和内容规划，也可谓颇具匠心："报分三大类：一演古，曰经曰子曰史，取其足以扶翼孔教者，取其与西事相发明者；二演今，取中外名人撰述之已译已刻者，取泰西小说之有隽理者；三演报，取中外近事，取西政西艺，取外人论说之足以药石我者，谈新述故，务撷其精，间涉诙谐，以博其趣。每报一纸，不必子目悉备，取满幅而止。惟末附本邑货价，必逐日登载，间述市面情形，以便民用。酒谈茗话，亦偶缀焉。汰芜秽，存精英，以话代文，俾商者农者工者，及童塾子弟，力足以购报者，略能通知中外古今及西政西学之足以利天下，为广开民智之助。他县有踵行者乎？余日望之。"③ 这只有在比较众家报纸成败利钝、兼顾社会各方利益之后才会作出的舍弃和萃取，也只有在洞悉白话与文言的优劣长短之后才能作此明达的判断和谋划。

二

维新时期对白话报刊的青睐不是个别智者之举，而是一种具有特定时代意识内涵的群体性反应，典型表现就是在一向被人们认为比较偏远的湖南衡阳也出现了《俚语报》。它十分有力地说明，越来越多的人认识到了白话报刊所具有的政治功能。1898年6月，衡阳士绅陈贞瑞等10人就创

---

① 裘廷梁：《〈无锡白话报〉序》，《时务报》第61册，1898年5月20日。
② 裘廷梁：《〈无锡白话报〉序》，《时务报》第61册，1898年5月20日。
③ 裘廷梁：《〈无锡白话报〉序》，《时务报》第61册，1898年5月20日。

办白话报刊一事联名向湖南有关部门递交禀帖,在《衡州士绅开设俚语报馆禀》一文中,他们首先阐释了创办报刊的重要性和迫切性:

> 窃以时势之危急,效已极于今日。已形者为目所不忍睹,未行者更为口所不忍言。举凡朝野上下焦虑忧思,为救时之策者,必曰兴民权,为兴权之法者,必曰开民智。由是学堂林立,学会群兴,报馆亦因而接踵。夫以学会扩学堂之模,更以报馆畅学会之流,开智之义固莫善于此矣。报馆之有益于国,阅报之有益于人,近人之宏词伟论,已备举而无遗,海内之集赀合股,又渐得其大观。然目前大小臣工,胪陈奏议,仍必有广开报馆一条者,以报馆之开民智,其效视学堂学会为尤捷也。①

衡州虽地处偏远,但这些士绅对时局仍保持着密切的关注。他们注意到在社会热议维新的舆论氛围中,报刊成为人们议论的一个焦点。特别是他们关于兴民权、开民智与报刊之间逻辑关系的理解,将报馆与学会、学堂的开启民智功能进行比较,把时人对报刊功能的讨论置于言说和评述之中,从而折射出某种具有时代普遍性的报刊功能观。作为地方士绅,他们对创办《俚语报》理由的阐释就更需要借助媒介批评来完成:

> 湖南向无报馆,自前学宪江创立《学报》,分史学算学各门,遂为省垣有报之起点。近者忧世君子续立《湘报》,日出一纸,体例与《知新》各报略殊,美善较《汉》《申》各报特备,各府风行,湖南热力因为之一动。可见当轴诸公仁心狭肠,大声疾呼,唤醒吾民,功德无量。然职等伏观数月,士人之识为《湘报》所扩者,虽不一而足,而乡间之倔佔瞳眸不见天日则犹如故,即俗士之倔佔瞳眸犹犹如故。用是瞻顾彷徨,痛心疾首,懔燕幕之危,怀匹夫之责,更于开智之道反侧求之。窃思太史采歌谣,外史达书名,仍彼习俗,述以方言,必别有简法通于齐民,宋儒语录,满纸这个、怎的,亦便愚蒙皆能解其意耳。查泰西各国报馆,多者至一万数千所,而妇女孩提则别有报,大率文义粗浅,取其易知。拟仿而行之,名曰《俚语报》。并

---

① 《衡州士绅开设俚语报馆禀》,《湘报》第141号,1898年8月30日。

蛙之识则谓此举有不能行者，请为大宗师缕陈之。①

衡州士绅密切注视着《湘学报》《湘报》创办后的传播和影响，他们看到这两张报刊出后"而乡间之倱侗瞢眸不见天日则犹如故"，没有达到开民智的预期目的。这种现象不能不引起人们的思考。熟悉传统典故的中国知识分子习惯于通过历史来论证现实，他们从太史采风、宋儒语录和外国妇孺专业报中寻找白话报的根据，但仍然受到"井蛙之识则谓此举有不能行者"之阻。为此，他们又胪陈如下开办俚语报的理由：

> 乡间之昧，由无真实善法以启其知觉。中国四民以士为秀，而农而商而工。而不士不农不工不商之游民，滔滔皆是。诸民中识字之人百不二三，其一二识字之人，能知文义者又百不二三。民智之开既以报馆为最善，而目前各报或纪议论，或详事实，或分门类，或萃群说，多务求博雅，炫其典丽之词，研深象理，吐其子史之艳，必隽才乃识，非通人莫晓，是自士以外皆不能阅报之人也，则俚报不能不开者一；报馆以言农工商之事为尤要，客岁上海创立《农学报》，行之已及期年，未闻农民有购阅者。由此推之，则虽有工程报而工不能阅，虽有商会报而商不能阅，是各报但可开士人已智之智，而不能开农工商未智之智也，则俚报不能不开者二；俗士之昧于变计，则以时文流毒太深，夏虫朝菌之见，胶固其中，无术可破，不知扩其心志，以为有用之学，无论诸书未经寓目，即各报竟不一阅。其最下者，则通人之论，不解为何说，通人之文，不知作何语，号称士人，其不甚识字与诸民等。有鄙言以徐喻之，庶几由浅入深，渐启其蒙翳，则俚报不能不开者三；今即以士论，阅报之人十犹未得其一，其一人能阅报者，又非真借此以周知四国之所为，不过视为考试之蓝本，可以抄袭已耳。惟鄙俚其文，则欲取为蓝本，亦必变其语言之例而以文字出之，是可借其备考之心，以渐醒其清梦，燃其死灰为计亦得，则俚报不能不开者四；大地各国，固皆借农工商以立，中国独轻视之，所以有今日之事。今姑弗求各民皆能弃彼旧法，以共成维新之运，但求其倱侗瞢眸日去一日，则天下事尚可为耳。故凡言兴作，言变政，靡不

---

① 《衡州士绅开设俚语报馆禀》，《湘报》第141号，1898年8月30日。

欲借力于工，借财于商，借食于农，非若士人但须借其言论指画而已。夫用人之财力不能使其心目豁然，知非公家之谬举，而为小民人人身家之计，欲其勿梗塞阻挠，输将踊跃，不亦难哉？则俚报不能不开者五；国家事势，官府非不有告示也，绅耆非不有公启也，无如不识字者既不能读，识字而不知文义者又不能读，知文义而不留心事势者又自不读，留心事势而目为具文者又读如不读，此示启均难为功也，则俚报不能不开者六。目前事理以人人周知为得，其自命为士者不屑与鄙俗共语，往往而然，而一二有心者亦未尝不遇人训告，无如口舌所及，既难尽齐民而普为劝喻，而词意未畅者则不能动庸愚之听，理识未充者又不能服谬妄之心，终始不详者更不能折嚣张之气，此口语又难为功也，则俚报不能不开者七；又以衡州近习言之，讲求时务则曰奈何竟讲洋学，欲改书院则曰奈何将读洋书，兴办团练则曰奈何保卫洋人，弥缝教案则曰奈何袒护洋教，至谓洋人之不能有天下国家，则异口同词。此种谬论有出于书院山长之口者，其误我士民之观听，尚何有极，则俚报不能不开者八；至闹教之祸，今日已极酷矣，然民间犹昏昏不解，喋喋其辞，互相谣惑，义愤自矜，患机隐伏，尚为未已。虽我皇上之忧劳如此，我抚宪之苦口如此，贤长官之调护如此，诸豪俊之策画又如此，非特视为浮云之过太虚，且以官府之保护愈至，而中情之激愤愈深，皆由不知交涉源流、中外形势、东西强弱、事机轻重，缓急因之倒置，义乱因之误施，则俚报不能不开者九；夫民智之开固倍难于士，而民心之感动则犹易于俗士也。蚩蚩之众，竟令其长坐漆室以待夷灭，岂稍有知觉者之所忍哉？然其窒塞太深，非尽除博雅之谈而极肤浅之说，泣涕以道，剀切以明，家喻而户晓，此告而彼述，必不能使旧染成见，一时并除，聋俗聩风，一例悉变，则俚报不能不开者十。然此种报，中国目前尚犹无之，度异日必有风行天下之时。①

作者一口气给出了创办《俚语报》的十条理由，每条理由都围绕开民智而展开，不仅剀切敷陈，而且理由充足，故具有极强的逻辑说服力和感染力，《衡州士绅开设俚语报馆禀》也因此具有了较强的媒介批评意义。

---

① 《衡州士绅开设俚语报馆禀》，《湘报》第141号，1898年8月30日。

三

陈荣衮（1862—1922），字子褒，号耐庵，别号妇孺之仆，广东新会人，1893年应乡试中式第五名，名列康有为之前，后因读了康有为的文章，自愧弗如，遂拜康为师，著万木草堂弟子籍。学习经史之外，常到双门底圣教书院阅读教会翻印的西方书籍，兼学英文，深感英语启蒙课本通俗显浅，由此领悟教育强国之旨，萌生改良儿童教育理念。1898年春，陈在京参加康、梁组织的保国会。百日维新时期，任译书局于事。变法失败，他在友人帮助下东渡日本，遍访各地中、小学校，考察教育方法，受到日本著名教育家福泽谕吉的庆应义塾的启发，决心进行教育救国。1899年在开平"邓氏家塾"任教席，旋到澳门荷兰园正街设"蒙学书塾"，后改称"灌根书塾"，对低年级学生以白话讲课，高年级则开经义课程，授以文言文。1903年，"灌根书塾"首次兼收女学生，开中国教育男女同校之先河，并在澳门开办"佩根平民义学""赞化平民义学""灌根劳工夜学"等。翌年，在澳门主持发行《妇孺报》与《妇孺杂志》。民国初期，受洗为基督教徒。1918年，将"灌根书塾"迁至香港坚尼道31号，易名为"子褒学塾"，1921年定名为"子褒学校"。1922年5月29日于香港病逝。陈荣衮毕生从事教育事业，编撰蒙学、妇女教材及教学法等著述48种，有"东方之裴斯塔洛齐"之誉。其教育理论经门人整理为30万字的《陈子褒先生教学遗议》，于1953年在广州刊行。陈荣衮在中国近代媒介批评领域的贡献，是在1900年《知新报》第111期上发表了《论报章宜改用浅说》一文。

作者认为，世界各国的衰旺强弱，恒以报纸多少为衡量标准。报纸越多者国越强，报纸越少者国越弱，理势之必然者也。日本区区三岛，其地之广与中国四川省同，其人数只及中国1/10，合计全国报馆闻有八百余所，即佛门之报亦十余家。大阪《朝日报》，每日出报十万有多。而我国报馆不及日本1/10。上海某报每日出八九千张，自以为雄视一方，却不及大阪《朝日报》1/10。民智开闭，民气通塞，每根由于此。两国比例，悬殊竟至若是，是何故欤？有人说中国铁路未通，邮政未善，读书识字人少，故报纸才行销不广。作者反对这种说法。他以自己所属广东省为例，广东士人应童子试者，人数之多，以广府为最。广府又以南海、顺德、新会为最。此三县应试人数以四千计,一县之中有四百人看报纸吗?没有!作者家乡应童子试者三百人,应乡试者百人,新会县有二十人看报纸吗?没有!识字人少所以报纸少,这个说法未必然也。京津铁路,朝发夕至,然以天津《国闻报》之佳妙,而京师销报尚属寥寥。至若邮政未善,有碍寄报,似亦切论,然以广东省城核之,每日派报并无需要邮政,而十万间之店肆,不能销一万张之报纸,真的与邮政有关吗?他认为上述说法实为皮毛之论!

作者承认报纸在开导风气方面有很多贡献,但也有很多失误和不足。

> 如不刻图像,不加句读,行数太长而不分数格,门类太简而不多标题,此乃显而易见,无庸代讳。至如梳佣妓馆,老生常谈,尽相穷形,劝百讽一,此又等之自郐,外人所谓野蛮中之野蛮者也。①

这是对报刊缺失的观察,也是一种直言不讳的批评。更可贵的是,作者结合自己在日本的见闻,以比较的方式对造成这一现象的背后原因进行了思考:"余漫游日本时,见路旁之车夫,旅舍之婢子,各执报纸,喃喃讽诵。若夫佣工,每月得工金三员者,竟阅报至三份之多。而回顾中国,即如广东省城,一店之中,识字者仅有数人,以省城内外十万间之店折半而计,亦应销报五万,而竟至寥寥若此。是岂日人智而中国人愚,日人富而中国人贫,日人有志而中国人无志乎?此无他,日本报纸多用浅说,而中国报纸多用文言,此报纸不广大之根由。而铁路未筑,邮政未善,读书识字少,犹属一孔之见也。"② 作者细心之处不仅在于发现了日本报纸阅读者多的现象,更在于注意到了阅读者的身份,从而得出"今夫文言之祸亡中国"的结论,并据此提出"中国四万万人之中,试问能文言者几何"的设问,然后在此基础上再进行深入剖析:"大约能文言者不过五万人中得百人耳。以百分一之人,遂举四万九千九百分之人置于不议不论,而惟日演其文言以为美观。一国中若农,若工,若商,若妇人,若孺子,徒任

---

① 陈德芸、冼玉清、区郎若编校:《陈子褒先生教育遗议》,广西师范大学出版社2012年版,第11页。
② 陈德芸、冼玉清、区郎若编校:《陈子褒先生教育遗议》,广西师范大学出版社2012年版,第11—12页。

其废聪塞明，哑口瞪目，遂养成不痛不痒之世界，彼为文言者曾亦静言思之否耶？夫好文之弊，累人不浅。"①　细密的数字和严密的逻辑推理，使其结论显得十分有力，无可辩驳。

　　为了强化人们对使用文言文危害的认识，陈荣衮又以自己去年在上海亲身经历的"一二小事"加以说明。一次是此前陈荣衮曾去上海办事，住在新马路梅福里，早出暮归，他每次告诉车夫去新马路梅福里，车夫无不愕然。他再告诉去昌寿里，则人人皆知。这很让他为之不解。偶尔一天他步行返回梅福里，举头一望，梅福里三字是用篆字书写，至此他才恍然大悟车夫为什么不知道梅福里。他感叹道：写"梅福里"字的人，可能不过一时高兴，以为篆字雅观，岂知自此之后，不知拖累了多少车夫、轿夫、寄信者和访友之人。结果使他好几次都颇费周折。此好文之累之一证也。还有一次，他与一位沈姓朋友会面，正好案头放有一份《湘报》，沈姓朋友就指着报纸说："不如名《湖南报》之为妙也。盖名《湖南报》则人人皆知，名《湘报》则十人中只一二人知之耳。"陈荣衮以此为例，痛批"好文之弊"②，并由此及彼，论及报刊语言通俗化的政治意义：

　　　　大抵今日变法。以开民智为先。开民智莫如改革文言。不改文言。则四万九千九百分之人日居于黑暗世界中。是谓陆沉。若改文言。则四万九千九百分之人。日嬉游于琉璃世界中。是谓不夜。去年皇上变法。梁君卓如奉命督办编译局。是时条奏编译事宜。以直译之法登之编译章程中。直译者。谓于经史各书择其要者。分门编辑。略仿朱子小学之例。复编一册于已编之每条下。以通俗文译之。务使农工商贾。妇人孺子。凡读书三四年者。即能遍观要书。此诚为四万九千九百分之人开一光明大路也。③

　　他要求报刊工作者，以"浅说"输入西学新知，大声呼吁报章文字通

---

①　陈德芸、冼玉清、区郎若编校：《陈子褒先生教育遗议》，广西师范大学出版社2012年版，第12页。
②　陈德芸、冼玉清、区郎若编校：《陈子褒先生教育遗议》，广西师范大学出版社2012年版，第12页。
③　陈德芸、冼玉清、区郎若编校：《陈子褒先生教育遗议》，广西师范大学出版社2012年版，第12—13页。

俗化，形成不同于传统古文的报章文体，以推动维新变法向更深入的方向发展。1934年1月7日，著名学者胡适仍在《大公报》上发表《报纸文字应该完全用白话》一文，而且在当时产生了比较大的社会反响，令胡适甚为自得。两两相较，陈荣衮先生《论报章宜改用浅说》一文在中国媒介批评史上的贡献与意义，实在不能小视。

文言文是中国古代的正统文体语言，它是以先秦口语为基础，以秦汉的经典著作为语言范式，随封建主流意识形态不断强化而形成的一种书面文体。语言是表达意义的符号，基本上属于形式的范畴，但任何一种语言都是文化的产物，在一定的社会文化结构中生成因而必然地具有一定的意识形态功能。在阶级社会中，语言的运用往往以隐喻的方式，自觉或不自觉地打上阶级的烙印。中国古代社会里，古文之雅让其只能停留在上层知识分子之间，普通民众难以掌握，文言文在一定程度上也就成了旧思想和旧思维的载体与堡垒。提倡白话文有利于文化的大众化，有利于新思想的传播与普及。因此，倡导白话报刊就不纯粹是一个书写和表达符号的选择问题，而是一个意识形态重建和思维方式革新的问题。维新变法时期部分士大夫对白话报刊的大力提倡和选择，显然并不在于文字本身艺术性的追求，而更在于其实用性和宣传性。开民智是时代提出的任务，而如何开启民智，维新派们不仅从西学参照系中寻找其思想资源，而且力图从中获得实践工具。他们把矛头指向思想的外衣——文字，其本质就是在自强维新的道路上，在今/古、俗/雅二元对峙的语言选择中，确立属于自己的一种新/旧价值关系并以此掌控历史发展方向，其开创性和革命性不容低估。

第八节 光绪等官方开明派的媒介批评

维新变法是晚清时期以康有为、梁启超等人通过光绪皇帝自上而下进行的一场学习西方改革政治制度、教育制度，发展农、工、商等业的具有资产阶级性质的改良运动。维新运动的高潮是百日维新，从1898年6月11日开始实施，主要内容是改革政府机构，裁撤冗官，任用维新人士，鼓励私人兴办工矿企业，科举考试废除八股文，开办新式学堂吸引人才，翻译西方书籍传播新思想，创办报刊开放言论，训练新式陆军、海军，等等。1898年9月21日，以慈禧太后为首的封建守旧派发动政变，光绪帝被囚，康有为、梁启超分别逃往国外，谭嗣同等六君子被杀，变法归于失败。在"百日维新"期间，光绪皇帝起草或批准颁行的变法诏令超过110道，敦促各衙门、各地进行改革。虽然除了湖南有些动作，绝大多数京官和各地督抚对新法多持观望未予落实，但维新运动对近代中国、近代社会仍具有积极的意义："斯时智慧骤开，如万流湓沸，不可遏抑也。及政变而八股复矣，然不独聪明英锐之士，不屑再腐心焦脑，而问津于此亡国之物，即于高头讲章，舌耕口穑数十年，号为时艺正宗者，亦谓诵之无味，不如多阅报之为愈矣。"① 在新闻传播领域尤为如此。中国古代的皇帝是专制主义中央集权国家的核心和权力主体，一人独治天下，全国所有的土地、资源、人民、财富均为他所有，"溥天之下，莫非王土，率土之滨，莫非王臣"。② 皇帝具有无上的权威，"天子金口玉言"，一言九鼎，乾纲独断。正因如此，虽然光绪帝并不真正掌握实权，但在一般不明内情的臣民眼中，他及其所属官员对新闻媒介的认知和判断，仍然是一种国家主体意志"用有机的方式"③ 所作出的权威批评。

一

爱新觉罗·载湉（1871—1908），1875年1月，被立为帝，在位年号光绪，是清朝定都北京后的第九位皇帝。初由太后垂帘听政。1889年，载湉名义上亲政，实际大权仍掌握在慈禧太后手中。在亲政后的中日甲午战争之中，光绪极力主战，反对妥协，但最后仍因朝廷腐败而以战败告终。痛定思痛，他开始积极接触西学，支持维新派变法以图自强。慈禧发动政变之后，对外宣称光绪罹病不能理事，实则将之幽禁于西苑瀛台，成为无枷之囚。1908年11月14日去世，在位34年。虽然维新变法时间短促，但光绪在维新期间连续颁发了一系列与报刊有关的谕令和奏准，从而以国家最高之尊的权威评价方式，对当时新闻传播事业的发展起到了极大的推动作用。

中国古代封建社会在信息传播领域，很长一段时间内合法存在的只是

---

① 无涯生（欧榘甲）：《论政变为中国不亡之关系》，《清议报》第27册，光绪二十五年八月十一日。
② 余冠英注译：《诗经选》，人民文学出版社1979年版，第239页。
③ 陈新汉：《权威评价论》，上海人民出版社2006年版，第57页。

第二章　维新变法时期的媒介批评

传抄朝廷诏令章奏和官员任免名单的邸抄或对邸抄进行转摘和抄录的京报，19世纪30年代以后由西方传教士传入的近代报刊在戊戌变法之前一直没有得到官方的正式承认。19世纪70年代以后，一些具有在香港、上海等口岸城市生活经历的知识分子（如王韬、郑观应等人）开始将近代报刊纳入西学的范畴而加以呼吁和提倡，从不同角度对报刊功能进行论证和传播。随着各地近代报刊的不断发展，近代报刊理念逐渐转化为一种社会各界熟习的知识，并在19世纪90年代以后被嵌入维新变法的整体设计之中，不断地用各种方法加以言说。耳濡目染之下，光绪帝对近代报刊并不陌生：郑观应《盛世危言》一书中的"日报"篇，对近代报刊的"益处"反复予以申论，而这部书就曾被他"饬总署刷印2000部，分送臣工阅看"①；传教士创办的《万国公报》刊载了很多介绍世界各国近代报刊发展情况的文章，也发表了为数不少宣传报刊益处的论说，而光绪帝不仅经常索阅该报，而且曾"谕令汇集过去各期呈览"②。这些论说所传播的报刊信息和知识，无疑影响着光绪对报刊的认识和认同。

1898年6月11日，光绪帝向群臣颁布了《明定国是诏》，正式向中外各界宣布进行变法维新，随后一系列新政条令陆续颁行。

1898年7月17日，御史宋伯鲁上疏光绪帝《请将上海时务报改官报折》，极言"报馆之益"。此折虽然实为康有为代拟，但以具有监察之责的御史宋伯鲁名义上奏，无形之中具有了一种评价功能，其社会观感和影响力自不一般。尤其借宋伯鲁之口，巧妙地对梁启超和《时务报》进行肯定："臣窃见广东举人梁启超，尝在上海设一《时务报》，一依西报体例，议论明达，翻译详明。其中论说皆按切时势，参酌中外，切实可行；所译西报，详言兵制、学校、农矿、工商各政，条理粲然。迭经两江总督刘坤一、湖广总督张之洞、贵州学政胡聘之、湖南巡抚陈宝箴、浙江巡抚廖寿丰、安徽巡抚邓华熙、江苏学政龙湛霖、贵州学政严修、江西布政使翁曾桂等通札各属及书院诸生悉行阅看，或令自行购买，或由善后局拨款购送。两年以来，民间风气大开，通达时务之才渐渐间出，惟《时务报》之功为最多，此天下之公言也。"③ 更为重要的是，光绪随即明令准奏，并命

---

① 夏东元：《郑观应》，广东人民出版社1995年版，第378页。
② 程曼丽、乔云霞主编：《中国新闻传媒人物志》第一辑，长城出版社2014年版，第107页。
③ 此折实为康有为代拟，参见姜义华、张荣华编校《康有为全集》第四集，中国人民大学出版社2007年版，第331页。

令管理大学堂大臣孙家鼐"酌核妥议,奏明办理"①,这就从最高官方的角度对《时务报》进行了评价。

1898年7月26日,孙家鼐上《奏遵议上海时务报改为官报折》,就宋伯鲁所奏之事进行议复,提出由康有为担任官报督办,并就主笔、内容和经费等问题拟定章程三条,呈请光绪帝批准。光绪帝当日发布上谕:"至各报体例,自应以胪陈利弊,开广见闻为主,中外时事均许据实昌言,不必意存忌讳,用副朝廷明目达聪,勤求治理之至意。"② 8月9日,光绪帝发布谕旨,再次指出:"报馆之设,义在发明国是,宣达民情,原于古者陈诗观风之制,一切学校农商兵刑财赋,均准胪陈利弊,藉为韬铎之助,兼可翻译各国报章,以备官商士庶开扩见闻,于内政外交,裨益非浅。"并且格外示意各报:"所著论说,总以昌明大义,抉去壅弊为要义,不必拘牵忌讳,致多窒碍。"③ 1898年9月12日,光绪帝特发布上谕,批准此前瑞洵创办报纸的请求。

光绪帝对报刊的认识和功能性评价,如果从思想生产的角度看,并不具有创新性,但在当时具体的历史语境之下,光绪帝在百日维新期间颁行的允许创办报刊与鼓励进言的上述谕旨和奏准,挟皇帝之尊所具有的光环和无可置疑的正当性,成为一种官方媒介批评,一时间在社会各个领域广为传播、深入人心,无疑具有顺应和推动历史前进的积极意义。"综观光绪帝短短的一生,他可谓是近代中国统治阶级上层的爱国者;失败了的改革者;历史悲剧的扮演者。"④ 虽然戊戌政变后,慈禧立刻矫诏废止了维新期间所颁布的政令,但历史前进的车轮已经不可逆转,冲破的思想局面再也无法恢复旧观。在中国近代媒介批评和新闻事业发展的进程中,光绪帝的推助功不可没,值得永记!

二

李端棻(1833—1907),字苾园,贵州省贵阳人,1863年中进士,入

---

① 转引自方汉奇主编《中国新闻事业编年史》(上),福建人民出版社2000年版,第137页。
② 转引自方汉奇主编《中国新闻事业编年史》(上),福建人民出版社2000年版,第139页。
③ 转引自方汉奇主编《中国新闻事业编年史》(上),福建人民出版社2000年版,第141页。
④ 孙孝恩、丁琪:《光绪传》,人民出版社1997年版,第512页。

翰林院任编修，以直言不讳而著称于时，历任山西、广东、云南、四川及山东等省乡试主考官及顺天乡试、会试总裁，全国会试副总裁。1889 年，李端棻主考广东乡试，十分赏识年仅 17 岁的梁启超，遂将堂妹李惠仙许配给梁启超。后迁任刑部侍郎、工部侍郎、仓场总督。政治上倾向维新变法。1896 年 6 月，李端棻上《奏请推广学校设立译局报馆折》，建议进行教育体制改革。1898 年戊戌变法前，李端棻向光绪皇帝密荐康有为、谭嗣同。变法时，李端棻积极参与，光绪帝将其破格擢任为礼部尚书，大力推行新政。戊戌变法失败后，李端棻被革职流放新疆，中道滞留甘州。1901 年，被赦回贵阳。1907 年 11 月 17 日去世。

李端棻长期主持考试，对中国科举人才培养之弊洞若观火。他上奏的《奏请推广学校设立译局报馆折》，可谓高屋建瓴，是戊戌变法时期的教育改革指针，后成为中国近代教育史上有名的纲领性文件。它表面上是主要针对教育制度而言，实际上已深入触及了用人制度和政治制度方面的改革，为维新教育改革具体指明了努力的方向。他所倡导的京师大学堂创办于 1898 年 5 月，为北京大学的前身，是中国近代第一所国立大学，也是维新变法时期硕果仅存的最重要的改革成果。李端棻是当之无愧的中国近代教育之父。李端棻《奏请推广学校设立译局报馆折》的主题是改革专习考据、词章、帖括之学的旧式书院，在全国遍设新式学校，首都设京师大学堂，省府州县设各级中小学堂，开设天文、舆地、算学、格致、制造、农、商、兵、矿、时事和交涉诸学。需要指出的是，为了配合新式学校的建设，他还同时建议设立藏书楼（图书馆）、仪器院（科技馆）、译书局、广立报馆、选派游历（出国留学）等"新政"五端。在"广立报馆"方面，他的具体论述是：

> 知今而不知古则为俗士，知古而不知今则为腐儒。欲博古者莫若读书，欲通今者莫若阅报，二者相须而成，缺一不可。泰西每国报馆，多至数百所，每馆每日出报，多至数万张。凡时局、政要、商务、兵机、新艺奇技，五洲所有事故，靡所不言。阅报之人，上自君后，下自妇孺，皆足不出户，而于天下事瞭然也。故在上者能措办庶务而无壅弊，在下者能通达政体以待上之用，富强之原，厥由于是。今中国邸钞之外，其报馆仅有上海、汉口、广州、香港十余所，主笔之人不学无术，所言率皆浅陋，不足省览。总署海关近译西报，然所译甚少，又未经印行，外间末由得见。今请于京师及各省会，并通商

口岸、繁盛镇埠，咸立大报馆，择购西报之尤善者分而译之；译成，除恭缮进呈御览并咨送京外大小衙门外，即广印廉售，布之海内。其各省政俗士宜，亦由各馆派人查验，随时报闻，则识时之俊日多，干国之才日出矣。①

李端棻的论述有这样几个特点：一是他既把开设报馆置于培养人才的目标之下，呈现和阐释报馆的教育意义，又对报馆的独立价值有所关注，所以他把报馆作为"新政"五端之一加以胪陈，强调其开阔闻见的功能；二是把读书与阅报并列，认为二者各有益处，避免了一些激进维新派在这方面非此即彼的武断和极端化倾向，显得折中公允，可有效降低部分人的抵触心理，使之能够顺利接受；三是不仅从理论上一般地阐释报馆开设的重要性，而且对国内媒介的现状进行评析，指出其缺失和不足，使官方开设报馆的必要性得到凸显；四是措施全面具体，具有建设性和可行性，不仅对怎样开设事宜进行规划，而且对后续如何发行进行了建议，既全面具体，又要言不烦，体现了李端棻对该问题深思熟虑的眼光。李端棻在维新变法之际已过耳顺之年，阅世的丰富，使他出言谨慎，不走极端，属于维新变法运动中的稳健派。他在《奏请推广学校设立译局报馆折》中的有关论述就带有老成持重的色彩。这大概是他虽与梁启超有姻亲关系，但戊戌变法后遭革职贬谪而又中途赦回故籍的缘故吧。

三

陈炽（1855—1900），江西瑞金人，原名克昌，改名炽，字家瑶，号次亮，晚年号瑶林馆主。1882年科举人，历任户部员外郎、军机处章京、户部郎中等职。陈炽出生于一个封建小官宦世家，自小受到严格而系统的封建家庭教育。自1884年起，陈炽外出遍游沿海港、澳地区，留心天下利病，翻阅大量的西书译本，② 深研政治经济之学，主张学习西方以求自强，是清末维新派中的积极分子之一。1886年他参加军机章京考试，夺得八人中首名，这使得他有机会接触军机大臣和清廷档案材料，为其深入认识国

---

① 张静庐辑注：《中国近现代出版史料》（近代二编）2，上海书店出版社2003年版，第7页。
② 张登德：《寻求近代富国之道的思想先驱——陈炽研究》，齐鲁书社2005年版，第23页。

家政治、经济生活提供了便利条件。陈炽在京为官期间,广交朋友,并与光绪帝师翁同龢关系较为密切,曾就黄河改道、筹饷等问题向翁氏呈送说帖,发表己见。1893年,陈炽为好朋友郑观应的《盛世危言》一书作序,并自撰《庸书》内、外百篇,批判旧制之弊,倡言改革事宜。1895年与康有为在北京组织强学会,被推为会长,力主变法。翌年8月,上海《时务报》创办时,陈炽积极参与,除撰稿外还在北京代收捐款、发行等事。1898年,维新变法失败后,虽未受到追究,终郁郁不得志,次年忧愤而死。

维新运动期间,陈炽与康有为"关系密切,过从频繁"。[①] 1895年,康有为因上书不达而心情郁闷,欲离京返粤,陈炽极力挽留,图谋远举。两人时常在一起探讨时务,思想上多有相合。康有为考虑,"开风气,开知识,非合大群不可,且必合大群而后力厚也,合群非开会不可,在外省开会,则一地方官足以制之,非合士夫开之于京师不可"。[②] 陈炽也持同样的见解:"京师者,天下之首善也。移风易俗,必自根本起。"[③] 不仅如此,陈炽还进一步谋划和建议道:"办事有先后,当以报先通其耳目,而后可举会。"[④] 所谓开会,就是组织政党团体。列宁曾把报纸比作脚手架,"是集体的组织者"。[⑤] 陈炽对报刊的认识当然不可能达到无产阶级革命导师的高度,但他对报刊政党组织作用的论述,在近代中国无疑也是一种极为深刻的思想。这种深刻不仅体现在对康有为等维新派创办报刊的实践发挥了提示和指导作用,还在于他能把报刊置于"批判文化专制主义"[⑥] 的框架之下,体现一种近代资产阶级民主思想的色彩。这在《庸书·报馆》中,有着较集中而具体的表达:

> 天生民而立之君,君者群也,所以为民也。然而分隔势暌,堂高帝远,古人于是有谏鼓谤木之制,有采风问俗之官;惟恐下情不得上闻,上泽不能下究,所以防壅蔽而恤痌瘝者,如此其汲汲也。秦以武

[①] 孔祥吉:《康有为变法奏议研究》,辽宁教育出版社1988年版,第101页。
[②] 沈云龙主编:《康南海自编年谱》,台北文海出版社1966年版,第34页。
[③] 赵树贵、曾丽雅编:《陈炽集》,中华书局1997年版,第385页。
[④] 沈云龙主编:《康南海自编年谱》,台北文海出版社1966年版,第34页。
[⑤] 杨春华、星华编译:《列宁论报刊与新闻写作》,新华出版社1983年版,第164页。
[⑥] 熊月之:《中国近代民主思想史》,上海人民出版社1986年版,第185页。

功，吞并六国，变封建而为郡县，舞文法以驭臣民，燔弃诗书，愚我黔首，偶语者弃市，腹诽者有诛，暴戾恣睢，及二世而土崩瓦解。后世人主，沿袭余波，虽苛政渐除，而舆情终抑。唐宋以下，给谏待御言路亦有专官，然而风影传闻，结援树党，闾阎之疾苦，安得遽登台省之章疏也。况乎忌讳猥多，刑戮不免，所谓言者无罪，闻者足戒，昔有其语，今无其事，盖暴秦之为祸烈矣。本朝圣神相继，爱民纳谏，不罪言官，顾廊庙虽高不讳之风，草野尚有难通之隐，积重之势，未易遽回也。①

初看陈炽只是在猛烈地批判古代帝王言论专制的危害与罪恶，其实也是对清廷闭塞言路的批判，"昔有其语，今无其事"之语就透露了陈炽以古喻今的话语艺术，而这也正是他呼吁开设报馆以去除君民隔阂的重要原因。更为重要的是，陈炽对清廷"于己民则禁之，于他国则听之"的报刊政策，甚是不以为然，指此"甚非所以尊国体而绝乱原也"，提出应该晓谕民间，准许民间资本创办报刊。如果民间资本不足，官方还应予以补助，而对那些"颠倒是非，不知自爱"的媒体，"檄令易人"，即以法律的形式进行监督管理。针对外人在中国所办报刊损及中国主权问题，陈炽的看法是应根据有关条约未明文记载而予以监管："至西人报馆，宜与各使妥议，毋须再出华字报章，否则按月缴捐，仍须派人查阅，此事不载通商之约，本属中国自主之权，各国当亦无词以拒也。"② 应该说，陈炽的这种媒介管理观颇具有国际和法律视野，在当时具有很强的超前性，也具有一定的可行性，只是畏敌如虎的清廷当权者很难采纳。

关于外文报刊报道倾向性问题，陈炽认为这是种正常现象，不应大惊小怪："论者辄以前此日报鄙夷中国，痛绝其事，并深恶其人；而不知桀犬吠尧，各为其主，国之利器，不可假人。今报纸之流行广矣，华人知日报之益者多矣，一转移间则诸利皆兴，诸弊皆去，集思广益，四民之智识宏开，殚见博闻，万里之形声不隔，高掌远跖，明目达聪，修益地之图，

---

① 陈炽：《报馆》，张之华主编：《中国新闻事业史文选》，中国人民大学出版社1999年版，第10页。

② 陈炽：《报馆》，张之华主编：《中国新闻事业史文选》，中国人民大学出版社1999年版，第11页。

补职方之志,此亦大一统之先声嚆矢也,而顾可忽视乎哉?"① 确实如此,任何媒介都有其倾向性。面对这种倾向性,不应害怕恐惧,正确做法应是一方面设法进行法律监管,限制其危害;另一方面应自己创办报刊,抢占舆论阵地,控制和引导舆论的方向。

四

陈衍(1856—1937),福建侯官人,字叔伊,号石遗,是晚清诗坛"同光体"诗派的标举者及其诗学理论的主要阐释者。② 陈衍年少即颇聪颖,三四岁稚龄开蒙读书,十岁时已经读完《书》《诗》《礼》《易》等国学经典,文名延誉乡里,但在科举考场上并不如意,直到1882年27岁始中举人,此后虽三次赴京会试,终因各种原因而未及第。为了谋求生计,1886年曾入台湾巡抚刘铭传幕府,随军招抚当地土著,次年即因家眷多病而返回福建。1887年应湖南学政张亨嘉之请,前往湘省任总襄校,承担辅助学使批改乡试考卷等烦琐之事。1890年陈衍转赴上海,任上海制造局总办刘麒祥的幕客。居沪期间,陈衍开始结识诸多新派、旧派人物,并逐渐形成自己的时局之见。在戊戌变法活动中,陈衍属于政治上的"稳健派或实务派"③,并通过报刊以实际参与维新变法。1897年9月7日,陈衍与曾任台湾布政司使的陈季同、陈寿彭兄弟合作在上海创办《求是报》旬刊,陈衍、曾仰东担任该报主笔之职。《求是报》内容分为内、外两编,内编有交涉、时事、附录;外编有西报译编、西律、制造、格致、泰西稗编等,每期都有针对中国现状的论说。

在主笔《求是报》期间,陈衍撰写了多篇阐释和评述近代报刊的文章。《求是报》创刊词《求是报叙》即是他的手笔。他阐明该报的体例与宗旨:"前事之不忘,后事之师,昨日之事,前事也。天下变故,非复常理,鉴于古不若鉴于今,鉴于史不若鉴于报矣。……今本报断自甲午,取各省紧要成案,各使馆档案,分类编纂,仿各史纪事本末及近人中西纪事

---

① 陈炽:《报馆》,张之华主编:《中国新闻事业史文选》,中国人民大学出版社1999年版,第11页。
② 廖菊楝:《陈衍及其〈元诗纪事〉研究》,学苑出版社2011年版,第1页。
③ 吴硕:《读陈衍的〈戊戌变法权议〉及其他》,《学术月刊》1999年第11期。

体裁，特删繁就简焉。末缀鄙论，用史汉论赞，资治通鉴臣光曰之例，亦当世得失之林乎？海内君子，有志时务与有任事之责者，其诸亦有乐乎此也。"① 以史为鉴，是中国传统的史学思想，陈衍对报刊功能的认识明显吸收了以史为借镜的观念，但又有所发展，即看重和强调报刊为现实提供借鉴服务的当下性，突出报与史的不同。

陈衍发表在1897年《求是报》第5期上的《求是报后叙》一文，对甲午之役后国内报刊的时事报道及其表现进行扫描式评价："自中日成和以来，东南各行省，庭闼洞开。时事日棘，风会所趋，谈变法者，瞋目语难，齿彼得而颊睦仁。开报馆者，脱腕疾书，家泰晤而户路透，非复暖暖姝姝，守一先生之说矣。然而但能痛哭，即自命为贾生，苟有罪言，便共推为杜牧，陈陈务去，戞戞其难。"② 在陈衍看来，甲午之后的报刊议论时政得失，在鼓动民气方面表现了非同凡响的创新和进取勇气，但多流于坐而论道。为此，他向读者详细地交代了作为旬报的《求是报》在编辑体例方面的针对性设计思路：

> 一，旬报不必汇录谕旨也。夫景星庆云，先睹为快，置邮传命，遍于崇朝，乃卬须我友，疑坐宛渠之舟；如有王者，宜律防风之罪。二，报首不必冠以论说也，孟浩然则风雪重戴，王摩诘又白眼科头，乃不问许子之何冠，但闻夫差之要好，将大裘而冕，当盛暑而祭天，三加虽尊，直直履以弃地，且夫苏家论事，全集不过数十篇，宣公当国，奏议乃有若干卷，必若章子厚日临一帖，梅圣俞日课一诗，虽以曹丕十倍之才，终有李翰一朝之涸。三，译事当有关系也。公孙挥周知四国，辨其高下能否，张博望远通西域，岂为枸酱蒲桃。乃互市不居奇货，怀璞仅得死鼠，则齐东野语，方厌充栋而汗牛，欧西琐言，何务译鞮与寄象。四，著录当有决择也。农务居九流之家，工商皆专门之业，随时既资考究，因地各有情形，学报之兴，由此其选，乃谈经则戴凭复生，论史则知几再出，方舆补订于纪要，算学续传于畴人，是一家之著述，非四朝之闻见，乃高密之郑志，岂诚斋之邸抄，略举数端，可知大概。而百家腾跃，群策纵横，一桶之水，覆去翻

---

① 转引自方汉奇主编《中国新闻事业编年史》（上），福建人民出版社2000年版，第115页。
② 陈衍：《〈求是报〉后序》，《求是报》1897年第5期。

来，一邱之貉，雷同勦说者，抑无论已。本报采缉成案，仿纪事于中西，翻译洋文，补汇编于格致，蕲于中外事物，渐扩见闻，故末缀鄙论，亦仅疏证贯通，无取词费。其仍录谕旨者，则同人守尊王之义，宁蹈常习故焉。出报月馀日，备承海内君子，赐之雅教，嘉其义例者，咸以为体大思精，议其少文者，则以为辞达而已。本报闻善不拜，有如皦日，而命意所在，不敢自诬。若海内君子，采访时事，并为论说，执讯见贶，即当著之附录，是又诸君子之匡其不逮已。①

作为一个报刊编辑，陈衍对此前报刊编辑体例进行了观察和分析，当时很多报刊在内容设置上往往都有谕旨汇录，其材料来源往往是邸抄。在近代报刊初创时期，为了开拓新闻信息来源，近代报刊往往通过汇录邸抄上的谕旨，以吸引部分关注官方动态的知识分子，久而久之，竟成了一个约定俗成的媒体版面设置惯例。时移世变，19世纪90年代报刊传播技术和条件已经大大改善。从传播的角度看，报刊所刊登的谕旨大多是二次传播，其先睹为快的新闻性正在慢慢丧失，所以，将汇录谕旨作为媒介版面内容的体例性设置，其必要性已经大为削弱，这对于不以新闻性见长的旬报来说尤其如此。至于报首冠以论说，更是在19世纪70年代中文报刊上就已经出现并逐渐定型的一种设置传统。这种体例性的设置对构造报刊形式结构具有一定的便利性，但从创新的角度来看也会带来一定的阻力和包袱。"译事当有关系""著录当有决择"之论，更是指向当时一些报刊在翻译和刊登外国新闻材料时囫囵吞枣、缺少选择的倾向。陈衍的这些观点，不仅是对媒介惯例的一种挑战和批判，更显示了他对报刊价值以及一种形式的独到理解和追求。

媒介批评的本质是人们根据自己的需要对媒介之于自己的关系作出价值判断。随着实践的发展和社会分工领域的增多，特别是在物质生产和精神生产的分工出现以后，由于每个人在社会中的地位不同，现实的价值和利益必然发生冲突，人们对于事物的评价因无法找到更深层次的统一标准而难以通约，人们的评价活动也就相应地处于分立化的状态，多元化就成为社会评价的常见状态。媒介批评也是如此。媒介批评是一种话语交流或精神对话。在媒介批评场域中，批评话语产生社会效果的条件之一，往往

---

① 陈衍：《〈求是报〉后序》，《求是报》1897年第5期。

与话语主体的社会身份及其所对应的社会权力有关，从而在一定程度上决定着批评话语的影响力。社会权力实际上可以理解为行为者之间的一种影响关系，通过这种关系，其中个别人带动别人采取行动，没有这种关系，他们就不会这样做。在19世纪90年代，光绪帝及李端棻、陈炽、陈衍等人，由于具有相对显赫的官方身份和知识背景，发表的媒介评价虽不能一言九鼎，但相对于一般人来说，则能获得更大范围内传播的机会，得到更多人的关注和重视，从而产生更大的社会影响。此是毋庸置疑之事，这样也就会使之成为其时媒介批评的主流或主导性的声音。

第九节　张之洞的媒介批评

张之洞（1837—1909），字孝达，号香涛，祖籍河北南皮，出生于贵州兴义——其父亲任官之所。学优登仕，历来被视为人生正途，1850年，13岁的张之洞中秀才，1852年，中顺天乡试举人第一名解元，1863年，26岁时中进士第三名探花。综观张之洞的科举之途，虽然也历经曲折，但相对于万千皓首穷经、亟亟科场功名而终生无成者，也可谓少年得志而令人歆羡了。张之洞及第后，历任教习、侍读、侍讲、内阁学士、山西巡抚、两广总督、湖广总督、两江总督、军机大臣等职，最后官至体仁阁大学士。1909年8月21日去世后上谕加恩予谥文襄，晋赠太保，入祀贤良祠。张之洞的人生跨度，迈越咸、同、光、宣诸朝，这不仅是大清王朝的衰败之世，也是中国数千年农业—宗法社会发生巨变之际，从清流健将到洋务殿军，作为深受朝廷倚重的儒臣和能吏之一，张之洞身处古今中西交汇的晚清社会，极尽个人所能事，"对这个转型时代的政治、经济、军事、外交、文化、教育等诸多侧面打上鲜明印记；他的心路历程，从一个特定的角度相当典型地反映了咸丰、同治、光绪、宣统年间中国社会走过的曲折坎坷的路径"。① 在中国近代新闻传播领域，张之洞也未遑多让，特别是在维新变法时期，他以支持和参与《时务报》等报刊活动的方式，对中国近代新闻事业的发展及其传播观念的生产，施加了非常重要的影响。

---

① 冯天瑜、何晓明：《张之洞评传》，南京大学出版社1991年版，第1页。

一

1881年末，张之洞补授山西巡抚，成为实权在握的封疆大吏。但晋省百业凋敝、贫弱之状在他诸般兴革之后，改善甚微，这使他认识到固守祖宗成法无法振衰起敝，从而启变通陈法、改弦更张之思。他偶然从省府文档中看到英国传教士李提摩太给前任山西巡抚曾国荃的条陈，对其开矿、筑路、办学等西化方案产生了兴趣和认同。1883年，张之洞在山西设立洋务局，通令搜罗各种洋务人才，并设法从沪、津等地购买洋务书籍。1884年，张之洞调署两广总督，由此走上了大办洋务的道路。办理洋务必然跟踪世界风云变化，关注西方科技文化发展，自然也就会接触传播洋务的近代报刊，并在阅读报刊的过程中对之产生由浅入深的认识和看法。《万国公报》的一则有关该报影响的资料载："英国驻广州领事在与张之洞的秘书的谈话中获悉，'这位秘书和他的许多好朋友都是这个杂志的订户，他们认为这是中文报刊从未见过的好杂志，总督自己也偶尔阅读这个杂志'。"[①] 甲午战争一役，对一向关心朝局、志在"庙略坚强挽陆沉"[②] 的张之洞触动很大。他在得知《马关条约》的当日致电同僚："闻议和已定，种种可骇，从此中国不能自立，实属痛恨。"[③] 既流露了卧薪尝胆、奋发图强之心，也隐隐生发对朝廷的不满。这是他在维新变法时期能够多方支持京师强学书局、上海强学会及《时务报》的思想基础。

张之洞在维新变法期间有过亲自创办报刊的计划。1898年3月18日，其幕僚陈庆年在日记中记："过官报局，晤朱强甫，报稿久呈南皮师，尚未发出。王干臣《实学报》改名《正学报》，亦归南皮师出报，尚无付印之日也。"[④] 5月8日又记："午刻始见，师意在以《正学报》辟诸报谬论，谓余《卫经》、《卫教》二书能作成最佳。"[⑤] 可见张之洞创办《正学报》

---

① 转引自周光明、邹文平《论张之洞与近代报刊》，《武汉大学学报》（人文科学版）2007年第5期。
② 转引自冯天瑜、何晓明《张之洞评传》，南京大学出版社1991年版，第109页。
③ 中国史学会主编：《中日战争》（五），上海人民出版社1957年版，第103页。
④ 陈庆年：《戊戌己亥见闻录》，《近代史资料》第81号，中国社会科学出版社1992年版，第107页。
⑤ 陈庆年：《戊戌己亥见闻录》，《近代史资料》第81号，中国社会科学出版社1992年版，第110页。

是为了"辟诸报谬论",这也从侧面说明张之洞对当时维新派报刊尤其是康梁等维新派所办报刊颇为不满,认为是"谬论",故而企图通过抢占和利用舆论阵地的手段,进行舆论引导,以便达到宗经、卫道的政治思想控制目的。

1889年张之洞调任湖广总督后,所办洋务企业已经涉及各行各业,其种类之广和数量之多,其他洋务派都无法望其项背。张之洞深知办理洋务的前提是学习西方知识,其西学来源的很大一部分就是报刊。张之洞对各方面的报刊都非常关注。在他的函电中,常常提起很多报刊,例如《万国公报》《申报》等都是当时的重要报刊,是各界人士了解时事的主要来源,张之洞自然也是多加阅览,甚至如《求是报》这样的小型册报也不放过。他曾指示幕僚订购"上海所有华字各报",外国人办的报纸自然也在他的阅读之列。诚如有学者论断的那样:"他非常自觉地运用报刊学习新知、了解社会舆情、网罗人才。"[①] 1897年9月30日陈衍等人创办的《求是报》甫一问世,张之洞很快就注意到了。这一方面说明当时的上海在舆论界万众瞩目的地位,另一方面也说明张之洞观察的眼光周到和嗅觉敏锐。"陈衍在《求是报》上发文表达新派思想,颇合张之洞的心意,因此来电力邀陈衍前往武昌晤谈,电报中有称赞陈衍'文章光明俊伟,读之使人神往'等语,对陈衍颇为推崇。"[②] 正是在张之洞的盛邀下,陈衍于1898年春离沪赴鄂。陈、张二人见面后相谈甚欢。陈衍最终决定留鄂任职,并很快去函辞去《求是报》之职。陈衍从此开始居留武昌近10年之久,成为张之洞的重要幕僚之一。1898年《湖北商务报》创刊后,陈衍任该报的总编纂之职。

张之洞是晚清最早主动创办报刊以为政府喉舌的地方大吏。他督鄂期间"创办了数量繁多、种类齐全的官办刊物,称霸湖北舆坛,这在清末所有的督抚要员之中,实属罕见,无可企及。"[③] 1896年8月在上海出版的《时务报》是维新派报刊中一面最鲜艳的大旗,该报从开始筹办、出刊、推销到后来易帜改名《昌言报》,张之洞几乎都参与其中。他重视和支持

[①] 周光明、邹文平:《论张之洞与近代报刊》,《武汉大学学报》(人文科学版)2007年第5期。

[②] 廖菊栋:《陈衍及其〈元诗纪事〉研究》,学苑出版社2011年版,第31页。

[③] 刘望龄:《张之洞与湖北报刊》,《近代史研究》1996年第2期。

报刊，以之为载体和平台传播了很多新学知识，但他绝不允许报刊的传播内容越出政府设定的雷池一步，他对报刊施行了严格的监督和管理，形成了带有张氏行事风格、以干预和审查为主要形式的媒介批评。易鼐在《湘学报》第 20 期发表《中国宜以弱为强说》，批评洋务派所鼓吹的整顿海军、讲求商政、筑路造船之类，旷日持久，收效太慢。中国谋自强，必须在政治制度方面彻底改革，西法与中法相参，民权与君权两重。张之洞读后，立即致电陈宝箴和黄遵宪，严词指责：

> 湘中人才极盛，进学极猛，年来风气大开，实为他省所不及。惟人才好奇，似亦间有流弊。《湘学报》中可议之处已时有之，至近日新出《湘报》，其偏尤甚，近见刊有易鼐议论一篇，直是十分悖谬，见者人人骇怒。公政务殷繁，想未寓目，请速检查一阅，便知其谬。此等文字远近煽播，必致匪人邪士倡为乱阶，且海内哗然，有识之士必将起而指摘弹击，亟宜谕导阻止，设法更正。公主持全湘，励精图治，忠国安民，海内仰望。事关学术人心，不敢不以奉闻。①

正是在张之洞的强力干预下，《湘报》不得不取消报首议论专栏，辞退主要编撰谭嗣同和唐才常等激进维新派人士，藏锋敛芒，战力削弱不少。

二

张之洞的报刊思想集中表现于《劝学篇·阅报》篇中。《劝学篇》是张之洞在"正当变法运动进入生死存亡的关键时刻"② 而推出的一部全面系统阐发以"中体西用"为核心架构的理论著作。该书结构上分内、外两篇：内篇务本，以正人心；外篇务通，以开风气，典型地体现了其"会通中西、权衡新旧"的编撰宗旨。全书洋洋数万言，是张之洞精心结撰、集中宣传晚期洋务思想的代表之作。该书主张以传统的纲常名教维系世道以固人心，然后选择西学会通以应世事，一方面批评顽固派泥古不化、抱残守缺、不知变通之术；另一方面又痛斥维新派菲薄名教、滥施斧钺、不知

---

① 赵德鑫主编：《张之洞全集》（九），武汉出版社 2008 年版，第 315 页。
② 冯天瑜、何晓明：《张之洞评传》，南京大学出版社 1991 年版，第 172 页。

固本之方。表面上看好似两面作战，新旧通批，究其实锋芒所向主要还是维新派及其变法理论。张之洞斥其为"恑诡倾危，乱名改作之流，遂杂出其说，以荡众心。学者摇摇，中无所主，邪说暴行，横流天下。"①《阅报》是外篇之六，张之洞述该篇之旨为"眉睫难见，苦药难尝，知内弊而速去，知外患而豫防也"。② 可见，张之洞将阅读报纸活动视为一种应用，从属于维护巩固纲常名教的根本需要。

体与用，是中国传统哲学的重要范畴，与欧洲哲学的本体与现象、印度佛教哲学的法性与法相关系类似，却又不尽等同，除此之外，还有本体与其作用、功能、属性的含义。作为通常用语，又有主与辅、本与末的意思。中国哲学的主潮，历来讲究体用统一，体用分离被视为大忌。《阅报》篇全文虽然不长，只有700余字，但在写作上表现了张之洞的诸多良苦用心之处。该文起首言曰："李翰称《通典》之善曰：'不出户，知天下；罕更事，知世变；未从政，达民情。'斯言也，殆为今日中西各报言之也，吾更益以二语曰：寡交游，得切磋。外国报馆林立，一国多至万余家，有官报，有民报；官报宣国是，民报达民情。凡国政之得失，各国之交涉，工艺商务之盛衰，军械战船之多少，学术之新理新法，皆具焉。是以一国之内如一家，五洲之人如面语。"③ 首先引用古人对《通典》的褒评之语，抓住阅读行为的相似之处，将读书的合理性转移到报纸的阅读行为上面，等于预先设定了承认阅读报纸有用的思维方向，然后以补充的方式，提出报纸还具有"寡交游，得切磋"的功能，即具有丰富为学之道的价值。这对历来重视通过读书而提高知识学问的国人来说，无疑具有很大的吸引力和说服力。

张之洞这节论述文字简洁，要言不烦，确有独到之处：首先，他看到了报纸有官报和民报的区分，两者宗旨和目的不同，各擅胜场；其次，他关于报刊"一国之内如一家，五洲之人如面语"的认识，其实是触及了媒介的共同体建构功能。阅读相同文本的人，会产生同一种情感，而感到自己处于一个更大的群体之中。张之洞的这种见解比一般把报刊仅仅视为开阔闻见的知识工具，显得更为新颖而深刻，这是他作为一个关注国家命运

---

① 赵德鑫主编：《张之洞全集》（十二），武汉出版社2008年版，第157页。
② 赵德鑫主编：《张之洞全集》（十二），武汉出版社2008年版，第158页。
③ 赵德鑫主编：《张之洞全集》（十二），武汉出版社2008年版，第178页。

的政治家，敏于从社会治理角度审视世事而带来的一种必然识见：

> 中国自林文忠公督广时，始求得外国新闻纸而读之，遂知洋情，以后更无有继之者。上海报馆自同治中有之，特所载多市井猥屑之事，于洋报采撷甚略，亦无要语。上海道月有译出西国近事，呈于总署及南、北洋大臣，然皆两月以前之事，触时忌者辄削之不书，故有与无等。乙未以后，志士文人创开报馆，广译洋报，参以博议，始于沪上，流衍于各省，内政、外事、学术皆有焉，虽论说纯驳不一，要可以扩见闻、长志气，涤怀安之酖毒，破扪龠之瞽论，于是一孔之士，山泽之农，始知有神州；筐箧之吏，烟雾之儒，始知有时局，不可谓非有志四方之男子学问之一助也。①

正是留心时事，张之洞才能对近代以来我国报刊的发展作出如上的梳理和评述，尽管这种评述中带有精英主义的色彩，但也确实点出了此前我国报刊发展中所存在的某些突出性的不足和问题，尤其是他从可以扩闻见、长志气、破盲从、助学问、明时局等多个角度肯定报刊所具有的价值，这在当时仍有一定的积极意义。如果说张之洞以上对报刊的见解大抵上与王韬、郑观应、陈炽的看法互为表里，还不足以将他与前人或同时代人相区别而显示特别超群的话，那么，他接下来的论述就显示了他不同一般的地方了：

> 方今外侮日亟，事变日多，军国大计，执政慎密，不敢宣言，然而各国洋报早已播诸五洲，不惟中国之政事也，并东西洋各国之爱恶攻取，深谋诡计，一一宣之简牍，互相攻发，互相驳辨，无从深匿，俾我得以兼听而豫防之，此亦天下之至便也。
>
> 然而吾谓报之益于人国者，博闻次也，知病上也。昔齐桓公不自知其有疾而死，秦以不闻其过而亡。大抵一国之利害安危，本国之人蔽于习俗，必不能尽知之，即知之亦不敢尽言之。惟出之邻国，又出之至强之国，故昌言而无忌。我国君臣上下，果能览之而动心，怵之而改作，非中国之福哉！

---

① 赵德鑫主编：《张之洞全集》（十二），武汉出版社2008年版，第178—179页。

近人阅洋报者，见其诋訾中国不留余地，比之醉人、比之朽物，议分裂、议争先，类无不拂然怒者。吾谓此何足怒耶？勤攻吾阙者，诸葛之所求；讳疾灭身者，周子之所痛。古云：士有诤友。今虽云国有诤邻，不亦可乎！①

张之洞这里对报馆的认识，其突出之处是超越了对报刊知识层面的认知，进而触及政治制度层面的设置和变革，"报之益于人国者，博闻次也，知病上也"，也就是他十分注重通过报纸了解"西政"的长处和"中体"的落后陈腐。当时一些外报时常对清廷的社会治理制度以及一些官员所为评头品足、说长道短，甚至极尽挖苦嘲笑、讽刺揶揄之能事，这很使一些国人为之气愤不已，拂然而怒。对此，张之洞倒是抱着一种宽容的态度，认为外报无异于一位能说真话的"诤友"，他们的批判对于我们了解自己的病根具有极大帮助作用。正是因为如此，张之洞才把"阅报"作为救国举措之一并提到"应敌制变之术"的高度，从而大力地鼓励官绅广泛阅读中外报刊。仅就这一点，张之洞的媒介观确有过人之处。

三

在晚清的地方大员中，张之洞以集儒臣和能吏于一身而著称。在媒介批评领域，他并不满足于充当一个坐而论道者，而是躬身力行，寓媒介批评于具体的指导、管理、规范报刊行为的实践之中。当报刊传播符合他的意旨，他不吝褒奖；当报刊传播逸出统治者设定或允许的思想秩序轨道时，他又不遗余力地规劝、打压、制止，力图使报刊运行入其彀中。"张之洞对《时务报》既赞助、支持，又压抑、控制，个中微妙曲折，恰可视作张之洞与整个维新运动关系的缩影。"② 张之洞维新时期与报刊的关系，也是他媒介批评的真实写照。

维新派最重要的刊物——《时务报》能够在创办不久即独领风骚、风行海内，当然与适应了时代需要和梁启超的生花妙笔有关，但也与张之洞等大吏的"奖许"密不可分。诚如该报自己所言："报馆创设倏逾一载，

---

① 赵德鑫主编：《张之洞全集》（十二），武汉出版社2008年版，第179页。
② 冯天瑜、何晓明：《张之洞评传》，南京大学出版社1991年版，第166页。

第二章 维新变法时期的媒介批评

肇始之时，惧恐底滞，赖大府奖许，同志扶掖，传播至万二千通，揆诸始愿实非所期。"①《时务报》创刊后，很快张之洞就札饬全省官销该报：

> 照得新报一项，有裨时政，有裨学术，为留心经世者必不可少之编。百余年来，泰西各国推广不遗余力。如英之泰晤士报，法之勒当报，德之科隆尼司报，其尤著者也。每日所出各数十万张，其他各地有各地之报，各业有各业之报，各学有各学之报。英国报馆，几二千所，可谓盛矣。二十年来，中国亦渐通行，但其始皆出自洋商牟利，故于事之是非虚实，不免失真。且所录多齐语郢说，无关宏远。宜为士大夫所不屑道。比来内外臣工，颇有奏请设立报馆者，本月准总理衙门咨行议准刑部侍郎李条陈折内，亦有选译西报一条。奉旨允准。可见报馆有益大局，实非浅鲜。查上海新设时务报馆，每一旬出报一本，本部堂批阅之下，具见该报识见正大，议论切要，足以增广见闻，激发志气。凡所采录，皆系有关宏纲，无取琐闻。所采外洋各报，皆系就本文译出，不比坊间各报，讹传臆造，且系中国绅宦主持，不假外人，实为中国创始第一种有益之报。湖北地据上游，交涉日繁，他日又为筑造铁路所自始，凡在官员士庶于时务一门，固不乏留心探讨之人，第恐闻见稍隘，欲扩末由，则《时务报》裨益实多。②

张之洞的饬札，也是一篇完整的媒介批评文本。在传统的政治结构中，地方官总是作为帝王谕旨的执行人而出现。他们所发告示必定要引经据典，以示合法性和权威性。张之洞此札亦不例外。"比来内外臣工，颇有奏请设立报馆者，本月准总理衙门咨行议准刑部侍郎李条陈折内，亦有选译西报一条。奉旨允准。可见报馆有益大局，实非浅鲜。"这里就为此札披上了合法的外衣，也为对报刊功能的一般理论阐释提供了政治前提，下面再对中外各报进行历时性的梳理和评价，就显得顺理成章。作为地方官员，张之洞对报刊评价必然以政治标准为第一，他对《时务报》作出"识见正大，议论切要"的评价，其实都是围绕国家需要这一宏大标准的

---

① 《本馆寄报收款清表》，《时务报》1897年9月17日第39册。
② 《饬行全省官销时务报札》，《时务报》1896年9月27日第6册。

合理性展开和推演。在这个基础上，他再对《时务报》作出"实为中国创始第一种有益之报"的高度肯定性评价，从而为官销作一极好的铺垫。19世纪90年代中后期，李鸿章因甲午战争失势，张之洞成为其时地方督抚中最具实力的人物，他对《时务报》的批评自然具有一种旗帜性的意义，为其他官员提供了榜样。在张之洞的示范下，直隶陈启泰、劳乃宣、江苏龙湛霖、江西翁曾桂、安徽邓华熙、河南岑春荣、贵州严修等地方官员，也纷纷饬令下属购阅《时务报》，他们在札文中或以李端棻奏折为据，或援引张之洞札饬为例。这对该报的行销和影响的扩大，无疑都是春风送暖、锦上添花之举。

1897年4月，江标、唐才常等人创办了《湘学报》，介绍西方近代社会科学和自然科学知识，宣传维新变法。5月，上海农学会罗振玉等人创办了《农学报》，是我国最早传播农业科学知识的刊物。张之洞也曾通饬各属州县购阅两报。饬令云：

> 本部堂近阅湖南《湘学报》，大率皆教人讲求经济时务之法，分为史学、掌故、舆地、算学、商学、交涉之学六门，议论闳通，于读书讲艺之方，次第秩然，惟其中有"素王改制"一语，语意未甚明晰，似涉新奇。现准湖南学院江电称："《湘报》本旨力求平实，此语由编纂者一时讹误，词不达意，现已更正"等语。是此报议论，均属平正无弊。又上海《农学报》，大率皆教人务农养民之法，于土性、物质、种植、畜牧、培养宜忌各种新法，以及行销衰旺情形，考核精详，确有实用。其一有裨士林，其一有关民生，均为方今切要学术治术，自宜广为传布。除省城两湖书院发给五本，经心书院发给二本，本部堂衙门暨抚、学院、司道、荆州将军衙门各一本，由善后局付给报资外，合行通饬。札到，该道、府、州即便遵照转行所属各州县，将以上两报一体购阅。《湘学报》并应发给书院诸生阅看，《农学报》并应发给绅士阅看，俾士民人等鼓舞讲求，以储人才而兴地利。[①]

张之洞并不是无条件地支持报刊，而是格外强调报刊的宗旨是否纯

---

① 赵德鑫主编：《张之洞全集》（六），武汉出版社2008年版，第76页。

正，能否在开启民智的前提下，达到息邪说、定人心的政治目的，为维护清廷的统治秩序服务。这也是他批评报刊的标准。《湘学报》创刊伊始，张之洞下达了《札湖北各属州县购阅湘学、农学各报》的公牍给予支持，但随后他发现了《湘学报》的言论渐趋激烈，有不受"控制"之势，遂即刻致电湖南学政予以阻止云："近日由长沙寄来《湘学报》两次，其中奇怪议论较去年更甚，或推尊摩西，或主张民权，或以公法比《春秋》。鄙人愚陋，窃所未解，或系阁下未经寓目耶。此间士林见者啧有烦言，以后实不敢代为传播矣。所有以前报资，已饬善后局发给，以后请饬即日截至，毋庸续寄。另将《湘学报》不妥之处签出，寄呈察阅。学术既不敢苟同，士论亦不敢强拂。"① 遂断绝了对《湘学报》的支持。

在晚清政坛，张之洞是一个具有自己识见和主张的实力派。有人曾认为他是"一位善于投机、极为圆滑的封建官僚，是戊戌变法中的风派。"② 其实，这只描述了张之洞思想和行为处事的外观，却不尽符合他思想内核的实际。"他从来就不是维新派，而是开明的、坚定的封建卫道者。"③ 他的思想自成系统，一以贯之。作为思想家的张之洞，一方面能对新文化和新思想的技术—艺能层面给予充分的理解和接纳，表现颇为大度的宽容和开明，这在其《劝学篇》的外篇中表现得淋漓尽致；另一方面，他对新文化、新思想的政治—伦理层面又加以坚决的排拒、否定，口诛笔伐，展开殊死较量，其《劝学篇》的内篇正显示了他卫道的执着和激昂。总之，张之洞的思想底色依旧是传统多于现代、保守多于创新。其中心主张还是高举"中体西用"的大旗，在固守儒家伦理说教的前提下，以西方器物层面的优势为参照物，对中国的封建体制进行调适。作为体制内接受过多年封建正统教育的官僚，他自然把自己的政治命运与清廷紧密地联系在一起。作为一个有影响力的官员，他运用饬札行文的方式提倡推广和传播报刊，给媒介批评深深打上官方的烙印。在媒介批评领域，他既对报刊抱持一般的支持态度，又重视对其政治倾向予以规范和约束，从而在具体的时代语境下，于卫道和开新的二重变奏中吹奏出属于自己的独特乐章。

---

① 赵德馨主编：《张之洞全集》（九），武汉出版社2008年版，第315页。
② 李喜所：《谭嗣同传》，河南教育出版社1986年版，第208页。
③ 冯天瑜、何晓明：《张之洞评传》，南京大学出版社1991年版，第174页。

第十节 顽固卫道者的媒介批评

李鸿章在第二次鸦片战争之后说过:"时至今日,地球诸国通行无阻,实为数千年未有之变局。"① 这是积两次失败之痛,中国社会反思后得出的结果。在以后几十年里,无论是谈洋务,还是讲维新,大多以此为立论的起点。但是,凡是有人群的地方就有左中右,对一个有着漫长封建专制历史的中世纪社会来说,观念的转变不仅是一个痛苦的过程,而且注定将是一个参差不齐、各种观点互相搏击的状态。在第二次鸦片战争结束后,清廷居中央枢要之地的奕䜣、文祥为了谈判而同侵略者交往;握东南军政重权的曾国藩、左宗棠、李鸿章则在镇压太平天国的过程中与溯江而上的西方人相遇。这两部分人于民族战争失败之后在被迫与西方人周旋交际的过程中,渐从对手身上感触到另一个世界的气息,获得了中国传统历史经验中所没有的新知,思想因之而发生变化,由此走上了自强求富、具有一定革新意义的洋务运动之路。其实在那个时候,不愿意变的人更多。在洋务运动的发展过程中,"每一件带有创置意义的举措都曾招来詈责,激成争论"。② 即便是形而下范畴的器艺之学,也常要在反对的声浪中几经磨难,方能出世,其中一部分又在反对声中夭折。甲午一战,世变之亟迫在眉睫,公车上书、强学会、康有为多次上书、保国会,一连串前后相接的事件终于构成了百日维新的政治运动,它把中国的出路寄托在因势以变的改革之中,锋芒直指维持传统社会运转的基本成法,致使变与不变的矛盾空前激化,进而发展为一场带血的斗争。在皇权至高无上的社会里,一场由皇帝倡导和推行的改良运动竟然失败了,原因固多,但最根本的原因还是封建顽固派力量的强大。

这种强大,不仅表现在政治、经济、军事等硬实力上,也表现在思想观念等软实力上。在新闻传播领域,虽然维新派报刊特别是《时务报》《国闻报》等一纸风行,影响遍及国中,但维新派报刊传播的同时,也同样遭到了守旧卫道者的顽强抵抗和有针对性的猛烈攻击。在守旧卫道者群体中,既有以慈禧太后为首的封建顽固派,也有一些热衷西器西艺、企图

---

① 中国近代史资料丛刊:《洋务运动》(六),上海人民出版社1961年版,第351页。
② 陈旭麓:《近代中国社会的新陈代谢》,上海社会科学院出版社2006年版,第131页。

第二章 维新变法时期的媒介批评

以新卫旧、新旧面目难辨的洋务派。洋务派与顽固派在具体的思想观念上虽也有很多分歧和争论，但在维护旧的封建统治秩序这一点上，他们则颇多共同语言。

一

在维新变法时期的中国，"顽固是一种社会病症"。① 这种顽固表现于对祖宗之法不问青红皂白的膜拜和捍卫，而且同民族主义、爱国之情黏连在一起，不合理的东西被合理的东西掩盖着，于是而能成为一种清流、公论。近代中国，通过大众传播媒介来全面反省中国传统文化，尤其是批判封建专制制度，当数五四时期陈独秀创办的《新青年》而为第一波高潮，追溯源头，则以《时务报》为肇端。② 1895年3月13—14日，严复在天津《直报》发表《辟韩》一文，后应梁启超之约，严复又将稿件寄给《时务报》馆，并将原文内"六经且有不可用者"一语改为"古人之书且有不可泥者"。显然，修改虚化了批判矛头，是为了降低传统意识形态维护者的反弹，考量现实环境之后的慎重之举。1897年4月12日，《时务报》第23册转载了《辟韩》一文。严复在文中痛斥韩愈"知有一人，而不知有亿兆"的君主专制观念，君主实为窃国的盗贼："夫自秦以来，为中国之君者，皆其尤强梗者也，最能欺夺者也……秦以来之为君，正所谓大盗窃国者耳。国谁窃？转相窃之于民而已。"③ 言辞尖锐犀利，有如石破天惊，文章发表后，立即在社会上产生了强烈的反响。当月25日谭嗣同即致信汪康年谈及对该文观感："《时务报》二十三册《辟韩》一首，好极好极。究系何人所作，自署观我生室主人，意者其为严又陵乎？望示悉。"④ 张之洞虽然是后期洋务派的要员，兴办了大批的军工、民用企业，但在维护封建道统上，却冥顽不化。虽然此前曾经饬札鄂省官销《时务报》以示支持，但他无法容忍《辟韩》一文对君主专制制度的否定，授意屠仁守撰写《辨〈辟韩〉书》一文予以反驳，并通过汪康年强令《时务报》予以

---

① 陈旭麓：《近代中国社会的新陈代谢》，上海社会科学院出版社2006年版，第134页。
② 闾小波：《中国早期现代化中的传播媒介》，上海三联书店1995年版，第123页。
③ 观我生室主人（严复）：《辟韩》，《时务报》1897年4月12日第23册。
④ 上海图书馆编：《汪康年师友书札》，上海古籍出版社1986年版，第3248页。

刊载,这就是发表在《时务报》第30册上的《孝感屠梅君侍御辨〈辟韩〉书》一文。

屠仁守(1836—1904),字梅君,湖北孝感人。出生于封建官僚家庭。屠仁守自幼刻苦读书,1866年中进士,选庶吉士,授编修。道光时转为江南道御史,曾上疏提出改良朝政的六项措施和指出在海防建设上的五种弊端,一时名动全国,以铁面御史著称。1889年因疏谏慈禧太后修建颐和园而被罢官,遂到山西讲学执教14年。维新变法前后,屠仁守与湖广总督张之洞来往密切。1896年11月,张之洞拟赈兴白鹿书院,延聘屠氏主讲,最终未果。当时,屠仁守还跟张之洞的幕僚们一起参加了康有为在上海发起的强学会,并列名为上海强学会16位发起人之一。1900年8月,因八国联军攻进北京,慈禧避逃山西,屠仁守被召见,后被授光禄寺少卿,不久病逝。《辨〈辟韩〉书》一文"是《时务报》上仅有的一组争鸣文章"[①],该文在《时务报》上发表后,不仅被《秦中书局汇报》转载,还被苏舆编辑的《翼教丛刊》一书收录,可见其具有相当大的社会影响力。《辨〈辟韩〉书》的辩驳对象当然是《辟韩》这篇文章,但由于文章总是发表在具体的刊物上,因此,批评的指涉对象又必然关涉到刊发文章的报刊,或多或少、或直接或间接地关涉到发表行为,于是这种批驳又具有媒介批评的性质和意义:

> 自丙岁仲秋之月,获读大报首册及公启,蹶然而兴,慨然而叹,驰告友朋,谓不图今日重睹汉官威仪。盖为著统之体尊,发凡之例谨,托心豪素,而致戒于讪上横议。方今中外报馆如林,群言淆乱,此报出,吾党其得闻《圣证论》矣乎。次第及十数册,陈义弥高,不无出入,又好以嬉笑怒骂为文章,同人窃窃致疑其间。蒙释之曰:此皆忧时君子,惨怛郁悒,激而为此,欲以惊醒一世,使知困其患,则操其备耳。吾辈但当尽心考求,期于存之有主,措之有方,以赴事机之会。斯报之功,于是为大,不宜择一二偏宕愤激之谈,病其全体。闻者颇然之。故虽以僻寂荒城,独无分局,而皆展转丐托,千里递寄,数人得共阅一编,资为程课。区区方深慰幸,乃顷读二十三册有《辟韩》之文俨然著录,于私心有大不安者。谬托气类,不敢不略抒

[①] 闾小波:《中国早期现代化中的传播媒介》,上海三联书店1995年版,第124页。

第二章 维新变法时期的媒介批评

管蠡之见，冒渎于下执事。窃以《韩子·原道》之作，后儒推崇，容有过当。惟伊川程子谓其言语有病，朱子以其略格致不言，为无头学问，然于立论大体，盖皆深取焉。斯亦既严且核，庶几得所折衷矣。今《辟韩》者，溺于异学，纯任胸臆，义理则以是为非，文字则以辞害意，乖戾矛盾之端，不胜枚举。请先言其大者。夫君臣之义，与天无极，其实尊卑上下云尔。……大报尝著《尊君权》篇，其义明，其说详，可与前册参民权之论相调剂以适于中。今忽复博采兼收，异军特起，虽报馆之例，有闻必录，误则从而更正之。窃以于众事犹可，抑亦他报馆不问义理，但骋快笔者所优为，恐非诸君子创《时务报》之深心所宜然也。……然则吾《时务报》，上而规诲，下而传语，达诸朝野，播之列邦，诚有谈非容易者。诸君子综才学识之三长，鉴今于古，策中以西，蒙每奉一编，辄欣戚交心，歌泣不知其由。意者谠言日出，既痛砭沉痼，猛觉群迷，其必写畏天命、悯人穷之苦衷，昭揭荡平正直之王道，于薄海内外，使凡业臻富强之国，幡然知仁义之为福而当务，争攘之为祸而当戒，有以淡其欲念，戢其雄心，则岂惟中夏安，四裔亦且俱安。载书之盟，请要于季路；弭兵之会，成言于向戍。此则诸君子主持擅坛之盛美，足以尊国势而保黎民。由是以大正人心，息邪说，距诐行，放淫辞，乃为不得已之实事。其或不然，第惩庸论忌讳虚愆，而矫枉过正，务录一切蔑古悖经、干纪狂诞之说，无益于已乱，而有余于召衅，诚未见其可也。①

无论是屠仁守还是张之洞，在维新变法运动中，都不是纯然的反对派，他们在维新活动中与康有为、梁启超等维新变法派都多有往还，在西学西艺的某些观点上也有交集。这就决定了《辨〈辟韩〉书》的批评修辞艺术。这篇驳论以"书"体出之，必然要具有某些私人书信交往间的行文语气，既要直接针对《辟韩》一文的观点进行批驳，又要委婉而不失明确地表达对《时务报》在语言、风格、宗旨、体例等方面的不满，带有一种貌似私人之间的商讨性质，但无论如何，渗透在字里行间的批判性仍跃然纸上。如果说对《时务报》"陈义弥高，不无出入"的指责还可以理解为一种媒介业务甚或质量高下方面的评价，属于一种仁

---

① 屠仁守：《辨〈辟韩〉书》，《时务报》1897年4月22日第30册。

者见仁、智者见智的范畴，而"蔑古佛经、干纪狂诞"的界定，显然就是一种意识形态方面的上纲上线，意欲从政治上予以定性，使对手处于有口难辩的不利境地。

二

在维新变法运动中，湖南是新、旧两派交锋最为激烈的地方。湖南据东南上游，19世纪90年代之前，是一个较为保守的世界，当沿海及通商各埠在欧风美雨的浸淫下发生近代转型的时候，湖南依旧是深闭固拒，"向以虚憍闻天下"。① 1872年6月，曾国藩病殁于金陵任所，其灵柩由新式轮船运抵长沙，官绅大哗，反对轮船进入省境地。1876年初，湖南籍人郭嵩焘被委任为驻英公使，不料也招致一片反对和非议之声，长沙甚至有人特意为其撰如下对联予以讽刺："出乎其类，拔乎其萃，不容于尧舜之世；未能事人，焉能事鬼，何必去父母之邦！"② 曾国藩为大清中兴名臣，郭嵩焘出使本是奉命行事，他们二人竟然获此不虞之遇，其他人的境遇可想而知。甲午战争失败，民族危机空前加剧，让一些湖南人自省。芷江杨子玉就沉痛地说："甲午的败仗，实是我们湖南人害国家的；赔日本二万万银子，也是我们湖南人害国家的。"③ 极大地激发了一部分湖南人的求变自强意识，加上巡抚陈宝箴、督学江标（继任徐仁铸）、按察使黄遵宪都有一定程度的政治改良倾向和意愿，这样，在维新志士谭嗣同、唐才常等人的积极活动下，湖南的维新运动迅速开展起来，一跃而为维新变法运动中最富有朝气的省份，特别是《湘学报》《湘报》相继崛起，"各府风行，湖南热力因为之一动"。④ 特别是《湘报》，与上海的《时务报》、天津的《国闻报》鼎足而立，互相呼应，成为维新变法时期维新派的舆论重镇。

湖南顽固守旧势力毕竟根深蒂固，维新派人士的积极活动和激烈言论，也引起了湖南一批阻挠变法者的嫉恨。为了形成与维新人士的对立之势，王先谦的得意门生苏舆，将当时各种反对维新变法的文章、言论汇集

---

① 湖南省哲学社会科学研究所编：《唐才常集》，中华书局1980年版，第179页。
② 转引自熊月之《郭嵩焘出使述略》，《求索》1983年第4期。
③ 杨子玉：《工程致富演义》，《湘报》1898年6月25日第94号。
④ 《衡州士绅开设俚语报馆禀》，《湘报》1898年8月30日第141号。

成册，题名《翼教丛编》予以刊布。"翼教"二字，取其翼圣（孔）教、复名教、正人心之意。书中主要辑录了朱一新的《答康有为五书》、安维峻的《请毁禁〈新学伪经考〉片》、张之洞的《劝学篇》、叶德辉的《〈輶轩今语〉评》以及《湘绅公呈》《湘省学约》等，此外还有不少是湖南守旧派代表人物王先谦、叶德辉等人写给学生、友人的书信，其内容均为反对变法、诋毁维新。可以说，《翼教丛编》一书，集中了当时湖南反对维新的各种代表性言论。

苏舆（1874—1914），字嘉瑞，号厚庵，湖南平江人。幼年随父读书，稍长，入长沙湘水校经堂肄习，又从王先谦受学，1897年选拔贡，戊戌变法期间，他顽固守旧，肆意攻击康有为所撰《新学伪经考》《孔子改制考》等著作。谭嗣同、唐才常成立南学会，樊锥倡办该会邵阳分会，苏舆撰《驳南学会章程条议》，逐条诬诋，还煽动邵阳官绅将樊锥驱逐出湘境，以卫道士自居，成为湖南当时反对新政最力者之一。苏舆在该书目录之后交代其编著宗旨有言："疆臣佼佼，厥惟南皮，《劝学》数篇，挽澜作柱，王议诐邪，屠书辨误，报馆横决，实资救正，中西混同，异说争席，明教有述，源流毕赅。"① 可见《湘报》和《湘学报》也在他批驳之列。

报刊是湖南新、旧思想冲突和交锋的一个重要焦点。1898年7月5日，《湘报》第102期重新刊发了《时务学堂功课详细章程》十五节，并附录《第一年读书分日课程表》。7月10日，王先谦、刘凤苞、汪概、蔡枚功、张祖同、叶德辉、郑祖焕、孔宪教、黄自元与严家鬯等10人向陈宝箴呈递所谓的《湘绅公呈》，极力诋毁梁启超、韩文举、叶觉迈、谭嗣同、唐才常、樊锥、易鼐等人，要求对时务学堂"严加整顿，屏退主张异学之人，俾生徒不为邪说诱惑"。② 7月12日，《湘报》第109号刊发时务学堂学生蔡锷课卷《后汉书党锢传书后》，并加了案语。7月15日，熊希龄又在《湘报》上公开发表《上陈中丞书》，用大量事实驳斥王先谦等对他的攻击和诬蔑。由于熊希龄两度在《湘报》予以回击，于是《湘报》被守旧派人士视为眼中钉、肉中刺。8月12日，王先谦煽动岳麓、城南、求忠三书院生童集议于学宫，制定《湘省学约》，其中"辨文体"一项，针对当时的报章文体发论：

---

① （清）苏舆编：《翼教丛编》，上海书店出版社2002年版，第3页。
② （清）苏舆编：《翼教丛编》，上海书店出版社2002年版，第150页。

文所以载道也。唐王勃、李贺辈，天才颖异，识者犹谓非远到之器，无他，有文而无实也。国朝沿明之旧，以制艺取士，法律綦严，近时风气大非，或剽窃子史，或阑入时事，甚且缀缉奇字怪语，不知音义，无可句读，文风几于扫地。乃持文衡者，大半茫昧，动为所欺。此以是投，彼以是取，辗转仿效，循而不变，必至科目无一通人，宜朝廷以时文积弊太深，改试策论也。然试场策论，非有学术能文章者主持之，其弊殆比时文更甚。观《湘报》所刻诸作，如热力、涨力、爱力、吸力、摄力、压力、支那、震旦、起点、成线、血轮、脑筋、灵魂、以太、黄种、白种、四万万人等字眼，摇笔即来，或者好为一切幽渺怪僻之言，阅不终篇，令人气逆。若不共惩此弊，吾恐朱子欲废三十年科举之说，将行于今日。昔欧阳文忠知贡举，痛恨新体，摈斥险怪奇涩之文，良以言者心声，言既不轨，心必不正，先于进取，严为剖别，庶几国家得有用之材，不至以趹踶夓驾者害天下也。朱子云："欧文好者，只是靠实而有条理。"又曰："欧、苏文好处，只是平易说道理，初不使差异底字，换却寻常底字。"先哲名言，允宜服膺毋失。文章与世运为升降，果文体由降而升，世运亦自此卜升平矣。①

梁启超在《时务报》上发表的文章与当时统治文坛的桐城派古文迥然有别，其特点是半文半白，平易畅达，笔锋常带感情，有时还加以口语和外来语，特别适合报刊使用，被目为一种报章文体。文体作为独立成篇的文本样式、体制，是文本构成的规格和模式，它反映了文本从内容到形式的整体特点。文体虽然属于形式的范畴，但它的形成和流行其实又是一种文化的现象，是特定社会生活内容和精神风貌长期积淀的产物。因此，报章文体在一定程度上与维新变法运动具有相表里的关系，在当时具有一种思想解放的意义。"传统社会的许多人们在第一次接触到大众传播媒介时，都能恰当地看出媒介具有的魔力。"② 王先谦、叶德辉等人在思想上虽是守旧之士，但他们的政治嗅觉并不迟钝，他们已经从《时务报》的文体中嗅

---

① （清）苏舆编：《翼教丛编》，上海书店出版社2002年版，第152—153页。
② ［美］施拉姆：《大众传播媒介与社会发展》，金燕宁等译，华夏出版社1990年版，第134页。

到了与"世运"相关的气息,感受到了报章文体的改变给封建统治秩序所带来的"令人气逆"的致命冲击和威胁,故对之加以"言既不轨,心必不正"的恶谥,必欲除之而后快。

三

对于被统治阶级来说,统治阶级无论是在物质方面还是在精神方面,都占有一定的优势地位。每一个时代统治阶级的社会成员必然掌握着全社会的优势资源,这为他们提供了充足的垄断信息传播媒介及手段的能力。通过垄断信息传播媒介及手段,统治阶级必然会大量传播自己的思想,而将对自己构成威胁的思想排除在外,从而构筑了统治阶级思想在社会中的优势统治地位。这种优势统治地位还表现在,统治阶级的意识形态由于拥有政治上的合法性,能获得更多的传播和扩散机会,获得更多的社会心理认同,具有更强的社会附着力和渗透力,成为一种统治性社会思想,不仅统治阶层为其代言,成其信徒,且一般社会底层的人也往往深信不疑,奉为正统。在维新变法运动中,伪与康有为相往还,实是为了暗中窥探维新派言行的御史文悌曾经上奏道:"若全不讲为学为政本末,如迩来《时务》《知新》等报所论,尊侠力,伸民权,兴党会,改制度,甚则欲去跪拜之礼仪,废满汉之文字,平君臣之尊卑,改男女之外内,直似止须中国一变而为外洋政教风俗,即可立致富强,而不知其势,小则群起斗争,召乱无已;大则各便私利,卖国何难。"① 把报刊对维新变法的提倡,视为对三纲五常的伦理冲决,并将之与卖国等同起来。对维新变法运动的这种认知,自然不是以守旧迂谬、顽固不化著称的文悌一人所有,而是一种颇为普遍的社会心理。

1898年8月15日,正是维新运动高潮之际,当时发行量首屈一指、已经深入上海市民日常生活之中的《申报》,发表了《整顿报纸刍言》一文:

> 中国之有报纸也,始于香港《遐迩贯珍》,时在道光季年五口通商之始,事当草创,规模未甚精详,嗣是而上海而广州而汉口而天津而宁波而福州,以次开设,或日出一纸焉,或旬印一册焉,或月成一

---

① 朱寿朋编:《光绪朝东华录》,中华书局1958年版,第4118页。

书焉。类别门分，渐臻大善。五十年内多至数十家，而弊窦亦由此启矣。今者钦奉上谕开设官报，简员经理，厘定章程，藉以达民情开风气，并准各报指陈利弊，昌言无隐，其有关时务者由大学堂一体呈览，蚍虱微臣不禁鼓舞欢欣曰，有是哉，我皇其真勤求治理，巨细靡遗者哉。窃谓报纸起自泰西，渐渐行于中国，其利益固甚溥，而弊病以悉数难终。华人每终身不出门，叩以地球五大洲，辄茫然不知所对，更遑论各国之兵刑政治公法约章哉。自报纸行而海外情形了如指掌，交涉之事免受人欺，其利一也。中国官吏之清廉者固多，而贪墨者亦所时有，苞苴之受人谁得知。自报纸行而秉笔直书毫无讳饰，不特清廉者益知自励，即性成贪墨者亦必有所忌惮，不敢恣意妄行，其利二也。殿陛纶音，臣工奏牍，虽有邸抄流布，未能薄海咸知，自报纸行而一纸风传，万民快睹，举凡有益于国计民生之事，得以朝削牍而暮传观，上下之情无虞相隔，其利三也。中国地大物博，各省土产如煤铁金银五谷木棉丝茶之类，高如山积，外人或未得周知，坐使僻壤陬陬货弃于地，自报纸行而逐加评骘，宣布中西行商坐贾之流，得以设法贩运，征贵征贱，获利无涯，其利四也。善夫李翰称《通典》一书云：不出户知天下，罕更事知世变，未从政达民情，斯言也，殆为今日之报纸而设。此南皮张制军著《劝学篇》，所以必勖人阅报乎。至于推究其弊，纯驳不一：信口雌黄，好恶从心，笔锋妄逞，以及杂采委巷不经之语，满纸榛芜，轻薄文人好谈闺阃，同侪倾轧，诟詈多端，犹弊之小焉者也。所可恶者，贿赂潜通则登之雪岭，于求不遂则下之墨池，甚至发人阴私，索人瘢垢，藉端要挟，百计倾排，使人惩之无可惩，辩之无可辩，不得已而赂以重贿，以期掩饰弥缝。其下也者，于青楼曲巷之中，亦复任情敲诈，而当道者更无论已。①

如果说作为一家职业媒体，对报纸存在的必要性和重要性一般地加以肯定论证，自是一种本分，无可非议。但是，《整顿报纸刍言》行文的重点，则是落在指陈和检讨报刊传播过程的"弊窦"所在，而其所说的"弊窦"又不完全是从新闻专业的角度着眼，更多的是转入从社会治理的"国

---

① 《整顿报纸刍言》，《申报》光绪二十四年六月二十八日（1898年8月15日）。

第二章 维新变法时期的媒介批评

政""人心"的角度加以立论。

> 此种恶劣文人,嫉之者指为斯文之蠹贼,近数载内往往有之。亦或巧肆词锋,心存叵测,于朝野上下之弊病指斥不遗,任意将中国底情和盘托出,而问以病何以药,弊何以除,又若寒蝉之噤而不鸣,不复略陈一策,惟是蒙头盖面,谓宜效法东西洋。噫!是直欲驱中国四百兆人民尽变为东西洋黎庶而后已,试问将朝廷置之何地乎。有心人篙目时艰,亟思有以挽回之而苦无良策,及读本月二十二日上谕,饬将泰西报律详细译出,参以中国情形,定为报律,而后叹皇上之重视报纸,而从此报中利弊或兴或革,不难日就范围矣。考泰西各国皆有专门律例,使作报者不能恣意妄为,大旨有心毁谤平人者,执笔人或罚锾或下之于狱,因挟嫌而谤毁者,厥罪尤重,惟无心之失可以更正了之。至局中人之索贿与局外人之行贿,则泰西罕有此事,律中未必详明,鄙意中国既多此种弊端,则务须于定律时严定罪名,以昭炯戒。若夫妄议国政,煽惑人心,尤为法所难宽,不得仅以罚锾下狱了其事。庶报务日有起色,不致让泰西专美于前乎。跂而望之。①

通过制定报律,以法律形式规范新闻事业的运行和发展,看似一种资产阶级意识,是值得肯定的进步表现,但其立论由于是建基于特定保守的政治立场上,攻击维新派报纸"信口雌黄,好恶从心,笔锋妄逞","妄议国政,煽惑人心";攻击维新派报人为"斯文之蠹贼",企图通过制定报律,以"使作报者不能恣意妄为",因而也就只能畸变为一种历史的反动,成为媒介批评领域中顽固卫道者的侧翼和帮凶。无独有偶,耐人寻味的是,1898年8月31日,同在上海且曾与《申报》势同水火的《汇报》也发表了《论报章之弊》一文开展媒介批评,指出当时报刊传播存在谤上、惑众、好异、导谣、失实、自欺等6种缺失,并分析新闻从业人员存在"执拗性成,居心险诈,借报纸以遂其私"②的不良倾向。《申报》《汇报》的媒介批评与文悌的相关言论,无论是暗合,还是有意为之,都构成一种朝野呼应之势。这说明维新变法时代守旧卫道者

---

① 《整顿报纸刍言》,《申报》光绪二十四年六月二十八日(1898年8月15日)。
② 转引自方汉奇主编《中国新闻事业编年史》(上),福建人民出版社2000年版,第148页。

的媒介观念，虽然不代表事物发展的方向，但在社会整体中与官方意识形态紧密结合，仍然拥有盘根错节、沦肌浃髓的强大影响力和众多拥趸。

在任何社会中，报刊与政治都有着千丝万缕的关系。因此，媒介批评的实质在一定的意义上是在争夺舆论主导权和传媒话语权。"大众传播工具最明显和最重要的影响之一，就是使得政治事件引人注目。"① 因为报刊通过公开的报道和评述，可以给公众提供一幅关于正在发生的事实图像。"当普通人在决定自己的政治命运中起重大作用时，新闻和政治舆论的传布就成为一个重要过程。强有力的君主制和拥有其他高度集权形式的社会，并不需要就那些公民必须了解并作出决定的问题进行活跃的公开讨论。"② 经过维新变法运动的冲击，在政变之后重握权柄的慈禧等封建顽固统治者，也已认识到报刊这个新生事物绝非善类，维新期间波澜壮阔的报刊言论事业被官方权力予以重新定义。1898年9月26日，即戊戌政变发生后的第5天，清廷发布上谕：

> 至开办《时务官报》，及准令士民上书，原以寓明目达聪之用。惟现在朝廷广开言路，内外臣工，条陈时政者，言苟可采，无不立见施行，而疏章竞进，辄多掫饰浮词，雷同附和，甚至语涉荒诞，殊多庞杂。嗣后凡有言责之员，自当各抒谠论，以达民隐而宣国是。其余不应奏事人员，概不准擅递封章，以符定制。《时务官报》无裨治体，徒惑人心，并著即行裁撤。③

9月29日，清廷变本加厉，再次发布命令，称康有为是"叛逆之首"，称梁启超"所著文字，语多狂谬"，要求各省地方官员"一体严密查拿，极刑惩治"。④ 10月9日，慈禧又下令将全国报馆一律停办，并捉拿各报主笔："莠言乱政，最为生民之害，前经降旨，将官报《时务报》一律停止。

---

① ［美］加布里埃尔·A.阿尔蒙德等：《比较政治学：体系、过程和政策》，曹沛霖等译，上海译文出版社1987年版，第111页。
② ［美］梅尔文·德弗勒、桑德拉·鲍尔－洛基奇：《大众传播学诸论》，杜力平译，柯雄校，新华出版社1990年版，第57页。
③ 转引自方汉奇主编《中国新闻事业编年史》（上），福建人民出版社2000年版，第152—153页。
④ 转引自方汉奇主编《中国新闻事业编年史》（上），福建人民出版社2000年版，第154页。

近闻天津、上海、汉口各处,仍复报馆林立,肆口逞说,捏造谣言,惑世诬民,罔知顾忌,亟应设法禁止。著各该督抚,饬属认真查禁。其馆中主笔之人,皆斯文败类,不顾廉耻,即饬地方官严行访拿,从重惩治,以息邪说而靖人心。"① 此命令发布之后,仅上海一地就有十几家报刊被迫停刊。在清廷统治区域内,几乎所有维新派报刊都被摧折殆尽,全国新闻界一霎时间笼罩在一片肃杀的白色恐怖之中。

但是,历史前进的车轮终究无法逆转!严冬过后,生机勃勃的明媚春天很快就会到来!

小 结

由新兴的中国资产阶级发动和领导的维新变法,不但是一次政治改革运动,而且是一次爱国救亡运动,同时还是早期的资产阶级知识分子力图摆脱封建意识形态束缚的一次思想解放运动。在这场大规模的政治运动中,报刊被赋予了启蒙、救亡的政治使命,吸引了大量有志改良的知识分子的视线。对处于剧烈历史变革中的国人来说,新式报刊早已超越一般意义上的大众传媒,而兼及社会团体的动员与组织功能,它的广泛流传使知识分子有了更大规模集结的基地。第二次鸦片战争以后,寻求中国如何富强成为经世思想的主题,几乎所有的政治参与者都无法回避报刊这个浑身散发着西方文明气息的社会存在。在维新变法时期的媒介批评话语中,报纸的救亡功能被反复、刻意地予以言说,甚至被推崇到无以复加的极致。恩格斯曾经深刻地指出:"主要人物是一定的阶级和倾向的代表,因而也是他们时代的一定思想的代表,他们的动机不是从琐碎的个人欲望中,而正是从他们所处的历史潮流中得来的。"② 报史研究专家戈公振先生认为:"以庞大之中国,败于蕞尔之日本,遗传惟我独尊之梦,至斯方憬然觉悟。在野之有识者,知政治之有待改革,而又无柄可操,则不得不借报纸以发抒其意见,亦势也。"③ 可谓一语中的。郑观应、何启、胡礼垣、陈炽、康有为、梁启超、谭嗣同、张之洞等人都有关于报纸的专门论述,这说明维

---

① 转引自方汉奇主编《中国新闻事业编年史》(上),福建人民出版社2000年版,第155页。
② 《马克思恩格斯选集》第4卷,人民出版社1972年版,第343—344页。
③ 戈公振:《中国报学史》,上海古籍出版社2003年版,第206页。

新时期的媒介批评，绝不是个别人的心血来潮，而是一种具有历史主体内容的时代思想。

维新时期的报刊第一次在众人面前充分显示了其强大的力量，人们通过阅读报刊而产生了一种新的社会体验，即以报刊为中介，与同时代人发展出一种虚拟的、没有功名等级的交往关系，即在社会底层横向形成一个人同另一个人平等的关系。这种交往机制很容易转化成一种组织聚合关系。"因为他们每个人都微不足道，分散于各地，互不认识，不知道到哪里去找志同道合者。但是，有了报纸，就使他们当中的每个人可以知道他人在同一时期，但却是分别地产生的想法和感受。于是，大家马上便会驱向这一曙光，而长期以来一直在黑暗中寻找的彼此不知对方在何处的志同道合者，也终于会合而团结在一起了。"① 不仅如此，报纸更重要的是可以有效地形成社会舆论，即"各地分散的群众，由于新闻的作用，意识到彼此的同步性和相互影响，相隔很远却觉得很亲近；于是报纸就造就了一个庞大、抽象和独立的群体，并且将其命名为舆论"。② 换言之，报刊可以打破区域的隔阂，持续地就某一个现实问题与互不相识的同时代人进行互动，这使他们的结合具有了政治的力量。"我们永远不可能知道，也不可能想象，报纸在多大程度上改变了个人的谈话，既使之丰富多样，又抹平其差异，使人们的谈话在空间上整合、在时间上多样化；即使不读报但和读报者交谈的人也会受到影响，也不得不追随他们借用的思想，一支笔足以启动上百万的舌头交谈。"③ 梁启超在主持《时务报》的短时间内，能够"名重一时，士大夫爱其语言笔札之妙，争礼下之。自通都大邑，下至僻壤穷陬，无不知有新会梁氏者"。④ 足以说明报刊的威力，实在让众多关心政治的知识分子刮目相看。

维新变法作为中国资产阶级初登历史舞台的第一次表演，必然表现诸多理论上的不足和实践中的稚嫩。早期办报的国人处于清廷治下，出于生存考虑自然不敢触犯当道；而作为胎生于封建专制母体、仍处于蜕变之中的新兴资产阶级，他们又不可避免地对旧有秩序怀抱一定程度的精神依

---

① [法] 托克维尔：《论美国的民主》（下卷），董果良译，商务印书馆1988年版，第642页。
② [法] 塔尔德：《传播与社会影响》，何道宽译，中国人民大学出版社2005年版，第246页。
③ [法] 塔尔德：《传播与社会影响》，何道宽译，中国人民大学出版社2005年版，第235页。
④ 中国史学会主编：《戊戌变法》（四），神州国光出版社1953年版，第47页。

恋，没有彻底摆脱封建伦理对其心灵的枷锁。他们虽然有的人源于职业和经历的特殊际遇而早识西儒西学，因而能够超脱时代的羁绊，大胆地以西方文化为参照省察传统，不断趋新，但难以割舍的文化和道德薪传，又令他们面对传统文化的危机和因为自己在新兴职场上所扮演的西学中介角色，不免瞻前顾后，惶惑不安。康、梁等维新派人士，与口岸知识分子、早期改良主义官僚一样，在吸收由西方引入的现代新闻知识时，往往不由自主地运用中国的传统知识资源，从"太史陈风""清议""乡校"等古已有之的传统视野中来认识和理解、接受乃至改造新闻知识，以证明这种知识之于中国历史和现实的正当性，从而对自己阅读报纸、办报纸的角色进行定位。在政治衰败、民族危亡、救亡图存压倒一切的时代背景下，他们对报纸的功能、角色有所想象，往往夸大报纸的作用，将报纸作为一种宣传教育的媒介，以服务他们参政、议政的政治目的。历史是一面镜子，也给现实提供证据。强史就我或就史发论，从历史的脉络和现实的态势中，探索事物发展的规律，论证自己媒介主张的合理性，习惯于从历史中寻找报刊的合法性依据，特别喜欢用比较的方法，较量中西，折中损益，必然会产生很强的六经皆我注脚、群山皆我仆从的强史就我的主观武断倾向，而无法真正让人心悦诚服。这在维新派的媒介批评话语言说中，一方面固然是考虑社会可接受性的修辞艺术，另一方面更反映了传统对他们的制约和限制。

维新变法时期的中国是一个新旧杂陈、新旧斗争的过渡阶段。新的阶级已经产生，但整体力量还很弱小，旧的封建顽固势力虽然行将就木，即将走到其生命的终点，但还拥有十分强大的专政力量和数千年形成的思想基础，这决定了维新变法时期的媒介批评从社会整体上看必然呈现一种金鼓齐鸣、众声喧哗之状。"彼时吾国新败于日本，吾国之贫之弱已无可讳言，顾以习以自尊之故，一言及各国之若何富若何强，口虽不能争，心实不谓然；若进而言各国何以能富何以能强，则为人所不愿闻；再进而言吾国宜痛革旧习，师法邻邦以期驯致于富强，则更掩耳疾避，唯恐不及矣。故报纸初出，谤言日至，诃斥百端，殆难忍受。"[①] 维新派的《中外纪闻》在初创时，也同样因为昌言变法，而为守旧者所媢嫉，于是一时之间谤议纷纭，谣诼纷起，遭到顽固守旧派的竭力抵制，以至于报纸"送至各家门

---

① 转引自李喜所《谭嗣同评传》，河南教育出版社1986年版，第195页。

者，辄怒以目，驯至送报人惧祸及，悬重赏亦不肯代送矣"。① 维新派报刊工作者自觉地将报刊纳入有益于国事、意在服务人主的姿态，企图实现上情下达，做帝王的耳目与喉舌，背后自然有着对政治权力的某种控制欲望。同样，湖南的顽固派官绅如王先谦、叶德辉等人，亦纷纷上条陈、写书信，恶毒地攻击《时务报》《湘报》等"背叛君父，诬及经传，化日光天之下，魑魅横行"，② 认为若是"狂澜不挽，将有滔天之忧"。③ 办报的目的是争夺人心。旧派人物的媒介批评话语有时确比利刃更多杀气。这再一次说明：在阶级斗争激烈之时，媒介批评的专业话语往往从属于政治的需要，以至异化为争权夺利的工具或武器。

---

① 梁启超：《鄙人对于言论界之过去及将来》，《饮冰室合集·文集》（第11册）之29，上海中华书局1941年版，第2页。
② （清）苏舆编：《翼教丛编》，上海书店出版社2002年版，第150页。
③ （清）苏舆编：《翼教丛编》，上海书店出版社2002年版，第152页。

第三章 清末宪政时期的媒介批评

1900年是19世纪的最后一年,对于晚清政府来说,这一年既是风雨飘摇、动荡不定的一年,也是前途灰暗、运势难卜的一年。这一年,义和团进京武装灭洋、唐才常在长江流域策动自立军勤王、资产阶级革命派在惠州起义,三种不同性质的力量挟着刀枪次第发难于中国南北之间,晚清政府如同惊涛骇浪中的一叶小舟,随时都有倾覆的危险。更为糟糕而可怕的是,8月14日,八国联军攻陷北京,以清政府被迫签订《辛丑条约》、赔款白银4亿5千万两为终,清政府统治危机日益加深。慈禧太后迫于形势,于1901年1月29日以光绪帝的名义颁布上谕,下令变法,命督抚以上各大臣就朝章国政、吏治民生、学校科举、军制财政等问题详细议奏。4月21日,慈禧太后又下令成立督办政务处,作为筹划推行新政的专门机构,任命李鸿章、荣禄、昆冈、王文韶、鹿传霖为督办政务大臣,张之洞、刘坤一为参与政务大臣,总揽一切新政事宜。张、刘二人联名三次上奏《江楚会奏变法三折》,定出改革方向,学习日本,推行君主立宪制。8月20日,慈禧太后再次发出文告,向中外宣示清政府立意变法决心:"尔中外臣工,须知国势至此,断非苟且补苴所能挽回厄运,唯有变法自强,为国家安危之命脉,亦即中国民生之转机。予与皇帝为宗庙计,为臣民计,舍此更无他策。"[①] 与之相应,张謇的《变法平议》一文发表在1901年5月15日(清光绪二十七年三月二十七日)的《申报》上;梁启超的《立宪法议》一文发表在东京出版的1901年6月7日的《清议报》上,两人几乎同时开始了在国内、国外的立宪宣传和吁请。立宪成为其后一段时

[①] 故宫博物院明清档案部编:《义和团档案史料》(下),中华书局1959年版,第1327—1328页。

间内中文报刊的主要话题之一，很多报刊纷纷著文参与讨论。报刊之间围绕着立宪问题而展开各种规模、形式以及衍生话题的论争，给媒介批评打上了鲜明的时代主题烙印。

第一节　官报的媒介批评

在晚清政府1901年开启的新政中，官报是其中非常重要且有明显成绩的一部分。当时一些督抚大员在上奏的条陈中，办理官报常常作为一项重要的措施。如1901年，御史张百熙在《覆陈新政疏》中提出四项新政建议，"创立官报"[①]就是其中之一。在中国新闻发展史上，晚清官报的大量问世，不仅提高了近代新型报刊在当时社会生活中的地位，而且最终宣告了中国古代形态报刊的消亡。特别是报纸以官方的身份创办，实际体现出政府对创办报刊的倡导性。政府行为是民间社会的风向标，往往是民间效仿的对象，政府创办官报无异是对报刊正当性及其社会作用的一种事实上的承认，是媒介批评的实践方式，鼓舞着民间创办报馆的热情。由于戊戌政变时，慈禧以"莠言乱政"的理由严禁报刊的存在，而且直至1906年9月1日清廷诏颁预备仿行立宪、宣布"大权总于朝廷，庶政公诸舆论"[②]之前，报刊一直没有获得官方的正式承认，因此，伴随着新政的逐步推进，作为新政一部分的官报，不仅要面临着一个与民报竞争读者的实践问题，而且也面临着一个如何为自己出生进行身份合法性证明的理论问题。晚清官报存世历经10余年之久，数量达111种，[③]其发展速度、规模都可谓惊人。清廷推动新政之后，晚清报业随之呈现快速发展态势，特别是清末最后六七年间报刊以每年新增一百多家的速度迅猛发展，固然很大程度上应该归功于清政府预备立宪的政治改革为报业发展提供了相对宽松的政治、法律以及制度环境，但也与官报通过媒介批评的话语言说方式从观念上进一步开辟和扩大了社会对报刊的认同与接受有关。

[①]　璩鑫圭、童富勇编：《中国近代教育史资料汇编·教育思想》，上海教育出版社1997年版，第413页。
[②]　转引自方汉奇主编《中国新闻事业编年史》（上），福建人民出版社2000年版，第399页。
[③]　参见李斯颐《清末10年官报活动概貌》，《新闻研究资料》1991年第3期（总第55辑），中国社会科学出版社1991年版。

第三章 清末宪政时期的媒介批评

一

在慈禧变法谕令发布不久,1901年7月,御史张百熙上《覆陈新政疏》,所提新政四项建议,其中"创立官报"条云:

> 报纸可以寄耳目,东西洋于开化变法之始,无不以此为要图。官吏不知民情,与草野不识时局,致上下不喻意,中外不通情,皆报纸不能流通之故也。中国通商各埠,由民间自行办理者不下数十种。然成本少而宗旨乱,除略佳之数种外,多不免乱是非而淆视听。又多居租界,挂洋旗,彼挟清议以訾时局,入人深而藏力固,听之不能,阻之不可。惟有由公家自设官报,诚使持论通而记事确,自足以收开通之效,而广闻见之途。应请饬各省及有洋关设立等处,筹酌的款,或劝谕绅董各设报馆一所,并粗定报律:一不得轻议官廷,二不得立论怪诞,三不得有意攻讦,四不得妄受贿赂。此外则宜少宽禁制,使得以改革立论,风闻记事。不然,则恐徒塞销售之途,不足间谗慝之口也。①

张百熙对报纸功能的论述,从历史发展的角度看虽然没有多少创意,但因他的《覆陈新政疏》是对慈禧变法谕令的响应,因此,有关报刊的论述自是具有一定的政治正当性,从而无形中祛除了此前因戊戌政变而导致的人们避谈报刊的危惧心理,尤其是将官报的创办置入了人们的讨论视野,引发了人们对该问题的关注,因而具有了开新的意义。张百熙对"创立官报"的论述虽然文字比较简要,但理由很充分,说服力很强,原因在于他是以批评"民间自行办理"之报来为官报提供创办的理由,将官报和民报作为对立范畴来进行言说。他对民报所作的"多不免乱是非而淆视听"的价值判断,从统治者社会治理的角度着眼,可谓挠着了统治者的痒处,他对民报"又多居租界,挂洋旗,彼挟清议以訾时局,入人深而藏力固,听之不能,阻之不可"的情状描述,非常形象而又精准,把此前官方

---

① 璩鑫圭、童富勇编:《中国近代教育史资料汇编·教育思想》,上海教育出版社1997年版,第430—431页。

面对民报曾经的无奈描述得非常到位，使统治者从心理上增加了对创办官报的必要性和急迫性的认识。经此论述，创立官报对于官方来说，就是水到渠成、顺理成章之事了。

1901年4月25日，直隶总督兼北洋大臣袁世凯上《遵旨敬抒管见上备甄择折》，提出了十条建议，其中一条亦为"开民智"。袁世凯在折中对当时民报进行了评述："惟中国各报馆，大半有文无行之士，作奸犯科之徒，依托洋商，影射煽惑，迹其诪张为幻，几使官家无如之何。似宜通饬各省，一律开设官报局。报端恭录谕旨，中间纪载京外各省政要，后附各国新政近事，以及农工商矿各种学术。遴派公正明通委员董司其事，由省局分发外邑村镇，俾各处士民均得购览。并申明报律，将一切雌黄不经之说，暨干犯忌讳之词，概行禁除，专以启发民智为主，庶几风气日辟，耳目日新，既可利益民生，并可消弭教案。迨官报盛行，购阅者众，且可抵制各处托名牟利之洋报。"① 与张百熙的批评相比，袁世凯对创立官报的设计更为周全，对官报寄托的希望也更大，他不仅要官报充当舆论的引领者，与民报对抗，而且还希望官报能有助于解决当时对官方来说甚为棘手的教案问题。他对民报的批评不仅成见更深，而且字里行间对民报充满一种情感上的厌恶和拒斥，充分反映出其深入骨髓的独裁者专制心态，袁氏后来迷恋帝制并因而被时代的大潮吞没，于此已可见端倪。

1902年5月，户部右侍郎戴鸿慈也提出了创立中央级报馆的思想：

> 开民智者莫切于报纸，近年我国报纸之设，所在多有，然海隅租界，放言高论，往往鼓吹邪说，淆乱人心。欲遏乱萌，非朝廷自设报务不可。拟请在翰林院创立报局，择编检中学术纯正、议论畅达、通知时事者为主笔。选辑各报，芟其烦杂，新法美政有必录，盗贼水旱有必书，并各抒所见，著为论说，一以宣上德、抒下情为宗旨。应请饬下政务处，会同翰林院妥定章程，以立中国报律之准。各省官报，亦应遵章赶设。庶言论有所范围，观听无虞淆乱。②

---

① 袁世凯：《遵旨敬抒管见上备甄择折》，骆宝善、刘路生主编：《袁世凯全集》第9卷，河南大学出版社2013年版，第146页。

② 转引自蔡冠洛编纂《清代七百名人传》，台北文海出版社1973年版，第559页。

戴鸿慈的建议表面上与张百熙、袁世凯相似，其实有很大不同，张、袁只是笼统地建议创立官报，而戴氏的建议则是要明确创办由清廷中央层级掌控的官报，也就是具体规定了报纸的创办主体。也许正因为如此，针对戴鸿慈的这一建议，原本在维新变法时期谕令广开报馆的光绪帝并未同意，而是作出了如下批示："至请在翰林院创立报馆，系为广见闻、息浮议起见。惟从前向有《官书局汇报》，原隶大学堂，应请饬管学大臣，慎择妥员编辑，毋庸另设报局，以免分歧。"① 可见，光绪帝对创办一个中央层级的官报并无热情。

综合张百熙、袁世凯、戴鸿慈等不同身份的清朝官员对于创立官报的建议，很容易发现他们的言说有一个共同之处，就是不约而同地指向对民间报刊的批评。首先，它真切地反映出民报与官方之间的关系状况，民报所引发和引导的社会舆论对于清朝的政治治理已经形成了巨大的冲击。一位晚清江南大员曾回忆当时的情景说："社会出现一种怪现象，轻佻的下层官员或平民百姓有意见时，不再循正常的书奏渠道，而是径交各种报刊发表。"② 特别是1900年庚子之役后，八国联军入侵北京的炮火，最终摧毁了慈禧的报禁，"沿海各商埠有的近代华文报刊，已不同程度地发展到对慈禧政权持非议的态度；在上海不仅政论报刊，也包括商办各报馆，华人主笔的'骂官场'已渐成风气"。③ 这不断地侵蚀着清廷政治统治的合法性基础。其次，伴随着舆论的汹涌冲击，使许多官员也从接触和阅读报刊的实践中，变得聪明起来，领会和掌握了一部分媒介知识，懂得利用创办官方媒介的方式去与民间报刊进行舆论的争夺。张百熙、袁世凯、戴鸿慈等人创立官报的言论，具有一定的议程设置效果，特别是袁世凯利用自己的身份和地位，很快使创立官报由言论进入具体的实施阶段。

二

1901年8月，袁世凯在天津河北狮子林集贤书院旧址内正式创办了北洋官报局，另在保定设分局，局内分编撰、翻译、绘画、印刷、文案、收

---

① 中国历史第一档案馆：《大清德宗景皇帝实录》，光绪二十八年四月。
② 转引自徐爽《旧王朝与新制度》，法律出版社2010年版，第57页。
③ 马光仁主编：《上海新闻史（一八五〇——九四九）》，复旦大学出版社1996年版，第205页。

支六股，派人赴日选购先进的印刷设备，聘请日本精铜版、石版、照相制版及印刷等者任技师，从上海雇佣活字印刷工。北洋官报局共150多人。1901年12月25日《北洋官报》创刊，这是一份清末创办最早、最有影响的地方政府官报。该报刊登内容包含圣谕广训直解、上谕、本省政治、学务、兵事、近今时务、农学、工学、商学、兵学、教案、交涉、国内外新闻等，设有宫门抄、奏议录要、析法摘要、文牍要录、畿辅近事、国内外新闻等栏目，比较系统地介绍外国社会情况，介绍与新政有关的新思想、新知识，评论中国不足之处，提出革新措施，成为清末新政时期直隶地方当局有力的宣传工具。凭借官方有利的传播渠道，该报在一定程度上确实起到了开风气的作用。鉴于《北洋官报》试办的成功，1903年，清政府决定在全国推广官报，谕令依照北洋章程妥筹开办，由此确立了《北洋官报》在全国的领袖地位。袁世凯虽然创立的是官报，但《北洋官报》在形式和内容上都与传统的邸报有很大不同，特别是该报网罗了一批知名民营报人，如广东南海人朱淇，1896年在粤创办过《岭南旬报》和《岭海日报》，1901年在青岛创办《胶州报》，被延入《北洋官报》后任该报主笔之职；浙江海宁人杭辛斋，此前更是曾参与创办过著名的天津《国闻报》，被延入《北洋官报》后任该报提调之职。这些民营报人参与其间，大大提升了《北洋官报》的媒介知识厚度，该报以新闻传播活动为指涉对象的论说文本，自然具有很强的媒介批评专业色彩。

在《北洋官报》创刊号上，发表了《北洋官报》序一、序二；在该报第二期上，又发表了序三；第三期上，又发表了序四。连续三期，都发表了内容各不相同的序文。连续发表四篇阐发刊物宗旨、目的、体例的序文，序文数量之多、发表频率之密，这在一般的刊物上颇不常见，充分反映出该报引领报刊舆论的企图心和专业自信。在《北洋官报序一》中，作者首先从历史发展的角度评析了官报创设的必要性。作者认为，古代官方信息的传递经历了一个时空变化过程，最初的时候，由于统治者和百姓处于同一相对狭小的空间范围之内，官方信息传递较为容易，统治者或者其代理人来为民众讲解法令，这样的沟通无多障碍，但是随着分封制被郡县制取代，以及国家统治疆域的扩大，政务信息的下行和民间信息的上达越来越困难，"上下阁阻"的弊端日益暴露。在国家承平之时，这种弊端还不明显，而在社会动荡之际，国家的政令下达就因信息传递不畅而无法得到民众的有效接受，其执行当然就大打折扣。在民报大兴、社会舆论"诡激失中"之

第三章 清末宪政时期的媒介批评

时，为了新政的顺利推行，创办官报显得尤为切时必要：

> 泰西报纸之兴，所以广见闻开风气而通上下，为国家之要务。中外大通以来，中国识时之士，亦稍稍仿西法，立报馆矣。然皆私家之报，非官报。报馆尝一设于京师，未久而旋罢。夫私家之报，识议宏通，足以觉悟愚蒙者，诚亦不少。独其间不无诡激失中之论，及或陷惑愚民，使之莫知所守。然则求其所以交通上下之志，使人人知新政新学，为今日立国必不可缓之务，而勿以狃习旧故之见，疑阻上法，固不能无赖于官报也。今设直隶官报，以讲求政治学理，破痼习，濬智识，期于上下通志，渐致富强为宗旨。不取空言危论。首载圣谕广训直解，次上谕，次本省政治，次本省学务，次本省兵事，次近今时务，次农学，次工学，次商学，次兵学，次教案，次交涉，次外省新闻，次各国新闻。事必其切实可行，文必其明显易晓。凡百有位，与我士民，尚其详观而审察之哉。①

可见，与民报"诡激失中"的言论对抗，发挥舆论导向作用，减少各项新政推行过程的社会阻力，是《北洋官报》创立欲达到的主要目的。在《北洋官报序三》中，作者再次对民报进行了批评：

> 我国自乙未以来，二三时流，创念大局，始多仿西法刊报以行于国中者。初创于通商海壖，渐散列于内地，其宗旨虽纯驳不一，而发为议论，参以事实，往往有资于当世。故近日言华文报者尚焉。要而论之，其于埽旧文祛积习，未必无摧廓之功也。独惜其习于纵横家言，好为跞驰奔放之词，语气扬抑惟恐不溢其量，又往往偏重使人以意气相高。新旧之际，党派纷竞，门户显分，识者谓民德之不和，其患甚于民智之不开，未尝不引为世道人心之深虑也。且报之为具，西国学者称之，为现世史。时至今日，外患迭乘，乃至扬抉失当，传闻互歧。所讬已荒，讵关史义，天下事理之应实亦何常之有。以民族地望之不同，则所呈之效亦异。昔者梭伦以诗歌感动全国，而雅典终收复地之功，阿桂尔度以戏曲鼓舞同胞，而斐律宾亦有自治之望。明哲用心，或将以是为则，徒以

---

① 《北洋官报序一》，《北洋官报》1901年第1期。

· 251 ·

风俗未齐，国势迥异，文字语言之细而祸患乃至，隐中于国家，宜亦非始愿之所及料者矣。近人鉴报章诸失，至议参考欧美各国报律，酌定专条，奏请颁行。而揆诸情事，牵制必多，欲剂其平，莫若官自为报。周官调人掌调和万民，其义固通于后世也。①

作者在这里深入到了报章的语言和文体问题，看到了语言和文体形式背后所隐藏着的某种对社会统治秩序具有的瓦解和颠覆性的巨大力量：

官报为例，略区部分，篇首恭载圣谕广训直解，则远法《春秋》王周正月之文，次以敬录上谕，并本省政治学务军政，则兼取古人载在京都之义。时务教案交涉诸类，旁采中外新闻，则史氏掌书中失瞽师职诏美恶之旨也。农工之事，兵商之学，则墨家出于清庙畤人散在四陲之微也。《记》曰：命太师陈风以观民风，命市纳贾以观民之所好恶。考古之证，此其权舆。至译报选报二者，亦专重节取而不事条驳，其涉于危言耸论，或譬诸郢书燕说，概屏弗录。懔小辩破道之嫌，祛文字相倾之习，此物此志勿相北驰而已。嗟乎，沧海横流，龙蛇起陆，风云倏忽，来日大艰，物竞天择，近之徒慨于名言，尊主庇民，远之深惭乎囊哲。国家惩前毖后，咸与维新，官报之设，亦不过新政中之略一见端耳。陆宣公有云，感人以言，所得已浅，言之不善，其谁从焉。区区官报，愿与吾直省官民交勖之。或亦辅世长民之君子，所不忍遽加摈斥者欤。②

即通过官报的体例规定和内容设置，树立一个社会榜样，以期达到对抗民报、中和舆论的社会功效。

三

1903 年 1 月创刊于南京的《南洋官报》，是清末新政时期仿《北洋官报》体例，由南洋通商大臣与两江总督署主办，以宣德通情和启发民智为

---

① 《北洋官报序三》，《北洋官报》1901 年第 2 期。
② 《北洋官报序三》，《北洋官报》1901 年第 2 期。

主旨的又一份重要官报。该报初为 2 日刊，1904 年 2 月 16 日（农历正月初一）起，期数另起。1905 年 3 月改为旬刊，1909 年 1 月再改为 5 日刊，期数均另起。值得注意的是，该报较注重报刊理论建设。如 1904 年第 50 期，该报发表了《说官报》这样比较重要的媒介批评文本，且该文发表后，被 1904 年第 15 期的《四川官报》全文转载，可见其报刊理论阐释在当时产生了一定的影响。这篇文章对清末官报的流变过程进行了回顾式评述，从体用功效的角度阐发了官报不同于民报的独特价值。作者述评道：

> 光绪壬寅纪元，北洋大臣奏设官报于天津，通饬直隶各属，劝派官商士民阅看。越明年癸卯，外务部奏请饬南洋暨各省仿行推广。于是山东、山西、江西、四川、陕西，次第刊行官报。此吾国官报之原起也。或曰朝廷鉴于庚子之变，其民之愚悍肇衅，大抵出于不明外事，不阅报章之地，所以沿江沿海各城镇，为报章销流之处，从无闹教排外情事。此其一说也，然犹未谙各国设报之掌故，与吾中国古昔虽未尝设报，而其实乃不啻有报也。且吾中国之报之萌芽于古昔，为官为民，特未尝大备其规模也。今吾中国乃先有民报，后有官报，请先即现行之报，而推衍其源流递及之势，疏通其体用功效之所，呈而后乃及于外国之所以有官报民报之区分，而其收效乃本末交资，上下互益也。中国之有报章，自《申报》始，《申报》设于上海，行之已三十余年，推销最广，获利最厚，主其事者实维西人，以西国有报而中国无报也。又知好阅新闻之性，中国人与西国人无甚殊也，故其报以新闻为主，然实西人民报之一种，初未尝参以西国官报之体，以西国官办之事，与中国人无与也。其文为中国文字，侨寓之西人亦不尽能阅也。彼西人之官报自有西国文字，故上海又有《字林西报》，皆用西文，其体则官报民报相参，而又间有各种科学，如日食之图，汽机之图，既载绘图，又录贴说，乃西人所谓大丛报也。彼以在吾国之西人甚少，专门之报，阅者无多，是以为大丛报之模式，不能如在西国有官报民报科学报。各种专门，如农工商艺算学地学各报，而又有大丛报也，然后又有《泰晤士》分报、七日报、香港报，皆大丛报也。于是前所谓《申报》之专刊新闻者，又改而趋为大丛报之一类矣。何也？人之好新闻也，既好闾巷琐屑之事，不得不关心远方咸好

之身家性命，于是始之纪火灾水灾旱灾者，继乃纪及词讼各案，又继乃纪及乡会题名之录，官僚选缺之单，与夫升迁调转各事，皆四方之人所关心者也。继又以为人民之关心于戚友之利害，不如其关心于国家之政治，以国政所出，而各人之荣辱系之，全国之安危系之，交涉之繁难，商务之衰旺，矿政路政之兴废，轮船电报公司行栈，皆与行者居者治生者筮仕者有切要之关系者也。于是乃登电报之。上谕、阁钞之折奏矣，并又登各项章程条件矣，而市情之涨落，磅价之低昂，外国之政党互哄，属地之分合华离，兵端交涉纷厖蜂起，皆与商务国情有联属关系之势，其利害得失未尝不隐迫于一人一身，皆吾国人所关心者也。于是《申报》之初变为大丛报者，继又多涉于各国官报之体矣。自是而上海之后起者，有《新闻报》，有《同文沪报》，有《中外日报》，皆由大丛报而涉于官报之地者。……官报者，专以章程文牍为的者也。各民报之初，多载新闻，乍阅而喜，越日则无所用之。彼以新闻为的，固不能不多载新闻。官报以章程文牍为的，虽载新闻，亦大半有文牍可稽者，他日可据为典要。节省其新闻之纸墨，以居文牍之地步，谓为有用文字，谁曰不然。然则官报之为用又何如耶？考之本报所刊《报章源流》一篇，西国之始有报章，皆受政府裁制，有不题者封禁之，其为报体，亦官民互参。作《报章源流》者英人姑连氏，盖在十九世纪之初，其时尚未订报律，亦无官报专书。迨十九世纪下半纪，各国既有官报，又有报律，而报乃大备。日本仿行西法，仅三十年，初订报律，以后乃废弃不用，以人皆知律，无所用律也。又上下之情既洽，通国民智大开，亦正不待报律维持之力。其为官报也，日本最盛，几于无人不阅。其为体也，但纪诰敕奏牍章程示谕，并不参以新闻科学，因彼人人皆欲知国家政绩，而其国又不似吾国有誉黄以纪君恩，有告示以达官意。凡政府与民间交接之政事，无不载之官报。日本人之阅官报，犹之吾国人之看告示，其官报销行之多，不待官为劝派宜也。日本如是，推之各国官报亦当如是。此今日各国之官报民报所以并重也。曷为言吾古者有官报，又有民报也？学者不尝读《春秋》乎？《春秋》者，三代之官报也。各国之赴告，书之简册，非即报乎？有年有螽日食水灾，本国外国皆有册书，非即官报乎？《诗经》者，民报之权舆也。歌谣互答，传为风俗，非即今日之新闻纸乎？厥后朝报邸钞，不绝于世，至明人且集邸钞为书，贵池吴次尾之《两朝剥复录》，四明万季野之《明史稿》，其最著焉者也。而采风之使无闻焉。宋人之观风问俗使，但有其官而无纪载，是通国无新闻之纸，民之所以多愚锢也。元黄交战，蓝敷贡琛，川陆大通，风云变态，乃有今日。世治于以日新，报程因之大辟，民报之利行之将数十年，凡居商埠者皆知之矣，即不居商埠亦有知之者矣。官报之利行之仅一二年，无怪内地人不之知，即交通之水陆都邑亦间有不知者矣。是乌可以无说。官报者将与一国之官民上下，联其腹心臂指而为一体者也。故首官署，次学堂，次商业，次农工各艺学之家，皆与官报有息息相关之意。则是何故？盖一国之人，皆托命于一国之政府者也。政府所为而其下不知，则有后时之惧，政府所不为而其下或为之，则有罔上之讥。官不知政府所为，何以发号而施令，士在学堂而不知政府所为，何以出身而从政，商务不知政府所为，何以居积而赴时，农工不知政府所为，何以植产而善事。虽民报何尝不载文牍，而民报以新闻为主，文牍为辅，官报则以文牍为主，新闻为辅，……所以官报于新闻无取乎多也，取其信而有征也。官报于文牍不妨乎互见也，取其于吾国人无不皆知也。官报于文字无取乎箴砭褒诛也，取其于事理正大者，晓告乎氓。俗其有阙失者，古有师箴瞍诵，工执艺事以谏，民报之卓识而学纯者，各国皆准其议论行政，吾国亦未尝申禁之。……若官报者，乃政府之喉舌，出纳王命，固不待尚书省之自为论驳，而固有御史台封驳之职在也。是以前者，北洋始创官报，初有论说，后多科学，而一以文牍为主。北洋多北洋之文牍，南洋多南洋之文牍，推之山陕秦蜀，各有其本省之文牍，……知一省之事以知天下之事，公私积存，即为档案，他日即可据为办事之资，故人人皆宜知官报。人人皆知官报，而安有不治之事乎？而安有酿祸之机乎？……今世论者，动以专制名吾国，谓上之行政概不许百姓知之也。其实朝廷政令，大公无私，凡有兴作，皆发阁钞，……向惟入官者阅之，民间则安其不识不知之天，以为无与吾事而已。乃不曰百姓不阅阁钞，而曰政府有所囮焉，岂通论乎？今通饬各直省皆办官报，虽山僻小邑，亦令牧令劝派闾阎阅看，必使践吾土者皆知吾政令之所出，观于财政困难而后知国计之支绌也，观于交涉龃龉而后知国际之艰屯也，观于教案强迫而后知国民之愚锢也。即或有不获已之求取，亦皆可谅当轴之苦心，……亦许我父老子弟，知运会之艰迫，增任事之阅历焉。然则官报也者，乃朝廷视天下犹一家，视小民犹子姓，

> 遇事晓告之，临难咨警之，乃骨肉吾民，而非秦越吾民也。①

该文作者虽然也将近代报刊与中国古代的《春秋》进行比附，但他对报刊的理解已经深入报刊体例等较深的层次，特别是他使用了"大丛报"的概念，来观照综合性报刊的形式和内容，使得对近代报刊的认识上升到形而上的类别高度。作者并不同意官报为因应闹教而创办之说，认为这不是报刊产生的根本社会原因。作者从人们"关心"新闻的角度来探讨报刊的社会起源，显示出其独到而深刻的地方。作者认为官报、民报虽然都有将新闻纳入传播的范围，但二者侧重点并不一致。民报重视新闻，官报多载文牍，这种论断颇有拨开现象见本质的认识深度。尤其是作者没有将官报的存在根据建立在否定民报的批评基础之上，而是重在剖分两者的差异，不仅并不排斥民报的存在，相反还流露出承认和赞赏的口吻，其媒介批评的眼光和识见，大大超越了《北洋官报》序文之类的作者，显得非常难能可贵。

以《北洋官报》《南洋官报》为代表的新式晚清官报，是中国近代报刊经过约70年发展后而产生的一种报刊品类，在晚清最后十年，官报进入大爆发式的发展时期，成为中国近代报刊发展史上一种引人注目的媒介景观。官报是媒介嵌入社会治理系统、官方媒介意识高昂后的产物。官报既以其身份和性质的不同与民报产生区分，又以辅助统治者掌控与平衡社会舆论为己任，在日常运作的媒介言说之中，有着十分明确的自我身份意识和认同。民报是官报进行自我确定的参照系，官报希望以话语言说的知识生产方式对社会媒介观念的生产及其意识倾向产生影响，并导轨于官方意识形态的体系之中。从历史发展的角度看，如果纯粹从媒介知识生产的创新性趋势看，官报的媒介批评可能乏善可陈，无多新意，但是要从社会媒介观念和知识的普及与扩散角度看，官报媒介批评的社会积极意义就显现出来了。官报借助其官方的行政性组织发行体系，特别是晚清官报数量众多，构成了一个几乎覆盖全国各个行政区域的媒介网络，官报之间又往往进行转载，使得很多媒介批评文本能深入一般民报因运行成本无法深入或不愿深入的社会空间和人群之中，从而有效地扩大了社会媒介批评的影响范围和力度，为整体性地提高社会媒介素养作出了自

---

① 《说官报》，《南洋官报》1904年第50期。

己应有的贡献。因此，在叙述中国近现代媒介批评的发展轨迹和具体内容时，官报在媒介批评领域曾经作出的努力和贡献，不应该因其身份性质的特殊性而被岁月尘封。

第二节　梁启超的媒介批评

媒介专业意识的形成是媒介批评成熟的标志之一。中国近现代媒介批评固然自近代报刊诞生之日起即已开始萌生，但很长一段时间内，媒介批评处于一种不自觉的状态，缺乏媒介专业意识。这个状况直到20世纪初叶，梁启超东渡日本，接触了西方新闻学理论之后才得以较大的改观。梁启超在维新变法时期因追随康有为积极投入变法活动，已经崛起为在全国舆论界引人注目的明星。只是维新变法时期梁启超活动的特点及其历史贡献，主要是在宣传领域。"他在历史上的地位，是在思想方面，在思想方面的地位，又在宣传方面，即并不在有多大的独创性（与康有为不同），他不是思想家，而只是宣传家。……他当时所宣传的大都是康有为的思想和主张。梁启超在《变法通议》等文章中，以不同于当时文坛的新文体，即更为顺畅流利、急切锐利、富有情感、不避俚俗的语言，大声疾呼非变法不可。"[①] 梁启超以宣传大师知名于世，"梁氏所以更加出名，对中国知识分子影响更大，却主要还是戊戌政变后到1903年前梁氏在日本创办《清议报》《新民丛报》，撰写了一系列介绍、鼓吹资产阶级社会政治文化道德思想的文章的原故"[②]。维新变法时期，梁启超已经撰写了一些《论报馆有益于国事》等论述报刊作用的媒介批评文本，只是他这时对媒介的认识，尚处于一种对有关知识进行综述的高度，并没有完成媒介观念质的飞跃。戊戌政变后，梁启超在日本友人的帮助下，抵达东京，"既旅日本数月，肄日本之文，读日本之书，畴昔所未见之籍，纷触于目，畴昔所未穷之理，腾跃于脑，如幽室见日，枯腹得酒，沾沾自喜，而不敢自私，以告同志曰：我国人之有志新学者，盍亦学日本文哉"[③]。广泛地阅读日文书籍，使他的思想在较短时期内有了很大的转变和提升。"广搜日本书而读

[①] 李泽厚：《中国近代思想史论》，人民出版社1979年版，第423页。
[②] 李泽厚：《中国近代思想史论》，人民出版社1979年版，第423页。
[③] 哀时客（梁启超）：《论学日本文之益》，《清议报》1899年第10期。

之，若行山阴道上，应接不暇，脑质为之改易，思想言论与前者若出两人。"① 在20世纪最初的几年间，也就是梁启超编办《清议报》和《新民丛报》时期，他不遗余力地吸收各种西方政治、思想和道德学说，再通过报刊输送给中国读者，从而形成了新旧知识资源的更替。那些有别于传统的媒介新知识很快从根本之处冲击了旧的思想观念，成为人们重新思考、设计与安排媒介与社会关系的观察点和立足点。

一

1898年12月23日，梁启超在日本横滨创办了《清议报》，他在《清议报叙例》中交代该报的宗旨是：一、维持支那之清议，激发国民之正气；二、增长支那人之学识；三、交通支那、日本两国之声气，联络情谊；四、发明东亚学术，以保存亚萃。该报所开设的栏目分支那人论说；日本及泰西论语；支那近事；万国之近事；支那哲学、政治小说；杂文；诗文；等等。内容充实，形式活泼，每10天出一期，每期40页，发行量在3000册以上，行销日本及南洋、朝鲜、欧美、澳大利亚等，清廷虽屡禁，但中国本土的销售量一直居首位。该报共出100期，梁启超发表的文章在百篇之上。"《清议报》完全反映的是梁启超亡命日本后头3年的精神风貌。"② 1901年12月20日，《清议报》出至第100期，翌日，报馆因邻舍失火波及而遭焚毁，被迫停刊。在《清议报》第100期上，梁启超发表了《本馆第一百册祝辞并论报馆之责任及本馆之经历》一文。全文共由祝典之通例及其关系、报馆之势力及其责任、中国报馆之沿革及其价值、《清议报》之性质、《清议报》时代中外之历史、结论等六个部分内容组成。这是一篇为《清议报》发刊100期而专门撰写的带有纪念性质的文字，也是一篇借此系统阐释新闻自由理念的文章，还是一篇有浓郁媒介批评专业色彩的文本。从媒介批评的角度看，这篇文章值得注意。

在中国媒介批评历史上，该文第一次以理论的形式完整地提出了报刊评价标准。梁启超首先借用日本学者松本君平《新闻学》的观点，提出拥

---

① 梁启超：《夏威夷游记》，《饮冰室合集·专集》第二十二册，中华书局2015年版，第186页。
② 李喜所、元青：《梁启超传》，人民出版社1993年版，第140页。

第三章　清末宪政时期的媒介批评

有新闻自由的重要意义：

> 思想自由、言论自由、出版自由。此三大自由者，实惟一切文明之母，而近世世界种种现象皆其子孙也。而报馆者，实荟萃全国人之思想言论，或大或小，或精或粗，或庄或谐，或激或随，而一一绍介之于国民。故报馆者，能纳一切，能吐一切，能生一切，能灭一切。西谚云：报馆者，国家之耳目也，喉舌也，人群之镜也，文坛之王也，将来之灯也，现在之粮也。伟哉！报馆之势力。重哉！报馆之责任。①

作者以诗一般的语言，对新闻自由进行由衷的礼赞，将之视为一切人类文明之母，推崇到至高无上的地位，然后再从世界视角收束到国家视角，论述报刊之于国家的关系，将报馆比喻为是政本之本、教师之师，对于人民来说，如饮食男女一般，不可须臾离。如此，报馆与国家之间就形成了一种相辅相成、互促互动的关系，报馆数量多少、质量高低，遂成为观察国家盛衰、强弱的一种重要标志。既然报刊之于国家是如此重要，行文至此，梁启超就将话头自然而然地转入了报刊质量批评的标准设定问题：

> 校报章之良否，其率何如？一曰：宗旨定而高。二曰：思想新而正。三曰：材料富而当。四曰：报事确而速。若是者良，反是则劣。②

梁启超对报刊的这一论述，颇为著名，在众多的中国新闻事业史论著和教材中，常常被人们归纳为"办好报纸的四条原则"。③ 这一解读当然有一定道理，但若从媒介批评的角度看并不完全的恰如其分和妥帖到位，因为梁启超在文中谈到这节文字时，很明确地是将此四条解释或定位为"校报章之良否，其率何如"？这里所谓"校"，是考核、考察之意，也就是说他下面进一步阐述的是衡量或裁断新闻媒体好坏的标准。将此四条解释为办好报纸的四大原则，未免有郢书燕说之嫌，因为原则和标准的含

---

① 任公（梁启超）：《本馆第一百册祝辞并论报馆之责任及本馆之经历》，《清议报》1901年12月20日第100册。
② 任公（梁启超）：《本馆第一百册祝辞并论报馆之责任及本馆之经历》，《清议报》1901年12月20日第100册。
③ 方汉奇：《中国新闻事业通史》（第一卷），中国人民大学出版社1992年版，第973页。

义并不等同。①

梁启超紧接着对这四条评价标准的内涵以及之所以将其设定为报刊批评标准的具体理由进行了详细的解释：

> 所谓宗旨定而高者何也？凡行一事，著一书，皆不可无宗旨，惟报亦然。宗旨一定，如项庄舞剑，其意常在沛公，旦旦而聒之，月月而浸润之，大声而呼之，谲谏而逗之，以一报之力而发明一宗旨，何坚不摧！何艰不成！虽然，宗旨固有择焉，牟利亦宗旨也，媚权贵亦宗旨也，悦市人亦宗旨也。故为报馆者，不可不以热诚慧眼，注定一最高之宗旨而守之。政治学者之言曰：政治者，以国民最多数之公益为目的。若为报者，能以国民最多数之公益为目的，斯可谓真善良之宗旨焉矣。
>
> 所谓思想新而正者何也？所贵乎报馆之著述者，贵其能以语言文字开将来之世界也。使取人人所已知者而敷衍之，则与其阅报，何如坐禅？使拾前人所已言者而牙慧之，则与其阅报，何如观剧？故思想不可以不新。……若夫处今日万芽齐茁之世界，其各种新思想骈列而不一家，则又当校本国之历史，察国民之原质，审今后之时势，而知以何种思想为最有利而无病，而后以全力鼓吹之，是之谓正。
>
> 所谓材料富而当者何也？凡真善良之报，能使人读其报，而全世界之智识无一不具备焉。若此者，日报与丛报（丛报者，指旬报、月报、来复报等，日本所谓杂志者是也），皆所当务，而丛报为尤要。……闻之欧美有力之丛报，每年所蒐集著记之论说纪事在一万篇以上，而其刊发者不过二百篇内外。盖其目的在使阅者省无谓之日力，阅一字则得一字之益，而又不使有所罣漏，有所缺陷。诚哉！其进步。诚哉！其难能而可贵也。
>
> 所谓报事速而确者何也？报之所以惠人者不一端，而知今为最要。故各国之报馆，不徒重主笔也，而更重时事，或访问，或通信，或电报，费重赀以求一新事不惜焉。此事之要，业此者多能知之，兹不具论。②

---

① 参见胡正强《梁启超新闻媒介批评实践与思想论略》，《新闻界》2005年第6期。
② 任公（梁启超）：《本馆第一百册祝辞并论报馆之责任及本馆之经历》，《清议报》1901年12月20日第100册。

第三章　清末宪政时期的媒介批评

在中国媒介批评史上，这是第一次系统性提出的报刊评价标准，它囊括了报刊的宗旨和追求、内容和形式、气质与品位、传播与接受等多个方面的内容和要求，综合起来看，也是非常之高、很难达到的评价标准，近乎一种完美的报刊理想："合此四端，则成一完全尽善之报。盖其难哉！是以报章如牛毛，而良者如麟角也。欧美且然，而况于中国乎？"① 正是因为难以达到，所以才应作为新闻界为之奋斗的理想，如同一面大旗一样，指引和鼓舞着新闻工作者前行的方向。该标准的提出，标志着中国媒介批评自觉意识的形成。笔者窃以为这才是《本馆第一百册祝辞并论报馆之责任及本馆之经历》一文之于中国媒介批评史的重大意义所在。

二

在提出媒介批评的标准之后，梁启超随之从发展的角度，对此前中国报纸的"沿革及其价值"进行了梳理和述评，若说"沿革"尚属于历史范畴的叙述，那么"价值"显然是属于专业意义上的媒介批评范畴：

> 西谚曰：罗马者，非一日之罗马。凡天下大业，必非一蹴可几，必渐次发达以进于圆满之域。此事物之公例，无可逃避者也。虽然，其发达之迟缓而无力，独未有如中国之报馆者。中国邸报视万国之报纸，皆为先辈，姑勿置论。即自通商以后，西国之报章形式始入中国，于是香港有《循环日报》，上海有《申报》，于今殆三十余年矣，其间继起者虽不少，而卒无一完整良好，可以及西人百分之一者。以京都首善之区，而自联军割据以前，曾无一报馆，此真天下万国之所无也。十八行省，每省之幅员户口皆可敌欧洲一国，而除广东、福建外，省会之有报馆者无一焉，此亦世界之一怪现象矣。②

梁启超将中国报纸的发展置于中外、古今的双重视域之中，通过有

---

① 任公（梁启超）：《本馆第一百册祝辞并论报馆之责任及本馆之经历》，《清议报》1901年12月20日第100册。
② 任公（梁启超）：《本馆第一百册祝辞并论报馆之责任及本馆之经历》，《清议报》1901年12月20日第100册。

无、多少、良否以及区域分布等情况的对比，这种历时性的宏观扫描虽然并未给出具体翔实的数字，但其叙述和论断建立在人所共知的事实基础之上，因此，所得出中国报纸"发达之迟缓而无力""无一完整良好""世界之一怪现象"的批评结论，仍然具有很强的说服力，不由得让人们产生喟叹，进而产生一种时不我待的焦虑感与迎头赶上的急迫感。

> 近年以来，陈陈相接，惟上海、香港、广州三处，号称最盛，而其体例无一足取。每一展读，大抵"沪滨冠盖""瀛眷南来""祝融肆虐""图窃不成""惊散鸳鸯""甘为情死"等字样，阗塞纸面，千篇一律。甚乃如台湾之役，记刘永福之娘子军，团匪之变，演李秉衡之黄河水，明目张胆，自欺欺人。观其论说，非"西学原出中国考"，则"中国宜亟图富强论"也，辗转抄袭，读之惟恐卧。以故报馆之兴数十年，而于全国社会无纤毫之影响。大抵以资本不足，阅一年数月而闭歇者，十之七八。其余一二，亦若是则已耳。①

这里从体例、新闻、论说三个方面，批评中国报纸多年来陈陈相因，进步缓慢，可谓抓住了报刊的本质所在。因为这三个方面是报纸形式和内容的基本构成要件，是给读者的第一观感。这三个方面如果乏善可陈，报纸的落后性就自不待言。30多年以后，中国著名新闻教育家谢六逸先生还提及梁启超此处的媒介批评："梁启超氏曾说：'近年以来，陈陈相接，惟上海、香港、广州三处号称最盛（报馆），而其体例，无一足取。每一展读，大抵沪滨冠盖、瀛眷南来、祝融肆虐、图窃不成、惊散鸳鸯、甘为情死等字样。填塞纸面，千篇一律'……梁氏对于我国报纸的体例问题，可谓概乎言之。到了今天，他的批评仍可适用，我们在今天，岂不是依然看见'大刀千柄，霍霍生光'的新闻记事么？依然看见'大火中跳出模特儿'的新闻记事么？讲到这里，我觉得纯正的报章文学，在我国是最需要的了。"② 谢六逸的评价可谓慧眼独具，它充分说明梁启超所作的媒介批评击中了新闻传播中的普遍性问题，因而具有一种超越时空的魅力。当然，

---

① 任公（梁启超）：《本馆第一百册祝辞并论报馆之责任及本馆之经历》，《清议报》1901年12月20日第100册。
② 陈江、陈庚初编：《谢六逸文集》，商务印书馆1995年版，第316页。

第三章　清末宪政时期的媒介批评

客观地说，梁启超在此处评价我国"报馆之兴数十年，而于全国社会无纤毫之影响"，并不符合历史的客观实际情况，也不公允。不过，笔者以为这不是梁氏眼光偏颇而导致的批评失误，而是一种爱之深而责之切的愤激之语：

> 惟前者天津之《国闻报》，今日上海之《中外日报》《同文沪报》《苏报》，体段稍完，然以比诸日本一僻县之报，犹不能望其肩背，无论东京之大者，更无论泰西也。若夫丛报，则更不足道。前者惟《格致汇编》稍称完整，然出于西人之手，且据上海制造局官书之力，又不过每季一册，又仅明一义，不及其他。然犹仅出二十八册，遽亦中断。其次则《万国公报》，亦出西人之手，凭教会之力，其宗旨多倚于教，于政治学问界非有大关系焉。甲午挫后，《时务报》起，一时风靡海内，数月之间，销行至万余分，为中国有报以来所未有。举国趋之，如饮狂泉。作者当时承乏斯役，虽然，今日检阅其旧论，辄欲作呕；覆勘其体例，未尝不汗流浃背也。夫以作者今日之学识、思想、经历，其固陋浅薄，不足以当东西通人之一指趾甚明也，则数年前之庸滥愚谬更何待论！而举国士夫乃啧啧然目之曰：此新说也，此名著也。呜呼伤哉！吾中国人之文明程度，何低下之至于此极也？《时务报》后，澳门《知新报》继之，尔后一年间沿海各都会轨而作者，风起云涌，骤十余家，大率面目体裁悉仿《时务》，若惟恐不肖者然。其间惟天津《国闻汇编》，成于硕学之手，精深完粹，夐乎尚矣。然仅出五册，便已戛然。此外余子，等诸自桧。及戊戌政变，《时务》云亡，而所谓此十余家者，亦如西山残阳，倏忽匿影，风吹落叶，余片无存。[①]

梁启超所说的"体段"相当于前述的"体例"之意，可见，他之所以十分重视报刊是为报刊的质的规定性，但他同时强调报刊质的规定性不应导致报刊面目体裁的单一，而应是丰富繁多之后在性质、精神上所体现出的某种统一性。作为一个读书人，梁启超对知识具有一种偏好，所以他对

---

① 任公（梁启超）：《本馆第一百册祝辞并论报馆之责任及本馆之经历》，《清议报》1901年12月20日第100册。

《国闻汇编》给予了较高的评价，但作为一个爱国者，他更倾向于从社会需要的角度来考察这种知识对时下中国是否切合与实用。故在他眼里，凭借教会之力有宗教宣传色彩的《万国公报》，就是一种于中国的政治学问界"非有大关系焉"的报纸，多少流露出些许轻视和淡漠的意味：

> 《知新报》僻在贫岛，灵光岿然者凡四年有余，出报至一百三十余册，旬报之持久者以此为最，然其文字体例尚不及《时务报》，于社会之关系盖甚浅薄。己、庚之间，上海有所谓《亚东时报》《五洲时事报》《中外大事报》者出，皆颇阐新理，视《时务》有过之无不及，然当中国晦盲否塞达于极点之际，不为学界所欢迎，旋兴旋废，殆无足论。客冬今春以来，日本留学生有《译书汇编》《国民报》《开智录》等之作。《译书汇编》至今尚存，能输入文明思想，为吾国放一大光明，良可珍诵，然实不过丛书之体，不可谓报。《国民报》《开智录》亦铮铮者也，而以经费不支，皆不满十号，而今已矣。此实中国数十年来报界之情状也。①

从社会接受、社会影响的角度论评报纸，是梁启超媒介批评的一个重要特色。他对由留学生创编的《译书汇编》作出"不可谓报"的评价，确是一针见血。因为《译书汇编》初期主要刊载欧美及日本的政治、法律、经济、外交、历史、哲学领域的译作，后期才增加发表个人的独立研究成果及部分政论文章，前期缺少"报"的一般素质。应该说梁启超对该刊的这种评价，确实可谓的评。

三

梁启超创办《清议报》时有两个有利条件：一是得以总结此前国内其他诸多报刊成败利钝的实践经验；二是东渡之后耳闻目睹日本的先进报业提供了形象而生动的参照样板。这使他编辑的《清议报》能够矗立于一个较高的媒介起点。梁启超撰写《本馆第一百册祝辞并论报馆之责任及本馆

---

① 任公（梁启超）：《本馆第一百册祝辞并论报馆之责任及本馆之经历》，《清议报》1901年12月20日第100册。

之经历》一文，无疑主要是寓"纪念既往"和"奖励将来"之意，但值得注目的是，他在该文"中国报馆之沿革及其价值"一节之后，又专辟一节篇幅来讨论"《清议报》之性质"，而这节起首一句则是"《清议报》可谓之良报乎"。显然，他所说的"性质"指涉的并不是该报的本质，而是"良否"的一种价值认定，是属于媒介批评的范畴。而且从文章的结构上看，梁启超把"《清议报》之性质"放在"中国报馆之沿革及其价值"之后，很明确地是把《清议报》置放到中国报刊的宏大背景下而进行的一次价值评判言说。报刊的背后是报刊的编创者，评价报刊的同时其实也就是在评价报刊的编创者。所以，这节文字无异于梁启超在进行自我评价或自我解剖。揆诸梁启超的生平，这确实符合他一贯有之的常常自我解剖、自我批判的行事风格。梁启超是如何认识和评价《清议报》的呢？

作为编创者，梁启超当然有些自谦，他虽评价《清议报》与诸报相比不过是"百步之与五十步"罢了，其实字里行间仍露出一种自负。"百步之与五十步"典出《孟子·梁惠王上》篇。梁惠王问孟子曰："'察邻国之政，无如寡人之用心者。邻国之民不加少，寡人之民不加多，何也？'孟子对曰：'王好战，请以战喻。填然鼓之，兵刃既接，弃甲曳兵而走。或百步而后止，或五十步而后止。以五十步笑百步，则何如？'曰：'不可，直不百步耳，是亦走也。'"① 梁启超为国学大师，语言修辞艺术高妙。他虽自谦《清议报》与其他诸报相比进步不是很大，但"百步"比之"五十步"究属进步。特别是他通过"虽然"转折词的使用，将语意重点转移到该报与诸报不同的地方是："有其宗旨焉，有其精神焉。譬之幼儿，虽其肤革未充，其肢干未成，然有灵魂莹然湛然，是亦进化之一原力欤。"② 即良报的本质已经具备，只是目前还处于初生阶段，其未来则大有可期。

梁启超之所以对《清议报》作出较高的评价，是因为该报"之特色有数端"，而特色又是根据报刊的"宗旨"撮取、生发而出。这种特色无疑也是优点。他总结该报的特色有如下四个方面。

第一是大力地倡导民权。"始终抱定此义，为独一无二之宗旨，虽说

---

① 白化文、李如鸾：《短篇文言文译注》，北京出版社1981年版，第99页。
② 任公（梁启超）：《本馆第一百册祝辞并论报馆之责任及本馆之经历》，《清议报》1901年12月20日第100册。

种种方法,开种种门径,百变而不离其宗。海可枯,石可烂,此义不普及于我国,吾党弗措也。"① 即坚持宗旨始终不渝。

第二是输入学术道理。"读东西诸硕学之书,务衍其学说以输入于中国,虽不敢自谓有所得,而得寸则贡寸焉,得尺则贡尺焉。……以是为尽国民责任于万一而已。"② 即提高国民理论素养。

第三是报道国内政局新闻和事实。"戊戌之政变,己亥之立嗣,庚子之纵团,其中阴谋毒手,病国殃民,本报发微阐幽,得其真相,指斥权奸,一无假借。"③ 即揭露事实以明真相。

第四是激励国民的国耻感。"务使吾国民知我国在世界上之位置,知东西列强待我国之政策,鉴观既往,熟察现在,以图将来。内其国而外诸邦,一以天演学物竞天择、优胜劣败之公例,疾呼而棒喝之,以冀同胞之一悟。"④ 即促进国人的爱国之心。

梁启超最后归纳道:"此四者,实惟我《清议报》之脉络之神髓,一言以蔽之曰,广民智、振民气而已。"⑤ 即开启民智、鼓舞民气两个方面。

梁启超对《清议报》的评价概括,简明而准确。从历史实际情况看,《清议报》大体上突出了上述四个方面的宣传,而这与大多数中国人尤其是知识群体的心态息息相连,因而该报博得了海内外有心人的称许。不少有志青年,正是通过读《清议报》而获取了西方的进化论、天赋人权论和资产阶级的国家学说,产生了反清革命思想。在客观上,《清议报》的开民智、倡民权有为孙中山的革命事业营造舆论、准备理论武器的一面。这一点,梁启超可能是言者无意,而读者却是听者有心,最终走到了梁所期求的另一面。

为使《清议报》上述四个特色得到更充分的表达和理解,梁启超随后

---

① 任公(梁启超):《本馆第一百册祝辞并论报馆之责任及本馆之经历》,《清议报》1901年12月20日第100册。
② 任公(梁启超):《本馆第一百册祝辞并论报馆之责任及本馆之经历》,《清议报》1901年12月20日第100册。
③ 任公(梁启超):《本馆第一百册祝辞并论报馆之责任及本馆之经历》,《清议报》1901年12月20日第100册。
④ 任公(梁启超):《本馆第一百册祝辞并论报馆之责任及本馆之经历》,《清议报》1901年12月20日第100册。
⑤ 任公(梁启超):《本馆第一百册祝辞并论报馆之责任及本馆之经历》,《清议报》1901年12月20日第100册。

通过列举的方式逐一细述：《清议报》中内容之重要者，如谭嗣同的《仁学》，"以宗教之魂、哲学之髓，发挥公理，出乎天天，入乎人人，冲重重之网罗，造劫劫之慧果，其思想为吾人所不能达，其言论为吾人所不敢言，实禹域未有之书，抑罪生无价之宝"①。此书由该报首发。梁氏《饮冰室自由书》，"虽复东鳞西爪，不见全牛，然其愿力所集注，不在形质而在精神，以精锐之笔说微妙之理，谈言微中，闻者足兴"②。章太炎的《儒术新论》诠发教旨，精微独到。有《瓜分危言》《亡羊录》《灭国新法论》等，陈宇内之大势，唤东方之顽梦。有《少年中国说》《呵旁观者文》《过渡时代论》等，开文章之新体，激民气之暗潮。有《埃及近世史》《扬子江》《中国财政一斑》《社会进化论》《支那现势论》等。皆东西名著巨构，可以借鉴。有政治小说《佳人奇遇》《经国美谈》等，以稗官之异才，写政界之大势，美人芳草，别有会心；铁血舌坛，几多健者，一读击节，每移我情，千金国门，谁无同好。若夫雕虫小技，余事诗人，则卷末所录诸章，类皆以诗界革命之神魂，为斯道别辟新土。梁启超然后作结说：

> 凡兹诸端，皆我《清议报》之有以特异于群报者。虽然，以云良也，则前途辽哉邈乎。非所敢言也，非所敢望也！不有椎轮，安有大辂？不有萌蘖，安有森林？思以此为我国报界进化之一征验云尔，祝之祝之，非祝椎轮，祝大辂也；非祝萌蘖，祝森林也。③

这是梁启超在表达祝贺《清议报》出版100期的初心，同时也是在表达他进行媒介批评的态度。作者文末曰："报兮报兮，君之生涯，亘两周兮；君之声尘，遍五洲兮；君之责任，重且遒兮；君其自爱，罔俾羞兮！祝君永年，与国民同休兮！重为祝曰：《清议报》万岁！中国各报馆万岁！中国万岁！"④ 这是一种以小观大、以稚嫩看茁壮、以个体看整体、以过往

---

① 任公（梁启超）：《本馆第一百册祝辞并论报馆之责任及本馆之经历》，《清议报》1901年12月20日第100册。
② 任公（梁启超）：《本馆第一百册祝辞并论报馆之责任及本馆之经历》，《清议报》1901年12月20日第100册。
③ 任公（梁启超）：《本馆第一百册祝辞并论报馆之责任及本馆之经历》，《清议报》1901年12月20日第100册。
④ 任公（梁启超）：《本馆第一百册祝辞并论报馆之责任及本馆之经历》，《清议报》1901年12月20日第100册。

测未来的媒介批评态度，它通过诗性感人的理论话语和情绪言说，带给国人以无限的宽慰和由衷的希望，鼓励和驱动中国报业的前行。这大概是这位终生以救国救民为职志的国学大师在其媒介批评活动中有意为之的吧。

梁启超从 1895 年编辑《中外纪闻》起，至 1920 年主编《改造》月刊止，前后创办和领导的报刊有 17 种，报刊编辑生涯长达 25 年，可谓同时代无出其右的报刊大师，但其作为资产阶级启蒙宣传家的黄金时期，仍是 20 世纪最初的几年时间，即清末宪政时期"是他一生中最有群众影响，起了最好客观作用的时期"。[①] 从媒介批评的角度看，这也是梁启超最有理论建树和实践影响的时期。"栖身东岛，高树一帜，日积其怨气热肠，化为闳言伟论，腾播于黄海内外、亚东三国之间，无论其所言为精为粗，为正为偏，而凡居亚洲者，人人心目中莫不有一梁启超。"[②] 梁启超个人的流亡，在他人可能认为是一种悲苦之事，但正是这种看似不幸的经历，对处于思想困顿之中又图寻求出路的近代中国思想界来说，却是一种十分难得的幸事。因为在接下来的数年中，梁启超几乎以一人之力，将中国的思想论域引向了比维新时代更为深刻而丰富的境地。在政治上，它安排了一块由不满清朝政府而走向革命思想的跳板；在观念上，它安排了由接受初步启蒙洗礼而走向更解放思想境界的媒介，中国媒介批评所依赖的知识资源迅速得到了更替。梁启超主编的《清议报》，不仅在编辑体例上多有创制，而且后来报刊上流行的"记者""党报""机关报"等新闻词汇，也是该报最先创用的概念。梁启超是一个长于对报刊实践进行总结、反思的人，《本馆第一百册祝辞并论报馆之责任及本馆之经历》只是他众多媒介批评文本中的一个典型代表，足可以看出他在宪政时期媒介批评的理路和水平。媒介批评也使他得益匪浅，可以说，梁启超很长一段时间内之所以能在中国报坛引领风骚，是他通过媒介批评以获取思维和理论背景，而后在报业实践领域不断探索所结出的硕果。

第三节 "苏报案"与媒介批评

"苏报案"是晚清宪政时期影响深远的重大标志性政治事件，在当时

---

① 李泽厚：《中国近代思想史论》，人民出版社 1979 年版，第 423 页。
② 孙宝瑄：《忘山庐日记》（上），上海古籍出版社 1983 年版，第 563 页。

轰动一时，对晚清政治和社会思潮趋演具有巨大的影响。1896年6月26日，安徽建德（今东至县）人胡璋在上海创办了《苏报》。胡璋（1848—1899），字铁梅，出生于世代书香之家，祖父精通绘画，胡璋自幼聪慧，得祖父绘画真传，成年后专攻书画，尤擅长于山水，颇有画名，曾游东瀛，日本从其学画者颇多。返国之后旅居沪上，益肆力山水，胡璋晚年复游日本，不久亡故，遗命安葬于日本神户。胡璋创办《苏报》，由其日籍妻子生驹悦出面在驻沪日本总领事馆注册，托为日商报纸。日出对开两张，白报纸两面印刷，每面高27厘米，宽78厘米，分3版，每天出12版。胡璋主持《苏报》时期，《苏报》与日本方面保持了较密切的关系，坊间有传为日本外务省机关报之说，日人虽未正式承认此说，但该报"在人事上或经济上与上海的日本人有若干关系"①则应属实。该报内容低劣，1897年6月间，曾因刊登黄色新闻与法租界公廨发生纠葛，次年报馆主笔与馆主之间又兴诉讼，以致销路日蹙，遂于1900年出售给遭弹劾落职的江西铅山原知县陈范。陈范（1860—1913），江苏常州人，出生于一个望族之家，父亲陈怀庭进士出身，曾授翰林院庶吉士，转任浙江富阳等地县令30余年。陈范虽然弱冠即能赋诗作文，科举之路却不顺遂，几次应试不第，直到1889年才中了举人，1891年任江西铅山知县。初入仕途的陈范亦有志于天下，企望励精图治，成就一番事业，但与贪婪好货的上司江西巡抚德馨相处不睦，1895年因辖区发生教案，德馨乘机上奏将其罢职。闲居一段时间之后，心有不甘的陈范于1897年到1898年来到离家乡不远的上海另谋发展。这时正值戊戌变法前后，沪上出版业繁荣，报刊兴旺，思想活跃，恰逢《苏报》馆有出售之意，陈范"愤官场之腐败，思以清议救天下，遂承办是报"，②迁址汉口路27号，聘请妹婿汪文溥为主笔。陈范于是转型为《苏报》馆主。陈范接手《苏报》之初，办报经验缺乏，虽勉力维持，但在竞争激烈的上海报坛一时无法脱颖而出，常常陷入稿源匮乏、经营乏力的困境。风云际会，1902年发生的罢学风潮，不期然使其卷入其中，并由此而引发了"苏报案"。

---

① 周佳荣：《苏报及苏报案——1903年上海新闻事件》，上海社会科学院出版社2005年版，第12页。
② 章士钊：《苏报案纪事》，转引自周佳荣《苏报及苏报案——1903年上海新闻事件》，上海社会科学院出版社2005年版，第12页。

一

1902年11月，南洋公学学生发生罢学风潮，随后罢学学生集体加入中国教育会。当时中国教育会周围集结了一批比较激进的青年知识分子，他们为了接济罢学学生，成立了爱国学社，并定期在张园集会演说，宣扬革命思想。为扩大社会影响，他们很希望能有一个言论机关供其发挥。陈范政治上倾向改良，也是中国教育会会员，此时苦于报纸稿源短缺，在得知爱国学社意愿后，遂和爱国学社订约：每日由学社教员蔡元培、吴稚晖、章太炎等人轮流为《苏报》撰写社论一篇，报馆则每月资助学社100元作为报酬。双方可谓各得其所。为了扩大销路，《苏报》增辟"学界风潮"以报道学潮消息，并对官场腐败、社会黑暗予以激烈抨击，《苏报》社会影响逐渐扩大。1903年5月27日，陈范聘请爱国学社成员章士钊担任报纸主编，并于当日发表邹容的《〈革命军〉自序》，开始大量刊载鼓吹革命的文章。1903年6月1日，《苏报》宣布"本报大改良"，版面焕然一新，并刊载论说《康有为》，攻击康的保皇主张其实是向满清政府乞怜，目的是维护清廷统治，宣布"革命之宣告殆已为全国之所公认，如铁案之不可移"。6月2日，《苏报》刊出"本报大注意"，宣布将"学界风潮"专栏移至头版《论说》后的位置，并增辟"舆论商榷"专栏，"凡诸君子以有关于学界、政界各条件，愿以己见借本报公诸天下者，本报当恪守报馆为发表舆论之天职，敬与诸君子从长商榷"①。6月3日，《苏报》刊出《本报大沙汰》启事，宣布将取消"所有各省及本埠之琐屑新闻"，以加强对"时事要闻"的报道，并增设"特别要闻"栏，凡是"于中国绝大关系等事，则尽前登列，间加按语，以质高明"②。同日，《苏报》刊登章太炎的《客民篇》，称清帝为"客帝"，被清朝统治者"逼挤而出"、"屏之"于"外"的各族人民为"客民"，要求恢复后者的主人地位。6月7日、8日，《苏报》连续两天刊载章士钊署名为韩天民的论说《论中国当道者皆革命党》，讽刺清朝统治者的高压政策。6月9日，章士钊以笔名在《苏报》上发表《读〈革命军〉》文，赞扬邹容的《革命军》"以国民主义为

---

① 转引自方汉奇主编《中国新闻事业编年史》（上），福建人民出版社2000年版，第224页。
② 转引自方汉奇主编《中国新闻事业编年史》（上），福建人民出版社2000年版，第225页。

干，以仇满为用，捃摭往事，根极公理，驱以犀利之笔，达以浅直之词。虽顽懦之夫，目睹其字，耳闻其语，则罔不面赤耳热，心跳肺张，作拔剑砍地、奋身入海之状。鸣呼，此诚今日国民教育之第一教科书也"①！6月19日，《苏报》发表论说《虚无党》，赞美俄国虚无党人和沙皇封建专制制度作斗争的献身精神，勉励中国革命者，有"吾心动，吾血喷，吾胆壮，吾气豪，吾敢大声急呼以迎此潮流而祝曰：杀尽专制者，非此潮流荡薄之声乎，而何以冲激之气，独钟于斯拉夫民族而使我汉族生偏枯之感耶"②之语。6月29日，《苏报》以《康有为与觉罗君之关系》为题，摘登章太炎撰写的《驳康有为论革命书》部分文字，其中出现"载湉小丑，未辨菽麦"③"载湉者，固长素之私友而汉族之公仇也。况满洲全部之蠢如鹿豕者，而可以不革者哉"④等语。在章士钊主持《苏报》的一个多月时间内，可以说"《苏报》上反满革命的言论，真如狂潮"⑤一般。

短短一两个月内，《苏报》在行文中逐渐流露出的民族情感及仇满思想，其态度之鲜明和言辞之激烈，令人瞩目，所以该报在舆论界迅速走红之际，也招来了一些报界同行的非议和商榷。1903年6月8日、9日，上海《中外日报》连续两天，发表由汪康年撰写的论说《革命驳议》，指责《苏报》宣扬革命是"暗于大势，昧于近情"之论：就外情言，我国今日万不可言革命，目下中国"一言革命，必启内乱，一启内乱，则外人必乘虚而至，将藉保护财产之说，以行其扩张权利之计，而大陆沉矣"；就内情言，则"尚未可以言革命"，因为中国普通民众但求饱食暖衣，向不知有革命之说，不具备革命的条件，"若革命之说一起，则举足之顷，已即酿乱，已即必败，而内讧未已，外侮踵至，中国即非我有矣"。⑥汪康年的论述虽然针对《苏报》有关鼓动革命的言论，但指责该报"暗于大势，昧于近情"，则近于是对一种传播行为的批评。6月12日，《苏报》连续两天刊出《驳〈革命驳议〉》，对《中外日报》的《革命驳议》一文进行反驳，

---

① 爱读《革命军》者：《读〈革命军〉》，《苏报》1903年6月9日。
② 转引自方汉奇主编《中国新闻事业编年史》（上），福建人民出版社2000年版，第228页。
③ 汤志钧编：《章太炎政论选集》上册，中华书局1977年版，第199页。
④ 汤志钧编：《章太炎政论选集》上册，中华书局1977年版，第200页。
⑤ 周佳荣：《苏报及苏报案——1903年上海新闻事件》，上海社会科学院出版社2005年版，第41页。
⑥ 转引自方汉奇主编《中国新闻事业编年史》（上），福建人民出版社2000年版，第225—226页。

认为改良变法不足以救中国,针对革命将招致"外人干涉"之说,该文进行驳斥道:"夫干涉亦何足惧!使革命思想能普及全国,人人挟一不自由毋宁死之主义以自立于搏搏大地之上,与文明公敌相周旋,则炎黄之胄,冠带之伦,遗裔犹多,虽举扬州十日嘉定万家之惨剧重演于二十世纪之舞台,未必能尽歼我种族。"①两报你来我往的争论,使"革命"之词腾播众口。《苏报》因之一纸风行,其论说一出,其他报刊纷纷转载,鼓动一时风潮。

清廷对上海的言论向来敏感。1903年春,《苏报》有关激烈言论已经引起一些清廷官吏的注意,5月初,上海已有捕人风说,英国《泰晤士报》刊载商约大臣吕海寰函告江苏巡抚恩寿,指上海租界中有所谓热心少年在张园聚众议事,请设法将为首之人密拿严办。两江总督魏光焘电陈查禁爱国学社演说,慈禧太后阅览,批饬"严密查拿,随时惩办",魏光焘觉得学社演说虽禁,"复有《苏报》刊布谬说,而邹容所作《革命军》一书,章炳麟为之序,尤肆无忌惮",②因饬一并查禁密拿。6月23日,湖广总督端方致电魏,建议将《苏报》"设法收回自开",不然的话,"我办一事,彼发一议,害政惑人,终无了时"③。6月24日,魏光焘致电端方,通报已经"嘱沪道婉商工部局"对《苏报》进行查禁。6月25日,南京江南水师学堂兼附设矿务铁路学堂原总办、候补道俞明震奉魏光焘、恩寿等人派遣,为协助上海道袁树勋查禁爱国学社与《苏报》等事宜抵达上海。清廷与上海领事团经过多次密谋,决定由工部局出拘票对陈范、章炳麟、邹容等一干人实行拘捕。

二

1903年6月30日,清方在拘捕《苏报》等人前发出牌告云:

奉道宪密札,奉苏抚宪札,钦奉电旨,查有上海创立爱国学社,

---

① 转引自方汉奇主编《中国新闻事业编年史》(上),福建人民出版社2000年版,第227页。
② 胡道静:《上海新闻事业之史的发展》,虞信棠、金良年编:《胡道静文集·上海历史研究》,上海人民出版社2011年版,第324页。
③ 中国史学会编:《中国近代史资料丛刊〈辛亥革命〉》(一),上海人民出版社1957年版,第444页。

招集不逞之徒，倡演革命诸邪说，形同叛逆，着严密查拿等因，钦此。札道拿办。并先奉南洋大臣谕：沪上各报内，《苏报》近更狂吠，愈无忌惮，着即拿办。转饬密派干役，将单开各要犯分别严拿，务获禀办，毋稍泄露疏虞，致被兔脱。一面签差协捕，立将苏报馆严行封闭，等因奉此。除另单发封苏报馆外，合饬密拿，仰即协捕立提后开人等，限即日解候讯究：钱允生、陈吉甫、陈叔畴，以上苏报馆主笔。章炳麟、邹容、龙积之，以上伪作《革命军》匪人。陈范，即陈梦坡，苏报馆主。以上七名，该差不动声色，即行按名拿获，解究毋延。①

清廷认定爱国学社"倡演革命诸邪说，形同叛逆"，所谓"《苏报》近更狂吠"，当然是指该报对"革命"的宣传，与爱国学社为同一行为。当天上午，《苏报》账房陈吉甫在报馆内首先被捕，随后上海租界工部局警探在南京路泥城桥福源里爱国学社逮捕章太炎，在新马路女学报馆捕去陈范之子陈仲彝及办事员钱宝仁，龙积之于当晚自行到案。

清廷原来的如意算盘是"拿犯是第一层，封馆是第二层，沪讯审问是第三层，解宁是第四层，江鄂会奏请旨是第五层"，② 以达到严惩案犯以儆效尤的效果，但先是"封馆"的设想即刻遇到了很大阻碍，因拿人之后，《苏报》不仅照常出版，且还示威性地刊出《密拿新党连志》等消息和章炳麟在狱中所撰指名批评《新闻报》的文章，并声称"已于自五月初八日（6月30日）盘售于英商卢毅君"。直到7月6日，即章炳麟《狱中答〈新闻报〉》一文在该报刊出后，清廷才勾串美国领事古讷签署发封《苏报》馆的命令，但是捕房方面还表示要听租界工部局董事会的决定，直到会审公廨的中国谳员下令会审公廨停止办公等要挟行动之后，捕房才执行封闭报馆的命令。

"苏报案"之所以能够演变成一个著名报案，与该案的特殊性有着密切的关系，即苏报馆设在租界之内。上海公共租界虽然没有独立的司法权，但公共租界工部局却拥有对1868年根据上海道台与英美等领事商定的《洋泾浜设官会审章程》设立的司法机构——会审公廨签署命令的执行权

---

① 中国史学会编：《中国近代史资料丛刊〈辛亥革命〉》（一），上海人民出版社1957年版，第372—373页。
② 转引自马光仁《上海新闻史（一八五〇——九四九）》，复旦大学出版社1996年版，第236页。

和对犯人的关押权,这直接影响了清廷和工部局之间关于"苏报案"的交涉及其进程走向。"在清政府与北京公使团就苏报案交涉期间,列强就多次以释放被关押者要挟清政府接受他们的主张,而清政府对此则毫无办法。"①"苏报案"表面上是清廷对有关国内犯人的司法判决,由于会审公廨的存在和介入,实际上演变成中外两种法律观念的博弈。工部局一开始就坚持独立的立场,坚决拒绝交出"苏报案"被关押者,并采取一系列的措施阻止案犯落入中国官方之手。章太炎、邹容被捕后,工部局立即出面为他们聘请律师,还严防清政府劫持犯人。工部局多次致函北京公使团,表示其拒绝交出案犯的理由是出于维护租界的持续繁荣和安全、维护已经形成的惯例,即未经审判,本地居民不得被带出租界,更反对将被指控为政治犯的本地居民不合法地逮捕。②由于英、美、法、俄、德、意、日、比、荷等列强的深度干预,"苏报案"成为国际交涉。在世界列强中,英国反对将案犯交出的态度最为强硬,从英国驻华公使到驻沪领事,都反对交出案犯,坚持在上海公共租界审讯并反对重判,并且游说列强对清廷采取一致行动。7月29日,英国外交部致函皇家法官,请求皇家法官就"苏报案"问题提供法律帮助。信函中说,目前工部局和驻华公使惪讷里反对交出案犯,理由是被关押者在审讯中认罪是基于道台与领事团达成的协议,确信他们不会被交给清政府。因为他们已经认罪,如将他们交给清政府,清政府就会立即处死他们。

几经交涉,清政府和列强终于达成"苏报案"审理适用中国法律的协议。由于当时中国尚无新闻、印刷和出版方面的专门性法规,因此,提出指控的法律依据只有《大清律》中的《刑律·盗贼类》"造妖书妖言"条:"凡造谶纬妖书妖言,及传用惑众者,皆斩。(监候,被惑人不坐。不及众者,流三千里,合依量情分坐。)若(他人造传)私有妖书,隐藏不送官者,杖一百,徒三年。"③这条刑律针对的是制造、散布谶纬妖书妖言者。清廷聘请的律师是英国人古柏,为被告方辩护的律师是英国人琼司和爱立司,双方都是上海著名律师。审讯开始,原告律师古柏提出指控道:

---

① 王敏:《苏报案研究》,上海人民出版社2010年版,第35—36页。
② 王敏:《苏报案研究》,上海人民出版社2010年版,第36页。
③ 张友渔、高潮主编:《中华律令集成》(清卷),吉林人民出版社1991年版,第26页。

章炳麟和邹容被控罪名在英国被称为煽动性的诽谤罪。首先，我要提请法庭注意这个罪名意味着什么。中国的法律也像其他国家的法律一样，也有如叛国、煽动暴乱、造反等对反对政府的罪名。最严重的是公开造反，依据中国法律这种罪应给予最严厉的惩罚，中国的法律认为反抗地方权威（地方官）是次一等的罪行，依据我们的法律是造反一类的反政府罪，以出版物和著书方式煽动造反的罪名依据我们的法律是次一等的罪行，依据中国的法律也是次一等的罪行。所有的国家都认为这些是严重的罪行，以出版物的形式煽动叛乱自然也是最严重的反政府罪。传播煽动性的言论就如同将火种丢进燃料堆。作者可能无法预见其后果，但是作为众所周知的英国法律原则，他必须考虑到可能的后果。[①]

清政府分别对章太炎、邹容、陈范等人提出罪名相同的指控："恶意写作或者是导致印刷和出版对皇上和政府的煽动性诽谤言论，意在煽动叛乱和不满，扰乱国家安宁：使当今皇上和政府被仇恨和蔑视。"[②] 在原告律师以英文提出的指控中，其罪名被表述为"煽动性的诽谤罪"，这实际上是一个依西方法律所提出的指控罪名，其内涵显然要比《大清律》中指涉的"妖言惑众"更为清晰化和明确化。由于双方律师都是英籍人士，因此，他们总是不自觉地援引西方法律，甚至直接援引英国法律来进行指控和辩驳，朝、野双方根据各自的立场对苏报的传播行为做出政治上的解读和价值判断。

三

对"苏报案"进程产生直接影响的是沈荩案的爆发。

沈荩（1872—1903），湖南长沙人。沈荩自幼天资聪颖，心怀大志，常与友人纵谈天下之事，鄙视科举，无意功名。在维新变法期间，与谭嗣同、唐才常等人交往密切，积极参与新政。戊戌变法失败后，他随唐才常来到上海，筹组自立军，并往返于湘鄂之间，准备发动武装起义。1900

[①] 转引自王敏《苏报案研究》，上海人民出版社2010年版，第70页。
[②] 转引自王敏《苏报案研究》，上海人民出版社2010年版，第69页。

年，自立军起义，沈荩为右军统领，密谋于湖北洪湖起事，因经费匮乏部署疏漏，起义机关被清廷破获，遭当局通缉，遂辗转于沪、津等地，开始逃亡生活。在天津活动时，曾由好友刘鹗介绍，在日人主办的《天津日日新闻》报馆从事印务管理工作，后遭小人告密于1903年7月19日被清廷逮捕。沈荩开始坚不吐实，后知被人出卖，始对参加自立军一事直认不讳。慈禧对沈荩本恨之入骨，遂于7月31日急匆匆地面谕军机大臣："万岁月内例不行刑，著即日立毙杖下。"① 刑部接旨后，特造一大木板执行，因行刑者素不谙习行杖之法，故打至二百余下，血肉飞裂，犹未至死。骨已如粉，未出一声。及至打毕，堂司以为已经毙命。不意沈于阶下发声道："何以还不死，速用绳绞我。"于是用绳紧系其颈，勒之而死。行刑之状可谓惨不忍睹，骇人听闻。

就在英国外交部寻求"苏报案"问题决策的司法依据时，沈荩被杖毙一事被有关媒体进行了详细的报道，且在报道过程中，沈荩与《天津日日新闻》报馆的关系得到强调，被描述为该报的新闻记者，从而极易使人们将之与交涉中的"苏报案"进行想象性连接。8月3日，英国驻华公使萨讷里在致蓝斯唐侯爵的电报中，描述沈荩惨死情形，认为"苏报案"被关押者如果交给清政府，将会遭遇与沈荩同样的命运。事实也的确如此，清廷当时已经做好了处死《苏报》一干案犯以儆效尤的准备。

"苏报案"被告律师琼司的机智辩护，在一定程度上决定了案件最后的走向。依据西方的法律观念，单是写作不构成犯罪，必须由控方举证被告有将其公开的意图，如被告同意或者以其他方式导致印刷和出版。这对控方律师来说，极难做到。因为在控辩中，被告坚决否认被指控的两本小册子的印刷和出版与自己有关，而控方又没有办法查出印刷者或出版者。被告律师琼司除了在辩护过程中反复申明和坚持原告方的举证责任，而且将邹容描述成为一个处在思想多变的阶段的青年学生；章太炎是一个热切地关注国家命运的伟大爱国者，他们著书立说，探讨国家未来的命运和出路，是爱国的表现，缺乏足够的证据证明被告有为出版和煽动造反推翻政府而写作的恶意，因为控方没有提供那些文章在何处印刷的证据。② 在被

---

① 参见彭平一《关于沈荩与"沈荩案"若干史实的补证》，《中南大学学报》（社会科学版）2005年第5期。

② 参见王敏《苏报案研究》，上海人民出版社2010年版，第77—82页。

告律师充满感情的描述中，邹、章等人非常值得公众同情，而清政府不仅愚蠢，而且可恶。

1904年5月21日，南洋特派委员汪瑶庭和英国副领事翟理斯宣布判决结果：

> 本县奉南洋大臣委派，会同英副领事审讯苏报馆一案。今审得钱宝仁、陈吉甫一为馆友，一为司帐，已管押四月，应行开释。陈仲彝系馆主陈范之子，姑准交保，寻父到案。龙积之系鄂督访拿之人，惟案无证据，且与苏报馆事无干，亦应省释。至邹容作《革命军》一书，章炳麟作《訄书》，并作《革命军》序，又有驳康有为一书，言语纰缪，形同悖逆。彼二人者同恶相继，罪不容恕，议定邹容监禁二年，章炳麟监禁三年，罚作苦工，以示炯戒。限满释放，驱逐出境。此判。①

显然，这个判决比较符合英国煽动诽谤罪的法律理念及其精神，而非《大清律》中的谋逆罪和妖言惑众罪。

"苏报案"无论从什么角度看，都是一个重大新闻事件，因此，爆发伊始，即引起中外报界的广泛关注。关注"苏报案"的外文报纸主要有伦敦《泰晤士报》，美国《纽约时报》《洛杉矶时报》《华盛顿邮报》，在上海出版的英文《字林西报》《文汇西报》、上海《泰晤士报》《益新西报》《捷报》《中法新汇报》，等等。其中《泰晤士报》关于"苏报案"的报道评论37篇，《纽约时报》23篇，《洛杉矶时报》11篇，《字林西报》11篇，《华盛顿邮报》10篇，《文汇西报》9篇，上海《泰晤士报》8篇，《中法新汇报》8篇。② 上述外文报纸对"苏报案"的报道和评论虽然有所差异，但共同的基调则是同情"苏报案"被关押者，指责清政府，普遍地将之定性为保守势力对改革力量的镇压行为，《字林西报》甚至将之定位为中国保守势力共同对公共舆论的镇压。上海《泰晤士报》认为，"苏报案"是专制残暴的中国晚清政府对爱国青年改革者的镇压，③ 与世界文明

---

① 转引自王敏《苏报案研究》，上海人民出版社2010年版，第90页。
② 王敏：《苏报案研究》，上海人民出版社2010年版，第116—117页。
③ 参见王敏《苏报案研究》，上海人民出版社2010年版，第118页。

进步的发展趋势背道而驰。所以在外国报纸的笔下,"苏报案"被叙述为是中国保守与改革、文明与野蛮之间的一场角力。

"苏报案"自然更是中文报刊予以重点关注的内容。当时中国主要报刊如《申报》《中外日报》《新闻报》《国民日日报》、天津《大公报》、香港《华字日报》等,都对"苏报案"有跟踪报道和评论。中文报纸的报道和评论有这样几个特点。一是英文报纸的有关报道和评论成为中文报纸的报道对象和信息来源,中文报纸通过选择性的转载,既各取所需地显示自己的倾向性,又可规避清廷的干涉。二是中文报纸立场各异,如《申报》言论保守,痛恨革命党,而《中外日报》则对"苏报案"予以相当的同情。1903年7月1日,即"苏报案"发生的第2天,《中外日报》就发表社论《近事慨言》,认为这是当局"与言者为难",劝告清政府应该自我反省:"不悟陇畔叹息之声,民间怨咨之语,方且日起而未有已,即日获一人而杀之,亦复于事何济?而转足以激浮动之人心,贻恶名于政府,亦复何益之有?"① 将苏报馆的革命宣传定位在"言者"的行为,从言者无罪、闻者足戒的古训角度为其开脱,指清廷的捕人是故意"为难",隐含着责备之意。《国民日日报》则对清廷予以抨击,该报在评论中有"《苏报》诸人为顽固官场所疾,而无故被拘"② 之语,其政治倾向性非常鲜明。三是"苏报案"不仅引发了关于中国政治、中国文明的一场国际讨论,而且报刊对"苏报案"的报道和评论也引发了其他报刊的评价,即引发了媒介批评。如《新闻报》在"苏报案"期间由痛批清政府到突然转攻革命党的变化,颇具戏剧性。③ 由日本留学生编辑并发行的《江苏》月刊,就发文予以揭露道:

> 海上之有《苏报》,为满奴之所侧目,必欲得而甘心。而同业者则大恧小怯,深恐吾报之被其波及也,则相与日日著论以攻之,以别异于某报之敢为叛逆,此必至之势也。当事发之前数日,《新闻报》有《自箴篇》,颇咎己之无学,不足以动时贤之听,抑何可怜,卒乃倡订报律之谈,意在屏《苏报》于报界之外。明日《同文沪报》有

---

① 转引自方汉奇主编《中国新闻事业编年史》(上),福建人民出版社2000年版,第233页。
② 《总领事与苏报案》,《国民日日报汇编》1904年第3期。
③ 王敏:《苏报案研究》,上海人民出版社2010年版,第98页。

《救时篇》，以踵其后，以为订报律不可缓，意谓《苏报》之必遭不测。前之昌言革命，恃在租界，为官吏力所不及，今恐不可恃，如查拿革命党之某大臣（指吕海寰）。该报极力丑诋，迹近报复某大臣将不与之干休云云。权其意，以为吾献媚官场，可以保吾报；吾力排革命，可以保吾报，一言之恐人之不我听而再言之，再言之恐人之不我听而长言之。《新闻报》论革命党之出现，识者如见其肺肝矣。其计何狡哉！①

媒体的倾向其实是媒体工作者的倾向。《新闻报》当时的老板是美国人福开森，总经理汪汉溪，总主笔金煦生。该报一向以稳健中正著称，对国家内政外交的各种腐败，该报虽也常有指责，但言语温和，基本立场是坚持维新，反对革命，认为革命党是逆党、叛党。在"苏报案"期间，《新闻报》甚至指责租界将革命党与维新党混为一谈，批评租界是有意在为革命党提供庇护。《江苏》认为《新闻报》的报道和评论，表面上看与《苏报》一路，内里则完全不同，该报在有关报道和评论的背后，隐藏着与《苏报》区隔，甚至向清廷献媚买好以求自保的用意。这种分析可谓燃犀下照，入木三分。

报案是媒介批评的一种方式，它是官方意识形态及其价值标准在新闻领域推行和贯彻后的一种必然结果。"苏报案"的演变过程与最后结果，与清廷的设想和期待相距甚远，不仅反映了清廷社会控制能力的不足，也折射出清廷意识形态和价值观念的落伍。"苏报案"具有着多方面的历史意义。"苏报案"是清末宪政时期轰动一时的事件，在"苏报案"期间，中外众多媒体通过发表报道和评论的方式，不仅参与着对"苏报案"过程的建构，影响着"苏报案"的发展走向和最终结果，而且也以此显示着媒体的社会存在和价值。媒体参与"苏报案"的姿态和表现，又成为媒体的评说对象，定格在历史的长河之中，成为社会整体意识的一部分。换言之，媒介批评也是"苏报案"的一部分，当"苏报案"成为中国新闻史的叙述内容之后，"苏报案"也必将进入中国媒介批评史的叙述序列之中。

---

① 《狡哉，〈新闻报〉！险哉，〈新闻报〉！》，《江苏》1903年第4期。

第四节　针对《申报》的媒介批评

人是新闻传播中最活跃的因素。一个媒体运作如何，媒体领导者的素质、魄力、眼力和管理能力至关重要，这决定了媒体是否能够跟上时代发展的步伐，是否能与时代前进的节拍保持一致。不过，成也萧何败也萧何，俗话说，铁打的营盘流水的兵，媒体从业人员总是处于不断变动之中。人员变动往往对媒体发展影响至巨，有时甚至会招致一场媒介危机。英国商人安纳斯托·美查等人于1872年4月30日创办的《申报》，开创了中国近代洋人出钱、秀才办报的媒体成功运行模式。至清末新政时期，《申报》已经是一家有30多年报龄、在各个阶层的广大读者中有着广泛认知度和美誉度的新闻媒体了，可以说已形成了自己的品牌。在很长一段时期内，人们称《申报》为"申报纸"，也就是把它作为中国新闻纸的代名词。该报的影响不仅遍及上海与中国东南沿海开埠地区，而且扩展到欧美等海外地区。该报从创刊至维新变法时期，总体上发展应该说比较平顺。但是，历史总是充满了曲折，这家老资格的报纸在跨入20世纪门槛不久，就遇到了一场舆论风暴，成为被沪上媒体"围攻"[①]的对象。何以致此呢？主要原因就在于报纸主笔的易人，使报纸的报道倾向发生了重大的转变。

一

美查创立《申报》时，深知报纸要获得中国人的认同，必须依靠中国人才能成功，因此他除了掌握《申报》的重大方针，把笔政完全交给了中国人，从而形成了中国近代报纸发源时期洋人出钱、秀才办报的一种较为特殊的模式。"这些秀才，也就是清末时期榜上有名的最后几批秀才中的一些秀才，直到1909年报纸产权转归国人以及民国之后，也还是清末最后一批秀才中的史量才、陈景韩等等。正是这些秀才们，引进西方新闻纸形式有益的东西使之中国化，奠定了近代报纸的雏形。在以后近代新闻事业的发展中，《申报》进行多次革新，从形式到内容，包括新闻评论、专栏

[①] 马光仁：《上海新闻史（1858—1949）》，复旦大学出版社1996年版，第209页。

文章、副刊专刊、读者服务、摄影漫画、广告发行以及围绕报业为中心创办年鉴、月刊、丛书等新闻文化事业等等方面，把近代报纸发展到了一个新的高度。"① 甲午战争前后、维新运动兴起时期，是中国近代国事蜩螗、国运衰微之际，也是《申报》主持笔政主要成员变动较频繁的时期。1884年，该报第一任总主笔蒋芷湘进士及第离开报馆，总主笔由王韬女婿钱昕伯继任。在蒋芷湘主持笔政期间，钱昕伯实际上已经在襄理笔政。担负总主笔后，编务繁忙劳累，因体弱多病，不能经常到馆主持日常工作，总主笔编务有时就由何桂笙代理。不意甲午战争激烈之际，何桂笙偶患疾病，未及医治即告去世，当时年仅 54 岁。何桂笙的去世，不仅是《申报》的一大损失，而且加剧了钱昕伯的脑力负担，他只得负病坚持工作，实在难于应付时，由黄协埙协助。1897 年底 1898 年初，时届严冬，钱昕伯的健康每况愈下，实在无法坚持繁忙的笔政，于是只得辞去了总主笔一职，由黄协埙接任了总主笔的职务。

黄协埙（1851—1924），字式权，号梦畹，别署鹤窠树人、海上梦畹生，江苏南汇（今属上海市）人。早年博学工诗词，尤长于骈体文写作。1884 年进入申报馆工作，前后在该报工作 20 年之久，是继蒋芷湘、钱昕伯、何桂笙之后《申报》第四任总主笔。黄协埙曾是清朝廪生，虽然进入报馆工作服务媒体，仍念念不忘科举功名。光绪十四年（1888）曾赴金陵参加秋试，铩羽而归，"自叹怀才不遇而郁郁不得志。此次接任总主笔，他是把这看成出人头地、走上仕途的机会"②。故在报上为文时，不时流露出向当局输诚之意。例如他自主持笔政后，对皇上尊敬有加，在新闻和评论的文字中凡遇到皇上、皇太后的称呼，必须空一格，双抬或三抬，以表示皇帝的至高无上。他写的评论或文章，经常以"恭读某月某日懿旨或上谕注其后"为题，以表示对皇上的谦卑。光绪帝发布《明定国事》诏后，黄协埙在报上称颂光绪的谕旨，"如日月之照临，实有神武善明，非外人所能测度者"，肉麻得令读者反感。戊戌变法失败后，《申报》登载《述国事要闻》，连续报道了袁世凯告密、光绪帝被软禁、康有为和梁启超出逃、戊戌六君子被害、一批同情新政的官员被革职或流放等一系列重大事件的过程，不失为客观的报道，有助于读者了解宫廷矛盾、官场腐败、政变内

---

① 宋军：《申报的兴衰》，上海社会科学院出版社 1996 年版，第 1—2 页。
② 宋军：《申报的兴衰》，上海社会科学院出版社 1996 年版，第 59 页。

情等。但引人注意的是该报编者说明："有涉及皇太后之语，概节而不登。"① 戊戌政变中不利慈禧的一言一语都不予以透露，以极力维护慈禧太后的尊严。他在报上把光绪与慈禧在维新变法中的冲突和矛盾，解释为乌有之谈："两宫嫌隙，出自谣传，而何尝有其事。"② 甚至把慈禧发动政变，软禁光绪，自己垂帘听政，说成是光绪皇帝察觉了康有为密纠邪党，阴谋叛逆，因而主动请慈禧训政，这是"圣母慈禧"转危为安、挽救大清的壮举。令人不禁哑然。苏舆在维新时期主编的《翼教丛编》，可谓其时顽固派思想的荟萃。戊戌政变后，黄协埙将之交给点石斋重印，他还特地加入了自己撰写的《石印翼教丛书序》，说明重印该书是为了遏异学之横流，以使圣教昌明，皇威弥畅："若鄙人，则人微言轻，既不敢大声疾呼，冀动大人先生之聪听。仅于日报中微嘲隐讽，阴刺其（康梁）辩言乱政之非。"③ 其一心为当权者帮忙的守旧之态粲然可掬。

上海是当时思想最活跃的地区之一，戊戌政变之后同情、支持康梁的人众多，对黄协埙于康梁口诛笔伐、盲目为慈禧辩护之举很不以为然，故对黄协埙及《申报》的这种报道和评论的态度议论纷纷。在1900年初，上海就纷传黄协埙之所以如此起劲地抹杀事实攻击康梁等维新人士，是因为收受了官场守旧派三百元贿赂。当时东亚同文会主持的《沪报》还连续10天刊出告白《普天同愤》，署名"伤时客者"就专门煞有其事地指责黄协埙不该收受贿赂而昧了良心。主编《中西教会报》的英籍传教士季理斐也致书黄协埙，一方面询问黄协埙是否真有其事，另一方面批评《申报》是"旧物"，屡斥康有为的不是，而且时常恐吓新党人士。当时黄协埙大为恼火，除了致函抗议和要求更正，还专门在《申报》上发表社论予以辩驳，指凡是登录匿名告白坏人声名，如不能指出嘱登之人，即与报馆自登无异。但此事最后还是不了了之，也没有什么结果。其实，黄协埙之所以大批康梁，口尊圣母慈禧，不过是念念不忘他自己的功名未就，意图以此邀取朝廷慈禧的赏识和青睐罢了，当时的有识之士对此是心知肚明。至于受贿三百元者，不过是人们对黄协埙不满的一种讽喻而已，虽然并非真有其事，但它却真实地反映了一种耐人寻味的社会心理。

---

① 转引自宋军《申报的兴衰》，上海社会科学院出版社1996年版，第60页。
② 转引自宋军《申报的兴衰》，上海社会科学院出版社1996年版，第60页。
③ 转引自宋军《申报的兴衰》，上海社会科学院出版社1996年版，第61页。

二

围绕黄协埙在《申报》上发表的一篇《俄罗斯舆地考略》论说，上海一些在政治观点上与《申报》相左的报纸，对该文中"俄罗斯疆域地跨三洲"一说，群起嘲讽，引发了一场被后人称为"俄罗斯地跨三洲案"的报坛风波。18世纪下半叶，俄罗斯在叶卡捷琳娜女皇时代开始大规模地扩张领土，现在美国的阿拉斯加曾经是俄罗斯的领土，因此，俄罗斯历史上曾经是一个地跨三洲的大国。只是1867年，俄罗斯将阿拉斯加售予美国。所以，在1900年的时候，阿拉斯加无论如何不能再算作俄罗斯的领土了。情况已经完全变了，但黄协埙的地理知识还停留在30多年前的过去，足见其是如何的"守旧"了，而这种地理知识上的守旧折射的恰恰是他不能与时俱进而导致政治思想上的守旧。

1901年，《同文沪报》刊出一篇《论近日地理之疏》的文章，批评黄协埙的"俄罗斯地跨三洲"说的错误。这种错误或疏失属于知识上的硬伤，如果错者能本着有则改之、无则加勉的态度，本来也不是什么大不了的事情，但黄协埙看到《同文沪报》的指正文章后，不仅不虚心接受，竟然撰写了一篇洋洋洒洒数千言的长文，反唇相讥地嘲笑《同文沪报》缺乏地理常识，特别是将之提高到对"新政新学"的攻击："其报平日自以为能研究新政新学，而出一论，必杜造一理，不今不古，非中非西，阅者无不自笑存之，亦或笑之以鼻，本报因事不干己，从未昌言。然奉其父母遗躯供人捧腹，诚有的彼所自疑为几几不可为人者。"① 话说得好像很超脱，却恰恰暴露了他非常在意的心理："此件本系年底脱稿，必俟至今年初十后始出者，盖本馆之意欲稍留其面目，使之含笑而过新年也。"② 黄协埙自以为得计，想不到反而授人以柄。《中外日报》《苏报》《同文沪报》等纷纷对他进行指责和嘲讽。陈辅相（无我）的《老上海三十年见闻录》曾记载这段报坛掌故，叙述《同文沪报》对之攻击尤其毫不容情，其附张《同文消闲报》更令人叫绝，它发动读者为《申报》"捉错"，后来还发起征文《讨〈申报〉主笔檄》，声称"《申报》主笔能以雍容揄扬之词，将一切淤

---

① 马光仁：《上海新闻史（一八五〇——一九四九）》，复旦大学出版社1996年版，第211页。
② 马光仁：《上海新闻史（一八五〇——一九四九）》，复旦大学出版社1996年版，第211页。

塞之稿尽行弥缝，使阅者恍然有粉饰太平之象"，要求读者揭发。征文一、二、三名有奖，所有征文将汇编出版，以广流传，搞得黄协埙哭笑不得。下面摘引三则，以略见当日沪上的"媒介批评"之状：

大彰主笔之能

去年十二月二十日，本报纪有俄罗斯功臣一则，盖因某主笔以"俄罗斯地跨三洲"一语，作为论说之第一句而讥之。初固不敢自以博闻之记，开罪同类，故出之谐谑，以示雅道无伤也。讵二十三日□报主笔撰成论说，诋诮本报，将不可移易地跨二洲之俄罗斯硬派为地跨三洲。维时本报因年终停印，无从为之纠正，当有《中外日报》先得我心，特正其误。乃□报主笔恬不知羞，犹复于日前哓哓置辩。本报亦以《中外日报》正之于先，不必再费笔墨。因是而《苏报》又作《阿拉司喀考》以驳之。旁观不平人虑误后学人，亦登各日报告白以正之。□报主笔至是乃俯首帖耳，噤不出声矣。近有友人拟就此一事，将本报新闻及□报《中外日报》、《苏报》论说并各日报告白，加以序跋，汇刻一书，印成十万册，广为分送，以彰□报主笔之能。世之留心新学者，可拭目而俟之。又昨日《中外日报》又有不读书人来函，亦当一并列入云。

地价难偿

一哂子函云：美国向俄国购回美洲西北隅一地，其事距今已三十余年。当美国购地时，用金圆七百二十万。乃□报主笔仍云俄罗斯地跨三洲，是必夺美国之所有仍归俄国而后可。俄国复得原地，固所愿也，所惜者美国用去金圆七百二十万，一块地皮又不得收入版图，彼美人亦岂肯向隅哉？或曰：既若此，美人购地原价即由□报主笔代偿，则其地可仍归俄人矣。虽然，七百二十万金圆谈何容易，彼□报主笔虽百世为主笔亦不能偿也，为□报主笔者奈何奈何。[①]

界牌易撤

又云：中俄疆界已屡次改易，每次均有损失。其损失之地，均已照新界立有界牌。盖中国国势之弱，固无如之何也。□报谓朝廷未尝明弃，不知已有条约、已立界牌，虚言争之，亦复何益？然则必撤去

---

① 陈无我：《老上海三十年见闻录》，上海书店出版社1997年版，第13页。

界牌，而后各地可仍归为己有。第恐撤去界牌，中俄必至开衅，北方又有战事，奈何？或曰：此无虑也，□报主笔予俄人以美洲一地，俄人所得已多，中俄疆界若令俄人退去若干，想俄人亦无不可，但必须□报主笔笔墨间一转移耳。①

谐谑是中国古代文学中的重要方式，如《庄子》中的很多寓言故事就是非常典型的谐谑之文，其特点是插科打诨、滑稽调笑，给人一种诙诡不经的感觉。很多时候谐谑言论大多属于不得已而为之，根本原因是天下的沈浊，不能以庄语出之。这种文学表达具有一种特殊的美学意义。中国美学大师朱光潜指出："社会的最好的团结力是谐笑，所以擅长谐笑的人在任何社会中都受欢迎。在极严肃的悲剧中有小丑，在极严肃的宫廷中有俳优。"② 从心理学的角度看，谐趣是一种最原始的普遍的美感活动，凡是游戏都带有谐趣，凡是谐趣也都带有一定的游戏性质，故谐趣可以定义为以游戏的态度，把人事和物态的丑拙鄙陋与乖讹当作一种有趣的意象去欣赏。在社会批评当中，谐语不完全是一种被迫的选择，有时倒是批评者自觉主动地追求，因为它别具一种美学意趣和社会效果。特别是当其批评对象处于社会发展的对立面时，谐语的正面批评功能尤能得到发挥。黄协埙作为一个思想守旧的报人，受到《同文消闲报》如此的调侃、嘲谑，确也有些咎由自取。不过，《同文消闲报》中某些以黄协埙为靶标的批评文字，也有不足为训之处，如《黄狼不知地理》中，有"黄嘴瘪如老妪，而又如山膏之善骂，因此而人又呼之为'黄狼'，即俗语中撒连环屁之黄鼠狼也"③之语，如此则有堕入人身攻击的恶俗之嫌。

三

当时黄协埙及《申报》对"中俄密约"一事的报道态度也是受到其他报刊集中批评的一个焦点。1900年义和团运动爆发后，沙俄以保护东三省铁路及其他权益的名义，乘机出动军队占领中国东北，企图吞并我东北领

---

① 陈无我：《老上海三十年见闻录》，上海书店出版社1997年版，第13—14页。
② 朱光潜：《诗论》，《朱光潜全集》第三卷，安徽教育出版社1987年版，第27页。
③ 《黄狼不知地理》，《同文消闲报》1901年3月18日第312号。

土。1901年9月《辛丑条约》签订后，八国联军陆续从北京撤走，交收东三省事宜亦提上日程。沙俄一再制造借口，不肯撤兵。英、美、日等国出面干涉，德、法两强也表示反对，要求俄国撤兵。沙俄在国际的强大压力下，被迫于1902年4月8日在北京与清政府订立《交收东三省条约》，规定俄国军队在一年半内分三期全部从东北撤走，东北各地恢复到俄军未经占据以前。1903年，沙俄背信弃义，非但不履约撤军，反而变本加厉提出在我东北及内蒙古一带享有路政税权及其他要求，并威迫清政府接受。清政府被逼无奈，欲与之缔约。在双方缔约尚未完结时，其内容被上海的英文报纸率先披露，随后国内外各大新闻媒体纷纷转载，国内外舆论一片哗然，国人群情激愤，在中外强大舆论的压力下，清政府最终放弃了签约计划。当中外各报正对"中俄密约"予以报道和关注时，《申报》发表评论，强作解人，认为各报所传的中俄密约之事，实际上是捕风捉影的无稽之谈。《申报》的评论起到了为慈禧和清政府遮羞盖丑的效果，所以遭到了上海报业同人的指责和嘲讽。《同文消闲报》也是连续刊发了多篇批评《申报》的文字：

原来要他密

　　鸣鼓人投函本报云：近览中西各日报，无不言俄约事，独□报则阒然，此中生疑窦者累日矣。今日瞥睹《密约解》，于各政府各日报及国民议论皆斥曰附会儿戏无据之词，道听途说，为子虚乌有。初为骇异，继则细玩其"确守几事不密则害成"之一语，恍然释我疑团耳。厥报主笔非俄狼之毒种，必密约中为虎作伥之下大夫无疑矣。否则何人皆道听途说，彼独确守其戒，为俄作《密约解》乎？夫报章为国家辟风化、生民智，攸关重大。厥报讵可矫然独异，违背文明，贻讥世界？各报亦与有责也，何可默然不辩哉？亟宜遍发传单，鸣鼓而攻，以问厥实。或曰厥种根深蒂固，胸中又熟读十年万卷之书，谁敢斥其非耶？曰：不然。盖丧心病狂之夫，尚可药石救之；而无气之尸，日陈腐于大庭广众之间，试问孰肯忍受乎？其有医国卫生之心者，必速为设法，抛之荒泽无人足迹处。虽鸟兽不食，听之扬尘潜灭也可，岂不清净哉？①

---

① 陈无我：《老上海三十年见闻录》，上海书店出版社1997年版，第15—16页。

外国阔人说的

有不具姓名人来函云：中俄订约一事，寰宇皆知。乃有不识时务之报馆主笔，力辩为子虚乌有，哓哓不休。因有人撰成《放屁主笔演义》以讥之云：话说上海地方，有个主笔。两只眼睛，两只耳朵，一只鼻子，一张嘴，也没有什么奇异处。只是生性奇怪，所说的话，专门与人相反。人家说香的，他必定说是臭的；人家说有的，他必定说是没有的。这话甚长，也不必说了。一日又在一处大发议论，说现在的人实在会造谣言。就好像那一件事，真真是没有的，为什么竟沸沸扬扬起来，硬说他是有的呢？内中一个人驳他道："你错了。如果没有，为什么连外国人也是这样说呢？"只见那主笔摇头晃脑说道："不然不然，是一个外国阔人向我说的。他说这种新闻是出在上海地面的，断断信他不得，难道这不是实据么？"不料话才说完，即有人问道："你所说的外国阔人，我也认得的，我便同你去对证对证如何？"当时不由分说，即拉了那主笔同去质对。方得坐定，那主笔即硬着头皮说道："那日我来这里，说到那桩新闻，承你指教说不过是上海新闻罢了。可是你老先生说的么？"不料那阔人听罢冷笑道："我也没有这句话，真是你放屁了。我听得人说上海有个放屁主笔，大约就是你了。"①

无介事就算无介事

苏沪间谚语谓并无其事者为"无介事"，而一般轻嘴薄舌之徒则故反其意，谓之为"像煞有介事"。此语极盛于曲院中，所谓识时务之俊杰则不然也。乃近来中俄订约一事，关系重大，有志之士相率集议力争，而粉饰太平者则辄指为并无其事。彼自为聋瞽，而直欲使四万万耳聪目明之人尽化为聋瞽，其用心之加人一等，有不可以言语形容者。迨日来得各处纷纷来电，知政府已决不签押，其人乃自鸣得意曰："我说并无其事，何如何如？"其可笑如此。虽然俗语中有"大事化为小事，小事化为无事"之言，三复之，亦未始非中国之福。渠云"无介事"，就算"无介事"，为人消闲者，亦无如许闲工夫与之争闲气也。②

---

① 陈无我：《老上海三十年见闻录》，上海书店出版社 1997 年版，第 16 页。
② 陈无我：《老上海三十年见闻录》，上海书店出版社 1997 年版，第 16—17 页。

当时《同文消闲报》上，还有人模仿晋代陶渊明《五柳先生传》笔法，作一《混帐主笔传》以讽刺黄协埙，"昨有慕涛氏函来，仿陶靖节《五柳先生传》体作《混帐主笔传》一篇，其所指何人，明眼人一望而得。惟来函既未叙明，则不妨略缺，以待阅报诸君之思索也。其文曰：主笔不知何许人也，不必详其姓氏，混俄罗斯地帐，因以为号焉。狂悖多言，专慕势利。好论事，不求甚解，每放大屁，便礴然下溺。性嗜钱，家贫不能常得。守旧知其如此，或置钱而招之，所索不尽，期在必餍，既餍而吠。曾不论情是非，环球憞然，不知天日，笔墨穿凿，肚皮屡空，蠢如也。常著报章自娱，颇参谬见。不辨黑白，以梦自终。赞曰：消闲有言，不斤斤于前后，不汲汲于人地。味其言，兹若人之丑乎？欲彰主笔以示其志，巫来由之民欤，葛担于之民欤？（西语骂人曰葛担于，即骂人入地狱也）"①。真可谓嬉笑怒骂，极尽讽刺与挖苦之能事。古语云：千夫所指，无疾而死。作为一个深受传统文化熏陶、讲究声名节操的旧式知识分子，这种贬损性批评话语对黄协埙的打击可想而知。据说黄协埙经此"围攻"之后不久，即有些意兴阑珊，渐生退隐之心了。

黄协埙的顽固守旧给《申报》造成了很大的影响。后来《申报》另一位主笔、老报人雷瑨曾述及此事："中国倡行新政，始于康梁。戊戌政变后，康梁逋逃海外，清慈禧太后怒之甚深。政府诸公因求媚慈禧之故，不得不将顺其意。主笔政者因迎合政府诸公之故，更不得不附和其词。夫康梁政见之是否合中国情势，为另一问题，特以全国人心，愤国家之凌夷日甚，朝廷之措置乖方，以为欲转弱为强，非厉行新政不可。既大多数渴望新政，自易表同情于康梁。乃时时詈为叛徒，斥为逆党，则其拂逆人心，夫岂浅鲜。而《申报》之销场，从此大受影响矣。"② 1907年进入《申报》工作的伍特公也回忆道："沪上各报之主义亦随风气而变易，独本报则故步自封，力排新学。犹忆余在校课余入阅览室时，各报辄一纸而数人聚阅，独《申报》常被完搁案上。苟有阅者，同学辄以'顽固'、'腐败'等名词诋之。"③ 来自读者的反映就是《申报》发行量的不断下降，在1904年时，该报的发行量从过去最盛时的近万份下跌到六七千份。如果

---

① 陈无我：《老上海三十年见闻录》，上海书店出版社1997年版，第18页。
② 雷瑨：《〈申报〉馆之过去状况》，《最近之五十年》，申报馆编印，1923年2月。
③ 伍特公：《墨衢实录》，《最近之五十年》，申报馆编印，1923年2月。

不是该报底子厚，通讯力量强，报道的新闻消息比其他报纸周全迅速，加上报纸发行的黏性作用，才没有一落千丈。美查股份公司的董事长埃皮诺脱感到如此下去将威胁营业收入，认为必尽快进行改革。在这种情况下，才有了《申报》1905 年春节过后的改革。改革后的《申报》无论是内容还是版面，都给人焕然一新的感觉，开启了该报发展史上的第二个春天。可以说，媒介批评是推动《申报》1905 年进行改革的重要社会动力之一。

第五节　宪政时期《东方杂志》的媒介批评

在中国 20 世纪上半叶有一家"时期最长久而最努力"[①] 的杂志，它就是由著名的商务印书馆创办的《东方杂志》。这份杂志创刊于 1904 年 3 月，终刊于 1948 年 12 月，前后经历晚清和民国两个历史时期，横亘 45 年，共出 44 卷 819 号（期），发文 22442 篇、图画 12000 多幅、广告 14000 多则，可谓晚清至民国时期百科全书式期刊，影响至巨。《东方杂志》从创刊至 1908 年 8 月的第 5 卷第 6 期，在"体例"上具有相当明显的"选报"性质。该刊第 1 期《新出〈东方杂志〉简要章程》："一、本杂志以启导国民联络东亚为宗旨；二、本杂志略仿日本《太阳报》、英美两国《而利费》（Review of Review）体裁，除本社撰译论说、广辑新闻外，并选录各种官民月报、旬报、七日报、双日报、每日报名论要件，以便检阅。"[②] 有学者统计这一时段的《东方杂志》选择了 48 种报刊上的论说，囊括了所有当时有影响的报刊。[③] 但必须指出的是，这一时期的《东方杂志》虽然具有很浓的文摘报性质，但该刊对所选的众报论说绝大部分都经过了不同程度的删改。[④] 因此，它不同于一般以一家之言来表达自我政治理想的报刊媒体，而是通过汇集众家之言，凭借"选报"这一特殊的言论组织方式和话语策略来体现其自身独立政治理念的报刊。从纵向上看，《东方杂志》与维新派刊物以及沪上激进话语的复杂关联，使其成为从

[①] 戈公振：《中国报学史》，上海古籍出版社 2003 年版，第 161 页。
[②] 《新出〈东方杂志〉简要章程》，《东方杂志》1904 年第 1 卷第 1 期。
[③] 丁文：《"选报"时期〈东方杂志〉研究》，商务印书馆 2010 年版，第 7 页。
[④] 丁文：《"选报"时期〈东方杂志〉研究》，商务印书馆 2010 年版，第 5 页。

维新刊物向激进刊物历史转型中的一种珍贵的未完成形态；从横向上看，由于《东方杂志》对同时期报界言论的选择性接受，它呈现了一个纯化了的舆论空间所蕴含着的种种可能性，使其成为考察晚清报刊舆论空间建构状态的合适文本。这一颇为特殊的媒介生产体例，使《东方杂志》的媒介批评话语在一定程度上获得了相对普遍的社会代表性意义，从而具有重要的考察和参考价值。

一

在《东方杂志》初创的1904年，该刊几乎很少对报刊本身进行评述。这一局面到了1905年则有了较大的改观，这一年该刊连续登载了多篇以报刊为对象的评述性文字，显得十分引人注目。导致这一转变的原因，应与清廷当时放松报刊管制有关。1904年，清廷为了作出顺应舆情的姿态，解除戊戌党禁，致使原来禁止结党立会的禁令有所放松，维新人士利用这一契机，纷纷创办报刊进行政治鼓吹，戊戌时期一度冷落和沉寂的报坛又呈现复兴和繁荣的新局面。为因应新的媒介生态和竞争环境，既有报刊也趁机刷新，上海《时报》当时就发表了《论日报界之大活动（万物以竞争而进步）》一文，对当时各报业务上的改革进行评论道：

> 我中国之有日报，不自今日始矣，然而今日以前，我中国之所谓日报，不能如今日之整顿者，何也？去年之日报，无异前年；前年之日报，无异前前年。然而今日则不然，试观今日沪上所出各报，其有一与去年相同者乎？《中外日报》则改样式矣，所谓整顿矣。《新闻报》则改样式矣，所谓整顿矣。即如三十年来一成不变之《申报》，亦复改样式矣，所谓整顿矣。虽其改样式，所谓整顿者，其固视前，有胜与否，则天下之人自有明眼，我亦不愿以一人之见，漫为评论，然而无论其胜否何若，其跃然思动之机，实天下所共见。①

正是在报界整体"跃然思动"成为一种引人瞩目现象的背景下，《东方杂志》加大了对报刊的关注。在该刊第2卷第1期上，发表了《论中国

---

① 《论日报界之大活动》，《时报》1905年2月8日。

书报不能发达之故》一文，探讨制约中国报刊发展的社会原因。这篇署名"鹤谷"的文章未标明选载，且标题下有"本社撰稿"字样，文中有"然亦我同业诸君所不能不猛省者也"之语，可见是代表《东方杂志》编辑部而发的言论。如果仅从文章的标题看，好像是一篇论说性质的文章，其实，该文是一篇针对一种报刊何以不发达观点的媒介批评文本。因为该文起首即直奔写作目的："新书报纸，不能大行于中国者，其原因至为繁赜，而民智不开、铁轨未通之说无当焉。抉其病根，半在社会，半在主持书报者。"[①] 作者以英国报纸销售情况与我国进行比较：伦敦各家新闻媒体，销数多者可达数十万纸，而我国新闻纸每日销售数不满一万，同业者已侧目而视。为何相悬若此？作者认为将中国新闻媒体不发达归因于民智不开和铁轨未通并不恰当，其症结在于社会和媒体主持人两个方面。

所谓病在社会，就新闻方面说，作者认为首先是因为国人比较缺少名誉心。新闻为舆论之母，清议所出，左挈国民，右督政府，有利于社会者鼓吹之，有害于社会者纠正之，社会所疑者昭而析之，社会隔阂者沟而通之，因此，报纸所褒者社会荣之，所贬者社会羞之，这应是新闻媒体的天赋首选观念和本能。文明国家的人素重名誉，名誉之所归，唯新闻为最著，其所及亦最广。荣辱是非之所系，不胫而走，一言甫出，万方以为观听，故尊重新闻若严师之不可侵犯，人人以读新闻为不可少之事。至若我国之人从不知所谓名誉，这并非是他们故意自暴自弃，而是因为还有比名誉更重要的东西，遂不惜弃彼就此，捐声闻以徇之，曾不顾惜。例如社会地位最高的官吏阶层，足为平民代表。官亦有时无羞恶之心，官之性命系于财，与其求财目的无大关系者，虽捐弃一切犹或为之，而何唾骂之足畏。故而前数年的报章对于官员来说，如风马牛之不相及。有人说近几年来官场风气在逐渐变革，因为辩诬之来函，诘责之广告增多了。大员署名好像很爱惜名誉了，这与此前绝不与报纸通往还者实际相去万里。其实他们现在稍稍阅报，见有损其名望，剖辨不遗余力者，与近几年御史每每撷拾报纸新闻以风闻言事的方式有很大关系，因此丢官者并不是个案。无官则无财，无财则无命，辗转相乘，所以他们虽然深恶报纸，却不敢小视报纸。至若平民，说不上什么官，更谈不到什么财，感到名誉与他们似乎只有间接的关系，自然也就无暇顾及了，故而报纸与他们的关系，于是也就

---

① 鹤谷：《论中国书报不能发达之故》，《东方杂志》1905年第2卷第1期。

非常微弱了。

其次，东西各国新闻纸发达的关键，皆系于政党，党派愈多，报纸销行愈广。一首领倡机关报，不假他求，即其党员中已销至数万纸，而世人欲窥此党之风旨举动者，非读其报不能详。转移之间，又可以销行数万纸，故东西各报，种类愈多，则风行愈盛，这是一个十分重要的原因。我国没有真正的政党，即便有之，亦不过只有数十人，实在不足一噱。至于各地的会党，则更为椎埋无赖之徒，目不识丁，与新闻媒体不发生什么直接关系，所以我国新闻事业，南北各大埠统共不过数家，就让人觉得从脞可厌了。

最后，今之社会直无读报时间。我国虽多游民，然细核其所费之时，则于书报实无暇披阅。官之事最繁，若钻营若窥窃若敲脂吸髓，若应对趋跄，虽刘穆之其人复生于今，亦难以为继，哪里还能有更多的空暇？至于一般平民，各方面足以磨其日力，谋生之外或烟或酒或冶游或懒病，稍暇则又徜徉市街消磨岁月。这些都是与报纸缺少关系的生活。

所谓病在主持报刊者，这是因为新闻有两个基本要素：一迅速；二确实。报纸要获得流行，必须以此为定衡。现在我国的新闻家，凡国家之政令、宫廷之内情，反倒抄袭于东西各国报纸，而我国的内情，外国人反而比国人先知道，能有这个道理吗？这种典型的主客倒置只能使国民更加轻视本国报章，即便有一二源于自采，或毛举细故，或以讹传讹，相沿而不觉，以故大失社会信用。传闻京师一大官说："报纸沸腾，离题万里，事之始末，转不若吾胸中之了了，何必读报章为？"这话虽然不足以道尽报纸所有的价值，但确实是我们报业同人不能不猛省的地方。不然的话，吠影吠声，交相附和，丑诋报馆为造谣之地，恶声不绝于社会。如此，报纸当然也就没有发达流行的可能了。

二

1905年5月28日，《东方杂志》第2卷第4期"教育"栏，转载了1905年3月28日至31日《新闻报》的论说《论报馆之有益于国》。本来，如此论旨在1905年已经不是什么新鲜的话题了，但《东方杂志》为什么还要郑重其事地转载这篇论说呢？首先，文章中的这段话可见端倪："方今政府诸老，亦知开学堂，设译局，以开民智为第一救急要务矣，而独于报馆,一若不甚措意者。"① 它透露出当时清廷对报刊的真实态度和玄机。1901年慈禧宣布施行新政后,以《北洋官报》《南洋官报》《江西官报》《秦中官报》为代表的一批督抚大员创办的地方官报已经成为事实,但即使这样,清廷对报刊也未真正开禁,而只是在事实面前无可奈何的默许而已。对此,上海道袁树勋颇有些心知肚明,故上海这个当时最开放最繁荣的中国城市,在官报创设方面一直闻风不动。直到1905年秋两江总督周馥下令催办,袁树勋还是以"由官开设,诸多不便"② 的答复予以搪塞。其次,虽然中国近代报刊此时已多历年所,且在沿海等开埠之区颇为风行,但社会上轻视报刊者仍大有人在,尤其在广大内陆地区,报刊仍为很多人生活中的稀见之物。最后,立宪思潮开启后,人们日益感到开民智对推动立宪的重要,而对于开民智的具体方法和渠道,报纸无疑是最重要和最便捷的路径之一。如此,论证报馆于国有益,就仍然具有现实的必要性。《论报馆之有益于国》这篇论说的特殊之处是从"救国"的高度阐释报馆的作用,立意更为高远宏大,也给报馆的存在寻找到了更为现实的必要性。

作者认为,国民智则强国,国民愚则弱国。国民之智何以智?国民之愚何以愚?没有其他的办法,就是开办报馆。有报馆则民智,无报馆则民愚。泰西19世纪以前,民之固塞如中国今日之民,民之僻陋亦如中国今日之民。自报馆盛行,而民智大开,富强无匹。然则由此观之,报馆乃起衰振懦之猛剂,拯危救亡之良方。不过,现实情况令人难以满意。作者指出:"中国报馆由商办,而具有报馆之资格,具有报馆之阶级者,统计不过十余家。由官办而具有报馆之形式,具有报馆之名号者,统计不过三五省。商报捐除忌讳,故购阅者多,官报敷衍故事,故购阅者少。愤时之士,至谓各省官报不能开通民智,反足闭塞民智,言虽过激,亦可知官报之不足以感发人心矣。"③ 从实际需要和现实可能性看,作者认为以中国土地如此之广,人民如此之多,全国报馆虽数千数万处,亦不为多。乃商报仅有此数,官报亦仅有此数,无怪乎中国维新数十年而民之固塞如故,民之僻陋如故。虽日日召国民而儆之曰宜图强,日日号国民而训之

---

① 《论报馆之有益于国》,《东方杂志》1905年第2卷第4期。
② 转引自马光仁主编《上海新闻史(一八五〇——一九四九)》,复旦大学出版社1996年版,第226页。
③ 《论报馆之有益于国》,《东方杂志》1905年第2卷第4期。

曰宜谋富，而民智不开，是犹欲行车而不利其轮，欲驶舟而不利其楫，终于无济而已。然就目前民智而论，较之未通商以先，甫通商之始，则亦不可以道里计，未必不是少数报纸之力。假设中国更多一些报馆，其收效当更何如乎？

在作者看来，政府大员们以开学堂、设译局，作为开民智的第一救急要务，却独独对于报馆不甚重视和留心，实大错特错！报馆是一个国家的耳目代表，人有耳目则灵明，无耳目则冥闷。冥闷之害，民智不开，民愚转甚，甚非中国之福。这应该是作者仍在为报馆鼓与呼的现实根据和命意所在，也使得本篇论说具有了媒介批评的意义。作者强调说，欲拯救今日的中国，非广开民智不可。开今日之民智，非多设报馆不可。而欲国民多设报馆，政府非优加保护和优加奖励不可。作者提议："自今以往，苟有集资倡设报馆者，资本不足，政府资助之，议论纯正，政府褒嘉之，势力危薄，政府保全之，虑其流行不远也，减轻邮费以畅其消场。惧其传播不广也，刊刻示谕以劝其购阅。中国今日多一阅报之人，即多一开通之士。人尽开通，何患不强，何患不富！"① 在作者看来，大办报刊是国家走向繁荣富强的根本途径和重要机会。

然后作者以西方国家作为例子劝喻道，独不观泰西之民乎？无一事不创报，无一人不阅报，君主以主笔为荣，将相以记载为乐，朝登一简，夕遍五洲。人民于外交之情伪，内政之得失，无不了然。西哲甚至有言曰，可一日无食，不可一日无报。泰西各国，以报为养命之源，资生之具，故民智日开，国势日涨。富强之机不可阻遏。中国不欲开民智则已，如欲开民智，以期富强，只有劝民多设报馆，此外别无他策也。抑又闻之，20世纪以前，枪炮之世界也，20世纪以后，报馆之世界也。

何以言之？作者分析说，这是因为泰西报馆，发展程度高，质量优，消息灵，故全国舆论视报馆之议论为从违，全国人心视报馆之议论为动静。其对外也，和战之机，决于报馆之论说；其对内也，改革之事，定于报馆之记载。其伐强敌之谋也，则登录机密，破坏将成之局；其间邻国之交也，则颠倒是非，离散已结之盟；其挑两国之衅也，则扰乱曲直，收取相持之利。报馆之权力，如此之大，报馆之气魄，如此之雄。泰西知报馆与国家有秘密之关切，知报馆与国家有非常之维系，其所以尊重之保护之

---

① 《论报馆之有益于国》，《东方杂志》1905年第2卷第4期。

津贴之优待之者，盖借报馆之议论记载，得以熟悉各国之情势，默验国民之资格，而备御于先，改良于后也。所以拿破仑有言曰："对一家报馆，甚于对四千杆快枪。"① 可见报馆之笔锋，视快枪之子弹尤为猛烈。泰西重视报馆，故国民得知外情，人人有爱国之心。中国轻视报馆，故国民不知外势，人人无爱国之念。此即中国所以失败病根之处，而政府不知也。

作者指出：中国民创报馆为数不多，其间亦有程度高、阶级优、消息灵者，可惜其权力不大，气魄不雄。"而政府不知报馆与国家有秘密切之处，不知报馆与国家有非常维系之处，于议论之痛切者，则目为臆说；于纪载之关系者，则斥为谣言。甚且讳疾忌医，止谤防口，与泰西之尊重保护津贴优待者大相反。"② 泰西待报馆如彼，中国待报馆如此。通商六十余年，报界势力不能膨胀。报势不胀，即国力不胀。此等强国主义，知者甚鲜，以致整顿海军而海军无效，训练陆军而陆军无效。作者将报馆数量的多少，提高到国家民族命运之所系高度予以强调："记者谓立国于二十世纪之世界，苟无多数之报馆，鼓舞国民之精神，增长国民之见识，其国终不能长存，其国终不能独立，虽积快炮如阜列，利枪如林，而无爱国之民利用此快炮利枪，不惟不足制敌，且反为敌所用。故曰：二十世纪以后之世界，非枪炮之世界，而报馆之世界也。"③ 发展报刊就是发展国家。

在作者看来，政府欲图存于20世纪，唯有竭力提倡报馆，乃为自强之急策。其已设者，当设法维持，宽定报律，允为保护；其未设者，当捐除忌讳，明降谕旨，劝令创办，以使中国城乡遍布报馆。如果那样的话，数年而后，民悉外情，人皆爱国，蚩蚩黄种，皆持赤血黑铁之主义与列国并立于地球，庶几能占一席矣。否则，如果报力不胀的话，而欲国势日强，此犹呓人之说梦也。作者因此而大声疾呼：我政府其速猛省乎！我政府其急实行乎！

三

针对报纸如何才能发展的问题，《东方杂志》于第2卷第9期"教育"栏目选录了1905年8月24日《南方报》的论说《说报》。在一定意义上，

---

① 《论报馆之有益于国》，《东方杂志》1905年第2卷第4期。
② 《论报馆之有益于国》，《东方杂志》1905年第2卷第4期。
③ 《论报馆之有益于国》，《东方杂志》1905年第2卷第4期。

这篇文章可以说是《论报馆之有益于国》一文的延续。因为《论报馆之有益于国》是强调政府要真正重视、扶持报刊，而《说报》则是从社会之于报刊的关系视角，探讨报刊的进步之道。因此，这两篇文章在内容上隐然有互相配合互相补充之妙，隐现出《东方杂志》力图通过"选报"的言论组织方式，即借他人之酒杯，浇自己之块垒，以表达自己报刊观念的话语策略和主体意识，阐发其"报章之进步，视社会为缘者也"①的观点，为报刊克服发展困境寻找社会资源和破解之方。作者具体地阐释说，新闻媒体的进步在以下两个方面受到社会的影响。

其一，报人受到社会影响。"夫作报之人，其思想言论，虽异常伦，然其人既受社会之熏陶，初未尝大相悬绝。如崇八股之时，则言改试策论者，已为特识；当闭关之际，则言通商游历者，已称知几。"②在文章作者看来，待其后社会之程度愈高，则凡立言者，又必务出乎普通社会之所未知，以矜先觉。往昔之言改策论者，今必言废科举矣。昔之言通商游历者，则今必言兴实业教育与留学矣。所以由此类推，则凡是社会之程度高一级，作报之人之程度亦必更高一级。

其二，报章因社会而立言，必然受到社会需要的限制。天下未尝无远识之士，然立言太早，陈议过高，如同入裸壤而耀山龙，见弓弹而求鸮炙，只增抵牾，何补事机。故明知取法乎上，有不得不先取法乎中者矣；明知所要在甲，有不得不先言及乙者矣。并非其识虑有所不及，而在于因时立言不得不如此，也就是受到社会的局限。所以社会之程度不增，则报章之程度亦因之稍逊。这是报章发展取决于社会的宏大背景和原因。

根据这一观点，作者对国人近代报刊的发展进行了概括性评述：吾国之有报章，越四十年。其初起时，主之者未尝有意于社会进步，其实际只供官场之用，体例既多未协，记载尤患多诬，此其人因受社会的影响，以致进步不多。1896—1897年间，报章云起，主持者大半通人，发论既有本源，办事亦具条理，但"偏于悬想，而不根于学理。好为高论，而不切于事情。虽有振聋发聩之功，而无宏毅任重之力"③。这是因为当时社会虽稍有开化，然多数顽蔽无异于前。诸君本特异之天姿，受外缘之刺，艰难奋

---

① 《说报》，《东方杂志》1905年第2卷第9期。
② 《说报》，《东方杂志》1905年第2卷第9期。
③ 《说报》，《东方杂志》1905年第2卷第9期。

起，良有足多，然旧社会之熏染颇深，尚不能摆脱一切。1901年、1902年之后，留学生办报者渐多，前此秉笔之论，亦多更习于事，于是议论渐归纯实，学术多所发明，社会亦不暇欢迎。这足证报章进步，实与社会之进步为缘。所以，世人只知报章能促社会之进步者，实一孔之见也。

文章作者认为，虽然报人识见透彻高明，但因为朝野上下痼蔽太深，所以其立言也往往降格相从，以冀其容易觉悟。如科举未能废也，则先劝办学堂；征兵未能即行也，则先劝改营制。如此者虽持议非甚精确，然因社会幼稚，不能不委曲言之。这不是立言之人的程度不高，实际是因为社会理解和接受程度尚低所造成的结果。比者时艰愈棘，外交内政重大之问题亦愈多，然朝野上下，渐已廓然开明，在上者如调查宪法，改革军政，更定刑律；在下者如争粤汉铁路之废约，争美属华工之禁约，皆虎虎然有生气。关于具体施行的讨论，都很有条理，绝非以前的敷衍蒙昧者可比。所以"是社会之程度，较前已高一级，则凡对于社会而立言者，其程度亦必增高"。① 然后两者足以相副，继此以往，诸事之应办者愈众，则报章之陈说愈难，诸事之待举者愈多，则报章之责任愈重。

作者随后从历史发展的角度对我国报刊进行阶段性划分："我国报章之发达，约可分为数期，光绪初元至甲午以前，为萌芽期，甲午后至庚子前为发生期，庚子后至甲辰前为增长期，甲辰后至今则应由增长期而入成立期。"② 作者认为就像人的成长一样，必须具备五官四肢，聪明智识，体格健壮，思虑徇通，然后可谓之成立。今报章既由增长时代，而进于成立时代，则其识见，其学问，其思想，其议论，皆必由粗而归于精，由浑而归于画，由肤而归于切，然后足以尽监督国民之任，奏改良社会之功。我同志而不欲肩此任乎？作者环顾中原，发现这样勇于承担社会责任的报刊却寥寥无几，不由得感叹处八面受敌之局，际万端待理之时，又当报务更张之会，而仅恃三五报章为之鼓吹，"风雨如晦而鸡鸣辍音，来轸方遒而马瘏致叹。我国民其谓之何。此则本报之所以不能无作也"③。从而油然生出一种"天将降大任于斯人也"的时代悲怆感和神圣使命感。

值得指出的是，《说报》本是《南方报》的论说，而《南方报》是

---

① 《说报》，《东方杂志》1905年第2卷第9期。
② 《说报》，《东方杂志》1905年第2卷第9期。
③ 《说报》，《东方杂志》1905年第2卷第9期。

近代中国自办的第一份中英文合刊日报。该报由卸任上海道道台蔡钧于1905年8月23日创办，吴藜青、胡枚仙等人先后担任经理，以"宣扬圣德，抵制横流，觉世牖民，隐恶扬善"为宗旨，内容以报道时事为主，除宫门抄、电讯外，还刊有新闻和小说，新闻包括各国新闻、各省新闻及本省新闻，也兼登译稿，自称其中英文合刊的目的是"遇事辩护，以通外邮"。① 该报的这种定位是《说报》所表达的使命感的媒介之源。该报虽然存世时间不长，但在当时的国内报坛颇有影响，其新闻和论说常被很多国内报刊转载。《东方杂志》选载《说报》这篇论说，当然是两者惺惺相惜、心有灵犀，更是《说报》所阐释的内容和论旨，颇合《东方杂志》其时的精神胃口和媒介观念所致。

在《东方杂志》45年的生命流程中，晚清宪政时期是它的创始期，其媒介能量还没有充分释放，但即便如此，这一时期《东方杂志》的社会影响已经不可小觑。据1904年12月1日的《警钟日报》"地方新闻"栏《武汉报纸销数调查》，可知1904年12月，武汉一地销售了80份《东方杂志》。而当时社会影响正如日中天的《新民丛报》和早于《东方杂志》面世的《外交报》，却各只有50份，在包括《浙江潮》《政艺通报》《新小说》《新新小说》等在内的各类时新杂志中，以《东方杂志》的销数为最多。销量虽然不是衡量杂志社会影响的唯一指标，但也无疑是一个非常重要的指标。以上的报刊销售数字，或许可以作为推估《东方杂志》社会影响的一个参考。《东方杂志》固然不是一个代表时代最新思潮的前卫性报刊，但它确实代表了社会中最大多数人的一种意识倾向，因此也就更具有考察历史全貌的意义。特别是处于创始期的《东方杂志》，通过"选报"体例，可以更多地容纳、反映社会的整体意识，并通过二次传播的方式，有效沟通和平衡媒介内部和外部两个舆论空间的信息交流，实现彼此间话语能量的社会增值和转换，从而为扩散和建构媒介批评的社会话语体系作出自己应有的努力与贡献。

第六节　报馆公共章程与媒介批评

人类是宇宙的精华、万物的灵长，而道德生活则是人的骄傲。道德是

---

① 转引自方汉奇主编《中国新闻事业编年史》（上），福建人民出版社2000年版，第354页。

人们在社会生活中形成的关于善与恶、公正与偏私、诚实与虚伪等观念、情感和行为以及与此相关的依靠社会舆论和内心信念来实现的调节人们之间相互关系的行为规范的总和。自有人类社会分工和劳动分工以来，职业活动就是人类社会生活的一个重要的内容和基本的形式。在人类每一种职业活动中，不仅贯穿着该专业的特定知识和技能要求，而且贯穿着与该职业活动相应的道德要求。所谓职业，就是人们由于社会分工和生产内部的劳动，而长期从事的具有专门业务和特定职责，并以此作为主要生活来源的社会活动。由于从事某种特定职业的人们，有着共同的劳动方式，经受着共同的职业心理，因而往往具有着共同的职业兴趣、爱好、习惯和心理传统，结成某些特殊关系，形成特殊的职业责任和职业纪律，从而产生以特殊的行为规范和道德要求为主要内容的职业道德。"所谓职业道德，就是从事一定职业的人们在职业生活中所应遵循的道德规范，以及与之相适应的道德观念、情操和品质。"① 虽然人类的新闻传播活动历史漫长，自有人类诞生以来就有了新闻传播活动，但作为职业活动的新闻传播则是人类社会进入资本主义以后才产生的一种社会职业。"资本主义时代的职业道德，不仅保持和进一步提炼了诸如工、农、医、商、军、教等具有悠久传统的职业道德规范，而且形成了诸如律师、工程师、科学家、新闻记者、艺术家等新职业的职业道德规范。"② 一种社会职业总是随着时代的发展而不断演变，与之相伴的职业道德也必然经历一个由模糊而清晰、由零散而体系的生长过程。新闻职业道德规范是新闻职业道德的核心内容，也是评价新闻从业人员职业行为和品质的标准，它起着调节新闻职业内部不同媒体以及媒体与社会其他职业成员之间利益关系的作用。1902年9月17日，《大公报》转录了香港《中国日报》上的《谨拟各报馆公共章程》，有学者认为这是"我国最早成文的新闻职业道德规范"。③ 作为成文性评价标准的新闻职业道德规范，是媒介道德批评规范化、体系化的沉淀之物，它既是中国媒介批评意识由自发而自觉走向觉醒与成熟的标志，也是媒介批评本身不断发展的结果。

---

① 魏英敏、金可溪：《伦理学简明教程》，北京大学出版社1987年版，第250页。
② 罗国杰、马博宣、余进编著：《伦理学教程》，中国人民大学出版社1985年版，第299页。
③ 徐新平、邓丽琴：《论中国最早的新闻职业道德规范——1902年〈中国日报〉拟订的"各报馆公共章程"》，《今传媒》2015年第8期。

一

　　新闻活动的核心内容是信息传播，现实的新闻传播必然指向传播者以外的他人，发生传受关系，也就必然产生传受之间的道德。在《谨拟各报馆公共章程》产生之前，中国新闻职业道德意识已经萌发，并随着新闻传播的发展而逐渐具体和明晰起来。在中国古代，新闻传播虽然还未从其他社会活动中独立出来，但人们已经从一般社会道德的角度对信息传播提出了诚、信、实、公等道德性的要求。墨子有云："是与天下之所以察知有与无之道者，必以众之耳目之实，知有与亡为仪者也。请惑闻之见之，则必以为无。"① 荀子也曾经提出："知之曰知之，不知曰不知，内不自以诬，外不自以欺。"② 孔子更是明确地将听、说提到了道德的高度来加以强调："道听而涂说，德之弃也。"③ 孔子认为在路上听到传言就到处去进行传播，这是对道德的背弃。到了宋代，出现了传播信息的民间小报，这是一种萌芽状态的新闻职业产品，新闻道德作为一种职业规范渐渐凸显出来，小报"以虚为实，以无为有"④ 的不实传播受到了人们的抨击。中国近代新闻媒体诞生以后，新闻工作者的道德品质问题受到人们的关注。洪仁玕在《资政新篇》中就对"新闻官"提出了"性品诚实不阿"⑤ 的要求，而陈炽不仅对报馆主笔提出了道德意义的考评标准，"主笔者公明谅直，三年无过，地方官吏据实保荐，予以出身。其或颠倒是非，不知自爱，亦宜檄令易人"，而且还提出了"一切均仿泰西报馆章程办理"，⑥ 即学习和借鉴西方媒介管理制度的观点。

　　没有规矩不成方圆，媒介总是一个由不同人员组成的机构，在现实的运作中，媒介总要面临着一系列协调、组织、领导和控制媒介员工的工作和充分利用媒介资源，以达到既定或预期的媒介发展目标的过程，活动要

---

① 《墨子·明鬼下》，《二十二子》，上海古籍出版社缩印浙江书局汇刻本1986年版，第248页。

② 《荀子·儒效》，《二十二子》，上海古籍出版社缩印浙江书局汇刻本1986年版，第303页。

③ 唐满先译注：《论语今译》，江西人民出版社1982年版，第184页。

④ （宋）周麟之：《论禁小报》，张之华：《中国新闻事业史文选》，中国人民大学出版社1999年版，第4页。

⑤ 扬州师范学院中文系编：《洪仁玕选集》，中华书局1978年版，第15—16页。

⑥ 赵树贵、曾丽雅编：《陈炽集》，中华书局2001年版，第106页。

第三章 清末宪政时期的媒介批评

顺利进行，就必须有一个办事规则，以使人人知其职责所在。陈蔼廷创设《香港华字日报》时，多次通过"本馆告白"的方式，向广大读者交代报纸的宗旨、选稿标准等，以期读者明了其运作情况，其中也多有道德性的内容。如他在一篇社告中述及选稿原则："如原文词旨间有与本馆鄙论未符者，其中或一节之见长或一言之足据，亦必录之，以供海内垂览。"① 其中"亦必录之"之说，具有着大公无私的强烈道德意涵。王韬等人创办的《循环日报》是近代国人独资主持的中文日报，该报在创刊第2天刊登的《本局日报通启》中有"本局秉笔一以隐恶扬善为归，其有关中外者必求实录，不敢以杜撰相承。至于世态险巇、因果报应，亦间列一二，俾观者得以感发善心，惩戒逸志，非有他意也"②。这些告白、通启，在媒介来说是一种以读者为对象的原则性宣示，自然包含着宣传和广告的目的，无一不有着浓郁而普遍的道德色彩。因为当新闻工作行为涉及有利或有害于他人及社会的时候，它必然会体现出某种道德的意义，即便它自己没有言及，社会也会对它提出这种要求，并作为一种外在约束，影响着媒介社会形象的建构。

早在国人第一次办报高潮的维新时期，一些具有合作性质的媒体就非常注重对报馆章程的制定，不仅厘清各相关办事人的权利和义务，而且向读者公布相关媒介条规，争取读者的认同和支持。如严复等人创办的《国闻报》所制定的《国闻报馆章程》，就包含了如下五个方面的内容：（一）本馆出报两种：日报每日出一张，计八开，用四号铅字排印，名曰《国闻报》，旬报十日印一册，约计三万言，用三号铅字排印，名曰《国闻汇编》。（二）日报首登本日电传上谕，次登天津本地新闻，次登京城新闻，次登保定、山东、山西、河南、陕西、甘肃、营口、牛庄、旅顺、奉天、吉林、黑龙江、青海、前藏后藏各处新闻，次登外洋新闻，至东南各省新闻，东南各报馆言之甚详，本馆一概不述。（三）日报另出附张，不取分文。先登告白，次登每日上谕，宫门抄，京外各衙门奏折，其所印奏折，四围留空白，以使阅报诸君将来汇齐，裁订成册。（四）毁谤官长，攻评隐私，不但干国家之律令，亦实非报章之公理。凡有涉于此者，本馆概不

---

① 转引自［新加坡］卓南生《中国近代报业发展史（1815—1874）》（增订版），中国社会科学出版社2002年版，第165页。
② 《本局日报通启》，《循环日报》1874年2月5日。

登载。即有冤抑等情，借报章申诉，至本馆登上告白者，亦必须本人具名，并有妥实保家，本馆方许代登。如隐匿姓名之件，一概不登。（五）日报每月售制钱三百文。旬报每册售制钱一百五十文，一年计三十三册，订阅全年者，每分售制钱四千文。外埠寄费，按照路之远近，酌量加费。凡代本馆经售各报者，其报资按八折计算，即以二成作为代售经费。但各代卖之人，向阅报人取值，不得多于本馆所定制数。①

这份章程，看似不过是一个普通的报馆章程，但它不仅对将要问世的日报有一个初步而明晰的结构和形式上的交代，而且详细地规划和设计了报纸与投稿人、广告刊登者、售报人等相关方之间的利益关系，特别刻意突出附张"不取分文"，给读者一种阅读过程中利益上的想象获得感，着重强调选稿上不仅遵循国家之律令，还将符合"报章之公理"，使报纸牢牢地站在道德的制高点上，隐秘而巧妙地将"应当如此"的道德意义转换成评价标准，置入利益的剖分和收获之中，使相关利益方在相互认识和接近的过程之中，又都能获得一种心理上的价值平衡，达到不断调节媒体与社会各方关系的目标。这充分说明作报人十分熟悉读者对媒体的心理期待。

二

事有必至，理有固然。《中国日报》发表《谨拟各报馆公共章程》，绝不是一个孤立的偶然事件。《中国日报》是伟大的革命先行者孙中山先生领导的资产阶级革命派创办的第一份报纸。该报于1900年1月25日在香港创刊，孙先生不仅领导了该报的筹备工作，而且提供创办资金，代购印刷设备，选派人员，拟定名单，并经常指导编辑出版，并取"中国者中国人之中国"之义确定了报纸名称，由陈少白任社长兼总编辑，参加编辑的还有王质甫、杨肖欧、洪孝充、陆伯周、黄世仲、郑贯公、陈诗仲、黄鲁逸、王军演等。该报还附出有《中国旬报》（出至1900年11月停刊）。日报每晨出四开一张半6版（后改两张8版），分载正文和货价船期表，主要有论说、国内新闻、外国新闻、广东新闻、香港新闻、来稿、来件等栏

---

① 转引自张之华主编《中国新闻事业史文选（公元724年—1995年）》，中国人民大学出版社1999年版，第100—101页。

目。该报重视政论，每日都有论说，创刊初期，还日撰有英文论说1篇。该报借鉴日本报纸版式，文字版分6个横栏，缩短字行，便于阅读。这在当时国内日报中可谓创举，从报业实践的角度显示了革命派初登时代舞台时所拥有的阶级自信和媒介眼光。

该报社长兼总编辑陈少白（1869—1934），广东新会人，是兴中会的主要成员，是孙中山在香港求学时的密友，广州起义失败后流亡日本。陈少白出身乡绅家庭，国学素养基础非常扎实，文学、书画兼擅，早期兴中会的很多文告多出自其手笔。1899年，他从台湾筹款返回日本后，就向孙中山建议到香港去办一家报馆，一方面用文字来鼓吹革命，另一方面也可以兼做策动武装起事的机关。"他作为《中国报》的第一任社长兼总编，从创刊到1906年8月，举凡经营管理和编辑撰稿，事必躬亲，领导报纸渡过一次次难关。"[①] 他不仅为该报撰写了大量的言论，还在上面发表了很多诗词、戏文和漫画，堪称资产阶级革命派的一个报刊长才。《中国日报》的发刊词虽未署名，按照一般的媒介伦理和通常做法，应出自总编辑之手，因此，该报发刊词《〈中国报〉序》，极有可能为陈少白所撰。这篇发刊词也是一篇具有媒介批评眼光的论说，该文不仅明确交代了"欲借此一报，大声疾呼，发聋振聩，俾中国之人尽知中国可兴，而闻鸡起舞，奋发有为也"[②] 的编辑宗旨，而且还对当时的报坛情状进行了简要而精当的述评。首先，从报纸"体裁"的角度，对报刊进行了分类概括和评价：

> 然而，报纸之体裁亦不一矣。闲考外洋各报，有按日刊派者，风闻纪事，不暇辨乎伪真；采录市情，藉以便于商贾；即街谈巷议，俚语鄙言，亦皆随闻备录；虽则清晨昏暮派报之时刻或有不同，而其逐日纪言，本无二致。又有五日而派报，七日而派报，旬日而派报，或半月一报，一月一报，甚或按季始出一报者，时候之久暂虽各不同，而其要旨，大都纪事务求的确，立论贵乎崇伟，琐言须从删减，要事概辑齐全；有益时务之书不妨附刊，旁观问答之信亦可节登；或且编

[①] 方汉奇主编：《中国新闻事业通史》第一卷，中国人民大学出版社1992年版，第690页。
[②] 敦煌韬晦子：《〈中国报〉序》，《中国旬报》第1期，1900年1月25日，转引自李书城《香港〈中国旬报〉研究》，台北文史哲出版社2010年版，第478页。

辑专门，藉长见识、学问。故其体裁分道扬镳，各行其是。①

报刊刊期不同，其媒介性质和倾向会各有偏重。作者透过纷繁各异的刊期背后，归纳出了它们拥有着"纪事务求其确，立论贵乎崇伟，琐言顺从删减，要事概辑齐全；有益时务之书不妨附刊，旁观可答之信亦可节登；或且编辑专门，藉长见识、学问"的共同之处。这种评价是一种媒介本体性质上的"真"的评价，但这"真"的评价背后又融汇着"确""崇伟""有益时务"等"善"的社会内涵。因为做到了真与善的统一，所以才能够"体裁分道扬镳，各行其是"而不冲突扞格，在不同中实现传媒的统一。

其次，作者又把自己的媒介设计从读者获益的角度进行论述：

报主人知其所以然，思择善而从，俾我中国人阅此报而得其益。因见三十年来，中国沿江滨海通商各口，日报、旬报之设，虽已数十家，要皆分门别户，不能兼二者而有之，致体制各殊，阅者未能并蓄兼收而窥全豹，不无余憾。于是，既逐日刊派一纸，复旬日刊派一帙，举凡道路之传言，朝野之琐事，各行之货价，进出之船期，分刊大小二纸，每晨送阅；其中外之要信，名人之议论，政治、格致、农圃、工艺、商务、方技之学，则采译群书，搜罗新法，汇为旬报，每月逢五兼派。而又欲通中外之情谊也，复倩熟识时务之英友，日撰英文论说一通，附录报纸，俾供洋人快睹。又虑议论见识囿于主笔数人，未能恢宏也，复悬润格，征求通人之雄文巨笔，录于旬报，以广阅者目力。且凡以尺书加遗，苟无干于律例者，皆附录帙中。而时人之著述果有益于世道者，亦按帙分录，庶几阅者积篇成书，间资考证。至本报之宗旨，大抵以开中国人之风气、识力，祛中国人之萎靡颓庸，增中国人奋兴之热心，破中国人拘泥之旧习，而欲使中国维新之机勃然以兴，莫之能御也。②

---

① 敦煌韬晦子：《〈中国报〉序》，《中国旬报》第 1 期，1900 年 1 月 25 日，转引自李谷城《香港〈中国旬报〉研究》，台北文史哲出版社 2010 年版，第 478 页。
② 敦煌韬晦子：《〈中国报〉序》，《中国旬报》第 1 期，1900 年 1 月 25 日，转引自李谷城《香港〈中国旬报〉研究》，台北文史哲出版社 2010 年版，第 477 页。

在传播的世界中，日报、旬报虽然好似只是刊期的差异，但正是刊期的不同决定了其内容性质上的分野，决定了其与读者接触方式的有别，二者内容选择上就各有侧重。日报擅长提供信息资讯，旬报擅长深度和背景分析介绍，这对于读者来说是各有用处，但也各有阅读的缺憾。读者的获益来源于对过去媒介缺失的避免，《中国日报》想做到双美，即将日报和旬报的长处集于一身。如何才能做到这一点呢？他们的办法是同时刊行两种不同刊期的出版物。这种做法其实在当时并不是完全的创新，因为此前严复他们也曾经设计和用过这种出版方式，即同时创设《国闻报》和《国闻汇编》，但是因为人力、物力、稿源等客观因素的限制而没有坚持下来。两年以后，陈少白等人又在探索相似的媒介出版道路。只是10个月以后，《中国旬报》同样也不得不告以停刊了。可见在当时的历史条件下，由于人力和物力的限制，集日报旬报双美于一身，对于中国报人来说，尚是难以避免最终失败的媒介宿命。

三

从《〈中国报〉序》中，人们可以看到该报主持者的媒介历史知识的积累。陈少白等人游走于中日之间，了解世界报刊的发展趋势。在报坛摸爬滚打两年之后，亲身经历了新闻传播领域的是是非非、风风雨雨，耳闻目睹了各种光怪陆离、奇闻异事，对阻碍中国报业进步的各种问题有了充分体认。这对有志于将"中国旧染污俗，又将一洗而新之"[①]的资产阶级革命派报人来说，倡导建立以道德为核心内容的新闻传播制度，纳新闻传播于他们想象的轨道之中，就不仅是某个人心血来潮的瞬时冲动，而是具有着一种中国资产阶级革命派雄心和意志内容的历史结果。任何报刊章程，都是一种预先的设计和规划，都在一定的意义上沉淀着报刊的历史，是对过往报刊运行经验和教训的汲取与否定。这决定了某一报刊章程的制定，必然具有着某种媒介批评的性质。《谨拟各报馆公共章程》的媒介批评意义就体现在其制定背景的针对性。一般来说，新闻职业道德规范总是服务于提高和维护从业者的道德觉悟与职业声誉，着眼于传媒行业自身的

---

① 敦煌韬晦子：《〈中国报〉序》，《中国旬报》第1期，1900年1月25日，转引自李谷城《香港〈中国旬报〉研究》，台北文史哲出版社2010年版，第477页。

兴利除弊，以建构良好的媒介社会形象。

　　媒体总是在自身发生危机的时候才重视职业道德建设。《谨拟各报馆公共章程》的制定也是如此。该章程全文共 11 条，其第一条就明确地阐述了章程制定的现实针对性："迩来风气趋新，报馆之设，日见其多。然现今所有之在内地或在外洋各华人报馆，大都杂乱无章，毫无纪律。良由主持笔政之人，未必通新闻之学；而主席司理等人，又多未谙报务，以报纸为射利之具，故报体日陋，报品日卑。若不设法挽救，必致报务日漓，大为风俗人心之害。本馆为维持世界公益起见，故不忖固陋，特拟就各报馆公共章程。"[①] 可见，正是当时报界"杂乱无章，毫无纪律""报体日陋""报品日卑""报务日漓"的现象，已经严重败坏了新闻传媒的行业形象，影响到了传媒业的发展，必须进行规制。在当时政府和社会缺乏有效管理的情况下，呼吁和提倡行业自律就是一种现实的选择，也必然为媒介是否有社会责任感的一种表现。

　　该章程另外 10 条内容，总体上看，都是围绕着报馆内部业务和外部关系两个方面展开论述，每条都是针对着报馆运作中的某一具体问题。在论说方面，章程主张论说以出自本报者为佳。虽日著一论，未必所见皆是。然每日必著一论，抒发本报主笔意见，可以令阅者比较各报意见之异同。非惟西人报馆之例则然，实凡为报馆主笔者应尽之责任也。故凡为报馆主笔者，每日需自著一论，不可抄袭他报论说，掠人之美为己有。如是日新闻太多，无地位安插，则不著论，而以要件公文等代论，亦无不可。一个人智识有限，每一报馆主笔数量不等，多者十人，少者一人。日日高谈，难保不有菁华日竭之虞。因此，如果来稿中有上佳之作必当录之，各报论说之善者必当选之，将之列入来稿、选稿一门。而且对来稿必当标明来者姓名，选稿必当声明选录某报，以遵照和保护原作者与媒体的知识产权。否则窃陈编以盗窃，大违公理。凡是作者及报馆主持者均可刊登告白以攻击之，或下年不与该报交换。

　　在报道新闻时，要敢于不畏权贵，秉笔直书。章程认为当今贪官酷吏充塞朝野，但是百姓受虐呼诉无门，唯依赖报纸秉公论事，尚可以延续民权一线未绝之路。作者批评说，近见某某等报，于贪官酷吏之举动，不但不敢论列其非，且曲意颂扬，以增其势焰。如明明抽捐逼变，乃为之曰赔

[①] 《谨拟各报馆公共章程》，转录自《大公报》1902 年 9 月 17 日。

款数钜期迫，各宪抽捐原属万不得已之举。"似此助纣为虐，于世上有何裨益？忖作者之意，不过自以为忠君爱国，代朝廷劝捐。不知清国乃专制之国，官吏有全权以办事，何患民间之抗捐，特患官吏压制人民耳，自此以后切宜痛戒。"① 章程揭露有些报纸对于官员往往意存逢迎巴结，不肯照事直书。新官尚未就任，乃云想必有一番新政；案情未知有无枉纵，乃云某宪秦镜高悬。如此拍马溜须，于风俗人心大有损害，各宜切戒。

在新闻语言方面，章程认为报纸以开民智为要务，词贵条达，不尚艰深。它批评说尝见某某等报，每喜用词典，使常人不解。如叙厦门琐事，乃云鹭岛春涛；写北直新闻，乃云燕京秋色。似此庸劣，殊背词达之旨。各报流行做法是：称刘坤一为岘庄宫太保；称张之洞曰番帅。在恭维之义，原无不合。惟除数显者以外，如称某某别驾，某某刺史，等等，仅书别字，转令人不能悉其官名，殊非妥善。章程建议对达官显宦直称其官名而冠以头衔即完全可以了。如称刘坤一曰两江总督刘坤一，称张之洞曰湖广总督张之洞。这样就可以使阅者一目了然。

章程提议新闻应标注新闻发生地，如标明某省某国某埠，使阅者不致混乱。如果因为时间接收得太紧，来不及细为归纳的话，亦须标明为本埠新闻、本省新闻、各省新闻、各国新闻，以类编列，不可笼统地混称为中外新闻，以致阅者难于分别。翻译外国新闻，宜由翻译者全权作主，对翻译者不得任意可否。如果认为该项新闻无关紧要，与译员商量后，译员答应不录，方可不翻译。倘译员以为宜录，则仍应译出。

选录各处交换的报纸，因头绪纷繁，最易令人厌倦，所以司其事者往往苟且塞责，未免遗漏。今拟凡是即日接到他处寄到的报纸，即于报纸上书明"某日选用"字样，例如初一日接到，就注明初一日选用。如此，则将初二日刊出之报章，与初一日选余之他处报纸遗稿互相对照，便知选录者有无遗漏。为此之故，凡有选录各处报纸所遗余稿，宜暂存之，俟再有寄来，方可递次弃去。对待散稿、大稿，应该各有专责。每晚对过之底稿，宜与选出之原稿并为一束。五日之内勿得抛弃，以备有人提指错误，即可按日调查，认明对者字迹，便可知道是何人错误，以免互相诿卸之弊。

由此可见，《谨拟各报馆公共章程》并非一种真正意义上的媒介职业道德规范，因为其主要内容，如自著论说、使用外来优秀稿件、使用外来

---

① 《谨拟各报馆公共章程》，《大公报》1902年9月17日。

稿件与转载其他报纸稿件要尊重其知识产权，如此等等，都属于报纸的管理和操作程序的具体业务性问题。所以将之称为"中国最早的新闻职业道德规范"①似有过誉之嫌，而如果说它是一家报馆用于内部管理和自律的章程则更为名副其实。但是，《谨拟各报馆公共章程》的制定，恰恰并不是为了供某一家报馆于内部管理和自律使用，而是作为一种"各报馆公共章程"予以提出。它的提出是以针对和解决当时报界某些共同存在的问题为前提，如"报体日陋"、"报品日卑"、"报务日漓"、以新闻媒体和报道为"射利"工具等，都具有强烈的现实针对性。尤其值得注意的是，《谨拟各报馆公共章程》的作者提出了"新闻之学"的概念，这在当时的中国新闻界是一种非常先进的专业理论话语。它一方面说明当时中国报人的群体职业意识已经产生并日益明晰，另一方面也说明中国报人此时已力图将报业实际问题提升到一种学科或科学的高度来认识和理解。而这正是其具有中国媒介批评史的意义，值得后人重视的价值所在。

第七节　汪康年的媒介批评

汪康年（1860—1911），初名灏年，字梁卿；后改名康年，字穰卿，中年号毅伯，晚年号恢伯、醒醉生。浙江省杭州人，光绪十八年（1892）中进士。1896年与梁启超、黄遵宪等人共同创办《时务报》，任该报经理。维新变法时期，在办报方针与行事作风方面渐与康梁不合，1898年8月拒绝康有为奉旨接办《时务报》，将之改名《昌言报》继续出版并自任主编。1898年5月，与人合资创办《时务日报》，8月17日改名为《中外日报》继续出版，首创分版短栏排版，为报界所仿效。1904年得授内阁中书之职。1907年3月在京创办《京报》，因卷入"丁未政潮"而于8月被清廷勒令停刊。1909年与王侃叔创办远东通讯社。1910年11月在京创办5日刊《刍言报》。汪康年是晚清新闻实践异常丰富的报人，从1896年在沪参与创办《时务报》起，至1911年闻知武昌新军起义而仓促出京并随即暴卒止，在15年的时间里，他相继主持过6份报刊和一家通讯社，声名卓著，影响深远。汪康年虽在政治上倾向改良维新，但个人近似愚拙

---

① 徐新平、邓丽琴：《论中国最早的新闻职业道德规范——1902年〈中国日报〉拟订的"各报馆公共章程"》，《今传媒》2015年第8期。

第三章　清末宪政时期的媒介批评

的务实风格以及相对稳健的政治理念，使他在中国新闻史上很长一段时间内被边缘化而显得相对落寞，"20世纪中国第一代政治和文化保守主义者"①的历史位置仿佛注定他只能扮演悲剧。不过，横看成岭侧成峰，造化弄人，汪康年晚年落伍于时代，坐而论道又"提不出创见的批评家"②的人生角色，却恰恰成就了他在中国媒介批评史领域耀眼亮丽、超迈同侪的非凡贡献。

一

在1949年前，中国人打着外国人旗号办报，即人们通常所说的"挂洋牌"办报是颇为引人注目的一道风景。在旧中国的特定环境下，中国人办报受到专制政府的各种检查、限制和刁难，而外国人则因势力和外交豁免的权利可以不受其制约。所以，一些中国人出于办报的便利，往往打起外人的旗号。1874年9月1日，此前出版不到两月即停刊、中国人在上海创办的第一张报纸《汇报》打出英商葛理为报馆主人兼主笔的名义，继续出版，从此开中国报纸"挂洋牌"之先例，"挂洋牌"的报纸越来越多，一时蔚成风气。汪康年在皇权最为强大的北京创办《京报》时，即有人劝其不妨也采取"挂洋牌"的办法，他不仅断然予以拒绝，而且撰写了《论报馆挂洋牌之不可》一文，详细阐发自己对报馆"挂洋牌"行为的看法。他当然明白"挂洋牌"的便利和好处，也知晓直揭政府阙失可能会招致的后果，但他认为国势已经到累卵不足喻其危、沸釜不足比其惨的境地，政府及社会必须迅速警醒，迅速改革，以扫尽旧态，力建新基。"若吾报之偶发一直言，讦一秽绩，抨一宵人，乃一极细微不足指数之事，而吾若遽引为大惧，皇皇然将托之外人，不独自示畏缩，且适表明政府必无容直言、奖气节之美德，又示各省及海外诸同志，必不可复至京师。"③报馆"挂洋牌"其实是心存政府没有改革决心的顾虑、不相信政府、畏首畏尾的表现，是先陷政府于不义，这不是一个欲以言救国、忠心谋国之士应有的表现。

---

① 廖梅：《汪康年：从民权论到文化保守主义》，上海古籍出版社2001年版，第395页。
② 廖梅：《汪康年：从民权论到文化保守主义》，上海古籍出版社2001年版，第353页。
③ 汪林茂编校：《汪康年文集》（上），浙江古籍出版社2011年版，第102页。

1901年"报禁""言禁"开放后，中国民族新闻事业进入了一个蓬勃发展时期，特别是1906年清廷宣布预备立宪后，近代报刊的发展进一步提速，形成了中国新闻事业史上的第二次国人办报高潮，而资产阶级革命派报刊则是这一高潮中的主流。这一时期，也是近代中国资产阶级报刊业务上发展最快、改进最多、变化最大的一个时期，各报对新闻采访普遍较为重视，但对新闻真实性却注意不够，不少报道捕风捉影，夸大其词，而且随意捏造虚构新闻者，亦所在多有。1910年8月5日，上海的《德文新报》就载文批评说："若是只从表面来看中国报刊，可以得出的结论是，中国没有比其报刊更恶意和危险的敌人了。中国的报刊几乎没有一天不虚构或者故意捏造点新闻。"① 真实是新闻的生命，是新闻报道产生效果和发挥力量的根据，也是媒体公信力的源泉。从维护社会稳定和促进新闻事业健康发展角度出发，汪康年不断对各种各样新闻失实行为发出批评，以警醒同业和广大读者。

　　鸦片战争以后，西方列强以炮舰打开中国国门，中国成了一个世界的中国，被迫卷入了资本主义世界市场体系，尤其是甲午战争以后，中国面临着被瓜分的空前危机，读者对涉及中国的新闻比较关注，媒体为投读者所好，对这类消息也格外敏感，并在报道中常常将之置入"瓜分"的叙述框架之中，因而不时发生张皇其事甚至无中生有的失实报道。汪康年对这类失实报道十分忧虑和反感，一再撰文进行有针对性的批评。如1911年初，他就曾针对有关报道批评说："凡报馆以外交之失败，而责望政府，此于事当也，顾不宜捏添事实，以惊动社会。盖如此，则于外交官之办事，无纤毫之益，而社会之惊疑，乃有大损。如近来有载英之要求藏中某事者，试思英方专注滇缅，必不能两事并举。至载俄在蒙古之行动，亦多过其实。此等事，在吾国人，初不知其关系。盖此等重要消息，吾国民虽不可预备，然心必为之耸皇，亦必各自有所筹计。倘大半虚伪，则全国之人，为之一耸一驰，以后复有此事，则全不为意，转成玩误。是不可不慎也。"② 报道真实是媒体赢得社会信任的前提，如经常发生失实报道，即便用意良善，政治正确，媒体的公信力也会大大受到折损。汪康年的批评和

---

① 转引自牛海坤《〈德文新报〉研究（1886—1917）》，上海交通大学出版社2012年版，第192页。

② 汪林茂编校：《汪康年文集》（上），浙江古籍出版社2011年版，第321—322页。

劝告入情入理，委实值得媒体自省和警惕。

媒体要做到报道真实，就必须对各种消息采取负责任的慎重处理态度，应该根据事实来描写事实，不能听风就是雨，信以为真。汪康年对当时新闻界流行的"有闻必录"口号很不以为然，认为这不过是报馆推卸责任的一种口实。1911年5月19日，他在《刍言报》上就其时多条失实新闻给予批评："日报不应闻言辄载，而关于外交者为尤甚。如去年载铜官矿事，谓凯约翰仍把持不去；又谓德人青岛添兵，已而遂更正；又谓荷兰强我国民入籍，而增厉其辞，谓三月不入籍，即将逐去，而尽没其财产，近日亦更正矣。"① 他强调，这些失实报道人们见惯不惊，习以为常，亦不以为意，其实产生的副作用很多："一则外人将谓我等好排外，故主此也。二则为外人所笑，谓我国人全无判断力也。三则载此等事，将使警觉而筹措置之方，顾不足信者多，则人益玩视，而成其玩驰之念，不可不慎也。"② 他规劝报纸要慎重对待，学会分析事实和核对事实。"庚戌六月初八，都中各报译路透电，谓达赖不喜英之政策，故不复至北京，语气甚不类。惟《顺天时报》乃曰：达赖甚感英人之政策，故不复到北京。此非小事，而知此草草，岂不误事？"③ 产生失实报道的原因或不一而足，但"有闻必录"观念的影响则不可忽视。

因此，汪康年明确否定了"有闻必录"存在的合理性，指出该观念隐含着的危害："'有闻必录'四字，欧洲各报实无此说，即来函登载之语，亦必报馆担其责任。此等事，盖不知几经波折，乃成今日办法。盖报馆者，兵刃之类，能卫人，亦能害人，不得不多方防备之也。"④ 提醒人们多加警惕。从现有的文献资料看，汪康年或是在我国新闻史上较早对"有闻必录"给予否定和批判的著名报人。

在20世纪初叶，新闻媒体的宣传功能渐渐地为人们所体认，不当利用媒体以售其奸的行为时有发生。个别媒体不思自省，反而助纣为虐，与之狼狈为奸，合谋欺骗社会，以获取不当利益，结果给社会和整个新闻业界都造成了莫大的损害。汪康年对这种缺少新闻职业道德的行为多有批评：

---

① 汪林茂编校：《汪康年文集》（上），浙江古籍出版社2011年版，第373页。
② 汪林茂编校：《汪康年文集》（上），浙江古籍出版社2011年版，第373页。
③ 汪林茂编校：《汪康年文集》（上），浙江古籍出版社2011年版，第373—374页。
④ 汪林茂编校：《汪康年文集》（上），浙江古籍出版社2011年版，第374页。

"向来营大事业者，其初发起时，惟登广告而已。后病广告之仅能自白也，乃以来函等羽翼之。近则更长篇累牍，登诸新闻。虽然，主持报务者，于斯宜审矣。盖其不惮烦劳而为此，其深有赖于报馆可知矣。报馆而肯以此资藉之，不啻假以羽翼也。事果正当，犹之可也，万一出于诈给，则不啻报馆助之陷人，何苦而为此欤？从前信义银行，时时以自表扬之语，寄诸各报，各报从而登之，则又以各报所登，汇印以炫人。人见为报馆信赞如此，亦遂信之。然后来倒款至巨，受累者不少，则前此为登报者，不得不任其责矣。近来如橡皮公司，如兴业公司，其利用各报亦大率如此，窃愿主持报务者深慎之也。"① 汪康年所批评的行为，有点类似于今天一些媒体上的"软文"。媒体"软文"的出现，无疑是对广告与新闻之间界限的刻意模糊，是对读者信任的出卖，对于媒体生长来说，其实是一种饮鸩止渴的慢性自杀。这足见汪康年的媒介批评具有一种超越时空的穿透力量。

二

态度决定高度。中国近代新闻事业诞生之后，很长一段时间内人们对新闻传播的认识并不深刻到位，不仅媒体及其工作人员的社会地位低微，不受重视，而且媒体内部对新闻采访与报道的态度也不严肃，多有信笔而书之，率臆而言之。在新闻采访、写作和编辑的各个环节都有轻率随意的倾向，新闻失实时有发生，这又更加导致社会对媒体的轻视，从而对新闻事业的健康发展形成阻碍。汪康年对报馆报道新闻时不计后果的工作态度非常忧虑，常常撰文予以批评，警醒新闻工作者在报道新闻和评论时要对事物做整体的、细节性的考量，要小心评估得失，深思熟虑而后为之，要自尊自重。

1911年1月21日、26日，汪康年在《刍言报》上发表《论报章立言之宜慎》《续论报章立言之宜慎》两篇连续性文章，强调媒体持论时要有国家大局观念。他批评一些报纸鼓吹政改时，不思国家现实急需，好大喜功，实则不仅于事无补，甚或贻误大局："前者某报于浙江开公园一事，颇致论列，其说是也。顾此事持论家不能不分其责。盖近来风气，于改政法事，不论缓急轻重，一概鼓吹，令人无从分别先后。而行政官往往心无

---

① 汪林茂编校：《汪康年文集》（上），浙江古籍出版社2011年版，第261页。

主宰，辄择新党所喜者为之。以此而推，则十年来，自京城及各省之公款，消耗于此等者，不知凡几。如近来《宪志日刊》，最称谨严，然前时颇称各国公园之善。殊不知公园固善，然以吾国而从事公园，以办事层折言之，不知须若干年方能及此。而此时提及，使人见之，一若与他要政应相提并论者。此等语，实误人于冥冥之中。故持论者不可不慎。"① 媒体的一言一行，对社会的影响极大，汪康年强调新闻传播要慎重，建立在他长期新闻实践中对媒体社会影响力的正确认识基础之上，因此其批评具有相当的现实针对性，发人深省："夫报者，主持舆论者也，引导社会者也。善，则大局蒙其福；不善，则大局受其殃。吾甚愿吾国之言论家，惩于前而慎于后也。"② 怎样才算得上是慎重的呢？汪康年建议在采写新闻时要尽量身临其境，实地调查，"道听途说，其事苟涉可疑，则与其登载而不实，毋宁缺疑之为愈也"③。真乃知者之言！

慎重就是要求新闻工作者在新闻选择时，不能仅仅从新闻本身的角度考虑问题，还要将新闻传播后的社会效果一并纳入思考的范围，尤其要本着爱国爱民的角度，从是否对国家利益有帮助的角度考虑是否报道、如何报道。

> 近报载，呼兰为马贼所据，已而又声明为讹传。又有一报，谓系误据日本之报而登入者。按失守城垣，此岂小事？况又在俄人窥伺之地，安可不察，遽行登载？至谓为日人之报所误，则凡报界诸君，应知此后于转载外人之报言我国事者，更宜矜慎。盖事而确，则凡较大之事，我国人岂得不知？事而不确，则登之不特惑本国人，且外人见我国报纸亦纷纷然登载，即始以为疑者，后亦以为实然，岂不害于事乎？况乎今日宜防之处正多，甚恐因此堕人计中，斯亦不可不慎也。④

他要求新闻传播要能够对国家利益起建设性的帮助，这种批评令人不由得击节称赏。

对于涉外报道，汪康年一再强调要谨慎从事，要据实报道，公正评

---

① 汪林茂编校：《汪康年文集》（上），浙江古籍出版社2011年版，第264—265页。
② 汪林茂编校：《汪康年文集》（下），浙江古籍出版社2011年版，第474页。
③ 汪林茂编校：《汪康年文集》（下），浙江古籍出版社2011年版，第475—476页。
④ 汪林茂编校：《汪康年文集》（上），浙江古籍出版社2011年版，第302页。

论，不可喧嚣叫骂感情用事："报馆之对于外人，不能不格外著意。若但据己之好恶，或社会之向背，遂直率言之，辄易惹无数恶感。不得已，亦宜纡徐言之，或影响出之。盖天下断无号为交好，而动辄恶声相向之理。"① 他认为即便彼国于我有不友好的举动，也不可大喊大叫，也要讲究方式和方法，或有宜直接揭露者，或有不宜说破者，未可一概而论："盖说破则国家有难以措置之处。且事情万变，当未宣露时，或尚有消化之法；一经指实，则趁此实行者有之，恼羞成怒，激而从速者有之。凡此等事，今日投身政界、报界者，万不可不知。而初六《中国报》，忽载奉省捕获置毒井中之某国人，翌日又改其语，谓前报所载谣言，即某国人所造，欲煽我国人为横暴举动，以便乘机而发。噫，此等浅露挑拨之词，于大局为有益欤？无益欤？余愚乃未知也。"② 轻率报道，小者会使媒体陷入被动，信用锐减，大者可能损害国家利益，使国民处境雪上加霜。汪康年的批评确乎在情在理，令人首肯。

晚清是中华民族灾难深重的年代，许多报人对满清政府深怀不满，尤其是资产阶级革命派所办报刊，对清廷的报道多有丑诋谩骂之词，态度偏激，情绪化严重，常常以置身事外局外人的姿态，以嘲谑的口气进行评说，以致被外国人讥讽为"天空中人所作之报"。汪康年多次批评这种行为是不顾民族大义，令亲者痛仇者快的行为："凡人痛伤本国之事，垂涕泣道之，可也；慷慨直陈，可也；婉转言之，亦可也；甚至微文刺讥，亦无不可也。若夫嘲谑轻薄，引为笑端，则不啻为本国之罪人矣。而吾国报蹈此习者不少。前某报绘两人将屠一豕，而题其上曰：'辽东豕'。呜呼，是何为乎？无怪外人谓吾国之报，不似属于一国，而为天空中人所作之报。愿报界人审之。"③ 新闻媒体固然有自己的政治倾向，无法彻底摆脱党派立场的限制，但汪康年认为媒体应该尽量做到公正，具备社会公器的一般品质：

> 凡为报者，非以讦发人过恶，指摘人瑕疵为天职也，而尤非以此弋名誉也，更非以此为销报计也，良以其事极有碍大局，或妨于社

---

① 汪林茂编校：《汪康年文集》（上），浙江古籍出版社2011年版，第292页。
② 汪林茂编校：《汪康年文集》（上），浙江古籍出版社2011年版，第292页。
③ 汪林茂编校：《汪康年文集》（上），浙江古籍出版社2011年版，第395—396页。

会，而一时之人，乃咸未知，或知而不敢发，则报馆讼言攻之，使人咸知此事之关系极重，或因而有所变更。此实缘于不得已之故，或为众所谅。若夫因疑似之嫌，加深文之论，且复增添事实，诬以恶名，此则与报之本旨，失之远矣。①

他力主报纸尽量站在公正、中立、平衡的立场上，发表评论要以事实为根据，就事论事，"报之论人，有纯于公心者，有出于党见者。纯于公者无论矣，即有党见，其措词亦应有一定之规则，而事实尤须有着落，否则一经人指出，人人知其诬也，而知其挟偏私。又以挟偏私也，而以后将永疑其言，而此报乃成为一文不值之报"②。倘若没有社会信用，报纸也就失去了存在的价值。

批评是报纸的天职，但批评要讲道理，不能污言秽语进行人身攻击，汪康年十分反感一些报纸在进行批评时，颐指气使，显得蛮横无理，盛气凌人，仿佛高人一等。其实，报纸与被批评者处于完全平等的地位："报章不得已，而于人加以责备，此自为大局始然，非以有权监督一切自喜也。故与其论人也，无宁论事，与其论人之全体也，无宁论人之一端。若夫凭空结撰，而丑厉其辞，以供己之侮弄，无论取憎招怨，即于平常道德，亦甚恶矣。驻日胡公使续娶，而各报忽以为娶妾，苦相诟病，且加以嗫嚅之辞。夫续娶与娶妾，为事绝异，何至传误？此必有人故意煽动，使远近皆得加以诟病。尤奇者，则某报名言所娶为某绅女，其为非娶妾可知，乃仍冠以娶妾之题，大肆谩骂。诚令人不解。"③ 报纸批评要心平气和，与人为善，这样被批评者才能心悦诚服，批评才能收到较好的社会监督效果。不然，会使被批评者和读者产生心理抵制，无法达到批评的预期目标。汪康年在这方面是一个身体力行的典范，他批评媒介行为时，言辞之间充满恳切，常令人有如坐春风之感。

三

文如其人。一个人的性格往往决定着其批评言说的风格和特点。汪康

---

① 汪林茂编校：《汪康年文集》（下），浙江古籍出版社2011年版，第442页。
② 汪林茂编校：《汪康年文集》（下），浙江古籍出版社2011年版，第442—443页。
③ 汪林茂编校：《汪康年文集》（上），浙江古籍出版社2011年版，第271页。

年是一个有着鲜明个性的人物。20世纪初叶，汪康年的一群朋友纵酒品评当世名人，章太炎借大观园人物图来刻画诸人形象，派给汪康年的角色是外貌憨厚而内明世故、举止笨拙而不失礼数、见侮不辱而仗义扶危的刘姥姥。深知其为人处事秉性的其弟汪诒年曾评价他："平日绝不主张激烈之行动，以为天下大器，破坏滋易，建设实难。以吾国之人材、财政、内忧外患而论，尤不当虚作一建设之理想，轻言破坏。故平素持论恳恳絮絮，专属望于政府之能自改革，勿自蹈于危亡之域，以致危及天下。"① 汪康年的个性在其媒介批评中亦有所体现。具体言之，其媒介批评明显具有如下几个方面的特点。

第一，媒介批评文本数量众多。晚清时期中国新闻事业获得了长足的发展，与之相随的媒介批评亦开始萌生，但比较而言，这一时期的中国媒介批评总体上还处于幼稚阶段，有自觉意识的媒介批评者寥若晨星，媒介批评文本不是很多。据笔者不完全统计，在汪康年文集中具有媒介批评性质的文本，有70余篇。其媒介批评文本数量的众多性，体现出来的媒介批评意识的自觉性，都十分罕见，令人不能不有所诧异。如果我们理解了汪康年对于新闻事业的独特心路历程，也许就豁然明白了。他曾在一篇批评报业不负责任、随意登载鼓吹的文章中吐露衷曲："吾不敢望政府，乃望之社会，吾又不敢遽望之社会，乃望之各日报。报之为用伟矣，为力亦大矣。然今之为报者，不能自尊其品格，腐败狂谬，至不可言状。"② 随后他历数报纸在这个方面的四大"罪状"：一曰使人藐视报章；二曰使人轻视名誉；三曰使人玩视祸害；四曰损害风俗。"有是四故，而报遂为世诟病。往者已矣，今欲恢复报之名誉，挽回报之效力，使政府、社会之对于报章，咸信用尊崇，无敢藐视，是在三数明白大局之人之主持斯事者。"③ 他是在对政府、社会已经绝望的时候，才将主要的才情、精力转移到"评论及记载旧闻"的媒介批评上面，作为自己的"疗疾之药"，以实现自己的人生价值。这种想法和做法，最终成就了其媒介批评家的社会历史角色。

第二，媒介批评客体指涉全面。汪康年既有丰富的新闻实践经验，熟

---

① 汪诒年纂辑：《汪穰卿先生传记》，中华书局2007年版，第190页。
② 汪林茂编校：《汪康年文集》（上），浙江古籍出版社2011年版，第342页。
③ 汪林茂编校：《汪康年文集》（上），浙江古籍出版社2011年版，第343页。

悉新闻运作的各个环节和运作,又是一个具有高度社会责任感和历史使命的人,这使他对新闻传播业的观察立足比较广阔的视野。他不仅高度关注媒介的传播内容,而且注意到媒介的传播方式,甚至注意到传播文本字里行间的传播态度和传播者的主观倾向。他的媒介批评的指涉对象不仅覆盖了传播者、传播内容、如何传播、传播效果、传播接受者等诸多领域,而且常能够注意到一般人不以为意的细小地方,显得格外全面、细密。如他对当时有些人故意在报刊登载公告以遂其私图的行为的质疑:"近来日报渐行,而告白之风以开,为益固巨,而借以售奸者亦不少。尝见肆人有揭告白者曰:某某款限期来取,过期不候。此习惯不为怪矣。而前者某银行催取国民捐,亦限若干日。己酉春,天津造币局令人以本局银元至局取钱,当照市价,亦复限期,此不可解也。吾国之报,销行绝鲜,且往往有只行一方,不至远地者。而告白所告之人,固非限于一地也。况其人未必看报,或看报而不看告白,或告白登于报之僻处,人不易见。又其人或在绝远之地,不能期内来取,岂非令人之受亏损乎!假有奸人集资设肆,托辞倒闭,即登报告诸股东,限于若干日内,来肆取所分金,逾期不候,而诸股东不及至者,大半遂为此奸人席卷而去,则将何以待之?"① 当时能作出这种批评的人实不多见。

第三,媒介批评态度外圆内方。媒介批评在指涉媒介行为、观念或现象时,必然会连带指涉该媒介行为、观念或现象的主体,媒介批评故而具有双重指向功能,因此,媒介批评的主体批判能力及其批评效果必然包括或建基于批评的态度和方式。汪康年个性突出,有人评价作为一个批评家的汪康年"目光犀利,公正不阿,从权贵到民间人士,一律抨击不误;他具有独立见解,从不人云亦云;他捍卫个人理想,不管多么孤独,也不低头屈服"②。这表现在他的媒介批评活动中,既坚持公正无私,旗帜鲜明,又温厚和平,留有余地,表现为一种外圆内方的言说态度。他发刊《京报》时自道原则:"若夫以昭昭白日之心,发慷慨激昂之气,言之急无邻于诡,言之平无近于阿,通上下之意,平彼此之情,理所与者,必以言助之,虽百訾不馁;理所否者,必以言阻之,虽强御不避。"③ 这一原则在他

---

① 汪林茂编校:《汪康年文集》(下),浙江古籍出版社2011年版,第450页。
② 廖梅:《汪康年:从民权论到文化保守主义》,上海古籍出版社2001年版,第353页。
③ 汪林茂编校:《汪康年文集》(上),浙江古籍出版社2011年版,第87页。

进行媒介批评时也同样适用。他认为媒介批评是观念和思想的交流，是不同主体之间的对话，当然也要讲究礼仪，"以礼待人，始能责人之以礼待己"。万不可轻肆亵慢，颐指气使，"报章虽以论列政事为职志，顾对于其人，则亦应循乎礼与分，此自然之理，非有所畏而然也"①。汪康年在报刊上发表媒介批评文本时，大多数冠以"献疑""箴报""针报""敬告""敬问""警告"等具有谦敬意义的标题，虽然明确否定媒介的某种行为，但在语气和用词上尽量显得温和，绵里藏针，其苦口婆心、规劝告诫之态，絮然可掬。

汪康年在媒介批评领域孜孜矻矻，耕耘不辍，但批评效果不彰，令他不甚满意，他曾悲叹和自嘲，高山流水，知音难觅："报馆诘责政府之腐败，讦发政府之种种不良，政府不理也，亦绝不为之悛改，何也？以虽被攻击，而地位如故也。他人诘责报馆之腐败，讦发报馆之种种不良，报馆不之理也，亦绝不为之悛改。何也？以其虽被攻击，而地位如故也。是亦遥遥相对也。"② 其实，当时还是有一些同道对其良苦用心深表理解和同情。学者章一山曾经说："现今一班舆论，系随报纸为转移，京朝大老，又以报料为经济。自贵报初出，而所闻议论中有平正通达按切时势者，察其根据所在，皆出贵报。故望贵报多销一分，则我国多一分公论，亦挽回世变之要也。"③ 对其媒介批评的社会效果，给予了较为充分的注意和公允的评价。著名报人林白水更致书大加称赞说："近今言论界，较之从前，只见其退化，既不能造健全之舆论，反随不健全舆论之后，相与附和雷同。只思博人欢迎，推己销路，而是非之真，从未顾及。报馆记者既无经验之可言，又无学识之足录，其迎合社会心理，揣摩社会风气，无往而不用其滑，以此而言办报，诚至可哀矣。大报独辟蹊径，为全国报界之明灯，时对同业下其棒喝。下走尝谓世界有专制之政体，则有卢骚、孟德斯鸠以倒之；世界有积非成是专制之舆论，独无卢骚、孟德斯鸠以倒之？今大报可谓报界之卢、孟矣。"④ 林白水对汪康年"报界卢、孟"的评价或许是因为政治立场的相同而惺惺相惜，有过誉之处，但他

---

① 汪林茂编校：《汪康年文集》（上），浙江古籍出版社2011年版，第398页。
② 汪林茂编校：《汪康年文集》（上），浙江古籍出版社2011年版，第354页。
③ 转引自汪诒年纂辑《汪穰卿先生传记》，中华书局2007年版，第154页。
④ 转引自汪诒年纂辑《汪穰卿先生传记》，中华书局2007年版，第154页。

的评价确慧眼独具，恰如其分地点出了汪康年在新闻领域不同一般的实践努力和卓异之处：汪康年是晚清时期中国新闻领域一个自觉而积极的监督监督者、批评批评者，即一个企图以言说的方式规制传播发展的媒介批评家。

20世纪最初10年间，是清王朝迅速走向没落的时期，晚年的汪康年对局势的焦虑与日俱增，但他这时已不能也无法再充当一个时代的行动者。不能动手而又不能忘情于政治，剩下的选择也就只能是"不自觉其言之哓哓"[①]了。报刊几乎成为他可掌握的唯一资源，对工具的珍惜使得媒介批评几乎成为他后来最重要的言说内容。汪康年逝世后，日本人的《上海日报》曾记其事，备致惋惜并评价："本年夏复入北京创办《刍言报》，每月出报六次，其宗旨在矫正不健全舆论，故专载评论，不载新闻。要之汪氏之投身报界，以文学之光明与优美提倡新政，虽称之为中国现代先觉者，亦无不可。"[②] 恰切点出了其卓特之处：汪康年确实不愧是中国现代第一个自觉践履媒介批评实践的著名新闻工作者！

第八节　英敛之的媒介批评

英敛之（1867—1926），名华，字敛之，号安蹇，满族正红旗人，幼年家贫，少时曾为入军籍得补粮饷而习武，后弃武习文，靠自学博览群书，22岁时笃信天主教。1898年前后受康有为、梁启超变法思想影响，开始评论国事，曾在《知新报》上发表同情戊戌维新变法的文章。1902年6月17日，天主教徒柴天宠、主教樊国梁、法国驻华公使鲍渥等人集资在天津创办《大公报》，英敛之参与筹办该报，并在创刊后一人兼任总理、撰述、编辑等数职10年。1912年清朝覆亡后，英敛之心生消极，名义上仍负责《大公报》，实际上已退居北京香山，以主要精力创办女学、辅仁社等慈善和教育事业，从事天主教革新工作。1916年将《大公报》售予王郅隆。1926年逝世。英敛之主持的《大公报》言论聚焦于多维的社会批判，无论是对黑暗吏治的声讨、虚假立宪的揭露，还是对暴力革命的斥责、国民不良习性的批驳，皆能秉持创报初心，以

---

① 汪林茂编校：《汪康年文集》（下），浙江古籍出版社2011年版，第477页。
② 转引自汪诒年纂辑《汪穰卿先生传记》，中华书局2007年版，第191页。

扬公抑私作为立论的出发点，直笔书写。激烈的批判言论为《大公报》赢得了敢言的美名，创刊数月销量即达5000余份。其言论批判的内在思维理路是对舆论监督功能的深入挖掘和利用，而其舆论监督不仅指向政府和社会，也指向政府对报界的钳制以及报界自身不良和陈腐的现象，从而具有媒介批评的意义。

一

创办报刊是改良派推动维新变法的一大工具和路径，也是他们给中国社会带来的一大显著变化和成果，形成了中国有史以来的第一次办报高潮。1898年4月，英敛之曾经写过一篇《论兴利必先除弊》的文章，对康有为的政见深表赞同："康主政有为胶州疏内'蔽于耳目，纽于旧说'诸语，实今日之顶门针、对症药，痛快切当，言人之不敢言。"[①] 英敛之对康有为的办报主张也是心有戚戚焉。其实，英敛之在信奉天主教后，即时常在由天主教徒李杕主编的《益闻录》上发表诗文，他的诗作甚至还在越南的《同文报》上发表，李杕看到后还专门将该报转给他看，并对他的诗予以嘉许。[②] 因此，英敛之对近代报刊的形式、内容及其功能等都有所体认。1898年，在维新变法如火如荼、维新报刊遍地开花之际，英敛之专门撰写了《推广日报说》一文，在《益闻录》第1744期上发表，初步阐述了他对报刊功能的理解。

英敛之指出，中国民间有谚语说：秀才不出门，能知天下事。这话正切合了当下阅读日报一事。日报对人有益，稍识时务者颇能言之。其大益以增识见、明事理为要端，而知天下事犹其小焉者也。外洋报馆林立，相习成风，官民借此识时务，其效果尽人皆知。"中国自通商以来三十余年，报馆亦踵事而增，然不敷开消，旋开旋闭，现存各报不过数十家。然其风气终未大开，欲广其传，殊觉不易。以中华四百兆人计之，阅报者定无五十万人。是八百人中无一人阅报，其风将何日大开乎？"[③] 他认为，自从清

---

① 转引自王芸生、曹谷冰《英敛之时代的旧大公报》，中国人民政治协商会议全国委员会文史资料研究委员会编《文史资料选辑》第九辑，中华书局1960年版，第4页。
② 参见英敛之《益闻馆主以越南同文报见示，载敝作数首，且蒙谬许：清丽爽快，风韵珊珊，阅之不禁汗颜，因书识愧》，《益闻录》1892年第1219期。
③ 英敛之：《推广日报说》，《益闻录》1898年第1744期。

廷封闭《强学报》，在北京开设官书局报以来，博采西报各家论说，以开拓人之识见，亦颇可观，然阅者极为廖廖，宦途中人及读书人知有此报者十无二三，其他更可知矣。何以如此？英敛之分析：中国士人读书攻习举业以八股试帖为正宗，专心致志，谓舍此无利禄阶梯，故师长相诫不准涉猎他项，恐有以分其心，夺其志，有误光阴。而拘迂之辈，又目日报为旁务，不屑留意于其间。所以，要扭转这一局面，如果在上者不开导鼓舞，以时务取科名，此风断难骤移。这是日报不能畅行的一个原因。今各报议论庞杂，记述猥亵，扩人知识则不足，淆人闻见则有余，访事诸人但图蝇头小利任意编造，往往以毫无影响之事，凿凿言之。结果即便实有其事，人亦疑之，谓一虚则百虚，故常有人见日报则呼之曰谣言风传，这是日报不能畅行的第二个原因。

如何改变这一局面呢？英敛之认为此事关系极大，必须统治当局大力提倡、予以鼓励才能收到成效。具体言之，第一，筹以公款济其赔折，报纸定价必须极廉，使人易购，文字不须深奥，以使人便观，务期朝野通行，雅俗共赏。第二，自京师及各省遍地设立报馆，有总馆有分局，与各学堂互相表里，学中所课时务诸文，概准登报，定其优劣，借作劝惩。其主持笔政者必求通才，淹贯中西，说理精当，持论正大，不开攻讦之风，不涉淫荡之事，言必关乎劝惩，事皆证诸真实。更宜使人知各国兴替之由，何利当兴，何弊当革。英敛之说，人之识见愈练愈精，人之才能愈磨愈出。集思广益，舍短求长，这实是转移风俗之要着，策励人才之捷法，看似闲章而实切务之事。但是，此事非在上者力为振兴不为功，再加以鼓励惩警之道。如有条陈利弊不事抄袭切中款要实济于事者，核其事之大小，奖以誉牌，或者奖励资财若干，由公款拨给。其有奇才异能，发人未发，利及军国者，可以提升到总报馆，奖以一定的职衔；若有淆乱人心、妄议国政、惑世诬民者，罚以银钱，治以应得之罪；若有某报互相攻揭如悍妇骂街、蛮缠逞刁者，论其曲直，科其罪罚。屡教不悛者，可以封闭报馆。朝廷如果能够推行此意，那么，人才何患不出，风俗何患不善？推陈出新、兴利除弊，国家由贫弱转至富强，驾西洋而上之，都是可以预见和期待之事。这哪里仅仅是秀才不出门而知天下事那样的个人益处呢！

可见，英敛之在维新变法时期把报馆发展寄托在最高统治当局的推动上面，不能不说有一定的道理，因为在任何的社会里，政治制度总是对新闻传播事业的发展有着极为重大而现实的制约作用。但证诸当时的社会实际情况，这未免是流于空想的书生之见。

二

戊戌政变后，英敛之恐被株连，为避祸而只得离京"外出作汗漫之游"，①颠沛踉跄，先后辗转于广州、香港、云南和津、沪之间，困顿异常。1901年4月，他回到天津，在去看望教友柴天宠时，柴表示愿意集股本逾万元，甘为赔垫，创设一家报馆，邀他主持其事。这一提议正符英敛之的心意，他爽快答应，并随即为之南北奔波，呕心沥血，付诸实施。经过一年多的往返筹备，艰辛备尝，终于在1902年6月17日在天津创办了《大公报》。在该报的创刊号上，他发表了《本馆特白》，大略宣布了报纸的宗旨和选稿、编排的标准云：

> 日报一事，全赖集思广益，不厌求详。本馆虽托有各处友人，广咨博采，犹恐囿于耳目或偏执一见，有失实事求是之义。尚幸四方同志匡其不逮，凡有崇论伟议及新政时事见告者，本馆亦为采登；本馆以开风气、牖民智为主义，凡偏缪愤戾琐碎猥杂惑世诬民异端曲说等一概不录；各报附录书籍多限于篇幅，虽陆续排登，骤阅之每突然而起戛然而止，殊觉味同嚼蜡。本馆附录各件，其篇幅过长不能全录者，总期成一片段，不致有闷葫芦之叹；……撞骗讹索等情，最为本馆所痛恨，如有冒称本馆访事人等在外招摇生事，近则请即扭送本馆，远则请速函知，俾得根究查办。②

这里所述的"凡偏缪愤戾琐碎猥杂惑世诬民异端曲说等，一概不录"的报纸内容和态度倾向，既是对已有报坛一些不良现象的批评和否定，又紧扣"大公"之义。而"各报附录书籍多限于篇幅，虽陆续排登，骤阅之每突然而起戛然而止，殊觉味同嚼蜡"，则可以见出英敛之对报刊的编排

---

① 转引自何炳然《〈大公报〉的创办人英敛之》，《新闻研究资料》（总第37辑），中国社会科学出版社1987年版，第35页。
② 《本馆特白》，《大公报》1902年6月17日。

很是用心地进行了研究,以期使报纸初创就能建立在一个较高的形式起点之上。在同一号上发表的《本馆章程》中,他再次强调了该报发刊"论说事实,务取远大精确,俱以广见闻,增学识为的"①之办报宗旨。而在《大公报序》中,英敛之详细交代了该报的创办经过,并对"大公"进行释名:

> 报之宗旨,在开风气、牖民智;把彼欧西学术,启我同胞聪明。顾维浅陋,既惧且惭。兹当出报首期,窃拟为之序曰:忘己之为大,无私之谓公,报之命名固已善矣。夫徒有其名,毫无其实,我中国事往往而然。今此报得毋亦妄为标榜而夜郎自大,济私假公乎?抑果是是非非、源源本本而一秉大公乎?要之,自亦未敢定其如何也。凡事于初创之时,譬如人当幼稚,志趣虽佳,历练尚少,精神未旺,疏漏必多。殆久而久之,或能取长舍短,推陈出新,渐入自然,折衷一是。故本报断不敢存自是之心,刚愎自用,亦不敢取流俗之悦,颠倒是非,总期有益于国是民依,有裨于人心学术。其他乖缪偏激之言非所取焉;猥邪琐屑之事在所摈焉。尤望海内有道,时加训诲,匡其不逮,以光我报章,以开我民智,以化我陋俗,而入文明。凡我同人,亦当猛自策厉,坚善与人同之志,扩大公无我之怀,顾名思义,不负所学,但冀风移俗易,国富民强,物无灾苦,人有乐康,则于同人之志偿焉,鄙人之心慰已。②

所谓"开风气、牖民智"之说,仍是维新改良之义,只是它明确了具体路径——"把彼欧西学术,启我同胞聪明",即通过援引和输入西方的知识,开启国人的智慧,给人一种放眼世界、包容开放之感。而"不敢存自是之心,刚愎自用,亦不敢取流俗之悦,颠倒是非。总期有益于国是民依,有裨于人心学术。其他乖缪偏激之言非所取焉;猥邪琐屑之事在所摈焉",则是对报纸品格的一种设定和自勉。在1902年6月18日《大公报》的第2号上发表的《大公报出版弁言》中,英敛之再次宣示:"本报但循泰东西报馆公例,知无不言。以大公之心,发折衷之论;献可替否,扬正

---

① 《本馆章程》,《大公报》1902年6月17日。
② 《〈大公报〉序》,《大公报》1902年6月17日。

抑邪，非以挟私挟嫌为事；知我罪我，在所不计。"① 公、私是含义对立的一对伦理学范畴，公意味着无私正直，是一种古老而又伟大的人格理想和情怀。只有那些完全舍弃个人私心杂念的人，才能够做到公而忘私、公而无私。报纸品格的高低，取决于新闻从业人员的素质和理想。在新闻传播领域，"公"就具体化为实事求是、知无不言的言说和处事态度。"大公"是英敛之的报业理想，在后来主政《大公报》时期，他也确实践行了自己的这一理想追求。

三

在1902年6月22日的《大公报》第6号上，发表了一篇《原报》论说，该文虽然没有署名，但显然是表达了英敛之的媒体理念。所谓"原报"，就是对报纸进行本体论意义上的溯源和论证，历述古今中外报纸的源流发展及其对国家社会进步的重大意义。作者先是从历史的角度，简要地缕述了世界报业的演进轨迹：

> 古无所谓报也，自前明永乐北迁，边省去京师地窎远，苦不得朝廷意旨，因嘱部吏日录大部征发文檄布告疆吏，时人便之，呼为邸报，始有报之名。嘉靖年间，意大利国威斯尼城特创行新闻纸，欲在上者洞达民隐，故于饥馑劳苦吁诉之事，罗列特详，使一人独立市廛，对众朗诵，听者颔首会意，各出一钱酬之而去，始有报之体。是时日耳曼联邦又仿行其例，相继踵起，指摘国是，昌言无忌。政府不但不禁，且采用其说而笼络人心，民因大治，始有报之实。至天启时，英国畅行七日报，法国畅行医士报，则报纸之风大且昌矣。②

这段论述与同时代国人对中国报纸的起源认识有所不同。此前人们往往从陈诗观风的古代雅乐制度中为新闻媒体溯源，通过借助遥远的古代成例来论证其存在的合法性。而这篇论说则直接否定了古已有之的说法。但他也同时承认明代官方机关"征发文檄布告疆吏"使这种信息载体始有

---

① 《〈大公报〉出版弁言》，《大公报》1902年6月18日。
② 《原报》，《大公报》1902年6月22日。

"报之名",即获得了命名,成为一种社会专门事物,但"报之体"并未因此即告形成。作者看来,"报之体"的形成还有赖于"在上者洞达民隐"、罗列"饥馑劳苦吁诉之事"以及"各出一钱酬之而去"等条件,也就是对社会各种情况的详细报道和报纸的商业销售两个条件。这正是近代新闻媒体与中国古代邸报的本质不同所在。所谓"报之实"就是报纸的本质所在,近代新闻媒介是一种制度性存在,政府对其指摘国是、昌言无忌的行为不仅不加禁止,反而通过报纸来笼络人心,辅助社会治理。作者关于报之名、报之体、报之实的分剖,显然是从三个不同的界面,层层深入、步步推进对报纸进行深入分析,标志着作者已经能够从形式与内容、现象与本质统一的关系角度对报纸进行认识。这种认识在当时的中国新闻理论和业界都显得有些超群绝伦。

英敛之认为,报馆的多少与国家强盛呈正比例的关系。"今且以报馆之多寡,验国家之盛衰,报纸之销数,验人民之愚智,报馆多国必强,报馆畅民必智,五百年中东西大事,几若借报纸为转移者。"[①] 文章对世界许多国家的报纸数量进行了概括性的统计,然后再与中国情况进行比较:以吾中国四万万人计算,若上比于英、法、德、日文明诸邦,必当有一万余家方可相抵,若下列于澳大利亚、阿非利加"野蛮"之国,亦必有一千余家乃可抗衡。而中国南北纵横报馆仅有二十余家,南居二十,北得余数四五家而已。澳大利亚、阿非利加尚不足比数,乌敢望超出欧洲之上哉!然此非行报纸者不力,实中国识字者太少,致碍报纸之行销也。中国识字人少,故民智不开,民智不开,故国弱,国弱,故报纸弗能盛。西国男女大小富贵贫贱莫不识字,莫不阅报,视报纸竟如性命,若与水火饮食同为养生之具者。无报纸必致聋聩,犹之无水火饮食必致饥困,是同样的道理。故各行各业均有相应报纸。男有男报,女有女报,官有官报,民有民报:

> 举凡国政之得失,民间之利弊,商业之盈绌,物产之优劣,邻国之举动,兵力之增减,天算地舆之新理,格致水火之新器,亦莫不勤勤恳恳,皆于报纸中讨论研求,虽有旬报、月报、年报之别,终不若日报之便利。旬报、月报、年报非不精湛,而迁延时日,求新之民迫

---

① 《原报》,《大公报》1902年6月22日。

不及待,殊有引领为劳之怨,究不若日报排日印行,足以慰人饥渴之念也。猗与盛哉,何报纸之风,深入西人脑髓如此也,亦缘报纸为人生日用不可少之物。世之牖启聪明,增益神智,非此不为功也。①

作者举例说,有人东游日本,适逢甲午之役,一日早出,见人力车夫胸前无不携带日报数种。起初以为他是受人雇佣送报,继而见其静坐时取出其报喃喃对诵,或笑或骂,或诘或驳,一若深得报中三昧者。异而询之,则曰:吾辈苦力,不能时购各报纸,日必向卖报人赁报数份,午前得暇辄读,午后即送还卖报人矣。问何以必得阅报?曰:吾辈不阅报,同侪相询时事,若无以答,则不齿为人类。没有人能够在不知道天下事的情况下而能对人物和时事议论透辟,洞若观火。因此,作者感叹道:我国自命为通人者,还不如日本的车夫。这就是泰西人视报纸为人生之要务,民智之开,报馆之多,国家所以强盛的原因。吾国士大夫的见识还不如日本的一个苦力,确实是需要我们自省的了。

四

通过法律对报刊进行管理,曾经是中国近代很多新闻工作者的一个梦想。但是,"法的存在是一个问题。法的优劣则是另外一个问题。法是否存在是一个需要研究的问题。法是否符合一个假定的标准,则是另外一种需要研究的问题"②。报律是否能够起到推动、保护新闻业的发展,还要看该报律的性质。1902年,随着清廷新政的渐次推行,社会对报律问题的讨论又高涨起来,一些地方大员亦想借机制定一个严格管控新闻媒体的报律。《大公报》于1902年11月23—25日以连载的方式发表了《严设报律问题》长文,对"严设报律"进行了猛烈的抨击和质问。

条议主张严设报律以肃观听,亦所以正人心。法律有罚无赏所以禁暴乱、止奸慝,君子从而怀刑,愚民望而知惧,由是不肖进于纯良,纯良进于贤淑,贤淑进于完备。这是环球万国设置法律的目的。若以施之于报,报也者,至公至直,无党无私,有是非事理之任,有臧否人物之责,势力

---

① 《原报》,《大公报》1902年6月22日。
② [英] 约翰·奥斯丁:《法理学的范围》,刘星译,中国法制出版社2002年版,第208页。

之所不可及，权力之所不能加，而亦文明各国之万不欲抑制者。如果要严设报律，其以为天下之大公大直，有不合顽固私党之所谓公直者，从而胡思梦想当定以笞五十杖一百乎？如曰以肃观听，其以为天下之大公大直有显暴其顽固丑态者，从而切齿咬牙必报以枷满月禁半年乎？如曰以正人心，其以为天下之大公大直有解其劣性蠢质者，势必难以忍气吞声，决酬以徒三年流五载乎？

条议建议似宜明定章程，照会各国设检报处。各国事由议院定，理由议院裁，举动由上下议院宣布。是故朝廷无秘密之政，而国家有通达之情，以是之昭揭著明斟酌审定。而私家报纸犹复故为倒置，则不得不厘正报体，以定从违。推其宗旨有五：一为记载之琐秽无稽，徒伤风化；二为捏报军国重事，贻误大局；三为毁誉之仅凭恩怨抑扬，有背公正；四为论说之剿说敷衍，全无旨趣；五为译录之秽芜乖舛，不类原文。诸如此类皆在各国必惩之条，亦为各报必革之弊。然以中国今日之抑塞，问能较各国之文明出全力以保护报纸乎？以中国今日之私刑，问能及各国之公直立法则以厘正报章乎？况中国今日如是之失权，如是之减势，如是之惧外媚外，敢以鄙俚之章程施诸外人之报馆乎？况阅报人各有自由，与各国无涉，若因检阅而用照会各国，匪惟笑煞乎！狂悖且将覆以通行拘禁疯癫之律。此际此时，问所定之律先治报馆乎？先治照会之人乎？

条议要求凡报馆妄肆攻讦，受贿徇私者论如律。攻讦升官，贿私发财。若此者，谁不亦谓之曰论如律乎？以若斯之报律，且欲效各国之厘正报体，是何异绘虎类犬，画竹成柳，匪难振报界之精神，实徒贻外人以笑柄也。定律者必曰，吾之律不如是，吾将教之依违可否，吾将使之粉饰为工，吾将授之不置一喙。若是者谓为律法之实效也可，至其报界之实效，非吾敢言也。宗旨如是，主义如是，其他也就可知了。然则所谓论如律者，其将定各省私报以诬告押发乎？抑将定各省官报以反坐信谳乎？又彼所谓受贿论如律者，其将科以私赃乎？抑将科官报以公赃罪名乎？况夫徇私者，情面之谓无论也，情面本出官场，与清议毫无关涉，即令就所谓徇私而言，其论如律者其将判公直私报以惺惺相惜乎？抑将治徇庇官报以狼狈为奸乎？

条议认为倘攘窃他报，或登载不实者罚有差。夫庶人市谏，本有集思广益之条，采访陈诗素具有闻必录之例。其记述之批评，事实之虚实，一视论说检阅家之断定是非有无，录者不任其咎，所以泰西各国有所谓大丛报、荟萃报、新闻报、捷报者,"其体例纪载皆由传闻攘窃而来,使各国而尽罚之,必将积全国此钞彼录尔述我传之报纸,与夫全国报馆主笔采访之人,一一细研密究,分悉原因于何报,妄报于何人,方克成报纸之一大信谶,虽罚款盈千累百,吾恐烦不胜烦,精神实有难继于终"①。且罚款施之西商,其能如数呈缴乎?西人以合群为亟,试问以今日之罚律施之华商,西商能甘任同志以如愿相偿?况今兹之定罚律,不过以饱私囊,餍欲壑而已,无论中国万无此权力,即便能遣通事用照会,试问各国能以公直之群款而认偿一人之私欲乎?

作者最后的结论是:严设报律"非所以广见闻,实所以塞见闻;非所以开民智,实所以蔽民智;非所以肃观听而正人心,实所以淆观听而乱人心也;非欲致清议之可畏,实畏清议之有以发其隐私;非欲俾天下之向风,实虑天下之有以识其顽固"②。诚可谓一语道破言定报律者不可告人的天机及其用心。

五

创办并主持《大公报》后的英敛之,工作习惯使他萌生了较强的职业使命感。1903年9月17日,《大公报》发表了《说新闻纸之职分》一文,批评某些新闻报道人云亦云,随声附和,使一些如毒蛇大王之类荒诞不经的民间迷信传说,堂而皇之地登诸报端,失掉了新闻媒体澄清思想迷雾、引导社会舆论的崇高责任:

> 夫以毒蛇为大王,此理果足凭否?倘曰足凭,予从此缄口不复谈论此事,如果不足凭,我辈新闻纸之主持笔政者,遇此等事只可视为无足轻重之列,置之不登可也。即曰有闻必录为新闻纸之体例,登之亦属宜然,惟似须于叙事之外加以按语,以为愚民之棒喝,以符乎开民智之宗旨,乃可不负我新闻纸之职分。若人云亦云,无所发明,又何贵乎有新闻纸,又何以称为新闻纸能开民智。或有谓以毒蛇为大王载在本朝祀典者,然我辈议论朝政之新闻纸,岂亦无所辩论,一如愚民之随声附和乎?我辈之争不足贻笑,深恐以素有名誉之新闻纸,一

---

① 《严设报律问题》(续前稿),《大公报》1902年11月25日。
② 《严设报律问题》(续前稿),《大公报》1902年11月25日。

第三章　清末宪政时期的媒介批评

旦于漫不经意之中而伤损其名誉为可惜耳。①

1904年1月6日,《大公报》又在"论说"栏发表《说报》一文,通过比较中外媒体的履职表现,对中国民间社会为什么会骂报纸主笔为"斯文败类"之事进行分析:

夫报者,诚一国之代表者也。国民程度之高下,智识之开塞,风俗之美恶,要以报馆之多寡,销路之畅滞,纪载议论之明通猥鄙征之。西国之所以监督之者,中国之所以败类之者,推求其故,莫不皆有致之原因。有人焉,古今成绩之得失,中西政治之优劣,全局在胸,了若观火,陈一义也,而天下莫之或摇,发一言也,而是非因之以定。彰善瘅恶,激浊扬清,心如鉴衡,目同秋水,夫安得而不政府监督!乃者以卑鄙龌龊之身,滥厕笔削清议之席,恩怨偏私,糊涂满纸,恫吓敲诈,拉杂成篇,人乐放僻邪侈也,而复助桀为虐,民信异端邪说也,而更推波助澜,鄙俚芜词,互相标榜,狎亵丑态自鸣得意,夫安得而不斯文败类!②

1904年3月2日、3日,《大公报》发表《论今日中国之三大怪相》一文,评官场、士林和报界三大社会领域的奇怪现象。关于"报馆之大怪相"有云:世人重视报纸,谓之为政府的监督,国民的向导,其责至大,其力最宏。欧洲文明国家的报馆被政府资为耳目,是国民开广见闻的依赖。政府从而保护之,绝不压制;国民从而宝贵之,绝不轻亵。故而欧洲国家上下情通,进化神速。国有爱民之政,民有爱国之心。人们说欧洲各国强盛起于报馆,并非过誉。自西风东渐以来,我国亦有报馆设立,但是议论朝政每为政府所忌,所以业报馆者不是洋人出名,就是设在租界,无敢公然创设于内地者。既犯政府所忌,亦为众人所轻,甚至斥报馆主笔为斯文败类,不特为官场所不喜,亦为士林所不齿。究其时,中国报纸的发达程度尚低,正当由萌芽而入幼稚之时。近年报馆蹱起,程度日高,领异标新,各有宗旨,现今南北所有报纸凡数十种,虽为数不多,但较之从前

---

① 《说新闻纸之职分》,《大公报》1903年9月17日。
② 《说报》,《大公报》1904年1月6日。

已大见进步。即或仍有一二驳杂不纯者出乎其间,然亦不过程度低浅,识力未充,尚不至于造大罪孽。初不料今日报界中忽然现出一种龌龊离奇之状,为从来见所未见、闻所未闻者。

本来为报馆主笔者,必深明国际关系利害,熟审天下事理是非,方不致颠倒黑白,惑人听闻。但今日有一种报馆主笔,聋其耳、瞽其目、盲其心,利害是非之不明,以致拉东扯西糊涂满纸。问其宗旨,则曰兴利除弊,而其见诸报纸之宗旨,则为诱嫖海淫,直等于所谓妖狐之献媚。名为秉春秋之笔,存三代之公,其实是忍心害理,败坏我国的良善声名。"揆其意不过择肥而噬,以造言污蔑者预为诈财之地,其毒恶有甚于俗所谓海怪之食人焉。若此种报馆之主笔,正合以斯文败类四字赠之,然犹嫌此四字之名称不足以满其量。吾无以名之,名之曰报馆之大怪相而已。"[①] 作者认为,业报馆者须明于利害,审乎是非,大声疾呼,隐相维系,不特可以转移风气,并且可以唤醒政府之睡梦,振刷国民之精神。报馆对此要时时警惕,明确自己的社会担当。作者将报馆的这种沉沦不良现象称为"怪相",足见其否定和批评之意。

英敛之主持之下的《大公报》见重于时,当时报刊大师梁启超曾高度推崇道:"天津之《大公报》,有特色,有新论,实可称日报进化之一级。"[②] 梁启超之评并非谬赞,也并非因为英敛之与他在意识形态方面接近而惺惺相惜,而是一种建立在将《大公报》与同时代其他报纸进行比较基础之上的专业主义论断。英敛之主持的《大公报》何以能够如此呢?原因可能不一而足,但应与英敛之的媒介批评意识有关。英敛之在创办《大公报》之前就与一些报刊有过投稿关系,对报刊现状有所观察,这在《大公报》创办之初刊登的告白、章程、报序等文中都有所体现。创办并主持《大公报》后,因从业的关系,他仍时常注意观察国内的报业现状,并形成一种职业习惯。1907年11月,他到北京后,随即在报上发表《北京视察识小录》一文,其中就有这样一节对北京报界的评述:"北京报界之享大名与社会程度适当其可者,要推《京话日报》为第一。自该报禁闭后,旋兴旋灭之报逾十数种,仆以无暇,多未经寓目。此等报演说、纪

---

① 《论今日中国之三大怪相》(续前稿),《大公报》1904年3月3日。
② 转引自王芸生、曹谷冰《英敛之时代的旧大公报》,中国人民政治协商会议全国委员会文史资料研究委员会编《文史资料选辑》第九辑,中华书局1960年版,第39页。

事概用白话，取其易于开通下等社会用意，本极可嘉，至主持报务之人，想皆热心国事，植品端方，识见远大，学问优长，予小子，何敢妄加评议！独是有一最可笑者，各报纸之篇幅、格式、次序，一皆模仿《京话日报》，不敢稍有更张。岂《京话日报》之格式尽善尽美、无以复加乎？抑震于该报之盛名，意在影射以图多销乎！"① 可见，随时注意观察报业现状，从中发现报业缺陷，以引起警惕和规避；捕捉报业革新趋势，以及时跟上时代发展的潮流。这是英敛之对媒介批评的贡献，也是媒介批评对英敛之报业实践的玉成。

第九节 革新报界的《时报》与媒介批评

创办于晚清宣布施行新政之后的上海《时报》，在中国新闻传播史上是一个颇为另类或传奇的媒介：该报本是康梁改良派于戊戌政变后在国内亲手创办的第一份大型日报，但该报在狄楚青主持之下，问世不久即与康梁渐行渐远，以致被梁启超目为"叛党之人""大损本党名誉"②。《时报》从问世至终刊，历时35年之久，一度"风行海内，声名之佳，远超各报之上"，③ 如1909年前后，《时报》的发行量在报业发达的上海曾经名列榜首，每日销数高达17000份，而以工商业界为主要读者对象的《新闻报》每天销数为15000份，资深的以市民为读者对象的《申报》每天销数更只有14000份，④《时报》的销量占当时上海报业市场的四分之一，但是后世新闻史叙述中，《时报》却备受冷落，甚至被完全忽略，⑤ 颇令人深思。造成这种状况的原因很多，既与该报在建国后没有及早影印出版，研究者资料掌握困难有关，也与主流新闻史研究范式导致的价值轻忽和视野盲区有关。报刊是大众传播时代话语言说和政治参与的主要工具，与一般志在引领社会舆论的媒体不同，《时报》主持者狄楚青曾言："吾之办此报非为革新舆论，乃欲革新代表舆论之报界耳。"⑥ 所谓革新代表舆论之报界，显然

---

① 英敛之：《北京视察识小录》（续昨稿），《大公报》1907年11月27日。
② 丁文江、赵丰田编撰：《梁启超年谱长编》，上海人民出版社1983年版，第432页。
③ 郭箴一：《上海报纸改革论》，新生命书局1931年版，第20页。
④ 余玉：《上海〈时报〉新闻业务变革研究》，人民出版社2017年版，第36页。
⑤ 余玉：《上海〈时报〉新闻业务变革研究》，人民出版社2017年版，第13页。
⑥ 戈公振：《中国报学史》，上海古籍出版社2003年版，第173页。

是对此前报界的一种否定性的媒介实践。换言之,《时报》的创办及其具体的运作,在一定意义上是媒介批评的某种实践方式。

一

上海《时报》曾经引领报坛风骚,依靠的是报纸业务的革新成就,即在报纸样式和新闻体裁与编制等方面大胆创新,而非来自报纸舆论对社会的影响,其多项报刊业务在当时都属创新之举。1906年即应狄楚青、陈景韩之邀到《时报》任职外埠新闻和副刊编辑的老报人包天笑后来回忆:"中国报纸的编辑上,有三件事,都是由时报创之:一是专电,二是特约通讯,三是副刊。"[①] 这三件事是《时报》业务方面的主要革新,除此之外,《时报》还有很多方面的革新之举,在当时都起到了引领报业变革的作用。需要指出的是,《时报》的这些报业变革之举既不是摸着石头过河、误打误撞所致,也不是步武前贤、效法他人以得,而是在明确的媒介理论指导之下有目的、有意识的主动性行为。这种主动性在《时报》创刊之初所发表的一系列具有媒介批评意义的新闻理论文本之中即有所表达。

在《时报》的筹备和创刊过程中,改良派报刊大师梁启超贡献卓著、厥功甚伟。1904年初,随着清廷对康梁等人言论出版方面戒备的松动,改良派便开始潜回国内,谋划和布局报刊宣传网络。梁启超主持完在香港召开的保皇会大会之后,由香港秘密来到上海,与先期已至的狄楚青和罗孝高等人筹划创办日报事宜。据康门弟子罗孝高述,因梁启超当时尚在被通缉中,"未便露头角,乃改姓名,匿居虹口日本旅馆'虎之家'三楼上。时罗孝高、狄楚青方奉南海先生命在上海筹办《时报》馆,任公实亦暗中主持,乃日夕集商,其命名曰《时报》及发刊词与体例,皆任公所撰定。旋即赴东。而《时报》初办时所登论说,亦多系任公从横滨寄稿来者"[②]。不仅《时报》的发刊词和发刊例由梁启超亲撰,而且初期很多论说尤其是关于报业理论的文章,多是梁启超的手笔或受其思想的影响,所以,"欲革新代表舆论之报界"应该不是狄楚青一人之念,因为梁启超确定和撰写的发刊词与发刊例也同样清晰地表达了这一层意思。

[①] 包天笑:《钏影楼回忆录》,香港大华出版社1971年版,第346页。
[②] 丁文江、赵丰田编撰:《梁启超年谱长编》,上海人民出版社1983年版,第337页。

在《时报》的发刊词中,梁启超详细地解释了报名所含的意义:"《时报》何为而作也?记曰:君子而时中。又曰:溥博渊泉而时出之。故道国齐民,莫贵于时。此岂惟中国之教为然耳;其在泰西,达尔文氏始发明物竞天择优胜劣败之公理,而斯宾塞以适者生存一语易之。不适焉者,或虽优而反为劣;适焉者,或虽劣而反为优。"① 也就是说,该报名典出《礼记》中的"君子而时中""溥博渊泉而时出之"之语,不仅撷取其中庸、中道之义,而且还寓意着适时而动、与时俱进的价值取向。作者认为,救国也需明确何者为适合当下中国之需:"今之中国,其高居于权要伏处山谷者,既不知天下大势,谓欲抱持数千年之旧治旧学,可以应今日之变,则亦既情见势绌,蹙然如不可终日矣。于是江湖恢奇少年蹞踽之士,其泰西各国之由何途而拨乱,操何业而致强也,相与歆之,奔走焉,号呼焉。曰吾其若是!夫彼之所以拨乱而致强者,谁曰不然,而独不知与吾辈之时代果有适焉否也。"② 只有与时切合,才能产生预期的言论效果。

梁启超归纳当时国内报刊言论界有三种类型之人,具体如下。第一种是"不及于时者蹉跎荏苒,日即腐败,而国遂不可救"。第二种是"过于时者,叫嚣狂掷,终无一成",甚至"缘是以生他种难局,而国亦遂不可救"。过犹不及,两者的亡国之咎相同。第三种是"明达沈毅之士,有志于执两用中,为国民谋秩序之进步者",但"于常识不足,于学理不明,于是势不审,故言之不能有故,持之不能成理。欲实行焉,而伥伥不知所适。纵奋发以兴举一二事,又以误其方略而致失败者,项相望也。则相与惩焉,不复敢齿及变革"③。这三类人的报刊言论,都有偏失之处。创办《时报》就是要救偏补失:"同人有怵于此,爰创此报,命之曰'时',于祖国国粹,固所尊重也,而不适于当世之务者,束阁之。于泰西文明,固所崇拜也,而不应于中国之程度者,缓置之。"④ 而于本国及世界所起之大问题,凡关于政治学术者,必竭同人谫识之所及,以公平之论,研究其是非利害,探究其匡救应付之方,以献替于有关当局,商榷于广大国民。至于新闻事实报道,世界舆论趋向,内地国情调查,政艺学理发明,言论思想介

---

① 《〈时报〉发刊词》,《时报》1904 年 6 月 12 日。
② 《〈时报〉发刊词》,《时报》1904 年 6 月 12 日。
③ 《〈时报〉发刊词》,《时报》1904 年 6 月 12 日。
④ 《〈时报〉发刊词》,《时报》1904 年 6 月 12 日。

绍，甚至茶余酒后资料，等等，凡是全球文明国家报馆所应该尽的义务都将在《时报》同人勉力而为的范围。这就是《时报》同人所说的报国之志。

二

梁启超手撰的《〈时报〉发刊例》一文，则更能体现出媒介批评的意味。所谓发刊例，就是报纸刊行的依据或规定，因此，人们也常将之解读为编辑业务方面具体的操作原则。从行文上来说，《〈时报〉发刊例》是对《〈时报〉发刊词》的配合与补充。发刊词只是向读者宣布了报纸的编办宗旨，发刊例则是对如何具体贯彻和落实编办宗旨的进一步阐释和补充交代，使抽象性的原则精神和价值取向分解与明晰为可操作、检验的具体条文规定。

在《〈时报〉发刊例》中，作者条分缕析地列举了25条规定。这些规定从内容类别上看，大体上可以分为论说、记事、内容和栏目设置、编排四大类。

第一条至第四条，是对论说所进行的规定或要求。本报论说，以公为主。不偏徇一党之意见，非好为模棱，实鉴乎挟党见以论国事，必将有辟于亲好辟于所贱恶，非惟自蔽，仰其言亦不足取重于社会，故勉避之；以要为主。凡所讨论，必一国一群之大问题，若辽豕白头之理想，邻猫产子之事实，概不置论，以严别裁；以周为主。凡每日所出事实，其关于一国一群之大问题，为国民所当厝意者，必次论之。或著之论说，或缀以批评，务献刍荛，以助达识；以适为主。虽有高尚之学理，恢奇之言论，苟其不适于中国今日社会之程度，则其言必无力而反以滋病，故同人相勖，必度可行者乃言之。作为一种论说性文体，中国古代论说文源远流长，论说即论证和说理，也就是弥纶群言，研精一理，意在通过论证道理而去说服别人。近代中文报刊诞生以后，论说就成了其中一种重要的版面元素。在19世纪60年代前后的香港中文报刊上，"华人撰写论政已逐渐成为寻常之事；对有些热点问题，他们还切磋琢磨，交换意见"[①]。到了70年代以后，随着王韬等人涉入报业，论说与报刊结合得到了进一步的发展，王韬即以知名报刊政论家而为时人所重。维新变法时期，政论报刊得到了更大

[①] 曾建雄：《中国新闻评论发展史（近代部分）》，广西师范大学出版社1996年版，第30页。

的发展，并由此形成了以后中国报刊文人论政的传统和特色。报刊政论与一般的论说文不同的是，它面对广大国民，以开启民智、引导舆论、拯救国家为职志，因此，报刊论说的写作就要站在国家、民族需要的角度，从更高、更广、更全面的层面上进行规划和立论。梁启超在此针对论说提出的公、要、周、适四个方面的要求，既是把国家和民族的需要灌入报刊的言论写作之中，提升报刊言论的高度和品质，又是针对当时部分报刊在言论方面所表现出来的某些偏私琐屑、不切实际的缺陷而进行的一种间接性批评。

第五条至第九条，主要是对记事所进行的规定和要求。本报记事，以博为主。故于北京、天津、金陵，均置特别访事；其余各省皆有坐访。又日本东京置特别访事二员，伦敦、纽约、旧金山、芝加哥、圣路易各一员，其余美、澳各埠皆托人代理。现当日俄战事之际，本馆特派一观战访事员随时通信。上海各西报，日本东京各日报及杂志，皆购备全份，精择翻译。欧美各大日报，亦订购十余家备译，务期材料丰富，使读者不出户而知天下；以速为主。各处访事员凡遇要事必以电达，务供阅者先睹为快；以确为主。凡风闻影响之事，概不登录。若有失实，必更正之；以直为主。凡事关大局者，必忠实报闻，无所隐讳；以正为主。凡是攻评他人阴私，或轻薄排挤，借端报复之事，概严屏绝，以全报馆之德义。新闻媒体以报道新闻为主业，所谓博、速、确、直、正，就是新闻要丰富、迅速、准确、刚直、公正。这里不仅有着对新闻本体性的把握，而且有着对新闻社会性的体认，也是对某些报纸在新闻报道中表现出的少、慢、虚、曲、斜等问题而进行的反拨。

第十条至第二十条，是对《时报》内容和栏目设置的具体规定。批评、附印小说两种、报界舆论、外论撷华、新著介绍、词林、插画、商情报告、口碑丛述、谈瀛零拾、京钞及官私专件等，可谓琳琅满目，丰富多彩。

第二十一条至第二十五条，是对编排方面的设计。编排务求秩序。如论说、谕旨、电报和紧要新闻等，皆有一定位置，使读者开卷即见，不劳探索。记载本国新闻以地别之，外国新闻以国别之；务求显醒，一号和二号、三号、四号、五号、六号字模及各种圈点符号，俱行置备。最要紧之事用大字，次者中字，寻常新闻用小字。用大字是为了醒目；用小字是为丰富。论说批评的着眼点，新闻的标题，皆加圈点以为识别，以省读者目力；遇有紧要新闻和特别电报，发印传单以期敏速；每日两大张，价格格外从廉；除了广聘通人留馆坐办，还特约数十位寄稿主笔，俱属海内外有名之士，议论文章务足发扬祖国的光荣。每一条都针对某一问题，规定具体内容，以便于编创人员掌握操作。

由上可见，《时报》发刊例是梁启超研究了国内外报馆通例，既萃取众家之长，又规避其失以后才设计出的报纸编办业务运行条规。发刊例既具有极强的建设性，又散发着浓郁的批判性。其建设性通过批判性得到有效地实现，而批判性则巧妙地体现和服务于建设性的价值目标之中。而无论是发刊例所具有的批判性还是建设性，无可否认，都建立在梁启超超迈同侪的丰富报刊编辑经验和敢为天下先的批判精神的基础之上。在6月13日《时报》第2号上登出的《某公复本馆总撰述论报事书》来稿，对该发刊例作出如下高度评价："《时报》总撰述惠鉴：承赐书及贵报叙例，庄诵一过，起舞数四。此等报纸之出现，实我国思想界言论界事实界一进步之征证也。犹辱下问，商略条例，以贵报发刊辞之布告二十余则，为能一一实行，则虽置诸文明国报界中，亦庶几矣。"[①] 言语之间或有一些客气恭维的成分，但证诸该发刊例的具体内容，亦非虚誉。

三

1904年10月11—13日，《时报》"论说"栏以连载的方式发表了《论日报与社会之关系》一文，全文长达3000余字，显然是该报主笔精心撰写、专门推出的一篇新闻专业理论文章，该文围绕着"日报与社会关系"的主题，从"日报与社会之互相为用""日报与社会之要端""我国今日之社会与日报"等三个方面进行论述，发表后不久，1904年第11期《东方杂志》"教育"栏即予全文转载，说明该文对问题的论述具有相当的深度，产生了一定的社会影响。论说作者指出，社会就是国民今日的活动及其现象。日报就是对国民今日活动及其现象的记录。日报之于国民犹如形之于影，声之于响，不可以一日去。去之虽无大伤，而有大害。二者也不可以一日不相称，不相称的话，就产生不了社会具体效用，事情与活动就无法举办。何以如此之说呢？笔者认为有以下几点。

第一，日报与社会互相为用。首先，社会与日报互相影响，互相制

[①]《某公复本馆总撰述论报事书》，《时报》1904年6月13日。

约。日报所记之事皆社会之事,日报从社会而来。日报所涉之人皆生息于社会之人,日报又从社会而去。上海日报涉上海最多,次而江浙,次而长江各埠,次而其外各地,次而国外,并非因其路近,而是社会关系近。中国日报不能行于日本,日本之日报不能行于欧美,并非因文字不同,而是社会之关系不同。所以非此社会不能成此日报,非此日报不能投此社会。其次,社会与日报互为因果。有此社会的人与事,才有日报相关的记事和议论。有此日报相关的记事和议论,又相应引起其他社会人与事。传播者虽一,读者则千万。日日闻见,无不动心者,其识见就能潜移默化而不自知。最后,社会与日报有互补之功。言论家弊在过高,实干家则又弊在过低。社会是实干家,日报是言论家。日报虽为言论家,但日报言论不能脱离社会。譬如,今日议论丧失国权、促削国土,人尽谓然。若责备政府不能灭英伐德、征美讨日,则人咸笑其妄。"一进一退,互相抵制,以底于平。"[1] 言论家与实干家有相近之益,无相反之害,互补互助而致国民真正进步。

第二,社会与日报之要端。社会因为人类而存在。社会之要端有区域、时代、知能三个方面。有社会之区域,而后得有社会。英之于法,欧之于美,各有风俗,各有生活,虽有相似而不相合。时代也是如此,唐虞非三代,三代非秦汉,秦汉非晋唐,晋唐非宋明。区域与社会相合后社会现象乃见。"然社会之现象,亦非仅由其区域、其时代能自成之,必有其区域、其时代之人之知能以为之也。"[2] 社会由人组成。社会的区域、时代、知能三个要端,结点在人的知能。社会有如上三要端,与社会有互相关系的日报不能舍此独驰,与社会相称为日报与社会关系的第一要端。仅与社会相称,日报之天职尚不完全。社会曰是,日报曰是;社会曰非,日报曰非。这样的日报不过是社会之赘疣,无益于社会,社会亦无需于日报,日报与社会其实没有产生关系。日报第二个要端在得社会信用。得社会信用之道在领先社会而不脱离社会。何谓领先社会?社会未知,报纸报告使之知;社会未行,报纸劝导使之行;社会未虑及,报纸为之虑及。何谓不脱离社会?报纸所报所劝所虑者,皆社会能知能行能虑者且又他日社会所必知必行必虑者。由前之说,日报欲取社会信用不可不确实;由后之

---

[1] 《论日报与社会之关系》,《时报》1904年10月11日。
[2] 《论日报与社会之关系》(续昨日),《时报》1904年10月12日。

说，日报欲取社会信用不可不迅速。日报之要端是：与社会相称、得社会信用、确实和迅速。

第三，我国今日社会与日报。国土日削，很多中外地位界分不清之处，例如租界、势力范围、藩属、矿路、教民、中立地（今后之满洲）等，不唯二国，且涉及三国以上。故我方一举动效果及于世界各国。各国一举动效果亦多及于我国。故区域之说既越常度，新旧既相冰炭，又多不新不旧忽新忽旧之徒为之变化。忽而立宪，忽而中央集权。忽而开党锢，忽而禁新书，停捐开捐，裁兵征兵，废制造厂，设制造厂，毫无伦次。用人无一定标准，一官之中各员新旧相越以千百年计。今日事在甲手则学欧美，明日事至乙手则效唐虞。其人之受教育又无次序，一人之身，各事新旧，相去又以千百里计。为甲事曾闻甲说，则取急激，为乙事曾闻乙说，则主温和。苟论时代，亦出恒轨，更何况人民的知识能力与此地位、时代也极不相称。无一人不当知现今全世界之形势，而我社会不自知其国名人种者大半；无一人不当研求学问以应世用，而我社会不能自书姓名年岁者大半。列强觊觎我土因之有富源，而我民有之几如石田，毫不珍惜。西有欧美、东有日本可供效法，远有印度、波兰，近有安南、高丽、西藏可以为戒。内有数百兆土著，外有数百万殖民。我国有之，如无一人，几不见一事，然则区域、时代、知能之三说，其于我社会固有不可以常理论者。

我国社会、日报皆不可以常理论，社会与日报不相容。"社会栖息腐败，而日报乃攻击腐败者；社会厌恶活动，而日报主张活动者，是日报实有害于社会。"① 日报记录者皆为世事，而社会皆不问世事之人；日报使用文字传播，社会多不知文字之人，所以社会无益于日报。日报之要端为确实、迅速，社会举一事必百变而方定。今日确而明日尚未；此说实而彼说尚未。欲求确实，难俟百世而不可得。至于迅速，更奚待论。不确实之迅速，其效果与不迅速无异。所以今天日报欲与社会相称而得社会信用，其难无异于南辕北辙。那么报纸的读者该怎么办？首先应该知道社会的本相；其次应该知道日报所言非日报自言，都是社会的反映；最后应该知道日报所说的既非先知预言，也非圣经贤传，可以作为我们了解世事的参考资料，而并非就是世事的本身。今天办日报者又应该怎么办？应该秉持着

---

① 《论日报与社会之关系》（续昨日），《时报》1904年10月13日。

有闻必录、知过必改、知无不言、言无不尽的原则。如能做到这样，则社会与日报就能逐渐接近，双方关系也就不断增多了。

四

后人提及《时报》，每每赞其在中国评论方面的贡献，尤其是在"时评"方面的创造性功绩。胡适先生后来曾回忆说："《时报》的短评，在当时是一种创体，做的人也聚精会神的大胆说话，故能引起许多人的注意，故能在读者脑筋里发生有力的影响。"[①] 胡适先生十多年后还记得在《时报》创办的第一年里社会上发生几件大案：一件是周有生案，另一件是大闹会审公堂案。《时报》对这几件事都有很明决的主张，每日不但有"冷"的批评，有时还有几个人的签名短评，同时登出。这种短评后来虽成了日报常套，但在当时却是一种文体的革新。用简短的词句，用冷隽明利的口吻，几乎逐句分段，使读者一目了然，不消费什么工夫去断句分段，寻找思索。《时报》之所以能作出如此大的贡献，是与报纸编创人员对新闻评论性质和功能的深刻而独特的认识密切相关。

如果说《〈时报〉发刊例》第一条至第四条对论说提出的公、要、周、适的要求还只是一种原则上的规定，还有一种抽象之感，那么，第十条就是对新闻批评的专门性规定了："本报特置批评一门，凡每日出现之事实，以简短隽利之笔评论之。使读者虽无暇遍读新闻，已可略知梗概，且增事实之趣味，助读者之常识。"[②] 已经切入对新闻评论的性质、形式和功能的独到认识与把握了，特别是有意识地将论说与新闻评论进行了区分，使新闻评论获得一种体裁上的自足，为其独立的发展开辟了空间和方向。而在1904年10月13日发表的《论日报与社会之关系》一文之后的《附录读本报问答》中，以答读者问的形式，更详尽地阐明了该报主持者对批评与论说不同特点和功用的认识：

> 所谓论说者，论实事少，说原理多；论近事少，说远事多，何也？则对之曰：此即所谓对乎社党而为之者也。各国之人，皆入学

[①] 胡适：《十七年的回顾》，《时报》1921年10月10日。
[②] 《〈时报〉发刊例》，《时报》1904年6月12日。

校，皆有普通之知识，故普通之说，不必见之于论说，而读者无不知故，其论说只须就事论事而已可。若我中国则不然，现事之变迁，固不可忘，本源之建设，亦不可忽。故论说者，举国家之大问题，源源本本而演绎之，所谓晨钟暮鼓，朝夕警醒我国民者也。批评者，举当时之紧要问题，抉其要窍，明其得失，所谓耳提面命，随事以提撕我国民者也。故批评者，论说之变也；论说者，批评之常也。故批评简而明，论说长而详；批评指其事之是否，论说究其事之源委；批评不常有，论说常有。此犹戚继光之用兵，长短以相卫也。于记事亦然。电报犹批评，通信犹论说。①

理论是实践的先导。从《时报》主笔的这段答读者问中可以得知，他已自觉地把新闻短评作为一种不同于一般论说的言论品种悉心经营，而且对于这一言论品种的特点和写作规律也有相当独到而精深的认识。正是有了以上较为明确的理论指导，再加上主持笔政者的勤勉实践和探索，所以该报的新闻评论甫一问世，就技高一筹，不同凡响。

在《时报》诸多的报纸业务革新之举措中，新闻标题也是其一大用功之处。在《附录读本报问答》中，该报主持者也谈到了对标题的理解和操作观念：

或问纪事贵简要，而《时报》之标题视他报为独长何也？则对之曰：此正所谓求简要之道也。夫阅报有二义，其一欲详阅者，其一欲急阅者。详阅者不嫌其多，急阅者不嫌其少。然一报之上，不能兼多少而二之，故其道唯有借助于题目。题目能提明其事之全体，则事多之人，阅其题目，而已知其事之与己有关涉与否，而得任意以取舍之，是亦犹乎批评之与论说，电报之与通信，长短相济者也。且本报之为人计，阅报之时刻，亦至矣。既有明白之题目，复有分类以为之界，有二号五号字，以为之区别，有各种符号以为之醒眉目。故言本报之详尽，视他报为独多，其趣味虽尽一日而未已。言本馆之简约，则仅费三分钟时，而紧要之事已无遗漏，此乃本馆为阅者代筹区区之苦心美意，而敢为阅者告也。至其内容之记事议论，则方日求进步以

---

① 《附录读本报问答》，《时报》1904年10月13日。

厌阅者之望，不敢自满。①

新闻标题是在新闻正文内容前面，对新闻内容加以概括或评价的简短文字，其版面作用是划分、组织、揭示、评价新闻的内容，起到吸引读者阅读的功用。20世纪初叶，由于日报发展的初步性，人们对报纸版面和新闻标题功能缺乏认识，很多新闻没有标题，或题文混沌一处，给人眉目不清之感。《时报》编者当时对新闻标题能够有如此认识，充分说明是在观察和分析了已有报纸标题的缺陷以后，从便利读者阅读的角度去进行思考而获得的一种认识成果，标志着我国报纸编辑已经开始由自为的实践摸索走向自觉的理论建设。

1905年的中国报坛风涛阵阵，跌宕起伏。主持《时报》笔政的陈冷，即敏锐地撰文予以概括和评述道："我中国之有日报，不自今日始矣。然而自今日以前，我中国之所谓日报不能如今日之整顿者，何也？去年之日报，无异前年；前年之日报，无异前前年。然而今日则不然，试观今日沪上所出各报，其有一与去年相同者乎？《中外日报》则改样式矣，所谓整顿矣。《新闻报》则改样式矣，所谓整顿矣。即如三十年来一成不变之《申报》，亦复改样式矣，所谓整顿矣。虽其改样式，所谓整顿者，其固视前，有胜与否，则天下之人自有明眼，我亦不愿以一人之见，漫为评论。然而无论其胜否何若，为其跃跃思动之机，实天下所共见。"② 其实，1905年的中国报坛不独上海一地风起云涌，而是爆发了一场席卷南北的报纸改革运动。如8月21日天津《大公报》即向读者宣布"本报体例亦由今日改良"，8月26日，该报又刊登了《本报大改良广告》。显然，远在北方的《大公报》是感受到了这场报坛改革浪潮，从而进行自我革新，以跟上时代前进的步伐。新闻业务是中国近现代媒体发展过程中最易接受西方传播经验的部分。这在《时报》上体现得最为明显，而《时报》也是一直引领上海新闻业务改革潮流，并通过上海媒体界影响全国，对当时国内新闻业务的改革影响深远。而《时报》新闻业务改革中所包含的媒介批评因素，即通过对当时报刊缺陷的发现和克服，成为其改革能够超越政治环境限制而大获成功的重要原因之一。

---

① 《附录读本报问答》，《时报》1904年10月13日。
② 冷：《论日报界之大活动——万物以竞争而进步》，《时报》1905年2月5日。

第十节　革命派与保皇派之间的媒介批评

1840年鸦片战争以后，随着民族资本主义的发展，资产阶级逐渐崭露头角，走上了中国的政治舞台。19世纪末期，一批从地主阶级阵营中分化出来的资产阶级改良派领导了以挽救国家危亡和发展资本主义为目的的变法运动，改良变法在当时是进步的社会运动，但由于改良派对广大底层群众抱着害怕甚至是敌视的态度，把改革的希望寄托在一个有名无实的皇帝身上，因此，改良运动在封建顽固势力的反击下很快就失败了。义和团运动以后，资产阶级革命派开始起来担当领导中国革命的责任，成为中国政治舞台上最为活跃的角色。1894年11月24日，孙中山在檀香山创建了第一个资产阶级革命的团体兴中会，着手进行以推翻清廷统治、建立合众政府为目标的武装斗争，1895年的广州起义、1900年的惠州起义虽然先后失败了，但比较鲜明地表现出了革命派政治路线的特点。中国资产阶级开始分裂为革命派和保皇派两个制度设计理念有很大不同的政治派别。如章太炎在戊戌变法失败不久就与改良派决裂，反思和清算自己过去"与尊清者游"[①]的错误。在东京留学生中间，革命意识增长更是迅速，原来一些追随康、梁的人也转变思想，开始鼓吹反清革命。随着国内政治形势的转换，改良派和革命派为了扩大各自阵营和影响而不断进行论争。1901年以后，在政治和思想领域形成了改良派与革命派两军显著对垒的局面。报刊是两派开展论争进行思想交锋的主要工具，在论争的过程中，党派意气和成见也渗入有关媒介的叙事之中，社会公器的报刊专业性质自然会受到挤压，使媒介批评染上了浓郁的政治斗争色彩。

一

戊戌政变以后，清廷的高压使革命派与保皇派的主要活动阵地均被迫移至海外，双方的政治歧异很快在报刊传播领域显露出来。1900年4月，在孙中山的支持下，革命派特地在保皇派势力较大的日本横滨出版了《开智录》，以驳斥《清议报》的相关政治见解，宣传革命思想，争取被保皇

[①] 转引自章开沅《辛亥革命前夜的一场大论战》，人民出版社1975年版，第11页。

派蒙蔽和拉拢的广大群众。康有为、梁启超流亡海外后，创办众多报刊继续宣传其改良主张，沦为阻碍社会前进力量的保皇派。1903年前后，帝国主义列强对中国的侵略日益加剧，俄国霸我东北，法国占我西南，英国侵我西藏，帝国主义的侵略暴行激起了中国人民的极大义愤，在东京的中国留学生积极投入"拒俄""拒法"等反帝爱国斗争中，革命小团体纷纷成立，革命派报刊《湖北学生界》《浙江潮》《江苏》等如雨后春笋一般相继出版，国内上海的《苏报》也于1903年5月刊登宣传革命的文章，成为江浙一带革命派的舆论阵地。1901年到1904年，革命派同保皇派初步交锋，"逐步区别了两派的政治分野，两个营垒、两条路线之间的对立，日益明显地展现在人们眼前"①。随着双方论战的逐步深入，国内外众多报刊卷入其中，报刊在论战中的社会角色日益凸显并受到人们的关注，成为双方论战过程中一个重要的话语言说对象。

梁启超是保皇派在论战中的主将，他创办的《新民丛报》半月刊也是保皇派在论战中社会影响最大的报刊。从1902年2月8日，《新民丛报》创刊于日本横滨，至1907年11月20日停刊，前后历时近6年，因1904年后经常不能按期出版，故实际只刊行96期。开办时向保皇会借来几千元作为经费，一年后改为股份经营，名义上编辑兼发行人是冯紫珊，实际主编人为梁启超，康有为、麦孟华、徐勤、韩文举、汤浚、欧榘甲、马君武、黄与之等人都曾为之撰稿。每期篇幅120页，32开本，白报纸西式装订，封面常用套色印刷，极具现代型杂志气息。创刊号《本报告白》云："中国报馆之兴久矣，虽然求一完全无缺具报章之资格足与东西各报相颉颃者，殆无闻焉，非剿说陈言，则翻译外论，其记事繁简失宜，其编辑混杂无序，殆幼稚时代势固有不得不然者耶。本社同人有慨于是，不揣梼昧，创为此册。其果能有助于中国之进步与否，虽不敢自信，要亦中国报界中前此所未有矣。"② 正是基于对中国报界现状的分析，他才对所创报刊有了充分自信。报名取《大学》"新民"之义，以为欲维新国家，当先维新国民。中国之所以不振，是由于国民公德缺乏，智慧不开，故对此病症进行治疗的药方，就是采合中西道德以为德育方针，广罗政学理论以为智育本原。该报以教育为主脑，以政治为附从，

---

① 章开沅：《辛亥革命前夜的一场大论战》，人民出版社1975年版，第10页。
② 《本报告白》，《新民丛报》1902年第1期。

着重培养人们的国家观念。"本报为吾国前途起见，一以国民公利公益为目的，持论务极公平，不偏于一党派，不为灌夫骂坐之语，以败坏中国者，咎非专在一人也；不为危险激烈之言，以导中国进步当以渐也。"① 初创第一年设有图画、论说、学说、时局、政治、史传、地理、教育、宗教、学术、农工商、兵事、财政、法律、国闻短评、名家谈丛、舆论一斑、杂俎、问答、小说、文苑、绍介新著、中国近事、海外汇报、余录共25种栏目。一年后，栏目虽有所调整，但每期经常保持在10—15个栏目。发刊后迅即风行海内外，销路之盛远远超过国内其他报刊，清廷严禁，也不能遏。

中国第一次办报高潮即是由改良派人士掀起，很多保皇派人拥有着比较丰富的报刊业务经验，对报刊事业常常因职业偏好而生出一种整体维护之心。媒介批评是梁启超投入改良运动以来一直比较重视的报刊活动，他常常利用各种机会对报刊现状进行分析和评述，褒扬其长处和成绩，指出其不足和缺陷，以此作为推动报刊进步，进而促进国家和民族进步的一个可靠而有力的抓手。《新民丛报》创刊号的《本报告白》中所谓"持论务极公平""不偏于一党派""不为灌夫骂坐之语""不为危险激烈之言"等语，固然可以理解为是一种政治态度的宣示，但更应该理解为是对一种媒介专业态度的提倡。《新民丛报》既然把"绍介新著"作为一个栏目进行设置，自然会对新出报刊进行品评，而很多新出报刊即是革命派阵营所属报刊。维新改良时期与康梁同道而后决裂的汪康年，在戊戌变法失败后虽然于感情上同康梁仍有隔膜，但政治上仍是同道之人。1903年5月12日，汪康年在《中外日报》上发表文章攻击革命派道：

> 激发语言以震远近，且不惜增窜译书以佐其说，而所谓实心实事者无有也；收召乌合以助声势，甚且不惜擅填姓名以张其军，而所谓同心同德者无有也；增饰事实以资煽惑，甚且不惮捏造闻见以怂一时，而所谓实事实力者无有也。是以识微知著之君子，观于既往，则知其徒足以哄动一时，而不足以要其成；足以煽惑一时之人心，而不能实有所联结。夫果其义而无成犹可言也；吾所深惜者，则惧夫后生英俊为所迷惑沉溺，而相引以入无用之徒（途），而目前莫大之祸患，

---

① 《本报告白》，《新民丛报》1902年第1期。

且共舍而莫之顾也。①

汪康年对革命派的攻击，虽是基于政治观点的不同而论，但言语之间有所控制，仍有对报刊传播方式的业务性因素考虑。而当时的《苏报》则发表《读〈中外日报〉》一文对汪康年进行反驳道："或曰彼主笔者，素与康梁为缘者也，戊戌政变，幸以《时务报》之争而免于拘连，常以此自庆；及庚子汉口之变，又拘连矣，以官力得脱；今者又闻有上海道电告南洋大臣之举，恐又以第二次之集议被拘连也，故亟为此论以自解于官场也。"② 革命派对汪康年的批评明显多是揣测之词。

二

且看《新民丛报》1903年第26期"批评门"栏所刊发的《丛报之进步》一文，该文首先从总体上肯定报刊的新现象："数月来差强人意之一现象，则丛报之发达是也。"③ 然后以时间为序，缕述《新民丛报》创刊以来，以同一体例、格式发行的丛报已近十家。"半年之间，彬彬踵起，故勿论其良楛如何，而学界之活动气，可征一斑。"④ 其欣喜宽慰之意溢于言表。然后对其中的一些期刊的特点和优劣进行了逐个点评：

> 诸报中除《江苏》一报尚未出版外，自余数种，语其程度，则《译书汇编》为最，《浙江潮》次之，两湖之报次之，《新世界学报》、《大陆报》又次之，《译书汇编》本庚子下半年所创办，其时东京之学风最良，初出数期，所译书皆名哲鸿著，于精神上独具特色，尔后稍腐败者数阅月，自去年第九期以后，全体改良，其宣告之言，谓自翻译时代进入独立研究时代，观续出三期，颇能不愧其言。盖此编为留学生全体名誉所关，故同人乐效其力以维持之，而任纂撰者率皆留学稍久之人，于学颇有根柢，故能崭然显头角也。《浙江潮》第一期大

---

① 《存诚篇》，《中外日报》1903年5月12日。
② 《读〈中外日报〉》，《苏报》1903年5月18日。
③ 《丛报之进步》，《新民丛报》1903年第26期。
④ 《丛报之进步》，《新民丛报》1903年第26期。

端精善，文章亦佳，若循此以往而皆如是，其有益于新学界当不少也。《游学译编》专译东书东报无自撰者，然其所译，颇有特色，盖往往合数文融汇贯通而译之，其别择之识，纂辑之勤，有足多者。我国人今日学问程度尚在低点，与其勉为空衍之言，诚不如取材异域之为得也。《湖北学生界》门类极多，文藻亦有佳者，然比《译书汇编》，则觉其空论多而心得少矣。《新世界学报》颇有能文之人，然大段亦涉空衍，且多外行语，为方家所笑者。《大陆报》无甚外行语，优于《新世界学报》，而其文更不逮之，敷衍篇幅者居全册之半，无甚精彩，其目录遍登各日报广告中，然往往一目录之下，其正文不及两三行者，虽铺张扬厉，其价值自为识者所共见也。《江苏》之报今虽未出，然此邦好学能文之士甚多，当必有可观。吾祝其更有进于以上诸种也。①

平心而论，梁启超对新出期刊在大体肯定的前提下，又本着期刊内容是否充实、文章是否优美、内容是否实在，作为批评的根据，其评价颇能实事求是，要言不烦，具有一种严谨的学理精神。梁启超在上述评价中对《大陆报》的评价不高，认为该报出刊之前在报上广登广告，铺张扬厉，但刊物出版以后则有些言过其实。批评总会有所褒贬，这是媒介批评应有的本质和精神，面对批评，理论上报刊编者应该秉持有则改之无则加勉的态度，反躬自问加以检讨，但实际上很多被批评者在情感上往往不予服气，起而对批评者反唇相讥，使正常的媒介批评羼厕入党派意气甚至个人利害之争。被梁启超批评的《大陆报》就是如此。该报1902年12月创刊于上海。第1、2卷为月刊，从第3卷起改为半月刊，约1906年1月出至第34期停刊。此刊封面及书脊均题《大陆》，版权页及目录页则题《大陆报》，是一个丛刊性期刊。该刊编辑兼发行者是曾在东京主办《国民报》的戢元丞、秦力山、杨廷栋等，栏目有论说、学术、谭丛、史传、记事、小说等，其立论激烈程度较《国民报》为差。② 该报在受到《新民丛报》的批评之后，不是加以自我检讨，而是立即于《大陆报》1903年第6期发表了《〈新民丛

---

① 《丛报之进步》，《新民丛报》1903年第26期。
② 参见张枬、王忍之编《辛亥革命前十年间时论选集》第一卷下册《书刊介绍》，生活·读书·新知三联书店1963年版，第967页。

报〉批评之批评》一文，对梁氏批评进行反驳，其文章开头云：

> 鄙人与该报主笔相接近者数年，较之昔日不出户庭，仰弥高钻弥深而萦绕于脑筋中之梁任公，至今日乃知其真为狗彘之不若，言与人之不相类也有若是哉。昔之梁任公，为个人的国家主义。今之梁任公，为个人的经济主义，且以个人的经济主义而托之于国家主义之中，其智则弥巧，而其心亦大不可问。由是昔日所谓教育家政治家之梁任公，一变而为个人的经济家之梁任公。而梁任公仍不出于政治界与教育界。呜呼，怪矣，拙者不文，然欲为梁任公一写其真相，久有志而未逮，遂置之攘鸡之例。顷者忧亚子持近出之《新民丛报》来，索鄙人指摘其批评之不得当，以昭布于阅者。其各条之中，并无所谓组织，拉杂写此，不过欲与梁任公一斗其滑稽之口，非敢曰批评也，阅者谅之。①

对批评的反驳是媒介批评的一种常态，但无论是批评还是反批评，都应秉持一种理性的态度，摆事实讲道理。《大陆报》的这种反批评，近于一种恶劣的人身攻击，降低了媒介批评应有的学术品质，实不足取。《〈新民丛报〉批评之批评》下面接着批驳梁启超："尽天下之人，惟我可以作恶，人作之则为过，我作之则为功，此人性中之通例也，不足深怪。而不意今世所自称为豪杰者，亦复如此。顷阅第二十五号《新民丛报》，其《学界时评》中，有所谓《翻译世界》者，意谓该报徒摭拾名词以自炫，言固不可不慎也。呜呼！任公其欺谁耶？呜呼！任公，而忘昔日《时务》《知新》等报中，所谓脑筋、血轮、吸力、爱力、热力、涨力等最丑最陋之奇字，出于谁之手笔耶？呜呼！任公试观《新民丛报》中，近日尝见之'人格'二字，其与法律中名词之原义不相背否耶？抑足下所新用之新名词，皆可以自信否耶？"② 人非圣贤，孰能无过？《大陆报》抓住《新民丛报》在译文中使用了一些生造词语（有些词语还不见得就是不准确），而给予冷嘲热讽，恰恰暴露了自己学识浅陋和思维偏执。这样的批评就完全失去了媒介批评的本旨，而流于诡辩和无理纠缠了。

---

① 《〈新民丛报〉批评之批评》，《大陆报》1903 年第 6 期。
② 《〈新民丛报〉批评之批评》，《大陆报》1903 年第 6 期。

1905年《新民丛报》第16—19号连载了钱基博的一篇《中国舆地大势论》长文。该文提出所谓"长江流域民族处置大河流域民族"的两种方法，这种谬论有挑拨南北方人民感情之嫌，于右任读后，"始而惊，继而怒，终亦不知夫涕之何从也"①。他一气之下，生平第一次写了长达5000余字的政论文，寄给了《新民丛报》，对钱基博的"处置"谬论，痛加驳斥。梁启超等人收到之后，很快就作出了反应，除删去信中一二过激之语外，基本上全文刊登了，还在该信前以"本社识"的方式公开表示道歉道："本社顷奉此书，于本报十八号论文中失检处有所匡正，本社不敢辞责，敬谨登录，并以本社之意为钱君谢于君。我国今日御侮之不暇，诚不能于本国中再分畛界。于君所言字字敬佩，且其论吾国人现在相呴以沫之实情，尤足令全体同胞惕然猛醒，惟在钱君亦不过偶尔失言，非好为挑拨同族之恶感情，而本社未及与钱君商榷，率尔纪载，其咎实本社任之。今从原书中一二过激之语删去，免缘此更生第二之恶感情，当亦于君所许也。"② 真可谓知错能改，善莫大焉！如果我们把《〈新民丛报〉批评之批评》一文与梁启超《丛报之进步》和《本社识》置放一处，两者所表现出来的媒介批评学术气息和品质，立即形成了鲜明对照，优劣高下，不言自明。

三

1905年11月，中国同盟会机关报《民报》在东京创刊。该报的创刊标志着中国近代新闻事业进入了一个新阶段。在这个阶段中，资产阶级革命派成为报刊活动的主角，报刊的党派色彩更加浓厚。《民报》一成立，就集中火力对清王朝的封建专制发起了凌厉攻击，对改良派的各种观点进行猛烈批驳，革命派与保皇派的论争也由此而趋于高潮。革命派与保皇派之间的论争其实早在1901年8月即已经正式开始，当时秦力山等人在东京创办的《国民报》首先发表了章太炎的《正仇满论》，尖锐地批判梁启超："梁子所悲痛者，革命耳；所悲痛于革命，而思以建立宪法易之者，为其圣明之主耳。"③ 1903年6月，章太炎在《苏报》发表《康有为与觉罗君

---

① 《于君右任寄本社书》，《新民丛报》第三年第21号，1905年5月18日。
② 《本社识》，《新民丛报》第三年第21号，1905年5月18日。
③ 《正仇满论》，《国民报》1901年第1卷第4期。

之关系》，黄世仲在《中国日报》发表《驳康有为政见书》，对康有为所散布的"满汉不分，君民公治"等观点进行驳斥。1904年1月，孙中山在《檀山新报》发表《敬告同乡书》和《驳保皇报》两文，对保皇派散布的"保皇即革命"的谬论加以痛斥，拆穿其挖革命派阵营墙脚的企图。这以后，双方展开了全面大论战，当时投入这场论争的国内外报刊有几十种之多，其时间之长、波及范围之广，为中国近代史上少见。在双方的论争中，亦有不少文章围绕对方的传播业务而立论，具有一定的媒介批评意义。

1907年1月20日，杨度在日本东京创办了《中国新报》月刊。杨度自任总编，撰写者有熊范舆、谷钟秀等。该报主张实行君主立宪，要求清政府召开国会，成立责任政府，曾经刊载《金铁主义说》《中国今日最宜之政体论》《论军事与宪政之关系》等，是改良派的重要言论机关。该报在政治上与《新民丛报》属于同路人，因此，该报一创刊，梁启超很快就在《新民丛报》第4年第16号"批评"栏发表了《新出现之两杂志》一文予以推介，不仅全文转录了杨度撰写的《〈中国新报〉序》，誉之为"一种纯粹之政论报"，是新出杂志中的"最有价值者"，并具体批评道："此报之宗旨，全在唤醒国民，使各负政治上之责任。自进以改造政府，成完全发达强有力之立宪国家，以外竞于世界。"① 因为与该报是政治上的同道者，所以难免惺惺相惜，但梁启超在对其褒扬欣赏之下，在一些具体问题上与之保持着一种学理上的切磋和讨论。

同时期革命派阵营的《复报》也曾对《中国新报》开展过媒介批评。《复报》1905年5月8日创刊于上海，柳亚子、田桐主编。该月刊采取在上海编辑，邮寄日本东京印刷，再回上海发行的方式。创刊号题名"复报"，第3期将刊名"复报"如印章一样反印，隐寓反正光复之意。该刊设有社说、政法、传记、批评、演坛、小说等栏目，以发表政论为主，文学作品约占全刊三分之一篇幅，与《民报》遥相呼应，一时有《民报》"小卫星"之称。该刊曾发表《民权主义！民族主义！》一文，鼓吹革命排满，抨击清政府的立宪欺骗，疾呼推翻满清专制政府："诸君！诸君！请看现在的中国，还是民权主义的中国么？还是民族主义的中国么？既然不是民权主义，就应该扩张民权；既然不是民族主义，就应该辨清民族。须晓得中国是中国人公共的中国，不是独夫民贼的中国，更不是蛮夷戎狄的

---

① 《新出现之两杂志》，《新民丛报》第4年第16号。

中国。诸君诸君！认定宗旨，整刷精神，除暴君，驱异族，破坏逆胡专制的政府，建设皇汉共和国的国家，那就是诸君的责任了。民权主义万岁！民族主义万岁！中国万岁！"① 该刊第10期，发表署名奇零人的《中国新报》一文，从"政治论"的角度对其进行批评如下。

近日报界所为政治论，可分二派。甲派谓中国之政治，中国之人民自任之，不能望诸满洲政府，且非扑灭满洲政府，则中国之政治，中国之人民终不得而自任之。故其政治论以扑灭政府为第一义，《民报》《复报》《洞庭波》《汉帜》等属于此派。乙派则谓满州政府即是中国政府，所以只需要求立宪、劝告开明专制即可，《新民丛报》属于此派。甲派属望于中国人民，乙派属望于满洲政府；甲派以扑灭政府为手段，乙派以要求政府劝告政府为手段。"甲派光明如日月，乙派黑暗如地狱；甲派正直如神明，乙派卑缩如狐鼠，此有目者之所共见也。乃近者于二者之外，别有一派出焉，是为《中国新报》之政治论。"② 作者随后比较分析了《中国新报》与甲、乙两派在"政治论"方面的异同之处，着重指出《中国新报》与《新民丛报》看似相异，实则暗通款曲："传有之，畏首畏尾，身其余几，《中国新报》之谓也。夫《中国新报》之政治论，其视《新民丛报》有进，不待言也。虽然，其察中国政治腐败之原因，不求其本，其语救济之手段，不用其力，是与《新民丛报》，为百步与五十步之比例而已。"③ 然后从论辩逻辑角度指出其缺陷和矛盾之所在："凡持论而畏首畏尾者，必不能贯彻本末，彼报以此之故，其政纲乃不得不大相矛盾。既曰：'以就现有之君主，立宪为宜'；又曰：'促政府之倒'。夫即曰倒政府，则何以云就现有之君主，是二者何以并容乎？如曰所谓政府，非指君主，则今日满洲，固尚无责任大臣之制，为政府之元首，非君主而何也？如曰倒政府，可以'左右叱咤之声中'而得之，废'现有之君主'必以兵力乎？则小儿之见，不足语于辩论之列矣。"④ 逻辑自洽性是对论证的一般要求，当

---

① 弃疾（柳亚子）：《民权主义！民族主义！》，张枬、王忍之编：《辛亥革命前十年间时论选集》第二卷下册，生活·读书·新知三联书店1963年版，第814—815页。
② 奇零人：《中国新报》，张枬、王忍之编：《辛亥革命前十年间时论选集》第二卷下册，生活·读书·新知三联书店1963年版，第815页。
③ 奇零人：《中国新报》，张枬、王忍之编：《辛亥革命前十年间时论选集》第二卷下册，生活·读书·新知三联书店1963年版，第816页。
④ 奇零人：《中国新报》，张枬、王忍之编：《辛亥革命前十年间时论选集》第二卷下册，生活·读书·新知三联书店1963年版，第817—818页。

论证文章通过报刊发表，逻辑自洽性又可归属于媒介修辞范畴。《复报》从论证逻辑自相矛盾处入手对《中国新报》进行批评，显得有理有据，论理缜密，令人心折。

政党政治是民主国家的常态。在民主国家中，国家通过政党行使国家政权。各国政党为了实现其政治纲领和主张，势必要展开政治活动尤其是政治论争，以扩大自己的力量和社会影响，因此，有政党也就会有用以宣传党义的党报。梁启超早在20世纪初叶就已认识到这一问题："有一人之报，有一党之报，有一国之报，有世界之报。以一人或一公司之利益为目的者，一人之报也；以一党之利益为目的者，一党之报也；以国民之利益为目的者，一国之报也；以全世界人类之利益为目的者，世界之报也。"① 政党论争必然会反映到所属的报纸论争之中，这是政党社会报纸的常见现象，本不足为奇。只是报纸论争要遵循论辩的一般原则，就事论事，不可捏造事实，造谣诽谤，更不可进行人身攻击。真理愈辩愈明，良性论争有利于优化报刊生态环境，促进报刊的进步，反之则会恶化报刊生态环境，最终阻碍报刊的正常发展。晚清革命派与改良派之间所进行的媒介批评中，固然有不少论点鲜明、说理透彻的佳作，但其间确有很多谩骂式、人身攻击的劣章。如革命派报纸《中兴日报》与保皇派报纸《南洋总汇报》论战时，《中兴日报》曾发文称《南洋总汇报》是"鼓吹奴隶主义戕贼革命主义的反对党之《总汇报》"②，其《清官之欺人与总汇报之卑劣》一文攻击《南洋总汇报》道："《总汇报》，奴隶报也，反乎人道之报也，巴结清廷而欲达其丑目的之报也，不欲我同胞享平等自由幸福之报也，安于专制政体下之贱骨头之报也，害革命主义而仇我南洋全体同胞之报也。"③ 所言与实际情况距离远甚，令人不忍卒读。有人指出道："革命党指政府为集权，詈立宪为卖国，而人士之怀疑不决者，不敢党与立宪。遂至革命党者，公然为事实上之进行。立宪党者，不过为名义上之鼓吹，气为所慑，

---

① 任公（梁启超）：《本馆第一百册祝辞并论报馆之责任及本馆之经历》，《清议报》1901年12月31日第100册。
② 恨海（田桐）：《清领事承认河口之败》，《中兴日报》1908年5月11日，转引自彭剑《清季宪政大辩论——〈中兴日报〉与〈南洋总汇新报〉论战研究》，华中师范大学出版社2011年版，第21页。
③ 恨海（田桐）：《清官之欺人与总汇报之卑劣》，《中兴日报》1908年5月11日，转引自彭剑《清季宪政大辩论——〈中兴日报〉与〈南洋总汇新报〉论战研究》，华中师范大学出版社2011年版，第21页。

而口为所钳。即明知今日中国之时势，宜于立宪，而不宜于革命，亦姑模棱于两可之间，而不欲以锋芒自见。此亦极意虑之不自由，轻天下而羞当世之士矣!"① 这种忧虑确是先见之明。在任何社会中，恐吓和辱骂都决不是战斗！谩骂和人身攻击只不过是言论霸凌，与媒介批评的本质远甚，更会对言论自由造成莫大的侵蚀与损害！

小 结

　　清末立宪思潮的兴起、发展、高涨的过程，是中国人进一步学习西方、考察和传播其社会学说的过程，也是中国人向西方寻求救国救民真理的过程，其对晚清时局产生的冲击具有着多方面的意义。第一，立宪派通过创办报刊、集会演说、组织立宪团体和政党、发动国会请愿运动等形式，广造社会舆论，不仅给当政者施加了巨大压力，迫使他们不得不进行宪政改革，而且使资产阶级的宪政思想得到了比较广泛的传播，提高了民众政治参与意识，促进了民众思想的觉醒。第二，激发了人民的爱国热情。立宪派在宣传立宪主张之时，总是首先指出民族危机的严重性和紧迫性，号召人民团结起来，促使清廷尽快实行君主立宪改革，以达到富国强兵、抵御外侮的目的。第三，它在客观上加速了辛亥革命在全国的胜利。在立宪思潮盛行期间，立宪派一方面大力宣传西方资产阶级以自由民主为重要内容的政治学说，另一方面猛烈鞭挞封建专制的黑暗和腐朽，从而大大解放了人民的思想，使广大人民特别是知识分子和市民阶层看到清廷已不可救药，不可能指望它在中国建立资本主义的民主政治，而且统治阶级内部已矛盾重重，其统治基础已大大削弱。这就为辛亥革命的酝酿和爆发打下了思想基础与群众基础，加速了革命形势的成熟。第四，推动了中国政治制度的近代化。"在朝野立宪派的宣传和陈请下，清廷半自愿半被迫地确立了预备立宪的基本国策，在全国范围内仿行宪政，这就标志着清廷承认了封建专制制度已不合时宜，准备加以改革，逐步向资产阶级的君主立宪制过渡。"② 清末

---

① 与之：《论中国现在之党派及将来之政党》，张枬、王忍之编：《辛亥革命前十年间时论选集》第二卷下册，生活·读书·新知三联书店1963年版，第608页。
② 张晋藩：《序》，卞修全：《立宪思潮与清末法制改革》，中国社会科学出版社2003年版，第3页。

第三章 清末宪政时期的媒介批评

政治制度发生了十分明显的变化，中国政治制度近代化向前迈进了一大步。尽管清廷启动的新政并没有真正挽救其没落的命运，但它在政治上，安排了一块由不满清朝政府而走向革命的思想跳板，在观念上，安排了由接受初步启蒙洗礼而走向更开阔更解放的思想境界的媒介，中国也因之而被导向一个新的环境。在新闻传播领域，尽管政府和社会的专制积习仍然普遍存在，但由清廷宣布施行新政而带来的某些言论环境方面的宽松，为适用宪政社会要求而颁布的报律对报界的保护和对行政权力干涉报界的约束，既成为报刊获得发展的新动力，也使得中国的媒介批评随着时间年轮的更替和报刊环境的转变而进入了一个脱旧入新的时代。

宪政框架内的报刊对于政府权力而言首先是独立，进而对权力进行监督，它以民权政治为基础，不再依赖居于上位的皇权。宪政的追求和努力使得中国知识分子得以彻底改变与权力的传统关系，独立地站在权力的对立面向权力发言。梁启超于1902年在《敬告我同业诸君》一文中首次提出了报馆"对于政府而为其监督者"的观点，并就此解释道：

> 所谓监督政府者何也？世非太平，人性固不能尽善。凡庶务之所以克举，群治所以日进，大率皆藉夫对待者旁观者之监督。然后人人之义务乃稍完。监督之道不一，约而论之，则法律上之监督，宗教上之监督，名誉上之监督是也。……名誉监督者，不能如前两者之使人服从，使人信仰，使人畏惮。然隐然示人曰：尔必当如此，尔必不可如彼，苟不尔者，则尔将不见容于社会，而于尔之乐利有所损，此其监督之实权，亦有不让于彼两途者。此种监督权谁操之？曰：舆论操之。舆论无形，而发挥之代表之者，莫若报馆，虽谓报馆为人道之总监督可也。政府者，受公众之委托，而办理最高团体（今世政学家谓国家为人类最高之团体）之事业者也，非授以全权，则事固不可得举。然权力既如此重且大，苟复无所以限制之，则虽有圣智，其不免于滥用其权，情之常也。[①]

权力导致腐败，绝对的权力绝对导致腐败。政府权力受到人民的监督，

[①] 中国之新民（梁启超）：《敬告我同业诸君》，《新民丛报》第1年第17号，1902年10月2日。

这是宪政制度的基本精义。宪政制度也是政党政治，中国现代意义上的政党诞生于维新运动时期，清末宣布推行新政之际，也是中国现代政党萌生之时。1905年8月20日，中国同盟会在东京召开成立大会，大会通过孙中山先生起草的《同盟会宣言》和《同盟会对外宣言》以及黄兴起草的会章。大会讨论通过的章程规定：以东京为会本部所在地，总理以下分别设执行、评议和司法3部；在国内外分设9个支部，并在各省区成立分会。会上推举孙中山为总理，黄兴为执行部庶务长，协助总理主持本部工作。一般认为同盟会是中国第一个具有全国性组织结构的统一的资产阶级革命政党。同盟会成立大会又通过了以《二十世纪之支那》杂志作为同盟会机关报的决议，该刊后改名为《民报》出版。此后资产阶级革命派的宣传进入了一个崭新的阶段，掀起了与保皇派论战的高潮。辩论各方都尽力想说服受众，使之认同自己的观点和主义，跟着自己走，支持自己的政治行动。因此，各方论辩固然可能不是为了探讨学理，而更是为了影响受众，但要想说服受众，就不能不讲究宣传的艺术和策略。这种宣传艺术和策略中就包含了媒介批评的因素。如1904年3月7日，在香港的革命派报纸《中国日报》就特地发表评论《特别忠告香港〈商报〉》，就该报所刊日轮沙打凡号"载满煤炭于十四日由贝加尔湖开行，须绕道好望角乃至日本"的错谬报道，进行嘲讽道："查贝加尔湖在蒙古之北，俄属一西伯利亚地方，与海不通，且南北之壤，万无能航出好望角之理。"[①] 评论标题中的"忠告"二字与评论的嘲讽语气构成了一种意义表达上的张力，将媒介批评融于论争之中，表现出一种政党时期媒介批评所常有的悍厉色彩。革命派报刊由于辛亥革命的胜利，从而在后世的报刊史叙事中具有了一定的政治正当性，不过总体而言，清末新政时期的媒介批评，论战各方在观点的表达上都存在着很明显的粗糙性和不全面性，这也是资产阶级报刊普遍难以克服的一个痼疾。

[①] 转引自方汉奇主编《中国新闻事业编年史》（上），福建人民出版社2000年版，第287页。

第四章　辛亥革命时期的媒介批评

辛亥革命是近代中国比较完全意义上的民族民主革命。它推翻了清王朝的统治，结束了中国两千多年的君主专制制度，建立了中华民国，传播了民主共和理念，在政治和思想上给中国人民带来了巨大的解放，有力地推动了中国社会的变革。在人类的历史上，每一次制度变革都往往伴随着舆论斗争，都要宣传新制度的优越，批判旧制度的弊端，从而为新制度的建立打下思想和心理的基础。"凡是要推翻一个政权，总要先造舆论，总要先做意识形态方面的工作，革命的阶级是这样，反革命的阶级也是这样。"① 近代报刊是思想文化和意识形态的重要传播工具，是舆论的引导者和风向标。舆论导向的正确与否，将直接影响革命事业的成败与发展。因此，20世纪初叶，随着国内外形势的发展，中国社会进入了日益复杂而动荡的革命酝酿和孕育时期，社会各阶级、阶层、政团都十分重视舆论的宣传，对于报刊或自行组创，或操纵控驭，或收买利用，无不拥有各自的喉舌以供发声。报刊领域的政治和思想论争此起彼伏，扰攘不休。辛亥革命的成功，报纸的鼓吹宣传与有功焉。梁启超曾就此评价道："去秋武汉起义，不数月而国体丕变，成功之速，殆为中外古今所未有。……问其何以能如是？则报馆鼓吹之功最高，此天下公言也。"② 1904年，《警钟日报》就曾发表过论说，提出报纸按"阶级"分营垒的观点，认为有一种社会阶层，就有其代表之报。"社会有若干之阶级，报之阶级随之矣。其阶级相近者，时而同途，时而异趣。淄渑之辨，或非知味者不能。至于阶级悬殊，理想迥别，则随举一事，皆有其互相冲突之点。特其注意不同，遂成

---

① 《毛泽东在中共八届十中全会上的讲话》，《红旗》1967年第9期。
② 梁启超：《鄙人对于言论界之过去及将来》，《庸言》1912年第1卷第1期。

尹邢相避之态，而得免于冲突。及有一大问题出，为各种社会之所注意，则必占各报之主要部分，而论旨之冲突，于是烈矣，是谓报战。报战者，异性社会相战之代表也。"① 从社会阶级根源的角度对媒介论战作出一种政治社会学分析，既高屋建瓴，又入木三分，颇能代表着辛亥革命时期媒介批评发展的逻辑脉络和基本底色。

第一节 孙中山的媒介批评

孙中山（1866—1925），名文，字载之，号日新，又号逸仙，后从事反清革命活动被迫流亡日本时曾化名中山樵，广东省香山县（今中山市）人。孙中山先生是中国民主革命的伟大先行者，中国近代民族民主主义革命的开拓者，中华民国和中国国民党的缔造者。孙中山出生于一个贫困农民家庭，后来其兄孙眉远赴夏威夷茂宜岛垦荒、经营牧场和商店，家境渐臻富裕。1875 年，孙中山入村塾读书，接受传统教育。当时，村中流落有一位太平天国的老兵，时常暗地里向周围孩童们讲述太平军反清故事，孙中山对洪秀全及其反清事业渐生崇拜和向往。1878 年，孙中山在已经成为资本家的孙眉资助下，先后在檀香山和香港接受西式教育。1886 年秋，他赴广州英美传道会博济医院附设的南华医学堂学习医学，次年返香港入西医书院（后并入香港大学）继续深造，1892 年以优异成绩毕业。嗣后，他到澳门行医，因无葡萄牙文凭而备受刁难，遂返回广州。1885 年，中国在中法战争中失败，孙中山由此初步产生倾覆清廷、创建民国的远大志向。1894 年甲午战争前夕，孙中山上书李鸿章，建议清廷仿照西方资本主义制度，兴办学校，培养人才，设立农业管理机构，发展农业生产，开矿修路，开办近代工业，实行保护工商业政策等一系列改革建议，李鸿章对此没有回应。孙中山从此对改良救国不再抱有任何幻想，开始走上了资产阶级革命的救国道路。1894 年 11 月，孙中山赴檀香山，纠合同志组织兴中会，以"驱除鞑虏、恢复中华、创立合众政府"为目标，密谋起义，虽多次不果，但矢志不渝，此后经过 17 年的艰苦斗争，终于在 1911 年推翻了满清封建专制统治，成为中华民国的第一位总统。在孙中山的革命生涯中，特别是在辛亥革命期间，报刊活动是其中重要的一部分，他不仅创办

---

① 《论报战》，《警钟日报》1904 年 3 月 16 日。

第四章 辛亥革命时期的媒介批评

了多种报刊，还"领导了三次报刊论战，形成了独特的报刊批评思想"，[1]对推动中国新闻传播事业和促进媒介批评活动的发展作出了应有的贡献。

一

19世纪80年代孙中山在香港攻读医学时，香港的中文近代报刊已经颇为发达，《中外新报》《香港华字日报》《循环日报》等都已行之有年，耳濡目染，接触和阅读报刊对关心国瘼民生、以救国救民为己任的孙中山来说自是情理之中。1891年，他就曾向美国传教士林乐知主编的《中西教会报》投递过《教友少年会纪事》一稿，文末特意拈出他撰写和投递此稿的目的是"望各省少年教友亦有仿而行之"，[2] 说明此时他对报纸的宣传功能已经有所体认。他1894年在《上李鸿章书》中，提出富强国家四项措施为"人能尽其才，地能尽其利，物能尽其用，货能尽其流"，在论及人才培养时，提出了"随地随人而施教"的建议和方针，具体路径则是"逮至学成名立之余，出而用世，则又有学会以资其博，学报以进其益，萃全国学者之能，日稽考于古人之所已知，推求乎今人之所不逮，翻陈出新，开世人无限之灵机，阐天地无穷之奥理"。[3] 这时他对报刊功能的认识，基本上还未脱离维新改良派的理路，仍将报刊作为增广见闻、辅助学业的工具。这也决定了他在兴中会成立后，很长一段时间内只集中精力于秘密武装斗争，而相对忽略了报刊宣传工作，以至兴中会初期所用宣传品仅有《扬州十日记》、《嘉定屠城记》及选录《明夷待访录》内《原君》《原臣》等单行本数种。而同时在海外活动的保皇会，拥有横滨《清议报》、澳门《知新报》、神户《亚东报》、新加坡《天南新报》、檀香山《新中国报》等众多报刊，"革命党对之，实属相形见绌"[4]，使革命派在与保皇派争夺群众的活动中处于极为不利的地位。

1895年兴中会组织的广州起义失败后，满清政府重赏通缉孙中山等革命党人。1896年10月1日，他辗转到达伦敦，前去拜会在香港西医书院

---

[1] 刘建明等：《中国媒介批评史》，福建人民出版社2011年版，第59页。
[2] 转引自陈建明《孙中山早期的一篇佚文——〈教友少年会纪事〉》，《近代史研究》1987年第3期。
[3] 孙中山：《孙中山选集》（上），人民出版社2011年版，第2—3页。
[4] 冯自由：《革命逸史》（上），新星出版社2009年版，第21页。

读书时的老师康德黎，受到主人的热情款待，并被安排到康德黎寓所附近的葛兰旅馆居住。当时清廷驻英公使已秘密接到"不惜一切代价捉拿孙中山"之令。因中国驻英公使馆门前没有单位牌名也没有国旗，孙中山虽然多次经过但未予注意。10月11日上午，孙中山由葛兰旅馆去康德黎住处，经过使馆途中突被使馆人员左右强行挟持迫入使馆，遭到囚禁，后设法将信息传出告知康德黎。康氏将此消息告知英国报纸，10月22日，英国《环球报》以"惊人消息"为题，首先披露了孙中山被绑架事件，接着伦敦各报均以特大标题相继报道。许多伦敦市民到使馆外抗议，清驻英使馆被迫同意释放孙中山。10月23日，孙中山走出使馆，恢复自由。此一亲身经历，进一步加深了孙中山对新闻媒体信息传播和舆论引导功能的认识。1897年，孙中山在伦敦发表《伦敦蒙难记》一文，详细地披露了这一事件的来龙去脉，其中较详细地述及《泰晤士报》《中央新闻》《环球报》《每日邮报》等英国报纸关于其被拘一事的相关报道和评论，文中有如下一节专门记载："十月二十二号，柯尔携煤篓入，微示意于予。待其既出，就篓中检得一纸，则剪自《地球报》者。其载予被逮情形，颇称详尽，即观其标题已足骇人心目，如曰《可惊可愕之新闻》，曰《革命家之被诱于伦敦》，曰《公使馆之拘囚》。予急读一过，知英国报界既出干涉，则予之生命当可无害。"[①]孙中山获释之后，"即投函各报馆，以谢英政府及英报纸相援之情"[②]。应该说，伦敦蒙难一事，使孙中山深切体会到了新闻媒体所具有的巨大威力，为他以后创办报刊宣传活动提供了必要的思想基础。

在屡次秘密起义迭遭失败的情况下，孙中山开始觉悟到创设宣传机关之必要，故兴中会正式成立后，他就明确把"设报馆以开风气"载入章程之中，但限于客观条件，办报几乎一时未能付诸实施，直到1899年秋天，孙中山始派陈少白赴香港筹办兴中会机关报，并为之筹措钱款、购买机器设备。1900年1月25日，资产阶级革命派第一份机关报《中国日报》在香港创刊，陈少白任社长兼总编辑。该报起初因为不明英人对华报刊政策态度如何，因此暂时未敢公然高唱革命排满之说，"半载后措辞始渐激烈，乃惹起中外人士之注意"[③]。《中国日报》早期宣传内容集中在如下几个方

[①] 孙中山：《孙中山选集》（上），人民出版社2011年版，第46页。
[②] 孙中山：《孙中山选集》（上），人民出版社2011年版，第59页。
[③] 冯自由：《革命逸史》（上），新星出版社2009年版，第59页。

面：一是声讨满清政府的腐败无能和卖国罪行；二是揭露帝国主义列强的侵华活动，谴责八国联军荼毒京津的罪恶行径；三是抨击清政府的封建专制统治，宣传资产阶级民权民主思想；四是报道各地革命党人和留日学生活动，扩张革命声势。该报后期开始与保皇派进行论战，以反击保皇派对革命的诬蔑。1902年革命党人第二次广州起义失败，广州保皇派报纸《岭海报》趁机诋毁革命排满为大逆不道，《中国日报》坚决驳斥，双方笔战逾月。此为《中国日报》与保皇派报纸的第一次笔战。1904年徐勤等奉康有为之命在香港办《商报》，提倡扶满保皇，《中国日报》针锋相对，"乃向之痛下攻击"，[①] 与之进行激烈论战。《中国日报》还连续发表文章对《新民丛报》和康梁予以批判，称康有为是"斯文之败类"，梁启超为"志趣薄弱、顺风使舵"的小人，以致梁启超特地在《新民丛报》第3年第5号上刊登告白，陈告该报"除攻击康梁外殆无论说，除诬捏康梁外殆无记事，除笑骂康梁外殆无杂文"。[②] 这也从反面证明了《中国日报》当时对康梁攻击的火力之猛烈，已经触及其痛处，严重影响到了保皇派的社会形象。

二

戊戌政变之后，康有为、梁启超逋逃海外，孙中山曾寻求两派合作，特别是与梁启超有过多次往还，并向其提供过很多实质性的帮助。梁启超甚至一度提出推孙中山为会长、梁启超为副会长的合作建议，但梁启超后来在乃师康有为的压力之下，立场摇摆，双方合作之事没有多少进展。1899年12月，梁启超赴檀香山之前，请孙中山写信，介绍檀香山的朋友给他认识。孙中山不疑有他，欣然致信自己的哥哥和多位侨商，请他们支持梁启超。檀香山华侨接信后，对梁启超十分礼遇，并且捐出巨款。不料当时梁启超为了在海外谋取保皇会的立足点，并扩大地盘，遂抛出保皇与革命同出一途的说法，去欺骗华侨，结果很多兴中会会员被迷惑，纷纷弃兴中会而入保皇会。于是，梁启超在檀香山创立了保皇党机关报《新中国

---

① 冯自由：《革命逸史》（上），新星出版社2009年版，第60页。
② 梁启超：《忠告香港〈中国日报〉及其日本访事员》，《新民丛报》第三年第五号，1904年9月26日。

报》，宣扬保皇思想。1903年9月，孙中山到檀香山，《新中国报》得知以后，不仅刊文诋毁革命党，同时还涉及孙中山个人的名誉。于是孙中山在《檀香新报》上发表《敬告同乡书》，与保皇派论战。孙中山明确指出：革命和保皇，理不相容，势不两立；革命志在倒满兴汉，保皇志在扶满臣清，两者完全背道而驰。

1904年1月，孙中山又在《檀山新报》上发表《驳保皇报书》一文，对保皇派发表在保皇派《新中国报》上的《敬告保皇会同志书》一文的主要观点进行逐条批驳。孙中山在文中披露，《敬告保皇会同志书》一文是出于该报主笔陈仪侃之手，而托他人之名，欲间接反驳孙中山的文章。"书中所载，语无伦次，义相矛盾，可知作者于论理学（Logic）一无所知，于政治学（Political Science）更懵然罔觉。所言事实，多有不符；所引西事，牵强附会。本不欲推求详辨，然其似是而非之理最易惑人，故逐条驳之，以塞毒焰而辟谬论。"① 孙中山在此紧紧抓住《敬告保皇会同志书》观点论证和表述中的相关逻辑纰缪与矛盾之处，对其进行逐条有力的驳斥，虽然意在驳斥其观点，但以剖析其逻辑表达为切入口，因此，可以认为这是孙中山此时期一篇具有媒介批评意义的重要文章。

孙中山首先机智地抓住对方论说中的矛盾之处，要求对方回答其口中所说"爱国"的对象到底是"大清国"还是"中华国"？因为若所爱之国为大清国，则不当有"今则驱除异族谓之光复"一语自出其口。若所爱之国为中华国，则不当以保皇为爱国之政策，因为保皇的直接后果是"保异种奴中华"，② 因此其实质必然不是爱国而是害国。

针对保皇报文中"中国之瓜分在于旦夕，外人窥伺，乘间即发。各国指认之地，照会政府不得让与别人"之语，孙中山指出，导致国家被瓜分的真正原因在政府不振作、人民不奋发。若政府振作，强横如俄罗斯、残暴如土耳其，外人仍不敢侧目。若人民振作，则微小如巴拿马、激烈如苏威亚，列强也会予以承认。因为国家之间交往唯有势力强权，并不会讲道德仁义。现在清廷"要害之地尽失，发祥之地已亡，浸而日削百里，月失数城"，因此满清政府已经失去了生命的活力。目前国家尚有一线生机可望者，只有人民发奋之一途。如果人心日醒，发奋为雄，一致起来打倒这

---

① 孙中山：《孙中山全集》第1卷，中华书局1981年版，第233页。
② 孙中山：《孙中山全集》第1卷，中华书局1981年版，第233页。

个残腐将死的满清政府,则列国方欲敬我而不暇,哪里还有什么窥伺瓜分的事情呢?现在要救国,就必须先驱除客帝,复我政权,才能免去其今日签一约割山东、明日押一款卖两广的结局。满清政府不特签约押款、割我卖我,而且充当外人镇压国人平靖地方的刽子手,然后再送给外人,所以欲避免瓜分,只有先打倒满洲政府,此外别无其他挽救方法。瓜分之说,乃彼书生之见,畏葸存心,不识时势,不达事体,动辄唯恐逢人之怒,不知道我愈畏缩,则彼愈窥伺,我能发奋,则彼反敬畏。孙中山对瓜分之说的论述虽不完全准确周到,但也自成一说,具有一定的说服力。

保皇报说"革命之结果,为民主政体也",又说"有建设者谓之有意识之破坏,无建设者谓之无意识之破坏,彼等是否建设,吾不敢知"。孙中山指出:革命是破坏,民主政体就是建设。既然革命之前定为民主政体,难道这不是有意识的吗?"该主笔以一手之笔,一时之言,其矛盾有如是,斯亦奇矣!"保皇报曾说中国人无自由民主之性质,孙中山遂引用中国乡族自治如自行断讼、自行保卫、自行教育、自行修理道路等事力斥其谬,说明中国乡族自治虽不及西政之美,然可证中国人禀有民权的性质;中国人民向来不受政府之干涉,来往自如,出入不问,婚姻生死,不报于官,户口门牌,鲜注于册,甚至于两邻械斗,亦能为所欲为,证明中国人有自由的性质。保皇派曾经反驳说这不过是一种野蛮的自由,而不是文明的自由。孙中山指出,天生自然是谓性,纯朴不文谓之质;既然承认有野蛮的自由,那么从根本上说就是有了自由的性质,怎么可以说是没有自由的性质?性质与"事体"不同,发现于外谓之事体,禀赋于内谓之性质。从外在的"事体"角度看,中国民权自由在发展的程度上虽然不如西方国家"有条不紊,界限轶(秩)然,然何得谓之无自由民权之性质乎?惟中国今日富于此野蛮之自由,则他日容易变为文明之自由"①。如果没有这种性质,那么从何处而变?言下之意是,既然承认变,那么就要从根本上承认中国人具有自由的性质。从名实关系和语词修辞的角度推论国人具有自由的本质,具有很强的逻辑力量。

陈仪侃的文章中存在很多知识硬伤,如"蒙满东三省诸地在俄人势力范围"云云,孙中山抓住陈文中的该知识错误予以讽刺道:"蒙者蒙古也,满者满洲也,岂于蒙满之外更有一东三省乎?该主笔自称深通于五洲大

---

① 孙中山:《孙中山全集》第1卷,中华书局1981年版,第236页。

势，何以于彼大清国之形势，尚有此言也？可知其平日荒唐谬妄，强不知以为知，夜郎自大，目上无人，真不值识者一哂。"① 将对方鄙陋无闻的面目彻底予以揭穿后，再乘胜追击："仆非文士，本不欲与八股书生争一日之长，兴笔墨之战；但以彼无根之学，以讹传讹，惑世诬民，遗害非浅，故不得已而驳斥之。倘彼具有天良，当知惭愧，早自悔悟，毋再现其丑也。又其人存心刻忍，观其所论《苏报》之案，落井下石，大有幸灾乐祸之心，毫无拯溺扶危之念，与保皇会友日前打电话求救之意，亦大相反背。其手段之酷，心地之毒，门户之见，胸度之狭，于此可见一斑。今特揭而出之，以质诸世之公论者。"② 将保皇报主笔的媒介行为推上道德的祭坛进行批判，使自己站在了道德制高点上，从而能够极大地争取广大读者的理解和认同。

三

1905年8月20日中国同盟会的成立，将资产阶级革命派的报刊宣传活动推向了一个崭新的阶段，大会议决将原留日学生联合会主办的《二十世纪之支那》改名《民报》作为同盟会机关报另行出版。1905年11月26日，《民报》正式出刊发行。《民报》早期集中了当时资产阶级革命派最精锐的办报力量，编撰队伍包括胡汉民、章太炎、陈天华、朱执信、廖仲恺、宋教仁、刘师培、汪精卫、黄侃、陈去病、冯自由、柳亚子、周作人、田桐、陶成章等68人，都是辛亥革命时期报界的一时之选。《民报》出刊前12期，是它最有朝气、战斗力最强、影响最大的时期。在此期间，孙中山化名中山樵住在距报社不远的地方，报社主编和其他负责人常去与他商量有关撰述事宜，有些重要文章由他确定题目，口述大意，然后再组织专人撰写。出自孙中山手笔的《〈民报〉发刊词》一文，不仅明确揭橥了三民主义的内涵及意义，为此后与保皇派的论战制定了总纲和方向，而且在文章之初，就对其时杂志界的现状进行了政治社会学式的批评，并进而阐释报刊与舆论之间的重要关系。

孙中山评述杂志现状："近时杂志之作者亦夥矣。姱词以为美，嚣听

---

① 孙中山：《孙中山全集》第1卷，中华书局1981年版，第237—238页。
② 孙中山：《孙中山全集》第1卷，中华书局1981年版，第238页。

而无所终，摘埴索涂不获，则反复其词而自惑。求其斟时弊以立言，如古人所谓对症发药者，已不可见，而况夫孤怀宏识，远瞩将来者乎？"① 孙中山批评道，杂志数量虽然很多，但弥漫着一种不正常或者说是不好的文风，即很多杂志上充斥着浮夸不实、耸人听闻的言辞，而且人们还以此作为一种美学追求。报刊是传达信息和意见的载体与工具，信息和观点表述应真确无误，才能让读者顺利接受。只追求文辞优美而忽略或损害了对意义的表达，其实是以辞害意，仿佛如盲人以杖点地探索道路一般，是一种盲目的行为，无法获得真实的方向感，只能是语言的同义反复，自我迷惑罢了。要求这种报刊能够针对时弊进行考虑和选择取舍，然后对症下药，立言发论，这种一般的正当要求报刊已经不能达到，哪里还能要求它有什么高屋建瓴、指导未来的宏伟卓识呢？

孙中山之所以如此批评报刊，是因为他对报刊寄予了"合群"的组织功能。一个完善的群体需要媒体进行沟通和维护，"夫缮群之道，与群俱进，而择别取舍，惟其最宜。此群之历史既与彼群殊，则所以掖而进之之阶级，不无后先进止之别。由之不贰，此所以为舆论之母也"②。群体的凝聚、建构与完善，都需要舆论的引导，报刊是最适宜的工具。社会由一个个不同的社会群体组成，群体与群体之间的历史有不同，群体需要互相扶持帮助才能向更高更完善的阶梯发展，社会群体之间因此才有先进与落后、前进与停滞的区别。报刊作为社会舆论之母，是社会群体得以不断发展的必由路径和有力工具。这是作为资产阶级革命领导者的孙中山重视报刊社会组织功能的原因。他特别指出报刊这种"缮群"功能在当下格外具有现实的迫切性：

今者中国以千年专制之毒而不解，异种残之，外邦逼之，民族主义、民权主义，殆不可以须臾缓。而民生主义，欧美所虑积重难返者，中国独受病未深，而去之易。是故或于人为既往之陈迹，或于我为方来之大患，要为缮吾群所有事，则不可不并时而弛张之。嗟夫！所陋卑者其所视不远，游五都之市，见美服而求之，忘其身之未称也，又但以当前者为至美。近时志士舌敝唇枯，惟企强中国以比欧

---

① 孙中山：《孙中山选集》（上），人民出版社2011年版，第79页。
② 孙中山：《孙中山选集》（上），人民出版社2011年版，第79页。

美。然而欧美强矣,其民实困。观大同盟罢工与无政府党、社会党之日炽,社会革命其将不远。吾国纵能媲迹于欧美,犹不能免于第二次之革命,而况追逐于人已然之末轨者之终无成耶!夫欧美社会之祸,伏之数十年,及今而后发见之,又不能使之遽去。吾国治民生主义者,发达最先,睹其祸害于未萌,诚可举政治革命、社会革命毕其功于一役。还视欧美,彼且瞠乎后也。①

孙中山认为报刊发言立论不能不切实际,好高骛远,而要根据中国的实际情况和现实需要去决定提倡什么,批判什么。"所陟卑者其所视不远,游五都之市,见美服而求之,忘其身之未称也,又但以当前者为至美。近时志士舌敝唇枯,惟企强中国以比欧美。"这确实是20世纪初叶中国一些报刊在鼓吹欧美社会制度时具有的毛病,不是根据中国的实际情况去进行一番去粗取精、去伪存真的辨别取舍,而是囫囵吞枣一般不加选择地一味输入,结果势必头晕目眩,无所适从。这不仅要求报刊工作者具有较高的理论修养,还要求他们在错综复杂的国际形势下具有拨云见日一般的思维和心理战略定力:

翳我祖国,以最大之民族,聪明强力,超绝等伦,而沈梦不起,万事堕坏;幸为风潮所激,醒其渴睡,旦夕之间,奋发振强,励精不已,则半事倍功,良非夸嫚。惟夫一群之中,有少数最良之心理能策其群而进之,使最宜之治法适应于吾群,吾群之进步适应于世界,此先知先觉之天职,而吾《民报》所为作也。抑非常革新之学说,其理想输灌于人心而化为常识,则其去实行也近。吾于《民报》之出世觇之。②

孙中山对报刊工作者寄予了以先觉知后觉的启蒙和宣传的重任与希望。报刊是信息和思想的载体,理应勇于承担起时代赋予的历史使命。如果报刊积极地输入革命的理论,并大力予以宣传和推广,使其转化为社会常识,那么革命行动就为时不远了。他对《民报》提出了这种希望,这也

---

① 孙中山:《孙中山选集》(上),人民出版社2011年版,第80页。
② 孙中山:《孙中山选集》(上),人民出版社2011年版,第80页。

是对所有革命派报刊乃至报界全体的一种希望！希望是当下没有而人们心里想着达到的某种目的或出现的某种情况，是对未来一种情况和局面的规划设计，也是对当下一种不足的揭示。从媒介批评角度言，《〈民报〉发刊词》亦可以作如是观。

1912年4月11日，辛亥革命成功后，孙中山先生应黎元洪之邀，莅临武汉访问。4月12日，孙中山结束访汉，离别前夕特致信武汉报界联合会，充分肯定报界在辛亥革命中的巨大历史功绩道："此次民国成立，舆论之势力与军队之势力相辅而行，故曾不数月，遂竟全功。我报界诸公鼓吹宣导于前，尤望指引维持于后，俾我国民得所指南。"① 其对报界宣传作用的评价与梁启超的评价何其相似乃尔！孙中山与梁启超一为革命党首领，一为改良派党魁，虽然政治立场迥异，但都具有丰富的报刊宣传经验，他们对辛亥革命过程中报刊功能的评价正应了英雄所见略同之语。作为资产阶级革命派的领袖，关注媒介是孙中山先生的一种日常工作。1924年11月，孙中山为伍超的《新闻学大纲》一书作序，其中论及新闻事业时有云："新闻事业非易事也，而为新闻记者者，尤非易事。社会之嫉视，个人之劳苦，固无论矣。即事业之难以进行，职务之难以活动，又岂他人所能洞悉哉？……夫新闻记者之在欧美者，所负之职责极重：非惟政治之发动，足以导其机；学术之进境，足以救其偏；风俗之隳败，足以匡其失；即社会之改革，人心之纠正，亦惟记者是赖。……吾国今日，外逼于强权之压境，内则因奸邪之横行；国事蜩螗，民生涂炭，只可藉以一叹呻吟者，舍新闻记者外，更属诸谁何？是则我国记者之责任，不又较甚于欧美耶！然国人于新闻事业，素皆漠视；对于记者，尤多目之如蛇蝎。此虽国民未具常识之所致，要皆记者之自为之耳！试观各地之所谓访员者，或称有闻必录，徒为风影之谈；或竟闭门造车，肆作架空之语。及至真相暴露，则又如风马牛之不相及。于此，而欲求新闻记载之有价值，不亦南辕北辙乎？"② 当时的孙中山先生已经病重，但仍勉力为之作序。此虽后话，但其于我国新闻学理论发展提携扶助的拳拳之心殷殷之情则一以贯之，着实令后人为之感佩不已。

---

① 转引自刘望龄《黑血·金鼓——辛亥前后湖北报刊史事长编（1866—1911）》，湖北教育出版社1991年版，第293页。
② 转引自白翎《孙中山先生的一篇序文》，《新闻战线》1981年第11期。

第二节　陈天华、秦力山、胡汉民的媒介批评

1905年《民报》刊行之后，立即组织了与《新民丛报》的论争。孙中山先生后来曾经就此专门指出："《民报》成立，一方为同盟会之喉舌，以宣传主义；一方则力辟当时保皇党劝告开明专制，要求立宪之谬论，使革命主义，如日中天。"①《民报》与《新民丛报》的论战是一场刻意为之的媒介操作，《民报》第3期以号外的形式，专门刊行了《〈民报〉与〈新民丛报〉辩驳之纲领》一文，详细列举了双方在12个问题上的根本分歧，逼迫对方应战，从而引发了革命派报刊与改良派报刊之间的大论战，成功地吸引了读者围观的目光，引导广大革命群众从改良主义的迷雾中清醒过来，有效地推动了资产阶级革命派报刊的大发展，形成了中国新闻传播史上的第二次办报高潮。以致一时之间"保皇党之登报退会者相继不绝"，甚至连缅甸仰光的保皇党机关报《商务报》的主笔也改旗易帜，断然宣布接受革命真理，与改良派一刀两断。论战的结果是《新民丛报》大败，《民报》大胜。何以如此？原因固然是双方的政治主张与社会潮流的关系使然，也与双方论战队伍实力有差相关。《民报》在孙中山的精心组织下，集中了当时资产阶级革命派几乎所有的论辩能手，人才济济，声雄势壮。在这场声势浩大的报刊论战中，陈天华、秦力山、胡汉民等资产阶级革命派报刊长才，都曾积极主动地开展过相关媒介批评活动。

一

陈天华（1875—1905），原名显宿，字星台，亦字过庭，别号思黄，湖南新化人，出生于一个乡村塾师家庭，因家境贫困，少年时就因生计所需而开始买卖营生，1896年入新化资江书院，1898年入新化实学堂。当时湖南维新风气活跃，各类报纸、学会与新式学堂纷纷出现，共同致力于新思潮的传播，陈天华沐浴在这种汹涌激荡的时代信息氛围之中，面对亡国灭种的危难时局，胸中日渐升腾起一股浓重的民族爱国主义情绪，他后来

---

① 转引自方汉奇主编《中国新闻事业通史》第一卷，中国人民大学出版社1992年版，第819页。

在追忆当年湖南这种令人奋发的时代气息时还为之神往不已。1900年春天，得贵州张氏资助，游学于长沙岳麓书院，① 未几因父亲病故中断。1903年考取官费留学日本。当时赴日留学的中国学生大多数是寻找强国之路的爱国青年，经过国内维新运动的洗礼，他们对西方近代社会政治学说和文化思想有一定的了解，对新学理和知识有着强烈的渴求，对新的思想反应敏锐，置身于新学充斥的社会环境中，很容易接受和认同新的观念与事物。从1900年起，留日学生就对西方的社会政治学说表现出了浓厚的兴趣。是年下半年，由留学生创办的刊物《译书汇编》与《开智录》相继出现。1903年是留日学生革命反满情绪开始公开化的一年，陈天华正是在这个时候来到了日本，进入东京弘文书院学习，后改入政法大学。"留日学生总体的趋新特征和他们对近代政治社会学说的翻译介绍为陈天华提供了接触西方思想与文化的良好条件。"② 他基于民族义愤，参与组织了"拒俄义勇队"和"军国民教育会"，渐渐从一名普通学生变成活跃的公众人物，他还时常撰写文章，将心中对沙俄侵略罪恶行径的愤恨化成文字，"日做书报以警世"。③ 1903年5、6月间，他就在国内《苏报》上连续发表了4篇文章，其中就有《论〈湖南官报〉之腐败》一文。1904年夏，他回国参与组织华兴会，筹备发动长沙起义。年底起义失败之后，陈天华返回日本，复入政法大学学习。1905年，在东京与宋教仁等创办《二十世纪之支那》杂志，辅佐孙中山筹组同盟会，《民报》创刊后，陈天华担任编辑之职，参与对康梁保皇派的论战。1905年12月8日，为抗议日本政府颁布的《清国留学生取缔规则》，在日本东京大森海湾蹈海殉国。

在陈天华为时不长的民族民主革命生涯中，报刊宣传活动是其精彩的篇章。他于1903年夏撰写的《猛回头》弹词，曾发表于湖南留日归国学生所办的《湖南通俗报》上，其"最新新闻白话演说"《警世钟》也曾由报馆排印单独发行。这两本小册子，以强烈的爱国主义精神和大无畏的革命勇气，揭露帝国主义列强瓜分中国已迫在眉睫，指出清朝政府已经成为洋人的守土官长，号召全国各阶层民众团结起来，革命排满，反对帝国主义侵略，在社会上产生了强烈的思想反响。

---

① 朱庆葆、牛力：《邹容、陈天华评传》，南京大学出版社2006年版，第138页。
② 朱庆葆、牛力：《邹容、陈天华评传》，南京大学出版社2006年版，第149页。
③ 转引自朱庆葆、牛力《邹容、陈天华评传》，南京大学出版社2006年版，第151页。

发表在《苏报》1903年5月26、27日上的《论〈湖南官报〉之腐败》是陈天华的一篇具有媒介批评意义的专论。1902年4月，经湘省绅士禀请，湖南洋务总局报请巡抚俞廉三批准后，正式创刊了《湖南官报》，由官绅合办。鉴于"前此《湘报》之设，竞务夸诞，日即奇衰，风俗人心隐受其害"的前车，该报规定所有稿件需呈送洋务总局审定，在将"一切畔道怪诞之词，犯上狂诋之语"尽行"校阅删定妥善"以后，方可发刊。该报还声称"不议论朝政、不臧否人物"。① 因此，该报虽然形式、刊期与《湘报》相同，但内容和精神上与《湘报》相去甚远。这种形似邸钞的官方报纸，如同腐朽的封建体制一样，缺少新鲜的气息与生命的活力，势必成为革命派抨击之鹄的。在《论〈湖南官报〉之腐败》一文中，陈天华从报纸与舆论的关系、报馆是否履行了对官场的监督职能出发评述报馆良劣："报馆者，发表舆论者也。舆论何自起？必起于民气之不平。民气之不平，官场有以激之也。是故舆论者与官场乃不相容者也。既不相容，必发生冲突，于是业报馆者，以为之监督，曰某事有碍于国民之公利，曰某馆不能容于国民，然后官场有所忌惮，或能逐渐改良，以成就多数之幸福。此报馆之天职也。"② 陈天华认为，报馆这种监督的天职来自于国民的托付，如果报馆放弃了这一天职，就不得说是良好的报馆。官报与此完全相反：

> 况以此国民敬谨崇奉高尚完美、独一无二之特权，背而献之于反对国民腐败顽劣专制孽毒之官场，受彼委托，丧我天良，反主为宾，认贼作子，腼然标之曰报馆，颜之曰官报馆，则其弊岂止不良而已哉！太阿倒执，杀尽国民之权利，死尽国民之生气，使中国国亡，万劫不能复者，皆此报之罪也。③

陈天华从西方报纸与官方应处于对立的理论出发，认为"若以报馆而论，则官场视之当如神圣不可侵犯，而业报馆者之应付官场，当如严父之教训其劣子，丝毫不肯放过，则岂有官场与报馆合而为一者哉"④。何况吾

---

① 转引自黄林《近代湖南报刊史略》，湖南师范大学出版社2013年版，第5页。
② 刘晴波、彭国兴编校：《陈天华集》，湖南人民出版社1982年版，第14页。
③ 刘晴波、彭国兴编校：《陈天华集》，湖南人民出版社1982年版，第14页。
④ 刘晴波、彭国兴编校：《陈天华集》，湖南人民出版社1982年版，第14—15页。

国的官吏腐败顽劣，专制婪毒达于极点，但各报馆掊击而打消之者，竟至毫无所闻。他严词抨击《湖南官报》的创刊，是一种"献其狐媚、忍其狼心、为虎作伥、视民如寇"①的行为。在这篇文章里，陈天华历数了湖南维新时期报刊的光荣历史及其作用，"湖南之有日报也，自戊戌维新始也（时另有旬报，曰《湘学新报》，亦有宗旨，此专论日报），熊秉三为干事，为民流血之浏阳二杰为主笔，有南学会、时务学堂以为机关，一时议论风发，举国若狂"②。令人为之神往不已。然后细述《湖南官报》的特征及其出版运作流程："此官报之发刊也，无宗旨、无议论、无新闻，冠以电报局送来之上谕；次排折差，递出无关紧要之折奏；次载官场无谓之应酬；次录某官禀到、某员禀办之辕门钞；次撮上海极朽极秽《申报》等类之报头论说，每日出一纸。出版之前数日，须将后数日应排之稿，交学务处检查；学务处再加笔削，然后呈稿于抚辕；抚辕或有他公事，则此报恒数日不经认可；既经认可，复发学务处；学务处乃交该报馆刊行。展转纠纷，今日之报，乃言十数日前本省无聊无赖之事，污朽粪秽，阅之刺目。而湖南之官犹以为吾湖南之官有报，他省不能。及报不能销，勒令各州县派售之，曰以开风气也。"③这样的官报没有任何近代新闻媒体的品质，如同一具僵尸，与行将就木的封建官僚体制一样，散发着腐朽不堪的气息。陈天华宣示道："吾他日无杀人之权则已，若有杀人之权，不杀办此种官报之奴才，誓不立于社会。"④诚可谓斩钉截铁，令《湖南官报》举办者为之胆寒战栗！

二

秦力山（1877—1906），原名鼎彝，又名邮，以字行，别号遁公、巩黄，湖南善化（今长沙）人。父文炳，曾在县署任刑名师爷。力山少时聪颖好学，长于文字，稍长，又好与会党游。1898年中秀才，时值维新运动高潮，他加入南学会，常去听讲演，师事谭嗣同、唐才常等，对康有为、

---

① 刘晴波、彭国兴编校：《陈天华集》，湖南人民出版社1982年版，第15页。
② 刘晴波、彭国兴编校：《陈天华集》，湖南人民出版社1982年版，第15页。
③ 刘晴波、彭国兴编校：《陈天华集》，湖南人民出版社1982年版，第17页。
④ 刘晴波、彭国兴编校：《陈天华集》，湖南人民出版社1982年版，第17页。

梁启超甚崇敬。戊戌政变后，1899年秋，应梁启超之召赴日本，留学东京高等大同学校，兼任《清议报》笔政。复结识孙中山、章炳麟、戢元丞诸人，逐渐心醉革命，心生种族观念。1900年夏，义和团声势大涨，秦力山曾赴天津联络，意图游说义和团改扶清灭洋为革命排满，未成。于是南下汉口、安徽，参加唐才常、林圭等人领导的自立军起义，被委为自立军前军统领，驻安徽大通。自立军以武汉为中心，鄂、湘、皖共组七路大军，约定8月9日各路同时大举，因唐才常依赖康、梁自海外接济的款项迟迟不到而被迫屡屡延期。秦力山孤处安徽，未获延期信息，按原议于8月9日发动了大通起义，与清军激战数日，终因孤立无援而告失败。他随后潜至南京，谋焚毁马鞍山军装库，事亦未成。于是南逃新加坡，获悉起义之失败，源于康有为拥资自肥，不予及时接济，遂与之绝交。复至日本东京，与陈犹龙等人面责梁启超，兴师问罪，从此脱离《清议报》报社。1901年5月，他在孙中山的资助下，与戢元丞、沈翔云等人创办《国民报》月刊，大倡革命排满学说。该报每期输入上海两千多份，影响及于东南各省。1902年4月，秦力山与章太炎等发起"支那亡国二百四十二年纪念会"，控诉清朝民族压迫，宣传反清革命思想，震动当时留学界。1902年冬天，秦力山返国，先在上海参与《大陆报》编辑，接着创办《少年中国报》。后来因为资本短缺，放弃办报，往返于长江中下游及广东一带运动会党。1905年春，秦力山赴缅甸向海外华侨鼓动反清革命。1906年夏，秦力山离缅甸赴云南干崖，在当地少数民族上层土司中进行反清宣传。同年10月11日，因水土不服，又染瘴气，而不幸病逝。

秦力山在《国民报》创刊号上发表的《〈国民报〉序例》①一文，首先指出国民的本义是由国和民两个部分组成。"划一土于大地之中界，而命之曰国；群万众于一土之中域，而区之曰国民。"② 国土中的一切政治文化、生聚教训、体国经野之事，都由国民经理。生活在这片国土的人民与国家发生密切的关系，人人担当应尽的责任，无人可以置身事外。有责任心才能把事情做好，由此地方得到有效治理，国家趋于强盛。欧美强盛，

---

① 该序例发表时未署名，学界根据秦力山创办并担任《国民报》总编辑的事实而确定该文为其所撰，参见刘泱泱编《樊锥集 毕永年集 秦力山集》第145页该文注释（湖南人民出版社2011年版）。

② 刘泱泱编：《樊锥集 毕永年集 秦力山集》，湖南人民出版社2011年版，第145页。

第四章 辛亥革命时期的媒介批评

人权发达的原因即在于此。中国已很长时间没有真正意义上的国民，人民两千多年驯伏于专制政体之下，习惯了作佣为奴，始而放弃人权，继而自忘国土，终乃地割国危，其民几至无所附属。甲午一役大败，才惊觉于外人国力的强大，醒悟其致此的根由。于是英俊之士，动色相告，关注和思考人权的问题。西方国家民权强盛，但人民获得这种公权，也不是坐而致之。西方国家200多年以前，其国民腐败、人权暗忽的情形与中国没有什么不同。后来有孟德斯鸠、卢梭等几个大思想家大力提倡人权学说，"于是万众承流，报章腾布，议论日聒于耳目，民智遂骤增其程度"①。故论人权产生之功，诸儒播其种，而报章实培其根。但中国报章在这方面未能充分尽到责任：

> 我中国之报章仅矣。顽固昏谬、颠倒黑白者，固所不论；其能主持清议，庄言正论者，则类出于外人与党人之手。夫以外人而言我国事，无论其情事之隔膜也，其立报之主义，固已别有他属，则发言固多所忌讳，而立论亦借阐宗风。若党人之报，岂不昌言无忌哉！然訾诋既多，传播不广，且表辨宗旨日不暇给，而扬阐民意之事，固亦未遑多暇。此报章之设垂三十年，而国民所以终未见发达也。②

作者认为此前中国存在外人所办之报和党人之报等两种报纸，这两种报纸在传播民权主义方面都存在不足之处。外报言论中国之事，不仅因为语言、国情、文化不同而有所隔膜，而且其办报宗旨也志不在此，多用力宣扬宗教教义。党人之报则多集中精力于主义宣传和论争，也无暇于民权思想的宣传。故中国报纸已有三十多年，但国民人权始终未见发达进步。秦力山宣布其创办《国民报》的目的就是阐明国民当任之责，振我同胞爱国之心，唤起国民精神，讲求国民义务，实现民智渐开、民气渐奋，最终达到将全国同胞从专制淫威下解放出来，从而达到"享西国国民所享之人权"③的目标。在《倡办〈国民报〉简明章程》一文中，他再一次揭橥该报的宗旨是："破中国之积弊，振国民之精神。撰述、选译，必期有关中

---

① 刘泱泱编：《樊锥集 毕永年集 秦力山集》，湖南人民出版社2011年版，第146页。
② 刘泱泱编：《樊锥集 毕永年集 秦力山集》，湖南人民出版社2011年版，第146页。
③ 刘泱泱编：《樊锥集 毕永年集 秦力山集》，湖南人民出版社2011年版，第147页。

国大局之急务，毋取空琐，毋蹈偏私。"① 对当时报刊传播中所存在着的空泛、琐碎、偏私的弊病进行了否定。

乡禽何事亦来此，令我生心忆桑梓。作为湘籍人士，秦力山对《湖南官报》也予以批评。秦力山曾在《少年中国报》发表过《阅〈湖南官报〉》文云：

> 新闻，欧洲前世纪新文明之原动力也。今合吾全国，新闻尚未发生，而贸贸焉望吾湖南遽进于新闻界，何其奢也。然寄语创报诸公：吾湖南三年前，丛报中有所谓《湘学报》者，新闻中有所谓《湘报》者，今则风微人往矣。向令前此创报诸公尚存，亦不过以彼之五十步笑公等之百步。然则公等已百步或至于二三百步矣，岂文明果有退步之理耶？公等至今日犹以此官报者，其欲为湖南光耶，抑亦为湖南羞，惟恐湖南之奴隶不能永存耶？虽然，以输入之文明，而欲其一跃而达于内河，此真著者之过望也。②

这篇《阅〈湖南官报〉》并没有把笔墨集中在对《湖南官报》内容和形式的分析上，而是将之与维新时期的《湘学报》《湘报》进行了前后对比，重在指出两者在输入文明、开化民智方面都负有责任，希望《湖南官报》在这一方面步武乃至超越前贤，作出贡献。虽然言语之间亦流露出对《湖南官报》的不满意之处，但鼓励之情溢于言表，表现出一个在外的游子对家乡的牵惦和关怀之情。

三

胡汉民（1879—1936），幼名衍鹳，后改名衍鸿，字展堂，别号不匮室主，汉民是他后来在《民报》上发表文章时所用的笔名。祖籍江西吉安，出生于广东番禺，中国近代民主革命家，中国国民党早期主要领导人之一，也是中国国民党前期右派代表人物之一。其父靠当师爷为生，幼时随父辗转博罗、高州等地，8岁时全家迁回广州。胡汉民天资聪颖，十一

---

① 刘泱泱编：《樊锥集　毕永年集　秦力山集》，湖南人民出版社2011年版，第148页。
② 刘泱泱编：《樊锥集　毕永年集　秦力山集》，湖南人民出版社2011年版，第194—195页。

二岁时已读过《十三经》《史记》等书,为文斐然可观。惜此时家庭迭遭不幸,不仅父母先后谢世,一个哥哥及两弟一妹也因疾无钱就医而遽然逝去。为操持家庭生计,胡汉民16岁时即充当私塾教师,边舌耕边自修,先后肄业于学海堂、菊坡、越华、粤秀等书院,开始关注国家的盛衰与民族的兴亡。此后接踵而至的甲午战争、公车上书、百日维新等一连串重大事件都对胡汉民产生了巨大的思想冲击,使他产生了对清廷的不满并由此产生改造社会的宏大理想。1898年,胡汉民决心投身改造社会,他去广州的《岭海报》做记者。报社记者在当时是个新的职业。1901年,他考中了举人。1902年,在晚清激情澎湃的救国思潮鼓舞和吸引下,胡汉民与吴稚晖等人东渡日本,进入东京宏文学院速成师范科学习。不久,吴稚晖因保送自费留学生入成城学校一事与清朝公使闹翻,被日本驱逐出境。胡汉民亦愤而退学回国,先后担任广西梧州中学总教习及梧州师范讲习所所长等职。1904年冬天,他再次东渡日本,进入日本法政大学速成法政科,攻读政治学。当时与他同行的还有汪精卫、朱执信等广州同乡。1905年中国同盟会在日本成立时,胡汉民刚好正在国内度假,得到消息后他立马赶回日本,第一次见到了孙中山,并与廖仲恺等人一起加入了同盟会,并担任评议部议员、书记部书记,主编《民报》第1—5期,与康梁保皇派展开了论战,成为孙中山革命活动中的主要助手之一。

主编《民报》时,胡汉民不仅根据孙中山口授撰写了《〈民报〉发刊词》,而且还在《民报》上发表了《关于最近日清之谈判》《晋省哥老会记事》《张之洞之卖矿》《述侯官严氏最近政见》《粤东商民与岑春煊》《粤汉铁路商办问题之未解决》《排外与国际法》《俄国革命党之日报》《清俄谈判之延迟》《告非难民生主义者》《驳〈新民丛报〉第十四号〈社会主义论〉》等重要时评和驳论,其《〈民报〉之六大主义》论及报刊与革命思想宣传之间的关系,《斥〈新民丛报〉之谬妄》对梁启超《新民丛报》文章在观点表述上的逻辑不周指谬,都具有一定的媒介批评意义。

在《〈民报〉之六大主义》中,胡汉民指出:创办革命报,是为了使人知道革命。革命需要秘密活动,但革命主义则不应当要秘密。"非惟不当秘密而已,直当普通之于社会,以斟灌其心理而造成舆论。行于专制之国,格于禁令,应而和之不遽显,然深蓄力厚,其收效乃益大。"[①] 例如俄

---

① 汉民:《〈民报〉之六大主义》,《民报》1907年4月5日第3号。

国的革命党,当言网至密的时候,就进行秘密活动,其最大的机关报每天出版数十万份。原来俄国革命党分为三大派别,近来已经渐渐趋于统一,其中革命报纸鼓吹的功劳就有很多。"中国内地压于异族政府,无言论自由,故杂志新闻,意微而隐;至其展发于海外者,则自一二有所为而求媚异族者外,可一言以蔽之曰,皆革命报也。夫此已见为社会心理所同,而今日最有力之舆论矣。"① 革命不是只要触发社会的感情而已,还必须用知识来引导,培养其能力。感情、知识、能力三者具备,而后才可以说进行革命。"若革命报作,其触发于人感情者独多,人无知识能力,而动其感情,则发为狂热,周脉偾兴,无与匡就。是说也,以为革命报规善也,以为革命报惟有触发感情之效力不可也。夫人召其感情之发动易,而直其辩理心难,感情诚强,有灭其辩理心而不自悟者,然而其不载辩理心以俱也,其感情必不久。"② 故舆论的真正价值贵在理性判断,而不以感情用事为尚。"区区于触发感情,而他无裨益,此革命报之未尽其责,未可以为概也。且吾既已言之,革命当为抽象的研究,革命报不能如是,不足为革命报也。"③ 胡汉民指出,能如是还尚不足以开导社会知识,至于培养能力更是没有做到。社会知识与能力培养,莫如教育收效快,但学校在封建专制压制下,不能自由地传授知识和培养能力,语焉不详,辩之不确,其间接产生效果不如报刊是一种直接效果,况且专门高等学校的授课对象也不如杂志多。"若夫革命报之言论,其了解不待有专门智识之人,故其始也发表少数人之意思,而为舆论所趋附,汩渐造成舆论,则凡主之之人之意思,以之为代表,而横靡一世,其效力孰可比耶?"④ 所以胡汉民强调指出:"为知革命之必要,而有革命报;而革命报之作,又在使人有真知识,而不徒挑拨其感情。故《民报》,革命报也,以使人真知革命为目的,其所标之主义,即不离是目的者外,浑而举之,止一革命主义,析言之,则为六也。"⑤ 具体言之,就是倾覆现今恶劣政府、建设共和政体、土地国有、维持世界真正和平、主张中日两国国民的联合、要求世界列国赞成中国革命的事业等六个方面。文章结尾处回应《〈民报〉发刊词》道:"孙

---

① 汉民:《〈民报〉之六大主义》,《民报》1907年4月5日第3号。
② 汉民:《〈民报〉之六大主义》,《民报》1907年4月5日第3号。
③ 汉民:《〈民报〉之六大主义》,《民报》1907年4月5日第3号。
④ 汉民:《〈民报〉之六大主义》,《民报》1907年4月5日第3号。
⑤ 汉民:《〈民报〉之六大主义》,《民报》1907年4月5日第3号。

逸仙先生之叙《民报》也,曰:非常革新之学说,输灌于人心,而化为常识,则其去实行也近。然则能诵《民报》,知《民报》之主义,则革命可能。然哉! 然哉!"① 对《民报》未来的革命宣传作用充满了希冀和自信。

发表在《民报》第 5 号的《斥〈新民丛报〉之谬妄》一文,不是对《新民丛报》中观点的批驳,而是对该报传播和表述方面的纰缪进行的专业性批评,更具媒介批评的性质。文章起首即明确提出了批评指向:"《新民丛报》最近梁氏之非革命论,本报前期精卫所著,于其根本之错误,学说之支离,及其盲猜瞎说,而不足以难本报之处,已抉举大要。梁氏宜知反省矣。虽然吾独恶梁氏之嫚骂无状,妄言无实也,故辩而斥之。"② 然后接着梁启超此前论驳中表达"有赐教者,苟依正当之论理,则鄙人深愿更相攻错,而或为嬉笑怒骂之言,深文周纳以相责,则村妪之角口耳,酷吏之舞文耳。凡此皆无相与攻错之价值,则恕其不报"的相互批评态度,以子之矛攻子之盾,指出梁氏所言,恰恰不过"此真村妪之伎俩也"③。然后具体揭露梁氏在论辩中"虚造其以相诬"的表现,不过是理屈词穷,只能转移话题、王顾左右而言他的一种表现罢了。

辛亥革命是一个由数以万计的新兴知识分子群体共同发动和推进的伟大事业,也是中国近现代史上一个群星璀璨、竞相争辉的时期。陈天华、秦力山、胡汉民等都是资产阶级革命派在与改良派论战时的言论大将。在论战开始不久,改良派就感到了气短势绌落入下风。1906 年 7 月,《新民丛报》曾经刻意而又很技巧地发表过《劝告停止驳论意见书》:"数月来贵报与某报,驳难政见,词旨参商,以互相解决我国政治上之一重大问题。仆识陋学疏,不能加入议席。悚赧无既,惟每读双方论著,未敢一字囫囵,如其论点合夫我之心理耶,固拳拳服膺之不暇。即其论点违夫我之心理耶,亦不敢蓬逞师心,加以一字之贬驳。必反覆审慎,以细按其演绎归纳实质作用之所存,纵或熟察其持论之心理,与我之心理,确不能为共同之存在,甚或熟察其学说之进行,或将斫丧中国前途于黑暗之天日,然亦平心静气,以曲谅论者之用心,而始终无门户水火之观念。"④ 显示出梁启

---

① 汉民:《〈民报〉之六大主义》,《民报》1907 年 4 月 5 日第 3 号。
② 辨奸:《斥〈新民丛报〉之谬妄》,《民报》1905 年 6 月 26 日第 5 号。
③ 辨奸:《斥〈新民丛报〉之谬妄》,《民报》1905 年 6 月 26 日第 5 号。
④ 佛公:《劝告停止驳论意见书》,《新民丛报》第 4 年第 11 号,1906 年 7 月 21 日。

超及该报力图从被动挨打的不利局面中脱身而出的用意，但意见书中述及双方在论辩中所应秉持的言论态度，如果单从学理探讨的角度而论，确实又很有见地，尽管在当时可能只是一厢情愿的书生之见。1907年8月，《新民丛报》悄然停刊，一定程度上标志着革命派在与改良派的论战中取得了最后胜利。这一胜利或也是革命派报刊对改良派报刊在媒介政治属性上竞争而后的时代结论。

第三节 雷铁厓的媒介批评

雷铁厓（1873—1920），原名昭性，字泽皆，初号耆皆，正号铁厓，出生于四川富顺（今属自贡市）一个社会风气较闭塞的盐商家庭。11岁时，其父因经营不善破产，雷铁厓只得辍学，靠割草担售以补家用。1894年入炳文书院，因读书期间，嗜性理学，故被同学戏称为耆圣。1900年中秀才。20世纪初叶，在空前严重的民族危机冲击下，相对闭塞的川南一带民族革命思潮亦汹涌澎湃，特别是1902—1903年，集结在日本的一批爱国留学生，已开始把万斛新知从东海彼岸源源挹回故土，四川首批留日学生寄返的《劝游学书》和青年革命家邹容的《革命军》等，都在巴山蜀水之间广泛传布。1904年6月，雷铁厓偶遇从日本留学归来者，得悉东京留学界情状，为之神往不已。是年底，雷铁厓终于冲破家庭阻力，满怀着求道的虔诚，越洋东渡赴日留学，立志"学得屠龙好身手，归来收拾旧山河"，① 先后就读于大成学校和宏文书院。当时弥漫留学界中空前浓厚的民主革命思想氛围，使他并未蒙受改良主义思想的影响，径自进入了革命的中心。1905年8月25日，也就是中国同盟会成立的第5天，他就由同乡同学黄复生主盟加入，成为川籍留学生中首批同盟会成员。此后，他开始了文字鼓吹的革命生涯。1905年9月，他与董修武、李肇甫等人创办《鹃声》杂志，纯用白话行文，通俗易懂，为四川近代在国外出版的第一份革命刊物。虽然仅出两期，即因主张革命言论激烈，致清吏惊恐，遂通过驻日公使明令封禁。1907年3月至5月间，雷铁厓独立复刊《鹃声》，改用文言文做掩护，继续坚持爱国革命思想宣传，日警严查不贷，终难以为继，出至第三期后被迫停刊。1907年11月，吴玉章在东京创办《四川》

---

① 唐文权编：《雷铁厓集》，华中师范大学出版社1986年版，第436页。

杂志，以"输入文明，开通民智"为宗旨，雷铁厓担任编辑和撰述工作。1910年秋，雷铁厓应胡汉民之邀请实受孙中山之召，前往南洋槟榔屿筹组《光华日报》，随即主持该报笔政一年有余，从而进入一生文字鼓吹最见实效的时期。[①] 雷铁厓期间在该报发表署名文章278篇之多，长篇连载64次，诗作21首，几乎天天有作品见报。《光华日报》畅销各地，其设在香港、南洋和美洲等地的代理处多达71个，上海、广州、汕头、福州等地多家报社代为销售，一时洛阳纸贵。1912年元旦，中华民国成立，雷铁厓担任总统府秘书。1912年底，雷铁厓冒寒到北京参加垦植协会本部工作，同时兼代《民主报》主编。1913年3月，宋教仁被刺后，雷铁厓再度亡命，在新加坡创办《国民日报》，成为革命党海外重要喉舌。1916年6月，袁世凯病死，雷铁厓以为时局好转，回到上海准备有所作为，不料军阀混战，国事日非，他抱着失望的心情再返南洋，与人集资购买了橡胶园，从事实业救国，暇时研究时事。由于心系故国安危，忧愁难释，他常常借酒浇愁，时在醉乡，渐致精神恍惚。1919年2月，雷铁厓回上海就医，病情未见好转，遂被朋友护送回川休养。1920年5月8日，因病在故乡去世。

一

从1905年至1915年，雷铁厓先后主持或者参与《鹃声》《四川》《民报》《民声》《光华日报》《民主报》《国民日报》等多家报刊的编撰工作，尤其在辛亥革命时期进行文字革命鼓吹事业，其中很大一部分是以改良派报刊为标靶的媒介论战。他不仅报刊编辑实践经验丰富，而且从革命宣传的角度，对报刊传播业务及现象亦多有评述，为辛亥革命时期的资产阶级媒介批评作出了很大的贡献。今天的人们对雷氏可能不太熟悉，但在辛亥革命前后，雷铁厓在国内却声名远播威震南北。1912年12月11日，北京《民主报》曾在"大事记闻"栏目中以《大文豪大革命家雷铁厓先生抵京》为题进行报道："四川雷铁厓先生奔走革命垂十余年，前清政府曾以万金购其头颅。先生游学日本时，历主《民报》《鹃声》《四川》杂志、《远东闻见录》各报笔政。归国后执教鞭于上海中国新公学、体育公学、留美预备学

[①] 唐文权：《前言》，唐文权编：《雷铁厓集》，华中师范大学出版社1986年版，第6页。

堂，同时又兼主笔政于《越报》《民声丛报》，东南革命思潮，大半为先生所灌输。"① 由此可见他当时在报刊界拥有着多么巨大的影响力。

报刊发刊词在说明报刊宗旨、性质的时候，常常会通过回顾和评价相关报刊的历史而陈述自家报刊的创办理由。雷铁厓撰写的几份报刊发刊词都包含一些媒介批评的成分。1909年7月，雷铁厓往就上海中国新公学之聘，以民族思想教化学生，旋又兼任龙门师范及理科专修两校教席。这年11月底，全浙学生创办的《越报》在上海出刊，特邀雷铁厓任该刊的编辑，雷为之作《〈越报〉发刊词》时，就对国内此前省籍学生报刊进行评述道："谚曰：木朽而后虫生。此言虽小，正可喻大。我各省同胞早见及此，故退而各治其乡。数年来，海内外后先迭起者，若《夏声》，若《秦陇》，若《四川》，若《晋乘》，若《汉声》，若《江西》，若《粤西》，若《云南》，若《河南》，若《江苏》等各省杂志，无不本斯意以呼吁故乡社会。虽其遭遇不同，历时各异，或作警钟于一时，或现昙花于顷刻，而吾人静察其心，推原其故，未尝不哀怜之、悲愤之、崇拜之、纪念之，而大表同情也。抑岂独诸省然哉！即一思吾《浙江潮》之历史，亦未尝不与各杂志有同感，而使吾人感慨系之也。"② 充分地肯定了这些学生报刊的历史贡献及其进步性质。

雷铁厓是1910年12月2日在槟榔屿创办的《光华日报》的首任主笔。该报是同盟会在南洋的一个重要革命喉舌。在《〈光华报〉发刊词》中，雷铁厓阐释了创办以南洋侨胞为读者对象的报纸的理由："慄冽寒凝，庶汇僵蛰，雷霆之声威发而普庆昭苏。昏霾惨澹，永夜穷阴，阳燧之精光流而咸欣照耀。例以人事，概诸今时，舍代民喉舌之言论，其曷以当斯？今吾民郁结纡轸，离□长鞠，悲罹危亡之境者，亦季之冬而时之夜，而谓可稍稽驳响之激、晃朗之熹乎？"③ 雷铁厓认为，报纸是民众的喉舌，现在中国经历着危亡险境，人民紧紧缠绕于心的委屈隐痛需要抒发表达，报纸就是漫漫冬夜的一线光明。通都大邑，扬镳衮帜诩诩自命为正鹄的报刊已有很多。"而炎荒瘴厉海彝错杂之侨旅，寄人篱下，远离国门，僻陋伧荒，知识结辖，而欲叫嚣不靖，妄攀呼吁之林，虽鸿儒硕彦稚而怜之，弗忍予

---

① 转引自唐文权编《雷铁厓集》，华中师范大学出版社1986年版，第401—402页。
② 唐文权编：《雷铁厓集》，华中师范大学出版社1986年版，第63—64页。
③ 唐文权编：《雷铁厓集》，华中师范大学出版社1986年版，第95页。

第四章 辛亥革命时期的媒介批评

讥,才士文人鄙而远之,弗屑置议,而立丘垤以望嵩华,处洼湿以思溟渤,宁不瑟缩而自恶?然而处波谲云诡之漩窝,枪林弹雨之恶战,虽舟中一孺,军内一卒,亦有共死同仇之义务,正不得谓其呼号愤激为不伦。然则神州陆沈,国民陷溺,凡属炎黄遗胄,乌可谬托颟顸,缄默自安,而不思共挽狂澜于既倒乎?故夫笔伐口诛,以摅悲愤于天壤,而非竞都轩轾于文坛,正不必计毁誉为如何耳。"① 旅居南洋的华侨,知识程度一般不高,但即便如此,作为国民一分子也要在国家危难时振臂而呼,尽自己的一份力量。

但是,南洋极为缺乏鼓吹革命思想的报刊,"抑吾观今之舆论导师,其谄媚卑污迎合权贵者,固不足道,而执宏义以疾呼者,转使柔腰如蹑之辈惶吓趑趄,恣诱言以相阻,而外此者又复顺比滑泽,左右模棱,徒日縻毫楮以益覆瓿裹物之资料。故吾以为彼波邪者固失,而树正义者亦当因时地以渐进为灌输。盖衣毛褐者,忽睹冕旒黼黻之焜耀,不以为华美,而以为怪奇。餍藜藿者,骤见凤胎鸾哺之纷陈,不以为甘香,而以为奢侈"②。因此,他希望通过持之以恒的鼓吹,滴水穿石,"以理不可解之事,而能以精诚通之"③。以达到"阳和之消息潜通,自可使百花齐放,涓滴之泉源虽小,行见合万派朝宗"④ 的宣传效果。雷铁厓对在南洋创办革命报刊的理解和认识,正是他不辞辛劳、漂洋过海去侨胞旅居之地进行笔墨耕耘的重要原因。针对有人认为"报纸所论,满纸空言,有何益哉"之说,雷铁厓斥之是一种愚昧无知的行为,他指出:"报纸之言,理论也。理论者,事实之母。非有理论以为国民之指导,则国民对于国家,即具一腔之热诚,亦不知从何着手。"⑤ 世界上越是文明程度发达的国家越是重视报纸,报纸所论国民无不靡然从之。以拿破仑之英雄,且以报纸反对,如五千毛瑟枪之相攻,可以识报纸之力量大、价值高矣。"故觇人国家文明程度之高低,即以报纸多少以为衡。"⑥ 国家越文明,报纸越多。以信报纸者深,即阅报纸者众也。野蛮愚昧之人根本不知报纸为何物,如何指望其能够发达进步呢?

---

① 唐文权编:《雷铁厓集》,华中师范大学出版社1986年版,第95页。
② 唐文权编:《雷铁厓集》,华中师范大学出版社1986年版,第95页。
③ 唐文权编:《雷铁厓集》,华中师范大学出版社1986年版,第96页。
④ 唐文权编:《雷铁厓集》,华中师范大学出版社1986年版,第96页。
⑤ 唐文权编:《雷铁厓集》,华中师范大学出版社1986年版,第168页。
⑥ 唐文权编:《雷铁厓集》,华中师范大学出版社1986年版,第168页。

二

雷铁厓指出，报纸传播的观点对社会有很大影响，因此，在发表观点时要审慎，不能对社会进行错误的引导。1910年，马来西亚有家华文报纸撰文"持反对爱国之说"①。雷铁厓认为，如果发表观点是针对个人，并非立于指导社会之地，则其见解道理虽有不明或不对的地方，那么其流毒还不是很大。"若夫主持言论，载文报章，一纸风行，千人入目，一有不慎，□害胡可胜道？吾盖观于某埠某报之言，而有不容缄默者矣。"②雷铁厓曾对该报主笔进行过规劝，该报主笔亦恍然有所觉悟，不再发表类似观点，但也迟迟没有对此发表文章予以更正或表达歉意。因此，雷铁厓特地发表了《正某报》一文对该报进行批评。

雷铁厓指出，该家报纸言论本来寥寥无几，未能充分发表其主持的观点，无从测度其宗旨所在。即就表面之言观察，有阻碍志士进取、贻累国家前途，则是可以断然之事。因为该报曾经发表言论说："今日志士大言爱国，不敢言爱家，甚或宁割弃家庭，有不知父母兄弟为谁何。"还说："吾民乎？祖国乎？何幸而得此志士以为救援乎？父母乎？兄弟乎？又何不幸而出此志士，乃受其割弃耶？"③雷铁厓认为这是一种奇谈怪论，报纸主笔根本不明白国家之组织结构。人聚集而成家，家聚集而成社会，社会聚集而成为国家。国是家的集合体，家是国的分子。集合体若受到破坏，分子也就不能得到保全，保家必先保国。现今的仁人志士竞趋爱国，是因为他们知道国由家组成，不爱国任其灭亡，家也必将受祸害，自然就没有途径爱家。家之所以可爱，是因为家为我们父母兄弟妻子所托之处。爱护它使之远于祸患得到安宁，乃人之常情。国一旦灭亡，被他国蹂躏杀戮，掳掠奸淫，种种惨毒及于吾家，斯时吾之父母兄弟其苦何可名状？所以欲保家中父母兄弟安宁，断非爱国不可。若举国之人皆鼠目寸光，恋家忘国，那么所谓的爱家适所以祸家。夏禹治水，孔子周游，皆所谋国家的安全而奔走于外，如果照该报纸的意思，他们都是弃家的罪人。这难道不是

---

① 唐文权编：《雷铁厓集》，华中师范大学出版社1986年版，第347页。
② 唐文权编：《雷铁厓集》，华中师范大学出版社1986年版，第347页。
③ 唐文权编：《雷铁厓集》，华中师范大学出版社1986年版，第348页。

大错吗？且当今中国大局危殆，四邻交侵，凡是作为国民一分子，断无安居寂处等于乡里愚民。大凡求学经商游宦等，亦未尝不别离乡井，割弃天伦。彼为一身计，且不以为非，况为一国计乎？使今之世返于太古洪荒，老死不相往来，则凡为子弟者，也许与家人安居一处。如果在世界交往一体的当下，仍然不离乡井，这只能是一个脑筋顽固的愚蠢之人。假如人人都像这样的话，想要国家不亡，做得到吗？雷铁厓感叹："报纸者，社会之导师也。而持论乖戾若此，吾不禁为报界悲矣。"① 报纸是社会大众的引导者，立论必须从国家大局的角度着眼，指导人们正确处理国家与个人的关系，万不可见小利而忘大义，以私害公。

自19世纪70年代以后，上海报界就因为传媒的发达而得以引领全国舆论的潮流，对国内社会舆论具有很大的影响。1910年11月，孙中山、黄兴等革命党人召开会议，计划在广州发动武装起义，决定由黄兴担任总指挥。1911年4月27日，黄兴率130余名敢死队队员直扑两广总督署，发动了中国同盟会领导的第十次武装起义。敢死队队员突入了总督署，两广总督张鸣岐狼狈而逃，起义军焚毁总督署后，在东辕门外与水师提督李准派来弹压起义的北洋军短兵相接。起义军浴血奋战，终寡不敌众，起义不幸失败，众多起义者牺牲。此即为震动中外的黄花岗起义。孙中山曾评价："是役也，碧血横飞，浩气四塞，草木为之含悲，风云因而变色，全国久蛰之人心，乃大兴奋。怨愤所积，如怒涛排壑，不可遏抑，不半载而武昌之大革命以成。则斯役之价值，直可惊天地、泣鬼神，与武昌革命之役并寿。"② 上海有报纸评价黄花岗起义："乃今观其论广州革命，以为义师之起实政府造之，使政府改良其恶劣政治，实行立宪，则革命何自而生。"③ 雷铁厓批评上海报纸对黄花岗起义的评价，是隔靴搔痒之言，根本没有揭示革命之所以爆发的真相。因为中国革命不仅是政治革命，更是民族光复："然则名在革命，而实在光复，何问其政治改良，何问其实行立宪乎？夫以政治革命为缘饰，而绝口不敢提种族二字者，此保皇妖匪推戴丑虏之谵语也。以吾所见之报纸及所持论之人，固知其绝未染保妖之毒，而怀光复之志者，而亦为是言何耶？欲复九世公仇，必一全国人心，为此

---

① 唐文权编：《雷铁厓集》，华中师范大学出版社1986年版，第349页。
② 张磊主编：《孙中山文萃》（下），广东人民出版社2008年版，第571页。
③ 唐文权编：《雷铁厓集》，华中师范大学出版社1986年版，第277页。

影响模糊之语，既泯诸烈士殉义之苦衷，复使全国暗于驱胡之大义。一言而关系汉族存亡，奈何不自审慎如斯也？"① 仅从政治革命角度理解黄花岗起义，会将革命导向改良派倡导的立宪道路："而乃谓虏廷改良恶劣政治，实行立宪，革命即无从发生，是何言之易而见之疏也。且无论立宪之举虏廷决不去其遮饰之假面，即使一旦去尽，亦无非确实规定彼虏万世一袭之君位，而压制我汉人永永拥戴之。律以吾党之宗旨，讵得以彼实行立宪而即不革命乎？"② 一旦武装起义没有了以民族革命为内涵的必要性，其政治上的正当性也将随之丧失。所以，雷铁厓告诫上海报纸加强社会责任感和历史使命感：上海是中国思想最为开通的大埠，有转移全国风气的地位和影响力。"上海之人，亦岂尽跻于文明？其所以造成舆论者，亦不过握言论机关之报纸耳。故上海为全国之导师，而上海报纸又为上海全埠之导师。然则上海报纸之议论顾可轻忽出之者乎？"③ 上海报界的言论关系全国人心，在一定意义上也关系到全国的存亡。

三

1911年1月5日，雷铁厓在《光华日报》上发表《再评报界》一文，对国内的一些革命派报纸进行批评，其中还表达了进行媒介批评时需注意到媒介地域性的观点："居于海外放言高论，此易事也。如《民报》《新世纪》等。虽如何激烈亦无所谓，以政府野蛮压力不能及也。惟在国内而能为诛奸锄佞之正言，斯为不易而大可嘉也。昨以《天铎报》为全国报界第一，正以其在国内耳。今观广东《平民报》，既持人道公义，为国民正轨，又能斥妖党之怪状，指民贼之私衷，可谓于黑暗狱中放大光明者。其与《天铎》殆如启明长庚之互相辉映也。其外如汕头《中华新报》，亦庸中佼佼、铁中铮铮，几有鼎足而三之象。使全国报界均能若此，夫何虑国民之春梦不醒乎？其有居于海外，而犹畏首畏尾瑟缩不敢言者，视此三报，真贤不肖之相去远也。"④ 通过批评国内报纸，意在鼓励海外报纸，要具有不畏权贵大胆

---

① 唐文权编：《雷铁厓集》，华中师范大学出版社1986年版，第278页。
② 唐文权编：《雷铁厓集》，华中师范大学出版社1986年版，第278页。
③ 唐文权编：《雷铁厓集》，华中师范大学出版社1986年版，第277页。
④ 唐文权编：《雷铁厓集》，华中师范大学出版社1986年版，第152页。

第四章 辛亥革命时期的媒介批评

直言的勇气。

1911年7月,汕头革命派言论机关《中华新报》被地方当局查封。未几,该报改头换面,又以《新中华报》出版。雷铁厓对此评述道:"汕头《中华新报》惨遭劫运,吾方悲之,乃人心不死,卷土重来,而《新中华报》出版矣。煌煌之文,侃侃之论,又映吾眼帘。呜呼!《中华新报》死,《新中华报》生,《新中华报》生,而《中华新报》不死矣。夫彼虎狼官吏、狗彘侨商,尽其魔力以推倒《中华新报》,方且大快其心,谓今而后莫余毒已。孰知《新中华报》竟挥鲁阳之戈,以挽既落之日,吾不知彼虎狼狗彘之徒,见之当起如何之感矣。吾因为彼虎狼狗彘告曰:舆论者,代表人民之公心,维持社会之公理,非可摧残而抑之不吐者也。如流水然,阻遏愈力,冲激愈烈,专制政府且不能禁,而况尔辈乎?呜呼,虎狼!呜呼,狗彘!今而后,其奈《新中华报》何?又其奈海内外之报纸何?"① 从两报报名的高度相似性上,拈出两者精神上的一致,意在说明革命报的战斗精神不会磨灭。批评的语言如同两军对垒的叫阵一般,铿锵有力,气势雄壮,令人胆豪。

1910年在上海出版的《天铎报》,创办人是浙江士绅、省咨议局议长汤寿潜,1911年售与广东资本家陈止澜,总编辑先后由陈训正、李怀霜担任,主笔编辑都是同盟会会员或倾向革命的进步青年,报道言论均具革命色彩,大力揭露清廷内阁无能,亲贵腐败,鼓吹用革命手段结束此专横无道之政府。有一次,《天铎报》发表评论说今日之自谓政党者,既无宗旨也无秩序,挟持朝三暮四的诡言诳说,聚群狙而弄之,其所以号召而运动者,只是纸张笔墨的游戏。梁启超、杨度、雷奋、孙洪伊等,"皆托于政党而为作官赚财之计者也"②。应该说这一评论在革命派看来颇为尖锐而痛快。雷铁厓认为此一评论虽然不错,但还不够,他又予以补充批评说:

  此评可谓得政党之真相矣。《天铎》居于国内,闻见亲切,所言如此,诚言政党者之当头棒也。虽然,谓为无宗旨则不可,该党由保皇妖变相而来,作官也,搵丁也,皆彼党唯一之宗旨也。政党不过其所戴之假面具,藉以达其作官搵丁之目的而已。谓其无宗旨,该党之

---

① 唐文权编:《雷铁厓集》,华中师范大学出版社1986年版,第332—333页。
② 唐文权编:《雷铁厓集》,华中师范大学出版社1986年版,第193页。

宗旨尚未尽耳。①

　　这样看问题就比《天铎报》更胜一筹。因为《天铎报》只是针对个人而论，而雷铁厓则是将问题提升到对政党的宗旨高度加以认识，从而实现了对该政党的舆论打击。从不同角度将改良派报纸前后不同的表现进行比较，从而揭示其性质如一，有利于帮助人们透过现象认清其本质，这是雷铁厓常常使用的媒介批评方法。如《种族与报纸》以列举的方式将改良派报纸在种族问题上的不同表达方式进行比较：

　　　　旧日保妖之报纸，惟知谩骂种族。
　　　　今日保妖之报纸，惟知抹煞种族。
　　　　知其理之不可易，欲以谩骂胜之，而卒不可胜。
　　　　知其势之不可阻，欲以抹煞消之，而卒不可消。
　　　　种族问题日益剧烈，而保妖骗钱之术日益穷蹙。
　　　　种族问题日益进行，而保妖吃饭之途日益艰难。
　　　　种族者，保妖之死对头也。
　　　　保妖者，种族之大障碍也。
　　　　保妖盛则种族衰。
　　　　种族昌则保妖亡。
　　　　然则既为保妖，非毁谤种族主义，何以遂其私心？
　　　　然则欲扶种族，非除尽保妖丑类，何以达吾目的？②

　　文句简短且排比而下，如高山滚石，纷纷而下，气势不可阻挡。改良派1904年在香港创办的《商报》，由康有为的弟子徐勤、伍宪子等主编。该报鼓吹保皇立宪，和香港的革命派报纸《中国日报》进行激烈的论战，被称为保皇党宣传总机关。对这样的报纸，雷铁厓基本上是采取丝毫不留情面的方式痛斥。如《咄咄狗党之毒心》一文，就表达了对《商报》的痛恨："香港狗党《商报》，诋毁革命为名。《民族报》痛驳，理既不胜，乃肆其狗彘之口曰：三月二十九日之革命党，一刀一个，两刀一个，杀得爽

---

① 唐文权编：《雷铁厓集》，华中师范大学出版社1986年版，第193页。
② 唐文权编：《雷铁厓集》，华中师范大学出版社1986年版，第279页。

第四章 辛亥革命时期的媒介批评

快。咄咄！尔狗党之心肝狠毒如是乎？夫革命党虽与尔狗党升官骗财之目的龃龉，要是汉族同胞。尔狗党献媚异族，竟以我汉族之惨遭屠戮为爽快。然则清兵入关时之屠杀，尔狗党亦必以为杀得爽快，而惟恐其杀之不完乎？夫以禽兽之无知，而见其同类之被杀，犹不免哀矜而悲鸣，尔狗党发言若此，是禽兽之所耻也。"① 以其人之道还治其人之身，针锋相对，虽然词语粗放，却也给人痛快淋漓之感，很能体现资产阶级革命派一些报刊在媒介论战时的语言风格。

媒介批评的话语言说对象不仅是被批评的媒介，也是广大的受众。因此，针对言说对象的不同，批评的言语必须有所选择，有所区隔。雷铁厓在进行媒介批评时深谙此道。1910年12月9日，他在《上海〈聊报〉发刊词》中就曾表达过对这个问题的认识与观点：

> 雨露雷霆，春风秋霜，震润暄凄，各判其用。而物物咸应于其性，以成于大化之陶钧。脱拘墟于一，必囿焉而弗备。惟报纸亦然，哆议宏辩，正言庄论，若贾长沙痛哭，若陈同甫纵横，固夐焉。其卓然而黄钟大吕，噭楚采陵，嗜者或稀，繁者或厌，而郑声卫曲，下里巴人，转沨沨移人群焉相和。然则斟酌社会，时嬉时詈，以□以讽，安在其非一道？且夫蜚鸟有讥，昏者以醒。漆城有谐，庸者以悟。徒乳有詈，暴者以解，禁酿有粲，罪者以除。固不独郟拜瓦屋，公庐桑女，烛邹主鸟，咎犯诎指，乃能启迷而戒妄也。而或以为潞涿君病痛体，祇益轻薄，对僾语，失神符，何补时艰？讵知言虽无择，意必有关。吾侪丁斯世局，岂徒以揆日考星，戴蠹执钥，徒博恢诡云尔哉！亦藉封豕卢令，以寓木铎警钟耳。夫魏市闻石热，而恶俗知祛虚伪，王琳作俎表，而时人即耻侈汰。是知慷慨激昂，未必醒聋启聩，嬉笑怒骂，反可易俗移风。故夫本报宗旨，直以侏儒梦灶，孙龙说雁，化为长庥穟获之歌，许绾操捶之喻，以直希夫虎唸之醒赵，渔者之开楚。至夫土山粉署，五□六张，文虽俳谐，事本猥杂，本报虽曰□聊，亦窃有不敢。②

---

① 唐文权编：《雷铁厓集》，华中师范大学出版社1986年版，第331页。
② 唐文权编：《雷铁厓集》，华中师范大学出版社1986年版，第129页。

雷铁厓在《光华日报》时期的媒介批评中，除以社论、论说之类的皇皇大论，布成堂堂正正之阵向论敌发起进攻外，还采用散兵游击的战术，以谐文、短论、杂谈、杂俎等多种形式打击对方。这些文字虽然理论色彩不足，也没有多少深刻的思想，但它们却以多姿多彩和犀利活泼的形式，而别具特色，这与他在日本东京留学时期的政论风格有着很大的不同。之所以如此，主要是为了适应读者的水平。原先以留学的进步知识青年为传播对象，非说理透彻不能令人信服，而在《光华日报》时的传播对象是文化教育水准不高的华侨，非通俗易懂不能达目的。这种因人而异的批评文字在当时不是雷铁厓一人为然，在当年南洋革命派报刊中几乎随处可见。明乎此，就容易理解这时期雷铁厓的媒介批评文字中，特别是对改良派报纸的批评中，经常出现"狗党""妖报""老妖""棍骗""臭贼"等具有人身攻击色彩的文字。丑化对方领袖形象以消解对方报刊在读者中的威信，这种方法今天固然并不足取，但在当时很为论战双方所青睐，竭力使用。这是受当时具体社会环境决定而出现的一种特殊的时代媒介话语言说现象。

第四节　于右任的媒介批评

于右任（1879—1964），陕西三原人，名伯循，字诱人，后即以"诱人"谐音"右任"行于世，别署"骚心""大风""神州州主""剥果""髯翁"，晚年自号"太平老人"。少时家世贫寒，自学不辍。每夜父子二人共用一灯读书，互为背诵，背时皆向书一揖，不熟则夜深相伴不寝。1895年，以第一名成绩中秀才。1897年后，在三原宏道书院、泾阳味经书院和西安关中书院继续求学，阅历渐广，眼界扩大，学问精进。1898年，参加岁试，以第一名成绩补廪膳生，被陕西提督学政叶尔恺誉为"西北奇才"。[①] 1903年，25岁时中举。是年冬天，自编诗文集《半哭半笑楼诗草》在三原印行。其中《署中狗》七绝诗云："署中豢而当何用，分噬吾民脂与膏。愧死书生无勇甚，空言侠骨爱卢骚。"以极其辛辣的笔触，把清吏比作狗。诗的前两句骂清吏只会吞噬民脂民膏，豢养尔等有什么用处？后两句的意思是说与其空谈什么推翻民主专制制度，还不如用实际行动效法

[①] 转引自许有成、徐晓彬《于右任传》，复旦大学出版社1997年版，第25页。

卢骚（梭）。这是于右任招祸的诗作之一。1904年春，于右任赴开封参加进士考试期间（因庚子之变，北京贡院考场被八国联军焚毁，因此这次考场改设于此），三原县令德锐以其《半哭半笑楼诗草》及其在一家照相馆一张散披头发、赤膊上身、右手提刀的照片为据，向朝廷密报于右任为革命党，请革去其举人，缉捕归案。于右任获悉后逃往上海，化名刘学裕，入震旦学院读书，并与一些革命党人结识。1905年，于右任与友人参与筹组复旦公学，他一面做马相伯校长的秘书，一面习法文，并兼授一点国文。其间一次偶然事件使他后来成为报人。一天，于右任翻阅上海某报，发现该报社论竟诬革命为叛逆，公然为清廷张目。他气愤填膺，立即写了一篇评论时政的商榷文章投递该报，阐述自己的见解驳斥该报社论。不料文章寄出之后，如石沉大海般，他天天翻阅该报，总不见自己的文章刊出。这一次亲身经历的事件，不仅使他深感舆论倡导的重要，也使他意识到报刊如果不掌握在革命者的手中，就很可能传递错误的信息和观点，蛊惑人民视听，对革命造成影响。于是，他决心自己也办一份报纸，宣传革命的主张。[1] 正是在这种思想和愿望的支配下，于右任此后相继创办了《神州日报》《民呼日报》《民吁日报》《民立报》等报刊，成为晚清资产阶级革命派著名报人，有"元老记者"之誉。辛亥革命后，曾任南京临时政府交通部次长，审计院院长，1931年后长期担任国民政府监察院院长，1964年在台湾病逝。在从事报刊宣传期间，于右任不仅对报刊传播现状有着很精到的观察和分析，而且对报刊宣传的缺失与不足亦多有中肯的指陈和批评。

一

于右任办报虽然始于1907年的《神州日报》，但早在1900年前后，即已经接触和阅读近代报刊了。其父亲于宝文当时在外地刻书谋生，适逢莫仁安、敦崇礼两位牧师在陕西一带传教，于宝文因刻书关系与他们熟悉，向他们借了不少传教士所办的《万国公报》等近代报刊阅读，于右任也得以不时翻阅他父亲借来的这些在当地颇为罕见的新式书报，[2] 不仅形成了通过报刊关注国内外形势的习惯，而且也对近代报刊有了初步感知，

---

[1] 许有成、徐晓彬：《于右任传》，复旦大学出版社1997年版，第61—62页。
[2] 许有成、徐晓彬：《于右任传》，复旦大学出版社1997年版，第28页。

获得了以后进行媒介批评的相关知识和理论根据。

1904年春，于右任翻阅《新民丛报》时，发现该报第16—19号上以连载的方式刊登了江苏人钱基博《中国舆地大势论》一文，提出"长江流域民族处置大河流域民族"的两种方法，颇有挑拨南北人民感情之嫌，于右任读后大为气愤，遂写一长信寄该报编辑部对之痛加批驳。梁启超接信后很快作出反应，将信中一二激烈之语删去后几乎全文发表，并附识语对编辑失误公开道歉。于右任在该信中，述及自己对报刊的认识："大报十八号所载金匮钱氏中国地理大势论中，有筹就长江流域民族（下省曰南人）处置大河流域民族（下省曰北人）之二法，不佞阅之，始而惊，继而怒，终亦不知夫涕之何从也。以为吾人日日唤同胞，不料同胞刻刻谋处置我，视我如异种，而贱我若奴隶也。（中略）凡文明国之大报纸，莫不操一国最上之权，为民党之机关，作政界之方针，故其造论，无不审慎，不造则已，造一因必有一果，偾事者容或有之，断未有操同室之戈，欺侮同种，蹂躏同种者，亦未有挟他人待异种之策，恐吓同种，诬蔑同种，不以人道待同种者。盖心理上如是，学理上如是，故言论上无不如是也。吾国报界之发达，大报巍然祭酒，年来声价物望，俨有操纵言论之资格，故立言纪事，全国人尤属耳目焉。不图钱氏之论，出现于地理栏中，（中略）大报认可代为传播，正恐怨毒之积于人心，报复之见于实事，来日方长而未有已也。既伤同种亲爱相维之感情，复解同国艰危共济之团体，转失大报天下为公之名誉，不得不进一言以辟其说。"① 于右任认为报纸是社会舆论的喉舌，故发言立论必须谨慎，《新民丛报》是一家有影响力的报刊，刊登钱氏的文章，影响了报纸作为社会公器的声誉。中国是个多民族的国家，每一个民族都对中华文化发展有所贡献，中国是我们共有的家园。"同处一国度中，则无人非主人翁，长江流域者，即大河流域人之长江流域也；大河流域者，即长江流域人之大河流域也。"于右任担心钱氏所谓南方人"处置"北方人的妄说，"正恐种族之争之外，又添以省分之争，省分之争之外，又生以南北之争"②。在外患频仍、内祸连年之际，兄弟阋

---

① 全国政协文史资料研究委员会、中国国民党革命委员会中央宣传部合编：《于右任文选》，中国文史出版社1987年版，第1—2页。
② 全国政协文史资料研究委员会、中国国民党革命委员会中央宣传部合编：《于右任文选》，中国文史出版社1987年版，第9—10页。

墙外人渔翁得利。于右任这封长达 5000 余字的时政评论，不仅论据充分而正大光明，说理透彻有理有据，而且文笔晓畅，气势如虹，初步显示出其具有较强的媒介批评意识和才能。

1907 年 4 月 2 日，于右任从日本回到上海，经过与复旦和中国公学同学两个多月的奔走筹备，终于创刊了《神州日报》。该报纪元不用清帝年号，改用干支纪年，实际上是否认清朝统治的正当性，尤其是报名寄托遥深："以祖宗缔造之艰难和历史遗产之丰富，唤起中华民族之祖国思想。"①《神州日报》发刊词是一篇用文言文写就的政论佳作，"文中历举吾国往古人种智慧及宗教观念社会主义国家主义帝国主义法律统系文学思想冒险性质等种种特色，如数家珍，益足光祖宗之玄灵，振大汉之天声"。② 述及该报出版缘由道："自古哲士哀时，达人砥俗，曷尝不以微言闳议，激荡民心，转移国步者哉！是以文致太平，垂经世先王之志；眷怀小雅，偏主文谲谏之辞。纫馨洁于九歌，托悲怀于五噫，亦有发摅至论，劘切群愚，仇国成书，罪言属稿。垫角巾而寤叹，揭留都而宵泣，邈然高躅，怆我先民。自欧俗中更，竞窥报纸，新闻之学，蔚为大宗，纂述之余，订为专律。十万毛瑟，惊法兰西霸主之心；七匝员舆，识美利坚文章之富。津逮吾华，条流粗具。于以挥政客之雄辩，陈志士之危言。澡雪国魂，昭苏群治，回易众听，纪纲民极。较之仰天独唱，众心不止者，厥用益宏焉。夫国闻间史，稗官杂事，抽毫而悉具，则陈一纸而汲众流，庄言谐论，良规俊辩，授简而并陈，则费寸阴而获拱璧，山川自古。方策犹存。顾瞻周道，鞠茂草以无时，惆怅新亭，庶横流之有托。此《神州日报》之所为作也。"③ 然后指陈当时报刊的问题予以批评：

指陈得丧，穷极端委，鞭策顽懦，导启贞元。匪劳者之自歌，实道人之可徇。且夫训方问俗，地官之洪轨也，陈诗观风，太史之常职也。弃我取人，师善之夷徒也。演术通艺，知今之宝筏也。旁求四国，不无郢书燕说之功，俯仰八埏，大昭鹢视鹰瞵之象。谅有裨于颓运，或无消于卮言。顾以简牍方陈，质文易眩，综其流极，厥有四

---

① 于右任：《如何写作社论》，《新闻学季刊》1940 年第 1 卷第 2 期。
② 冯自由：《革命逸史》（上），新星出版社 2009 年版，第 352 页。
③ 三函：《〈神州日报〉发刊词》，《神州日报》1907 年 4 月 2 日。

端：繁词既骋，神鉴不周。既论甘而忘辛，亦无敌而放矢。竹素之林，或淆于坚白；箴砭之术，无补于膏肓，此一弊也。鲁市有虎，传言者三人，洰渊斗龙，禳祈者万众。不疑盗嫂，鲁参杀人，采齐东之谩言，为中朝之故事，又一弊也。东邻生猫之事，奚裨于见闻；大官赐酺之仪，何关于惩劝。一则委巷謏闻之琐语，一则承平粉饰之虚文。录之者累累难终，闻之者昏昏欲睡。又一弊也。甘陵两部，迄成钩党之灾，蜀洛分朋，卒酿靖康之祸。当大厦将倾之日，昧同舟共济之箴。昵乡曲之宴私，淆品评于月旦，又一弊也。蓬心未化，症结弥多，是则宏达所深訾，亦惟吾党所不尚。①

这篇发刊词全文约 3000 字，由于右任、王无生、杨笃生三人合作写成，使用了大量骈四俪六的句式，不仅语言"高古典雅，士林传诵。所谓摅怀旧之蓄念，发思古之幽情，……诚旧文学中之代表作也"，② 而且对报刊的批评，也具有醒世的积极作用。

二

正当《神州日报》业务蒸蒸日上时，不料 1908 年 3 月 26 日晚，报馆邻居广智书局突燃大火，很快延烧到《神州日报》馆，结果编辑部、营业部和印刷厂被全部焚毁。虽然报纸灾后坚持出版，但财物日益艰窘，加之此时报社又发生人事纠葛，调解不成，于右任遂自动求去，并于 1909 年 5 月 15 日重新集资创办了《民呼日报》，自任社长，由范鸿仙、戴天仇和景耀月等人任主笔。该报发行前 10 日，在各报刊登广告称："本报实行大声疾呼为民请命之宗旨"，"本报为纯全社会之事业，所有办法，是系完全股份公司，不受官款，不收外股。故对于内政外交皆力持正论，无所瞻徇"③。为何刻意强调"不受官款"呢？这是因为当时于右任退出《神州日报》之后，上海道台蔡乃煌曾企图笼络他，重金邀请于担任他主办的《舆论日报》总主笔，想借此控制上海舆论，于右任以

---

① 三函：《〈神州日报〉发刊词》，《神州日报》1907 年 4 月 2 日。
② 冯自由：《革命逸史》（上），新星出版社 2009 年版，第 352 页。
③ 冯自由：《革命逸史》（中），新星出版社 2009 年版，第 586 页。

双方政见分歧而不就。①《〈民呼日报〉宣言书》公布该报宗旨："《民呼日报》何为而出现哉？记者曰：《民呼日报》者，黄炎子孙之人权宣言书也。有世界而后有人民，有人民而后有政府，政府有保护人民之责，人民亦有监督政府之权。政府而不能保护其人民者，则政府之资格失，人民而不能监督其政府者，则人民之权利亡。"② 誓做民众的喉舌，行使监督政府的正当权利。

值得注意的是，该报提出了"消灭私人机关报"的观点："念我同胞三千年来已受厄于独夫民贼之手，莫或一伸，而今者又并区区言论权亦不可得。爰用愤激，纠合同志，创为此报。经济之困难，材料之缺乏，均不暇顾及，窃取夫差所谓'勿忘越人杀尔父'之义，赐以嘉名，命曰《民呼》。自今以往，凡官吏有盗卖我路矿、污辱我国体者，必号泣陈诉于四万万同胞之前，以求裁判焉；凡外人有觊觎我主权、侵削我领土者，必反复开道于四万万同胞之前，以求挽回焉。更发呓语，以此报出现之日，即私人机关报消灭之期。凡向之所欲言而不敢言、不能言、不忍言者，皆将于是乎昌昌大言之。言之而为召侮，为触忌讳，是非不才所敢知也。"③ 于右任此时还提出办好报纸的十大要素：

> 一曰志。志在大慈大悲，救苦救难；二曰仁。忧人如己，苟利于人则为之；三曰义。急人之急，善善而恶恶，如江河之决，不可终日；四曰智。社会有不善未尝不知，自元恶大憝，细奸私匿，视之如烛照而数计也；五曰勇。知无不言，言无不尽，白刃可蹈，而口不可关；六曰公。自天子至于庶人，皆直切言其得失，无所偏袒；七曰洁。誉之者非其有恩于我，毁之者非其有怨于我，瞯然尽力于社会，而不希丝忽之报；八曰忠信。其志所在，始终如一，忠于社会，忠于国家，永不背叛；九曰讽谕。有直言之者，有委屈以言之者，故杂造诗歌小说之文，多其方以诱导社会；十曰财力。必有充分之金钱，足以供调查社会种种之事实，及预备议论、文学之材料。④

---

① 参见许有成、徐晓彬《于右任传》，复旦大学出版社1997年版，第68页。
② 蹈海子：《〈民呼日报〉宣言书》，《民呼日报》1909年5月15日。
③ 蹈海子：《〈民呼日报〉宣言书》，《民呼日报》1909年5月15日。
④ 量：《告读〈民呼日报〉者一》，《民呼日报》1909年5月24日。

志、仁、义、智、勇、公、洁、忠信、讽谕、财力，这十个方面，既有对报刊道德品质的要求，又有对其经济条件的考虑，比较全面地分析了创办一家优质报刊的各种条件。在实际操作中，该报"鉴于往日《苏报》及《国民日日报》之覆辙，对于汉满种族问题，未敢公然言之。至于批评时政之得失及排斥官僚之腐败，则较《神州日报》尤为激烈，以故渐为各省当局所嫉视。即在上海各旧派报纸，亦以《民呼》放论敢言，销场日盛，彼此相形见绌，遂多假借外人势力或当地官威以横施压迫，且有在报端公然以恶语诋毁者"。① 一时间形成某些同业对《民呼日报》进行围攻的态势。② 于右任忍无可忍，遂于报端撰文宣示："本报出版以来，自知势弱力薄，不敢与有势力之报相抗，故立言无不谨慎。乃发行数日，蒙有心人以青眼相加，销路大增，而某某无价值之报，虽送阅而无人过问。遂老羞成怒，讥诋本报不遗余力，不道德之言，无日无之。似此挟势相凌，旁观者为之不平，投函者日数十起。同人以忠厚待人，发表者仅十之一二，连日乞哀，当为阅者所共见。乃该记者不知自量，欺我孤立无援，又插画以诬我。同人虽存打狗看主之心，讵能忍再一再二之消。今特正告天下，倘若辈再挟势相凌，使我忍无可忍，必正正堂堂作诛心之论，以雪连日之耻，使人知衅端不自我开，若辈实为祸首，我人春秋之作，不得已也。"③ 如此，围攻之势才渐有疏解。

1909年6月，《民呼日报》发文抨击陕甘总督升允只顾个人保官，花天酒地，不管民众死活，三年匿灾不报，致使秦陇高原饿殍遍野。升允遂诬告于右任"侵吞赈款"，指使清吏勾结租界当局将其扣押，并采取各种借口拖延案子审结。1909年8月13日，报社同人在《民呼日报》上刊登启事："报纸一日不停，讼案一日不了，加以酷暑如焚，总理于右任被系于狱中，备受苦楚，同人委屈求全，不得不重违于君之意，自行停刊。"④ 1909年8月14日该报停刊，前后共出版92天。于右任出狱之后，又重整旗鼓，再接再厉，于1909年10月3日创刊了《民吁日报》。于右任在《〈民吁日报〉宣言书》中慷慨激昂地写道：

---

① 冯自由：《革命逸史》（中），新星出版社2009年版，第587页。
② 许有成、徐晓彬：《于右任传》，复旦大学出版社1997年版，第74页。
③ 转引自冯自由《革命逸史》（中），新星出版社2009年版，第587—588页。
④ 转引自许有成、徐晓彬《于右任传》，复旦大学出版社1997年版，第77页。

第四章 辛亥革命时期的媒介批评

吾国自东西沟通，始有日报。更倡迭起，都百余家。然而枢铃之效未彰，记纳之极鲜立，虽抨顽击懦，恒林植于通馗，而燕语郢书，或取讥于达士。则有作达官之机关，为他人之奴隶，猜嫌日积，争无谓之雄雌。城府既深，昧本来之宗旨。徒逞臆见，第升膝而坠渊，掍成是非，将指鹿而为马。更或取齐东之谩语，为中朝之国闻。略知方言，嗤国学为无用；好语急进，诋和平为愚人。乃至金缯夕输，政绩日糵。鲁市有虎，贤君因而致疑；曾参杀人，慈母为之投抒（杼）。欲其并万化，主众极，回易群视，昭苏国魂，譬犹袭蓉裳以御冬，画饼形以馈馁，未有能济者也。即或以贤彦之心胸，为下民之喉舌，然而鸱鸮鸣轭，而彩凤之音不章，椓茅塞途，而揭车之列罔播。蓬悲出塞，惜忌嫉之偏多；兰忌当门，痛诛锄之太速。①

并表示报纸要奉行"远惟贾生汲古之训，近懔亭林有责之箴"，② 媒介批评的锋芒丝毫未曾衰减，显示出其不畏重压、愈挫愈奋的革命精神。

三

由于《民吁日报》问世不久，即发表了很多揭露日本帝国主义欲壑难填，威逼清廷要求种种特权，并揭露日货倾销我国的害处的文章，日本驻沪领事勾结租界当局，于1909年11月19日将该报查封。该报前后只存在了48天。日本驻沪领事和租界当局唯恐《民吁日报》被封之后又卷土重来，故无理判决《民吁日报》永远不准出版，机器不准做印刷报纸之用。据上海《时报》11月22日报道："民吁日报自前日被封后，关心此案之人，连日多以吊词贴于该报门前。前晚九时，竟有燃香烛痛哭者。又城内及南市各大街口，昨前两日竟有人黏贴揭帖，痛言《民吁日报》被封无缘由及指导之人云云。"③ 可见该报受民众欢迎之程度和社会影响之大。

于右任创办的第四份报纸是1910年10月11日出版的《民立报》。于自任社长，由景耀月、宋教仁、吕志伊、谈善吾、范光启、王旡生、徐血

---

① 海：《〈民吁日报〉宣言书》，《民吁日报》1909年10月3日。
② 海：《〈民吁日报〉宣言书》，《民吁日报》1909年10月3日。
③ 转引自许有成、徐晓彬《于右任传》，复旦大学出版社1997年版，第80—81页。

儿等人先后主持笔政，可谓阵容盛壮，人才济济。于右任手撰的骚体《民立报》发刊词《中国万岁　〈民立〉万岁》文采飞扬，"脍炙人口，洵不愧新旧文学合流之代表作"①。其中有云："秋高马肥，记者当整顿全神以为国民效驰驱。使吾国民之义声，驰于列国；使吾国民之愁声，达于政府；使吾国民之亲爱声，相接相近于散漫之同胞，而团体日固；使吾国民之叹息声，日消日灭于恐慌之市面，而实业日昌。并修吾先圣先贤，闻人钜子自立之学说，以提倡吾国民自立之精神；搜吾军事实业、辟地殖民、英雄豪杰独立之历史，以培植吾国民独立之思想。重以世界之智识，世界之事业，世界之学理，以辅助吾国民进立于世界之眼光。此则记者之所深赖，而愿为同胞尽力驰驱于无已者也。"② 读之令人振奋不已。发刊词曾批评报刊宗旨的缺乏和精神的萎靡："本馆同人之生此时，自痛其智之仅能知此，自信其政见之亦足以济此，所补助于国民者，则此后对外当如何有一定之方针，对内当如何有一定之改革，对经济恐慌当如何有一定之补救法，对人心卑下当如何有一定之救济法，容他日分析言之。不敢以讹言乱国事；不敢以浮言伤国交；不敢以妄言愚弄国民。所自期者，力求为正确之言论机关而已。力虽不逮，不敢不勉。夫前数年吾国之言论界，其气魄之雄健何如，其议论之慷慨何如，其精神之发越何如，而今日者则何如？或者曰：此皆冥顽不仁之政府所致也，而又何言？记者曰：吾思此，吾欲哭；吾哭此，吾欲吊；吾吊此，吾欲作招魂篇。吾特名之曰'骚心'。"③ 立志发扬屈原虽九死其犹未悔的伟大爱国主义精神，为祖国的复兴崛起、世界的和平尽心尽力，贡献智慧。

　　于右任在《民立报》往往通过与读者交流、以公开复信的方式进行媒介批评。在《敬复爱我之同胞》中，他说本报出版数日，而积函盈尺，有责其太平和者，有责其遇机会而不敢言者，并有痛斥记者善忘者。他于是答曰："同胞爱我至矣，惟记者有心事在，曰此吾民立也，吾只求立己立人而已，他非所记也。记者又曰，吾之办报为大局也，非修小怨也，使吾修怨，吾自有国仇在，区区者何足道也。"④ 显示出他坚持报纸既定宗旨不

---

① 冯自由：《革命逸史》（中），新星出版社2009年版，第607页。
② 骚心：《中国万岁　〈民立〉万岁》，《民立报》1910年10月11日。
③ 骚心：《中国万岁　〈民立〉万岁》，《民立报》1910年10月11日。
④ 全国政协文史资料研究委员会、中国国民党革命委员会中央宣传部合编：《于右任文选》，中国文史出版社1987年版，第21页。

因外界而有所动摇的坚强信念。在《存真是非于社会》中论及报刊批评时的标准问题道:"人非圣人,孰能无过?故凡论一人,是者是之,非者非之,存真是非于社会,执笔人之责也。故社会中有真是非而后始能产出真人物,记者平心论事,慎而又慎,是者不欺,非者即正。"① 便于读者理解报纸为何如此进行社会批评。

读者包永江致信报社说:自从缩短国会之后,朝野舆论不一,有欢欣鼓舞者,有志得意满者,有奔走号呼者,有忧愁抑郁者。议员且为政府之爪牙,议局亦作枢臣之走狗,代表团视政党为沽名之地,邀誉之场,而荒弃职务,向之万目一的,希望即开国会者,如今则四分五裂,民与民且背驰矣。国民心志之不一,使仇视者有所借口。呜呼!如国事何,贵报宜如何大声疾呼,以唤醒国人之迷梦,以一全国之横议而纳诸轨范,奈何怨诽悱恻,反同于妇人孺子,效吁嗟叹息之所为乎?不佞之嗜报纸,一若恒人之于少艾,乃近日来每读一张,辄使人有抑郁之心,而无奋发之慨。这是什么原因呢?西方人讥讽中国报纸能使中国无事,是不是真的这样呢?于右任答:"吾自恨学浅力薄,事事顾忌,未能尽力于祖国万一,闻投函人之言,能不惭且愧也。新闻记者之荒废职务,误国误民,其罪更甚于劣等官吏,故记者本不敢有自弃之心,而有时为识力学力所限,未免使阅者失望,亦望阅者之时时教我也。"② 在与读者进行亲切平等交流的同时,又巧妙地传达了新闻记者的职业操守及其理念。

有研究者将于右任归为"一个诗人气质和民族主义感情均非常浓重的自由主义者和报刊革命家",③ 虽然并不一定非常准确,但于右任于晚清政府对报刊的残酷迫害与恶劣钳制则有着切肤之痛,所以他对之可谓深恶痛绝,屡屡抨击。1910年,温肃接掌湖北道监察御史后不久,即上奏折要求严定报律,对嚣张的报刊言论加以约束和防范。其中条陈报刊的三弊是:①逆党机关;②机要机关;③无赖渊薮。于右任在《呜呼温肃》中讽刺道:

---

① 全国政协文史资料研究委员会、中国国民党革命委员会中央宣传部合编:《于右任文选》,中国文史出版社1987年版,第62页。
② 全国政协文史资料研究委员会、中国国民党革命委员会中央宣传部合编:《于右任文选》,中国文史出版社1987年版,第88页。
③ 张育仁:《自由的历险——中国自由主义新闻思想史》,云南人民出版社2002年版,第184页。

按所谓逆党者，指革命党也。旧律已限制之矣，姑勿论。所谓机要机关者，其官营商报乎，限制之是也。惟指报馆为无赖渊薮，试问御史台其有赖渊薮乎？近数年之御史如倬寿等类，污浊万分，诚足以羞天下之士矣，而温肃轻视人乎？正不知报馆中人鄙官而不为者，不知多少也。①

又针对温肃奏折中有"谓国会议员选举，应妥筹善法。此次请愿代表，在京同乡，彼此不识，皆平时窟穴学堂报馆之无聊人员，正人羞与为伍"之语，于右任予以嘲笑："按谓报馆为窟穴奇，谓学堂为窟穴则尤奇，谓报馆学堂皆无聊人员则更奇，谓报馆学堂之人，正人羞与为伍，则奇之又奇。因代表在学堂，报馆与京官不识，则指为不正，更破天荒之大奇闻也。吾闻京曹呼代表曰'老表'。其轻薄之意，现于言外，而此老表则又仆仆而归矣。辛苦如此，不见谅于世，能不悲哉！"②连用5个"奇"字，既揭露了温肃见识的奇葩，又顺带曝光了国会议员们蝇营狗苟、纳贿行私的丑态。在《伤心语》中，于右任更披露说，报纸接读者投函，有谓本报应为代表讳者。"记者曰：代表负国民如此，我讳之无以对国人，其不忍登者尚多也。日本报纸，记民间淫乱事居多；中国报纸，记官场淫乱事居多，故视察两国之内容，可于无意中得之，化之均不易易。"③从三言两语之中消解了官场的权威性，使清廷的社会形象瞬间崩解于无形，有效发挥了报纸言论的武器功能。

1945年1月12日，于右任应邀到中国新闻学会演讲，他在演讲中深情地回忆起辛亥革命时期他的新闻经历，道及他后来因为革命的需要而离开新闻界，至今仍深悔之。"说新闻事业是国家进步及民族文化解放上的神圣事业，一点没有夸张。"④ 在《民立报》上，他就曾在《人道主义之纪元》时评中，以诗一般的语言激情礼赞报纸道：

---

① 全国政协文史资料研究委员会、中国国民党革命委员会中央宣传部合编：《于右任文选》，中国文史出版社1987年版，第69页。
② 全国政协文史资料研究委员会、中国国民党革命委员会中央宣传部合编：《于右任文选》，中国文史出版社1987年版，第69—70页。
③ 全国政协文史资料研究委员会、中国国民党革命委员会中央宣传部合编：《于右任文选》，中国文史出版社1987年版，第94页。
④ 全国政协文史资料研究委员会、中国国民党革命委员会中央宣传部合编：《于右任文选》，中国文史出版社1987年版，第446页。

第四章　辛亥革命时期的媒介批评

民立者世界和平之导线也。

世界不灭，人类不灭，人道即不灭。故人道主义者，所以驱除不仁之虐者也。

自古有喑呜叱咤一世之怪物，而为一二学说所摧者，金戈铁马，横行无敌之国，往往屈于坛坫会盟之间者。有强权无公理，至言耶？非至言耶？

记者曰，有左右世界之利器，则有人道；无左右世界之利器，则无人道。

记者又曰，吾据此一利器，吾请为人道主义开一新纪元。①

他按照这种政治理念去进行报刊实践，把报刊作为刺向满清政府的锐利武器，同时也把这种理念作为理论武器去分析和批评同时代的报刊现象及新闻实践，而成为一个具有理想主义和诗性色彩的媒介批评家。

第五节　郑贯公的媒介批评

郑贯公（1880—1906），名道，字贯一，曾经使用过贯公、贯庵、自立等笔名。广东香山县（今中山市）人。出身贫寒，但少时颖悟好学，过目成诵，有神童之誉。最初在乡里私塾读书，16岁时因家贫辍学，通过亲戚帮助，东渡日本在太古洋行横滨支店佣工，业余时间自学维新派书报，1899年入东京高等大同学校，翌年冬受聘《清议报》助理编辑。当时南洋美洲各埠凡有华侨之地即有保皇会，凡保皇会亦即《清议报》之代销处。贯公以华侨中毒已深，乃倡设《开智录》半月刊，专发挥平等自由天赋人权之理，欲以革命学说灌输海外保皇会员，为拔赵帜易汉帜之计。"出版之后，风行一时，保皇会员因之豁然觉悟者，颇不乏人。"②梁启超乃自加拿大移书横滨保皇会告变，《清议报》经理冯紫珊因此而免去郑贯公的助编之职，《开智录》亦被迫停刊。1901年春，经孙中山先生介绍，郑贯公赴香港担任《中国日报》记者一职。当时香港新闻界主笔政者多是旧学中

---

① 全国政协文史资料研究委员会、中国国民党革命委员会中央宣传部合编：《于右任文选》，中国文史出版社1987年版，第14页。

② 冯自由：《革命逸史》（上），新星出版社2009年版，第70页。

人，立论陈腐，为新学士子所齿冷。郑贯公在《中国日报》上尽力阐发新思想新学说，使该报面目为之焕然一新。1903年底，因与报中同人关系不睦，遂自动从《中国日报》辞职，1904年1月与林护、谭民三等人创设《世界公益报》。因该报资本全出自基督徒，立言颇受拘束，遂再辞职另创《广东日报》，自任总编辑兼督印人。发刊年余，以资本不足转与别人。1905年6月，创办通俗革命小报《唯一趣报有所谓》，担任总编辑兼发行人，专以小品粤语文字诱导社会，进行反美拒约宣传，给省港人民正在进行的抵制美货运动以很大的支持。该报销路之广，驾各大报而上之。1906年郑贯公在香港因染疫去世，年仅26岁。郑贯公虽从事报刊活动为时并不很长，但在报刊理论和实践及媒介批评方面却颇有建树。

一

刊登在《开智录》创刊号上的《开智会录缘起》一文，是郑贯公目前能够被查到的第一篇媒介批评文字。文章开头援引西方著名人士有关报刊作用的名言，阐述报刊所具有的社会功能和责任："西儒赞士伊路利斯曰：'新闻纸乃世界之镜也。'拿破仑曰：'新闻记者，不平家也，批难家也，助言之附与者也，君主之摄生也，国民之教师也。'又曰：'有四个反对新闻纸，更恐于一千快枪'呜呼！新闻纸之权力大矣，责任重矣。不爵而贵，不位而权，主持风化，掌握褒贬，孰有过于新闻纸者哉！"[①] 郑贯公指出，新闻媒体有偌大的作用，这不是指报馆一家的私论，也不是指记者个人的私言所具有。因为记者不过是代国民宣言，鸣其不平耳。所以代表国民的智慧，力图增进人类的幸福，这是新闻媒体的最大目标。而国家民众幸福的有无和大小，都以言论表达权的发达与否、程度高低为唯一的标准，所以言论表达权不能不进行争取。但是言论表达权有两种：一为直接表达权；另一为间接表达权。直接表达就是由新闻媒体进行的表达；间接表达就是通过议院议员的表达。两者表达以新闻媒体的直接表达显得更为重要，比较而言，新闻媒体要比那些议员重要得多。所以说多一家新闻媒体，就是国民多一层幸福。这确实很有道理。"自戊戌之后，新闻报馆，

[①]《开智会录缘起》，《中国文化研究集刊》第四辑，复旦大学出版社1987年版，第330—331页。

第四章　辛亥革命时期的媒介批评

飘零殆尽；加以本年之暴力禁压，而报馆之巍然独存者，益不堪数矣。民贼之辈，竟欲以强力压塞民口，败坏国民发言之权而夺其幸福，使自由之钟室哑不能高鸣，良可痛叹。"① 正是基于上述对新闻媒体政治功能和国内媒介现状的分析，郑贯公才愤而创办《开智录》以起衰救弊。正如其所言："仆等久怀慨愤，故于瀛海一隅，合众志士，兴起倡论，以争自由发言之权，及输进新思想以鼓盈国民独立之精神为第一主义。"② 他表示虽然可能声低颈短，不能高鸣天外，但如果能够招致有志之士的应声起和，那么也就达到了开智之目的。

郑贯公等人创办的《开智录》是中国留学生在日本出版最早的革命刊物之一，该刊设置本会论说、言论自由录、杂文（演说、来稿、外论等）、译书、伟人小说、词林、时事笑谭与粤讴解心等栏目，其宗旨为"倡自由之言论，伸独立之民权，启上中下之脑筋，采中东西之善法"，③ 即通过介绍西方的学说，以挽救民族的危亡。该刊可谓是清末反满革命的最早公开鼓吹者，特别是后期革命倾向日益鲜明，与保皇派的活动旨趣渐有乖离，故招来康梁一派的强力干涉，郑贯公也因此被逐出《清议报》编辑部，该报被迫停刊。

郑贯公以"贯庵"笔名发表在《开智录》改良第 3 期的《论阅新闻纸之益》一文，是此时期中国留学生撰写的一篇较重要的媒介批评文章。作者认为，大自然天生两种生物，一是植物，二是动物，都给了它们自由的权利，这种自由的权利不能被无故剥夺。草木花卉因自由而天真烂漫，灿若锦绣；飞鸟走兽因自由而俯仰自如，生机盎然。动、植物如此，作为万物灵长，具有意识、懂得善恶的人类，更不能没有这种自由之乐。"西人其知之矣！国行文明之政，民有自由之权，骎骎乎日攀跻于极乐之世界，何快如之！我中国人则不然，浑浑噩噩尔，如瓶之花，笼之鸟，庖之兽，釜之鱼，任人操生死之权，不求固有之幸福，岂天之降殊哉？抑亦智之未拓也？"④ 郑贯公认为：智慧也就是权利，有了一分的智慧，那么便有了一分的权利，这是一种天赋的权利。今立此优胜劣败之场，不能战战兢兢，

---

① 《开智会录缘起》，《中国文化研究集刊》第四辑，复旦大学出版社 1987 年版，第 331 页。
② 《开智会录缘起》，《中国文化研究集刊》第四辑，复旦大学出版社 1987 年版，第 331 页。
③ 转引自陈玉申《晚清报业史》，山东画报出版社 2003 年版，第 179 页。
④ 贯庵：《论阅新闻纸之益》，《中国文化研究集刊》第四辑，复旦大学出版社 1987 年版，第 391 页。

如临深渊，如履薄冰，竟至一落千丈，伈伈俔俔，为强者之肉，为富者之奴，太阿倒持，自求其祸，反而以这是天命作为借口。这是多么愚蠢的观点！真是令人痛心！这是有心的人之所以奋臂奔走，疾呼相告者的原因。"为今日计，必使聋者聪而瞽者明，梦者醒而愚者智，方为得法也。然欲达此法之目的，必曰新闻纸。"① 郑贯公对中国近代新闻媒体产生的社会和政治原因的追溯，是符合历史实际的正确之论。

郑贯公认为，新闻媒体发明当世之论，记载现时的历史，或评论，或批驳，其持说则独立不羁，其宗旨则改良进化。他列举外国新闻媒体的刊期种类说，外国新闻媒体，日报逐日刊派，有闻有记，不辨伪真，登录市情，以便商贾。五日七日出报者，记事详尽，言论庄重正派，虽于商场不便，然逐日记载与日报无二致。还有旬报、半月报、月报、季报、半年报和年报等，"时候之久暂，虽各不同，而其要旨，大都不外益时开智耳"②。所以，可以下个断言：日报及五日报，记载一日至几日的历史，周报、旬报、月报、季报、半年报和年报者，记载一周、一旬、半月、一月、一季、半年、一年的历史，无非担任布告世界新历史的任务，希望能够风行朝野，鼎革人心，挽回天赋的自由，增进人民的幸福。所以新闻媒体实在是现时代的金声玉振之所在。新闻媒体可以使民智大开，形成舆论，监督政府，之所以能够如此，是因为新闻媒体所言有益于国，有补于民。这也是英、法等国家之所以强盛的其中一个原因。

郑贯公指出，中国内政再也没有比现在更腐败的时候了，外国列强对我国的侵略欺侮没有比现在更残酷的了，民智的壅塞、民气的顽懦，也没有比现在更甚的了。推寻其中原因，也是因为缺少新闻媒体。"我国有志之士，痛时事之日非，恐神州之瓦解，于甲午岁后，颇倡报馆，大声疾呼，俾国民之迷梦，或唤醒于万一，然亦寥寥如晨星之可数焉。何外国日开而日盛，而我国则大相悬殊也？无亦我国民之不悦读乎？"③ 外国人以三等野蛮、睡狮病兽鄙视我国，这种痛心刺骨的感觉，何日敢忘之？故登诸

---

① 贯庵：《论阅新闻纸之益》，《中国文化研究集刊》第四辑，复旦大学出版社1987年版，第391页。
② 贯庵：《论阅新闻纸之益》，《中国文化研究集刊》第四辑，复旦大学出版社1987年版，第391页。
③ 贯庵：《论阅新闻纸之益》，《中国文化研究集刊》第四辑，复旦大学出版社1987年版，第393页。

报端,俾国民家喻户晓,以图有雪耻的那一天。"讵意言者谆谆,听者邈邈。"① 郑贯公认为中国人不喜阅报的原因大致有二:一是不知新闻之益;二是野蛮政府之压禁。因此,新闻纸的益处需仔细推究,大力宣传;政府不得横生枝节予以压制,否则政府就是野蛮政府,应当首先就被革除。

二

19世纪40年代,美国加利福尼亚州发现金矿,西部开发需要大量劳动力,许多中国人前往美国淘金。至80年代,旅美华工已达30余万人。降至70年代,随着美国社会矛盾的激化,种族主义倾向开始抬头,不断发生排斥、迫害乃至杀害华工的事件。清政府不但未能保护侨工的正当权益,反而在1894年同美国政府签订了《中美会订限制来美华工保护寓美华人条款》,等于承认其歧视和迫害华工的合法性。1904年底,条约期满,中国人民特别是旅美华侨强烈要求废除该条约。在舆论压力之下,清廷向美提出改约。不料美方悍然予以拒绝,蛮横坚持续约,从而激起了广大中国人的愤怒,沪、港、穗、津、京、宁、杭等地爆发了抵制美货的运动。在拒约运动正如火如荼之际,郑贯公创办了《唯一趣报有所谓》,联合粤港各报,以指导和推动拒约运动的发展。1905年8月12—23日,郑贯公在《唯一趣报有所谓》上连载了《拒约须急设机关日报议》一文,全面而系统地阐述了报纸与拒约运动之间的关系,充分表达了他对新闻媒体政治和社会动员功能的认识,以及对媒介内容和体例的具体规划与设计。

郑贯公认为,国外凡是组织(会)皆有一种报纸作为机关。现在既然有拒约会,就不能没有拒约之报。这种报纸不只是达到开民智、鼓民气、使抵制运动普及的目标,因为拒约组织在表面上虽具有无形的国家政府机关性质,实际上没有政法职能上的机关办事人员。如果有了报纸则即可有之。"报纸能宣布公理,激励人心,何异政令告示?报纸能声罪致讨,以警效尤,何异裁判定案?报纸能密查侦察,以显其私,何异侦察暗差?报纸能布其证据,直斥其人,何异警察巡兵?报纸能与人辩诬讼冤,何异律师?报纸能笔战舌争,何异军人?由是观之,则报纸与会之关系重要如

---

① 贯庵:《论阅新闻纸之益》,《中国文化研究集刊》第四辑,复旦大学出版社1987年版,第393页。

此，岂可不设？岂可不急设？"① 他此前曾听说广州有志之士创设这种报纸的消息，但查问其计划，原来最初是准备为周报，后来又改为旬报，郑贯公认为这不能令人感到满意。他比较两者的优劣论道：旬报体裁与日报异，旬报搜罗既广，议论亦详，为一会之机关报，本属甚善。唯吾窃恐其太迟，于此交涉风云瞬息万变之际，似不若办日报之为更好。日报虽然逐日草草而出，记事未能尽详，但消息比较快捷；加以一般人各有其业，阅报时间日报较为便易。如果能一天出两次，分上、下午，就更为得法。"盖人心公愤，莫不以先睹为快。"② 旬报和日报虽然都是报纸，但由于刊期的不同，其在社会动员效应方面就各有长短。郑贯公对两种报纸优劣利弊的分析，诚可谓洞烛幽微，切中肯綮。

办一个什么样的拒约机关报才能符合需要？郑贯公对此有着非常细致的考虑设计。他认为办好报纸首先要确定宗旨。"凡报须有宗旨，无宗旨则立意靡定，直为记事传单。"③ 这正如记者需有学问一样。如果记者没有学问，那么就见理不真，直为浮词满纸。所以记者与报纸互相维系，宗旨与学问也是互相维系的关系。他以教育为例说，日本明治维新以来对教育进行改良，现在东京政治学校的课程设置中均设有新闻学课程。第一年讲授新闻原理及各国改革，第二年研究新闻理论及各国历史变迁，第三年则进行新闻实践，所以该国记者都十分熟悉政治，如此才能胜任新闻工作要求。过去日本文学博士、东京政治学校校长松本君平曾著有《新闻学》一书，足见办报一业，需有一种学问。所以在实行立宪制度的国家，既有今日为记者而明日为议员者，也有今日为议员明日为大臣者。举凡政治家，穷则在报社，达则进内阁，这就是"无冕帝王"称号产生的根由。我国现在教育发展还处于幼稚阶段，如果求全责备的话，那么也许找不见一个具有记者资格的人。即便因陋就简，找一个稍微具有普通新闻学知识或者曾经游学外国的人，也不太多见。"虽有等所谓志士，放下八股文章，拾得一二新名词，哓哓于世，舍呜呼咄咄以外无文字，舍谩骂刻薄以外无批

---

① 复旦大学新闻系新闻史教研室编：《中国新闻史文集》，上海人民出版社1987年版，第70页。

② 复旦大学新闻系新闻史教研室编：《中国新闻史文集》，上海人民出版社1987年版，第70页。

③ 复旦大学新闻系新闻史教研室编：《中国新闻史文集》，上海人民出版社1987年版，第70页。

评。至于恭维讨好之言论，骨媚声柔，尤为卑卑不足道，乌知政治学、新闻学为何物耶？"① 开通之人、有志之士尚且如此，哪里还可以谈论什么办报呢？既然没有学问，哪里会有真正批评的眼光？空谈理想，实际上付之阙如。所以，要讨论办报，不得不先讨论记者；讨论记者又不得不先说其人格。凡是报纸都是这样，拒约机关报也必是如此。

报纸宗旨是对报纸存在的目的或对社会发展某一方面应作出贡献的陈述和设定，也可以称之为报纸的使命。报纸宗旨不仅陈述和预设了报纸未来的任务，而且要阐明为什么要完成这个任务以及完成任务的具体行为规范是何。尽管报纸的宗旨陈述可能千差万别，但它都要回答两个基本的问题：报纸是做什么的和按什么样的原则去做？本报纸应该树立什么样的社会形象以区别于其他报纸？一家报纸的宗旨其实是报纸运营的战略问题，它将直接规定报纸的价值观念，及报纸的基本社会责任和期望在某方面对社会将要作出的贡献，以及为实现根本目的而进行报道和评论的范围及其态度。郑贯公强调报纸宗旨为报纸首先要确定的问题，可谓高瞻远瞩、深谋远虑之见，他同时强调新闻工作者素质对报纸宗旨的实现具有基础性的保障作用，也是符合报纸运营实际的经验之谈。因为报纸的宗旨固然十分重要，但它毕竟是原则性的东西，必须由新闻工作者通过新闻采访、报道、评论、编辑等具体入微的动作才得以物化为实践性的活动。新闻工作者是新闻实践中最活跃的因素，文如其人，报亦如此。郑贯公先后办过几家报纸，每一家报纸都具有鲜明而突出的宗旨。他之所以从《世界公益报》辞职另谋他就，一个重要的原因就是该报宗旨因受到投资人的干涉无法得以贯彻所致。而他创办的《唯一趣报有所谓》在新闻史上之所以能够别树一帜，亦当与该报确立的"以言论寒异族独夫之胆，以批评而褫一般民贼之魄，芟政界之荆榛，培民权之蒙蘖"② 的独特编辑宗旨有关。

三

报纸宗旨已经确定，郑贯公认为，新闻记者素质一时无法得以大幅提

---

① 复旦大学新闻系新闻史教研室编：《中国新闻史文集》，上海人民出版社1987年版，第71页。
② 转引自方汉奇主编：《中国新闻事业编年史》（上），福建人民出版社2000年版，第335—336页。

升，只能就地从宽取材，如果他能稍知天职，具有热肠，拒约机关报"尽可善采办法大要，诱之得其道，则吾拒约之一般社会，裨益多矣，何斤斤于人格为"①？那么具体有哪些好的办法能够有效地解决这个问题呢？郑贯公申论了如下十条办法。

第一，先定报律。郑贯公所谓的"报律"并不是指国家制定和颁布的、适用于各种新闻传播媒介有关新闻采集、传播、出版、交流的法令规章制度，而是报社自己制定的用以约束和指导内部工作人员的职业道德规范和业务行为纪律守则等。"吾国自来无所谓报律者，只有官场势力而已。今言报律，将从何起？曰：由吾报社自采其合于文明公理者，定其方针。查报律之大要，最重道德，而道德有公私之分，公德有害，报可声罪以除之也。无论政界、学界、农工商界，及种种社会，皆可评论也。惟个人私德，无关于世者，不能诬捏妄揭也。记者有监督政界及代民鸣不平之特权，惟不能煽乱以坏治安也，又不能造谣以惑人心也，又不能佟谭猥亵以诲淫也，此其要略之大纲也。"② 何以如此呢？原因在于他认为拒约行动牵涉到国家之间的交往，容易给帝国主义列强提供干涉中国内政的借口。"历观外强自帝国主义之政术发明，专伺野蛮之暴动，以插其藉端偿欲之足，而施其酷腕，强权世界，公理泯然，此不可不慎之又慎也。"③ 激愤之下，国民群体行为容易脱序。因此要对拒约机关报的传播规范预先认定，预设传播效果，将国民的社会反映限制在一定的可控范围之内。否则，如果报纸不以文明善法为鼓舞，诚恐暴动一起，大局不可收拾，连累抵制美货运动误入歧途。

第二，周密调查。拒约中抵制美货只针对美国一家，不能扩大打击面，"吾人所以为拒约之政策，只以不用美货，若能举国一心，实行抵制，方见民气之勃勃。如各社会上，苟有见利忘义，阳奉阴违，则群败而气馁，何拒约之足云"④？这要求在抵制美货过程中，进行周密的货物调查，

---

① 复旦大学新闻系新闻史教研室编：《中国新闻史文集》，上海人民出版社1987年版，第71页。
② 复旦大学新闻系新闻史教研室编：《中国新闻史文集》，上海人民出版社1987年版，第71页。
③ 复旦大学新闻系新闻史教研室编：《中国新闻史文集》，上海人民出版社1987年版，第71页。
④ 复旦大学新闻系新闻史教研室编：《中国新闻史文集》，上海人民出版社1987年版，第2页。

不要殃及别国货物，以免民气因之而涣散。

第三，多聘翻译。古人有云：他山之石，可以攻玉。又云：知彼知己，百战百胜。拒约是对外的行动，必然引起对方的反应。"翻译者，以本国之文字，译外国之要闻，况我有抵制之人，不可不知人之对待于我，观其舆论，忖其方针。"① 只有这样，我们才有可能采取针对性的因应措施，做到政策日巧，使运动日精。一般的报纸都设有翻译人员，以翻译外报新闻，至于以推动对外运动为专门主旨的拒约机关报，就更不能不多聘翻译人员，多多翻译外国相关新闻了。

第四，多撰讴歌戏本。郑贯公认为，上层社会和下层社会的人文化修养有所不同，所以开智之道，上层社会易，下层社会难："报纸为开智之良剂，而讴歌戏本，为开下流社会知识之圣药，故迩来报界渐次进化，皆知讴歌戏本，为开一般社会智慧不二法门。乐为撰作，寻常之报且然，况拒约机关报乎？"② 而且在拒约运动中，下层社会的人民抵制美约，其踊跃的程度前所未有，所以有必要"因势利导，晓以文明之举动，警以交涉之恶潮"，③ 这些都是报纸应尽的职责。讴歌戏本因为通俗易懂，一向为劳动人民所喜闻乐见，若能寓以要言，解以真理，则对拒约的前途无疑会大有裨益。

第五，文字浅白。郑贯公指出，日本变法之所以能够成功，全赖报纸大力鼓吹，而报纸尤以浅文白话为普及。我国方言众多，不仅各省不同音，而且一省之中亦各有其音，白话文的撰写和传播十分困难。即以广东来说，其俗语恒有其音而无其字者。要解决这个问题，唯有使用浅白的文字一种方法，"庶几一般之社会，皆得其解，互相播传，即互相警戒，然后拒约乃可实行"④。报纸收功之日，即禁工废约收效之时。

第六，门类清楚。郑贯公认为，举凡编辑要事，与夫一切著作，其分门别类的界线断然不能相互混淆。如果眼光照顾不到，精神不足，任意刊

---

① 复旦大学新闻系新闻史教研室编：《中国新闻史文集》，上海人民出版社1987年版，第72页。
② 复旦大学新闻系新闻史教研室编：《中国新闻史文集》，上海人民出版社1987年版，第72页。
③ 复旦大学新闻系新闻史教研室编：《中国新闻史文集》，上海人民出版社1987年版，第72页。
④ 复旦大学新闻系新闻史教研室编：《中国新闻史文集》，上海人民出版社1987年版，第73页。

列，混乱无次，则读者脑筋视线，必致不安。虽然日报编辑受到时间的限制，不能如月报旬报那样审慎周详。然门类不清，最会使人记忆杂乱。况且拒约问题，为一般社会所注目，各处声气，最贵相通，则内容门类或分其地方，或区其社会，或别其著作，务求明白清爽，不致影响阅读。

第七，报费从廉。外国报纸因为价格低廉，所以销路畅行，流传广远。微中收利，又借助广告取费，所以外国能报社林立，报纸风行。现在创办拒约机关报，因为其资本来源含有义捐性质，所以报费亦需含有持赠意思，这样才能够使报纸抵达一般家庭，做到家喻户晓，手披口诵，这样或许使拒用美货的主张，能够得以普及，使民气日昌，团体日固，拒约运动才能行稳致远，持续发展下去。

第八，校对小心。"著作固贵夫浅显，记事又贵夫精神，而对稿一层，尤关紧要。"① 因为常常会有因一字之误，差之毫厘而谬以千里的事情发生。"开通饱学之士，尚知其讹，若仅识之无，粗晓文字者，必以讹为正，误会其意，而脑筋上受怏怏不乐之刺激，是则校对之宜尤为注意也必矣。虽一圈一点之微，亦不可轻视，方为完全之报纸。"② 新闻传播是一个系统性工程，校对看似小事，但一个错别字有时候确实能够影响传播的最终效果。

第九，精选广告。广告是报纸的血脉，但当时有些报纸对广告不加选择，来者不拒，致使报上的广告内容乱七八糟，污秽不堪。"吾见各处报纸，其言论则曰破绅权，戒赌博，而告白则煌煌然建庙之捐款芳名矣，赫赫然山票铺票围姓之揭晓矣，余如花丛谈花世界之介绍嫖务者，卑污苟贱，有忝报界。故说者谓粤垣报纸为嫖赌报，吾无以为之解嘲。"③ 对广告不加以筛选，会使广告与报纸的报道和评论相矛盾，抵消宣传效果。郑贯公以最近报纸上的广告为例说明道，言论则日日鼓吹拒约，新闻自段段拒约风潮，庄言谐语，嬉笑怒骂，均能尽其天职。而介绍美货的广告，触目皆是，甚至有声明不刊美货广告的报纸，而其报上广告却依然如故，或改换数字，以掩人目。这是奸商的一贯伎俩。拒约机关报切不可如一般以营

---

① 复旦大学新闻系新闻史教研室编：《中国新闻史文集》，上海人民出版社1987年版，第73页。
② 复旦大学新闻系新闻史教研室编：《中国新闻史文集》，上海人民出版社1987年版，第74页。
③ 复旦大学新闻系新闻史教研室编：《中国新闻史文集》，上海人民出版社1987年版，第74页。

利为目的的商业性报纸,在广告上因循苟且,唯利是图。

第十,多刊图画。外国报纸上常常刊有图画,并加以解说,使人一目了然,这种传播技巧非常之好,郑贯公建议我国报纸也应仿照办理。虽然精粗、美恶不可相提并论,但其意图则相同。郑贯公认为报纸刊登图画是报纸发展的一种潮流时尚,而且拒约运动中可以用图画进行传播的内容很多:"美人虐待华工之景状可刊也,美货之商标可刊也,各华商拒约会议所可刊也,各华商之焚弃货物真景可刊也,其余种种关系于拒约之图画,皆可刊揭。"[1] 触于目者感于心,见诸图者印之脑。图画传播能够给人以更深刻的印象。因此,拒约机关报应该多多准备图画予以刊登。

郑贯公16岁时即东渡日本,对外国新闻媒体有较多的接触。因此,他在进行媒介批评的时候,常常能自觉地以外国新闻媒体的运作状况作为参照系,对中国的新闻媒体及其传播缺陷进行有针对性的分析和评价。这在《开智会录缘起》《论阅新闻纸之益》《拒约须急设机关日报议》等文中都有着突出的表现。如果从任《清议报》助理编辑算起,郑贯公的报刊生涯不过短短五六年时间,但他所创办的《开智录》《唯一趣报有所谓》等报纸都具有十分鲜明的特色和风格,尤其是在语言通俗化方面有着突出的努力,在中国新闻史上占有一定的地位。在拒约运动期间,他一直坚定站在这场反美斗争的最前沿,进行了大量开发民智、唤起民众、鼓舞士气的宣传工作,其思想之新颖深刻,笔锋之泼辣犀利,语言之诙谐生动,在港粤报人中可谓一时无两。尽管其办报生涯短暂,却为革命报刊宣传工作作出了卓越的贡献,是辛亥革命时期资产阶级革命派最杰出的报刊宣传家之一。因此,郑贯公如同划破漫漫夜空的一颗流星,虽然转瞬即逝,却以其不可磨灭的亮光,永远辉映在中国新闻事业流淌不息的历史发展长河之中。

第六节　秋瑾、范鸿仙、朱执信的媒介批评

辛亥革命是中华民族鼎故革新、波澜壮阔的历史转折时期,无数英雄豪杰拯救国家民族于危亡之际。晚清王朝其时已经日薄西山,气数将尽,内忧外患,风云鼓荡。以孙中山为首的一大批仁人志士,纷纷组建革命政

---

[1] 复旦大学新闻系新闻史教研室编:《中国新闻史文集》,上海人民出版社1987年版,第74页。

党，立志推翻腐朽的满清专制政府，建立民主共和制度国家，他们既不断地组织武装起义活动，赴汤蹈火，前仆后继，又积极地创办各种报刊进行宣传鼓动，摇旗呐喊，张扬主义，营造舆论，争取支持。武攻文卫，相得益彰，谱写了中国近代史上最为辉煌的时代篇章，为辛亥革命胜利奠定了坚实基础。很多革命烈士为此献出了宝贵的生命，自由之花因为烈士鲜血的浇灌而怒放。鉴湖女侠秋瑾1907年因在绍兴发动反清武装起义失败而英勇就义于轩亭口；范鸿仙则在辛亥革命成功后不久被袁世凯爪牙暗杀于上海；朱执信则在1920年被桂系军阀杀害于广东虎门。这几位革命烈士虽然去世时间先后与原因各有不同，但他们都曾在辛亥革命中作出过应有的重大贡献，也都曾在辛亥革命时期的报刊宣传中执笔为文，挥戈驰骋，进行过或多或少的媒介批评活动。

一

秋瑾（1875—1907），原名闺瑾，字璿卿，浙江山阴（今绍兴市）人。秋家自曾祖起世代为官，父秋寿南官至湖南郴州知州。秋瑾幼时随兄读书家塾，好文史，能诗词，15岁时跟表兄学会骑马击剑。1894年，秋瑾被时任湘乡县督销总办的父亲许配给今双峰县的王廷钧为妻。1896年，与王结婚。王廷钧在湘潭开当铺，秋瑾平时住湘潭，也常回婆家。在婆家时秋瑾常与唐群英、葛健豪往来密切，经常集聚在一起或饮酒赋诗，或对月抚琴，或下棋谈心，后人誉之为潇湘三女杰。1900年，王廷钧纳资户部主事，秋瑾随其赴京。不久，八国联军入京，为避战乱返乡。1903年，王廷钧去京复职，秋瑾一同前往。1904年，秋瑾不顾丈夫反对，自费东渡日本，入东京中国留学生会馆所设日语讲习所补习日文，常参加留学生大会和浙江、湖南同乡集会，常演说革命救国和女权道理。学习之外，秋瑾广交志士仁人，与周树人、陶成章、黄兴、宋教仁、陈天华等人相识。1904年9月24日，秋瑾以自己组织的演说练习会名义创办《白话报》，自任主编，先后出版6期。《白话报》内容分论说、教育、历史、地理、时评、谈丛、歌谣和戏曲等，秋瑾先后发表《演说的好处》《敬告中国二万万女同胞》等文章。《演说的好处》一文，归纳了演说在宣传教育方面具有的优势：随处随时都可演说；不要钱听者必多；人人都能听懂；只需三寸不烂舌头，成本低；天下事情都可以晓得。是年秋，秋瑾在日语讲习所毕业，继入东京青山实践女校。1905年6月，回国筹措继续留学费用，由徐锡麟介绍参加光复会。7月，再赴日本学习。在赴日船上，秋瑾看到了《日俄战争地图》，感慨万分，恰有日人索诗，她写下了著名的《黄海舟中日人索句并见日俄战争地图》一诗："万里乘云去复来，只身东海挟春雷。忍看图画移颜色，肯使江山付劫灰。浊酒不销忧国泪，救时应仗出群才。拼将十万头颅血，须把乾坤力挽回。"① 到日后加入同盟会，并被推为评议部评议员和浙江主盟人。1906年，因抗议日本政府颁布取缔留学生规则，愤而回国。1907年1月14日，秋瑾创刊了《中国女报》，提倡女权，宣传革命思想。旋因母丧回绍兴，应邀主持大通学堂校务。她以学堂为据点，往来杭、沪间，运动军学两界密谋起义。1907年7月15日，因起义事泄被捕，从容就义，成为我国历史上第一个为民主革命事业壮烈殉身的妇女英杰。

秋瑾撰写的《中国女报》发刊词具有一定的媒介批评色彩。它以拯救中国二万万妇女于黑暗之中为职志，启发和鼓动她们明白自己的处境，奋起争取国家的独立和解放，争取与男性平等的权利。秋瑾指出，世间最凄惨、危险的就是黑暗。黑暗则无是非，无闻见、无一切人间世应有之思想行为等。"黑暗界凄惨之状态，盖有万千不可思议之危险。危险而不知其危险，是乃真危险；危险而不知其危险，是乃大黑暗。"② 然后再点出摆脱黑暗与危险的第一步，就是要认识和知道黑暗与危险的论旨。"黑暗也，危险也，处身其间者，亦思所以自救以救人欤？然而沉沉黑狱，万象不有，虽有慧者，莫措其手。吾若置身危险生涯，施大法力，吾毋宁脱身黑暗世界，放大光明，一盏神灯，导无量众生尽登彼岸，不亦大慈悲耶？"③ 自救可以说是人的一种本能，但将自救而救人统一起来，就是一种佛性的慈悲表现。人都乐生而恶死，趋吉避凶。为什么有人陷入危险而不顾呢？其实不是不顾，而是他没有意识到危险。如果将他从沉醉中唤醒，使他意识到危险多么可怕，那么各人自救，不比等着别人去救更好吗？否则即便如观音菩萨一样洒遍人间甘露，也无法尽度世人。"然则曷一念我中国之

---

① 朱东润主编：《中国历代文学作品选》下编第二册，上海古籍出版社1980年版，第308页。
② 秋瑾：《〈中国女报〉发刊词》，复旦大学新闻系新闻史教研室编：《中国新闻史文集》，上海人民出版社1987年版，第79页。
③ 秋瑾：《〈中国女报〉发刊词》，复旦大学新闻系新闻史教研室编：《中国新闻史文集》，上海人民出版社1987年版，第79页。

黑暗何如？我中国前途之危险何如？我中国女界之黑暗更何如？我女界前途之危险更何如？予念及此！予悄然悲！予怃然起！予乃奔走呼号于我同胞诸姊妹，于是而有《中国女报》之设。"① 秋瑾的伟大与高尚在于，她既把佛家普适性的慈悲理念与救国、女权的政治需要统一起来，使之具有世俗性的现实内容，又选择报刊作为实施的工具，使之获得具体的实践路径。

秋瑾之所以创办《中国女报》，还源于她对媒介现状有着清醒的分析和判断："夫今日女界之现象，固于四千年来黑暗世界中稍稍放一线光矣；然而茫茫长路，行将何之？"② 这份女性报纸到底该如何编办？"吾闻之：'其作始也简，其将毕也巨。'苟不确定方针，则毫厘之差，谬以千里。殷鉴不远，观数十年来我中国学生界之现状可以知矣。"③ 秋瑾继续具体评述说，在新式学校未兴、科举仍然盛行之时，也有一些毅然舍弃高头讲章，稍稍习外国语言文字的人，不也满嘴"新少年、新少年"？然而大道不明，真理未出，求学之人既无宗旨也无意识，其结果就是把很多聪颖子弟培养成了翻译、买办之类的人才。这实在令人感到痛心疾首！十余年来，此风稍息，此论亦渐不闻，然而我们又见多数学生，以东瀛为终南的捷径，以学堂为改良的科举。留学生考试时，"某科举人""某科进士"等之说又喧腾于耳。秋瑾决绝地宣称道，此等现象一定不能让它再出现在女子世界中！然而由于历史和传统的原因，中国妇女界整体的社会意识更为滞后，确如秋瑾所描述的那样："听晨钟之初动，宿醉未醒；睹东方之乍明，睡魔不远。人心薄弱，不克自立；扶得东来西又倒，于我女界为尤甚。"④ 因此，中国女性的启蒙任务更加担重途远。如果没有来自外在的鞭策和纠正，缺少前进的方向，那只能在时代的巨浪旋涡中沉溺消失。

秋瑾创办《中国女报》的目的，就是要自觉地担负起这个伟大的历史

---

① 秋瑾：《〈中国女报〉发刊词》，复旦大学新闻系新闻史教研室编：《中国新闻史文集》，上海人民出版社1987年版，第79页。
② 秋瑾：《〈中国女报〉发刊词》，复旦大学新闻系新闻史教研室编：《中国新闻史文集》，上海人民出版社1987年版，第79页。
③ 秋瑾：《〈中国女报〉发刊词》，复旦大学新闻系新闻史教研室编：《中国新闻史文集》，上海人民出版社1987年版，第79页。
④ 秋瑾：《〈中国女报〉发刊词》，复旦大学新闻系新闻史教研室编：《中国新闻史文集》，上海人民出版社1987年版，第80页。

使命:"然则具左右舆论之势力,担监督国民之责任者,非报纸而何?吾今欲结二万万大团体于一致,通全国女界声息于朝夕,为女界之总机关,使我女子生机活泼,精神奋飞,绝尘而奔,以速进于大光明世界;为醒狮之前驱,为文明之先导,为迷津筏,为暗室灯,使我中国女界中放一光明灿烂之异彩,使全球人种,惊心夺目,拍手而欢呼。无量愿力,请以此报创!吾愿与同胞共勉之!"① 正是这种以身饲虎的英雄气概、舍我其谁的时代担当,使《中国女报》能在中国近代报刊史上别具一格,独放异彩。她在《创办〈中国女报〉之草章及意旨广告》中,宣布该报之设:"以开通风气,提倡女学,联感情,结团体,并为他日创设中国妇人协会之基础为宗旨。"② 对报刊的传播、沟通、宣传、组织等功能,都有一定的设定和期待,其目标之雄大,眼光之辽远,确实罕有其匹。

秋瑾在《创办〈中国女报〉之草章及意旨广告》中,对《中国女报》进行了比较周到的设计和规划。该报在内容上设置了论说、演坛、新闻、译编、调查、尺素、诗词、传记、小说等具体的栏目,很切合当时女界启蒙刊物的个性化需要。在准备办报资金方面,秋瑾也是竭尽所能,多方进行筹措。她对办理该报财物上的困难有清醒的认识:"从前有办报者,财力未充,遽行开办,往往有中止之弊,鄙人有鉴于此,欲募集股金万元为资本,先固基础,免有中止之虑。然如集有三四千金,即先行试办。"③ 显然,这种认识其来有自,得益于她对报业历史和现状的观察与分析,因此也具有一定的媒介批评意义。

二

范鸿仙(1882—1914),安徽合肥县人,名光启,以字行,"少好学,以文章博雅称于邻里,家贫,躬执勤苦,而笃学不倦"④。1904 年在安徽寿

---

① 秋瑾:《〈中国女报〉发刊词》,复旦大学新闻系新闻史教研室编:《中国新闻史文集》,上海人民出版社 1987 年版,第 80 页。
② 秋瑾:《创办〈中国女报〉之草章及意旨广告》,复旦大学新闻系新闻史教研室编:《中国新闻史文集》,上海人民出版社 1987 年版,第 81 页。
③ 秋瑾:《创办〈中国女报〉之草章及意旨广告》,复旦大学新闻系新闻史教研室编:《中国新闻史文集》,上海人民出版社 1987 年版,第 81 页。
④ 刘文典:《范烈士鸿仙先生行状》,转引自南京市档案局(馆)编《铁血忠魂——辛亥先烈范鸿仙纪念文集》,凤凰出版社 2011 年版,第 162 页。

州孙家鼐状元府任教，1906年转赴芜湖赭山学堂任教，文名渐广，"大为海内鸿儒所推敬焉"，① 并加入同盟会，开始从事反清革命工作。1907年，应于右任之邀，赴上海任《神州日报》编辑。1909年5月，协助于右任创办《民呼日报》，并任该报主笔，并以孤鸿、哀鸿等笔名撰文，鼓吹革命。1909年8月14日，《民呼日报》被上海公共租界会审公廨查封。为营救被捕的于右任，范鸿仙挺身而出，自承其责，力辩爱国无罪，终使于氏获得释放。10月3日，《民吁日报》在上海出刊，范鸿仙任社长。11月19日，《民吁日报》又被查封，延请律师抗告无效，范鸿仙对此声称死不瞑目。1910年10月11日，《民立报》在上海出刊，范鸿仙出任总理和主笔之职，连续为文，抨击清廷，宣传革命。1911年7月，同盟会成立中部总部，以推动长江流域革命运动，范鸿仙任总会评议员，并负责安徽分会工作。10月，辛亥革命爆发，他积极筹划参与了光复上海、安徽、江苏的活动，还被同盟会委派负责南京的光复工作，他冒着生命危险，只身赴敌营，说服清新军第九镇统制徐绍桢起义，组织江浙联军，于1911年12月攻克南京。1912年1月1日，中华民国成立后，范鸿仙任江苏省参事会会长。为巩固和保卫新政权，他经孙中山批准，赴江淮招募壮士5000人，成立铁血军，亲任总司令，力主北伐。南北议和后自释兵权，范鸿仙仍回上海办报。是年8月25日，同盟会改组为中国国民党，范鸿仙为首批党员之一。1913年，袁世凯独裁劣迹渐显，范鸿仙连稿致讨，讨袁失败后赴日本东京。1914年2月受孙中山派遣，潜回上海，布置讨袁工作。9月20日，范鸿仙被袁世凯的上海爪牙郑汝成暗杀身亡。

　　孙中山曾称赞范鸿仙"一支笔胜十万雄师"。② 范鸿仙是辛亥革命元老，著名的民国三烈士之一。运用新闻媒体，揭露清王朝的腐败专制统治，宣传革命思想，是范鸿仙在辛亥革命时期的主要工作贡献。于右任所主办的《神州日报》和"竖三民"报，在当时起着革命运动喉舌的作用。这几份报纸的编办，范鸿仙或任编辑，或任社长主笔，一些重要宣传活动他几乎都躬身其间："范鸿仙以饱满的激情，运用犀利的笔锋，撰

---

　　① 刘文典：《范烈士鸿仙先生行状》，转引自南京市档案局（馆）编《铁血忠魂——辛亥先烈范鸿仙纪念文集》，凤凰出版社2011年版，第162页。
　　② 转引自梁洁《序二》，南京市档案局（馆）编《铁血忠魂——辛亥先烈范鸿仙纪念文集》，凤凰出版社2011年版，第1页。

第四章 辛亥革命时期的媒介批评

写了大量文章，深刻地揭露清王朝的腐败政治与种种时弊，严厉批判了清王朝为维护君主专制所制造的立宪骗局。范鸿仙先后在这三份'民'字头报纸上大力鼓吹革命，宣传革命思想。他大声疾呼，表示'为民请命'。他痛陈清王朝的弊政，唤起广大民众的'国民精神'。不难看出，范鸿仙在革命运动的浪潮中，起着推波助澜的作用。"[1] 范鸿仙在这几份报纸上所撰写的文章，有一部分以报刊及其相关活动为评述对象，具有媒介批评的性质。

1910年10月11日，于右任在上海创刊了《民立报》，以提倡国民独立精神、培植国民独立思想、建立独立之民族和保卫独立之国家为宗旨，在精神上与《民呼日报》《民吁日报》一脉相承，故被人合称为"竖三民"报。该报特设立《民贼小传》专栏，专心揭露各级官吏贪劣卖国，公开鼓吹战胜政府、改造中国，抨击清廷为冥顽不仁、倒行逆施、万无可恃之政府。报纸甫一问世，在受到读者热烈欢迎的同时，也遭到了官场的嫉恨。范鸿仙在《奉告一般小民贼》一文中就此评述道：

> 昨杭友来言，浙省官场自本报出现，咸动色相戒，二三聚语，闻大呼"《民立》可恶"云云。记者闻乃曰："嘻！小民贼，何苦尔也。"夫本报命名《民立》，则遇有害吾民者，自不容为留余地。质而言之，即不与民贼相并立耳。今公等之地位，果能有民贼之资格否乎？有之而惧，是曰无胆；无之而惧，是曰无耻。无胆、无耻之徒，本报亦不屑诛也。
>
> 嘻！公等休矣！三圈麻雀，一榻乌烟，公等自有公等事。挽弓挽长，擒贼擒王，本报亦自有天职在也，何用惧为？[2]

如此阐释《民立报》的立场，既义正词严而又诙谐风趣，让一般读者很感解气。

在《解嘲》一文中，范鸿仙对清政府严控新闻的活动予以了抨击和嘲

---

[1] 张宪文：《序一》，南京市档案局（馆）编：《铁血忠魂——辛亥先烈范鸿仙纪念文集》，凤凰出版社2011年版，第1页。

[2] 南京市档案局（馆）编：《铁血忠魂——辛亥先烈范鸿仙纪念文集》，凤凰出版社2011年版，第13页。

讽："外人之侮我言论界至矣！笑我无新闻，鄙我无论说，更奉我以睡狮之美称。虽然，此次英、俄之交涉，政府严守秘密，惟惧漏泄春光。不知其真相而即加评论，既恐不当；未悉其详情而即行记载，又惧失真。醒狮之名，固不敢当，睡狮之名，亦不称实也。呜呼政府，呜呼报界，外人赐我如此好雅绰，此我毕世之羞，然实政府严守秘密之所致，若谓吾报界之侮由自招，则绝对不承认也。"① 连续使用了"笑""鄙""美称""雅绰""侮"等具有情绪色彩和对立意义的语词，深刻揭露了满清政府钳制新闻自由的恶行。

　　1911年3月间，《民立报》馆不幸失火，编辑、印刷两部损失很大。在报社同人的努力之下，仍每日坚持出版石印两小张，以维持报纸出版连续性。范鸿仙为此特地在报上刊发了《劫余〈民立〉之纪元》的同题连载评论，表达越挫越奋的精神："报馆者，国民之言论机关也。是是非非，褒褒贬贬，无非为国民耳。故载一新闻，发一言论，苟有丝毫不利于吾民者，非记者也。劫后余生，敢以自誓。新闻事业，万绪千头，总厥大纲，略分二项：一曰对于政府，二曰对于外人。盖对于顽劣之政府，宜下正式之攻击；而对于谋我之外人，宜有正式之防御也。若冷嘲热骂，专评当局者之私事，与旁敲侧击，拨起国际上之恶感，不过偏锋事业耳。四面楚歌，金瓯已阙。国民救国，其第一着眼处，则外交是也。故国民的外交，不可不亟为提倡。至鼓吹民气，以为政府外交之后盾，犹属第二层之文章也。"② 新闻媒体的基本职能为是是非非，褒褒贬贬，但是非褒贬必须具有正确的立场，即站在国民的立场上发言立论，否则记者也就不再是记者了。"报馆者，一切文明之导线也；上海者，又吾国文明之导线也。居上海之地而营报业，苟其惨淡经营，增高继长，则势力之磅礴于中国，殆未可以道里计也。……报馆既为一切文明之导线，则欲求真正文明者，非报馆莫与属也。上海既为吾国文明之导线，则欲内地文明者，非上海莫与属也。文明乎！报馆乎！上海乎！窃愿与沪上有心人，公共担兹责任也。"③

---

　　① 南京市档案局（馆）编：《铁血忠魂——辛亥先烈范鸿仙纪念文集》，凤凰出版社2011年版，第65—66页。
　　② 南京市档案局（馆）编：《铁血忠魂——辛亥先烈范鸿仙纪念文集》，凤凰出版社2011年版，第68页。
　　③ 南京市档案局（馆）编：《铁血忠魂——辛亥先烈范鸿仙纪念文集》，凤凰出版社2011年版，第69页。

能否担当起推动社会文明进步的时代责任,是范鸿仙评价新闻媒体的标准之一。

三

朱执信(1885—1920),原名大符,字执信,广东省番禺(现广州市)人。父亲朱启连是当地有名的学者,曾长期充当地方官员的幕僚,家族成员多属于士大夫阶层。1902年,朱执信进私塾"教忠学堂"读书。当时,义和团爱国反帝运动遭到血腥的镇压不久,帝国主义迫使清朝政府签订丧权辱国的《辛丑条约》,中国人民头上的殖民主义枷锁更加沉重。严重的民族危机和社会危机,在少年朱执信的心中激起救亡和变革的热切愿望。他和一些同学组织了"群智社",探求救国的真理。诸如《天演论》《原富》《民约论》等很多西方资产阶级革命家著作他都广泛阅读,当时流行的革命书刊也带给他很大影响。1904年,清朝广东地方政府招考留学日本的法政科学生,他以第一名被录取。去日本后,他涉猎更广,除了主修法政,兼攻数学和医学。他不仅通日语,还能诵读英文书籍,用俄文写信。[①]在东京他结识了孙中山、廖仲恺等革命党人。1905年8月,他加入了中国同盟会并被选为评议部议员兼书记,先后担任过《民报》《建设》等刊物的编辑,发表了一系列政论文章,阐发孙中山的三民主义,驳斥保皇党改良理论,并鼓吹民生主义,肯定社会革命不可避免,主张用革命手段推翻清政府,创建独立的中华共和国。1906年1月,朱执信写了《德意志社会革命家小传》一文,评介马克思和恩格斯的革命活动,翻译《共产党宣言》和《资本论》的部分内容。他的评介比同时代国内其他人介绍更全面、客观,而且抱着同情的态度,从而扩大了马克思主义在中国的传播和影响。1906年,朱执信归国,先后在广东高等学堂、法政学堂及两广方言学堂等校任教,积极从事联络民军和新军的工作,参与策动了1908年进袭广州、1910年新军之役、1911年广州起义。在广州起义中,朱执信参加了突击队,随黄兴等进攻总督署,在激战中负伤。起义失败后,朱执信被迫逃亡香港。武昌起义爆发后,朱执信在广东发动民军会攻省城,迫使清水师提督投诚,对促成广东光复起了重大作用。此后朱执信担任广东军政府

[①] 丁冠之、肖万源编:《中国近代著名哲学家评传》(下册),齐鲁书社1983年版,第520页。

总参议，着手编练军队准备北伐。南北和议达成后，任广东都督胡汉民的核计院院长，兼广阳军务处督办，从事整饬财政等工作。1913年二次革命失败后，朱执信与廖仲恺前往日本，参与孙中山领导的反袁斗争。翌年10月返粤后，与邓铿策划广东反袁斗争和驱逐龙济光的军事行动。1915年11月，奉孙中山召请，赴日本筹商讨袁军事，正式加入中华革命党。1917年7月，朱执信担任孙中山大元帅府的军事联络及掌管机要文书的职务，随孙中山率北京政府起义海军南下护法，从事党务、军事和宣传等方面的工作，多次往返广东、福建和上海之间，从事驱逐桂系军阀的活动。1920年9月21日，朱执信在到虎门调停驻军与东莞民军冲突时，被桂系反动军阀杀害。

从1905年到1920年，朱执信先后为《民报》、《民国》杂志、《建设》杂志、《民国日报》、《上海晨报》、《星期评论》、《闽星》杂志和泗水、仰光等地华侨创办的报刊写过内容广泛的论著，[①] 报刊宣传活动是他革命生涯的重要方面。在编辑《民报》时，朱执信积极投入同以康有为、梁启超为代表的改良派的斗争。1905—1908年的三年时间里，他在《民报》上连续发表了十余篇政论文章，揭露清廷的反动腐朽，驳斥改良派的保皇谬说，宣传三民主义。他发表在《民报》1906年第6号《就论理学驳〈新民丛报〉论革命之谬》一文，从论理学（逻辑学）及媒体论辩态度的角度和方法对《新民丛报》有关论说进行批驳，因而具有媒介批评的性质。

逻辑学是一门研究思维规律及其方法的学科。早在战国时代，墨子在中国逻辑史上第一次提出了辩、类、故等概念，并要求将辩作为一种专门知识来学习。墨子所说的辩虽然统指辩论技术，但却是将辩论建立在知类明故的基础之上，因而属于逻辑学的范畴。由于墨子的倡导和启蒙，以及惠施、公孙龙等人的努力，中国古代已经形成了逻辑学思想体系。但由于表达等方面的原因，中国古代相关的逻辑思想长期被视为诡辩而遭批判，以致在近代以前并没有形成如西方逻辑学那样的完整体系。明代末年，著名学者李之藻曾翻译过西方逻辑学的著作《名理探》，不过由于历史条件的局限，该书在学术界影响不大，西方逻辑学并没有在中

[①] 参见广东省哲学社会科学研究所历史研究室编《朱执信集》（增订本）"初版前言"，中华书局2013年版，第6页。

国社会扎根。直到清末，严复在研究西学的过程中，发现了西方逻辑学的精要，因此倾注很多时间与精力加以翻译和介绍，逻辑学作为一种新学而为国人所注意。① 但即便如此，在 20 世纪初叶，国人对逻辑学仍知之不多，这使对逻辑学一知半解的人能据此自炫，拉大旗作虎皮以为唬人的招牌。《新民丛报》在与《民报》论争时就存在这种倾向。朱执信的《就论理学驳〈新民丛报〉论革命之谬》一文，就是针对这种不良倾向而进行的专门批评。

朱执信在《就论理学驳〈新民丛报〉论革命之谬》中指出，中国此前虽然没有形成专门的逻辑学，但并非没有逻辑学的推理方法及其应用："凡一学科，其应用恒先于纯理，又其纯理既明以后，应用之亦未尝无陷于偏颇之忧也。"② 比如中国古代钻燧取火，实质就是两个物体相互摩擦生热的原理，但当时并没有什么物理学之说。"故论事而求不悖于论理学之大原则者，常人所能决，不得以能之自矜，犹食粟之不得为异众也。"③ 逻辑学对中国人来说是一个新的学问，不能因比他人早点时间知道就自尊自夸。"乃吾视今之人，往往以为论理非吾侪所知，亦已孙让失衷矣。奸者乘之，而袭论理之外形，以自文其浅陋，抑尤足为痛恨者也。盖近今张言知论理学，而数胪之矜以为珍鲜者，无过于《新民丛报》，故不惜泚笔一发其覆。若夫探索幽隐，则固专门家事，非所敢妄为论议耳。"④ 因为"《新民丛报》于寻常论议，率陈三段式（严译连珠），而其于告白，自赏扬其特色，亦数遵据论理焉。意者三段论法，惟彼知之耶"⑤。朱执信指出：三段论作为演绎推理中的一种简单判断，其学术名称或许不为人们所习知，但内在原理一些儿童都能够明白。如同与儿童言桃李为植物，植物生物也，则彼必能决言桃李为生物，不待甚智者乃能知之。

朱执信批评《新民丛报》在有关论战中有自欺欺人之嫌："盖论者初不知论理学，獭祭之余，偶习其式，以为人之不知，亦当如我，则以文饰吾论，或亦足以欺人。一身为之，而莫之斥。不惟自满，又以骄人。"⑥ 他

---

① 刘惠娟：《严复逻辑学研究的学术贡献》，《华夏文化》2004 年第 3 期。
② 县解：《就论理学驳〈新民丛报〉论革命之谬》，《民报》1906 年 7 月 25 日第 6 号。
③ 县解：《就论理学驳〈新民丛报〉论革命之谬》，《民报》1906 年 7 月 25 日第 6 号。
④ 县解：《就论理学驳〈新民丛报〉论革命之谬》，《民报》1906 年 7 月 25 日第 6 号。
⑤ 县解：《就论理学驳〈新民丛报〉论革命之谬》，《民报》1906 年 7 月 25 日第 6 号。
⑥ 县解：《就论理学驳〈新民丛报〉论革命之谬》，《民报》1906 年 7 月 25 日第 6 号。

认为《新民丛报》在论辩中有"请遵论理赐答辩"的狂妄之语，是该报的一种"曾不知其见丑于识者也。利用一般人不敢自信知论理学之道德心，而欺之，既复睥睨一切"①的表现，因而起而驳之以正视听。朱执信指出："论者之不通论理学之点，皆每言辄见。特缘论者自不知论理学，即亦无从自知其有误谬。"②实际上其文中的自为抵牾之处，一般人都能看出，没有多少深奥玄妙之处。他随后从认识、形式、内容三个方面对该刊逻辑上的谬误一一进行了指陈，然后以不无嘲讽的口气为文作结道："以此三误谬，行之遂无往而不错。论者何自苦乃尔。苟因任常识，不为炫耀，则前之诸谬论，当不妄发。噤口无言。谓食肉不食马肝，亦犹可也。徒以人为可欺，遂至自白其谬于天下，计毋乃太左乎？今为正言以锡若曰：自此以后，慎毋谈论理学。从道德论，自欺欺人，为大罪恶。此楮或若所自忻，而不暇省；从利害言，绝口于思考之原理，亦藏拙之道。若应亦不能恝然置之与继此。若犹欲为遁词者，则当谨佩吾箴。事实如是，不若诳也。"③对《新民丛报》论辩中逻辑错误的批评，当然也是对该报的批评，因为报刊作为文章的载体，对文章是否发表具有选择的权利，这种权利同时也使之总是无法规避其应负的编辑责任。

秋瑾、范鸿仙、朱执信三人具有某种相同的命运：他们都是烈士，秋瑾死于武装起义失败而被清廷捕杀，范鸿仙、朱执信则是在民国成立之后相继被军阀们暗杀，他们都是能够执笔为文的知识分子。诚如美国拉特格斯大学历史系教授迈克尔·加斯特所说的那样："在清末中国社会的演变过程中，知识分子运动在实现社会经济变化方面比帝国主义起了重要得多的作用。"④他们三人都属于知识分子。辛亥革命是一场具有全国性的由资产阶级领导的民族民主革命运动，资产阶级知识分子在其中起到了决定性的领导作用。资产阶级革命派在积极进行武装起义的同时，也进行了思想动员。因此，辛亥革命不仅是一场政治斗争，也是一场思想斗争。特别是在中国要走什么样的道路这个问题上，资产阶级革命派和资产阶级改良派之间爆发了一场大规模的报刊论战。经过论战，革命派用资产阶级共和国

---

① 县解：《就论理学驳〈新民丛报〉论革命之谬》，《民报》1906年7月25日第6号。
② 县解：《就论理学驳〈新民丛报〉论革命之谬》，《民报》1906年7月25日第6号。
③ 县解：《就论理学驳〈新民丛报〉论革命之谬》，《民报》1906年7月25日第6号。
④ [美]费正清、刘广京编：《剑桥中国晚清史——1800—1911年》（下卷），中国社会科学出版社1985年版，第576页。

的政治方案打败了改良派君主立宪主义的政治路线,为辛亥革命作了舆论准备。秋瑾、范鸿仙、朱执信等人在从事武装斗争的同时,也曾从事过报刊宣传活动,也曾经从不同的角度对新闻传播作出过批判性的思考,在中国媒介批评史上留下了值得记忆的历史印迹。

第七节　戴季陶的媒介批评

戴季陶(1891—1949),谱名传贤,学名良弼,字选堂,复字季陶,笔名天仇。原籍浙江吴兴(今湖州),出生于四川广汉一个经商兼儒医的家庭。1906年入塾读书,幼时记忆力甚强,六七岁时已能够背诵《幼学琼林》《唐诗合解》、四书等。1900年,从长兄在纯阳阁读书,开始接触新学。1902年,就读于成都东游预备学校,学习日文。1903年,考入成都客籍学堂高等科。1905年,长兄卖祖田资助,赴日留学。先入某师范学校,也曾入振武学校。1907年秋,戴季陶转入日本大学法科学习,与后来的著名报人胡政之(霖)为同学。此校为东京有名的六所私立大学之一,全校有5000多名日本学生,中国学生也有千人之多。在日留学期间,他常写散文、小说或诗歌投寄日本报纸,很受报社欢迎,[①] 初步展露了其在文字写作方面的才能。1909年,在日本法科大学毕业后即回至上海,得江苏巡抚瑞澄赏识,在苏州任江苏地方自治研究所主任教官。1910年2月,瑞澄他调,戴季陶因受到排挤而离开苏州去往上海,先是任职于上海《中外日报》社,开始用"天仇"笔名在报刊上发表文章。不久,因感到与《中外日报》的改良基调不相吻合,遂乘《天铎报》向全国征求新闻编辑人员之机,以报名投考的方式,于1910年9月进入《天铎报》,几个月后,即受到社长陈训正的欣赏而被任为总编辑,他在该报上撰写的文章,以词锋犀利,识见不凡而受到读者的瞩目。1911年春,戴季陶因在《天铎报》多次发表抨击清政府的文章,遭到当局通缉,被迫逃亡海外,转任南洋《光华日报》总编辑,并加入同盟会。武昌起义后回沪,参与创办《民权报》,参加反袁斗争失败后,又逃亡日本,编辑《民国》杂志,并参与制定中华革命党《革命方略》,被孙中山任命为中华革命党浙江支部部长。1917年秋,任孙中山在广州设立的护法政府法制委员会委员长,次年兼任大元帅

---

① 黎洁华、虞苇:《戴季陶传》,广东人民出版社2003年版,第15页。

府秘书长。五四运动爆发后，在上海创办并主编《星期评论》。1924年，在革命党第一次全国代表大会上被选为中央执行委员会常委，任宣传部部长，后兼任黄埔军校政治部主任等职。孙中山逝世后，成为国民党右派的理论宣传家，所撰写的《孙文主义之哲学基础》等小册子，遭到了《向导》等革命报刊的严厉批判。1927年蒋介石"四·一二"政变后，先后任国立中山大学校长、国民党中央宣传部部长、国民政府考试院院长等职，是蒋介石的重要智囊。1949年2月服安眠药自杀。

一

戴季陶1910年进入《中外日报》后不久，即于1910年8月13日署名"散红"在该报发表了长篇文章《本报阅报诸公请看》。全文4000多字，共分"报的性质及现今报界不发达的原因""阅报的方法""报上文字宜用白话体""报纸的趣味""报的世界性质"等五个部分，是一篇系统且见解深刻的媒介批评文章。戴季陶指出，中国报纸开办至今已有四五十年，若从时间上看，中国报纸发展历史也不算短。稍微大些的城市，一定有几种报，但每家报纸的销量，多的不过一万多份，一般多是几千份，甚至还有只销几百份的报纸，而外国则常有几百万份销量的报纸。中外差距之大，令人感叹。这种感叹不是为了报馆获利起见，而是因为报纸是社会的代表，报纸发达就是社会发达。看报的人多，社会便能进步。我们中国看报的人少，就可以晓得中国的不行了。何以如此呢？

一个人在家不知天高地厚，即便世界上有了天大之事，也不晓得。做生意的人，一天东忙西忙，既要打听行情，又要计算销路，某处到了多少货，某处有了好物品。若是一个人东瞧西问，岂不是要忙死么？只要买一份报纸，市面上的情形便一目了然。至于政界、学界看报的益处更是不需提及。这还只是报纸最基本的好处。大家都说报纸是舆论机关，这话实为不错。报纸的天职不只是空发议论，或者把过去的历史提起来乱说一通，而是提倡对将来有利益的事，攻击对现在不好的事。那么，看报的人才可以得到鼓吹的利益；社会的恶习因受到感化而改善。外国报纸有的作政党机关，有的作工商业机关，有的作政治机关，有的作文艺机关，都抱定一个确切不易的宗旨，论评记事有一定趋向，所以社会上的事业全以报上鼓吹的方针做转移。中国报纸很奇怪，今天说东明天说西，好像小孩子说话不作准。报上的记事若不确实，信息不灵通，不但看报的人索然无味，而且信任报纸的人还会受害。这是中国报纸的通弊，就是我们的《中外日报》也不能避免。这有三大原因：第一是官方干涉，妨害言论；第二是资本短少，无钱整顿；第三是办报的人大多是朝东暮西，随时离去。如此报纸怎么能够发达？

中国近年来看报的人渐多，但阅读随意性很大。这样看报的益处很少。报上顶要紧的是电报，看报要从这里看起。第二看外国新闻，只可惜中国的报纸缺少外国新闻，记载的仅是无关紧要之事，所以人们不高兴看。但看总比不看好，天天看一点，久而久之，世界大势总可以明白些。第三看要闻，然后再看论说要件，平常记事倒可随便看看。这样看报，报纸的精华不会遗漏，而且看过的事，皆有次序，不会随便忘去。这是阅报一定不易的次序。阅报的人还应该有责任心、判断力，不是看过便了。政府办一事，要评评事的曲直；论文里提倡一个主义，要想想主义的是非；某处市面恐慌，一定有恐慌的原因；某行市价低落，一定有低落的理由。阅报的人都应该根据自己的知识随时推求。在阅者固然有益，办报的人也会受其影响而慢慢改良。社会上的事情，大家都欲求满足，办报的人想得阅报人的满足，阅报人想得办报人的满足，互相希望互相要求，自然发达起来。大家看报的时候，提起精神，用点心思，那么办报的人就有猛进的兴致和革新的精神了。

戴季陶认为，近年来一些人提倡国学，保存国粹，固然有意义。但报纸具有社会性，社会上的人都应该看，佶屈聱牙的文章除了几个读书人，谁还能够懂呢？外国报纸上的文章大半是用极明白的白话，一般人容易懂，中等以上的人也觉平易醒目，普通又方便，哪里不好呢？偏偏我们中国有人一看见白话，不问内容如何，便加上"毫无兴趣""俗不可耐"的批评。这样说起来大家说话都改为文言，才算得有道理么？况日报是普通一般的东西，只要看了明白就可以了，何必定要周诰殷盘的文字方是好呢？将来学问发达起来，各有各的专门学问。文言文作为专门一种，要提倡保存，自然可以。报纸是多一个人读多一个人得益的事物，中间除了一定不能用白话的地方仍用文言文，凡是记事、论说、批评之类，大可以纯用白话表达，这样社会中等以下的人，都可以受益。不然，能看报的仅仅几个上等社会之人，终究不能指望社会的进步。以后我们《中外日报》先改良起来，每天报上的评论都使用白话。

报纸要有趣味。"人是个顶有趣味的东西,分明一点甚么也没有,偏偏他会作出些奇奇怪怪的事业来,想出些奇奇怪怪的道理来。这是甚么原故?原来人在世上,无论甚么事都是不过求一个满足,却是天生成的性质,是永远不能满足。"① 无论哪一种人看报,都会要求有趣。办报虽要有确定不易的宗旨,但要有趣味人们才欢喜。潜移默化,久而久之人们自然会受到感化。只弄些长篇大作的空洞议论,人都不愿看,办报的人岂不是枉费心血?外国的报纸,如提倡实业,便把各处实业界的怎么成功,怎么发达,利息多少,怎么与国家社会发生关系,用有趣的文字记述出来,大家便兴致勃勃,照样去做。所以不仅他们报纸的势力很大,社会上的人也可以实在得益。我们中国办报全然两样,都只晓得做文章,说得天花乱坠,其实看报的人一百个人中间,大约有一半不看,有一半不高兴细心去看。且不说文章不能动人,即便似生公说法,别人不看,哪里有效果?所以,报纸第一要有趣味。"这趣味就是报纸的灵魂"②。没有它就不成功。以后我们《中外日报》便极力从这方面去做,一切于社会有益的材料都用白话记述出来,识字的人都可以看,以在中国报界开一新天地,为一般不看报的人,生一个提倡鼓励的好方法。

报纸的作用,是向人们报告世界各处的情形和各方面的状态,大力提倡和鼓吹当兴当革的事情,使社会上的人觉悟起来,去干自己的事业,这样对于社会方为有益。要使一般人不出门便晓得世界的情形和社会的状态,那么外国一切大发明、大事业、紧要事件以及各种有趣资料,都汇集起来,使看报的人知道。现在中国社会上绝大多数的人不了解世界,就是学界的人也有许多不明白。报纸要再没有一点世界性,众多的中国人永远不会进步。现在报界对于本国的事,倒的确攻击得很厉害,说到外国情形,好像与我们不相干,全不提及。这几乎是中国现在报纸的通病了。虽然说改革很难,不过既然办报,就要极力追求改良。戴季陶表示《中外日报》将添置"世界观察"栏目,报道近来外国要事,从而就可以"使看报的人慢慢可以养成世界民族的精神,不要仍旧毫不相干的

---

① 桑兵、黄毅、唐文权合编:《戴季陶辛亥文集》(一九〇九——九一三),香港中文大学出版社1991年版,第79页。
② 桑兵、黄毅、唐文权合编:《戴季陶辛亥文集》(一九〇九——九一三),香港中文大学出版社1991年版,第80页。

把世界上的事当成与自己没有关系"①。如此，我们中国人将来也就不至于永做醉生梦死的人了。

二

戴季陶任《天铎报》总编辑之职后，由于报社成员多为同盟会成员，因此，该报无论是报道还是言论均具革命倾向，其中尤以戴季陶以"天仇"为笔名发表的评论犀利尖刻，为读者称颂一时。戴季陶在《天铎报》上的很多评论都以立宪改良派的报纸为标靶，不仅揭露这些报刊观点的荒谬，而且从媒介专业的角度予以批判。他在《民贼机关之报馆》一文中，将改良派报纸斥为"民贼报"。其文云：

> 报纸之性质，所以提倡国民精神，所以监督社会事业，乃人民之机关，而非个人之机关也。而今日之报纸则不然，如□报则为康、梁之机关，□□报则为梁之机关，此外如北京、天津、广州等处，为康、梁作机关者，随地有之。呜呼！报纸日骂政府，而此等无价值之康、梁反为之辩护，则此等报纸之价值亦可想见。
>
> 虽然，康、梁者，不过欲做民贼而未能之流，究亦是人民之分子，而非民贼比也。若某报，某某报，且为官厅作机关，且为政府作机关，此尤不可解者。天仇无以名之，直名之曰"民贼报"。②

从报纸监督政府、作人民而非个人的耳目与喉舌的角度，将一味为康、梁辩护，为清廷辩护的报纸称为"民贼报"。近似于骂，但骂得有理！未直接点出报纸名称，骂中略留余地，又透露出将媒介批评控制在专业领域的努力意图。在《呜呼今日报界》中，则骂那些站在与人民对立的立场上，作政府、外人、民贼喉舌的报纸，其罪不容诛："呜呼，国事不堪矣，民命将绝矣。报纸非人民之导师乎，而今则为政府作机关，为外人作机

---

① 桑兵、黄毅、唐文权合编：《戴季陶辛亥文集》（一九〇九——一九一三），香港中文大学出版社1991年版，第81页。
② 桑兵、黄毅、唐文权合编：《戴季陶辛亥文集》（一九〇九——一九一三），香港中文大学出版社1991年版，第357页。

关，为民贼作机关者日多。嗟乎，吾民其将为政府、外人、民贼之奴以终古乎？昔之树党营私者，不过以私言私利笼络愚人而已。今之以报纸作抵抗机关、作辩护机关者，则饰词以惑众，假公以济私，其罪可胜诛耶？京、沪、杭等处报界，虽亦不能尽免此污点，然犹未敢是众人之非，非众人之是也。而粤省之民蠹辈，乃有以倾陷诈害之目的而组织报馆者，此其吾辈同业之耻耶，亦国民之不幸耶！"① 报纸的目的是指导人民监督政府，但以"倾陷诈害之目的"而组织报馆，可以想见，离人民的要求该是多么的遥远，这样的报纸只能令人浩叹不已。

以孙中山为代表的革命派以十多年不懈奋斗推翻了满清王朝，但反对革命的袁世凯却成了民国元首。这种矛盾，后人或归于孙中山拱手相送，或归于袁世凯鼠窃狗偷。1912年2月15日，黄兴致袁世凯的电文中有云："本日午后二时，参议院全体一致公举先生为中华民国临时大总统，亿众腾欢。民国初基，赖公巩固。"② 无论如何，袁世凯都是被选举出来的中华民国大总统，于法有据。在"全体一致公举""亿众腾欢"的背后，无疑有特定时期的社会认识基础，这种结果与当时报界有一定关联。在革命党人中，戴季陶较早识破袁世凯的真实面目，他在南北议和期间对袁世凯一直保持警惕。如在迁都问题上，很多报纸开始都主张建都北京，连《民立报》也持此说。当时戴季陶力主反对，甚至与《民立报》展开了笔战。1912年3月10日，袁世凯在北京宣誓就任临时大总统一职，4月1日，孙中山在同盟会饯别会演讲说，今日清朝皇帝退位、中华民国成立，民族、民权两主义已经达到，今后当致力于民生主义。戴季陶与之看法相反，他认为袁氏才足以帝制自为、智足以压服民党、魄力足以借刀杀人，③ 其复辟帝制迹象已昭然若揭。4月28日，他在《民权报》上发表《告北方报界》一文，批评北方报纸言论"殊有不能与全国大事协和者"，④ 即在袁世凯已渐露帝制自为迹象时，仍然无原

---

① 桑兵、黄毅、唐文权合编：《戴季陶辛亥文集》（一九〇九——九一三），香港中文大学出版社1991年版，第411页。
② 中国第二历史档案馆编：《中华民国史档案资料汇编》第二辑，江苏人民出版社1981年版，第84页。
③ 黎洁华、虞苇：《戴季陶传》，广东人民出版社2003年版，第44—45页。
④ 桑兵、黄毅、唐文权合编：《戴季陶辛亥文集》（一九〇九——九一三），香港中文大学出版社1991年版，第817页。

戴季陶指出：报纸是社会的机关、世界的机关，是人类自由意识发表的机关。唯世界人类大同尚未可期，故国家观念尚不能除。而就现状论，报纸应是国民的机关。因为是国民的机关，故言论必须本于民意。人民幸福，国家发展，社会进化，都是报纸应尽的责任。我国共和初建，政治尚未改进，秩序尚未恢复，旧恶政府虽除，新立政府未善，根本的问题依然如故。吾辈的责任较昔日尤重，应提倡指导者较昔日为多。共和成立，有一半功劳为报纸鼓吹之力，则今后维持共和之责，端在吾辈。"国家而因报纸之监督鼓吹以克底强盛也，为吾辈天职之所应为。苟政府之组织不完全，法律之制定不公正，政治之进行不稳固，一旦内忧外患，迭起交侵，则吾辈病国祸民之咎，虽万死而莫赎也。"① 戴季陶认为，北方报纸言论未能与全国大事协和者表现在如下几个方面。

第一，中国是统一国家，自1911年革命军起，以事实之故而有南北意见分出，于是"南北统一"之名词，始发生于统一的中国。一国而曰统一，不令人产生迷惑吗？满清政府是中国国民的公敌，而不只是南方人民之敌，绝不能因满清政府的原因而产生南北分离意见。共和是国民公意的政治，北方人民既赞成共和，则是排除满清政府而同意共和政治。共和政体既非南方人民私意，则满清政府推翻之日，即共和国成立之时，也就无所谓南北统一。故"南北统一"四字，实为至无意识之语。不幸而因此一语，南北界限，遂成事实。北方各报，与今日共和已成之后，对南方政界痛诋，不遗余力。南方政界诸人无手腕无能力，故为我们所力斥，而军队不统一，行政不统一，亦为我们所深痛。报纸指摘或用如斯，然而排斥南方民党则又何说？国政改进全赖民党。现在我国政党初有萌芽，提倡指导是报纸的天职，乃竟以排斥的手腕进行，岂欲我们共和国中无民党之迹而后快？

第二，袁世凯施政，善还是不善？此人所共知，戴季陶已经屡屡宣布了他的罪状。如果袁氏所为是善，那么我们诋为不善亦必属诸子虚；若非子虚，则袁氏实为全国的罪人。我们反对袁世凯，不是诋毁他个人，是斥其恶行而波及其人罢了。以此类推，袒护袁氏者亦必先明示其何者为顺国

---

① 桑兵、黄毅、唐文权合编：《戴季陶辛亥文集》（一九〇九——一九一三），香港中文大学出版社1991年版，第817页。

民公意，何者为谋国利民福，某某等所宣布者何以皆属子虚。如果也以此类推责备我，我不敢逃避。何也？正其实也。现在，袁氏专制，事事已见实施，其虐民病国之举已为天下所共睹，而此方大多数报纸，但颂其人为善，而不能举其善者为何，亦不能否认反对者之说为不实，徒护一人之权利，博一人之欢心，而人民之痛苦，所不顾也。中华民国是中华国民公有之民国，不是袁氏私产。舆论界袒护袁世凯，国民的前途将怎么办？

第三，北京为政府所在之地，为全国存亡治乱中心，政界人物萃聚于此，舆论效力比其他地方更大，对政界事宜了解更详。报纸应据实研究之，监督之，纠正政府，指导国民，若噤若寒蝉，不出公正之语，就是辅佐政府为恶。"言论界而有此现象，无惑乎袁氏之敢于肆行专横而无忌也。故袁氏之罪恶，袒护之报纸实造成之。专制毒焰之至今犹存，北方报界实纵容之。"① 证诸历史，戴氏对北方报纸的批评，确有入木三分之处。

三

戴季陶于1912年3月28日与人一起创办《民权报》并任主笔之职，至1912年9月任孙中山机要秘书，这段时间是他利用报刊"为本党宣传革命主义"② 最力时期，也是他对袁派媒体口诛笔伐最勤之际。在《民权报》上，几乎每天都有他痛批《民声报》和《神州日报》以及《大共和日报》的文章，甚至有时一天有两篇针对报刊的媒介批评文字出现。其中有些是对不同观点的辩难，也有一些与媒介的行为和操守有关。1912年5月2—8日，戴季陶发表了《非民声之〈民声报〉》一文，对拥袁报纸《民声日报》进行批驳。《民生日报》创刊于1912年2月20日，是民社党机关报，自称"以民社之宗旨为宗旨"。③ 民社党加入共和党之后，《民声日报》也就成了共和党的机关报。该报总编辑黄侃，主笔有宁调元、江瘦岑等。《民声日报》2月19日曾经在刊登的《监督政府者何在》文中，谓《民权

---

① 桑兵、黄毅、唐文权合编：《戴季陶辛亥文集》（一九〇九——九一三），香港中文大学出版社1991年版，第818页。
② 陈天锡编辑：《戴季陶先生文存三续编》，（台湾）中国国民党中央委员会党史史料编纂委员会1971年版，第118页，转引自黎洁华、虞苇《戴季陶传》，广东人民出版社2003年版，第39页。
③ 转引自马光仁主编《上海新闻史》（一八五〇——九四九），复旦大学出版社1996年版，第399页。

报》攻击袁氏为违法，文中有"在满清之世，世人必服其胆识，在今日已司空见惯"语，又云"损害名誉，在法律应负赔偿之责"等。戴季陶以此为由头，根据报纸的监督之责理论对《民声日报》进行了多角度的批驳。

戴季陶指出，袁氏拥权，任用私人，狐群狗党尽入政界，其行为无异专制君主。"全国舆论界，哑然无声。本报所举其违法害理事实，不下数十条，该报若欲为之辩护，应逐条翻案，并列袁氏之善政。若本报条所反对者非事实，则自愿认违法之责。"① 只是袁世凯身为总统，假总统之名以行恶，所以本报所攻击的是假总统名义以行恶的自然人袁世凯。法人之总统，则本报必不攻击。若袁世凯以自然人的资格所做的事情于民国没有关系，则本报亦何用攻击？《民声报》对袁世凯自然人和法人的不同身份不予区别且不自知，即认为指摘袁世凯就是违法，就是损害个人名誉，"怪哉！噫！民国何不幸竟有此种言论家，袁世凯何幸竟有此种辩护士"②。戴季陶是日本大学法政科毕业生，现代法律知识十分娴熟，故他对《民声日报》的批驳很有法律专业性，颇能切中肯綮，击中要害。他指出《民声日报》既为章炳麟辩护，又为袁世凯辩护，"本报令其逐条翻案，乃曰不暇遍阅，仅以片语单词相敷衍，可见其理之穷，丑哉"③！《民声日报》在论辩中如此闪烁其词，避重就轻，只能暴露其理屈词穷不敢正面应战的窘态。《民声日报》文中有质问《民权报》说："试问美国报章，有斥其总统为贼者否？有直呼其名而不称为总统者否？有讨其总统之文否？有宣布其总统之罪状者否？"戴季陶认为《民声日报》的质问诚不可思议，献尽了我国言论界之丑。因为总统不作贼，人民何必呼之曰贼？总统无大恶，人民何能宣布其罪？美国总统有错误或者不合民意的期待，是必出于政见上之冲突，则国民攻击之者，犹复不少。今次美国罗斯福以三选后补之事，非大受攻击乎？然此犹曰非现职之大总统也。法国1911年工党同盟之事，全国报纸无不攻击政府，甚至绘其总统之头像于断头台上，而人民手执其头，台下皆举帽欢呼。倘若如《民声日报》所言，一做大总统，无论如何

---

① 桑兵、黄毅、唐文权合编：《戴季陶辛亥文集》（一九〇九——一九一三），香港中文大学出版社1991年版，第831页。
② 桑兵、黄毅、唐文权合编：《戴季陶辛亥文集》（一九〇九——一九一三），香港中文大学出版社1991年版，第831页。
③ 桑兵、黄毅、唐文权合编：《戴季陶辛亥文集》（一九〇九——一九一三），香港中文大学出版社1991年版，第831页。

骄横，全国人民必不能有半句公道话，民国宪法中岂不是要加入"大总统神圣不可侵犯"一条？这显然有背现代法理精神。

1912年5月13日，戴季陶发表《荒谬绝伦之〈神州报〉》一文，对这时已经堕落为拥袁派的《神州日报》痛下针砭。《神州日报》5月10日刊文为袁世凯文过饰非，有"无过既设内阁总理，一切命令，皆由阁总部长副署，则是总统不负责任也"云云，以为如此则袁氏既不负责，则违法亦可无罪。《神州日报》之说其实是将法律制度与政治现象混为一团，其辩护根本不能成立。因为参议院所定《临时约法》关于总统与内阁的关系，是一种法律上的制度设置。袁世凯专横暴厉，属于政治问题。以政治手腕而为专横之举，自是违法。"本报所以攻击之者，正攻击其违法也。该报记者并政治现象、法律制度。二者区别亦不之知，于万无可辩护之中，欲藉法律上之陈词腐语，以掩天下人之耳目，计亦左矣。"① 尤其令人可笑的是，《神州日报》竟说"总统责任制，无论法律上与政治上，吾亦未之前闻也"，"弹劾其违法，非为其负责任也"。充分暴露出了其对美国总统责任制的无知。袁世凯即便对此可以不负责任，而其违法之事，报纸难道能没有揭露监督的责任吗？戴季陶指出《神州日报》的妄辩，实际是一种为虎作伥、助纣为虐的行为。

如果说戴季陶对《神州日报》与《民声日报》的上述批驳，有些属于因为政治立场不同而产生的观点分歧，其中掺杂着一些意气用事的成分，因此，其辩驳背后的动机难免有时令人生疑，那么，他1913年4月7日对《大共和日报》的批评，则显得十分具有法律和道德上的必要性。《大共和日报》是1912年1月4日由章太炎创办的政党报纸，该报在创刊时曾宣告"无故无新，不偏不倚，立言敷论，平允正当，无一毫偏狭之见"，"凡所论著皆针对时局，切实可行，不骛高远，不涉理想"，"抱宁为净友，不为佞臣之旨趣"，② 其实该报早期的言论记事受到章太炎的指导，反映了章氏的政见和思想。章太炎原来是资产阶级革命派，后来与孙中山等革命派渐行渐远，如该报发表许多攻击孙中山、黄兴和南京临时政府的文章、加深和扩大了同盟会内部裂痕的言论，因而引起了社会上的许多议论和原同盟

---

① 桑兵、黄毅、唐文权合编：《戴季陶辛亥文集》（一九〇九——九一三），香港中文大学出版社1991年版，第861页。

② 《〈大共和日报〉扩充》，《申报》1912年6月14日。

会成员对它的不满。戴季陶在《民权报》上对之多有攻击,如指摘章氏"在昔则以图财之故,而通清吏,作奸细,弃革命党,攻击孙中山。在今则主张专制,逢迎袁世凯,诋毁孙、黄,排斥同盟会"①。如此批评并不全面,所以不能令人心悦诚服。《大共和日报》创刊后,曾刊载很多鸳鸯蝴蝶派的长篇小说以招徕读者,如朱天目的《情海归槎记》就在该报连载。这部小说中多有污秽淫邪的描写。戴季陶特撰《刑法上之〈大共和报〉》一文,严词斥责该报涉嫌诲淫乱伦,不仅有伤社会风化,毁弃道德,而且涉嫌触犯法律:

> 世界何为乎有新闻纸也?一以新闻纸为交通机关,使各地现状了如指掌;一以新闻纸为言论机关,使社会各面鼎故革新。责至大也,任至重也。上海为中国新闻事业最发达之地,全国人心皆以上海新闻界之言论记载为转移,而不知乃竟有忘廉丧耻,破坏人类道德,紊乱社会风化如《大共和日报》者。②

戴季陶指出,《情海归槎记》载于该报旬余,其词之秽,其事之污,较《肉蒲团》等尤甚,而《大共和日报》为之连载,浓圈密点,甚为推重。《大共和日报》作为媒体为袁世凯辩护效力,这是政治立场问题,而且为袁氏效力的报刊亦不止《大共和日报》一家,因此不足为怪。新闻媒体"居然登载此破坏人类道德,紊乱社会风化之著作,其无廉耻、无人格至于此极,报界之辱,文明之羞,刑法上之罪人,均兼之矣"③。戴季陶认为这是缺乏社会责任感的表现,呼吁司法机关应予绳纠。

戴季陶是国民党内的著名理论宣传家,他主编《民权报》时,年仅22岁,正是年少气盛意气风发之时,他曾自述他这一时期"最喜辩论",因此,辛亥革命前后戴季陶的媒介批评活动繁密,与拥袁派报纸的论战,几乎成为他的日常课业。当时,社会中上层人士一般喜爱阅读政治论调趋

---

① 桑兵、黄毅、唐文权合编:《戴季陶辛亥文集》(一九〇九——九一三),香港中文大学出版社1991年版,第847页。
② 桑兵、黄毅、唐文权合编:《戴季陶辛亥文集》(一九〇九——九一三),香港中文大学出版社1991年版,第1408页。
③ 桑兵、黄毅、唐文权合编:《戴季陶辛亥文集》(一九〇九——九一三),香港中文大学出版社1991年版,第1408页。

于温和的《民立报》，但一般热情较高的读者和向往革命的青年学生则对戴季陶主编的《民权报》青睐有加。1946年9月，周恩来在同《纽约时报》时驻南京记者李勃曼谈及个人经历时曾经回忆说，在他十几岁的时候，"戴季陶出了《民权报》，把章、梁的主张混合为一，写了激烈的文章攻击袁世凯。我从它的创刊号读起，直到这个被当时的统治者袁世凯查封为止"[1]。其受革命青年欢迎的程度由此可见一斑。《民权报》在当时反袁的斗争中发挥了巨大的作用，袁世凯及其反动政府也正因此而对之恨之入骨，他们向报社寄去了很多恐吓信，千方百计阻挠《民权报》在北京的发行，并阴谋封闭该报馆。人事有代谢，往来成古今。辛亥革命已经远去一百多年，人们再回望那段如火如荼的历史云烟，凝眸20世纪初叶中国媒介批评的历史画卷时，不应忘记戴季陶曾经作出的贡献。

第八节　留学生报刊与媒介批评

辛亥革命是20世纪初叶中国一次真正意义上的社会变革。在参加和推动这次资产阶级民主革命的过程中，留学生是一支十分重要的力量。鸦片战争使长期自给自足的中国被迫成为世界的一部分。马克思、恩格斯曾经指出：随着资本主义生产方式的确立和发展，整个世界形成了一个相互联系的整体。不断扩大产品销路的需要，驱使着资产阶级奔走于全球各地到处落户、开发和建立联系。资产阶级开拓了世界市场，使一切国家的生产和消费都成为世界性的一部分："物质的生产是如此，精神的生产也是如此。各民族的精神产品成了公共的财产。民族的片面性和局限性日益成为不可能，于是由许多种民族的和地方的文学形成了一种世界的文学。"[2] 鸦片战争后，一部分先进的中国人从天朝上国的迷梦中惊醒，开始睁眼看世界。留学是看世界后走向世界的途径之一，中国近代留学教育由此发端，对中国近代社会变迁产生了深远而直接的影响。甲午战争以后，中国留学之风日盛，并很快在1905年前后掀起了一个留学日本的高潮。据当时的一份统计资料，至1906年，在日本的中国留学生有12337人之多，而且这数字还不包括"联队及振武学校学生约六百余人，其有未到使署报名及不用

---

[1]《周恩来同李勃曼谈个人经历》，《瞭望》1984年第2期。
[2]《马克思恩格斯选集》第1卷，人民出版社1972年版，第255页。

第四章 辛亥革命时期的媒介批评

介绍之学堂各学生"。① 生活在异国他乡的中国留学生,饱受国弱民贫的屈辱和痛苦,其爱国热情更因祖国的危机四伏而激发起来:"呜呼,望中国之前途,如风前烛、水中泡耳,几何不随十九世纪之影以俱逝也。欲挽此劫运,若补漏舟,若救火庐(炉),苟非具有武健果毅之气概,伟大磅礴之精神,恺切诚挚之肝胆,明敏活泼之脑浆者,不能使中国之国旗,仍翻飞于二十世纪竞争之大活动场也。今日中国之负此资格造此能力者,果谁属乎?吾得而断言之曰:学生哉,学生哉。"② 留学生最早接触西方资产阶级民主革命理论,认为自由平等、天赋人权的学说是改变中国现状的思想武器,他们对中国传统政制、文化弊端的认识要比国内其他社会群体更加深刻,所以很多人自觉地扮演起了盗火者的角色。在中国媒介批评的发展过程中,留学生厥功至伟。他们在创办报刊输入资产阶级民主革命思想的同时,也在积极地运用西方新闻传播理论,观察和评析国内有关报刊及其传播现象,以媒介批评的方式实践性地建构着中国新闻学的理论大厦。

一

从 1900 年起,中国留日学生就先后创办起了一些宣传民主革命思想的报刊,截至辛亥革命爆发前的十多年时间里,在日本的中国留学生先后创办的各种报刊总计就有不下三四十种,③ 特别是同盟会成立后的两三年间,留日学生的革命报刊更是如雨后春笋一般相继破土而出。在辛亥革命前的十多年时间里,留学生报刊发展大致经历了三个阶段。第一个阶段是 1900—1901 年前后,以《开智录》《译书汇编》和《国民报》为代表,这些报刊反映了正由改良向革命转化的资产阶级、小资产阶级知识分子的政治倾向,着重宣传资产阶级自由平等、天赋人权等政治思想,后期反清革命色彩则渐趋鲜明。第二个阶段是 1902—1905 年在东京出版的《游学译编》《湖北学生界》《浙江潮》《直说》《江苏》《二十世纪之支那》等。这些刊物多由各省留日学生同乡会主办,带有不同程度的地方色彩,起初

---

① 参见《留学日本各省学生人数表》和《自六月十九日至九月十七日选学人数》,《四川学报》1907 年第 1 期。
② 李书城:《学生之竞争》,《湖北学生界》1903 年第 2 期。
③ 方汉奇主编:《中国新闻事业通史》第一卷,中国人民大学出版社 1992 年版,第 838 页。

主要从爱国爱家乡的朴素感情出发，歌颂中华民族的悠久历史和祖国的壮丽河山，分析帝国主义侵略造成的危急形势，大声疾呼国民爱国救亡。1903年6月"苏报案"发生以后，则日益把清政府作为主要抨击对象，积极展开反清宣传。第三个阶段是1905—1911年在东京出版的《云南》《洞庭波》《鹃声》《四川》《粤西》《河南》《夏声》等，主编都是同盟会成员，宣传内容和当时国内的革命形势结合紧密，具有十分强烈的行动色彩，绝大部分密运国内，发行量最高的可达万份以上，曾对国内思想界产生过重要的影响。

　　1903年，上海商务印书馆出版了日本新闻学者松本君平《新闻学》的中文译本。日本近代新闻事业的产生原本比中国更迟，在19世纪中叶，其主要还是采用翻译外报的方法了解外情。19世纪50年代中文报刊如《遐迩贯珍》《六合丛谈》《中外新报》等，都曾被翻译在日本流传。明治维新以后，日本近代报刊开始起步，特别是到了19世纪90年代中期忽趋迅猛，其发展速度远超中文报刊，后来居上。松本君平的这本《新闻学》是日本历史上第一本新闻学著作，开日本新闻学理论研究之先河，虽然用今天的眼光看，它明显地带有新闻学发展早期的粗糙性，但在当时则是具有开拓性的著作。这本《新闻学》成书于1898年前后，1899年正式出版，虽然书中绝大部分是叙说报纸工作的实际经验和现状，但在序论和第一章中，集中论述了新闻事业的特性、功能、作用以及与近世文明的关系，对新闻理论也表现出一定的关注。这本书在日本出版后，很快受到了中国人的重视，无论是资产阶级改良派还是资产阶级革命派，都一再引用该书中的一些观点来阐释自己的办报思想，批评新闻传播现象，尤其是该书陈述不多但很着力地宣扬报纸的作用，即报纸创造近代文明，主宰国家社会人民；报纸具有无限魔力，一切宗教权威、专制君主、帝王权术都不足与之较量等显然是过分夸大了的观点，都成为中国人论述报刊的理论立足点和媒介批评的出发点，使中国新闻理论和媒介批评都迈上了一个新的发展阶段。因为在这以前，把报纸看成是最高统治者通民隐、达民情工具的思想还笼罩着中国先进知识分子的头脑。这种思想在维新时期还有着某种积极的理论意义，但到了20世纪初期资产阶级革命思潮兴起的时期，它已经迅速落后于时代的需要了。因此，松本君平《新闻学》关于报纸性质、作用和地位的阐释，在当时令中国人耳目为之一新，有力地促进了中国人将报纸观念从皇权主义的束缚中解脱出来。

虽然商务印书馆在出版该书时，不知是有意还是无意没有标注和透露该书译者的姓名与身份，但译者基本应为当时中国在日本的留学生无疑。因为当时梁启超等流亡到日本的改良派人士大都有较好的国学功底，虽然他们的日文不一定掌握得很好，但中文表达很是通顺流畅。而商务版的《新闻学》则译文欠佳，甚至有些文句连通顺都没有做到，可见其不可能是较早引用《新闻学》有关论述的梁启超等人，也不可能是当时清廷驻日外交人员或向日派遣的留学生管理人员，因为他们不会产生翻译并出版这本书的学术兴趣，故而这本书的译者极可能是到日本不久日文还不是十分熟练，而对报刊工作又有一定关注和传播热情的中国留学生，因此，《新闻学》一书的出版，代表了20世纪初叶中国向西方资本主义寻找真理走到了一个崭新阶段，它带给中国人以一种新的新闻认知，对中国媒介批评实践的展开起到了提供理论工具的影响与作用。

二

1902年11月，湖南留日同乡会在东京创办了《游学译编》月刊，杨毓麟、陈天华等人主持编译。该刊初以译述为主，后并未以此为限，亦刊发了不少自撰文字。杨度在《〈游学译编〉叙》中述该刊的办刊宗旨时，论及对报纸之物的理解道，针对外国人当时呵责我国为老大帝国、幼稚时代，因而确定对症下药："同人之译是编也，将以为扶持老大、培植幼稚之助也。其创事之始，想约以数事。"[①] 第一，不著论说。这不是因为是恐己言不如人言而自警，而是认为既非报纸，无取多言，或者是以为今日所言还是新论，而明日言之则已经是老生常谈，一稿未终，旋将自笑。况且论说必定要取材于他书，与译述无异，因此不如径取翻译。过渡时代的言论固如此也。第二，杂采书报。不是仅仅以读书知古，读报知今，欲使阅者兼收两种利益。抑或是以现在之书即为过去之报，现在之报又为将来之书也。去者不知其所穷，来者不知其所极，无往而非历史，即无往而非新闻，未可区别也。过渡时代之事实固如此也。第三，不美装潢。非仅以轻成本、邮寄便、购求广、见闻扩故也；抑以骤得之而视为珠玉者，转瞬而同于瓦砾；骤得之而藏于宝笥者，转瞬而以复酱瓿。无可珍贵。过渡时代

---

① 杨度：《〈游学译编〉叙》，《游学译编》1902年第1期。

之物固如此也。第四，虽然现时一切都呈现过渡时代的性质，但是本刊同人以为译者与阅者同为中国国民，游学者与不游学者同为过渡时代中国国民，国民积累而成为国家。则居今日而言救国，首先必须国民人人自励，人人自兢，先使一身的学术年年、月月、日日、时时而有其进步，无不为其一身之过渡时代。译者与阅者日以学术相切磋，同进一寸则国民增一寸热度；游学者与不游学者日以学术相责望，同进一尺则国民增一尺涨力。"举国国民之学术既进，然后群起而谋其国，使一国之政事，亦无一年无一月无一日无一时而不有其进步，无不为其一国之过渡时代。夫而后一跃而与日本齐，再跃而与西洋各国齐，由此而追他日之日本，他日之西洋，长此焉以至于无穷，则今日之以老大与幼稚号我者，我等虽长奉之以为达尔文所谓进化之代名词可也。"① 由此可见，《游学译编》是希望通过译介外国思想和学术，以开启民智实现救国之目的。

若说《游学译编》的报刊理念还留存着些许维新改良时代中国报人的思想印迹，那么这种印迹在 1902 年"新民丛报社"印行的《新广东》小册子中就表现得更为突出。小册子的作者欧榘甲（1870—1911），字云高、云樵，别号太平洋客、无涯生等，康有为门生，1897 先后任《知新报》《时务报》笔政，宣扬维新变法，戊戌政变失败后避祸日本，其间协助梁启超编《清议报》，撰《中国历代革命说略》，鼓吹革命思想，1903 年与唐琼昌等人创办致公党机关报《大同日报》，任总编辑。所著《新广东》小册子主张广东自立，其中阐述广东自立的策略之一是开设自立报馆。其中有云："中国通商口岸，报馆渐兴，报论亦颇有佳者，然皆通论时事，泛及中西为多，而省报自闽粤外，则罕有焉。然所谓省报，亦不过设于省中，其体例亦与各口岸日报无异，非有专言一省之如何危亡，如何关系，如何愤发，如何联合，如何经营，如何改革，始可使全省人民，智识开通，张独立不羁之精神，不受朝廷之束缚，不受他邦之吞噬者。"② 或曰自立之事实施可也，何以张扬？欧榘甲认为，此如救火必鸣钟，知失火者，必闻钟声。"美国独立之钟，铿铿然闻于天，而后美人知脱英之羁绊而自立矣。其未自立之先，有新闻记者，日发言美洲独立，不宜受英虐政，久之此论渐中于人心，三州之团体

---

① 杨度：《〈游学译编〉叙》，《游学译编》1902 年第 1 期。
② 张枬、王忍之编：《辛亥革命前十年间时论选集》第一卷上册，生活·读书·新知三联书店 1960 年版，第 288 页。

始立，而后起总议会，开独立厅，举华盛顿为总帅，而布美国独立之文于万国也。是美洲开国之始也，是报馆之为功也。"① 所以，国欲立一义，行一事，莫不以报馆为之先声。欧榘甲关于报馆功能的立论，与戊戌变法时期梁启超等人的论述，在思维线路上何其相似乃尔！只是他将之推广到了省级报刊的层次上申述，比此前的泛泛而论，不仅显得更进一层，而且内容的设计也更为具体。

1903年1月创刊于日本东京的《湖北学生界》，在第3期曾发表《论中国商业不发达之原因》一文，从振兴商业以振兴国家的角度，分析了我国商业不振的原因，其中之一就是没有商报，人们不知商报的功用所在："报章之利益，近世士夫类能知之；而商务报之利益，则近世士夫未必皆知之也。夫商报为今日商业之一大机关，有商报则消息灵通，而后可神其操纵之用，无商报则商业之机关不灵。机关不灵，将成痿痹，其何以运动。人则消息灵通，我则机关不灵，其胜负之数，夫岂待智者而决也。"② 作者认为，若有了专门性的商业报纸，一则可以明世界商业大势，而谋所以应之，二则可以阐发本国商业利弊，图谋进行改良的方法。"今欲商务之扩充，宜各省刊印商务报，详载中外市价商况，暨关涉商务一切事宜。庶商艰可以恤，而民智可以广。"③ 这要比郑观应等改良派实业人士对这个问题的认识更深入一步，清晰地反映出国人报刊理念在时代推动下不断前进的历史轨迹。

三

1903年4月27日，由江苏旅日同乡会主办的《江苏》月刊在东京创刊。该刊从第3期起不用光绪年号而改用黄帝纪元，热烈鼓吹共和制度。由秦毓鎏、张肇桐等人主编，主要栏目有社说、学说、杂说、译篇、时论、小说、调查录、文苑丛谈、余录等，该刊内容丰富多彩、包罗万象，

---

① 张枬、王忍之编：《辛亥革命前十年间时论选集》第一卷上册，生活·读书·新知三联书店1960年版，第289页。
② 张枬、王忍之编：《辛亥革命前十年间时论选集》第一卷上册，生活·读书·新知三联书店1960年版，第470页。
③ 张枬、王忍之编：《辛亥革命前十年间时论选集》第一卷上册，生活·读书·新知三联书店1960年版，第470页。

包括中国政法、教育、卫生、历史、实业等方面的论著，是宣传爱国主义精神和民主革命学说的重要阵地，对当时宣传新思想、新学说，促进民族觉醒等，都起到了重要的作用。该刊也很关注国内新闻界的动态，时常对相关媒体及有关问题进行评述，如创刊号上就介绍了爱国学社1903年4月6日主办的《童子世界》旬刊。文中评述道："我中国学界之风潮，其澎涨于二十世纪中者，今日其起点乎？自上海爱国学社，卓然自立，为海内独树一帜。今社中蒙学学生，又出《童子世界》一种。其体例颇称完善，此种报纸所以开内地童子之知慧，养成他日无量数童子之人格者，诚为我中国最可宝贵之报也。内地童子其有闻风兴起者乎？吾方馨香祝之。"[①]《童子世界》以浚导文明，发达爱国思想为宗旨，刊发的大多数文章注重唤醒国民，抨击官办学堂的种种弊端，反对封建专制，提倡独立和民主，鼓吹革命和自由，在倾向和理念上与《江苏》自是同路人，《江苏》创刊号上刊登的这篇文章具有提倡和推介的性质，重在评价其体例的完善和读者群体的独特性，抓住了刊物特征，因而具有一定的媒介批评性质。

留学生身处资本主义国家的文化环境中，较容易认同西方的新闻自由观念，对国内清廷的媒介钳制政策深恶痛绝。1902年秋，中英合资[②]经营的《汉口日报》创刊，创刊之始，能够发扬清议，立论严正，敢于抨击官场腐败，且文风上意趣并重，销路颇为畅旺。官府却畏如水火，嫉恨有加，必欲除之而后快，但又忌惮一味高压恐招致外人干涉。因此，湖北巡抚兼署湖广总督端方勾结武昌知府梁鼎芬，采取金钱收买改归官办的阴谋方式，逐步排斥报馆中原来的吴趼人等进步报人，根本改变了报纸的性质和办报方向，最后控制了该报。[③] 当时上海的《苏报》曾经详细披露和报道过相关经过。《江苏》第3期特在国内时评栏发表《封报馆之新法》进行讽刺和批评：

[①] 《童子世界》，《江苏》1903年第1期。
[②] 关于《汉口日报》的主办者身份和创办时间目前有两说：一说该报为日本人于1903年春天创办，见刘望龄《黑血·金鼓——辛亥前后湖北报刊史事长编》（湖北教育出版社1991年版）第73页；一说为中英合资于1902年秋创办，见王立兴《吴趼人与〈汉口日报〉——对新发现的一组吴趼人材料的探讨》（《明清小说研究》1989年第3期），现从王说。
[③] 参见王立兴《吴趼人与〈汉口日报〉——对新发现的一组吴趼人材料的探讨》，《明清小说研究》1989年第3期。

第四章　辛亥革命时期的媒介批评

　　湖北自有《汉口日报》馆以来，端方久欲封禁之，以碍于该报馆之悬洋旗也，乃密以三千金尽购该馆之所有，而后封禁之令始下。

　　端方之仇视报章也，一见于禁海外留学生之出报，今再见于封禁汉口之日报馆。然留学生之报，禁者自禁，出者自出，已十分狼狈。乃一波未平，一波又起，复有倡其自由之言论于卧榻之侧者，禁之则恐招外人之干涉，不禁则无以树大帅之威风，审顾踌躇，而始出于金钱买安之一策。噫，亦政界中之非非想也。

　　《汉口日报》之内容，吾不深悉，然其价值已在千金以上，概可知矣。端方可儿前既为人保护版权，今又为人评定声价，谁谓其好与新党为难哉？①

　　端方为人蛮横傲慢、贪婪凶暴，是清廷的重臣之一，仇视和打压具有民主进步意识的新闻媒体是其固有的阶级本性，自然也遭到了革命派和进步知识分子的痛恨。端方处理《汉口日报》的手法既阴险毒辣又狡诈圆滑，反映出清廷顽固而怯懦的本质。《江苏》月刊上的这篇时评，通过揭示端方在查封《汉口日报》一事中目的、手段与效果之间的冲突，从而获得一种讽刺性的批评效果。

　　1907年11月15日，广西留日学生主办的《粤西》杂志在日本东京创刊，刘崛、卜世伟等人编辑。1907年12月15日该刊第2期上，刊有《广西官报之特色》一文，对1907年7月创刊的《广西官报》的官样文章进行讽刺和调侃道："据内地来函云：《广西官报》初本拟月出三册，后又改月二册，今则仅月一册，然尚无自撰之论说。所录粤、沪、京、汉各报外，余则为本省之公牍云。缉奸子曰：此其所以为官报也。奏章疏稿，参革条文，升调补留，辕门牌示，此等官话文章，印版告示，月间能有几何足以布满行间为新闻纸之资料，月出一册是矣。二册不过图一时之好听而已。有思想而后有言论，有言论而后有实行。官场中人，其思想以富贵利达为目的物，其言论以升官发财为口头禅，且公事旁午，案牍劳形，其无自撰之论说也亦宜，况乎京报被封，文章遭妒，纵有思想，何能言论自由？剪录粤沪京汉各报之时闻，照刊本省之公牍，一则可以图官报之稳脚，二则可以掩官家之劣迹，一举而两美备，官报之能事尽矣，又

---

① 《封报馆之新法》，《江苏》1903年第3期。

何怪然。"① 官报刊期从初拟三册改为二册再改为一册，看似仅仅是发刊时间的延长，但作者从这里解读出其背后所隐藏着的只注意形式而没有实际内容的官场陋习，以及照例敷衍的虚文滥调和尴尬。可谓见微知著，原始见终，显示出作者具有着十分敏锐的观察和分析能力。

四

1906年10月15日由云南留日学生同乡会在东京创办的《云南》月刊是清末革命党人所办期刊之一，自其创刊后，曾两次被迫停刊，1911年武昌起义爆发后才自动停刊，共发行23期，另附刊《滇粹》一册。该杂志由李根源、赵伸负责，张耀曾、席上珍等人先后担任过总编辑，以开通风气、鼓舞国民精神为办刊宗旨，揭露清政府卖国殃民的罪恶，提倡自办实业，要求收回路矿权利，反对帝国主义的侵略，鼓舞民众爱乡土，爱祖国，并铸造独立自由的国民，推动各阶层从封建思想束缚中解脱出来，促进革命形势发展，深得当时各方面爱国人士的欢迎，每期发行量高达万余份。《云南杂志》第7号"杂俎"栏发表的《劝乡人阅报书》是一篇将阅报与个人智识的养成和国家、社会团体观念（社会主义）的提高结合起来论述的媒介批评文章，值得注意。

作者认为，处此风云激荡、弱肉强食的时代，云南人不能再闭目塞听保守固陋了，摆脱这一状况的方法就是阅报。针对有云南人持"报，一纸耳，阅报些小事，何益之有，且强国亦多术，奚恃此戋戋者为"② 之说，作者指出：一国之强弱，一国之文野，与阅报人数的多少成正比例。欧美之强，强于国人皆知阅报。日本之强，强于车夫下女亦知阅报。此非张大其论也，阅报之影响，尚不止如此。云南人现在已经在竞相办学了，但办学与报纸都是培养国民的手段，"学者造未来之国民，阅报者造现在之国民也。兴学者养具象之人物，阅报者养抽象之人物也。兴学者作久远之规画，阅报者救一时之急难也。兴学固不可缓，阅报亦乌可缓"③。从地理上

---

① 转引自方汉奇主编《中国新闻事业编年史》（上），福建人民出版社2000年版，第445—446页。
② 君翔：《劝乡人阅报书》，《云南》1907年第7号。
③ 君翔：《劝乡人阅报书》，《云南》1907年第7号。

而言，云南僻处西南，冈峦曲折，没有长江大河、船舶往来的便利交通以输入文明。所以固陋，原始于地理的限制。如果阅报的话，那么就可不出户庭一步，而天下大事已晓然心中。是有形之修阻，不啻无形之康衢也。

以风俗习惯而言，鬼神仙佛之迷信，日深一日。号为读书者，舍词章以外无事功。稍上等者，高谈哲理，无裨实用。不知阅报者，风俗可以改良，恶的习惯可以破除，合上中下社会一炉冶之，因此除了阅报，就没有更好的方式了，"即自狭义言之，阅报者关于个人之智识；自广义言之，阅报者，即诱起国家观念与社会主义者也"①。阅报可使人运用心理，启瀹其思想感情意志。故有见阅报而开通者，未见不阅报而开能通者也；云南内政非因循之内政，云南外交非失败之外交。然在对外交涉的时候，外人秘密之，大吏隐讳之，云南人也漠然置之。每至事机已熟，而其事始发觉，然而错已铸成。幸而有报纸，抉此外交之机关，标此内政之宗旨，使人未事可以预防，既事可以应付者，而滇人复以弁髦视之，其不知阅报以诱起国家观念者，十人中有八九也。现在宪政即将实行，全国人民，无不知立宪之预备。上以监督政府，下以代表国民，坚固立宪国的责任，要求立宪国的权利，实为报纸天职，也是阅报者必需的资料预备。若何协同生活，若何结固团体，若何分配利益，若何增进幸福。这都是社会学的题中应有之义，报纸揭而出之。故阅报可以开启人的道德心，生发人的公共心。

天下之事，渍其言论，浸其思潮，往往能够潜移默化。聆听演说者为上，阅报者次之。彼视为洋报而不敢阅，与视为等闲之物而不暇阅者，特未识阅报之价值耳。如前所言，不阅报之害如彼；若后所言，阅报之利又如此。如果我们云南人果真富有模仿之心，当不至于对阅报之事漠然置之。何况多一个阅报的人，就是多一个开明的人。多一个开明的人，就是多一个办理公益之事的人。作始也简，其成也巨。不于阅报著之，而谁著之？该文作者对阅报利弊的论述，虽然其中不无夸张之处，但关于阅报可以导致"诱起国家观念与社会主义"的论述，虽然作者对其内涵并没有给予详细的阐释，但在当时至少能够给人一种修辞上的震撼。

辛亥时期的中国留学生们，不仅以创办报刊的实践方式，将西方的报刊内容和形式给国内的报刊以示范，而且以话语的方式，将西方的新闻观

---

① 君翔：《劝乡人阅报书》，《云南》1907年第7号。

念融入媒介批评活动之中，更加注重报刊对新学说、新思想、新观念的宣传作用，立足实际与国家需要对报刊的功能进行探索和评价。很多留学生加入了同盟会，成为资产阶级革命派中的积极分子，他们在办报实践和以媒介为言说对象的活动中，更加倾向于汲取和运用西方资产阶级新闻学说中反封建的民主内涵与精神，把鼓吹民族民主革命作为报刊的首要内容以及评价报刊的重要标准，以厘清革命派与保皇派的媒介性质界限，使辛亥时期的媒介批评更具有资产阶级上升时期的革命性和战斗性，从而显示出时代进步的内容和足迹。在希腊神话和传说中，是普罗米修斯从太阳神阿波罗那里盗走火种送给人类，给人类带来了光明。他虽然因此受到宙斯的处罚，被绑在高加索山，每日忍受风吹日晒和鹫鹰啄食，但他无怨无悔。在一定意义上，辛亥革命时期的留学生们如同普罗米修斯一样，他们不辞辛劳，远适异国他乡，在寻求救国救民真理和道路的同时，也通过媒介批评的方式不断地将西方先进的新闻观念输入国内，有力地推动着中国媒介观念的进步和新闻事业的发展。

第九节　辛亥革命时期报案与官方媒介批评

晚清十年间的中国，风云际会，出现了革命、改良、朝廷三方相互缠斗角逐的复杂社会政治格局。革命派要以暴力推翻清朝，改良派则力推王朝改造、君主立宪，清廷在革命与改良的夹击中企望进行王朝自我挽救。在同一时空里，下层群众则以千波万澜、迤逦相属的民变形式发泄着对腐败统治的怨愤和不满，使清王朝处于风雨飘摇、随时都有可能瓦解倾覆的危险之境。"从1902年到1911年，各地起伏生灭的民变多达1300余起，平均每两天半发生一次。"① 战乱与因之而起的传闻盛行，且相互激荡，相互生发，使整个社会处于一种风声鹤唳、惊恐莫名的状态之中。在这个过程中，各种政治立场的新闻媒体报道不但没有起到澄清真相、稳定人心的作用，反而推波助澜、提油灭火，使局势更加动荡。清朝阵营甚至不明底里的民间社会，都为此而显出极大的惶乱和不安。如北京《国风日报》登出武昌起义胜利和各地响应的消息后："北京住民大为惊慌，作官的更是忙了手脚。每日正阳门外东西两车站，行客拥挤，市面亦为之动摇。警察

---

① 陈旭麓：《近代中国的新陈代谢》，上海社会科学院出版社2006年版，第313页。

来报馆干涉,不准登载各种消息。"① 清朝统治者历来言禁极酷,迭兴文字大狱,对新闻事业更是横加控制,淫威肆虐。自1898年至1911年13年之间,据不完全资料统计,至少有53家报刊遭查禁、暂时停刊或者其他处分,有2人被捕杀,17人被监禁,至于被传讯、拘捕、警告或押解回籍者更多达百余人。② 报案是为追究新闻媒体及其相关报道社会责任而由司法机关立案处理的案件,它集中体现了统治者的意志和价值判断,是一种典型的官方媒介批评形式。

一

彭翼仲是维新时期办报稍后于梁启超、汪康年、严复的中国报业先驱之一,也是20世纪初一位力图通过办报执着地进行社会启蒙和改良的知识分子。1906年9月29日,彭翼仲主持的《中华报》《京话日报》被封案是清廷施行新政后发生的一桩著名报案。彭翼仲在被捕、判刑直到发配新疆的过程中,不仅内幕隐微,而且过程曲折跌宕,颇有一些戏剧和传奇的色彩,故为当时各家新闻媒体广泛关注,也为后世之人所津津乐道。

彭翼仲(1864—1921),名诒孙,以字行,江苏长洲(今苏州)人,出生于北京,祖父彭蕴章在清咸丰朝曾官至领班军机大臣、武英殿大学士。伯父彭祖贤官至湖北巡抚,署湖广总督。彭翼仲出生时,祖父已故,家庭生活已不顺遂,主要依靠伯父彭祖贤资助。彭翼仲7岁时由父亲教授文字,此后读过几年蒙书。1885年,彭祖贤病故,绝其资助,家计便日行拮据,彭翼仲开始为持家度日而劳心费神,因无足够本钱,又无固定产业,因此,他的治家只能伺机而行和量力而为。彭翼仲是年参加顺天乡试,不中,被挑取录为汉誊录官。1897年34岁之时,出资捐得六品通判官衔。1898年,因早年曾参与校勘、誊写的《平定陕甘新疆回匪方略》《平定云南回匪方略》《平定贵州苗匪方略》而受到奖励,获得从优议叙待遇,被授予通判实职。是年春,赴江西就职,后不堪官场丑态,遂以父病为由,告假弃官回京。1902年6月,创办了《启蒙画报》,对儿童开展爱

---

① 景梅九:《罪案·武昌起义,一张白板》,中国社会科学院近代史研究所近代史资料编辑组编:《辛亥革命资料类编》,中国社会科学出版社1981年版,第88页。
② 方汉奇主编:《中国新闻事业通史》第一卷,中国人民大学出版社1992年版,第952页。

国主义启蒙教育，是为北京创办的第一份画报。1904年8月16日，创办白话体例的《京话日报》。12月7日，创办文言体例的《中华报》，聘杭辛斋担任主笔。

彭翼仲长期住在北京，对底层人民的生活疾苦有所了解和同情，因此《京话日报》是一张以城市居民为主要读者对象、具有平民色彩的报纸。他多次宣称："本报的宗旨，绝不给人家坏事，也绝不受人家贿托。事如不平，考查实了，为一己的事，有保自然代登。为大众的事，本馆就敢出头担责任。"① 《京话日报》自创办之日起，就秉持正义，对社会邪恶势力的种种丑行予以揭露和抨击，令广大读者颇为痛快，赢得了他们的信任和欢迎，但也因此引起了权贵及各种黑暗势力的恼怒和嫉恨，创办两年以来，收到的威胁、恐吓信件，"装在一个布口袋里，称了称足有二斤"②。《中华报》以开官智为宗旨，把披露实情、阐发政见和提出社会改革主张作为首务，也自然会与统治集团发生直接的冲突和矛盾。当权者曾多次企图施行收买，以图笼络使其就范。1906年春，巡警局官员多次到报馆，向彭翼仲、杭辛斋提出：已经禀明巡警部尚书徐世昌、侍郎赵秉钧两位大员，只要《中华报》答应成为巡警部之机关，每月就可领到巡警部发给的津贴200元，此外还有其他诸多好处。彭、杭二人断然予以拒绝。

1906年8月，《中华报》报道了清廷的一个乌龙事件，使当权者恼怒不已。一个名叫任文毅的北京汉军旗人，幼年随义父离京辗转而至台湾，后受聘到日本京都华文学校讲习汉语。任氏入住日本后，与日本女子结婚，并按照日本习俗，取名藤堂调梅，但他的爱国之心始终未泯，于是决意不做日本人，带领妻子返回中国。到北京后，经朋友介绍，住进彭翼仲的报馆，与彭翼仲、杭辛斋相识并成为知心朋友。当时清廷高层接获举报，说革命党首领孙文（中山）潜伏在该报馆，于是出动大量警力，前来抓捕政府重赏缉拿的革命党首。先是北京探访局派兵到报馆门前日夜巡守，以防孙文逃逸，接着京城巡警总厅派出巡警多人前来报馆捕人，一时间弄得沸沸扬扬，满城风雨。事发之前，彭翼仲、杭辛斋即获知消息，为免不测，特在《中华报》上披露了北洋军政集团派驻东京的侦探发来的情

---

① 《辨正传闻》，《京话日报》1905年2月25日第186号。
② 《笑骂》，《京话日报》1906年8月25日第717号。

报，专门指出这一情报为自有侦探以来凭空出奇的无稽之谈，可以作为五洲万国撰写侦探小说的新资料。藤堂调梅被捕后，有关当事人报请日本公使出面，此事才得以平息。任文毅回报馆后第二天，彭翼仲即在《京话日报》以大号字刊出："巡警部拿获的孙文已经释放。本可自了，而竟作成了国际交涉。哭！哭！"① 令当局颜面扫地，恼怒不已。

随后《中华报》有关保皇党人吴道明、范履祥的报道，使统治当局与彭翼仲之间的冲突和矛盾更趋激化。吴道明，真名梁铁君，又名梁纬卿。范履祥，真名范羲谋。1904—1906 年受康有为、梁启超指派潜入北京，密谋与光绪皇帝联系，伺机暗杀慈禧。梁氏在灯市口开设照相馆，以照相业为掩护，交接太监，以接近光绪帝。在清廷立宪可能成局后，梁铁君即向康、梁建议放弃暗杀计划，但就在此时，九门提督将其侦破，梁、范二人即行被捕。庆亲王奕劻和军机大臣兼九门提督那桐，一面饬知袁世凯赴天津秘密处理此事，一面将梁、范二人秘密押至天津。随后，袁世凯以极快速度将二人秘密杀害。京津各报畏惧朝廷，皆对此噤口不言，独《中华报》自 1906 年 8 月 21 日，连续披露相关消息，尤其是 1906 年 9 月 2 日刊登的《保皇党之结果》独家新闻，报道了吴、范二人在北京被捕并被解往天津，由袁世凯命北洋营务处秘密处决的消息，客观上揭露了清廷预备立宪面具后的真实嘴脸，从而触怒了清朝当局。9 月 29 日，巡警部以"妄议朝政，捏造谣言，附和匪党，肆为论说"等含混不清的罪名封禁了《中华报》，《京话日报》连带被封。报纸主持人彭翼仲、主笔杭辛斋被捕受审。被封后的《京话日报》和《中华报》社由警方派警察 2 人实行监守。

彭翼仲被捕后，舆论哗然，北京报界更是出面请求宽释，彭翼仲亦据理力争：妄论朝政并无确据！但清廷大权在手，执意而为。1907 年 4 月 16 日，此案终于审结。杭辛斋被判处遣送浙江海宁原籍，交地方官吏严加管束。彭翼仲原拟由顺天府即日递解回籍，交地方官吏严加禁锢，因为在被拘押期间发生的私带手枪"枪伤看管委员"的事件，而被从重改判发往新疆效力赎罪。4 月 17 日，彭翼仲即日起解离京，发配新疆，离京之时，有数千读者聚集拘留所前为彭送行，赠送程仪者无算，有报界多人前来看望和慰问，一位名叫苗凤梧的送报人自愿陪伴。当时《北京画报》第 32 期

---

① 转引自彭望苏《北京报界先声——20 世纪之初的彭翼仲与〈京话日报〉》，商务印书馆 2013 年版，第 27 页。

刊登了《彭翼仲起解》一图，并配题词道："北京近两年，风气稍开，京话报不能说没有力量。彭翼仲因为一支秃笔，闹了个发往新疆，十年监禁。定案之后，由法部交陆军部，三月初五日，由大佛寺起解。是日学界商界中人，纷纷去送行。讲报的醉郭，直直陪伴了一夜，临行之时，挥泪而别。嗳，这也算替北京社会给他道谢了。"①"彭翼仲案"是清末新政后北京第一个查封报馆、惩处主笔的新闻大案，留下了专制统治者钳制社会舆论、镇压民间报人的又一丑恶记录。

二

1909年5月15日，于右任创办了《民呼日报》，于自任社长，主笔是范鸿仙、戴天仇和景耀月等革命党人。他创刊《民呼日报》之时，秦陇高原正值连年大旱，饥荒蔓延，哀鸿遍野，民不聊生。甘肃都督升允不仅花天酒地，而且只顾个人保官，三年匿灾不报，以致田赋不能豁免，灾荒无所赈济，甘肃辖境赤地千里，树皮草根罗掘殆尽，竟至发生了人相食的人间惨剧。于右任是西北人，此时虽因躲避清廷缉捕而匿居沪上，但事关桑梓，因此对陕甘灾情格外关切。他除了使用大量的篇幅如实报道甘肃旱灾所带来的惨状，还连续发文抨击升允挥霍无度匿灾不报的荒唐行径，如6月11日，《民呼日报》就发表了《论升督漠视灾荒之罪》的文章，揭露升允欺上瞒下的罪恶。与此同时，于右任还在报上发文倡议开展募捐救灾活动，邀请旅沪陕甘同乡会的头面人物刘定荣、李岳瑞等，组织甘肃赈灾公所，办公地点就设在该报社内。时任护理陕甘总督毛庆蕃见到《民呼日报》上有关抨击文章后，竟捏造出了一条"侵吞赈款"的罪名，指使电告上海道台蔡乃煌，速将于右任关押查究。蔡乃煌原来收买于右任不遂，本就对于右任和《民呼日报》耿耿于怀，于是马上以此为据，向公共租界会审公廨提出控告。公共租界会审公廨接受了蔡的控告，在1908年8月2日拘捕了于右任及该报另一位主笔陈飞卿。

在于右任被拘捕期间，蔡乃煌唯恐只此一事尚不能逼迫《民呼日报》停刊，遂唆使一些受到过该报抨击的人一起控告《民呼日报》。原告之一

---

① 转引自彭望苏《北京报界先声——20世纪之初的彭翼仲与〈京话日报〉》，商务印书馆2013年版，第2—3页。

安徽铁路协理候补道朱云锦，称其自接办安徽铁路以来，屡屡被《民呼日报》造谣诋毁，该报先说朱云锦为汪大燮第八，接着又说朱云锦有营私行为，损及名誉。原告之二是《南方报》蔡钧之子蔡国桢称《民呼日报》挟未售与机器之私，毁坏其父生前名誉，称蔡钧生前是自怀退志恳请开缺，并非革职……一时间控告《民呼日报》毁谤罪的竟多达14起，造成轰动中外的"民呼报案"。赈灾活动虽由于右任发起，但于并不插手其中钱款，赈灾公所只是借《民呼日报》报社办公而已，况且赈灾公所也并无侵吞赈灾款项之事。1909年8月4日，于右任与陈飞卿在会审公廨过堂，由中英官员联合审讯。主审人上海县知县，陪审人英国驻上海副领事，出面控告者是上海道台蔡乃煌，以及被《民呼日报》揭发过的朱云锦、蔡国桢等人。朱、蔡等人所控"毁谤罪"只不过是蔡乃煌给于右任制造数罪俱发以渲染其罪行严重的一种手段。蔡明知"侵吞赈款"纯属虚构诬陷，但为了按照升允的调子行事，只得昧着良心硬着头皮进行控告。

开庭后，朱、蔡所陈于右任的毁谤之罪，对一份立场公正的民营报纸来说，根本就是分内之事，旁听席上的听众也了解《民呼日报》一贯为民请命的立场，对朱、蔡这种拙劣的表演纷纷嗤之以鼻。第一次审讯时，《民呼日报》迅速调集甘肃赈灾的具体负责人，以及接受赈款和汇款的钱庄上堂作证，并且出示了账簿。《民呼日报》辩护律师在公堂上义正词严地为于辩护道："被告于右任等，实与侵吞赈款丝毫无涉，纯属误拿，经调查：甘肃赈款乃刘姓道员经办，因刘与于友善，故借报社开办，刘道员有账房二人，经手出入之款，均有账目收据，与于右任无干。于右任因赈济灾民公益善事，故赈济机关借住报馆，亦不收任何费用。如有不信，现有刘道员的账房、赈款所存的林丰号经理，以及经手解款的蔚丰钱庄经理等人，均在堂下，可以询讯。"上海县知县当堂看了有关账本收据，无话可说。于右任的辩护律师为了迅速结束这场官司，知道清吏爱面子的积习，就有意地给了升允、蔡乃煌一个下台的台阶说："上海距陕西路途遥远，赈款解往，沿途滞迟，时有发生。所以陕甘总督以为日久未到，误认为是侵吞。"[①] 于右任的辩护律师还在公堂上指出：这场官司的原告应是陕甘总督，他是封疆大吏，不能前来对簿公堂，乃委托上海蔡乃煌道台，蔡又未见出庭，这种做法不符合文明国家的法律程序，因此，

---

① 转引自许有成、徐晓彬《于右任传》，复旦大学出版社1997年版，第75—76页。

他建议改期审讯，被告于右任可以交保在外，听候传讯。升允与蔡乃煌借机整垮《民呼日报》和严惩于右任的目的未达到，当然不会轻易就此放了于右任。上海县知县与英国驻沪副领事合议后，决定释放陈飞卿，于右任还押候审。

就这样，于右任在狱中被关押了25天，连续审讯了7次，案子还未了结。于右任《民呼日报》的同人清楚：报社一天不关门，于就一天不得释放。因此，他们集体决定，报纸即日起停刊，此举虽然违背了于右任本人的意愿，但为了他早日出狱，也没有别的办法了，还是先救人要紧！故1908年8月13日在《民呼日报》上刊登如下启事："报纸一日不停，讼案一日不了，加以酷暑如焚，总理于右任被系于狱中，备受苦楚，同人委曲求全，不得不重违于君之意，自行停刊。"自"民呼日报案"发生之后，广大读者关心《民呼日报》，支持《民呼日报》，该报销数直线上升，致老牌的《申》《新》两报也望尘莫及。8月14日，该报发表"辞世宣言"，宣布被迫自行停刊。所以，从1909年5月15日创刊，至8月14日被迫停刊，《民呼日报》共出版了92天。

果真如《民呼日报》同人所料，该报一停刊，会审公廨也准备放人。8月27日，于案进行第8次复审，略一讯问，便当堂宣布将于右任逐出英租界，一场腾笑中外的闹剧，就此结束。而《民呼日报》停刊未及一个月，在上海各大报上，刊登了该报启事："呜呼，本报自停刊招盘，业经多日，近将机器生财等，过盘与《民吁日报》社承接。所有一切应收应付款项，以后概归《民吁日报》社经理，快事亦痛事也。"[①] 10月3日，《民吁日报》就正式与读者见面了。10月26日，朝鲜志士安重根在哈尔滨刺杀了极力主张吞并朝鲜、当年胁迫清廷签订《马关条约》的日本前首相伊藤博文，当时上海报纸多达数十家，得知消息后唯恐刺激日本，都缄默不言，只有《民吁日报》用显著版面刊登了这一令人大快的消息，还配发了社论，一方面对安重根的举动表示声援，同时也正确地指出：个人暗杀活动不能根本解决问题，伊藤博文之死不可能改变日本军国主义既定的侵略政策，而且其后东北亚和中国满洲风云恐更趋紧张和急迫。《民吁日报》的立场，广大读者无不赞赏，而日本驻上海领事对此则暴跳如雷，立即致函租界当局和会审公廨提出严重抗议："《民吁日报》所登论说不妥，有伤

---

① 转引自许有成、徐晓彬《于右任传》，复旦大学出版社1997年版，第77页。

中日两国感情","似属有意造谣,着即发封传讯",并向会审公廨提出诉讼,同时致函上海道台,要求他会同租界当局查禁该报。

1909年11月9日,会审公廨在日本领事的胁迫和苏松太道蔡乃煌的要求下,开堂审理此案。日方为原告,按章本无权派陪审员参与公审,而日方竟派两名陪审员参与审理,并提出封闭报馆,连被视为英国在远东喉舌的《字林西报》在会审后都著文鸣不平,指此举严重有违成法:"无论何国,不能无故贸然要求他国政府,封闭其报馆,或停止出版权。诚以此等办法,既不合公正之裁判,且亦中国报律之所无也。"① 但即便如此,会审公廨还是完全屈从了日方的要求,立即查封了《民吁日报》。12月9日,会审公廨又开堂对此案作了最后审理,日本领事、租界当局和苏松太道唯恐《民吁日报》被封后如《民呼日报》一样卷土重来,故判决《民吁日报》永远停刊,且机器不准作印刷报纸之用。《民呼日报》《民吁日报》就这样被中外反动势力联合绞杀了。

三

1911年8月1日爆发的"大江报案"是辛亥革命爆发前夜的一件震动全国舆论界的重大新闻案件。《大江报》原名《大江白话报》,1910年12月14日由胡为霖创办,聘詹大悲任主编,何海鸣任主笔。1911年1月21日,汉口发生英国巡捕无故打死人力车夫吴一狗的事件,引起千余名工人抗议,英国军队又开枪打死了十余人,事情愈演愈烈。清朝政府迫于英方压力,故意歪曲事实,公布吴尸"并无致命伤痕"的验尸结果,企图瞒天过海,使大事化小小事化了。《大江白话报》在事件发生后顶住政府压力详细报道了这一新闻,在引起众人注目的同时,也使该报主人畏祸他走。詹大悲遂出资接办该报,并改名《大江报》,自任总编辑兼总经理,何海鸣仍任该报主笔。湖北革命团体文学社成立后,该报也就成了文学社的机关报,读者多为清朝新军中的士兵和下级军官。

1911年7月17日,《大江报》发表了题为《亡中国者和平也》的时评,批判立宪派伏阙上书的改良举动和清政府出卖铁路主权的卑劣行为,都是灭亡中国之道。略谓:"政府守和平,即示割让之意。国民不甘,伏

---

① 转引自许有成、徐晓彬《于右任传》,复旦大学出版社1997年版,第80页。

阙上书，不足以动政府。有时大张联合之雄风，倡言种种不承认、不纳税之要挟，然亦藏头缩尾，其和平更甚于政府之对外人。"① 鼓吹只有革命才能救中国。该文发表后，使清政府官吏为之紧张不已。不料7月26日，该报再接再厉发表了题为《大乱者救中国之妙药也》的时评。文云："中国情势，事事皆现死机，处处皆成死境，膏肓之疾，已不可为，然犹上下醉梦，不知死期之将至。长日如年，昏沉虚度，软痈一朵，人人病夫。此时非有极大之震动，极烈之改革，唤醒四万万人之沉梦，亡国奴之官衔，行见人人欢然承戴而不自知耳。和平改革，既为事理所必无，次之，则无规则之大乱，予人民以深创巨痛，使至于绝地而顿易其亡国之观念，是亦无可奈何之希望。故大乱者实今日救中国之妙药也。呜呼！爱国之志士乎，救国之健儿乎，和平已无可望矣。国危如是，男儿死耳，好自为之，毋令黄祖呼佞而已。"② 可以说，《大江报》发表这两篇时评，真可谓珠联璧合承接有序。既然亡中国者和平也，那人们势必要问：什么才能够救中国呢？回答：大乱者救中国之妙药也！时人心知肚明：大乱，就是革命。只有革命，才能拯救中国。这实际上吹响了革命的号角。《亡中国者和平也》发表时，已使湖北地区的清廷官吏惊骇不已，又怕又恨，《大乱者救中国之妙药也》发表后，湖广总督瑞澂更是大怒，遂以"宗旨不纯，立意嚣张""淆乱政体、扰害治安"③ 等罪名，饬令巡警道王履康查封该报，永禁发行。

王履康接到命令后，即一面手谕汉口巡警二区区长覃兆鹍立派巡警前去抓捕该报总经理詹大悲、主笔何海鸣，一面电请夏口厅给封条两张，将《大江报》馆封禁。总经理詹大悲被带往看守所拘押，主编何海鸣因巡警误认而侥幸暂时逃脱。④ 震动全国的"大江报案"由此而爆发。詹大悲被捕后，《大江报》馆立即发出公电，通报全国，呼吁各界声援。汉口各革命团体纷纷谴责湖广总督瑞澂摧残言论的暴行，很多新军士兵亦自发至报馆门前声援。8月2日，汉口报界公会认为《大江报》被封事件表明舆论

---

① 转引自刘望龄《黑血·金鼓——辛亥前后湖北报刊史事长编（1866—1911）》，湖北教育出版社1991年版，第228页。
② 转引自刘望龄《黑血·金鼓——辛亥前后湖北报刊史事长编（1866—1911）》，湖北教育出版社1991年版，第229页。
③ 转引自刘望龄《黑血·金鼓——辛亥前后湖北报刊史事长编（1866—1911）》，湖北教育出版社1991年版，第232页。
④ 唐惠虎、朱英主编：《武汉近代新闻史》（上卷），武汉出版社2012年版，第259页。

界前途异常危险,当晚即召集各报发行人和编辑在该会文艺俱乐部开会,研究《大江报》所登时评究竟是否违反报律,邀请何海鸣到会报告该报被封之情形。何在会上指出:"本报姑无论是否违反报律,地方官不能施法外之干涉,查报律规定最重之条件不过禁止永远发行,或监禁或罚金,究无发封之明文。今既发封,更以骚扰。然已发封之《大江报》固不足惜,而各报馆之将来,亦诚可畏也。"[①] 到会人员对此均表示赞同,最终决议呈书官厅:"谓既经发封,禁止发行,已足蔽辜,编辑人应请宽免云云。"[②] 汉口各家报馆也以《大江报》所发表的时评,"立意虽属激烈,然终不失忠君爱国之本旨,今忽加之以淆乱政体、扰害治安之罪名,似此情形,将来官场得以任便挟制报馆",要求督院对此案秉公办理,并表示"如督院不秉公办理,将来一律托挂洋旗以期抵制"[③] 云云。

国内各报如上海《申报》、《时报》、《民立报》、天津《大公报》等,都公开在报端发表《大江报》被封的消息,并发表言论予以评述。如《民立报》发表骚心(于右任)的题为《江声呜咽》的时评时就指出:"《大江报》之在武汉所谓有声有色者也,乃官场既封禁其报,又严拿其主笔,噫嘻,江流石不转,遗恨失吞吴。我为之哭。其遭劫不解何故,以意度之,十之九触官场之讳而已。呜呼,大江东去,试问真英雄能被浪淘哉!"[④]《时报》在此案发生后,于8月6日即发表《大江报被封之情形》报道,以"遭怨之由来""发生之原因""奉饬之查封""巡警之搜罗""弹压之骚扰""经理之出首""编辑之忙碌""印刷之牵累"与"发封之尾声"等9个专题,详细披露了《大江报》被封的来龙去脉及其内幕关节,揭露鄂省当局禁锢言论自由、迫害新闻从业人员的恶行。此后又连续刊载《再志汉口大江报被封情形》《汉口大江报被封三志》《汉口大江报被封四志》《汉口大江报被封志》《司法独立之谓何》等报道和言论,对该报被封案及其审理过程进行了跟踪报道和评述,对《大江报》表示同情。《民立报》也于8月6日发表于右任的《报馆与官吏》评论,以"江流千古英雄泪,山掩诸公富贵羞"抨击当道查封《大江报》。这些在国内舆论

---

① 《汉口〈大江报〉被封三志》,《时报》1911年8月9日。
② 《再志汉口〈大江报〉被封情形》,《时报》1911年8月7日。
③ 《汉口〈大江报〉被封三志》,《时报》1911年8月9日。
④ 骚心:《江声呜咽》,《民立报》1911年8月3日。

· 449 ·

界有重要影响的报纸对《大江报》被封事件的关注和在舆论上的声援，在一定程度上抑制了鄂省清廷当局意欲借机将詹大悲与何海鸣置于死地、杀鸡儆猴的意图。最终，汉口地方审判厅以判詹大悲、何海鸣各"监禁一年半，讯系赤贫，均免科罚金"① 结案。

自1903年"苏报案"以后，清廷也从该案中吸取了一些教训。面对外来侵略者的挑战和国内日益强烈的革命思潮，为了因应日益复杂的媒介形势，清廷开始利用立法手段对报业和舆论进行控制。他们一方面继续维持着封建专制的传播审查制度，另一方面也不得不适应和建立近代化的国家信息传播管理制度，加紧新闻立法。因此，1906年以后发生的报案与康乾时期的文字狱有很多的不同。这几起报案都具有一定的法律形式和司法过程，特别是1909年发生的几起报案，迫使清廷加快了新闻立法的步伐。可以看到，随着时间的推移，清政府一方不断出台各种与新闻控制有关的政策和措施，这些政策和措施、法律制度都贯穿着统治者的意志和价值标准，因此，这种司法言说实质上也是一种媒介批评。虽然这几起报案中的报纸都被封禁了，清廷看似达到了目的，但明显能够看出，随着末日的临近，清廷的权威已经日渐消解，其官方意志和价值标准已经完全无法有效贯彻了，总是显得左支右绌，所以几起报案的审结最后都是各方合意的结果。从这一角度看，清廷无疑是一个失败者，而这恰恰是封建王朝临近末日、无法掌控自己命运的真实而形象的写照。

第十节　报律制定与媒介批评

报律是关于报纸的律法。现代意义上的新闻媒体自然包括报刊、广播、电视、新闻电影和互联网等各种信息传播媒介，但是在晚清时期，中国社会上的新闻传播媒介还只存在着纸质的报刊一种类型。因此，报律就是由国家制定和颁布的适用于所有报纸刊物的有关新闻传播与出版的法令规章。报律是国家法制建设的一部分，主要用于明确报刊与政府、社会和公民之间的关系，厘清和规范报刊的性质、任务和具体权责。有了报刊才有报律，当报刊发展到一定程度，统治者感到其活动出现了

---

① 转引自唐惠虎、朱英主编《武汉近代新闻史》（上卷），武汉出版社2012年版，第261页。

第四章　辛亥革命时期的媒介批评

于己不利的局面，便利用手中的公权力，制定各种管理办法，逐渐形成系统的书面文字，并配以各种具体的实施措施。中国的新闻传播活动虽然历史十分悠久，但由于长期处于封建专制社会和半封建半殖民地状态，近代意义上的报刊出现较迟，因此其新闻法制建设不仅起步较晚，而且步履维艰，发展缓慢。"没有信仰的法律将退化成为僵死的教条，而没有法律的信仰也易于变为狂信。法律必须被信仰，否则它将形同虚设。"① 中国真正意义上的报律产生于晚清施行新政之后，是晚清政府在官方意志贯彻窒碍难行后不得已而为之的一种管理策略选择。但仅凭功利的计算和理念的引导，势必无法唤起人们心悦诚服的认同和满怀激情的献身，不具有公正意味的律条亦注定会失去社会的拥戴而成为一纸空文。晚清报律的创制和产生并非真正源于法律的神圣信仰，因此在颁行过程之中，始终充满和伴随着来自报刊的非议与抨击，构成了一种别样的媒介批评景观。

一

中国早在春秋时期就产生了法治思想，著名政治家管子当时就论道："夫法者，所以兴功惧暴也；律者，所以定纷止争也。"② 但汉代以后，统治者采取"罢黜百家，独尊儒术"的治国策略，崇尚人治。虽然法治理念并未消失，法治的指涉对象却只是民众，即君下法治，君主脱离在法治范围之外，其权力理论的逻辑出发点是君权而非民权。我国宋代就产生了由中央政府统一向地方传发的邸报，明代万历年间开始允许民间翻印官报，公开出售，发行邸报成为一种社会职业，但官方对其控制甚严，邸报（京报）的稿件都来源于内阁和科抄，一般没有自己采写的新闻和评论，一旦越轨，就会被施以严厉的处罚。进入 19 世纪以后，西方传教士东来，陆续在中国沿海地区办起了一批中文报刊，并通过各种方式向内地渗透。鸦片战争之后，外国人的办报活动逐渐深入内地。一些中国有志之士也开始利用清廷惧怕洋人的心态和租界的特殊地位，或挂洋人旗帜，或借

---

① ［美］伯尔曼：《法律与宗教》，梁治平译，生活·读书·新知三联书店 1991 年版，第 47 页。
② 管仲：《管子》，《二十二子》，上海古籍出版社缩印浙江书局汇刻本 1986 年版，第 159 页。

租界地利创办报刊，记事述闻，发言立论，无形之中冲破了清廷不允许私人办报的禁令。

维新变法期间，出现了第一次国人办报高潮，全国先后出现了100多家各种报刊，报刊作为"西学西艺"而日益受到人们的关注和重视，对报刊性质、功能和社会作用的理论认识与探讨不断增多。随着报刊的发展和有关理论认识的深入，社会上开放报禁、采行新闻自由政策的呼声日渐激越高亢起来，并开始出现了要求制定报律对报刊实行法治、以保护报刊发展的声音，如郑观应、康有为、汪康年等维新改良人士，就都曾明确地提出过制定报律的相关问题。汪康年在上清廷重臣瞿鸿禨信中建议："近来风气趋变，宜速定报律，令准民间开设报馆，如有不协，皆以报律从事。一面知照各国公使，无论何国人在我国界内办报，皆照律办理。如此则报馆多，多则彼此相角，而是非以辨晰而愈明。又凡欲设日报者，可不必挂洋牌，而忠于国家之论，可日益多。否则麇集于京师者，皆各国之报，皆各国之议论，贻害伊于胡底。"[①] 这些维新改良人士提出的报律问题，其着眼点大都是希望借助法律所具有的刚性力量，以抵制来自社会各界尤其是官方对报刊不合理的干扰，保护报刊的健康发展。自然基于这种愿望的立法呼吁，难以获得官方即时而有效的回应。

但进入20世纪以后，接踵而至的报案使清政府逐渐顿悟原来那种以武力压制为主要形式和特征的报刊管理模式，再也无法适用新的环境和形势，特别是1903年的"苏报案"更是让清廷官员伤透了脑筋。"苏报案"发生之初，清廷为了压制日见高涨的革命风潮，欲置邹、章等人于死地，以"大逆不道，煽惑人心，谋为不轨"的罪名，企图将章、邹等人引渡，然后解至南京，处以极刑。为达此目的，他们勾结美国公使康格、总领事古纳，希望通过让渡中国主权的方式获得他们的帮助，美国驻华领事馆参赞、上海《新闻报》原馆主福开森也从中穿针引线，积极配合，秘密策划将案犯移交中国官府惩办，以便从清政府手中换取更多的额外特权。但是由于帝国主义列强之间的矛盾，清廷这一图谋始终无法顺遂得逞。清廷官员在"苏报案"的处理过程中，用了九牛二虎之力，费时近一年，非但没有达到预期的警示效果，反而事与愿违，威风扫地，颜面大伤，深感与讲究法律和程序观念的租界当局交涉之难。事实的教训使有些清廷官吏感到

[①] 汪诒年纂辑：《汪穰卿先生传记》，中华书局2007年版，第122页。

必须改弦易辙,所以提出了制定有关法律的建议,希图今后如再出现类似案件时,以法处理就会相对容易。在此后不久出现的《国民日日报》事件中,清廷官员的这种感觉和想法再次得到了强化。

就在"苏报案"发生未几,此案正在紧锣密鼓交涉中的时候,章士钊等人又于1903年8月7日在上海创办了《国民日日报》,编撰人有张继、陈独秀、陈去病等,该报在英驻沪领事馆注册,宣传方法虽较《苏报》之峻急有差,但仍大力鼓吹民族民主革命,而且对《苏报》一案予以积极报道,簸土扬尘,故发行未久,风行一时,人咸称之《苏报》第二。为了避免"苏报案"的重演,清廷官员转而采取禁阅禁售的方式对付该报,以达到不封而封、不禁而禁的效果。1903年10月27日,清廷上海知县发出禁卖《国民日日报》告示:"示仰阖邑商民人等知悉,自示之后,不准买看《国民日报》(原文脱一日字),如有寄卖该报者,一经查出,定予提究不贷。"[①] 10月28日,上海各报发表两江总督魏光焘所发禁报令,严禁属下商民售阅《国民日日报》,文云:"上海逆党著书刊报,煽惑人心,大逆不法。业将《苏报》馆办事人等按名拿办,并将报馆封闭在案。乃又有人创办《国民日日报》,依然妄肆蜚语,昌言无忌,实属执迷不悟,可恨已极。仰各属府州厅县,将《国民日日报》荒谬悖逆情形,示知地方商民,不准买看。如有寄售《国民报》者,提究。"[②] 清廷官员之所以采取禁售的方式,显然是从"苏报案"中吸取了教训,不愿再次碰壁。不过,禁售方式显然也是属于笨拙之举,无法从根本上达到预期目的。在"苏报案"爆发不久,《申报》就针对此举提出了通过制定报律来进行媒介控制的建言曰:"考东西洋各国所出各报,必须官吏核明,始行刊布,其于谤议漏泄,亦皆悬为厉禁。中国未有报律,故终无法以处之。必欲整顿各报非修订报律不可。否则非徒禁人阅看、禁人代售,均无益之空言。即使力足以禁之,而亦未见其尽善也。"[③] 对《国民日日报》采取禁售政策,对于清廷官员来说实属无奈之举,他们对此也心知肚明,只是他们一时之间也难有别的更好选择。

现实是最好的老师,在"苏报案"的教训和《申报》的批评建言等提

[①] 转引自方汉奇主编《中国新闻事业编年史》(上),福建人民出版社2000年版,第263页。
[②] 转引自方汉奇主编《中国新闻事业编年史》(上),福建人民出版社2000年版,第264页。
[③] 《书本报所登严禁国民报后》,《申报》1903年10月28日。

示之下，终于有一些清廷官员开始通过制定报律来进行报刊管理、舆论控制的尝试。1906年5月30日，广东南海县令虞汝钧制颁该县自定报律八条，要求所属各报一体遵行：

（论说）每家报纸各专之一事，以定宗旨，方有独立之性质，如政界、学界、工商界等项，请诸君决议认可，各自承认其界属某报，或二家三家同认一门，而于本门内别其目。

（公件）阁抄、邸抄、本省辕报、牌示、批行事件，以及其他省奏报事件，凡有关于要政，而已经宣布者。

（驳议）外埠各报，或传闻异辞，或妄鼓异说，淆惑视听，关系非轻，各报应据真实之见闻，正次之识解，并取而纠正之。

（实事）政界、学界、工商实业界，或改良，或拟办，或污点所在，其已是实行，或可征之实闻者。

（访闻）有所闻而未敢信以为实，而无甚关系者。

（传疑）所闻未确，而关系甚大者入之，应系之以说，如所闻之事，为舆情所拂，而亟望其实行者，则赞其成；为舆论所拂，而惟恐其实行者，则冀幸其否，以至公之论断，寓时论之真是非，力戒叫嚣附和，以存报格。

（录报）凡事非本报访得，而得之他报者，应注明录某报，以示不事剽窃，而存报格。

（来函）凡来书辞旨，报馆原不任责，但馆中须存记投函人姓名，但不宣布，而其人之住址来历，尤应查悉，方为照登，如遇函内指列之事，应受政界之干涉者，可以由报馆指引根求，方为无弊。诚以匿名揭帖，中律西律，并予严禁，若报馆不考来历，率予照登，一则报馆适为传布匿名揭帖之人格，予报馆之资格，殊有伤损。[①]

从这八条的内容看，虽然有"报律"之名，但无"报律"之实，主要是对报刊宣传活动的规范，强调新闻报道的真实性以及如何保持报纸的报格等，"严格意义上讲它还不是新闻法规，应视为报业的职业道德规范。

[①] 转引自方汉奇主编《中国新闻事业编年史》（上），福建人民出版社2000年版，第388—389页。

这反映了中国新闻法制建设的早期性"①。同时它也表明了一个县级政府不可能是一种新闻法规的适当立法主体。

二

在施行宪政的紧锣密鼓声及其营造的社会氛围中，报律制定的问题才被清廷正式提上了议事议程。1905年7月，清政府为挽救危局，终于挂起"预备立宪"的招牌，正式宣布派员出访日本和欧美等国进行实地考察，作出政治体制改革的姿态。1906年夏秋间，经过近半年海外考察，五位考察大臣先后回国，随即在《奏请以五年为期行改立宪政体折》中提出了制定集会、言论、出版之法的建议："集会、言论、出版三者，诸国所许民间之自由，而民间亦以得自由为幸福。然集会受警察之稽察，报章听官吏之检视，实有种种防维之法。非若我国空悬禁令，转得法外之自由。与其漫无限制，益生厉阶，何如勒以章程，咸纳轨物。宜采取英、德、日本诸君主国现行条例，编为集会律、言论律、出版律，讯即颁行，以一趋向而定民志。"②江苏巡抚陈夔龙也上奏建议："报纸电讯集会演说宜范围于法律之内。"③显然，无论是宪政考察大臣，还是陈夔龙，他们之所以提出制定报律，无疑都是着眼于对报刊及其舆论实行控制而不是保护的政治考量。

1906年7月，清政府终于颁布了由商部、巡警部和学部三方会同拟定的《大清印刷物件专律》，共6章41条。这是中国有史以来第一部关于报刊的法规。要点是：（一）报刊注册登记制度，凡印刷人、印刷所、印刷品及新闻记载均须向所在地巡警衙门呈请，报交京师印刷总局注册，违者以犯法论，予以监禁及罚款处分；（二）印刷品凡有令人阅之有怨恨或侮慢，或加暴行于皇帝皇族或政府，或煽动愚民违背典章国制，甚至以非法强词，又或使人人有自危自乱之心，甚或使人彼此相仇，不安生业者，即构成"讪谤"之罪；（三）赋予地方官员司法权，规定他们有权查封有关

---

① 马光仁：《中国近代新闻法制史》，上海社会科学院出版社2007年版，第56页。
② 故宫博物馆明清档案部编：《清末筹备立宪档案史料》上册，中华书局1979年版，第112页。
③ 转引自刘青松《天朝的天窗——晚清最后十年报刊风暴》，上海三联书店2012年版，第243页。

印刷物品，逮捕有关人犯，包括作毁谤之人、印刷毁谤之人、谤件出版所之主人、谤件出版所之经理人、发卖人、分送人，可处以5000元以下的罚款或者10年以下的监禁。

由于《大清印刷物件专律》范围涵盖广泛，所谓印刷物件可指涉一切印刷品，具有出版法的性质，新闻出版只是其中的一部分内容，并非专门性的报律，没有具体的规定，实施起来具有模糊性，难以操作，而对于晚清政府来说，其最在意最畏惧的则是报刊的新闻报道及其言论传播。为了加强对报界的针对性控制，巡警部又制定了《报章应守规则》，于1906年10月正式颁布。该规则共九条：一、不得诋毁宫廷；二、不得妄议朝政；三、不得妨害治安；四、不得败坏风俗；五、凡关涉外交内政之件，如经该管衙门传谕报馆秘密者，该报馆不得揭载；六、凡关涉词讼之案，于未定案之前，该报馆不得妄下断语，并不得有庇护犯人之语；七、不得摘发人之隐私，诽谤人之名誉；八、若记载有错误失实之处，经本人或有关系人声请更正者，即须速为更正；九、除已开报馆之外，凡欲新开设者，皆须来所呈报批准以后才可以再行开设。前8条都是有关防范报刊宣传危及清政府统治的规定，只有最后一条是有关如何创办报刊的规定，且是批准性规范，因此，这实际上是九条新闻禁律。当然，从客观内容而言，其中第四、六、七、八条，关涉新闻传播的职业道德，具有一定的普适性和正当性，但其一、二、三、五条才是当局的真正用意所在。

清廷颁行报律的用意立刻为报界窥破。《申报》于1906年10月14日发表了《论警部颁发应禁报律》一文，对禁载条文进行逐条批驳。《申报》指出：所谓不得诋毁宫廷，明显违背了立宪精神，因为宫廷事务与政治关系极为密切，皇室经费，既与政务相混，内官制度又与政体相瞵，报界对国家政事有献议之权，当然有责任记载和评议宫廷事务。如果因为报纸记载宫廷事务而背上诋毁宫廷的罪名，其违背预备立宪的原理，岂待问也？所谓不得妄议朝政更是专制的表现。报馆议论国事是职责所在，对政府的政策措施有权利表明态度。报纸不是政府的臣属，政府也无权禁止报纸批评朝政。文章强调道："在昔专制之世，朝野之视报纸，犹不甚厝意；今当立宪，国人将自进而处于立法之地位，乃钳束民口，塞绝词监，使言论出版失其自繇，而欲政治社会之渐以进化，岂不远哉！"[①] 在东京出版的资

---

① 《论警部颁发应禁报律》，《申报》1906年10月14日。

第四章　辛亥革命时期的媒介批评

产阶级革命派主办的《汉帜》更是将《报章应守规则》与清廷立宪进行前后联结,以凸显清廷宣扬立宪的虚伪:"七月十三日满廷颁布立宪之伪诏下,未几即有巡警部取缔报馆之规则,如不得诽谤朝廷、妄议朝政等九条,是夺全国人民发言权,而有过于始皇偶语之禁也。"① 作者严正指出:出版、言论、集会三大自由,是万国宪法中共同遵守的通例,而报馆则具有出版和言论两种性质,各国文明程度之高低,皆以报馆敢言与否作为衡量和观察的标准,故"清廷方议宪法,即犯三大自由之二,是各国以报馆监督政府,中国反以政府监督报馆;各国因专制而立宪,中国反因立宪而专制也"②。而且,由巡警部制定报律也与立宪国的立法通例不合,所以中国不能说是立宪之国,而是全球最能祸害人的第一夜叉之国也。

1907年3月17日,香港的《中国日报》发表《清廷之示禁书报》社论,指责政府禁锢言论。1907年6月11日,《神州日报》发表该报主笔杨毓麟撰写的《论报律》社论,反对清政府制定阻碍报业发展、钳制民口的报律。杨毓麟指出:观察一个国家的文明程度,只要观这个国家约束报纸之律令即可。一个国家之以压迫新闻事业为政策者,其土地人民主权位置可想而知。"然欲用此以为新闻事业之障碍,则吾未见其术之果售也。"③ 为了应对舆论的强大压力,清廷民政部出面对《报章应守规则》加以厘订,于1907年9月颁布了《报馆暂行条规》,民政部官员在奏折中称道,现今风气渐开,报馆日见增多。而挟私攻讦,借端诋毁,甚或煽动异议,谣惑人心者,在所不免。京城为国家根本重地,报章论说,耸动中外瞻听,稽查约束,刻不容缓。这样的立法本意,决定了《报馆暂行条规》不可能比《报章应守规则》有大的改观。它只是对禁载事项作了一些修改:如将"不得妄议朝政"改为"不得登载淆乱国体事项";将"凡关涉外交内政之件,如经该管衙门传谕报馆秘密者,该报馆不得揭载"一条中的"内政"二字删去;将"凡关涉词讼之案"修改为更具限制性的"凡遇重要之刑事案件";等等。这些修改虽然作了一定让步,但其基本性质未作改变。同时,该条规还进一步地强化了官府对开办报纸的审批权限,规定"凡开设报馆者均应向该管巡警官署呈

---

① 转引自陈玉申《晚清报业史》,山东画报出版社2003年版,第299页。
② 转引自陈玉申《晚清报业史》,山东画报出版社2003年版,第299页。
③ 《论报律》,《神州日报》1907年6月11日。

报，俟批准后方准发行"，而且"以前开设之报馆均应一律补报"，① 其钳制报界舆论之意昭然若揭。故《报馆暂行条规》颁行之后，遭到了报界的一致抵制。《神州日报》当时就其法律效力发表评论道："政府诸公以为报馆暂行条例而有效也，请勿复言宪政；政府诸公如欲言宪政也，请勿亟亟言报律，勿亟亟言报馆暂行条例。夫国会不成立，舆论不尊严，则政府所为威福玉食者，固已一切无法律命令之效力，而区区报馆固当自有神圣不羁之言论自由权。诸公欲阻遏而破坏之，四万万同胞终当拥护而扶植之。然则诸公之为此僭越而已，特淫纵而已矣，犯天下之大不韪而已矣。及其终也，伤国民之感情而已矣，堕国家之威信而已矣，安危利灾湛溺不返，以自速其覆亡而已矣。"② 诚可谓言简意赅，一语破的。

三

由于《报章应守规则》不仅内容不完备，同样缺乏可操作性，而且是由京师巡警总厅制定颁布，具有地方性质，国内其他地区不一定照此执行，因此，有些地方官就根据各地情况自创地方性新闻法规，用以规范所辖地方报刊。1907年1月8日，两广总督周馥颁布自定报律三条。大要如下：第一，禁止毁谤国家。本国臣民不准毁谤皇太后、皇上及亲王等。外国人亦不准毁谤彼国之君，一体认同，以明秩序。论议政治得失事关公益者不在此列。第二，官绅、军民贤否得失准其议论，但须叙明事迹，不可空言胜谤。至于出资登报者，报馆须问明送稿人的姓名、住址及所认识保人，详细登记。除照登报纸外，应将原稿存留3个月。如6个月内有人究问，报馆可将送稿人住址、姓名及保人告知，听其自问理论。逾6个月无人来问，即将原稿销毁。若无人送稿，系报馆主笔人所为，应准受诬之人，请公正人向主笔评论或者控官审判。第三，凡激变生乱之语，鄙野秽亵之词，以及涉诉讼未经判定之案，妄加是非毁誉者，皆在所必禁。若涉叛逆不道，有碍治安之事，即由官讯明，拘究封闭。③ 周馥自定的三条报

---

① 转引自刘青松《天朝的天窗——晚清最后十年报刊风暴》，上海三联书店2012年版，第243页。
② 寒灰：《报馆暂行条例之效力如何》（续昨），《神州日报》1907年9月21日。
③ 转引自方汉奇主编《中国新闻事业编年史》（上），福建人民出版社2000年版，第420—421页。

第四章 辛亥革命时期的媒介批评

律从管理的角度看，比《报章应守规则》宽容，但模糊空间仍然很大，故也立刻招致了其他地方报刊的批评。1907年1月26日，《大公报》发文认为，周馥自定报律虽然仅有三条，看似简单，实则用心良苦，其特点就是笼统与含混。"如讥政府之腐败论倚讬之非人，此议论政治之事也，然深文而周内之，即以为毁谤国家，抑又何辞以解？欲加之罪，不患无词，况界于几希疑似之间乎？中国千百年来文豪硕彦以文字而兴大狱罹祸网者，何可胜数！然其间成为定谳，法当其罪者，正无几也。"① 作者因而一针见血地指出：笼统与含混二者，实官场殃民的不二法门，也是为报刊业者预先挖设的陷阱。

1908年3月14日，清廷商部、巡警部、民政部、法部、宪政编查馆等五个部门共同参与拟定的《大清报律》正式出台。该律包括正文和附则共45条，除将此前制定的报刊法规的内容基本上全部收入外，还参考日本新闻纸法又加入了许多新的东西，② 涉及报刊创办手续、编辑、稿件审查、出版、发行、禁载、违禁处罚、职业道德等各个方面，是中国第一部在形式和结构上比较齐整的报刊法。在报业管理和舆论控制方面，比此前所有的规定都更为严厉苛刻。其中的关键之处有以下几点。在新闻检查方面采事前检查制度，即第七条规定：每日发行之报纸，应于发行前一日晚十二点钟以前，其月报、旬报、星期报等类均应于发行前一日午十二点钟以前，送由该管巡警官署或地方官署随时查核，按律办理。禁载范围扩大：诉讼事件经审判衙门禁止旁听者、预审事件未经公判以前、外交海陆军事件凡经该管衙门传谕禁止登载者、凡谕旨章奏未经阁抄官报公布者、诋毁宫廷之语、淆乱政体之语、扰害公安之语与败坏风俗之语，报纸一律不得揭载；对报馆的处罚加重，如报纸揭载诋毁宫廷之语、淆乱政体之语、扰害公安之语与败坏风俗之语，将永远禁止发行，发行人、编辑人、印刷人处六月以上两年以下监禁，附加二十元以上二百元以下罚金，其情节较重者则依照刑律治罪。凡是在外国所发行的报纸，犯本律应禁止发行各条者，禁止其在中国传布，并由海关查禁入境，如有私行运销者，即入官销毁。

由此可见，《大清报律》就是一部只有限制没有保护的恶法。其中最

---

① 《粤督周玉帅所颁报律书后》，《大公报》1907年1月26日。
② 马光仁：《中国近代新闻法制史》，上海社会科学院出版社2007年版，第56页。

具钳制性的规定就是新闻预检，报纸在出版前必须将样报送当局审查，经审查后才可发行。这如同在报人的脖子上套上一条绳索，随时可以窒息报纸的声音，扼杀报馆的生命。所以《大清报律》甫一公布，即遭到了报界强烈的批判。3月23日，汉口《江汉日报》愤而指陈：政府诸公仇视舆论的隐衷，今日已经大白于天下。"谕奏阁抄，非录之官报不可；新闻论说，必取决巡警而行。又复重之以押费，威之以刑律，所谓落井而更下之石，刃人而复加之功也。则曷不直捷限制，曰中国人民不准设报。呜呼！以明明组织宪政之地，而为此障碍宪政之律，使吾侪虽有忠君爱国之念，末由以上达君父，是衮衮诸公不啻宪政之罪人，国民之公敌也。"① 3月26日，北京的《正宗爱国报》评论说："甚么叫报律呀？简直的外号就叫收拾报馆，堵住报馆的嘴，不准你说话，就是报律的真精神。"② 4月19日，《神州日报》发表《监谤政策之争议》一文，直指清廷制定这一报律之真实目的，"欲以极严酷之手段，胁使人民，以钳制舆论，将使舆论一线方萌之生理，因而摧残消歇，然后政府之言语行动，可以狂狙自恣，为所欲为，不复有人承议其后，自以为如是而后快其私心"③。作者还指责报律45条几乎抄袭日本新闻条例全文，是不审国情，不究现势，文不对题，药不对症，碍难执行。《粤西》杂志于5月29日发表题为《希望立宪之效果》的评论，对《大清报律》进行抨击道，报馆有监督政府、指斥官场之权，今且为政府所监督，官场所指斥矣。"自报律定，吾知我四万万同胞倏忽而均守缄人之训矣。"④ 深刻揭露了《大清报律》剥夺言论自由的恶法性质。北京报界集体抵制报律第七条，拒不执行提前送审的规定，官厅对此也是无可奈何，只得通知各报改在发行日清晨送阅。

1909年8月，清廷内阁发生皂役将内阁拟关于五大臣谥号奏稿抄出交给报馆登录泄漏之案。大理寺审理此案时，奏请实施报律第七条规定。民政部巡警总厅遂通知各报馆：凡翌日发行的报纸，须于前一日送厅审查。各家报馆负责人于是不仅纷纷到警厅讨说法，并联合发表了一份宣

---

① 转引自刘青松《天朝的天窗——晚清最后十年报刊风暴》，上海三联书店2012年版，第248页。
② 转引自陈玉申《晚清报业史》，山东画报出版社2003年版，第302页。
③ 寂照：《监谤政策之争议》（其一），《神州日报》1908年4月19日。
④ 转引自刘青松《天朝的天窗——晚清最后十年报刊风暴》，上海三联书店2012年版，第248页。

第四章 辛亥革命时期的媒介批评

言书,公开申明不承认报律第七条,并将一致抵制到底。宣言书指出:报律四十二条大多抄袭他国施行定例,对有不便于政府者,则以私意更改之。根本冲突之点就是报律第七条,要求报纸发行之前须送巡警官署查检。外国出版条例制度沿革极为繁杂,政府黑暗时代都使用检阅制度。"夫检阅制度,限人民言论自由之发达,阻社会文明之进步,束缚自由,莫此为甚。"[1] 宣言书接着一口气列举了不能承认报律第七条的6条理由,然后又从报律性质、报馆天职及报纸营业等三个方面,论断报律第七条万无可以承认之理。宣言书强硬警告当局道,如果民政部以武力强制各家报馆执行,那么报馆将采取"同时停版。停版之后,要求全国报界,以与政府交涉"[2] 的行动。这份联合宣言书措辞如此强硬,让清廷上下为之紧张不已。为了防止激起更大的事变,民政部急忙收回成命,宣称并无强迫实行报律第七条之意。北京报界通过言论和行动抗争,有力地保护了自己的话语生存空间,也彰显了媒介批评具有的巨大力量。

法是统治阶级意志的体现,体现了统治阶级的价值需要。它以规定人们的权利和义务为机制,影响人们的行为动机,指引人们的行为,调整社会各个阶层的关系。报律通过规定报馆及其从业人员的权利和义务界限,使报刊及其从业人员可以通过传播行为获得一定的利益和自由。法律意味着秩序,信仰意味着遵从,二者一体两面,不可分割。新闻立法应当体现人民的意志,应当依照法定的权限和程序,坚持立法公开,保障人民通过多种途径参与立法活动,如此制定的法律才能具有社会信仰的基础和可执行性。晚清政府新闻立法意在通过法律来抵制澎湃的革命舆论,维护摇摇欲坠的王朝统治,而非保护报刊的正当发展。正如清政府宪政编查馆在奏折中所透露的那样:"际兹预备立宪之时,固宜广为提倡,以符言论自由之通例,而横言泛滥,如川溃防,亦宜严申厉禁,以正人心而昭公是。"[3] 这不仅注定了报律的制定无法起到控制媒体的预期效果,反而被革命党人抓住立法中的空白和漏洞,巧妙地利用报纸鼓吹革命,为自己的政治目的服务。本是为统治者管制媒体提供合理性依据和武器的报律,反而激起一波又一波来自报刊的谴责和批判,形成强大的媒介批评声浪,变成了束缚

---

[1] 转引自陈玉申《晚清报业史》,山东画报出版社2003年版,第303页。
[2] 转引自陈玉申《晚清报业史》,山东画报出版社2003年版,第304页。
[3] 转引自马光仁《中国近代新闻法制史》,上海社会科学院出版社2007年版,第59页。

其权力手脚的绳索，成为其虚弱和无能的写照。这个看似讽刺场景的背后，真实地映照出了中国最后一个封建王朝生命最后之时心劳日绌、垂死挣扎的无限悲凉。

小 结

  辛亥革命是一个群星升起的时期，当年的许多仁人志士具有强烈的时代紧迫感与历史责任感，自觉地肩负着祖国的安危与民族的前途，以拯救天下为己任。他们的言论文字，与他们抛头颅洒热血的革命实践一样，都镶嵌在历史的天空，放射出永恒璀璨的光芒。一个时代有一个时代的主题，一代人有一代人的使命和任务。1901年以后的中国历史，呈现出一个不同以往的特点就是："国内阶级斗争的空前激化和革命高潮的正式涌现，中国人民与清朝专制政府的矛盾，成了反帝斗争的中心一环和时代的突出课题。由反帝而反满，革命的锋芒指向了清朝政府，于是，随着十九世纪的消逝，随着二十世纪初革命大风暴的来临，改良派变法维新思想终于衰颓没落了。"① 革命派代替改良派，革命民主主义成为奔流在20世纪最初十年历史行程中的时代思潮主流。潮流所向，浩浩荡荡，顺之则昌，逆之则亡。但这一时代潮流并非自动生成，其中包含着革命派生命的献祭和运用报刊主动营造的成分。

  改良还是革命，向左还是向右，这个决定中国历史前进方向的时代重大问题，不是非白即黑那样可以轻易得出的结论。革命派从来都不是天然之物。在20世纪的第一个10年，很多革命派从改良派的阵营中分化而来的事实就证明了真理之路的崎岖，即便伟大如革命派领袖孙中山先生，不是也曾怀着改良主义的梦想而上书李鸿章吗？1905年11月26日，中国同盟会机关报《民报》在东京创刊之后，所面临的一个重要而紧迫的任务和问题就是迅速厘清改良与革命的区别，以让革命思想武装更多人的头脑。中国的资产阶级革命派固然有着不可克服的阶级缺陷，但在20世纪初叶的中国，它却无疑是代表着历史前进方向的先进社会力量，因此当它初登历史舞台之时，它对自己的未来充满了自信："吾党所行事，大义昭著于环球，如日月经天，予人以共见，无事回避。然犹恐同胞未尽深明大义，

---

① 李泽厚：《中国近代思想史论》，人民出版社1979年版，第84页。

久欲得一反对者，藉此辨明吾党宗旨之正大，事业之光明，普及于同胞，以达其实行之目的。"① 就是对自己所属阶级和政党力量充满自信的典型表现。

1905年底中国同盟会机关报《民报》创刊以后，即刻谋划和组织了与《新民丛报》的论战。在《民报》第3期以号外的形式，专门刊行了《〈民报〉与〈新民丛报〉辩驳之纲领》，列举了双方在12个问题上的根本分歧，主动挑起两派的战端。该报指名刊登的与《新民丛报》进行驳难的文章有：《驳〈新民丛报〉最近之非革命论》《斥〈新民丛报〉之谬妄》《驳革命可以召瓜分说》《答新民难》《告非难民生主义者——驳〈新民丛报〉第十四号"社会主义"论》等三四十篇文章。《新民丛报》起而应战，也先后发表了《开明专制论》《申论种族革命与政治革命之得失》《答某报第四号对于本报之驳论》《暴动与外国干涉》《驳某报之土地国有论》等二十余篇文章，双方围绕着要不要进行民族革命以推翻清王朝统治、要不要进行民主革命以建立共和政体、要不要实行土地国有以平均地权、进行革命会否引起帝国主义的干涉招致瓜分、国民素质是否能够满足革命需要等问题进行论战。双方论战前后持续了近两年的时间，随着论战的深入，其规模和范围也不断扩大，海内外各地，双方共有20多家报刊先后参与了论战。在革命派看来，"为本党革命宣传之梗者，保皇党乃甚于朝廷，非以言论战胜保皇，则宣传无由得力也"②。而改良派主将梁启超则也坚持类似的观点："今者我党与政府死战，犹是第二义；与革党死战，乃是第一义。有彼则无我，有我则无彼。"③ 双方论战的激烈程度由此可见一斑。

这场大论战一直持续到1907年冬，最后以《新民丛报》的停刊而宣告结束。由于论战借助报刊平台而展开，因此不仅使资产阶级的民主革命思想获得了广泛传播，三民主义思想日益深入人心，为辛亥革命作了组织和思想上的准备，而且有力地促进了民主革命派报刊的发展，使资产阶级报刊理论获得了深入的阐释和广泛的传播。意识形态的对立是双方论战的

---

① 转引自彭剑《清季宪政大辩论——〈中兴日报〉与〈南洋总汇新报〉论战研究》，华中师范大学出版社2011年版，第18页。
② 邹鲁：《中国国民党史稿》第2册，中华书局1960年版，第486页。
③ 丁文江、赵丰田编：《梁启超年谱长编》，上海人民出版社1983年版，第373页。

主要原因，这种对立也给媒介批评带来了诸多负面的作用，常常使媒介批评偏离了正常的学理和观念的竞争与比较，沦于人身攻击。这种情形在部分海外中文报刊的论战中表现得尤其明显，它在一定程度上恶化了报刊文风，降低了报格，对以后报刊的长远发展和社会形象建设无疑产生了十分消极的影响。如曾参加过《中兴日报》与《南洋总汇新报》之间的论战，作为孙党阵营中重要成员的陶成章，曾对《中兴日报》有过"日从事于谩骂，不成日报体裁"①的评论。有学者在研究南洋华侨对辛亥革命贡献时指出，《中兴日报》与《南洋总汇新报》之间的论战演变为骂战，养成了后来南洋华侨报纸间相互攻讦的恶习："自是南中报纸，恶詈丑诋，浸成风习，流弊殆非当时所及料。反对者争而不胜，则藉以他力，媒孽中伤之举，亦未始不由于此。"②这一评价确是实事求是的中肯之论。

新闻与言论自由，从来都无法摆脱政治性话语的属性，但这种政治性话语的背后，亦有着专业发展的冲动和需要。在辛亥革命时期，对新闻和言论自由的呐喊，始终是这一时期媒介批评的主潮，对新闻与言论自由的呼吁，逐渐成为对抗"查禁报馆"的行为实践。正是在新闻界的反复呼吁和批评下，言论自由至少在话语层面上逐步得到了官方的有限认可，并逐渐凝聚成一种集体性的社会认同，成为一种社会常识。

在辛亥革命时期的媒介批评中，革命派与改良派各有自己的报刊发声，在激烈的舆论争夺之中，作为统治者的清廷其实也并未无动于衷作壁上观，因为无论是革命派还是改良派，都是要改变清廷的统治地位，都是它的敌手。因此，它除了用报案的武力镇压形式对两派报刊及其宣传作出否定性的评价外，还企图通过制定报律的方式来传达和维护自己的媒介观念及其价值判断，并且也想方设法插足报刊领域，如创办官报、收买民间报纸等。清廷这种统治阶级实践形式的媒介批评虽然随着清朝的土崩瓦解而迅速成为历史的过客，但在当时并非完全没有效果。革命党人创办的《图南报》"出世第一天，入了社会人士的眼帘，他们就紧张起来，不约而同大呼小叫，说是无父无母，谋反大逆的报纸。不要说

---

① 湖南省社会科学院编注：《陶成章信札》（修订本），岳麓书社1985年版，第55页。
② 陈宗山：《南洋华侨在革命中之努力》，包遵彭、李定一、吴相湘编纂：《中国近代史论丛第二辑第四册——华侨》，（台北）中正书局1976年版，第130页，转引自彭剑《清季宪政大辩论——〈中兴日报〉与〈南洋总汇新报〉论战研究》，华中师范大学出版社2011年版，第107页。

叫他们出钱来买一份看看是无望，就是你十二分诚意的不要钱送他们一份看，请他们赏识，他们老实不客气的随手就撕掉"①。这自然是清廷媒介批评渗透的结果。日本政府循清廷之请，查封了同盟会机关报《民报》之事，更是众所周知。一家家被查封的报馆、一个个被拘捕的报人，一定程度上在民间社会中显示了清廷的权威，使不少人明白"附逆"的严重性，而不得不保持着对清廷的忠诚。只是这种与时代潮流相背的媒介批评效果毕竟十分有限，终究无法逆转历史发展的总趋势。

---

① 转引自彭剑《清季宪政大辩论——〈中兴日报〉与〈南洋总汇新报〉论战研究》，华中师范大学出版社 2011 年版，第 9—10 页。

第五章 民国初建时期的媒介批评

1911年10月10日，武昌城头响起新军起义的枪声，各地革命党纷纷响应。1911年12月2日，长江以南全部为革命军据有。1912年1月1日，由17省宣布光复或独立的代表选举的中华民国临时大总统孙中山，在南京宣誓就职。亚洲历史上第一个资产阶级共和国由此诞生，中国进入了民国时代。在这段时间中，报刊成为社会的神经中心，人们通过围观报刊的方式参与和分享着革命："武昌起义众心惊，报馆齐张革命声。争向门前探捷报，望平街上路难行。传单一纸贴门阑，路上人人驻足观。但看某城光复矣，眉飞色舞竟忘餐。警报何如战报新，各家号外又纷陈。还多晚报争先睹，卖报生涯竟罕伦。"[①] 当年时人《海上光复竹枝词》中的几句诗恰如其分地描摹了当时报刊的社会存在状态。人心向背在新闻阅读中得到生动体现，公众在用独特的方式进行着媒介批评："望平街左右相望的报馆，家家大玻璃窗上张贴各地消息。街上日日夜夜群众挤得满满地在打听。一个捷报到来，鼓掌狂欢；一个报告失败，认为这家报馆受清廷指使，诬胜为败，群众高度愤恨地把大玻璃窗砰轰砰轰地立刻打得粉碎。从此报馆不但不敢在门首披露失败消息，特别不敢在报上披露。报上一披露，整个报馆还哪里保得住。"[②] 辛亥革命虽然取得了推翻封建帝制的伟大胜利，但以封建土地占有制为支柱的社会经济基础并未受到根本触动，封建意识形态及专制主义理念仍沦肌浃髓地渗透在社会的每一个角落。正是在这种社会意识环境中，代表着大地主大买办阶层社会利益的封建余孽袁世凯很快篡夺了辛亥革命的胜利果实。1912年2月15日，南京临时参议院选举袁世

[①] 顾炳权编著：《上海洋场竹枝词》，上海书店出版社1996年版，第205页。
[②] 黄炎培：《八十年来》，文史资料出版社1982年版，第56—57页。

凯为临时大总统。1912年3月10日，袁世凯在北京举行就职典礼。在一位出席临时大总统就职典礼的外国记者笔下，袁世凯当天给世界的观感竟是如此不堪的模样："袁世凯入场，像鸭子一样摇摇晃晃地走向主席台，他体态臃肿且有病容。他身穿元帅服，但领口松开，肥胖的脖子耷拉在领口上，帽子偏大，神态紧张，表情很不自然。"① 虽然时代前进的车轮不可阻挡，但袁世凯这一不同寻常的出场，也许隐喻着：民国初期的中国历史注定充满着死亡与新生争斗、愚蠢与智慧共存、黑暗与光明并立、失望与希望交替的过渡时代内容。新闻是社会的晴雨表，民国初期的媒介批评作为新闻的次生性话语，也将必然表现出与之相应复杂而特殊的话语言说景观。

第一节　暂行报律风波与媒介批评

言论出版自由曾被西方资产阶级思想家推崇为一切自由中最重要的自由，"是一切伟大智慧的乳母"②。中国近代新闻事业诞生之始，出版自由观念就随着近代报刊的发展，而被源源不断地输入中土并得到反复的阐释。19世纪70年代以后，出版自由观念逐渐成为资产阶级维新改良知识分子的一种理想和追求，特别是在革命思潮澎湃激荡的20世纪初叶，它更成了资产阶级知识分子批判封建专制制度的一种锐利思想武器。自由是人类活动的基本目的，它体现了人性中最深层次的需求，人类正是为了克服必然，实现自由而进行着各种有目的的活动。作为一个知识概念，自由在不同的层次上有着不同的内涵。哲学上的自由，是指人们能够不受外力干扰和强制、按照自己意志进行思考与活动的绝对自由。在一般的世俗生活中，由于社会秩序本身的明确性和对特定社会关系活动范围的限制性，使得秩序的自由更多地受到社会秩序的限制或制约，人在行使自由时必须考虑到外在社会秩序对行为的约束，社会秩序的自由只是也只能是在一定规则或限度内的自由。因此，在一定意义上，自由和秩序之间会构成某种潜在的紧张。一旦政治和意气渗入其中的时候，社会冲突的爆发就成为一种

---

① ［澳］西里尔·珀尔：《北京的莫理循》，檀东鍟、窦坤译，福建教育出版社2003年版，第361页。
② ［英］弥尔顿：《论出版自由》，吴之椿译，商务印书馆1958年版，1996年第5次印刷，第44页。

必然。民国初始发生的暂行报律风波就是如此。

一

1912年3月2日，南京临时政府内务部次长居正等人，鉴于《大清报律》废止之后新闻出版无序可依的状况，由内务部参事林长民草拟了一个简略的法令，此即所谓的《民国暂行报律》。南京临时政府内务部次长居正是辛亥革命党元老之一，1905年赴日本法政大学预备部留学，随后加入中国同盟会，1907年在东京参与组织共进会，同年秋，入日本大学法科学习。1908年，居正赴新加坡，协助田桐编办《中兴日报》，与《南洋总汇报》进行论战，后往缅甸仰光，主持《光华日报》，是与保皇派论战的干将之一。面对民国初期新闻界闹哄哄的无序之状，像居正这样既有法律背景又深谙借助办报进行思想宣传的官员，自然当思有所作为。居正后来对此曾有回忆说："民元三月间，在已辞职尚未交待之内务部，余一时心血来潮，见上海报纸，语杂言庞，思有以纳于轨物。以出版事业归内务部职掌，曾集参事商议，拟定报例，属林长民参事起草，而林君误听为报律。适余因公赴沪，托张大义秘书代行。林君草成后，交秘书长（张君云南人，亦革命党初作官者），不俟余归，又不呈总统交临时参议院，即以电报发布。"[1]《民国暂行报律》全文共三条内容："（一）新闻杂志已出版及今后出版者，其发行及编辑人姓名，须向本部呈明注册，或就近地方高级官厅呈明，咨部注册。兹定自暂行报律颁到之日起，截至阳历四月一日止，在此期限内，其已出版之新闻杂志各社，须将本社发行及编辑人姓名呈明注册，其以后出版者须于发行前呈明注册，否则不准其发行。（二）流言煽惑，关于共和国体有破坏弊害者，除停止其出版外，其发行人编辑人并坐以应得之罪。（三）调查失实，污毁个人名誉者，被污毁人得要求其更正，要求更正而不履行时，经被污毁人提起诉讼，讯明得酌量科罚。"[2] 暂行报律先以公电形式向全国各报刊发出。

显然，居正所说的"见上海报纸语杂言庞"的报业生态，正是《民国

---

[1] 转引自严昌洪主编，梁华平、严威编《辛亥革命史事长编》第9册（1912.1—1912.3），武汉出版社2011年版，第293页。

[2] 转引自严昌洪主编，梁华平、严威编《辛亥革命史事长编》第9册（1912.1—1912.3），武汉出版社2011年版，第292页。

暂行报律》出台的最直接的物质基础和现实动因。而上海报纸"语杂言庞"的背后,则是辛亥革命胜利以后资产阶级阵营思想和组织混乱的真实反映。中国的资产阶级在辛亥革命爆发前,就已经在政治上分裂为立宪派和革命派两大阵营,两派还曾为中国到底应该走什么样的政治道路问题爆发过激烈的论战。革命一爆发,立宪派人士纷纷放弃他们的君主立宪的旗号而主张共和,表示参加革命。但是立宪派还是立宪派,他们的主张是绝对避免用革命的方法,而要用改良主义的方法,用向地主买办阶级妥协迁就的方法来实现共和。立宪派这种主张在以为革命的胜利已经取得,或至少已经在望的资产阶级、小资产阶级革命派中得到了同情的响应。立宪派和革命派的区别好像已经不再存在,许多革命派分子也已经不认为自己同立宪派有什么原则上的区别了。形式上是立宪派顺应了革命潮流,实质里却是革命派在思想和政治方面很大程度上被立宪派同化。同盟会内部这时四分五裂,"意见不相统属,议论歧为万途"①。实际上陷于瓦解状态,无法再起到凝聚人心和领导革命的作用。其中最典型的例子,就是曾经的反清大将、同盟会会员、《民报》的主编章太炎,在中华民国开国的第4天,即1912年1月4日,在上海创办了《大共和日报》,与革命派大唱对台戏。章太炎在该报发刊词中宣称什么"民主立宪、君主立宪、君主专制,此为政体高下之分,而非政事美恶之别,专制非无良规,共和非无秕政",②貌似辩证公允,其实质是在公开否认民主共和的优越性,否定南京临时政府的进步和革命性,而且该报随后还与同盟会系统的报纸展开笔战。即便是于右任手创的《民立报》,当时被视为是同盟会的主要机关报,在对待袁世凯的态度上,也存在诸多错误的言论,曾喊出"非袁不可"的口号,主张采取"勿逼袁恶"的政策。③由于政党政治是资本主义民主政治的主要特征,因此,民国甫一成立,在建设民主政治的口号下,中国社会掀起了一股建党结社风潮,在短时间里骤然出现了300多个形形色色的政党,这些政党无不竞相创办报刊作为自己的喉舌,短时间内出现了报刊林立的场景。由此可见,当时国内报纸的语杂言庞已经到了非常严重的地步,非常不利于

---

① 转引自胡绳《从鸦片战争到五四运动》下册,人民出版社1981年版,第888页。
② 汤志钧编:《章太炎政论选集》下册,中华书局1977年版,第537页。
③ 马光仁主编:《上海新闻史》(一八五〇——一九四九),复旦大学出版社1996年版,第404页。

新生共和国政体的巩固,实有采取一定控制政策的必要。

既然名之曰"暂行报律",如果从法律的角度看,这个报律统共只有三条,从法律的结构形式看,既没有法律的基本结构,又没有具体事项和保障性的规定,只有禁止事项、惩罚事宜的条款,因此还无法称之为完全意义上的法律,充其量只能算是一个简略的部门规章或行政法令而已。从实体内容看,在媒体创办方面,暂行报律只对具备办报资格的人是否需要或履行何种法定手法的形式要件作出规定,即要求新闻杂志已出版及今后出版者,其发行及编辑人姓名需向本部呈明注册,或向就近地方高级官厅呈明,咨部注册,而对具备何种资格的人才可以办报的实质要件未作出明确要求。显然,暂行报律要求报刊实名注册,但对创办主体未作详细规定,只要求填报姓名即可。根据法无禁止即自由的原则,可以推定,办报人的资格不受限制。从创办报刊的主体条件和资格来说,具有非常高的自由度。暂行报律在禁载事项中,对涉及国体、政体、政治统治方面作出了明确规定,即明确规定"流言煽惑关于共和国体有破坏弊害者,除停止其出版外,其发行人编辑人并坐以应得之罪",通过告诉新闻从业人员如果做什么就会有什么后果的方式,对媒体的言论权作出了明确限定。在惩罚事项中,采取的是事后追惩制,虽有"不准发行"、"坐以应得之罪"以及"酌量科罚"的具体提法,但"罪"与"罚"无具体的衡量标准,只是一种原则性的规定,无法操作。在民事侵权方面,暂行报律提出了媒体报道失实后的更正问题,这显然不是对媒体进行的一种直接科罚,而只是媒体一般公正性的要求,只有在要求更正而媒体拒不履行、经被污毁人提起诉讼以后,由相关司法机关讯明才得以酌量科罚,对媒体非故意性失误的态度较为宽容。

二

1912年3月2日,南京临时政府内务部宣布废除《大清报律》,3月4日,即致电总部设在上海的中国报界俱进会,公布《民国暂行报律》三章。电文抬头文云:"上海中国报界俱进会转全国新闻杂志各社知照:民国完全统一,前清政府颁布一切法令,非经民国政府声明继续有效者,应失其效力。查满清行用之报律,军兴以来,未经民国政府明白宣示,自无继续之效力;而民国报律,又未遽行编定颁布,兹特定《暂行报律》三章，即希报界各社一律遵守。"① 对为何颁定暂行报律进行了解释，电文言辞之间充满对报界的尊重，洋溢着一种民国初始时期政府所致力追求的民主和平等政治精神。

不料，上海中国报界俱进会接到内务部电文后，马上召开了紧急会议，讨论如何对待暂行报律问题，会上一致同意拒绝执行。上海报界俱进会联名《申报》《新闻报》《启民爱国报》《时报》《神州日报》《时事新报》《民立报》《天铎报》《大共和日报》《民报》《民声报》等11家报馆致电孙中山临时大总统，略谓："今统一政府未立，民选国会未开，内务部拟定报律，侵夺立法之权，且云煽惑。关于共和国体有破坏弊害者，坐以应得之罪；政府丧权失利，报纸监督，并非破坏共和。今杀人行劫之律尚未定，而先定报律，是欲袭满清专制之故智，钳制舆论。报界全体万难承认。"② 中国报界俱进会是1910年9月借南洋劝业会开会、各地报人汇集南京之机，由上海《时报》与《神州日报》联名呼吁创办的我国第一个全国性报界团体。该组织的成立反映出国人报刊在规模和影响不断扩大之后，其群体意识走向自觉和社会功能扩张的趋向。中国报界俱进会及联名11家报馆的电文，声势不可谓不大，一定意义上可以说是代表了报界整体对暂行报律的态度。尤其令人瞠目的是，《民立报》的主笔章士钊当天竟然还在该报发表了题为《论报律》的社论，对暂行报律予以严词抨击。章士钊质疑制定报律者，但知近邻日本有报律，为何不见英美等言论自由之国并无报律，并借英国大法官之口论述何为言论自由与出版自由，最后表明其态度："本报对于内务部的报律，其所主张，乃根本的取消！无暇与之为枝枝节节之讨论！以后并灌输真正之自由理想于国民之脑中，使报律两字永不发于国会议员之口。"③ 铁口独断法制之国并无报律之物，也不需要报律。

3月7日，章太炎在《大共和日报》发表了《却还内务部所定报律议》社论，从立法权限和法条内容语言表达等进行逐一批驳，强烈反对暂行报律。其主要论点如下。（一）美法等民主国家，对于新闻杂志只以条件从事，根本没有报律。"亡清诸吏，自知秕政宏多，遭人指摘，汲汲施

---

① 《内务部颁布暂行报律电文》，复旦大学新闻系新闻史教研室编：《中国新闻史文集》，上海人民出版社1987年版，第88页。
② 转引自方汉奇主编《中国新闻事业编年史》上，福建人民出版社2000年版，第615页。
③ 王均熙编：《章士钊全集》第二卷，文汇出版社2000年版，第70页。

行报律，以为壅遏舆论之阶。今民国政府初成，杀人行劫诸事，皆未继续前清法令，声明有效；而独皇皇指定报律，岂欲蹈恶政府之覆辙乎？"①（二）立法之权，职在国会，今纵国会未成，未有编定法律者，而暂行格令，亦当由参议院定之。内务部擅定报律是侵犯立法大权，"己则违法，何以使人遵守"②？（三）名曰暂行，则不得称律。刑名尚未制定，贸然言坐以应得之罪，"若不知律文体裁，而以条教告示之言，用为法律，无怪他人笑为'外行'矣"③。（四）前清报律，未呈报者，尚只罚金。今云不准发行，是较前清专制之法更重。内务部管辖，不独言论一端，集会、信教，皆内务部所应与闻，现对其他妨众惑民诸教，未尝迫其呈明有所取缔，"独斤斤于报馆言论界中，自非钳制舆论，何以下此偏枯之令也"④？（五）共和国体今已确定，报界并无主张君主立宪与偏护宗社党者。"本无其事，而忽定此法律禁制，已为不根；所谓破坏弊害者，其词亦漫无界限。'弊害'二字，盖剿袭日本人语，施之中土，文义绝不可通。"⑤ 是否昌言时弊、指斥政府、评论约法，即为弊害共和国体？不然，破坏共和国体者，唯是主张君主。弊害共和国体者，当复云何？内务部之所以详定此条，是否"直以《约法》为已成之宪，以政府为无上之尊。岂自处卫巫之地，为诸公监谤乎"⑥？（六）个人名誉侵权问题，亦是全无界限之词。因为这里实际有着法律之罪和道德之罪的分别。刑律既定，而有诬人以法律之罪，乃为污毁个人名誉；若污毁人以道德之罪，即非此例。诬人以法律之罪，略同诬告，故法律得而惩之；诬人以道德之罪，只寻常评议之罪，尚不得与骂人同例。章氏社论最终结穴在内务部不仅无作法造律之权，而且所定条文内容和表达又存在偏党模糊之失，因有如上种种不合，故"应将通告却还，所定报律，绝不承认"，⑦ 并声言这并不是报界中人不愿遵守绳墨所致，而是如果贸然遵守该令，那么对官吏来说是许其侵权，对报界自身来说则是任人凌践，因此虽欲委曲迁就，势有不能。

---

① 汤志钧编：《章太炎政论选集》下册，中华书局1977年版，第578页。
② 汤志钧编：《章太炎政论选集》下册，中华书局1977年版，第578页。
③ 汤志钧编：《章太炎政论选集》下册，中华书局1977年版，第579页。
④ 汤志钧编：《章太炎政论选集》下册，中华书局1977年版，第579页。
⑤ 汤志钧编：《章太炎政论选集》下册，中华书局1977年版，第579—580页。
⑥ 汤志钧编：《章太炎政论选集》下册，中华书局1977年版，第580页。
⑦ 汤志钧编：《章太炎政论选集》下册，中华书局1977年版，第580页。

第五章　民国初建时期的媒介批评

如果只从批评的修辞技巧上看，应该承认，章太炎《却还内务部所定报律议》一文的批驳甚为有力。他首先从报律的立法权限和立法程序入手，紧紧抓住内务部没有制定报律的权限这一点进行立论，将暂行报律的制定行为置于违法的地位，使其一下子就失去了法律上的合法性；其次再对报律的条文从语义表达上进行分析，指出其模糊之失，又使之失去了实践上的可行性；最后在分析过程中，将暂行报律与前清报律进行比较式联结，言辞之间巧妙地将暂行报律的制定冠以"无知妄作之罪"，从而把拒绝承认暂行报律的行为置于法律和道德的双重制高点上，使《却还内务部所定报律议》一文具有极大的逻辑说服力量，获得报界舆论的一致称赏。该社论在《大共和日报》上刊出后，上海其余各报一致进行转载，从而有效地吸引了社会各界关注的目光，产生社会围观效应，这对组建不久、立足未稳的南京民国临时政府来说，无疑产生了强大的舆论压力。

三

上海报界俱进会发布拒绝执行暂行报律电文时，南京临时政府内务部次长居正正在沪上公干，获悉上海报界反应后，即星夜返回南京，来不及到内务部询问究竟，即面见临时大总统孙中山陈述此事。孙中山听后笑曰："取消可乎？"[①] 由此一锤定音。3月9日，孙中山公开发布了《临时大总统令内务部取消暂行报律文》：

> 昨据上海报界俱进会及各报馆电称：接内务部电，详定暂行报律三章。报界全体万难承认，请饬部知照等语。案言论自由，各国宪法所重。善从恶改，古人以为常师。自非专制淫威，从无故事摧抑者。该部所布暂行报律，虽出补偏救弊之苦心，实昧先后缓急之要序，使议者疑满清钳制舆论之恶政，复见于今，甚无谓也。又民国一切法律，皆当由参议院议决宣布，乃为有效。该部所布暂行报律，既未经参议院议决，自无法律之效力，不得以暂行二字谓可从权办理。寻绎三章条文，或为出版法所必载，或为宪法所应稽，无所特立报律，反

[①] 转引自汤传福、黄大明《纸上的火焰：1815—1915年的报界与国运》，广西师范大学出版社2013年版，第274页。

形裂缺。民国此后应否设置报律，及如何订立之处，当俟国民会议决议，勿遽亟亟可也。除电复上海各报外，合行令仰该部知照。此令。①

并立即专门电复中国报界俱进会，表示暂行报律未经参议院议决，应作无效。在孙中山的电文中，明显包含着如下三个方面的信息：①言论出版自由是至高无上的原则，暂时无须特别制定报律；②法律的创制必须慎重与合乎程序，暂行报律由内务部制定，没有通过议会决议，因此不发生法律效力；③制定暂行报律的本意，并非如新闻界所说的那样是为了压制言论出版自由，而是出于补偏救弊之苦心。可以看出，虽然孙中山从善如流，下令取消了暂行报律，从而妥善地处理了这一场突如其来的舆论风波，但他对暂行报律的制定其实持有一定的保留态度，即突出或强调报律制定的本意是出于补偏救弊之苦心，而非如报界所说是为了压制言论出版自由。这是在以委婉的方式对报律的制定予以实质上的肯定，也是为了保护内务部工作人员的积极性，并就报界对报律的批评予以含蓄的反驳。

孙中山对暂行报律事件的处理，态度真诚，手法敏捷，充分反映了这位伟大的资产阶级民主革命先行者对言论自由和民主法治的尊重，也体现了他处理媒介危机的高度智慧和巧妙策略。前车之辙，后车之鉴。虽然暂行报律风波最后得到了妥善的处理，但这一事件对中国新闻事业所产生的影响无疑意味深长，事件本身的价值和意义也令人不断回味和反思。后世中国新闻史研究者也不断对此进行多方面的资料挖掘和评述，可谓仁者见仁，智者见智，至今也还没有得出完全一致的结论。历史事件具有无限的丰富性和多面性，必须放在当时具体的历史时空中去进行观照，才能得出较为符合实际的结论。特别是只有将之与世界历史上类似的事件进行比较时，才更容易给人以启发。

1917年11月10日，俄国十月革命胜利后第3天，《真理报》上刊登了人民委员会主席列宁签署的由苏维埃新政府颁布的《关于出版问题的法令》。无独有偶，该法令的"报刊总则"全文亦只有三条："一、应予查封的仅仅是下列报刊：1. 煽动公开对抗和不服从工农政府者；2. 通过恶意中伤歪曲事实来制造混乱者；3. 挑动从事犯罪（即刑事罪的）活动者。二、只

---

① 《临时大总统令内务部取消暂行报律文》，复旦大学新闻系新闻史教研室编：《中国新闻史文集》，上海人民出版社1987年版，第88页。

能根据人民委员会的决定勒令报刊临时或者长期停刊；三、本规定具有临时性，一俟社会生活条件正常，将以特别法令形式宣布取消。"① 在法律结构形式上与南京临时政府制定的暂行报律何其相似乃尔！

在出版法令"报刊总则"前，有段关于立法目的与价值的阐释文字。谓："在大变革的关键性时刻及随后的日子里，临时革命委员会不得不采取一系列措施，以反对形形色色的反革命报刊。顿时批评之声四起，说社会主义新政权这样一来就破坏了自己曾经宣布的纲领的基本原则，扼杀了出版自由。工农政府提醒居民们注意，在我们的社会里，有人打着自由的幌子，实际上是在掩盖有产阶级控制整个报刊命脉、肆无忌惮地毒化人们的思想和扰乱人心的自由。大家都知道，资产阶级报刊是资产阶级最强大的武器之一。特别是在新的工农政权刚刚确立的关键时刻，不能让这种武器完全留在敌人的手中，因为正是在这种时刻，这种武器的危险性并不亚于炸弹与机枪。因此，便采取了临时性的紧急措施，以制止这种污泥浊水和肆意毁谤，防止黄色和绿色报刊任意玷污人民的初步成果。"② 该法令还作出承诺，在新的秩序确立之后，政府对报刊的各种干预将被取消。到那时，报刊将按照这方面所规定的最广泛、最进步的法律，在对法院负责的范围内享有充分自由。

可见，《关于出版问题的法令》与《民国暂行报律》具有很强的可比性：①两者都是在新的国家政权刚刚建立的时候，对报刊采取的一种临时性管控；②两者都因为事出紧急而只有简单的三条法律规定，都缺乏构成法律的基本要件，具有不完备性；③两者出台公布之后，都因具有缩限言论出版自由而在国内引起了争论和抗议。但是，这两部报刊法令的命运却截然不同：《关于出版问题的法令》得到了保留与执行，而《民国暂行报律》则被明令宣布无效而取消。这两部报刊法令的不同命运，不仅清晰地反映出了两部报刊法令制定者背后所拥有的社会实力和地位有所不同，还生动地折射出了他们在思想和理论成熟度方面更有很大的差异。客观而论，《民国暂行报律》的制定在立法主体上虽有越权之嫌，在立法程序上亦有瑕疵，但关于新闻出版言论自由的规定，并无什么过分苛刻之处。中国报界俱进会以及章太炎、章士钊等人对暂行报律的批评，实在有过度夸张的成分。他们对暂行报律的批驳很多都是只知其一不知其二的一面之词

---

① 杨春华、星华编译：《列宁论报刊与新闻写作》，新华出版社1983年版，第620页。
② 杨春华、星华编译：《列宁论报刊与新闻写作》，新华出版社1983年版，第620页。

和强词夺理。如章士钊说英美并无报律，显然是将成文法作为了法律的唯一形式。实际上，英美虽没有专门的报律但有判例法，言论自由也须在相关法律的规范之内。他关于"观美法诸国，对于新闻杂志，只以条件从事，无所谓报律者"之说，更是一叶障目不见泰山的妄说。章太炎《却还内务部所定报律议》在论证逻辑上看似有理有据，振振有词，其实包含着浓重的意气用事成分，其开头一句"南京政府已辞职之内务部"，无疑是对南京民国临时政府的一种贬损，从而以一种非平等的教训姿态和视角展开媒介批评的话语言说，这本身就是对民主平等精神的一种反讽。

在当时《中华民国临时约法》和其他重要法律都未制定和颁布的情况下，率先制定报律在程序上具有一定的草率性，而报律中罪与非罪界限不清，容易在实施中被误解和滥用，也容易引起人们的疑虑与不安，这在那些刚刚从封建专制统治之下挣脱出来，对满清政府钳制言论出版自由恶政记忆犹新、心有余悸的人来说尤为如此。因此，民国暂行报律风波的爆发有其一定的历史必然性。人们抓住暂行报律立法程序的瑕疵和法条意义的模糊，大力挞伐，因此民国暂行报律风波的爆发，在表面上看具有一定的偶然性，其实背后有着更深层次的社会背景和政治原因。章太炎、章士钊原来都属资产阶级革命派的阵营，他们在南京临时政府需要舆论支持的时候，不但没有给予应有的声援，反而带头对其进行声讨，与同盟会在辛亥革命胜利后迅速分裂直接相关。党派之争削弱了革命派的内部团结和组织纪律约束，壮大了反对派的声势。当时的现实状况完全不是章太炎所说的"共和国体今已确定，报界并无主张君主立宪与偏护宗社党者"那样。1912年1月13日，以冯国璋为首的同志联合会，具呈清廷内阁总理袁世凯，要求取缔报馆、禁销沪报，理由是"此次乱事之兴，首恃报纸鼓吹之力。今北方诸报，其宗旨纯正者固多，而附和共和，以淆乱人心者，亦复不少。若南方诸报，则无不诪张为幻，变乱是非。加之匪党奸徒，遍地皆是，到处煽惑，乱机伏生"①。在当时封建反动势力还在竭力破坏革命，并在新闻出版界拥有相当大力量和影响的时候，革命政权放弃了对新闻事业必要的管理和约束，其实际结果只能是为敌对的政治力量利用报刊破坏革命提供方便，这是袁世凯能够篡夺辛亥革命胜利成果的一个重要原因。当然，民国暂行报律风波也不是完全没有积极的意义，至少它强化了当时人们对言

---

① 转引自方汉奇主编《中国新闻事业编年史》上，福建人民出版社2000年版，第604页。

论出版自由权利不得滥用法律限制的认识,不得制定钳制新闻事业发展的专门法律已在新闻界内外达成共识,虽然这在今天看来不是一种健全的新闻法治意识,但此后北洋军阀政府在钳制言论立法方面多少产生了一种敬畏和约束,实源于此。即便如此,对民国暂行报律风波的积极意义亦不能过于肯定,因为真正的新闻自由必须通过法律来加以保障,那种绝对的没有任何约束的新闻自由,只能是一种不切实际的幻想,其后新闻事业的繁荣景象也只是昙花一现,不可持久。

第二节　袁世凯的媒介批评

袁世凯(1859—1916),字慰亭,号容庵,河南项城人,中国近代著名政治家,北洋新军的创始人,早年在朝鲜驻军,曾击败日军,归国后在天津小站督练新军,清末新政期间积极推动近代化改革,在发展工矿企业、修筑铁路、创办巡警、建设新式学堂等方面,都颇有成效。通过办理新政,他内结亲贵,外树党援,短短几年间便形成了一个以他为首的规模庞大的北洋军政集团。武昌起义爆发以后,南方各省纷纷宣布独立,北洋新军此时成为清室唯一可以抵抗革命的武装力量,他利用星火燎原般的革命形势,先打着实行君主立宪的旗号迫使清政府逐步把军政大权移交到自己的手中,然后一面用武力压迫南方革命党人,一面又与南方革命党人谈判,以赞成共和的方式赢取革命党人的退让,用清帝溥仪退位的条件,使革命党人答应由他担任中华民国大总统。1912年2月15日,南京参议院正式选举袁世凯为临时大总统。3月10日,袁世凯在北京就职中华民国临时大总统。此后他不择手段地加强个人权力,破坏法制,践踏民主,追求专制独裁的统一,经过一番紧锣密鼓的准备,终于在1915年12月12日悍然称帝。袁世凯逆历史潮流而动的行为遭到了全国人民的反对。1916年3月22日,称帝仅83天的袁世凯被迫宣告撤销帝制。6月6日,袁世凯在众叛亲离的忧愤之中死去。从辛亥革命到洪宪帝制的过程中,袁世凯不仅用暗杀、收买、软禁、笼络、武力威吓等流氓手段,还通过凭空制造舆论的方式,既一步步地收拾了国民党、进步党、原革命派和原立宪派等派系势力,又逐一收拾了议院、国会本身,要尽一切阴谋权术,以登上人莫予毒、大权独揽、不受任何法律约束的皇帝宝座。大奸大窃者,其貌每每大忠大信。独裁权力的基础是武力,袁世凯虽然以练兵起家,但他对报刊宣传也颇为重视，深谙媒介话语的政治价值之道。他在帝制自为的独裁道路上，常常盗用全国人民的名义，以顺应舆情、俯就民意的极端谦虚姿态出现。在一系列炮制舆情和伪造民意的过程中，报刊成为袁世凯得心应手地贯彻顺我者昌、逆我者亡封建专制独裁意志的有力工具。

一

向使当初身便死，一生真伪复谁知？作为一世枭雄的袁世凯，对晚清之际国家的危局有一定的认识，因此，他对维新运动持襄助的态度。1895年8月底，康有为等在北京发起成立强学会时，袁世凯曾捐款入会，并被列为发起人之一。学会每10天集会一次，讨论时局筹划变法，袁世凯经常与会，表现活跃。当议及开办图书馆和报馆时，他慷慨解囊，捐款500金，随后到处联系募捐。此一时期，袁世凯与康、梁交往甚多，常以在朝鲜经历，大倡变法和练兵以匡救时局。在天津小站练兵时，袁世凯与严复联系密切。戊戌期间，严复与王修植、夏曾佑等共同创办了《国闻报》，几位同人经常聚在王修植家里叙谈。袁世凯每周六都赶来参加，斗室纵横，志气相投，放言高论，力主变法图强。1901年4月25日，已任直隶总督兼北洋大臣的袁世凯上奏慈禧太后，提出十条新政建议，其中之一就是开民智，建议通饬各省一律开设官报局，以启发民智，庶几风气日辟，耳目日新，既可利益民生，且可抵制各处托名牟利之洋报。1901年8月，袁世凯在天津河北狮子林创办了北洋官报局，派人到日本选购最先进的印刷设备，聘请日本制版技师，从上海雇请活版印刷工人，全局共150多人，局内分编撰、翻译、绘画、印刷、文案、收支六股。1901年12月25日，清末第一份地方政府官报《北洋官报》创刊，其内容虽以政府公报为主，但也较系统地介绍外国社会的情况，介绍新思想、新知识，评论中国的某些不足之处，提出革新措施，成为宣传各项新政的重要工具。"北洋官报局既寄托了朝廷的期许，又满足了袁世凯应对教案、推行新政的需要。对直隶省外来说，它成为袁世凯新政中一个重要品牌，为袁世凯赚取声誉；对于直隶省内来说，《北洋官报》成为袁世凯的得力助手。"[①] 鉴于《北洋官报》的成功，清政府于1903年决定在全国

[①] 唐海江、丁捷：《旧官员与新媒体——袁世凯与〈北洋官报〉之关系初探》，《新闻记者》2019年第1期。

推广，要求各地依照该报模式妥酬开办，由此确立了《北洋官报》在全国的地位。袁世凯通过创办《北洋官报》，既树立了新政大员的形象，又为他1908年被解职之后东山再起准备了重要凭借。

袁世凯创办《北洋官报》之举，不代表着他具有近代报刊意识，更不表明他具有近代资产阶级新闻自由理念，其代表封建统治者利益的阶级本性在此后一系列报刊处理事件中充分地暴露了出来。1905年，由于美国政府通过排华法案，中国国内掀起抵制美货运动，各地报纸激于义愤纷纷予以报道，天津《大公报》亦积极响应。5月23日，《大公报》登载了上海商会抵制美货通电，6月11日又登载该报不登美商广告的启事。袁世凯看到后，勃然大怒。由于《大公报》馆设在天津租界之内，无法派出军警查封，因此，他立即通过天津巡警局以有碍邦交、妨害和平的罪名下令禁邮禁阅《大公报》。8月17日，《大公报》刊登该报总理英敛之、主笔刘孟扬联名启事抗议："抵制美约一事，倡于上海，各省风应，凡华字报纸，无一无之，敝报当仁岂能独让？故随诸君子后，亦尽国民一分之天职。诚以此举关系中国前途者既远且大也。今不幸敝报独触当道之怒，严禁士人购阅，不准邮局寄递，为不封之封。……今遇此摧折芟夷我国民者，非由外人，实为我最有权力之长官也。"① 将谴责的矛头直接指向袁世凯。同一天，英敛之还在《大公报》发表《说官》一文，指出要国家真正地实行立宪维新，就必须"拔凶邪、登俊良"，"洗涤刮磨"那些"当权"的大官，否则就"永无改革之望"，就"永无起死回生之一日"，② 暗指袁世凯就是"凶邪"的官员。袁世凯后来见强力迫害无效，又改弦易辙，几次以重金收买英敛之，也都遭到英的严词拒绝。

袁世凯虽然一向视革命派报刊的宣传"较洪水猛兽为惨酷"，③ 多次发布命令，查禁从海外流入内地的革命派报刊，但他也很懂得利用报刊进行自我包装。1911年6月21日《东方杂志》第8卷第4期上，刊登了与袁世凯有关的4幅图片，这组图的总标题是《养疴中之袁慰廷尚书》，其中两幅是袁世凯的住宅和庭院风景照，一幅是袁世凯的个人肖像照，最上面也是最大的一幅，是袁世凯的垂钓休闲生活照片。《东方杂志》还特地对

---

① 英敛之、刘孟扬：《特白》，《大公报》1905年8月17日。
② 英敛之：《说官》，《大公报》1905年8月17日。
③ 《直督札禁悖逆书报》，《新闻报》1907年3月4日。

这幅照片进行了文字说明："尚书之娱乐：垂钓者为尚书。执篙者，尚书之介弟也。"只是《东方杂志》把图中两个人物姓名弄混淆了。实际上执篙者为袁世凯，垂钓者为袁世凯的三哥袁世廉。[①] 这张照片在《东方杂志》发表后，袁世凯"洹上渔翁"的形象立即跃然纸上，广为流传，成为风靡一时的公众形象。袁世凯这组图片的出现绝非一般的名人新闻照片，而是精心策划的一次形象宣传。因为这张照片摄于1910年冬季某日，离发表之时至少已有半年之遥。此时的袁已被当权的摄政王载沣罢职回乡，正经历仕途的黯淡时期。袁世凯在戊戌时期曾出卖过光绪皇帝，因此，光绪皇帝1908年去世后，其叔叔载沣成为执掌最高权柄的摄政王，遂借机削去袁世凯的职务，令其回原籍养疴。进入1911年后，国家内忧外患接连不断，清廷深感力不从心，不断有人提出启用袁世凯以维持大局的动议。此时的袁世凯虽名为辞官，实际上仍无时无刻不在关注时局，与外界保持着密切的联系，但又不便自己出面发声，于是巧妙地运用现代摄影和传播技术，自导自演了一幕渔翁垂钓的场景，将其洹上渔翁的照片刊登在著名的《东方杂志》上。通过这一无声但形象的图像隐喻，对自己的形象实现了一次绝妙的包装和推销，起到了一石多鸟的作用：既将自己塑造成一个超然于政争之外的乡野闲人，以向载沣表明自己没有争权的野心，又利用人们对姜太公渭水钓鱼古老传说的历史记忆，向外界社会传递了他无形的政治影响力以及不可忽视的存在。

二

1912年1月1日，中华民国在南京宣布成立，满清王朝此时虽然大势已去，但并没有放弃最后的挣扎。此时已经成为清廷内阁总理大臣的袁世凯，并没有放弃其控制报刊的专制政策。1912年2月6日，天津《民意报》发表题为《沪报多受袁使贿赂》的新闻，报道了袁世凯以巨款收买上海报纸一事，虽然该报以提法笼统而遭到上海新闻界的抗议，但此事绝非空穴来风。3月10日，袁世凯在北京就任中华民国临时大总统之职，窃取了辛亥革命的胜利果实。由于刚登大位，立足未稳，因此在最初的半年时

[①] 参见马建标《"洹上渔翁"：辛亥年间袁世凯的公众形象与权势格局》，《南京社会科学》2016年第8期。

间内，中国新闻事业仍然沿着辛亥革命胜利后由资产阶级革命派所奠定的自由主义道路继续发展着，除了清廷官报和少数宗社党报刊销声匿迹，清末被迫停刊的报刊大都恢复出版，而且在民主热潮和言论出版自由政策的鼓舞下，还涌现了一大批新的报刊。据当时人统计，民国元年的中国报纸，陡增至 500 余家，总销数达 4200 万份，这两个数字都突破了历史的最高纪录。① 待总统宝座大局已定之时，1912 年下半年，袁世凯开始露出狰狞面目，大展其翻手为云、覆手为雨的手段，通过创办、镇压和贿买报刊等手段，肆意玩弄和操控社会舆论。

袁世凯迫害《民意报》是民国元年袁世凯迫害革命报纸的事件。袁世凯在黎元洪的授意下，于 1912 年 8 月 16 日逮捕杀害了参加武昌起义的革命党领导人张振武、方维，引起革命党人报纸的强烈谴责，8 月 26 日，设馆天津法租界的《民意报》发表题为《讨袁、黎两民贼》的文章，对其进行公开声讨。袁世凯遂串通法国驻京公使指令法国驻天津领事，以言辞激烈为由，勒令该报从速迁出租界，从而激起了全国革命派报纸的抗议浪潮，其他一些报纸也起而声援。这是中国报界首次大规模的反对袁世凯政权迫害报纸的斗争。当时，参议院亦咨请大总统彻查《民意报》被法国领事强令迁出租界一事。1912 年 10 月，袁世凯在咨复参议院文中，指责该报措辞乖谬、妨害公务："大总统外则代表全国，内则代表政府，国民之所以尊重大总统，即所以尊重民国。乃该报竟斥之为贼，詈之以人世极不堪之语，在大总统固不介意，其如民国何？现在国基未固，若任报纸淆乱是非，荧惑观听，内则妨害公务，扰乱治安，外则侮辱国家，招人轻侮。近日讹言四起，政府与人民事多误会，情每隔阂，外人疑虑，啧有烦言，承认稽迟，借款留难，内忧外患，纷至沓来，未尝非该报措辞乖谬、立言不当，有以致之也。……非不知人民言论自由，载在约法，特自由须在法律范围以内，政府固不敢稍事蹂躏，以侵人权，亦何敢任其恣肆。报纸诚能劝善规过，指陈得失，政府必引为借鉴，敬拜嘉言。该报则横肆诋诬，干犯乱纪，按诸刑律，确有罪名可坐，实不仅言论激烈而已。法领事勒令迁出，实属咎由自取，政府未向司法衙门告发，已属格外从宽，尚何摧残之有？至谓政府藉托外人禁止发行强扶出界一节，尤属非是。"② 只摘出

---

① 方汉奇主编：《中国新闻事业通史》第一卷，中国人民大学出版社 1992 年版，第 1014 页。
② 《政府方面对于〈民意报〉封禁之抗词》，《申报》1912 年 10 月 25 日。

《民意报》对其詈骂不敬之词,却避而不论该报为何詈骂,避实就虚,足以见其倒打一耙的功夫。

1913年3月20日,国会开会前夕,国民党代理理事长宋教仁被袁世凯派人暗杀。袁世凯做贼心虚,预感事件真相会被揭露,就在这一天,袁世凯特地指示北洋政府陆军部致函内务部,宣布自3月21日起,陆军部派人对各报所刊新闻实行预检。内务部接函后,即训令京师警察厅将转知各报。陆军部函云:"近日京外报纸,多方刺探外交军事秘密事件,漏泄登载,实于国家政务大有妨碍。昨由府秘书厅奉谕,函请贵部饬知各报馆,对于外交军事秘密事件,一概不许登载,违者按律严惩在案。惟秘密军情,一经漏泄,即碍进行,虽严惩报馆于事后,实已无从补救,诚不如先事预防,免生枝节。应请贵部转知各报馆,嗣后凡登载军事,均应先行具稿到本部检阅签字后,方准登载。否则一概认为禁止事件,不准滥登。盖军事消息,本部闻之最详,知之最确,其于可否宣布各情,尤有斟酌之责,固不尽以事之虚实为衡。……本部实心任事,一秉大公,但求国家前途有益,决不畏摧残舆论之漫言,亦决不以党见纷争为顾忌。"①恫吓各报若有擅载者,将科以军法。

袁世凯对革命派或者与其持不同意见者的报纸进行残酷镇压,绝不手软。1913年4月29日,北京亲国民党的《国风日报》《国光新闻》《新中国报》等报,就宋教仁被刺案发表评论,使用了"万恶政府""政府杀人""政府罪状""民贼独夫"等激烈词句猛烈抨击袁世凯政府。5月1日,袁世凯以这些报刊所载评论文章言论激烈,令北洋政府内务部对上述各报"严重取缔"。5月6日,广州共和党机关报《国华报》以发表李烈钧整军备战消息,被当地警厅勒令停刊两周,理由是"该报既知系属谣言,岂可以谣传谣,复登报端,骇人耳目"②。在武汉,《大江报》主笔凌大同竟然被黎元洪扣上言论"专取无政府主义"的帽子而遭就地正法,头颅被悬在城门洞上示众。四川《蜀报》记者朱山,被当地军阀以"企图炮轰都督府"的莫须有罪名斩首。据统计,至1913年底,经过袁世凯政府的疯狂扫荡,民国元年的500余家报纸,只剩下139家,锐减了300多家。国民党系统的报纸几

---

① 转引自方汉奇主编《中国新闻事业编年史》上,福建人民出版社2000年版,第686—687页。
② 转引自方汉奇主编《中国新闻事业编年史》上,福建人民出版社2000年版,第694页。

被一扫而空。上海地区的《民立报》《天铎报》等虽在租界未被查封，也因禁止销售而被迫停刊。大批报人遭受迫害，新闻记者中至少有24人被杀，60多人被捕入狱。1913年是阴历癸丑年，时人把该年中国报纸所遭的浩劫称为"癸丑报灾"。因此，"癸丑报灾"这个专有名词既把袁世凯牢牢地钉在历史的耻辱柱上，成为他永远无法揭掉的个人历史名片，也是对一个集封建专制独裁者意志和价值观念之大成的媒介批评实践典型的精当概括。

三

袁世凯的狡诈之处在于，他并不像一般赳赳武夫那样，对待新闻媒体只是一味蛮横地施以武力镇压，他还通过笼络、贿买、创办和制定报律等柔性或"文明"的方法，多管齐下地掌控报刊和社会舆论。1913年春天，他为了笼络武汉报界，向汉口《大汉报》经理胡石庵颁发四等嘉禾勋章。只是胡石庵接到通知后，立予拒绝。更为绝妙的讽刺是，胡石庵对此笼络非但没有丝毫感恩戴德的表示，还公开复电予以打脸道：石庵初心，原不在赏。即便说有志求荣，但当此内忧外患纷至沓来，天下滔滔，人心摇摇之际，石庵一身尚不知道埋骨何地，区区爵赏，又有何乐？况迩日你所加赏之人，我已经熟察，不过是马贼、流寇、奸商、贪吏、反对共和的巨奸、痛杀民军的凶徒、焚烧汉口的元凶之类。石庵自惭形秽，实不愿偕此辈受此非分之赏。"况民国新立，百凡待治，勋赏云云，不过牢笼英雄之具，如石庵书生本色，何须此者。伏乞大总统收回成命，取消石庵之四等勋章，为民国略重神器，为石庵少留面目，不胜惶恐待命之至。"① 胡石庵的复电，可谓痛快淋漓地揭露了袁世凯虚伪面纱背后的真实嘴脸与险恶用心。

更为令人叫绝的是，为了打击革命党人和挑动革命党人互相猜疑和内斗，袁世凯在指使凶徒暗杀宋教仁后，一方面指使其御用报纸《国报》刊载捕风捉影式地诬陷黄兴、柏文蔚和李烈钧等人为主谋的消息，另一方面还故作震惊，佯指该报"情词荒诞，任意造谣，摇惑众听"，于1913年4月11日命令北洋政府内务部"饬查根究，以正人心"，② 演

---

① 转引自刘望龄《黑血·金鼓——辛亥前后湖北报刊史事长编（1866—1911）》，湖北教育出版社1991年版，第362页。

② 转引自方汉奇主编《中国新闻事业编年史》上，福建人民出版社2000年版，第690页。

出一场贼喊捉贼的闹剧，以混淆视听。其制造谣言的把戏非常高明，以致给后世的历史研究者都制造了不少资料迷障和混乱。① 创办御用报纸作为制造混乱、引导舆论的喉舌，是袁世凯上台后一个重要的媒介政治动作。他甫一就任中华民国大总统，即开始着手办报，先后在北京创办了《亚细亚日报》《金刚报》《民视报》，在长沙出版了《国民新报》，在上海接办了《神州日报》，在广州出版了《时敏报》，等等。在他所创办的报纸中，以1912年6月出版的《亚细亚日报》最为典型。该报由薛大可任主编，樊增祥、易实甫等任撰述，竭力攻讦以孙中山为代表的革命党人，是袁世凯御用报纸中立场最顽固的一家。该报在袁世凯帝制自为的复辟活动中，发表了大量拥戴劝进的文章、文牍与函电，为之摇旗呐喊，大造舆论。

贿买报刊使之按照自己定的调子唱歌，是袁世凯对付报刊一贯使用的伎俩，其贿买报刊的活动体现出有计划、有组织、大规模的特点。1913年7月，《申报》曾刊出《湖南公款滥费之调查》一文，揭发湖南省政府以津贴方式收买报刊的情况。据该文透露，接受津贴的报刊有《民权报》《世界新闻》《中华民报》《湖南政报》《大民报》《上海军中白话报》《亚东日报》《中国日报》《天铎报》《国民日报》《湖南民报》等36家媒体，津贴额每月从二百元到一万元不等，被收买的对象有报纸、杂志、通讯社以及与新闻媒体关系密切的印刷机构。② 据不完全统计，在袁世凯统治期间，直接或间接接受袁氏政府津贴的报纸，多达125家以上，至于接受津贴的新闻从业人员则数量更多。在贿买报刊的过程中，袁氏政府可谓软硬兼施，花样百出，一再刷新人类精神活动的底线。他收买上海的《大共和日报》就是这方面的一个典型。

上海《大共和日报》本是由章太炎创办，章氏早年参加同盟会，政治倾向上属资产阶级革命党人。辛亥革命后，章太炎与同盟会决裂，其后，他创立了中华民国联合会，并欲在上海创办一家报纸作为机关报，但一时苦于经费缺乏而无法推进此事。恰巧中华民国联合会里有一位成员叫程祖福，原是前清官吏，慕章太炎之名，得知章之心事后，便慷慨解囊，借给章太炎二万元。《大共和日报》创办以后，程发现章太炎不是其心目中的理想人物，

---

① 参见尚小明《陈其美主谋杀宋谬说之流传》，《历史教学》2015年第18期。
② 马光仁：《中国近代新闻法制史》，上海社会科学院出版社2007年版，第117页。

遂向章索要借款，否则便讼之公堂，章太炎为此十分焦急。此事被袁世凯的亲信探知，迅速密电报告袁氏政府。袁世凯即刻派人携款来沪，章太炎开始有些踌躇，但架不住程祖福的催逼，最后还是让出了该报。"从此《大共和日报》为袁世凯所收买。"① 上海一度被收买的报纸还有原来进步党所属的《时事新报》等报纸。报纸是社会新闻和言论机关，用金钱收买，把形而上的无价精神之物折算成形而下的论斤论两商品，既是鄙视对方，也是羞辱自己，更是对媒介批评应有意识属性的肆意嘲弄和歪曲，从而严重败坏了民国初期中国新闻事业所应有的专业的品质和社会形象，流风所被，贻害无穷。

法律是国家立法机关制定的对全体社会成员具有普遍约束力的一种行为规范，由国家强力部门保证实施，因而法律是一种有效的社会治理工具。袁世凯在民元时期，在民主共和观念不断深入人心的大形势下，为欺骗民众，不得不口头上承认《中华民国临时约法》，尊重人民的新闻和言论自由权利，但随着地位的巩固，从1914年开始，就不断通过制定各种具有法律意义上的新闻报刊管理规章制度，慢慢掏空报刊的新闻和言论自由权利。在1914年一年间，先后颁布了《报纸条例》《治安警察法》《出版法》《新闻电报章程》等数种报刊法规，故人们称1914年为袁世凯政府的"新闻立法年"。1914年4月制定的《报纸条例》共35条，不仅照搬照抄了《大清报律》的许多条文，还从日本新闻纸法中抄袭了许多内容。在禁载事项中，明确规定下列各款报纸不得登载：一、淆乱政体者；二、妨害治安者；三、败坏风俗者；四、外交军事秘密及其他政务经该管官署禁止登载者；五、预审未经公判案件及诉讼禁止旁听者；六、国会及其他官署会议按照法令禁止旁听者；七、煽动、曲庇、赞赏、救护犯罪人，刑事被告人，或陷害刑事被告人者；八、攻讦个人阴私，损害其名誉者。② 其严苛程度前无古人，因此，该报纸条例被当时北京英文《京报》评为"世界上报律比较之最恶者"。③ 1914年12月5日，袁世凯又颁布了《出版法》，对所有文字及图画印刷品也做了类似的规定，而且这些规定在执行

---

① 马光仁：《中国近代新闻法制史》，上海社会科学院出版社2007年版，第117页。
② 张之华主编：《中国新闻事业史文选（公元724年—1995年）》，中国人民大学出版社1999年版，第153页。
③ 转引自谷长岭《中华文化通志·第8典·艺文新闻志》，上海人民出版社1998年版，第175页。

过程中被层层加码，如发行前呈警厅备案的规定在很多地方被发展成出版前的预检制度，对报刊登记、出版、发行、言论、采访和编辑等活动横加干涉，充分表现出了其反自由民主的封建主义专制阶级本性。

在中国近代长期占据着社会统治地位的反动派思想，其现实根源是建立在小农经济基础上的封建生产关系和代表着封建地主阶级的意志、利益和要求。这个阶级的意识形态在中国近代的历史条件下，虽然已经陈旧不堪，走向末日，却通过变换各种方式极顽强地阻挠着历史前进的行程。如果说曾国藩的"耕读为本"论和张之洞的"中体西用"观，还在历史层面具有某种思想理论意义的话，那么，随着封建统治的分崩离析，到袁世凯这里，就根本没有什么思想理论意义可言，纯粹是以个人野心和阴谋权术来支撑与维护这种统治了。"无论是权术阴谋或袁世凯本人，都毫无资格进入思想史的篇章。然而却正是这种封建糟粕，在一定短时期内，居然可以玩革命于掌上，骗人民于鼓中，严重阻挠了历史的前进。袁世凯本人是中国近代最大的阴谋权术家而为以后各种军阀统治者所效法不已。正是在这一意义上，思想史又应该重视和著录它。"[①] 大众传播媒介虽然不能决定政治舞台表演空间的大小，但往往经营着政治舞台合法性与否的舆论建制。马克思在《法兰西阶级斗争》一文中，曾生动描写过从1848年革命到1858年拿破仑三世称帝这一时期，野心家、阴谋家拿破仑三世如何利用革命的形势，先后把小资产阶级和资产阶级各个派系一个个地打了下去，一个小丑终于登上了皇帝宝座，深刻表明这是革命的不断败北。历史常常有惊人相似的一幕。袁世凯在辛亥革命后的短短几年间，迅速走向个人仕途的巅峰，随之又戛然跌落，在他跌宕起伏颇具戏剧性的人生中，大众传媒曾是他施展阴谋诡计、贯彻专制意志的表演舞台。历史无情，这个视大众传媒为刍狗、企图玩弄大众传媒于股掌之间的野心家、阴谋家，终究无法逃脱被大众传媒反噬的命运，最后在舆论的惊涛骇浪冲击之下终于一命呜呼，从而结束了其并不光彩的一生。

第三节　黄远生的媒介批评

黄远生（1885—1915），原名为基，字远庸，远生是他从事新闻工作

[①] 李泽厚：《中国近代思想史论》，人民出版社1979年版，第485页。

时的笔名。1885年1月15日出生于江西德化（今九江）一个世代书香之家。其父虽然终生读书，但终其一生只考中秀才，长年在宁波襄助别人办理洋务。黄远生是独子，因此其父望子成龙甚切，除自幼让其攻读经、史、古文、诗词之外，还请了一位外国女教师教其英文。1900年，其父母双双病逝。其时科举已与新学并行，黄远生一度就读于南浔公学，后因参与学潮致未毕业即离开该校，1903年，在家人的催促下他参加科举考试，考中秀才，同年秋参加江西乡试再中举人，为江西省第七名，次年入京会试，又中进士。同中该榜的有沈钧儒、谭延闿、叶恭绰等知名人士，黄远生是该榜最年轻的进士。两年连中三元，确乎聪颖过人。黄远生进士及第后获得了"知县即用"资格，但他不愿按惯例进入官场，便在进士及第的这一年，以进士身份东渡日本，官费入日本中央大学学习法律。1909年，黄远生学成回国，历任清政府邮传部员外郎、参议厅行走、编译局纂修、法政讲习所讲员等职。在此期间，他常常以对国际时事的理解给京沪报刊撰写文章。清末清廷派遣出国考察宪政的五大臣之一李盛铎与黄远生有同乡之谊，他从欧洲考察回来后，有一次对黄远生说西洋方面那些熟识近代史和国际情况的人，大都是报馆的撰述人员。"你如果做个新闻记者，那一定是个名记者。"[1] 此言对黄远生后来决心做新闻记者起了很大作用。辛亥革命后，清帝退位，黄远生遂彻底脱离官场专事新闻记者工作，1912年，与蓝公武、张君劢三人共同创办《少年中国》周刊，先后担任《时报》《申报》驻京特派记者，兼任梁启超主办的《庸言》月刊撰述，同时为《亚细亚日报》《东方日报》《东方杂志》《国民公报》《论衡》等多家报刊撰稿，很快声名鹊起，成为民初国内新闻记者中的翘楚。1915年，袁世凯在筹备称帝期间，收买名士为之鼓吹，强聘黄远生担任其御用的上海《亚细亚日报》总撰述。黄远生几经犹豫，最终离京赴沪，随后在上海各大报纸刊登反对帝制和与《亚细亚日报》脱离关系的启事。1915年10月24日，他远赴美国以躲避袁党纠缠。1915年12月25日，黄远生在旧金山遭中华革命党误认为是袁世凯之党而被狙杀。黄远生从事新闻工作只有短短三四年时间，就以其卓越的才华和首创的新闻通讯文体而名播天下，被誉为"报界之奇才"，[2] 成为民初新闻记者中的佼佼者。他之所以能够取得

---

[1] 张宗厚：《黄远生》，《新闻界人物》（第一辑），新华出版社1983年版，第36页。
[2] 戈公振：《中国报学史》（插图整理本），上海古籍出版社2003年版，第215页。

如此不凡的业绩，固然与他高超的新闻写作能力有关，更与他卓尔不群的媒介理念和他对新闻事业的热爱有关。黄远生仕途顺遂，却能毅然辞官不就，主动转事报业，在这个看似个人主观选择行为的背后，其实凝结了某些超越个人意志的时代气息和意义。在黄远生令人耀眼的新闻业绩中，蕴含着他对当时新闻媒体现状的细密观察、睿智分析和批判的理论成分。黄远生不仅是一个新闻通讯长才，还是一个评论高手，即便在他的新闻通讯作品中，也随处夹杂着评论，夹叙夹议是其新闻作品的一个显著特点。他主编《少年中国》周刊时，自述其目的之一就是能够对言论界"尽相当之忠告"，① 因此，在他的很多新闻作品中，不时也流露出对新闻业现状的分析和评论，具有一定的媒介批评色彩。

一

黄远生早在日本留学时，就常在课余撰写文章，"送到日本的报章杂志上发表，换取一些稿费购买各种书籍"②。这可谓他后来从事新闻工作的源头。1912 年，他与蓝公武、张君劢三人共同创办《少年中国》周刊，这是他正式从事新闻职业之始。关于《少年中国》周刊的具体情况，由于资料缺失，目前人们所知甚少，大多是语焉不详。只因为在林宰平先生所编辑的《远生遗著》中选录了部分黄远生的新闻作品，尚由此可见一斑。另外当时该刊另一当事人张君劢在《远生遗著》一书序中，亦曾简略提及该刊的创办缘起：鼎革之初，人们咸相谓共和政体从兹确立，富强之业旦夕可期。孰料袁世凯主政，以北洋军队为爪牙，视国家财政如外府，举一切用人行政赏罚黜陟之权，无不用之于奔走人才而入其彀中。议会、约法无不遭其蹂躏粉碎。逞一己私心，昧国家公义，莫此为甚。"时公与我目击此情，为之扼腕叹惜，更谋之志先而举办《少年中国周刊》，文字由吾三人任之，每期印费二三十元出之于吾人薪金所入，刊印二千份，出版后不数小时内，即已告罄。"③ 该刊现在似已

---

① 黄远庸：《远生遗著》（上册）卷一，商务印书馆 1984 年增补影印版，第 13 页。
② 黄席群：《追忆先父黄远生》，《新闻研究资料》总第二十八辑，中国社会科学出版社 1984 年版，第 92 页。
③ 张君劢：《序二》，黄远庸：《远生遗著》（上册）卷一，商务印书馆 1984 年增补影印版，第 20 页。

不存，所幸的是在《远生遗著》中，录有黄远生的《〈少年中国〉之自白》一文，发表在1912年12月12日出版的该刊上，其中较为系统地阐述了黄远生的报刊理念。

黄远生在该文阐述《少年中国》的发行动机，是目睹国家多难，虽然人微言轻，但良心不死，不能不时时有伤心触目之悲。国中持相同心情者又岂在少数？所谓稳健派，或梏之四围之情势，或梏之党见，或梏之醇酒妇人，又复梏之国民之精神，神州之正气日以消绝，遂令堕心丧气。亲见大难之将至，而不为之动心。"今外人号我为议论文章之国，固可耻已。然议论文章，亦何尝非国家之元素。希腊之雄辩家，中古之文学派，近世之革命哲学，其于历史上之占何等价值，众所知也。故议论文章不足耻，其可耻者，乃系举国言论，趋于暮气，趋于权势，趋于无聊之意识，不足以表见国民真正之精神。"① 今吾国言论界可悲之处，虽然尚未至此，然其不可不根本廓清，以新民气而葆国光，殆内外所同认，同人等虚薄无似，亦未敢以此自任。但种种伤心，怀之已久，动作进止，如或诏之，局天蹐地，无可自容。得倾心沥血，以吐其积郁，以冀幸当局者，或少数之同志，或异志者之一览而见省焉。即令此少数者见而作呕、大怒、鄙薄之，但三人如骨鲠在喉，实在不吐不快！幸以三人积鲠相同，乃遂相共而倾吐之。用力至俭，无借于外援，发机至微，无所用其考虑。盖起意只此三人，三人者定谋于立谈，而举事于旬日。发行之后，自视歉然，然其动机之纯白清洁，则可昭告于天地鬼神，即希望发挥公论于一二，以一新政治或社会之空气。夫社会未达于理想政治，尤易接近罪恶，此固中外所同然。在彼皆有一国之元气足以支持，而在我则元气消沉，惟恃此虚伪模仿，恶劣之手段，腐秽之习惯，以为立国。而与外竞，其何以存。他们认为正是由于党派之间的互相猜忌，互不信任，才导致国家基础的极端窳朽，以致摧拉之间，便可崩折。

黄远生他们三人认为，今日中国优秀分子应分为两派去努力：一派实际躬亲政治及社会事业，以培植国家的健康基础；另一派则是从事舆论工作，"则屏绝因缘，脱离偏倚，主持正论公理，以廓清腐秽，而养国家之元气"②。现在的中国无不亡之术，而有必亡之机。现在如果能够抓紧时

---

① 黄远庸：《远生遗著》（上册）卷一，商务印书馆1984年增补影印版，第9页。
② 黄远庸：《远生遗著》（上册）卷一，商务印书馆1984年增补影印版，第10—11页。

机，培持元气，固植根本，那么即令国社尽屋，国家亦有再兴之日。若长此沉沉，奄然待尽，即便不被灭亡，尸居余气之国，亦决非血气男子所能涵忍而生存。"同人等虽未敢以爱国之雄辩家或文学家自任，然甚望吾国大有识者，蕴其伤心之血之泪，幸勿吞声呜咽于暗室之中，消磨于醇酒妇人之下，及今且一吐之，且大吐之，犹得挽回国家元气于一二，则亡国之后，犹将赖之，我《少年中国》，特为君等之前驱之牺牲耳。"① 通过正当健全的舆论营造，培植国家元气，是黄远生等人从事报刊事业的基本出发点。

在《少年中国》周刊出版以后不久，就有人指责该报"督责当道过急，而不知社会之不可补救，非一方面之罪恶"②。黄远生则绝不同意这种观点。他指出：今论者无论提出何种学说，然断不能谓政治不是养成社会的一大动力，又断不能谓言论家之立言，不当专向有权责之人督责，而专凭空发论，以罪责无踪无迹之社会。中外各家持社会改革论者，其立论未有不向权责之人或专门一种阶级立说者。而我奈何反之？改革社会首在于政治，因此，舆论监督的指涉对象当然也重在监督当权者。黄远生认为当时有些人议论国事，"不从政治学伦理学立说，而乃专就社会云云者立说。一似中国乃彼凭吊流连之孤墟，而特以供彼人所研究之人类学，考古学，之参考者。爱国心之薄弱如此，士气之隳丧如此，又非仅对待袁氏一人心理之误而已也"③。其实质是在转移话题焦点，逃避舆论监督。当时就有人说，今日系责任内阁制度，总统不负责任，不应该专责袁氏。黄远生则明确指出："本报发愤立愿，将对于今之总统、政府、政党、议院、及言论界，尽相当之忠告，所注目者，决非袁总统一人，然究以袁总统一人言之。今日中国，事实上已否实行责任内阁，袁总统是否在不负责任之列，此当诉之国民常识之公判矣。"④ 该说把责任内阁制作为一种理想政治，既不能厉行督责，期于必行，根本上已被现实打破，因此，该说其实就是在遮掩事实，而从空理上立论，实质上是"为袁总统放开生路"。⑤ 黄远生的批评可谓一针见血。

---

① 黄远庸：《远生遗著》（上册）卷一，商务印书馆1984年增补影印版，第11页。
② 黄远庸：《远生遗著》（上册）卷一，商务印书馆1984年增补影印版，第12页。
③ 黄远庸：《远生遗著》（上册）卷一，商务印书馆1984年增补影印版，第13页。
④ 黄远庸：《远生遗著》（上册）卷一，商务印书馆1984年增补影印版，第13页。
⑤ 黄远庸：《远生遗著》（上册）卷一，商务印书馆1984年增补影印版，第13页。

二

黄远生政治上倾向于进步党,因此,1912 年 12 月,梁启超在天津创办《庸言》半月刊的时候,黄远生是该刊的重要编撰人员。1914 年该刊改为月刊时,黄远生主持刊物的编辑工作,故在该刊 1914 年第 1 期上,黄远生发表了《本报之新生命》一文,借《庸言》创办一周年之机,通过阐发自己的报刊理念,对当时报刊存在的严重党派倾向进行批评。黄远生在文中直接提出:"吾曹此后,将力变其主观的态度,而易为客观。故吾曹对于政局,对于时事,乃至对于一切事物,固当本其所信,发挥自以为正确之主张,但决不以吾曹之主张为唯一之主张;绝不以一主张之故,而排斥其他主张。"① 黄远生这一说法,颇受治中国新闻史学者的重视,有人甚至将之与美国《纽约时报》的发行人阿道夫·奥克斯的观点联系起来进行比较性论述,认为黄远生的报刊主张虽然"在当时西方新闻界大多已成共识,但在民初报刊职业化过程中却具有重要的开拓性意义"。② 确实,黄远生这一报刊观念,与西方的报刊客观主义理论颇有异曲同工之处,可谓是中国新闻客观主义理论的嚆矢。

黄远生当时为何会提出这一报刊观点呢? 任何思想都是时代的产物。黄远生新闻客观主义观点的提出,在这一层次上具有着媒介批评的意义。他之所以提出新闻报道力变主观而为客观的观点,在于对当时"党言"甚嚣尘上现象进行反拨。民国初期,我国学习西方政治制度,立国会,搞竞选,于是政党蜂起,各个政党纷纷创办报刊以张其势。意在宣传的党报在新闻报道中势必无法真正做到不偏不倚,客观公正,"党言"现象一时泛滥成灾。黄远生就曾在《不党之言》中对此批评道:"记者虽无似,亦知法治国之不可无党。顾诚不欲以神圣高尚政党之一名词,致为万恶之傀儡也。乃觉今日必有超然不党之人,主持清议,以附于忠告之列,其言无所偏倚,或有益于滔滔之横流于万一。记者诚非其人,特有志焉而已。既成一党,诚不能不于本党之人,略有隐恶扬善之谊。然今日之政党之甘为万恶之傀儡,则国家之忧也。去年北京报界,尚有一种万矢齐射之人,所谓

---

① 黄远庸:《远生遗著》(上册)卷一,商务印书馆 1984 年增补影印版,第 103 页。
② 文新良、李滨:《论黄远生的报刊职业思想》,《新闻战线》2015 年第 8 期。

舆论之公敌是也。今则无之矣。各党以图取势力，故遂不能不于稍有势力者皆牢笼之，至其人之清流浊流不暇计也。"① 政党的乱象必然带来党报的乱象，导致"党言"猖獗，损害新闻报道的真实准确。

黄远生认为，人们对事物及社会问题有所主张，或者采纳他人主张时，"其视综合事实而后下一判断之主张，较之凭恃理想所发挥之空论，尤为宝贵。若令吾人所综合事实，尚未足令吾人下笔判断之时，则吾人与其妄发主张，贻后日之忏悔，不如仅仅提出事实，以供吾曹及社会异日之参考资料，而绝不急急于有主张。盖吾人此后所发表者，演绎的理论，决不如归纳的事实之多。以今日大势，固已指导吾人趋于研究讨论之途，决不许吾人逞臆悬谈腾其口说故也"②。因此，他主张新闻记者无论是造言还是记事，绝不偏于政治一方。因为在当今的社会中，一个社会组织的好与坏，绝非一个时代一个人的局部和孤立的行为，而是互相联系互相影响着，"一切材料及动静，无不为其因果，而向者之徒恃政论或政治运动以为改革国家之道者，无往而非迷妄"③。所以，欲求症结所在，当在深察物群，周知利病。这就像一个人自命为医生，如果对病者之脏腑脉络，不曾一一诊察解剖，徒执局部以概全身，而妄谓吾方实良，罪在病者不治，则世人未有不骇然笑者。故他提出《庸言》此后于政治的记述以外，凡社会的理论及潮流，与社会事实，当为此占该报篇幅中的一大部分。

报刊如何报道事实呢？黄远生提出：对事实要进行综合处理，"当一面求其精确，一面求其有系统。盖由通塞之辨，即在浑画，浅智之人，观察万象，万等于一。进化之民，观察万象，一可化万"④。他认为，学问分科之多，益见世界进化的复杂。而科学之道，即在分别种类，体验万物，以察往知来，明体达用。"记者之意，本报既为月刊，凡此一月之内外大事及潮流，吾人皆负有统系的纪载，以供诸君参考及判断之责任者也。"⑤由读者根据报刊提供的事实信息，自己独立地作出判断得出结论。因此，新闻工作者不将报刊据为私物，具体的做法是："裒集内外之见闻，综辑各种方面之意见及感想，凡一问题，必期与此问题有关系之人，一一发抒

---

① 黄远庸：《远生遗著》（上册）卷一，商务印书馆1984年增补影印版，第19页。
② 黄远庸：《远生遗著》（上册）卷一，商务印书馆1984年增补影印版，第103—104页。
③ 黄远庸：《远生遗著》（上册）卷一，商务印书馆1984年增补影印版，第104页。
④ 黄远庸：《远生遗著》（上册）卷一，商务印书馆1984年增补影印版，第104页。
⑤ 黄远庸：《远生遗著》（上册）卷一，商务印书馆1984年增补影印版，第104页。

其所信，以本报为公同论辩之机关；又力求各种方面最有关系人士，各将其所处方面之真见灼闻汇为报告，以本报为一供给参考材料之宝库。吾人深信发挥真理阐扬幽隐之道在是。"① 真理就存在于事实之中，发现真理必须依靠对事实的思考和分析。

黄远生认为，理论的根据在于事实，人群的激发造端于感情，新闻工作者应以国家大局为重，具有世界眼光，开阔心胸，放眼域外。"盖所谓改造国群者，意在使吾国群，合于国际上之平等位置，令一切潮流与之针对。"② 黄远生认为这要在如下方面努力：第一，必须让人们明了我国在国际上的真实处境；第二，应当清楚这种处境尚有若干时期、何等方法足为回翔容与之地；第三，应当知道国家政治以外，群德群力，皆息息与国际相关，当如何师承其德慧术智，并发挥本国固有文明之法。国民具有正确的世界观和国际观甚为重要。世界如同一个极大的游牧民群体，处于同一帷幕内。帷幕内空气中的尘埃风火，高速压榨着我们的呼吸。吾之国人，犹复耳目杜塞，不知乡井之外，尚有都会，消息盈虚，动关生死，又如劲甲坚兵，早已充布险要，扼关守险，寸步不移。而斗室之中，尚复别有天地。这种对真实环境的漠然，"其为危迫，可胜道耶"③？报刊必须培养国民正确而清醒的国际观念，以正确地处理国际事务，如此才不会被淘汰。

三

黄远生主张客观地报道新闻，但他同时坚持新闻工作者要有一定的原则，这种原则就是充分尊重事实。他认为只有客观地报道新闻，使人们正确地理解世界，健全的社会舆论才能得以产生。他在《一年以来政局之真相》一文中指出："大抵一国真正舆论之发生，必有相当之智识，以为之根柢，故政治思想之普遍，则政治竞争，乃愈觉其有神圣之意义。今吾国之所谓舆论，惟是各据一方，代表其黑幕之势力乎，抑真有发挥其所主张之真义公理，以求国民最后之判断者乎？"④ 他以对袁世凯政府向外借款一

---

① 黄远庸：《远生遗著》（上册）卷一，商务印书馆1984年增补影印版，第105页。
② 黄远庸：《远生遗著》（上册）卷一，商务印书馆1984年增补影印版，第104页。
③ 黄远庸：《远生遗著》（上册）卷一，商务印书馆1984年增补影印版，第105页。
④ 黄远庸：《远生遗著》（上册）卷一，商务印书馆1984年增补影印版，第84页。

事的新闻报道为例,批评有些报纸不问是非,新闻言论纯以党见为衡:"甲党之报,今赞成而前反对,乙党之报,则今反对而前实赞成,甚至同在一时,赞成唐绍仪之借款者,而不赞成熊希龄之借款,赞成熊希龄之借款者,而不赞成唐绍仪之借款。又试以对于政府之态度而论,于其未入国民党之先,则甲党赞成,而乙党思推倒之。于其既入国民党之后,则乙党赞成,而甲党思推倒之。"① 对待同一个人,前后有尧桀之别,对待同一件事,出入有霄壤之分。他指斥这种新闻媒体只以便宜及感情用事,如同无节操无主张的无良政客一样。

民国初年,虽然新闻自由观念流行,袁世凯治下的中国,媒体并没有什么真正的新闻与言论自由,而且袁世凯上台不久,即以各种借口侵削媒体的言论自由,逐渐暴露出其封建专制的狰狞嘴脸。黄远生在《忏悔录》中,对袁世凯禁锢言论的政策十分不满,批评当时新闻言论状况道:"余于前清时为新闻记者,指斥乘舆,指斥权贵,肆其不法律之自由,而乃无害。及于民国,极思尊重法律上之自由矣,顾其自由不及前清远甚。岂中国固只容无法律之自由,不容有法律之自由乎?"② 通过自己的切身感受,揭露袁氏政府企图通过制定法律来钳制新闻自由的实质。在这篇剖辨个人心路历程的文章中,黄远生提出了为后世新闻学者所津津乐道的新闻记者素质的"四能"说:"新闻记者须有四能:(一)脑筋能想;(二)腿脚能奔走;(三)耳能听;(四)手能写。"③ 这是中国新闻传播史上第一次对新闻工作者应具备的素质所进行的简明而又系统地理论性概括,并且他随后还分别对"四能"所包含的具体内涵进行了详细的阐释:"调查研究,有种种素养,是谓能想。交游肆应,能深知各方面势力之所存,以时访接,是谓能奔走;闻一知十,闻此知彼,由显达隐,由旁得通,是谓能听;刻画叙述,不溢不漏,尊重彼此之人格,力守绅士之态度,是谓能写。"④ 从学理的角度建立了新闻记者的素质结构体系。后世学人往往只关注到"四能"说的历史地位和理论价值,而相对忽视了"四能"说提出的现实背景,即黄远生提出"四能"说,其实是在对自己进行极为严格的自我解剖和批评,他为自己"决无为新闻记

---

① 黄远庸:《远生遗著》(上册)卷一,商务印书馆1984年增补影印版,第84页。
② 黄远庸:《远生遗著》(上册)卷一,商务印书馆1984年增补影印版,第132页。
③ 黄远庸:《远生遗著》(上册)卷一,商务印书馆1984年增补影印版,第132页。
④ 黄远庸:《远生遗著》(上册)卷一,商务印书馆1984年增补影印版,第132—133页。

者之资格"①而深深内疚，认为自己由于缺乏这种修养和资格，因而对国家贡献无多，甚至不知不觉间在助纣为虐："余自问为记者若干年，亦一大作孽之事也。以今法作报，可将一无辜良善之人，凭空诬陷，即可陷其人于举国皆曰可杀之中。盖一人杜撰，万报腾写，社会心理薄弱，最易欺蒙也。至于凭臆造论，吠影吠声，败坏国家大事，更易为矣。"②表现出了一个优秀新闻工作者勇于解剖自己的崇高精神境界。这是解剖自己，更是对整个新闻界提出批评。

对社会负责必然要求报刊的较高质量。黄远生在《北京之党会与报馆》一文中，报道民元时期北京报界乱象道："自共和宣布以后，吾人仅知北京之党会与报馆之多，然尚不能得知其确数总数。兹得内务部之调查报告，其多乃足令人惊骇。观此不能不为人物经济及社会经济惜也。"③ 使用"惊骇"一词，生动地描写出北京当时的报刊之多，已经超出了人们一般想象的程度。如此众多的报刊，并不说明新闻事业的真正繁荣，它只能带来社会人力和物力上的巨大浪费。"惜"字既透露出作者的这种心情，也是一种委婉的批评。报刊数量多而乱不是媒介的正常生态，它显示的只是媒介的一种芜杂而野蛮的生长。

在国际新闻报道中，报纸的原则和立场往往与国家利益交织在一起，表现出一种爱国主义和民族主义的情感倾向。黄远生多次提醒读者对此予以注意。他在评述日本报纸对欧洲战事的报道时就曾明确指出："以今日东洋报纸，纪载欧战事实，欲求正确，于事势上绝对不可能。闻某某国人，颇以北京报纸之纪载有袒德之嫌疑为言者，盖未曾历经比较之谈耳。今京报盖于双方消息互纪所闻，甲视之可认为袒助同盟国者，乙视之亦可认为袒助协商国。窃谓报纸此等之自由，当然为其职务上之所本具，似不应加干涉。"④ 这说明黄远生虽然主张新闻报道要客观，但对在新闻自由基础上的倾向性表达，也予以一定的认可和宽容，认为这是新闻自由的题中应有之义，无须大惊小怪。他同时提醒读者注意，报刊报道与政府的外交政策具有某种配合关系，这种配合有时具有某种试探气球的意义。"近有

---

① 黄远庸：《远生遗著》（上册）卷一，商务印书馆1984年增补影印版，第132页。
② 黄远庸：《远生遗著》（上册）卷一，商务印书馆1984年增补影印版，第133页。
③ 黄远庸：《远生遗著》（上册）卷二，商务印书馆1984年增补影印版，第163页。
④ 黄远庸：《远生遗著》（下册）卷四，商务印书馆1984年增补影印版，第84页。

一事不可不注意者，即日报所载情形，几于张弓弩目，迫不及待，且隐约间若其政府意思亦复相同。而中国方面，某报称中国预备战事，且称某军界有力者有训电云云，皆属绝对不实。以连日所闻情形，尚有相当解决之方法。综言之，日本报纸系一种新闻政策，不必尽与其政府情形相合。此节须读者注意及之是也。"① 他在 1915 年就提出了"新闻政策"的概念，注意到新闻报道与国家政策之间的关系，这充分显示出黄远生观察眼光的敏锐。这种敏锐的眼光能够使他在一般人不注意的地方发现问题，看出事物发展的趋势和苗头。如 1912 年 11 月 2 日，黄远生当天从北京发往上海的题为《历历伤心录》的通讯中，就特别点出："最近新闻界有一奇事，则以中国各报喧传俄国革命，而外国报纸无一言之者。记者以之遍询所识外人，彼等皆称不闻。然中国报纸则实得之于吉林黑龙江等诸宦边者之报告，决非捏造。"② 他当时虽然对俄国布尔什维克领导的以"连那"事件开始的革命运动及其意义并不了解，但他却注意到了中外报纸对这一事件截然不同的反应，体现出一个新闻记者应有的高度新闻敏感。

黄远生不仅是一个优秀的新闻记者，而且还是一个勤于思考的社会批评家，他在日常的新闻记者生活中，总是主动地以批评的眼光去观察社会，分析社会，力求达到对社会的某种深刻的认识和规律性的把握。他曾在致章士钊的信中有云："愚见以为居今论政，实不知从何处说起。洪范九畴，亦只能明夷待访。果尔，则其选事立词，当与寻常批评家，专就见象为言者有别。"③ 他希望新闻记者能够通过新闻报道，"语其消息盈虚之理"④。这又回归到他对新闻记者素质方面"脑筋能想"的要求上。黄远生总体上是一个要求进步的记者，当然他也有着那个时代很多人都有的缺点，即他曾站在希望国家尽快强盛的角度，一度对袁世凯抱有一定的幻想。他主张新闻自由，但又一度于 1913 年 7 月间向袁世凯密上条陈，建议袁世凯对反袁报纸实行新闻检查。其条陈云："叛党仍袭故智，专用虚声伪报，淆混听闻。各地方之不附逆徒者，无所依附，最为危险。今日最要关键，在沟通消息，壮大声势。"⑤ 他建议袁世凯的办法是："一、报纸论

---

① 黄远庸：《远生遗著》（下册）卷四，商务印书馆 1984 年增补影印版，第 161 页。
② 黄远庸：《远生遗著》（上册）卷二，商务印书馆 1984 年增补影印版，第 204 页。
③ 黄远庸：《远生遗著》（下册）卷四，商务印书馆 1984 年增补影印版，第 189 页。
④ 黄远庸：《远生遗著》（下册）卷四，商务印书馆 1984 年增补影印版，第 189 页。
⑤ 转引自张克明《黄远庸是否帝制派？》，《历史档案》1982 年第 1 期。

调，今日关系最重，而反对党报纸，尤足供我参考。今日号称独立地方之报纸，所记人物、事实，均足为侦缉材料。某意宜令警察厅组织特种机关，专司二事：（一）检阅反对报纸，专从法律干涉。（一）搜集反对报纸所记人物，择要编辑为侦探材料。二、今日宜特组织一新闻通讯机关，整齐一切论调及记事，此中有种种作用在内。"① 这种建议在今天看来反映出他认识和思想上的糊涂。不过，任何人都非天纵英明，黄远生亦如此，在老谋深算、善于伪装的袁世凯面前，连孙中山这样的伟大人物都曾一度被其迷惑，因此，黄远生给袁世凯上条陈之事，对他来说自然是一个"不足为外人道也"的污点。也许正因如此，他在新闻作品中每每流露出一种内疚、痛悔之意，而这从某一方面又恰恰体现出了他超迈同侪的不凡之处。

第四节　章太炎的媒介批评

章太炎（1869—1936），原名炳麟，字枚叔，浙江余杭人，后因反清意识浓厚，仰慕明末遗民顾炎武的为人行事而改名为绛，号太炎。章太炎出生于一个地主家庭，早年走的是传统封建学者的治学道路。1880年，随外祖父朱左卿读经，偶读蒋良骐《东华录》一书，见其中清王朝大搞文字狱的记载，遂萌生排满革命思想，之后又研读史籍，浏览老庄，遍读秦汉典籍。1890年，到杭州诂经精舍随著名朴学大师俞樾研习，广涉文、史、经诸科，打下了坚实的国学基础。1896年，在民族危机深重的刺激下，感于国事日蹙，产生了强烈的维新思想，毅然走出书斋，参加强学会，1897年任《时务报》撰述，曾上书李鸿章，企求他发挥"转旋逆流之机"，②助力维新，也曾跑到武昌，帮助张之洞编办《正学报》，幻想借助他的实力推动变法。不久，百日维新夭折，章太炎避祸台湾后，又东渡日本，一度与保皇党人联络密切。1900年义和团运动掀起，八国联军入侵，章太炎受到震动，从维新之梦中醒来。1901年7月在上海召开的"张园国会"上，他强烈反对改良派一面排满、一面勤王的模糊主张，宣言脱社，割辫与绝。他在东京《国民报》上发表《正仇满论》一文，对梁启超的《中国积弱溯源论》进行论驳，他批判梁启超："梁子所悲痛者革命耳；所悲痛于革命而思以宪

---

① 转引自张克明《黄远庸是否帝制派？》，《历史档案》1982年第1期。
② 汤志钧编：《章太炎政论选集》上册，中华书局1977年版，第54页。

法易之者，为其圣明之主耳！"① 树起反清大旗。1902年初，章太炎在日本与孙中山定交，思想上受其启发。1902年6月，章太炎返国，对其《訄书》进行删革。1903年6月29日，上海《苏报》选录其《驳康有为论革命书》一文中部分内容，以《康有为与觉罗君之关系》为题发表，又为邹容《革命军》作序，昌言革命，触怒清廷，被捕入狱。1906年6月出狱后，被革命党人迎至日本，参加同盟会，主编同盟会机关报《民报》，与改良派展开激烈的论战，深刻揭露改良派污邪诈伪、志在干禄的丑态，积极阐扬推翻清朝、建立民国的旨意，愤怒斥责革命投机分子自慕虚荣、私心暧昧的劣迹。他这一时期在《民报》上所发表的文章，大都针锋相对，文字锐利，"真是所向披靡，令人神旺"②。1911年辛亥革命后回国，主编《大共和日报》，并任孙中山总统府枢密顾问。1913年宋教仁被刺后，参加讨袁，为袁禁锢，袁世凯死后被释放，曾参加反对北洋军阀政府的斗争。1917年脱离孙中山改组的国民党，渐入颓唐，1935年在苏州主持章氏国学讲习会，以讲学为业。"用自己所手造的和别人所帮造的墙，和时代隔绝了。"③1936年6月14日病逝。鲁迅先生曾经评价章太炎道："我以为先生的业绩，留在革命史上的，实在比在学术史上还要大。"④ 在章太炎的一生业绩中，很多都与报刊宣传有关，如"苏报案"、主编《民报》，乃至"暂行报律风波"等，都是他独具个性色彩的媒介理念的生动实践写照。

一

章太炎是中国近代精通经学、小学的国学大师，也是著名的报刊活动家。从1897年为报刊撰稿始，至1936年去世之日止，他先后参加过10家报刊的编辑工作，主编过其中的5家报刊，为海内外16家日报、71家期刊撰写过791篇各种稿件，其中相当多一部分为政论文章。⑤ 章太炎一生中与中国近代报业有着极其密切的联系，他曾7次被有关当局追捕，3次

---

① 章炳麟：《正仇满论》，张枬、王忍之编：《辛亥革命前十年间时论选集》第一卷上册，生活·读书·新知三联书店1960年版，第97页。
② 鲁迅：《关于太炎先生二三事》，《鲁迅全集》（6），人民文学出版社1981年版，第546页。
③ 鲁迅：《关于太炎先生二三事》，《鲁迅全集》（6），人民文学出版社1981年版，第546页。
④ 鲁迅：《关于太炎先生二三事》，《鲁迅全集》（6），人民文学出版社1981年版，第545页。
⑤ 方汉奇：《章太炎与近代中国报业》，《社会科学战线》2010年第9期。

第五章　民国初建时期的媒介批评

入狱,大多与报刊活动有关。在 40 余年的报刊生涯中,他不仅编办报刊,确定所办报刊的宗旨和方向,为报刊撰写各类稿件,而且还常常通过各种方式,发表对报刊问题的建议或意见,进行着媒介批评的活动。

章太炎在加入强学会后,就积极关注和支持维新派的有关活动。汪康年、梁启超在上海创办《时务报》后,他曾给浙江同乡汪康年去信,与汪就办报之事进行探讨。1896 年 12 月 29 日,他在致汪康年的信中即对报刊发表见解道:"与某氏公报,体分雅郑,虽无夔旷,听音立辨。方今风教浇讹,群嗛异响,小雅不废,赖有兹编。"① 他主张报刊要为当前的政治现实服务:"顷戎夏交捽,鼙鼓未息,吾侪坐谈九州,虑非亟务,要自不为田巴呴吐王伯,趣以洮汰疑滞,解释棨结,亦掌故之一官已。"② 他认为报刊要敢于批评:"大著宗旨,不欲臧否人物,毗非教令,斯诚定、哀微辞,言者无罪。"③ 并且要求报刊要敢于发表各种不同的意见:"抑商榷法制,无过十端,数册以往,语欲屈竭,则绣其鞶帨矣。刍荛之见,谓宜驰骋百家,掎摭子史,旁及西史,近在百年,引古鉴今,推见至隐。"④ 他认为报刊要敢于触及当下时弊,证今则不为厄言,陈古则不触时忌,即便不能明说,也要如黄宗羲的《明夷待访录》的《原君》篇那样有深刻的寓意,即具有强烈的批判性,不能发表那些支离破碎的随意之言。章太炎的报刊思想起始就明显吸收了中国古代文学创作中"文章合为时而著,歌诗合为事而作"⑤ 的现实主义优秀传统,充分体现了他对时代的关注,对现实社会的关切,对改造社会、促进社会进步的一种责任和使命。

1897 年 9 月 28 日,王斯源、王仁俊在上海创刊了《实学报》旬刊,章太炎担任该报的总撰述。《实学报》是维新运动期间"最足以动守旧者之听,且足以夺维新者之心"⑥ 的一份期刊。该报出版前,先在《时务报》附送启事云:"本报之设,以讲求学问、考核名实为主义,博采通论,广译各报,内以上承三圣之绪,外以周知四国之为。"⑦ 章太炎为该报撰写了

---

① 汤志钧编:《章太炎政论选集》上册,中华书局 1977 年版,第 3 页。
② 汤志钧编:《章太炎政论选集》上册,中华书局 1977 年版,第 3 页。
③ 汤志钧编:《章太炎政论选集》上册,中华书局 1977 年版,第 3 页。
④ 汤志钧编:《章太炎政论选集》上册,中华书局 1977 年版,第 3 页。
⑤ (清)蘅塘退士编选,张仲纲评注:《唐诗三百首评注》,齐鲁书社 1998 年版,第 120 页。
⑥ 汤志钧:《戊戌时期的学会和报刊》,台湾商务印书馆 1993 年版,第 439 页。
⑦ 王仁俊:《实学报启》,《时务报》1987 年第 36 期。

《实学报序》一文,较系统地阐释了他对报刊功能的认识:"今欲一言而播赤县,是惟报章。大坂之报,一日而籀读者十五万人;《泰晤日报》,一日而籀读者三十万人。以中国拟之,则不可倍蓰计已。抑以报章比于书藏学会,则犹有轩輊焉。是故以译书为鹄的,以译事为乏,相为裨辅,以成是报。章子曰:伟哉造物者,其以子为此巨史也。"① 与其他一些维新派报人一样,章太炎这时也持有报刊为历史的余绪或支裔的看法:"夫报章者,诚史官之支与余裔,故遒人之职,击铎哗扣,风听胪言,以陈之王史氏,其歌谣为国风,其成事为百二十国之宝书,此行之自上者也。遭世混浊,淄缟罔辨,金匮石室之气浊,而山林之气清。于此有人焉,则上为素保氏,下为素挥人象胥,取六艺之学、中外之闻,辨程其长短,为一书,或旬而纪,或月而纪,此行之自下者也。"② 章太炎比较可贵的是,他重视学术中的一些具有自然科学性质的门类,认为这些是有切实际、有裨实用之学。所以他虽然认同报纸诚然是史官的支脉或后裔,但又根据汉代学者刘歆"墨家者流,盖出于清庙之守"之说,强调诸子中的墨子学说,应是最为重要的实学:"其在周初曰史佚,其后曰史角,然则墨翟学于史氏。故其声、光、热、重之学,奭然为诸子最。"③ 他希望《实学报》能够作墨家学说的传人:"今为《实学报》,其必念夫墨子而后二千余年,旁魄熔凝以有是篇,必奭然为纪事之书最。且子以其目言,圜则九重则曰天,黄垆息壤则曰地,五种孳乳则曰人,牵牛纪始则曰物,其称谓不辩。而自大圈以内,重黎之所绝,苍牙之所别,化益之所录,尽此矣。是其名也,亦可以言实矣。"④ 以实现在两千多年后将墨子学派发扬光大的目标。

但是《实学报》虽标榜维新,实际上没有践行"空不足持世,惟实可以持世"⑤ 的办刊理念,并未真正"讲求学问""不讥朝政,不议官常",⑥ 实际上政治倾向鲜明,刊发了很多旨在批驳《时务报》倡导维新的文章。章太炎虽然与康梁在学术观念上,特别是对待孔子问题上有分歧,但在政治上则是基本赞成康梁的维新变法主张。故他在《实学报》的时间并不

---

① 汤志钧编:《章太炎政论选集》上册,中华书局1977年版,第29页。
② 汤志钧编:《章太炎政论选集》上册,中华书局1977年版,第30页。
③ 汤志钧编:《章太炎政论选集》上册,中华书局1977年版,第30页。
④ 汤志钧编:《章太炎政论选集》上册,中华书局1977年版,第30页。
⑤ 汤志钧编:《章太炎政论选集》上册,中华书局1977年版,第28页。
⑥ 王仁俊:《实学报启》,《时务报》1987年第36期。

长，该报第 5 册以后，已不再有章太炎的作品。而在此时创刊的《译书公会报》又宣布章太炎为其总主笔，可见，章太炎大约在此时已经离开了《实学报》的总撰述岗位。不久之后他在《译书公会叙》一文中，又谈到了翻译外报之事："夫古者百二十国之宝书，于今为蓝皮书，藏之金縢，比崇于方明，吾无得而译焉。其他舌人所述，有轶事，无完史，有葱岭以西，无大漠以北。故列国之要最，肘腋之隐患，一切不省，吾迆而补之，公法律令、学政官制、格物商务，箸于笘簟者，故有其书或陈迹矣。或少半未卒译，吾校之以秘逸，正之以新理。……乃取夫东西朔方之报章，译以华文，冠之简端，使学者由唐陈而识宧奥。盖自辀车使者之职以溯秘书，其陈义略备矣。"① 这说明，章太炎这时对报刊及其功能的认识和评价还停留在维新派报人的一般认识层次上。

二

1898 年春，章太炎受张之洞邀请，赴武昌筹办《正学报》，但很快发现他们政治立场相去甚远，为时不到 1 月他即离去。章太炎在武汉期间撰写了《正学报缘起》一文，陈述了他对报刊的一些看法。他指出，武昌地处天下中枢，交通发达，声闻四达，因此创办该报的目的是："求所以正心术、止流说者，使人人知古今之故，得以涵泳圣涯，化其颛蒙而成其恳恻，于事为便。惟夫上说下教，古者职之撢人，而今为报章之属。乃欸偶诹访，东求诸日本，西求诸欧、美之洲，得其日月所记，译以华文，比类错综，终以己之论议。"② 他仍然坚持报章是古代"撢人"之职的延续。在该报《例言》中，他再一次系统地阐述了他对报刊起源及其功能的理解。他指出：南宋名臣陈康伯（文恭）之所以令人阅邸抄，是因为阅读邸报能使人明习时政、通晓格令："今则外患迭乘，全球震荡，虽殊洲隔壤，一话一言皆与支那相感触，非寻常案牍所可伦比。若劳神簿领，转昧大势，譬鹪鹩巢苇，纵极坚致，风至则折，复何取焉？故以选译东西各报为主，于邸钞则从略。"③ 主要选译东西各报，就是为了有力地克服闭目塞听、不

---

① 汤志钧编：《章太炎政论选集》上册，中华书局 1977 年版，第 45 页。
② 汤志钧编：《章太炎政论选集》上册，中华书局 1977 年版，第 58 页。
③ 汤志钧编：《章太炎政论选集》上册，中华书局 1977 年版，第 60 页。

明外情的局面。

章太炎就《正学报》的内容结构进行了具体的设计。在翻译外报方面，他要求不仅要翻译外报的新闻，而且要多多翻译外报的评论："古者陈诰，非取喋喋，下教氓庶，亦无冗言。降逮叔季，则质文互变，繁简不同。惟边疆告变，烽墩传语，曾不数言，自足惨凛。若其栋梁方颓，尊俎犹昔，朝野上下，犹嘤鸣娱乐，颜色无改，斯非意重辞复，难可曲喻。故译报自事实外，多录论议，其亦陈俀诗之意欤。"① 他认为翻译外报议论的目的，就仿佛是古代陈诗观风一般，不仅可以了解外情，而且可以对外报发表的于我不利的观点进行针对性地批驳，以形成于我有利的舆论。因为时事日棘，则词无蕴藉；中外相轧，则语多中伤。因此西报利病，大体上从中可以探知。"由前之说，取怒观者，而有益救弊，阅识之士，固不欲护美疵、远恶石也；由后之说，乃足以混淆是非，变乱缁素。"② 他以1897年德国在兖州建教堂的事件为例论道："西报指斥疆臣，谓其祸国殃民，肉不足以啖狗彘，而华士译之，亦复主张其说，则背锦之文，惨于矛戟矣。"③ 他建议采取编者按语的方式，对外报有关议论进行驳斥："今于西报偏激之词，无所指驳，其蜚语中人，荧惑观听者，则必加之案语，力为纠正。盖乌喙长葛，取以疗病，而不能不去其毒，斯固国医所当知也。"④ 即翻译外报如果不能进行针对性的驳斥，就有可能受其错误观点的左右，不但不能治病，反而中毒受伤。

翻译外报上的哪些材料呢？章太炎指出应有所取舍，选择于我有用的材料翻译。"异域交涉，若西、美互争，土、希交恶，虽有益闻见，而无与寰中，六合之外，存而不论，殆亦可矣。"⑤ 在选择的时候，又不能太过于功利，因为当今世界是互相联系的整体，彼此间互相影响。"然波浪相推，东西互掣，薄此厚彼，借鉴在兹。不知德、法相猜，何以知俄人之能远驭，不知非洲地尽，何以知西国之肆东封，劫小制大，猾糠及米，势自然也。今于彼方国际，不厌详悉，若简丝数米，无关宏旨，则亦从刊落云。"⑥ 他同时指出，报纸毕竟不同于书籍："格致、算术、农

---

① 汤志钧编：《章太炎政论选集》上册，中华书局1977年版，第60页。
② 汤志钧编：《章太炎政论选集》上册，中华书局1977年版，第60—61页。
③ 汤志钧编：《章太炎政论选集》上册，中华书局1977年版，第61页。
④ 汤志钧编：《章太炎政论选集》上册，中华书局1977年版，第61页。
⑤ 汤志钧编：《章太炎政论选集》上册，中华书局1977年版，第61页。
⑥ 汤志钧编：《章太炎政论选集》上册，中华书局1977年版，第61页。

商、工艺，各有专书，若布之报章，只得较略，何裨实义？然宛转牖启，斯为径隧，故撰录事迹，诠次法程，钩元提要，庶有取尔。若其研精覃思，则专门之学，斯固未暇。"① 即要根据报纸的特点去对有关外国的材料进行选择、裁剪，这样对读者才能有所裨益，也才能体现出报纸的媒介特点。

在《正学报》的《例言》中，章太炎对甲午战后，国内报刊现状进行了评述，他认为在《马关条约》签订以后，国内"士稍感奋，风听胪言，渐益增广。然百僚师师，思不出位，以规为瑱，犹懋置焉。岂一行作吏，便尔聋聩，亦立言未善有以致之"②。他进而分析说，如此造成了报刊传播存在两种毛病："一则陈义甚高，而不知措办所自始；一则能见症结，而不知药石所当施。"③ 要么报刊多尚空谈，不知道该具体从何处下手，要么就是能够看到病症所在，但不知施用治理的方法。"加以雅诰奥义，听者恐卧，遂令当事以文人相轻，在官以牛鼎为诮，良足悕也。"④ 读者对这样的报刊没有什么阅读的兴趣，自然也就无法产生预期的传播效果。所以，章太炎认为《正学报》语言要尽量通俗："文尚条达，匪曰鏧悦；意务剀切，无取泛滥；要使曹掾卒史，皆能受读，如《论衡》、《昌言》者，斯可矣。"⑤ 但通俗不意味着走粗俚之路："至于王劭《齐志》、义庆《世说》，里巷鄙词，著为实录，近世西堂、简斋，以此驰骋，浸无义法，斯则义乖雅言，亦吾党所勿与也。"⑥ 章太炎不赞同报纸在内容上走娱乐化的道路，报纸应该有趣味，但不能学志怪小说取悦于人。他还主张报纸内容要丰富，"昔刘子玄自叙《史通》，谓其书虽以史为主，而余波所及，上穷王道，下揽人伦，总括万殊，包吞千有。然则报章录事，史之余裔，旁罗众家，亦其宜也"⑦。在章太炎看来，既然《史通》都可以包罗万象，那么，史之余裔的报章，当然旁罗万家，也就自然是非常合理而又合宜之事了。

章太炎一直主张报刊内容要具有新的素质。1909 年 11 月 2 日，章太

---

① 汤志钧编：《章太炎政论选集》上册，中华书局 1977 年版，第 61 页。
② 汤志钧编：《章太炎政论选集》上册，中华书局 1977 年版，第 61 页。
③ 汤志钧编：《章太炎政论选集》上册，中华书局 1977 年版，第 61 页。
④ 汤志钧编：《章太炎政论选集》上册，中华书局 1977 年版，第 61 页。
⑤ 汤志钧编：《章太炎政论选集》上册，中华书局 1977 年版，第 61 页。
⑥ 汤志钧编：《章太炎政论选集》上册，中华书局 1977 年版，第 61—62 页。
⑦ 汤志钧编：《章太炎政论选集》上册，中华书局 1977 年版，第 62 页。

炎在《致国粹学报社书》中，就批评该报存在笃守旧说的缺点："国粹学报社者，本以存亡继绝为宗，然笃守旧说，弗能使光辉日新，则览者不无思倦，略有学术者，自谓已知之矣。其思想卓绝，不循故常者，又不克使之就范，此盖吾党所深忧也。"① 学术的生命在于创新，学术报刊也应同样具有日新又新的气质。这样的报刊才不会令人一读即倦，昏昏欲睡。

三

风吹枷锁满城香，街市争看员外郎。1903年爆发的"苏报案"是章太炎人生历史上最为光彩的篇章，而1903年5月他写的《革命军序》一文，无疑又是引爆这个惊天大案的重要引线。该文是章太炎为邹容的《革命军》一书所写的序言，既是辛亥革命时期一篇宣传排满革命的重要文章，也是一篇与媒介批评有关联的文本。该文一开始就交代了文章写作的由头是因邹容所请："蜀邹容为《革命军》方二万言，示余曰：欲以立懦夫，定民志，故辞多恣肆，无所回避，然得无恶其不文耶？"② 而章太炎则接着这个话题，阐述了他对宣传问题的看法："凡事之败，在有其唱者而莫与为和，其攻击者且千百辈，故仇敌之空言，足以堕吾实事。"③ 也就是说，很多事情之所以失败，就是缺少舆论支持，缺少应和者，因为只有应和才能形成一定的声势，引起人们的注意，从而使革命理论武装人们的头脑，进而认同革命的道理，壮大革命的队伍。如果没有应和，而让敌人掌握了舆论优势，那么他们凭空所造的话术也能产生巨大的破坏性能力，使革命运动半途而废。人们往往对宣传语言的特征不熟悉不了解，导致不能产生好的效果："世皆嚚昧而不知话言，主文讽切，勿为动容，不震以雷霆之声，其能化者几何？异时义师再举，其必堕于众口之不俚，既可知矣。"④ 以屠沽负贩之徒为对象的宣传，若能"利其径直易知而能恢发智识，则其所化远矣"⑤。章太炎这里深入到对宣传语言特征的探讨，从传播学的角度看，确实使该问题的思考向具体而深入的方向大大迈进

---

① 汤志钧编：《章太炎政论选集》上册，中华书局1977年版，第497页。
② 汤志钧编：《章太炎政论选集》上册，中华书局1977年版，第192页。
③ 汤志钧编：《章太炎政论选集》上册，中华书局1977年版，第192页。
④ 汤志钧编：《章太炎政论选集》上册，中华书局1977年版，第193页。
⑤ 汤志钧编：《章太炎政论选集》上册，中华书局1977年版，第193页。

第五章　民国初建时期的媒介批评

了一步。

在"苏报案"发生期间，上海《新闻报》曾"一度卷入旋涡"，① 不仅对章太炎等革命党人多有攻击，如1903年7月5日发表《论革命党》，力主中国不该实行革命，批评租界为革命党提供庇护，而且直接点名章太炎和邹容等人就是逆党。该文其实已经脱出了一般报纸论说的范畴，是《新闻报》主笔今煦生等人精心策划的一个圈套，目的就是以讥讽和挑衅的口吻，激怒章太炎等人，使其在回应的过程中不知不觉间暴露自己的排满志向，使之在后来的庭审中成为清政府方面据以指控的有力证据。② 狷介耿直且缺乏革命斗争经验的章太炎果然入其彀中，按捺不住作《狱中答〈新闻报〉》一文，发表于7月6日的《苏报》，其中不少言论就明确道出了自己的革命倾向。《狱中答〈新闻报〉》也因此成为一篇襟怀坦白、大声镗鞳的媒介批评之作，洋溢着大无畏的革命勇气："去矣，新闻记者！同是汉种，同是四万万人之一分子，亡国覆宗，祀逾二百，奴隶牛马，躬受其辱。不思祀夏配天，光复旧物，而惟以维新革命，锱铢相较，大勇小怯，秒忽相衡。斥鷃井蛙，安足与知鲲鹏之志哉！去矣，新闻记者！浊醪夕引，素琴晨张，郁素霞之奇意，入修夜之不旸。天命方新，来复不远，请看五十年后，铜像巍巍立于云表者，为我为尔，坐以待之，无多聒聒可也。"③ 这里使用道德批判的手法以及排比修辞句式，激情澎湃，波连浪接，具有不容置辩的逻辑论证力量。

章太炎在狱中之时，恰逢沈荩被清廷杖毙。当时社会上盛传沈荩是因在报上披露《中俄密约》的内容而被难。相同的境遇，章太炎自是悲愤莫名，他在狱中写下了《狱中闻沈禹希见杀》一诗："不见沈生久，江湖知隐沦。萧萧悲壮士，今在易京门。魑魅羞争焰，文章总断魂。中阴当待我，南北几新坟！"④ 称沈荩为"壮士"，这是对沈荩作为新闻记者勇于揭露事实真相的行为的高度礼赞，这无疑可视为一篇诗体媒介批评。

民国成立后，章太炎在报坛的一个重要动作就是在1912年1月4日亲自创办了《大共和日报》。针对民国肇造百废待举的现实，他主张报刊对

---

① 王敏：《苏报案研究》，上海人民出版社2010年版，第98页。
② 王敏：《苏报案研究》，上海人民出版社2010年版，第101页。
③ 汤志钧编：《章太炎政论选集》上册，中华书局1977年版，第234—235页。
④ 汤志钧编：《章太炎政论选集》上册，中华书局1977年版，第236页。

政府进行必要的监督，他在《大共和日报发刊辞》中提出："然则风听胪言，高位之所有事；直言无忌，国民之所自靖。日报刊发，大义在兹。箴当世之痛疢，谋未来之缮卫，能为诤友，不能为佞人也。"① 强烈表达了利用日报进行舆论监督的愿望。1913年宋教仁被刺案发生后，他专门从北京致电《大共和日报》，要求对此案"认真监督，无任委蛇"。② 同时致电上海与《神州日报》负责人汪德渊称："君为报界最公正人，果属佞臣主使，君乌可以无言。"③ 希望他履行舆论监督的职责，以使宋案能水落石出，真相大白。可见他对报刊的舆论监督有很高的期望值。

1912年1月7日，章太炎在《大共和日报》发表《敬告同职业者》一文，从职业道德的角度对报刊工作者提出要求："报章之作，所以上通国政，旁达民情，有所弹正，比于工商传言。粤当扰攘之世，法律未颁，议员未选，托之空言，亦以救世。是故不侮鳏寡，不畏强御，是新闻记者之职也。"④ 他批评民国成立后，报刊界存在着某种出于党见的言论凌霸现象："自武汉倡义，民气伸张，至于金陵改宅，群议已稍有异同矣，逢迎者被美誉，质直者处恶名，斯非舆论所成，而起于一党之私见。若夫实录不污，或遭攻毁，正言匡世，指为汉奸，弹丸匕首之威，又自旁震慑焉。其或轻躁之徒，逞其血气，不尽当事所使也。今当事者亦自知改行，登用耆俊，以盖前愆，禹拜昌言，将在今日。"⑤ 他号召新闻记者保持大义凛然、威武不屈，坚守新闻职业道德底线："诸新闻记者，其当不务谄媚，不造夸辞，正色端容，以存天下之直道。假令当轴复以为悟，阴遣私人，有所贼害，是亡清之续耳。'赫赫师尹，民具尔瞻。'曲苟在彼，丈夫岂因是屈挠耶？"⑥ 1912年3月29日，他在《大共和日报》上刊登特别启事，宣布以下五个方面的稿件均削而不登："（1）非关于公害公安而攻击个人者；（2）不具名者；（3）无真确之政见，为私人图名誉发空论者；（4）行政官寻人由报馆代转者；（5）立言过激，妨害治安者。"⑦ 这五个方面都涉及新闻工作者

---

① 汤志钧编：《章太炎政论选集》下册，中华书局1977年版，第538页。
② 汤志钧编：《章太炎政论选集》下册，中华书局1977年版，第634页。
③ 汤志钧编：《章太炎政论选集》下册，中华书局1977年版，第634页。
④ 汤志钧编：《章太炎政论选集》下册，中华书局1977年版，第543页。
⑤ 汤志钧编：《章太炎政论选集》下册，中华书局1977年版，第543页。
⑥ 汤志钧编：《章太炎政论选集》下册，中华书局1977年版，第543页。
⑦ 转引自方汉奇《章太炎与近代中国报业》，《社会科学战线》2010年第9期。

的职业道德问题，他要求报纸必须做到公正客观，新闻必须真实。这些都说明章太炎当时已经非常关注这方面的问题，是一位致力于建立新闻业道德规范的践行者。

四

报刊从业人员应该恪守职业道德，是章太炎的一贯主张。他自始至终对报业从业者违反职业道德的行为深恶痛绝。早在1898年筹办《正学报》时，他在该报的《例言》中就对个别报纸以流言蜚语造谣中伤、混淆视听之行表示过不满和鄙视。民国以后，他对报界的各种不正之风，更时时进行批评和匡正。1912年4月22日，北京《新纪元报》创刊，章太炎在为该报撰写的《发刊辞》中指出：日报之录，近承邸钞，远乃与史官编年系日者等。史之权下移于民，出入风议，足以匡国政，而莠言亦往往诡见。过去人们所以忌惮史官，非以其藏之石室，遗袠钺于万世也。赴告之使，应时则行，简书之文，诘朝以见，一言既出，当时足以陟罚人，是故遗直可怀，而输金受米者必黜。"今史官既废不行，代以日报，复有与秽史同迹者，则贻害于国家滋大。"① 章太炎批评说，北京是国家政令所出之重地，"街陌传言，朝暮相受，光复以来，日报至二三十家；然以视海上迻听风声者，犹几不逮。其人或素在政界，见闻当悉，评议当近真；而视海上之营业者，又往往偏颇失实"②。这是什么原因所造成的呢？章太炎认为这是"情在爱憎，而志相倾陷也"。③ 质言之，就是政治倾向性使报刊陷入了感情的泥潭而不能自拔，使报刊互相攻讦，背离了客观真实、公正公平的新闻职业道德规范。

章太炎指出，报刊违背新闻职业道德规范的根本原因，还是在于受到政治势力的操纵和左右：他以古证今说，古代在京城政府部门当官的人，在失去职务之后心有不平，则为声律燕乐以自伤悼，而阴以诋所怨，不逞成群，号为名士。今声律燕乐既息，而日报继之。两者形式有殊，而实质上并未有不同。"故古者《诗》亡而《春秋》作，务在持大体；今者诗亡

---

① 汤志钧编：《章太炎政论选集》下册，中华书局1977年版，第600页。
② 汤志钧编：《章太炎政论选集》下册，中华书局1977年版，第600页。
③ 汤志钧编：《章太炎政论选集》下册，中华书局1977年版，第600页。

而日报作，务在写怨憎。造言腾布，朱紫不分，一市之言，远于千里，名为舆论，其实中冓丑言，哲妇所以倾城也。重以国家新造，宾恪犹存，政党相仇，争在一相，思乱者知不可昌言革命，腾为谣诼，以寄名于旧朝之子遗。"① 乃至私引远人，阴为奸宄，诡更幡信，密起名言。章太炎指斥说，报刊如此，其乱人之害，复于帛书狐鸣无异。无论是燕昵之情，发而为媚道，还是逞斗狠之气，腾而为讹言，都于国家有害而无益。胡林翼曾以为国人师资不逾小说两种：谓官吏专习《红楼梦》，市井专习《水浒传》，其言犹信。"日报若是，何足以匡国政而为史官所取材哉！"② 这样的报刊无疑应当受到广大读者的唾弃。

章太炎告诫新闻工作者，珍惜自己手中的武器，谨慎从事："尝观清政府之亡也，非以兵刃，乃自言论意志亡之。今者，中夏光复，万物开春矣。秀而不实，中道夭伤，其非志士仁人所愿。若以斯之言论，伏于心胸，发于事业，则媚与乱交长。"③ 媚和乱对报刊工作者来说都是不足取的态度："以乱易媚，非不足以快愤心，将有瓜分之祸；以媚易乱，非不足以驯民志，则有鱼烂之忧。大惧国之丧亡，不在戈矛，而成于謷謷之口，俯仰筹箸，思所以革更之，已亦不称，人亦不足与我相当。"④《新纪元报》改自《北京日日新闻》，他希望改名后的《新纪元报》能在"质信"方面更上层楼。他在该文中与记者订立约定道："事不可诬，论不可宕，近妇言者不可听，长乱略者不可从，毋以肤表形相而昧内情，毋以法理虚言而蔽事实，毋以众情踊动而失鉴裁，以是革末流之弊，则庶几其有瘳乎！《传》曰：'君子以作事谋始'。故有正春者无乱秋。愿以《新纪元》之名，与载笔之士勉之矣。"⑤ 这其实也是对全国报刊工作者的一种期待和勉励。这篇《发刊辞》后来收入《太炎最近文录》时，编者有加按语云："当时莠言乱政，众喙争鸣，先生恫之，故痛抉其弊。"⑥ 可见，该文对于章太炎来说实是有感而发，具有很强的媒介批评意义。

民国初期报界乱象是政治紊乱、时局动荡的反映，章太炎个人亦深受

---

① 汤志钧编：《章太炎政论选集》下册，中华书局1977年版，第600—601页。
② 汤志钧编：《章太炎政论选集》下册，中华书局1977年版，第601页。
③ 汤志钧编：《章太炎政论选集》下册，中华书局1977年版，第601页。
④ 汤志钧编：《章太炎政论选集》下册，中华书局1977年版，第601页。
⑤ 汤志钧编：《章太炎政论选集》下册，中华书局1977年版，第601页。
⑥ 汤志钧编：《章太炎政论选集》下册，中华书局1977年版，第601页。

其害。章氏一次对当时的民国总理唐绍仪有"为国务总理，必须有不畏手枪、炸弹之毅力"①之语，结果1912年5月22日、23日，北京《国民公报》《定一报》竟无中生有、以讹传讹地登载了"章太炎在总统府中，以手枪吓唐总理"的新闻。章太炎阅报后，曾即请当时的内务部饬警官前往报馆告知，要求撤销该篇新闻报道，但相关各报置若罔闻，未见更正或撤销之举。章太炎气愤难平，特于1912年6月2日致信上海报界俱进会，公开予以披露和批判："京城报馆三十余家，大抵个人私立，取快爱憎，以嫉妒之心，奋诬污之笔。其间虽有一二善者，而白黑混淆，难为辨别。都城斗大，闻见易周，然其信口造谣，甚于齐谐志怪……奇怪之谭，绝无影响。曾请内务部饬警官前往取销，而京城各报，愍不畏法，不肯取销。如此之类，不止一端。上则扰乱政治，下则摇惑民心，皆由腐败官僚有意编造，以快一己之私。此种报章，南方各报，亦多见及，望弗以亡是乌有之谈，传为实录，则幸甚。"② 章太炎个人对这一新闻源于"腐败官僚有意编造，以快一己之私"的判断，反映了他对当时官场内幕的了解，实为有所根据之谈。而《国民公报》和《定一报》在新闻当事人明确指出错误所在要求更正时，拒不履行更正或撤销错误的义务，放任对当事人的侵害，无论如何，都是一种缺少社会责任感、极端不负责任的表现。

章太炎作为人生横跨晚清和民国时期一个"有学问的革命家"，他的学问和革命活动都与报刊有着重要的联系。他有着极为丰富的报刊活动，长期浸淫在报刊舆论场中，对报刊的各种问题深有观察和体会，也常常利用其如椽之笔，对各种报界腐败现象和弊端进行毫不留情的解剖和抨击，身体力行地实践着自己的报刊理念，在中国近现代报业史上留下了自己独特的足迹。尤其值得一提的是，在民国初始的"暂行报律风波"之中，章太炎无疑是一个十分重要的角色。完全可以说，正是由于他的《却还内务部所定报律议》一文在各家报刊上的联合发表，在短时间内汇聚了社会舆论，对南京民国临时政府造成了强大的民意压力，才使得孙中山从善如流，果断下令撤销《暂行报律》，化解了这场舆论危机。"暂行报律风波"的是是非非，后世众说纷纭，至今仍莫衷一是。有人将之归结为章太炎宗派主义思想作祟，固非无影之谈。但评价此事，更应该从言论和新闻自由

---

① 参见《唐绍仪为章太炎辨诬》，《大共和日报》1912年6月5日。
② 汤志钧编：《章太炎政论选集》下册，中华书局1977年版，第602页。

的角度出发。言论和新闻自由本是民主革命者在和封建统治者斗争时首先提出来的进步观点,作为一个资产阶级革命者,章太炎始终重视和维护新闻自由的权利,是这一资产阶级进步观点的忠诚服膺者,也是维护这一神圣权利的勇猛的斗士。早在少年时代,他就对封建专制统治者的禁锢言论深为不满,并尽可能地给予支持和声援,民国以后,他的这一理念亦始终未泯。他在践履这一理念的时候,当然可能有时存在着一种知识人不问青红皂白、不顾具体时空环境的迂腐固执之弊,但若从历史发展的大趋势和社会需要来看,至今仍然有值得人们尊敬的一面。

第五节　章士钊的媒介批评

章士钊(1881—1973),字行严,笔名黄中黄、烂柯山人、青桐、孤桐、秋桐,湖南省善化县(今长沙市)人。章家原本世代务农,至其祖父辈家业渐发达,开始添置产业、崇尚儒学。其父虽自幼入学受教,但对走传统科举之路没有兴趣,而对中医兴趣颇浓,被当地绅士推为里正,管理乡政兼行中医。章士钊幼读私塾,14岁时离家到长沙城里读书,在此期间他购买了一部湖南永州刻的《柳宗元文集》,从此攻读柳文,情趣至老不减。1901年离家寄读于武昌两湖书院,1902年,转入南京陆师学堂学军事。1903年上海南洋公学发生学生退学风潮,章发动陆师学生响应,并率领退学同学一道赴沪,进入上海爱国学社。章士钊进入爱国学社后,一边学习,一边撰写文章投寄《苏报》鼓吹革命,受到该报主持人陈范的赏识,1903年5月,被聘为《苏报》主笔,因为连续登载《释仇满》《读〈革命军〉》等反清排满文章,7月《苏报》被查封。8月7日,他与陈独秀、张继、陈去病等人,又再接再厉地创办了《国民日日报》,并任主编。在此期间,还创办大陆图书译印局,编印宣传民主革命的小册子。是年冬,章士钊与黄兴等筹组华兴会,往来于上海、南京、长沙之间,秘密从事反清革命活动。1904年11月,因刺杀王之春案涉嫌被捕,出狱后流亡日本,于1905年1月,进入日本正则学校学习英文。1908年5月,赴英国留学,先入苏格兰大学攻读逻辑学,后又转入阿伯丁大学研习政治法律和经济学。为了维持家庭生计,章士钊除完成学校规定的课程外,还不断向外写稿挣些稿费补贴家用。1910年,他担任了北京《帝国日报》海外通讯员,为该报撰写了大量介绍西方政治学说、评价国内政治的文章。武昌起义后,他又以通讯员的身份,为于右任在上海主办的《民立报》写专电，报道西方各国政府对中国革命新政权的态度和反应。1911年底，章士钊返国担任《民立报》主编之职，后辞职另外创办《独立周报》，自任主笔。二次革命失败后，1914年5月在日本东京创刊《甲寅》杂志，继续进行反袁斗争。《甲寅》自第5期起迁往上海出版，1915年10月停刊，1925年7月11日改为周刊在北京复刊，章担任北洋政府教育总长时继续主持该刊的编办事宜，1927年2月最终停刊。章士钊是晚清民国之际著名报人、政论家，不仅他所主编的《苏报》《国民日日报》《民立报》《甲寅》杂志等，曾产生过重要的社会影响，而且他对报刊亦多有独到的观察和分析，其媒介批评亦可谓自成一家。

一

1903年5月27日，22岁的章士钊入主《苏报》，随即开始了他对该报进行的一系列革新举措。6月1日，他即在该报登出《本报大改良》告白："本报发行之趣意，谅为阅者诸公所谬许，今后特于发论精当，时议绝要之处，夹印二号字样，以发明本报之特色，而冀速感阅者之神经。"①这是章士钊《苏报》改革的第一个动作，意在引起读者注意，"大"字的使用，自然有一种强烈的提醒和广而告之的意味，也显示出章士钊的雄心。6月2日，该报又刊出了《本报大注意》的告白，云："本报近来详于学界，颇承海内外君子之不弃，投函无虚日，愧无以荷。今特将'学界风潮'异常注重，论说之下，首隶此门，用以酬诸君子之雅望。又增列'舆论商榷'□□，凡诸君子以有关于学界、政界各条件，愿以己见藉本报公诸天下者，本报当恪守报馆为发表舆论之天职，敬与诸君子从长商榷，间亦忘其固陋，附有所论，望诸君子其匡我不逮。"②增加"舆论商榷"专栏，足见其引领舆论的志向。如果说6月1日《本报大改良》宣布的夹印二号字，还只是一种报纸版面形式的改革，那么《本报大注意》所宣布的增设专栏，就触及了内容的改革，使报纸改革向纵深挺进了一步。对报纸发表舆论天职的强调，体现了章士钊此时对报刊社会功能的认识和追求。

1903年6月3日，章士钊又在该报刊出《本报大沙汰》告白，宣布取

---

① 王均熙编：《章士钊全集》第一卷，文汇出版社2000年版，第4页。
② 王均熙编：《章士钊全集》第一卷，文汇出版社2000年版，第5页。

消此前对琐屑新闻的刊登，以突出志在引领舆论的严肃格调："本报务以单纯之议论，作时局之机关，所有各省及本埠之琐屑新闻，概不合本报之格，严从沙汰，以一旨归。其'时事要闻'中，惟择其确有关系者，罗列一二。"① 为此该报另设"特别要闻"一栏，但不常置，若接获"紧要军报于中国绝大关系等事，则尽前登列，间加按语，以质高明"②。强调一个方面往往意味着对另一个方面的忽略或削弱，章士钊当然知道这样做可能会带来报纸在新闻报道方面存在着不完备的风险，但任何事情都会有得有失："阅者诸公或有以采录不备责本报者，本报当谨谢不敏。"③ 因为唯其如此，才能使报纸特色鲜明。此可见其报纸改革的决心之大，真可谓义无反顾、一往无前。6月4日，章士钊又在报端刊登告白，对"舆论商榷"一栏的设置目的和操作方法进行具体说明："本报之设此门，专以研究问题，阐明公理为目的。诸君子有赐教者，本报自极欢迎。而本报或有问题愿就正于诸君子，亦隶此门，名曰商榷，亦与相析疑，以期无背公理，非敢有所批评也。"④ 意在尽快调动读者参与的积极性，通过投书的方式参与到栏目的建设中。对于《苏报》来说，能否引领社会舆论，"舆论商榷"一栏的设置至关重要，"商榷"意味着争论。因为没有读者的广泛参与，"舆论商榷"也就无法名副其实，"舆论商榷"栏目的设置预期也就会落空。

从1903年6月1日至4日，连续刊登告白，章士钊对《苏报》的一系列改革获得了极大的成功，该报迅速以其繁密而不同凡响的编辑操作手段，成功地吸引了读者的注意，获得了读者的认同。6月5日，该报刊登了一封署名"寝馈风潮中人"的读者来信，该读者在信中盛赞该报："近读贵报，惊心夺魄。尝窃叹上海无报，而不谓贵报乃放出异常光彩，程度之涨进，何其速也。"⑤ 同时，"寝馈风潮中人"对该栏提出商榷："故天下之公理，必将丛集于贵报，而藉以质诸天下，此其所长也；但彼有发明，此必有辩护，两造具在，而贵报乃或没其一而表其一，此其所短也。"⑥ 二者相

---

① 王均熙编：《章士钊全集》第一卷，文汇出版社2000年版，第6页。
② 王均熙编：《章士钊全集》第一卷，文汇出版社2000年版，第6页。
③ 王均熙编：《章士钊全集》第一卷，文汇出版社2000年版，第6页。
④ 王均熙编：《章士钊全集》第一卷，文汇出版社2000年版，第13页。
⑤ 王均熙编：《章士钊全集》第一卷，文汇出版社2000年版，第16页。
⑥ 王均熙编：《章士钊全集》第一卷，文汇出版社2000年版，第16页。

辅而行，不可偏嗜。该读者建议，报纸应根据公理对事物的曲直作出判断，通过争论比较，达到意见的统一，若能够人无异词，那么反而可以大大增加报纸的价值和影响力。该读者的建议确实很有见地，章士钊在发表读者来信之际亦同时刊出自己的《答书》，对其建议表示认同。

1908 年 5 月，章士钊赴英国留学，其后不久，他还同时担任了北京《帝国日报》的海外通讯员。《帝国日报》是陆鸿逵 1909 年 12 月底创办的一家报纸，协助他编辑该报的有宁调元、刘少少等，自称以扶持宪政、指导舆论、扩张国权、发表政见为宗旨，其实是资产阶级民主革命派在北京地区创办的最早言论机关。1910 年 11 月 15 日，章士钊在该报创刊一周年之际，特地撰写了《老大帝国之少年新闻》一文予以祝贺。章士钊道，英国百科全书上有关于邸报是世界上最古老新闻纸的记载，中国虽是报纸的发源地，但是《帝国日报》才出世一岁，其他各报，也不过数岁，这与中国报纸的历史多不相称，这充分说明我国新闻纸发达不应该如此迟滞。如果说中国现代新闻纸是由邸报演变而来，那么，今日新闻中所有幼稚不全之象应该在一百多年前就已经出现，早就应被克服，现今竟仍然如此，说明我国新闻没有世界新闻的价值，实是一大悲哀之事，但另一方面，也给中国新闻事业迎头赶上、弯道超车提供了机会和可能。"《帝国日报》者，老大帝国之少年新闻也，其价值如何，颇难片言决之，要谓为即足与世界新闻之列，自非祝鮀，不为此言。"①《帝国日报》曾在一篇社论中声言该报将采用不偏不倚、引导社会进步的方针，希望与英国《泰晤士报》等比肩。章士钊引证其社论之语勉励该报，努力实现与世界发达国家大报等量齐观的愿望。"盖大报出版以来，劣官稗政时见表襮，民间疾苦勤为宣泄，要闻之确捷又恒为他报先，社说栏中有领导社会政治之论，而翻译各件确要亦逾寻常。"② 他同时建议该报学习西方报纸，增设读者来信专栏，认为这是为国内新闻媒体所普遍忽略的一个重要职能："英人之好投书与英纸之乐受投书，实为英纸发达史中之一要键。吾人未审利用新闻纸以抒吾见，陈吾苦，而新闻纸复未能于此加之意，是乃割弃新闻天职之一部分，且为社会不活动之一表征也。今活动此不活动之社会者，惟望大报。"③ 如

---

① 王均熙编：《章士钊全集》第一卷，文汇出版社 2000 年版，第 447 页。
② 王均熙编：《章士钊全集》第一卷，文汇出版社 2000 年版，第 447 页。
③ 王均熙编：《章士钊全集》第一卷，文汇出版社 2000 年版，第 447 页。

果报纸能够综合这些优长，并竭尽所能，那么就可以"并数十年之程途行之于一日"① 扩其势力，增其声价，完其组织，经过一段时间的努力，"必且使北京有一真新闻出现，虽不知视《泰晤士》《帖黎》《赫兰德》如何，而支那无真新闻之耻则断断可洗也"②。章士钊后来在《民立报》《甲寅》等报刊编辑实践中，也确实按照这一方向进行了积极的探索与实践。他通过设置"通讯"专栏，既密切编者、作者和读者之间的互动关系，促成传、受之间的交流，又进行议程设置，引导舆论，实现了由单纯的媒体言论向公共舆论的转化。

二

章士钊从1908年5月起在英国留学三年有余，先后在苏格兰大学、阿伯丁大学研习逻辑学、法律和政治等科，深受英美民主政治思想的影响。1911年底回国之后，于1912年2月任《民立报》主编之职，在不到6个月的时间里，共发表近200篇文章。《民立报》虽然是同盟会的机关报，但章士钊在主编该报期间，所持观点政见却与同盟会不相为谋，标榜其办报方针以中庸之道进行，"务持独立二字不失"③。其著文立论往往与同盟会政治纲领方枘圆凿，因此其态度遭到革命党人的普遍反对，如胡汉民就曾经指责过他"不特不尊重同盟会之政纲与党议，且时事讥弹，立异说"。④ 这种相对自由而独立的媒介理念，在章士钊此后的媒介批评中多有体现和流露，这是他在英国留学期间即已确定此后要长期坚持的一种报刊理念。其典型代表就是1912年3月6日的《民立报》社论《论报律》一文。该文是针对南京临时政府所颁的《暂行报律》而作。章士钊在英国学习法律，因此其基本上是以英国相关的法律和新闻自由状况作为论证的根据和背景。

章士钊在《论报律》中，坚决主张"民国当求真正之言论自由"。⑤ 他指出，暂行报律颁布以后，新闻界即群起而攻之。其理由或在内务部之

---

① 王均熙编：《章士钊全集》第一卷，文汇出版社2000年版，第447页。
② 王均熙编：《章士钊全集》第一卷，文汇出版社2000年版，第447页。
③ 章士钊：《与杨怀中书》，《甲寅》（北京）第1卷第33期，1926年3月13日。
④ 转引自白吉庵《章士钊传》，作家出版社2004年版，第65页。
⑤ 王均熙编：《章士钊全集》第二卷，文汇出版社2000年版，第68页。

侵权，或在报律内容之失当。此诚然有其道理在，但他对此的理解则与之有不同。他认为即便内务部握有制定报律的权力，也即便所颁报律的内容甚是确当，除此之外还有一个首要或前提性的问题，即民国是否应当容许报律发生？他针对当时有人提出邻国日本有报律而我国为何没有的疑问，指出这是"不知世界有第一等法制国而无此物，彼乃不之见。并不知世界有绝大之共和国号称地球上之乐园，吾方捧心效之而极不肖者，亦无此物，彼乃未之见。诚未见也，吾无责焉；苟梦见之矣，其速谋排除此物，勿使污吾将来神圣之宪法"①。英国是世界上言论自由的发源地，他引证《英吉利宪法》中法官对言论出版自由的观点作为立论根据。英国法官曼斯福指出："出版自由非他，乃出版无预求特许之必要是也。必出版后有违法事件发生，始依法律处理。"② 另一法官叶伦波说："英吉利法律者，自由之法律也。自由者，则特许之宾也。特许两字在英法实无用处。如人欲出版则出版而已，无他手续也。至出版后如或违法，须受法庭审判，则亦与他种违法事件等耳，非于出版独异也。"③ 他认为这两位法官之言可谓博深且明。如果据此来衡量内务部所颁的报律，则该律尚有存在的理由吗？

章士钊认为，谤律不是报律。能称为报律者，唯特许、检稿、索保押费之类。前清报律举三者而有之。民国《暂行报律》比之已经是突飞进步，仅标特许一项，所以他在文中仅就此一点展开论述。他推论道，有人欲作书与其友人，这是他固有的自由。此人又欲刊行该信以让公众阅览，这也是他固有的自由。假设此人欲日日作书与其友人，欲日日刊行其书以供公众阅览，并多其数以至百千万亿张，亦为其固有之自由，这样还有什么疑问的呢？前者谓之通信自由，后者谓之出版自由。此两自由者，非异物也。谓出版自由必待特许，通信自由又胡独否？推而论之，即甲欲向乙发言，此其自由也；乙欲向丙丁发言，亦其自由也，此不待特许也。甲欲向乙在某地发言，乙欲向丙丁在某地发言，甲乙欲向丙丁同在某地发言，此果待特许乎？前者谓之言论自由，后者谓之集会自由。因此，"则甲乙欲向丙丁戊己以至千万人日日同在某地发言，日日同在某地刊行其言，以至千百万张，必为自

---

① 王均熙编：《章士钊全集》第二卷，文汇出版社2000年版，第68页。
② 王均熙编：《章士钊全集》第二卷，文汇出版社2000年版，第68—69页。
③ 王均熙编：《章士钊全集》第二卷，文汇出版社2000年版，第69页。

出自然之序,是何也?即出报自由也"①。基于这一逻辑推论而获致的认识,章士钊对报律的态度是:新闻必须绝对自由,根本无需报律!

1912 年 7 月 5 日,北京《国风日报》白逾桓、《民主报》仇亮和《国光新闻》田桐等人,以当天北京《国民公报》所刊时评中有称南京临时政府为"南京假政府"之语,三人率领同盟会系统的《民主》《国光》《国风》《民意》《女学》《亚东》等报工作人员 20 余人,前往问罪,将该报经理徐佛苏、主笔蓝公武殴伤,并将承印该报的群化印书馆全部捣毁。徐佛苏被殴至口鼻流血,面青气喘,后脑左颊均有裂痕,左手青肿,两足跟筋露血,内伤更重。蓝公武被殴至内外受伤,咳血不支。群化印刷厂机器全被推翻,营业损失约 3600 元,该厂承印的《新中华国民公报》连带被迫停刊。②事发后第二天,双方均向法院提出公诉,要求惩治对方。此事在当时社会和新闻界引起了广泛关注,如上海《申报》就发表了题为《〈国民公报〉总理被辱感言》的评论,对同盟会方面进行严厉指责,其中有"囊者政府将行报律,论者犹以为非,今以私人而干涉报界之言论,并以野蛮行为而毁损言论者之身体财产,此真环球万国之所罕闻者也。而不意于吾国首善之地见之,不意于吾国堂堂同盟会干事及新闻记者辈见之"③等语。7 月 10 日,章士钊亦在《民立报》上发表了《论北京报馆冲突事》的评论,就此进行评析。

章士钊则从法律的角度指出:"此直一刑法上问题,听讼者当据其案情而判断焉,初不必顾及两造之为何种人也。"④换言之,这是一个人责任的问题,有若干人与其事,即由若干人负其责。"苟或违法,与其事者不得借机关之名以自解,执法者亦无须回顾机关而为所牵掣也。盖与其事者之属于某机关,不过事实之偶然,于适用法律无丝毫关系。"⑤在法律自由的国家,下级官厅因执行职务不当被人控告,不得以官厅或上级命令为卸过之处,官厅或上级亦断不能加以维护。其所以然者,在于明个人责任,而不认官署之有特权也。在官署且如此,寻常机关曰党曰会云者,又待何言。他认为评论北京报馆冲突之事,首先应当注意到这个问题。"自兹事

---

① 王均熙编:《章士钊全集》第二卷,文汇出版社 2000 年版,第 69 页。
② 参见方汉奇主编《中国新闻事业编年史》上,福建人民出版社 2000 年版,第 644 页。
③ 《〈国民公报〉总理被辱感言》,《申报》1912 年 7 月 10 日。
④ 王均熙编:《章士钊全集》第二卷,文汇出版社 2000 年版,第 411 页。
⑤ 王均熙编:《章士钊全集》第二卷,文汇出版社 2000 年版,第 411 页。

出，论者以其事者为同盟会会员也，于是个人行为与机关行为之两种观念不甚明了，而竟以为主其事者乃同盟会，造为同盟会赋有殴人毁物特权之说。此在偏于感情之人，当有此联想，而实法律上绝大之误会。"① 因为法律只赋予行政官厅以行政自由的权力，没有赋予其超越法律的特权。何况同盟会仅是一个政党，在政治结社方面只具有与其他政党相等的权利。怎么能妄加暴举于所不快意之人？"以是记者敢决同盟会能于此点辨晰分明，而《国光新闻》总理等之所为，纯属个人之行为，未尝杂以机关之意思，论者无论其主眼在乎道德，抑在法律，尽可对于行事者加以严重之批评而不可毁及机关。"② 章士钊的评析，于法于情于理，都颇相合，在当时的众多评论中，确有高出一筹之处。

三

现代政党政治的一个典型特征就是政党意识形态的存在与维护，它是政党对周围世界及其自身的一种认知体系，对政党活动具有导向、凝聚、辩护和约束功能。作为政党权威的一个重要来源，政党意识形态为人们支持和服从政党提供理论与伦理的依据。政党之间政党意识形态的争斗是现代政治生活中的常见现象，也是一种必然的现象，但在成熟的政党政治环境中，政党意识形态的争斗是争而有度，斗而不乱，在相对规范有序的状态下运行。民国初期我国按照西方资本主义国家设计政治制度模式，各派政治力量纷纷组建政党，一时间出现了政党政治极为活跃的局面。历史上的政党政治是资本主义制度的产物，与资本主义社会的议会、宪政、民主制度紧密地联系和裹挟一体。民国初期的中国，还是一个半殖民地半封建的社会，资本主义发展极其微弱，政党政治缺乏必要的条件。政党政治的混乱，导致新闻媒体成为攻讦谩骂的工具，而新闻媒体的失德失范又加剧了政局的动荡和社会的不安。1912 年 7 月 9 日，章士钊特地发表了《政党政治与新闻》一文，对新闻业的失职进行批评。

章士钊痛斥迩来新闻甚失其职："不能作正大之主张以拥护其所隶属之党，徒于异己者之私行，寻垢而索瘢。偶一得之，至少以供十日之材

---

① 王均熙编：《章士钊全集》第二卷，文汇出版社 2000 年版，第 411 页。
② 王均熙编：《章士钊全集》第二卷，文汇出版社 2000 年版，第 411—412 页。

料，所有市井无赖之口吻，不难于数百字论文之中尽力堆砌。甚至夙所主张之主义，恐反对党资之以为利，且不惜牺牲之，而移其自杀之锋以向人。"① 如内阁政治，在亡清之末，北京之政客且提倡之。民国既建，而此论益畅。唐绍仪辞总理之职时，党人有主张混合内阁者，有主张政党内阁者。"果前派仅以为临时政策，自亦不失为知言，乃党报中竟有根本上反对内阁政治之论，视国事如儿戏，爱民国转不若爱满清。甚矣新闻之失其职，而循此种党争之潮流，即有人能建造百民国，亦将不足亡也。"② 章士钊承认新闻与政党政治相依为命，但他极为痛恨"吾国新闻之不德，不足以促进政党政治而转以贼之，而益想像大国新闻之风概，低徊不能已也"③。他认为政党政治的精髓，全在予反对者以批评之全能。政府政纲一出，议会内旋起绝大争论浪潮。主张者以全副精神拥护其案，凡单词只字足以助己者罔或遗焉。此种争论浪潮只有政党政治才能对其起推动和帮助的作用。而有政党政治之国，则议会一言，动关政府兴废，而其兴废又当时而验，绝不容假借。故凡立说于议会者，非以求国民之好意，图建未来之政府，即以固国民之信用，而使现在之政府不失其位。两方立论皆仗恃国民为其后援。国民既然隐操选置政府之权，于是就不能不对两造之说详细审察。一个政治家在议会作一场雄辩演说，其所以唤起国民的精神，推进国民的智力，其力大无垠，国民的政治热情也因之而日进不已。"而握其机者，厥惟新闻。"④ 在政党政治之国，其新闻之言论恒不期而分为两党。党员与选民交通声气，每恃新闻为机关。有时政府之命运且于新闻之论态决之。当两党相持不下之时，胜负决以数票，选民之从违，未易揣知于时，大新闻中有一绝明无翳之社说，深中于人心，则内阁必随此新闻之主义而成。这时政府与国民呼吸相通，新闻从而切其脉，没有政党政治曷克有此？亦非新闻之有价值，曷克有此？要达到这种政党政治与新闻相互依赖、相互支持的理想境地，就会对新闻传播提出了很高的质量和道德要求，"盖凡事不切身，言不切事，事不应时，其论每无力"⑤。章士钊痛心疾首地批评道："新闻之职既如此其重，今举国新闻率操之无常识、无公

---

① 王均熙编：《章士钊全集》第二卷，文汇出版社2000年版，第409页。
② 王均熙编：《章士钊全集》第二卷，文汇出版社2000年版，第409页。
③ 王均熙编：《章士钊全集》第二卷，文汇出版社2000年版，第409页。
④ 王均熙编：《章士钊全集》第二卷，文汇出版社2000年版，第410页。
⑤ 王均熙编：《章士钊全集》第二卷，文汇出版社2000年版，第409页。

德心者之手,而政党政治又一政争无可逃避之结果,可不惧哉。"① 他希望因为这篇批评文章而能让同业有所警醒,提高新闻的质量,恪尽新闻人之天职,以促进国家政党政治实现良性而健康的发展。

章士钊认为新闻应以公益为鹄的,而不能堕入攻击个人的泥沼,攻讦个人,不是政争的光明大道。"记者居英国四年,日手新闻纸,非读至公堂案,不见有攻击个人之事。而吾国之新闻,每以讦人阴私为能,此果大国民之气度不可及耶,抑恃吾国之无谤律耶?舍政策而攻人身,实政争之蟊贼。今者政海多事,党争伊始,而现象如此,亦大可哀矣。"② 中国的政党政治本就很不成熟,而新闻媒体舍政治而掊击个人的不专业性,对政党政治的恶化又起到了推波助澜的作用。1912 年 4 月 1 日,章士钊在《一院制议之发端》的论说中,指斥当时的报刊道:"舆论之死,未有甚于吾国者也。"③ 因为在欧美等资本主义发达国家的政治生活中,"凡一问题发生,其正负两面之议论必喧腾于全国者,数年或数十年而始决,非如此不得谓之舆论,非至数年以至数十年不得谓之舆论之成熟。而吾国乃何有者,近所发生之政治现象,大抵出于皮相各国宪法者之盲从,当局者乞灵于幕下新进之徒,草草发表,号为建白"④。而我国则是数十参议院议员埋头聚论一室之内,举国之人未尝闻其声息,忽然有所发布,名之曰法律。"业新闻者,至不能举南京之政态下以批评,即下批评,未易中肯,即或中肯,而在此半死不活之社会,无论草论若干言,决不生相当之影响。"⑤ 在章士钊眼里,这两者对中国来说都是莫大的悲哀!

新闻批评贵在以理服人。章士钊在民国肇造之际,曾为文提倡"毁党造党"之说,遭到很多革命党人的批评和反对,但章士钊始终不为所动,坚持己见,因为批评和反对他的人多不是摆事实讲道理,而是武断斥之,甚至杂有人身攻击之语。对那些以理服人的批评,即便他并不同意其观点,但仍然给予应有的尊重。"同业有毅庵先生,于新出世之某大报评吾毁党造党之说,颇以为迂阔而不近事情,其论记者深服之也。"⑥ 他在主编

---

① 王均熙编:《章士钊全集》第二卷,文汇出版社 2000 年版,第 410 页。
② 王均熙编:《章士钊全集》第二卷,文汇出版社 2000 年版,第 57 页。
③ 王均熙编:《章士钊全集》第二卷,文汇出版社 2000 年版,第 152 页。
④ 王均熙编:《章士钊全集》第二卷,文汇出版社 2000 年版,第 152 页。
⑤ 王均熙编:《章士钊全集》第二卷,文汇出版社 2000 年版,第 152 页。
⑥ 王均熙编:《章士钊全集》第二卷,文汇出版社 2000 年版,第 456 页。

《民立报》时，一再倡导和欢迎同业之间互相批评。1912年7月28日，他在该报"天声人语"专栏中，针对一些批评他的人发表言论道："凡记者所持论，最欢迎严重之批评，今同业不能饷吾以此，而乃于论文外捏造黑白诬及记者之寻常细行，且造此者转属与记者称有交谊之人。此究何足为记者病，惟新闻中有此记载，未免自贬其价值，是亦可惜之事也。又一新闻骂记者论调颇似梁启超，而未能指出相似者何点，然即似之矣，记者亦未见足以为病，夫谓梁启超永不得尽力于民国，特激进派褊狭之见耳。记者谓此种褊狭之见不除，民国终不治。"① 媒体有政治倾向本不足为奇，只是坚持政治倾向不能畸变为党同伐异，失去客观公正的基本品格，否则必然会有损国家的发展和社会的健康。

章士钊是中国近现代著名的报人，他创办的《甲寅》杂志在民国初期曾独领风骚，影响很大。罗家伦曾在一篇文章中评道："平心而论，《甲寅》在民国三四年的时候，实在是一种代表时代精神的杂志。政论的文章，到那个时期趋于最完备的境界。即以文体而论，则其论调既无'华夷文学'的自大心，又无策士文学的浮泛气，而且文字的组织上又无形中受了西洋文法的影响，所以格外觉得精密。"② 1922年，胡适先生认为甲寅派的政论文，在民国初期几乎成为一个重要的文学流派："自一九〇五年到一九一五年（民国四年），梁启超之后这十年是政论文章的发达时代。这一个时代的代表作家是章士钊。他的文章的长处在于文法谨严，论理完足。他从桐城派出来，又受了严复的影响不少；他又很崇拜他家太炎，大概也逃不了他的影响。他的文章有章炳麟的谨严与修饰，而没有他的古僻；条理可比梁启超，而没有他的堆砌。他的文章与严复最接近；但他自己能译西洋政论家法理学家的书，故不须模仿严复。严复还是用古文译书，章就有点倾向'欧化'的古文了。"③ 民国初期的章士钊在政治光谱上属于资产阶级民主革命派的阵营自是无异，他不仅是这一时期具有一定代表性的作家、思想家，也是这一时期具有自己独立见解的媒介批评家。他一方面通过报刊去建构自己的政治话语，另一方面在阐释自己政治主张时，对作为政党政治和社会舆论载体的新闻媒介又多有分析与评述，他的媒介批评以西方逻辑

---

① 王均熙编：《章士钊全集》第二卷，文汇出版社2000年版，第444页。
② 转引自郭双林《章士钊与〈甲寅月刊〉》，《团结报》2015年3月26日。
③ 胡适：《胡适文存二集》（卷二），黄山书社1996年版，第214页。

为论证手段，以英美的法律原则和知识为根据，以自由独立为精神内核，论点明确，文字组织严密，条理清晰，不仅在当时新闻业界具有着重要影响，而且在中国媒介批评史上也应占据一席之地。

第六节　伍廷芳的媒介批评

伍廷芳（1842—1922），本名叙，字文爵，又名伍才，号秩庸，后改名廷芳。祖籍广东新会，出生于新加坡，1846年随父回国定居广州。1855年时，遭土匪绑架，后说服匪巢中的伙夫，联袂逃脱。1856年，在亲戚陈霭廷（言）的陪伴下到香港求学，进入著名的圣保罗书院学习，开始接受系统的西方近代文化教育。在圣保罗书院学习期间，伍廷芳每次考试辄冠侪辈。1861年，以优异成绩从圣保罗书院毕业，任港中高等审判厅译员，1871年又因工作出色，调任港府巡理署译员。1874年，自费赴英国，入伦敦林肯法律学院深造。在香港学习与工作期间，伍廷芳不仅与黄胜等人共同创办了中国第一份日报《中外新报》，还与陈霭亭等人创办了《华字日报》，是"中国最早的日报"[①]重要创办人之一。1915年，伍廷芳曾在一次演说中专门道及此事："兄弟亦曾办过报，香港最初之报馆，乃由家兄主持，兄弟亦在其中。"[②]伍廷芳将报刊视为宣传西学、开启民智的重要基地，在港十多年里，他对办报倾注了大量心血。在完成当天的公务后，他每每伏案工作到深夜，为报纸翻译资料，确保报纸的质量，即使是炎热的夏天，也不稍懈。常常翻译完报纸资料已是黎明时分，他才匆匆梳洗后，又迅即赶往港府法庭，开始新一天的工作。[③] 1877年1月，伍廷芳在林肯法律学院毕业，获博士学位及大律师资格，成为近代中国第一个法学博士，后回香港任律师，成为香港立法局的第一位华人议员。1880年2月19日，出任香港立法局议员，为第一个任此职位的华人。1882年10月，离港北上，入李鸿章幕府，作为李鸿章的法律顾问，参与中法、中日之间的谈判等事务。1896年被清政府任命为驻美国、西班牙、秘鲁公使，签订近代中国第一个平等条约《中墨通商条约》。维新运动期间，支持康梁变法，

[①] 丁贤俊、喻作凤：《伍廷芳评传》，人民出版社2005年版，第41页。
[②] 丁贤俊、喻作凤编：《伍廷芳集》下册，中华书局1993年版，第666页。
[③] 张礼恒：《中国办报第一人——伍廷芳》，《书摘》2015年第9期。

1898年2月，陈《奏请变通成法折》。1903年，出任清廷修律大臣，与沈家本主持清末法律改革。1906年，调任刑部右侍郎，官至正二品。1907年，第二次出任驻美、墨、秘、古四国公使。1909年在美期间，曾拜访大发明家爱迪生，并邀请爱迪生访华。辛亥革命爆发后，任中华民国军政府外交总长，主持南北议和，达成清室退位。南京临时政府成立后，出任司法总长。1917年赴广州参加护法运动，先后任护法军政府外交总长、财政总长、广东省省长等职。1922年，陈炯明叛变革命时，伍廷芳因惊愤成疾不幸逝世于广州。

一

作为清末民初杰出的外交家、法学家，伍廷芳青少年时期生活在我国报刊较为发达的粤港地区，耳濡目染，这使他得以对报刊在国内外政治与社会生活中的作用，保持着较密切的接触和观察。他参与创办《中外新报》《华字日报》的实践之举，不仅证明了他对报刊功能的重视和开发，而且还使他在报刊实践中"颇知报馆通例"，[1] 深入地理解和掌握报刊的运作原则及其具体要求。他在英国林肯法律学院即将毕业之际，得知清廷派驻英国公使抵达伦敦，甚是高兴，认为这是一项开明的举措，因为此前清廷还没有派遣过全权代表政府的公使驻节外国，兴奋之余，他特地于1877年1月23日到清廷驻英使馆，主动拜访了郭嵩焘和刘锡鸿两位公使。在交谈期间，他对英国有如下一段评述："英国之政，君主之，实民主之。每举一事，百姓议其失，则君若臣改弦而更张。此间乏中国人，遇有交涉案件，惟凭彼商一面之词，肆口怨詈，故百姓每鼓掌而请用兵。今遣使驻扎以通气，诚中肯綮。然尤须多蓄才智人，效为洋语，散布此地，并刊传新闻纸以持其曲直乃有济也。"[2] 将新闻媒体及其传播纳入国家关系中进行功能建构，已显示出伍廷芳超出同时代国人的宏观视野。

伍廷芳第一次任驻美、西、秘公使（1897—1902）期间，恰逢帝国主义列强瓜分中国的狂潮。虽然自古弱国无外交，但他在国际交往活动中，仍竭尽全力通过各种方式和场合去阐述与坚守人道、正义、公平等理论原

---

[1] 丁贤俊、喻作凤编：《伍廷芳集》下册，中华书局1993年版，第666页。
[2] 丁贤俊、喻作凤编：《伍廷芳集》上册，中华书局1993年版，第1页。

则，最大可能地维护祖国的各种正当权益。在义和团反帝运动和八国联军攻打中国期间，颟顸而愚蠢的清政府既已向列强宣战，却又没有断绝与列强的外交关系，甚至还通过驻各国的公使和代表向所在国发出照会，对于义和团的行动表示歉意。最为令人啼笑皆非的是：1900年6月21日，清廷发布宣战诏书和招抚义和团的上谕；25日，西太后懿旨保护使馆；27日，义和团接受由政府大臣为他们制定的"专为承天命，奉佛法，诛杀洋人，剪除教匪"[1] 的章程，清廷宣布义和团为合法组织，使之受制于地方官吏。29日，清廷向列强求和，表示会相机惩办义和团。清廷还向驻各国公使发出一道诏书，把对外宣战这样重大的事件说成是受到义和团强大反帝声势的压力，在不得已之下做出的决定，企图通过出卖它的子民以求得外国侵略者的谅解和宽恕。9天之内，清廷出现两种相反的政令，让驻外使臣都惶惑不解，更不要说让他们向所在国外交部门解释清楚清政府的政策了。再加上外国列强报刊的恶意猜测和攻击性报道，使伍廷芳和其他驻外使臣一样完全失去了所在国的信任，处境十分艰窘。但即便这样，伍廷芳仍然尽可能地化解外国对中国的敌意，进行公开的解释，希图消除其中的误会。1900年8月17日，他联名杨儒、李盛铎等6名驻外使节，在 *The Century Magazine* 上发表了《呼吁公正对待》的通电，其中就分析了一些外国报刊在其间的造谣与恶意报道。

伍廷芳等驻外使节在通电中呼吁，要运用冷静和慎重的态度进行判断。他们指出当时外国前往使馆守卫的部队正好在与外部交通完全断绝之前抵达北京，有几天向外国公使馆传递信息和从他们那里得到信息的一切努力都失败了。后来，从几天拖长到几星期，全世界自然都对他们的安全越来越感到焦虑，对他们命运的焦急悬念立即引起一大堆谣言，暗示他们遭到杀害，烧死异教徒，焚毁异端著述，严刑拷打，如此等等。"于是从上海发出的某些电讯传出惊人的消息，说他们在北京对所有外国人都犯下了令人惊骇的罪行。并不乏骇人听闻的细节。消息绘声绘影地告诉人们，公使馆的警卫因饥饿和疲劳而精疲力尽，打完最后一颗子弹后全被残忍地砍死了；狂怒的暴徒疯狂袭击他们的捕获对象。"[2] 之后所产生的混乱和恐怖情景，描绘更超出了想象：传说对受害者施加难以形容的酷刑，有些人

---

[1] 转引自丁贤俊、喻作凤《伍廷芳评传》，人民出版社2005年版，第171页。
[2] 丁贤俊、喻作凤编：《伍廷芳集》上册，中华书局1993年版，第94—95页。

甚至被投入滚烫的油锅。这些令人毛骨悚然的说法必然使人产生深刻的印象，于是一种骇人听闻的恐怖很快传遍了全世界。"在普遍的悲痛中，从一开始收到这些消息，就似乎无人对消息来源给予任何注意。"① 最后，似乎被围困的公使馆一切都完了。

伍廷芳等人指出："在认真地重新考虑之后，就应问问这些消息的可靠性。"② 因为上海距北京约有900英里之遥，首先知道在北京所发生的事件的人，自然是天津或青岛而不是上海，为何报道经较长而不是较短的路线抵达沿海地区？这毫无道理。为构思所谓残杀故事提供情况的那些人在事件发生之初即已离开北京，或者根本就未在那里待过。他们信口描绘的那些情景，自己并未亲眼目睹。他们只是根据到达安全地区时的困苦经历，推断留下的人必定已经死亡。大量的残杀故事就是根据这些不足凭信的材料编造而成，不幸的是世界处于溺水者想抓住稻草的那种境地，人们都在惊恐与焦虑中等待着北京被困者的消息。"每个人都认为，公使馆在极为不利的条件下坚持不了几星期，准备听到最坏的情况。实际上，已经发生了那类消息，来自上海的这些报道便适逢其时。这些报纸的捏造竟被大西洋两岸的人们和报刊相信到这种程度，以致对被信以为真的死者的追悼会已确定在7月23日在伦敦圣保罗教堂举行。若不是在这之前的几天收到康格公使的电报并予以公布，追悼会便在确定的时间和地点举行了。"③ 伍廷芳对当时报刊有关新闻报道的这种分析，十分合情合理，令人不能不予以信服，反映出他对报刊传播机制有着细致入微的掌握。

伍廷芳等人在通电中指出，外国报纸对中国的报道很多都不符合实际，如报纸经常提到这个官员属于仇外派，那个官员是具有进步倾向的领袖人物。这其实是欺人之谈，因为在中国并无这种西方式的党派。从中国政治生活中得出一派当权一派反对的一切推论，都是绝对错误的臆测。伍廷芳在通电中揭露道："有人告诉我，某些方面有一种倾向，要在当前尽可能使中国卷入一场与外国的战争，或者实现对中国的分割，以期在最后解决时得到更多的租借地或商业利益。报纸上一切于中国不利的无根据的

---

① 丁贤俊、喻作凤编：《伍廷芳集》上册，中华书局1993年版，第95页。
② 丁贤俊、喻作凤编：《伍廷芳集》上册，中华书局1993年版，第95页。
③ 丁贤俊、喻作凤编：《伍廷芳集》上册，中华书局1993年版，第95页。

捏造，都意味着带有此种目的。我不想将这种邪恶的动机加到不是有意反对中国的那些人身上。我倾向于相信，他们是陷入了以西方标准判断中国人的想法和举动的错误。"[1] 他因而提醒到，现在中国正经历着它历史上重大的危机，乱世容易使人产生狂热，中国只希望得到别国公平和公正的对待："报纸上流传的有关最近中国各地事件的毫无根据的报道，造成了无可估量的损害，因为这些报道使已很严重的局势变得更加难以收拾。在这报刊上充满危言耸听的文章的时候，人们在探究事实时特别应当慎重，而且要慢些作出结论。"[2] 他认为只有以东方的观点，才能看清楚中国目前难局的真正大小及其意义。

二

伍廷芳作为大清帝国的使臣，在1900年义和团运动期间清廷忽而狂暴宣战，忽又转而苟且求和的指使下，其所招致的驻在国舆论界狂风骤雨般的诅咒、辱骂，在世界外交史上极为罕见。在这种逆境下，伍廷芳仍然奋力地通过演说、撰文等形式进行呼吁、解说，同时也委婉地对侵略者以及造谣惑众者予以谴责和批评。1900年11月20日，伍廷芳在美国政治与社会科学学会发表了《外国人在中国不受欢迎的原因》演说。他在演说中首先赞扬有些善良的外国人已在尽可能地体谅照顾和公平对待当地的中国人，但有些不加考虑和轻率所产生的损害，则大大抵消了他们给中国人造成的良好印象。他特别指出在华外国报刊报道的偏颇问题："它总的论调很可能引起全中华民族反对外国人和外国事物。拿起在中国发行的任何外国报纸，你就会发现，几乎每星期的一些专栏都在斥责中国政府及其官员，指责人民认为可贵和神圣的一切。"[3] 他承认中国官员部分素质不高，如其他国家一样，有些官员不值得公众信赖。"但在华的外国报纸却引导人民相信，中国政府不过是骗子手；中国官员都是无赖；人民遭受着残酷压迫的折磨。对中国人行为中的一切缺陷都吹毛求疵，甚至吝惜给予他们哪怕是一点点应得的公正，这似乎是这些报纸的既

---

[1] 丁贤俊、喻作凤编：《伍廷芳集》上册，中华书局1993年版，第98页。
[2] 丁贤俊、喻作凤编：《伍廷芳集》上册，中华书局1993年版，第99页。
[3] 丁贤俊、喻作凤编：《伍廷芳集》上册，中华书局1993年版，第106页。

定方针。"① 如果我国政府采取某种政策，这一行动方向的动机一定会遭到曲解。如果地方当局采取某种措施，甚至最好的意图也要被歪曲成恶毒的阴谋。

伍廷芳指出：最近中国发生的不适当的暴动，成了外国报刊的天赐良机，它不幸为他们提供了正好无节制谩骂中国政府和人民的资料。我们在国外的代表，以及许多高级官员和理智的中国人，像任何外国人一样，都深为痛惜和强烈谴责最近发生的可怕暴行，因为暴徒们在天津和北京的暴行并非专对外国人，也针对他们大部分同胞。亲近外国人的中国人，尤其是广州人，在暴徒横行的日子里，其生命、家庭、财产和一切方面遭受的损失，数量远远超过了外国受害者，但自那次可悲的暴动以来，中国人民已被淹没在耻辱之中，并在全世界毫无例外地遭到责骂。义和团所犯的罪行被归罪为全国策划的阴谋，甚至中国在国外的外交代表也难逃普遍的谴责，被当作罪行的参与者对待。伦敦《泰晤士报》驻北京记者莫理循则走得更远，他在电讯中以露骨的谎言指责伍廷芳和他在伦敦的同僚罗丰禄。例如他曾在《泰晤士报》上报道："此处（北京）对罗丰禄和伍廷芳深感愤怒，他们的无耻谎言和转达皇帝伪谕太晚，延误了救援，直到很晚才发出，但他们仍在伦敦和纽约受到隆重接待。"② 伍廷芳指出，如果莫理循所表达的是普遍的情绪，那只能表明在不加区别的任意谴责中有时会走向何种极端。因为有人告诉他，莫理循发表看法并不总是慎重，几年前他就曾毫无理由地造谣中伤过在华的传教士们。莫理循荒谬的说法在大西洋两岸首次见报时，伍廷芳和罗丰禄当即予以了否定和拒绝："不能指望莫理循博士公开道歉，那是太慈悲了。但在我看来十分令人惊奇的是，伦敦《泰晤士报》不仅置我们的答复于不顾，甚至还在后来的一期中毫无根据地重复着这种'无耻谎言'的指责来反对我。这清楚地说明了该报的偏见。"③ 伍廷芳认为虽然知名人士在遭到攻击时不应过于敏感和愤怒，但他希望报纸能有所改正，使人们忘记所有这类造谣中伤，因为中国人民看到他们的国家、他们的知名人士、他们的传统和习俗遭到外国报纸这样大规模攻击的时候，他们对造谣中伤者就不会怀着友好的感情。

---

① 丁贤俊、喻作凤编：《伍廷芳集》上册，中华书局1993年版，第106页。
② 丁贤俊、喻作凤编：《伍廷芳集》上册，中华书局1993年版，第107页。
③ 丁贤俊、喻作凤编：《伍廷芳集》上册，中华书局1993年版，第107页。

为了改善中国人对外国人的厌恶，伍廷芳建议在华外报"对中国政府和人民应采取和解的论调"，① 因为许多中国人能阅读外国报纸，如果外国人给他们应得的敬意和赞扬，这些理解力强的人就会告诉他们的同胞，外国人毕竟还不是不公正不正直的人。他认为这是将知识阶层争取到他们一边去的一种办法。在华外报不应以自己的标准判断中国人，应当"考虑到我们的优点和缺点，赞扬优点，谅解缺点"②。报道既要客观公正，又要采取真诚、友善和尊重的态度，不要总是摆出一副自以为是、高高在上的批评态度，那将会引起中国人的不快，如此才能增进西方国家与中国之间的和谐，否则就会火上浇油，造成外国人在中国人间不得人心的结果。应当记住真正的礼貌在中国和欧美都是彼此互相存在。

1901年1月27日，伍廷芳在费城伦理学会上又发表了《孔子与孟子》的演讲。他在该演讲中说，他注意到1900年12月在纽约卡耐基大厅所作的关于孔子的演讲引起了许多人的关注。演讲之后，他收到了几百封赞扬演说的信件，得到了美国各地一些人的赞同。他非常满意这些议论已经在美国新闻界所引起的反响，但同时也在报纸上看到了一些教士对他的演说提出的批评意见。纽约的一些教士认为，他们痛斥几星期前来自一个星期日讲坛的孔子及其学说是他们义不容辞的职责。"但根据对我的演说的批评，他们显然只看了报纸上不全面和不准确的报道，而没有看到演说的全文。可以肯定，如果他们读了我的演讲词，就会感到没有必要和我争论了。"③ 1900年12月17日《费城报》（*Philadelphia Press*）报道在前一天举行的对外国布道团的讲道中，韦兰·霍伊特牧师说："舆论认为教会是引起最近骚乱的原因，而我却掌握有相反的证据。事情的真相是，善搞阴谋和贪污腐败的本国官员与不道德的中国人及他们在美国的愚昧同胞使教会成了替罪羊。"④ 然后他引用1896年李鸿章访问美国时发表的声明作为证据。李鸿章声明中称美国传教士在中国创办学校，极大地推进了中国教育的发展；美国传教士通过他们的医院和药房不仅挽救了许多人的生命，而且拯救了他们的灵魂；在中国遭受的每一次饥荒和灾难中，美国传教士都

---

① 丁贤俊、喻作凤编：《伍廷芳集》上册，中华书局1993年版，第109页。
② 丁贤俊、喻作凤编：《伍廷芳集》上册，中华书局1993年版，第110页。
③ 丁贤俊、喻作凤编：《伍廷芳集》上册，中华书局1993年版，第144页。
④ 丁贤俊、喻作凤编：《伍廷芳集》上册，中华书局1993年版，第144页。

尽了高尚的义务。他要求伍廷芳对此作出回答。伍廷芳回答道："我假设报纸准确报道了霍伊特博士的话，因为就我所知他没有公开提出过异议。显然，霍伊特博士对我进行了粗暴的，但无疑是不明智的攻击。既然他要求我作出答复，我就毫不犹豫地告诉他，我赞成李公关于外国传教士的每一句话，正如霍伊特博士所引述的那样。为了证明我是真心地这样说，我想请霍伊特博士查阅我去年十一月二十日所作的演讲。"① 因为在那一次演讲中，伍廷芳对传教士的评价与霍伊特在其布道中所引述的李鸿章的话几乎完全一样。而霍伊特和其他一些牧师的演说，则好像认为伍廷芳谴责了所有的传教士并大喊复仇。伍廷芳希望每天都从报纸上注意和关心中国事态的人们能够从报道中对此作出自己正确的判断。

三

伍廷芳长期在中国香港和英国接受资本主义的教育，后又多年在欧美任职驻外使节，对资本主义国家政治制度及其运行了解颇深。而长期效力清政府，则使他对封建专制主义的腐败与愚昧深有体会，因此，他对民主、人权、法制社会十分向往。1911年，他辞官退隐上海，又在辛亥革命的激潮推动下，"他欣然自愿投身资产阶级民主革命。当他以古稀之年参加革命活动时，便完全丢弃了年老体衰的陈词，焕发朝气，在生命的最后十年，追随孙中山在中国建立民主共和国顽强奋斗"②。在他设计的民国建设蓝图中，言论自由与新闻法制建设是其中重要的一部分。1915年，伍廷芳完成了《中华民国图治刍议》一书，由上海商务印书馆公开出版发行。该书共30章，以《论前清不国之原因》开篇，以《论民国图治终睹成绩》作结，论到了"中国改共和之原理"与"复辟谬说扰害共和"的理由，简明而全面地论述了民国各个方面的施政问题。在该书的目录标题和结构上，即强烈地表现出他对民主共和制度的拥戴和对复辟历史逆流的憎恶。其第十六章"论报纸之言论与报律"较为系统地论述了他对报刊起源和报律问题的看法。

伍廷芳认为中国向来朝野隔绝，以妄谈军国大事为戒，政府一切举动

---

① 丁贤俊、喻作凤编：《伍廷芳集》上册，中华书局1993年版，第144页。
② 丁贤俊、喻作凤：《伍廷芳评传》，人民出版社2005年版，第285—286页。

视同秦越,欲知朝廷之事只能靠阅读邸抄,但邸抄所载除谕旨之外,只有一些官吏陛黜引见以及内外臣僚所上的奏章,其不发抄者即无从得睹,别无杂事附缀其间,如西人所创那样记载新闻的日报向来没有。自西洋报纸输入中国,开人智慧,映入人们的眼帘,知新之士,渐次仿行。香港为开风气之先,沪上创铸铅之活字,由是报章出世,至今倏经五十余年。港沪创始的报纸多发自西人,聘华人为主笔,只是稍具规模,材料并不丰富,所以士商两途,迄未看重,而办报目的主要是为了盈利。其时因风气未开,阅者寥寥,商场更不知刊登广告为何物,所以能够获利的很少,试办旋停,或作或辍,不知凡几。

伍廷芳评述说:"二十年来,士林商肆,渐知报纸之益。香港广州而外,各通商埠之稍开通者,一时接踵,尤以沪渎、北京出版最多。东洋旬报,复遥相策应。鼎革而后,京沪两处,骤增数十家,各商埠亦多振起,主张共和,侈陈政见。盖举初时之裨助商家者,至是乃知国力政权之专注焉。此又报界之一大转枢也。"① 揆之于史,伍廷芳对五十年间中国新闻媒体发展变化线索的梳理,可谓要言不烦,精当贴切。

伍廷芳接着论述新闻媒体的重要性:"拿破仑曰:有人与报纸作对,无异与三千毛瑟作敌,拿翁固一代之枭雄,其见慑于报纸犹如此,泰西重报,岂偶然哉?"② 拿破仑关于报刊的这句名言,中外人士多有知悉。不过伍廷芳征引这句话的时候,与一般强调报刊如三千毛瑟枪一样不同,其语义的重点落在"作对"上面,即政府对新闻的管理方面。他认为媒体所采访报道的新闻,关系到商战的信息来源,人称利便。"若论其重要,则在言论界为民口舌之代表;对于行政方面,是处于监督地位。凡地方有所整顿,有所改革,利害损益,均可直陈,以待牧民之采择。官吏贤否,褒贬从公,俾申众情,而儆婪劣。"③ 伍廷芳认为这是报纸的天职。正因为报纸如此重要,所以外国报纸的记者必博学通儒乃能膺此责任,地方政府也是恃其论说以作导师。而记者名誉攸关洁身自爱,非满志跻蹰,不敢空言下笔。"其总纂无异一枢要领袖,目的既定,言论皆循其轨道,以视朝秦暮楚,受贿畏势,无价值人格之可言者,不可同日而语。然官府贪墨,亦须

---

① 丁贤俊、喻作凤编:《伍廷芳集》下册,中华书局1993年版,第608页。
② 丁贤俊、喻作凤编:《伍廷芳集》下册,中华书局1993年版,第608页。
③ 丁贤俊、喻作凤编:《伍廷芳集》下册,中华书局1993年版,第608页。

节节查明，一语雌黄，犹嫌失实，其不轻于毁谤，以重言论之天职。"① 这是报刊及其报道能为政府所借鉴的原因。

伍廷芳认为因为外国没有如中国古代的言官制度，所以寄托言论于报纸。"惟以此时中国报纸程度论之，固未能与泰西同其进步，则御史之设，又乌能遽废？迄今西人之能阅中国报者，尝谓我报律未谙，褒贬失当似非无因也。"② 中国记者中通人硕彦，自不乏人，于政学专门所持之论讵无可采？"惟前清之报律，日久未见颁行，规则条章，末由遵守，此又执笔者之所憾也。"③ 显然，伍廷芳虽然在辛亥革命后积极赞助民主共和制度，但他并没有像民初很多报人那样对绝对新闻自由抱持着狂热的追求，而是以法学家的理性，主张对新闻媒体及其传播进行法律规制。恰巧在他撰写《中华民国图治刍议》第十六章"论报纸之言论与报律"刚刚脱稿时，他看到袁世凯的政府官报上公布了《出版法》二十三条。他评述该出版法："详细悉备，具见苦心。"④ 从立法主旨角度对其予以充分肯定。当然，他同时又指出该《出版法》也存在空泛、含混等弊端："惟闻中外报界，颇有烦言，以其予权于警察未免过重。著者细意考究，亦觉字句有涉空泛处。如十一条内第五节，谓'轻罪重罪之预审案未经公判者'，盖预审案，若未经公判，不准人评论可矣。而阅此句之语意含混，竟似不许人将案件登载报上。且报纸应有之权限亦应声明，因报纸乃国民耳目代表，如持论出于公正，虽攻揭官吏贪婪，告诫政府，亦应听其言论自由，如此等等。"⑤ 他希望政府能够再三参订，使之臻于完善，以达到政府和媒体的双方满意。

伍廷芳在此还专门批评了我国新闻媒体存在着喜欢说过头话和在新闻失实后却吝于更正的现象。"惟以办报不谙规则之故，如誉一好官，则颂德侪于神明，刺一常人，俨烁金于众口。又其甚者，论一时事，辄攻揭个人之私德不留余地，节外生枝，言之若甚确凿，人之受者，名誉与关系若何，均非所计也。"⑥ 而当新闻当事人来函请求更正时，报社

---

① 丁贤俊、喻作凤编：《伍廷芳集》下册，中华书局1993年版，第608页。
② 丁贤俊、喻作凤编：《伍廷芳集》下册，中华书局1993年版，第608—609页。
③ 丁贤俊、喻作凤编：《伍廷芳集》下册，中华书局1993年版，第609页。
④ 丁贤俊、喻作凤编：《伍廷芳集》下册，中华书局1993年版，第609页。
⑤ 丁贤俊、喻作凤编：《伍廷芳集》下册，中华书局1993年版，第609页。
⑥ 丁贤俊、喻作凤编：《伍廷芳集》下册，中华书局1993年版，第609页。

"辄作申申之詈，或强词夺理以应之，其普通之酬应，不过将来函刊登而已"①。伍廷芳认为，君子之过如日月之食，西方报纸尝因误载一事，声明道歉，不惜引罪为己归者，表现出一种令人钦佩的谦谦虚衷风度。他感叹"中国报界，乃以更正为耻，而遇事不俟详查，诋人则徒快一时之口。中西相较，其程度，其理由，抑何相距之远也"②。因此，他介绍西方国家的新闻法制状况说，泰西之国，均有报律，准报纸有自由言论之权。然言论有界，诋谤有条，不能轶出范围之外。美国定律最宽，似不宜于中国今日时代；英国报律向称文明，毁谤科罪罗列较为清晰，如因公益论人，非挟怀私见者，偶涉乖谬尚可相容。若因仇徇私肆其怒骂，则科律颇重。"至于官吏之评骘，每举一事，判别公私，个人家庭，毋得妄涉，中国报章，时见以发人私事为奇谈者，万口播腾，无伤道德。"③这里已经触及到报纸对官员报道和评论时的界限问题，讨论的深入在当时的中国具有很强的先进性。伍廷芳对报律的基本观点是：报律应使人易知懔守。一是不可过严，以免遏塞言路；二是报界为舆论代表，除不准丑诋人私外，应予以充分的言论自由，以使之能善尽其监督政府的天职。

伍廷芳虽然早期从事过报刊工作，但后来长期从事国家层面的外交和修律工作。因此，他关于报刊及其报道的分析和批评，有很多时候是针对外国读者而言，且以外文的形式发表，服务于国家的外交和中外文化交流与沟通工作。他青睐西方的民主自由制度，又熟稔法律，因此，其媒介批评具有法理的色彩和平稳理性的特征，讲究逻辑，条理分明，虽然从不大言浪语，但其态度则十分鲜明，观点明确，具有一种传统士人的风骨。民主政治的追求是其一生的主要色调和基本业绩，与同时代的资产阶级革命党人相比，他不激进，但在爱国、民主等大是大非的问题上则是旗帜鲜明，没有模棱两可、苟且调和的余地。1915年3月，袁世凯窃取中华民国大总统职位后，又蠢蠢欲动欲帝制自为，开始紧锣密鼓地组织各种帝制复辟谬论，国内舆论界弥漫着一股由清朝遗老旧臣鼓噪清室复辟、民国不如大清的喧嚣声。伍廷芳撰写《中华民国图治刍议》一书讨论报纸言论与报律的问题时，不仅直言不讳地指出报律的不完善之处，而且又对报界

---

① 丁贤俊、喻作凤编：《伍廷芳集》下册，中华书局1993年版，第609页。
② 丁贤俊、喻作凤编：《伍廷芳集》下册，中华书局1993年版，第609页。
③ 丁贤俊、喻作凤编：《伍廷芳集》下册，中华书局1993年版，第609页。

弊端给予直截了当的批评。他关于报律及其问题的批评，具有客观冷静且成熟稳健的色彩。其部分评析，经过历史之河的磨洗，即便在今天看来，仍然有诸多可取之处。

第七节　朱世溱的媒介批评

朱世溱（1896—1988），名世溱，字东润，以字行，1896年出生于江苏泰兴县一个失业店员的家庭。说到朱世溱，社会上的人对其所知不多，而若提起朱东润，在中国古代文学界则大名鼎鼎、如雷贯耳，中国语言文学专业的学生几乎没有人未读过他主编的《中国历代文学作品选》，全书上、中、下三编共6册，上编自先秦至魏晋南北朝，中编自隋唐至宋，下编自元至近代，以思想性和艺术性相统一为标准，选录历代重要作家作品，同时注意作品题材的广泛性和风格的多样性，供中国语言文学系学生讲读及参考使用。该书自1979年陆续出版以来，多次再版，始终系我国高等院校文科权威性参考教材。朱东润自幼失怙，家境贫寒，1907年受族人资助，考入上海南洋公学附属小学读书，因成绩优异，1910年一度得上海南洋公学监督唐文治资助而升入中学，此后因家境贫困和资助中断而辍学。辛亥革命时，朱东润的三哥因参加反清起义而被杀害。此事对朱东润触动很大，终其一生，他都抱反对专制、追求民主之志不移。1913年秋，朱东润加入留英俭学会，赴英勤工俭学，次年进入伦敦西南学院读书，一边读书，一边从事翻译，以济学费。1915年，曾经翻译俄国托尔斯泰的《骠骑父子》小说，由商务印书馆出版。1916年初，朱东润毅然放弃学业，回国参加反对袁世凯复辟称帝的斗争。1917年秋，朱东润先生应聘至广西省立第二中学任教，开始了他长达70余年的教学生涯。1929年他出任武汉大学讲师，开设中国文学批评史课程。抗战期间，任重庆中央大学教授。1952年全国高等院校院系调整时，调入复旦大学中文系任教授，1957年起任复旦大学中文系主任，历任国务院学位委员会第一届学科评议组成员、国务院古籍整理规划小组成员、中国作协理事、国际笔会上海中心理事、《中华文史论丛》主编等职。朱东润的《中国文学批评史大纲》，是国内最早的文学批评史专著之一，为该学科开创期颇有影响的奠基之作。他还先后撰有《陆游传》《梅尧臣传》《李方舟传》等传记作品，是我国现代传记文学的开创者之一。

第五章 民国初建时期的媒介批评

一

据朱世溱自述，他在泰兴的时候，还不懂看报，到南洋公学附小后开始看报。起初报纸印在单面有光纸上，老师们都珍藏起来不给学生们看。后来报纸印在新闻纸上，逐步地普遍起来了，不再需要保藏，而且也藏不起来了，老师们索性将报纸公开让学生阅览。当时上海思想活跃，派系众多，报纸倾向各异，既有《申报》《新闻报》等商业报纸，也有《舆论时事报》等维新派报纸，还有《神州日报》《民呼日报》等同盟会报纸。当时报纸虽然家数很多，但对新闻来源都重视不够。实力强的在北京和其他几个重要省份与城市还有些新闻通讯员，在其他地方，只能将当地的报纸剪贴应用了。消息传递一般依靠邮递信件，偶尔也会有电讯，因为成本高，所以只有很少几个字，没有长篇通讯。至于国外的消息，那就一般没有了，即使有了，也不重视。好多新闻来自路透社，不少是捕风捉影，故而以后上海方言里对于来历不明的消息，通常称为路透社消息，或者马路新闻。《民呼日报》是上海报业的一个新品种。《申报》《新闻报》是老牌大报，不屑和它打笔墨官司。《舆论时事报》原来标榜维新，是靠皇帝吃饭的报纸，"现在看到一个主张不要皇帝的报纸出来，那还了得，于是哇哩哇啦，把《民呼报》骂得一塌糊涂。《民呼报》对付了几下，最后写着：'《官论时事日报》：你的本钱多，你的势力大，我不和你辩论了。'"[①]。这好像是认输的语言，其实更像是胜利的语言，因为这让读者更加看清了《舆论时事报》的面目。在南洋公学附小、附中的读书经历，一度培养了朱世溱对报刊工作的兴趣。

1913年7月二次革命期间，朱世溱参加了国民党系统主办的反袁派报纸《公论报》的编辑工作。这是在江西路福州路口以南一家歇业报馆的原址上创办起来的报纸，印刷厂和排字房均为现成，创刊前曾在上海各报刊登告白，声明该报所刊文章，均属"民党对于最近国事临时所发布之意见"，[②] 可谓是一家临时任务性媒体。张继、汪精卫、蔡元培、吴稚晖4人是社论作

---

① 朱东润：《朱东润自传》，《朱东润传记作品全集》第四卷，东方出版中心1999年版，第43页。

② 转引自方汉奇主编《中国新闻事业编年史》上，福建人民出版社2000年版，第709页。

家，吴稚晖是总负责人。"《公论报》是一张四开报，每天只出四页，虽有电报和新闻，主要是社论和短评。"① 朱世溱当时住在留英俭学会，吴稚晖约他参加报社的编辑工作，他虽不是国民党党员，但对参加反袁活动则欣然同意。他的工作是到报社，先把当日上海各报看一遍，考虑一下有什么议论可提，偶然也写一篇。待到大家的文章写好，发排字房排版，通常都是由他初校，吴稚晖二校，每天都要工作到夜里10点钟多才离开。二次革命很快失败了，《公论报》出版不到10天就被迫停刊，朱世溱也就离开上海，赴英国开始了勤工俭学的生活。朱世溱在《公论报》的编辑工作虽为时很短，但因"文笔雄健"而受到了人们的注目，做过清廷户部郎中、其时为上海文明书局老板的廉惠卿、吴芝瑛夫妇，就曾因此而欲将他招为东床快婿。②

朱世溱到英国后，入伦敦西南学院读书，课余从事翻译，以便赚取一点费用。"那时我的理想是当一名新闻记者，这也许是《公论报》给我的一点暗示吧。我译了一本《英国报业述略》，寄到中国，承蒙《申报》馆好意，把稿子收下了，在头版头条的地位，每天登载三五百字，为了吸引读者，还把'英国'二字改作'欧西'，招牌放大了好多。"③ 朱世溱后来回忆说，这也许只是《申报》馆的一种噱头，不过却是为了帮助国外的穷学生，其中透出厚道之意，因此，他对该报当时的主持人心存感激。这就是《申报》从1915年3月27日至12月13日在"著述"栏内分53次刊完的《欧西报业举要》一书。朱世溱的回忆，有几点不确：一是《申报》发表该书的位置，不全是头版头条，而是在头版"著述"专栏内，有时是头条位置，有时也在二条位置；二是并非每天三五百字，而是有时多达一千余字，甚至有的多达一千八百余字，当然三五百字的时候较多，具体篇幅随版面需要进行调整；三是并非每天登载，而是时断时续。该书主要内容包括：西欧各国（主要是英国）报业的发展历史和现状、报纸与杂志的异同、通讯社组织机构及工作特点、印刷出版、营业发行、新闻出版自由与新闻法制等，可谓对西欧报业从历史到现状都作了较为全

---

① 朱东润：《朱东润自传》，《朱东润传记作品全集》第四卷，东方出版中心1999年版，第70页。

② 朱东润：《朱东润自传》，《朱东润传记作品全集》第四卷，东方出版中心1999年版，第75页。

③ 朱东润：《朱东润自传》，《朱东润传记作品全集》第四卷，东方出版中心1999年版，第76页。

面的介绍。

1916年袁世凯称帝的消息传到英国后，伦敦的中国留学生闹翻了，好多人都准备回国从事参加反袁的活动，朱世溱也是其中一个。1916年4月，他搭乘日轮返国，轮船到达新加坡时，得知袁世凯已一命呜呼了。回国不久，与他同船返国的李剑农这时正主持《中华新报》的社论，约他帮忙。朱世溱正有意找一份工作，因此也就欣然同意了。他主要担任该报地方新闻的编辑，有时对于国际新闻也要帮忙插上一手。"我在《中华新报》那短短的一段时间内，对于国际方面的资料，就我那些浅薄的知识，按照需要加以补充说明，这在当时已经算是不错了。"① 1917年8月，张勋复辟后不久，《中华新报》人事调整，虽然报馆对他表示了挽留之意，但朱世溱考虑之后，最终还是下决心离开了该报。是年秋天，他在朋友的介绍下，去广西省立第二中学任教。朱世溱后来回忆说："我多年希望当新闻记者，从此完全彻底放手了，不无惆怅。但是在那时的中国，新闻界也简陋得可怜，脱离了也不妨说是扔去一个包袱。"② 中国从此少了一个有才气的记者，但是多了一个古代文学批评的学界泰斗和传记文学大家。这对中国来说，幸抑或不幸，实在难以评说。

二

朱世溱的《欧西报业举要》在《申报》上发表时，虽然文本性质标为"译辑"，但该著并不是一本纯粹的新闻史翻译著作，而是史论结合、述评交汇。作者在介绍欧洲报业发展状况的时候，时时结合具体的报刊史实阐发自己对相关新闻理论的理解，特别是有意识地将中外新闻状况进行对比，在中外比较的视域下，对中国新闻事业的现状和问题进行分析，然后作出相应的评价，具有着强烈的媒介批评意义。作者在自序中明言，近几年来，我国报刊从数量上看较多，有的人不仔细审察，就视之为进步。外国人知悉后，也就引证此说，以为中国新闻业真的有了进步。"实则所谓

---

① 朱东润：《朱东润自传》，《朱东润传记作品全集》第四卷，东方出版中心1999年版，第82页。

② 朱东润：《朱东润自传》，《朱东润传记作品全集》第四卷，东方出版中心1999年版，第84页。

进步云者，不过指其数目上之关系，于本体之果真进步与否，尚为疑问。吾人对之，宜加箴砭，不宜妄称道也。"① 当时作者还怀揣着做一个新闻记者的梦想，因此他对中国新闻事业自然有着一种特殊的情感关切。他在自序中专门述及译辑该书的心曲道："余屏居英伦，见其间之报章，深有所慕，故博考诸书，纂为斯编，以资借镜。"② 借他山之石以攻己玉。作者衷心期待中国新闻业改进提高的一片拳拳之心、殷殷之情跃然纸上，令人感动。

朱世溱认为当时中国新闻传播在总体上看存在两大缺陷，具体如下。一是重论说轻新闻。"大抵今之所病，在重论说，而轻新闻，因是所载，止有空论，而不中于事实。"③ 这使新闻报道无法成为研究和判断事实及其发展的根据。朱世溱指出，报刊新闻评论重在根据事实进行逻辑推理，逻辑推理依赖于对事实的观察和印证。无观察，则无以定是非之本；无印证，则无以定是非之分。"纪事失当，斯于二者已伤，则言论之无足观，亦可知矣。"④ 缺少事实支持的评论只能是一种空论，既无法起到揭示事物发展方向、引领人们前进的作用，也是对新闻媒体宝贵资源的直接浪费。二是有党论无舆论。朱世溱认为国利民福之法，从学理上看有多种方法。政党是志同道合者的互相结合，致力于实践其研究而得的政策。政党以政策为其存在的标志，而政策则以学理为内在的根据。假使各报能够据事立论，党见虽深，对社会也没有大害。"乃私利急于国利，福己急于福民。而立党之初，学理之本，本不甚固。故权利所在，藩篱遂破。言论不遵学理，一例诉之感情。国民之大部分，非惟不表同意，抑且掩耳而不欲闻。然其后卒酿癸丑之事，为祸之烈，亦可见矣。"⑤ 朱世溱认为我国新闻媒体不能摆脱这两大毛病，终究无进步可言，绝非多设立一两家报社即可自我满足。

朱世溱在论述新闻媒体经营时，批评报纸不能做到经济独立，故往往受到政治和经济两个方面的挟制，无法做到真实报道客观评论："吾国报章，好为淆惑之说，互相诽诋。若在西方，则虽未敢遽谓绝无，然亦不数觏者。其故何也？将人之才力度量，相去至远，抑亦有不得不然者欤。"⑥ 我国有些记者，对此自我感叹或归结为学识的不足。朱世溱认为这固然有

---

① 朱世溱：《欧西报业举要》（一），《申报》1915年3月27日。
② 朱世溱：《欧西报业举要》（一），《申报》1915年3月27日。
③ 朱世溱：《欧西报业举要》（一），《申报》1915年3月27日。
④ 朱世溱：《欧西报业举要》（一），《申报》1915年3月27日。
⑤ 朱世溱：《欧西报业举要》（一），《申报》1915年3月27日。
⑥ 朱世溱：《欧西报业举要》（二十四），《申报》1915年5月28日。

其道理，但并非根本的原因。最关键的问题，"则其为境遇所逼以至于此"，① 即为外在的客观社会环境所导致，这令人不能不为之感到悲哀。他分析说，过去上海诸家报纸，除一两家历史长久、资本雄厚、广告众多，而营业较为发达者以外，鲜有售报收入足当一岁所出者。经济上入不敷出，报事自然难以持久，于是不得不乞灵于强有力者。"强有力者笼络之以金钱，新闻记者即以笔墨为之奔走，此有若木偶然。一听眩人之所玩弄，责木偶以不能运动可，以木偶之运动为木偶罪，木偶不认其咎也。驯至今日，吾国报界遂成为代表强有力者之私见，专以淆惑诽诋之说取媚，岂不痛哉。"② 俗话说，拿人手短，吃人嘴软，要改变这种令人痛心的局面，首要的问题就是报纸在经济上做到自立。"欲报章之能忠诚笃实，则不可为强有力者之所驱使。欲不为强有力者之所驱使，则不可不依赖强有力者。欲不依赖强有力者，则不可不自立。自立者，报业中之第一要义也。"③ 能自立而后才能无畏于外在势力的干涉，才可以凭其良心，尽其义务，以臻于忠诚笃实之功。

朱世溱认为，报纸经济自立不是仅仅喊出"自立"二字口号即可。若是如此，那只是欺骗读者而已。"曰自立者，非徒以二字欺人者也。必有自立之实。自立之实者，必其一岁所入，当租庸赢三者而无不足，然后可以绝依赖之念，有发达之望也。"④ 自立的本质，就是报纸一年之间的收入，可以支付各种开支。这样报纸就可以断绝依赖外力的念头，报业的发达才有真正的希望。"欲得自立之实者，则营业之事尚矣。盖报纸之价值，在于自立。自立之基础，在于营业，理则然也。"⑤ 所谓营业之道，就是完全按照"商业之精神"⑥ 去经营和管理新闻媒体。一些观念守旧之士担心如此会因为商贾贪利，导致报纸"昧于国家之大势，社论之长策，世界之情形，利令智昏"的恶果，朱世溱认为这种说法虽不为无因，但只是顾忌到商业经营之弊，而没有考虑其利。世界上任何事物都有着两面性，利弊互见，关键是对利与弊进行权衡，作出取舍。他担心按照商业精神去经

---

① 朱世溱：《欧西报业举要》（二十四），《申报》1915年5月28日。
② 朱世溱：《欧西报业举要》（二十四），《申报》1915年5月28日。
③ 朱世溱：《欧西报业举要》（二十四），《申报》1915年5月28日。
④ 朱世溱：《欧西报业举要》（二十四），《申报》1915年5月28日。
⑤ 朱世溱：《欧西报业举要》（二十四），《申报》1915年5月28日。
⑥ 朱世溱：《欧西报业举要》（二十四），《申报》1915年5月28日。

营，将导致报纸堕落为商人逐利的工具，而否定报纸的商业经营之道，他认为这是昧于两害取轻之义，实不足道，因为商业经营之道与报纸服务公众利益并不必然构成有你无我、非此即彼的冲突，两者完全可以统一。"夫以商业之精神为非，则其所是，必非商业之精神明矣。今所称为商业之精神者，在于趋利。言者所以深恶之者，亦正以其趋利。然则是报纸之营业，不必以出入相当为意耶？果尔，则报社且不能存立，更何有于是非？"① 因为这样一来，报纸要生存下去，就只能走乞灵于外在社会上的强者之一途，而其为祸之大之烈，为世人所熟知自不待言。

三

朱世溁在《欧西报业举要》中明确指出："今观于吾中国之报界则何如者，治事之人，昧于根本之义，以言论之放诞，纪载之不实，取侮国民久矣。"② 他说即便有一二能力较强者敢以谠言相进，但是言之者谆谆，听之者藐藐，效果不彰。原因之一是人们理论认识不足，他译辑该著的一个目的就是要通过相关基础知识的传输，提高人们的理论素养。所以他在叙述外国新闻发展过程的时候，常常借助历史资料阐释和介绍新闻理论，并有针对性地对国内一些似是而非的观念进行纠正或批驳，以正视听。

清末民初，报刊为舆论之母的说法一度颇有市场。1902年2月，梁启超在《新民丛报》第1期的《饮冰室自由书》中提出了"舆论之母与舆论之仆"的命题后，对报刊作用的这种比喻性阐释，因其形象贴切、生动通俗以及有着易于观察到的实践支持而很快流传开来，很多人对之深信不疑。后来这一说法又发展为报刊为舆论机关、舆论为一切事业之母之说，基本上就是强调报刊的社会作用。朱世溁在该书第八章"言论"中，对这一几为成说的观点进行了深入辨析："言者曰：报章者舆论之机关。舆论者民意之所趋向，不可以不察也。报章之价值，实在于此。即其言而观之，诚若无憾。然理论犹未清，欲知报章言论之真相者，不可以不辨之。"③ 显然，朱世溁对流行观点或成说并未盲目信从，而是根据自己的观

---

① 朱世溁：《欧西报业举要》（二十四），《申报》1915年5月28日。
② 朱世溁：《欧西报业举要》（二），《申报》1915年3月28日。
③ 朱世溁：《欧西报业举要》（二十一），《申报》1915年5月11日。

第五章 民国初建时期的媒介批评

察进行了深入的思考和研究。他认为说舆论是民意趋向的反映，不可以不重视，这当然是一种无可怀疑的正确说法。不过，"机关二字，不知言者之意，将谓报章者舆论之母，抑谓报章者舆论之喉舌耶。由前之语，则报章之重要，不必言喻。由后之说，则其言犹待论定也"①。他认为报刊为舆论之机关的说法，隐含着报刊是舆论之母和报刊是舆论喉舌的两重含义。这两重含义有所区别，其中牵涉到何谓舆论、何谓舆论之母、报章果有舆论之母的价值等三个不同的问题。对这三个问题的回答，关涉到对报刊的正确认识，故不可不知。

朱世溙认为，国民根据自己的意见发为言辞即是舆论。"舆论之象，见之报章，任取一报观之，无论性质如何，其言要足发国民一部分之舆论者，盖两者之关系在此。"② 这也就是说，报刊上的言论需代表或表达一部分国民的意见，这是两者之间应有的关系。"曰舆论之母者，必其事可以造成舆论者也。"③ 易言之，必须此事可以造成国民的民意，决定着人心的向背。而可以造成国民民意、定其向背的事情，必须与国民有着一定的利害关系，所以国民才不得不作出如此的反应。"故可以一言断曰，舆论之母者，国民之利害也。"④ 虽然说利害二字本无一定之论，各人理解各有不同："庸人见之以为害者，智士见之或且利之。故杀身伤命，下士所悲；而成仁取义，烈士趋之而不惑。于利害之所见不同，断断然矣。"⑤ 人们利害观之所以不同，是地位、情势、学问、识见、习惯、耳濡目染等相异造成的结果。所以国民对于事物利害认识上的差别，实际上反映了其国家的地位情势、国民的学问见识以及地理历史风土人情等。"今略其词而明其义，则必曰：舆论之母者，国家之地位情势，国民之学问见识，与其地理历史风土人情是也。"⑥ 因此，报刊要具备舆论之母的价值，就必然要包含以上几个方面的内容。故报刊是舆论之母之说，是指报刊反映或代表了舆论。

朱世溙指出，报刊虽然不是舆论之母，但我们又不能不强调它是舆论

---

① 朱世溙：《欧西报业举要》（二十二），《申报》1915年5月17日。
② 朱世溙：《欧西报业举要》（二十二），《申报》1915年5月17日。
③ 朱世溙：《欧西报业举要》（二十二），《申报》1915年5月17日。
④ 朱世溙：《欧西报业举要》（二十二），《申报》1915年5月17日。
⑤ 朱世溙：《欧西报业举要》（二十二），《申报》1915年5月17日。
⑥ 朱世溙：《欧西报业举要》（二十二），《申报》1915年5月17日。

的喉舌。"夫舆论之母者,胚胎舆论者也。舆论之喉舌者,发布舆论者也。有舆论之母而后有舆论,有舆论而后有舆论之喉舌。易言之,有地位情势学问识见地理历史风土人情而后有舆论,有舆论而后有报章,其次序盖如此。"① 朱世溱强调,报刊要具有舆论上的价值,必须注意"国民大多数之舆论"和"读者大部分之意见"的区别。"第此中有当注意者,则报章之言论,非能以国民大多数之舆论为准的,而以读者大部分之意见为准的也。此则以营业之心过甚,而所谓发布舆论之机关者,遂呈淆驳之象,至有此亦舆论彼亦舆论之诮。"② 也就是说报刊要反映的是以国民为主体的意见,而不是以读者为主体的趣味。前者是代表社会舆论,后者则是逢迎读者趣味,其中隐藏着营业之心,即对经济利益的榨取。

朱世溱善于发现和归纳外国新闻媒体的特点,从比较中显出中国媒体的缺陷。他注意到英国新闻媒体有"记载概不署名"③的特色。英国人说这有很多优点,是英国报业取得成功的基础。"第一报章声价,以之而定;第二记者既不署名,即不独负责任,言论自由,无所忌讳。"④ 朱世溱认为因东西方习惯不同,一些中国人骤然闻之,一时间不太理解。"中国报章,每无一定宗旨所在。故今日之记者,主张急进,则斯报之言论,无非急进之说。明日之记者,主张保守,则斯报之言论,又可忽变而为保守。"⑤ 英国报纸则不是这样。各家报纸皆有一定宗旨,不能轻易更换。只有在报社易主时,报刊宗旨才会随之改变。记者个人观点若与报刊相差很大,则不任职其间,若微有出入,即舍小己之说而遵从报刊宗旨。"故报章之记者虽易而其宗旨不变。"⑥ 报纸声望,以此而重。在一定程度上,记者之于报社,如同律师之于当事人。记者之言乃报社之代言,实非记者个人之言也。对新闻报道负责者是报社而不是记者,是编辑长而不是撰述员。报社自有宗旨,报社自负责任。编辑长者,主持一报之宗旨,记者社员之流,不过奉而行之。个人意见每苦易为感情所动,报社既有宗旨,为之准范,则千言万论,不轶其轨。报社宗旨越确定,其言论越稳健。行稳方能致

---

① 朱世溱:《欧西报业举要》(二十二),《申报》1915年5月17日。
② 朱世溱:《欧西报业举要》(二十二),《申报》1915年5月17日。
③ 朱世溱:《欧西报业举要》(二十三),《申报》1915年5月25日。
④ 朱世溱:《欧西报业举要》(二十三),《申报》1915年5月25日。
⑤ 朱世溱:《欧西报业举要》(二十三),《申报》1915年5月25日。
⑥ 朱世溱:《欧西报业举要》(二十三),《申报》1915年5月25日。

远，报社品牌才得以建立起来。"吾国新闻记者，多用别号，甚者时自变易，令人不辨。此已与英人之不署名，同出一途。推其用意不外曰，责任在于报社，记者个人不负责任。然质之于报社，则其本身全无宗旨，一随记者所之，又安得以责任课之？故吾国之言论，成为记者与报社两不负责之象。斯亦奇矣。"① 朱世溁认为这其实是中国报刊缺乏责任、没有担当的一种表现。

英国在世界上最早确立了资本主义生产方式，是全球资本主义的故乡。1915年的英国还处在国力鼎盛时期，资本主义文明在各个领域都获得了充分的发展，其新闻事业也长期领先世界各国。朱世溁赴英留学期间，"英国以文明为世界模楷，即以报事论之，区区三岛，凡日报三百五十种，杂志之类，又七千种，以面积人口比较计之，数为环球第一。若其《泰晤士报》之言论，则一举一动，足为各国之重轻者也"②。他耳闻目睹英国资本主义新闻事业的发达景象，自然会联想到国内的报刊现状，感慨良多，油然生出对英国报业的钦羡之情。"盖其报界中眼光之远，议论之高，新闻之精当，印刷之迅捷，举以衡诸吾国，虽浅识者犹知其相去之远也。"③ 英国新闻业的先进繁荣和中国新闻业的原始落后，形成了鲜明对比，这无疑给他进行媒介批评既提供了资源也提供了动力。他自述撰写《欧西报业举要》是以当时英国新近出版的"薛蒙氏之英伦报业考与狄伯里之报章论"④为主要蓝本，又参考了其他数十种相关书籍而后成，可见其中有很多研究性的成分。朱世溁撰写《欧西报业举要》固然也有稻粱谋的因素，但仍应视为一种主动的新闻理论建构。在他看来，报刊是文明的标志。"报章之发达与否，与国民之文野，有至要之关系存焉。愈文明者，则报章之发达愈甚，而国民之程度亦与之相演而俱进，其次者则或无报章，或仅具其雏形，摧残之阻抑之，使不至于发达。觇国之士，有所观矣。"⑤ 不仅如此，他还将报业发展状况与国运联系起来进行思考，认为国运和报业二者相辅相成："夫国运随民智以为进退，而民智文野之差于报章中昭然可见。故报章之言论博大昌明，则知其国尚自由矣；其纪事翔实详切，则知其民尚

---

① 朱世溁：《欧西报业举要》（二十三），《申报》1915年5月25日。
② 朱世溁：《欧西报业举要》（二），《申报》1915年3月28日。
③ 朱世溁：《欧西报业举要》（二），《申报》1915年3月28日。
④ 朱世溁：《欧西报业举要》（二），《申报》1915年3月28日。
⑤ 朱世溁：《欧西报业举要》（三十四），《申报》1915年6月13日。

忠信矣；其广告多则知其商事盛而百业兴矣；其印刷精，则知其工艺良而美术之观念重矣；其销数广，则知其民好读报纸，民智进矣。"① 国运盛衰与民智高下，确可从新闻报道中得其涯略。由于报业是社会生活中的常见之物，因此，人们往往根据自己的生活经验来认识和评价报刊，它决定着人们对报业的态度及实践的方向。朱世溱在《欧西报业举要》中也已经触及了媒介批评的问题。他说："报章为物，事之至常而不足异者也。然使常人论其故，则举其一隅，略其大概；得其形迹，遗其精神，又往往而皆然。或则惊其门类之夥，字体之富，印刷之速，发行之能；或则以其言论之左右为得失，同于己则色然喜，远于己则怫然怒；或则以其新闻为商事之标准，有所利则趋之，有所害则避之，乃至学子艺士乐工伶人，皆于报中，各得所欲以去。所顾既遂，则交口称其善，然于报章事业所在，皆无所深知也。"② 媒介批评会受到客体性质和主体能力的双重制约，但若批评主体能够认识到这一点，实现对认识的反思，恰恰又是媒介批评的可贵之处。

第八节　刘鼐和的媒介批评

刘鼐和（1870—1929），字少珊，又号少少，湖南善化县（今长沙）人，出生于一个知识分子家庭，少年时因家贫无居，借住岳麓书院舍中，"尝从提督方有升援越，军旋，仍居岳麓，敝衣破履，扃室读书，为文时有新思，复绝意表"③。维新运动时力主革新，当时徐仁铸督学湖南，刘鼐和三次乡试皆为第一，遂补县学生员，入岳麓书院读书，颇受学政徐仁铸器重。1905年赴日本，入日本法政大学攻习法律，与湘人杨度结为莫逆之交，曾协助杨主办《中国新报》。1909年返国，应邀担任北京《帝国日报》编辑之职，取"少年中国之少年"之义，以"少少"为笔名，撰写政论，要求召开国会，大力鼓吹宪政，"其文庄谐杂出，时杂倭语，而务出己意，不阿时论"④。一时间有"京国咸知刘少少"⑤之誉，在新闻界渐露

---

① 朱世溱：《欧西报业举要》（一），《申报》1915年3月27日。
② 朱世溱：《欧西报业举要》（十一），《申报》1915年4月29日。
③ 《刘少少事略》，《长沙市新闻记者联合会年刊》1933年3月。
④ 《刘少少事略》，《长沙市新闻记者联合会年刊》1933年3月。
⑤ 《刘少少事略》，《长沙市新闻记者联合会年刊》1933年3月。

头角。武昌起义后，一度返湘，任共和党报纸《湖南新报》和杨昌济、徐特立等教育界人士主办的《公言》杂志编辑。不久仍赴北京，任杨度所办的《亚细亚日报》主笔，主要撰写时评。所撰时评新意迭出，驰誉京城，与黄远生、林白水、邵飘萍并称报坛四杰。1915年袁世凯复辟帝制期间，聘刘为上海《亚细亚日报》主笔，被他拒绝。杨度等人设立筹安会时又聘他为顾问，月致千金，亦不接受。随后他走避天津，并撰《袁世凯论》一文，力斥袁内欺清室、外逛民党，卑劣非人，实为操、莽之流，国内报纸争相刊载，风行一时，并致函杨度对帝制表达"颇抱反对之感"[1]。段祺瑞主政时期，亲往延访，亦不受罗致，1918年被北京大学校长蔡元培聘为该校教员，从事老庄哲学研究和教学，在《北京大学日刊》发表《日本文名辞考证》等文。刘盫和晚年思想趋于保守，反对文学革命。南京国民政府成立后，刘盫和因病滞留北京，1929年夏秋间病逝。刘盫和虽为民初著名新闻记者，但诸多中国新闻史论著在叙述民初新闻史事时，多因史料匮乏而语焉不详，专题论述更为稀见。[2] 其实，作为民初一位名记者，刘盫和不仅新闻实践丰富，而且对新闻理论也有着十分精深的研究，这就是他1915年发表在《甲寅》杂志第1卷第6号上的《勖报》一文。该文长达8700余字，在当时国人自撰的新闻论著中，不仅篇幅之长为不多见，而且其思想独到处，亦鲜有步武者。

一

刘盫和的《勖报》一文在发表的时候，还有一个"中国无冠之帝王者谁乎"的副标题，可见该文的命题立意，即勉励新闻工作者勇于从事新闻工作。他认为新闻传播领域是一个不需太多资本就可以实现立言立功的广阔天地，"若求凭个人布衣之智力，操少数之资本，履短期之岁月，而其成功著效，竟足与政治学术者，并驾齐驱，事业益于社会，功名夸于内外，其惟新闻业乎"[3]！他指出在当今世界各国，新闻报章所占据的势力地

---

[1] 《刘少少与杨度孙毓筠书》，《商余会报》1915年第1卷第4期。
[2] 专题学术研究目前仅见杨秋燕《刘少少的报刊活动及报刊政论思想分析》一篇短文，载《读天下》2016年第20期。
[3] 刘盫和：《勖报——中国无冠之帝王者谁乎》，《甲寅》1915年第1卷第6号。

位，甚为巨大。英国人曾经评价本国议会，除变男为女之外，一切万能。现在这种万能之力，已为报纸所夺。即便有政府命令，议会议决，如果得不到英国报纸的赞同，也不能实行。他依次列举国外一些著名人物关于新闻记者的论述：以拿破仑之雄才，犹信新闻一纸，足比联军一队；以俾斯麦平生十分嫌弃政党，独以新闻纸为其后援者。英国《泰晤士报》驻欧洲记者坡韦陀评价新闻记者的地位，称之为国民的外交官、司法官、行政官、教育家。卡阑耳则说，古代站立在祭坛上的人，今则为执笔于报馆者，如此，则新闻记者也是一名宗教师。日本竹越氏有言，如果新闻媒体此后整然发达，凡是国民最高最强最聪的思想感情，能够完善发表，则国政可由公选的总理与新闻媒体共同治理，议院都不必要。20世纪后半叶，恐即如是。报纸其现在关系之重，与将来发达之宏，恐怕社会除衣食住以外，再没有什么可与之相等的了。

　　刘矞和认为，虽然我国各项事业，莫不落后于世界列强，但是有志于振兴百务、拯救国家者，也未尝无人。政治、学术、实业、教育等方面，现都有人在积极从事探索实践，而唯独最有益于国家社会且最易争雄于世界列强的新闻事业，至今尚未听闻有立下大志终身投入的人士。这是什么原因呢？若说现在中国没有报纸，显然不符合事实。由京津沪粤以至边陲内地各省，报馆有百十家。有日报、周报、月报、杂志、汇报等十多种。除外国人主办的以外，国人自办者也有很多。怎么还能够说十多年中风气不开，报界不拓？刘矞和认为现在需要的不是在新闻领域跑马圈地，而是真有实力，能够产生重大社会影响的报纸："余今所必欲进劝者，非徒于报界领土上含有横的欲望，实则对于报界高顶上，将表其竖的圆满希冀也。非第欲报界仍负开通风气之虚名，实欲报界作成左右社会之实力也。极言之，即非第欲报为中国有称誉之报，实欲报为世界有价值之报也。"[①]他认为只要按照一定方法，就可以使我国报纸在不太长的时间内一跃成为世界上有价值的报纸。

　　刘矞和指出，若只是简单或抽象地说报纸为文明世界中的重要之物，则现今粗知新思潮的人大多能言。而要具体地论述，就需要进行研究。表面上看，报纸不过就是一种小小的印刷物，何以在现今文明世界中占据如此重要的地位？而且无论何人，不敢视之为不重要。然则此一小小印刷

---

① 刘矞和：《勖报——中国无冠之帝王者谁乎》，《甲寅》1915年第1卷第6号。

物，其自身重要之点，到底在哪里呢？刘焘和说，世人认为重要者，莫非势与利之所在。则报纸之真实势与利，又果真如何呢？这是有志投身报界并希望成功的人，不可不认真研究以搞清楚的问题。刘焘和提出：要研究并搞清楚报纸的真实势与利之所在，首先要研究并明了报纸存在的正当性及其来源，即报纸的独特性之所在。刘焘和认为，报纸的正当性有如下几个方面。

第一，报纸不同于邸抄。"溯吾国新闻报纸之形式的来历，实源于邸抄辕门抄之类前清历朝之《京报》，今之《政府公报》，及日本各国之《官报》。皆第可谓一种宣布机关而绝非新闻学中新闻报纸之正当性质也。"①邸抄官报，只是政府对于国中有关系之人所发布的公式性告示，其间别无其他作用，效力至为单简。不知政府与所属关系人的关系只不过是人类众多关系中的一种而已。报纸则是将人类之间的众多关系统合为一体，这种性质岂是邸抄官报所能够比拟的呢？

第二，报纸不同于讲义。有人说报纸在指导社会，而学校老师编撰的讲义，其职责也在指导学生，两者性质相同。其实，此乃不知道讲义仅指导一部分学生，而报纸所指导的人，则普及于社会全部。"且讲义无代表学生一面意思之作用，故其指导但能强制表面之服从，而不能发生里面之若何势力。而报纸则兼重代表群众一面意思，故其服从绝无强制，转得因群众意思，而增其莫大之势力焉。"② 也就是说，报纸因为能够表达社会读者大众的意见，所以才能够获得巨大的力量。

第三，报纸不同于请愿书。报纸常常代表民意，对政府当局有所希望与要求，好像与请愿书有诸多相同之处，而其实不然。因寻常请愿书仅限于一时一事，而报纸代表国民请求则可随时随事而发。"且请愿书大抵但为国民请求政府之一种手续，而报纸则既可代表国民向政府为请愿，亦可代表政府向国民为请愿，又可为国民与国民间之相互请愿，且可为国与国间之国际请愿。"③ 也就是说，请愿书是民众致当局单向的陈述请求，而报纸则可以双向地进行沟通，报纸的传达范围至广，其作用至繁，请愿书实不可与之同日而语。

---

① 刘焘和：《勖报——中国无冠之帝王者谁乎》，《甲寅》1915年第1卷第6号。
② 刘焘和：《勖报——中国无冠之帝王者谁乎》，《甲寅》1915年第1卷第6号。
③ 刘焘和：《勖报——中国无冠之帝王者谁乎》，《甲寅》1915年第1卷第6号。

第四，报纸不同于演说。刘肃和也承认在现今社会文化活动中，演说的功能与报纸最为相近。演说的作用，在于通过吸引听众同情而伸张其势力。报纸的作用，也在吸引读者同情而伸张势力。以演说比报纸，仅与其论说栏目性质相近。"而其新闻记事各项，则纯用一种事实报告，辨黄别白，置重措轻，阐微显幽，依编辑者之健全头脑知识，暗示各种社会以计画安全之路。故谓报纸能为各项运动演说之种子则可，若谓报纸直同于演说，则微特狭视报纸之功力，且昧却新闻记事上之精神作用矣。"[①] 况且演说听众有限，而报纸读众无限，演说为一时一事的作用，效力具有偶获性，而报纸为永久继续的作用，效力则为积成性。力越积而越大，报纸的效力岂仅止于演说所能达到的范围呢？

二

刘肃和认为，报纸自不同于邸抄、讲义、请愿书和演说，具有独立的存在价值，"报纸之正当性质，既不同于以上四者，然四者之性质，又莫不兼而有之"[②]，明乎此，则可以知道报纸之"真实势利"，[③] 当在邸抄、讲义、请愿书和演说四者之上。刘肃和在这里所说报纸的"势利"，包括报纸的"势力"和"利益"两个方面，而报纸的势力即报纸的社会作用或社会功能，报纸的利益即报纸给当事人所带来的益处。报纸势力的特点，"惟在以全般社会为相手，而操其安危荣辱利害生死之权"[④]。报纸无命令之形式，而有行止之实效；无赏罚之法律，而有惩劝之真功；无捭阖游说之踪迹，而有成毁之大用。对于个人为然，对于团体亦然。对于国家为然，对于世界亦然。对于亲者友者为然，对于疏者敌者亦然。"一言以蔽之，报纸之势力，惟欲得为运用全般社会之柄而已耳。但汝欲得为运用社会之柄，不可强自为之也。"[⑤] 报纸这种公认"社会之柄"的资格不是自动生成，而是需要进行培养，培养之道大致有三方面的内容，具体如下。

一是养其确。新闻媒体的天职是将每日所发生的事实，"按次报述于

---

① 刘肃和：《勖报——中国无冠之帝王者谁乎》，《甲寅》1915年第1卷第6号。
② 刘肃和：《勖报——中国无冠之帝王者谁乎》，《甲寅》1915年第1卷第6号。
③ 刘肃和：《勖报——中国无冠之帝王者谁乎》，《甲寅》1915年第1卷第6号。
④ 刘肃和：《勖报——中国无冠之帝王者谁乎》，《甲寅》1915年第1卷第6号。
⑤ 刘肃和：《勖报——中国无冠之帝王者谁乎》，《甲寅》1915年第1卷第6号。

一般读众，使一般读众，得不必亲身探询，而明了事实之真相，据以为大众研论之材料，是新闻纸实无异读众之耳目也。大抵人生所需耳目之用者，耳必需其确聪，而无匈匈之声，目必需其确明，而无茫茫之影"①。使新闻纸徒取填纸，或编辑室自产电文，或探访员虚捏事件，读者或许被一时蒙哄，时间长了自会暴露，读者必对之怀疑。读者一旦生疑，不仅不确者不被相信，且确者亦被疑为不确。这对于报纸来说，实际上是一种自杀行为，"故吾国报纸之难于求确，实自隘其新闻之途，因而自戕其新闻之体也"②。针对有人提出中国现在很多报纸，每日都在闹新闻饥荒，如果每件事都追求真实准确，势必会有新闻来源不足的问题。刘黼和建议通过开拓新闻的获取途径，如学习西方报纸多登社会新闻、全面反映社会生活来解决这个问题。

二是养其公。刘黼和认为新闻从其原理上看，本来纯为全体社会的缩影，即纯以全体社会为反映对象。从国家报纸的角度言，自君主卿相至平民百姓，都是平等的对象，没有等级的差别。从世界报纸的角度言，自本国至外国，自欧洲至亚洲，也都是平等的对象，没有国界的区分。崇尚公正是报纸不证自明的天然本性。"乃自报纸中有机关说兴，而公道每为私斗所掩，而其毒乃独中于吾国幼稚报界为最深，盖文明列强所谓某报为某机关，不过表其抽象的性质而已，至其具体的平常论记，仍必以公正态度为原则，即令隐为某某卫护，亦必择遇偶现之一二重要事件，仍设法以公正之论调，立批评之地位，而行卫护之大凡。"③ 报纸如果一味充当机关报，失去一般的公正态度，那么长而久之就会失去社会的信任。报纸的力量来源于社会信任，而获得社会信任的唯一途径就在于长期坚持的公正报道态度。

三是养其速。刘黼和指出，"日报之天职，惟将每日新出事实，报知于社会读众，而完此天职之第一要件，则争速是也。故谓之为新闻。倘甲日事实，待至乙日报知，或甲报所报事实，而乙报抄誊报知，则均非新闻，悉陈闻矣。"④ 欧美日各大报社采访新闻时，都不遗余力，访员各有专

---

① 刘黼和：《勖报——中国无冠之帝王者谁乎》，《甲寅》1915 年第 1 卷第 6 号。
② 刘黼和：《勖报——中国无冠之帝王者谁乎》，《甲寅》1915 年第 1 卷第 6 号。
③ 刘黼和：《勖报——中国无冠之帝王者谁乎》，《甲寅》1915 年第 1 卷第 6 号。
④ 刘黼和：《勖报——中国无冠之帝王者谁乎》，《甲寅》1915 年第 1 卷第 6 号。

司，所费不惜重价，利用交通机关争先恐后，以此进行技术竞争。同一事实，甲报先登载一点钟，则甲报胜乙报一着。登载同一事实，丙报抢先与读者见面一点钟，则丙报又胜丁报一着。总之，各报在新闻报道上的竞争，求确之外还要求快。如果速度相同，那就再竞争内容的翔实丰富。同一事实多采访一语，即不啻多得一条新闻。具体说来，就是新闻报道在求详细时还要追求快速，同时追求丰富，这也是另一种对快速的追求。

刘矗和认为，确、公、速是报纸自我培养势力的三种正当方法，"假令群社会之人皆能同声称信曰：吾国惟某报独确，惟某报独公，惟某报独速，则人人皆愿购阅此报。人人皆愿购阅此报，则人人皆知依据此报，一报而得如是众多心理之依据，则众民拥戴，若积德之应帝王，一纸传呼，若置邮而行命令，伟大之势力已成"①。报纸一旦养成了这种势力，那么即便有商汤周武那样的强大武力，恐怕也不能被彻底地消灭掉。

报纸虽然养成了巨大势力，对这种势力却不能滥用，要因时因地有所选择。"报纸当平居时，惟用意于求确、求公、求速，以养其尊望，使势力潜伏，而日增其坚稳，一旦遇大事件大问题之发生，各界方在浑沦态度中，如洪流之需木标，如阴霾之望皎日，于是主报者乃相与择其机会，审其是非，斩然独现主张，或如青天霹雳，以破人之迷疑，或如指南罗盘，以导人之途径。"② 报纸提出某个主张后，就要坚定地承担道义上的责任，黄金白璧，不能移一语为模棱；鼎镬斧钺，不能强一词为歇后。既要揭橥事件的正当理论于先，又要酝酿群众热烈的感情于后，务必使一般读者都认同本报的主张，实现众喙如一的目标。如是，社会舆论得以形成。"真理为盾，战无不胜，攻无不克，其报之展用势力一次，转增加势力一次。斯其展用为无失也。若夫但知以机关自诩，不惜冒嫌涉疑，以颠倒是非，以武器自鸣，常为一挑半剔，以兴起风浪，则势力展用一次，不独不增加势力，反或减失势力。"③ 报纸攻击不中就会失去社会的认同，失去社会认同也就失去了势力，因此，报纸势力的使用，需要依循一定的原则，不可任意孟浪而为之。

如何正确使用报纸的势力呢？刘矗和认为，报纸势力应在如下三个方

---

① 刘矗和：《勖报——中国无冠之帝王者谁乎》，《甲寅》1915年第1卷第6号。
② 刘矗和：《勖报——中国无冠之帝王者谁乎》，《甲寅》1915年第1卷第6号。
③ 刘矗和：《勖报——中国无冠之帝王者谁乎》，《甲寅》1915年第1卷第6号。

向上发展使用。一是对于国家政府发展势力。这不是说以攻击和对抗政府为能事，而是进行政治上的监督，假如政府欲施行某一政策，报纸研究而能发现政策的瑕隙，提出反对意见，使政府修改政策，则报纸就具有了政治力量。二是对于社会发展势力。"今吾国新闻日报，大抵有一通病，即专于政治官僚一面，而略于社会众民一面之记事是也。"① 即通过报道社会中发生的新闻，密切读者与报纸的关系，发现社会弊端，纠正不良现象，促进社会的进步。三是对于世界国际发展势力。世界各国有名的报纸，不独在国内有影响，而且对于国际事件及外交问题，都积极予以报道。报纸要真正有影响有力量，就必须放眼国际，走向世界，通过国际新闻报道来培养和提升媒体对国际事务的影响力，从而显示其独立存在的价值。

三

刘鬴和认为新闻工作不仅能产生势力，而且能带来利益。"报纸之足为世重者，匪独一势字可满其欲望也，利亦有焉。"② 其利益又可分为办报者利益和读者利益两种。对办报者来说，其利益在于如下几点。

第一是"可以独立营业而致富"。③ 刘鬴和指出，致富是人所共具的欲望，独立也是人的欲望。从政为官可以致富，但依倚将就太过辛苦，有志者或不甘为之；从事工商可以独立致富，但其身份离文化较远，而且需要专门的知识技能，读书之人恐怕难以做到。只有办报，既无从政拘束，也无商工烦琐。如经营得法，达到英国《泰晤士报》、美国《赫兰德报》那样世界有名的繁荣昌盛也不难。不过办报必须按照营业主义的原则运行，而后报纸才能有日渐发达的希望。"吾国近来报界办法，颇中法国报界之恶弊。"④ 就是多半以报纸为机关，而非作为一种产业来运营。"故吾国报纸，其客体的销场，固不甚圆满。而其主体的发行方法，亦殊无讲究，京沪各日报之销路，几乎全任自然。"⑤ 即便是广告，也是抱这一思路。这在

---

① 刘鬴和：《勖报——中国无冠之帝王者谁乎》，《甲寅》1915年第1卷第6号。
② 刘鬴和：《勖报——中国无冠之帝王者谁乎》，《甲寅》1915年第1卷第6号。
③ 刘鬴和：《勖报——中国无冠之帝王者谁乎》，《甲寅》1915年第1卷第6号。
④ 刘鬴和：《勖报——中国无冠之帝王者谁乎》，《甲寅》1915年第1卷第6号。
⑤ 刘鬴和：《勖报——中国无冠之帝王者谁乎》，《甲寅》1915年第1卷第6号。

外国都很难办理，何况是在经济极不发达的我国呢？"此无他，皆由办报者之经济打算，但知有津贴主义之例外，而不信有营业主义之原则。"① 试想：英国一个新闻记者的报酬可年至千镑，美国一个新闻记者的报酬可年至一万五千美金。一个主笔、记者所获尚且如此之多，那么整个报社就更可想而知了。

第二是"可以无阶级而作官"。② 从治理国家的角度说，做官之想无可非议，只是要做到政府高级官员，"必历下等而上进。郎署浮沈，旅进旅退，既名为人物，或不愿谨循此无情之轨道也"③。从政对于人的自由个性具有很大的约束，只有新闻记者职务，既足显示政治之天才，又不拘官职之等级，不就位则常为揖客于殿庭，苟就位则直以布衣取卿相。这对于志士书生来说，实为一大痛快之事。

第三是"可以无爵位而得荣誉"。过去我国无论何项荣誉，都一定以君主所给的爵位为前提。自古已然，贤者不免。只有现今作为社会第四种族的新闻记者职业产生以后，社会有品题之权，布衣有良贵之显。西方人评价新闻记者的地位，有称为无冠之帝王，有称为国民信仰之拥护者，有称为教师之教师。"此其荣誉全由自造，岂赵孟所得贵贱耶？故果能为社会信仰之新闻记者，则所到之处，王公忘爵禄而化卑，老幼忘其年而乐与之接，才士文人闻其至，如获有趣味之佳书，视为无尚之良友。下至走卒妇孺，犹且指目为侠士佳人也。则其荣誉之在全社会，岂区区一时之官位者比耶。"④ 古人所谓三不朽者，其一为立言。而要实现立言的目标，往往要花一生的时间从事经营，百年以后才有效验，而百年以后是否真的能有效验，又实在是未定之天。"今之新闻执笔者，特第患己身无言可立耳，如有可立，则朝议一说，夕即见称于人，今日建一谋，明日即见采于当道。"⑤ 刘肃和这里其实触及了现代新闻媒体所具有的名誉赋予功能。对新闻媒体的名誉赋予功能如果能利用而不利用，那就绝对称不上是一个聪明睿智的人。

新闻媒体也能给读者带来利益。办报者利益就建立在读者利益的基础之上，因为读者的利益，其最终结果仍归于办报者的利益。各国无论若何

---

① 刘肃和：《勖报——中国无冠之帝王者谁乎》，《甲寅》1915年第1卷第6号。
② 刘肃和：《勖报——中国无冠之帝王者谁乎》，《甲寅》1915年第1卷第6号。
③ 刘肃和：《勖报——中国无冠之帝王者谁乎》，《甲寅》1915年第1卷第6号。
④ 刘肃和：《勖报——中国无冠之帝王者谁乎》，《甲寅》1915年第1卷第6号。
⑤ 刘肃和：《勖报——中国无冠之帝王者谁乎》，《甲寅》1915年第1卷第6号。

大报,其本报之编辑发行印刷三者之殚力经营,或数报之竞争发达,大都注重读者之利益,而善设其方。刘矗和批评当时我国报纸在编办过程中比较缺少为读者服务的观念:"吾国现在各报,则于此点多未能三致意,此余勖报之末,不能不举此一与研论也。"刘矗和指出,普通人购阅报纸的心理,既不是由于学习受到严师的督促,也不是因为饥食寒衣的实际需要。阅读报纸行为的发生,主要源于如下几项获益心理的驱动。

一是"由于社会普通之好争知识"。① 人类发展至今,无论哪一社会中都有以不知为耻的观念,"余观每一当社交之际,则大之若国家政事,小之若委巷琐述,坐者多喜为不规则之称述。其间有能称述者,众必喜从听之,其更有能称述较多而详,众尤喜从听之,称述从听不已,更相与甲乙丙丁其说而研究之,所谓谈资是"②。所以报纸编辑新闻,一定要注意给人们提供谈资的便利。谈资的种类很多,有政治社会谈资,有俱乐部社交场谈资,有街谈巷议之谈资,有文人墨客谈资,有优伶妇孺谈资。善编日报者,必定杂选各式谈资,使之首尾有端,接续有味,各界社会都认为该报可助我谈资,于是购买阅读者必多。例如前几年马太朴等人在北京创办的《爱国白话报》,注重报道可供本地家庭妇女谈资的社会性新闻,其销数远在政治性大报之上,就因为契合了读者这一方面的利益而致。

二是"由于社会普通之好生关系"。③ 人是群居性的社会动物,一般人皆有一种不甘泯没之心,时常想在众人面前显示自己的存在。报纸虽然不宜为个人的言论机关,然不妨为全社会公共发表的机关。故善办报者宜知利用社会欲自我显示的心理,时常与社会各方面多多产生关系。一旦与社会某一方面产生了关系,必将直接间接连带发生无数关系。关系多则热心购读者也必将自然增多。如日本新闻社就时常发起全国美人照相征集有奖评比,有时还发起骑驴骑牛旅行,举办运动比赛,喧腾及于多地。这都是极力引发社会大多数的人与本报产生某种关系的好方法。

三是"由于社会普通之易引美感"。④ 图片能有吸引读者的作用,所以欧洲日本报纸很早就大量使用插画,使报纸版面夺人眼球。刘矗和直言不

---

① 刘矗和:《勖报——中国无冠之帝王者谁乎》,《甲寅》1915年第1卷第6号。
② 刘矗和:《勖报——中国无冠之帝王者谁乎》,《甲寅》1915年第1卷第6号。
③ 刘矗和:《勖报——中国无冠之帝王者谁乎》,《甲寅》1915年第1卷第6号。
④ 刘矗和:《勖报——中国无冠之帝王者谁乎》,《甲寅》1915年第1卷第6号。

讳批评道:"吾中国报界,则以有照片为偶,而以无照片者为常。至若名手绘画,色彩鲜印,则更绝无。"① 致使我国报纸缺少撩人的美感,以致三行目过即厌为废纸,这怎么能使读者喜购不止?东西洋报纸组织的完善程度远过我国,而犹能以全幅精神注重插画。吾国报纸,既已粗简,反而缺少创造插画的名人。虽说我国很多方面都还幼稚,但我们难道能够满足于这种幼稚的现状吗!

1915年的刘肃和,已有近10年的报刊实践经历,在当时可谓是一个资深报人,先后在东京、北京、长沙等多个地方担任报刊的编辑、主笔之职,对报业的运作机制及其中的甘甜苦辣自然有着比较深切的了解,对中国报刊的积弊也是洞若观火,了若指掌。与同时代人不同的是,他在文中非常大胆而坦率地言及名利,但又同时强调新闻工作者对名利的追求要取之有道,"办报者之利益,皆由合得读报者之利益,然后甲乙因果,彼此双方互利,而报纸之真正之利益,始能永久强固。不然者,个人攻讦,敲竹杠而得千金,一部买收,衔木枚而食双俸,此乃报界人钻营一时之利益,非吾所谓报纸之利益也"②。提出新闻人对利益的追求要与公益一致,不能以私害公。"嗟乎!方今之世,凡人所最肯趋重者,势力与利益二大途也。余今欲劝中国报界之兴起,乃不能与言为国家兴盛计,不与言为言论健旺计,不与言立功立言为不朽计,但与言为势利计。余之人格之卑,意志之弱,亦自可知矣。虽然,即与言势利如此其可为,而听吾言而兴起,能突于吾国报界,现一异彩,比踪列强者,恐尚未必有其人也。然而吾又安能不冒昧而试一劝耶?卫多君子,幸勿误会吾言。"③ 从《勖报》一文的篇章结构上可以看出,这是作者经过精心构思的一篇媒介批评力作,其不耻言利的批评视角不仅独出心裁,不同凡响,体现出一个新闻人热爱新闻工作的职业感情和光风霁月般的磊落襟怀,同时还散发着浓烈的爱国主义情怀,确有令人感佩之处。

第九节 读者的媒介批评

在任何形式的新闻传播中,读者(受众)都是结构性的存在,读者不仅

---

① 刘肃和:《勖报——中国无冠之帝王者谁乎》,《甲寅》1915年第1卷第6号。
② 刘肃和:《勖报——中国无冠之帝王者谁乎》,《甲寅》1915年第1卷第6号。
③ 刘肃和:《勖报——中国无冠之帝王者谁乎》,《甲寅》1915年第1卷第6号。

是新闻信息流通的终端，也是新闻传播活动启动的动力源泉。新闻报道本质上是一种话语行为，读者指向总是或隐或显地存在于传播者的意识之中，它不仅包括对读者所指、地位和功能的认识，对读者心理和阅读期待的揣测，还包括对传播与读者关系的理解，即报道、评论或编辑文本是为了交流、娱乐而注重对读者趣味、接受水平的迎合，还是为了冲击社会、塑造读者心灵而注重对读者精神层面的提升。中国近代新闻报刊诞生之始，读者意识就被深深地嵌入了传播者的视野之中，启发和诱导读者参与到新闻传播的活动之中，成为制约新闻传播发展的一种重要因素。1857年11月3日，在香港创刊的《香港船头货价纸》是中国最早的经济类报纸，创刊之始，该报每天在报纸上刊登启事："唐人如有切要时事或得之目击，或得之传闻，不论何事，但取其有益于唐人，有合于同好者，均可携至本馆刻刷。分文不取，特此布闻。"[1] 1872年4月30日，《申报》在其创刊号《本馆告白》中，亦明确宣布："惟是事虽继兴，例若初创，或恐囿于方隅，限于知识，遗漏滋多。尚希四方君子进而教之，匡其不逮，实有厚望焉。"[2] 随着报纸的普及，报纸与人们的生活联系日益密切和扩大，读者在新闻传播活动中的主动参与和权利意识也不断得到强化，读者向报刊投书，实现从读者向作者的转变，日益成为新闻传播活动中的惯常性现象。民国初期，读者对报刊新闻传播活动及其现象进行指陈的声音渐趋洪亮，也越来越受到各家报刊的关注和重视，成为民国初期媒介批评中一道引人注目的亮丽风景。

一

1913年6月，在日本东京出版的《谠报》月刊第3期上，发表了南右嵩的《敬告报界诸君子》一文。南右嵩（1882—1958），陕西兴平县人，光绪癸卯（1903）科举人，曾在广西担任过知县。当时蔡锷在其辖区练过新兵，二人多有接触，南右嵩受蔡锷的民主进步思想影响，不愿为清廷出力，遂弃官到日本留学。袁世凯筹谋称帝时，南右嵩又弃学返国，先是到上海，不久又返回西安，隐居华山，以书法自娱。袁世凯病死后，他曾出任陕西省政府秘书长、省监察厅厅长、第一届陕西省议会议长等职。抗战

---

[1] 转引自方汉奇、李矗主编《中国新闻学之最》，新华出版社2005年版，第137页。
[2] 《本馆告白》，《申报》1872年4月30日。

时期，经杜斌丞介绍参加中国民主同盟会。1946年，去澳门居住。1949年8月，受邀北上参加全国新政治协商会议，欲临行之际不幸罹患脑溢血，未能成行。1954年，受陕西同乡老友于右任之邀赴台湾。1958年病故于台北。《谠报》于1913年4月20日创刊于日本东京，是共和党留日支部机关刊。1913年5月，共和党与民主党合并为进步党，故从第3期改为进步党留日支部的机关刊。编辑部成员有王宝经、王邦铨、王灿、方宗鳌、戴正诚、彭宪等人，黎元洪、熊希龄、张謇、梁启超、孙武、汪大燮为名誉赞成员。编者在创刊号解释说："谠，直言，亦善言也。夫言而直而善，可以告于人矣。自世风浇薄，笔锋不扬，或袒庇而不以道，或庞杂而无所宗。若是者，岂能昭于时哉？亦非士君子立言之本旨焉。观哀平可变为东京，五代可变为宋世，直言谠论之力也。然则韩通、卫融、田锡、王禹偁、范仲淹、欧阳修、唐介诸君子，可以师矣。博而党正，是士君子之辨，此谠报之所由作也。"① 该刊主张媒体在进行宣传和论辩时应保持君子之风，即以逻辑和道理服人，而非叫嚣谩骂乃至人身攻击。

袁世凯窃取辛亥革命的胜利成果以后，即采取威迫利诱等手段，对国内报刊进行强力的扫荡和控制，凡属国民党和赞同革命党的报纸，几乎全被封禁。剩下的一些报刊，"或仰给于军阀之津贴，或为戒严法所劫持，其言论非偏于一端，即模棱两可，毫无生气。以视民国初元之仅以事杂言庞为病者，盖不胜今昔之感焉"②。报刊界的这种状况，引起了当时社会上诸多关心国家前途和命运者的不满，一些人遂执笔为文，投书报刊，对报刊的不良现象和不正之风发表看法，进行规劝和抨击。南右嵩的《敬告报界诸君子》一文即属此类。

南右嵩在文中首先从国家未来的角度论述报刊舆论理性健全的必要性。从一个国家的舆论状况可以判定该国民众的素质，进而推断其国事发展的未来。报馆是表达社会舆论最重要的机关，其从业人员大多是该国积学有识、有道德有气节、好名誉能文章之人，故报刊言论辄足以导诱政府，使之灵明活敏，不为失机戾时之政，其势力又常足以监督政府，使之有所畏忌，不至有蠹害公益之行。对于人民不啻朝夕提耳而告以国事：宜

---

① 转引自中国社会科学院近代史研究所文化史研究室丁守和主编《辛亥革命时期期刊介绍》第4集，人民出版社1986年版，第419页。
② 戈公振：《中国报学史》，上海古籍出版社2003年版，第211页。

革或宜兴，宜坚持传统或宜取法先进，宜猛进或宜缓功。"凡国民之疾苦乐利，惟报馆能尽悉而宣言之，代为之请命焉。即国事之得失善否，亦惟报馆得论断而嘉砭之，报告国人焉。"① 报馆对于政府来说应为益友，对于国民则是代表。有健全的报馆，才有健全的政府与人民，而我国今日报刊舆论界的状况如何呢？

南右嵩认为当时报刊界存在着如下四个方面的问题。第一，报社林立，各囿私见，党同伐异，评价事物不讲道理。言论庞杂，是非淆乱。洪潮所极，能使天下之人以耳为目，癫狂无所适从。第二，我国今日的报刊言论，专以摧残人才为能事。甲党有才，乙党贼之，乙党有才，则甲党贼之。常以暧昧之词进行人身攻击，互相倾轧，迭为诬辱。才德越高者，抨击越力，名望越重者，污蔑越深。致使豪杰灰心丧气，哲士高蹈远引。自坏长城，使国家陷于无人可用之痛。第三，助纣为虐，对有势力者的暴行巧为掩饰，力与辩护，尊之奉之，拥之戴之，其恶越大，其势越众，其誉扬越多，完全失去了彰善瘅恶的功能。第四，对政府一味谩骂，"吾观今日报界之对于政府也，往往一令甫发一事乍见，不暇深究，辄肆诋毁，若似乎专以攻伐政府为能事，而与执政诸人尤有深仇大怨也者。嗟乎，国民且不承认，更何有于列邦，内地且不服从，更何有于外藩？况乎遇事挑衅，惟恐内乱之或平，倡言独立，若虞瓜分之稍后。莽莽神州从此陆沈"②。缺乏纠察监督者应有的风度，使政府尊严荡然无存，不仅有损国体，非国家之福，而且有失报德，严重损害报刊的社会形象。

南右嵩指出，上述虽然不是所有报刊都存在的毛病，但实属一种普遍现象，即便是能言善辩之人，也不能为之掩饰。也许有人会就此质问道，当政府有失政、当道有失德、他党有失议的时候，难道亦将听其遗害流毒，而不予以声讨吗？若因此而导致奸人无所顾忌，作恶必多，那么报馆主持清议的天职，不是荒废了吗？南右嵩指出，这不是主张要报刊放弃其舆论监督的职责，而是要求报刊言论采取建设性的取向："瞻徇与畏葸一也，忠告与恶声，同用而异效也。吾闻最有价值之报纸，决不为过激见小之言论。"③ 具体言之，就是对他党抱持尊重主义，不因胜负之故而变其态

---

① 南右嵩：《敬告报界诸君子》，《谠报》1913 年第 3 期。
② 南右嵩：《敬告报界诸君子》，《谠报》1913 年第 3 期。
③ 南右嵩：《敬告报界诸君子》，《谠报》1913 年第 3 期。

度；对公众人物抱持奖励主义，不发其小节而毁其盛名；对政府抱持保育主义，不缚其手足而迟其行动。如此，才能产生政党日益优良、人才日益众多、政府日益稳健、国势日益强大的结果。

南右嵩认为，若从建设和发展角度看，国家赖于报纸鼓吹之力者，不止上述一端。比如实业振兴、商务发明、教育改良、法律普及、军国民主义灌输、道德规范遵守等，所有这些国家行政事务，有哪一项不需要报刊的宣传推广？"不此之研论，而惟意见之相争，如妇姑之勃豀，儿童之哄闹，果胡为者，亦何益乎？其究也，适足自贬损其言论之价值而已。夫天下惟大公严正之论，可以服人，亦惟大公严正之论，可以永立。朝发行而夕停版者，岂惟资本之不敷，得毋持论非平公，不获受社会之欢迎耶。"① 由此可见，报刊要永续发展，就必须走公正的大道，而现在的报界情形则是："执途人而问之曰，今日之报为何？则必一一指之曰：某报某党也，骂某报者也；某党某报也，骂某党者也。党于此者不阅彼党之报，党于彼者亦不阅此党之报。其有不得不阅者，为驳骂地也。"② 而一并取阅各报的读者，都是没有党派之人，对报刊言论要么作壁上之观，要么借资谈笑，不能产生积极的意义。同一个人甲报说是国之伟人，不可失，乙报则说是民之蠹贼，不可不诛。于是甲报所说的伟人与乙报所说的民贼，读者都不敢轻易相信。"其或为正人辩者，则必曰，天下已无真是非，此今日报界之常态，不足怪也。其为小人辩及小人之自辩者，则亦必曰，天下无公理久矣，此今日报界之故智，某某，且被诬，不足为吾累也。于是誉者不以为荣，毁者不以为辱，善者无以自全，而恶者有以自解，聚一国之人，若日在濛雾中，迷茫而不知所之。呜呼，此岂徒政府不良，人才缺乏，有以致之乎？得毋不公不正之言论，实蛊惑而使之然耳。正名定罪，不当在恶政府下。"③ 这实在令人深感可惜不已。

二

如果说南右嵩的论述主要针对报刊的政治偏执而进行指陈，那么，读

---

① 南右嵩：《敬告报界诸君子》，《谠报》1913年第3期。
② 南右嵩：《敬告报界诸君子》，《谠报》1913年第3期。
③ 南右嵩：《敬告报界诸君子》，《谠报》1913年第3期。

者刘陔的批评主题则是围绕新闻记者的道德失范而展开。在《甲寅》月刊1914年第2期"通信"栏中，刊有刘陔的一篇题为《新闻记者与道德——致〈甲寅〉杂志记者》的文章。来信作者刘陔的个人身份信息不详，现在只知1914年章士钊在日本东京主办《甲寅》月刊时，他曾经多次致信该刊编辑，就各种问题与之进行讨论，陈述自己对这些问题的看法。或许他是当时赴日的中国留学生也未可知。这封来信属于该刊一般读者自发进行的媒介批评当可无疑。

在这封来信里，刘陔对民国成立以来的报刊现状表示不满，他批评道："溯自民国成立以来，一二深识之士，慨然于舆论之混淆，意见之不一，真理之日泯，是非之颠倒，于是力挽狂澜，持之以静，邦人士之心理，猝然因之而定，未几南北意见蜂起，报纸之功用，纯为私党之利器，互相攻讦，互相诋諆，而全国报纸，遂无复虚心讨议之心矣。"① 他以宋教仁被刺一案为例子进行阐述，指国民党以宋案为由头，产生无数波折，日日追踪，以媾成大狱为事。而袁世凯政府则自知理屈，千方百计设法弥缝掩盖。他认为南方的二次革命，未始不是为报纸所激成之。一言可以丧邦的古训，由此得到了验证。不意笔争未已，兵衅已成，遂致流血遍及江东，祸延南国，只在浃旬之间，国民党人即告失败，"凡全国报纸之与彼党有关系者，一网而尽"②。作者原本以为，恶潮既息，国人从此可以静心论道，国家将走上建设发展的轨道。不料事乃大谬不然，一年以来，吾国报纸之态度，已成江河日下之势，上海地处交通要冲之地，言论界托庇于外人范围之内，对于政府当局的政见，还能时时有所短长于其间，以之比较往日，虽大形退步，然平心而言，若与北京的报纸比较起来，其质量和表现尚有高出一等之处。至于我国北方的报纸，言之诚有令人寒心者。

刘陔批评北方报纸，始则逢迎政府，百计献媚。而政府心知异己者已被拔除，因此权力日渐膨胀，对于报纸言论不以为意。"继而业报纸者，苦于销路日狭，支持维艰，于是将昔日揣摩政府之心理，移之揣摩社会一般人士之心理，社论既少，闲评遂多，偶检报纸，非叙京华之风月，即谈八埠之声歌，丝竹而外，无复文章；北里之游，顿成习惯。"③ 而且以骚人

---

① 刘陔：《新闻记者与道德——致〈甲寅〉杂志记者》，《甲寅》1914年第1卷第2期。
② 刘陔：《新闻记者与道德——致〈甲寅〉杂志记者》，《甲寅》1914年第1卷第2期。
③ 刘陔：《新闻记者与道德——致〈甲寅〉杂志记者》，《甲寅》1914年第1卷第2期。

自命，以名士自居，举国若狂，贻人笑柄。以致外国人说，世界上色迷戏迷之多的城市再也没有比得上北京的了。管子曾经说，礼义廉耻，国之四维，四维不张，国乃灭亡。报刊从业人员，大略皆以化民成俗为其重要职志。如果社会礼义不修，廉耻日丧，虽然报纸销路可以因之略有增加，但社会道德沦丧，难道不会为之痛心不已吗！他举例批评说，北京《民强报》的副刊《消闲录》中，尽载八埠之事并开花城（指妓女——笔者注）选举榜，且将选举票附于报纸之后，致有运动选举者势必多买，报纸销路为之一畅。各报见而流涎，争相仿效，所以近来各报载花城之事者日益增加。

刘陕指出，上海为中国报业最繁华之地，在报纸中设一栏专载妓女之事者，除那些小报之外，大报中实未尝见。小报为学子所不寓目，其言妓女之事，与社会关系稍浅。至于北方的《民强报》《民报》《顺天时报》《大国民日报》《国华报》等，皆是鼎鼎有名之报。《国权报》原来一向不载妓女之事，近来也常常在报尾处附上妓女的照片，《大自由报》之"自由俱乐部"栏中，近来亦喜谈娼寮之事。"此皆今日报界之趣向，而北方社会之实在情形也。"①刘陕认为，虽说饮食男女，人之大欲，逆欲而行，出于情理之外，但过于放纵欲望至乐而忘返，揆之情理，亦有非常不妥之处。人类由禽兽蜕嬗进化而来，人的本性中既包含着已经进化的人性，也有未进化的兽性。饮食男女，是生物体与生俱来的本性，所以是一种兽性。"哀乐喜怒，所与禽兽异然者也，故曰人性。（按哀乐喜怒禽兽亦有之，特始见端而微眇难见耳）所贵乎教育者，瀹人性之灵，使之日远于禽兽者也。"②人只有先具备了这种性质，而后才能够超万有而独尊，一切治功教化的文明文化才得以被创造出来。报刊言论有关世道人心与社会风俗者不浅，刘陕希望报界能够进行自我省察，尽量从物欲和私利之中超脱出来，针砭时弊，在化民成俗方面作出表率，为社会道德风气的澄明作出贡献。

对报刊言论不公正的批评不是个别人的看法，而是当时社会上的一种普遍观点。在1917年出版的传教士报刊《兴华报》第14卷第16期上，也发表了教徒王治心的一封信。王治心在信中专门论及了报刊发表评论时应持的态度问题："今日之报纸，有党派而无是非，惟我教会既无党派关系，

---

① 刘陕：《新闻记者与道德——致〈甲寅〉杂志记者》，《甲寅》1914年第1卷第2期。
② 刘陕：《新闻记者与道德——致〈甲寅〉杂志记者》，《甲寅》1914年第1卷第2期。

言论自属公正。"① 不料王治心发现该报第 14 期"时评"栏中，评价当时的外交官陆征祥有"岂仅外交长才，任事之魄力，亦属第一流人物云者"之语。认为这种评价"淆乱是非，莫此为甚"，② 讽刺该报主笔这篇时评是别具见地、令人叫绝之作。王治心指出："陆之热中帝制，奔走于袁氏不在梁士诒下，当为有目所共睹。迨袁倒，则又乘风转舵，觊觎外交。此而为第一流人物，则第一流人物之价值可知矣。且所谓外交长才，任事魄力者，岂指五月九日承诺日本之要求乎？国人方痛恨之不暇，至于国会不通过此'第一流人物'则失代表民意资格，岂必如袁皇帝时之国民会议，受'第一流人物'之牵引，始足为代表民意乎？"③ 故王治心在信末建议："欲评一事，贵有世界之眼光，正确之见解，裨益于社会人心为旨。若此扩张旧官僚势力之谀辞，舍前此袁皇帝时代之《亚细亚报》外，未尝一见，而况我素持公论之教会报纸乎？余以为本报之作时评，不必重于评骘短长，宜以一礼拜之时事提纲挈领，汇而集之，使读者一为过目，即能知一礼拜中之大事。虽曰时评，直可名之时事提要耳。至于是非长短，凭读者之自定可矣。"④ 仁者见仁，智者见智，虽然王治心对《兴华报》时评的批评，可能也存在着与被其批评者同一问题，但其中所流露出的某种社会情绪和倾向，则具有较强的代表性。尤其是关于将时事提纲挈领，汇而集之，至于其是非长短，由读者自我判断的提法，闪耀着某些现代新闻客观主义理论的色彩，反映出中外新闻理论发展在这一方面所曾经具有的某种一致性。在民国初期的中国社会领域里，能产生这种新闻思想萌芽，实属难能可贵，值得珍惜和重视。

三

1916 年 9 月 8 日至 11 日，北京《晨钟报》"社会之声"专栏里，以连载的方式，发表了钟晚成的《敬告各报编辑主笔访员》一稿。该报在发表该稿时，还专门标注了该稿为"钟晚成投稿"。钟晚成，民初著名的篆刻

---

① 王治心：《致兴华报馆》，《兴华》1917 年第 14 卷第 16 期。
② 王治心：《致兴华报馆》，《兴华》1917 年第 14 卷第 16 期。
③ 王治心：《致兴华报馆》，《兴华》1917 年第 14 卷第 16 期。
④ 王治心：《致兴华报馆》，《兴华》1917 年第 14 卷第 16 期。

家、书画家，精诗文，喜集邮，与黄炎培、邵洵美、齐白石等文艺界人士相友善。钟晚成这样的职业和社会身份，阅读并关注报纸，在其日常生活中自是一种寻常之事，但他能由阅读进而向报纸投稿，主动就报纸编辑问题进行建议，则反映出其时读者与报纸之间关系日渐紧密的一种社会动向。钟晚成指出，现在共和恢复，民气涛涌，报纸繁兴，耳目为饫，且以新闻正确为期，不偏不党为旨，宛如春雨初晴，万卉怒发，蓬勃之气至堪艳羡。"然则此后果能祛伪崇实，不为党会机关而为正义代表，将吾知识较浅鉴别力弱之同胞群纳于轨物欤，吾固信之，而又不能无疑焉。盖世界潮流渐趋信义，报纸之宣言即报纸之矢誓，乌能以比较优秀自负，指导幼稚之政府之国民者，反不克名符其实。"① 天下事自古言之非难，行之维艰，新闻报道真要做到正确、不偏不党，绝非易事！他认为新闻从业人员欲端正是非，必须内本良心，外循定则。为此，"兹谨就鄙人居恒阅报所感痛苦，著为定则数事，敬为诸君献。固知学疏识浅，难于见重，然鄙人以阅报之资格，既极感痛苦，或亦代表一部分人之心理。诸君采择一二事以飨阅报者之望"②。促使钟晚成向报纸进行投稿的最重要原因，正是他阅报的时候所产生的"极感痛苦"的阅读感受。钟晚成在此一共提出了六条具有批评意涵的建议。

第一，访员投稿不限条数。钟晚成原非报界中人，但他从朋友处得知报社招录访员有每日规定报道条数之说，后又发现中央新闻通信社登报招聘访员，有每日三条之语。"窃谓新闻限条，实为导伪之原。盖见闻本属时事，岂能日出三则？见闻少时，势必出于伪造。编辑主笔倘即据此伪造事实发为议论，著为时评，岂不大误！"③ 他指出，新闻正确与否实关报社全局，非惟不必日出三条，假使果真无所见闻，一条亦可不投。或谓不限条数设置，访员均无新闻，讵报亦不出耶？不知访员数人一时均不投稿，天下无此事实或新闻较少，不妨多转录他报。近见《北京日报》颇类乎此。但不知其是否采取此种主义。盖新闻贵确不贵多，日有预言获中之新闻一二，则即可告无愧。否则杜撰虚捏，即便琳琅满纸，又有什么益处呢？

第二，新闻需重事实少推测。事实是实现了的行为，或是已存在的一

---

① 钟晚成：《敬告各报编辑主笔访员》，《晨钟报》1916 年 9 月 8 日。
② 钟晚成：《敬告各报编辑主笔访员》（续），《晨钟报》1916 年 9 月 9 日。
③ 钟晚成：《敬告各报编辑主笔访员》（续），《晨钟报》1916 年 9 月 9 日。

种状态。推测则是根据此行为及状态推其既往或将来，测度其心迹或者内幕。"夫亲见事实而施以推测，有时亦不能无误，若未见事实，则其推测易致误也，又奚待言。余未当政治要冲，报界无推测余之行为或意思者，故无此等经验。然以小事测之，与余常处之戚友，其推测余意往往致误，且见报界载余所在机关之事项，大抵均不吻合。是以推测之事，非不可用，然决不可率尔用之。倘值前提不甚明晰，则只可直书事实，或加以疑问之语。"① 否则，就干脆老老实实地交代是个人的揣度，这样做反而会更好一些。

第三，择采他报新闻。钟晚成认为择采其他报纸的新闻，对一家报纸来说，应该是不可少的事情。"俗以择录他报新闻，为资本缺乏无力专聘访员之事。此见大误！"② 因为天下之大，事物之众，岂是区区几位访员所能够尽悉？故必择录他报予以补充，庶几免遗珠之叹。而且实际上很多报纸也确实存在着虽无择录他报之名，却有择录他报之实的情况。"余前所阅之某报，曾见其抄录他报之新闻一则，亦大书日本报记者往访某巨公云云。又见某报录他报数日前新闻一则，亦仍书日昨云云。其狡黠者则改头换面，任意增减，即据为己有，以欺阅者，不惜湮灭事实。"③ 钟晚成指出这种欺骗读者的做法，实在是阅报者最堪痛恨之事。故采录他报最为需要注意的有两件事：一是要注明择录的报名及日月；二是照录原文不可改易字句。此不但期合事实，也可明其责任。

第四，不惜更正。钟氏认为报纸需作史观，既不可以有闻必录之旨任意登载，亦不可回护已说致背事实。"夫更正前报，岂惟不背事实，亦所以彰美德。常情往往以更正之事有失报纸信用，实则不然。盖吾人心理，必常见其不惜更正方始知其爱护事实，则其信用该报且将益深。即或偶有失实，亦直断其为访闻之误，决不谓其出之虚构。"④ 勇于更正，应被视为报纸的一项美德。例如，有的报纸被某机关提起诉讼，姑且其是非及结果如何，试就某报所登新闻，按之并非关系太重，某机关岂不能投函更正？某报亦岂能拒其更正？然某机关所以直接提起诉讼，严格论之，不能不归

---

① 钟晚成：《敬告各报编辑主笔访员》（续），《晨钟报》1916年9月9日。
② 钟晚成：《敬告各报编辑主笔访员》（续），《晨钟报》1916年9月10日。
③ 钟晚成：《敬告各报编辑主笔访员》（续），《晨钟报》1916年9月10日。
④ 钟晚成：《敬告各报编辑主笔访员》（续），《晨钟报》1916年9月10日。

咎于某报之自致。所以说，不惜更正一事，非仅期合事实，而且也是与报社有直接利害的问题。

第五，意见不同之政论或举动均需登录。钟晚成认为意见不同之政论或举动，之所以必须登录，不惟薰莸并录，以示大公，而且以报纸具有史资，不能不周载各方情状。"进一层言之，己之所主张者，未必果是；人之所主张者，未必果非。又乌可刚愎执拗，不为他人少留余步耶?"① 他说，从前进步党与国民党两党对峙时，今日甲党提出一质问案，乙党各报均屏而不载，明日乙党提出一质问案，甲党各报亦屏而不载。同一条会议新闻，如果将两报对读的话，则迥不相侔。"吾阅报者欲周知各方情状，非订阅数报不可，即订阅数报，或亦难得实况。更以近日论之，余按日存者留系天津之某报，该报于四月二十二日杨度之通电及孙文前在沪上饯别议员之演说，均未登录。"② 杨、孙主张之是非，兹不具论。然无论如何其言论均堪资一引证。即或意见不同，不妨另著论说、按语、时评以商榷之，诘驳之，斥责之均可，发抒己见而不至湮没事实。天下事不能并列事实，作专论足以压倒之者，则绝非绝对之是非，万不可一笔抹杀，使他人失却予以研究的余地。

第六，须慎其主张。报纸具有史资，一字褒贬，影响均属至巨。如某人素负重望，足为转舟之舵，然因一报之误事抨击，轻率者便随之狂吠，遂致某人灰心，或有所掣肘，失其维持之力，大局于此分裂。此类事求之一国家，一社会，一团体，属屡见不鲜。人无完人金无足赤，尝谓世无一非皆无之人，亦无事事皆非之人。故吾人论之，宜多抑扬之笔，不惟论得其平，且亦足以劝善。否则，爱则加诸膝，恶则堕诸渊，予贬予褒，悉以己意。报纸如果按照这种方式进行评判，则必然增加社会的纷扰。"观民国元二年，身任政治要冲者，往往被攻击而无完肤，盖甲党所爱者，乙党或恶之，乙党所非者，甲党或是之。使不主张社会公是公非，未有不激起对抗者。其究也，于个人于社会非惟无补，反致扰害。"③ 所以说，报纸既负重责，固然不能不有所主张，只是主张时须特别慎重、客观、公正。

值得注意的是，钟晚成在信末还特地呼吁报纸读者："夫社会之公是

---

① 钟晚成：《敬告各报编辑主笔访员》（续），《晨钟报》1916年9月11日。
② 钟晚成：《敬告各报编辑主笔访员》（续），《晨钟报》1916年9月11日。
③ 钟晚成：《敬告各报编辑主笔访员》（续），《晨钟报》1916年9月11日。

及事实，社会全体均负维持正误之责，果有确实见闻，决不可惜一函之投。盖吾阅报者，政学军警工农商绅，男者女者，贫者富者，均有报纸所载，亦无非取资于吾各界。其近于事实者，固属不少，而访闻失真者，亦所在多有。个中人一纸道及可免无限误会，吾阅报者亦交受其益。近来《顺天时报》颇有此项投稿，足为吾阅报者增荣，然亦不乏意见，用事实辨正之下，或反失真，殊为憾事也。"[1] 他希望读者勇于拿起笔来，投书媒体，以亲身闻见纠正报纸之失，积极而有效地开展媒介批评，对报纸进行监督以提高新闻报道的质量和水平。

民国初期国事蜩螗，政局紊乱，国家政体先后经历过袁世凯与张勋的两次复辟，但即便如此，共和民主思想及其体制却在风云动荡之中得到生长并日益成为社会共识。特别是1916年袁世凯死后，在并不成熟甚至有些畸形然而却日渐深入人心的共和自由体制和自由民主思想的影响与制约下，中国进入了北洋军阀统治时期，军阀割据，内讧不已，各霸一方、互相斗争的政治军事集团又成互相牵制之势，反而在客观上为新闻媒体发展留下了某些相对自由的喘息空间。1916年7月6日，北京政府内务部咨文各地，宣布对《民国日报》《中华新报》《民信日报》《民意报》《共和新报》等报解禁。7月16日，黎元洪以大总统名义废止此前袁世凯政府颁布的《报纸条例》。在这种氛围和情形下，新闻事业很快从此前袁世凯时代的肃杀凋零中得到了复苏，全国新闻媒体的数量有了较大增长。但是，民初的政治和社会环境毕竟带着国体变更时期所必然具有的某种过渡性，社会给新闻事业提供的是一个并不十分健康的环境，故民初新闻事业的发展呈现出诸多扭曲和病态的特征，从而招致广大读者的不满。随着新闻事业的发展，读者的媒介参与意识也得到唤醒，并随着新闻事业的发展而逐渐走向成熟和专业。他们不再以沉默的读者为满足，而是积极执笔为文，对报刊提出批评或建议，实现从读者向作者的身份转换，以主体的活动方式参与到中国新闻事业发展的建构之中，成为制约新闻事业发展的一种重要因素。很多读者的媒介批评具有较强的专业知识色彩，既反映出当时社会整体性的读者新闻素养提高的现实，又反映出读者与新闻媒体关系日益紧密的社会动向。可以说，在民初中国新闻事业现代化的发展过程中，来自读者的媒介批评实在是功不可没。

---

[1] 钟晚成：《敬告各报编辑主笔访员》（续），《晨钟报》1916年9月11日。

第十节　来自域外的媒介批评

　　文明的创造是人类普遍进行的一种根本活动。在原始群居和母系氏族公社时期，人类各自结成不同的集团在不同的地域内从事劳动，从而创造了各种各样的文明。由于活动能力的限制，不同集团的人群之间彼此接触机会极为稀少，文化传播的信息非常微弱。随着科学技术的进步，人类的活动范围不断扩大，不同地域之间人群的接触日益增多，文化传播的脉搏也随之增强。从文化发展的角度看，任何外来文化对于一种新的文化的诞生往往起到催生剂的作用，学习和吸收外来民族的优秀文化成果，是促进本民族文化发展、实现民族自强的重要渠道和方法。鸦片战争以后，莽莽欧风卷亚雨，西方资本主义文化大量输入中土，在不知不觉中改造国人日常生活的同时，也重塑着国人对西方文明的认知和心态。清末维新的一项重要内容，就是仿行西方的民主政治制度。民国以后，原本对中国传统文化人文智慧的迷恋和对西方异质文明的本能戒备心理，很大程度上因共和制度的建立而被大大稀释了，甚至完全改换为一种钦羡的心态。1912年2月，南京临时政府公布的由沈恩孚作词、沈彭年谱曲的中华民国国歌中曾经有"揖美追欧，旧邦新造"[①]之语，就恰如其分地表达了其时国人对欧美文化的一种仰慕之情。近代欧美文化输入中土的重要载体之一是报刊，从媒介发展形态以及与社会生活关系的角度看，民国初期中国新闻事业与欧美等发达国家相比，确实存在着极大的差距，其差距之大甚至需以代差名之庶几近之。正是这种客观存在的差距，使外国相关人士在观察和分析中国新闻传播事业的时候，往往能一语中的，切中肯綮。如果剔除其中某些文化上的优越感，有关论断对国人审视和反思中国新闻传播中的弊端与问题，确实能够在理论和认识上提供某种他山之石可以攻玉的参考价值。这些来自域外的媒介批评由于发表在中文报刊上，以中国读者为言说对象，因此，它无疑是中国近现代媒介批评羲坎镗鞳乐曲中一支音质优美而又极为动听的和弦，值得我们予以注意。

[①] 转引自陈旭麓《近代中国的新陈代谢》，上海社会科学院出版社2006年版，第327页。

第五章 民国初建时期的媒介批评

一

1914年3月27日，美国密苏里大学新闻学院的创始人、世界报界大会会长沃尔特·威廉博士为考察世界新闻事业环游全球，首次抵达中国，他在访问北京期间，受到中国报界的热情欢迎。28日，北京报界同志会开欢迎会款待威廉博士一行。29日，北京数十家报馆在醉琼林饭庄公宴威廉博士。当天，上海的《申报》以"北京电"的方式报道了威廉在北京报界欢迎会上向中国报界发出的参加第一届世界报界大会的邀请，此后又以《北京报界欢迎美国新闻家纪事》《中美报界之酬酢》《太平洋东西岸之新闻家大欢宴》为题进行了连续性的报道。适值威廉考察中国期间，在北京的英文日报上刊出了一篇题为《论中国之报纸》的文章，上海《时事新报》当时曾译成中文发表，这篇译文后又被1914年5月1日出版的《东方杂志》第10卷第11号全文转载。《时事新报》在翻译这篇文章时，虽然在标题下方署有"作霖"的姓名，但这只是该文翻译者的名字。在标题下方还有"译者附识"予以交代原委云："中国报界，方以新报律取缔太严，不胜其愤激。新闻家威廉氏，方航海东来，以考察我国之新闻事业，而此篇不先不后，适于是时发现于北京英文日报，是乌可以不译，特不知吾党读之，作如何感想耳。"[1] 在这篇文章的开头，原作者交代写作背景云："美国米查黎大学报纸学专修科科长华尔德·威廉博士，以考察中国新闻事业来华，北京中国日报公会宴之于六国饭店。席间互有演说。记者敢乘此时机而贡一言。"[2] 细绎其语义，此文作者应该是一位随威廉一道来华的美国新闻界同行。

该文作者认为，中国新闻事业，虽然开创时间不短，但今日仍处在幼稚时代，其程度及功效，苟欲与西方之报纸相颉颃，恐尚有待。报纸作为一种专业工作，非富于学识经验及修养有素者，绝难胜任。不是人人都可以担任记者工作，也不是人人都有资格掌握报纸这种言论机关。凡是以此为业者，既当知道此中自有快乐处，从心灵深处热爱新闻事业，又当知道报纸的名分与责任。特别是限制二字，尤其不可以不知道。只有在深刻地

---

[1] 《论中国之报纸》，《东方杂志》1914年5月1日第10卷第11号。
[2] 《论中国之报纸》，《东方杂志》1914年5月1日第10卷第11号。

理解之后，才能够持之有道。新闻事业，是一种非常高尚而且值得称誉的事业。一方社会舆论，由新闻人为之引导。民智闭塞，由新闻人为之开通。无论大小事件，其真实确切的消息，都由新闻工作者进行披露。而公众也都对新闻媒体怀有着一种敬仰和期待。公众的感情与愿望，依赖报纸为之倾吐。当然只有主政者必须具备镇定的判决力，雄厚的爱国心和公平洁白的胸怀，而后报纸才能得到重视。报纸记载，期于翔实。媒介经营与管理方法，期于稳健。若是这样，才可以叫作报纸，叫作新闻家。如果仅仅批评时局，指摘政府，痛骂官吏，那么可以说是还没有完全尽到媒体的责任。凡是一评一论有价值者，足以激发人之意气，且足以使读者想见其主笔的为人。而主笔者的言论，尤其要对于那些有识见有思想的人，发出呼吁，或者根据其病症而施以针药。新闻媒体规劝感化的力量，集中表现在士人而非庸众身上。如果言论足以感动士人的心灵，那么庸众也将间接地蒙受这种福利。

　　按照这一思路，"中国之报纸，则固未尝有此皎洁之气象，感化之势力也"①。中国报纸如同呱呱坠地未久的婴儿，对报纸的名分与责任，很多人一时还很难充分地理解。现在报纸版面上连篇累牍的评论和记载，非断断于琐屑，即肆力于谩骂。投身报界主持笔政的人，不是因为热爱新闻，也不是有志于报效国家和社会，而只是将新闻活动作为终南捷径，选择一二大官，肆意地攻击咒骂，因之以博肥缺，猎重贿耳。"新闻家之最优者，不过以目前之地位，为作官致富之阶梯，学养无素，识力至薄，略变旧日之文体，或掇拾一二新名词，今日一论，明日一文，其所吟哦而涂抹者，为多数阅者所不解，抑亦多数阅者所不欲解也。一有可乘之机会，即跃然而起，大肆抨击，务达其一己之目的，否则被封被禁，被驱逐惩创耳。至于为众请命之文字，或见义勇为之著作，则固非若辈所能梦见。此所以封禁报馆之举，为中国所常见也。"② 在中国报界，其中也有一二家历史较为悠久的报馆，能够以和平的言论，谨慎的记载，深远的眼光，保持着较高的价值，还算差强人意。作者最后说，为中国打算，应该尽快地创办新闻学专修学校，以养成新闻界专门人才。这样也许使主持言论的人，能够深切地理解自己的名分与责任，使原来存在着的种种漫无节制，或甚为狂悖

---

① 《论中国之报纸》，《东方杂志》1914年5月1日第10卷第11号。
② 《论中国之报纸》，《东方杂志》1914年5月1日第10卷第11号。

之弊，可以渐渐地消失。不然的话，不但报纸没有进步可言，就是国家的发展，也将受到大大的影响。这实在不是一件小事情。

应该承认，《论中国之报纸》的作者对中国报纸现状的批评，虽然存在着某些个别夸大的成分，也存在着因对中国社会政治现实的某些隔膜而有不准确之处，如其论述中国报馆被封禁的情形，虽不完全无因，但实与客观实际有着较大的距离。但总体上看，其批评尚较符合民初中国新闻业的实际。很多弊端确实存在，为当时国人所司空见惯。而他提出中国要创设新闻专修学校以培养专门人才的建议，可谓点出了制约中国新闻业发展的一个关键之点。人是新闻传播活动中最活跃的因素，新闻业的发展依赖于新闻人才队伍的建设，而新闻人才队伍的建设又有赖于新闻专业教育的创设。这对当时的中国人，诚可以说一种醍醐灌顶式的提醒，对后来中国新闻教育的创立，无疑具有积极的舆论提示和准备意义。

二

在1914年《东方杂志》第11卷第1期上，刊登了甘作霖译自美国《大西洋月报》杂志上亨利麦京的一篇题为《论新闻纸之道德》的文章。甘作霖，浙江平湖人，南洋公学同学会于1914年10月召开第五次选举大会时，甘作霖曾经被推选为同学会杂志部部长。从南洋公学毕业后，他即在商务印书馆英文部任职。商务印书馆早期出版的多种文学名著，英汉对照，并逐段注释，大半出自他手。他晚上还兼任《新闻报》的外报翻译工作，"文笔流利晓畅，颇受读者欢迎"①。甘作霖并非新闻从业人员，他为《新闻报》翻译外报材料，只是以此兼职获取经济收入而已，他的本职工作还是一个职业翻译工作者。因为除此而外，他还经常向《东方杂志》《英文杂志》《英语周刊》《小说月报》《小说海》《法政杂志》等刊物投递各种文学和专业翻译稿件，他所投递的专业稿件涵盖了政治、军事、经济、法律、科技和时评等各个领域。由此可见，他之所以翻译《论新闻纸之道德》这篇文章，大约也没有什么新闻理论建设上的考虑，或许只是看中了这篇文章翻译之后所具有的经济价值而已。但这对具有强烈的民族文化建设使命感的《东方杂志》来说，则显然不能作如是观，选择发表这篇

---

① 谢菊曾：《十里洋场的侧影》，花城出版社1983年版，第47页。

文章无疑是其编辑主体意识支配下的一种自觉的媒介批评行为。

亨利麦京借一位长年撰写剧评者之口,道出报纸上文章"最要在引起人之兴味,其他皆枝叶而已"①的写作诀窍,强调报纸上的文字首要一点就在要让读者能读与喜读,而要做到这一点,关键是要有激情,力避高远平淡。努力寻找攻击对象。"今日攻甲,明日搏乙,伶人无可非,则抨击脚本家;脚本家无可非,则抨击后台之主任。此数者而均无可非,则择剧报同业中之持异议者而抨击其失当,或就舞台同业中之有微辞者而抨击其嫉妒,或竟以公众之不欢迎该剧,而抨击其无观剧之程度。"②而且在攻击时,论态需郑重而勿涉于懈弛,论调需恳切而勿失诸淡漠,以迎合英美国人喜以己身当言论家之锋的心理。如此,就能够吸引众多的读者围观。剧评者认为此乃言论家成功的唯一窍要。作者自述此后几年间,他先是从事剧评写作,后又改操新闻事业,自警署琐案访员以迄于总编辑与总经理,报馆中所有的职务和工作,他都一一躬亲阅历,工作中常忆起那位剧评者的话,且偶一试行,辄呈奇效,旋觉他报亦多有行之者。"其行之之道,或以正,或以奇,或以明,或以暗,而其主旨所在,要不外以酣畅淋漓之活剧,取悦于多数人之观者,其所以充活剧之资料者,大都于众中择一相当之人物,而供其牺牲,资其脔割,操刀者之手段愈辣,则戏剧之情节愈浓,而观剧者之心目亦愈快,此为办报者推广销路之道。"③就是制造买点或噱头,以吸引读者观看。作者认为这种做法是在图谋报馆的私利,实在不足为训。

作者认为有时候为了公共利益,履行言论家的最高天职时,观其使用方法,与此也别无二致。大到国家政令得失,制度良恶,地方自治,绅士议员贤与不肖,小至牛乳掺水,公园鬻酒之类,无不搏以全力。大抵报纸之第一步,在得一具体靶子,以资其射击,彼其所欲反对者,虽在主义而不在个人。然个人者主义所附丽,舍个人而空言主义,则其战不烈,而观者将以惝恍无凭而失其兴味。鹄的既得,则第二步即须以理论为矢,以证据为弹,务使当之者百孔千疮,不得不弃甲曳兵而走。而攻者至此,尤须奋力穷追,扑之倒地,俾后此不复敢仰首伸眉,盖至此而言论家之目的乃

---

① [美]亨利麦京:《论新闻纸之道德》,甘作霖译,《东方杂志》1914年第11卷第1期。
② [美]亨利麦京:《论新闻纸之道德》,甘作霖译,《东方杂志》1914年第11卷第1期。
③ [美]亨利麦京:《论新闻纸之道德》,甘作霖译,《东方杂志》1914年第11卷第1期。

始达,至此酣畅淋漓的活剧始可以闭幕。或许有人认为这种说法低估了人民的智力。其实,操言论机关的人,深知人民在才智、道德和理解能力等方面,均受到一定的限制。"寻常多数之人,思想难而感觉易,强之使用脑力,不如激之使用感情。政令之不善,举措之失当,必使活现为奸人败类,而后众始属目,恶人之不可无以为惩创,又为社会公具之心理。故言论家之善为战者,不特能震惊社会之耳目,而又能使社会之人,自忘其旁观之地位,而一若此身之躬与于战役者。当其相持至烈之时,报纸辄挟其代表舆论之名,而曰我之战乃人民之战,我不过为之执弧矢以先驱而已。是时也,凡社会中之高尚正直,急公而好义者,几似人人在阵伍之中,而彼言论家反似为民意所迫,不得已而身当其冲焉。"① 等到目的达成,则必然要归功于报纸。

作者认为报刊在宣传鼓动时,"其所号召者,乃脑力较逊程度较低之多数人民,而决非少数有思想有学识之士也"②。因为有思想有学识者为国家之精英,不仅其数量十分有限,不足以彰显报纸声势,而且这些人常常有自己的主见,也不易影响他们的判断。

作者认为报刊对于恶人暴行的攻击,要讲究策略,注意缓急步骤,先后程序。就如同打仗一样,最忌交战之始,即举所有弹药,尽轰于一发。"欲激众愤,究不能不藉事实,故客气亦根据于才识。特此等才识,不免似是而非耳。言论家之善激众怒者,恒由徐而疾,由宽而紧,今日举一事实焉,而众怒为之一增,明日又举一事实焉,而众怒又为之一增,众人之兴味,赖此渐进之手段为维持,而其忿愤之情,则反以是而日见其增高。"③ 如果把恶人所有的暴行,在一文一论中尽情倾吐,必然篇幅过长,普通人常无耐性读完,亦决无此记性以尽忆之。即便能稍稍记忆其中一二事件,读者恒自病其偏而不全,紊而不清,"此非第不足以激其意气,而适所以生其厌倦。厌倦者,意气之大敌也。每举一事,纵行而至三栏,字数而至六千,则已尽若辈饮啖之量,出而哇之,亦意中事"④。作者认为,善为报者,以绝大的标题,寥寥十余字或数十字,而全部显示文中所记载

---

① [美]亨利麦京:《论新闻纸之道德》,甘作霖译,《东方杂志》1914年第11卷第1期。
② [美]亨利麦京:《论新闻纸之道德》,甘作霖译,《东方杂志》1914年第11卷第1期。
③ [美]亨利麦京:《论新闻纸之道德》,甘作霖译,《东方杂志》1914年第11卷第1期。
④ [美]亨利麦京:《论新闻纸之道德》,甘作霖译,《东方杂志》1914年第11卷第1期。

的事实，简单明了，读者阅后才会感到津津而有余味。文章标题贵在吸引人，同一事实不同的人标题会相差很大。"纪事难而标题尤难，同一事实，而出诸庸手，则曰'麦克祁尼斯之不道德'；出诸能手，则曰'麦克祁尼斯私盗一百二十五万七千八百九十七金'。二者之间，相去远矣。"① 前者抽象，令人印象模糊浅淡；后者具体，令人印象清晰深刻。

作者认为，国民意气，殆如潮汐，一涨一退之间，大有关系可究。如果仅认为由道德之心所鼓励而成，则殊有未当之处。因为道德非仅性能之事，而更是一种学养。人的性能本于天生自然，而学养则可以造就人的才识水平。道德的精华，在能以理智的清醒，节制其意气之震荡，并能使眼前的欲望受制于远大的目标。报纸之所以能够以迁就的手段，利用人们的道德心理，"盖深知其道德程度，祇有此数。稍涉高远，即不足以动其心。故曲就其习惯之思路，并审量其在道德上，若者为所渴慕，若者为所深忌，因势利导，以致其效用，而丝毫不敢或溢者也"②。这就如同律师办案一样，不能不考虑当事人道德的限制，并以之作为其辩诉的准备，以便达到预期的辩护目的。这种利用读者心理进行传播的技巧和经验，以及其间诸多过犹不及的失误和教训，对民初的中国新闻媒体来说，无疑也具有一定的借鉴价值和参考意义。《东方杂志》之所以选录该文，应该也是着眼于此吧。

三

1914年7月28日，第一次世界大战爆发。中国先是在大战初期宣布中立，希望欧洲战火不要殃及中国。后又于1917年8月对德宣战，从而加入了交战国的行列。中国虽没有正式向欧洲战场派出军队，但派遣了大批劳工前往欧洲，为协约国的胜利作出了重要贡献。新闻自由是资本主义的基本价值理念，但在战争时期，这种自由就受到了相应的缩限，因此，在民国初期，一些在中国的外籍新闻工作者，曾结合战时的特殊环境和中国具体的情形，就新闻自由及相关的新闻传播等问题进行了阐释和分析。在这些外籍人士中，以李佳白和莫安仁两人的有关论述最为突出。

李佳白是先后毕业于私立汉密尔顿学院、纽约协和神学院的美国传教

---

① [美]亨利麦京：《论新闻纸之道德》，甘作霖译，《东方杂志》1914年第11卷第1期。
② [美]亨利麦京：《论新闻纸之道德》，甘作霖译，《东方杂志》1914年第11卷第1期。

第五章　民国初建时期的媒介批评

士，1882 年奉美国长老会之命赴华，在山东烟台、济南等地传教，1892 年回国。两年后再次来华，在北京筹办尚贤堂，1897 年他去欧美募款，引起美国政府的重视，募得 15 万余美元的经费，1902 年尚贤堂从北京迁到上海，在教育、社会、宗教和文化各方面开展活动，1910 年出版《尚贤堂纪事》月刊，1917 年任《北京邮报》主编，1918 年回国，1921 年重来中国，次年在北京发行《国际公报》周刊，1927 年在上海去世。李佳白是一位兼传教士与新闻工作者二任于一身，在当时中国上层中具有一定影响的外籍人士。他在《尚贤堂纪事》上发表了《报界之自由观》《论言论自由》《各国人民及报界之自由观》等多篇有关论说，反复地阐述了他的新闻自由理念。他的《报界之自由观》一文，发表在《尚贤堂纪事》1917 年第 8 卷第 11 期上，结合中国的报律问题立论，具有很强的媒介批评意义。

李佳白在《报界之自由观》中，将当时主张新闻自由观点的各家英文报刊，大体上归纳为两类，具体如下。一类是"主张自由，而于他人意见不同之处，则极端反对者"。① 如《京津泰晤士报》《字林西报》《楚报》等，皆属此类。这类报纸多由英法人士主办。另一类则是主张"自由悉出以合乎公道，当乎公理之论调者，如《纽约晚报》，及某英人报，对于国报主笔马思罕君意见之评议皆是，此数报皆以战时可发表各人之见解，深为满意。盖以见解与消息不同。消息或被检查，或遭压制，见解仍无处而不自由也"。② 李佳白批评当时中国各报对欧战各种消息因怕影响军务，未便振笔直书。"当某晚报未封之前，英法各参谋处皆不肯购阅，某晚报主笔美人，寓华多年，继以办报，久仰美法英为自由民政之代表，乃竟于我美人之言论刊行自由权，特别破坏之乎。破坏之极，乃使我美人，不得蒙其本国政府之保护乎？"③ 李佳白推测该晚报因为主笔为美国人而招致查封，是违反了新闻自由。他在文末推测该晚报被中国政府查封，可能并非出自中国政府本意，而是中国政府受到外在的强力干扰所致："说者谓是役也，中华政府乃被动也，非主动也。主动者，固大有人在也。吁！是何种之关系，乃居于被动地位乎？"④ 他希望世界战云尽快散去，重回风光

---

① 李佳白：《报界之自由观》，《尚贤堂纪事》1917 年第 8 卷第 11 期。
② 李佳白：《报界之自由观》，《尚贤堂纪事》1917 年第 8 卷第 11 期。
③ 李佳白：《报界之自由观》，《尚贤堂纪事》1917 年第 8 卷第 11 期。
④ 李佳白：《报界之自由观》，《尚贤堂纪事》1917 年第 8 卷第 11 期。

月霁的人间。

在清末民初的来华传教士大军当中,莫安仁也是其中有很大影响的一位。他是1884年由英国浸礼会派遣来华的传教士,初在西安传教,一度调往山西任职,1918年后任上海广学会总编辑。莫安仁还是一位著名的语言学家和教育家。1916年,他曾编著出版《官话汇编》语言辞典。这部辞书所收录的词语大多是从当时报刊中搜集而来的新词,成为20世纪来华传教士了解、学习汉语的一部必备工具书。该书编写前后经历了20余年,莫安仁为了编撰此书,长期留心观察中国的报纸,从中搜集了大量的时新官话。在这个过程中,莫安仁对中国的报刊及其发展状况也有了相对深入的了解。《大同月报》是1904—1914年在上海创刊、由广学会编辑出版的社科综合性刊物,莫安仁一直是该报的主要撰稿人。作为一个英国传教士,莫安仁对源自西方国家的自由主义传统十分推崇。他曾自豪地说:"'自由'者,天下之公理,人生之要道,不可须臾离之者也。"[1] 自由是人生必不可少的权利。他认为在人的诸多自由权利中,言论自由和出版自由是其中最著者。虽然"各国因人民程度之不齐,对于自由虽有时加以限制,未能尽臻完全自由之境,然未完全者,现虽未克骤尔完全,而必望其终有完全之一日。此吾人共抱之希望也。未得之完全自由,现虽未克骤尔获得,而已得之自由,现应保守,不容再为侵削。此尤吾人共执之主义也"[2]。即新闻自由需要争取,需要捍卫。

莫安仁在《论压制报馆之无益于国》的论说中,对当时政府压制报馆的行为进行了猛烈抨击。他指出,"近来各国因国际交战之秋,对于报馆,时施严重之干涉"[3]。英国素来尊重新闻自由,平时对报馆取放任主义,但1915年间,也对登载虚假消息的《地球报》进行了封禁。对此,莫安仁评述道:"吾人于报纸登载关系重大之谣言,及受劝戒而不改正,均不谓然。惟对此等报纸压以权力,终未若按法律以处治为足令人心悦诚服。"[4] 主张对报刊实行可以预期的法律治理,尽量避免言人人殊、莫衷一是的人治。新闻自由是避免政府腐败滋生和蔓延的有力保障。"譬若阴湿之地,空气不洁,得日光以照之,则微虫尽除。言论出版集会诸自由者,驱除微虫之

---

[1] 莫安仁:《论自由》,《大同月报》1916年5月15日第2卷第5号。
[2] 莫安仁:《论自由》,《大同月报》1916年5月15日第2卷第5号。
[3] 莫安仁:《论压制报馆之无益于国》,《大同月报》1916年3月15日第2卷第3号。
[4] 莫安仁:《论压制报馆之无益于国》,《大同月报》1916年3月15日第2卷第3号。

日光也。"① 他认为尊重新闻自由，是保全国家永久发达的唯一良法。当然，他也告诫新闻媒体，要自重自守而不可放肆。"就报馆言之，操守宜坚，不可受人贿托；议论宜正，不可偏执私见；记载宜实，不可轻听谣言。"② 一言以蔽之，行使自由须以其能自守自重为前提。总的目标是有益于而勿贻害于国家。历史经验告诉人们，言论出版自由绝对不可被压制。报馆是扶助保持国家发达的良物，封禁报馆，防民之口，其结果必然会引起激烈的反抗。好行专制者，其失败时间的迟早，虽难预定，但其终将归于失败则可以断言。"然则世之唱言专制者，可不知所醒悟也哉？"③ 莫安仁这一根据历史智慧的提醒和告诫，显然对当时中国的报界也同样具有极强的现实意义。

中国有句俗话：外来的和尚好念经。在西方也有一句与之具有互补意义的俗谚：仆人眼里无英雄。中国近代以来，在社会各个领域，很长一段时间都在苦苦追赶和学习着西方的发达国家。宁调元有诗曰："十年前是一重囚，也逐欧风唱自由。"④ 唐群英则言："文明未播中原种，美雨欧风只自嗟。"⑤ 都反映了那个时代国人追蹑欧美的怀抱。在中国近现代新闻事业发展过程中，很长一段时间内，无论是西方的新闻传播实践，还是西方的新闻理论，在国人的心目中一直都笼罩着一层华丽的光彩。因此，有时来自异域的媒介批评，对中国人更具有一种当头棒喝的警醒和刺激作用，更易受到国人的重视。这在当时以学术文化的提倡与传播为职志的《东方杂志》中即有着明显的体现。该刊就非常重视选载和发表来自域外的有关新闻理论文章，其中很多文章对中国的新闻理论建设都具有先导的作用。如莫安仁发表在1917年《东方杂志》第14卷第4号上的《报纸自由说》一文，作者详细地阐述了报纸在平时和战时两种不同的状态下，新闻自由权利的大小和范围应有所不同，十分深刻而先进，有关论述即便在今天看来亦不过时。作者在文末附言："窃愿中国人士，览之而有动于中，师其大意，订为报律，俾众遵守。然其精神，则尤在政府有实力，有公心，毋

---

① 莫安仁：《论压制报馆之无益于国》，《大同月报》1916年3月15日第2卷第3号。
② 莫安仁：《论压制报馆之无益于国》，《大同月报》1916年3月15日第2卷第3号。
③ 莫安仁：《论压制报馆之无益于国》，《大同月报》1916年3月15日第2卷第3号。
④ 宁调元：《感怀诗》，《近代诗选》，人民文学出版社1963年版，第465页。
⑤ 唐群英：《绝句八首》，马以君主编：《南社研究》第2辑，中山大学出版社1992年版，第175页。

苟毋滥，持之以坚，而报界人士，亦宜服膺其说，无为高论放言，上下交相勉，庶乎其可。此则记者献言之私心也。"① 其一片拳拳之意跃然纸上，令人感动。其有关论说，自然也更能打动中国人的心扉，为国人接受，从而融入中国近现代媒介批评的躯体之中，成为其生长和发展过程中不可或缺的有机滋养或组成部分。

小　结

凯恩斯曾经有句名言：观念可以改变历史的轨迹。任何时代，先进的观念都可以创造奇迹，都有助于推进人类社会的进步。辛亥革命结束了中国两千多年的封建专制制度，使民主共和的观念深入人心。历史虽然是一个在时间上的永续过程，民国肇造之际的中国社会，无论是在政治经济领域，还是在思想文化领域，都存在着新旧交替、中外杂陈和交战的过渡性痕迹。在历史的入口处，它既给人们带来蜕旧换新时的坎坷和痛苦，又同时给人们带来光明在前时的希望和欢欣。民国初期的中国新闻事业，也已经出现了有意义的转型：政论在报纸上的篇幅逐渐减少，新闻越来越受到重视。促成转变的原因略有如下几点。一是在二次革命以后，袁世凯、段祺瑞等封建军阀恣意禁锢言论，很多报纸唯恐言论贾祸，开始少发或者不发议论；二是这一时期，因为国内政坛动荡，国际战局激烈焦灼，唤起了人们因关注环境变化而产生对新闻报道的需求。适用读者的这种需要，报纸上的各类新闻报道普遍得到加强；三是民国2年，在政党政治虚幻表象的牵引下，一时间政党林立，各政党通过创办或控制报刊进行宣传，政论报刊大行其道，通过言论对付政敌，丑诋竞争对手，大大毒化了报刊言论领域，令读者望而生厌。读者阅读态度的变化，不仅表现在对报刊阅读内容的选择偏向行为上，还表现在来自社会对这一方面的批评之声越来越响。在1914年至1918年的媒介批评文本中，"党见"是一个出现频率极高的词语，而且这种声音发出者，很多都只是社会上一些相对普通的报刊读者。他们的媒介批评之声因被当时的报刊选中发表而有幸保留了下来，成为我们今天借以触摸和还原当时媒介批评现场的一条重要线索。可以推断，当时社会上一定还有更多的类似声音，已经湮没在岁月的长河之中而

---

① 莫安仁：《报纸自由说》，《东方杂志》1917年第14卷第4期。

被历史遗忘。

民初报界的问题不仅仅是言论界党见倾轧严重，即便新闻报道，也是弊病丛生。当时任职《大公报》总编辑的胡政之，曾针对北京新闻界报道现状评述道："共和复活以还，言论界生气勃兴，北京一处新闻出版不下六七十种，发恢言论自由，极一时之盛。顾吾以为新闻事业之天职有二：一在报道真确公正之新闻，一在铸造稳健切实之舆论。而二者相较，前者尤重，盖新闻不真确，不公正，则稳健切实之舆论无所根据也。"① 他指出，我国政治上因沿袭专制余毒，好以诡秘相尚。政治无一定轨道，虽极推理，亦往往不与实际相合。导致记者探访新闻，因之甚为窘苦。而恶德记者，乃不得不出于伪造之一途：不曰某日某处开何等会议，议决一二三四五等项事件，即曰某公某日向某处提出甲乙丙丁戊等项意见，五花八门罗列满纸，乍读之一若搜采宏富，而置报一想，直不知所报何事。盖皆记者随意胡诌，本无其事也，是可谓为数字式新闻。又或曰某处某公得某处密电、某处开秘密会议。至其内容不曰事关秘密，未便宣布，即曰事甚秘密不易探悉，甚至加以某某甚为动容，某某争执甚力等形容语，是又记者先生运用其神秘头脑所创之新闻也，是可谓为秘密式新闻。又或见有一事发生，即就此事而推想及于他事，如见曹汝霖赴日赠勋，便想到陆征祥赴欧赠勋，更想到某人赴某国赠勋，照式演来，充塞满纸，是可谓为推演式新闻。又或搜寻旧闻加以点染，读者事久易忘，乍见之亦不辨其为陈腐，而深信真有此事，是又记者整旧如新之本领，可谓为翻陈式新闻。凡此种种，几成当时报界公式，神而明之变化无穷，很多记者心知肚明，亦乐此不疲。"新闻记者得此秘诀，虽日作百十通信，亦复何难？然诈欺取财，国有常刑，此虽国法制裁所不及，而试念新闻事业之天职，则如之何而可？"② 真实报道、公正评论的新闻职业道德信条，一度被糟践得体无完肤。胡政之其时对新闻记者的抨击，确乎体现了一个正直的新闻记者所应有的职业操守和理想坚持。

民初之际的中国社会，光明与黑暗交织，顽固与革新缠斗。尽管新闻界如同其他社会领域一样，有诸多不尽如人意之处，甚至令人失望、绝望。媒介批评是新闻观念的推演，是新闻实践的先导。只要信念在，希望

---

① 冷观：《本报之新希望》，《大公报》1917年1月3日。
② 冷观：《本报之新希望》，《大公报》1917年1月3日。

就在。1918年1月1日，胡政之又在《大公报》上发表了一篇《新年之辞》，其中感言他业报以来，每年都是以希望始者，莫不以失败终，但他并没有就此绝望，反而生出了天将降大任于斯人也的救世情怀：方今天下汹汹，人欲横流，如洪水猛兽，浩劫方始，更有何希望可言！然而人之生也，秉灵性，具官能，社会之现象，胥人力所创造，吾人苟觉悟此现象之不良，则去不良以即于良，固吾人所当努力者。"盖世界之文明，本为人类精神奋斗努力之结果，非可倖而致也。今日国事蜩螗，兆民嗟叹，试一究其终局之责任，则全国之人，孰不当分任其咎。吾侪久业新闻，与社会最接近，诚知以此愚暗之国民，堕落之社会，欲求产出良善之政治，殆绝对不能。自今以往，惟求国民觉醒。社会改良，如国民之精神生活，能富于活泼贞健之性质，则社会现象不难进于光明之域，而今日纷纷扰扰之徒，胥当敛其妖迹，苟非然者，主人翁之国民，既昧然不自振作，则必有土匪来作总统，人妖尽充要人之一日。吾人虽怀种种希望，亦惟有终于太息悲愤而已。"[①] 他自勉在未来的一年里，"期诱导国民于新生活之途，发扬新社会之光辉。请于来年此日，相与课其成绩可乎"[②]！在失望中孕育希望，在黑暗中看到光明，其中体现出天行健君子以自强不息的哲学智慧。这正是促动民初中国新闻业向前发展的主观精神和内在生命动力。

综观民初媒介批评领域，虽然缺少像梁启超那样的思想和理论大家，但仔细寻绎，即可发现这既是一个承前启后的时代，也是一个新的思想幼苗破土而出的时代。有些新闻思想的某些成分、因素或者提法，如新闻专业主义、战时新闻自由应受限缩等观念，在清末新政和辛亥革命时期某些媒介批评家的论述中，已经有所萌生，但它们以如此明确的话语形态出现在民初中国媒介批评史上，无疑体现出了时代的革命和进步。特别是1917年姚公鹤的《上海报纸小史》一文，以生动而简略的笔墨，勾勒性地叙述了"上海报界实体上变迁沿革盛衰兴废之大要"，[③] 不仅标志着中国新闻史研究的起步，而且将此前散存于新闻功能论述中的报刊历史资料作一初步梳理，发扬光大，独立成格，从而开拓出了一条中国媒介批评史学批评的新路。这一切都预示着：中国媒介批评即将迎来又一个新的发展阶段。

---

① 冷观:《新年之辞》,《大公报》1918年1月1日。
② 冷观:《新年之辞》,《大公报》1918年1月1日。
③ 姚公鹤:《上海报纸小史》,《小说月报》1917年第8卷第2期。

第六章　五四运动时期的媒介批评（上）

五四运动是中国近现代历史上的一个分水岭，也是中国历史上一个具有里程碑标志的重大事件之一。毛泽东同志曾经指出：五四运动"表现中国反帝反封建的资产阶级民主革命已经发展到了一个新阶段。五四运动成为文化革新运动，不过是中国反帝反封建的资产阶级民主革命的一种表现形式。由于那个时期的社会力量的生长和发展，使中国反帝反封建的资产阶级民主革命出现一个壮大了的阵营，这就是中国的工人阶级、学生群众和新兴的民族资产阶级所组成的阵营。而在'五四'时期，英勇地出现于运动先头的则有数十万的学生。这是五四运动比较辛亥革命进了一步的地方"①。每个时代都有它自己中心的一环，都有这种为时代所规定的特色所在。五四运动时期一批文化斗士高举民主和科学的大旗，以披荆斩棘之姿和雷霆万钧之势，向旧的传统文化发起了猛烈进攻，其激烈、勇武和决绝程度，不仅在中国数千年文化史上具有划时代的意义，就是在近现代世界史上也是极为少见的现象。五四新文化运动的兴起，给中国报刊政治和思想评论带来新的生机。《新青年》一开始虽然着重进行的是文化和思想斗争，但这种文化和思想斗争与当时现实的政治斗争密切结合，它所发表的一系列文章具有鲜明的政论色彩。政治思想评论在这里再现光芒。五四运动期间，青年知识分子和学生主办的报刊，一时间如雨后春笋一般在全国各地纷纷涌现。随着政治斗争的深入开展，一批以进行时事政治评论为主要任务的报刊破土而出，有些报刊径直把"评论"二字放进自己的名称之中，评论时事政治一时间成为报刊的潮流与旗帜，如《每周评论》《湘江评论》《星期评论》《钱江评论》《珠江评论》《双十评论》等。评论成为

---

① 《毛泽东选集》第二卷，人民出版社1952年版，1966年横排本，第522页。

当时中国报坛最富有朝气的文体，这是此前中国报刊史上没有的现象。评论的蔚为大观，为媒介批评的发展提供了赖以生长的肥沃土壤和时代氛围，不仅很多报刊开辟了"评论之评论"的专栏，而且还出现了以"评论之评论"命名的期刊，媒介批评文本大量涌现，中国媒介批评在此阶段开始呈现出一种春草怒生、万木争荣的生动景象。

第一节　北京《晨报》的媒介批评

五四运动时期的北京《晨报》既是当时中国北方的舆论重镇，也是勇于进行新闻革新和媒介批评的园地。1932年4月29日，《晨报》编辑林仲易在燕京大学新闻学系新闻讨论周演讲时曾回忆："记得八九年前我在《晨报》时候，和同事张琴南——现任天津《庸报》总编辑，刘新锐二君，每周办个'新闻专号'，专攻击各报编辑的不对，如前几年大家记载政治新闻，总是夹叙夹议体，一条消息参杂许多编者意见在内，后经我们极力攻击，谓记载新闻应持客观的态度。大家见说，也感着以前不对，渐渐改过来了。可见一个人做事，没有经人指摘，总不容易自觉其非，久而久之，甚至成为风气，那末，一宗事情，必定有人来提倡改良，才会有进步的。"[①]《晨报》的前身是1916年8月创刊的《晨钟报》，是研究系所属的报纸，由梁启超、汤化龙等主持。《晨钟报》创办之初，曾聘请李大钊担任总编辑，该报发刊词《〈晨钟〉之使命——青春中华之创造》主张报纸应警醒青年，投身于把白首中华变成青春中华的活动，就出自李大钊的手笔。

由于主持该报的研究系政客积极投靠段祺瑞并利用报纸支持以段为首的封建军阀实力派，因此李大钊在该报工作两个多月后即被离职。1918年9月，该报因发表段祺瑞向日本政府借款新闻而被北洋政府查封，同年12月，改名《晨报》继续出版。《晨报》在五四运动时期能够成为我国北方宣传新思想、倡导新文学的主要园地之一，与林仲易、张琴南等该报同人在报业领域追求进步、勇于革新有关。在他们的报业革新活动中，新闻学研究和媒介批评则是其中重要的内容。

---

① 林仲易：《谈谈几个改良报业的实际问题》，《新闻学研究》，良友公司1932年版。

一

　　检讨自身及国内新闻传播的问题，是五四时期《晨报》同人的一个有意识之举。1921年1月1日，林仲易在《晨报》三周年纪念日的《我们纪念三周年的意思》一文中，披露他们之所以集中刊出多篇新闻专业文章时有言：纪念三周年，并不是要夸示既往的努力，而是指向着将来。方法就是省察既往："今日省察一省察还是适用这时代的要求与否，然后改其不适用而求其适用。对于我们的感想适用这时代的要求与否，原是时时都应该省察的，也何必择定日期呢？不知人的脑筋里起感想，固然是时时都有的，但是不去整理他，很容易为惰性战胜，随时消灭，所以我们必要寻找一个机会来发表他。在时间上，一年是一个很适当的期间，所以我们又在本报出生日之第三周来出纪念号，和我们的同志齐来谈谈新感想，这就是我们今天纪念三周年的意思之所在。"① 省察意味着通过回顾既往，发现新闻传播中的不足和问题，以获得在新闻内容和传播形式等各方面的改进。

　　1922年6月4日，该报刊行《晨报特刊》之《新闻纸问题号》，可谓其媒介批评的一次集中展示。天云在《我们刊行"新闻纸问题"号的意思》中，更是将批评的矛头对准了北京报纸的传播现状："近年来北京报纸，简直可以说是日日退步，本来北京报纸就没有到很进步的时代，现又如此，前途真不堪设想。"② 天云认为其中的原因，就是同业中以办报纸为手段的人太多了。彼辈把报纸看作是运用手段的东西，于是什么恐吓、诈欺、诬蔑、造谣等手段无所不用，所以报纸才糟到如此这般田地。他说我们办的《晨报》，自己看过去虽然也非常不满意，但是有一句话可以自信的就是确以办报本身为目的，因此我们无日不力求向上。然而我们还有一种宏愿，就是不愿意一家专美，甚为希望同业中多多产出和我们目的相同的报纸，就是与我们意见不合，持论互异，甚至做我们的劲敌，我们也非常欢迎，非常敬爱。然而我们的愿望，始终不能实现。"这无他，只因大家不明新闻纸的使命。"③ 报纸的媒介使命不明确，自然无法确保让新闻传

---

① 仲易：《我们纪念三周年的意思》，《晨报》1921年12月1日。
② 天云：《我们刊行"新闻纸问题"号的意思》，《晨报》1922年6月4日。
③ 天云：《我们刊行"新闻纸问题"号的意思》，《晨报》1922年6月4日。

播始终走在正道上。

那么新闻纸的使命是什么？新闻纸的目的是什么？新闻纸应该怎么样才叫作好？天云认为这些不仅都是当新闻记者应有的常识，而且一般读者对此也不可不知。然而北京的新闻记者和一般读者，缺乏这种常识的就不在少数。所以那般以敲竹杠为目的的新闻记者，运用恐吓、诈欺、诬蔑、造谣等手段来编造新闻，而一般的读者竟然还赞赏不止。这是多么可怕的现象！"原来编新闻都应该用客观的来记载，不应夹杂编辑者许多的意见于其间，编辑者对于某问题如有意见，就应该在社论栏里来发表。然而近来北京城报纸，有一种最流行的编辑法，就是议论和事实混合的政治新闻。吾人若分解其成分，则议论（严格说：还不配叫做议论，只是胡说罢了）常占十分之六七，而事实只有二三，此种编法，叫作论评，又明明是记载新闻，叫作新闻，又明明杂有许多编辑者的意见。简单评他一句，是不成东西。然而这不成东西的新闻纸，还有许多人爱看，并且还有人叫好，这岂不是怪事么？"[①] 天云认为出现这种现象其实也不奇怪，就是一般人不明白新闻纸是什么、该怎么办的缘故！天云交代刊行《新闻纸问题号》的目的，"我们为供给大家这种缺乏的需求，特地来刊行'新闻纸问题号'，读者若肯破费时间来一读，总可以增进些常识。以后我们还想以较好的材料，供给大众，这不过我们第一次小小的贡献啊"！也就是集中地灌输和传播新闻理论知识，通过媒介批评的方式，提高社会媒介素养，以提高新闻传播的质量，改善新闻业的面貌。

五四时期北京《晨报》的一批新闻同人，很多都具有留学欧美的生活经历，对当时欧美新闻理论和实务以及新闻发展的方向比较了解。天云在这里明确地提出了新闻传播中，将事实与评论分开，事实是事实、评论归评论的新闻编辑原则，具有很明显的欧美新闻客观主义流行理论色彩。这种理论所蕴含的编辑操作精髓，对当时中国长期在新闻报道中事实与评论不分的不良传播倾向，无异于一剂对症之药。

二

江山代有才人出。著名哲学家、思想史专家李泽厚曾经指出，新文化

[①] 天云：《我们刊行"新闻纸问题"号的意思》，《晨报》1922年6月4日。

运动时期的许多主角人物，与上一个历史阶段中的康、梁、孙、黄等人不同，他们大体上或终其一生或一开头并非重要政治人物。陈独秀、胡适、鲁迅、李大钊、钱玄同、刘半农、易白沙、周作人、傅斯年以及罗家伦等人。"他们是一批职业的教授、学者、学生，即纯粹的近代知识分子。"[1]这些近代知识分子抱着文化革新的理想，积极通过或参与到媒介批评活动中来，是《晨报》五四时期媒介批评的一个重要特点。在《晨报》的媒介批评作者中，谭熙鸿就是这方面的一个典型代表。谭熙鸿（1891—1956），字仲逵，1919年在法国图卢兹大学获得国家博物学硕士学位后归国，1920年被蔡元培聘为北京大学教授，是北大生物系首任系主任，曾连续数年当选为北大评议会评议员，并曾担任北京国立八校教职员联席会议副主席。[2]这样一个比较纯粹的公共知识分子，也曾在《晨报》三周年之时应约撰文，从一个读者的角度，论及他对新闻事业社会责任的理解，发抒他对新闻事业现状的不满及期待。

谭熙鸿认为，新闻传播因为是社会上一种公共性质的事业，所以它的责任重大。这种事业的责任，从最普通而最简单的方面来讲，至少有两种：一是供给社会以消息；二是代表社会的舆论。这两种事情表面上看似简单，但实际上绝不容易达到。其中的缘故在于，消息既是供给于社会，那就既需要确实，又要于多数公众有益。消息若不确实，社会里的人何苦要去知道它？若琐屑不堪，与公众无多关系，那么，又有什么价值要去传布它呢？但若要能合乎这些条件则不易，在采写和编辑消息方面，应有特别的本领和道德。"第一，应用科学的方法，取客观的态度，不尚主观，重事实，而不添加私意或其他的有作用的意思；第二，应有文学和美学的趣味，不使阅者生厌，而使他们增加兴趣。这两点看来似乎容易，只要把我们国内的报纸细细地考察一下，就知道他们的难处了。"[3]这些事情都与报馆的组织和人才有着密切的关系。至于在代表社会舆论这一层里，更有困难的问题。舆论怎样代表？社会里的意见，并不一致，或者很纷乱，无从择别；或者很分歧，难定一是。这样的舆论，用什么方法可以去代表它

---

[1] 李泽厚：《中国现代思想史论》，东方出版社1987年版，第11页。
[2] 谭熙鸿生平参见薛攀皋《谭熙鸿：被遗忘的北京大学生物学系的创建者》，《中国科技史杂志》2008年第2期；司徒允《火爆与沉寂：谭熙鸿轶事》，《书屋》2008年第12期。
[3] 谭熙鸿：《晨报的三周年的纪念》，《晨报》1921年12月1日。

呢？在这种状况下代表舆论，就不是一种刻板的事情了，主持舆论的人要有公道的主张和有采择的本领。

况且上面的几层，不过是单就新闻机关在平常时候的最普通的责任和这些责任的难处而言。要在特别的时候，像在中国的样子，他的责任和难处，可是更又不止于此了。全中国的人民，都好像没有了脑袋一般，哪有什么舆论可以给人去代表？就是舆论的本身，亦可说尚在完全没有发生的时候！"在这种状况之下，言论机关的责任，当然还要进一步，这种进一步的责任，就是创造舆论，作人民的指导者。但是我们已经看过，代表舆论的责任，已经是如此的重大的艰难，那创造舆论的责任，当然可想而知的了。"[1] 总而言之，新闻事业的责任实是非常重大：它的消息，不独是要灵捷，并且还要确实；它的记载不独是要精达，并且还要美观；它的言论不独是代表舆论，并且还要做国民的指导。

谭熙鸿认为，新闻事业不但有这许多的责任，并且还有许多的牺牲。它为社会负了许多责任，而社会对它有什么酬答？又若主持正论，必招得许多的仇恨，往往不免因此而生出许多的危险。这都需要有特别的牺牲。这些特别的牺牲，亦是它应负的一种责任。谭熙鸿在文末指出：在纪念《晨报》三周年之际，他之所以要先说出新闻界的这许多的责任来，实是有感而发。"我以为近来国内的新闻界，可说是萎疲到了极点了。报纸不能算得不多，但是能尽责而又有精彩的有多少？多数的报纸，专作私人之机关；因而不惜造谣生事，以为私人活动之余地，妨害公众利益而不顾。"[2] 就是较好一点的报纸，至多也不过是没有消极方面的罪恶，而于积极方面的责任，还离得很远而未能担负起来。

值得注意的是，谭熙鸿在此也提出了媒介批评问题。"我们现在的国家，被这班腐败和野蛮的东西，已经弄到这样一个乱遭，然而这班主持言论的人，有几个敢把他们的罪恶来严厉的下一个批评的？不但不敢有严厉的批评，就是连固有的事实，——黑幕——亦不敢发表一声！虽说是处在淫威之下，容有不能如何的地方，但是自己的责任，亦应该要想想！况且有许多的地方，明明有自由的余地，人家亦照样的在那里放弃他们的责任呀！"[3]

---

[1] 谭熙鸿：《晨报的三周年的纪念》，《晨报》1921 年 12 月 1 日。
[2] 谭熙鸿：《晨报的三周年的纪念》，《晨报》1921 年 12 月 1 日。
[3] 谭熙鸿：《晨报的三周年的纪念》，《晨报》1921 年 12 月 1 日。

他认为北京的《晨报》虽不敢说已经完全尽到了上述责任,但相对比较满足,尤其是该报近来所持的态度和发展的趋势,令其感到满意。《晨报》开办的时间虽然只有三年,而却早已受了很大的牺牲;它进行的改革也是很多,故时有很可注意的进步。"我们最应注意的一点,就是他已渐渐的脱离私人式的言论机关的态度,而入于社会式的言论机关的规模。"① 而恰恰正是在这一点上,《晨报》才有着令人不可轻视的宝贵价值。

三

罗隆基也于北京《晨报》创刊三周年时在该报发表了相关文章。罗隆基1913年以江西总分第一名的成绩,考入北京清华留美预备学校。五四运动时期,他以清华大学辛酉级学生领袖身份,冲在示威队伍的最前列,成为一名勇敢的五四战士。1921年,罗隆基考上公费留美学习,先后入威斯康星大学和哥伦比亚大学攻读政治学,后又赴英继续深造,并获得政治学博士学位。《晨报》创刊三周年时,罗隆基还在清华求学,可见他在《晨报》上发表该文章当是应约而为之,文章的题目就是《理想中的未来的晨报》,罗隆基认为:"报纸这件东西,本来是支配时代者,不是时代支配者;是指挥时代者,不是时代指挥者。但是中国现今的报纸,那一份不是受时代的支配和指挥?那一份不是跟着潮流乱滚?绝不能在急潮涌瀑中,跳出漩涡,做一番疏源导流的工夫。"② 他说放眼一看,现时中国的报纸,有哪一份不是张皇恐怖于对内南北战争、对外太平洋会议两大思潮的下面呢?

罗隆基批评道:现在报纸的眼光,好像世界的存亡继续,就取决于岳宜战场、华府樽俎两件事情上了。而现在的《晨报》,也不免升降俯仰,跟着在这个漩涡里回环。其实这两件事情,设使用冷静的头脑看,历史上比这更为热闹的事情还多得很呢!历史上记载这些重大事件的时候,也不过人民仇怨、天下骚动几句话,就包括一切了。就是伏尸百万、流血漂橹这种句法,我们读史的时候,又发生了什么特别的感慨呢?后之视今,犹今之视昔,这种南北战争在后来人的眼光里,值得什么?"但是一切的报

---

① 谭熙鸿:《晨报的三周年的纪念》,《晨报》1921年12月1日。
② 罗隆基:《理想中的未来的晨报》,《晨报》1921年12月1日。

纸总不看破这一层。总跟着他们赶热闹，替他们大擂大鼓，越擂打的热闹他们将来越厮杀的起兴。在这种时代我很希望有一份报纸大声疾呼的向他们说：天下汹汹数岁者，徒以元帅将军几人耳，愿早决雌雄，毋徒苦天下之民父子为也。"① 他希望报纸在说了这句话以后，置南北战争不理，跳出国内的时潮旋涡，冷静地做一点指导社会的事业。

罗隆基指出，华府会议不过是打着世界和平的招牌。世界永久的和平，若真正在会场上能够保障，世界史就早没有战争这两个字了。1907年第二次海牙和平会议，有43个国家到会，规模比这次华府会议如何？他们的主张，哪一次不是正义人道，他们的目标，哪一项不是和平幸福？结果还不是会议自会议，和平自和平，战争自战争？条约上军备减少，不是实际上军备减少。实际上军备减少，也不是世界上战争减少。世界上的人类心理不变，尽太平洋舰队，破而沉舟；合全世界军器，熔来铸人。一旦人类兽性发动，空拳白刃，曾经的百年战争，何尝不可重演？世界舞台，本来是出将入相。武人厮杀一顿，政客叫嚣一顿；政客叫嚣一顿，武人厮杀一顿。战争，和平；和平，战争，循环不已。"一切报纸，也不看破这一层，跟着他们捧场喝彩。越捧场喝彩的热闹，他们越斗鸡跳梁的高兴。在这种时代，我很希望有一个报纸大声疾呼的向世界说：世界只有全体人类的和平心理，能保障世界全体人类的和平。"② 罗隆基希望报纸在说了这句话以后，即置华府会议于不理，跳出国际间的时潮旋涡以外，做一点切切实实的改造心理的事。

罗隆基说，既然南北战争、华府会议这两出戏的角色，我们大概都知道了，那么这两出戏的内幕我们也预料得到几分。打锣擂鼓、捧场喝彩的报纸，已经够了。"在这种时代，我希望有一份报纸，尽其全力，在未来的国内的及国际的做戏的角色上做番工夫。"③ 也就是希望北京《晨报》跳出这现代时潮的旋涡以外，来做现今中国学生的监督者、现今中国学生的批评者、现今中国学生的指导者。何以如此呢？他认为这是由于两三年以来，学生在社会上的地位爬得很高，他们居然以社会监督者、批评者、指导者自命。舆论方面，大有唯学生马首是瞻的气概。普通人的心理，对现

---

① 罗隆基：《理想中的未来的晨报》，《晨报》1921年12月1日。
② 罗隆基：《理想中的未来的晨报》，《晨报》1921年12月1日。
③ 罗隆基：《理想中的未来的晨报》，《晨报》1921年12月1日。

今中国的学生大抱乐观；在现今中国的学生身上，大有信仰。而现今中国学生界实际情形是：学生会比现今中国的政府更腐败，学生的领袖可能比现今中国的官僚更腐败。鉴于报纸的事业，不要追念过去，要期望将来。报界的眼光，不要拘守现在，要注视将来。因此，从历史的角度看，真正重大的问题，不是南北战争和太平洋会议；真正要紧的区域不是川湘鄂和华盛顿。他恳切地希望现在有一份与学生感情浓厚的报纸跳出时潮的旋涡，出来做一番冷冷静静、切切实实的功夫，来做监督者的监督者、批评者的批评者、指导者的指导者。这才是他理想中《晨报》未来应有的样子。

四

与谭熙鸿、罗隆基不同的是，孙几伊对《晨报》的批评更具有专业的眼光。孙几伊此前是北京《国民公报》主笔，1919年10月曾因致力宣传新文化运动，参与北京各界联合会的工作而被捕，被当局判处有期徒刑1年2个月，孙几伊不服上诉，1920年5月，北京大理院改判为有期徒刑5个月。此案在当时曾引起社会轰动，孙几伊在新闻界也因之具有了较高的社会声望，所以《晨报》约请孙几伊为其撰写纪念文章，也自在情理之中。孙几伊认为在北京诸家报纸中，《晨报》"实在可以算得首屈一指的报纸"，[①] 但作为一个同行，他则在该报创刊三周年纪念的文章中，着重对《晨报》的缺点或不足进行了批评，他希望该报能够将此批评作为"吹毛录看"，[②] 面对批评取有则改之无则加勉的态度。

孙几伊从《晨报》所提倡的社会新闻入手，批评北京报纸社会新闻报道中所存在的问题和不足。他批评说，北京报纸近年来有一种主张社会新闻的倾向，从变化的角度看，这本是报纸的一种进步，《晨报》便是最先提倡这种倾向的报纸。"以现在看去，各报底社会新闻多不能算是新闻，一种是剿袭旧说部里底奇闻异事，一种是社会问题底讨论。"[③] 属于第一种的有如下几个常见例子。（1）某家小姐，爱读《红楼梦》，后来他父亲就

---

① 孙几伊：《对于晨报底一些贡献》，《晨报》1921年12月1日。
② 孙几伊：《对于晨报底一些贡献》，《晨报》1921年12月1日。
③ 孙几伊：《对于晨报底一些贡献》，《晨报》1921年12月1日。

知道了,把书烧了,小姐便嚷道:"烧死了我的宝哥哥。"旋即得病身死,父母后悔不迭。(2)某家母女雇驴车下乡,中途女欲小遭,停车下去,入树林深处,久之不还,其母命车夫往觅,车夫心怀不良,欣然而去,入林遍觅不得,及回原处,人车俱杳。(3)某家老太太从门前买得廉价香油一桶,系人家厨子偷出私卖,及其子回,乃觉上面是油,油下都是水。

孙几伊批评说:"这一种社会新闻,不一定都是从《晨报》上看见的,但《晨报》也有些新闻,我细细考察,发现这类新闻所以发生底原因,大概由于新闻记者,迎合社会的好奇心,只要是奇闻,便不问是否事实,都采用了,访员又迎合新闻记者底这种心理,遂闭门造出这一类的新闻来,所以往往有同样的情节,这报见了,那报又见,装上去的人名地名却不相同。甚而至于一报之上,前后再见。"① 他评价《晨报》的社会新闻,虽然在众多报纸中总算是最好的一家,却也免不了这种弊病。

属于第二种的新闻则有:(1)婚姻问题,某家男子或女子如何受父母压制,如何婚姻不自由,结果死了或逃了;(2)家庭问题,某家妇姑如何勃豀,父子如何责善;(3)社会问题,不外骗术等黑幕。孙几伊批评这种新闻,可以说有一大半是假造而来。"我亲见一个社会新闻的访员,他告诉我北京许多社会情形,很有系统,似乎句句都是实话。我偶然碰着机会,想证实他的话,去探索一回,原来全不是那么一回事。这一类新闻,《晨报》上尤其多,这原因大概是《晨报》记者,有一些注重社会问题的倾向。这些访员,便迎合着胡诌起来。"② 从而严重地违反了新闻的真实性要求。孙几伊指出:反过来说,既然有这一类假造的社会新闻,而真实的社会新闻倒不容易见到了。便有真实的社会新闻,也语焉不详。例如此前巡捕厅胡同汪宅的盗案,要是在别国,新闻记者一定大大地活动。我国却不然,连张报厅的失单,各报都没有记载。又如这回挤兑风潮,③ 除从银行方面传出消息,当作紧要新闻登载以外,关于市面上各小钱铺各商家行使的情形以及银行门前挤兑的情况,这都是社会新闻的好材料,报纸上却

---

① 孙几伊:《对于晨报底一些贡献》,《晨报》1921年12月1日。
② 孙几伊:《对于晨报底一些贡献》,《晨报》1921年12月1日。
③ 指1921年11月15日北京的中国银行和交通银行发生的挤兑风潮。这次挤兑风潮主要是由于北洋政府长期的政策导致,直接原因是当时北洋政府两次借垫警饷480万元,公债基金又借垫700万元,以及1916年停兑的后遗症。参见潘晓霞《危机的背后:北京政府时期中国银行与交通银行挤兑风潮》,《中国经济史研究》2001年第4期。

一字也没有记载。

孙几伊总结北京各报纸社会新闻不发达的原因,是由于访员没经过训练,报馆不重事实所致。他因此拟订了一种编辑社会新闻的计划,供同业参考。第一,招收五个至十个的访员,分布五城。这种访员至少要有中学程度,不必叫他们天天有一定的投稿,报酬却要一定。第二,社会新闻的编辑主任,除有选择的眼光以外,还要有一种求实的精神,本人至少要懂得社会状况及有社会学、社会心理学的研究。第三,编辑部设一位调查员,专门抽查访稿上报告的事实。他认为这种计划有几点好处如下。一是访员成为职业,不是随便什么人可以充当。"现在的访员,大概只有二种:一是全无学问的京猴子,二是落魄的文人,尤以后者为多,他们靠着投稿报馆,还保不定要借报馆名义,敲敲小竹杠。"① 现在如果有职业的访员出现,多少要负一些责任,对于报馆不致以假造的新闻塞责;对于社会,不致借报馆来招摇。二是报馆可以与社会发生关系。"现在一般社会,对于报馆记者都认为坏蛋,有话也不敢告诉访员。"② 如果报纸对于社会新闻能够有比较正确详实的记载,人家自然愿意告诉你,渐渐的报馆与社会就有了密切的联系。

五

署名"M.T"的《我国新闻事业不发达的责任》一文,是发表在1922年6月4日《晨报特刊·新闻纸问题号》的一篇探讨和分析阻碍我国新闻事业发展的社会原因的媒介批评专论。作者首先从报纸销数这个直观性的问题上,概述我国新闻事业的现状:"谈到我们中华民国的新闻事业,真是可笑极了;就以新闻纸的销数而论,不惟比不上欧美诸国,就是比日本也差得多。新闻纸的势力,和他的销数可以说是一个正比例;我国新闻纸的销数,既然非常之少,当然不能有很大的势力。没有很大势力的新闻纸,要想在社会上做到能够尽职的一步,真是非常困难。"③ 因为现在和将来的社会,社会势力一天比一天膨胀,社会生活一天比一天复杂。在这种

---

① 孙几伊:《对于晨报底一些贡献》,《晨报》1921年12月1日。
② 孙几伊:《对于晨报底一些贡献》,《晨报》1921年12月1日。
③ M.T:《我国新闻事业不发达的责任》,《晨报》1922年6月4日。

社会中，新闻事业应该随之一天比一天发达。倘若新闻事业不能随之发达，不唯新闻事业在所有的事业中难免落伍，就是这新闻事业不发达的社会也难免成为世界的落伍者，永久处在不开化的状态之下，因此，我们对于我国新闻事业不发达的原因，不可不仔细地加以思考。对于我国新闻事业不发达的责任，不可不明白地说出来，以便为其前途发展寻找到一个正当的方针。

M.T认为，导致我国新闻事业不发达的原因虽然很复杂，但归纳起来主要有以下两种。

第一，新闻事业是一种社会事业，所以它和社会有很密切的关系。以我国现在的社会情况而论，新闻事业的不发达，实在不足为奇。我国社会现在的情况，妨碍新闻事业发达的地方却不少，其中最显明的就是交通的不方便，不惟搜集新闻不容易，就是搜集了来，也不称其为新闻了。并且就是已经认作新闻发表了出去，等你一天一天的慢慢寄到了那些交通不便的地方，看的人也只好拿它当作历史或者小说，何尝能够感受读新闻纸的趣味？不过，这在M.T看来，交通不便还不算最重要的原因，因为在交通便利之地，还有一个很大障碍，那就是读者智识上的缺乏。"现在北京看报的人们，很多只喜欢《群强报》那一类东西；就是再高一点的读者，也不过喜欢几家不正当的报纸，每天拿他们的新闻当开心话看。在这种读者之前，你要老老实实的对付他，他会说你没有材料。"[①] 其实他们所谓有材料的新闻，虽然要看半天，实际也不过一两句。他们对这种东西，不是没有仔细考量，就是不能仔细考量，有许多竟然认为用不着仔细考量，因为他们并不要看真正的新闻，只是要开开心。现在读者之中，既然有这样一类人，新闻事业的发达，当然会受很大的影响。

第二，新闻事业不发达的原因，不专在一般社会，新闻界本身也有许多障碍。在这种原因之中，最显明的就是没有钱。因为没有钱，所有改良的计划，纵然想到了，也只好搁着。不过M.T认为这一个原因，也还不是最重要的原因。因为，倘若到了社会需要新闻纸的程度果然增加了的时候，就不会没有愿意投资到新闻事业里来的人。

M.T认为阻碍新闻事业发达的最重要的原因，实在是人才缺乏。在这个原因之中，最令人感到痛苦的是没有真正好的记者。"新闻纸的责任，

---

① M.T：《我国新闻事业不发达的责任》，《晨报》1922年6月4日。

诚然不只供给新闻；但是这供给新闻的责任，实在是一个重要的责任。依我的经验看起来，单由这个责任上说，编辑的重要比访员差得多；因为无论怎样高明的编辑，也得受材料的限制。"① M.T 指出，现在的访员，很少有人以当访员为自己唯一的职业，所以他们能供给的新闻很有限，他们对于当访员应该具备的道德学问和技能，都不甚充足，所以做起事来，都不甚可靠。"并且在北京报馆中，有这种访员的就非常之少，许多都是仗着编辑去多少得点来。其实我这句话，已经把读者骗了；北京的报纸大多数就用不着去打听新闻。新闻纸的本身既然这样糟糕，也难怪社会上欢迎的不多。"② 报纸是新闻纸，新闻的质量决定了报纸的质量。一张没有充足的新闻来源、缺少新闻的报纸，势必无法得到读者的欢迎。

所以 M.T 最后的结论是：要想新闻事业发达，非从一般社会和新闻界本身同时下手改良不可。改良一般社会的手段中，以增进一般人的智识为第一。这种事业，虽然不能由新闻界自身负完全责任，但是新闻界如果能够尽力鼓吹，那么收效一定要快得多。至于新闻界本身的改良，以培植健全的访员为最重要。由此看来，我国新闻事业不发达的责任，虽然不能完全要新闻界负担，但是它最少也应该负担一大部分。

1921 年 4 月 12 日，《晨报》发表《投稿本报者注意》："要解决社会问题，必要先深密的考查社会现相，找著他真正问题之所在，然后才可以立出适当的方案来。本报因为要替研究社会革新的同志，多提供些材料，打算今后把关于社会各方面底新闻纪述，大加扩张，除由专员探访之外，很愿意欢迎投稿。"③ 该报还专门公布了接受稿件的种类和稿酬标准：一事一时的新闻，人地翔实、具有首尾的每条酬金二角，多的可以至一元。有统系的调查记载，一地方或一职业的习惯组织以及生活状况，每千字酬金五角，多的可以至二元。稿酬多寡与字数条数，按该报登出的计算。五四运动时期的《晨报》不仅内容上较充实，编排专精，重要新闻突出，标题醒目，而且在新闻理论建设和媒介批评领域颇为用心，时常刊登有关方面的专题性报道和论述。如 1919 年 4 月 6 日，发表了《报纸与战争之关系》的专稿。1921 年 12 月 1 日，时值《晨报》创刊 3 周年纪念日，该报即日

---

① M.T：《我国新闻事业不发达的责任》，《晨报》1922 年 6 月 4 日。
② M.T：《我国新闻事业不发达的责任》，《晨报》1922 年 6 月 4 日。
③ 《投稿本报者注意》，《晨报》1921 年 6 月 24 日。

出报三大张，用了 8 个版面刊发相关纪念文章，其中有关新闻事业和理论的各种文章 6 篇。1922 年 4 月 23 日，"浪漫谈"专栏刊登张维周的《出版物制裁》一文。1922 年 5 月 5 日，"是非之林"专栏刊登了思聪女士的文章《报纸应当改用国语》一文。1922 年 5 月 14 日后，《晨报》的"一星期之余力"专栏刊登春江的《不得已说一说》一文，此后，该专栏就常常发表各种具有媒介批评性质的专业性文章。尤其是 1922 年 6 月 4 日，《晨报》在其第 6、7 版上，推出了《晨报特刊·新闻纸问题号》专版。以"新闻纸问题"作为论述对象，如此集中刊登媒介批评性质的文章，这在当时的国内报纸中，甚为少见。五四运动时期的北京《晨报》能成为其时中国新闻界的一个重镇，与该报媒介批评活动的活跃有着一定的关联。

第二节 罗家伦的媒介批评

罗家伦（1897—1969），字志希，笔名毅，浙江省绍兴人，我国近代著名教育家、思想家与社会活动家。其父曾任江西进贤等县知县，思想比较开明进步。罗家伦 15 岁时入南昌的英文夜校学习外文，1914 年进入上海复旦公学攻读，1917 年考入北京大学文科学习外国文学，1918 年秋与傅斯年、徐彦之等北大同学一道发起成立新潮社。1919 年初，在陈独秀、李大钊、胡适等北京大学教师的支持下，出版《新潮》月刊，同年，当选为北京学生界代表，到上海参加全国学联成立大会，支持新文化运动。五四运动中，他亲笔起草了印刷传单中的白话宣言《北京学界全体宣言》，提出了"外争国权，内除国贼"的口号，并在 5 月 26 日的《每周评论》上发表了《五四运动的精神》一文，第一次提出"五四运动"这个名词，此后一直沿用至今。罗家伦在该文中明确指出：此番学运有三种真精神，即学生牺牲的精神、社会制裁的精神和民族自决的精神，关系到中华民族的存亡。1920 年，罗家伦从北京大学毕业，获得了由上海纺织业巨子穆藕初提供的留美奖学金名额，赴美国普林斯顿大学研究院攻读历史和哲学，1921 年转入哥伦比亚大学研究院，1922 年转赴英国伦敦大学研究院，1923 年赴德入柏林大学研究院，1925 年再转赴法国巴黎大学研究院，虽然都没有获得学位，但在史学、文学、哲学、教育学、民族地理学、人类学等方面都颇有造诣。1926 年罗家伦回国任教于国立东南大学，国民革命军北伐时，任国民革命军司令部参议、编辑委员会委员长等职。1927年，任蒋介石为校长的中央党务学校教育长，实际处理校务，1928年担任清华大学校长，1932年任国立中央大学校长，1947年任中华民国驻印大使。1949年赴台湾，先后出任中华民国总统府国策顾问、中国国民党中央评议委员、中国国民党党史会主任委员、中国笔会会长、考试院副院长、国史馆馆长等职。五四运动时期的罗家伦对报刊界关注甚多，不仅在《新潮》上开辟了报刊批评专栏，而且亲自撰写并发表了很多以报刊为批评对象、充满锐气的长篇论文，是该时期媒介批评领域的重要代表人物之一。

一

罗家伦是《新潮》月刊的发起人，第1卷时他是编辑，第2卷则担任主任编辑，是该刊主要编撰人员。在《新潮》第1期，设置了三个与"批评"相关的栏目，分别是评坛、出版界评、故书新评，充分凸显了该刊"以批评为精神"①的特色。《新潮》的媒介批评特色与罗家伦密不可分，该刊所发表的一些媒介批评重要文本，都出自他的手笔。《新潮》第1卷第1期上的《今日中国之新闻界》一文，就是罗家伦五四运动时期媒介批评的起手式。

罗家伦批评道，他对现在新闻界最不满意的一件事"就是新闻记者缺少常识"。②一般新闻记者，除了少数受过完全教育，或是真有志向学者外，其余约分二类：一类是斗方名士同末路官僚；一类就是堕落的青年。两类人大都只会做几篇策论式的论说，甚至中学教育都未曾受完，就来摇笔纵谈天下事了。几个月前他还曾看见北京报纸上刊登的一篇《新闻记者之必须品》的谐文，里面开的只有《两湖课艺新编》和《饮冰室文集》等四五部书。这篇文章虽然有点刻薄，但是现在每每看各报议论，却也同看十几年前的《两湖课艺新编》和《饮冰室文集》差不多。"不知新闻的天职何等重要；新闻记者所必备的学问，何等繁多。对于政治方面的记载，必须精通政治法律财政等学，对于社会方面的记载，必须深研社会经济心

---

① 《新潮发刊旨趣书》，《新潮》1919年第1卷第1期。
② 志希：《今日中国之新闻界》，《新潮》1919年第1卷第1期。

理等学；对于外交方面的记载，必须熟悉历史国际法外交史等学；对以记载各事的手腕，又须借重文学美学哲学。"① 科目这样繁多，新闻记者容易当吗？舆论容易代表吗？他劝这些人快去求学，然后再来当一个名实相符的新闻记者。

罗家伦批评说，因为记者缺少常识，所以一切记事的眼光非常之短浅。天天的工作，只是抄袭盲从。今天朋友来谈了几句时事，他夜间就写出来作为大事记。明天哪位要人说了一番酒余饭后的意见，他就立刻抄下来作为特别要闻，也不问是否应于大势，合于逻辑，只要填满一栏好了！你看二三年来世界大势何等紧急，关于中国何等重要，但是国内大多数新闻记者的眼光，都不出国门一步。因为一般名人要人都是勤于国内不谈外事，所以新闻记者也就跟着不谈了。问他们何以跟着不谈？他说谈了也没有人看。没有人看的原因虽然很多，但新闻记者不能把世界大事编成一种有统系的记载，是一个最大的原因。新闻界有人以为翻译几条路透社消息就是对外研究，其余即可不问。罗家伦讽刺《申报》的欧洲特别通信"实是万分难得"②。感叹若是得便的时候拿出几份伦敦纽约各大报纸所记载的远东事情，与诸君所记的世界事情，两两比较，诸君能不惭愧吗？现在因为诸君记载不善，所以社会上不愿看，因为社会上不愿看，诸君也就不愿意记了。这样快刀斩乱麻的法子，实在佩服！但是因为诸君不愿意记载，那想看的人也没得看。那不想看的人更是根本忘记了现在世界大战已经完毕，处治远东、国际同盟的一种声浪，已满布天地。独有我们中国人如醉如梦，永不得知。目前虽欲得知，恐怕也已经来不及了。岂不伤心！将来如果编亡国历史，诸位目光盈寸的新闻记者，能逃得了万世公论而不负一点责任吗？

罗家伦认为新闻记者缺乏常识，还导致各报无精确的评论。他说天天看报，觉得一切评论都是不痛不痒的调头。大约可以分为三派：一种是莫名其妙派；一种是道学派；一种是诙谐派。除了这三种，欲求一精确独到痛快淋漓的评论，真是百不一睹。莫名其妙派的新闻评论，不但看报的人看了莫名其妙，就是记者写的时候，恐怕自己也莫名其妙。那种道学派的评论，天天就只晓得提出一个诚字，或是一个决字，或是箴某某人，或是

---

① 志希：《今日中国之新闻界》，《新潮》1919年第1卷第1期。
② 志希：《今日中国之新闻界》，《新潮》1919年第1卷第1期。

勖某某官等字样来作题目。所说都是人谱、格言、联璧五种、遗规几部书里的话。自命为道气古风、训励末俗的人物，遇此种材料缺乏时，就搜出三四十年前论杨月楼案一类笔记，出来充数，以示维持风化。这派人如果是怕人们忘却了格言，那就把人谱等书印在报上，却也痛快，何必今天背一节，明天背一章？如新闻记者见到了政府社会有不诚不决之事，那就把这件事明明白白说出来好了，何必隔靴抓痒，令人难过？诙谐派的评论虽是报界另一法门，不过也有两种流弊：一是太诙谐了，看的人徒发一笑，就是重要问题，也不当作正经事看待；二是诙谐的时候，往往令人对其真意不明。所以盼望做这类评论的记者，也要稍微留意一点徐徐云尔的时评，实在不见高妙。新闻评论不是仅为规劝政府而设，同时也是为普告社会而设；不是为受高等教育的人而设，也是为一般人民而设，所以总须就事论事，庄谐并出，以明白精确、独具眼光八个字为主，不关痛痒，人云亦云的话，以少说为是。

罗家伦批评近来新闻界"逢社会之恶"，① 即逢迎社会低级趣味。"近来社会不愿意有世界眼光，新闻记者也就不谈国外的事；社会不好学，新闻记者就绝口不谈学问；社会喜欺诈作恶，新闻记者就去搜辑许多小新闻，来做他们的参考；社会好淫乐，新闻记者就去征访无数花界伶界的消息，来备他们的遗忘。"② 例如北京报纸除了小报数十种不计外，其余大报之后，也纷纷增设评花评戏的附张。《北京日报》从前算是正经一点，1918年也都设了消闲录满纸登载花讯。原以为这就够了，不料竟还印出照片，来替一般娼妓分访单。上海本是新闻发祥地，报纸地位稳固。不料1918年一种有身份的报纸，也添出一张小报来，里面载了些什么花国总统的消息，同人家太太小姐的逸事。弄得一班青年学生天天离不了这些新闻。其余若探海灯、黑幕大观种种花门，更不消说了。这些都难脱有心逢迎社会恶习的嫌疑。无心而对社会产生恶影响的是广告。广告虽非记者所管，但新闻记者是觉醒社会的木铎，也应该负点连带责任才是。每每拿起一张报纸来，无论前面后面，常有卖春药、医梅毒的广告，血肉模糊一大片，令人不堪卒读。罗家伦认为，中国社会污浊的情形，不过是一时现象，若有人提倡，终有廓清的一天，廓清的责任是新闻记者的天职。现在

---

① 志希：《今日中国之新闻界》，《新潮》1919年第1卷第1期。
② 志希：《今日中国之新闻界》，《新潮》1919年第1卷第1期。

新闻记者也同社会一样，那中国的社会真是万劫不复了。现在中国识字的人是一天多过一天，只要记者有手腕，可以不用评花评戏的小新闻，就能使报纸一天比一天畅销，从而使得报社资本充足，如此即可对广告严加淘汰，使广告内容清洁，从而尽到改良社会的媒介责任。

二

罗家伦发表在《新潮》月刊第1卷第4期的《今日中国之杂志界》一文堪称《今日中国之新闻界》一文的姊妹篇，也是他这一时期媒介批评的又一力作。他说要来批评中国今日的杂志界，实有几种困难：一是中国近来杂志太多，不能全看；二是这些杂志忽生忽灭，不知上年出版的今年是否还继续出版，所以要对中国的杂志界直接进行批评，就难以下笔。好在北大图书馆里有近年来的杂志几百种，重要的他都翻阅过。他所批评的是那些有点势力可以代表一部分趋向的杂志，其中有几种虽然已停版，但因存在着那种还未消灭的倾向，所以也提出来一道批评一番。罗家伦将中国近来的杂志，归纳为以下几派。

一是官僚派。这派大都是政府机关所主办，也有许多是地方公共机关所主办。其中登载的除命令之外，尽是无关紧要的来往公文。其实这种东西，何得名为杂志，不过是官家的档案汇刻罢了。即便官家的档案汇刻，也应该刻几种重要档案，才合于大众阅读的宗旨。何以芝麻大事的稿件，都要刻出来，难道是国家的钱太多了吗？《内务公报》《财政月刊》都是这一类东西。其中唯有《农商公报》一种，常有许多国外调查，同种植牧畜的方法，是很重要很出色的一种。他认为这类杂志，如果不虚靡公款，应当极力改良。如教育部所出的《教育公报》里，连篇累牍的毕业生名单与学生改名改龄的公文，即可尽数删去。一面把各处视学所调查的各省教育情形，一律登出，一面请人将东西洋的新教育名著，多多地译出来，按期发表。实行第一层有如下三个方面的好处：①可以使国人知道国内教育的真相，能生出种种有益的研究；②可以使国人批评视学的调查真确与否；③可以使各省办学的人有点警戒。实行第二层则可以灌输许多新学说到中国来，以造成一种教育界新空气，因为新学说的本身已经很有利益，受人欢迎，经教育部提倡，更加容易推广。

二是课艺派。这派杂志无论哪所学校都有一两种，都有两种最讨厌的东西：一种是策论式的课艺；一种是无病而呻的诗歌。学校当局总以为这是学校成绩的一种表示；学生做稿子的人，也俨然以成绩自居。这就是学问和学校的成绩？上海交通部工业专门学校的学生杂志，里面说工业的不到五分之一，连篇累牍什么大学中庸的序，题校园红叶的诗。不看封面几乎以为是一本《国粹学报》，难道这是工业专门学校所应当表示的成绩么？天津南开学校有一家《校风》真是荒谬绝伦，里面所做的课艺都是什么学于古训乃有获、我战则克、汉高祖项伯斩丁公论的一类题目。提倡这种杂志的学校当局，与做这类稿件的学生，应当有根本的觉悟，洗心革面地去整顿。与其登这种头脑不清的课艺，不如请各位多译几篇西洋长短篇关于科学、关于常识的论文；与其登无病呻吟的诗，不如请各位做几篇开人智识、有补社会教育的演讲。

三是杂乱派。这派大都毫无主张和选择，只要是稿子就登。结果一期之中，上至天文下至地理，古今中外诸子百家无所不有。最有代表性的是商务印书馆的《东方杂志》。"这个上下古今派的杂志，忽而工业，忽而政论，忽而农商，忽而灵学，真是五花八门，无奇不有。你说他旧吗？他又像新。你说他新吗？他实在不配。"① 民国2年、3年黄远生主持的时候，还好一点。这样毫无主张、毫无特色、毫无统系的办法，可以说对社会不产生一点影响，也不能尽一点灌输新智识的责任。罗家伦说他诚心盼望主持这个杂志的人，能从速改变方针，须知人人可看，等于一人不看；无所不包，等于一无所包。希望社会上不必多有这样的杂志。

四是学理派。这派名实相符的很少，有许多冒充者。这类杂志又可分为两类：一是脑筋混沌者；一是脑筋清楚者。脑筋混沌的这类杂志，名为谈学理，实没有清畅的脑筋和适当的方法，去研究学理的真相，只是混混沌沌的信口开河，真是误人不浅。这又大约可分为两小式：一是市侩式；二是守旧式。市侩式杂志上面高扯着学理的大旗，就实际而论，做的人对于学理既无明确观念，又无研究热心，不过打空锣鼓，以多销几份。商务印书馆的《教育杂志》里虽然也有蒋梦麟、黄炎培两人所著的几篇朴实点的东西，其余多半不堪卒读。其中贾丰臻的《欧战后学生之觉悟》中，只是"其责任之重，重于千钧；时期之急，急于燃眉；地位之苦，苦于尝胆"几句空话。守旧式杂志所谈的学理，也有许多可笑之处。这类杂志从

---

① 罗家伦：《今日中国之杂志界》，《新潮》1919年第1卷第4期。

前较有名的是《国粹学报》，其中虽有不纯粹的地方，但有极少几篇，还能理出旧学头绪，后来什么《中国学报》《洪宪学报》，那就等而下之了。其中的材料既不能对旧学作有系统的研究，又不能在旧学内有所发明，古人的年谱同遗著，占了极多的篇幅。罗家伦认为，前人如果是有价值的东西，尽可以印单行本，又何必在杂志上替死人刻文集呢？

罗家伦也点评了一些脑筋清楚的杂志，认为其长处是少说空话。作者对学问有明了的观念，适当的解决。政论杂志中前有《甲寅》后有《太平洋》，两者都能够朴实说理不用感情，且能用批评的眼光讨论事实真相。《甲寅》的"评论之评论"与《太平洋》的"海外大事评林"都很难得。科学类中有《科学》《学艺》《观象丛报》等。以《科学》为最有价值，又以前二年的《科学》为更精彩；《学艺》的材料朴实；《观象丛报》以政府机关而能打破官僚习气，不染数千年的秘密主义，尤为难得。社会思想类中有《新青年》和《每周评论》两种。他认为《每周评论》篇幅虽只一张，而材料的精富，议论的警辟，不但没有一种日报能比得上，即使许多长篇厚本的杂志也都不及。其中对于国内外的大事件，能够作系统的记载，令读者一目了然。《新青年》是中国改革最新的发动机，议论彻底，胆量宏大，在中国历史上绝无仅有。他希望《新青年》再做好两件事：一是多做朴实说理的文章，多介绍西洋的新学说过来；二是对顽固思想虽然应当极力扑灭，但对于非绝对不可救药的人，总当予以回头的路。言辞之间，苟能哀矜勿喜，那我们革新的事业就更能容易推广。

罗家伦建议杂志的编办者做到以下几点。一是有一定的宗旨，以使读者心中有一种系统知识。二是有知识上的联合。知识上的联合，实在是办杂志的人的第一要义。论到某个问题，编辑应预先把问题讨论一番，传播出去的都是研究所得。三是多设周报。在文化发达时代，运输知识贯彻主张的利器莫过于周报。日报出版时间太匆促，很难编辑完善。月刊相隔太久，使人等得不耐，唯有周刊可兼两者之长。四是趋重批评。"批评这件东西，实在是改革思想，进促现状的妙品。中国人脑筋里没有判断力，所以没有批评；因为没有批评，所以脑筋愈没有判断力。"[①] 补救的方法，就是各杂志里多设批评。五是有统系的记事。《东方杂志》里虽有国内外大事记，但都是断烂朝报，毫无意识。六是略加讽刺画。讽刺画是改良社会

---

① 罗家伦：《今日中国之杂志界》，《新潮》1919年第1卷第4期。

很有用的器具，讽刺画的宗旨要含蓄深而寄托远，规劝多而诟骂少。现在上海也有些人专画轻薄无聊的讽刺画骂人，那更是讽刺画的罪人了。

三

重视批评是五四时期报刊的一个显著特色，《新潮》月刊亦是如此。在《新潮》月刊第1期"评坛"专栏中，罗家伦专门对为何设立这个专栏进行了解释。[①] 他说，本志特别设了评坛一类，专门批评社会上的情形与学术界的事理。有人说你们都是学生，入世未深，如何可以批评社会的现象呢？况且你们在求学时代，自己的学问还没有求够，又如何可以批评学理呢？他回答说，我们所以设评坛的道理，正为了你所说的缘故！因为我们入世未深，所以还有几分没有被社会同化，而且不知世路艰险，所以还敢放大胆子，以第三者的眼光说几句局外话。世网如何，也都不管。说对了，望社会加以采择。说错了，望社会加以匡正。古人说愚者千虑，必有一得，又说唯善人能受人尽言。现在我们仅自附于愚者之列，但想社会上的人都还是善人呢！至于我们在求学时代还不配批评学理，我们自然也是承认。只是近来中国学问界异常寂寞，对于世界上的新学理，几乎是一无知闻，对于一切不合真理，早经世界大学问家驳倒了的学说，还是奉如瑰宝，视若家珍。你说可怜不可怜呢？现在名流学者，都无暇及此：他们只是做他们的名流学者去了！一般新闻记者的眼光，似乎也永不会注视到这个问题上去，所以我们这班学生见了不忍，故且把天天所学的提出来同大家讨论。我们的苦心是要求诸位见谅，真理越研究越明，学问越讨论越精。以后若是名流学者同社会上的一切人物都肯见教，来批评我们的批评，则记者等不胜欢迎之至。

在《新潮》的前两卷中，评坛、出版界评、故书新评是常设栏目，后来又调整为书报评论专栏，经常对当时一些较有影响的期刊进行评介，被评者都是与《新潮》具相同或相近政治思想倾向的报刊，对其进行批评，既有媒介批评的学理价值，也有同气相求、同声相应的宣传意义。如该刊先后以不署名或署名"记者"的方式，专题评介了《新青年》《每周评论》《晨报》和《国民公报》等报刊，罗家伦除了撰写《今日中国之新闻

---

① 参见《新潮》第1卷第1期。

界》和《今日中国之杂志界》两篇重要的媒介批评专题文本，还是该刊书报评论专栏的重要作家，先后署名评论了《少年中国月刊》《解放与改造》两次，他还曾说过要评论《建设》杂志，可惜后来未见该文刊出。他赞扬《少年中国月刊》是短小精悍、神采奕奕的出版品中的佼佼者，认为该月刊有三种长处：有求真的旨趣；有奋斗的精神；是纯粹青年的结合。"第一期中材料虽不甚多，如宗之櫄君的《说人生观》，田汉君的《平民诗人惠特曼的百年祭》都狠好，惟巍嗣銮君《人类进化的各面观》一篇中所画的中国知识进化表，忽而把东晋画得高，忽而把六朝画得低，忽而把唐又画得比东晋六朝高……起伏蜿蜒，未免太无标准。虽然巍君亦曾根据几句旧历史，但是就可以这班无方法，无眼光的帝王家谱编辑员的议论作标准吗？况且毫厘之间，巍君以何种米达尺量得这准呢？"① 他特别欣赏田汉关于惠特曼的介绍，在评论中大段大段地摘引了惠特曼的诗句进行分析和品评。

他评论《解放与改造》是上海当时新出版的最有价值的杂志。他认为这个半月刊有两个特长：一是注重介绍社会主义；二是注重介绍一切新学说。"社会主义的精神，最重要的就是解放的精神，所以在《解放与改造》里谈社会主义，是狠合宜的事。"② 他认为该刊中大多都是些促进人道的文章，与强权、军阀、官僚、旧社会为敌，这种勇气值得佩服。不过他同时指出《解放与改造》里谈社会主义的文章虽然多，但系统性有些不足。"总觉其中所谈的稍微散漫一点。这派未完，那派又起，苟非已其系统知识的人，恐怕摸不清楚头脑。"③ 因此他在评论中向该刊建议如下几点。(1) 先定出一个大纲，依着次序分期讨论。这样才可以使读者获得完整而系统的知识，也才更容易收到效果。(2) 增加关于背景知识的介绍。"无论谈那派学说的时候，请注重他历史社会的背景。"④ 这样才能真正地理解该学说，才可以知道何所选择何所适用。(3) 主义和问题并重。"没有主义对于问题没有基本的主见。"⑤ 如果谈主义而不能将之应用到社会问题上去，那么这种主义终归于漂浮的无所依附之物，这主义对社会又能有什么真正的益处呢？

---

① 志希：《少年中国月刊》，《新潮》1919年第2卷第1期。
② 志希：《解放与改造》，《新潮》1919年第2卷第2期。
③ 志希：《解放与改造》，《新潮》1919年第2卷第2期。
④ 志希：《解放与改造》，《新潮》1919年第2卷第2期。
⑤ 志希：《解放与改造》，《新潮》1919年第2卷第2期。

罗家伦对"批评"有专门的思考。他在《批评的研究：三W主义》一文中断言，西方文艺复兴后，社会无时无刻不在进化之中，蓬勃发达，最终造成了现代的文化，"据我细细的观察，则创造西洋文化的要素，只有一件东西，就是'批评的精神'"[①]！他认为近代的科学就是批评精神的产物，所以不骛于陈言，不拘于故训，不迷信人，不迷信国，而纯粹取一种批评的态度，所以常常有新的事物可以发现，新的真理可以搜寻。如哥白尼推翻地心说，达尔文提出进化论，都是不迷信不盲从，敢于怀疑，也就是具有批评的精神。他认为西洋文学之所以能进化到今天的地步，是因为其两种最可宝贵的质素：一是它自己能作人生的批评；二是它自身能容人家的批评。文学本是人生的表现和批评，所以绝不能泛泛地空言文以载道。"文学也可以算是一种艺术，不是不进步的东西，但是要有人去研究批评，才会有进步。"[②] 若是说到社会方面，则社会的发展改进，也全靠批评的力量。社会有惰性，种种风俗习惯一成，就难得更改，而更改的能力，全靠批评家。"一切报纸记者的天职，就是批评社会。"[③] 西方还有专门批评的杂志，凡是社会上的重要事体，以至于微风细俗，没有不受到记者的批评，有些文学家还以"社会批评者"自居，并引以为荣。罗家伦指出，中国社会发展迟滞，就是缺少批评而致。中国社会何以缺少批评呢？他认为原因有二："（一）中了政治专制的毒；（二）中了思想专制的毒。"[④] 政治专制之下，不容许有批评的精神，偶语弃市、腹诽者族，自不必说了，就是千余年来取士的方法，为制艺对策种种，哪有逆当局意思而说的余地？思想上专制最厉害的是儒家，"你看什么'三年无改于父之道'、'非先王之法服不敢服，非先王之法言不敢言'。照这样办去，那里还有一分批评的精神，可以存在人间"[⑤]。正是基于这种认识，五四时期的罗家伦才成为一个积极的媒介批评者。

五四时期罗家伦的媒介批评在当时产生了重要影响。他在《今日中国之杂志界》中对商务印书馆几种杂志的点名批评，尤其是对《东方杂志》的批评，某些地方确是击中了该杂志的要害，迫使商务印书馆对《东方杂

---

① 罗家伦：《批评的研究：三W主义》，《新潮》1920年第2卷第3期。
② 罗家伦：《批评的研究：三W主义》，《新潮》1920年第2卷第3期。
③ 罗家伦：《批评的研究：三W主义》，《新潮》1920年第2卷第3期。
④ 罗家伦：《批评的研究：三W主义》，《新潮》1920年第2卷第3期。
⑤ 罗家伦：《批评的研究：三W主义》，《新潮》1920年第2卷第3期。

志》进行了编辑改革，其一个重要的举措就是更换了该刊的主编，以陶惺存接替了杜亚泉。同年7月，陶惺存在《东方杂志》第16卷第7期发表了署名"景藏"的《今后杂志界之职务》的文章，对罗家伦的批评进行了回应。陶惺存在该文中系统地阐述了自己的杂志观，对杂志的概念作了独到的界定，并把杂志的社会职责分为三类来认识，进而提出了杂志的六条编辑标准。如果仅以编辑学术的观点来审视罗家伦和陶惺存的杂志观，也许会得出后者价值远超过了前者的结论。[①] 但是如果没有罗家伦对《东方杂志》的点名批评，那么《东方杂志》的改革也许不会启动，或是推迟启动。因此，从这个角度看，罗家伦的媒介批评无疑获得了很大成功。五四时期的罗家伦，还只是一名22岁的在校大学生，其媒介批评既有着大部分青年学生共有的气盛性直、昌言无忌的特点，也有着因为涉世不深、学养和经验不足而带来的某些肤浅、片面与武断等诸多不足，尤其是具有着某种形式主义、绝对主义的倾向，但其勇于进行媒介批评，体现出浓郁的五四时代精神，无疑是值得称道之举。

第三节　胡适的媒介批评

胡适（1891—1962），原名嗣穈，学名洪骍，字希疆，笔名胡适，字适之。中国现代著名思想家、文学家、哲学家，安徽绩溪人，生于上海，幼年就读于家乡私塾，1904年到上海中国公学读书，接受《天演论》等新思潮，并在《敬业旬报》上发表白话文章，1910年夏考取官费赴美留学，先入康奈尔大学攻读农科，后转入文科，1915年进哥伦比亚大学研究哲学，师从实用主义哲学家杜威，1917年获得博士学位。留美期间，他主编《中国留美学生季报》，并探讨文学改良方案，与《新青年》主编陈独秀通信，在《新青年》1917年第2卷第5期上发表了《文学改良刍议》，提倡白话文，1917年回国，任北京大学教授，1918年加入《新青年》编辑部，宣扬个性解放、思想自由，与陈独秀一道共同掀起了波澜壮阔的新文化运动，1918年底参加《每周评论》工作，并从第26期起接任主编。他从创作理论的角度阐释新旧文学的差异，提倡新文学创作，试作白话诗，翻译

[①] 李明山：《五四时期关于杂志编辑的一场论争——〈东方杂志〉对〈新潮〉杂志罗家伦批评的回应》，《山西师大学报》（社会科学版）2003年第2期。

法国都德、莫泊桑和挪威易卜生的作品。五四运动以后，同李大钊、陈独秀等接受马克思主义的知识分子渐行渐远，分道扬镳，改变了他原先宣称20年不谈政治的态度，积极倡导改良主义。1922年5月，在北京创办《努力周报》，主张好人政府。1923年编辑《国学季刊》，1924年12月，与陈源等人创办《现代评论》周刊，同鲁迅为首的《语丝》进行激烈论战。1928年3月与徐志摩等创办《新月》月刊，1932年5月创办《独立评论》。1938年以后，历任南京国民政府驻美大使、行政院最高政治顾问、北京大学校长等职，1949年去美国，1952年回台湾，1957年任台湾"中央"研究院院长。五四运动前后，可说是胡适一生中最为意气风发、思想和文化影响最大的岁月，这一时期，他成为新文化运动的一位领袖和明星，也正是在这一阶段，他的改良主义思想趋于定型，并在他的媒介批评活动中得到了较为深入的贯彻和体现。

一

发生在五四期间的"问题与主义"之争，在中国现代政治和思想史上，不仅在当时是一场引人注目的自由主义与马克思主义知识分子之间关于中国未来道路的重大争论，而且在很长一段时间内也一直影响着中国历史发展的脉络与方向。这场"问题与主义"之争的挑起者就是胡适。在传统的视域里，人们较多地关注或强调了论争双方的阶级属性和内容，而相对忽视了论争言说的媒介批评意义。1919年6月11日，《每周评论》主编陈独秀因散发爱国传单而被捕，胡适遂接替了该刊的主编工作。恰好这时胡适的美国老师、实验主义者杜威来华讲学，所以《每周评论》第26、27期连续两期全部登载《杜威讲演录》。在6月29日出版的第28期上，胡适专为出版不久的《星期评论》写了一篇媒介批评性质的文章《欢迎我们的兄弟——〈星期评论〉》，其中有这样一句话："现在的舆论界的大危险，就是偏向纸上的学说，不去实地考察中国今日的社会需要究竟是什么东西。"[①] 热情赞扬《星期评论》注意对具体问题的研究，很少空泛的理论，说明此时胡适已经准备针对"问题与主义"的关系发表自己的看法了。7月20日，胡适初步而系统地阐释"问题与主义"关系的文章《多研究些

---

① 适：《欢迎我们的兄弟——〈星期评论〉》，《每周评论》1919年第28期。

问题，少谈些"主义"!》一文，就在该刊第 31 期上发表了。

胡适在《多研究些问题，少谈些"主义"!》一文的开头，首先引用了他在《欢迎我们的兄弟——〈星期评论〉》文中的一段话："现在舆论界的大危险，就是偏向纸上的学说，不去实地考察中国今日的社会需要究竟是什么东西。那些提倡尊孔祀天的人，固然是不懂得现时社会的需要。那些迷信军国民主义或无政府主义的人就可算是懂得现时社会的需要吗？要知道舆论家的第一天职，就是细心考察社会的实在情形。一切学理，一切'主义'，都只是这种考察的工具。有了学理作参考材料，便可使我们容易懂得所考察的情形，容易明白某种情形有什么意义，应该用什么救济的方法。"① 我们认为胡适的《多研究些问题，少谈些"主义"!》确实是在阐述他对"问题与主义"关系的看法，但这篇文章更多地具有媒介批评的意义，而非过去人们所强调的两个阶级的思想论战。正如胡适自己所言，他虽然也知道自己的观点有许多人一定不愿意听，但仍坚持并把它发表出来，是因为几天前北京安福系的《公言报》《新民国报》《新民报》和日文的《新支那报》，都在极力地恭维安福系首领王揖唐主张民生主义的演说，并且恭维安福部设立"民生主义研究会"的办法。他说，有许多人自然嘲笑这种假充时髦的行为，但是他看了这种消息后，却不禁产生了一种感想："安福部也来高谈民生主义了，这不是给我们这班新舆论家作一种教训吗？"② 他认为这有以下三个教训。

第一，空谈好听的主义，是极容易的事，是阿猫阿狗都能做的事，是鹦鹉和留声机器都能做的事。第二，空谈外来进口的主义，没有什么用处。一切主义都是某时某地的有心人对于那时那地的社会需要的救济方法。我们不去实地研究我们现在的社会需要，单会高谈某某主义，好比医生单记得许多汤头歌诀，不去研究病人的症候，何能有用？第三，偏向纸上的主义很危险。这种口头禅很容易被无耻政客利用来做种种害人的事。欧洲政客和资本家利用国家主义的流毒，已经人所共知。现在中国的政客，又要利用某种主义来欺人了。正如罗兰夫人所说的那样：自由！自

---

① 适：《欢迎我们的兄弟——〈星期评论〉》，《每周评论》1919 年第 28 期。胡适在《多研究些问题，少谈些"主义"!》文中引用这段话时，与《欢迎我们的兄弟——〈星期评论〉》原文存在个别字词的不同，可能是胡适当时只是按照自己的记忆引用，没有仔细查对原文所致，且引用时将本来一段中上下连贯的两句话，按照句意分成两个部分引用。

② 胡适：《多研究些问题，少谈些"主义"!》，《每周评论》1919 年第 31 期。

由！天底下有多少罪恶，都是假汝之名而出！胡适认为大凡一切表面上好听的主义，都有这种危险。

胡适说把这三条合起来看，可以看出主义的性质，即凡是主义，都是应时势而起。某种社会到了某时代，受了某种的影响，呈现出某种不满意的现状。于是就有一些有心人观察这种现象，想出某种救济的法子。这是主义的缘起。主义初起的时候，大都是一种救时的具体主张。后来这种主张传播出去，传播的人图简便，使用一两个字来代表这种具体主张，所以叫它作"某某主义"。主张成了主义，便由具体的计划变成一个抽象的名词了。主义的弱点和危险就在这里。因为世间没有一个抽象名词能把某人某派的具体主张都包括在里面。同一个名词的内涵也许隔两三万里。你和我和王揖唐都可自称社会主义者："我因为深觉得高谈主义的危险，所以我奉劝现在新舆论界的同志道：'请你们多提出一些问题，少谈一些纸上的主义。'更进一步说：'请你们多多研究这个问题如何解决，那个问题如何解决，不要高谈这种主义如何新奇，那种主义如何奥妙。'"① 他说中国现在应该赶紧解决的问题真是多得很，不去研究并解决这些问题，却高谈这个主义那个主义，他认为是自欺欺人。

胡适同时希望读者不要误会他是劝人不研究一切学说和一切主义。他认为"学理是我们研究问题的一种工具。没有学理做工具，就如同王阳明对着竹子痴坐，妄想'格物'，那是做不到的事。种种学说和主义，我们都应该研究。有了许多学理做材料，见了具体的问题方才能寻出一个解决的方法"②。他只是希望中国的舆论家们，把一切的主义摆在脑背后做参考资料，不要挂在嘴上做招牌，不要叫一知半解的人拾了这些半生不熟的主义去做骗人的口头禅。也就是说，胡适并不反对主义，他反对的只是在没有明白主义真义的情况下，就空谈和大谈主义，而这种情况确是当时报刊传播中客观存在的一种现象。因此，胡适所提出"问题与主义"的关系问题，其实更针对的是当时报刊传播中，不明了主义的真义而又大谈特谈主义却不注意研究具体问题的一种不良倾向。

胡适这篇文章发表时，李大钊因遭北洋政府的迫害，正避祸于昌黎五峰山，但他也仍然密切注视着时局的发展和《每周评论》的动态，所以看

---

① 胡适：《多研究些问题，少谈些"主义"！》，《每周评论》1919年第31期。
② 胡适：《多研究些问题，少谈些"主义"！》，《每周评论》1919年第31期。

到胡适的文章后，他便针对"问题与主义"的关系，写了一封长信给胡适。在信中，李大钊运用马克思主义的唯物史观，阐明了中国问题必须从根本上寻求解决的革命主张，指出经济问题的解决，是根本解决。只有经济问题解决了，才有一个个具体问题都被解决的希望。针对胡适回避阶级斗争的观点，李大钊强调阶级斗争学说是唯物史观的一个重要内容，如果不重视阶级斗争，丝毫不去用这个学理作工具，为工人联合的实际运动，那经济的革命，恐怕永远不能实现。胡适把李大钊的这封来信，标题为《再论问题与主义》，发表在 8 月 17 日的《每周评论》第 35 期上，并附文说明："我要做的'再论问题与主义'现有守常先生抢去做了，我只好等着将来做'三论问题与主义'罢。"因此，"问题与主义"之争固然具有政治和思想论争的色彩，其实更具有媒介批评的意义和价值。

二

胡适发表在《每周评论》第 28 期的《欢迎我们的兄弟——〈星期评论〉》，是他这一时期以实验主义为理论而撰写的一篇重要的专题媒介批评文本。《星期评论》是五四运动时期孙中山领导出版的一本周刊，1919 年 6 月 8 日创刊于上海，戴季陶、沈玄庐主编。在新思潮的影响下，该刊注意研究社会主义，介绍世界和中国的劳工运动，发表了大量介绍各国工人运动与工人组织的详细材料。该报在体裁格式上与《每周评论》很相像，所以胡适"认他是我们的兄弟"，遂写了这篇约 3000 字的文章，发表在该期《每周评论》的头版头条。胡适在这篇文章中，先说《星期评论》第一期出世时，我们看了虽然高兴，但觉得不过是"《每周评论》第二"[①] 罢了。到了《星期评论》第二期出版，方才觉得《星期评论》是一家须要另眼相看的报纸，因为该报不仅有主张，而且有其特色。他随后从解析该报宣言和文章署名等具体业务的角度，归纳出该报在编办业务上具有三大特点，并"借题发挥"地阐释和描述了他心目中心仪与认可的报刊。

第一，有一贯的团体主张。胡适认为，如果要使思想革新运动能收到实际的功效，非有一贯的团体主张不可，因为宣传事业的目的在于使大家

---

① 适：《欢迎我们的兄弟——〈星期评论〉》，《每周评论》1919 年第 28 期。

明白我们的主张,在于使我们少数人的主张渐渐变为大多数人的主张。"若是我们团体内部先就没有一致的主张,先就不能决定我们所要主张宣传的究竟是什么东西,那么,我们如何还能教别人明白我们主张,信从我们所宣传呢?"① 他举近年《新青年》提出文学改革的问题为例说,由于《新青年》对国语文学有了一致的主张,故收效最大又最快。但是他们也有几种主张内部先就不能一致,所以不但不能收效,反惹起许多无谓的误会,挑起许多本可没有的阻力。又举美国的例子说,美国前四年有一班政论家和思想家想用一种"思想界的组织"来做改造舆论的事业,所以邀集一班同志,创办一个《新共和国》周刊。这个周报初出版的时候只销八百三十五份,不到两年就销到了几十万份,现在成为世界上一种最有势力的杂志。美国此次加入战团,变更百年的立国方针,很多人都承认有这个杂志的功劳!这个杂志的编辑每日相见,每周会议所发的议论,议定之后,把全部认可的议论作为"本社同人"的议论,不签姓名,以表示这是一致的团体主张。因为这一班学者与政论家能这样做"有组织的宣传事业",能采定一致的团体主张,肯牺牲最不经济的人自为战的笨法,所以能收到绝大的功效。现在《星期评论》的诸位同人竟能用"本社同人"的名义发表一种团体的改造方针,胡适认为"这是中国舆论界的空前创举",② 不仅诚恳祝愿它能成为中国的《新共和国》周刊,更希望《星期评论》的榜样能够引起中国舆论界的觉悟,渐渐废去从前那种人自为战的旧习惯,采用有组织的宣传方法,使将来的中国真的成为一个名实相符的新共和国。

第二,这种主张是几年研究的结果。胡适指出,单有一致的团体主张,未必就好。安福俱乐部又何尝没有他们的一贯的团体主张呢?所以我们所希望的团体主张必须是仔细研究的结果。"现在舆论界的大毛病——死症——就是没有人肯做这种仔细研究的工夫。上海那几位最'红'的主笔先生,一个人每天要做几家报纸的社论或时评,还要天天打牌吃花酒,每天报馆里把专电送到他们的牌桌上或花酒席上,他们看一看,拿起一张局票,翻转来写上几行,就是一篇社论了。他们从来不做学问的研究,也不做社会的考察,只靠一个真滑的头脑,一支惯熟的破笔,就可以做'舆论家'了!这不是上海的实在情形吗?这种'舆论家'的主张还有什么价

---

① 适:《欢迎我们的兄弟——〈星期评论〉》,《每周评论》1919 年第 28 期。
② 适:《欢迎我们的兄弟——〈星期评论〉》,《每周评论》1919 年第 28 期。

值可说呢？"① 胡适以美国纽约《世界报》的情形作为对比说，前年他去看该报社的设备，这家报馆共用一万三千人，有两百多人专管剪报的事，剪下的报纸并不是供主笔黏凑起来付印，而是分门类收藏起来，作参考研究的材料。主笔都是一些有专门研究的人，此外报馆还有一批特约的专家，遇有特别问题发生，本馆主笔没有能力讨论，报馆即打电话请专门学者替他们作一篇时评。当袁世凯称帝时，纽约的 Outlook 报就打电话给当时还在绮色佳城的胡适，请他替报馆做文章。胡适认为从这件事可看出他们遇事小心、肯持研究的态度，不做向壁虚构的舆论家。《星期评论》的编辑戴季陶前年曾经发表过一种杂志社组织章程，对杂志社里图书设备说得非常详细。"我那时就觉得这种办法是中国舆论界空前的计划。可惜那种杂志并不曾出世，就小产掉了。现在我看见《星期评论》的建设方针，看他们费几个月的时间，参酌多少专门书籍，采用多少专家的意见，修改了多少次，——这种研究的态度是我们极佩服的。我们很希望《星期评论》的诸位先生能坚持这种研究的态度，给中国的舆论界做一个好榜样，使那种局票背面写的社论、时评将来决不能存在，使那班终身不读书不研究的'红'主笔将来都渐渐的'黑'下去。"② 这是胡适对《星期评论》的期待和建议，无疑也是他媒介批评的一个标准。

第三，所主张的都是脚踏实地的具体政策，不是抽象的空谈。胡适强调其虽极力主张议论是研究的结果，但是他所希望的研究并不是单指书本上的研究，乃是学问上的研究和实地的考察。他批评前几年有一班学者做文章时，往往引上许多英、德、法文的句子，末后加上无数的参考书目。你引柏拉图来批我，我便引亚里士多德来驳你。这种办法固然不是牌桌或花酒席上所能做出，但终究不是正当方法，因为二千三四百年前的柏拉图和亚里士多德，和我们时代不同，事势不同，历史地理不同，他们的话是针对他们的时势而说，未必能应用于我们中国今日的时势。我们往往痛骂"子曰诗云"这种论调，正因为"子曰诗云"是两三千年前的议论，不能用到现在的情形。若是我们现在论中国的现势，却引千百年前柏拉图和伯伦知理的话作根据，岂不是西洋的"子曰诗云"吗？"现在的舆论界的大危险，就是偏向纸上的争论，不去实地考察中国今日的社会需要究竟是什

---

① 适：《欢迎我们的兄弟——〈星期评论〉》，《每周评论》1919年第28期。
② 适：《欢迎我们的兄弟——〈星期评论〉》，《每周评论》1919年第28期。

么东西。那些提倡尊孔祀天的人固然是不懂现时社会的需要,但是那些迷信军国民主义或无政府主义的人究可算懂得现时社会的需要吗?要知道舆论家第一天职就是要细心考察社会的实在情形。一切学理,一切 lism,都是这种考察的工具。有了学理作参考材料,便可使我们容易懂得所考察的情形,容易明白某种情形有什么意义,应该用什么救济的方法。"① 胡适不厌其烦地重复这一观点,足见他对这个观点的自信。他说,譬如一个医生单单记得学理还不够,他必须具体诊察病人的实际病情,学理只能帮助他懂得某种现状是某种病症,某种病症该用某种治疗方法。"现在《星期评论》的建设方针,情愿牺牲一些'乌托邦的理论',只求'脚踏实地的行得通',这是极好的方法。"② 因为其主张的内容,大体都是很切实的具体主张,偶然有一两项"理想"的主张,也都加上"到了可能的时机"等限制语。胡适认为它既没有民国初年那种空泛的口头禅,也很少近人的"乌托邦的理论",断言这种具体的态度,将来发生良好效果,是可以预料到的事情。

三

胡适在 1919 年 8 月 24 日的《每周评论》第 36 期"介绍新出版物"专栏中,还专门以广告的形式对《建设》《湘江评论》和《星期日》进行过批评。《建设》是孙中山先生领导创办的中国国民党早期的大型中央理论机关刊物,1919 年 8 月 1 日创刊于上海,由朱执信主编。该刊的宗旨是:"鼓吹建设之思潮,展明建设之原理,冀广传吾党建设之主义,成为国民之常识,使人人知建设为今日之需要,使人人知建设为易行之事功。"③ 由是万众一心以赴之,建设一个世界上最富强最快乐的民有、民治和民享的国家。《建设》是月刊,胡适推介该刊时,只见到该刊的第一期。他说按照本期的材料看来,《建设》的前途一定很能满足我们的期望。本期有孙中山的《发展中国实业计划》、廖仲恺译的《全民政治论》、民意译的《创制权、复决权、罢官权之作用》等,都可以表示建设社同人所主张的趋向。胡适认为在这个盲人瞎马的时代,而有这种远大的计划和主张,

---

① 适:《欢迎我们的兄弟——〈星期评论〉》,《每周评论》1919 年第 28 期。
② 适:《欢迎我们的兄弟——〈星期评论〉》,《每周评论》1919 年第 28 期。
③ 孙文:《发刊辞》,《建设》1919 年第 1 期。

可算是国内一件最可使人满意的事。

他认为本期胡汉民的《吕邦的群众心理》用提要夹批评的方法绍介吕邦的学说，是很可仿效的一种方法。"本期最精彩的著作要算戴季陶先生的《我的日本观》。"① 这是一篇两万字的长文，研究日本种种历史的势力、遗传思想的特性、经济的发展和发展的影响、政党的过去与现在、今后日本的趋势。其材料十分丰富，方法也很有系统。他说由于自己不太了解日本，故不能批评戴氏的观察是否可以信服，但觉得戴季陶的态度与方法极可佩服。当这个大家恨日本、骂日本，却不懂得日本的时候，他独能有这种耐性、忠恕、研究的态度，这不是很可佩服的吗？至于方法一层，戴季陶认定现在的日本不是一个孤立的怪现状，乃是无数历史的势力所造成的产儿。所以他的研究，是从《古事记》里天沼矛的神话一直说到板垣退助的末路，从武士独占时代，经武士町人混合时代，直到将来可以预料的工人农夫时代。这种历史的眼光是研究一国现状所不可缺的元素。他推崇戴季陶这篇关于日本的研究，真可以给我们做"觇国"文字的模范了。

胡适对《湘江评论》和《星期日》的推介性批评，虽文字简短，但显示出了独到而睿智的眼光。他指出，现在新出的周报和小日报，数目很不少了。北自北京，南至广州，东从上海苏州，西至四川，几乎没有一个城市没有这类新派的报纸。现在要特别介绍我们新添的两个小兄弟：一个是长沙的《湘江评论》，一个是成都的《星期日》。这两个周刊，形式上和精神上，都同《每周评论》和上海的《星期评论》最接近。就我们已收到的几期看，两家周刊各有优长之处。《星期日》的长处是在文艺的一方面，而《湘江评论》的长处则是在议论的一方面。"《湘江评论》第二、三、四期的《民众的大联合》一篇大文章，眼光狠远大，议论也狠痛快，确是现今的重要文字。还有湘江大事述评一栏，记载湖南的新运动，使我们发生无限乐观。武人统治之下，能产出我们这样的一个好兄弟，真是我们意外的欢喜。"② 在当时众多的新创报刊中，《湘江评论》的思想最为深刻而先进，其社会影响力已经大大超过了其本身所宣称的传播最新思潮的办刊宗旨，而起着指导和推动革命运动的重大作用。

胡适对自由主义始终有着深沉而执着的追求，尤其是他在坚持用自由

---

① 适：《介绍新出版物·建设》，《每周评论》1919 年第 36 期。
② 适：《介绍新出版物·湘江评论、星期日》，《每周评论》1919 年第 36 期。

主义来推动中国的现代化进程方面所做的巨大努力，几乎无人可以与之比肩。相比于梁启超，胡适是一个真正的自觉的自由主义者。自由主义一方面既被他视为科学的思想，另一方面又被他视为人生的信仰，运用到中国复杂多变的社会事务之中，去观察和处理个人与集体、国家的关系，自然也辐射到其媒介批评活动之中。1919年10月24日，北京《国民公报》因致力宣传新文化运动，参与北京各界联合会的工作，支持学生爱国运动，被军阀政府查封。次日，该报编辑孙几伊被捕。1919年12月2日，北京地方审判厅开庭审理此案，以该报译载克鲁泡特金自叙传、报道北京学界活动及"所登载之评论等件，均有触犯刑律及出版规定之处"[①] 为罪名判处孙几伊有期徒刑1年2个月。孙不服上诉。1920年5月14日，大理院判决以"连续出版妨害治安之所为"处孙几伊有期徒刑5个月。孙在押已经6个月，遂准予折抵亦已超出应服的刑期。该案引起了社会各界尤其是新闻界、司法界的广泛关注，人们议论纷纷，一时成为舆论焦点，酿成轰动一时的"国民公报案"。如李大钊当时不仅在《晨报》上发表了《〈国民公报〉判决感言》，还连续刊发专件《〈国民公报〉案院判之批评》。《东方杂志》主编陶惺存也在该刊1920年第17卷第12期发表《大理院判决〈国民公报〉案文书后》的评论。1919年12月17日，胡适在孙几伊一审判决后，写下了一首题为《一颗遭劫的星》的白话诗，表达他对该案的看法。在诗的前端，胡适还专门为此叙述缘由始末道："北京《国民公报》响应新思潮最早，遭忌也最深。今年十一月被封，主笔孙几伊君被捕。十二月四日判决，孙君定监禁十四个月的罪。我为这事做这诗。"诗歌的正文是："热极了！/更没有一点风！那又轻又细的马缨花须/动也不动一动！//好容易一颗大星出来；/我们知道夜凉将到了：——/仍旧是热，仍旧没有风，/只是我们心里不烦躁了。//忽然一大块黑云／把那颗清凉光明的星围住；/那块云越积越大，/那颗星再也冲不出去！//乌云越积越大，/遮尽了一天的明霞；/一阵风来，/拳头大的雨点淋漓打下！//大雨过后，/满天的星都放光了。/那颗大星欢迎着他们，/大家齐说'世界更清凉了'！"[②] 这可说是一首以诗的形式和语言所进行的媒介批评。他把孙几伊及其《国民公报》比喻为带给人们光明的大星，把军阀政府对报纸的残酷迫害，比作乌云遮住星星。乌云虽然能暂

[①] 转引自方汉奇主编《中国新闻事业编年史》上，福建人民出版社2000年版，第891页。
[②] 秦立夏、周罡选编：《胡适作品精选》，长江文艺出版社2005年版，第56—57页。

时遮住星星，但阵风吹过，天空更亮，世界更加清凉。胡适的白话诗总体上艺术水准不是很高，但这首诗无论是立意还是语言表达上，都有一定的诗意，应该是其诗作中的佼佼者。更为重要的是，这是一首以诗的形式和语言进行的媒介批评，因此也可以算是胡适在媒介批评领域的又一次尝试。不论其艺术性如何，其中所表达的对新闻自由的向往和追求，无疑能给当事人提供一种信仰意义上的巨大精神慰藉和支持。

媒介批评总是思想和观念的折射。五四新文化运动是报刊卷起的时代狂澜。从胡适进入中国公学以后，媒介活动已经逐渐渗透到了他此后人生的各个阶段。胡适的政治思想虽然在各个不同的历史阶段中有着变化和调适，大致也有早期、中期和晚期分别，但有一根红线贯穿其中，即"胡适究竟是一个以早期杜威的实验主义作底子的社会思想家"。[①] 胡适后来曾在自述性的《我的歧路》一文中说："我这几年的言论文字，只是这一种实验主义的态度在各个方面的应用。"[②] 确实如其所言，加盟《新青年》，以及后来主持《每周评论》，再到后来创办《努力周报》《独立评论》和《新月》等，胡适始终都始终如一地坚持和贯彻着实验主义的原则和态度。当然，在胡适看来，"实验主义自然也是一种主义，但实验主义只是一个方法，只是一个研究问题的方法。他的方法是：细心搜求事实，大胆提出假设，再细心求实证。一切主义，一切学理，都只是参考的材料，暗示的材料，待证的假设，绝不是天经地义的信条"[③]。实验主义注重具体的事实与问题，故不承认根本的解决。他只承认那一点一滴做到的进步，认为这种步步有智慧的指导，步步有自动的实验，才是真进化。在胡适的媒介批评活动中，实验主义及其精神一直是其一以贯之的坚定稳健、色彩明亮的光谱与主调，但胡适并没有完全将之作为一种抽象的理论，而是将之作为一种观察和认识乃至研究世界的方法与态度。这是胡适在媒介批评领域有别于同时代人的地方。

第四节　徐宝璜的媒介批评

徐宝璜（1894—1930），字伯轩，江西九江人。中国现代新闻理论的

[①] 殷海光：《中国文化的展望》，中国和平出版社1988年版，第318页。
[②] 适：《我的歧路》，《努力周报》1922年第7期。
[③] 适：《我的歧路》，《努力周报》1922年第7期。

奠基人，著名新闻教育家。1912 年毕业于北京大学后，考取官费留学，赴美国密歇根大学攻读经济学，课余兼修新闻学，是我国民国初年正式接受过美国正规新闻理论教育的少数学者之一。1916 年毕业返国，先任北京《晨报》编辑，后任北京大学教授兼校长室秘书，在文法科系开设新闻学专题讲座。1918 年 10 月，策划并与蔡元培一道发起成立了北京大学新闻学研究会，宗旨是研究新闻学理、增长新闻经验以推动新闻事业的发展。徐宝璜被推为该会的副会长、新闻学导师和会刊《新闻周刊》的编辑主任，并代表会长蔡元培负责处理日常会务，定期为会员讲授新闻学基本知识。1920 年 12 月后研究会中止活动，共举办两期研究班，听讲会员有百余人，其中有早期共产党人毛泽东、高君宇、谭平山、罗章龙等，是为中国新闻学学科研究和正规新闻教育事业之发端。1920 年后，徐宝璜相继任教于北平、朝阳、中国、平民等四所大学，讲授经济和新闻方面的有关课程。1930 年 5 月 29 日，他在北京大学讲课时，突发风寒痰症，倒在了讲坛上，6 月 1 日，在北京协和医院逝世，终年仅 36 岁。徐宝璜是最先在国内开设新闻学课程的大学教授，遗著有《新闻学》和若干论文。《新闻学》原是他在北京大学新闻学研究会的讲稿，经过四次修改，于 1919 年 12 月由北京大学新闻学研究会出版，出版之前曾先后在《东方杂志》《北京大学日刊》《北京大学月刊》《新中国》等报刊上连载。全书共有 14 章，6 万字左右，主要从新闻定义、新闻价值，到报纸工作的性质和任务，兼及新闻和报纸的采访、编辑、评论、发行等方面，进行了理论与实践上的系统探讨。该书是国人自著的第一部新闻学论著，被誉为中国新闻界破天荒之作。徐宝璜的这部《新闻学》在内容和写作上，虽然取材于西方书籍者不少，但他"讨论新闻纸之性质与其职务，及新闻之定义与其价值，自信所言，颇多为西方学者所未言及者"[1]。尤其是在写作中，他能主动结合中国媒体的传播实际，进行有针对性的理论阐发，"吾国之报纸，现多徘徊歧路，即已入迷途者，亦复不少。此书发刊之意，希望能导其正当之方向而行，为新闻界开一新生面"[2]。因而具有很鲜明的媒介批评价值。而且除此之外，徐宝璜还在各种报刊上发表过一些新闻学专题论文，其中也有不少内容具有媒介批评的意义。

---

[1] 肖东发、邓绍根编：《徐宝璜新闻学论集》，北京大学出版社 2008 年版，第 45 页。
[2] 肖东发、邓绍根编：《徐宝璜新闻学论集》，北京大学出版社 2008 年版，第 45 页。

一

作为一个接受过美国正规新闻学教育的人，徐宝璜对中国新闻传播中所存在的缺点可谓洞若观火。他在北京大学之所以主动倡导新闻教育，就是从推动新闻事业发展的角度，通过传授和普及先进的新闻学知识，来提高国人的媒介素养和新闻传播的质量，改善我国新闻事业的落后面貌。"吾国新闻事业，现虽无英美之盛，然日益发达，则可必也。使今日国人所不满于新闻纸者，如新闻之纷乱而欠实，议论之琐碎而无当，不加改良，则发达愈甚，国人不满意之程度，亦将愈高。"① 所以他无论是在课堂上向学生讲授新闻学相关理论，还是在报刊上发表有关论文，总是在介绍相关新闻理论知识和国外新闻事业状况时，又密切观照着中国报刊新闻传播的实际，把欧美等传播事业作为一种标杆和榜样，密切对照和联系中国的实际，将应然与实然并置在同一个空间，以突出中国新闻传播中的落后与问题所在，从而在新闻知识传授过程中，同时获得媒介批评的意义。

徐宝璜指出：近年以来，中国报纸虽然颇见进步，但尚须改良之处亦复不少。他认为在新闻方面，应改良者即有如下几个方面。

一是亟宜采用新闻格式。所谓"新闻格式"，就是现代新闻的文体模式。他批评当时中国记者的新闻写作，"仍如文人之作纪事文也，往往埋没新闻之精彩，或长千余字之新闻，中无段落，既不能引人注意，且不易阅看，致糜费阅者之时间"②。19世纪初叶，近代中文报刊刚诞生的时候，中国的文坛还没有准备好一套报纸文体与之相适应。"报纸不得不从中国古典文学的仓库里借用适合于自己的文体。"③ 在此后的近百年时间里，由于读者和报纸编办者一直比较缺乏变革的自觉要求，中国报纸文体的变革始终步履维艰，长时间地处在缓慢的探索和凝聚、形成之中。五四运动前后，虽然中国新闻事业有了不小的进步，但现代新闻文体一直没有得到完全的定型。文体的陈旧一定程度上拖累和制约了中国新闻事业的发展。徐宝璜从新闻文体历史的角度，要求中国报界应尽快采用这种发源于西方的

---

① 徐宝璜：《发刊词》，《北京大学日刊》1919年4月21日。
② 徐宝璜：《新闻学大意》（续），《东方杂志》1918年10月15日第15卷第10号。
③ 李良荣：《中国报纸文体发展概要》，福建人民出版社2002年版，第1页。

新闻格式。徐宝璜认为报纸读者有两类人：第一类是优游多暇者，每日能将其报纸自首至尾全看一遍；第二类是事情甚忙，每日仅能在工余抽出些许时间，展开报纸掠观一遍，见其所注意者读之，余则不顾。过去编辑新闻用文人作记事文的体裁，排列新闻事实，按其发生先后次序，"致往往居新闻之首者，为琐碎事实，而能引人注意之新闻精彩，反埋居新闻之末，而失其引人注意之能力焉；又甚至用小说家之惯技，故意将人人所注意者，置于末尾，致本为第二类人所欲看之新闻，因编辑不得法，不能引其注意"①。这种新闻表达模式，致使只有第一类人阅读报纸，新闻的价值因之而减少。这个弱点早为美国报界发现，几经改良，现在已经形成一种新闻的格式，即于新闻编辑时，不计事实发生先后次序，将最引人注意者首先叙述，然后及详细情形。因此，"此格式应用已久，成效大见，我国报界，亦宜采用之"②。以尽快缩短与国外先进水平的差距。

二是宜用句读，即加标点符号。中国古时并没有现代的标点符号，与现代汉语标点符号相近的是比较简单的句读式圈点，即用"圈儿"断句，用"点儿"表示句中停顿。现代汉语标点符号直到五四后期才开始得到较为普遍的运用。③ 标点符号对于语言表达的精确化有重要的帮助，徐宝璜从方便读者理解的角度，力主中国报纸要采用标点符号。他认为中国报纸上文字，非不明了，今日看报之人，当能了解，然采用句读，仍不可缓。因为采用标点符号之后，使报纸文字更见明了。"今日欲阅报而不能了解之人，或进而能了解矣。能看报之人多，则看报之人自多；看报之人多，则报纸影响所及之范围益宏，其销路亦益广矣。故采用句读，于报纸有益之事也。"④ 他强调他所说的句读，并不是指当时报纸已经较多使用的连圈连点。因为连圈连点与未圈未点没有不同，文字意义不因此而更明了。当然也不是要将尽行采用西文所有的符号，不过主张采用几个适用之符号，如以〇表句，以、表读，以—表固有名词，如人名地名，以""表引用之语而已。最终目的还是在于增进文字的明了，使读者更易于和准确地掌握文句所要表达的意义。

---

① 徐宝璜：《新闻学大意》（续），《东方杂志》1918 年 10 月 15 日第 15 卷第 10 号。
② 徐宝璜：《新闻学大意》（续），《东方杂志》1918 年 10 月 15 日第 15 卷第 10 号。
③ 刘炜、侯民吉、徐兴胜：《汉语标点符号发展史述略》，《语文学刊》2010 年第 12 期。
④ 徐宝璜：《新闻学大意》（续），《东方杂志》1918 年 10 月 15 日第 15 卷第 10 号。

三是放弃和取消"新闻政策"。所谓新闻政策，本是指政府或政党对其所属新闻媒介所颁布的新闻法规或一定时期的某些规定，反映为新闻传播中所体现出的某种政治、思想或意识形态倾向性。徐宝璜认为，报纸的根本任务，固然是报道新闻，但同时也可以尽指导舆论的责任。故报纸对于各事，有所主张，或保守、或进取、或赞成、或反对，日日于其社论栏内发表之、拥护之，乃正当事也。如果新闻政策如作此解，则人们对于报纸的主张，即便有怀疑之处，却不能责怪它有一定的主张。换言之，新闻政策应当存在，本是无可怀疑的必然之事。只是令人感到可惜的是，当时社会上流行的"新闻政策"概念并不作如此解，"此名词之在今日，有造谣与挟私的意味"[1]。如政党机关报，为了达到一时的政治目的，往往对于敌党领袖造一篇大谣言，登在报上，以混乱是非。反美其名曰：此新闻政策也。或每日在新闻栏内，为了在读者脑海中灌输不利于敌党的感想，将一条原来五六行的小新闻，专门放大成一篇淋漓痛快、洋洋千言的大块文章，亦美其名曰：此新闻政策也。徐宝璜指出："新闻与意见，固难绝对分离，然明目张胆、造谣挟私之'新闻政策'，虽政党可视为政治活动之利器，但自报界全体观之，则绝无存在之余地，非打消不可也。"[2] 因为报道新闻是报纸的天职，在报纸的新闻栏中，本应向读者提供正确的新闻。如今竟牺牲此可贵的空间，刊登造谣挟私的文字，是为了尽其指导舆论的附属职务，反而荒弃了供给新闻的根本职务。因此不合于逻辑，自不待言。更何况造谣挟私也非一般社会道德许可之事。再者，从读者角度说，新闻政策的存在给读者造成了种种不便，也非打消不可。"被欺，一不便也；于长篇文字内，寻出五六行之新闻，多费时间，二不便也；阅者如知正确之新闻，对于各事，自能自有主张，今实行'新闻政策'之报纸，乃极力减少阅者自行作主之机会，三不便也。"[3] 徐宝璜认为上述这些缺点，都是中国报纸亟须改良的地方。

二

徐宝璜认为，内容完备的报纸，所登载的内容，除新闻而外，还有社

---

[1] 徐宝璜：《新闻学大意》（续），《东方杂志》1918年10月15日第15卷第10号。
[2] 徐宝璜：《新闻学大意》（续），《东方杂志》1918年10月15日第15卷第10号。
[3] 徐宝璜：《新闻学大意》（续），《东方杂志》1918年10月15日第15卷第10号。

论、文艺、插画和广告等,材料丰富,门类极多。报纸又称为新闻纸,因此,"新闻纸之根本职务,为供给新闻,有新闻而无他件,不失其为新闻纸也。有他件而无新闻,则仍呼之为新闻纸者,必无人也"①。新闻报道必须是事实,"故凡凭空杜撰闭门捏造之消息,均非新闻。彼因无采访之能力,捏造消息,以了责任者,或为迎合社会之恶劣心理,常揑登猥亵之新闻如某某之风流案,某姨太太或小姐之秘史者,或因受股东或津贴者之指挥,登载一种谣言以混乱一时之是非者,是为有意以伪乱真,其欺骗阅者之罪,实不可恕"②。在近代中国新闻界,"有闻必录"之说曾广泛流传。对此报界成说,徐宝璜多次否定:"'报纸有闻必录',此吾国报纸之一极普通之口头禅,且常引为护身符者也。其实绝无意义。因若信一二人之传说,而不详加调查,证其确否,径视为事实而登载之,将致常登以讹传讹之消息,且有时于不知不觉成为他人播谣之机械,此亦为以伪乱真,又乌乎可。"③ 即便假定所闻者全为事实,实际上也不能尽行登载,因为事实不新鲜或者不是阅者所注意者,仍然没有新闻的价值。如果必录所闻,则新闻与街谈巷议就没有区别了。况且报纸篇幅有限,又安能必录全部所闻?当时我国报纸一直引用此说为护身符,对于所发表的新闻,纵使错误,也不负责,因为如果按照有闻必录的原则,本来也就没有什么调查所闻确否的必要。"甚有于此六字之下,为达不正当之目的起见,登载消息,攻击他人之私德,不留余地者。"④ 徐宝璜认为这是我国新闻界还处于幼稚阶段的明证,因此亟应纠正。

徐宝璜认可"有闻必录"之说对报业也有一定的积极意义,即"处现时言论尚无自由可言,或于事实上可得相当之保障"。⑤ 在一定的条件下,"有闻必录"可用来规避政府方面的不当干涉。但利弊互较,特别是在新闻事业已经进入规模化发展的现代,这种说法就弊大于利,甚至流弊无穷了。"试问无论任何消息,不问其确实与否,而即认为事实而登载之,其结果必致以讹传讹,混淆是非。"⑥ 要么成为故意造谣的挡箭牌,要么会在

---

① 徐宝璜:《新闻学大意》,《东方杂志》1918 年 9 月 15 日第 15 卷第 9 号。
② 肖东发、邓绍根编:《徐宝璜新闻学论集》,北京大学出版社 2008 年版,第 52 页。
③ 肖东发、邓绍根编:《徐宝璜新闻学论集》,北京大学出版社 2008 年版,第 52 页。
④ 肖东发、邓绍根编:《徐宝璜新闻学论集》,北京大学出版社 2008 年版,第 52 页。
⑤ 肖东发、邓绍根编:《徐宝璜新闻学论集》,北京大学出版社 2008 年版,第 141 页。
⑥ 肖东发、邓绍根编:《徐宝璜新闻学论集》,北京大学出版社 2008 年版,第 141 页。

无意之中被人利用,成为造谣的机关。"吾国之所以用此语者,似由不自爱惜者,假此以达其他种不正当之目的。他日新闻界进步,言论有自由记载之权,此语必归淘汰无类也。"① 徐宝璜认为,随着新闻事业的发展,"有闻必录"这种与新闻真实性原则背道而驰的说法,必将被历史所淘汰,再也没有存在的理论和实践的空间。

新闻与意见分开,是西方新闻客观理论的重要价值追求。徐宝璜对此甚为推崇。他认为新闻媒体是社会的耳目,而新闻工作者又是新闻媒体的耳目,所以新闻工作者的社会责任很重。采编新闻的时候,第一须要心地开放,毫无成见,所叙述者仅为事实,仅为使其意义明了的所有事实,以供阅者自己去作出判断,或成为他们社会行动的根据。切不可因为一己的私见,将事实颠倒附会或为之增减,导致失去事实的真相。尤其不可以故意夹入好恶赞斥等倾向性词汇,以在新闻中表达其意见。"愚意新闻与意见,应绝对分离,新闻栏中,专登新闻,社论栏中,始发意见,彼此毫不相混。"② 即便是想要新闻栏中发表意见,也应该采取在新闻之后附注的方式,以便人们进行区别。徐宝璜认为这种方法优点有五,具体如下:一是意见夹入新闻中,则访员常以事实迁就意见,而轻视其供真正新闻的天职。今二者分离,则此弊当可稍减。二是意见夹入新闻中,脑筋简单的人一定常常会把意见误视为事实,以致其失去自我主张的自由。今二者分离,则无此弊。三是意见与新闻,放在一处,则阅者常常需要从长篇记载中寻出短篇的事实,不便莫甚。今二者分离,则无此不便。四是发表正确的意见本为难事,绝非多数忙于采编新闻的访员所优为。故宜采取分工制度,访员专事采编新闻,而意见则别请专门人员撰著,在社论栏中发表。五是新闻栏中专登真正新闻,可增加社会对于此栏的信任。虽然是主张绝不相同的人,因此都可以订阅此报,以知世界及本埠大事。这对新闻媒体增加销路,显然亦大有裨益。

徐宝璜认为新闻须惟事实,虽然此理极明,无待解释,但要真正做到并不容易。它要求新闻记者在采集新闻的时候,首先必须审察传闻的确否,在编辑新闻的时候,还必须谨慎地据实直书。在行文之间,既不可故意颠倒事实,也不可随意穿凿附会,致与事实不符。编辑对于该条新闻如

---

① 肖东发、邓绍根编:《徐宝璜新闻学论集》,北京大学出版社2008年版,第141页。
② 肖东发、邓绍根编:《徐宝璜新闻学论集》,北京大学出版社2008年版,第82页。

果有意见，可以在评论栏中发表，也可以在新闻之后，加以附注。切不可将意见夹杂于新闻中，迷惑读者，否则就是以假乱真，故意欺蒙。徐宝璜又强调，新闻虽然是事实，但不是一般的事实，而是最近发生的事实，是为大多数读者所注意的事实。在判定事实是否具有新闻价值时，要从是否与读者有关系的角度进行考量。从普遍的角度看，人类总是对与自己有关的事实产生关注的兴趣和需要。无论何事，凡与阅者发生关系，必为其所注意，而有新闻之价值。考量这种关系，不能从单一的角度着眼，而要从更宏观、复杂的角度思考。"国内各报，登载政治之新闻，连篇累牍，亦以政治因担负问题、治安问题、权利问题或信仰问题，与阅者多少发生几分之关系，而必为其所注意也。"[1] 政治问题不是孤立的存在，政治与社会其他领域，时时在发生着各种关系。他批评国内报纸在新闻报道中太过集中于政治新闻，"中国新闻纸所登之新闻，属于政治者居多，故访员之采集，亦以政治新闻为大宗"[2]。而相对忽略了其他领域的新闻。他认为随着社会发展和人们交往增加，新闻报道范围将日益扩大，"夫政治新闻，除首都外，终有限也。使通信员能留心社会之新闻，注意十分稀奇之事，与社会中著名人物及著名机关之一举一动，则其通信之材料，可增加也。"[3] 从这个角度去判定和择取新闻，报纸的新闻来源即可保无匮乏之虞。

三

报道新闻是报纸的天职，而天职的履行自然会对新闻工作者提出道德和业务素质上的一系列要求。徐宝璜认为，做一名合格的新闻工作者，首先要具有高度的社会责任感。报纸固然有很多职能，但提供新闻则规定了记者的核心责任。1919年12月5日，上海英文《字林西报》登载了一篇11月27日由安庆发来的通信，该信随即引起上海其他各家中文报刊的强烈关注。第二天，《新闻报》就以《西报所纪皖闻》为题进行译载："《字林报》安庆十一月二十七日通信云：此间蚕桑学校近有一骇闻之事，传者纷纷。此校女生共数十人，八月十五日，有附近某兵营军官带同兵士若

---

[1] 肖东发、邓绍根编：《徐宝璜新闻学论集》，北京大学出版社2008年版，第7页。
[2] 肖东发、邓绍根编：《徐宝璜新闻学论集》，北京大学出版社2008年版，第11页。
[3] 肖东发、邓绍根编：《徐宝璜新闻学论集》，北京大学出版社2008年版，第32页。

干，突入该校，将守门警士缚住，闯入女生宿舍，其时女生均已熟睡，此事后来如何自不待言。嗣于九月一日又有同前之事发生。缘传该校学生因此自尽者数人，教员因此自尽者一人。比来当局对于此事竭力弥缝遮盖，因之详情若何不易探悉。省吏之意，似恐拿办犯兵激成兵变。"① 该新闻中还有云为维持治安起见，如此姑息敷衍恐非长策。日来马联甲到此，对于此事有无办法，尚待后闻等语。同一天，上海《民国日报》也对《字林西报》这篇通信进行了转载，不过加了一个《"率兽食人"的兵士》的惊悚标题。新闻转载之后，很快引起了社会各界的强烈回应。12月7日，全国学生联合会召开理事会，讨论应付此案的办法，12月8日，全国各界联合会第17次评议会就此通过四项决议。与之同时，沪上各报纷纷跟进，对此事予以关注。由于蚕桑女校附近驻军为安徽督军倪嗣冲所部的安武军，因此，很快在社会上激起了一场声势浩大的"讨倪"运动。不料几天之后，此事反转，安庆蚕桑女校通电全国，否认有此事实发生。而此前保持沉默的倪嗣冲也出来通电辟谣："此次报载各节无中生有，任意载诬，不惟皖军名誉攸关，尤于全校女生名节有碍。若不切实根究，殊无以别是非而资惩警。"② 倪嗣冲在通电中，还威胁将要对最先登载这条新闻的报馆与全国各界联合会会员，依法起诉。③

新闻如此反转，一时间令读者如坠五里雾中。各地报纸也发表社评讨论处理办法。1919年12月18日，上海《时事新报》主张："上海各界欲为皖省女同胞伸冤者，宜派人调查充分的证据，以凭起诉。"④ 北京《益世报》则主张"关心此事之各团体，亟行派人赴皖，秘密调查，倘能获得证据，或被害人之口供，再行公诸天下，声罪致讨"。⑤ 徐宝璜认为此等主张固是不错，但出诸国内有名报纸的记者之口，未免令人对新闻界感到失望。因为调查事实真相就是新闻媒体的天职。他指出：报纸的职务，本来有好几种，但其中最重要的就是供给新闻。按照新闻学原理，新闻是多数阅者所注意的最近事实，所以报纸最要紧的职务，就是想方设法向社会供给此类事实。因为"有了此类的事实，社会上的人，做事就有了标准，评

---

① 转引自周宁《谣言、军阀与北洋社会：1919年安徽蚕桑女校案》，《史林》2011年第3期。
② 转引自周宁《谣言、军阀与北洋社会：1919年安徽蚕桑女校案》，《史林》2011年第3期。
③ 周宁：《谣言、军阀与北洋社会：1919年安徽蚕桑女校案》，《史林》2011年第3期。
④ 肖东发、邓绍根编：《徐宝璜新闻学论集》，北京大学出版社2008年版，第129页。
⑤ 肖东发、邓绍根编：《徐宝璜新闻学论集》，北京大学出版社2008年版，第129页。

判也就有了根据。记者既是办报纸的人，所以他的要紧的责任，就是搜罗当时多数人所注意之种种事实，公之于世了"①。他分析说，这回蚕桑女校被蹂躏的消息，是在事后两个多月才被外报传播出来。在这两个多月之内，不知道我国各报馆驻安庆的通信员到哪里去了？为什么不将这个消息及种种证据早一些公之于世，使被害者可指望早些得到公道呢？难道说全国的报纸，并无一家有通信员驻在安庆么？难道说此事无报告的价值么？现在这个消息已宣传有一个月了，照理各报馆早就应该致电其通信员，要求调查充分的证据，以公诸天下，使倪氏等无置办的余地。今则如何？不惟毫无贡献，记者自己反而欲置身事外，不负责任，叫其他单位赶紧派人去调查，难道说记者不承认供给新闻是他们报馆的责任么？难道说他们并不关心此事，不欲为皖省女同胞伸冤么？前几日，北京各报曾经刊登记事说，被害者家属已经带着血衣来京，预备起诉。"我以为各报馆必以此为基础，派访员去访问来京的被害者之家属，将所得之结果，公布出来，以满世人之望。"② 不料事隔多日，毫无影响。看起来不是访员没有去访问，就是被害者的描述来京之消息，并非事实。这必然令人生疑：访员为什么不去访问呢？不实的消息为什么登载呢？他说媒体的这种言论实在令人感到失望。

徐宝璜认为代表舆论也是新闻纸的重要职务之一。在西方国家，人们常常说，新闻纸是国民的喉舌，而"国内各报出版时，其发刊词亦多曰，将代表舆论，可见此职务，早为世所公认"。③ 不过他认为对"代表"二字的解释，今昔颇有不同。昔日仅为对于政府而代表国民的舆论，今天则又应代表国民向政府有所建议或要求。"新闻纸欲尽代表舆论之职，其编辑应默察国民多数对于各重要事之舆论，取其正当者，著论立说，代为发表之。言其所欲言而又不善言者，言其所欲言而又不敢言者，斯无愧矣。若仅代表一人或一党之意思，则机关报耳，不足云代表舆论也。"④ 新闻媒体为社会的一种产品，故亦受到社会的支配。如果因为要充当机关报，明显发表与国民舆论相反的言论，那么，必然不能见重于社会，而失去其本有

---

① 肖东发、邓绍根编：《徐宝璜新闻学论集》，北京大学出版社 2008 年版，第 129 页。
② 肖东发、邓绍根编：《徐宝璜新闻学论集》，北京大学出版社 2008 年版，第 129—130 页。
③ 肖东发、邓绍根编：《徐宝璜新闻学论集》，北京大学出版社 2008 年版，第 49 页。
④ 肖东发、邓绍根编：《徐宝璜新闻学论集》，北京大学出版社 2008 年版，第 49 页。

的势力，终将被读者所抛弃，如洪宪时代的《亚细亚日报》就是如此。他说，欧美各国政府，大抵均重视舆论，一个政策的取舍，和一件事情的兴革，往往视舆论为转移，不仅于国会征求舆论之所在，而且从重要新闻媒体的言论中，观察舆论的趋向。"吾国政府，对于舆论，素不重视，且封闭报馆之事，时有所闻。遂致新闻纸为保存自身计，常不敢十分代表舆论。否则注册于外国政府，以博得言论自由。此诚为莫大之憾事。"① 他认为新闻纸因此畏首畏尾，置职务于不尽，甚为不可。因为新闻媒体为正义而殉，乃光荣之事。况且全国报纸如果能共同起来代表舆论，则政府虽有意干涉，亦莫可如何。

徐宝璜鼓励新闻媒体，要大胆地为国民、正义鼓而呼，以营造健全的社会舆论。报道新闻要忠于事实，发表评论要宗旨纯正。"主持笔政者，应有洁白之胸怀，爱国之热心，公平之性情，听良心之驱使，作诚恳之文章，为众请命，或示人以途，总以国利民福为归。虽有所触忌，亦见义勇为，当仁不让。"② 如是则其所撰写的社论，自然能为读者重视，政治因此而改良，社会因此而进步。"若以此为凭藉，择一二要人而肆其攻击，或行其奉迎，因以博官猎贿，或受一人一派之指挥，发不问事实专偏袒一面之议论。"③ 则是一种不明白记者责任的表现。其社论自然不为读者所重视，也就没有什么价值。他批评我国有些新闻媒体及其工作者口是心非，言不由衷，是非不明，道德缺失，贻害社会。"吾国报纸，虽不无以提倡道德自命，然查其新闻，常不确实，读其论说，常欠平允，往往使是非不明，致善者灰心而恶者张胆。更观其广告，则诲淫之药品，冶游之指南，亦登之而无所忌讳。"④ 甚至为迎合社会心理起见，于附张中或附印小报，登载花国新闻，香艳诗词，导淫小说，及某某之艳史等件。也有广收妓寮的广告并大登妓女的照片，为其招徕生意。他严词斥责这种行为乃贱者之所为，在本质上其实是一种与敲诈同类的不道德之事。

徐宝璜是一位有留学经历、接受过美国正规新闻理论高等教育的学者，他总是时时地从中外一体的角度观察国际新闻事业的发展，从现代世

---

① 肖东发、邓绍根编：《徐宝璜新闻学论集》，北京大学出版社2008年版，第49页。
② 肖东发、邓绍根编：《徐宝璜新闻学论集》，北京大学出版社2008年版，第100页。
③ 肖东发、邓绍根编：《徐宝璜新闻学论集》，北京大学出版社2008年版，第100页。
④ 肖东发、邓绍根编：《徐宝璜新闻学论集》，北京大学出版社2008年版，第50—51页。

界的交往观照国内新闻的问题。他认为自近代以来，交通日便，人类生活日趋纷繁，愈益充实，人们所注意的事物，已经超过国界及政界，所以现代报纸不仅应供给本国的政治新闻和本埠新闻，而且也应详细地报道国外的大事与社会的大事。徐宝璜是国内第一个正式提出并身体力行开展新闻学教育的人，他的媒介批评大多从属于他的新闻教育活动，常常是他新闻理论教学的一部分，因此，他的媒介批评既具有一种世界性的宏观阔大的视野，具有五四时代所拥有的那种开放的时代品格，又具有一位大学教师踏实严谨的知识风度，具有浓郁的新闻学理论研究的学术色彩。他撰写并出版的《新闻学》是我国第一部新闻学理论著作，而在撰写和修改这部著作时，他又参考和吸收了蟹眼的《批评广州的报纸》、罗家伦的《今日中国之新闻界》等媒介批评论作中的资料和观点。① 学与术融为一体，建设和批判互为支撑，这在他的媒介批评活动中表现得甚是鲜明。桃李不言，下自成蹊。虽然在 36 岁时即英年早逝，但他通过创办北京大学新闻学研究会这一中国新闻事业上的不朽业绩，以及在其他大学的传道授业活动，已经把他对现代新闻观念的理解和坚持，毫无保留地传授给了五四一代的青年学子，进而转化成一种社会知识和新闻实践，融入中国现代新闻事业发展的漫漫长河之中，从而成为历史永恒的一部分。

第五节　邵飘萍的媒介批评

邵飘萍（1886—1926），原名新成，又名镜清，后改为振清，字飘萍，笔名阿平、素昧平生等，浙江金华人，1898 年 13 岁时中秀才，1906 年考入浙江高等学堂师范科，正是在这所学校读书期间，邵飘萍读到了《清议报》《新民丛报》《民报》等报刊，不仅大开眼界，而且被梁启超汪洋恣肆的政论文章感染，对报刊的社会功能有了初步认识，开始向上海的《申报》投递通信稿件。1909 年毕业后，他回到金华，在金华中学堂、长山书院等学校任教，担任《申报》驻金华特约通信员，逐渐萌生了新闻救国的志向。② 1911 年底，在辛亥革命洪流的冲击下，辞掉教职，赴杭州与杭辛斋合作，创办《汉民日报》，很快即以才华过人，在业界崭露头角，受到

---

① 肖东发、邓绍根编：《徐宝璜新闻学论集》，北京大学出版社 2008 年版，第 120 页。
② 孙晓阳：《邵飘萍》，人民日报出版社 1996 年版，第 3 页。

同行的推重，被推举为省报界公会干事长。1913年因发表反袁言论被捕入狱，《汉民日报》也因此停刊。1914年赴日本，在政法学校学习，课余和同学潘公弼等合组东京通信社，向国内发稿。1915年应友人之邀回国，任《时事新报》主笔之职，兼为《申报》《时报》撰稿。1916年7月被《申报》聘为驻北京特派记者，此后为该报撰写了250余篇《北京特别通信》，声誉鹊起。同时创办北京新闻编译社，是为我国北方最早的通讯社的雏形。1917年，应章士钊之邀，曾代理《甲寅》杂志馆务半年。1918年10月，与北大校长蔡元培、教授徐宝璜一起创办了北京大学新闻学研究会，并应聘为研究会导师，共同开创了我国正规新闻专业教育和新闻学研究的工作。1918年10月5日，在北京创办了《京报》，自任社长，亲自撰写评论和采访重要消息。五四运动前夕，他以《京报》社长的身份，在北京大学的学生集会上发表演讲，愤怒揭发北洋军阀政府的卖国罪行。同年8月，因受到军阀政府的迫害，再次远赴日本，应聘为《朝日新闻》的顾问。1920年秋，段祺瑞政府垮台，邵飘萍遂回国，继任《京报》社长。1924年起兼任北京平民大学、法政大学教授，在两校主讲新闻学方面的课程。1925年经李大钊和罗章龙两人介绍，秘密加入中国共产党。1926年4月24日，以"宣传赤化"罪名被奉系军阀逮捕，26日英勇就义。中华人民共和国成立后，毛泽东主席亲自批准邵飘萍为革命烈士。邵飘萍把新闻事业作为毕生追求的志业，他曾经语其友人："余百凡不介意，不求爵禄，不事产业，所萦于心怀者，厥惟新闻事业。"[①] 他创办《京报》的一个重要目的，就是"供改良我国新闻之试验，为社会发表意见之机关"，[②] 即以实践的方式开展媒介批评。爱之深而责之切。正是对新闻事业的热爱，使邵飘萍对国内新闻事业的一举一动都非常注意，时常挥其如椽之笔，对新闻传播进行分析和评价，希望以此警醒世人，来促进新闻传播质量的提高，改变我国新闻事业落后的面貌。

一

邵飘萍主持的北京新闻编译社1916年8月2日开始正式开张，每晚7

[①] 肖东发、邓绍根编：《邵飘萍新闻学论集》，北京大学出版社2008年版，第243页。
[②] 方汉奇主编：《邵飘萍选集》（下册），中国人民大学出版社1988年版，第640页。

时左右以油印或复写方式发稿,外埠邮寄,本地由社员骑自行车分送,每次发稿几十份。该社只有几个固定工作人员,规模不大,虽然以编译外电为主,但由于邵飘萍亲自布置和出马,自己也采写一些北京通讯,每天总有一二篇特殊的独家稿件,所以和当时接受军阀政客津贴的其他民办通讯社相比,该社不仅独立性较强,而且消息快捷,发稿及时,效率极高,因此稿件普遍为各大报社采用,自开办后,声誉渐著,业务蒸蒸日上。木秀于林,风必摧之,这也招来了一些同行的眼红嫉妒,于是各种流言蜚语接踵而至,不时有邵飘萍欲以北京新闻编译社一统新闻江湖、操控舆论的传言出之。对此别有用心的传言,邵飘萍特地撰写了《通信社有可以操纵言论之能力否乎?》一文予以剖辨。

邵飘萍在文中具体地分析了通信社与报刊新闻报道两者之间的关系。他指出,通信社在新闻界中的地位,原以供给新闻材料,或者提示报馆觅得更为详细材料的径路。报纸编辑既有取舍的自由,而且也可剪裁改削,以求其适当。故而各国既有很多家报馆,也有很多家通信社。两者互相辅助,绝不能为一方恶意利用。如果要说通信社可以操纵言论,则纯是一种自欺之谈,或是一种骗诈外行的手段而已。邵飘萍分析道,北京报馆以数十计,通信社亦相继而起者也以十数计,通信社的能力看似足以操纵北京报界的言论。"然此乃由于报馆腐败之故。即因对于通信社稿不能剪裁取舍以求其适当之故。苟为稍有精神之报纸,吾未见其能听通信社之利用操纵者。盖报纸苟有精神,一方自有访员活动新闻,一方对于通信社稿必不能糊涂登载。通信社除却供给材料而外,尚有何作用可言?更有何能力神通可显?"① 由是言之,通信社可得而操纵者,一定是那些腐败不堪、销数量小、有名无实的报纸。但进而论其实际,既然是属于此类报纸,又何必要去操纵它?换言之,即操纵它又有什么益处呢?故妄信通信社为以操纵言论者,非外行即冤桶。如果报界逐渐进步,必将自己被天然淘汰,没有什么存在的余地了。邵飘萍据此感慨到,无论政府或者哪种机关,如果在实际上不能取得国民信任的价值,纵然挥霍很多金钱,言论界也绝对不可能完全颠倒黑白以为之助。不看到数月以前的安福系政客,收买报馆,收买记者,冤枉钱花了不少,为什么迄今没有一种有影响的报纸敢于颂扬安福系的功德呢?盖其根本上不能存在,言论界纵然接受了很多金钱,对之

---

① 方汉奇主编:《邵飘萍选集》(下册),中国人民大学出版社1988年版,第346页。

也爱莫能助。这就是我们所想警告妄图操纵言论的外行以及受人欺骗的冤桶的道理。

　　贿买新闻媒体为其所用，在贿买者固然是鄙陋阴暗之举，而在被贿买者也是寡廉鲜耻的不道德行为，要杜绝这种不正之风，除进行制度建设，从政治上正本清源以外，也须新闻界洁身自好，自我警惕。在新闻界卖身投靠、贿买之风盛行之时，不仅社会的公序良俗受到侵蚀，归根结底新闻界也是最终的受害者之一。北洋军阀统治时期，当局通过津贴等方式操纵媒体几乎是公开的秘密。在权势的威压和金钱的利诱下，一些政客文人以办报为终南和发财捷径，趋时附势，道德沦丧，既缺乏起码的从业能力，又无意于经营管理，为数不少的报纸经理人、主编，有的为图津贴，身兼数职拿干薪而办报，有的因谋差缺而当记者，一味听命于权势大吏，桀犬吠尧，是非不分。邵飘萍对此忧心忡忡，多次呼吁新闻界同人加强职业和道德修养。1923年12月6日，他在《北京报界之宜自警惕》一文中，就提醒和告诫北京的新闻界同人道，北京新闻界近年甚为发达，颇有一日千里之势，这不可以说不是一种社会进步的表现。但是，如果真要循名核实的话，则新闻事业的进步大有可非议之处，衡量新闻事业的进步，到底应该是看外观的形式，还是看真实的内容呢？

　　邵飘萍分析说，北京的报馆通信社，数量上看似乎很多，但是确实有些基础而且在言论上能够勉强自由独立者，仍属少数。于是当政治上一有大的问题发生，必定会有如何收买舆论的宣传。虽然对此类说法，无法立刻辨其真伪，但是对北京报界来说，则确是必须自加警惕之事，因为此类说法之所以能传出，每每使人怀疑为收买多数亦属不难。此诚我们言论界的奇耻大辱。有志之士，不可不思考如何彻底地洗雪。上述宣传之所以易于发生，报界没有真实巩固的团体，也是其中原因之一。故我们赞成同业组织起一个公共机关，以更多地获得互相切磋交流的机会。关于新闻记者公会的产生，我们也是多数中的一分子，且为筹备的一个成员。对于章程的起草，即力取公开合议，绝对不许有少数人加以垄断的可能。果真能够开诚布公，使团体永久坚固，则政府纵然有蔑视压迫言论界的举动，亦无从可以侵入。社会上疑鬼疑神的风说，更无从可以发生。因为就在1923年12月5日，日本一家通讯社在一则消息中，透露了北京政府收买新闻界一事，该稿不仅与新闻界名誉极有关系，而且容易使报界互相怀疑。其中有些细节如银行付款等事，皆说得确凿有据，但其他事实又语焉不详，闪烁其词。邵飘萍在文中表示:"希望该社本诸新闻之事实,索性痛痛快快,明白宣布,勿稍隐饰,以免自爱者亦同受收买之嫌。想该社新闻确实,必有以副吾人之期望也"①。他认为既然北京新闻记者公会现在已经成立,对于此类捕风捉影之说,则似乎更有以团体的身份和名义,对之加以彻底根究、以正视听的必要。

二

新闻自由是邵飘萍从事新闻事业之后孜孜追求的目标之一。1914年12月5日,袁世凯政府为了进一步钳制舆论,在原《报纸条例》的基础上,又颁布了更为严苛的《出版法》,将限制报纸的内容扩大到所有出版物。由于该法规定所有出版物须在发行前呈送警察署,致使该法在实际执行过程中被许多地方发展成为预检制度。袁世凯死后,其继承者迫于形势,起初对新闻出版的控制稍有放松,过去被封的报刊纷纷复刊,一些新的报刊也乘机出版。但是好景不长,北洋军阀政府不仅宣布袁记《出版法》等继续有效,而且还于1917年5月实行新闻邮电检查,1918年又颁布了条件更为苛细的《报纸法》。据不完全统计,仅从1918年至1919年底,全国被查封的报刊就达100多家。② 以后抓捕报人、封闭报馆之事时有发生。1922年2月7日,北京政府又援引《出版法》查封了一家报馆。邵飘萍对此极为愤怒,特在报纸上撰写了《出版法先生你又出风头了》一文予以谴责和抨击。

在文章中,邵飘萍以讽刺的对话口吻说:"出版法先生,久违了。听说前天晚上,仗你的大力,封掉一个什么报。"③ 他说这个报的价值,我暂且不愿意去置评,因为说了恐怕对不起同业,且不免被你借口。"但是你这位法老先生忽然从坟墓里爬起来,又要强凶霸道去封报馆,那末,管你封得对,封得不对,我都不能不向你重重的打一个嘴巴。"④ 因为你要晓得,倘若真的在共和政治的下面,决然没有你立足的余地。你曾效忠过洪

---

① 方汉奇主编:《邵飘萍选集》(下册),中国人民大学出版社1988年版,第477页。
② 马光仁:《中国近代新闻法制史》,上海社会科学院出版社2007年版,第151页。
③ 方汉奇主编:《邵飘萍选集》(下册),中国人民大学出版社1988年版,第371页。
④ 方汉奇主编:《邵飘萍选集》(下册),中国人民大学出版社1988年版,第371页。

宪皇帝，所以你的生命就应该和那个洪宪皇帝一同死灭。你为什么现在又要从坟墓里爬了起来，多管什么闲事呢？劝你敛迹一点儿罢。"宣听的布告里面，有你赫赫的大名，想你得意极了。但是那位主笔先生和你也还有一点交情，你怎样便忘记了么？"①总而言之，你倘若不快快地钻进坟墓里去，我是绝不答应，我们同业和著作界的朋友也是绝不答应。"劝你不如赶快跑到洪宪皇帝的跟前，去封阴间的报馆罢！"②嬉笑怒骂，既令人忍俊不禁，又锋利无比，具有极强的战斗力，体现了邵飘萍对新闻自由坚定不移的维护和追求。

1923年7月26日，《京津晚报》社和民治通讯社被北京警厅同时查封，晚报编辑曾青云、发行人吴凤鸣、通讯社社长刘子任等人被捕。北京报界同人群起营救。7月28日，邵飘萍特发表题为《被捕记者宜即日保释》的评论指出：民治通信社和《京津晚报》社禁止出版，记者逮捕，吾人不问这两社的宗旨如何，记载当否，但对遽加封禁逮捕的行为，则非毅然表示反对不可。盖此种办法，贻报界全体以极大的危机，吾人不能坐视其屡屡发生于号称共和国的首都而不问。现在此案既送法庭，司法机关当在万目睽睽之下，绝不能曲引法律条文，故入人罪。应悉听法律的正当解决。若是官厅违法，亦应该负起法律上的责任。唯两社关系人之被捕者，我认为宜即日准其保释。该法律上之所以有羁押被告之必要者，只是因为恐其淹没犯罪证据或有逃亡之虞。此案证据应以报纸或通信稿所披露者为限，无所谓淹没，且既有多人保证，更无所谓逃亡之虞。世界刑法学者，已早鄙弃报复主义，不应使被告受法律上必要以外的痛苦。"且对于新闻记者或新闻社之关系人，非其个人行为有犯罪嫌疑，而遽剥夺其身体之自由，实为世界文明国家所罕见。"③他提出根据上述理由，主张官方应立准被捕者予以保释，亦至公平之论。正是在邵飘萍以及报界同人的严正批驳和强烈要求之下，被捕诸人于30日获得保释，被封媒体也于10月11日复业。

独立是新闻自由的题中应有之义。新闻报道不受政府不当干涉，是邵飘萍一以贯之的媒介立场。1924年6月，北京各家报纸先后登载了国务院秘书长行文警察厅命令报馆更正新闻且加以种种恫吓并将新闻记者分为三

---

① 方汉奇主编：《邵飘萍选集》（下册），中国人民大学出版社1988年版，第371页。
② 方汉奇主编：《邵飘萍选集》（下册），中国人民大学出版社1988年版，第371页。
③ 方汉奇主编：《邵飘萍选集》（下册），中国人民大学出版社1988年版，第455页。

个等级的消息。邵飘萍针对这一问题,在报上发表文章指出:北京的行政机关动辄滥用威权,如此前各种非法拘捕新闻记者,及更正新闻不屑直接致函报社,而屡屡令警厅加以威胁,"皆为我国行政界新闻界所独有之怪象"①。我国官厅所谓依法实际即系不依法之谓。"对于行政官厅并无法律根据而动辄滥用警察权以摧残干涉者,本报为新闻界全体安危计,不得不力与辩论,以冀取消此种非法之恶例。"② 他认为报纸若报道失实,进行更正乃属当然之事,但必须被误载者自行致函报社,请求更正。至于警察的职责,在维持地方治安。"故警察之干涉报馆,除因违警问题,或司法官厅以法律正式手续出传票而令警察协助者外,不应有如现在动辄替行政官吏去胁迫报馆之怪事。"③ 现北京政府国务院秘书长并不直接向报社要求更正,又未依法律手续向司法机关告诉,而遽令警厅对报馆严切根究,依法办理,所依何法?邵飘萍于此严正提出两项要求:一是以后官方要求更正新闻,不得令警厅加以非法之命令,而须自己直接致函报社请求更正;二是不经过司法上的正当手续,不得动辄加报馆以严办根究等非法的威胁。他认为这两项要求,可谓依世界各国通例,无丝毫过分刻薄之处。他希望同业能平心静气,对此要求加以公正批评,以期达成业界和社会共识。

三

邵飘萍在评述我国新闻法制历史的时候,指出从前清至此,历届政府都颇注意对新闻媒体的管控,虽然政府不断更替,但对报界控制的精神则一。它们大都打着维持社会治安和保障正当舆论的旗号,其真正目的乃在钳制舆论以遂其政治私图。他揭露道:"惟读者有须注意之点,我国历来政府之对新闻纸不得谓无时不加严重之压迫。一面新闻之纪载亦未上于正轨,凡揭发个人阴私为欧美各国社会所不许纪载之材料,殆触目皆是,即如政治、外交、立法、司法诸端新闻所载,亦毫无规律,政府似熟视而无睹。若一旦遇与政府中人、个人利害有关之事,始倒行逆施,妄为法外之干涉,武人、官僚、议员、政客莫不皆然。故我国政府及有权力者之对待

---

① 方汉奇主编:《邵飘萍选集》(下册),中国人民大学出版社1988年版,第127页。
② 方汉奇主编:《邵飘萍选集》(下册),中国人民大学出版社1988年版,第127页。
③ 方汉奇主编:《邵飘萍选集》(下册),中国人民大学出版社1988年版,第127页。

新闻纸，只问私而不问公，只干涉与彼有关之事，而不干涉与国有关之事。此类现象无以名之，可名之曰'自私腐败'。有时过于自由，有时又太不自由。"① 例如关于国务总理某某之事，若径直载为总理某姓某名，第二天就立生问题，但是如果稍加笼统地改为"国务院"，则即有问题亦可以减轻一层。由此可见我国官僚只以个人为本位，并无国家机关的观念。有某一类新闻，在我国新闻纸中，每每坦然登载，而这恐怕即使在文明发达国家的社会里，亦将为"舆论的舆论"② 所不许。因此，所谓法者，在政府眼里，就是特别预备与彼等有关系时使用而已，哪里配言什么政府的控制呢？

关于新闻法制问题，邵飘萍认为不能一概而论，完全否定新闻法制的价值。因为法之有无为一问题，法之良否为又一问题。"苟造成不良的新闻纸法，固有不如无法之感。然果系无法，则又有动辄援引普通刑律之危。因是余个人颇觉关于新闻纸之特别法为不可少，惟必须由新闻界联合一致，以要求立法机关制成保护之法。"③ 只有这样，庶几新闻事业的地位可以益臻于巩固，既不受行政机关的非法侵凌，更不受司法机关滥引刑律，肆意蹂躏言论界的尊严，从而把新闻事业建筑于正当的法律保护基础之上。他认为在当时环境下，制定一部保护新闻媒体和记者的法律，乃是扶助新闻事业发达不可或缺的条件，需要新闻界的同人团结一致去努力争取。总之，既要保护新闻事业的发展，又要限制新闻记者利用话语权而发展成为一个恣肆自逞的特权阶级。

邵飘萍在《新闻学总论》一书中论及我国新闻事业的现状时，曾认为当时我国的新闻事业勉强可以与18世纪英国及明治20年前后宪法初颁时的日本相当。他归纳我国新闻业不发达的根本原因有四：一是教育不普及；二是交通不便利；三是工商业不振兴；四是政治未上轨道。他分析说现在报业已经进入营业本位即广告本位的发展潮流之中。第一原因使读报者仅为国民中的极少数人，而且无业文人及官吏等又占此极少数中的大部分，因是一般人不重视新闻乃至不重视广告，益以第三个原因，较高价的广告，顾主乃非常缺乏，又有第二个原因，则新闻纸的运送极为不方便，

---

① 肖东发、邓绍根编：《邵飘萍新闻学论集》，北京大学出版社2008年版，第165页。
② 肖东发、邓绍根编：《邵飘萍新闻学论集》，北京大学出版社2008年版，第166页。
③ 肖东发、邓绍根编：《邵飘萍新闻学论集》，北京大学出版社2008年版，第190页。

而售价亦不能如其他各国那样的价廉。美英等国家新闻业之所以发达，皆以经济状态为主要原因。我国凡用纸及机器等无一不依赖舶来之货，更使新闻纸的生产费用膨胀，而售价亦越不合乎广告本位的原则。此外政治不良，新闻记者的社会地位时生危险，记者人才非常缺乏，等等[1]，凡此皆是我国新闻业不振的原因。

邵飘萍曾以经营的视角对国内各地报业情形进行比较，他认为国内报业，上海报业尚稍有起色，汉口次之，北京天津则皆未驶上营业本位之轨道。其中原因在于世界无论何处，新闻业的发达，都不能违背广告本位的潮流，新闻业毕竟有着很强的经济属性。上海为我国最大的商业中心，广告力量足以产生规模较大的一二新闻机关。汉口的前途亦颇有希望。而北京不过是一个政治中心，为全国重要新闻材料的发源地，唯广告之力非常薄弱，故虽有较为可注意的新闻纸，而论其营业，总难以离开津贴本位与机关新闻的臭味，这是报业发展无可逃避的原则。在北京固然并非没有自给自足、营业独立的新闻媒体，但是规模较小，缺少发展扩张的经济空间。与各国比较，日本东京为政治中心也不敌大阪的工业中心，美国纽约新闻业非常发达，可见都莫能逃避广告势力的支配。至如英国伦敦则是既为政治中心，又为世界商业金融中心，故伦敦《泰晤士》等报，皆发达而具有世界性的影响。

至于我国的报业，又呈现出一种特别可怜的情形。上海虽然名为商业中心，而实际上能够真正立足营业本位的报纸，也不过就是《申报》和《新闻报》两家。论广告势力，两者比较，似《申报》又逊《新闻报》一筹。两者皆拥有历史上的资源，《申报》尤其有五十余年的历史，然本埠销行数额，《申》不及《新》，故广告亦较《新闻报》略少。就大体上言则两者可称伯仲。《新闻报》驻外通信员的组织颇为周密，如在北京各机关中，该报每每应有尽有，《申报》年来每次大问题发生之时，消息难免有落后的危险，但在其他部分，则也有比《新闻报》精胜之处，故在北京的销数，以《申》为第一。他说这是纯从事实上公平比较而得出的结论，皆有实例可证。而除去《申》《新》两社外，其余各报经济仍未脱离津贴与机关新闻的苦境，且皆朝不保暮，情势岌岌。可见上海广告的势力，平均每年尚在二三百万元以内，即此亦可推知各种工

---

[1] 肖东发、邓绍根编：《邵飘萍新闻学论集》，北京大学出版社2008年版，第192页。

商实业不振的状态了。其他国家的政治中心,究竟系一大都会,虽不能产生极大规模的新闻社,仅就营业上而言,亦不无一二中等规模的新闻纸。而北京则不然,除一二小报外,平时无有能销至一万以外者。这种情况有力地说明,无论是在北京还是在上海,报业发展皆不能逃出上述四种根本的原因。

邵飘萍在中国新闻史上有新闻全才之誉,他在新闻采访方面尤有长才。时人回忆,北京的很多高官本来讨厌会见记者,邵飘萍却能使之不得不见,见且不得不谈,旁敲侧击,数语已得要领。如他夜探总理府,虚访美使馆,独家新闻总被他抢到。邵飘萍风流倜傥,为人慷慨豪爽,广泛交游,善于言辞,常在茶楼酒馆宴请宾客,上至总统总理达官贵人,下至市民百姓,他都能与之靠得拢谈得来。他重交情,讲排场,能及时敏锐地从客人的言谈中捕捉各种新闻信息。在报业经营上,他创办的《京报》是当时北京销量最大的报纸。他除了在报刊上发表数量众多的新闻、通讯、时评外,还著有《实际应用新闻学》和《新闻学总论》两部专著,同时在北京大学、平民大学等校任课,集天下英才而育之,可谓集实际、理论和教育于一身。强烈的职业使命感一直贯穿在他的新闻实践中。他总是"希望通过自己的实践介入和理论努力,帮助中国的新闻传播事业逐步脱骨换胎,步入理想的境域"[1]。在他的各种新闻活动中,媒介批评总是融汇其间。他的媒介批评活动在本诸新闻实践依据的同时,又因为指向新闻业的未来和理论的光照,而具有超出具体限制、高屋建瓴的学术理性,从而极大地提升和充实了五四时期中国媒介批评的内涵和层次。1926年4月26日凌晨,邵飘萍不幸牺牲在奉系军阀的屠刀之下。中国新闻事业史上一颗光芒璀璨的大星,就此倏然破空而逝,结束了其年轻的生命。但仿佛一滴水融进了大海,它消失了,却获得了永生!

第六节 邵力子的媒介批评

邵力子(1882—1967),初名景奎,字仲辉,上学后改名闻泰,号凤寿,力子为他后来编辑《民立报》时的笔名,后即以为名,浙江绍兴人。6岁时在邵家楼读家塾,1898年,受维新思潮影响,至上海入严开第创办

---

[1] 胡正强:《邵飘萍媒介批评实践与思想论略》,《新闻爱好者》2013年第7期。

的求志学堂，后考入苏州中西学堂，1902年中举，同年秋入上海南洋公学，1905年入上海震旦大学，后同于右任协马相伯创办复旦公学，进行教育革新，提出发展科学、学以致用的办学方针和挈举纲领、开示门径的教学方法，1906年10月又和于右任一道东渡日本学习新闻学。在日本期间，加入了同盟会，除了常去会馆听演讲，"主要是学习和研究新闻学，特别是日本人松本君平作的《新闻学》，为回国后着手办报作准备"[①]。细致研究了日本留学生所办的《醒狮》《晨钟》《复报》《云南》等报刊的编办经验，并听取了陈去病、蒋衍升、柳亚子、李根源等人介绍办报的奋斗历程。1907年返国，参与创办《神州日报》《民呼日报》《民吁日报》和《民立报》等革命报刊，在辛亥革命运动中起到了重要的宣传鼓动作用。民国初期兼任《民声报》记者。1914年加入中华革命党。1916年1月22日，与陈其美、叶楚伧等人筹划创办《民国日报》，任总经理兼编辑本埠新闻。1919年5月5日晚，在《民国日报》馆获悉北京学生爱国运动的专电，遂及时赶写新闻，以本社专电头条新闻向市民披露消息。5月6日清晨，即携带刊有五四运动消息的《民国日报》去复旦大学，动员学生声援北京学生爱国斗争。1919年6月，在《民国日报》开辟《觉悟》副刊，并任主编，积极推动新文化思想宣传，此后在《觉悟》副刊上发表文章约1000余篇，在广大读者尤其是青年读者当中，产生了很大的影响，使该刊成为我国五四时期四大著名报纸副刊之一。1920年参加"马克思主义研究会"，后转为中共党员。1924年被国民党一大选为中央候补委员，1925年任黄埔军校秘书长。1926年经中共中央批准退出共产党，以国民党人身份赴莫斯科出席共产国际执委扩大会。回国后历任甘肃、陕西省政府主席、国民党中央宣传部部长、驻苏大使等职。在长达18年的报刊活动生涯中，邵力子先后撰写了大量针对新闻传播活动及其现象的批判性文章，为丰富我国现代媒介批评宝库作出了卓越的贡献。

一

在第一次世界大战的启示下，社会改造成为五四时期摆在中国人面前一个迫切需要解决的时代课题，改造成为当时社会诸多思潮中最为高

---

① 朱顺佐：《邵力子传》，浙江大学出版社1988年版，第36页。

亢的旋律。正像罗家伦在《新潮》的一篇文章中所分析的那样，这次世界大战使崇尚军国主义的俄德奥等国一齐崩裂，其崩裂的根本原因，不在于这些国家兵力不足，而在其平民的革命。这种惊心动魄的事实促动了人类思想的变化。军国主义被打破，旧式政治组织破产，感觉最迟钝的中国人至此也觉得仅学西洋的富国强兵、政治法律没有用处，与人类幸福无关，而开始真正地意识到："将来真正文明的枢纽，还在乎社会制度的改造，于是乎谈政议法的声浪稍衰，而社会改造的声浪大盛。这种转变，颇能促起人类对于人生问题的觉悟，而打破机械生涯的束缚，偶像的推倒，实在是思想上一层重要的解放呵！"[1] 上海的《时事新报》当时也发表文章道："自从欧战终了，社会上面的各项制度，都摆出破绽不安稳的样子，于是一般灵秀的分子，知道非改造不可。近两年来，改造社会的运动，好像风起云涌，有一日千里的样子。这个潮流，一直从欧洲送到中国。中国一般头脑清楚的青年，感受这个潮流，才知道从前的社会，是万恶的社会，是坑陷青年的社会，于是都想磨拳擦掌，去改造一个新的社会。"[2] 围绕着中国社会改造的方法和路径等重大的问题，虽然不同的人根据各自的认识和理想，给出了各自不同的结论，构成了当时社会思想领域纷繁复杂的局面，但改造、觉悟、解放等具有社会革新的名词确是当时人们议论的热点话题。邵力子认为，报刊作为社会的一部分，不能外于社会的有机整体而独立存在，也是需要人们予以关注和思考改造的对象之一。

邵力子指出，改造的呼声现已很高了，但究竟应从哪里改造起呢？这一问题，正是现在一般青年们所亟待解答的问题。各种改造事业的不易着手，一定有人要说这是由于改造者无决心、无计划，但我确又看见好多青年有很大的决心，也有了很切实的计划，而终于无路可走；有时冒险前进，仍觉着此路不通，不得不废然而返。在这种情形下，改造者固不能因此便放弃了决心，更不必致疑于计划的错误，但一定可以明白，还有一个先决的问题不曾搞得清楚。这个先决问题，是各种改造事业之母，它既不曾做得清楚，自然就会时时处处产生各种各样的阻力出来。这个先

---

[1] 罗家伦：《近代中国文学思想的变迁》，《新潮》1920年第2卷第5期。
[2] 独醒：《社会为什么要改造？——改造社会应该到什么样地步？》，《时事新报》（上海）1920年6月22日。

决的问题，邵力子认为就是舆论。他说，大家都知道常使青年们感受苦痛而阻害改造事业进行的是旧的社会环境，但旧环境能够存在，维持旧环境生存的其实就是一般人所说的舆论。舆论的势力很大，正因为舆论势力很大，所以舆论好了，社会便容易变好，舆论坏了，社会也便跟着变坏。"现在的舆论，是由过去的环境所造成，而未来的环境，又将为现在的舆论所支配。我们要做种种改造事业，非先改造社会的环境不可；而要改造社会的环境，又非先改造舆论不可。"① 所以，邵力子认为，改造舆论实在是我们要改造社会唯一的先决问题。他说也许有人嫌这个方剂缓不济急，但除此以外，好像实在也没有能起死回生的方剂了。如果我们兢兢业业地想尽些社会责任，也只能在这一点上努力。当然改造舆论不是一件容易的事情。"我们自向在前进的途中，决不至于向后退，象那些改变方向的主笔先生。"② 在前进的途中，怎样可以产生更大影响，达到登高疾呼的效果，与新闻从业人员的学问和修养有很大关系。邵力子希望青年们照此格外努力。

邵力子指出，改造舆论很大程度上寄希望于一般的青年学生，而报刊对青年学生的影响不当小觑。他在《学生与政治》一文中提出，自癸丑以后，"学生不当甘于政治之说大盛，有谓倡之者实揣摩袁世凯愚民政策之心理，而以是媚之。愚不欲为此深刻之论，但数年来教育成绩如何，则昭然与人以共见。盖一般学生既不为爱国之政谈，乃群趋于淫靡之小说。今日各报小新闻、滑稽谈之投稿者，十八、九皆青年学生也。此其害为何如乎"③？他自言几年来颇思打破学生不预闻政治之说，只是常常在某校授课时委婉地言及此事，但没有在报端为之大声疾呼。今国事至此，北方学子已然奋起，但是上海各校犹奄奄无生气，他因而"乃悔前此之未尝力辨，而又惧后此之流毒无穷。当世教育家虽有罪我者，所不敢辞已"④。可见他对报刊的舆论导向功能重视有加。

1918年7月5日，湖北留日学生喻育之在上海创办了《救国日报》，该报以反帝救国为宗旨，创刊以后即旗帜鲜明地进行反帝反军阀的宣传。

---

① 傅学文编：《邵力子文集》上册，中华书局1985年版，第489—490页。
② 傅学文编：《邵力子文集》上册，中华书局1985年版，第490页。
③ 傅学文编：《邵力子文集》上册，中华书局1985年版，第34页。
④ 傅学文编：《邵力子文集》上册，中华书局1985年版，第34页。

在该报创刊当日，邵力子在《民国日报》上发表时评，祝贺该报的创刊。邵力子指出："今日最可痛心之事，即武人官僚蔑视舆论，无论报纸如何掊击，彼等皆悍然不顾，而一般国民遂有误认舆论为已无势力者。不知此特一时之现象，舆论之真价值决不以武人官僚之蔑视而稍减。"[①] 但他相信，只要舆论真价值常在，那么其潜势力亦必常在。异日扑灭武人官僚的毒焰，仍必以舆论为源泉。救国者当亟为觉悟，力与艰苦困乏的环境搏斗，自审责任之重，未敢遽自暇逸。今《救国日报》亦于艰苦困乏之中挺身而出，锲而不舍，所能扑灭的毒焰，岂仅武人官僚而已。作始者简，将毕者也巨，一纸风行，国魂昭苏。他以段祺瑞、徐树铮为例，"段、徐违法黩武之始，何尝畏舆论之讥评。今亦出其诡计，妄想颠倒清议，此足证其武力政策已完全失败，乃迫而出此无聊之举"[②]。由此亦可足见舆论的势力终不可侮，最后的胜利仍然操之于国民的公意。只是舆论界不可不自我策勉警惕，毋为无耻的文人所利用，毋为丧心的官僚所收买。

二

五四时期的北京执政当局既在政治上缺乏相当的权威性与号召力，在军事上也没有威慑和压制其他大小军阀的绝对优势与力量，但其专制本质则与袁世凯当政之时一脉相承，并无二致，只是由于各派势力的互相掣肘和制衡，使其对媒体的控制有时显得鞭长莫及，力不从心，孱弱愚昧且盲目可笑。因此，有关当局对报刊的钳制查禁行为，是邵力子时常进行有力抨击和无情嘲笑的目标。1920年初，北京政府内务部通令查禁83种出版物，其中有些出版物还在计划中并未出版。当时漳州的《闽星》日刊曾揭露道："据它所开八十三种之中，大半是我们几个书生数年前在各杂志上登过的一篇一篇文章——尤以《劳动杂志》的占多数——也有些是我预备编撰的书，只将书名在报上说过，都未曾出版的，也有些做了一半，稿子还在行箧藏着的。亏他居然通令去查禁，几乎笑破了我的肚皮。中国这种政府，岂不怪极？"[③] 邵力子在1920年3月23日《民国日报》"随感录"

[①] 傅学文编：《邵力子文集》上册，中华书局1985年版，第41页。
[②] 傅学文编：《邵力子文集》上册，中华书局1985年版，第52页。
[③] 转引自傅学文编《邵力子文集》上册，中华书局1985年版，第237页。

中，以《笑破肚皮》为题，说北京内务部查禁的83种出版物，很有人探询是哪里出版的书，却没人能够确实回答。他随后转引了当天看到的《闽星》日刊的上述几句话后说："哈哈！这不但笑破了《闽星》记者的肚皮，恐怕还要笑破全世界人的肚皮呢？"① 仅仅加上这一句话，就彻底暴露了北京政府内务部查禁出版物行为是多么的颟顸和荒谬。

报刊是思想的载体，在专制社会里，思想及其载体的传播，往往迫不得已地要采取秘密的方式，这是与专制当局进行斗争的一种办法。这些秘密出版物，在统治者的眼里，如同洪水猛兽一般可怕，因此，他们往往要采取各种手段对其进行查禁和封堵，但最后往往是心劳日拙，枉用心机。邵力子在《秘密出版物的鼓励者》一文中，借沙皇俄国时代查禁秘密出版物的失败，嘲讽北京政府在重复沙俄统治者走过的路："出版物要刊上发行人的姓名，他的用意，不过是要有明白担负责任的人，可以防止一般叫做'危险出版物'的出现，但这种条例即使实行，果真能把一切秘密出版物完全禁绝吗？从前俄国帝政时代，查禁言论激烈的印刷物，最为利害；却是秘密出版物的发行，也以俄国为最甚。"② 这种历史上的教训，已经很为明白了。邵力子指出，出台这种查禁条例的结果，不过鼓励秘密出版物的加多罢了，因为任何逆历史潮流而动的行为，注定将走到其预期目的的反面，反而会成为秘密出版物传播的一种助推器和变相的广告。

1924年5年5月，《民国日报》接到汉口来的电报，说武昌几家书社此前被警探搜去刊有"社会"二字的书报多种。"这显然是武昌军警当局下令，搜禁社会主义的书报，而一般蠢如鹿豕的警探便把刊有社会二字的都搜去了。社会二字连用，在他们眼睛里看来，本是生硬得很，以为或者就是过激派的暗号也未可知。要对他们说，出版当有自由，社会主义的书报在世界各国都不犯禁令，怕舌敝唇焦也是无用。书报界不少爱护自由的人，你们有什么好法子想呢？"③ 真是城门失火殃及池鱼，查禁社会主义的书报，结果连社会二字都连带犯了禁忌。这一方面凸显了有关当局的愚蠢和蛮横，同时也必然会激起无数热爱新闻出版自由的人的愤怒和反抗。

统治者控制思想意识不只有政治和武力的高压，也有意识形态的渗透

---

① 傅学文编：《邵力子文集》上册，中华书局1985年版，第237页。
② 傅学文编：《邵力子文集》上册，中华书局1985年版，第246页。
③ 傅学文编：《邵力子文集》下册，中华书局1985年版，第941页。

和辅助。这种意识形态的控制更为隐秘也更为有效，需要从宏观上把握才能识别其奥妙。1924年10月，一位署名"LKP"的读者致信邵力子，揭发《通海新报》上的一篇《粤孙》时评，在恶毒咒骂和攻击孙中山为乱臣贼子，称其创建黄埔军校、练兵北伐是反叛中央。《通海新报》是1913年3月由南通著名实业家张謇得力干将陈琛创办的一张地方商业性报纸，该报"在政治上采取顺从当局的策略",① 偏向保守。邵力子在《民国日报》"通信"栏刊发了LKP的来信和《通海新报》上署名"梅阁主人"的《粤孙》时评，然后自撰《御用品报纸的怪评》一文，指出该报时评文字表达上的不通。他说自从《新青年》杂志开辟"什么话"一栏后，我们得读许多妙文，但从无如《通海新报》此评之妙者。此评之妙，吾真叹为观止矣，蔑以复加矣！桀犬吠尧，于尧无伤，《通海新报》既是张家的御用品，张家方尽全力捧齐大军阀，为其公子哥儿求得省长，则它有此种论调，何足为怪。"所以，我发表此文，用意与LKP君不同，他注意其论旨的荒谬，而我则愿大家共赏其文字的不通。嗟乎，此种十足不通的文字，而列于报纸的论评，做此种十足不通的文字的人，而竟为报馆的记者，我不得不视为奇谈，急急报告于读者；然而我真为我报界愧死矣！"② 奇文共欣赏，疑义相与析。古人所说的奇文，原是指好的文章，赏则是一种赞美的价值判断。文句通顺，本是文章的最基本要求，而这篇时评竟然文理不通，可见其思想意识上更等而下之了。赏、十足不通、奇谈、竟、急急、愧等词的使用，淋漓尽致地表达了作者对该报嘲讽和蔑视的态度。

邵力子同日还在《民国日报》发表了《国文程度日坏的原因》的随感，顺势反击当时守旧派对新思潮和白话文运动的诬蔑：现在有许多人，抱着斯文将丧之痛，以为一般青年国文程度日坏，是中国前途最可忧虑的一件事。不错，现在多数青年并不注意国文，国文本身也很繁难，教国文的人又不得法。积此种种原因，国文程度怎能不江河日下？不过，青年国文程度日坏确决不是因为新思潮或白话文。"《通海新报》的这位'梅阁主人'，我敢保证他一定反对新思潮，更决不曾做过白话文——自然，他更没有受过语体文的教育——然而他的文字竟会不通至此，而且他并不自知

---

① 何秋红：《民国时期江苏地方性商报特征分析——以〈通海新报〉为例》，《中国出版》2013年第18期。

② 傅学文编：《邵力子文集》下册，中华书局1985年版，第1000—1001页。

其不通，敢于提起笔来在报纸上作批评。国文程度日益低落的原因，究竟何在，请大家再仔细地想想吧！"① 邵力子的设问极具讽刺性，确实击中了那些抱世道人心之忧者的要害，暴露了他们已经完全落伍于时代的真相。

三

五四前夕的中国报刊界，"黑幕"小说颇为流行。作为一种小说流派，其与鸳鸯蝴蝶派前后相继，盛行于上海，不仅各种小报、期刊均刊载此类小说，而且一些大报的副刊也乐此不疲，如《时事新报》就开辟有"上海黑幕"专栏。这类作品数量达数十百种，代表作是1918年编辑出版的《中国黑幕大观》及其续集。编撰者自谓此类小说能够摘伏发奸，穷形尽相，起醒世或劝诫的作用，实际上，其内容不外某某之风流案、某姨太太之密史、某女拆白党之艳质、某处之私娼、某处盗案之巧等，虽然暴露了种种社会罪恶与龌龊，却把它归结为偶然现象，并没有揭示其社会根源，加之作者毫无取舍地客观展示各种丑恶现象，不仅起不到劝世的效果，往往适得其反，变成了唆人为恶的犯罪教科书。有的作品更成为军阀政客之间相互中伤、攻讦的工具，沦于谤书。黑幕小说的流行既是一种文学现象，也是一种报刊现象，上海众多的报刊杂志以及相应的阅读需要，共同构成了当时的文化和文学生产消费体制与传媒体制，共同营造了一个市民性的软性文化公共空间。黑幕小说在当时即遭到了不少正直人士的批评。邵力子在《民国日报》的"时评"栏撰文指出：今日大为流行的这种黑幕出版物，名为黑幕，实则仅为虚构的小说，而真正黑幕，竟无人敢为披露，甚至躬受其害者亦太息隐忍。十里洋场，不知有几多魑魅魍魉，却不能一一为之铸鼎。"最可痛者，操觚者不敢揭载其黑幕，而彼黑幕中人则方明目张胆，绝无顾忌。人言不足恤，其罪恶几成为公然之秘密，无识者且啧啧称其能。呜呼！其影响于人心风俗者，为何如耶！"② 几句话就深刻而犀利地点出了黑幕小说名不副实的虚伪本质。黑幕小说盛行的背后，报刊在一定程度上其实是起到了推波助澜的作用。

妇女解放的程度，在任何社会中都是衡量普遍解放的天然尺度。五四

---

① 傅学文编：《邵力子文集》下册，中华书局1985年版，第1002页。
② 傅学文编：《邵力子文集》上册，中华书局1985年版，第24页。

运动时期也是中国女性觉醒的时代，亲历五四运动的广大青年女性自我意识不断觉醒，开始奋勇地打破封建思想的樊篱，追求男女平权。这一时期除《新青年》《每周评论》《少年中国》等进步刊物发表了很多探讨妇女问题的文章外，进步女性主办的探索妇女问题的刊物，如《劳动与妇女》《新妇女》《女界钟》等，也纷纷问世，它们主张通过破除礼教纲常、经济赋权与教育增权等途径实现妇女的人格独立，从思想上推动妇女解放运动的发展，以推动中国社会的全面进步与发展。但是，在漫长的封建专制社会里所形成的三从四德等妇女观念并不会轻易地退出社会思想的历史舞台，五四时期的妇女解放运动不仅在民众日常生活中受到了各种各样的阻碍，就是在报刊界的反对之声也不弱小。邵力子抨击上海的一家周报，每谈到妇女解放、婚姻自由等话题，便要现出一副翼圣卫道的面孔，叹息世风日下，人心不古。但他们报纸上所编的"谈丛""谐薮"等栏目，不过是摭拾《聊斋》《谐铎》的唾余，不是谈狐说鬼，便是什么一树梨花压海棠等标题。"这种出版物，如果出于私人团体的经营，当然只能听彼自生自灭，现在却俨然冠着一个珠江文明集中点的地名，经济力也是出于一个鼎鼎大名的公共团体的资财，那就很希望和那地方有关系的人出来讲几句话。"① 针对有人以该周报并非鼓吹文化而为之开脱，邵力子则进一步揭露道：彼有一层可怪之处，就是两月以来它们的桑梓之乡发生极大的变化，那周报从没提过一字。要说不登载地方新闻吗？却期期都有什么地方消息，"只是专登载些闾巷间窃盗奸拐等事罢了。纸价这样贵，何苦糜费那可宝爱的公款呢"②？从而彻底暴露出该报隐藏在文化旗帜背后的意识形态属性。对这类报刊，邵力子号召读者以不予阅读的方式唾弃它们，听彼自生自灭或许是最好的读者反应。

1920年10月，英国著名哲学家、数学家罗素到访中国。当时《时事新报》的主编张东荪是罗素基尔特社会主义的知音，罗素去长沙的时候，他一路专程陪伴。回到上海后，他就于11月5日、6日在《时事新报》上分别发表了《由内地旅行而得之教训》《由内地旅行而得之又一教训》两文，详述他随罗素访问长沙时的见闻、感想，提出救中国要走开发实业、增加富力的道路。其文一发表，即刻遭到了陈独秀、陈望道、李达等人的

---

① 傅学文编：《邵力子文集》上册，中华书局1985年版，第429—430页。
② 傅学文编：《邵力子文集》上册，中华书局1985年版，第430页。

批驳。11月8日,邵力子发表了《再评东荪君的"又一教训"》一文,从新闻记者职业的角度对张东荪提出诘问道:"做新闻记者的人要有怎样的常识?对于社会有所主张,应当先有怎样的审查?"① 邵力子指出:新闻记者负有指导社会的天职,不但全国的情形应处处留意,就是全世界的大势也没一处可以疏忽。新闻记者虽坐在编辑室,眼光却需放到全世界,即使各种详细的情形不能尽知,而大体上总需有所把握。既为新闻记者,虽然住在通商口岸,对于内地的状态,总不应该全无审察。在张东荪的时评里面,若细心寻觅他叙述旅行内地所得的感受和状态,实际上就只有两句话:一是中国真穷到极点了;二是中国人大多数都未经历过人的生活的滋味。单讲这两句话,真是谁也不知哪个不晓?难道从前竟然完全不知道么?难道住在通商口岸的时候,眼光只看到高大洋房,宏敞商店?"而对于民穷财尽的景象,一定要旅行内地以后方才明白么?"② 这一反诘,很好地揭穿了张东荪借实地考察得出的教训口实而实际上在贩卖其反对社会主义的理论用心。

邵力子是五四时期中国媒介批评的践行者和倡导者,特别是在创办《民国日报》后不久,他即开始有意识地对新闻传播活动展开批评,以引导舆论的方向及其发展。1920年7月,他接到《民国日报》读者朱瘦桐希望在《觉悟》副刊中增设"书报批评"专栏的一封来信。朱瘦桐反映说,五四运动以后,很多人致力于新文化运动,希图改造出一个新的社会来。所以社会上关于文化运动的书报,如雨后春笋一般,生机勃勃,令人振奋乐观。但在时代大潮的挟裹下,其中也不乏投机取巧之徒,挂着新文化的招牌,借此作投机的营业。对此若不赶速竭力攻击,恐怕贻害学界不浅。所以他现在建议该报专立一个"书报批评"栏目,专门批评新近出版的书报及讨伐那些冒牌的东西。如此非但大家能做公开的研究,而且也可使那班冒牌者知所敛迹。邵力子接获其信后,除立即将该信刊出外,并特地写了《专设〈书报批评〉栏的要求》对之进行呼应,一方面表达他对其建言的高度认同,另一方面也坦诚解释了为什么此前没有开设书报批评专栏的原因,并借机谈了自己的有关设想。虽然开设一个独立而且延续性的媒介批评专栏,有着作者和稿源等诸多现实的限制性因素,但邵力子还是从

---

① 傅学文编:《邵力子文集》上册,中华书局1985年版,第435页。
② 傅学文编:《邵力子文集》上册,中华书局1985年版,第435页。

1920年7月后，毅然在《觉悟》副刊中设置了"书报批评"不定期栏目，开始陆续刊发一些具有独立、鲜明的媒介批评意识的批评文章。在邵力子的主持下，《觉悟》副刊上的媒介批评文本逐渐增多起来。1920年10月，《觉悟》上开始出现了以"批评"冠名的专栏。如第1期的《批评》专号就集中发表了五篇文章，其中四篇是对批评的主体、任务、责任等批评本体的阐述，署名缪金源的《所谓新文化运动的查抄和破产》，其批评对象就是新文化报刊。该文全面概括了新文化刊物衰减的现象，将新文化报刊落潮的原因归结为反动势力对新文化刊物的查抄以及新文化阵营内部的分化这一内一外两个方面。该篇文章虽然是社外来稿，但作为编辑的邵力子，对其分析媒介现象的基本思维理路无疑是持首肯和赞同的态度。从不定期的"书报批评"专栏的设置，到有规模有分量的《批评》专号的推出，由此可以清晰地显示出邵力子在五四时期对媒介批评的主动提倡和刻意组织的努力。"新闻学的专业背景，使邵力子对报界的变化和发展尤为敏感；丰富的新闻从业经验，使他对媒介现象有极强的洞察力；而学术研究经验则提高了他的媒介批评的学理性。"[1] 五四时期邵力子撰写的媒介批评文章，数量之多在同时代人中殊不多见。中国媒介批评史不应忘记和忽略邵力子曾经所作出的努力及其贡献。

第七节　孙伏园的媒介批评

孙伏园（1894—1966），原名福源，字养泉，笔名伏庐、松年等。浙江绍兴人，出生于一个店员家庭，1911年就读于浙江山阴师范学堂。1918年先是到北京大学旁听，第二年转为正式生。在北大期间，曾积极参与发起成立文学研究会、新潮社和语丝社等文艺社团，两度与鲁迅先生有师生之缘。1919年还在读书期间，即任北京《国民公报》副刊编辑，1921年从北大毕业，进入北京《晨报》，先编该报第5版，后编第7版副刊。在主持《晨报》副刊编辑期间，发表了鲁迅的《阿Q正传》、冰心的《寄小读者》、周作人的《自己的园地》等许多后来脍炙人口的文学作品，并发表了大量的介绍西方文化社会科学的著译之作。在他的主持下，《晨报》

---

[1] 张慧玲、任东晖：《五四时期——中国现代媒介批评的诞生期》，《湖南大众传媒职业技术学院学报》2006年第6期。

副刊成为新文化运动的一块宣传阵地。1924 年 10 月，在预备发表鲁迅的打油诗《我的失恋》时，与该报代理主编发生冲突，孙伏园愤而辞职，离开了《晨报》。1924 年 11 月，孙伏园与鲁迅等人发起成立了语丝社，出版《语丝》周刊。1924 年 12 月，应邵飘萍之邀主编《京报》副刊。时值革命形势高涨之际，该刊不仅猛烈抨击军阀专制政策和帝国主义侵略中国的行径，支持群众的爱国运动，同时还大力提倡进步文化，批判甲寅派的封建复古思想和现代评论派的资产阶级自由主义思想。1926 年 4 月 24 日，《京报》被奉系军阀查封，孙伏园南下广州到中山大学任教，后又应厦门大学文学院院长林语堂之邀，赴该校任国学院编辑部干事。1927 年 3 月，任《中央日报》副刊编辑。是年冬返回上海，创办嘤嘤书屋，出版《贡献》旬刊。1928 年主编《当代》月刊，旋赴法国留学。1931 年回国后应晏阳初之邀，至河北定县推行平民教育，与瞿菊农合编《民间》杂志。抗战时期，历任中华全国文艺界抗敌协会理事、齐鲁大学中文系主任、重庆中外出版社社长等职。抗战胜利后赴成都，任华西大学、四川大学教授和《新民报》副刊编辑。1949 年 7 月，在北京参加第一次全国文代会，当选为全国文联委员。中华人民共和国成立后，孙伏园被任命为政务院出版总署版本图书馆馆长。孙伏园是中国现代著名副刊编辑，五四时期在业界极负盛名的四大著名报纸副刊中，就有《晨报》副刊和《京报》副刊两家是出诸其手，可见其"副刊大王"[1]之称确实是实至名归，而非浪得虚名。而他之所以能获得如此美誉，无疑是他卓尔不凡、出类拔萃的媒介观念及其孜孜以求予以实践的结果。

一

五四时期北京《晨报》是中国媒介批评的一个重镇。孙伏园也是当时《晨报》媒介批评队伍中的重要一员。他对当时报纸上的社会新闻甚为反感，多次在《晨报》上发表文章进行批评。社会新闻本是反映社会生活中体现社会伦理道德的事件、社会风气、社会问题、风俗民情以及自然界和社会上奇闻异事的新闻。中国近代报纸产生以后，由于社会新闻主要来源于读者的日常生活，具有很强的趣味性，与我国古代传统的志怪小说在精

---

[1] 方汉奇、李矗主编：《中国新闻学之最》，新华出版社 2005 年版，第 289 页。

神和来源上有些许相似，因此，新闻与志怪小说很长一段时间内曾泾渭不分，在新闻报道中残留着不少笔记志怪小说的因素和影子，严重制约着新闻文体的独立发展和应有功能的正常发挥。1922年8月6日，孙伏园在北京《晨报》上发表《特志之以供科学家之研究》一文，对当时上海一些报纸上打着科学旗号，而实为"志异"的新闻进行辛辣的讽刺和批评。

孙伏园归纳上海报纸上这种"志异"式新闻，其内容不外乎雄鸡生蛋、母猪三足、人头豕身或人身豕头等，只是在这些新闻的结尾处，几乎无例外的都有一句"特志之以供科学家之研究"的套话。孙伏园指出：这句话的意思并不是真的要请科学家去研究，不过是志异式新闻的一种结尾语罢了，仿佛笔记小说中的"须至志异式新闻者"一样。因为在远没有科学家的古代，这种志异式的文字也早已有了，内容完全与现在的志异式新闻一样，只是结尾没有这一句而已。"现在既有了科学家，作者明知这些怪事与科学相冲突，特此反照一笔罢了。"① 他分析说，古代因为交通不发达，相隔一二十里路，发生一件事便要以讹传讹。谣言的造成，一半是由于传闻谬误，一半亦是由于造谣者利用了交通的不发达。我们只要看谣言风行的地域，绝不是发生这奇事异闻的地域，便可以知道了。人类有好奇的心理，那愚鲁的人固能一听见谣言而深信不疑，并且连自身也不期然而然地卷入旋涡，作为热心传播谣言的一分子。就是那聪明的人，也因为好奇的缘故，而绝不愿意将这谣言细心考虑或调查一番，使之化为平淡无奇，以为一经揭穿便索然寡味，反不如姑妄听之更有意思了。

孙伏园认为，几十年前中国初有报纸的时代，人们都还没有养成看报纸的习惯，加以那时的《申报》言论也不过是劝人戒吸鸦片一类。谁喜欢听这种枯燥无味的话？于是志异式的新闻便应运而生了。当然，他承认的确也有许多人，因为要看雄鸡生蛋的缘故，无意中看到了世界大势，因而逐渐超脱雄鸡生蛋这一级，变成报纸的正式读者了。而在报纸的编辑人一方面，既然已经用雄鸡生蛋将读者引诱上了正轨，同时也应将这卑陋的药饵式的工具抛弃到九霄云外，但是，现在能够抛弃这卑陋工具的报纸不仅很少，而且它们还变本加厉，造成了一个"特志之以供科学家之研究"的固定结尾语。在最初用这句话的人们的意思，以为世界上的科学家，是专门为了准备研究雄鸡生蛋、母猪三足之类而用。其实，科学家如果要来研

---

① 伏庐：《特志之以供科学界之研究》，《晨报》1922年8月6日。

究这些古怪玩意儿,世界上早就没有科学家了。神飞先生在《游三贝子花园杂感》中曾说过这样一句话:"你们都回去,把四脚猪看明白了,再来看三脚猪。"①确乎如此,如果把普遍的学问都研究好了,再喜欢看看这些古怪的东西,也并不是一定不许他们这样。不过等到一旦明白了四脚猪的原理,那么对于三脚猪便绝不会看得上眼,因为那时就早已知道这只是普遍中的特殊现象,是一种生理上的残废罢了。

孙伏园指出:报纸上常有"特志之以供科学家之研究"这句话,如果不当它是一种刻板的结尾语的话,却是确有这个意思:那便越显得这个民族内没有真的科学家。最后,他略带调侃而又不无愤怒地说:"'特志之以供科学家之研究'这句话也未始不通,不过限定两种科学家,我看最好是改作'特志之以供野蛮民族学者之研究'或'特志之以供疯狂心理学者之研究!'"对新闻报道中这种自欺欺人的把戏,给予巧妙而辛辣的嘲笑和无情的讽刺,一语洞穿了其背后潜藏着的某种阴暗邪恶的社会心理。

五四时期中国媒体上的社会新闻虽比过去有了很大进步,但尚未脱离幼稚阶段。"无论怎样的大新闻家,遇见社会新闻难免卷钢。"②孙伏园当时曾经分析造成这种现象的原因约有三个方面,具体如下。第一,写作困难。政治、学术新闻比较容易采写,因为这种新闻中往往有一大部分已经成文,记者只要花点明敏的连缀功夫即可。但社会新闻所记载的完全是一种不成文的事实,非但文中的名词有时要记者特别制造,文中的文法与逻辑结构要记者特别整理,就是事情的缓急、先后、取舍,也无不要记者自己主张。第二,采访困难。不仅新闻是否发生在记者知觉范围之内无法确定,而且记者的才识和新闻敏感也会产生问题。重要新闻,也许被不当放过,不重要的新闻却又郑重记载。第三,发表困难。留意社会新闻的阅者,采访社会新闻的访员多半是本地人。本地人对于本地事难免会有主观的爱憎,以为公允极了,待编为新闻而为另一个有爱憎的读者看来,则是非恰恰混淆,黑白恰恰颠倒,其实两方面都因为有主观的爱憎而影响到对事物的认知。除此以外,社会新闻中的当事人大多不是公众人物,一经登载以后,苟有失实,不消说应当即刻更正,即与事实并无丝毫不符,他们为名誉起见也往往硬要记者为之更正,记者会因感到麻烦而望而却步。

---

① 伏庐:《特志之以供科学界之研究》,《晨报》1922年8月6日。
② 伏庐:《论社会新闻》,《晨报》1922年8月20日。

即便社会新闻报道有诸多困难，但孙伏园仍然坚持认为它比政治新闻更重要，记载方法也应更讲究。首先，社会新闻是社会问题的反映，只要记者眼光锐利，今日社会新闻中的琐小事实未始不是数月乃至数年后天大新闻的根苗。由社会学及社会问题的观点看，现在报纸上社会新闻中所要详载而又都缺略的是各项社会事业或事件的统计表。"此种调查，果然比采访一件个别的新闻较为困难，但就社会新闻本身论，此种详细的或概略的查表，实在应该占极重要的位置。"① 其次，社会新闻既是社会琐事，且于将来有重大意义，就值得用文学手段去记载。一件社会新闻不会凭空发生，一定有其环境和心理的原因。"我们果然不能像自然派小说的样子，原原本本的描写心理现象与社会环境，但有许多新闻的内外原因，很值得简单叙述，不要只将普通人所能见的浮面情形记载了事。"② 而从读者这一面来说，孙伏园建议读者在阅读这一类新闻的时候，不可先怀有一个玩赏的偏见，"因读者喜欢赏玩奇异的事实，而假造的新闻便发生了。读者难道宁愿看假新闻而满足那幸灾乐祸之心而不愿看真确的事实吗"③？读者既然愿意看到真实的新闻，那么就要打消阅读时的那种赏玩心理。

二

孙伏园能够成为中国报业史上的副刊编辑大王，原因固然可谓多多，但无论如何都与他对报纸副刊的理性认识分不开。这种理性认识，也就是他所言说的副刊"理想"。1924年12月5日，他在《京报副刊》第1号上发表了《理想中的日报附张》一文，既对当时报纸副刊编办中的主要问题进行了概括性批评，又从"理想"的角度，论述了他所追求的一种报纸副刊的理想形态。理想是人们对未来事物的美好想象和希望，它也是一个时常被用来比喻对某事物臻于最完善境界的观念，是人们在实践过程中形成的对未来社会和自身发展的向往和追求。每一个有志向、有事业心的新闻工作者，往往都有着自己的媒介理想，这种理想决定着他在媒介实践中具体的努力和判断方向，也预示着他可能达到的高度和境界。任何理想都得

---

① 伏庐：《论社会新闻》，《晨报》1922年8月20日。
② 伏庐：《论社会新闻》，《晨报》1922年8月20日。
③ 伏庐：《论社会新闻》，《晨报》1922年8月20日。

映照着当下现实的不完美,都具有着对现实的一定批判价值。因此,孙伏园的《理想中的日报附张》一文具有着强烈的媒介批评意义。

孙伏园认为今日中国的日报附张,概括言之可以分作两大类,他将之戏称为"无线电的两极端"。① 甲极端以许多日报上的"马路无线电"等文字代表之。这些内容本意是要供人娱乐,结果却成了劣等的滑稽。例如有趣一打、扫兴半打等。这种文字在古人的著作中多有所见,无可非议,如李商隐的《义山杂纂》、日本清少纳言的《枕之草纸》二书中都有许多这类很有趣的内容。但今人著作,若不思别出心裁,而只是一意模仿古人作品,便引不起读者的兴味,著作本身的价值也就降低了。如在孙慕韩做总理、王克敏做总长,两方意见不洽的时候,有一家日报的附张上发表一篇小评论,题目叫作"海甸总理与石娘总长"。这是甲极端中的一类,本欲滑稽实际上得不到预期的结果。另有一种日报附张,常欲搜罗新奇的事件发表,如雄鸡产卵或某少妇一产得五男等,三四十年前的《申报》所优为。而在今日的日报中,虽不承认其为紧要新闻,但用"姑志之以供博物学者之研究"等口调,揭布于附张之上,还是数见不鲜。其毛病一大半自然由于读者常识的缺少,盲目欢迎此类新闻,编者本欲借以供人娱乐,而结果却变成了最劣等的滑稽罢了。

至于那些无线电文字的乙极端,"就是简直老实不客气的讨论无线电的学问"②。这也是代表一个方面。有线电已经少有人懂得的了,现在却越了几级而讲无线电。同一类的就如西洋某某人的哲学,学院中或是书本子上的哲学;带了许多图、许多表的或是教科书及讲义式的科学;用了五颜六色的字眼堆砌成的新选学式的文学;等等。与日常生活关系甚少,且与读者的常识程度也相差甚远,大抵上又全是长篇,每篇往往延长到一二礼拜以上,既冗长又乏味,脱离了读者的阅读能力和阅读需要。

那么究竟什么样的才是一种理想的日报附张呢?孙伏园认为,首先应先知道什么才是今日中国社会对于日报附张的需要,然后才能正确地回答这个问题。

第一,大战终了以后,无论在世界或在中国,人们心理中都有一种怀疑,以为从前生活的途径大抵是瞎碰而来,此后须得另寻新知识,作我们

---

① 记者:《理想中的日报附张》,《京报副刊》1924 年 12 月 5 日第 1 号。
② 记者:《理想中的日报附张》,《京报副刊》1924 年 12 月 5 日第 1 号。

生活的指导。这时候日报上讨论学问的文章便增加了。不过，大多数人尽可以有这样的要求，日报到底还是日报，日报附张到底替代不了讲义与教科书。日本文学评论家厨川白村说过，报章杂志只供人以趣味，研究学问需用书籍，从报章杂志上研究学问只会徒劳无功。中国杂志已经很少，专门杂志更少，日报附张于是又须代替一部分杂志的工作。例如宗教、哲学、科学、文学、美术等，本来都应有专门的杂志，而现在《民国日报》的《觉悟》，时事新报的《学灯》，北京《晨报》的副刊，和将来的本刊，大抵上是兼收并蓄的模式。"一面要兼收并蓄，一面却要避去教科书或讲义式的艰深沉闷的弊病。"① 所以此后我们对于各项学术，除了与日常生活有关、能引起人们研究的趣味，或至少艰深的学术而能用平易有趣之笔表达的材料外，一概从少登载。

第二，日报附张的正当作用就是供给人以娱乐，所以文学艺术这一类作品，应是日报附张的主要部分，比学术思想的作品尤为重要。文学艺术的文字与学术思想的文字能够打通自然最好，即使丢开学术思想不管，只就文艺论文艺，文艺与人生也不能脱离，不能够在人生面前天天登载否定人生的文艺。中国人的生活太干枯了，就是首都北京也如此：几十个戏馆肮脏喧扰到令人不敢进去，而音乐跳舞更是绝无仅有；其他运动场、娱乐会和种种游艺场所也是屈指可数。一个识字阶级的人，除看看日报的附张借以滋润他的脑筋以外，他还有别的娱乐可以找到么？文艺学术自然不能全是短篇，如把合订本当作杂志看，那么一个月登完的作品不算长；只要每天自为起讫，内容不与日常生活相离太远，虽长也不甚觉得。因为有许多思想学术或人情世态决不是短篇所能尽述。而人们的心理，看厌了短篇以后，一定对于包罗更丰富、描写更详尽的长篇有所要求。

第三，日报附张的主体应是短篇的批评。无论是对社会、学术、思想、文学艺术，还是对书籍，日报附张本都负有批评的责任。这类文字最容易引起人的兴味，也最容易引起人的恶感。人们不善于做文章，每易说出露筋露骨的言语，多少无谓的争端都是从此引起。孙伏园向读者声明：这类争端《京报副刊》虽然不能完全避免，也不求完全避免，但凡可以避免的争端总是希望避免！此外，如有不成形的小说，伸长了的短诗，不能演的短剧，描写风景人情的游记，饶有文艺趣味的散文，这一类文字在作

---

① 记者：《理想中的日报附张》，《京报副刊》1924年12月5日第1号。

家或嫌其仅属断片而任其散失,"而在日报则取其所含思想认为有登载之可能。我们此后要多多征求并登载此类文字"①。可见孙伏园心目中的理想副刊是:思想上健康,构成上丰富,形式上精悍。

作为《京报副刊》主持人,孙伏园在文中还专门谈到了对待来稿处理的态度问题。对待来稿一视同仁没有限制,但编辑决定是否可以登载。编辑认为可以登载的便登载,否则寄还或扔在字纸篓里。他在最后向社会声明:竭诚欢迎新进作家。新进作家的名字,自然不是社会所习知,但希望读者对于他们的作品,不要以名字生疏而厌弃。一般来说,读者大抵希望报刊多登名人的作品,投稿者大抵指摘报刊多登名人的作品,其实两者都有偏见。"社会上已经成名的作家的作品,我们固然愿意多登,未成名的新进作家的作品,我们尤其希望多多介绍。"② 他希望此后《京报副刊》登载名人作品的时候,投稿人不要尽是责备编辑是报界之蟊贼、不是你的狐群狗党便不登载。登载新进作家作品的时候,也希望读者再不要存了势利的成见,以为《京报副刊》这几天太沉寂了,简直一篇名人的作品也没有。一家理想的报纸副刊及其生命,存在于编辑、作者和读者之间的善意和良性互动之中。

三

孙伏园的《一年来国内定期出版界略述补》一文,自 1926 年 1 月 18 日起,在他自己主编的《京报副刊》第 388、389、392、396、397、400、401 期上,分为 7 次刊发。在 1925 年底,孙伏园就想作一篇"一年来国内定期出版界略述"的文章,他认为这是一个"何等重要的题目",③ 但一直没有得到好的动笔机会。不久,他在唐山大学出版的《唐山》旬刊第 3 期里,看见了署名"轩"的《一年来国内定期出版界略述》的文章。该文分别述评了《语丝》《现代评论》《猛进》《莽原》《文学周报》《洪水》《甲寅》《中国评论》等 20 种定期刊物。孙伏园对"轩"的批评虽有不能尽同之处,但大体上予以赞成和肯定,故他在《京报副刊》第 388 期上,将

---

① 记者:《理想中的日报附张》,《京报副刊》1924 年 12 月 5 日第 1 号。
② 记者:《理想中的日报附张》,《京报副刊》1924 年 12 月 5 日第 1 号。
③ 伏园:《一年来国内定期出版界略述补》,《京报副刊》1926 年第 388 期。

"轩"的《一年来国内定期出版界略述》进行了全文转载,然后以接续的方式,撰写了《一年来国内定期出版界略述补》一文,又增加了对另外53种定期刊物的述评。① 孙伏园自撰的文字约1万字。他之所以能够对如此之多的定期刊物一一进行述评,是因为这些定期刊物出版以后,都向《京报》编辑部寄送,甚至有些刊物还主动请求《京报》能够在报上予以推介。孙伏园在《京报》编辑部工作,拥有可以看到这些定期刊物的有利条件。

孙伏园对这些定期刊物基本上是归类批评,即将同类刊物归并一处,先是一一介绍其刊物地址、主办者身份等基本信息以及对其宗旨、特色等进行点评,再进行总评。如学校刊物、学会团体刊物、军人刊物、地方刊物等,尽量突出各个刊物之间的某种相关性,从而为批评寻找到一个可供比较的立足点。点评不求面面俱到,而是尽量突出刊物特色。有些刊物只简单介绍一些地址、主办者等客观的基本信息,有的则花费较多的笔墨,摘引其刊物宣言和创刊宗旨,甚至有些还深入地对某些具体文章进行评价。

关于《孔德旬刊》,孙伏园说这是他早想介绍的一本刊物。因为他早前在《评张兢生先生的美的人生观》一文中,里面有"张先生走的是第三条路"一句话。被《孔德旬刊》的编者王品青看到了,他就对孙伏园说:"我们的刊物走的是第四条路,你也得给我们介绍介绍才行呢!"孙伏园的弟弟孙福熙曾经在他面前说过:"孔德是最有组织、最肯用试验精神的学校。因此我很爱读他们的旬刊。"② 孙伏园评价《孔德旬刊》的特色,"是校中各部分平均分得说话的机会"③。因为在学校刊物中,有的是由教职员主持,也有的是由学生主持。教职员在校刊上发表文章自然更容易一些,但这样就会挤占学生应有的篇幅。"在《孔德旬刊》中教职员却并不一味霸占学生的篇幅,即使是刚学作文的小学生,在旬刊上也占有相当的地位,有时还附刊一页儿童画。这确确凿凿是第四条路!"④ 孔德学校是1917

---

① 孙伏园的《一年来国内定期出版界略述补》一文共述评了73种定期刊物,但在《京报副刊》第388期上刊登第一部分,点评《唐山》与《孔德旬刊》时,两刊前面序号都标为"(二十一)",估计是作者写作后未仔细校对所致,导致后面标数都依次错置,故第七部分最后一个刊物标序为"(七十二)"。
② 伏园:《一年来国内定期出版界略述补》,《京报副刊》1926年第388期。
③ 伏园:《一年来国内定期出版界略述补》,《京报副刊》1926年第388期。
④ 伏园:《一年来国内定期出版界略述补》,《京报副刊》1926年第388期。

年12月25日由蔡元培、李石曾等人利用华法教育会的会址而创办起来的一所新型学校,学校以法国近代实证主义哲学家孔德的名字命名,是希望把法国的实证主义介绍到中国。学生在小学五年级就学法文,毕业后可以赴法国留学。学生大多是北大教工子弟,教员包括来自北大的沈尹默、马幼渔、周作人、钱玄同、沈兼士等教授,学校拥有超过20亩地的校舍和604万册藏书的图书馆,《孔德旬刊》因而浸染和散发着该校较为浓郁的民主自由学风。孙伏园对该刊作者身份的感知和评价,确是独具慧眼,抓住了要领。

在孙伏园对定期刊物的批评中,"平正"是一个重要的批评标准。所谓平正,也就是公平正直的意思,近似于现在人们所说的客观、公正、中立、平衡,即观察和评价报刊时尽量地避免被情绪绑架,不剑走偏锋,趋于激烈和极端,对批评对象尽量予以尊重和包容。例如他评价成都外国语专门学校的《赤心评论》说:"内如周佛海先生作《列宁与特落斯基政见之异同》等,议论亦极平正,而竟屡被压迫。卷头刊有《本报历史》四字,下有'出版未及两年,三次受外人和政府严重之压迫'二语,可以见其精神了。"① 批评上海大学陕西同乡会的《新群》半月刊,指其中的《中国革命运动中陕西学生应负的使命》等文章:"都是少年国民党人的平正的议论。对于日本进兵南满事件,尤其大声疾呼的反抗。'国民党左右派之分化',则不直国民党右派之所为。"② 批评中华教育高进社的"《新教育评论》中的大部分著作,主张都是极平正的"③。批评旅京湘乡学友会的不定期刊《湘乡新声》虽然比不上湖南国民党左派主办的《战士》周刊有见地,"但议论是平正的"④。认为其中很多作品具有一定的价值,绝非一般学友会所出的专载社中消息者可比,应该坚持下去继续出版,由无定期变为定期刊,由非卖品变为卖品。

大力推广和使用白话文是五四新文化运动的一项重要内容,是否使用白话文,不仅仅是一个文体使用偏好的形式问题,而且是在一定程度上成为观察和衡量刊物对新文化运动立场的指标或窗口。孙伏园是白话文运动

---

① 伏园:《一年来国内定期出版界略述补》(二),《京报副刊》1926年第389期。
② 伏园:《一年来国内定期出版界略述补》(三),《京报副刊》1926年第392期。
③ 伏园:《一年来国内定期出版界略述补》(四),《京报副刊》1926年第396期。
④ 伏园:《一年来国内定期出版界略述补》(六),《京报副刊》1926年第400期。

的热烈提倡者和践行者，他不仅自己使用白话写作，而且在编辑《晨报》和《京报副刊》时，也都是选用白话文的稿件。所以他批评报刊时的一个重要视角就是刊物是否使用白话。萧子升是孙伏园一位极为熟悉的朋友，他主编的《中法大学半月刊》纸张印刷均甚精美，但孙伏园仍温和而又明确地批评该刊文体却欠活泼，理由就是该刊第3期竟然没有一篇白话文，所以他直言以后"还要当面劝告他"，[1] 建议萧子升编辑刊物时多选用白话稿件。国家主义派李璜主编的《醒狮》周刊，当时在部分青年学生中有不小的影响，孙伏园虽然并不信仰国家主义，但他仍客观地评价《醒狮》周报是一个已得大多数青年信仰的报，在国内的同类刊物中，是对国家主义阐释最透彻的一个，他批评该报在宣扬国家主义的时候，有一个与李璜直接相关的很大流弊，就是"大抵不很肯做白话"，[2] 他认为该刊如果能将这一流弊改正，那么其社会影响将会更加扩而大之。由北大部分国家主义分子所主办的《朔风》半月刊，与《醒狮》周刊一样，当中的主干大抵上也为文言文。孙伏园批评该刊时敏锐地指出："这一点其实也不能因其细微而忽略了。他们虽不明说，却在下意识里仿佛以为提倡国家主义，便非连带提倡中国旧文字，旧思想，旧道德不可。这种态度，最易造成宗教的国家观，使浅见的国民听了从此不肯改过迁善。率直之言，尚请国家主义诸君子的教正。"[3] 可见，孙伏园已经是隐约地感受到了拒绝使用白话文的行为与保守和反动的政治态度实际上有着一定的关联。

作为五四时期一个追求民主自由的进步报刊编辑，孙伏园的媒介批评虽然常常主要观照报刊的专业表现，但并非没有其政治标准，只是他在评价报刊时，往往超越了一般党派倾向可能带来的政治偏见，而是从国家需要的角度去作出评判。这使他往往能透过表面现象深入报刊的内在本质，例如，他评价由国民党党员主持的《民生周刊》说，该刊既大登《苏俄果然不是我国的朋友么?》，又大登《中国国民党取消共产派在本党之党籍宣言》，"看去似是没有什么左右派的罢，但到底还是右派的"[4]。显示出其深刻犀利的政治洞察力。他介绍北京农业大学农业革新社的《新农》月刊和

---

[1] 伏园:《一年来国内定期出版界略述补》，《京报副刊》1926年第388期。
[2] 伏园:《一年来国内定期出版界略述补》（三），《京报副刊》1926年第392期。
[3] 伏园:《一年来国内定期出版界略述补》（三），《京报副刊》1926年第392期。
[4] 伏园:《一年来国内定期出版界略述补》（二），《京报副刊》1926年第389期。

广东大学农科学院学生会的《农声》旬刊道:"以上两种都有切实讲述并记载农业状况及学术的文字,如果中国真要用农业来救国,农业方面的出版物是应该依着这条路线前进的,空喊'农业救国'的文字大可不作。"①他批评厦门集美学校的《集美周刊》,虽然已经出到第 120 余期,内容却逐渐革新。他特地点出该刊第 125 期苏国铭的《福建渔业之危机》一文,"是讲日本已有侵略福建渔业的企图",②因为这种问题他省人决不会看到,以凸显该刊的价值,显示出他深沉而炽烈的爱国主义情怀。促进报刊的发展和进步,是他一以贯之的媒介批评原则和目的。他在批评由上海妇女问题研究会主办的《新女性》月刊时,说明该刊主编章锡琛、周建人二人本来都是商务印书馆所出《妇女杂志》的编辑,因为陈百年在《现代评论》上作了一篇《一夫多妻制的新护符》,对他们有所讨论,商务方面便把他们调开了。他讽刺说商务当局尊重教授与学者的心理可嘉,但盲目去留职员的办法则"是应该吃耳光而犹不足以蔽辜"③的受谴责行为。上海澄衷学校曹慕管主编的《智识》月刊,净是一些《白话不适为职业应用文》《异哉北京之国民大会》等散发着复古气息之类的文章以及学生的课艺,孙伏园讽刺其是"长着二十年以前的脑袋的人看了一定极合口味"④的刊物。孙伏园的这些媒介批评话语,严正之中又不失机智,专业性与思想性有机交汇,既打中被批评者的痛处,又令之哭笑不得,无可奈何,可谓五四时期中国现代媒介批评中一颗熠熠生辉的宝珠,很值得后人加以借鉴和学习。

第八节 张东荪的媒介批评

张东荪(1886—1973),原名张万田,字东荪,曾用笔名"圣心",浙江钱塘县人,1886 年 12 月 9 日生于直隶内邱县。其父亲张上龢未能通过正常的科举取得功名,后以父亲的军功得以候补知县,1869 年选授直隶昌黎县知县,后历任博野、抚宁、万全、内邱、静海、获鹿等县知县。1893

---

① 伏园:《一年来国内定期出版界略述补》,《京报副刊》1926 年第 388 期。
② 伏园:《一年来国内定期出版界略述补》,《京报副刊》1926 年第 388 期。
③ 伏园:《一年来国内定期出版界略述补》(二),《京报副刊》1926 年第 389 期。
④ 伏园:《一年来国内定期出版界略述补》(五),《京报副刊》1926 年第 397 期。

年，张东荪在兄长张尔田的督责下读四书五经，传习家学。1901年时，偶读佛经《大乘起信论》和《愣严经》，对佛学产生兴趣。1904年，获官派留学资格，赴日本东京帝国大学哲学系学习。在东京帝大期间，他如饥似渴地学习西方自然科学和西方哲学方面的知识，从而极大地开拓了自己的知识视野，深受西方文化的熏染。1906年，怀救世之心的张东荪与蓝公武等人在东京发起组织了爱智会，"专以提倡国人学问为务，并欲会合东西哲人，共研究宇宙究竟、人生究竟二大问题，以增进世运，划除俗污，俾大地山河，得光明庄严"[①]。是年10月，在东京创办《教育杂志》，发行两期后停刊。1911年，张东荪从帝国大学毕业后回到北京，通过殿试，被清政府授予格致科进士。武昌起义爆发后，从北京潜回上海，参加孙中山领导的南京政府，担任内务部的秘书。1912年4月，南京临时政府北迁后，赴上海任《大共和日报》的编辑，开始以评议时政的方式参与政治活动。1912年10月，梁启超在天津创办以政论为主的《庸言》杂志，张东荪是该刊的主要撰稿人，在该杂志上发表了大量的政论文章，力图站在客观的立场上评议政治。1914年1月，与谷钟秀在上海创办了《正谊》杂志，宣传民主共和思想，反对袁世凯的独裁专制。同年4月，与丁佛言在北京创办《中华杂志》，鼓吹地方自治。1915年10月1日，与汪馥炎、杨端六等人在上海创办《新中华》，讨论联邦制。1916年春，因积极参加反袁斗争，一度遭袁世凯当局通缉而避入租界。1917年初，接任上海《时事新报》主笔，开始致力于文化运动。1918年3月4日，创办《时事新报》副刊《学灯》。1919年五四运动期间，对学生爱国活动持同情和支持的态度。9月1日，在上海创办《解放与改造》杂志，宣传第三种文明，加入五四时期的文化论战。是年12月，在《解放与改造》上发表《为什么要讲社会主义》一文，公开宣传社会主义学说。1921年9月，在《时事新报》上创办《社会主义研究》副刊，公开鼓吹并表示信仰基尔特社会主义。1927年4月，与瞿菊农创办《哲学评论》，并在创刊号上发表《因果律与数理》一文。1932年5月，创办国家社会党机关刊物《再生》，起草政治宣言《我们所要说的话》，提出修正的民主政治，开始抨击国民党的专制独裁统治。1935年10月10日，在北平创办《文哲月刊》。抗战中参加中国民盟，解放战争时期宣扬走中间路线。1949年1月6日，参加北平和谈，代表傅作

[①] 转引自左玉河《张东荪传》，山东人民出版社1998年版，第14页。

义赴蓟县六里庄与中共谈判,中华人民共和国成立后曾当选为中央人民政府委员、政务院文教委员会委员。张东荪自民初以来,在报刊界一直是个很活跃的人物,不仅他创办的《时事新报》副刊《学灯》,是五四时期宣扬和推动新文化运动的重要阵地之一,而且他在长期的报刊编办活动中,也曾针对报刊问题进行过很多独到的理论思考,发表过一些充满睿智的媒介批评言说。

一

民国初年的中国并没有因共和政体的实行而走向稳定和繁荣,"民国成立,已逾三载,国基摇摇,仍无定所"①。不仅政治动荡、经济凋敝进一步加剧,而且风纪凌夷、人心衰败。一部分人士认为,道德为共和必需的理念,道德堕落为政治窳败和社会失序的根本原因,要拯救国家于危难之中,必须进行国民道德重构,规范国民言行,重塑国民人格,充实和重铸共和道德精神,从而刷新政治,使国家在各个方面臻于理想之境。1914年5月,张东荪在《中华杂志》第1卷第3期上发表的《言论之道德》一文,即是这场"道德救亡论"②在媒介批评领域的表现。国民道德是张东荪很早即格外关注的社会问题,他的第一篇政论文章就是1911年5月发表在《东方杂志》上的《论现今国民道德堕落之原因及其救治法》,从"政体与国民之道德,有至大之关系"③的角度,提出救治道德堕落的关键在刷新政治。可以说,《言论之道德》一文是其相关观念在媒介批评领域的延续,因为他认为,报刊言论窳坏是社会的道德堕落在报刊界的一种必然反映,言论界的觉悟和自律是救治社会道德堕落的一个抓手。

张东荪痛心地说,报刊言论衰颓,至今日已经达于极点,言论界的黑暗,至今日也已经达于极点。当局制定报律以钳束言论不足畏惧,当局者利用言论,也不足畏惧,因为今日提出一种观点,或许不幸为警厅所误解

---

① 惟一:《最近社会之悲观》,《正谊》1915年第1卷第7期。
② 赵炎才:《20世纪11—20年间思想界的一个侧面——对民国初期"道德救亡论"的学理解析》,《济南大学学报》2005年第2期。
③ 圣心:《论现今国民道德堕落之原因及其救治法》,《东方杂志》1911年4月25日第8卷第3号。

而进行干涉，但最终必有误解冰释之时。明天创建一个理论，或许不幸为有力者所利用，言者方自诩为经国之策，而利用者已乘机以逞，但时间长了终必露骨，所以说，此皆不足畏惧。"所可畏者，言论自身之道德隳落耳。"① 他认为在武昌起义后南京民国临时政府初建之时，一时言论颇放异彩，虽各守一株，不相苟同，然未尝不具独立之概。姑不论其所持之理为是为非，然有竞争，始有进步，则可断言。近今则不这样，咸一致同声，绝无独异之点。表面上看将以为真理攸关，皆趋一途，感情平和，不故立异，而仔细观察，则大谬不然。其道德隳落，更胜常人，内容黑暗，亦非言可喻。原本活泼的言论，曾几何时而一变为秋声。"此其故何哉？吾以为其间原因种种，而不外乎自律的与他律的而已。自律的曰隳落，他律的曰奖恶。"② 他认为人性趋恶，如水之就下，如果没有自拔之力，很少有能不为潮流所驱者。

他批评那些比较洁身自爱的报纸，也是彷徨其间而没有一定的主张，现今报纸无不标曰有商榷而无主张，采纳各种之说，而无一定的断语。虽然如此，还是表现好的报纸，等而下之者则是唯唯否否，洋洋千言却等于不着一字。此外则以文字为游戏，而不涉时局。凡在乱世而文字靡靡之风越甚。言论界的衰颓，在此也得到一个有力的反证。之所以这样说，是因为如果有一件事情，为甲乙之争。言甲是，则甲闻而喜欲利用之。言乙是，则乙也和甲一样欲利用之。言论者因此获得被利用的经验既久且多，于是就不敢对此进行是非的判断。如果说甲乙皆非，则甲乙都对其心存忌恨。论者自身必造不幸，故不如不着一字为妙。其采纳各家之说而没有自家的评判，虽会开罪于人，但以其论非出于我、我本不作此主张作为自我开脱的理由。"是故今日之言论无论何事，于各方面皆作褒词，俾可苟延残喘于其间。吾初不意言论界竟至如此之萎靡，主持言论者竟至如此之隳落也。一言以蔽之曰，无耻而已。"③ 甘心为人利用，固为无耻，为防止被人利用而不敢以自家主张示人，同样也是无耻。

张东荪主张，厕身报刊界的人，如果不能刷新言论，又怎么能谈得上救国？近处的事尚且做不到，远处就更是一种梦想。"今日之计，当在救

---

① 张东荪：《言论之道德》，《中华杂志》1914年5月16日第1卷第3期。
② 张东荪：《言论之道德》，《中华杂志》1914年5月16日第1卷第3期。
③ 张东荪：《言论之道德》，《中华杂志》1914年5月16日第1卷第3期。

济言论界之黑暗。易言之，即改造言论界是也。改造之道维何？曰振兴言论之道德与建设独立之言论是已。"① 他认为言论一方面是要代表国民对于政事发表意见，一方面又要促进国民的觉悟。现在已经明知其是，却不敢是之，明知其非，亦不敢非之，则失去了代表国民的意义。何况明知其是而非之，或者明知其非而是之，更是一种迷惑国民的行为。既然如此，国民又何必需要这样的言论机关？而明知其非而不敢非之，明知其是而不敢是之者，就是不欲见好于一方面而欲委蛇于各方面，故意不公开发表自己的主张。既然没有一定的主张，则发言也等于无言。说中国报纸只是在为外国人消耗新闻纸，外国的言论代表国民，而中国的言论则代表势力，其言虽然近虐，而事实则不可否认。过去在党争激烈的时候，各报虽然时有颠倒是非的言论，但仍然未减其发表主张的勇气。而现今则是人云亦云，屡进屡退，无一丝一毫独立的精神。发生了一个事件，绝无是非上的判断，仅周旋其间而已。奄奄一息，若病夫呻吟，没有一点活泼之气。这其实是一种亡国之相，令人不能不对之涕泗交流，痛心疾首不已。

张东荪认为："所谓独立之言论者，以我之确信，证诸国民大多数之确信，复验诸世界之公理，然后发表之，以为一固定之主张之谓也。"② 这个主张既已发表，虽有强权者欲干涉也不畏惧，有力者欲利用亦不畏惧。他举例道，譬如先有一事，为甲乙二方面之争，后又有一事，亦为甲乙二方面之争，其后更有一事亦关于甲乙之争。言论者于第一事深察之，知甲是而乙非，则主张甲是而乙非，不必阿甲而畏乙。于第二事细按之，知甲非而乙是，则主张甲非而乙是，不必见好于甲而有恶于乙。于第三事重思之，知甲乙皆非，则主张二者皆非，不必畏惧开罪双方。"三事合观则独立，言论之精神始见。"③ 若党于甲者，不问是非，凡甲之所为皆指为是，此非独立言论应有的现象。所谓的言论独立，就是以真理为主观，以事实为客观，以道德为保证。事实合于真理则是之，不合于真理则非之。若以真理俯就事实，言论独立就失去了其本真之义。"吾观乎今日之言论，未尝不叹息其以真理俯就事实也。夫事实无定，而真理有定，以有定者逐无

---

① 张东荪：《言论之道德》，《中华杂志》1914 年 5 月 16 日第 1 卷第 3 期。
② 张东荪：《言论之道德》，《中华杂志》1914 年 5 月 16 日第 1 卷第 3 期。
③ 张东荪：《言论之道德》，《中华杂志》1914 年 5 月 16 日第 1 卷第 3 期。

定者必穷，穷则曲者直之，直者曲之矣。"① 这是天底下最大的是非颠倒！物必自腐而后虫生，今日言论界的自我败腐，欲讳之而不可能。他希望报刊界对此能够自知，自知则后自励，庶几可以一改旧观。

张东荪强调，所谓言论独立，不是说专以反对政府为能事。政府所为未必尽非，若不问所以一概攻击，此不但是挫挠政府的向上之心，也是迷乱国民的判断力，其为害与一味地谄媚政府等同。同理，政府所为未必尽是，若不论何事，皆从而是之，此不但是鼓励政府的为恶之心，而且更是断绝其自新之路。与此相连，张东荪批评报刊言论中所存在着的对人不对事的现象。"同一事也，甲为之则是，乙为之则非，其是非之判毫不关于事理，而全基乎人之感情，于是其人有恶于我也，虽为任何之善政，我必非之。其人有关于我也，虽为任何之恶事，我必是之。此现象实思想幼稚之所致也。"② 他认为只有极力铲除此种恶习，然后报刊言论才能有真价值，有真价值才能产生制裁的效力。如果为善而被言论攻击，则人们一定轻视此种言论；为恶而被言论颂扬，则人们必无所慑。如果言论既不被重视又不被畏惧，那么哪里还有什么价值与制裁力可言呢？

二

张东荪创办的《时事新报》副刊《学灯》，能够成为五四时期新文化运动中"最早传播新文化的报纸副刊"，③ 自然与作者和读者的大力支持有关，更是张东荪对该刊办刊方向精心设计与坚持不懈的结果，其中包含着他对五四时期中国报纸发展趋势的准确把握和对新闻传播规律和特点的深刻理解。过去人们比较倾向于认为是北京《晨报》开启了五四时期报纸副刊改革的先声，其实，上海《时事新报》的副刊《学灯》才是其时报纸副刊改革运动的最早真正发起者。《学灯》创办于1918年3月4日，其前身是该报的"教育界消息"栏，专门刊登教育领域的各种新闻和信息。初创时为周刊，1918年5月后扩增为周二刊，同年11月25日起，又调整为每周出版3次，12月16日又增为日刊（除周日），直到1929年5月中旬停

---

① 张东荪：《言论之道德》，《中华杂志》1914年5月16日第1卷第3期。
② 张东荪：《言论之道德》，《中华杂志》1914年5月16日第1卷第3期。
③ 吴静：《〈学灯〉与五四新文化运动》，中国书籍出版社2015年版，第42页。

刊，前后存在了11年多。《学灯》的版式也经历了多次变化，开初仅为半个版，且与以趣闻花絮为主要内容的《新闻屑》合共一页。1918年11月开始扩展为一个整版，后来版面逐渐增加，到1919年2月扩为两版，1922年改为四开四版的附张。版面编排以1922年7月为界，此前为分栏编排，此后改为横排，不分栏目。北京《晨报》是于1919年2月开始新思想的传播，《民国日报》的《觉悟》更是直到1919年的6月才告问世，因此从时间上看，《学灯》对新文化运动的兴起和走向高潮无疑具有一定的开创之功。故台湾新闻史学者赖光临曾断言："自《学灯》问世以来，在同业间迅速引起反应，'南北各大报作同声之应的，几于不胜枚举'。"[①] 诚可谓知者之言。

报刊是社会的产物，报刊要获得社会的支持，必须具有一定的社会性。民国以后，政党林立，导致政论报刊盛行，报刊之间党同伐异，彼此攻讦甚为常见，在很大程度上恶化了报界言论生态，削弱了报刊的社会公器性，以真理为依归的独立性言论不复存在。张东荪对此现象很不以为然，在1914年的《言论之道德》一文中就予以批判，力倡言论独立，希望报刊承担社会公器的角色。他同时惊觉于在军阀统治的混乱局面下，很难通过评议政治而实现改造社会的现实，转而开始致力于从更深的文化层面谋求突破。但此后一段时间他一直没有恰当的机会来实践自己的这一报业理想，因此，1917年他接任张君劢《时事新报》主编之职后，即开始按照自己原来的思考一步步地予以实践。他在《学灯宣言》中，向读者交代该刊的创办缘起云："予尝于无聊时，与三五友人，纵论当代人物，评骘高下。甲与乙，其行事相同，而甲优于乙。丙与丁，其性格相似，而丙优于丁。绎有数事。□为一例，即以读书之无有与多寡为衡耳，始信学之为力大矣。方今社会为嫖赌之风所掩，政治为私欲之毒所中，吾侪几无一席之地可以容身。与其与人角逐，毋宁自辟天地，此学灯一栏之由立也。"[②] 然后托出该刊的宗旨有三："一曰借以促进教育，灌输文化；二曰屏门户之见，广商榷之资；三曰非为本报同人撰论之用，乃为社会学子立说之地。"[③]《学灯》名称的"学"字，提示了对知识和学问的重视，强调文化比政治对于社会改造具有更根本的作用，

---

① 转引自吴静《〈学灯〉与五四新文化运动》，中国书籍出版社2015年版，第42页。
② 克柔编：《张东荪学术文化随笔》，中国青年出版社2000年版，第292页。
③ 克柔编：《张东荪学术文化随笔》，中国青年出版社2000年版，第292页。

既标志着当时社会思潮中的一个有意义的转向，也说明一个新的媒介社会功能观已经形成并正式付诸实践。

为进一步调动作者和读者参与到"学灯"专栏的建构之中，使《学灯》在社会中具有更明晰的认知形态，1918年9月30日，张东荪在《学灯》上发表了《本栏之提倡》，提示读者注意该栏内容上的重点选稿方向："本报自辟学灯一栏以来，投稿者络绎不绝，大都各抒所见，以贡献于社会。惟本报犹愿于各主张之中，特标其注重之所在，以为读者醒目，而投稿诸公或亦有所选择也。"[①] 他公布选稿重点内容有如下七个方面：于教育主义，提倡道德感化的人格主义，以为职业教育之实用主义的辅助；于教育制度，反对抄袭的制度与固执不化的制度；于教育事情，揭穿各种教育流弊；于教师，主张改造以身作则的良教师，反对与恶社会同流合污的坏教师；于学风，主张改造活泼朴实的学风，反对萎靡不振的学风；于原有文化，主张尊重，而以科学解剖之；于西方文化，主张以科学与哲学调和而一并输入，排斥现在流行之浅薄科学论。可见，其努力的重点是在教育改造和文化思想的输入，以改良的方式逐步实现社会的脱胎换骨。

张东荪主编《时事新报》时另一个具有强烈媒介批评意义的举措，是及时裁撤了《时事新报》的黑幕小说专栏。黑幕小说作为一个以揭露社会黑暗内幕为题材的小说流派，其能产生和兴盛于清末民初的中国文坛，自然有其客观的社会原因。当时著名作家王钝根曾道及黑幕小说流行的原因说："世教衰微，道德堕落，益以内乱外患，商业凌夷，国人生计困难，遂相率为卑污残忍诈伪欺罔之事，以求幸获。受其祸者无所得伸，或泄其愤于口舌，文人笔而存之，是为时下流行之黑幕。黑幕者，摘奸发覆之笔记也。"[②] 王钝根当时还曾述及黑幕小说与报纸提倡的关联："某报社创之于先，各书肆继之于后。惟某报社之黑幕，纪事恒囿于一隅；而各书肆所出之黑幕，内容又未必尽佳，于是有路滨孙者，奋袂而起，手编《中国黑幕大观》四巨册，都百万言，自比燃犀铸鼎，奸魅无遁形矣。"[③] 其所言的"某报社"其实就是《时事新报》。黑幕小说虽然滥觞于清末，但很长一段时间内没有形成规模，自1916年10月10日《时事新报》开辟"上海黑

---

① 转引自吴静《〈学灯〉与五四新文化运动》，中国书籍出版社2015年版，第198—199页。
② 转引自黄森学《"黑幕小说"研究（之一）》，《黄石教育学院学报》2003年第4期。
③ 转引自黄森学《"黑幕小说"研究（之一）》，《黄石教育学院学报》2003年第4期。

幕"专栏后,这类小说开始风行。黑幕小说用文言文写就,主要是揭露社会各界的罪恶现象和龌龊行为,类似笔记和新闻报道,具有一定的新闻性和社会认识价值。由于《时事新报》的提倡,加之其他报刊和书肆的推波助澜,黑幕小说被一些读者视为"杀人放火奸淫拐骗的讲义"①,招致了不少人的批评。

张东荪主持《时事新报》后,立刻意识到黑幕小说的负面效应,于是马上作出了裁撤该专栏的决定。1918年11月7日,他在报上发布《本报裁撤黑幕栏通告》:"黑幕者,本报本其改良社会之宏愿,特创之一种纪实文字也,两载以还,极承各界赞许,黑幕名词遂卓然成立。而最近各小书肆之投机出版物,接踵并起,亦无不各有其黑幕。试就各报广告栏而一计之,不下百十种之多。以表面言,本报创之于前,各书肆继之于后,我道不孤,不可谓非极盛,而孰知有大谬不然者,此类效颦之黑幕虽至多,试逐一按其内容,诲淫者有之,攻人隐私者有之,罪恶昭著,人所共见。黑幕二字,即其自身之的评,尚何改良社会之有。揆诸本报始揭黑幕之宗旨,实属背道而驰,诚非本报之所及料也。"② 张东荪在通告中代表该报引咎自责,认为循是以往假借名义者日多,泾渭不分,结果事与愿违,无益而反有害。裁撤黑幕小说专栏,无疑是他对文化生产和传播中媒介角色的另一设计与评价。

三

张东荪对报纸的发展趋势有过观察和判断。1918年5月,他曾在《论报纸》一文中阐释自己的认识。他认为报纸本来起源于公文的传布,后来转变为发表政治意见的机关。降至晚近,又一变而为纯粹的传递消息之物。发表政治意见时代的报纸多为政党机关报,而纯粹传播新闻时代的报纸则多为社会营业报。虽然报纸的进化有一定的程序,但现在世界总体来看是社会营业报多于政党机关报。他认为此事实充分证明:政党报已经趋于衰落,而社会报正在蓬勃发展。"何谓社会报?曰止传播新闻,而对于新闻之内容,无所偏袒,但求取得消息之速,报告新闻之确而已。有时则

---

① 转引自黄森学《"黑幕小说"研究(之一)》,《黄石教育学院学报》2003年第4期。
② 《本报裁撤黑幕栏通告》,《时事新报》1918年11月7日。

以各方面之主张并列之，以待阅者自行判断，此报纸所以销路较广者，以人苟取而读之，则各方面之主张皆可得而知之，不若政党报仅有一方面之言论也。"① 他说自己进入《时事新报》以来，即本此宗旨，务使报纸为社会陈情，不为一派所限，独于过甚之论，以不欲助长此种恶劣风气，则不复列入，专注重于新闻，而减少空论。"务使适符现代报章之趋势。"② 也就是说只有顺应报纸发展的大趋势，才能合上时代前进的脚步，成为时代方向的引领者。

张东荪总结自己的编报经验说，今日中国报纸之所以进化缓慢，一半在报纸自身，一半在社会。具体言之，第一，消息获取不易。大凡探取消息，虽然依赖访问人物，但也需要有一个汇聚消息的机关。政府能得到各方面报告，可以说是消息的总汇，但是，"政府所得之消息未必尽确，如陆荣廷之死耗，其一例也"③。张东荪认为处于此种情形之下，报纸只能有闻必录，"明知未必尽确，亦姑存之而已。是以各报之专电，皆取材于官府之报告，则不过传递一新闻而已，未敢保证其必确实也。至于人，则更难矣"④。上焉者，不屑于做探访新闻之事；下焉者，恃此蝇头微利以为生，既无知识，复无品格，往往闭门造车。如各报之快信，大抵十之七八出于杜撰，如谷九峰葬亲过宁，如梁任公到宁，冯副总统以汽车接人督署等等。当时各家报纸都大登而特登，而读者也不知其为假新闻。"盖其伪造之法，即取前日各报专电而敷衍之。如专电谓谷九峰因葬亲请假，即伪造之曰其到宁矣。又如某处战事开始攻击，则伪造之曰，某处已攻克。凡此种种一言以蔽之，曰神经过敏是已。"⑤ 此种神经过敏虽多处于有意之伪造，然处于无意者，亦复不少。张东荪所抨击的这种虚构新闻的方法，在当时报界并非绝无仅有。胡政之早在1917年的元旦，就曾经痛斥过此种"推演式的新闻"⑥的恶劣和荒谬。张东荪认为此病不革新，新闻永远无法实现真实准确。

第二，营业竞争太无规则。张东荪举例说，日本各家报纸大都在内容

---

① 东荪：《论报纸》（上），《时事新报》1918年5月27日。
② 东荪：《论报纸》（上），《时事新报》1918年5月27日。
③ 东荪：《论报纸》（中），《时事新报》1918年5月30日。
④ 东荪：《论报纸》（中），《时事新报》1918年5月30日。
⑤ 东荪：《论报纸》（中），《时事新报》1918年5月30日。
⑥ 冷观：《本报之新希望》，《大公报》1917年1月3日。

上展开竞争,而于营业上则不竞争。它们为什么这样?因为营业上竞争太过,会两败俱伤。譬如纸张,自欧战以来,其价格高的出人意料。日本各报既相约减少篇幅,又相约提高售价,这在我国则决不能够实行。明知其有损,而不敢动干戈,以竞争太激烈故耳。所以他认为如果报馆之间没有坚固的团结,那么,其营业上就永无发展的希望。

张东荪积极从事报刊活动并开展媒介批评的一个重要动因,源于他对报纸与舆论关系的认知。1921年,他偶然发现中国公学经济学教授杨端六在《东方杂志》第18卷第2期上发表的《对于言论界之希望》一文中,有希望新闻记者发挥"指导舆论"① 功能之语。张东荪觉得"杨君所见有异于我的素怀",② 遂在报上发表《新闻纸与舆论》一文,阐述自己对这个问题的见解。张东荪认为新闻记者万万不可把指导舆论四个字放在脑中,挂在脸上。若自命为是指导舆论者,那就未免太自大了。须知新闻记者的天职,不在自己指导舆论而在使舆论能在新闻纸上充分地表现出来,要做到这样须有两个条件:第一必须尽量地容纳舆论;第二必须向社会上的各位专家征求意见。"新闻记者而有专长,自然可就其所专长的一门发为指导的言语。若是一无专长,而只要容纳舆论,亦不失为好新闻记者。所以新闻记者万不可以为我一个人高出于大众。一切事情都得我来指点。如此存心,必定大糟了。"③ 他说,如果平心而论的话,我们在日常交际中听见各种人的谈论,往往高出新闻纸的论评数倍,所以在现代文化发展的时候,新闻记者绝不可存有指导人民的心思,只要充分地吸收已有的舆论使它表现出来,他即可算尽到了责任。

当时《申报》馆主史量才常常对人说,他的目的只在使《申报》成一面镜子,把社会上的事象一丝不改地照出来。张东荪认为史氏这一句话对于报纸的真谛可谓已得其半,尚有一半为其所未见到,这一半就是社会的志愿。"社会的事象可以照,而社会的志愿则非宣泄不能明显。"④ 所以他认为新闻记者不在于自己指导舆论,乃在于能预见社会志愿之端倪而设法宣泄之以成趋势。

---

① 端六:《对于言论界之希望》,《东方杂志》1921年第18卷第2期。
② 东荪:《新闻纸与舆论》,《时事新报》1921年2月23日。
③ 东荪:《新闻纸与舆论》,《时事新报》1921年2月23日。
④ 东荪:《新闻纸与舆论》,《时事新报》1921年2月23日。

张东荪这篇《新闻纸与舆论》文章发表后,《滇声》报即发表了一篇与其讨论舆论性质的文章。张东荪见后,即作《再论舆论》一文,对此前《新闻纸与舆论》一文中的未尽之意再行阐述道:"吾意初非使新闻记者不必作指导之言,且不宜作指导之言,实谓纵使新闻记者尽量充分以发指导之言论,而其结果舆论自舆论,报纸自报纸,在一班无知识之人对于新闻记者作誉辞,谓报纸代表舆论,则可,而为记者者则不可以此自居。"① 否则,就是使新闻记者不能尽其天职。他认为记者的第一要素在虚己。"所谓虚己者,即知于自己意见以外尚有舆论是也。"② 他说,既然舆论英文为"Public opinion",自宜译为公论。公论的定义无逾于法国启蒙思想家卢梭的说法。"卢梭谓总意者即国内各人对于公共事务凭其良心不挟部分的利害观念之意见之总和也。第一须凭自己之良知,第二须不受他人意见之影响,第三须不有部分的特别利害之关系左右于其间,则各人意见之总差即为舆论。故新闻记者当知自家所发之意见即为舆论所由构成之总积之一,决不可以为自家言论得概括舆论全体,得左右舆论。"③ 犹如军官指挥军队,果然即否认报纸以外社会上尚有舆论,而以为人皆可欺,人皆可以指挥,可以左右,其精神不啻专制魔王。新闻记者就其所长,当然可以指导社会,而不能迎合社会。"总之,今之为记者者多不能虚己,一语不合,强辩刺刺不休。凡此视其所办之报纸为自家之私物,以快其心,而忘却其为社会公众之一机关也。"④ 也就是说,新闻记者不能把持报纸以之谋取个人的私利,而应视报纸为社会公器,把报纸办成为代表民意、表达民意的工具,成为公众的代言人,而不可以有精英式的指导者心态。

五四时期张东荪的媒介理念及其实践当时就受到了社会上的关注和充分肯定。就在1920年,时人已对《时事新报》及《学灯》作出评价:"这报是研究系的机关报纸,资本丰富,不愁缺乏;所以被雇的主笔先生,办事的精神颇好。自从不编黑幕以来,《学灯》上狠贡献些常识给青年学生。五四运动发生,那手足灵活的张东荪,就极力联络学界,用重价报酬投稿人,于是乎《学灯》就益发生色,在学问贫乏的中国里,居然也寻出几篇

---

① 东荪:《再论舆论》,《时事新报》1921年4月12日。
② 东荪:《再论舆论》,《时事新报》1921年4月12日。
③ 东荪:《再论舆论》,《时事新报》1921年4月12日。
④ 东荪:《再论舆论》,《时事新报》1921年4月12日。

有系统有组织的研究学理的文字了。……《时事新报》最好的地方，就是肯披露各小团体及各个人所要发表的意见，不像别家报馆，死替资本家发表意见，而藐视平民的舆论。此外他对于社会的现状，也肯用相当的力量，去调查批评，其有益于社会，确是不浅。"[①] 这一评价，揆诸报刊历史实际，实为中肯通达之论。支撑报刊实践的主体性因素是报人的媒介理念。张东荪自民初以来，在政界和学界就一直是个活跃的人物。他时而以超脱的中道立场批评时政，发挥主张；时而投身政界，做实际的政治活动；时而又退身学界，以教书著述为事。他的报刊实践虽然十分丰富，但在他的报刊活动中，又始终不脱学人的文化本色，思想和观点的贡献仍是他人生最为基本的方面。报刊实践的基座是人的媒介观念，而任何有价值的媒介理念每每又包含着弃旧扬新、推陈出新的时代批判因素。五四时期张东荪的媒介批评活动，无疑也具有着这样的新闻传播史意义。

第九节　王拱璧的媒介批评

王拱璧（1886—1976），名璋，字拱璧，以字行，河南西华县人，出生于一个乡村地主知识分子家庭，幼年先就学于村塾，1902 年入陈州中学堂，接受中西新学，1904 年入河南高等学堂就读，接触各种进步书刊，如《新民丛报》《豫报》等，立志救国救民，与同学组织同胞会，和国外革命派学生联系，谋划革命活动。1906 年冬毕业前夕，因与进步同学鼓动风潮而被开除，离校回乡。1907 年，在家乡开设书报阅览室，宣传革命思想。是年暑假后，赴沪入上海公学就读，后为锻炼体格，学习军事，以增强革命本领，遂转入中国体育专科学校就读，不久由革命党人万仞千介绍加入中国同盟会，开始接受孙中山的民主革命纲领。在体专学习期间，课余主要精力集中于同盟会的革命活动，经常与国内外一些革命志士通信联系，讨论中国革命问题，曾在上海的《神州日报》和《民主报》上发表《告河南父老书》等文稿，对清政府的借款修路开矿表示愤慨。1910 年，王拱璧奉中国同盟会之命回河南开展革命活动，在河南南阳邓州蚕业中学，以教员名义，开展革命工作，筹备秋冬武装起义，后被人告密，幸而闻讯后及时避走脱险。1911 年，复被同盟会派遣到西华县，任县巡警教练所教员，

---

① 王无为：《上海报界的文化运动》，《新人》1920 年第 1 卷第 5 期。

宣传革命思想，发展同盟会会员20余人，不久又被派到西华县立小学堂担任校长，培养人才，发展同盟会员，准备武装起义。辛亥革命后，王拱璧赴开封，任省党部文娱干事，不久，袁氏窃国，革命形势急剧恶化，王拱璧遂脱离政界转入教育界，任河南欧美预备学校体育音乐教员，秘密从事革命活动。1913年二次革命失败后，革命党人被杀甚多，王拱璧被监视数月，辞去欧美预备学校教职，辗转河南省立高师、矿专、体专、省立一中担任音乐教员。1917年夏，应考留学日本研究生。是年冬，赴日本早稻田大学研究生院攻读社会教育。半年后，被选为河南留日学生会会长、中国留日学生总会干事。1918年夏，王拱璧受留日学生总会派遣回国，支援抵制日货运动，辗转奔走于济南、开封、上海等地，揭露日本帝国主义对中国的侵略，随后又回到日本。1919年五四运动爆发后，他又受留日学生总会委派，回国支援五四爱国运动。抵达上海后，按照商定的斗争方案，他主要集中精力揭露日本帝国主义的新闻侵略政策及其罪恶。此后的五六年时间里，他在家乡创建青年公学，实行农教合一，探索新村建设和普及农村教育的途径与方法。1927年春，王拱璧任《河南民报》总编之职。1929年，受聘为中山大学（今河南大学）教授，主讲《农村社会学》等课，同时主编《建设月刊》。九·一八事变后，东北大学迁河南大学校园，王拱璧兼任该校教授，其间他还为大东方学会讲授《日帝侵华史》课程，深受学生欢迎。因作反日讲演，1935年底被解聘，后到汝南契税局担任局长职务。抗日战争爆发，王拱璧积极到各处进行抗日宣传演讲，1938年1月辞去税局工作，在镇平组织战时工作十人团。1942年春回到家乡，将青年公学改为青年中学，担任董事长和校长，继续从事乡村教育。中华人民共和国成立后，他长期担任河南省图书馆副馆长、省人大代表、省政协委员等职。

一

王拱璧发表于《东方杂志》1919年第16卷第5号上的《为今日报界进一言》，写作于1919年3月，当时他尚在日本留学，故《东方杂志》在发表时特别注明是"自日本来稿"。① 作为一个心系国家和民族命运的爱国者，王拱璧甚感舆论的重要性。他认为现在第一次世界大战结束，各国外

---

① 王璋：《为今日报界进一言》，《东方杂志》1919年5月15日第16卷第5号。

交内政，以前用武力为后盾，而今不能不代以舆论，"制造整理国人之舆论者，报界也。前此以寡人势力为政者，而今不能不托诸平民。代表平民之意思者，报界也。且前此世界犹有局部之限，而今已联盟见告，世运日趋于大同，发挥光大此主义者，亦报界也。斯报界战后之责任，为尤重且大矣"①。通览我国报纸，不无平正通达之刊，但是因经济及其他条件限制，不能骤然实行改革，固然可以谅解。而满纸糊涂，失去新闻之本旨、报纸之资格者，固比比皆是也。考其所以致此之原，良因当事者于人间常识及专门新闻知识之缺乏，亦因惰性太深，不肯为彻底之觉悟，故不能感化恶浊社会，而反为恶浊社会所征服，至为可惜。

王拱璧在该文中首先提出的是"新闻学研究之必要"②的建言，这在当时具有极大的学科开创意义。众所周知，1918年10月北京大学新闻学研究会的成立，是中国新闻学学科研究和新闻教育事业的发端，因此，徐宝璜是中国新闻学开山者的历史地位不容置疑。但需要明确的是，徐宝璜对新闻学的这种理论认识高度，在一定程度上应该得益于他在美国密歇根大学的专业熏陶，而王拱璧之所以能够提出与之类似的观点，则更多的是他从报刊阅读实践中所获得的一种认识。当然，在他的这种理论认识中，也不排除其在日本早稻田大学留学时的同学任白涛对他影响的因素。任白涛1916年东渡日本，虽然就读于日本早稻田大学政治经济科，但他参加了日本新闻学会，立志进行新闻学的研究。1917年，王拱璧到早稻田大学就读后，随之即结识先期而来的任白涛，二人来往频繁，关系甚笃。任白涛当时"正在努力地做新闻学著述的工作，积稿已经满案了"。③ 有一次二人见面时，王拱璧催促任白涛赶快脱稿，以尽早出版该书，原因就是他此时已经"很知道有许多常读报纸而不知报纸是什么东西的人，都在那里饿着候赈哩"④。同学间的互相交流，作为新闻学者的任白涛或多或少地影响到王拱璧对新闻的一些认知，自是情理中事，王拱璧五四运动期间致力于揭露日本帝国主义侵华的新闻政策，就是他与任白涛商量之后作出的决策。

王拱璧认为，在我国十数年前报纸萌芽时期，一些略通时务的举贡生

---

① 王璋：《为今日报界进一言》，《东方杂志》1919年5月15日第16卷第5号。
② 王璋：《为今日报界进一言》，《东方杂志》1919年5月15日第16卷第5号。
③ 窦克武主编：《王拱璧文集》，河南大学出版社1991年版，第208页。
④ 窦克武主编：《王拱璧文集》，河南大学出版社1991年版，第208—209页。

员，即可高据论坛，秉笔纵谈天下之事，其中古文功底较好的人，即可成为有名的记者。时代发展和社会需要变更，使原来的舞文弄墨之士，再也不能愉快胜任现在的新闻工作。这就是各国学校开设新闻专门学科，报界也重视开展新闻理论研究的原因。报纸编辑与名山著作不同，阅报者的情状与读书者的心理不同，报社经营与他种营业也不同。如何才能成为优良的报纸；怎样获得成为优良报纸的材料；用何种编辑方法，方可言满天下无口过，利国而福民；用何种经营方法，方可使社内与社外，交有利益；报纸发达国家报社的组织管理，以及其成败利钝的沿革，如何乃可洞悉其内中底蕴，俾资考鉴；等等，这些都是专门新闻学科不能不进行研究的内容。王拱璧推崇英国著名记者列特氏所说"世界失败之记者，皆因缺乏新闻专门之教育与组织上之练习所致也"①，可谓至言。

王拱璧关于新闻学研究，后来提出了四点建言，具体如下。第一，希望新闻学研究者，"今后便要继续地努力工作，赶快把新闻学这个科学的旗帜竖起来，锣鼓打起来，以启发一般人对这个科学的兴趣"②。第二，希望从事新闻教育者，把新闻学这个科学，至少也和别种科学一样地重视它。具体言之，就是拿办理工科的精神和设备经费去办新闻科，那么这样的新闻科才算现代的新闻科。"倘若敷衍、潦草象如今的新闻科或报学科那样，请两个似是而非的新闻学'教授'，'编'些似是而非的讲义。这种办法，简直是误人子弟的办法，简直是吸收学生父母的血汗挣来的子弟学金的办法！既不配称为'学'，更说不到'科'上。"③他认为若是办那样的新闻科，实在有害无益，倒不如取消，让学生自己去买两本专家写的新闻学书看看就可以了，还可以省些时间和金钱。至于当时存在的如果要办完善的新闻科，人才不够用的问题，他认为可以通过"借才异地"④的办法解决。第三，希望现代中国的新闻记者要把新闻记者这种职务，当作高尚的、有趣的、专门的、永续的职务去干。同时，把现代的新闻学，彻底地研究一番。新闻记者掌握了专业知识，则新闻记者的社会地位，自然会得到更加稳固的保障。第四，希望经营新闻事业的人彻底认识到：现代最

---

① 王璋：《为今日报界进一言》，《东方杂志》1919年5月15日第16卷第5号。
② 窦克武主编：《王拱璧文集》，河南大学出版社1991年版，第211页。
③ 窦克武主编：《王拱璧文集》，河南大学出版社1991年版，第211—212页。
④ 窦克武主编：《王拱璧文集》，河南大学出版社1991年版，第212页。

先进的报纸都是注重经营管理的媒体。只要照最新的经营方法去办,自然能够立住强固的经济基础。倘若不注重经营管理,仍靠津贴或者贿赂以为生涯,那么可以断言,将不能长久繁荣下去,何况这样做还存在着一个人格操守的问题。

我国近代新闻通讯业发端于晚清。1872年,路透社开始在上海设立远东分社。随着世界通讯社事业的发展,特别是路透社在华扩张势力及影响不断深入,国人渐对通讯社的职能和作用有了一定的了解,并开始予以实践。1904年1月,骆侠挺主持的广州中兴通讯社开始发稿,是为我国通讯社事业之始。由于社会客观条件的限制,晚清至民初,我国通讯社事业发展缓慢,一直没有出现有较大规模和影响的通讯社。针对这种现象,王拱璧在《为今日报界进一言》一文中,提出了"宜亟自设大通信社"的观点。他从实施新闻政策以抵制外国新闻侵略的角度进行论述到,日本通过通信社施行其新闻政策,如果我国能自办大规模的良好通信机关,各报社取材有源,又何至引狼入室,饮鸩止渴?"通览我国新闻纸面,恰似游观吾国商埠市场,当面铺陈,强半外货,虽有标明国货,而原料本质,仍系得自舶来,余则多属代售贩卖之品而已。其故非因缺乏制造百货之工厂之所致耶?通信社之与报社,犹工之与商,固不能分离而存者也。"① 他指出我国报社国际消息多取自英国路透社,东亚及国内消息多取自日本东方社与共同社,近来美国纽约报联设立的"中美新闻"也颇受我国报界的欢迎,大有取代日本通信社的趋势。这也是因受惑于日本通信社甚深,而美国通信社与我国利害冲突不大的缘故。其余国人自办的几个通信社,消息不遍世界,眼光不脱党派,如此欲达言论权不被外人垄断,怎么可以做得到呢?他认为由于现在世界上各国通信社均未摆脱国家的观念,因此决不可依赖其为主要的消息来源。他建议报界联合我国公正有力的报社,或用他种方法,组建一个报道范围覆盖世界的大通信社,尤为新闻界的当务之急。

二

王拱璧认为,"报纸第一的要务,乃是明确地把新闻记事报告于读者。

---

① 王璋:《为今日报界进一言》,《东方杂志》1919年5月15日第16卷第5号。

而新闻记事的外表和内容，更须富于公正的、民众的、教育的、艺术的和现代生活的色泽"①。只有满载这样新闻的报纸，才算得上一张善良的报纸。"反观我国大多数的报纸上的新闻记事，还是承袭着十七八世纪的东方御史的'有闻必录'，'言者无罪'的旷典、陈俗。造谣也罢，模糊影象也罢，腐化污浊也罢，个人阴私也罢，帝魔符咒也罢，不管三七二十一地，把几张洁白的纸，弄得乌烟瘴气，怎能称作新闻记事？"②王拱璧尤其告诫我国新闻界，应深知"造电之弊害"。③努力杜绝失实新闻。他批评我国一些报社往往因为缺乏电讯稿，恐怕因此而遭到读者轻视，于是有捏造电讯之事，或将通信原稿化繁为简，即便不然，也本诸原意，改易数字，或从他处消息略加揣测，为模棱两可之语，注以时刻地点，即作本社专电。尤为令人发噱者，明明是捏造的电报，却故意阙衍数字，并注曰"电码不明"，以诱过电报局。或偶因造电人员未到报社，或者到而未造，就在专电栏中，特地标注"本日专电未到"，以反证其原有专电。王拱璧认为此等作伪之行，不必聪明之士，即可识破，久之势必导致真实的专电及其他评论记事，也不能见信于人，实是一种很愚蠢的欺诈。一家报社如果花上造电的工夫正规从事新闻采写，其价值亦将不少于专电，何苦为此自欺欺人的拙事？"吾甚望吾庄严可贵之报界，应速革此陋习也。"④ 以真实取信读者，才是新闻的正道。

读者是报纸服务的对象。王拱璧强调，报纸固然要满足和适用读者的需要，但要分清正当满足和刻意讨好的区别，"不可曲徇社会之所好"⑤。报纸是社会的公器，行为必须具有公益性。"迎合社会之心理，以博群众之欢迎，固应为报社所乐为，然于此一点，要不可不加以明了之分际。"⑥果真是能够从社会公共利益的角度出发，为社会优良分子提供阅读上的满足，诚为报纸的光荣，也是人们所以馨香以求者。"至若征歌选舞，侈谈声色，淫词浪墨，满幅淋漓，或揭个人之黑幕，或肆不经之怪谈，窃揣其意，亦无非欲迎合一般堕落社会之心理，以广其销路而已。嗟夫，此等报

---

① 窦克武主编：《王拱璧文集》，河南大学出版社1991年版，第209页。
② 窦克武主编：《王拱璧文集》，河南大学出版社1991年版，第209页。
③ 王璋：《为今日报界进一言》，《东方杂志》1919年5月15日第16卷第5号。
④ 王璋：《为今日报界进一言》，《东方杂志》1919年5月15日第16卷第5号。
⑤ 王璋：《为今日报界进一言》，《东方杂志》1919年5月15日第16卷第5号。
⑥ 王璋：《为今日报界进一言》，《东方杂志》1919年5月15日第16卷第5号。

纸，其造孽于社会者，岂可以衡量计哉？"① 纵然这样做是为了报社的经济利益，也不是一个正当之计。曲徇社会所好的报纸，与经营伤风败俗之业者无异。正义公道，自在人心，社会中的不良分子最后必遭失败。曲徇社会不良嗜好和心理的报纸，亦决无永久存在的道理。

王拱璧认为，报纸所以能够指导舆论代表民意，全赖论评。换言之，论评对报纸有重要的作用。他批评我国现在报纸上的论评，除少数一些外，以下列二类为最多："第一是模棱。这一类的论评，往往出现于色彩不很浓厚的报纸上，立言不着实际，总想面面俱圆——像六十四面的美人又象阉然媚世的乡原。"② 因为在它的字里行间中，从来都议不出什么是非黑白。这类论评，既可以说是模棱两可的论评，也可以说是模棱无不可的论评。"第二就是拜金。这一类是宗旨原没一定，谁拿钱便替谁说话。有时到政客的大腿底下，就能够不顾事实，瞎拍乱吹，或和此政客的敌人，作无谓的争论。甚至于收受帝国主义者的贿赂，就走以诅咒中国的一切人事为业务。"③ 看上去好似言人所不敢言，实则这类消极而不负责任的论评，对于社会一切事业，只能使它破坏、堕落，而起不到建设、向上的作用。

关于广告的力量和影响，王拱璧认为广告差不多具有与新闻报道并驾齐驱的地位。他认为有少数的中国报纸，对于新闻记事还知道要负一点责任，而对广告能够负责任的报纸，不但没有一家，反而明明知道它是毒物、危险之物，是欺骗、诱惑，是丑恶、污秽，明明知道它违反群众的心理，但只要它拿了钱来，就替它登载、宣传，至于广告登载之后的影响如何，自然全不去管它。据说美国的报馆，对于广告也负有极大的连带责任，假如读者因看了欺骗的广告而受了欺骗，那么报纸对于那个读者便要赔偿其损失。因此，王拱璧说他对美国这一层情形虽还不知其详，但中国的所谓大报者，未必对此就一点也不知道吧？所以他主张因看广告而受到损害的人，应该向报馆要求赔偿！王拱璧从战后报业发展角度，提出了"宜平报价而取偿于广告"④ 的建议。他说各国报社，对于阅者取资，大都不过是收回纸价，故而销路畅旺。广告之力，因以伟大，广告价格，亦因

---

① 王璋：《为今日报界进一言》，《东方杂志》1919年5月15日第16卷第5号。
② 窦克武主编：《王拱璧文集》，河南大学出版社1991年版，第210页。
③ 窦克武主编：《王拱璧文集》，河南大学出版社1991年版，第210页。
④ 王璋：《为今日报界进一言》，《东方杂志》1919年5月15日第16卷第5号。

以增高。来自广告的收入，除支付社内外一切费用外，还有若干盈余。这是各国报社所以能为股份制组织而不败的原因。吾国因为纸业不振，纸价相对昂贵，商业上竞争性不高，知道利用广告的少，精通广告术的人更少。因此报社收入似乎不得不偏重于取自阅者。报纸售价高，导致销路不畅，从而广告利薄，刊登广告的人少，报社收入越绌，社务自然不能不随之凋敝，以至贬节及种种不正当的勾当，即往往由此而出。我国报社因不熟悉这一经营原则，而致多数归于失败。战乱之后，人民对于世界及国家观念自必较前浓厚，读者可望加多，工商业亦当逐渐发达，各国在我国经商的人也必将剧增。商业间的相互竞争是广告的来源，如此当日有进益，纸料及印刷用品，应该不似战时那样停滞。我国报社应该乘此时机通过降低报价以扩展销路，研究广告技术，改进广告方法，既利人又利己，从而实现报纸和广告投放者的双赢。

值得注意的是，王拱璧在《为今日报界进一言》一文中，提出了报纸有"编辑上审美的整理之必要"[①]的观点。他指出，读者阅读报纸，大抵皆于百忙余暇中偶一寓目。报纸如何才能够在日趋激烈的同业竞争中获得胜利？评论要正大适当，记事要精敏翔实，文艺杂件要名贵出色，这些已尽人皆知，但是即便具备上述优点，"苟排列印刷，有失整齐，复缺少补助文字不足之标识图画等事，则决不能使阅者满足，而良材几等于废物，此审美的编辑。所以为至要也"[②]。报纸编排形式的美观，也是吸引读者注意、扩大销路的重要一环，而这恰是我国报纸所缺乏的方面。那么怎样才能做到"审美的编辑"呢？他认为至少应该做到如下几点。

一是善用铅字。对于吾国印刷界所用铅字字体，王拱璧主张一般采用楷行二体，以便实际应用。报纸为通俗之刊，斯二种字体尤为适用。若不得已而仍用宋体，亦须备有五号以上等铅字，一、二、三号作标题字用，四、五号以下作正文字用。于此等铅字铸造之模型，及排印前之修理，书法务期优美，点画必须清晰，虽不必如日本报纸之小刀细工，曲尽刻画，亦应效欧美报纸之疏密适度，巨细分明。二是增加图片。外国报纸均专设图影制版部，及图影储藏室。凡名人名物名地，及其他有兴趣有关系自图画摄影，无不竭力搜集，驻外职员大都精于摄影，能随时随地拍得新鲜照

---

① 王璋：《为今日报界进一言》，《东方杂志》1919年5月15日第16卷第5号。
② 王璋：《为今日报界进一言》，《东方杂志》1919年5月15日第16卷第5号。

片，在极短时间内制为悦目怡心的图像达于阅者之前。一幅图片的效力，恒为长篇记事所不及。吾国报纸虽受到财力不充、从业人员精通摄影技术较少的限制，然而如此需要之事，不可不勉而为之。三是助文符号须明了而统一。标点符号改革已成为文学界一个话题，这在报界尤其需要早行解决，谋为统一，因为报纸读者每每欲于极短的时间，获得多量的新闻，不暇斟句酌字。"如现时报纸，多于字里行间，连圈连点，或不圈不点，因而句读节段，乖误常见，不能与阅者以速读之便，反贻阅者以思索之苦，诚不可不亟行革新者也。"① 具体改革如何可行，他建议应由报界公会准诸通国之所习及新文学之所需，将辅助文字诸符号，讨论统一，先为说明，报告社会，然后一致采用，则将对阅者和文学界都大有裨益。至于报目以及题额、栏线、骑缝等方面，也应加以考究整理，以便做到报纸版面编排上的美观。

三

如何防备和抵御外国尤其是日本新闻政策对我国新闻界所造成的影响，是王拱璧五四时期媒介批评的一个重点内容。在《为今日报界进一言》一文中，"宜抵御新闻政策"② 是其向报界7条进言中的第2条内容。1919年5月，王拱璧受留日学生总会委派回国支援五四爱国运动，"出发前，东京总会对我此次回国任务进行了讨论。那时我正研究日帝对华的新闻政策，认为从这方面着手较有资本。挚友任白涛特别支持，并提供不少资料"③。当时他还撰写了一篇《日本新闻政策》专论，"以注意书通告留日学界"。④ 回上海后，他撰写了《最毒之日货》一文，遍发各家大报，提醒警惕日本新闻政策这种"最毒之日货"的影响。1919年6月底，他返回河南漯河临时寓所养病，为配合五四运动的开展，仍抱病撰写了《东游挥汗录》系列专论，《德国后学之新闻政策——灭华大计之一》即是其中的一篇。在1926年6月给任白涛《应用新闻学》一书写的序言中，他在序

---

① 王璋：《为今日报界进一言》，《东方杂志》1919年5月15日第16卷第5号。
② 王璋：《为今日报界进一言》，《东方杂志》1919年5月15日第16卷第5号。
③ 窦克武主编：《王拱璧文集》，河南大学出版社1991年版，第300页。
④ 窦克武主编：《王拱璧文集》，河南大学出版社1991年版，第35页。

言末尾处又专门附加提及了帝国主义新闻政策的问题,可见他对帝国主义新闻政策的影响问题是多么的关注。

王拱璧认为,"当国家主义未破除之时,新闻记者,对于本国之阿其所好,已成公有之性质,是诚世界之憾事。若夫利用报社或通信社,制造种种讹言,以搅乱世人之观听,而遂其阴谋毒计者,则'新闻政策'也。此政策,德国颇奖励之,日本效之,尤加厉焉"①。他指出,德国与我国利害冲突点,与日本相比较为疏远,故其使用此政策的目标不在远东,而在欧美。日本于此项政策的用途,基本上以我国为唯一的目标。日本在我国京满沪汉旅大等处,皆有它们发行的日报,更有东方、共同等新闻通信社,以网罗传布于其间,其要旨在迷惑我国报界之聪明,混淆我国社会之视听。日本此项政策若在舆论健全的国家,颇难奏效,而我国因为舆论稚弱的原因,不知道有多少人多少事受到愚弄和欺骗。"余谓嗣后,第一,当抵制此项通信之流传,无论其通信之稿件为何如,概不收受,即收受,亦不可囫囵登录。第二,当纠正其新闻之谬误,揭摘其用意之所在,以警告国人。"② 不然的话,其祸害流播没有尽头。

抵制日货是五四运动期间国人开展的一项重要爱国活动。有形的日货容易辨认,但思想意识性的无形日货往往受到忽视。王拱璧为此专门撰写了《日本新闻政策——乃日货中之最大最毒者》一文,寄交上海各家报社,疾呼要警惕日本新闻政策的实施及其影响。"近观国人对日之决心及方法,若能持之永久,可谓人心未死,然有极危险之一事,亦即为抵日先决之一事,为吾人受毒已深,尚未澈悟者,日人之新闻政策是也。"③ 他揭露说,历史上德国最早积极地运用新闻政策以控制别国,日本后来加以效仿且变本加厉。日本通过在我国各大城市创办日报,通过他们的东方通信社、共同通信社,以图操纵我国的舆论。在《德国后学之新闻政策——灭华大计之一》中,更是详细地揭露了日本对华实施新闻政策的过程及其表现出来的一些特点。王拱璧明确指出,日本自甲午一胜之后,即蓄谋灭亡我国。该国制定了所谓的对华根本政策,为日本朝野一致认同并对我国实施的大政方针。新闻政策就是其对华根本政策的主要一部分。20世纪初叶

---

① 王璋:《为今日报界进一言》,《东方杂志》1919年5月15日第16卷第5号。
② 王璋:《为今日报界进一言》,《东方杂志》1919年5月15日第16卷第5号。
③ 王璋:《日本新闻政策——乃日货中之最大最毒者》,《心报》1919年第2期。

即在北京开办了《顺天时报》，在沈阳开办了《盛京时报》等报纸，专用汉文印刷，冒充华人口吻，以实现鱼目混珠的传播效果。

王拱璧深刻揭露了日本在华中文报刊内容上的传播特点是：其新闻和评论，对于我国则以造谣笑骂、助长变乱为主旨；对于日本则以夸张掩护、推行政略为主旨。凡是有利于我国的事实，一定运用种种笔调，为破坏悲观的批评。有不利于日本的事实，必婉转措辞、口诛笔伐，使其人其事没有继续存在的余地。中国人都还能回忆起来，这一类报纸在我国维新改革以前，痛骂新党，不仅革命党人为彼所斥责，即立宪党人亦为其所不齿，就是恐怕我国政变维新成功，从而跻身于富强之列。到了庚戌辛亥年，我国革命将要爆发，这些报纸于是造作流言蜚语蜚声，说一经破坏，必致列国干涉，恐革命未成而国家灭亡，以削弱我革命者的志气。辛亥年冬天，南京政府成立，它们甚为恐惧我国共和告成，民气勃发，将更加显出日本帝制的丑陋，于是又制造种种挑拨南北的妄语，并鼓动南北平分建国，以破坏我天然统一的版图。民国建造以来，政局之争，原为新旧冲突；在北方不乏南方人，在南方也有很多北方人，而这些报纸一说起来就是南北战争，从而有利于它们从中进行挑拨，达到破坏我国统一的阴谋。袁世凯本为日本所惧的怪杰，动辄为其所排斥。等到袁氏帝制自为时，日本报纸即奋笔声讨。言我国人之所不敢言，并不是喜爱我国实行共和制度，实际上是怕我国排日民气高涨。"至我国人所呼为卖国之贼，宗社之党，帝制之余孽，而彼则代为吹嘘，代为原谅以助其成。"[①] 翻看一下《顺天时报》，其重要部分的文章主旨，概如上述。而其后面大部分篇幅，一半供我国人自由投函，任意泄愤，以助长我国人毁誉自私、同室相争之风；一半则是檀板绮闻、彰红絮语之类，专供淫词浪墨侈谈声色之用，以奖进我恶浊社会。这些都是彰明较著、历历可数的事实。当《顺天时报》《盛京时报》两报办得颇有成效后，日本人视之为对华得手，即陆续添设报纸于我国各大商埠。若大连之《泰东日报》，上海之《亚洲日报》，汉口之《湖广日报》，山东之《济南日报》，芝罘之《芝罘日报》，等等。或以我国家为对手，或以我地方为对手，要皆与《顺天》《盛京》两报同一步调、同一主旨，就是想在窗下案头来征服我国的人民。

王拱璧还揭露说，日本人又考虑到我国人或不能尽读他们办的机关

---

① 窦克武主编：《王拱璧文集》，河南大学出版社1991年版，第33—34页。

报，而且我国人自办的报纸有时也会揭破他们的阴谋，而妨碍其新闻政策的推行，于是，就想方设法向我国报纸提供新闻材料，使我国新闻记者按照他们的新闻进行评论，再使读者按照他们的论评以判断是非，因而就有其通讯社在中国的设置。日本人在我国设置的通讯机关，不一而足，其中以汉文印刷，专以我国报社为销路而势力最大者，有东方通讯社和共同通讯社。凡是我国内地的商埠大城，莫不有其记者的踪迹与印刷机关，逐日向各报发稿，按月计值。我报社因神经麻木、材料缺乏之故，往往采用其材料，代其宣传并出资酬劳。这两个通讯社，前者受日政府的援助，后者为日实业团组织、日资本团设立，皆能充分尽力地与其国家的对华根本政策相互呼应。"试翻阅我国前此各日刊，则首页所载，东方共同之电报通讯，连篇累牍充斥其间。细玩其意，盖无非贯彻其上述之主义者也。"① 王拱璧认为日本对华新闻政策的实施并不深奥难辨，稍具新闻知识的人即可随处洞烛其奸。

王拱璧的报刊实践并不丰富，但这并未妨碍他的媒介批评活动及其历史贡献。1919年5月在日本时，他曾将日本对华新闻政策的内幕揭开，警告同人，"日人之主其事者，闻之颇觉不安"②。6月他返国支援五四爱国运动，"又将日人新闻政策之危险，函请上海各大报社，促其注意。自翌日起，各大报均未载东方、共同二社之通信，此近来吾国舆论界一差强人意之事也"③。王拱璧在文章中通过列表的方式，将日本在华所设各家报刊、通信社的名称、地点、主持人等，一一列出，希望国人认清其面目，知所去取，以合力谋划如何抵消日本新闻政策的实施。王拱璧曾在文中自述其进行媒介批评的衷曲道："余非记者，而爱读新闻，又爱研究新闻之旨趣。观东西各国新闻事业之发达，研究斯道者之奋兴，与其收效于国家民族者之伟大，临渊羡鱼，见猎心喜，谨掬此一得之愚，以饷我报界诸君。"④ 他的媒介批评确实"大都切指事实，有触而发"，⑤ 其中怀抱着对中国新闻事业的热爱，他希望新闻从业人员按照新闻原理，对新闻实践中的应行损益之处，能够洞若观火，了如指掌，顺应新闻传播的规律和发展

---

① 窦克武主编：《王拱璧文集》，河南大学出版社1991年版，第34—35页。
② 王璋：《日本新闻政策——乃日货中之最大最毒者》，《心报》1919年第2期。
③ 窦克武主编：《王拱璧文集》，河南大学出版社1991年版，第35页。
④ 王璋：《为今日报界进一言》，《东方杂志》1919年5月15日第16卷第5号。
⑤ 王璋：《为今日报界进一言》，《东方杂志》1919年5月15日第16卷第5号。

趋势，以迅速地提高新闻传播的质量。他对日本有关华新闻政策的大力揭露，对推动五四运动的发展无疑也起到了一定的帮助作用。因此，王拱璧在中国媒介批评史上曾作出的贡献，值得后人永远铭记和予以尊敬。

第十节 王新命的媒介批评

王新命（1892—1961），本名吉曦，又名几道，曾用名王无为，笔名无为、飘泊、漂泊王等。福建闽侯人。他在福建完成中学学业后赴东北谋生，本来职业是在沈阳奉天工程局测量科做练习生，1911年秋开始为沈阳等地的多种报刊撰写新闻通讯稿，1913年加入中华革命党组建的关外讨袁军，从事反对袁世凯复辟帝制的革命活动，因事机泄露，被东北军阀拘捕监禁8个月，被营救出狱后为安全起见遂易名王无为，任《健报》总编辑之职。1915年为躲避张作霖通缉，避居大连。1916年初转赴上海，先为恽铁樵主编的《小说月报》修改外国文学译文稿，继而开始文学写作，陆续出版有根据外国文学作品译编的《冰原探险记》和言情小说《脂余粉剩》等，在文学界崭露头角。1918年，王新命加入上海记者俱乐部，1920年4月，国民党在上海策划组建了全国报界联合会，王新命以湖南郴州《民国日报》和云南昆明《义声日报》上海特派员的身份参加该会活动。与此同时，王新命进入赵南公的泰东图书局任编辑，并牵头组建了新人社，出版《新人》月刊。新人社共有社员近50人，分布在上海、北京、南京、江西、浙江、湖南等地，大部分是编辑、教员和学生，其中也有个别的军人和书业资本家。这是一个思想文化性同人社团，并没有明确的行动纲领，只是在该社出版的《新人》月刊发刊宣言里，含混提出了改造社会的任务。王新命后来回忆说，他组建新人社、创办《新人》月刊的最初动机，是由于他抨击戴季陶虐待女佣的一篇文章因刊物慑于戴的威势而中断连载，他便想有一个能够自由发表自己想法的刊物。[1]《新人》月刊除创刊号之外，以后各期都是针对某一问题进行讨论的专号，如第2期是"上海淫业问题"号，第3期是"衣食住问题"号，第4、5、6期分别是"文化运动批评"号，第7、8期合刊是"泰谷儿"（泰戈尔）号。从刊物上宣传主

---

[1] 转引自陈青生《〈狗史〉·王新命·田汉研究》，李果主编《海上艺文散记》，上海人民出版社2008年版，第184页。

义的一些文章中可以看出，一些社员主张新村主义，并且或多或少受到无政府主义的影响。其文化运动批评号中有部分对报刊述评的文章，具有较强的媒介批评色彩。1920年7月，王新命赴湖南长沙主编当地的《民国日报》，9月即返沪，1921年1月，《新人》月刊出版第7、8号合刊后，新人社就此停止活动。2月，王新命赴日本东京，入住距早稻田大学和庆应大学都不远的月印精舍，结识了戏剧家田汉先生，二人建立了深厚的友谊。1922年8月，王新命自日本回国后，主要在国民党经营的新闻传媒机构工作，曾任上海《晨报》总编辑，香港《民国日报》、南京《中央日报》主笔。1949年随国民党迁居台湾，1961年逝世于台北。

一

王新命开展的媒介批评从属于他的文化运动批评，而他之所以开展文化运动批评，就在于他对五四时期文化运动发展方向的担忧。在《新人》月刊第3期，他在以"仝人"名义撰写的《文化运动批评号引言》中开宗明义地说："眼前文化运动的发展，固然一日千里，但发展虽速，而进行的方面，却大半不在发展文化应倾向的那一面。——反面——我们觉得这样进行不能达文化运动的目的，甚或达到反面的目的，因此便发行《文化运动批评号》来批评他的错误认识。"① 关于文化运动批评，他认为重在批评文化运动中过失的一面，因此，其中必然夹杂着感情的因素，难免无法做到完全的公允，但即便就是这样，也没什么需要求人原谅的地方，因为他们之所以有如此偏激的批评态度，"实在是有许多魔鬼，天天将丑态给我们看，天天造出令人愤怒不平或令人惶恐疑惑的事实，使我们坠入黑暗无明的绝境，不能保持平常的态度"②。所以他希望读者明白，他们批评人不好，并不是显自己的好，他们批评是提高理想的表示，因此，批评不是攻倒别人，任自己独来独往。"换一句话：我们批评人的不好，是我们理想中有比较更好的一种情形，而我们只是代表那更好的情形说话，并不是以我们自己的资格，批评人的不好。"③ 即批评是用一种应然状态，与实然

---

① 仝人：《文化运动批评号引言》，《新人》1920年8月18日第1卷第4号。
② 仝人：《文化运动批评号引言》，《新人》1920年8月18日第1卷第4号。
③ 仝人：《文化运动批评号引言》，《新人》1920年8月18日第1卷第4号。

进行比较，从而揭示出应然和实然之间的差距，引导人们去追寻应然的理想，以促使文化运动能够持续不断地健康发展下去。他们认为："文化运动是医治这千疮百孔之中国的良药。"① 中国的前途，寄托在文化运动的发展上。文化运动的命运能够悠久，中国的前途就有绝大的希望。我们要创造一个新中国，必定要先设法使文化运动能够在中国持续不断地向前发展。

1920年2月，吴芳吉在《新群》杂志第4期发表了《提倡诗的自然文学》，其中在言及新派文学战胜旧派文学时，有如下论述："新派文学之能战胜，不是他的神通广大，乃由旧派文学之自身堕落。以言乎诗，自台湾人丘仓海著《岭云海日楼诗》后，中国旧文学界已无诗之可言。剩下的人，如两湖所产的樊某易某等，每日把几个小旦的卵胯舔来舔去，与上海许多日报，天天讲些怎样结婚，怎样剪发，始终在一点'春宫的文化运动'上说，是一样的无聊。"② 不仅一笔抹杀了《新青年》等进步报刊发起五四新文化运动的历史贡献，而且有影射和攻击《民国日报》及其副刊《觉悟》之嫌。邵力子看到以后，即撰文就其"春宫的文化运动"一语的含义进行质疑。吴芳吉随之又撰写了《再论"诗的自然文学"并解释"春宫的文化运动"》一文，作为对邵力子质疑的公开答书，发表在王新命主编的《新人》第1卷第5期。吴芳吉在文中对"春宫"及其引申义进行了词源上的解释，然后又隐约其辞地对邵力子进行了人身攻击："我们都是办过杂志新闻的人，就在杂志新闻界中，譬如有个记者，他一面讲尊重人道，而一面又要坐包车；一面讲男女平等，而一面又要讨小老婆；一面主张民治，而一面又要依附伟人；一面昌言护法，而一面又做安福部所收买的报馆主笔；去年攻击卖国代表，今年却赞成与王揖唐议和。假如这种人来讲文化运动，恐怕你邵力子先生也要说他是一个卑鄙龌龊的文化运动，也要说他是一个'春宫的文化运动'呀！"③ 王无为在发表吴芳吉的答书时，同时也发表了自己一封题为《论报纸须有完全独立的精神》的致邵力子信，对邵力子所在的《民国日报》"依附伟人"的行为进行了批评。这就使原本属于文学的观念论争一定程度上转变为媒介批评的话语言说。

---

① 孙锡麒：《文化运动的过去与未来（上）》，《新人》1920年8月18日第1卷第4号。
② 吴芳吉：《提倡诗的自然文学》，《新群》1920年第1卷第4期。
③ 吴芳吉：《再论"诗的自然文学"并解释"春宫的文化运动"》，《新人》1920年第1卷第5期。

王新命在《论报纸须有完全独立的精神》一文中，首先对自己主编的《新人》月刊凭借着《民国日报》的广告力量，传播区域逐渐推广一事表达了感激。然后说："这次吴芳吉答你的信，很有攻击你的地方，我竟把他登上，你或者没有别的感想，但我却自揣近似于以怨报德。不过这事也很难说，我虽事实上以怨报德，而精神上绝对不是这样；因为吴芳吉的第一次信，在《救国日报》发表，你就回信告诉他，说这事是关于文化运动前途的事，不关你个人的事，你毫无容心的态度，很是鲜明，我们发表他的信，你如果真个毫无容心，那就不会怪我们，并且不会怪吴芳吉这人。"[1] 他还表示之所以这样做还有另一层意思，即现在社会上，只少了几个真正冒失鬼。我们的《新人》，就是真正冒失鬼的结晶体。我们因要常保持这真正冒失鬼的态度，所以无论在什么时候，总要发展我们真正冒失鬼的个性。吴芳吉那信《救国日报》既不替他登载，而我们的社友又大半赞成登载，因此，这篇稿件如果不发出来，那么《新人》就名不副实了。你既然友爱《新人》，岂忍《新人》改变了态度！所以登出这信，你的精神也只有快乐，没有痛苦。

王新命在文中认为，以邵力子所处的报刊及其此前所建立起来的社会地位，也有授人以疑的地方。"这授人以疑的地方，我也要攻击你，像联段这件事，只是中山和他几个私党的事，他们志在报复陆荣廷、莫荣新为国为民，为法纪，为正义，一些肉麻骗人的话，都靠不住；你何必替他们辩护，令人笑你随人俯仰呢？说句老实话，你邵力子在前清十几岁就中举人，如果不做社会的献身者，又何必抱住这么一个《民国日报》当他是你的生命！如今既抱住这么一个千辛万苦挣来的《民国日报》，又何苦受政党伦谊的规律呢？总之，你的初衷，许多人都知道的，你的胆怯，和迷信民党的万能，什么人都替你惋惜，还有一部分的民党，笑你将自己的立脚点，让给孙中山和他的几个私党；你这样做，真是不值了！"[2] 王新命认为邵力子之所以这么做，就是缺少独立性，是为了依附孙中山这样的伟人。他主张报纸不该依靠伟人，而应该眼光向下，依靠社会的下层平民。他说，现在社会上做事，吃力不讨好，原也不要紧，但必须绝对能自主独立。"你现在所处的地位，不好极了！为维持《民国日报》的经济，竟受

---

[1] 王无为：《论报纸须有完全独立的精神》，《新人》1920年8月28日第1卷第5号。
[2] 王无为：《论报纸须有完全独立的精神》，《新人》1920年8月28日第1卷第5号。

许多人的要胁,结果,不得不将一部分的《民国日报》供他们发展政略,致负你的初心,甚且自己所做的文章,也须带多少为人护短的口气,如果不赶快改造,恐怕再过一年,连原谅你初心的人,都会没有了。"① 应该说,王新命对邵力子及《民国日报》和副刊《觉悟》政治倾向与态度上的批评,虽然既有不少曲解和攻其一点不计其余的不足为训之处,也有一些捕风捉影的瑕疵,但他坚持媒介独立的原则性理念,则具有一定的积极意义。故而邵力子随后在《民国日报》副刊《觉悟》"通信"栏中,发表了《力子答王无为的信》,在对王无为的批评进行解释之后,也批评该刊一方面指责《新青年》《新潮》等期刊"骂人",一方面自己也不断在"骂人",最后提出"大家都是朋友,请各自努力"②的希望。

二

是否与当前的文化运动有关和对文化运动有帮助,是王新命对报刊进行评价的一个理论观察视角,这在他的《上海报界的文化运动》一文中有着十分突出的表现。在该文中,他先后共述评了《时事新报》《民国日报》《申报》等14家报纸。这些报纸都是在上海出版或者发行,能为上海的读者阅读,也与上海的读者发生联系。为了批评上的便利,他根据有无政治关系,把报纸分为两种类型,然后再依次进行批评。

关于《时事新报》,他指出该报是研究系的机关报,资本丰富,不愁缺乏,所以报纸的主笔办事精神颇好,自从不编"黑幕",《学灯》给青年学生贡献了很多常识。"五四运动发生,手足灵活的张东荪就极力联络学界,用重价报酬投稿人,于是乎《学灯》就益发生色。在学问贫乏的中国里,居然也寻出几篇有系统有组织的研究学理的文字了。以后学潮日渐蔓延,一般惯听恭维话的学生,渐渐的遭人攻击,《时事新报》又极力替学生出气,并且予学生以种种暗示,使学生自知剪除荆棘,做事可以减少困难,《时事新报》的地位,就益发坚固,一般纯洁的青年,便忘了他是流氓绅士的喉舌,反认为国民的良友。"③ 言语之间对《时事新报》的政治背

---

① 王无为:《论报纸须有完全独立的精神》,《新人》1920年8月28日第1卷第5号。
② 力子:《力子答王无为的信》,《民国日报》1920年9月20日。
③ 王无为:《上海报界的文化运动》,《新人》1920年第1卷第4期。

景充满了鄙夷和不屑。不过，王新命仍然承认《时事新报》的好处也不能埋没。他认为《时事新报》最好的地方，就是肯披露各小团体及各个人所要发表的意见，不像别家报馆只替资本家发表意见，而藐视平民的舆论。此外对于社会现状，该报也肯用相当的力量去调查批评，其有益于社会，确是不浅。所令人最可痛惜的地方，就是流氓绅士的派头始终不改，"学灯"一栏，专供学阀骂人之用，无论学阀骂的有理无理，他总把它登在头一篇。如果是个平民，想借"学灯"披露一点意见，就难于登天。不是特地将披露日期展缓，使文字失去效力，就是将最重要的地方削去，使它失去了精神。

关于《民国日报》，王新命指出，该报事实上是国民党的机关报。国民党自始至终都在受穷，这个机关报又非党部所创办，自然更无资本可言。不过他虽没有资本，办事人的奋斗力量却极充足，所以《民国日报》始终精神抖擞地发表意见。其副刊《觉悟》创办后，其势力渐驾于《时事新报》之上。《觉悟》虽没有钱收稿，但一般人因为在《觉悟》里发表意见，比较自由，故也乐于投稿，由是《觉悟》的材料，也很是丰富。无论什么时候总不见贫乏。王新命认为到了1919年底，国民党联合段祺瑞的事实，逐渐表露出来，大家因此就联想到《民国日报》也是联段的报纸，同时《民国日报》的叶楚伧、邵力子，因为孙中山说联段是用日本人的刀杀日本人，觉得这话有理，便变了一些论调。兼以《民国日报》的资本向赖各方接济，而接济的人，虽然都是好意，究不能无有要挟，至此《民国日报》便有些不自由，而爱读自由主义报纸的人就不大高兴看《民国日报》，该报销路就反不如《时事新报》了。王新命认为这样对于《民国日报》来说未始不是好事。因为《民国日报》的销路现在虽不如从前，而《民国日报》的人，却可减少一些痛苦，现在的报纸，多卖一份就要贴一份的钱，多出些报，因为经济的恐慌，就不免要多受人要挟一分，如今少卖几份报，那外来的要挟，自然也会减少几分了。王新命认为，虽然《民国日报》表现出了联段的态度，颇有几分为段辩护的色彩，然而比《时事新报》明目张胆地拥护徐世昌，程度上却也有所分别。

对政学系的机关报《中华新报》，王新命评价该报在联络直系以攻击皖系及国民党的态度方面极为显明，"但精神极衰败，暮气沈沈，好像病人呻吟的声音。对于文化运动，似乎也肯尽力，但所尽的力太少，没人看他，因此不能在文化运动上头，占一个位置"①。王新命认为作为民友社机关报的《正报》，篇幅虽小，对于文化运动却曾尽了一点力。"去年年底及今年春天，一张报上头，仅仅过激党的新闻，和出版界的消息，各团体的运动史，就占一大半；论起兴会总算淋漓极了。"② 甚为可惜的是，终究因为报纸篇幅太狭，不能专做文化运动，做到1920年4月底，竟不得不专解决政治的问题，由是报界文化运动的友声，就又少了一个了。他评价程潜的机关报《晚报》说，该报对于文化运动，也像《正报》那样，极肯尽力，只可惜已经于1920年4月倒闭了。他认为乙未系的机关报《国语日报》，"提倡注音字母还尽力，此外无可批评"③。他评价安福系的《大公报》说该报办报的人，一半是安福系的人，一半是国民党的人，报纸办得颇有精神，"只是根本上是专替安福部护短的报纸，未免遭人白眼。他对文化运动，也具有相当的热心，可惜历时太短，出版不久，就随段派倒了"④。王新命对《大公报》倒闭原因的批评，与后来新记《大公报》社社长吴鼎昌的观点非常相近，由此也可见出王新命的媒介批评具有一定的洞察力。

没有政治关系的报纸类型中，王新命批评了《申报》《新闻报》《时报》《救国日报》等4家报纸。他评述《申报》时，说《申报》是中国第一家老报，资本极厚，办事上自然便利许多，因此《申报》所延揽的人才也大半能够称职。人才既得当，编辑、通讯等自然整齐灵敏，故而《申报》便成了中国唯一健全的报纸，举凡神经过敏、偏袒等弊病自然也就没有。《申报》对于文化运动，虽然不激进，却也相当尽力。每星期增刊两张，里头都是有系统的调查材料，很可以供人参考。新开辟的"常识"专栏，一新社会耳目，"自然可算是一种有力的文化运动，虽卑无高论，然比那些杂乱的出版物，高明多了"⑤。不过王新命认为《申报》也还有可以改良的地方。"我以为《申报》的《自由谈》应改多介绍些通俗的科学，如天虚我生所编，家庭常识之类，不要使报纸被情爱生生压死，倒是一件功德无量的事。但不知那编辑《自由谈》的人，以为如何罢了。"⑥《申

---

① 王无为：《上海报界的文化运动》，《新人》1920年第1卷第4期。
② 王无为：《上海报界的文化运动》，《新人》1920年第1卷第4期。
③ 王无为：《上海报界的文化运动》，《新人》1920年第1卷第4期。
④ 王无为：《上海报界的文化运动》，《新人》1920年第1卷第4期。
⑤ 王无为：《上海报界的文化运动》，《新人》1920年第1卷第4期。
⑥ 王无为：《上海报界的文化运动》，《新人》1920年第1卷第4期。

报》副刊"自由谈"专栏辟于1911年8月24日,至1932年12月,总经理史量才起用黎烈文为主编后,才使之从茶余饭后的谈资变为民主进步舆论的阵地,面目由是一新。1920年就对《自由谈》的编辑倾向发出改革的呼声,王新命的批评诚可谓早着先鞭。

对以工商业者为主要对象、政治态度一向稳健保守的《新闻报》,王新命以"《新闻报》与文化运动,丝毫不相关,我不下批评"一语带过,而对《时报》的批评则是:"这报历来在学界占一部分势力,中学生狠喜欢看他。论说、新闻,都无甚可观,几种周刊,如新时报、劳动周刊、妇女周刊、医药周刊、英文周刊、图画周刊等,也有好也有坏。最好是图画周刊、新时报,最坏是医药周刊,其余都很平常。医药周刊不注重医药,有时则为专医花柳病的医生所利用,极力反对废娼,若使梅毒传遍上海人,好增加自己的收入,这是他最大的缺点,我希望他以后不再如此。"①要言不烦,切中《时报》之病的肯綮。

三

王新命还同时从文化运动的角度,对上海出版的一些杂志进行了批评。他认为上海杂志界的文化运动可以说是全国最勇敢的运动。他批评的第一种杂志就是《新青年》。王新命认为在以文化运动为旗帜的出版物当中,时间上要以《新青年》为最早。"《新青年》最初只是骂人鸣高,兼做些白话运动,自从编辑人入了北京大学,便高唱起自由歌,很勇敢的做文化运动。但因为态度不大好,处处以领袖自居,由是便失了一大半的价值。现在则因争编辑费的问题,暂告停版,将来或许能继续下去,也未可知。"②《新青年》固然是一本在中国文学史和文化史中都具有重要意义的杂志,《新青年》同人策动的批孔和文学革命,树立起科学和民主的大旗,既在当时的思想界、舆论界产生了强烈的反响,也对中国新文学和新文化的发展起到了至关重要的作用,但《新青年》同时也是一份极具争议性的杂志,这种争议性不仅表现在其思想主张上的独树一帜,还表现在该刊在话语冲突中以"骂"作为其主要的言论形态。可以说正是从《新青年》开始,

---

① 王无为:《上海报界的文化运动》,《新人》1920年第1卷第4期。
② 王无为:《上海杂志界的文化运动》,《新人》1920年第1卷第4期。

第六章 五四运动时期的媒介批评（上）

"骂"开始成为中国媒介批评场域中一个具有普遍意义的媒介修辞概念。王新命对《新青年》的批评，虽然没有深入该刊思想和内容的深处，但抓住了其言论姿态上的一个典型特征，也仍然具有一定的认知意义。

1919年1月1日由北大学生救国会出版的《国民》杂志，其标榜的宗旨有四：增进国民人格；灌输国民常识；研究学术；提倡国货。这些都是当时新旧各派知识分子大多数可以接受的见解。过于宽泛的原则，显示出其争取最大多数知识人的办刊目标。宽泛的原则，必然导致该刊放弃对文体、语言的限制和对学生刊物惯有的批判性的追求，而致力于提倡几成当时社会共识的民族主义，进行政治的启蒙和常识的普及，这样其外在的媒介特征势必难于为人感触。所以王新命批评《国民》作为北大学生出版物之一，"精神与《新潮》相契，而论调却像与《新潮》隔一条大河。他很尽力介绍新思想，从前在北京财政部印刷局印刷，以后财政部印刷局拒绝印刷，乃归上海泰东图书局发行，可见他所介绍的思想，是被政府认为危险的了"[①]。不过他仍然抓住了《国民》的特出之处，即《国民》也有"与《新潮》论调不同的地方，是不肯一意攻击旧的"[②]，即指该刊内容和精神上新旧调和、包容的原则。

对研究系的政论刊物《解放与改造》，王新命并没有进行专门性的批评，而只是指出了该刊"与《时事新报》是一气的"这个事实性的细节，提醒读者注意它与《时事新报》在精神上的一致性。对孙中山创办的《建设》杂志，他则不吝赞辞，认为该刊"专以发表建设中国的计划，倒是个很好的杂志，各种工业学校的学生，都很欢迎他。当直皖战争事起，他虽曾停止印行，但现在却已继续出版，依旧挂起文化运动的招牌了"[③]。对由中国公学出版的《新群》杂志，他评价该刊是一本专门研究经济及社会问题的杂志，赞扬该刊虽是研究系中的人出钱来办，但精神极好，而研究系的色彩并不显露。惋惜该刊现在也已经停版了，并透露听说将来要改为《经济研究》出版，不知究竟如何的信息。谈到《少年世界》，只有短短的这杂志"很注重实际的调查，是它的特色"[④] 这么一句。论及《少年中

[①] 王无为：《上海杂志界的文化运动》，《新人》1920年第1卷第4期。
[②] 王无为：《上海杂志界的文化运动》，《新人》1920年第1卷第4期。
[③] 王无为：《上海杂志界的文化运动》，《新人》1920年第1卷第4期。
[④] 王无为：《上海杂志界的文化运动》，《新人》1920年第1卷第4期。

国》杂志，认为该刊研究的态度极好，但作为同人杂志的同人奋斗力似乎不强，因为每出一期，总需要隔好久再出，而且现在似乎已有不出的风闻。他评论《太平洋》杂志趋重政治经济两方面，其政治主张与政学会完全一致，"以此颇为一般人所不喜"①。在评论《东方杂志》时，批评该杂志虽然算得上是中国唯一无二的老杂志了。但杂志虽老，近来很有维新的气象，每期里头总有二三篇有价值的文字在那里发表。对《妇女杂志》，认为该杂志自始就有价值，在文化运动未发生以前，它们除在艺术上用功夫以外，对于女子教育问题及家政问题，就已时常用心讨论。自从文化运动发生，它们对于女子问题，益发注意起来。当《新人》发行上海淫业问题号的时候，《妇女杂志》也发表了《废娼问题》等文章，讨论废娼的方法，认为以老杂志而为新运动，要算它是最勇敢的了。而一向被教育界重视的《教育杂志》，王新命认为该杂志除出了"德谟克拉西号"有特别精彩以外，其余都平淡无奇。《学艺》因为在注重艺术的同时，又时常介绍些科学知识，所以在他看来是一本有价值的杂志。而《新教育》在他眼里则可算是唯一研究教育学的杂志，他评价该刊材料之丰富，可谓无比，但也有缺点，就是趋重研究，少有主张。由上海新潮社编辑、泰东图书局发行的《新的小说》月刊，他的评价是这刊物名称上似与文化运动无关，但实际上它对训练意识甚为用力，该刊第5、6两期的托尔斯泰专号，尤有训练潜意识的力量，所以实际上与文化运动有很密切的关系。

王新命对上海杂志界的批评，由于着眼点落实到杂志与文化运动的关系上，所以多是点到为止。当时的上海是定期刊物的大本营，王新命的点评，只是他平时阅读所接触到的为数不多的几本杂志，他也承认这只是其中的十分之一。作为一个杂志编辑，对上海杂志的生态有一些了解，也给他对上海杂志进行批评提供了一种工作上的便利。他主编的《新人》杂志很多稿件都由他撰写，这又从另一个方面使他没有过多的余暇来阅读其他杂志，从而限制了他对上海杂志批评的广度和深度。作为一个杂志编辑，他对上海杂志的生态具有一种职业上的敏感。他曾在《新人》杂志上发表过《杂志也避暑去了》的短评，以文学家的笔法，感叹办杂志的人，缺少持续性的努力。他说，在春天的时候，看见有许多杂志都穿着皮棉衣服在各都会大出风头，我以为到了夏天，杂志界的热闹，必不减于春天。谁知

---

① 王无为：《上海杂志界的文化运动》，《新人》1920年第1卷第4期。

道理想与现实总是相反,刚到了夏天,杂志界便都沉寂下去了,好像战后的炮声!我先时很觉得奇异,以为这些新出杂志,个个都戴着一顶牺牲的帽子,穿了一身奋斗的衣服,踏着一双前进的鞋子,何以一到夏天,便停了牺牲,止了奋斗,阻了前进呢?难道他们都是不壮烈的牺牲,无毅力的奋斗和不决心的进行么?到后来有人和我说,他倒并不是不做壮烈的牺牲,不做果毅的奋斗,不做下决心的进行,但眼前天气太热,他倒要避暑去了。我才恍然大悟,"原来那些杂志,也晓得避暑"①!这种调侃戏谑的背后,是他对杂志界同人缺少恒久坚持的批评。其实,杂志能否继续出版,各种社会因素都会产生影响。王新命自己不久也放弃了《新人》的编辑工作,远赴湖南而另就新职了。

王新命的媒介批评对象虽然涵盖了众多的报纸和杂志,而且基本上是从文化运动的角度切入,容易使批评内容显得具体,主题集中。但总体上来看,王新命的有关批评言说尚缺乏对指涉对象全面而系统的观照,显得泛泛而谈。一些判断流于表面现象,甚至其中有些部分还夹杂着捕风捉影的不实之谈,近似于印象,显得言之无物,空空洞洞,缺乏理性深度。虽然他将批评主题尽量收束在文化运动的视角,但在实际的批评过程中,仍然无法摆脱个人好恶情感上的纠葛,例如在他对《民国日报》的批评之中,在对《民国日报》于文化运动的贡献抽象肯定后,即转而指责该报在政治上拥护孙中山的主张,尤其所举的《民国日报》所谓的联合段祺瑞的证据,实际上是建立在没有真正读懂该报发表的《本报对时局宣言》的基础上的一种误解,偏离了批评的预设主旨,而且即便理解有其道理,也还存在着比较严重的以管窥天、以偏概全的片面性,难以令人心悦诚服。因此,王新命的媒介批评既有着五四时期年轻人热情、勇敢、大胆、积极的优点,也同时有其肤浅、武断、片面和绝对的缺点,从整体上恰好体现出五四时期媒介批评的某种风貌和特色。

小 结

五四时期是中国现代史上一个群星璀璨、人才喷涌的年代,许多人在历史上留下了不朽的名字,不仅在当时而且在以后还有持久影响的也很不

---

① 王无为:《杂志也避暑去了》,《新人》1920年第1卷第5期。

少。在中国历史上，很少有哪场历史事件像1919年的五四运动那样，将历史如此清晰明澈地划分为两个时代，它既是一个崭新时代的开端，也是一个没落时代的终局。它蕴藏着的巨大力量不仅深刻地改变了国家和民族的命运，更冲击了广大人民的心灵，既以高声的呐喊让人们向过去告别，又以万丈激情将人们带向新的未来。它描绘的社会远景，虽然朦胧而模糊，却给人以一种积极的信心，让人们相信新的、几乎触手可及的光明未来正在前方等待着这个国家的人们。当时几乎社会的各个阶层都参与到这场为国家命运寻求答案的运动当中。从公共知识界和学界，到工商界，再到工人和市民，运动中的每一个人都能真切地感受到自己是这个国家中的一员，个体的命运与国家的命运是如此的息息相关，对国家命运的共同关切将每一个人联系在一起。

五四时期最典型的时代特征就是它一往无前的批判精神。在向旧传统、旧思想和旧观念清算的过程中，作为传统、思想和观念载体的报刊，也势必成为清算的对象和内容。五四新文化运动一定意义上可以说是以报刊为中心的思想运动，它以报刊为主要阵地，猛烈地向着封建主义、帝国主义等中外反动势力发起攻击。五四运动期间，全国各种新创办报刊在1000种左右，全国进口纸张几乎翻了一番，报刊领域呈现出一日千里、百舸争流的发展态势和百家争鸣、百花齐放的风气。随着形势的发展，媒介批评在浓厚时代批判氛围的熏染下，迅速地壮大起来。1921年3月1日，林白水和胡政之在京创办《新社会报》的时候，就明确地提出了"树改造报业之风声，做革新社会之前马"[①]的口号，自觉地将媒介批评与社会革新紧密联系起来，标志着中国现代社会的媒介批评意识，已经大大超越了1904年《时报》革新舆论自身的诉求，而跃进到一个更高的意识形态与社会文化层面。

北京大学是五四运动的发起者和学生运动的主力军。这所创建于戊戌维新变法之际的高等学府，到五四发生时已有21年的历史。在救亡图存的时代命题下，北京大学教育改革所带来的学术自由、思想独立和追求真理的新风，为五四新文化运动的发生培育了肥沃的土壤和准备了新闻报刊专业人才。1918年10月14日，校长蔡元培亲自发起并担任会长的北京大学新闻学研究会成立，由北大文科教授徐宝璜和当时著名新闻记者、《京报》

---

① 转引自王文彬编著《中国现代报史资料汇辑》，重庆出版社1996年版，第935页。

社长邵飘萍担任研究会导师。研究会活动持续了两年多的时间，在中国近代史和新闻事业发展史上写下了浓墨重彩的一笔：作为中国第一个系统讲授并集体研究新闻学的学术团体，被公认为中国新闻学教育和新闻学研究的开端。研究会出版了中国第一本新闻学著作《新闻学》，创办了第一份新闻学期刊《新闻周刊》。在北京大学内，社团纷起，期刊林立，不仅有校方的《北京大学日刊》《北京大学月刊》，还有以教师、学生为主体的《新潮》《国民》《国故月刊》等诸多期刊。在五四新文化运动中大放异彩的《新青年》《每周评论》也与之有着十分密切的联系。在当时从事媒介批评的人中，也以北大学生居多，罗家伦、孙伏园、周长宪等人都是其中的佼佼者。

批判的精神贯穿五四新文化运动的始终。罗家伦发表的《今日中国之新闻界》《今日中国之杂志界》等长篇媒介批评文本，表现出一种大无畏的斗士精神。《每周评论》设置"评论之评论""新刊批评"等栏目。《评论之评论》上则有"出版界评论"专栏，发表了《出版界之一瞥》《北京城里底小新闻纸》等。北大"学生个人自由所组织"的、随上海《民国日报》附送的小报型刊物《批评》，其发刊词中，明确提出"以批评的精神、科学的方法、怀疑的态度，勇猛大无畏地估量、分析、化验人类社会上种种事物，明是非、定好恶、贤贤、黜不肖"[①]！著名的"问题与主义"之争可以说既是思想之争，也是媒介观念之争，其中值得注意的一个细节是"问题与主义"之争的双方，都是在《每周评论》这同一个刊物上亮出自己的观点，体现了该刊对多元观点的包容和尊重的态度。很多新思潮报刊表示欢迎辩难，不畏反对意见，坚持辩难越多，真理越明，思想言论之反对乃发展学术之所必要者的信念，对媒介批评秉持着精神越用而越出、思想越辩而越新的一种少年无畏的人生态度。

当然，五四时期媒介批评的缺点也非常明显。当时马克思主义科学理论刚刚传入，人们对之了解不多不深，在分析媒介现象的时候，很多人还没有把文化思想上反对封建主义的斗争与政治上反对军阀的斗争联系起来。他们把国内时局纷乱的原因简单地归咎于思想界乃至报刊界的陈腐昏谬，以为改造思想界或报刊界是改造社会的起点。这或许与陈独秀、胡适

[①] 转引自中共中央马克思恩格斯列宁斯大林著作编译局研究室编《五四时期期刊介绍》（第三集下册），生活·读书·新知三联书店1959年版，第454页。

等早期启蒙思想家的认识和影响有关。他们力图把社会进步的基础放在意识形态的改造上，放在民主启蒙上，而不是放在政治上。殊不知，意识形态与政治很难分开。李大钊、陈独秀等人不久之后就发现了这一问题，开始自觉地把新文化运动与政治结合起来，而胡适、傅斯年等人则仍固守原来的立场，逐渐形成了不问政治的倾向。另外，受形而上学思潮的影响，认为好的就绝对的好，坏的就绝对的坏，对媒介领域的新思潮和旧传统，还缺乏冷静、科学的深入分析，媒介批评言说流于肤浅和表象的情况大量存在。这需要随着马克思主义科学理论和新闻学专业知识的进一步输入与传播，在社会整体认识的深化和提高中渐次克服。

第七章　五四运动时期的媒介批评（下）

中国共产党自 1921 年 7 月成立以来，新闻媒介始终是其战斗的号角、响亮的喉舌和锐利的思想武器，中国共产党是在与各种非无产阶级思想的较量和斗争中成长壮大起来的政党，自它成立之日起这一斗争就从未停止过。党正是通过新闻宣传工作广泛传播马克思主义和党在各个历史时期的路线、方针、政策，唤起了千百万群众，使之聚集和团结在党的旗帜之下，为自身的解放而英勇奋斗。党在第一次代表大会的决议中，就把出版杂志、日报和周报等内容写入决议之中。为了完成在工人中宣传马克思列宁主义的政治任务，党从组织上建立了中央宣传部，并严格规定了党的宣传工作纪律，明确了无论中央或地方任何一个层级党的出版物，都没有权利刊登违背党的原则、政策和决议的文章。党成立时，将陈独秀等人创办的《新青年》杂志定为党的机关理论刊物，1921 年 8 月 20 日，创办了中国劳动组合书记部的机关刊物《劳动周刊》，作为党指导工人运动的舆论宣传阵地。1922 年 1 月，中国社会主义青年团创办了《先驱》杂志，在广大青年中宣传马克思主义。同年 9 月，党又创办了机关政治刊物《向导》周报，注重宣传党的路线、方针和政策。党的三大以后，为了推动国民革命运动，党又增办了一些报刊，如 1923 年 7 月 1 日，创办了政治机关刊物《前锋》，10 月 20 日，中国社会主义青年团创办了机关刊物《中国青年》。中国共产党的报刊一出现，就以崭新的面貌活跃在中华大地上。短短几年，就在许多重要方面初步形成了中共党报的优良传统和作风，正如《向导》所说："本刊并不像别的报纸一样，只是发空议论，本报所发表的主张，是有数千同志依着进行的。"[①] 这一时期，党通过报刊宣传，不仅先后

---

① 《敬告本刊读者》，《向导》1922 年第 15 期。

掀起了震惊中外的五卅运动、省港大罢工，使国民革命的道理普及于穷乡僻壤，把纵横数省的几百万农民发动了起来，投入反封建斗争的时代洪流中，而且还有效开展了对西山会议派和国家主义派等破坏革命统一战线的思想斗争，批驳了戴季陶主义攻击马克思主义的谬论，党的报刊宣传工作逐渐开始由自发走向自觉，党内出现了一批以蔡和森、恽代英、邓中夏等人为代表的卓越宣传家，他们不仅积极从事党的报刊宣传工作，而且注意总结宣传工作实践经验，就报刊宣传工作中的战略、技巧等方面的问题提出了一系列独到的见解，对我党的报刊宣传工作进行了初步理论概括。因此，在中国共产党各个时期的报刊宣传活动中，媒介批评是其中一项非常重要的内容和不可分割的有机组成部分。

第一节　李大钊的媒介批评

李大钊（1889—1927），原名耆年，字寿昌，笔名明明、冥冥、孤松、猎夫等，河北乐亭人，1895年，在本村私塾读书，1905年，在永平府参加科举考试期间，府中接到了清政府取消科举入仕制度的谕旨，他和参加考试的部分生员一起转入了永平府中学。该校开设的课程除了传统的经学、文史，还有英文、数学、外国地理、历史、格致学与外国浅近政治学等。1907年，入天津北洋法政专门学校学习，其间改名大钊，字守常。在法政专门学校学习期间，任北洋法政学会编辑部部长，创办主编《言治》月刊，1914年初，得天津绅士孙洪伊的资助赴日留学，入东京早稻田大学政治本科学习。1916年春，任中华留日学生总会文事委员会编辑主任，主编《民彝》杂志创刊号。1916年5月回国，8月5日，任北京《晨钟报》主编，9月初辞职。1917年1月任《甲寅》日刊编辑。1918年1月，任北京大学图书馆主任，增购大量宣传和介绍新思想的书籍报刊，把北大图书馆办成了传播新文化的阵地。俄国十月革命胜利的消息传来后，李大钊于1918年7月开始，连续发表了《法俄革命之比较观》《庶民的胜利》《Bolshevism的胜利》等文章，揭开了中国报刊宣传马克思主义的历史新页。在1918年到1919年，李大钊还担任了《新青年》的主要编撰人，与陈独秀等人创办《每周评论》，发起成立少年中国学会并任编辑主任，主编《少年中国》月刊，指导北京大学学生刊物《国民》和《新潮》杂志的出版。1920年10月，李大钊发起成立北京共产主义小组，领导出版《劳动音》

周刊。1921年到1925年,他担任了中共中央委员、中共北方区委书记和国民党中央执行委员,指导创办了《工人周刊》《政治生活》周刊等报刊,并为党的机关刊《新青年》《向导》等多种报刊撰稿,大力宣传建立以国共合作为中心的革命统一战线,促进了反帝反封建的国民革命运动的发展。1927年4月28日,在北京被奉系军阀逮捕后英勇就义。作为中国最早的马克思主义者、中国共产党的主要创始人,李大钊先后主编和指导过近20种报刊。在李大钊的报刊活动中,媒介批评是其中重要的有机组成部分。"他的媒介批评实践一方面继承和发扬了无产阶级经典作家媒介批评的社会批判传统,另一方面又紧密地结合了中国新闻传播的实际状况,具有针对性强、逻辑缜密、说理透辟、具体问题具体分析的特点。"① 他通过媒介批评揭露和鞭挞各种腐朽的反动势力,启迪广大人民群众的阶级觉悟,宣传马克思主义,使中国共产党媒介批评活动在产生和形成伊始就立于一个很高的战斗起点之上,为中国现代媒介批评注入了崭新的内容和生动有力的表现形式。

一

五四运动前夕由《新青年》等掀起的新文化思潮的蓬勃发展,极大地促进了封建文化的迅速没落和崩溃,但旧的反动统治势力及其意识形态并不甘心就此退出历史舞台,那些头脑僵化且极端顽固的封建卫道士们,面对着波涛汹涌的新思想大潮,仍然在做着垂死的挣扎和抵抗。1919年3月,守旧文人林纾在上海《新申报》发表文言小说《荆生》,其大意是皖人田其美、浙人金心异和狄莫三人来陶然亭游览聚会,正在商议打倒孔子,突然跳出来一个伟丈夫荆生,痛骂三人以禽兽之言乱吾清听,随后三人抱头鼠窜而去。作者以此方式来诬蔑新文化运动,企图借军阀的横暴统治来阻遏新思潮的传播。此外,林纾还在《公言报》上公开致函蔡元培,大肆攻击北京大学覆孔孟、铲伦常、尽废古书、行用土语等。面对林纾对新文化运动的猖狂进攻,李大钊立刻撰写了《新旧思潮之激战》的评论,发表在1919年3月4—5日的北京《晨报》上,对林纾倒行逆施的谬论进

---

① 胡正强:《李大钊媒介批评实践与思想论略》,《河北师范大学学报》(哲学社会科学版)2012年第4期。

行批驳。李大钊在这篇文章中,痛斥林纾等人以小说影射的传播方式诬蔑和进攻新文化思潮,可耻可羞,下作无聊。由于文章重点在于揭露其诬蔑和进攻新文化思潮传播方式的不堪,因此,《新旧思潮之激战》也就具有了很强的媒介批评意义。

李大钊在文章中指出:宇宙的进化,全仗新旧二种思潮,互相挽进,互相推演,两者仿佛车之两轮,鸟之双翼,相辅相成。这两种思潮都是人群进化所必需的要件,每一方都应该知道须和反对的一方并存同进,不可妄想灭尽反对势力,以求独自横行的道理。"我确信万一有一方面若存这种妄想,断断乎不能如愿,徒得一个与人无伤、适以自败的结果。我又确信这二种思潮,一面要有容人并存的雅量,一面更要有自信独守的坚操。"[1] 他说,且看今天的日本,新的方面,有黎明会一班人大张民主主义、社会主义旗帜,大声疾呼,和那一切顽迷思想宣战。什么军阀、贵族,什么军国主义、资本主义,都在他们攻击之列。他们天天宣传,日日游说,这儿一个演说会,那儿一个讨论会,这里立一杂志,那里创个日刊。此外他们还本着自己所专门研究的学理,所选择的问题,今天一个册子,明天一个小本,如蝴蝶一般地散布传播着。他们虽然定了一个共同进行的方向,都向着黎明的曙光去走,可是各人取哪一条路,还是看各人的自由,不必从同,且不能从同,不可从同。那反对的一方面,也是堂堂之鼓、正正之旗来相对应。桐花会等一般人的思想虽旧,但他们也知道要本着自己所信的道理和思想与新的对抗。就是浪人会的行动,在日本社会已为舆论所不直,他们对于新派的激战也不过开一个演说会,请反对党的魁领莅会辩论而已。

李大钊提醒人们回过头来反观中国的现实情况则是,无论是新的还是旧的都是死气沉沉一片,偶有一二稍稍激昂的议论、稍稍新颖的道理,因为没有旗鼓相当的对立,也是单调得缺少精彩,与别的国家如火如荼的新潮、风起潮涌的新人运动,相差不知几千万里。即便这样,那些旧人见了,仍要鬼鬼祟祟地想用道理以外的势力,来铲除这刚刚破土萌动的新的生机。他们总不会堂皇正大的立在道理上来和新的对抗。在政治上相见,就想引政治以外的势力;在学术上相遇,就想引学术以外的势力。李大钊说他曾经追究过这个原因,发现病根全在于惰性、奴性太深,总是不肯用

---

[1] 中国李大钊研究会编注:《李大钊全集》(修订本)第二卷,人民出版社2013年版,第431页。

理性维持自己的生存,而是总想用巧法,走捷径,靠他人的势力摧除对立面的存在。他痛斥这种靠人而不靠己、信力而不信理的民族性,是一种真正可耻可羞的行为,只能暴露出自己的孱弱和无能。

李大钊正告那些顽旧鬼祟、抱着腐败思想的人:应该本着你们所信的道理,光明磊落地出来同新派思想家进行辩驳和讨论。公众比一个人的聪明质量广、方面多,总可以判断出谁是谁非。你们若是对于公众失败,那就当真要有个自觉才是。若是公众袒右你们,哪个能够推倒你们?你们若是不知晓这个道理,总是躲藏在有力量者的背后,想抱着那位伟丈夫的大腿,拿强暴的势力压倒你们所反对的人,替你们出出气,或者是作篇鬼话妄想的小说逗口舌之快,造段谣言宽解己心,那真是极无聊的举动。须知中国今日真正觉醒的青年,断不怕你们那伟丈夫的摧残;你们的伟丈夫,也断不能摧残这些青年的精神。有史为鉴,当年俄罗斯的暴虐政府,不知道用尽了多少残忍的心性,杀戮了多少青年的志士。岂不知这些青年牺牲的血,都是培植革命自由之花的肥料;那些暗沉沉的监狱,都是这些青年运动奔劳的休息处所。那暴横政府的压制不过是为他们增加了一层革命的新趣味。"直到今日,这样滔滔滚滚的新潮,一决不可复遏,不知道那些当年摧残青年、压制思想的伟丈夫那里去了!我很盼望我们中国真正的新思想家或旧思想家,对于这种事实,都有一种觉悟。"[1] 即只有通过正当的交流和传播的方式,观念或思想才能获得真正的生命和存在。

二

五四运动以后,新思潮如决堤江水,汹涌澎湃,反帝爱国运动一浪接着一浪,各种报刊对此相继发表了一些报道和评论。北洋政府为之恐慌不已。为了钳制舆论,遂于 1919 年 10 月 24 日,以北京《国民公报》"自本年七月以后所登载之评论等件,均有触犯刑律及出版规定之处"[2] 为由,将该报封禁,并传讯该报编辑孙几伊,引起全国上下广泛关注。1919 年 11 月 4 日,北京各界联合会曾就此向全国各团体和报馆发出通电,其中云:北京《国民公报》为政府封闭并拘捕记者孙几伊事,国人当已闻之。查该

---

[1] 中国李大钊研究会编注:《李大钊全集》(修订本)第二卷,人民出版社 2013 年版,第 433 页。
[2] 北京市档案馆编:《档案中的北京五四》,新华出版社 2009 年版,第 270 页。

报平日主持公论不遗余力，对于内政外交之批评一以民意为旨归，诚国人之引导舆论界之明星。"乃撄政府所忌，横加诬罔，谓其违背出版法而出此严厉之手段。"① 通电指出：言论出版自由载在约法，出版律之产出乃袁氏钳制人民之伎俩，今政府动辄援用，近更变本加厉，宣布一种所谓印刷法规者，无非摧残舆论束缚人民。长此以往，将有腹诽者死、偶语者弃市之日。共和国家不幸有此现象，我们不想得真正的自由则已，如果想要实现民治精神、恢复我们言论固有的权利，则对于政府此种钳制人民的政策不可不思考予以打破，而于印刷法的颁布与《国民公报》的被封、孙几伊的被捕，尤不可不为公平的主张，以促使政府的觉悟。在社会各界舆论的压力下，北洋当局不得不于1920年5月14日改判孙几伊为5个月有期徒刑。此案尘埃落定后，人们仍然对之进行批评。如《东方杂志》主编陶惺存就在该刊1920年第17卷第12期发表《大理院判决国民公报案文书后》评论，胡适发表一首题为《一颗遭劫的星》的白话诗，表达他们对该案的看法和态度。5月16日，李大钊在《晨报》上发表《〈国民公报〉判决感言——对于"妨害治安"四字之疑问》一文，在回顾该案始末的基础上，质疑判决的法源和理据，以凸显判决的荒谬及其钳制舆论的实质。

李大钊指出：北京《国民公报》作为舆论界空前的大事件，已经在昨日经大理院判决了。此案发生，已逾半年，始经地审厅以煽惑内乱罪及妨害治安罪，判处该报记者孙几伊君以一年二个月的有期徒刑。孙君不服，控诉于高等厅，该厅判决孙君无罪，将地方厅的原审判决撤销。而高等检察厅不以高审厅的判决为然，复向大理院提起上告。现在大理院已判决孙君违犯了《出版法》的妨害治安罪，处以五个月的有期徒刑。此案经第三审判决，孙君方面已经再无救济的途径。以前此案在诉讼中，依法不便有所论列。现在诉讼已终结，我们对于此事，实有无限的疑惑：《国民公报》登载的内容，能否构成煽惑内乱罪及妨害治安罪，孙君的辩护人及高等厅审检官，言之綦详且尽，已经无须赘词。现今大理院也不敢强以煽惑罪加之于孙君，而单定为妨害治安之罪。我们有所疑惑者，亦正为此"妨害治安"四字耳。按照《出版法》，其第十一条第二项有"妨害治安"的规定，"而现行一切法规及法院判决例，对于此四字，向未有解释之明文。以吾

---

① 北京市档案馆编：《档案中的北京五四》，新华出版社2009年版，第265页。

侪之理解而言，除解释为扰乱社会之安宁秩序外，似无他法更加以深刻之解释，今《国民公报》所登载，究竟曾否扰乱社会之安宁秩序，并于社会秩序有无丝毫之影响，事实具在，实令人索解无从。总之，'妨害治安'四字之解释，倘于吾侪理解之外，能更有他种之解法，吾侪小民，甚愿闻之，以免时有犯罪之危险，此不特为舆论界之关系，抑亦一般人所不可不注意者也"①。如此回顾和解剖，一下子就使北洋当局故意罗织罪名以控制舆论的用心昭然若揭。

言论出版自由是共和体制下国家公民的基本人身权利。北洋军阀政府时期，虽然历届政府都冠冕堂皇地声明尊重约法，保障公民的言论出版自由权利，但对新闻业的政治钳制和打压仍然异常强大，不仅袁世凯时期制定的多种钳制新闻事业发展的各类法律、条令或明或暗地得以延续并实施，而且由于政局动荡不安，执政的北洋军阀根本没有心思来进行新闻法制建设，法制精神欠缺，对新闻事业的管制极为混乱，封闭报馆、残杀报人的事件有如家常便饭时时发生。1919年11月16日，李大钊在当天出版的《新生活》第13期发表了《那里还有自由》的短评，通过列举一系列的事实，痛斥北洋军阀政府当局刻意剥夺人民言论出版自由权利的罪行：《中华民国临时约法》上明明有言论自由，可是记者可以随便被捕，报馆可以随便被封；约法上明明有出版自由，可是印刷厂可以随便被干涉，背反约法的管理印刷法可以随便颁布，邮局收下的印刷物可以随便扣留；约法上明明有书信秘密自由，可是邮电可以随时随意派人检查。"可怜中国人呵！你那里还有《约法》！那里还有自由！"②时评虽然很简短，但饱含感情，具有很强的感染力和说服力。

三

古今中外，大凡统治者企图钳制和阻遏一种思想、观念的流传，其理由往往是该思想或观念具有某种社会危害性，从而需要加以查禁，以保护

---

① 中国李大钊研究会编注：《李大钊全集》（修订本）第三卷，人民出版社2013年版，第250—251页。

② 中国李大钊研究会编注：《李大钊全集》（修订本）第三卷，人民出版社2013年版，第118页。

人民免受这种危害。十月革命胜利以后，社会主义革命的思潮像一股强劲的春风在古老的中华大地上吹拂，马克思列宁主义得到了迅速的传播。反动军阀政府却怕得要死，视马列主义、共产主义学说为洪水猛兽，将其污名化为赤化共产、过激主义等，千方百计加以阻止。李大钊为此撰写了《危险思想与言论自由》一文，发表在1919年6月1日出版的《每周评论》第24号上。他首先指出：对于社会来说，思想本身没有什么丝毫危险的性质，只有愚暗与虚伪是顶危险的东西，只有禁止思想才是顶危险的行为。特别是当人们还没有对其深入了解之时，禁止思想的传播就更是一种危险而又愚蠢的行为。"近来——自古已然——有许多人听见几个未曾听过、未能了解的名辞，便大惊小怪起来，说是危险思想。问他们这些思想有什么危险，为什么危险，他们认为危险思想的到底是些什么东西，他们都不能说出。像这种的人，我们和他共同生活，真是危险万分。"[1] 他举例说：前些年科学的应用刚刚传入中国的时候，一般愚暗的人都说是异端邪教。看待那些应用科学发明的人，如同洪水猛兽一样，不晓得他们也是和我们同在一个世界上一样生存，而且比我们进化的人类同胞，却硬说他们是鬼子，是夷狄。这种愚暗无知的结果，最后竟造出一场义和拳的大祸乱来。由此可见，到底是知识思想危险呢，还是愚暗无知危险呢？结论不言而自明。

李大钊进一步分析到，听说日本有一个议长，说俄国的布尔什维克在实行托尔斯泰的学说。这使彼邦有识的人惊为奇谈。"现在又出了一位明白公使，说我国人鼓吹爱国是无政府主义。"[2] 他自己果然是这样愚暗无知，这更是可怜可笑的话。有人说他这话不过是利用我们政府的愚暗无知和恐怖的心理，故意来开玩笑。李大钊认为，若真是这样的话，那更是我们国家莫大的耻辱！他指出，恐怖和愚暗有密切的关系。青天白日，有眼的人在深池旁边走路，一点危险也没有。深池和走路的行为都不含有危险的性质。但若是盲人骑瞎马，夜半临深池，那就是最可恐怖的事了。可见危险和恐怖，都是因愚昧、黑暗而生。因此，人生第一个要求就是光明和

---

[1] 中国李大钊研究会编注：《李大钊全集》（修订本）第二卷，人民出版社2013年版，第469页。
[2] 中国李大钊研究会编注：《李大钊全集》（修订本）第二卷，人民出版社2013年版，第469页。

真实，什么东西、什么境界都不危险。"知识是引导人生到光明与真实境界的灯烛，愚暗是达到光明与真实境界的障碍，也就是人生发展的障碍。"① 思想与言论自由，是为了保障人生达于光明与真实的境界而进行的设计。无论什么思想言论，"只要能够容他的真实没有矫操［揉］造作的尽量发露出来，都是于人生有益，绝无一点害处"②。李大钊主张，说某种主义学说是异端邪说的人，第一要知道他自己所排斥的主义学说到底是个什么东西，然后把这种主义学说的真相尽量传播，使人人都能够认识到他是异端学说，大家自然就不去信它，不至于受它的害。如果是自己还未曾认识清楚，就强行禁止，那么就是犯了泯没真实的罪恶。"假使一种学说确与情理相合，我们硬要禁止他，不许公然传布，那是绝对无效。因为他的原素仍然在情理之中，情理不灭，这种学说也终不灭。"③ 反之，如果一种学说确与情理相背，李大钊则主张不可禁止，也不必禁止。因为大背情理的学说，正应该让大家知道，大家才不去信它。若是把它隐藏起来，反而有很容易被人误信的危险。

李大钊指出，禁止人研究一种学说，是犯了使人愚暗之罪。禁止人信仰一种学说，是犯了教人虚伪的罪恶。世间本来没有天经地义与异端邪说这种东西。就说是有，也要任人去自由地认知，自由地信仰。就是认知错了、信仰错了所谓的邪说异端，只要他的知识与信仰是本于他自由的思想，真实的知念，一则得了自信，二则免了欺人，都是与人生有益，都要比那无知的排斥、自欺的顺从好得多。因此，禁止思想是绝对不可能之事，因为思想有超越一切的力量。监狱、刑罚、苦痛、贫困乃至杀戮，思想都能够去自由思想它们，并且超越它们。这些东西都不能钳制思想，也不能束缚思想、禁止思想。这些东西在思想中全没有一点价值，没有一点权威。越是要禁止思想，思想的力量便跟着你的禁止越发的强大。你怎样禁止它、制抑它、绝灭它、摧残它，它便怎样生存发展传播滋荣。因为思想的性质力量本来就是如此。李大钊最后奉劝和提醒那些企图禁遏言论、思想自由的人注意：要利用言论自由来破坏危险思想，而不要借口思想危险来禁止言论自由。李大钊对危险思想与言论自由关系的阐释，既针对当

---

① 中国李大钊研究编注：《李大钊全集》（修订本）第二卷，人民出版社2013年版，第470页。
② 中国李大钊研究编注：《李大钊全集》（修订本）第二卷，人民出版社2013年版，第470页。
③ 中国李大钊研究编注：《李大钊全集》（修订本）第二卷，人民出版社2013年版，第470页。

时的社会现实有感而发，又有超越当下和具体局囿的品质，上升到哲学的一般高度，可谓五四时期对这一关系问题的经典性认识。

四

1922年2月12日，北大新闻记者同志会在北京大学二院大讲堂召开成立大会。大会邀请了徐宝璜、胡适、李大钊参加，在徐宝璜、胡适演讲后，李大钊也发表了演说。演说稿于2月14日以记者转述的方式发表在北京《晨报》上。先是胡适在演说中，批评北大同学近来从事新闻事业，有一大半是替一些报纸的附张作充篇幅的事情。认为"专替马克斯、克鲁泡脱金、契诃夫、莫泊三翻译几篇著作，充充篇幅，这个并不是我们应当负的责任"。[①] 他认为新闻媒体和记者应该报道与讨论社会上种种活的问题，如此才算得上对社会有贡献。李大钊此前已经与胡适在"问题和主义"上产生了观点上的分歧，他这时也从胡适的演讲中听出了他词锋之间所隐藏着的对马克思主义的敌意和抵触，但即便如此，他们此时仍然能够在新闻的一些基本问题上保有很多共识。因此，他并没有就新闻媒体是否应该要替马克思主义做宣传这一问题上继续申论，而是将话题引入新闻与社会的关系、新闻应如何报道社会这一问题上展开论述，强调新闻在为政治服务的时候，必须以尊重新闻的规律为前提。

李大钊在演说中说他对北大同学发起的北大新闻记者同志会，抱着很大的希望，因为他认为新闻事业，是一种活的社会事业。他接着胡适说新闻要研究活的、真的问题，不希望诸位替人家作充篇幅事情的话头，对北大新闻记者同志会同学提出："我现在更希望诸位对于新闻事业，是社会的事业这一点也特别注意。因为社会是复杂的、多方面的关系，要想把这不断的、发生的、多方面的社会现象描写出来，而加了批评或指导，非有相当的学问和知识不可。以前新闻界，所以有很多缺点，就是因为从事新闻业者的眼光不能映注到全社会的生活上的缘故。"[②] 现在我们北大同学从

[①] 《胡适在北大新闻记者同志会上的演说词》，《新闻研究资料》总第四十七辑，中国社会科学出版社1989年版，第75页。
[②] 中国李大钊研究会编注：《李大钊全集》（修订本）第四卷，人民出版社2013年版，第49页。

事新闻事业的如此之多,将来必定能够改造和提高新闻界。大学是一个最高学府,所研究的学问包括多个方面,故由大学出身的人,必有较多方面的知识,或有与多方面的知识界接近的机会。他希望诸位同学以后能出其所学,把新闻界在社会上的地位提高,给新闻界开一个新纪元。

李大钊明确指出:"新闻记者的责任,于纪述事实以外,还应该利用活的问题,输入些知识。"[①]他认为胡适所说的新闻宜注意活的问题,不应单讲克鲁泡特金、马克思等死的学说,这话诚然不错,但是这里还有一个如何使用材料的问题,若方法得当,死的材料也未尝不可把它变活。譬如平日登些克鲁泡特金的学说,人便全不注意。若是在接到克鲁泡特金逝世消息的那一天,把他的历史和学说,写出来贡献给人们看,便也可以引起社会上一般人的注意。又如但丁的历史和他的文学,在平日登出来,充充篇幅,实在于一般看报的人没有多大意味,但若在他六百年纪念的那一天登出,则可以引起社会一般人的兴味来。又如今天高师为达尔文130周年诞生纪念举办博物展览会、讲演会,北京的报馆若有在今日把达尔文的历史、肖像和他的学说,概要地登出来,岂不格外有趣?"可见死的材料,若是随着活的事实表现出来,便是活的、有趣味的材料。最好的材料,若作平日充满篇幅之用,因为他与现实的生活不相关联,于阅者亦丝毫不发生兴趣。"[②]显然,李大钊这里是对胡适前面关于马克思主义是死的材料的诬蔑说法,给予委婉的批判。李大钊指出,照这样子做,一切科学知识都可以觅得机会,利用一种活的事实,输入给大家。例如新疆、甘肃发生地震,我们便去访问地质学家。太阳忽现出红光,我们便去访问天文学家。某种政治问题发生,我们便去访问政治学家,请他就此事实作学理上的说明。他提醒人们要充分注意新闻界这种对社会灌输知识的职分与方法,就是新闻报道和写作中的新闻由头。在新闻报道和写作中,只要有了充分的新闻由头,任何过去的历史、材料,都可以化腐朽为神奇,起死回生,成为编织和结构新闻的有机材料。

李大钊在演说中所重点强调的是:新闻是现在新的、活的、社会状况

---

① 中国李大钊研究会编注:《李大钊全集》(修订本)第四卷,人民出版社2013年版,第49页。

② 中国李大钊研究会编注:《李大钊全集》(修订本)第四卷,人民出版社2013年版,第50页。

的写真。历史是过去旧的社会状况的写真。现在的新闻纸,就是将来的历史。历史不应当是专给一姓一家作起居注,或专记一方面事情,而应当注重社会上多方面的记载,新闻更应当如此。但是现在的新闻界,遇督军的举动,或是对阔人的一言一行,都是用大号字,排在前几版,而穷人因穷自尽或其他种种因为受环境压迫发生不幸的结果,其实也是社会上很大的变故,反倒用小字排在报的末几版不受人注意的地方。"这是旧习惯未退尽的一个最大的表现,也就是新闻界的一个大缺点。"[1] 李大钊在北大新闻记者同志会上的演说,不仅具有着十分专业的新闻学知识色彩,显然还有着更高的政治和道德意义。

1933年,李大钊同志逝世6年之后,他的文稿经李乐光收集,其中30篇辗转交上海群众图书公司希望能够出版,并约请鲁迅先生作序。在《〈守常全集〉题记》一文中,鲁迅先生曾这样评价:"一,是他的理论,在现在看起来,当然未必精当的;二,是虽然如此,他的遗文却将永住,因为这是先驱者的遗产,革命史上的丰碑。"[2] 这一评价若用在李大钊的媒介批评上,自然也十分的贴切和适用。李大钊是一个知识丰富、激情澎湃而又有着钢铁般意志的人,他五四时期的媒介批评活动是他马克思主义理论传播的一部分,是他用马克思主义的普遍原理观察和分析中国新闻传播实际的结晶,反映了当时中国最先进的一代知识分子探索真理的过程。他的媒介批评文本既有着新闻专业知识的深度,又闪耀着马克思主义科学理论的光芒。作为一个用自己生命的旋律谱写了20世纪中国共产主义运动序曲和第一乐章的伟大共产党人,李大钊用媒介批评的实践方式,践诺着他"铁肩担道义,妙手著文章"的宏大人生理想。他在媒介批评方面留给后人的遗产,一直在历史的长河中熠熠生辉,映照着后来者前行的途程。

第二节 陈独秀的媒介批评

陈独秀(1879—1942),谱名庆同,官名乾生,字仲甫,号实庵,笔名熙州仲子、女话小弟、由己、只眼、三爱、实庵、T.S、撒翁、顽石、雪衣、

---

[1] 中国李大钊研究会编注:《李大钊全集》(修订本)第四卷,人民出版社2013年版,第51页。

[2] 鲁迅:《〈守常全集〉题记》,《鲁迅全集》第四卷,人民文学出版社1981年版,第525页。

三户等。安徽省怀宁县（今安庆市）人。两岁时父亲病逝，后由祖父和长兄抚养成人。1896年，中秀才。次年赴南京参加乡试落榜。返乡后开始与皖籍维新人士交往，互相传阅《时务报》等，并萌发了由"选学妖孽"向康梁派转变的动机。① 1898年，入杭州求是书院，接受新式教育。不久，因参与反清活动受当局追捕，逃去东北躲避。1901年10月，赴日本留学，入东京专门学校，接触由留学生创办的《译书汇编》《国民报》等报刊，开始向革命派转变。1902年3月回国，与潘赞化等人在安庆创办藏书楼，组织励志学社，传播新知。9月，因在藏书楼的活动被通缉，再次赴日入成城学校陆军科学习。1903年3月，因与张继、邹容等强剪湖北留日学生学监姚煜发辫一事，被日政府遣送回国。1903年8月，与章士钊在上海编办《国民日日报》，宣传排满革命。1904年回芜湖创办《安徽俗话报》，出版半年销数即达数千份，一时几与当时驰名全国的《杭州白话报》相埒。② 1911年12月，与韩衍等人在怀宁创办辛亥革命后安徽第一张革命派报纸《安徽船报》，担任总编辑。1914年7月，应章士钊之邀，去日本助章编辑《甲寅》杂志。1915年6月回国后，于9月15日在上海创办《青年杂志》月刊。1916年9月1日出版第2卷第1号时改名《新青年》。1917年1月，被蔡元培聘为北京大学文科学长，《新青年》编辑部随之迁到北京。1918年1月，《新青年》改为同人刊物，陈独秀仍负总编辑之责。11月22日，与李大钊合办《每周评论》杂志。12月底，出任《北京大学日刊》编辑。③ 1920年8月15日，在上海创办《劳动界》周刊。11月7日，指导中共上海发起组创办《共产党》月刊，在中国第一次举起共产党的旗帜。1922年9月13日，指导创办中国共产党中央委员会第一个政治机关报《向导》，1923年7月1日，指导创办中国共产党中央机关刊物《前锋》。1928年、1931年，陈独秀还分别主持过托派机关刊物《我们的话》《火花》等，但此时已经不再产生重要的社会影响了。陈独秀是中国共产党的主要创始人和早期的主要领导人，对于马克思主义在中国的传播，中国共产党的早期活动和第一次大革命的发动，曾作出过巨大的贡献。批判性是马克思主义的本质特征。传媒是社会观念和思潮的载体，武器的批判与批判的武器总是紧密相

---

① 贾兴权：《陈独秀传》，山东人民出版社1998年版，第9页。
② 唐宝林、林茂生：《陈独秀年谱》，上海人民出版社1988年版，第31页。
③ 唐宝林、林茂生：《陈独秀年谱》，上海人民出版社1988年版，第89页。

连。批判社会观念和思潮，势必要连带指向对其具有主动选择功能的媒介。要借助报刊宣传来进行社会批判，并进而展开其改造社会的政治实践，注定了媒介批评是陈独秀政治言说中不可或缺的一项内容。

一

以陈独秀为代表、以《新青年》和北京大学为主要阵地的新文化运动，是中国现代史上一次震古烁今、振聋发聩的思想解放运动。作为这场运动的主将，陈独秀也因此被时人誉为民主与科学的旗手、"思想界的明星"，[1]《新青年》大力宣传的民主与科学思想，在思想界尤其是青年知识分子群体中引起了强烈的反响，因此，也被读者们称为青年们的良师益友和度人的金针，有读者盛赞："青年得此，如清夜闻钟，如当头一棒。"[2]一些先进的中国知识分子因受其思想启蒙，开始怀疑资产阶级民主共和国的方案是否适合中国，并开始考虑中国是否有别的出路。文化思想领域的斗争往往是政治斗争的先导。随着民主科学思想日益深入人心，封建卫道士们极为恐慌，他们如跳梁小丑一般，对《新青年》的种种造谣和非难亦接踵而至。1919年1月15日，陈独秀在《新青年》第6卷第1号上发表了《本志罪案之答辩书》一文，既对该刊创办三年来所进行的宣传作了总结，也从根本上对顽固派对该刊的造谣和非难进行了反击。使用"罪案答辩"的反语，为《新青年》进行光明磊落而又十分巧妙有力的辩护，是一篇具有高度政治和道德智慧的媒介批评文本。

陈独秀首先摆出《新青年》的"罪案"道，本杂志经过3年，发行已满30册。所说的都是极平常的话，社会上却大惊小怪，八面非难，那旧人物是不用说了，就是咶咶叫的青年学生，也把《新青年》看作一种邪说，怪物，离经叛道的异端，非圣无法的叛逆。本志同人实在是惭愧得很；对于吾国革新的希望，不禁抱了无限悲观。他说社会上非难《新青年》的人约分两种：一种是爱护本志的人；一种是反对本志的人。第一种人对于本志的主张，原有几分赞成，只是看见杂志上偶然在指斥那世界公认的废物，而没有细说理由，在措辞上又未装出绅士的腔调，恐怕本志因此在社

---

[1] 泽东：《陈独秀之被捕及营救》，《湘江评论》1919年7月14日创刊号。
[2] 《扬州第五师范学校孙斌来信》，《新青年》1917年1月1日第2卷第5号。

会上减了信用。像这一种反对，本志同人是应该感谢他们的好意。这第二种人对于本志主张是根本上立在反对的地位。他们非难本志的无非是破坏了孔教、礼法、国粹、贞节、旧伦理、旧艺术、旧宗教、旧文学、旧政治这几条罪案。这其实是在将反对派对《新青年》的种种非难摆出来进行示众，使之成为批判的靶子。

然后陈独秀对这些非难进行了有力的回击和驳斥。他坦率直言，对这几条罪案，本社同人当然直认不讳，但追本溯源，本志同人本来无罪，只是由于拥护了民主和科学，才犯了这几条所谓的滔天大罪。因为要拥护民主，就必须反对孔教、礼法、贞节、旧伦理和旧政治；要拥护科学，就必须反对旧艺术、旧宗教；要拥护民主又要拥护科学，就必须反对国粹和旧文学。"大家平心细想，本志除了拥护德、赛两先生之外，还有别项罪案没有呢？"① 若是没有，请你们不用专门非难本志，要有气力、有胆量来反对民主和科学，才算是好汉，才算是根本的办法。这等于把反对者摆在民主和科学的对立面。经过清末民初的启蒙，尤其是民国共和体制确立的事实，民主和科学的观念在当时已经成为社会的普遍共识，虽然在意识形态层面上封建顽固势力还很强大，但当时已经很少有人敢公然反对民主和科学了。陈独秀如此论证，其实就是逼使反对者不得不承认《新青年》不仅无罪，而且有功。

针对当时社会上最为反对钱玄同废除汉文的主张，陈独秀用了较科学而理性的态度给予了解释和回答。他指出，钱玄同是中国文字音韵学的专家，岂有不知道语言文字自然进化的道理，而他之所以有如此激烈的主张，是因为自古以来汉文的书籍，几乎每处都散发着反对民主和科学的味道，又加之许多遗老遗少，开口一个国粹，闭口一个古说，无异于在声明汉学就是民主和科学天生的对头，他愤极了才发出这种激切的议论。陈独秀同时也认为钱玄同的主张，有如"用石条压驼背"的医法，《新青年》的同人其实多半不大赞成。"但是社会上有一班人，因此怒骂他，讥笑他，却不肯发表意见和他辨驳，这又是什么道理呢？难道你们能断定汉文是永远没有废去的日子吗？"② 他的意思是反对某种观点或主张，应坚持采用堂堂正正的说理论辩方法，而不是一味地嘲笑和怒骂，否则，只能显示自己的理屈词穷。

---

① 陈独秀：《本志罪案之答辩书》，《新青年》1919年1月15日第6卷第1号。
② 陈独秀：《本志罪案之答辩书》，《新青年》1919年1月15日第6卷第1号。

陈独秀指出：西方国家因为拥护科学和民主，闹了多少事，流了多少血，科学和民主才渐渐把它们从黑暗中救出，引到了光明的世界上来。"我们现在认定只有这两位先生，可以救治中国政治上道德上学术上思想上一切的黑暗。若因为拥护这两位先生，一切政府的迫压，社会的攻击笑骂，就是断头流血，都不推辞。"① 他从西方的进步发展史中，论证科学和民主必将在中国获得光明的未来，从而用百折不挠的大无畏的精神公开表示：坚决要用民主和科学的烛火来照亮中国社会前进的征途，用科学和民主来救中国！因此，《本志罪案之答辩书》一文，实际上是对五四运动以前的《新青年》作了高度概括的简要批评。

二

新闻自由几乎是每一个真正的新闻工作者都会关注的问题，因为它是新闻传播的一种制度性安排，直接规制着新闻传播发展的社会方向和可能空间。陈独秀虽然终其一生一直是一个职业的革命家和启蒙的思想家，但从精神实质上看，"其最基本底色却是一个坚定的自由主义者"②。陈独秀早年所接受的西方民主、自由、人权思想，影响了他整个一生，即便他后来接受了马克思主义，并因缘际会地成为中国共产党的总书记时，新闻自由主义精神仍然在他的血液中放纵奔流着，对言论出版自由理想的追求始终是陈独秀报刊思想体系中居于支配地位的最核心内容。以自由主义思想为理论武器分析媒介及其新闻传播活动，是贯穿陈独秀媒介批评活动的一条思想主线。

陈独秀认为，言论思想自由是文明进化的第一重要条件。无论新旧何种思想，它自身并没有什么罪恶，但是，如果利用政府的权势，来压迫异己的新思潮，那就是古今中外一切顽固而守旧的思想家们的罪恶了，也是他们难逃失败的最终社会根源。"至于够不上利用政府来压迫异己，只好造谣吓人，那更是卑劣无耻了！"③ 言论自由是文明社会中人民的一种基本权利，它理应受到法律的保护。关于法律和言论自由之间的关系，陈独秀

---

① 陈独秀：《本志罪案之答辩书》，《新青年》1919年1月15日第6卷第1号。
② 张育仁：《自由的历险——中国自由主义新闻思想史》，云南人民出版社2002年版，第213页。
③ 只眼：《旧党的罪恶》，《每周评论》1919年第11期。

曾经从与社会文明关系的角度，进行过非常精当的阐释。他认为"法律是为保守现在的文明，言论自由是为创造将来的文明"①。现在的文明现在的法律，也都是从前的言论自由对于它同时的法律文明批评反抗创造出来的产物。"言论自由是父母，法律文明是儿子，历代相传，好像祖孙父子一样；最奇怪的是旧言论自由造成了现在的法律文明，每每不喜欢想创造将来法律文明的新言论自由的出现；好像一个儿子，他从前并不孝顺父母，到了他做父母的时候，他的儿子稍有点意思不和他一样，他便要办他儿子忤逆不孝的罪。"② 如果真的严办起来的话，那岂不是要断绝后代吗！

言论自由是一种由政府主导作出的政治安排和制度设计，言论自由权利的具体边界与内容如何，既体现了政府社会治理的思路，更体现了其司法的性质和价值目标指向。批评社会的言论自由问题，在一定程度上就是在批评政府的作为。陈独秀言外有音地说："世界上有一种政府，自己不守法律，还要压迫人民并不违背法律的言论。"③ 虽未指名道姓，但读者都明白所指为谁。陈独秀指出："我们要记住的正是政府一方面自己应该遵守法律，一方面不但要尊重人民法律以内的言论自由，并且不宜压迫人民'法律以外的言论自由'；法律只应拘束人民的行为，不应拘束人民的言论；因为言论要有逾越现行法律以外的绝对自由，才能够发见现在文明的弊端现在法律的缺点。"④ 陈独秀认为言论自由若受到法律的限制，那么就不自由了。而言论若不自由，特别是言论若没有违背法律的自由，那么它就便只能起到保守现在的文明、现在的法律的作用，而绝不能够创造比现在更好的文明和更好的法律。像这种保守停滞的国家社会，不但自己不能独立地创造文明，就是跟着别人的文明一同进步，也不容易能做得到。应该说，陈独秀对法律、言论自由、社会文明三者之间关系的理解，虽然并不完全正确，但确实具有十分深刻的一面。

任何社会的言论自由都不可能是无限的权利，所以法律一般会一方面规定人民享有言论自由的权利，同时又会附加一些限制性条款，以使一些特殊情况得到处理。《中华民国临时约法》是辛亥革命后由南京中华民国

---

① 独秀：《法律与言论自由》，《新青年》1919年12月1日第7卷第1号。
② 独秀：《法律与言论自由》，《新青年》1919年12月1日第7卷第1号。
③ 独秀：《法律与言论自由》，《新青年》1919年12月1日第7卷第1号。
④ 独秀：《法律与言论自由》，《新青年》1919年12月1日第7卷第1号。

临时政府制定的第一部资产阶级宪法性文件，体现了资产阶级的革命性和民主性，但是由于它的阶级性质，也不可避免地在一些重大问题上带有严重的缺点。例如在其第二章第六条第四款中虽然明确规定了"人民有言论、著作、刊行及集会结社之自由"，但并没有规定人民真正行使民主自由权利的任何保障，却在第十五条中又附加了"本章所载人民之权利，有认为增进公益，维持治安，或非常紧急必要时，得以法律限制之"的规定，从而使言论自由权利虚化，为在实际的司法实践中剥夺言论自由权利提供了法源。因此，陈独秀在《新青年》第7卷第2号上发表了《约法底罪恶》短评，以揭露《中华民国临时约法》在保护人民言论自由权利方面的虚伪性。他说从前守旧的人骂约法，现在维新的人也骂约法，这约法合该要倒运了。旧人骂约法，是骂它束缚政府太过；新人骂约法，是骂它束缚人民太过。但事实上，违法的违法，贪赃的贪赃，做皇帝的做皇帝，复辟的复辟，解散国会的解散国会，约法并不曾把他们束缚得住，倒是人民的出版、集会自由，却被约法束缚得十分可怜。如此，约法岂不是一个有罪无功的厌物？现在政府拿《治安警察条例》和《出版法》两种武器来束缚人民出版、集会的自由，许多人都闭着眼睛骂政府违法，其实政府又何尝违法？约法里明明说："本章所载人民之权利，有认为增进公益，维持治安，或非常紧急必要时，得依法律限制之。"① 正因为约法对于人民的权利，原来有这样一手拿出来，一手又拿回去的办法，政府才订出许多限制的法律，把人民的出版、集会自由，束缚得和钢铁锁链一般。"这本是约法底罪恶，何尝是政府违法呢？这种约法护他做什么？我要请问护法的先生们，护法底价值在那里？"② 陈独秀的这一批评，有力地揭示了护法运动最终之所以失败的社会根源，因为随着时代的前进，《中华民国临时约法》此时其实已经基本失去了它的社会进步意义，护法口号已经无法起到号召人民、凝聚军心、鼓舞士气的作用了。

三

新文化运动中新旧思潮之激战也表现于戏曲进入课堂这一问题上。

---

① 独秀：《约法底罪恶》，《新青年》1920年1月1日第7卷第2号。
② 独秀：《约法底罪恶》，《新青年》1920年1月1日第7卷第2号。

1917年9月，曲学大师吴梅受聘北京大学教授，揭开了中国传统戏曲进入高校的序幕。① 诗以言志、文以载道在中国的文化发展过程中一直被奉为正宗，戏曲长期被视为小道，不登大雅之堂，所以在戏曲教育进入大学讲堂的时候，一时间受到不少旧派人士的非议。上海某家日报，曾经刊文攻击北京大学设立元曲科目，以为大学应该研求精深有用之学，而北京大学乃竟设科延师，教授戏曲，且谓元曲为亡国之音。陈独秀反驳该报谬论道，岂不知欧美日本各大学中，莫不设有戏曲科目。若谓元曲为亡国之音，那么周秦诸子与汉唐诗文，就都没有研究的价值。至若印度和希腊、拉丁文学，则更为亡国之音无疑。他举当年中国北方发生虫害一事为例说，西医以科学实验方法培养此种细菌，证明其喜寒而畏热。无识汉医，玄想以为北方热症，且推源于火炕煤炉之故，不信有细菌传染之说，遂妄立方剂。而北京各家日报，往往传载此种妖妄之言，殊可令人骇怪。"国人最大缺点，在无常识；新闻记者乃国民之导师，亦竟无常识至此，悲夫!"② 从科学和事实两个方面，有力地揭露该新闻记者的无知。

面对新文化运动的潮流，反对者往往会对自己加以伪装，甚至打起新的旗号浑水摸鱼。陈独秀在论及上海社会光怪陆离的文化现象时，曾指出其中混杂着文化骗子。"从前做'黑幕'一类的小说，不用说是为了金钱主义；世界上弄钱的法子很多，做这种小说来弄钱已经是有点黑心了。现在因为'黑幕'的生意不大好，摇身一变来做新思潮的杂志骗钱，外面挂着新文化招牌，里面还是卖'黑幕'一类的货；上海骗钱的法子很多，拿这种法子来骗钱来糟蹋新文化，更加是黑心到了极点了。"③ 这些文化黑心骗子十分的狡猾，他们打着新文化的旗号实际上在贩卖"黑幕"一类的货色："你们提倡新文化反对'黑幕'，我就挂起新文化招牌来卖'黑幕'。"④ 它反映出社会的复杂性。陈独秀据此推论说：那些打着"毋忘国耻"招牌的人也许卖的是日货，打着社会主义招牌而拥护军阀和官僚，这也都是意料之中，但骗术终究是骗术，善良的人们只要加以警惕，其实也不难识破他们的鬼蜮伎俩。

1923年5月，山东省临城县境内发生一起土匪绑架火车旅客案，被绑

---

① 欧阳江琳：《吴梅的戏曲教学及其启示意义》，《中国韵文学刊》2014年第4期。
② 独秀：《随感录（三）》，《新青年》1918年4月15日第4卷第4号。
③ 独秀：《再论上海社会》，《新青年》1920年10月1日第8卷第2号。
④ 独秀：《再论上海社会》，《新青年》1920年10月1日第8卷第2号。

架的旅客中有外籍旅客 39 名。在绑架过程中，英侨罗斯门企图抵抗，结果被匪徒当场开枪击毙，因此该绑架案被称为是继义和团运动以后中国最严重的涉外事件。临城劫车案发生后，中外报纸对此都责骂得不亦乐乎，而中国报纸则对几乎同时发生的外国水兵枪杀中国人的长沙惨案，很少报道和评论。当时上海英商的《字林西报》竟然说，中国报纸对于临城土匪劫车案，不知激励民众，殊非正当。陈独秀在《临城事件与长沙事件》中严正指出，临城事件不过是土匪掳去了 20 几个外国人，而长沙事件则是外国水兵杀伤了 40 多个中国人。他因此质问道："果然洋大人是神圣不可侵犯吗？中国人生命等于猫狗吗？无耻媚外的中国新闻记者们，看了《字林西报》这种'正当'的议论，该有点觉悟了罢！"① 他批评中国新闻媒体不敢大声地为国人说话，是在洋大人面前犯了软骨病。

1923 年 9 月 1 日，日本关东地区发生 7.9 级大地震，造成 14.3 万人丧生，200 多万人无家可归，财产损失 65 亿日元。地震发生后，中国人民虽然自己生活极度困难，但朝野各界仍纷纷伸出援助之手，开展了各种形式的募捐救援活动。震后日本政府下令戒严，社会秩序由青年团、军人、浪人和军警维持。这些人军国主义思想严重，有强烈的排外情绪，9 月 3 至 8 日，300 多个日本人手持枪械拥到东京都江华工聚居区，乱刀乱棍砍打，几天之内就屠杀旅日华工 639 人，制造了旅日华工被杀惨案。当时中国一些报纸对此竟保持沉默。陈独秀将此与临城劫车案对比，既愤怒又痛心地说："我们更有一种不可忍的痛苦，是中国媚外无耻的新闻记者们，对于临城案件如丧考妣的号叫，助长外人气焰，外人也一半因此才敢于小题大做，提出无理的要求。"② 现在我们国家有这么多的旅日同胞被杀，中国各报竟然一声不响，仿佛此事没有发生一样。"两下比较起来，当真洋大人的生命才是人的生命，华人的生命竟猪狗不如吗？外人贱视我已可痛心，媚外无耻的中国新闻记者们，遂亦尊人贱己到此地步，更是痛心极了！"③ 新闻记者必须具有硬骨头，要有威武不能屈的气概。陈独秀将新闻记者与军阀土匪进行比较说，军阀们强提路款，滥提盐款，强截捐税，种烟贩烟，这些举动我们当然应该反对，但《申报》记者因此责备他们不计日人

---

① 独秀：《临城事件与长沙事件》，《向导》1923 年第 30 期。
② 独秀：《临城案与侨日华工被杀案》，《向导》1923 年第 43 期。
③ 独秀：《临城案与侨日华工被杀案》，《向导》1923 年第 43 期。

反对，不顾外交约束，不问条约信用。"可见日人之反对，在这班新闻记者心中眼中，比在军阀心中眼中更为可怕；可见制中国人死命的什么外交约束什么条约，在这班新闻记者心中眼中，比在军阀心中眼中更应该谨守毋违。这班软骨头的新闻记者们，对于外人比媚外的军阀还要恭顺。"①《申报》又责备土匪随地掳劫，屡及外人；责备武官强迫开车，殴击洋员，因此"'外人''洋员'在这班记者心中眼中，都是神圣不可侵犯，中国人便是该死的奴才；所以临城案起，他们便如丧考妣的乱号，外人在上海打伤乐志华，在汉口逼死田仲青，王希天及许多华工冤死在日本，他们都闭着口一屁不放"②。陈独秀不无讽刺地说，中国幸而还有一班野蛮的土匪和军阀，偶然还无意识地冒犯冒犯外人洋员。若都像这班软骨头的新闻记者，外人洋员们在中国更是如在无人之境了！陈独秀对新闻记者"媚外"表现的批评，现在看来似有值得非议之处，但若放到当时中国共产党所确立的"训练产业无产阶级群众的阶级精神和阶级意识"与"帮助民族解放运动"的"职任"③的历史政治语境中，就容易理解了。

在中国共产党的发展历史上，陈独秀无疑是一位投下了巨大身影的人物。陈独秀曾被人称为"天才的政论家和善于发动群众的宣传员"，④其丰富的报刊宣传活动贯穿他一生的政治生涯，紧张的政治斗争需要他时刻保持着对新闻传播的密切关注，媒介批评自然成为他干预和利用新闻传播为其政治理想服务的重要手段，是他政治活动的一个重要而有机的组成部分。新闻在生产意识形态的过程中，具有很强的隐秘性和迷惑性，媒介批评的一个重要内容就是对新闻的内在意义进行点拨揭明，使读者了解，从而实现认识和思想上的一种新突破。陈独秀具有十分丰富的新闻工作经验，他对新闻的生产过程非常熟悉。在掌握了马克思主义阶级分析的认识方法之后，他对一般新闻报道的解读，往往能将新闻报道置于社会发展变化的宏大背景之中，从而超越一般孤立的就事论事的层次，提炼和归纳出

---

① 独秀：《新闻记者与土匪军阀》，《向导》1924 年第 56 期。
② 独秀：《新闻记者与土匪军阀》，《向导》1924 年第 56 期。
③ 《党内组织及宣传教育问题议决案——扩大执行委员会议决》（一九二三），《中国共产党新闻工作文件汇编》（上），新华出版社 1980 年版，第 13 页。
④ 引自中共中央党史研究室第一研究部《索科洛夫—斯特拉霍夫关于广州 ZF 的报告（绝密）》，《共产国际、联共（布）与中国革命档案资料丛书》（第一卷），北京图书馆出版社 1997 年版，第 59 页。

新闻报道所具有的政治意义。新闻世界是社会生活的缩影，每一条具体的新闻报道构成了一个意义开放的自足文本。新闻社会影响的发生和大小依赖于读者的阅读与对意义的感知，而解读新闻报道的意义需要读者在接受过程中进行填补式阅读。解读新闻的社会意义，借用新闻活生生的例子来说明、启发人民的政治意识和觉悟，争取广大的政治同盟军，是陈独秀媒介批评中惯常使用的手段。陈独秀又是一位复杂的人物，曾当选为中央局书记，中共第二、第三届中央执行委员会委员长，第四、第五届中央委员会总书记，等等，是中国共产党名副其实的创始人和早期重要领导者之一。1927年7月12日，中共中央改组，他被停止中央总书记的职务，后来蜕化为托派，其政治生涯往往令后人唏嘘不已。1919年9月，李大钊为欢迎陈独秀出狱曾专门赋诗安慰他："你不必感慨，不必叹息，我们现在有了很多的化身，同时奋起；好像花草的种子，被风吹散在遍地。"[①] 前人栽树，后人乘凉。在人类发展的历史上，先驱者的劳绩永远都值得后人铭记和尊敬。陈独秀在中国近现代媒介批评领域中的贡献也应作如是观！

第三节　蔡和森的媒介批评

　　蔡和森（1895—1931），双姓蔡林，名泽膺，字润寰，号和仙，学名彬彬，湖南省双峰县永丰镇（原属湘乡县）人。出生于上海江南机器制造总局一个小官员家庭，1899年春随母亲回到湖南家乡。1908年，蔡和森进永丰镇蔡广祥辣酱店当学徒。1911年秋，进入永丰国民初级小学，因年龄偏大，被编在三年级就读，1912年春，进入双峰高级小学读书，被编在第一班。1913年1月，考入湖南铁路专门学校，是年秋天，改名蔡彬彬，考入湖南省立第一师范学校。1914年3月，省立第四师范学校并入第一师范学校，原在四师求学的毛泽东转入一师，从此，毛泽东与蔡和森两人成了志同道合的好朋友。两人经常一起去板仓向老师杨昌济先生求教，讨论治学和做人的方法，稍后共同发起成立了哲学研究小组，请杨昌济担任指导。1915年秋，蔡和森考入湖南高等师范学校，编入专修科文学部乙班。陈独秀主办的《青年杂志》创刊后，杨昌济私人订购了数份，分送蔡和森、毛泽东等同学阅读。1918年4月14日，与毛泽东、萧子升等人创建

---

① 李大钊：《欢迎独秀出狱》，《新青年》1919年11月1日第6卷第6号。

新民学会。1920年1月，赴法国勤工俭学。为了解决语言问题，他买了一本法华词典，每天天亮就来公园看法文报纸，开始要花很多的时间去翻字典，后来虽然单词记多了，但仍是字典不离手。"公园里有个管理人员，称赞他这种勤奋好学的精神，主动地做了他的法文辅导老师。"①蔡和森通过几个月的猛看猛译，很快克服了阅读法文书报的语言障碍。1921年7月，蔡和森与工学世界社（即原勤工俭学励进会）成员开会讨论建立共产党的问题，在法国发起建党活动。1921年10月，蔡和森因领导留法勤工俭学学生斗争，被法国政府强行遣送回国。年底，蔡和森回国后，在上海经陈独秀等人介绍加入共产党，在党中央从事党的理论宣传工作。1922年5月，蔡和森当选为第一届团中央执行委员，开始主编团中央机关报《先驱》半月刊。在中共第二次至第六次全国代表大会上，连续当选为中央委员，长期担任中共中央机关报《向导》周报的主编。在他的努力下，《向导》的发行量由几千份很快增至数万份，最高时达10万份，成为当时社会中名副其实的革命向导。大革命失败后，历任中共中央宣传部部长，并曾兼任中共中央秘书长，经常为中央理论刊物《布尔塞维克》撰稿。1931年初，赴香港指导中共广东省委工作，6月因叛徒出卖被捕，年底英勇就义。蔡和森作为一位杰出的共产主义战士，理论建设和舆论宣传是他的基本工作内容和任务，而媒介批评则常常作为重要的一部分而有机地融入其中。

一

大众传媒影响着人们政治态度的形成和政治行为的选择。在政治变革阶段，各种政治力量对大众传播的利用，并不仅仅是将之作为评价社会发展程度的一项指标，更是投入其中并发挥作用的力量，因此，在现代社会中，政治往往以报刊作为开展的前提或舞台。"大陆龙蛇起，乾坤一少年。乡国骚扰尽，风雨送征船。世乱吾自治，为学志转坚。"② 这是蔡和森1918年6月组织赴法勤工俭学活动时，由长沙去北京的路上写的《少年行·北上过洞庭有感》诗里的几句，可以看出，他这时已经身许志在救国救民的政治活动中。其间他在给毛泽东的信中曾言及报刊："兄事已与杨师详切

---

① 中共双峰县委员会编：《蔡和森传》，湖南人民出版社1980年版，第61页。
② 中国革命博物馆编选：《蔡和森文集》，人民出版社1980年版，第20页。

言之，师颇希望兄入北京大学。弟以一面办报一面入学为言；师甚然之。前亚细亚报薛某者，今欲重整旗鼓，请师担任学术上之撰述，师颇有羞与为伍之意，辞之；然可荐言绍介，师言惟欲屈节。弟思大仁大勇，普渡众生，非入地狱不行，究无所谓屈节。尝与子升言，吾之积极思想，谓以吾国今日之情势，即倡优盗贼界中，亦须加入正人君子，况元勋报界乎？"① 此中流露出蔡和森对报刊工作者个人道德品行的评价。1920年9月16日，蔡和森曾设想创建共产党的基本步骤是："（1）结合极有此种了解及主张的人，组织一个研究宣传的团体及出版物。（2）普遍联络各处做一个要求集会、结社、出版自由的运动，取消治安警察法及报纸条例。（3）严格的物色确实党员，分布各职业机关，工厂、农场、议会等处。（4）显然公布一种有力的出版物。"② 显然，报刊在他组党的计划中处于一种基本抓手的核心地位。

蔡和森在法国期间，不仅通过报刊学习法文，通过报刊研究马克思主义理论，而且从国内订阅了《时事新报》《解放与改造》《建设》《新潮》《新青年》等报刊。1921年2月，在中国共产党建党前夕，他给《新青年》主编陈独秀写信，论及"马克思学说与中国无产阶级"时，曾经对国内报刊界进行如下评述："和森感国内言论沉寂，有主义、有系统的出版物几未之见（从前惟《星期评论》差善），至于各国社会运动的真情，尤其隔膜得很。甚想以我读书阅报之所得，作一种有系统、有主张、极鲜明强固的文化运动。意欲择定论机关之同趣者发表之。"③ 这种评价符合五四运动后国内报刊界的实际情况。五四新文化运动后，国外各种五光十色的思潮、主义、理论纷至沓来，但多是介绍性质，一时间还没有出现一种众望所归的主流理论。这也为马克思主义科学理论的传播，提供了一个可供人们进行选择和比较的时代环境与社会氛围。

蔡和森1921年底入党以后，在党内负责理论宣传工作，一个重要的工作就是评述各家报刊的报道，即通过媒介批评进行舆论的导向，阐释我党的立场和观点。1922年底，上海的《时事新报》和《商报》对于俄蒙问题颇多捕风捉影之谈，它们的论点大约有二：第一，以为苏俄国内的经济政策变了，所以对于中国的外交政策也变了；第二，认为俄蒙

---

① 中国革命博物馆编选：《蔡和森文集》，人民出版社1980年版，第1页。
② 中国革命博物馆编选：《蔡和森文集》，人民出版社1980年版，第71页。
③ 中国革命博物馆编选：《蔡和森文集》，人民出版社1980年版，第79页。

经济同盟是苏俄侵略蒙古。蔡和森指出:"关于第一点,我们要说两报的记者未免太外行了。"① 他认为苏俄新经济政策不过是为了发展社会主义的经济基础,巩固苏维埃政权的必要手段,换一句话说就是完成社会主义国家的政策,绝不是什么回辕返辙的俄国式幻术。他的外交政策虽然要随着新经济政策而变更,但宗旨则是为了世界革命和解放被压迫民族的顺利进行。他在柔鲁会议中"颠倒飞钳之外交手段"② 以及对于近东问题进行的抗议,就是他革命的势力渐渐胜过国际帝国主义势力的表征,即使他对于为英美日法等帝国主义傀儡的北京政府没有诚意,也许是外交上以诈对诈应有之能事,并无足怪。

关于第二点,蔡和森说"两报的记者未免太笑话了"。③ 因为像中国这样虽较蒙古进步一点的经济落后国家,将来还要望俄、德实力的帮助。现在俄蒙缔结经济同盟,是苏俄在舍己芸人,帮助弱小民族提高经济地位。苏俄无经济侵略与向外扩张的事实,《商报》10月23日评论所举的例证即足以反证:(一)俄若有经济侵略的余力,何至将乌拉尔阿尔泰四千方里地租于拉卡尔脱;(二)俄如欲求得天然资力为利用资本之地,西伯利亚平原所待开发者何限。然则可见它现在疲精耗力于蒙古,是在忠诚地援助弱小民族的解放。蔡和森认为两报论者若有诚心为中华民族前途计,应该自己明白上列错误的论点,其实是会被"怀疑而思中伤者"④ 所暗笑,仍当主张与苏俄携手,而不应为之摇首失望。蔡和森最后说,我们还要请教《时事新报》的记者:英、美、日三个帝国主义国家,如三个刚柔不同的强盗,你是主张专御一个(日本)而不防备其他两个(英、美),甚至主张与英、美联合。英、美帝国主义者不是要高叫"谢谢你的宣传"⑤ 吗?从而明确地点出了《商报》和《时事新报》有关评论的实质及其重大危害。

二

事物的本质往往深深地隐藏在表象的背后。媒介批评中的意识形态分

---

① 中国革命博物馆编选:《蔡和森文集》,人民出版社1980年版,第154页。
② 中国革命博物馆编选:《蔡和森文集》,人民出版社1980年版,第154页。
③ 中国革命博物馆编选:《蔡和森文集》,人民出版社1980年版,第154页。
④ 中国革命博物馆编选:《蔡和森文集》,人民出版社1980年版,第155页。
⑤ 中国革命博物馆编选:《蔡和森文集》,人民出版社1980年版,第155页。

析就是要揭示隐藏在媒介表象背后的事物本质，意识形态批评是媒介批评政治上成熟的表现。蔡和森善于运用阶级分析方法，通过对媒体报道和评论的解剖，揭示其背后的政治图谋和心机。北洋军阀政府时期，国内各派军阀的背后，都闪着帝国主义的幢幢鬼影。1922年11月，蔡和森专门撰写了《请看外国帝国主义在中国捣些什么鬼》一文，以揭露在中国一系列政治把戏背后帝国主义列强的存在，通过一连串"你看这是捣什么鬼"的疑问，提醒读者思考。其中的很多事件都牵涉到对报刊影响的分析和评价。例如："津派倒阁，报载背后有外交意味，在防止鲁案届期签字。你看是捣什么鬼？""现在在北京政府中最擅权的美国帝国主义顾问辛博森将运动打消英日同盟的底稿，付与京津《泰晤士报》发表。你看这是捣什么鬼？""京津《泰晤士报》、《字林西报》、《密勒评论》，以及其他外国帝国主义在中国的机关报，天天为陈（炯明）吴（佩孚）两军阀制造携手的空气；天天想挑剔中国人民对于苏维埃俄罗斯的恶感；天天制造空气，防止国民党帮助各处罢工，使他（国民党）不能与群众接触而缩小国民革命的势力基础。你看这是捣什么鬼？""外国帝国主义者看见中国近来劳工运动的潮流渐渐涨高了，于是他们一面赞美中国的旧行会制度，一面雇佣些基督徒到工会中宣传他们甚么'英美国际'，而且上海《泰晤士报》的记者，居然写信给一些招牌工会通殷诚。你看这是捣什么鬼？"[①] 一连串地提出多个"你看这是捣什么鬼"的疑问，蔡和森并没有完全给出答案，而是让读者自己思考，从而有效地引导着读者将不同的事件联系起来，从中寻找出某种共性，自己得出答案，可以产生更好的舆论引导效果。

  庚子赔款是中国近代史上的一大国耻。1900年，中国的义和团运动引致八国联军武力干涉。1901年9月7日，腐败的清政府与德、法、俄、英、美、日等11国驻华公使，在北京签订了《辛丑条约》，其中第六款规定，赔偿各国关平银4.5亿两，年息4分，分39年还清，本息合计982238150两（后因种种原因，中国对各国的赔款或减免，或停付，庚款的实际总额小于此数），若再加地方赔款，则逾10亿两，以关税、常关税和盐税作抵押，通商口岸的常关也归海关管理。从1909年起，美国将所得庚款部分退回，充作中国学生留美学习基金，随后，法、英、俄、比、意、荷等国也先后声明退回赔款余额，并订立协议，充作办理对华教育文化事业，或充作外国

[①] 中国革命博物馆编选：《蔡和森文集》，人民出版社1980年版，第174—175页。

银行营业费用和发行内债基金之用。庚子赔款部分退款在客观上有助于中国教育文化事业,所以当时很多国外报刊不吝赞词,大肆宣扬帝国主义国家对中国的好心和善意,很多国内报刊也不明就里,人云亦云。其实,这是一种为表象所迷惑的肤浅认识。蔡和森在《英国资本家退款兴学的用意》一文中,引述了《泰晤士报》驻北京记者的一篇文章,通过夫子自道的巧妙方式,揭露英国退款兴学的内幕:"《泰晤士报》登载北京访员发来劝英国退还庚子赔款充华人教育经费之文,略谓美所抛弃者,英国必不可再取之。移此兴学,既利人又利己。苟不牺牲,则在此世界最大商场与他人作振兴商务与谋取好意之竞争时,难保不受大影响。吾人无所行动以直接维持英人在华人中之势力,而美、法则以取诸中国之金钱,作大规模之宣传运动。"[1]《泰晤士报》记者的文章非常直白地说明了帝国主义国家用庚子赔款退款兴学的真实意图。蔡和森随后仅加上一句"这就是英国资本家退款兴学的用意"进行点化,一下子就使此前帝国主义国家报纸的宣传完全破功了。

在蔡和森看来,庚子赔款退款实质上并没有改变,只不过是对中国人施行的一种心理的侵略罢了。1923年4月,美国的《密勒氏评论报》刊文说,近来每一星期中,几乎必有一个国家宣布愿还拳乱赔款于中国之意。最近宣布的国家,是日本与比利时。日本议会于数日前延会时通过一议案,决以日本应得赔款用于中国文化事业,比利时的计划虽无所闻,但谅其目的亦必在用教育方法以增加该国在华的势力。英国如何利用此赔款,计议虽已逾一年尚未公布具体办法,预期亦是充作教育之用。"纵此以观,可知以后一切对华侵略,皆将以教育形式出之,各国皆以多教育中国男女青年为竞争,西方对东方之心理,从兹一变,斯诚大佳之事矣。犹忆一九零八年美国将其所得赔款第一批退还中国,一时在华各外报对美国大肆讥评,美竟为众矢之的。今苟能检出读之,当大有趣味。假令罗斯福而犹生存者,见彼所发起之还款兴学计划,数年前犹为侵略中国者所非难,今实际上已为参加各国一致赞同,则其欣慰尤为何如乎!"[2]《密勒氏评论报》记者的话隐隐有某种不平的醋意,却活脱脱地道出庚子赔款退款兴学的侵略性质。蔡和森指出:"西方美人对华独到之魔术,英日比帝国主义者翻

---

[1] 中国革命博物馆编选:《蔡和森文集》,人民出版社1980年版,第209页。
[2] 中国革命博物馆编选:《蔡和森文集》,人民出版社1980年版,第266页。

翩也要竞相学步起来，怎得不大起醋意！醋海兴波，率性把'对华侵略皆将以教育形式出之'的隐密暴露出来，'斯诚大佳之事矣'！我们读者应当谢谢《密勒评论》！"① 因为这是帝国主义机关报的一种自供状，故而更能使国人彻底认清帝国主义的真实嘴脸，更明白这些报纸为其母国利益摇旗呐喊、出谋划策的喉舌性质。

三

1922年11月，河南土匪张庆在当地绑架了几个美英传教士，旅居汉口的一些外国商人召开了万国公民大会，电请各国政府质问中国当局有无担保外人生命财产的能力。他们一度与在汉口开会的商联会联系，派人赴上海，与中国工商界代表共同提出消灭军阀、建设宪法政体、妥管国家财政等建议："吾人有此确定提议，即要求各地商会、中西舆论界、公私团体及个人，尽力造成公共舆论以达此目的。"② 于是乎上海中外资本家以"主权""自动"的名义发出了一波裁兵运动的呼声，但英美机关报还以为不足，居然主张"革命"。1922年12月16日的《字林西报》刊出论说云，今日之事，非枝枝节节剿除匪党的问题，而是从根本上肃清乱源的问题。前数星期之事大损中国体面，凡自爱的中国人既深知大损国体，当能唤醒彼等为一致有力的群众运动，使军阀政客不能不俯首听命。中国舆论断然业已激起，惜尚不即为急剧之行动。当满清的时候，中国人民具有此种确实的权利；民国成立，此权利似已消灭。苟不恢复，则中国之共和制度永为世界民治主义中之最大笑话。③ 蔡和森针对《字林西报》这一论说进行批评到，当《字林西报》——英国帝国主义在华的机关报——的记者说这些话的时候，仿佛他是一个主张中国革命的民主主义者，仿佛他忘记了十年以来英国帝国主义妨害中国民主革命的历史，仿佛他忘记了最近两月《字林西报》屡次劝告中国资本家脱离国民党（因为共产主义者的加入）的破坏宣传。他指出："这不是《字林西报》记者的善忘，也不是英美资本家的善忘；但是他们要用这个新方法——华盛顿会议的产物——把中国

---

① 中国革命博物馆编选：《蔡和森文集》，人民出版社1980年版，第266页。
② 参见《申报》1922年11月27日。
③ 转引自中国革命博物馆编选《蔡和森文集》，人民出版社1980年版，第204页。

幼弱的资产阶级集中于他们号召之下,准备将来代他们掌握中国的政权。这就是帝国主义在殖民地政治运动中的新形式。"① 这就从根本上揭穿了《字林西报》论说的意识形态实质。他希望还具有"主权""自动"意识的中国资本家不要受外报的蒙骗,团结在中国国民革命党的旗帜之下,以完成推翻帝国主义压迫的重大任务。

1923年1月9日,《申报》发表主张关税自主短评:甚矣主权不可属于人!区区一关余耳,既留意抵到期不付的外债,复留以拨争持不下之赔款,且即以庚子赔款言,在我方以参战微劳,欲求为无期之展缓,而五国促请注意到期之咨催,几若丝毫不容展缓者。今更以金法郎之争持,致十一年关税余款,政府虽欲希望稍拨,而不可如何。足见主权之所在不容轻让于外人。而奈何方饮鸩自甘,日夕以客卿代管为得计?曩昔之越俎姑置勿论,近更进而不已,且将实行新税则,另由债团照会,谓今后外债未结清时,无论何用途中国政府不得肆意指拨。"夫以明明我国固有之关税,而公然假债团之名,行共管之实,以此日代管关税之客卿,异时即司监督外债之职责,且甚其词曰不得肆意指拨,果置我国主权于何地乎!此更足以见久假不归之非计矣!"② 要求关税自主,以维护中国主权。对《申报》的短评,蔡和森加了一个"关税自主与外人代管"的标题,在引述该篇短评以后,他批评道:"这个短评很不错,很足以表现上海一部分商人的民族精神!"③ 对《申报》表现出的民族主义精神给予了称赞和鼓励。《申报》作为一家具有一定爱国意识的报纸,确实在很多时候能够站出来为民族大义鼓与呼,维护国家的正当权益。

中国共产党成立后,为了建立反帝反封建的革命统一战线,1922年7月党的二大上就提出了与国民党合作的设想,后来采取了共产国际驻华代表马林的倡议,决定采取党内合作方式与国民党建立革命统一战线,即共产党员、青年团员以个人身份加入国民党,把国民党改造成为各革命阶级的联盟,加入国民党的共产党员仍保留一定的独立身份。在双方合作的过程中,国民党内部一直存在着排挤共产党的右派群体。由国民党创办的《民国日报》虽然在新文化运动时期,有过一段时间宣扬马克思主义和社

---

① 中国革命博物馆编选:《蔡和森文集》,人民出版社1980年版,第204页。
② 转引自中国革命博物馆编选《蔡和森文集》,人民出版社1980年版,第231页。
③ 中国革命博物馆编选:《蔡和森文集》,人民出版社1980年版,第231页。

会主义相关理论知识、反对无政府主义的进步表现，但该报自创刊以来就深深地与政党利益相关联，在政党派别斗争的影响下左右沉浮，是政党力量角力的一个汇聚点。《民国日报》长期由叶楚伧担任总编辑，叶氏在政治倾向上是国民党右派，他的这种政治倾向，也必然时时渗透在《民国日报》的日常传播内容之中，因此，《民国日报》也常常成为共产党人批评的重要对象。在1924年上海南洋烟草职工罢工活动中，《民国日报》不仅对工人罢工活动态度消极，而且时有破坏、拆台的举动。当时，高君宇曾撰写专文《南洋烟厂罢工与上海的报纸》，批评该报"不根据国民党的政纲来援助此次罢工"① 的行为令人奇怪，呼吁该报进行检讨。蔡和森也在《南阳烟草资本家打破罢工之恶辣手段》一文中，认为《民国日报》大登特登被资本家收买的职工同志会所发表的启示，"一方将此次工人阶级与资本阶级的争斗变成为工人与工人的内讧，一方从保护资本家的法律上根本取消此次罢工的根据"②。他警告该报：国民党改组宣言政纲上大书特书拥护工农利益，要为工农利益而奋斗，现在你们不断登载替资本家助虐的广告，而且越登越凶！这显然已经证明了："《民国日报》本身已向国民党宣言政纲上拥护工人利益，为工人利益而奋斗的一条，宣布叛逆！"③ 痛斥该报蜕化变质，成为革命的叛徒。

四

1923年4月，美国人主办的《密勒氏评论报》发表了一篇关于对华态度的论文，其内容大略谓：在中国发行的外文报纸，为数颇夥。近来此等报纸除少数外，其批评中国的语词皆极为不满，所持理由为拖欠外债、保持冗兵、纵容盗匪、漠视条约等。除报纸以外，各种外国人团体也有很多通过议案，指斥中国；有些外国人在公共场所或私宅谈话，亦多杂以批评中国之语。近日北京外国人在宴会席上的一些议论，至少当有十分之九的是讥讽责备国会内阁军阀等者，则可断言之。对于此等批评，华人自然知之。那么，彼等听后有什么感想？有没有受其影响呢？记者欲知其究竟，

---

① 君宇：《南洋烟厂罢工与上海的报纸》，《向导》1924年第83期。
② 中国革命博物馆编选：《蔡和森文集》，人民出版社1980年版，第650页。
③ 中国革命博物馆编选：《蔡和森文集》，人民出版社1980年版，第651页。

近曾以质直之语问答于华友云:"君对此外人批评之意见若何,中国又将若何对付之乎?"被问的第一个人为一位银行家,曾在外国留学,担任某一家有势力银行的经理,历有年所。问答之始,提及与中国久有商业关系的某国报纸批评中国之语,此君的回答是:"彼所说我国情形,吾人自知之。但彼国百年来在华获利已多,今中国遭此艰境,彼稍感不便,谅能忍受。中国商人银行家尚能忍痛奋斗,向前进行,外人乃不能少安毋躁耶?"第二个人是一位新闻记者,常常向外报投稿,过去在官办学校学习,未尝出洋。答语为:"凡此外人批评,有一切实效果,即使中国各界领袖益加决心,谋使中国脱离外国控制,吾人今正依此旨而进行,必全脱外人势力羁绊,使中国被尊重而后已。"此君虽然未言如何达到这个目的之方法,但我相信其确为由衷之言。第三个人是一个在日本学堂学习的毕业生,现在执业于银行界和商界,他是一个持反对裁兵论者,他的话尤其值得人们深思玩味。他的回答语是:"近来中外人士盛唱裁兵之说,吾顷游东三省,乃悟吾国不当裁兵,特须淘汰老弱耳。今之问题,不在裁兵,乃在设法控制军队而善筹军费,中国欲为独立之国,非尽保存现有之兵不可。裁兵之说独盛于中国,然彼为世人尊重之各国,非保有陆军海军,即具有随时可以召集军队之组织,是固吾人所知也。"该报记者说,因为众所周知的原因,虽然不能举出上述诸人的姓名,但此三人,外人多知其名,他们的意见可代表中国智识界,具有甚大势力。吾人味此三人之言,可悟一事,即从前处置中国的方法,今日已经不再适用了:因为中国已不复如以前那样易受恐吓。"曩时欲恫吓中国政府只须在外报上登一论文或纪事,华人即知为出于北京某使馆或某商埠某国领事之指使,至北京政府接到一外交公文,辄如受电震;今则外报之批评论文,殆已绝少效力。"[1] 由美国人主办的《华北明星报》近有一文论及此事,其言绝智,大致谓世界大势变迁,中国情形随之而变,在华外商应该熟察中国政局,以调整其商业事情,庶免铸错。中国今日政治问题,与曩昔不同,且与一两年前异。故处置之道亦当更新,不可拘守旧法,徒取纷扰。可谓中肯之谈。然则吾人将取何态度乎?此天然之问题也。对华国际银团中美银团代表司提反氏最近曾经表示他的意见说:中国目前的困难,非恢复帝制或外国干涉或拥戴一强有力之人物以民治之名施专制之实所能解决。欲救中国,只有发展中国民意一

---

[1] 中国革命博物馆编选:《蔡和森文集》,人民出版社1980年版,第264页。

种方法，但发展民意，非徐徐从教育上做工作不可。今日世界中无一权力能迫中国裁兵或还债，无论其近邻远邻，皆无此大力。

蔡和森引述《密勒氏评论报》该文后讽刺地说："这篇百看不厌的绝妙文章，不仅那三位代表中国智识阶级的先生所说的话——很足表现中国民族自觉的精神——饶有趣味，我们体察外国帝国主义者觉悟到'从前处置中国之方法，今日已不适用，中国已不复如前之易受恐吓'而亟思换用新的欺骗方法，更觉饶有趣味！"① 他借机引申道，《密勒氏评论报》记者虽然不便将他们的新方法很具体地说出来，但是他既然引用了司提反的话，我们更不妨替他引用曾经做过英国驻华公使的朱尔典最近发表的话作个补注。朱尔典说的话在4月11日的上海《申报》上有记载："中国全部经济生活大受兵害，华人商会已发起裁兵运动，并请外邦友人合作，以期达其目的，英美舆论颇为中国所重视，今英国之注意中国裁兵运动，当无异于以有力之兴奋剂给与发起此种运动之商界代表也。"② 他明确指出：外国帝国主义者知道军阀势力快要崩溃了，纵然由他们不断地向其供械借款，左顾右盼，急于觅得将来代其统治中国的代理人，于是就注意到了中国幼稚的资产阶级，就想在中国造成一种能够最终控制中国国民的运动。他们表面上假惺惺地替中国高唱打倒军阀，实际上是只教京沪及各地商人喊喊口号，"点名就是裁兵"③。所以剖破他们对华的鬼胎，不过是在为军阀与资产阶级之间的合作拉纤牵线，建立附属于他们的封建资本制度，"这就是他们所视为稳固而可靠的殖民地政治，也就是他们今后对华的新方法"④。蔡和森通过强调《密勒氏评论报》是"美国帝国主义在华的机关报"这一身份，通过其口揭露帝国主义国家侵华方法的变化，显得更为真实可靠，其关于该报是帝国主义者侵华工具的论断，也就更为有力。

在中国共产党建党初期，中国共产党几乎把创办党报作为党的主要工作来抓。通过报刊去宣传主义、研究理论、阐释和推广党的纲领路线，党的主要领导人几乎都躬身其役，这在蔡和森主编时期的《向导》周报上，有着突出而鲜明的表现。在他的努力下，《向导》周报紧密结合当时的国

---

① 中国革命博物馆编选：《蔡和森文集》，人民出版社1980年版，第265页。
② 中国革命博物馆编选：《蔡和森文集》，人民出版社1980年版，第265页。
③ 中国革命博物馆编选：《蔡和森文集》，人民出版社1980年版，第265页。
④ 中国革命博物馆编选：《蔡和森文集》，人民出版社1980年版，第265页。

内外政治形势，用马克思列宁主义的观点、立场和方法来评论时政，观察敏锐、反应迅速、旗帜鲜明、战斗力强，在宣传我党的纲领和路线方面发挥了极大的议程设置和舆论引导作用。他善于从政治的角度去分析和评价媒介及其传播现象，挖掘其背后的深层次的阶级原因。他的评论笔锋十分犀利，不仅逻辑严密，而且论证巧妙，善于从个别中概括出一般，例如他在《向导》周报第109期的《安福政府对于舆论的摧残》一文中，列举安福政府在旬日之间，就封禁了北京《民国日报》，控告《世界日报》，逮捕某通信社记者，检查新闻电报，没收《现在评论》等事实，归结一句"大有秦始皇焚书坑儒之概"。[1] 痛批北洋军阀政府摧残舆论的暴行，真是入木三分，令人有痛快淋漓之感。他的媒介批评往往借助相关媒体的新闻报道设题命意，使论证建立在可靠信实的材料基础之上，因而往往具有无可辩驳的说服力。共产国际代表马林曾热情赞扬蔡和森："他不只是一名优秀的编辑，也是一名富有才干、影响力的马克思主义宣传家、理论家。"[2] 在媒介批评领域，蔡和森无疑也当得起这一评价。

第四节　邓中夏的媒介批评

邓中夏（1894—1933），原名隆渤，又名康，字仲澥，湖南省宜章县人。出生于一个破落的官宦家庭。父亲邓典谟，1902年中举，当过省参议员、县长、国务院主事等职，旧学功底很深，因此，邓中夏从小就接受了中国古典文学的教养。1901年，邓中夏发蒙于族办私塾。1911年后，相继在县办小学、衡阳中学、郴县中学读书。1915年考入长沙湖南高等师范学校文史专修科，深受在该校兼任教职的杨昌济先生的欣赏。在去杨家请教时，结识了在第一师范的学生毛泽东，二人常在一起讨论国家大事。1917年，邓中夏随父入京，考入北京大学文学系。在北大学习期间，他最崇拜李大钊和陈独秀两位教授。在李大钊的引导和十月革命的鼓舞下，他开始研究马列主义，并积极投入当时的反帝爱国斗争，成为学校中的运动积极分子，参加《国民》杂志的编辑工作。1920年11月7日，邓中夏参加编

---

[1] 中国革命博物馆编选：《蔡和森文集》，人民出版社1980年版，第733页。
[2] 中共中央党史研究室第一研究部编译：《共产国际、联共（布）与中国革命档案资料丛书》（第二卷），中共党史出版社2007年版，第331页。

辑北京共产主义小组主办的通俗性工人刊物《劳动音》，在工人中宣传马克思主义。1922年5月当选为中国劳动组合书记部主任，协助创办《工人周刊》。1923年8月，被选为中国社会主义青年团中央执行委员会委员。1923年10月，参与创办《中国青年》杂志，撰写有关中国工人、农民运动及倡导革命文学的工作。1925年在广州领导省港大罢工，主编罢工委员会机关报《工人之路特号》，1930年7月任中华全国总工会宣传部部长。1932年秋，担任全国赤色互济总会主任兼党团书记，从事国民党统治区的地下工作。1933年5月，被国民党当局逮捕，同年9月21日在南京就义。邓中夏是中国共产党早期著名的理论家之一，他对新民主主义革命理论的形成作出了贡献。邓中夏较早地明确提出了无产阶级在民主革命中的领导权的思想。1923年到1924年，邓中夏先后在《中国青年》、《平民》周刊、《中国工人》等报刊上发表文章，在分析中国社会各阶层的特点之后，提出只有无产阶级有革命到底的精神，只有它配做国民革命领袖的观点。在邓中夏的宣传活动中，有一部分是对当时报刊新闻传播现状的分析和评述，属于早期中国共产党人媒介批评的一个重要组成部分。

一

五四运动后期，《新青年》杂志编辑群体开始分裂。陈独秀南下上海，已经接触到共产国际人物和思想，《新青年》的内容逐渐靠近共产主义理论，政治色彩日益鲜明，胡适在企图影响《新青年》办刊方向回转的努力不成后，遂于1922年5月7日在北京创办了《努力周报》。这是五四之后北方知识界又一份著名的以论政议事为中心的同人刊物，胡适对其寄予了很大希望。他为该刊专门写了一首白话诗《努力歌》作为发刊词，诗云：

"这种情形是不会长久的。"
朋友，你错了。
除非你和我不许他长久，
他是会长久的。

"这种事要有人做。"
朋友，你又错了。

你应该说,
"我不做,等谁去做?"

天下无不可为的事。
直到你和我——自命好人的——
也都说"不可为",
那才是真不可为了。

阻力吗?
他是黑暗里的一个鬼;
你大胆走上前去,
他就没有了。

朋友们,
我们唱个《努力歌》;
"不怕阻力!
不怕武力!
只怕不努力!
努力!努力!"

"阻力少了!
武力倒了!
中国再造了!
努力!努力!"①

该刊内容以讨论政治问题为主,曾在第 2 期发表胡适、梁漱溟、王宠惠、汤尔和等 16 个人签名的《我们的政治主张》一文,提出好人政府的主张,宣扬资产阶级改良主义,与中共二大所提出的政治纲领形成了尖锐的对立,势必受到中国共产党人的批判。当时,周恩来就曾在《少年》杂志上发表《评胡适的〈努力〉》一文,提出胡适以为在世界帝国主义和军

---

① 胡适:《努力歌》(发刊词),《努力周报》1922 年第 1 期。

阀的支配之下便可建立好人政府，实现其政治主张，完全是一种不切实际的梦想，其妥协的统一会议主张以及联省自治的办法，都是些不落实的空话，"不但徒劳无功，且更阻止革命的发展"①。1923年10月，在《努力周报》自动停刊之后，邓中夏在1923年11月3日出版的《中国青年》第3期上，发表了《〈努力周报〉的功罪》一文，对《努力周报》的功与过进行了简短的回顾和述评。

邓中夏在文中指出，《努力周报》现在已经停刊了。我们此时正不必苛责胡先生等并未实践其"干干干"的宣言，我们也不疑心他们是一个投机派，我们还该哀矜勿喜地认识到在现时反动势力登峰造极的政局下，凡是国民皆无言论出版的自由权，其停刊是多么可羞愤的一件事！《努力周报》出世后，曾博得一部分人的叫好，同时又博得一部分人的痛骂，平心而论，它最近几月把张君劢、梁漱溟的东方混乱思想打倒，究竟值得我们表同情。可是它不知分析实际政治，最可惜的是它公然与美国花大价钱雇派的许多牧师、记者、侦探、顾问等向我们所做的亲美宣传一鼻孔出气，武断地说中国现在已没有很大的国际侵略的危险，公然认定封建军阀局势之下有实现好政治的可能，高唱一种前不见古人后不见来者空漠无涯的什么好政府主义；公然唱出破坏民主革命的论调，请孙中山下野，并恭维陈炯明驱逐孙中山是一种革命行为。"这样言伪而辨，未尝不麻醉一部分人的神经，紊淆一部分人的观听。其所造罪恶并不在梁启超章行严之下。"②既客观地指出《努力周报》的功劳，也毫不客气地指出其错误乃至罪责，显得较为公允持平，颇能令人信服。

邓中夏在党内以从事工人运动的实际工作知名，但他善于从理论上总结工人运动的实践经验，非常注重工人运动的理论宣传工作。1924年3月22日，他在《论劳动运动》一文中就曾指出，从前做劳动运动的人，都只做两种工作：一是组织工作，一是援助罢工，完完全全是引导劳动者向纯经济的斗争的道路。"固然这种工作，不能说是完全错误，不过经济的斗争，如不先得到政治的自由，如集会结社言论出版罢工之绝对自由权等的何能顺利的达到目的。"③ 他说，请看这几年内所有的工会解散与罢工失

---

① 飞飞：《评胡适的〈努力〉》，《少年》1922年12月15日第6号。
② 中夏：《〈努力周报〉的功罪》，《中国青年》1923年第3期。
③ 中夏：《论劳动运动》，《民国日报》副刊《平民周报》1924年3月22日第2号。

败,哪一次不是受了政治的压迫所致!所以现在有些头脑不佳的人说只问面包,不问政治,实在是有损于劳动解放的最终目标。况且就中国目前状况而论,我们如从全体着眼,不论任何民众,都应该先做政治革命的工作。"政治革命成功了,独立的自由的真民主国成立了,我们的特殊问题才能有相当的解决。所以现在做劳动运动,应视文化之提高和政治之宣传,为唯一的工作。"① 如果不首先从政治宣传入手,那么最后必然还将招致失败。

传单作为一种印成单张散发的宣传品,一直是一种重要的传播媒介,具有很强的宣传鼓动作用。1925 年,邓中夏在总结上海日本纱厂罢工经验的时候,就把"传单得力"列为其中重要的一条。他总结说,罢工活动中有对内和对外两方面的工作。这次大罢工,对内尤难于对外。因为罢工群众很多,而平日组织和训练又很欠缺,不能安内,何以攘外?虽然工钱领得,目前生活不成问题,然而一时激于义愤而随众罢起工来了,及至回家蒙头一想,人人心目中不免引起一个"罢工期间取不得工钱""罢工失败停掉生意"种种的恐慌,况且家人的交谪、厂家的恫吓、走狗的挑拨等,更是纷至沓来,怎么不人心惶惶?此时镇定军心和鼓励士气就是当前的大问题了。"固然此时工会每日要将消息和办法揭条宣布,并要寻事给群众做(群众是不甘寂寞的,故必有事做,但切忌天天雷同,不知变化),使群众不致因无指望或无事干而怀疑、冷淡以至于颓唐。"② 然而关于道理的解释,谣言的揭破,消息普遍的流传,厂方弱点的露布,等等,这些往往都要依靠文字性的传单。所以,"传单可说是罢工战线上的子弹,一日没有他,人心便恐慌起来了"③。他特别强调,传单要注意简单明了,最好是用工人自己的话。发传单时要注意盖章,并要求纠察向群众说明,以免敌方有传单来时,鱼目混珠,扰乱工人群众的观听。

二

1923 年 12 月下旬至 1924 年初,时任中国社会主义青年团中央执行委

---

① 中夏:《论劳动运动》,《民国日报》副刊《平民周报》1924 年 3 月 22 日第 2 号。
② 《邓中夏文集》,人民出版社 1983 年版,第 111 页。
③ 《邓中夏文集》,人民出版社 1983 年版,第 111 页。

员、组织部主任的邓中夏，作为团中央的特派员，曾由上海出发，对北京、保定、天津、济南等地进行了工作巡视。返回上海后，邓中夏写了一篇长文《北游杂记》，部分连载于《中国青年》周刊第 14、15 期和第 18、19、20 期上，其中有一节标题为《北游杂记——上海的报纸》，"对上海的报纸做了生动、深刻的评述"①。值得注意的是，这节内容不仅单独成文发表在《中国青年》1924 年第 1 卷第 19、20 期上，还以《上海的报纸和通信社》为题发表在 1925 年《图书馆》杂志的创刊号。与在《中国青年》上的文章相比，不仅标题有所不同，而且发在《图书馆》上文章的开头也多了如下几句："上海为我国文化产生的地方，报纸发行也是最早。听说现在上海有大小报纸三十余种，这是出版界自然的趋势，所以此番我来到上海，首先要晓得报纸的内幕怎样，于是去访问熟悉沪报的好友吴君说：'现在的报纸多极了，我们青年们如不明了各报的底蕴，往往受其反动宣传而不自知。但是我居沪不久，还不知道十分详细。'上海号称大报的十几家，把它报各主笔经理内容开办历史销数能知道的约略奉告。"② 以下是对上海各家报纸的述评，但没有通信社的相关内容。《中国青年》的《北游杂记——上海的报纸》一文没有前述的话，其开头是："吴君又说：'现在的报纸多极了，我们青年们如不明了各报的底蕴，往往受其反动宣传而不自知。你能为我一道上海报的详情吗？'我说：'能。但是我还不知道十分详细。'"③ 显得有些唐突。两者不仅发表时间相距 15 个月，且口吻也不一致。《图书馆》上的吴君是提问者，作者是回答者，而《中国青年》中的吴君则是回答者。据有关研究者考证，这位"吴君"可能是吴先瑞，时为中国劳动组合书记部北方书记部工作人员，与邓中夏是湖南同乡，1923 年时为中国社会主义青年团团员。④ 比较而言，《中国青年》上的叙事口吻更符合邓中夏当时的身份和情况，因为邓中夏是在 1923 年 2 月"二七大罢工"失败后才去的上海，符合对上海报纸知道一些但又不十分详细的情形，但无论怎样，此文都应属于邓中夏所

---

① 李继华：《1923 年底邓中夏的北方之行考辨——以邓中夏的〈北游杂志〉为主要依据》，《上海革命史资料与研究》第 12 辑，上海古籍出版社 2012 年版。
② 中夏：《上海的报纸和通信社》，上海图书馆协会：《图书馆》1925 年 6 月 1 日创刊号。
③ 中夏：《北游杂记——上海的报纸》，《中国青年》1924 年第 1 卷第 19 期。
④ 参见李继华《1923 年底邓中夏的北方之行考辨——以邓中夏的〈北游杂志〉为主要依据》，《上海革命史资料与研究》第 12 辑，上海古籍出版社 2012 年版。

撰写的一篇媒介批评文本。

邓中夏在《上海的报纸》中,共述评了《申报》《新申报》《新闻报》等10家号称大报的上海报纸。对每家报纸的述评有详有略,但对该报经理人、总编辑、已开办年限和销数等基本信息都有介绍。他述评资格最老的《申报》时,认为《申报》"表面上虽标榜不带党派,系纯粹营业性质,实际上却不是那么一回事。他不仅是苏社的喉舌机关,而且暗中常与各实力派相结托。不过他编辑新闻的方法颇巧妙,故虽对实力派帮了忙,外人亦不十分看得出来"①。他批评《申报》的社论模糊、模棱,自诩为老成,其实是滑头,但有时亦含有不少的暗示作用,如对上海警长问题的论说尤其显著。关于《新申报》,邓中夏批评该报与浙卢有关。许建屏名为总经理,实权在关云龙之手。"他的态度,现在反直。"②邓中夏批评美国人福开森主持的《新闻报》是一家注重经济新闻的报纸。该报的政治倾向,因福开森为总统府顾问,所以历来都为当局帮忙,"有'府派报'之称。近来颇为隶系和赵恒惕陈炯明说好话。章行严近在此报作文,呜呼哀哉得很"③!指出该报其实发言立论也有很鲜明的政治立场和利益依归。

对由邵力子为总经理、叶楚伧为总编辑的《民国日报》,在叙述了该报的创办过程及其表现后,批评该报因为是革命的国民党的机关报,自然以反抗反动政治为唯一职责。因中国政治不过由君主专制变为军阀专制,北洋军阀执政虽然迭为废兴,而军阀专制政治的实质仍未稍改,故该报反袁、反段、反直,"始终未离开他革命的地位"④。他也同时指出该报自五四运动而后,极力提倡新文化,不过在经营方面,因发行不善,故销路不甚广,从而限制了作用的发挥和影响的扩大。对由研究系创办的《时事新报》,邓中夏特意指出研究系的前身为保皇党,"反对革命,赞成立宪,至今他们的旧性根还未全改。入民国后,他们始终与军阀相结托,联袁,旋又叛去;联段,旋又离异。态度变幻,反复无常"⑤。即如当此全国反曹及否认伪宪时,该报虽不敢明目张胆地捧曹,却大唱休养十年、预备三年的论调,又鼓吹宪法付国民投票解决的主张,欲以变更国人观听。其

---

① 中夏:《北游杂记——上海的报纸》,《中国青年》1924年第1卷第19期。
② 中夏:《北游杂记——上海的报纸》,《中国青年》1924年第1卷第19期。
③ 中夏:《北游杂记——上海的报纸》,《中国青年》1924年第1卷第19期。
④ 中夏:《北游杂记——上海的报纸》,《中国青年》1924年第1卷第19期。
⑤ 中夏:《北游杂记——上海的报纸》,《中国青年》1924年第1卷第19期。

司马昭之心不问可知。当新文化风动全国时，该报张东荪也曾为新文化运动大卖力气，一度热情地鼓吹社会主义，故而当时青年人对该报颇为向往，"谁知从他的老师梁启超自欧归国后，态度突然一变，仍然恢复从前的样子？今则有识的青年皆不为其所欺矣"[1]。披露张东荪立场反复的深层原因。

对做信托股票生意的商人汤节之创办的《商报》，邓中夏认为汤节之乃是一个有头脑、政客式的商人，颇能代表当时上海新兴资产阶级的利益。1923年汤因命案下狱，该报转售于宁波人李征五。李曾隶籍国民党，因此"他可说颇能名副其实。其社论往往有真能代表新兴资产阶级的见解及要求，论议颇为严肃警策，在现在上海各报中当居首要地位。反直，反帝国主义，赞成国民革命，亦空谷足音也"[2]。邓中夏感叹地说，可惜中国新兴的资产阶级太幼稚，实际还赶不上国民革命的需要步伐，未免空费记者一片苦心了。对原来由康有为支持创办起来的《时报》，邓中夏对该报的评价是："曹锟贿选以前，颇有反直色彩，据说系与浙卢有关之故。然他又作怪，近来又趋向于直系了，他对陈烟明亦有好感。《时报》原有极好地位而不善为保持，以致反落《申报》之后，论者惜之。"[3] 他还特别惋惜该报现在因反对白话，导致其学界的根据渐失，影响力有日渐式微的趋势。关于《中华新报》，邓中夏批评该报为政学系机关报，"政学系之重要人物为张耀曾李根源谷钟秀杨永泰章行严等，其所拥戴的首领即岑春煊宫保。政学系在南在北的政绩颇为人诟病。总之：反革命的心理并不在研究系以下。政学系与研究系为中国两凶，至今则其势浸微"[4]。邓中夏同时也中肯地评价该报社论近亦颇有严肃警策之作，不可以其党而废其言。尤其是新闻编得极好。上海报新闻编得好的以此家为第一，《商报》次之，而其余皆不及了。邓中夏评价《神州日报》虽由国民党元老于右任手创，但后来此报易主甚多，无明确一贯的态度可言，所以在上海各大报中，已经是自郐以下，殆无足观了。而对《中国晚报》，邓中夏在介绍了该报主人和销数后更是未置一词。大概是在他看来，该报虽然号称大报，其实在读

---

[1] 中夏：《北游杂记——上海的报纸》，《中国青年》1924年第1卷第19期。
[2] 中夏：《北游杂记（续）——上海的报纸（续）》，《中国青年》1924年第1卷第20期。
[3] 中夏：《北游杂记（续）——上海的报纸（续）》，《中国青年》1924年第1卷第20期。
[4] 中夏：《北游杂记（续）——上海的报纸（续）》，《中国青年》1924年第1卷第20期。

者中并没有什么社会地位和影响力，根本是不值得一评。

三

邓中夏发表在《中国青年》1923年第1卷第6期的《中国现在的思想界》一文，对当时报刊上的思想流派进行了分类和批评。他认为在数年前新文化运动兴起时，虽然有几个卫道的老顽固者如林琴南之流曾经一度起来进行顽抗，只是他们的抵抗弱不禁风，不久就如秋叶一般零落得不像样子了。新文化运动从此便一帆风顺，颇有定于一尊的大趋势，自然不能不惹人侧目而视、侧耳而听了，自然免不了又惹起一些人为之而愤愤不平了。这些人最后终于按捺不住，迫不及待地明目张胆地跳出来说话。这一班新兴的反动派，就是所谓的东方文化派。这一派的领袖人物，就是梁启超、梁漱溟和章行严等人。

邓中夏揭露说，他们十分狡猾，知道仅仅是提出东方的旧古董来，恐怕不能博得青年们叫好，于是不得不翻个花样，好搅乱青年们的眼花，麻醉青年们的神经。东方文化派内又可分为三系：梁启超、张君劢、张东荪等为一系，梁漱溟为一系，章行严为一系。这三系翻的花样，各有路数，互有不同。比如，梁启超一系，底子上虽然是中国的思想，面子上却满涂着西洋的色彩，他们虽然大讲玄学，却又把西洋的玄学鬼如柏格森的直觉、倭伊铿的精神生活、欧力克的神经元素等，都搬来作他们的幌子。梁漱溟一系，底子上虽然是七分印度思想三分中国思想，面子上却说西洋思想亦有其地位。他凭借着个人的主观，炮制出一个系统的文化轮回说，断定现在是西洋文化的时代，接下来便是中国文化复兴成为世界文化的时代，再接下去便是印度文化复兴成为世界文化的时代。章行严一系的底子亦是中国思想，他的文章所引的证据，十之八九是中国经史，特别是从《古文辞类纂》中引得最多，不过面子上有些时候却花花絮絮地涂着些西洋的色彩，他已经取得了欧化通的头衔，现在更索性赤裸裸地连西洋色彩也抹掉了，公然高唱什么农村立国论，劝中国人恢复数千年旧观，不必趋重工业，以免再蹈欧美的覆辙；公然劝中国人兴礼节欲，返璞归真，作羲皇上人。

邓中夏指出：东方文化派的这些论调，由于披上了一些西洋的油彩外衣，因此颇具有迷惑性，"这些花样，青年们一不留神，真容易被他们搅乱了眼花，麻醉了神经"①。他们的一个特点是敢于明目张胆地作战，比如1921年上海开发实业应采何种主义的论争，1922年北京科学与玄学的论争，现在上海农业国与工业国的论争，便是他们和新文化运动最显著最起劲的恶战，都已经显示出这一点来了。

邓中夏指出，新文化运动后来也分了家，演化成两大派别：一个是科学方法派，一个是唯物史观派。前者的代表人物是胡适之、丁文江、杨铨等人，后一派的代表人物则是陈独秀和李守常等人。科学方法派大多受过科学方法的熏陶，他们的态度，第一步是怀疑，第二步是实证，强调依靠证据说话。他们的主张，是自然科学的宇宙观，机械论的人生观，进化论的历史观，社会化的道德观。其中杨铨（杏佛）是社会科学出身，他专门攻击章行严。唯物史观派也是根据科学，也应用科学的方法，与上一派原无二致。"所不同者，只是他们相信物质变动（老实说，经济变动）则人类思想都要跟着变动，这是他们比上一派尤为有识尤为彻底的所在。"② 另外，唯物史观派现在不仅在努力从事文字宣传，而且还积极开展实际活动。

邓中夏概括地说，东方文化派是一种假新的、非科学的理论，科学方法派和唯物史观派则是一种真新的、科学的理论。"现在中国思想界的形势，后两派是结成联合战线，一致向前一派进攻，痛击。"③ 为了使青年读者更彻底地明白这一点，他根据唯物史观，简略地分析了这些思想派别发生的社会历史根源。邓中夏指出，中国自从海禁大开、欧洲资本主义流入之后，国民经济突呈畸形发展的现象，内地仍然还处于家庭的农业手工业阶段，而口岸及一些铁道附近地区却已是善用机器的新式工业了，所以在这个时代和环境的人类思想，自然不能不受其影响与支配。东方文化派可说是代表农业手工业的封建思想，或者可称为一种宗法思想。科学方法派可以说是代表新式工业的资产阶级思想，唯物史观派则可以说是代表新式工业的无产阶级思想。这些思想都非偶然的产生，都有它们的背景。可是，社会在不断地进化着，社会经济组织也在随之进化着。封建制度必将被资本主义制度推翻，资本主义制度必被共产主义制度推翻，由此"那么

---

① 中夏：《中国现在的思想界》，《中国青年》1923年第1卷第6期。
② 中夏：《中国现在的思想界》，《中国青年》1923年第1卷第6期。
③ 中夏：《中国现在的思想界》，《中国青年》1923年第1卷第6期。

我们可以断定，封建思想必被资产阶级思想征服，资产阶级思想必被无产阶级思想征服，这是社会进化与思想进化的铁则"①。真是一种虽有大力莫之能逆的一种历史必然。不过在当下中国新式产业尚未充分发展的时候，劳资两个阶级尚有携手联合向封建阶级进攻的必要。换一句话说，就是代表劳资两阶级思想的科学方法派和唯物史观派，此时尚有联合向代表封建思想的东方文化派进攻的必要。他最后告诫青年们，明白了这一层道理后，在激烈交锋对垒的思想界中，自然可以从中辨别出谁是谁非，抉择个谁主谁从，站稳政治和思想的立场，而不至于被人搅乱了眼花，麻醉了神经！

邓中夏是中国共产党的创建者之一和中国工人运动的著名领袖，也是中国无产阶级新闻事业的开拓者和优秀的领导者。1920年10月，他在少年中国学会终身志业调查表上，就曾填写道："终身欲从事之事业——译著、新闻记者。"② 1920年11月，他在《劳动音》的发刊词《我们为什么出版这个〈劳动音〉呢？》中指出：出版这个《劳动音》，就是为了排斥那种不劳而食的人，维持从事正当劳动的同胞过上满足的生活，享有快乐和幸福。"我们既要排斥那班不劳动而食的人，以维持我们真正劳动同胞的生活，那末，我们不可不有充足的智识和善良的方法，做我们排斥他们的利器，阶级战争的工具。"③ 出版《劳动音》，就是用它来阐明真理，增进一般劳动同胞的智识，研究些方法，以指导一般劳动同胞的进行，使之能去解决那些不公平的事情，改良社会的组织结构。"我们出版这个《劳动音》，来介绍世界的智识，普通的学术及专门的技能，又纪述世界劳动者的运动状况，以促进国内劳动同胞的团结，及与世界劳动者携手，共同去干社会改造的事情。"④ 邓中夏对报刊功能的这一理论阐释，是中国现代报刊思想史上关于报刊是阶级斗争工具的最早论述。他的媒介批评活动基本上遵循了这一马克思主义的新闻观。虽然他也注意到报刊在新闻报道、编排方法、经营管理方面的一些专业特点，对之作出应有的肯定，但他更为关注报刊传播过程中的内容选择及其体现出的政治倾向，以是否有利于革

---

① 中夏：《中国现在的思想界》，《中国青年》1923年第1卷第6期。
② 转引自冯资荣《邓中夏的新闻思想》，《青年记者》2007年12月下。
③ 《邓中夏文集》，人民出版社1983年版，第2页。
④ 《邓中夏文集》，人民出版社1983年版，第2页。

命事业的推动和发展作为评价的标准，鲜明地体现出早期中国共产党人意识形态媒介批评范式的共性特征。

第五节　袁玉冰的媒介批评

袁玉冰（1897—1927），谱名光鉴，字玉冰，又名孟冰、冰冰，江西省兴国县人，出生于一个普通农民家庭。11岁时入私塾，15岁入兴国县高兴圩成德小学。在校期间，发起成立学生自治会，倡导诚实守信、求真务实、简朴节约的新风尚。1918年秋，考入江西省立第二中学，目睹帝国主义侵略下的国家危亡局势，强烈地激发了他的爱国热忱，立志要为苦难之中的中国寻求出路。1919年夏，与黄道等8人组织鄱阳湖社。1920年底，鄱阳湖社更名为江西改造社，该社以改造社会为宗旨，是五四运动以后江西的第一个革命团体，袁玉冰为该社的主要负责人，并主编社刊《新江西》。1922年考入北京大学哲学系，入校后即结识了李大钊，不久经李大钊介绍，加入了中国社会主义青年团，同年转入中国共产党，是赣南第一位加入中国共产党的党员。1923年春，袁玉冰受党组织之命回到南昌工作，从此走上了职业革命家的道路。在南昌与赵醒侬、方志敏等发起成立了江西民权运动大同盟和马克思学说研究会，公开宣传马克思主义和反帝反封建思想。3月下旬，携带南昌地方团、马克思学说研究会、民权运动大同盟给中央的报告，动身回北京，不幸被军阀政府逮捕，后经赵醒侬、刘和珍等各界人士的营救，于11月交保释放，出狱后转赴上海。1924年春，赴莫斯科东方大学学习，1925年8月回国，任上海社会主义青年团地委宣传部主任、团地委书记等职，并在中共江苏省委担负党的宣传、组织工作。1926年10月，参加上海工人第一次武装起义，年底奉调回江西工作，担任共青团江西区委书记，主编团刊《红灯》周刊，这一刊物是我党当时宣传革命理论、反击国民党新右派进攻的一个重要舆论阵地，后任中国共产党江西区委宣传部部长、区党委书记等职。1927年5月任中共九江市委书记，11月调任中共赣西特委书记，12月13日去南昌向省委汇报工作时，因叛徒告密，不幸被捕，12月27日英勇就义。袁玉冰是江西传播马列主义的先驱，与方志敏、赵醒侬并称江西三杰，他的报刊活动虽不是十分丰富，但他对报刊始终保持着高度的关注，不时为文进行批评。

第七章 五四运动时期的媒介批评(下)

一

袁玉冰发表在《新江西》第 1 卷第 3 期的《江西的出版界》，全文 11200 余字，在 20 世纪 20 年代的媒介批评文本中，算是篇幅较长的一篇。该文的初稿完成于 1922 年 8 月 19 日的暑期。虽然此时袁玉冰还没有去北大读书，还没有正式成为中国共产党党员，但他已经初步接受了马克思主义的理论信仰，所以他在 1922 年 3 月 1 日出版的《新江西》第 2 期上，一共发表了《这是中国人到自由之路吗?》《无产可共》《为自由而战》等 6 篇文章。"袁在这些文章中，批驳了反马克思主义的思潮，宣传了十月革命的道路和马克思主义的一些基本原理。"① 进入北京大学后不久，他又于 9 月 26 日对初稿进行了补充。全文原有 7 个部分，由绪言、杂志、周刊、日报、其余、结论、附录组成，只是"其余"部分的内容在文中注明为"暂阙"，所以实际上只有 6 个部分。其中杂志、周刊、日报批评是文章的主体部分，共述评了 11 种杂志、14 种周刊、10 种日报等共 35 种江西出版的报刊。

在该文绪言中，袁玉冰首先交代了进行媒介批评的现实原因："江西的出版物，总算是糟透到极点了；然而竟没有一人出来下点'鞭策'工夫。出版物之影响于人生者何等重大！岂可以听其消灭我们的知识，破坏我们的思想，沉沦我们的生活，使我们一步一步地向'退化之路'去吗？因此我就不揣冒昧，要做这篇文章了。"② 但同时他又说，现在要履行这个重大使命，又实在有以下几种难处，致使他几乎不敢下笔。一是江西的出版物虽不算多，但也很复杂，他个人没有如此多的精力去读尽这些出版物。二是暑假中每日高温难耐，精神很受影响，疏忽的地方一定难免。三是有几种文化运动的出版物，他感到实在不太好下深刻的批评，因为它们虽有许多错误的地方，但应该得到人们的原谅。希望这种幼芽，一天一天地滋长起来，开成几朵文化之花。四是对于那些阻碍进化、桎梏思想的出版物，不得不下猛烈的攻击，但他晓得一定要遭到批评对象及与其有关系者的反对，但是不如此，又要引起他良心上的不安。五是有许多出版物，

---

① 文耀奎、邓友梅：《袁玉冰是〈新江西〉杂志的创始人》，《历史教学》1981 年第 1 期。
② 玉冰：《江西的出版界》，《新江西》1923 年第 3 期。

只简单说说，好像是有些笼统或武断，其实是不值得认真地批评。因为有这几种难处，恐怕有人要说他说话不中肯，或态度不公正，但他说为了文化的前途起见，实在不得不进行批评，以鞭策出版物的前进。

在杂志部分，袁玉冰对《青年》《吉州》《万安社会教育促进会会刊》《新铎月刊》《学殖月刊》《清江旅省学友会期刊》《志成年刊》《第二师范月刊》《第四师范杂志》《新江西月刊》《教育行政月刊》等 11 种杂志进行了评析。袁玉冰称赞《青年》杂志说："这是一种很有生气的不定期出版品。"① 特别是它的第二期的"万安号"的内容，具有极为浓厚的地方色彩，有十几篇论文，两篇调查，还有其余等文章，都能把万安社会的弱点赤裸裸地暴露出来，下猛烈的攻击，给予严正的批评，这种针锋相对、对症下药的文字，何等有精神。至于它的第三号，袁玉冰引述了他给一位万安朋友的一封信，肯定该刊内容很有生气，在思想消沉的大环境中，在穷乡僻壤的万安青年界，居然有这种生气勃勃的团体和印刷品出现，真是难能可贵，可谓江西青年思想界一宗最可乐观的事。他尤其认为该期刊登的王立生《我们应该怎样扑灭乱坛？》一文很好，希望以后《青年》多发表这一类文章。因为要改造社会，就应该对旧社会中的黑幕和一切旧制度进行猛烈的攻击，将旧制度攻破了，然后才有可能接纳和建设新的制度。

对吉州十属旅京学生会出版的《吉州》杂志，袁玉冰只看到了第 1 期。针对该刊宣言中说改造十属的三种步骤：（一）使十属同胞明白世界潮流和社会的病源；（二）根据时代思潮和事实的趋势草成具体的改造方法；（三）实行改造。声明发行该刊是做第一步。第二、第三步的功夫让全体同志去做。袁玉冰认为其中有几篇文章可以实行这个使命，也有几篇太不成话，无发表的必要。如胡树楷在祝词中说："使徒有民治之精神，无健全之智识，或成一哄之愚民政治，而蹈俄国之覆辙。故不佞以为提倡科学精神，当同时并进焉。"② 袁玉冰认为该文连俄国的情形都不清楚明白，又怎么可以使十属同胞明白世界潮流？还有一个缺点就是内容杂乱而且没有共同一致的主张，因此在一本杂志中有许多前后矛盾的地方。他认为这种杂乱的材料，应该由负责任的编辑，经过一番严密的审定加工后，才可以付印。

---

① 玉冰：《江西的出版界》，《新江西》1923 年第 3 期。
② 玉冰：《江西的出版界》，《新江西》1923 年第 3 期。

对只出了第 1 期的《万安社会教育促进会会刊》，袁玉冰认为其中刘玉润的《什么是社会教育!》很切实；曾弘毅的《对于推广社会教育的意见》也有点见解。他以为这种出版物，如果能把促进教育的方法贡献于社会，也有很大的益处。他批评江西小学教育研究会出版的《新铎月刊》虽没有多大精彩，然自创刊出世后便短命死了，也未免不幸! 而《学殖月刊》已出了 5 期，停版已久，销数连卖带送还不上二百份，它在社会上的影响自然是小而又小，不过编辑杂志的都是江西教育界的名人，也许有一小部分盲目的青年要受其影响。这个杂志的形式较新颖，多用白话做文章，又加了标点符号，他们的宣言上声明了研究真实学理，且无新旧门户之见，自命为新旧调和的中庸派。袁玉冰一针见血地指出，它的骨子里，很有令人怀疑的地方，如第 3 期李翙灼《予之教育主义》文中，有诸如"假平民人道之义，以戕贼人民，或唱解放改造之声，以摧残典礼"① 之语，即充分暴露出其敌视新思潮的反动本质，其第 2 期《选论》栏有一篇胡先骕的《辟假"美化"之谬妄》一文，也是一篇纯粹"什么话"之类的文章，选载这篇也很可以表现他们的用意了。

袁玉冰评价《清江旅省学友会期刊》是一本五光十色、无奇不有的杂志。其第二号论说栏中有《敬告江西新文化运动者》《释界字的利害》《人类起源》等；科学栏有《空气之成分》《椿木轮之研究》等；课选栏有《虞公失国论》《世称严子陵不仕光武而为君子谢》等；杂俎栏中有《管城子传》《秋梦》等。真是新旧杂陈，不成系统，批评它都有些为之做广告之嫌。至于浮梁旅省学生主办的《志成年刊》，袁玉冰也认为是"和清江什么刊是半斤与八两的价值"的杂志。而《第二师范月刊》中的材料，虽然一些是关于科学上有研究的心得，但是那些陈言滥调的诗，却很令人讨厌。袁玉冰讽刺《第四师范杂志》是一种真不愧为"杂志"的杂志，只可以供给他们做稿子的自己看一看，令人不解的是学校当局竟还拿来作为办学的成绩。袁玉冰评价旅沪江西自治促进会出版的《新江西月刊》，是以主张自治、驱逐陈杨、否认陈杨制造的三届省议会为唯一目的的杂志，已经出到第二期，袁玉冰说这两期他虽曾匆匆看过，只是现已不在眼前，未敢妄下批评。至于江西省教育厅的《教育行政月刊》，专门刊载毕业学生名单以及各种表格、文件、命令等，不过是一种罗家伦所说的官家档案汇

---

① 玉冰：《江西的出版界》，《新江西》1923 年第 3 期。

刻，根本不能叫杂志！而且即便是官家档案汇刻，也应该刻几种重要档案，有给大家一看的价值才对。在袁玉冰看来，这种杂志简直就是政府的钱多的花不了，要白白地扔掉了的一种故意浪费行为。

二

袁玉冰在《江西的出版界》中，将"周刊"作为与杂志、日报并列的一种出版物类型进行批评，在此一共述评了14种周刊。他批评的第一种周刊《作新民》。这是《新民报》的副张。袁玉冰在文中讲述了该刊一段历史：自《新民报》复活以后，就在它的第八版《纸尾录》旁辟一小栏，叫《作新民》。编辑者是李立侯，虽然内容杂乱，毫无色彩，但是很注重科学常识，也曾发表过新诗，而且载过日本高畠素之《社会主义与进化论》的译著。但是它的邻舍《纸尾录》还是油腔滑调地乱谈一气，真是熏莸同住、新旧合璧。后来不晓得为什么李立侯不干了，这一栏也就根本取消了。过了几月又在《新民报》中刊登一个启事，说将来要发行星期增刊，叫作《小民报》，专载文苑和花讯等事，正在筹备中，云云。1921年12月10日，袁玉冰、刘意生、徐先兆、黄在璇等4名江西省立二中学生，在《大江报》上刊登了一篇《四个学生底特别启事——答〈新民报〉记者》，怒批该报："鲁案及二十一条尚未提交华会，在会外组织谈判直接交涉，已详见京沪各报，就是聋子也应该知道，哑子也应该大声疾呼起来；不料贵报始终执迷不悟，到现在还要说已提出大会。我们实在不晓得贵报诚何居心？若说是和'大江报'笔战的关系，就将错就错，不愿丢脸，贵报记者既不是丧心病狂，又不是麻木不仁，那里可以把千钧一发的重大外交来做儿戏呢。这么看起来，贵报虽没有做日本矮子或亲日派的机关，但是不能说没有这种嫌疑呢。若然，我们就老实不客气要用对付曹章的手段来给你一个'半生不死'。"① 袁玉冰讽刺该报看到《大江报》的销量日增眼红，于是也来蹭热度。后来该报请了孙师毅做编辑以后，《作新民》别开生面，一期比一期进步。袁玉冰终觉得孙师毅的这种牺牲不太值得，因为看《新民报》的读者，都是一班没有知识的商人和头脑顽固的老先生们，你想和他们讲什么长短句新诗、自由恋爱小说、社交公开、文学革命、社

---

① 玉冰：《江西的出版界》，《新江西》1923年第3期。

会改造等问题,简直是对牛弹琴。

袁玉冰批评南昌觉社的《时代之花》,在江西的周刊中算是比较好的一种。"不过没有一种主张,且材料太杂。我觉得于读者得不到什么大益处。"① 只是该刊停版已久,只希望它能够改头换面地复活,开出几朵笑眯眯的时代之花来!他认为《江西女子师范周刊》是江西女界唯一的出版物,虽只出至第 7 期,但很有精神,而且能够脱去课艺的模式,算是很难得的出版物,如鉴千的《创作主义的教育》、李桂生的《我国妇女生计救济的方法》都是很有心得的研究。刘和珍的《装饰与人格》很可以为一般欢喜装饰的女学生当头一棒。至于钱鸿伟的《读戴季陶女子解放当从那里做起?》一文,他则觉得不太对,该文的根本错误就是承认现制度,而且主张女子去争现制度下的平等。由通俗教育会出版的《通俗周报》,袁玉冰认为该刊虽然不能完全名实相符,然而能够一期一期进步,这是很可钦佩的精神。它的特色是"江西风俗谈"一栏,精神最好,能够攻击一切坏风俗;"谚语""歌谣"各栏供给读者不少益处;"中外要讯""本省纪事"二栏,也能供给读者新的知识。自然该刊还有许多缺点,例如《中华教育改进社简章》《天津南开大学暑期学校一览》这些到底是要给什么样的读者看?恐怕与通俗两字不合;"纪事""要讯"栏中有许多不通俗的材料;不注意劳工状况、平民生活;有许多只谈皮毛和敷衍塞责的地方,而且没有自己的主张;用四号字排印,浪费了纸张,有点可惜。

袁玉冰批评江西省教育会出版的《学务周报》,文章都由各杂志中转载过来。"这种报简直没有出版的必要。"② 江西学术研究会出版的《学潮》,内容很幼稚,且又杂乱,但是也有一两篇很要得的文章,主持者大概都是天真烂漫的青年,他希望他们多从研究的角度用功夫!江西第三师范出版的《教育镜》,自《学生周刊》改名而来,改名后大加改良,材料较为充实,差强人意。二中学校出版的《二中周刊》,虽然也登过一些很有精彩、很有研究的文章,可惜很少,所以令人不太满意。尤其如该刊诗歌栏中的《一剪梅·秋闺》、第一号里《宿夫殿上》的"庭外鬼声惊犬吠"等,读者看了为之绝倒!如果要和读者开玩笑,可以仿北京《实话报》,做几篇有意识的"开心话"。《心远周刊》虽然没什么色彩,不过能

---

① 玉冰:《江西的出版界》,《新江西》1923 年第 3 期。
② 玉冰:《江西的出版界》,《新江西》1923 年第 3 期。

打破课艺式的习气，是其难得之处。《七中校友会周刊》毫无色彩，没有出版的必要，实在为纸张和印刷材料可惜。东大南高赣籍师生组织的少年江西学会出版的《赣声》，在刊物的创刊宣言中，劈头就罗列许多道德文章冠冕一世的江西人物，什么徐孺子、陶渊明等，说什么这般远识高节之士可以做社会之指导、士民之模范，看到了文物之邦要沦于僿野，于是痛心疾首起来发刊这个刊物，以提倡道义为宗旨。袁玉冰说，只要读过这一篇复古式的宣言便可以晓得它的价值如何了。他只看过《赣声》前三期。"这三期中除却谈教育的几篇文章有点精采以外，简直是又烂污了。"① 尤其那位无咎先生的辞藻古文，令人读了头痛。

由三四个北大赣籍学生办的《赣治周报》，宣言主张"赣人治赣"。要达到目的，又主张要"铲除仇雠"。他们所持的态度，主要是以公开的讨论，共策赣治的实现。他们攻击蔡成勋的确很起劲。至于什么赣治的公开讨论，赣治的根本问题，"除倬陵的《解决江西问题具体的讨论》可以差强人意以外，简直没有第二篇了"②。袁玉冰说很佩服他们乘暑假之暇来鼓吹赣治，但把可贵的精神用在这种不彻底的事体上去，又不免为之可惜。至于久已停刊的《高安曙光》，袁玉冰因为曾经读过，认为很有精采。而《武宁平民》没有看过，听说还不差。至于丰城旅省学会出版的《丰城周刊》，高安旅外学生联合会的《锦江新潮》，万安出版的《启明周刊》，等等，只是仅仅知道有这种出版物而已。

他对孙师毅曾经痛斥的"梅毒"、竹姗所谓的"滥娼"类刊物进行了批评。其中之一就是由一般遗老、遗少、孤魂野鬼、流氓荡子组织的江西文艺通信社出版的《消夏》，该刊的形式极力模仿《快活》，可是它的内容比之《快活》又差得远甚。和《消夏》同性质的还有各日报的第8版。"我们对于这种杀人不用刀毒人不用药的毒物，要如何攻击？我觉得只有希望这班结伙成群，卖弄风流底出版界的罪恶者，赶快忏悔，不要再做这种引诱青年的勾当了。"③ 其次希望江西的警察不要只知道注意我们的出版物，对于这种毒人的东西，反让它弥漫社会。再次就是希望鼎鼎大名的南昌中华书局对于代卖的出版物应加以审定，不要再在门外挂出"消夏第×期

---

① 玉冰：《江西的出版界》，《新江西》1923年第3期。
② 玉冰：《江西的出版界》，《新江西》1923年第3期。
③ 玉冰：《江西的出版界》，《新江西》1923年第3期。

出版了"的牌子来替他们推行销路了。

三

袁玉冰在《江西的出版界》中,还述评了 10 种报纸,述评的重点是《新民报》。该报原名叫《民报》,在江西属于资格较老的报纸,销路也广一些。它的第一栏是时评,差不多天天都有一篇呜呼哀哉的陈词滥调。第二栏的本馆专电,还有什么快邮代电,都是从别的报纸上剪来的材料,骗不了别人,只能自欺。第三栏是中外大事,这栏的材料也是全靠着一把剪子拾人唾余,连偷剪的技术都没有。关于国外重要的事实,全不注意,甚至有时一星期内没有载过一条国外新闻。关于国内事实,只有官僚政客武人的起居注,至于地方生活、教育活动、社会运动、劳工运动等重要新闻,简直没有被选的资格。尤其可笑的是,一件同样的事实从上海的报上剪下来登过一次,过几天又在北京的报上剪下来重登一次。第四栏是本省要闻。这一栏是他们敲竹杠的唯一工具,内容的没有价值就更不要说了。最后副刊"纸尾录"一栏是阻碍社会进化的一个毒物。当然,袁玉冰也客观地指出,该报也有两个优点:一是印刷精良;二是孙师毅主编的星期日增刊《作新民》颇有价值。

至于《和平报》,袁玉冰认为这个报比《新民报》还要坏一点,而且印刷糊涂,也没有时评。而《工商报》则与《和平报》差不多,或者还要坏些。对于《中庸报》,有人说这是一个和社会脱离了关系的报,因为它忽而出版,忽而停版,且销数只有几十份,社会上几乎没有人知道它。不过它在 1920 年时,很有改革的精神,其"文化运动"一栏也很有精彩,后来不晓得为什么落伍了。《正义报》每日印一百余份,除送给各机关一份外,即分贴街上,它的内容比《新民报》还要坏,印得也一塌糊涂,也没有时评。不过该报骂起人来,倒很能尽泼妇之能事,但是他们貌似也很热心文化,特请一位什么"新文化的巨子鲁参先生"(见该报启事)来编辑最后一栏"到光明之路"。这一栏的材料,完全由别的报纸偷剪而来,如果做得好,倒也可以做一个文化运动的介绍机关,"可是这位'新文化的巨子'连这点选择能力都没有。不如改做'到黑暗之路',还要切当些"[①]。《新世界》原来是花报,因为南昌开展驱娼运动后,没有姑娘们的

[①] 玉冰:《江西的出版界》,《新江西》1923 年第 3 期。

竹杠可敲，于是摇身一变，也敲敲大人先生的竹杠。它的内容如何也就可想而知了。《章贡潮》原来也是南昌的花报，改大报后，每天只出一张。内容当然是不堪闻问。赣州商会出版的《商会公报》，除本地新闻外，其他都是剪报。北京、上海的消息总要半月以后才有记载。至于编辑的思想，有人说是18世纪，可能还便宜了他。

原来在南昌出版的《江声报》后来移至九江。除印刷很清楚外，余无优点可说。袁玉冰透露，最近他的一位在九江的朋友寄来了一份9月21日出版的该报，在"本埠新闻"栏内有《李烈钧抵沪及其谈话》《罗家衡恳辞农次之京讯》《旅汉赣商之救灾热》《赣南之近闻片片录》等篇。"东至上海，西至汉口，北至北京，南至赣南，这个九江埠真是阔乎其阔呵！"①关于《九江时报》，袁玉冰也只看过9月21日出版的一张，它的材料自然多半是从别的报上剪来，但是他们偷剪的手段，未免太呆了。中外要闻栏内有标题《鄂赣皖鲁同乡大会》和《教职员联席会议纪事》两条新闻，都由北京的报上剪下，但又都没有加上北京的字样，令人读了不知道是在哪里的鄂赣皖鲁同乡大会和哪里的教职员联席会议。尤其可笑的就是在北京报上的"昨日"，在自己报上也还是"昨日"。"只知道剪下来就是，一个字也不会变通，真呆呵！"②至于本埠新闻栏的本埠，虽然没有《江声报》的那么阔，然而已包括了江西全省。还有什么"然后言"栏，当然是拆烂污极了。袁玉冰说《九江时报》他只领教过这一天，但也很可以看出它的"高贵"价值了。此外赣州出版的《微言报》，他没有看到过，只是听说已停版。至于南昌《大江报》算是很好的报纸，可惜已被武力摧残。

在对江西的出版物一一述评中，袁玉冰用陈独秀的话来做结说，出版物是文化运动的一端，不是文化运动的全体；出版物以外，我们急于要做的实在的事业很多，为什么大家都只走这一条路？若是在偏远的地方，如云南甘肃等处发行杂志，倒也罢了，像北京上海等地同时出了好些同样的杂志，人力财力上都太不经济。我们的民族性富于模仿力，而缺少创造力；现在许多人都只喜欢办杂志，而不向别的方面发展，这也是缺少创造力的缘故。就以办杂志而论，也宜于办性质不同、读者方面不同的杂志，若是千篇一律，因为看杂志的同是一班人，这就未免太重复了。凡是一种

---

① 玉冰：《江西的出版界》，《新江西》1923年第3期。
② 玉冰：《江西的出版界》，《新江西》1923年第3期。

杂志，必须是个人或团体有主张不得不发表，才有发行的必要；若是没有一定的个人或团体负责任，东拉人做文章，西请人投稿，像这种百衲衣似的杂志，实在没有办的必要，不如拿这些人力财力去办别的更急于要办的事。① 袁玉冰说，江西已经出版的周报杂志已有了这么多，听说正在组织的还有不少。陈独秀这几段话，很可以给我们江西正处在出版热中的青年们当头一棒。

在文章的结尾，袁玉冰将他此前在《大江报》上发表的《对于〈大江报〉的希望》一文附录于后，作为批评日报的总体意见。他批评江西的报纸坏透了。编辑记者不是科举时代的八股先生，便是法政学校的毕业老爷，无普通知识，无世界眼光。江亢虎来赣演讲，《南昌新报》竟把唯心唯物记作维新维旧，这就可以见得江西报纸的价值了。他认为江西报纸的缺点有以下两个方面：第一是不能指导舆论，因为它们没有学术，对各种问题不能有精深的研究，即不能有精确的判断，所以天天都是一个不关痛痒的鸣呼式的时评。第二是不能传播消息。江西的报纸大多为党派所操纵，记载自然不确实，至于各地方生活教育状况，社会劳工运动，不但没有系统的长篇记载，它们还以为是不值得记载的小事。他希望报纸一要取公开的态度，因为报纸是代表舆论的机关，舆论不是少数的私见，所以报纸要公开，不能为私人或党派独占；二要注重社会运动，要促进农工的觉悟，供给他们组织工团农会以及管理生产机关的知识；三要对学生供给他们以新知识、新思潮、新信仰，将来做一个社会运动的指导者；四要对妇女提供帮助她们解决受教育权利、婚姻职业等问题的方法。

对报纸编辑问题，袁玉冰批评说，中国式的新闻记载方法是以地方分类，如以国内、国外、本省等标题，结果同一件新闻，有分在几个栏目中登载，有最紧要的事，放在不显明的地方登载，极平常的事反登在人人注目之处。"这是由于编辑者不管新闻的内容如何，只要它来自什么地方的就编在什么栏。"② 这种编辑法，编辑者固然是省事，读者却目迷五色，劳心费神，找不出头绪来。他建议编辑应该对新闻材料进行深加工，该分的分，该合的合，或删除或增加，然后用分事记载法编入各栏。他认为这才是编辑应尽的职务与责任。

---

① 独秀：《新出版物》，《新青年》1920年第7卷第2期。
② 玉冰：《江西的出版界》，《新江西》1923年第3期。

媒介批评是袁玉冰报刊活动的一项重要内容。他主编的《新江西》杂志，开辟了介绍进步书刊的专栏，不仅介绍《马克思全书》《列宁全书》，转载《共产党宣言》《唯物史观》等，还介绍了《青年周刊》等报刊。他撰写的《江西出版界》一文，在帮助报刊读者提高识别能力方面，起到了很大的作用。他的《对于〈大江报〉的希望》一文，不仅中肯地指出了《大江报》的优缺点，批评新闻按地方记载的旧式方法，建议报纸采用更能体现新闻价值的"分事记载法"，并列举了一个范例。他为报纸提供了20个栏目的设置名称，分别是专论、时评、国际要闻、政界要闻、军界要闻、商界要闻、学术纪闻、科学纪闻、劳动纪闻、家庭纪闻、妇女纪闻、教育纪闻、学生纪闻、学校调查、工厂调查、讲演录、出版界、通信和杂录等。应该说其中体现出的编辑思想在当时具有一定的先进性，比按地方分栏记载的方法更符合新闻编辑发展的规律和趋势。他把"出版界"作为报纸的一个栏目，充分体现了他对媒介批评的重视。袁玉冰同志牺牲后，中共中央理论机关刊《布尔塞维克》曾发表悼念文章，称颂"他那勇敢的精神，灵敏的思想印到许多同志和工农学生的脑子里，永远不会磨灭。如今他死了，可是他的赤血将从地下喷发，洗干净黑暗陈腐不堪的江西"①。作为袁玉冰革命活动的一个组成部分，他所进行的媒介批评，也将在中国新闻传播的历史天空中熠熠生辉，永远不会磨灭。

第六节 瞿秋白的媒介批评

瞿秋白（1899—1935），初名懋淼，号熊伯（亦署雄魄），奶名阿双，故学名瞿双，后改瞿爽、瞿霜，别号瓠舟、铁柏、铁梅，又作涤梅，后又改号秋白，江苏省常州人。1917年秋考入北京俄文专修馆学习。1919年11月，瞿秋白与瞿菊农、郑振铎、耿济之等以"北京社会实进会"的名义创办了《新社会》旬刊，隶属北京基督教青年会，这是瞿秋白参与创办的第一个报刊，并开始在北京《晨报》上发表政论作品。1920年8月，又与郑振铎等人一起合办《人道》旬刊。1920年秋至1922年底，他受聘为北京《晨报》特派记者，前往苏俄进行新闻采访，沿途和旅居苏俄期间，共发表新闻通讯50余篇，首次向中国人民报道了苏俄十月革命后的真实情

---

① 转引自龙顺林《"五四"运动在江西的组织者——袁玉冰》,《求实》1989年第5期。

况。1922年春加入中国共产党。1923年1月回国后，先后参加创办或主编过《新青年》季刊、《前锋》月刊、《向导》周报、《热血日报》《布尔塞维克》《共产杂志》《红色中华》等多种中共重要报刊。瞿秋白离开学校走进社会后的第一份正式职业是新闻记者。他以中国记者的身份开始了第一次旅俄生活，也正是由于有这一段十分难得的专业经历锤炼，他才从一位职业记者转变为一位职业革命家。记者职业和新闻工作对他的人生道路及政治选择无疑有着颇为特殊的意义。此后，瞿秋白长期负责和领导中共中央的新闻宣传工作。在指导和主持报刊工作与具体编辑业务中，瞿秋白不仅积累了甚为丰富的报刊活动经验，深刻地体悟和了解到报刊运作的内在机制，而且他还十分关注国内新闻界的发展现状及趋势，写下许多针对新闻媒介、新闻报道以及新闻现象进行分析和评述的文字，在中共早期的媒介批评活动中，具有政治性和专业性兼备的特点。

一

1923年6月15日，《新青年》季刊在广州创刊。这是瞿秋白主编的第一个中国共产党理论刊物，在创刊号上不仅发表了由他翻译的《国际歌》中文歌词，而且他还亲自设计了封面并题写刊名。值得指出的是，创刊号上出自瞿秋白的手笔的该刊创刊词《〈新青年〉之新宣言》一文，不仅是一篇在国内"最早根据列宁《两个策略》的思想提出和论述了无产阶级在中国民主革命中的领导权问题"[①]的论作，而且也是一篇具有强烈价值判断色彩的媒介批评文本，该文开宗明义就作出了"《新青年》杂志是中国革命的产儿"[②]的论断。瞿秋白在文中首先通过回顾《新青年》的历史对这一论断加以论述道，《新青年》在中国旧社会崩坏的时候，迎来了自己的诞辰。在旧社会持续崩坏的过程中，《新青年》不得不成为社会革新思想的代表，向着千万重层层压迫中国劳动平民的旧文化，开始第一次的总攻击。中国的旧社会旧文化在本质上是一种宗法社会的文化，不仅装满了一大堆的礼教伦常，固守着无量数的文章词赋；礼教伦常其实是束缚人性

[①] 章玉梅：《瞿秋白对新闻事业的贡献》，陈铁健等编：《瞿秋白研究文集》，中共党史资料出版社1987年版，第317页。

[②] 《〈新青年〉之新宣言》，《新青年》1923年6月15日（季刊）第1号。

的利器，文章词赋其实也是贵族淫昏的粉饰。辛亥革命充其量不过是宗法式的统一国家及奴才制的清朝宫廷败落瓦解的表象罢了，至于一切教会式的儒士阶级的思想，经院派的诵咒画符的教育，几乎丝毫没有受伤。中国大门上虽然已经挂上了一块共和民国的招牌，但哪里有什么自由平等可言呢？

在社会思想处于非常畸形的状态中时，"独有《新青年》首先大声疾呼，反对孔教，反对伦常，反对男女尊卑的谬论，反对矫揉做作的文言，——反对一切宗法社会的思想，才为'革命的中国'露出真面目，为中国的社会思想放出有史以来绝未曾有的奇彩"[1]。尤其是五四运动以来，人们更可见中国社会的现实生活确在经历着一个剧烈的变迁过程，确有行向真正革命的趋势，所以《新青年》的精神能波及全中国，能弥漫全社会。《新青年》杂志自诞生以来，先向宗法社会、军阀制度作战，革命性非常明显。继因社会现实生活的教训，于革命观念有了更切实的了解，知道非劳动阶级不能革命，所以《新青年》此时已成为无产阶级的思想机关，不但对封建宗法社会的思想展开激烈的斗争，并且对资产阶级的思想也同时展开了攻击。《新青年》作为无产阶级的思想机关，不仅财力物力薄弱，而且受到军阀的摧残和帝国主义者的压迫，困顿竭蹶，虽然每月不能如期出世，每期内容不是很丰富，但凡是中国社会思想的先进代表必定对《新青年》表示无限的同情，必定尽力赞助它，《新青年》亦决不畏难而退，决不遇威而屈，而是越挫越勇，奋勇前行。因此，《新青年》实为"中国真革命思想的先驱"。[2] 应该说，瞿秋白的这一评价，该刊当之无愧。

瞿秋白宣示，面对新的形势和任务，《新青年》重新整顿，再次出发。复刊后的《新青年》当是一本社会科学杂志。瞿秋白指出：《新青年》之所以有革命性，并不是因为它格外地喜欢革命，爱说激烈话，而是因为现代社会已经具有了解决社会问题的物质基础，产生了社会科学，根据社会科学的客观性，经过研究考察，知道革命不可避免。况且无产阶级在社会关系之中，天然地处于革命领袖的地位，所以无产阶级的思想机关必然显现出极鲜明的革命色彩。中国古旧宗法社会中，一切思想学术非常幼稚，但同时社会却已衍化至极为复杂的形式，世界帝国主义突然渗入中国的社会生活，弄得现时一切社会现象繁杂淆乱，初看似乎绝无规律，故有些头

---

[1] 《〈新青年〉之新宣言》，《新青年》1923 年 6 月 15 日（季刊）第 1 号。
[2] 《〈新青年〉之新宣言》，《新青年》1923 年 6 月 15 日（季刊）第 1 号。

脑简单的国人，见此顿感莫名其妙，于是只好假清高地唱几句否认科学的高调。独有革命的无产阶级，能勇猛精进，不怕打开天窗说亮话。它应当竭尽全力指导中国社会思想走上正确的轨道。瞿秋白提出：要严格地以科学的方法研究一切，自哲学以至于文学都要作根本上的考察，以得出正确的结论，把握社会发展的规律。况且无产阶级不能像垂死的旧社会那样，苟安任运，而应当积极斗争，所以特别需要社会科学的根本知识，只有明察现实的社会现象，才能求得解决社会问题的正确方法。因此，《新青年》当研究中国现实政治经济状况，综合分析世界社会现象，分析社会思想渊源，启发革命情感，最大程度地引导和帮助实际运动，以成为"中国无产阶级革命的罗针"。① 这是瞿秋白对《新青年》季刊基本内容及其性质的规划和设计，自然也是一种媒介理想的表达。

二

言论与新闻自由，是新闻传播中的基本问题。在旧中国，外国资本主义列强一贯标榜什么言论的绝对自由，但颇为讽刺的是，面对中国人民的革命宣传活动，他们竟明目张胆地玩起了"双标"，持续近20年的"印刷附律案"就是一个最典型的例证。所谓印刷附律，是上海公共租界工部局提议在租界《土地章程》的附律中增加关于管理租界内新闻出版品印刷发行的条款。该印刷附律从酝酿、提出到最后的无疾而终，时间先后长达近20年。印刷附律的提出，旨在扼杀中国人民在租界内的革命宣传，因此，租界当局每次在纳税人特别会议上提出该议案后，都会招致国人的强烈反对，从而搅动社会舆论波澜。1924年4月，租界工部局在纳税人特别会议上又提出了印刷附律案，自然再次引起了国人的抨击。当时的上海书业商会、书报联合会、日报公会、书业公所等四个组织曾联合发表宣言，公开反对公共租界工部局提出的《印刷附律》。对此，瞿秋白也在《向导》上发表了题为《中国人的言论自由与外国人的政府》②的评论，对外国列强的虚伪进行了揭露和讽刺。

瞿秋白在文中痛心疾首地指出：中国人的言论自由本来就没有保障，

---

① 《〈新青年〉之新宣言》，《新青年》1923年6月15日（季刊）第1号。
② 该文收入作者后自编论文集时，改题为"中国人的言论自由与外国人的上海政府"。

· 745 ·

不用说什么刑律上有种种取缔限制的办法，使受压迫的人民敢怒而不敢言，而且在法律之外，还有从中央到地方的大大小小的军阀随意摧残。现在，外国人的政府居然也加入了恣意侵犯中国人民言论自由的行列。这个外国人的政府不是远在国境之外的华盛顿或者伦敦，而是就在我们中国的上海土地上。工部局俨然就是上海政府，在这块土地上，一切收税、警察等权力都完全归它掌握，住在租界里的中国人，无论是前清的遗老，还是曾经的革命党亡命客，虽然他们曾经将租界视为自由自在的世外桃源，实际上却完全变成了这一外国租界政府治下的臣民，对租界政府的一切，都唯命是听。"这次工部局取缔印刷品的议案，根本要想压迫租界内的言论自由。"① 虽然各商界联合会已提出抗议，且在沪西四路商界联合会的决议中更有"促进收回治外法权，撤销会审公堂"的宣言，中国市民公开反对外国政府，这算是第一次。可是外国政府对这种抗议的态度是怎样呢？工部局在与书业商会、书报联合会、日报工会、书业公所代表"交换意见"时的回复竟然是："此案事在必行，……如华人对于工部局行政有不满意者，尽可移居租界外。"② 工部局的言下之意为：租界早已不是你们中国的领土，由不得你们！商务印书馆和中华书局的代表去交涉，工部局竟对他们道："工部局不能于此时因代表来说而改订此项议案。唯此后关心于此事之人，如以为因印刷人注册而遭困苦，则工部局随时肯听人诉述苦处。"③ 这真是岂有此理！中国人居住在中国境内，言论出版而不得自由，却要向外国人诉苦！仿佛工部局肯听中国人诉苦，便算是深恩厚德了。

瞿秋白在评论的最后沉痛呼吁道："已经亡国的上海市民呵！你们还是低首下心的去诉苦呢？还是……"④ 他并没有给出选择的答案，但答案已呼之欲出了！

孙中山是中国民主革命的伟大先驱，是中华民国和中国国民党的缔造者，是伟大的中华民族英雄和爱国主义者。孙中山在世的时候，外国的《大陆报》《字林西报》和国内研究系主办的《时事新报》经常诅咒他。1925年3月12日，孙中山病逝。于是这些报纸又"都幸灾乐祸的高歌起来"，⑤ 露

---

① 《瞿秋白文集·政治理论编》第2卷，人民出版社2013年版，第513页。
② 《瞿秋白文集·政治理论编》第2卷，人民出版社2013年版，第514页。
③ 《瞿秋白文集·政治理论编》第2卷，人民出版社2013年版，第514页。
④ 《瞿秋白文集·政治理论编》第2卷，人民出版社2013年版，第513页。
⑤ 《瞿秋白文集·政治理论编》第3卷，人民出版社2013年版，第133页。

出了其真正的嘴脸。《大陆报》3月13日发表社论说:"孙逸仙完全是受的美国教育,他是文明的欧美式的伟人,所以在野蛮黑暗的中国,不能成功……他只是一个宣传家,而不是行政家,因为他的理想离实际太远了。"① 瞿秋白指出,《大陆报》这是要借孙中山之死来污辱中国人!他一针见血地分析道:"中国人诚然是黑暗野蛮,要等美国式教育来开化,然而美国强迫中国履行不平等条约,万县事件时斩杀中国船夫,派舰队驻防中国,——这些'文明'行为便是致使中国黑暗的原因。"② 既然美国人知道孙中山是引导中国走向光明之路的人,便应当知道孙中山的道路,那光明之路,正是推翻美国帝国主义在中国的特权的道路。假如说这种理想过高,不切事实,那么,这并非孙中山的理想不好,却正足以见美国等帝国主义国家所造成的中国现状实在异乎寻常的困难,压迫实在严重。瞿秋白的这种分析,确实既别具只眼,又切中肯綮。

三

1925年震惊中外的五卅运动,是一场大规模的群众性反帝爱国运动。对这场运动,帝国主义列强胆战心惊,在使用暴力镇压的同时,还开动宣传机器,进行造谣和诬蔑。在五卅运动中,政治态度不同的各种报刊受到严峻的考验,都在以这种方式或那种方式表达着对这场爱国群众运动的态度。中共中央为了及时报道运动形势和指导群众斗争,决定创办《热血日报》,由瞿秋白主编。瞿秋白主编的《热血日报》,设有《社论》《本埠要闻》《国内要闻》《紧要消息》《国际要闻》等栏和《呼声》副刊,不仅发表了大量的新闻和评论,报道上海工商界群众的斗争,评述运动在全国开展的形势,揭露帝国主义的暴行,传播国际进步势力支持中国人民正义事业的信息,而且通过设立"舆论之裁判"专栏,对各家媒体在运动中的不同表现进行分析、评判,特别是对在运动中发表一些糊涂观点,附和帝国主义宣传的一些媒体进行揭露、抨击和针砭,从而打击了一批在帝国主义威逼利诱之下表现出奴颜婢膝的媒体,团结了一批像《血潮日刊》(上海市学联出版)、《公理日报》(上海学术界对外联合会主办)、《上海总工会

---

① 《瞿秋白文集·政治理论编》第3卷,人民出版社2013年版,第133—134页。
② 《瞿秋白文集·政治理论编》第3卷,人民出版社2013年版,第134页。

日刊》等进步报刊，并与它们结成了广泛的新闻统一战线，充分发挥了新闻报道对革命运动的鼓动和组织作用，使媒介批评成为一种干预社会运动的有力的战斗武器，从而极大地扩展了媒介批评的社会功能。

1925年6月18日，瞿秋白发表在《热血日报》第15期上的《糊涂的〈民国日报〉》就是一篇笔锋犀利、立场鲜明的媒体批评：

> 糊涂的《民国日报》
>
> 上海工部局是英、美、日三国董事共同主持的；始终袒护工部局，遣派海军、商团向上海市民示威，占领学校，英、美、日、法、意领事采取同样的政策；英、美、日、法、意等驻京使团三次驳覆政府抗议，更分明他们是共同行动的；北京政府不单独向英使抗议而向使团抗议是对的，偏有糊涂的《民国日报》反说北京外交部致同样抗议书与使团是糊涂。我们正告《民国日报》记者：帝国主义者们虽然有时一致，有时冲突，而不劳我们被压迫者为他们分家，因为他们压迫我们始终是一致的呵！①

《民国日报》是国民党上海执行部1916年1月22日在上海创刊的报纸，不仅在运动中态度消极，有些报道不真实，有些报道轻描淡写，甚至有些言论为帝国主义开脱，其表现确实有些糊涂，反映出中国资产阶级政治上的软弱性。瞿秋白针对《民国日报》认识上的错误，正告该报在大是大非面前一定要站稳民族和爱国立场，不可因一时糊涂而发表分散人们注意力的言论，以致运动方向受到干扰。由于《民国日报》这时仍是革命的同盟军，因此，这篇媒介批评的语气比较温和、与人为善。

在急风暴雨式的五卅运动中，设在租界里的中国人的《申报》《新闻报》《商报》《时事新报》《中华新报》《神州日报》等一些大报，对运动采取消极妥协，甚至媚外的态度，不敢如实地报道事实真相。有的把帝国主义残杀中国人民的罪行，描写成英国巡捕因群众不听劝告，不得已才开枪；有的直接刊登帝国主义通讯社发布的造谣电讯，成为帝国主义的义务宣传员。发表在《热血日报》同一期的《万恶的上海报界》，则是瞿秋白另一篇针对上海报界有的拒登革命团体、爱国人士抗议帝国主义暴行的宣

---

① 《瞿秋白文集·政治理论编》第3卷，人民出版社2013年版，第259页。

言、通电的行为而撰写的媒介批评文本：

万恶的上海报界

总商会要包办交涉，要减低条件，也好！只要他有胆量、自己出来独当违反民意的罪名。如今他减低了条件，却故意诬嫁工商学联合会，说是曾经征求得了同意。何等卑鄙可耻。事后工商学联合会去函各报馆更正，各报拒不登载；昨天工商学联合会自己拿了钱去登启事，各报又不登。这种故意帮助总商会强奸民意的行为，真正可杀！中国的人民千万不要受他们的蒙蔽！①

在这场民族斗争中，中国人理应团结起来，一致对外，但由于这些大报受其所有者的民族资产阶级立场所囿，他们在帝国主义的胁迫下，表现出了软弱性的一面。他们的这些所作所为已经超出了认识不清的范围，严重地损害了中国人的民族利益，理应受到鞭挞。瞿秋白从这些报纸拒登工商学联合会自己花钱的启事这一行为入手，指出"这种故意帮助总商会强奸民意的行为，真正可杀"！报纸一向以民意的代表自诩，而这些报纸又偏偏拒登启事，显然违反了其一贯标榜的中立立场，从而一语揭破了其行为背后的"故意"性质，警醒国人认清媒体的真实面目，切莫上当。所以，瞿秋白的这篇媒介批评文本带有文艺性杂文明朗显豁和单刀直入的战斗风格，既旗帜鲜明，切中要害，又立论巧妙，无可辩驳，义正词严地痛斥了损害民族利益的罪行，使这些报纸不得不深深反省、检讨、修正自己的行为。

四

像其他任何伟大人物一样，瞿秋白的媒介思想也有一个发展的过程，其早期有关媒介批评的文字也必然染上时代的成长印记。1921年他在《中国工人的状况和他们对俄国的期望》一文中，对当时中国新闻界有如下的描述：

现代中国的报纸杂志都在从事社会主义学说的宣传。这种报刊的

---

① 《瞿秋白文集·政治理论编》第3卷，人民出版社2013年版，第261页。

数目正日益增加。其中最受欢迎的有《晨报》《时事新报》《青年》报以及《解放与改造》和《人道》等杂志。这些报刊很注意工人问题，很同情中国工人农民的处境。①

这样的估计，与实际情况有一定距离。虽然当时我国从事社会主义学说宣传的新闻媒体确实在日渐增加，但"都在从事"这样的论断，就显然有些绝对化了。

众所周知，20世纪20年代末，瞿秋白曾经在党内犯过"左"倾盲动错误，因此，像他别的文章一样，他的一些媒介批评在内容和方法上也不可避免地带有"左"的痕迹。他1932年5月2日发表在《红旗周报》第39期上的《〈申报〉的武断宣传》，就是一篇带有浓重"左"的倾向的媒介批评专论。

20世纪30年代初，是我国内忧外患发展到了最为深重的时期，特别是1931年九·一八事变以后，国难当头，大敌当前，亡国惨祸的紧迫，使民族矛盾迅速上升到了主要地位，除了学生、工人和市民，即使是工商业主、民族资本家也感到只有抗战才有出路，知识界的许多民主、进步、爱国人士更是义不容辞地投身到抗日救亡运动的行列中来。《申报》老板史量才的思想正是这时发生了积极的变化。在过去十多年艰难的经营中，《申报》不仅保存了下来，而且业务和经营上取得了不少进展，当然他精神上所付出的代价也很沉重，他开始意识到在社会进步与倒退冲突激烈的时候，坚守过去的不偏不倚、保守中立的既定方针终究不是明智的举措，对于新兴政党和政治集团的主张与行动也要放到时代潮流中来衡量，不能一概排斥。他决心借《申报》创刊60周年之际，进行改革和振兴，他的这一愿望和计划得到了爱国、民主、进步人士黄炎培、陶行知、戈公振等人的大力支持，尤其是陶行知的引导和影响，使《申报》的改革和振兴达到了一个新的思想高度。

从1931年起，《申报》一改原来保守持重的新闻报道方式，一方面把报纸的新闻报道、舆论力量集中到当前抗日爱国运动中来，以激励人民群众的抗日斗志；另一方面报纸大声疾呼：外患当前，内争亟应泯灭，共赴国难，万不可再豆萁自煎，陷国家民族于万劫不复之地。当一·二八上海之战正激

---

① 《瞿秋白文集·政治理论编》第1卷，人民出版社2013年版，第170页。

烈时，蒋介石置全国抗日呼声于不顾，谋划对红军发动第四次围剿。史量才与陶行知、黄炎培、杨杏佛多次商量，认为应该运用报纸的舆论来揭露和反对蒋介石围剿的阴谋。由陶行知出主意，经过大家讨论修改，撰写了三论《剿匪与造匪》的时评，于1932年6月30日起连续在《申报》上发表。首论《剿匪与造匪》指出：今日之"匪"皆黑暗政治造成，政治上既一面"造匪"，政府更一面"剿匪"。匪既不能剿而绝，或且因剿而势日以张大。枪口不对外，而以剿杀因政治经济双重压迫铤而走险之人民。7月2日发表《再论剿匪与造匪》，除继续就政治黑暗、经济压迫、造成"匪"患蔓延全国外，指出真正应剿灭的对象是谁：所谓匪者，即扰害地方、鱼肉乡民之意，是则今日勒种鸦片、公卖鸦片、勒收苛捐、搜刮民财者，其所为无一不积极造匪。匪而应剿，则此辈造匪者，固独不应先为剿灭乎?! 7月4日继续发表《三论剿匪与造匪》，更进一步揭露和激烈抨击今日政治黑暗和纷乱之最大症结为贪官污吏，为产生贪官污吏的反动统治。

平心而论，《申报》在新闻和评论方面所表现出来的倾向，在当时商业性大报中的表现已非常进步、爱国而抢眼，故也备受人们称道。史量才也正因此为蒋介石所记恨，而于1934年招致了暗杀，死于非命，但瞿秋白《〈申报〉的武断宣传》一文对此却做出了相左的评价：

> 上海的《申报》，算是招牌最老的地主资产阶级的报纸了。自从九一八事变之后，它也"左"起来了。这所谓"左"显然是想替中国地主资产阶级"趁早收买一部分人心"，——换一个花样来欺骗民众。原因是很明显的：国民党的官场机关报和一切言论，已经太不堪了，太露骨了，很难欺骗群众的了。所以，要有《申报》时评之类的"后备军"，假装着不满意国民党的态度，从另一方面来宣传所谓三民主义，所谓民生主义的社会主义。这是复活孙文主义的反动的企图，中国的工农民众一定要揭穿它的假面具。①

这样的批评表面上深入媒介传播的骨髓，具有一种透过现象看本质的阶级意识形态分析色彩，但由于是用一种相对凝固的眼光观察不断变化了的新闻媒体及其实践，因此，其结论当然就显得有失公允，把爱国、进步

---

① 范亢：《〈申报〉的武断宣传》，《红旗周报》1932年第39期。

的言论说成是为了欺骗民众的虚伪,则更属一种原则上的判断失当。

　　瞿秋白早期的媒介批评实践及其理论,是他力图把马克思列宁主义新闻原理同我国报刊具体实践相结合的产物。他的许多观点和批评思路今天看来仍有现实意义。但不可否认,由于历史条件和个人认识上的局限,他早期在媒介批评中的某些具体分析,明显存在失当和过"左"之处,如过分地强调了报刊的指导性,要求在报纸版面上刊登战争形势图,显然是脱离中国实际的幼稚之举,是缺乏实际军事战争经验的书生之见;他对《申报》的分析仅从政治角度入手,对复杂的新闻现象进行简单的政治图解。媒介批评是一个政治性、艺术性很强的工作,正确的政治理论立场是决定媒介批评能否从秋毫之末而彻晓宇宙之变,从只言片语而透析新闻媒体真实意向的关键。瞿秋白在媒介批评中表现出来的某些不足,正是当时我党政治理论和思想上还不十分成熟的直接反映。20世纪30年代以后,瞿秋白的媒介批评就逐渐褪去了这种政治和思想上观察与分析事物时不成熟的印记,显得更为系统、全面、科学而客观得多了。

第七节　恽代英的媒介批评

　　恽代英(1895—1931),又名蘧轩,字子毅,笔名代英、但一、天逸、F. M.等,祖籍江苏省武进县,1895年8月12日生于湖北武昌一个书香世家。早在青少年时期,恽代英就养成了关心国家大事、通过阅读报刊吸收新知以砥砺行为、敦进学业的习惯。1907年,恽代英办过一种手抄小报,把当月报纸上的国内外大事、重要文章及文艺作品汇集成册,在家庭成员中传阅。1915年,恽代英考入中华大学,他与同学创办了油印的《道枢》杂志,受到师生们的欢迎。1917年初,中华大学校长陈时委托恽代英接编该校学报《光华学报》。恽代英接编后的《光华学报》在社会上引起很大反响,不仅《妇女时报》载文推介,而且陈独秀也在来信中对之赞美有加。五四运动前夕,恽代英和同学组织新声社,出版《新声》半月刊,大力提倡白话文,传播新文化新道德,反对封建礼教。五四运动爆发后,恽代英领导武汉学联创办了《学生周刊》。该刊甫一问世,就受到武汉人民的热烈欢迎,有力地促进了武汉地区学生运动的发展。1919年7月,恽代英创办并主编了旨在为热心中学教育者参考用的《中学校》旬刊。1920年初,恽代英倡议成立了利群书社,作为传播新文化的基地。为便于社员交流并报道书社活动情况，利群书社成立之后不久，即出版了内部油印刊物《我们的》，同年10月，利群书社又出版了《互助》月刊，主要刊载团体成员讨论问题的通信以及社员活动的消息。1921年春，恽代英又与黄负生等人创办了以改造湖北教育及社会为宗旨的《武汉星期评论》，该刊后来成为湖北共产主义小组机关报。1923年10月20日，恽代英筹办并主编了中国社会主义青年团中央机关刊《中国青年》周刊。在他的辛勤努力下，该刊发行量曾高达五万余份，风行一时。1924年初，恽代英又创办并主编国民党上海执行部机关刊《新建设》月刊。该刊社址与《中国青年》在一处，恽代英同时负责这两个刊物的编辑工作。1926年3月，恽代英任黄埔军校政治总教官期间，主持《黄埔日刊》的工作，并帮助李求实主编广东青年《少年先锋》杂志。1927年，恽代英奉调到武汉，曾参加中共湖北省委机关报《群众》周报编委会的工作。1927年10月，中共广东省委成立，恽代英当选为省委委员，任务之一就是负责主编省委机关刊物《红旗》。1928年党的六大以后，恽代英调任上海任党中央宣传部秘书长，主编党中央机关报《红旗》，直至1930年4月离开中宣部为止。恽代英是中国共产党早期杰出的理论宣传家，他不仅创办和编辑过多种报刊，而且对报刊编辑与宣传艺术多有研究，撰写过许多"抓住青年进取心，手书口说万人钦"①的文章，通过媒介批评的形式指导青年正确辨别和阅读报刊，为引导青年走上革命道路作出过重要的贡献。

一

新闻媒介总是或明或暗地表现出特定的政治立场，即便那些能够相对坚持客观公正立场的新闻媒介，亦是如此。这是因为所有的新闻媒介无不控制在一定阶级或社会集团的代表人物手中，所以无不具有一定的政治倾向性。这种倾向性固然常常会鲜明地表现在其社论或者评论之中，但新闻报道甚至版面安排也能巧妙地表达一定的倾向，表现在其独到的话语修辞和版面编排技巧中。英国《泰晤士报》是一家历史悠久的严肃性大报，近代以来该报在中国一直具有很大的影响力，尽管该报一直秉承独立、客观地报道事实的新闻宗旨，但纵观其发展历史，该报在历次重大的国际事务

---

① 董必武：《董必武诗选》，人民文学出版社1977年版，第143页。

上都始终支持英国政府的观点,有着不可否认的鲜明政治倾向性。1924年春的中国已经处于国民革命反帝反军阀运动的前夜,《泰晤士报》在一篇北京通信中,不仅对北京日渐活跃的学生运动横加指责,而且对北京一些报纸在报道学运时未加应有的"过滤"表示不满。

对此,恽代英发表了《〈泰晤士报〉对于学生的训辞》一文予以揭露和讽刺道:"正像一个老成持重前辈先生的声口——原来是不许我们问有关自家生死存亡的事情——多谢你——我们真是刻骨铭心的领教了。"① 指出该报的北京通信,大不以学生干涉政治为然,随后归纳了该报北京通信里的具体理由:(一)学生私受政客金钱,与一切真诚爱国的政治运动家相接近,是可疑或大逆不道之事;(二)与苏俄代表关系密切,学生不应当不死心塌地受他们宰割,却想结纳他们的冤家对头俄国,以对他们谋叛;(三)干预政府政策,学生不应当不放任列强走狗的北京政府,以便他们自由地做任何辱国卖国的事;(四)反对耶稣教,学生不应当为了中国利益,揭破外人用以麻醉中国人只配有受命承教的资格;(五)干预政府经济行为,包围恫吓官吏,学生不应当干涉北京政府任何的卖国借款,政府纵然可以滥加国民负担,外人纵然可以滥加国民勒索,学生们不应当开口;(六)干涉外交,例如干涉丰台案和李义元案,为这种事有时投稿于报馆或向中外发表主张。外国人干涉中国司法权,外国人殴打中国兵士,还会有错么?学生们应当多读书,书读多了,自然会知道中国天然应当受外国人干涉殴打。发表什么主张,真是太轻率浮躁了!于是《泰晤士报》记者便责备北京报馆的先生们太糊涂了,至少亦是太疏忽了,怎么能对学生这样的滔天大罪,不加以纠正反而扶助呢!于是在《泰晤士报》的北京通信里,出现了"学生今日,所学未成;对于国际及国家诸问题,不应过问""智识未备,而遽旁骛他事,事同儿戏,殊不足取"② 之类的话语,一副老成持重的前辈先生为学生前途着想而惋惜不已的嘴脸,经过恽代英的归纳和分析,其无比的虚伪性和欺骗性,就暴露无遗了。诚如恽代英在文末所讽刺的那样:"难得《泰晤士报》的外国先生申斥了这一番话!多谢你,我们真是刻骨铭心的领教了。"③ 现在的中国人确实不会再轻易地

---

① 代英:《〈泰晤士报〉对于学生的训辞》,《民国日报》副刊《评论之评论》1924年第7期。
② 代英:《〈泰晤士报〉对于学生的训辞》,《民国日报》副刊《评论之评论》1924年第7期。
③ 代英:《〈泰晤士报〉对于学生的训辞》,《民国日报》副刊《评论之评论》1924年第7期。

第七章　五四运动时期的媒介批评(下)

上当受骗了!

　　读报杂感是恽代英进行媒介批评的一种重要形式。杂感本来是人们抒发对现实生活和社会现象各种零散感受的文字。由于杂感一般来说是有感而发,随心所写,是即兴而成的片段感想,通常没有刻意叙述描写一个具体的主题,故人们可以较为随意地选定一件事,用自己的话写出自己看这件事的感受,篇幅不限,话语灵活。鲁迅先生是写杂感的大师,杂感在他的手里几乎成为一种战斗性的文体,五四运动后,杂感的战斗性受到了人们的重视,故而在报刊上风靡一时。中国共产党早期的宣传家们大多是写杂感的高手,恽代英就常常在自己主编的报刊上撰写杂感一类的文字。在恽代英的杂感中,很大一部分是针对与报刊传播行为和现象进行分析的媒介批评文字。

　　1916年1月22日由中华革命党创办的《民国日报》,原是为反对袁世凯复辟帝制而创办的一张革命性报纸,总编辑叶楚伧,经理兼编辑邵力子,该报副刊《觉悟》在五四运动中大力传播新思潮,在知识界和广大青年读者中具有很大的影响。中国国民党第一次全国代表大会后,该报成为国民党的机关报,曾积极进行反对帝国主义、反对封建军阀的宣传,并吸收中共党员参加工作。虽然该报在五卅运动后,即日渐右倾,但这时候还不失为一张具有爱国主义色彩的报纸。也正因此,由英美背后把持的司法机关会审公廨屡屡兴讼,企图通过司法手段打击和压制《民国日报》的爱国呼声。1925年9月,会审公廨又借口该报发表有关九七杀人事件的消息,控诉该报新闻失实。为此,恽代英在《中国青年》发表了题为《会审公堂与〈民国日报〉》的读报杂感,揭露会审公廨兴讼的实质。恽代英在文中指出:"上海会审公堂与《民国日报》,简直是一对永远不能和解的冤家。"① 差不多上海每发生一次运动,《民国日报》总是要吃一次官司。今年上半年《民国日报》记者邵力子就被告了许多次,说他是共产党人,几乎判决逐出租界,后来是邵力子自己离开了上海。所谓共产党人的邵力子已经离开上海了,《民国日报》的内容亦更灰色,已经灰色到不配称为国民党的机关报了,然而到现在,为了记载帝国主义的九七杀人事件,又要吃一次官司。其实,《民国日报》最大的罪案便是还挂着一个虚有其名的国民党机关报的头衔,所以无论你色彩如何淡,无论你如何证明报馆中没

---

① F. M.:《会审公堂与〈民国日报〉》,《中国青年》1925年第4卷第96期。

有一个共产党人，帝国主义都是永远不肯饶过他。"国民党最大的罪案，便是有了许多真正要革命的所谓共产党分子在内，所以便是并不真正要革命，亦少不了受他们的牵累。"① 所以要《民国日报》不吃官司，只有正式声明并非国民党的机关报，再不然便是将国民党中所谓共产党分子全部排斥出去。纵然他不是共产党分子，但凡真正要革命的人也都要排斥出去，否则帝国主义者总是要硬指他们是共产党分子。如果像《醒狮》杂志那样替帝国主义者诋骂共产党，自然会审公堂便用不着再"招请"《民国日报》记者了！其实，当真在报纸上正式代表国民党指斥帝国主义，帝国主义者亦未必便能怎样奈何他。这篇杂感深刻揭露了会审公廨所代表的帝国主义势力实质，鼓励《民国日报》和其他国内报纸，大胆地反对帝国主义压迫中国人民的暴行，指出只要国人团结一致硬起来，帝国主义并不可怕。

二

1923—1927 年的《中国青年》是当时中共中央规定的 8 种出版物中重要的一种，是国民革命时期出版时间最久、最杰出的革命刊物之一。《中国青年》的巨大影响，与其创办人和首任主编恽代英有着密切的关系。恽代英从 1923 年 10 月到 1927 年 10 月，在该刊上先后以代英、但一、F. M.、D. Y、蘧轩、英、但等名字、笔名、别名，共发表文章、通讯和杂谈约 185 篇，占他一生所发表文章 500 多篇的约 2/5，② 如此可见该刊的旨趣和特点与恽代英有着直接的关系。恽代英对报刊宣传工作的重视与研究，也在该刊媒介批评栏目的设置和有关文章的发表上有所体现。

相比于《向导》《红旗》等其他中共所办的刊物，作为中国社会主义青年团中央机关刊的《中国青年》无疑因为要承担着引导广大青年读者阅读，进而引导他们加入到革命道路上的时代任务，故而相对地要更加注重媒介批评。该刊在第 25 期就刊出了《我们的广告》，声明从第 27 期以后，将征求"对于青年出版物的批评"作为该刊内容和印刷方面大加改良的举措之一，所以，《中国青年》从第 30 期起设置了"新刊批评"专栏，恽代英、萧楚女是该栏的作者。在第 30、31、32、33、36、40 期，分别对《青

---

① F. M.：《会审公堂与〈民国日报〉》，《中国青年》1925 年第 4 卷第 96 期。
② 王鹏程：《〈中国青年〉周刊研究（1923—1927）》，人民出版社 2013 年版，第 123 页。

阳周报》《新学生半月刊》《赤光》《政治生活》《湖南学生联合会周刊》等26种报刊进行了批评。从第51期起，《中国青年》又明显加重了媒介批评的分量，如该期总共刊登了5篇文章，就有《介绍八十一期以后之〈向导〉》和《介绍〈少年国际〉杂志》2篇媒介批评性质的专论。此后该刊还不定期设置"书报介绍""书报述评"等媒介批评专栏，以加强对各种与青年有关报刊的批评与介绍，引导青年的报刊阅读行为。

总体上说，《中国青年》的媒介批评一般关注对新近报刊上的文章进行内容和政治倾向性的分析。如批评青年学会天津分会编办的《青阳周报》时，恽代英指出该刊在第2、3期上面"有一篇论世界经济问题，比较高远不合青年需要，似不如多注意用经济学理，解释中国切近的经济问题"①。第1期上的诗歌与第1、2期上的小说，满纸惨别、凄凉、哀怨、无聊、寡欢、支离同老夫、愿得楼头来彩凤、哪问桑田变沧海等字样，表达出一种荒诞、颓丧和放浪的情绪，未免太不像振刷精神的青年作品了。其第2、3期中挂五的《八个月来工厂经过》一文极好，第3期尤多悱恻动人之语，可供研究工人状况者的参考。该刊第5期是非宗教特号，署名"山水"的作者解释人生烦闷与罪恶皆由环境使然，人心并不是可以任意改造，颇为有见。而"儒林"对基督教历史的叙述，则概括得太简单。虽然恽代英具体批评了该刊某些稿件存在的问题和不足，但最后仍予以"此刊物内容颇多可观"②的评价，其批评显得平允公正，令人信服。

恽代英在批评由长沙新民社编办的《新民周报》时，重点批评了该报第12期发表的几篇文章。《新民周报》1924年4月创办于长沙，为中国国民党湖南党部主办，由共产党人李维汉主编，是国共合作性质的刊物。恽代英评价该刊第1、2期维汉、梦伯分析时事问题的文章，极有见解，是该期中"最值得介绍"③的一篇文章。李维汉在该刊第2期发表论述学潮的文章，以为欲望得着正当发展便是英雄豪杰；得不着正当发展，便成为罪恶犯。故青年应从事学术、自治、社会等种种共同生活的活动，以正当地发展其欲望。恽代英认为"此语亦极值注意"。④该刊所发表的罗学瓒一篇

---

① 代英：《新刊批评·青阳周报》，《中国青年》1924年第30期。
② 代英：《新刊批评·青阳周报》，《中国青年》1924年第30期。
③ 代英：《新刊批评·新民周报》，《中国青年》1924年第30期。
④ 代英：《新刊批评·新民周报》，《中国青年》1924年第30期。

文章，论及由于社会实业不发达，求学者无对象性的目标，不会朝向社会的实际方面去。他的思想没有确实的把握，必致流于玄想空谈。譬如中国现在多有浪漫式的新文学家，以及形而上的哲学家，就是这种原因。该文又论说因实业发达，交通便利，分业甚多；自然家族制度会崩坏，婚姻会自由，女子会设法谋生活，会要求受教育，要求参与政治，这些都是将要随生产制度自然变化而变化的事情。该文还论及由于工厂林立，工人集处，易产生疾病瘟疫，非注意卫生不可。在此情况中，大部分人民的饮食起居，出入休作，都限有一定时刻，非严格遵守不可。五方杂处之地，非互守秩序，亦复不能安居。对罗学瓒的这篇文章，恽代英大加称赞道："这样的解释，说明实业关系于学术道德，颇有特识。而结尾注重排除阻碍发展实业的军阀与国际侵略，尤为知本之谈。"① 由此可以看出，恽代英媒介批评的着眼点不仅在于该刊文章的实用性，更注重从唯物主义社会观和历史观去分析与评价刊物跟文章的质量。

由上海大学部分进步学生创办的《孤星旬报》，是20世纪20年代初热情传播新文化和新思想的一份进步刊物，孙中山先生曾为该刊第5期题写刊名。中共早期领导人陈独秀、瞿秋白等曾在该刊发表过文章。恽代英评析该刊第7期"恋爱特号"时，从该刊主编"剑平"的引辞中的"恋爱能解决人生问题的一大部分"立论说，这一句话，引起了我好奇的心，想看看恋爱到底有多大能力。然而我看下面除张庆孚一篇官样的文字以外，一篇是叙一小学教员因恋爱被人控告申斥，发生了饭碗的危险；一篇是叙一个中学生因恋爱上当至于癫痴；一篇是叙一个恋爱女学生的人，花费了许多精神金钱，后来女学生的爱情移变了，不久女学生又被开除了；一篇是叙女子恋爱一个男子，几乎被她的兄弟逼死了，然而所恋爱的男子，竟私下另娶了一个女子。恽代英指出：这样的恋爱，究竟解决了什么人生问题呢？我还是希望青年们知道，恋爱虽然神圣，然而人生问题不从经济方面得着根本解决，不要想恋爱问题会有满意解决的日子。"孤星社诸君的恋爱特号，我看只能证明恋爱问题在今天自身是不能解决的问题。我们只能由人生问题解决恋爱问题，断不能由恋爱问题解决人生问题。"② 同时指出该刊第8期"五五纪念"特号，"可算编

---

① 代英：《新刊批评·新民周报》，《中国青年》1924年第30期。
② 代英：《新刊批评·孤星旬报》，《中国青年》1924年第31期。

得极好"①。因为它对五一运动的历史、五四当日的事实、五五与马克思学说体系纲要、五九外交上的经过,等等,均叙述得较为简明扼要。青年人读了,不啻读了许多书。总体上来看,对新近报刊进行内容和政治倾向性分析,是恽代英媒介批评的主要关注点和基本倾向。

三

桴鼓相应,互相配合,是中国共产党新闻宣传活动的基本特色和组织方略,自然也在恽代英的媒介批评中有所体现,这一特点在恽代英所主编的《中国青年》上有着十分鲜明而突出的表现。在《中国青年》第51期,共刊发了5篇文章,除第一篇《我们的广告》有自我介绍和宣传性质之外,还刊发了恽代英撰写的《介绍八十一期以后之〈向导〉》与署名林根的《介绍〈少年国际〉杂志》两篇专门性媒介批评文字,特别是恽代英的《介绍八十一期以后之〈向导〉》一文,全文近4000字,排在《我们的广告》之后,无论在篇幅上,还是在位置上,都是该期《中国青年》推出的重头文章。这是恽代英精心撰写的一篇具有很高质量的媒介批评专题性文章。

恽代英在这篇文章中,首先就对《向导》进行了一个概括式的总评:"《向导》是一个很有权威的周刊,他散布了反帝国主义的国民革命的思想,于全中国革命的民众当中。他在各种实际的政治问题中,提示他的主张,每可以纠正一般流行的谬误思想。"②随之他对第81期以后《向导》的主要内容与观点进行了详细介绍。恽代英指出,自江浙战争爆发后,中国进入了一个多事之秋,"所以《向导》的意见,亦更值得我们注意"③。提示读者关注该刊此后所发表的一些重要观点。

恽代英接着梳理了第81期后《向导》关于国内外局势发展及原因分析的论点:该刊确认此次内战完全是因帝国主义间的暗斗而引起。在第83期中,他们指明日美在欧战时国势的发展,与他们在中国利益的冲突,同时亦指明英法在欧战后的互相嫉视。于是,英结美抗法而取消英日同盟,

---

① 代英:《新刊批评·孤星旬报》,《中国青年》1924年第31期。
② 但一:《介绍八十一期以后之〈向导〉》,《中国青年》1924年第3卷第51期。
③ 但一:《介绍八十一期以后之〈向导〉》,《中国青年》1924年第3卷第51期。

日联法制美而有日太子游法缔约之事。全世界的帝国主义遂分为英美与法日两派。此外又有苏俄在西欧代表进步的无产阶级，在东方代表被压迫民族，它是英美法日的共同畏憎。这反映到中国，就是英美与法日各扶植一派军阀以造成战争，同时各派帝国主义与军阀又结合造成反苏俄反国民革命运动的暗斗。在第82、87期中，他们指出了各种英美帮助直系军阀，与日法帮助反直系军阀的实例，不承认反直系即是为国为民的错误观点，他们认为军阀自身的性质与环境在客观上没有实现它为国为民的余地。他们预言若战争胜负不分或直系大有不利时，美国必发起干涉中国内政的和平会议，组织买办与军阀混合的政府，根本剿灭广州和全国革命的势力。等到该刊第89期出版时，形势的发展已经完全验证了《向导》的预言和论断。

对国民党组成力量的阶级分析，是第81期以后《向导》的一个重点。对国民党右派势力及其言论，他们毫不容情地加以攻击。在第82期，他们指出组成国民党的人群中，除工人、手工业者、农民、知识阶级、小商人、大商人、地主、工业家与银行家之外，还有洋行买办、军人和政客，从工人到知识阶级，在经济上差不多是被剥削者。而从知识阶级到银行家，则是剥削者，军人、政客和买办，则附属于封建军阀帝国主义以剥削人，所以国民党实际上可分为左、中、右三派。左派代表工人、手工业者、农民，一部分小商人与知识阶级，这是真革命派；中派代表工商业和一部分小资产阶级，这是妥协派；右派则代表一部分与帝国主义有关系的大商人，如华侨、地主、军人、政客、买办等，这完全是反革命派。在第82期的通信中，他们指出军械事件的实质，是国民党右派勾结买办与帝国主义，借此排斥异己攘夺权利。第85期的通信，更指出幻想维持政权而又不敢接受平民群众赞助的中派诸要人——胡汉民、廖仲恺等，利用商团中比较接近的人李朗如等以获取政权。他们认为这最终将要失败，而且是不荣誉的失败。"到了八十七期出版，果然已遇商团在双十节与工团军冲突的事，而且闹出剜心去势等惨酷行为了。"[①] 此时中派诸要人只有向反动军阀请求保释被拘捕之工人，而且仍对工人加以"勿听人挑拨"的威胁，以禁止其复仇的举动。在该刊第88期，他们提出到发还枪械以后才知道必须解散商团，以致使广州大受战祸之苦。该刊认为这让"反动报纸得利用以

---

① 但一：《介绍八十一期以后之〈向导〉》，《中国青年》1924年第3卷第51期。

第七章　五四运动时期的媒介批评(下)

败坏国民党的名誉"①，中派诸要人对此应该负责。

第81期以后的《向导》上，献议广州今日应该停止北伐与东江军事，对陈炯明等只取守势，应解散广州一切反动军队，废除苛捐，以断绝此等军队之饷源；应该宣传帝国主义列强的罪恶与国民革命的真义，应颁布解放农民的法令，使地主不能利用农民以反对革命的政府。在第89期，他们亦警告国民党不可参加军阀所号召的和平会议，不然就仿佛认为军阀及其背后的帝国主义有解决中国国事的权力，蒙混了自己的革命面目，成就了帝国主义共管中国的预定阴谋。在第89期，他们介绍了国民党所已通过的整顿纪律案原文，历数右派种种违反纪律的言行。在第83期，他们曾把那般攻击共产党破坏国民党的右派主张，与他们所称为共产派的主张对比起来，证明没有一件是共产主义与三民主义之争，实在只是国民党革命派与不革命派之争，代表民众利益的左派与代表私人官僚利益的右派之争。该刊第82期指出："这种不幸的政策（过早的设立革命政府），不仅可使革命完全破产，而且危及中山先生个人之生命与人格。"② 该刊认为这是真爱中山先生、真爱国民党的人才会说出的一种忠告，是沉痛而又足以"令人警惕的话"，③ 提醒广大读者予以充分注意！

在文章的结尾，恽代英述及自己阅读《向导》的感受："我介绍了《向导》，我感觉我的血液都沸腾了！《向导》是革命的血钟啊！他将要唤起我们四万万人潜伏的民族精神，为我们自己经济的利益，协力一致的打倒帝国主义。"④ 并表明该刊预备常常介绍《向导》的意见于读者，亦希望一切青年出版物预备一点篇幅介绍《向导》的意见，因为"这是革命的青年最有力的导师啊"⑤！话语之间充满了感情，具有很大的感染力量。

恽代英是国民革命时期中国共产党最杰出的宣传家之一，他曾经撰写过《农民中的宣传组织工作》《这样做一个宣传家》《"木石鹿豕"与宣传工作》等专题性文章，对于如何做好宣传工作有着比较全面而精深的思考和研究。恽代英认为，新闻工作具有巨大的宣传和组织作用，这对那些政党或团体的机关报刊来说尤为如此。他总结五卅运动的经验，认为要达到

---

① 但一：《介绍八十一期以后之〈向导〉》，《中国青年》1924年第3卷第51期。
② 但一：《介绍八十一期以后之〈向导〉》，《中国青年》1924年第3卷第51期。
③ 但一：《介绍八十一期以后之〈向导〉》，《中国青年》1924年第3卷第51期。
④ 但一：《介绍八十一期以后之〈向导〉》，《中国青年》1924年第3卷第51期。
⑤ 但一：《介绍八十一期以后之〈向导〉》，《中国青年》1924年第3卷第51期。

群众普遍的要求，相当的宣传功夫必不可少。如果没有先期的新闻宣传，尤其是在此之前持续几年的反对帝国主义的宣传，已经深入到广大的工人、学生中间，传播新思想和理论的报刊的大力创办和普及，五卅运动不可能在短时期内组织发动起来并取得胜利。媒介批评在一定意义上也是宣传活动，自然要遵从宣传工作的规律和原则。多年的报刊编辑经验和马列主义的科学理论，使他的媒介批评活动有着鲜明的无产阶级战斗性，体现他注重从对实际运动发生作用的角度开展媒介批评的特点。这一点在他撰写的《〈中国青年〉发刊辞》中也有突出的表现。他在发刊辞中宣告："《中国青年》要引导一般青年到活动的路上，要介绍一些活动的方法，亦要陈述一些由活动所得的教训。""《中国青年》要引导一般青年到强健的路上。要介绍一些强健伟人的事绩与言论，亦要用种种可以警惕青年的材料，以洗刷青年苟且偷惰的恶弊。""《中国青年》要引导一般青年到切实的路上。要介绍一些切实可供研究的参考材料。要帮助青年去得一些切近合用，然而在学校中不容易得着的知识。"[①] 这是恽代英编办《中国青年》时的努力方向，也是他进行媒介批评时的基本原则和标准。这种媒介批评原则和标准即便在今天看来，也仍然具有一定的现实指导意义。

第八节 萧楚女的媒介批评

萧楚女（1891—1927），原名树烈，又名秋，辛亥革命失败后改名楚女，出生于湖北汉阳一个木材商人家庭，幼年时入私塾，攻习传统的四书五经。1901年，其父亲经营的木行因故破产，家道遂迅速中落，萧楚女开始辗转于湖北、安徽、江苏、浙江等地，先后做过酱园徒工、街头报童、排字工人等，在漂泊中刻苦自学，练习写作。辛亥革命后，考入武昌新民实业学校蚕桑专业，并在参加反袁活动期间结识了一些报界知识分子。1916年，萧楚女参与朋友刘泥清主办的《崇德报》的编辑工作。1919年2月1日，转入日本人创办的《湖广新报》担任编辑。6月7日，主动宣布脱离该报，转入《大汉报》做编辑，两个月后因持论激烈，致使《大汉报》被罚停刊3日。1920年3月，他主持《大汉报》的副刊改革，9月初再因发表一系列态度鲜明的进步言论而被迫离开该报。1922年，加入

[①] 《发刊辞》，《中国青年》1923年第1卷第1期。

中国社会主义青年团和中国共产党，赴四川开展革命活动。1923年春夏之交，曾兼任重庆地方进步报纸《新蜀报》的主笔与记者之职。1924年5月，到上海主编《中国青年》杂志。1925年6月，赴南京领导当地的工人罢工运动，并主编《人权日报》。7月，奉派赴上海，并主编《工商学联合会日报》，发表了《申新两报与〈诚言〉》等重要社论。8月，赴河南开封，并主办党团豫陕区机关刊《中州评论》。10月，萧楚女执笔撰写的《显微镜下的醒狮派》一书，由中国青年社出版。1926年2月，赴广州，担任国民党农民部农民运动委员会委员、国民党中央宣传部检阅干事等职，并为广州国民党中央机关报《民国日报》撰写社评。1926年11月底，受聘为黄埔军校政治教官、黄埔军校特别党部宣传委员会政治顾问。1927年4月15日，因广州反革命政变爆发而被捕。4月22日，被国民党反动派杀害于南京。萧楚女是中共早期杰出的宣传家，主办过多种报刊，具有丰富的报刊工作经验。在他的新闻活动中，他不仅写作过很多针砭时弊、批驳各种非无产阶级思潮的政论，而且发表了很多以报刊及其传播活动为标靶的媒介批评文章，在明辨是非、纠正报刊传播偏向方面，作出了很大的贡献。

一

社会需要乃价值之源。在萧楚女的媒介批评活动中，常常围绕"什么样的报刊才是理想的或者需要的报刊"这一问题而展开。1924年6月，萧楚女在主编《中国青年》时，曾接到一封署名"悚祥"的读者来信。悚祥在信中说，虽然《中国青年》已经是五四运动后中国出版界最足唤醒青年沉梦、告诉他们革命理由和步骤的最好刊物，但他仍觉得该刊尚"有一个可以商榷之处"，[①] 就是在《中国青年》里，文学作品太少，难免令读者觉得枯燥。他认为在社会的革命和改造运动中，小说和诗歌也很重要，他希望该刊适当增加这方面的内容。针对悚祥的建议，萧楚女在公开回信中专门谈到了他对《中国青年》刊物内容之所以如此配置的理由，以及他对这一问题的看法。萧楚女指出：该刊并非完全不注重文艺作品，以前各期中也间或刊载过些小说和短诗。不过在本刊一般的文字上，比较而言要算登

---

① 楚女：《〈中国青年〉与文学》，《中国青年》1924年第2卷第36期。

得少一些。所以少的理由，有以下几个。一是为了出版和发行的轻便，以及适合一般青年的购买力，不能不对篇幅有所限制，因为篇幅有限，文艺作品便不能多载。我们总感到每期都有很多的话要向青年们说，所以不愿把仅有的可贵篇幅被文艺占去。二是对一般读者来说，文艺欣赏终究是较专门的行当，没有相当的艺术涵养和嗜好，对文艺作品可能并不喜欢。《中国青年》的使命是对一般青年进行普遍的革命宣传，文艺作品发表较少属于正常。三是该刊同人认为纯粹供人欣赏的文艺，当下实不宜提倡，现在最需要的是怎样去改造中国的实际动作，纵然要刊登文艺作品，也必须要是以革命为主题的文学，若只是叙述男女之间的缠绵，或单纯写些抒情性的风景小品，这在《中国青年》编辑同人看来，就不免流于无聊。"所以没有发现好的和为我们所合用的作品时，便宁缺而勿滥。"①萧楚女也认同并承诺：该刊此后应该花更多的时间和精力去发掘具有革命色彩的文艺作品发表，但应坚持两个原则。一是宁缺毋滥，刊登什么稿件，关键要看稿件的质量。他曾批评《中国学生》文艺栏"译文较创作为好，创作底意境和修词，似均稍嫌幼稚，且落常套"。②他认为与其多载此等小说，倒不如多译些写实作品更为有益。二是不能喧宾夺主，要坚持刊物的主体性与个性，不能将一个时政性刊物变成一个文艺性刊物。只有这样，刊物才能够实现性质与目的、形式与内容的有机统一。

萧楚女在进行具体的媒介批评时很注重报刊的文艺性，他认为这是报刊获得可读性的重要手段和方式。他曾在《中国青年》的"新刊批评"栏目中，对中共安源地委领导、由安源路矿工人俱乐部1923年10月主办的《安源旬刊》进行评介道：此刊为工人而办，体裁为述评而兼报告。他赞赏该刊对于国内外的每周大事，以及关乎工人生活上的记事，都编得非常简要明确，尤其是该刊第10期论坛，发文辨别"帮口"与"团体"的区别，使工人得以明了阶级的组织，他认为这是做得极好的事情。"惟白话文字尤宜讲求更通俗的方法，俾一般工人均能看懂。并望能多载点类于歌谣一类的工人文艺，以供他们疲劳后的自娱，藉以陶养其阶级的觉悟。"③主张寓教于娱乐之中。

---

① 楚女：《〈中国青年〉与文学》，《中国青年》1924年第2卷第36期。
② 楚女：《新刊批评·中国学生》，《中国青年》1924年第2卷第40期。
③ 楚女：《新刊批评·安源旬刊》，《中国青年》1924年第2卷第33期。

由此可以看出，萧楚女并不一概反对报刊登载文艺作品，而只是强调要根据报刊的编辑宗旨和性质、服务对象等进行具体的栏目设计，根据优化传播效果的需要进行内容组织。《安源旬刊》的读者对象是识字不多、生活困难的路矿工人，对过于高雅的纯文艺作品，自然难以产生阅读上的兴趣，因此，歌谣一类的通俗文艺，就不仅能使他们获得劳动过后的适当娱乐，而且只要内容组织得巧妙，就会受到他们的欢迎，就可以达到报刊政治宣传的效果，寓政治宣传于娱乐和审美之中。在萧楚女看来，报刊中的文艺作品能否为报刊的政治宣传宗旨服务，这应是评价刊物水平高低的重要标准之一。

刊物宗旨是刊物主办者所要表达或实现的思想或意图，它是一个刊物的灵魂，是刊物主办者对刊物性质、形式和阅读对象的预先设定。作为刊物内在或精神的宗旨，必须通过具体的栏目、编排尤其是一篇篇具体的稿件才能得以体现，因此，批评刊物的时候，就不仅要看刊物宗旨的高下，还要看刊物宗旨是否得到了实现。萧楚女在批评刊物时，非常注意观察刊物的具体内容对其宗旨的表达程度。1924年4月21日，由中国共产党领导下的中国社会主义青年团南京地方委员会与国民党南京支部联合创办的《南京评论》正式创刊，该刊具体编辑工作由中国共产党党员、南京团地委委员、东南大学学生宛希俨主持。该刊宗旨是贯彻国民党一大精神，发展国民党组织，促进国民革命运动，刊物的主要内容是宣传马克思主义理论和中国共产党的革命统一战线政策等。该刊有感于"南京是反动思想的领域，一般男女青年，都被陈腐的制度，享乐的空气，麻醉住了，不复过问一切身外的事"[①] 的政治与舆论环境而创办。萧楚女认为在南京如此不良的现实环境下，竟能够出现《南京评论》这样思想较激进的刊物，实在是值得欢迎的好事情。不过，他也委婉地指出了该刊的不足：即该刊在宣言中提出的"我们最厌恶是说空话，我们深愿今后的本刊多讨论些实际的问题，和解决问题的办法"[②] 这一目标，在刊物第1期中，并没有得到充分体现："现出第一期，大体上都是些较激进的短文，却还未见什么'实际的'材料。"[③] 显然这是需要该刊继续努力和改善的地方。不过甚为可惜

[①] 楚女：《新刊批评·南京评论》，《中国青年》1924年第2卷第32期。
[②] 楚女：《新刊批评·南京评论》，《中国青年》1924年第2卷第32期。
[③] 楚女：《新刊批评·南京评论》，《中国青年》1924年第2卷第32期。

的是，《南京评论》第 1 期出版不久，就被南京警察厅以"该报未经呈请立案""有过激言论"① 等为由而予以查封了。

二

政治是社会上层建筑领域中各种权力主体维护自身利益的特定行为以及由此结成的特定关系，它是人类历史发展到一定时期必然产生的一种重要社会现象。新闻媒体总是时刻存在于社会关系之中，其政治倾向性始终无法彻底消除，只是媒体为了在更大的范围内获得读者的认同，常常刻意地淡化或隐藏其政治倾向性，以避免读者因为政治态度的不同而进行信息阅读抵制。媒介无时无刻不在进行政治态度和意义的生产，但是这种政治态度和意义的生产，有时会以各种非常复杂而隐蔽的面貌出现，表面上给人一种客观公正、中立平衡的印象。媒介批评的一大任务就是通过对媒介文本各种修辞手法的拆解和分析，揭示或还原在语词表象背后的媒介真实政治面目。萧楚女的《上海〈民国日报〉的真面目》一文就是这样一篇具有意识形态分析性质的媒介批评文本。

上海《民国日报》原是 1916 年 1 月 22 日由一批国民党人为了反对袁世凯复辟而发起并创办的一份报纸。袁世凯死后，该报继续反对张勋复辟、段祺瑞卖国，为孙中山的护法运动进行鼓吹。特别是五四运动中该报大力传播新思潮，在广大青年中产生过很大影响。1925 年五卅运动后，该报政治态度上日渐右倾。1925 年 11 月下旬，《民国日报》在主编叶楚伧的主持下，不仅公开登载了国民党西山会议派的会议通电，还不时发表攻击国民党左派和中国共产党的文章，从而使该报表面呈现左右杂陈而实际上逐渐右倾的政治色彩。1925 年 12 月 3 日，《民国日报》社论中，一边痛骂反对中央执行委员会在北京开会的汪精卫等人是与不革命、反革命者沆瀣一气，一边又在本埠新闻中登载拥护广州政府的吴铁城谈话。吴铁城在谈话中说所谓广州政府赤化、共产等，不过是帝国主义者和反革命派捏造的谣言。这一谈话与拥护在北京西山开会、骂反对者及广州政府为"共产宵小"的各党部通电，同时刊登在《民国日报》上。同一张报既认右派是反

---

① 付启元、赵德兴：《南京百年城市史（1912—2012）》（文化卷），南京出版社 2014 年版，第 225 页。

革命，又大吹大擂地拥护西山会议派。当右派在北京为反叛国民党运动时，戴季陶、邓元冲、许崇智、孙科等都公开登报，直指他们叛党，否认列名，而且在中央执行委员会议决定开除之；而汪精卫等国民党人的行动，以及共产党人加入国民党，却并未在今日之前经过国民党的否认，而且是国民党所肯定的行为。该报为此强词夺理，谓既可与籍隶共产党者同在一起开会，亦可与民治同志会，以及同志俱乐部中人同在一起开会。真是左右逢源，两不得罪。

萧楚女在文中反问道：然则右派之叛党，乃系与共产党之加入是一样的经过了党的正式承认，都是应该的么？《民国日报》的说辞，通篇充满了"矛盾，颠倒，牵强，附会，无一可通"。① 一言以蔽之，戴季陶等想要借革命而谋个人的活动。质言之，便是既要做较好听而体面一点有革命之名的官，却又怕左派真拉着他们去做切实的功夫，从而得罪了一切帝国主义和军阀，甚至被人因此硬戴上一个过激赤化的红帽子，将来人缘少了，就不好活动了！在他们的心里，根本没有什么真正的三民主义！他们既要拉着广东做招牌，又不能不因取消了邹鲁的校长，解散了许崇智的军队，撤去了林森的政治委员，而失去了自己的活动机会！许崇智与胡汉民利害冲突，邹鲁参与刺杀廖仲恺密谋，杨希闵、刘震寰身为中央委员却又去勾结唐继尧图谋推翻胡汉民与广州政府，以及《民国日报》版面上之所以弄得如此矛盾颠倒和牵强附会，实则是由于这些所谓的中间派下意识中潜伏的那一点投机心在起作用！萧楚女斩钉截铁地说：林森、邹鲁、谢持、石青阳、许崇智、戴季陶这一般政客和军阀，每个人的生活私心复杂到无以复加，果能真正联合起来，成为一种革命势力么？人们可拭目以待，他们不日的冲突就在目前："个人主义的、小资产阶级的投机心理，已经在上海《民国日报》上表现得十足了！"② 《民国日报》表面上政治态度的斑驳陆离，其实不过是其一种政治投机心理的折射和反映。萧楚女对该报的这种批评，诚可谓一针见血，直中要害。

在中国现代以在商言商著称的《申报》，一直游走在各种政治势力之间，力避与政治力量发生冲突，但这并不代表该报没有政治立场。1925年五卅运动期间，为了遏制中国人民汹涌澎湃的反帝爱国主义运动和舆论，

---

① 抽玉：《上海〈民国日报〉的真面目》，《中国青年》1925年第5卷第105期。
② 抽玉：《上海〈民国日报〉的真面目》，《中国青年》1925年第5卷第105期。

上海公共租界工部局出版了题为《诚言》的铅印传单式宣传品，诬蔑中国学生爱国运动为赤化，百般为英帝国主义者美化开脱。《诚言》先后共出3期，张贴散发了100多万份。1925年7月11日，《申报》和《新闻报》在广告栏里刊登了《诚言》第1期，从而激起了上海进步新闻界和广大市民的公愤。当时上海《工商学联合会日刊》《血潮日刊》《中国青年》等进步报刊，纷纷载文予以痛斥。萧楚女在《工商学联合会日刊》上，专门发表了《申新两报与〈诚言〉》的社论，针对《申》《新》两报的辩解予以批驳道：该报刊登《诚言》之时，旁缀"左系克劳广告公司送来纳费之广告"。意谓有此声明，即可以出售报纸给英国人作宣传机关，而不受国民干涉。《申》《新》两报的这种行为实无异于趁机卖国发财耳！"吾人有一言，请申新两报当事者答覆。现有一广告：'上海申新两报乃拆白党之机关报，专以造谣敲诈为能事，请一般社会勿阅该报，并即前往轰打该报之编辑'云云。贵《申报》《新闻报》是否亦可以因其为某某广告公司送来'纳费'之广告而为之刊出？"[①] 一下子就戳穿了《申》《新》两报刊登《诚言》的真实用心，揭开了两报资产阶级唯利是图的真面目。萧楚女曾批评道："彼之《申报》，表面上不着一毫色彩，令人观之，几乎如一张死人面孔，毫无感情生气；而实际则为中国唯一党色最浓之报。"[②] 这一批评固然有其偏颇之处，但也自有其不同凡响的深刻之处。

三

国家主义派是20世纪20年代前后出现的一股代表地主买办资产阶级利益的反革命思潮派别，其主要代表人物曾琦、李璜、左舜生等人，多是五四时期著名社团——少年中国学会的成员，五四以后走上了信奉国家主义、反对马克思主义的道路。1923年12月，曾琦等人在法国成立中国青年党，1924年秋把活动中心转移到国内。国民革命时期，国家主义曾猖獗一时，一度在各地组织团体30多个，出版《醒狮》《孤军》等多种报刊。国家主义派在报刊上纷纷发表文章，以"国家""民族"为幌子，反对马克思主义，反对阶级斗争，反对国共合作，并为帝国主义和封建反动军阀

---

① 转引自李畅培《萧楚女传》，重庆出版社1991年版，第168页。
② 初遇：《蒋维乔长东大之由来》，《中国青年》1925年第4卷第86期。

辩护。国家主义的理论核心是反对马克思主义的阶级斗争学说，以超阶级的国家观否定国家的阶级性，以所谓的阶级合作代替人民革命，以全民政治反对无产阶级专政。国家主义思潮一露头，就受到了共产党人的迎头痛击。旅欧期间的周恩来是较早对国家主义思潮进行批判的共产党人，当时他在《赤光》上就发表了一系列文章，对曾琦的国家主义言论进行驳斥。国内的萧楚女密切关注着远在巴黎的这场共产主义和国家主义之间的斗争。他在《中国青年》"新刊批评"栏中，专门就此对《赤光》进行了热情的称赞和褒扬。

萧楚女明确推介《赤光》是留欧中国学生中"持左进主义者"[①] 所办。该刊"对于欧洲方面的时局观察，颇能予人以一种明了确当的观念"。[②] 并举例该刊第 8 期所载的《德国革命运动的过去》一文，在分析德国的经济政治背景等方面，颇能详明。然后话锋一转：目下有一派中国学生，在欧洲发表言论，图谋破坏中国革新的联合战线。如少年中国学会会员曾琦君等，一面既知吾人之大敌乃在顽梗之军阀，腐败之官僚，蹂躏弱国之列强；而另一面则主张未加入已成政党的新分子，各自团结而成为大同小异的自树一帜之新党，以非难共产党与国民党的结合。萧楚女指出此主张的实质是在为反革命阶级张目。"此刊孤军奋斗，方与该派在相持之中，言论颇犀利而允当，指示读者正轨不少。此刊尤有可贵者，则为揭发海外各帝国主义者对华组织之侵略的黑幕——如第八期所指出的中法友谊会之用意——吾人深居国内，一切不明究竟，得此则眼光如炬矣！"[③] 通过赞扬《赤光》杂志，而达到揭露国家主义派阶级本质的效果，不失为一种高明的媒介批评方法。

如果说萧楚女推介《赤光》还只是对国家主义派的间接批评的话，那么他的《显微镜下的醒狮派》一书，则把国家主义派批驳得体无完肤。

反对国家主义派，是大革命时期中国共产党在政治领域和思想领域进行的一场全国性的斗争。萧楚女是当时这场斗争中一员冲锋陷阵的猛将，他先后撰写了《谁叫醒狮派人学李汉俊》《国家主义的原形》《国家主义长足发展》《国家主义和东方文化派的新同志》等一系列论著，深刻地批判

[①] 楚女：《新刊批评·赤光》，《中国青年》1924 年第 2 卷第 40 期。
[②] 楚女：《新刊批评·赤光》，《中国青年》1924 年第 2 卷第 40 期。
[③] 楚女：《新刊批评·赤光》，《中国青年》1924 年第 2 卷第 40 期。

了国家主义派的险恶用心与丑恶嘴脸。尤其是他撰写的《显微镜下之醒狮派》一书于1925年10月由中国青年社出版后，随即一纸风行，脍炙人口，成为革命人民批判国家主义派的锐利武器。值得注意的是，中国青年社编辑部在出版该书时，特为之加了一则按语。按语指出："这是萧楚女君所给与醒狮周报第一期至第五十期的总批评，分二十七节，均用种种事实，或即就醒狮周报自己的材料，以说明醒狮派的谬妄，文笔简明有力。读者大可就国家主义者与共产党双方主张比较观之，那便醒狮派之丑态与野心，自无施逞的地方了。"[①] 既对该书作了高度评价，又指出了该书所具有的媒介批评性质。

国家主义派看似能文者不少，其实该派的那些所谓理论家，并不能拿出什么系统的理论形态成果。他们的文章中，除了反革命的企图始终不变外，不仅一个人讲的话可以根本前后相反，而且甲与乙的讲话也可以完全两样。言不顾行，行不顾言，其中充满各种各样十分荒谬的矛盾。针对国家主义派的劣质理论形态，萧楚女在《显微镜下之醒狮派》中，主要采用了读书札记的形式，将其前后矛盾之处转摘置放一处，再稍加分析点染，即使其矛盾错舛处不证自明，充分暴露在广大读者面前，从而使其原形毕露。这仿佛令国家主义派站在台前表演如何神色庄严地左右开弓，自掌嘴巴；扪着心口以极端诚实的态度撒谎骗人；以雄辩家的声势发表逻辑混乱的演说；衣冠楚楚，搔首弄姿，转过身来，不料却让人瞬间看清楚他们不过是一群拖着清朝思想长辫子的遗老遗少，荒唐而又可笑。鉴于国家主义派的很多言论都是借助《醒狮》《孤军》等报刊抛出，因此萧楚女对国家主义派的批判也常常是将其所办的报刊作为靶子，以其媒介行为和修辞为依托展开具体分析。《显微镜下之醒狮派》一书共由27节文字组成，每节针对《醒狮》的一些矛盾、错乱等进行检视、分析，每节使用讽刺或反语、调侃等概括而精练的语言标题，如"曾琦自己打耳刮子——干脆而且响亮""左手之矛直攻右手之盾的醒狮派""李璜在法螺中认亲戚""一半儿空想一半儿妄""请看醒狮派之'诚实'！""半截的国家主义""《醒狮》小心赤化""新儒林外史"等，既使论证具有强大的逻辑力量，又形象而生动地活画出国家主义派的投机心理与跟风做派。他在该书第17节"专政问题"中，揭露国家主义派假借正义自由之名，说专政是罪恶和不道

[①] 转引自黎显衡《萧楚女》，广东人民出版社1982年版，第63—64页。

第七章　五四运动时期的媒介批评(下)

德,以欺骗广大群众,萧楚女诉诸读者道:"朋友!只拿《醒狮》不及《向导》受摧残之甚和醒狮派人不及共产党人在在有生命危险二事看,就已经足够证明国家是'阶级的'了。"① 从而一下子就戳穿了国家主义派的真面目和《醒狮》杂志的资产阶级意识形态实质。

四

道德和法律是人类社会的两大生活领域,也是人类社会最主要的两种行为规范。法律以其规范性、可预期性和他律性规范着社会成员的行为,而道德则以其教化性、劝导性和自律性规范着社会成员的心灵。二者虽然在规范手段、角度和作用方式上有所差异,但在调节人际关系和维护社会秩序的方向与目的上则一致,都是社会上层建筑的有机组成部分,而且法律以道德为底线,道德以法律为后盾,二者互为依赖,相辅相成。信息传播是人类社会交往的主要方式,也是人类生活的重要内容,同样也要遵守某些共同的规范。道德和法律既然是普遍衡量人类社会行为规范与否的两大准绳,那么也必然是观察和衡量媒介及其传播行为的两个重要维度。自近代大众传播媒介诞生以来,媒介的意识形态性使之天然成为政治斗争和思想攻防的主要阵地,而媒介的社会公共性,又使媒介在其传播活动中,逐渐建立起了某种专业规范。随着媒介及其传播活动的发展,媒介的专业规范必然转化为一种社会共识,并自然地成为进行媒介批评的主要标准。当媒介及其传播活动超越专业规范、有损于社会正常秩序与安全时,从道德和法律的角度对媒介及其传播活动进行批评,就成为开展媒介批评活动的一种必然动因与内容。萧楚女的《言论上的道德责任与法律常识》一文,就是针对这种不良传播现象而进行的媒介批评活动文本。

1923年6月,萧楚女在重庆女二师任教期间,应《新蜀报》经理宋南轩之聘,担任该报的主笔,负责撰写时评。他以《新蜀报》为发言阵地,秉笔直言,尖锐泼辣,迅速使该报成为重庆舆论界的枢纽,影响远播,使报纸销量不断上升,但也得罪了一批宵小。在各方的压力下,宋南轩请求萧楚女改弦易辙,笔调温和,但遭到了萧楚女的断然拒绝。萧楚女回答他

---

① 中央党史研究室《萧楚女文存》编辑组、广东革命历史博物馆:《萧楚女文存》,中共党史出版社1998年版,第365页。

说:"我平生为文,向来有严格的规范。要我当主笔,就得由着我的意思去写。"① 如果不能按照自己的意思为文,他只有敬谢不敏,辞职而去。宋南轩为了报纸的生存,当然最后也就只好委曲求全忍痛批准萧楚女的辞职。在阶级社会里,报纸总是政治斗争和思想斗争的工具,当萧楚女还在《新蜀报》主持笔政的时候,他笔尖指向的那些无论是报界还是学界的冤家对头们,尽管私下里骂骂咧咧,气壮如牛,但怵于萧楚女如椽之笔的威力,都尽量避免以有形的东西,特别是形诸文字的东西让萧楚女抓住,从而招来劈头盖脑的痛击。1924年4月4日,即萧楚女离开《新蜀报》的第二天,《国是报》即刊出了一篇题为《萧楚女与社会青年》的长篇文章,用掐头去尾、随意点窜的恶劣笔法,洋洋洒洒地历数萧楚女"宣传共产主义",提倡"平民学社男女混杂,实行自由恋爱""过激党",等等"罪状"。而无独有偶,就在同一天,在重庆街头出现了署名"璧山公民"的传单,声称拥护孔子,反对萧楚女提倡"新淫化"等。随后不久,国民党在重庆的机关报《合力周报》上,发表了《狗化的西洋道德》一文,其中有"那位想吃回头饭的萧楚女,公然强词夺理"之语。而该报在另一篇文章中,又含沙射影地攻击萧楚女"假借集会结社的手段,以研究共产主义为名希图于中取利,去引诱一般中学生、小学生、甚至工人"。②《国是报》与《合力周报》这种极尽下流之能事、缺少一般职业操守的行为,引起了萧楚女的极大愤慨。他在《言论上的道德责任与法律常识》一文中,对此予以了猛烈的抨击。

萧楚女指出:凡用嘴说话,在论坛上握笔作文,负有指导社会舆论之责的人,都应该有相当的道德和必要的常识。当楚女在《新蜀报》的时候,《国是报》对楚女个人,从来没有说过一句话。而在4月3日楚女刚刚离开《新蜀报》后,4月4日的《国是报》上,便刊出了《萧楚女与社会青年》的文章,指摘楚女3月27日在《新蜀报》答复《四川日报》的那一篇《本报普告读者》为"不道德"。新闻媒体在言论上互相督励纠正,楚女很欢迎也很是感激。不过《国是报》不在楚女未离《新蜀报》前开口,而偏在楚女放下武器之后,来作这种不武之战,未免不太道德!况且该文所指摘的又系故意割裂楚女原文,取其语意未完之句以为口实。所以《国是报》投稿者如此缺乏道德责任心,实令人为之感

---

① 转引自李畅培《萧楚女传》,重庆出版社1991年版,第140页。
② 转引自李畅培《萧楚女传》,重庆出版社1991年版,第144页。

到羞耻！①

萧楚女随后列出了自己在《新蜀报》上的《本报普告读者》中的部分原文，指出自己平生为文的准则，就是每用一个词，自己必先在心里将该词轻重缓急的意义，仔细斟酌审量清楚，然后才下笔。他自认思想有一些激越，才识短乏，但所做文章中的每一个句子，却无一个不是有方程式的合理的组织。"倘若有人在严格的逻辑上，文法上，把楚女全文或全句所说的道理，所用的词语，一一加以化学的定性分析，指出来，说：此一句怎样不当，此一词如何不合——乃至此理有误，此情有悖，楚女敢不拜嘉！"②而《国是报》的投稿者，却只一口咬定楚女这个人是个"危险东西"，不问一个方程式在理科规律上的定律如何，不仅割去了文句中用以"说明的"部分，而且连"句子"和"文法上"的组织，也将其变更了！萧楚女指出：在语言表达中，凡是有一定数学训练头脑的人都应当知道，如果把一句话中的形容词、副词、动词等去掉，便等于把一个人割去了头或腹部一样！因此，报刊为文进行说理和论争，要能够抄录人家的全文，加以合理地驳斥，这样才算是个有本领的报刊言论家，才配得站在论坛上指导舆论。"因为一般在报纸上投稿的朋友，都是这样的缺乏道德的责任观念，缺乏数学的逻辑训练，所以对于一般言论家所应具的法律常识，也就不肯稍微去留意一下了！"③报刊发表这样故意颠倒是非、藏头露尾的诬陷式文章，显然是放弃其应负的道德责任和法律义务的表现，只足以显露其卑鄙、怯懦、糊涂和无理而已！

五

媒介批评者如何开展媒介批评活动，直接受其价值观念的影响。萧楚女曾多次就价值问题发表自己的见解。1924年8月20日，他在《国民党与最近国内思想界》一文中，就明确指出："我们若要判断哪一种主义底价值，唯一的标准，只有在我们人类底生活需要上去着想。"④某件东西价

---

① 萧楚女：《言论上的道德责任与法律常识》，《南鸿》1924年第4期。
② 萧楚女：《言论上的道德责任与法律常识》，《南鸿》1924年第4期。
③ 萧楚女：《言论上的道德责任与法律常识》，《南鸿》1924年第4期。
④ 萧初遇：《国民党与最近国内思想界》，《新建设》1924年第2卷第2期。

值的有无多寡，完全建立在我们的实际生活行程之中，建立在我们对于那件东西所需要使用的意义上。使用包含二义：第一，有没有用；第二，合不合用。有用而且合用，便有价值，否则便无价值。有用无用、合用不合用的判断，则基于人类、时代和现实的物质环境等三个条件上。萧楚女认为，人类社会的一切伦理、道德、政治、法律乃至习惯与风俗上的任何主义，其价值的有无、大小，都应当作如此判断。"离此标准，便成空心逻辑！"① 1924年10月5日，他在《我所审定的"东方文化"价值》一文中，又针对价值如何成立、怎样去判断一种主义或思想的价值这两个问题作了进一步的阐释。他强调一切价值的成立，都是根于实用的结果，价值的大小多寡是使用程度的反映。"离开实用，价值便无地生根——因为我们的判断要在实用中才能执行。"② 对价值的这种理论认知，使萧楚女的媒介批评具有如下几个方面的艺术特色。

第一，强调报刊的舆论引导功能。萧楚女在对报刊进行批评时，非常注重报刊的社会引导功能。1924年底，由闸北市民外交协会主办的《对外旬报》正式创刊，该报对帝国主义列强侵略中国的事实进行了专门的述评。萧楚女热情称赞该报"又简明，又详确，确是一种通俗的好刊物。外患日志一栏，逐日记载外人对于中国的侵略事实，使读者一目了然，胜于看数种报纸，尤好"③ 的同时，也提出"我们还希望能在每期上加入些指导国民向着帝国主义奋斗的实际运动的材料"④ 的建议，即是着眼于发挥报刊开启民众觉悟、有效引导社会舆论作用的考虑。他在批评襄郡旅宁学友会创办的《襄军》（季刊）时，认为该刊第2期讨论襄郡教育改进的问题，能作那样具体的研究很好。他还结合当时正在进行的襄阳第二师范风潮建议说："此事我们甚望《襄军》有所论列，并甚望其对于二师同学有切实的援助。"⑤ 因为针对具体社会问题的讨论，能使人们关注现实，从而促进社会进步。

第二，有好说好，有坏说坏，比较客观公允。每家报刊都是一种现实的存在，都有其存在的一定理由和根据。媒介批评是对报刊及其传播活动

---

① 萧初遇：《国民党与最近国内思想界》，《新建设》1924年第2卷第2期。
② 楚女：《我所审定的"东方文化"价值》，《学生杂志》1924年第11卷第10期。
③ 楚女：《新刊批评·对外旬报》，《中国青年》1924年第2卷第33期。
④ 楚女：《新刊批评·对外旬报》，《中国青年》1924年第2卷第33期。
⑤ 楚女：《新刊批评·襄军》，《中国青年》1924年第2卷第40期。

的评价,这种评价须尽量客观公正,才能说服被批评者,以理服人,才能使之心悦诚服,从而弃恶扬善,达到批评者的目的,实现媒介批评的预期效果。萧楚女虽然是一个坚定的共产主义战士,在进行媒介批评的时候,从来都是旗帜鲜明,毫不隐瞒自己的立场和态度,但他又能够在批评中对报刊作出全面而系统的观察,坚持有一说一,有二说二,既不虚美,也不隐恶。他在对《襄军》季刊作出基本肯定性的评价时,也毫不客气地指出:该刊第2期上的《纪元前六世纪至一世纪的中西学术思想之趋势》一文实不该载。因为《襄军》季刊既非专门的学术研究性杂志,且此等文章又非襄郡父老之所急需、所能懂,故刊登这样的文章,只能"徒见其无聊而已"①! 从刊物性质与读者需要两个方面进行评价,专业色彩浓郁,具有很强的说服力。

第三,倡导报刊端庄雅致的文化品质。虽然报刊是政治和思想斗争的武器,但它作为信息传播平台和发言论理阵地,又具有一定的社会公器性质,这使报刊无论是在进行信息传播,还是在开展论争说理的活动时,都需要遵循最基本的社会伦理准则,符合社会大多数民众对报刊品质的普遍期待。虽然报刊的性质、宗旨、定位、功用各不相同,但客观公正、诚实理性无疑是人们对它的共识性要求,也是人们批评报刊时所持的基本标准。作为一个理想和信念坚定的共产党人,萧楚女在评价长沙《湘报》的《野火》副刊时,认为该刊向恶势力勇猛进击的精神虽值得欢迎,但从已出的第1期看,却似乎存在"稍嫌失于谩骂"②的缺点,这难免会令人误以为是文人相轻。他认为,与其如此,不若通过正当的研究和探讨,堂堂正正地指导青年,才是报刊的行为正道。

第四,注重报刊的理论高度。报刊能否有效发挥应有的引导舆论的功能,与报刊的理论视野密切相关。萧楚女批评报刊时,对报刊的理论眼光非常注意。他评价《政治生活》说,这是一种很有价值的供给青年人以政治经济及时局知识的刊物,其体裁是评述兼报告。"所提出的问题与事实,都很精要,评论的眼光,也很正大。"③ 并以该刊第一期蔡和森根据最近帝国主义列强侵略中国的事实而综合作成的一览表,认为这种综

---

① 楚女:《新刊批评·襄军》,《中国青年》1924年第2卷第40期。
② 楚女:《新刊批评·野火》,《中国青年》1924年第2卷第36期。
③ 楚女:《新刊批评·政治生活》,《中国青年》1924年第2卷第32期。

合反映，"实足给课多时少而在前又疏于阅报的青年们，以明确的感觉与概念"。① 他还特别认为该刊发表的致泰戈尔的一封信尤其好，因为诗哲泰戈尔的哲学观念，"颇足以迷惑一般头脑不清的人"。② 如果具体地问他关于印度独立、印度独立的道路、弱小民族如何结成反抗帝国主义联合战线、中印两个民族如何携手等具体的问题，无论他如何回答，他都"无从逃脱我们底照妖镜了"！③ 从而在广大中国青年读者中彻底失去原有的市场。

在中国共产党最早的一批理论宣传家中，萧楚女以逻辑严谨、笔力雄健著称。作为一个宣传家，平生活动自然离不开报刊。他从参加党到英勇牺牲的五年多时间里，在多种报刊上写过大量的政论文章，指点江山，激扬文字，在当时有"青年群众的明星"④ 之誉。由于报刊既是他的活动阵地，又是他对敌斗争和争取青年、引导舆论的工具，因此，在萧楚女的政论写作活动中，很多都是围绕报刊及其传播活动而展开，具有媒介批评的性质。萧楚女是一个襟怀坦荡的共产党人，他曾自豪地说：共产党人开展批评活动时向来毫不隐讳，批评别人是这样，自我批评也是这样。他不屑国家主义派在报刊宣传活动中，阴险地使用"深文周纳的老讼师手段和人辩论"，⑤ 毫不顾及报刊言论家的起码道德。他还曾斥责戴季陶在排斥共产党时故意说谎，造谣中伤，"硬指共产党在将来国民革命成功之后所要做的事，为现在国民革命运动中，即要做的事。混淆观听，一至于此"！⑥ 这当然并不说明萧楚女进行媒介批评时不讲究方式方法，相反，萧楚女进行媒介批评时，往往根据批评对象的性质和需要，使用灵活多变的技术和方法。他对醒狮派报刊活动的批评，就通常使用讽刺、反语、调侃等修辞手法，既切中肯綮，又辛辣尖锐。而当他对我党和进步人士所办报刊进行批评时，则抱着与人为善、贵在引导和扶持的建设性态度，常常以建议、忠告的语调出之，委婉地指出其不足和缺陷，使被批评者如沐春风，虚心受教。他尤其注意尽量发挥媒介批评活动对读者的辅导和教育功能，如他在

---

① 楚女：《新刊批评·政治生活》，《中国青年》1924 年第 2 卷第 32 期。
② 楚女：《新刊批评·政治生活》，《中国青年》1924 年第 2 卷第 32 期。
③ 楚女：《新刊批评·政治生活》，《中国青年》1924 年第 2 卷第 32 期。
④ 转引自黎显衡《萧楚女》，广东人民出版社 1982 年版，第 102 页。
⑤ 楚女：《谁叫醒狮派人学李汉俊？》，《中国青年》1925 年第 3 卷第 86 期。
⑥ 中央党史研究室《萧楚女文存》编辑组、广东革命历史博物馆：《萧楚女文存》，中共党史出版社 1998 年版，第 299 页。

《中国青年》上开辟的"新刊批评"专栏，向青年大量介绍和评析各种新出报刊，很多人因为通过阅读他介绍的报刊而最终走上了革命的道路。每一个杰出的宣传家往往都是时代精神的化身，能够被很多青年誉为自己的良师和益友，指路的明灯，仅从媒介批评的这一角度看，萧楚女确实当之而无愧！

第九节　赵世炎的媒介批评

赵世炎（1901—1927），号国富，四川酉阳县（今重庆市酉阳县）龙潭镇人，1901年4月13日出生于一个地主兼工商业主的家庭。赵世炎的二哥赵世珏，加入了孙中山领导的同盟会，走上了资产阶级民主革命的道路，赵世炎受到二哥的影响。1912年，赵世炎到龙潭镇高级小学读书，他接触到达尔文《进化论》、赫胥黎《天演论》、卢梭《民约论》等进步书籍。1915年，他考入国立北京高等师范学校附属中学。在京期间，他积极投身五四运动，经李大钊、王光祈等人介绍，参加了少年中国学会，参与主编《少年》半月刊、《平民周刊》《工读》半月刊等进步刊物。1920年5月，赵世炎赴法国勤工俭学，是中国社会主义青年团旅欧支部的领导人之一。1921年，在法国加入了中国共产党，是中共的第一批党员。在法期间，赵世炎和李立三等组织了华工组合书记部，主办《华工周报》，以动员和鼓励广大华工团结起来，为反掠夺和争自由而奋斗。1923年3月，受国内党组织委派，赵世炎、王若飞等带领一批革命青年骨干前往莫斯科东方劳动者共产主义大学学习，并列席了共产国际第五次代表大会。1924年秋天，赵世炎应李大钊之召回国，先后任中共北京地委书记、中共北方区委宣传部部长兼职工运动委员会主任，协助李大钊领导北方人民反帝反封建的革命斗争。在此期间，赵世炎主编中共北方区委机关刊《政治生活》周刊，从事马列主义传播等革命理论宣传工作。据不完全统计，从1924年7月到1926年7月，赵世炎先后发表了70多篇文章，仅刊登在《政治生活》上的文章就有50余篇，对提高党内马克思主义思想政治水平发挥了重要作用。1926年5月后，赵世炎奉调任中共江浙区委组织部长、军委书记、上海总工会党团书记等职，参与组织和领导了震惊中外的上海工人三次武装起义。1927年5月，在党的第五次全国代表大会上，赵世炎当选为中央委员。1927年7月2日，因叛徒出卖，被国民党反动派逮捕，7月19

日，英勇就义于上海枫林桥畔。在赵世炎所撰写的政论、通讯中，有一部分属于针对当时新闻媒体的表现及舆论引导问题而进行的分析和批驳，具有一定的媒介批评意义。

一

20世纪20年代的中国，既是风雨如晦、鸡鸣不已之际，也是各种政治力量、思潮激烈搏战的时候，但那些已夕阳西下、走在政治生命下坡路阶段的力量及其代表，并不甘心就此退出历史的舞台，而在作各种各样垂死挣扎的表演，造谣就成为他们企图蒙骗大众、延续自己政治生命和影响力的有效武器。中国共产党作为一种新生政治力量，问世不久，就承担起对各式各样谣言进行揭露和批驳的任务。对各式各类谣言进行批驳，以澄清事实真相，辨明是非真伪，是赵世炎主编《政治生活》时自觉开展媒介批评的一大主题。

十月革命胜利后，北洋军阀仇视新生的苏俄工农政权，他们把科学社会主义诬蔑为过激主义，把布尔什维克诬称为过激党。"赤化"一词在20世纪20年代的一段时间里曾带有强烈的负面、可怖色彩，有些不明就里的人视共产主义为洪水猛兽，闻赤化而色变。1924年10月，冯玉祥发动北京政变，电邀孙中山北上共商国是。为实现国家和平统一，孙中山不顾个人安危，毅然决定抱病北上，并且在沿途不断利用各种机会，进一步阐明他谋求和平统一祖国的主张。段祺瑞等北洋军阀一方面不得不做出欢迎孙中山的表面姿态，一方面又别有用心地散布各种捕风捉影式的谣言，企图引起社会各界对孙中山的怀疑，以破坏国内和平统一的前景。赵世炎在《帝国主义与其走狗造谣》中，对有关孙中山"主张共产"等莫须有的论调进行揭露。赵世炎在文章开头，即直奔主题地指出："最近造谣的事很多，最可注意的谣言之一有如说孙中山主张共产，在帝国主义及军阀官僚的机关报纸上，每天都登载一段或数段。"[①] 并着重指出其中"最有趣味"的一个谣言是：有人曾传段祺瑞派人带了许多所谓共产党的传单送给张作霖看，除另有主要用意外，实际也引起所谓的戒备。

赵世炎分析该传言说："这件有趣味的事之本身或者并不是一种谣言

---

① 乐：《帝国主义与其走狗造谣》，《政治生活》1924年第25期。

而是事实，但这是因谣言而引起的狡猾手段的一种事实则十分明显。"① 因为在不久前，几个无政府主义者在报纸上登载了一首歌词，竟说是共产党所散发。日本人主办的《华北正报》还特地在该报上大惊失措地叫嚣了一番。赵世炎指出：中国共产党除了在《向导》周报第92期鲜明地刊登了自己的主张、对时局做出明确分析、对人民提出具体要求外，并没有什么传单。中国共产党关于发表孙中山北上的主张，郑重署名，与历来发表宣言或主张时一样，因为它已经引导中国革命运动数年，与群众接触很久，无须隐讳。中国共产党的主张不仅体现当下大多数中国人的要求，字字句句符合实际，且其全部主张中，并不曾见共产字样。帝国主义者及其走狗企图奴隶中国人民，什么事都可以做，何止造谣？赵世炎揶揄道："过激"这个词现在很幸运，风行一时，过去一度加在胡适博士身上，近来则运用更广泛："帝国主义者训令军阀官僚与糊涂的新闻记者说：孙逸仙提倡废除不平等条约，这是'布尔塞维克'！于是大家都一呼百诺的回应而由日本人主笔翻译说：这是过激主义。"② 果真如此，那么主张废除不平等条约的大多数中国平民，他们就都是过激派了。这是一个用不着辩白的事实。由此人们可以清楚地知道，将来的事实必然是：占中国大多数人口的中国平民，也就是他们口口声声所谓的过激派，从此以后正要让帝国主义者、军阀、官僚等国内外一切反动派，在废除不平等条约及其他种种的口号之下发起抖来！

孙中山先生1925年3月12日病逝于北京，消息传出后，民众悲恸不已。然而在民众的一片哀悼声中，也有极少数人在以各种隐晦的手法，诬蔑和诋毁孙中山的丰功伟绩，散布种种谬论。例如研究系的机关报《晨报》上，就发表了题为《悼孙文氏》的文章，该文除在首段用了"悼惜"、末段用了"悲悼"四个字外，全篇都是痛骂，不仅找不出丝毫"悼"的意思来，且在"悼惜"前面还加了"相当"两个字，在"悲悼"之后，又连忙地接了一个颇为醒目的"责备"字眼。赵世炎对这种深文周纳的笔法深感厌恶，愤怒地揭露道：该报这样何苦还要说"悼孙文氏"？不如干脆就说"骂孙文氏"，岂不更痛快吗！他认为，在哀悼文中骂人，不仅是一般的失礼与侮辱，逾越了一般作文章的界限，更只能表示作者手段的卑鄙和人格的低下了。孙中山是中华民国的缔造者，这是连军阀都承认的事

---

① 乐：《帝国主义与其走狗的造谣》，《政治生活》1924年第25期。
② 乐：《帝国主义与其走狗的造谣》，《政治生活》1924年第25期。

实，但《晨报》的文章却偏偏发什么"社会秉公平之心，因此彻底（？）之革命，仍不惜奉孙以为首功，而孙遂亦居之不疑"语，言辞之间不仅隐然有否认的意思，且含有诬孙中山将贪天之功据为己有的意思。赵世炎讽刺地说：研究系对孙中山缔造民国的巨大功绩，始终扭扭捏捏不肯完全承认，而对政坛投机分子段祺瑞却不吝赞词，一再恭维其有再造民国的劳绩，如此颠倒黑白，混淆是非，"可见该报智识比三岁小孩不如，而险毒却在军阀之上"。[①] 孙中山以完全推翻清廷、彻底革命为唯一目的，该报却认为辛亥革命其实并不彻底。研究系进步党在帮助袁世凯的时候，孙中山看清了袁氏帝制自为的野心，所以才毅然决然地举行二次、三次革命，这正是要根本铲除旧势力，达到彻底革命。后来几次北伐也都是为了达到同样目的，何尝是"党同伐异"？又何尝仅以"袁一人为目标"？孙先生屡次要用武力实行彻底革命正是要打倒袁之背影，而研究系不过是与军阀、官僚沆瀣一气的耍阴谋政客之流罢了。

赵世炎进一步分析说：孙中山何尝提倡过共产党主义，他的国民党是致力于实现民族革命的政党，而民族革命需要全民族共同进行，共产党代表的是无产阶级，无产阶级的工人也是民族中的一部分，共产党当然可以加入国民党，共同来做国民革命的事业。实际上，孙中山既没有提倡共产主义，也没有利用共产主义。《晨报》文章的主要意思在说孙中山"为目的而不择手段"，那么我们试问，选择手段应该以什么为标准呢？孙中山是以最终效果为选择手段的标准，他知道完成中国的革命，要从根本上打倒军阀、打倒军阀背后的帝国主义。在可以结合民众的时候就用和平的方式；在和平无效的时候，就用代表民众的武力。他不一面借口妇人之仁来反对武力，一面又依附有武力的军阀。赵世炎指出：这些反革命者论调绝不足以使清白的民众受欺，正只是表示他违反民众的意愿而已。

二

陈独秀创办的《新青年》杂志，是中国现代革命、文化史上最重要的杂志之一，从1920年9月1日第8卷第1号起，改组为中共上海发起组机

[①] 识因：《中山逝世后反革命派之论调》，《政治生活》1925年第33期。

关刊，马克思主义成为刊物的主要指导思想，进行反对无政府主义和伪社会主义的斗争。《新青年》杂志在创刊之日起，就受到社会守旧思潮的激烈攻击，转为中共上海发起组的刊物后，社会反动势力对其鲜明的共产主义思想倾向侧目而视，因此，推广和宣传该刊，特别是通过刊物引导广大青年投身日渐深入发展的国民革命，就成为中共媒介批评中一个日渐迫切而重要的任务。

1925年1月11日，赵世炎在《政治生活》第27期，以《介绍〈新青年〉杂志〈国民革命号〉》为题，专文介绍这期《新青年》的国民革命专号。文章对《新青年》杂志的光荣历史给予了高度评价，并特别指出了该刊本期专号的特别价值："《新青年》杂志历来是国内第一位的杂志，特别是这种杂志所经过的历程，代表中国的革命思潮由浪漫的文字运动逐渐入于科学的实际道路。到了现在，《新青年》杂志代表社会科学的最高之理论，无产阶级最进步的科学及无产阶级革命之战术。"① 赵世炎话锋一转，将论题引入对该刊国民革命专号的介绍，认为新问世的《新青年》季刊第4期（1924年12月出版）与以往相比，"更供给了许多革命之实际理论，历来读此杂志的人固然不可不读，而这一期的内容，尤其特别需要在目前革命潮流澎湃中与许多革命实行家有深刻的接触"。② 随后，赵世炎又进一步地特别拈出该刊国民革命专号的主要理论内容及其特点。

赵世炎指出：国民革命的呼声在国内已经喧嚷很久了，但是国民革命理论的基础究竟是个什么问题，只怕只有少数人才能够清楚地回答出来，因此，这仍然是一个需要人们深入思考和普及的问题。而这一期《新青年》的国民革命专号，正是用种种材料来解答这个问题的专门读物。"读者若全读了本期的论文，对于中国国民革命之正确观念便可得到。特别是能够了解民族问题的原理，得悉最进步的革命战术与其基础之所在。"③ 现代革命是一个世界性的问题，而民族问题也具有世界性。中国不过是世界的一部分，中国民族问题不过是世界民族问题的一部分。这个世界一部分的民族问题，在世界上的关系如何，位置如何，特别是革命的关系与位置如何，等等，在这一期的《新青年》中，都已向我们提供了十分丰富的材

---

① 乐生：《介绍〈新青年〉杂志〈国民革命号〉》，《政治生活》1925年第27期。
② 乐生：《介绍〈新青年〉杂志〈国民革命号〉》，《政治生活》1925年第27期。
③ 乐生：《介绍〈新青年〉杂志〈国民革命号〉》，《政治生活》1925年第27期。

料与明晰的概念。赵世炎认为尤其可喜的是，在这一期的《新青年》中，使我们获得了一些关于列宁主义的认识。因为我们中国革命者要研究列宁主义，首先就要研究列宁关于民族问题的理论。这一期中《列宁主义之民族问题的原理》一文的作者斯大林，不仅是现在世界共产党的领袖，而且本身就是一个民族问题的专家，也可以说是现在世界上最懂得列宁主义的一个人；其次《民族与殖民地问题》这篇演讲词的作者是列宁自己，与列宁起草的《第三国际第二次大会关于民族问题的议案》一文，到现在一同成为历史不朽的著作，是数年来近东、远东及一切被压迫民族革命方针的底稿。殖民地与半殖民地共产党援助国民革命的政策，及各工业区的共产党与工党所采取的民族问题的方略，都是以这两篇底稿所确立的原则为依据。而且本期中所载列宁论中国问题的四篇文字都是新近寻译，大多数中国人以前不曾得见。这四篇文字中有许多关于中国时事的预言，读了可以看出列宁的伟大智慧，使我们相信列宁真不愧为世界无产阶级与被压迫民族革命的领袖。

在文章的最后，赵世炎从刊物发展和延续的角度，对《新青年》的历史功绩给予了高度的评价和热情的展望："《新青年》杂志已感化了许多的新青年，兹后《新青年》杂志的任务是要使中国革命青年入于科学的社会主义正确之路。"[①] 这一评价和展望，不仅从政治上指出了该刊的未来发展方向和任务，还能够引导广大青年加深对该刊性质的认识和理解。

1926年元旦，北京总工会正式成立，天津总工会也恢复了工作，这是当时我党领导的北方民众革命斗争的重大成果。为了进一步加强对天津、唐山等地工人的教育，赵世炎主持创办了天津总工会机关报——《工人小报》。1926年1月25日，《工人小报》正式出版。该报从筹备到发行，从写稿到编辑，都由赵世炎一手负责，虽然时间很紧，但每期的社论和评论都由他亲自撰写，并保证每天按时出版。该报出版以后，受到了工人们的欢迎。赵世炎在该报创刊号上，发表了题为《本报出版祝贺工友》的发刊词，阐发报纸与工人的关系。赵世炎在发刊词中明确指出："《工人小报》是天津总工会出的报，也是天津几十万工友，大伙共有一张小日报。这份小报寄到外埠去，各处工友看见。小报上说的全是工人自己的话，为的是

---

① 乐生：《介绍〈新青年〉杂志〈国民革命号〉》，《政治生活》1925年第27期。

工人阶级的利益,也算是各处工友大伙共有的报。"① 赵世炎说,我们工人太吃亏了。因为工人识字的不多,即便认得字的也没报可看。坊间售卖的那些大报,在内容上看,都不是适合工人们看的报纸,工人们"既买不起也看不得劲,小张的报呢更糟了,他们那些小报,也不过抄一抄大报"。②并没有替工人说话的报纸。我们工人要看的就是工人自己的报纸。"天津总工会代表天津几十万无产阶级,一面要竭力组织谋大伙的团结,一面也要尽力供给工友们以时事消息和政治常识。这张小报就因为这个才出版。"③ 赵世炎在文中号召工人们,赶快一齐团结和组织起来,目下国内的情形虽然不好,战事没息,反动的军阀没倒,外国帝国主义还在侵略着中国,但是中国的平民都已经抬起头来了!国内的民众运动一天比一天兴盛,人民革命的事业一天比一天增加希望。革命的形势在进步,工人也一天比一天团结,无论在什么地方,也不管军阀和外国人怎样残酷压迫,我们就是要与他们干到底,争取人人有集会、结社和言论的自由,国家不能受人干涉,人民不能受人侵犯。上海的工人在军阀压迫下,现在几十万人已经团结似铁板一块;香港的工人,正在齐心对付英国人,把那个黄金似的香港困成了一座荒岛和死岛!他向工人们宣示:《工人小报》以后的出版职责和主要任务,就是坚决地拥护工人们的利益,拥护工人们的团结。

三

1926年7月,广东国民政府誓师北伐,经过一系列激烈的战斗,北伐军于10月10日攻克武汉,不仅给直系军阀吴佩孚以致命的打击,严重动摇了英国在长江中游的影响,而且大大推动了湖南湖北地区的革命运动,为北伐战争的进一步发展奠定了有利基础,促使中国政局发生重大的变化,也标志着武汉在一段时间内将成为国民革命的中心和国共合作的重要政治舞台。继攻下武汉后,北伐军又在江西与福建取得了一系列军事胜利。在此期间,汉口发生了连续性的罢工事件,震动国内外,"在帝国主

---

① 《本报出版祝贺工友》,《工人小报》1926年第1期。
② 《本报出版祝贺工友》,《工人小报》1926年第1期。
③ 《本报出版祝贺工友》,《工人小报》1926年第1期。

义的英国议院里，引起了讨论；在帝国主义的日本政府机关报里，提出了对于国民政府的警告；在中国北部买办阶级地主阶级与大资产阶级的营寨里，激起了生产协会的组织；在中国的中部及长江下游，资产阶级大商人奔走相告，斥责国民政府不当援助工人，疑惑国民政府赤化"。① 工人何以罢工？这个问题的原因不外乎工人生活太苦、工资太少、工作时间太长、待遇过于恶劣等原因，但在一些资产阶级知识分子眼里，这些都非主要原因，根源在于党军帮助了工人。上海《商报》著名评论作者陈布雷在该报发表评论说："鄂省民情，素以狭隘强悍著闻；而乍遇解放之民众，意气尤易涉于骄昂。加以党军未达武汉前鄂商界因自王占元以降十余年间受北洋统治之长久，其间不无少数涉左袒右袒之嫌，遂遭群众之歧视。"② 对罢工运动进行评述，施加影响。

陈布雷是浙江宁波慈溪人，1911 年毕业于浙江高等学堂后即进入新闻界，先后在上海多家报刊担任记者、主编和主笔等职，以文笔雄健、犀利蜚声于时。陈布雷这篇评述汉口罢工事件的评论题为《九仞一篑中之危言》，1926 年 12 月 10—13 日连载于《商报》，发表后不久即被 1927 年 1 月 1 日出版的《国际公报》在"选论"栏中转载。鉴于陈布雷及其文章在社会上所具有的一定影响力，因此，赵世炎特地发表了《论汉口之罢工潮——并质上海〈商报〉记者》一文，以批驳陈氏对汉口罢工运动起因的解释。赵世炎指出，陈布雷的观点"未免近于偏见"，③ 因为工人罢工并非什么意气骄昂的结果，而且其时离解放之期尚远，何能便说是乍遇解放？如果说鄂省民情真的是狭隘强悍的话，那么则此不应该仅指工人一方，雇主亦必是如此，不能只是工人阶级单方的过失！赵世炎一针见血又语带调侃地说："这一篇文字我们读了颇为赞赏，认为是代表资产阶级思想与意识的高明著作。我们要讨论汉口工潮，亦不可不批评《商报》（见该报十二月十日至十三日所载）这一篇文字。我们与畏垒君各站在一个阶级的立场上来发言，旗帜自然要鲜明，观点自然要清晰，问题才可以解决。"④ 从而简洁明了地指出了陈布雷立言时所持有的阶级立场，为读者认识该问题的本质指

---

① 施英：《论汉口之罢工潮——并质上海〈商报〉记者》，《向导》周报 1927 年第 181 期。
② 畏垒：《九仞一篑中之危言》，《国际公报》1927 年 1 月 1 日。
③ 施英：《论汉口之罢工潮——并质上海〈商报〉记者》，《向导》周报 1927 年第 181 期。
④ 施英：《论汉口之罢工潮——并质上海〈商报〉记者》，《向导》周报 1927 年第 181 期。

明了方向。

尤为深刻而精到的是,赵世炎从陈布雷的文字中,看出了其企图获取刀切豆腐两面光的投机心理和修辞技术,因此,他直截了当地说出自己与之绝然不同的态度:"但我不能像畏垒君那样,明是一篇反对工农利益,主张限制工农运动,鼓吹资产阶级团结且速参加国民政府以取地位的文字,而说来曲折委婉,却是我所不能办到的。我只能以直率的无产阶级观点来批评,且述明我们之所见。"① 作为资产阶级的报人,陈布雷毕竟此时还不是工人运动的对立面,还是统战对象,赵世炎故而控制了对其言论批驳的力度,"畏垒君在帝国主义统治与军阀压迫下的上海,亦曾为上海的工人发言,时同情于上海工人的反抗运动。畏垒个人亦不是资本阶级中的直接剥削者,但他的思想与言论,却是近代资本主义之资产阶级的。我们站在无产阶级的立场上,不能隐避而不答复"。② 既肯定陈布雷曾经的历史贡献,又说明对其观点何以进行批驳的阶级政治立场,既有理又有节,张弛适度,即使被批评者不能全然心悦诚服,但也不得不承认批评者言之有理。

文字是意义的表达,无论使用如何高妙的修辞技巧,透过文字,总能析出作者隐藏在文字符号背后的真意。为了增加文章批评的说服力,赵世炎从陈布雷文章中摘出了六段能够真实表达其态度和倾向的文字,特地指出以上这六段是从畏垒君论文中专论汉口工潮一段里所摘录。这六段话语表明作者对于汉口工潮的六项意见。陈布雷对汉口罢工运动的六项意见概括为:(1)在国民革命中,工农势力太大,第一可忧;(2)主佣关系恶化,劳动甚至店员起来斗争,将至无业可营,无居可安;(3)工人要求过甚,目前只能解除军阀压迫侵掠的痛苦,别的还说不到;(4)今日中国经济组织衰竭,北方军阀之失败,在于摧残了资产阶级;(5)假使工农气势太张,商界只好通过罢市以消极抵抗,这种罢市一样会使社会秩序与政治受影响,直言之就是资产阶级也许起来对国民政府实行革命;(6)解决问题有三法:一是设劳资仲裁机关;二是工农与商人团体均等尊重;三是国民党不可允诺工农太多,因为事实上办不到。赵世炎指出:"畏垒君之原文曲折委婉,以上所述六点,仅就论汉口工潮一段摘述其真

---

① 施英:《论汉口之罢工潮——并质上海〈商报〉记者》,《向导》周报1927年第181期。
② 施英:《论汉口之罢工潮——并质上海〈商报〉记者》,《向导》周报1927年第181期。

意。因为如不述明，在表面上看来，亦是'尽情合理'的论调，殊不知就在这许多'情'与'理'中，就表示了作者的资产阶级思想之'情'与'理'。"①从其语言的裂隙中发现其矛盾之处，从而揭露其刻意隐藏的资产阶级意识形态。

赵世炎指出，国民革命中工农势力的勃兴不仅不需隐忧，而且十分可喜，因为这不仅使国民革命有了扩大的民众基础，而且正是殖民地经济落后国家免除资本主义社会痛苦的必要条件。"我们对畏垒君文字全部直干之言并不减少同情，所不同情的只是畏垒君放弃了革命的大多数民众的利益，在畏垒君所有的陈述论辩与主张丝毫未言及工农民众大多数人痛苦与其必须解脱者，就是一个证据。"② 陈布雷长篇大论的紧要之处在于其主张放弃工农利益的错误企图，一方面表示赞助国民革命，希望能实现民族经济的解放，另一方面又反对工农势力的勃兴和发展，从而暴露了陈氏所属的资产阶级本性。赵世炎对陈布雷文章的分析具有无可辩驳的逻辑力量，鞭辟入里，深入骨髓，显示了意识形态分析的深刻性。

赵世炎是中国共产党著名的理论家、宣传家和杰出的工人运动领导者，在他短暂而紧张的革命生涯中，他不仅撰写了大量的文章，深刻地分析了当时的时局及发展，反对帝国主义和封建军阀，反复论述了中国民族民主革命与中国工人运动的斗争方向，热情地宣传马克思列宁主义，而且紧密结合报刊宣传动态，目光如炬，对新闻宣传中各种意识形态现象及时地进行揭露和分析。他的有关论述精辟深刻，逻辑严密，文笔奔放流畅，语言生动，像磁石一样吸引着广大读者的心，具有无限的感染力，在理论界享有盛誉。当时的《救国时报》热情洋溢地称赞他道："赵先生为有名的北方政治评论的主编，其言论风采为一般革命青年所景仰，赵世炎之名遂扬溢于全国。"③ 中国共产党之所以能够从弱小走向强大，固然在于马克思列宁主义真理在手，在于中国共产党始终与人民保持一致，为人民的利益而不懈奋斗，也与中共早期拥有一大批如赵世炎这样的杰出宣传家密切

---

① 施英：《论汉口之罢工潮——并质上海〈商报〉记者》，《向导》周报1927年第181期。
② 施英：《论汉口之罢工潮——并质上海〈商报〉记者》，《向导》周报1927年第181期。
③ 转引自彭承福《赵世炎》，中共党史人物研究会编：《中共党史人物传》第七卷，陕西人民出版社1983年版，第18页。

相关。任何时代，宣传都是扩大影响的有效手段。有人说，中国共产党的成功，很大程度上是宣传工作的成功，此言虽非确论，但也确实道出了某些历史发展的真谛和事实的真相。

第十节 《向导》《中国青年》的媒介批评

中国共产党成立伊始，即明确规定了"杂志、日刊、书籍和小册子须由中央执行委员会或临时中央执行委员会经办"①的政治原则，并先后创办了《共产党》《先驱》《政治生活》《劳动周刊》《前锋》《向导》《中国青年》《团镌》《党报》《工人周刊》《中国工人》等诸多报刊，这些报刊大都发挥了应有的功能，产生了很好的舆论引导和理论阐释作用。在这些报刊中，以《向导》和《中国青年》影响最大。《向导》是中国共产党创办的第一个公开发行的中央机关报，1922年9月13日诞生于上海。陈独秀领导刊物的出版，蔡和森、彭述之、瞿秋白等先后担任主编，主要发表政治与时事评论文章，以宣传党的纲领、路线、方针和政策以及指导群众斗争为主要任务。《向导》周报曾经先后迁往北京、广州、武汉等地出版发行，在中国内地许多大中城市及香港、巴黎、东京等地设有30多个分销处，发行量由开始的3千份激增至4万份，最多的时候近10万份，深受广大读者的欢迎。1927年7月18日因汪精卫叛变革命被迫停刊。《中国青年》则是第一次国内革命战争时期中国社会主义青年团中央的机关刊物，1923年10月20日创刊于上海，恽代英担任主编。1926年5月迁广州，由李求实主编，萧楚女、邓中夏、张太雷、林育南、任弼时等是主要撰稿人。1927年5月，迁往武汉出版。10月，又迁返上海，出至第8卷第3期后停刊。该刊从青年的实际情况和特点出发，报道评述时事政治，引导青年走反帝反封建的革命道路，解答青年的各种疑难问题，帮助他们树立革命的人生观，正确对待和处理学习、工作、恋爱、家庭、修养等问题。无论是《向导》还是《中国青年》，都非常注重通过报刊评介来提高读者的媒介素养，引导他们选择和阅读有益的报刊，用马克思主义的科学理论武装读者的头脑，明辨是非，坚定信仰。

---

① 中国社会科学院新闻研究所编：《中国共产党新闻工作文件汇编》上，新华出版社1980年版，第1页。

一

　　由于理论和思想传播是中国共产党创建时期的核心任务之一，因此，几乎所有的中共早期领导人都在各种报刊上发表文章，从事马克思主义理论的阐释。为《向导》撰稿，也是中央向每一个党员所规定的一个工作任务，作为党的领导人，自然身体力行。在他们撰写的稿件中，很多都是时政评论。由于很多时政评论需要以新闻作为由头，所以他们所撰写的时政评论，无论是在内容上还是在性质上，为数不少都与报刊及其传播行为有关，属于媒介批评的范畴。除陈独秀、李大钊、蔡和森等人在《向导》上经常发表有关的文章外，在中国共产党的早期领导人中，高君宇、张国焘、彭述之、罗章龙等人，也都在该刊上发表过不少具有一定影响的媒介批评类的文章。

　　中国共产党成立以后，重要的政治问题之一是与国民党的关系。1922年6月，在共产国际的指导下，中共中央发表了《中国共产党第一次对时局的主张》，提出要邀请国民党等革命民主派及革命的社会各团体，共同建立一个民主主义联合阵线的策略性设想。这一认识在7月党的二大上得到了进一步明确，大会不仅提出了反帝反封建的民主革命纲领，而且同时通过了关于建立民主联合阵线的决议案。这是中国共产党提出建立统一战线的开端。反帝反封建的共同目标是国共两党赖以合作的基础，但是同中国资产阶级合作的策略，与中国共产党在意识形态上要铲除资产阶级的承诺毕竟有着终极性的根本矛盾，而且党员的一致行动正是列宁式共产主义政党概念的本质要求。"由于共产党在人数上不占优势，因此有必要在争夺政权的斗争开始之前，先经过统一战线阶段，这似乎是有充分的根据，但也为统一战线的最终分裂埋下了种子。"① 所以，在第一次国共合作的过程中，中国共产党的报刊也从未停止过批评国民党组织工作的腐败和妥协倾向。② 这种批评很多时候通过媒介批评的方式和内容予以展开。

　　1922年10月，开滦唐山、赵各庄、林西、马家沟和唐家庄五矿工人

---

　　① ［美］费正清编：《剑桥中华民国史》上卷，中国社会科学出版社1994年版，第510—511页。
　　② ［美］费正清编：《剑桥中华民国史》上卷，中国社会科学出版社1994年版，第511页。

举行了以改善生活待遇为主要诉求的大罢工。10月26日，上海英文《沪报》（*The Shanghai Gagette*）刊载关于唐山矿工大罢工的长电，其最后几句是："虽外人的生命和财产尚未至损害，若不采保护外侨的适当措置，恐外人生命将受危险。"① 不料同日的《民国日报》也载有类似电文。高君宇在《向导》周报上发表了《国民党报纸不应有这样记载》的评论。评论指出："我们觉得这样的记载实不该出现在民党报纸之上。映在我们眼前的唐山矿工罢工，只是三万七千苦同胞对英国资本家鞭笞而起的反抗。我们和这些苦同胞一样都在外国鞭笞之下，我们也一样对外国压迫要起反抗；然则当我们接了这个反抗的消息之后，我们应当愤恨英国资本家是怎样掠夺和虐待我们的工人呢，应当怎样祝着和帮助这些苦同胞正当的反抗成功呢？"② 评论认为凡是有国民意识的中国人都应该作如上的感想，总不至于反转来想到什么外国资本家的利益，要适当措置来拒绝和取消中国工人的正当要求！这样的设想，就不啻是说少数外国资本家的利益是第一紧要，三万七千中国工人的生存是不值得想到的事。现在直系军阀与外兵采取武力镇压的措施，外国掠夺者的利益得到了保护，我们的工人被摧残，手无寸铁的群众已被开放排枪打死打伤一些人。评论认为在这样的事实面前，作为国民革命政党的国民党报纸不但不应替反对他们利益的一边设想，至少还要帮助和鼓舞罢工的工人群众。

1924年9月，上海南洋烟草公司工人因厂方极苛刻的管理愤而罢工。《向导》不仅连续发文揭露资本家破坏罢工的卑劣手段，而且对上海一些报纸的行为进行指斥。1924年9月17日，《向导》发表君宇的《南洋烟厂罢工与上海的报纸》评论，指出上海各家报纸由于受了南洋烟草公司厂方的收买，对工人罢工丝毫不予以援助，并不令人感到奇怪，"独是《民国日报》的态度却出我们意想之外！"③ 因为《民国日报》是国民党的机关报，它的主要责任当然是拥护国民党的主义及它所代表的利益，可是该报上的材料常与此相反，对于南洋烟厂工人罢工的态度即是一例。此次南洋兄弟烟草公司工人罢工，是因公司创立苛规、减扣花红、无故开除女工以及图谋解散职工同志会所致。一向自诩为爱国振兴实业抵制外货的资本家

---

① 转引自君宇《国民党报纸不应有这样记载》，《向导》周报1922年第1卷第8期。
② 君宇：《国民党报纸不应有这样记载》，《向导》周报1922年第1卷第8期。
③ 君宇：《南洋烟厂罢工与上海的报纸》，《向导》周报1924年第2卷第83期。

对本国困苦同胞，和外国资本家一样狠毒。公司方面对待罢工一面出告示恐吓，一面收买个别工人刊登启事攻击罢工，以混淆视听。这样的启事不登在任何反动的报纸上，却单单登载在《民国日报》上！该报不根据国民党的政纲援助罢工，已足令人奇怪，现在却违反党纲拥护工农利益的决定来刊登这样东西，更教人们大惑不解！评论指出，或许有人会以该启事不是新闻和评论而是广告，广告纯粹为营业性质，不能拿广告来批评该报为之辩解！评论反驳道，如果这样的话，"那么，研究系明天可以拿一笔钱来，在《民国日报》上登侮辱中国国民党的启事了；再过一天，曹锟也可以拿钱到《民国日报》登启事骂孙中山了！"。那还成什么话！评论最后以同业的身份劝《民国日报》，对于这类事要检查一下才好！

彭述之在《南洋烟厂罢工中上海报界之原形》一文中，则将批评的对象扩展到整个上海报界，而且从更为深刻的政治经济学层面进行了理论分析："我们时常说，在资本主义的社会里，不仅一切生产工具和一切政治机关，都归资产阶级垄断；即是一切言论机关如报纸等也完全是资产阶级的御用品，为拥护他们阶级利益与压迫劳动阶级的巧妙工具。在中国虽然资本主义幼稚，可是也没有例外。我们只拿这次上海报界对于南洋烟草公司工人罢工的态度来看，就非常明了了。"① 工人罢工本是万不得已的事。凡稍具天良的人无不为工人代抱不平。上海报界素来自诩为主持公道，宣泄社会隐衷，而此次对于南洋烟草公司工人被压迫而罢工的事情，"不惟一声不响，并且在另一方面，还替资本家登载种种诬蔑工人和造谣的广告。这是怎么一回事！有时当某一个军阀作寿酒，讨小老婆；某一个洋大人来游上海，他们数千百言，满纸登载；剌剌不休。而对于七千余工人的吃饭问题，死活问题，却一字不提，这是怎么一回事"！② 作者再通过《上海工人》的一则消息，披露上海各报都有烟草公司广告的事实，然后得出结论："呵！原来如此！原来上海所有的报纸却被南洋烟草公司的广告费所收买了，原来他们每个月得了资本家二三百元至五六百元的广告费，原来他们的报纸就是这样办起来的！哼！这就是上海报界的原形哩！"③ 这种分析确是一针见血，可谓暗合后来政治经济学媒介批评的要领。

---

① 述之：《南洋烟厂罢工中上海报界之原形》，《向导》周报1924年第2卷第84期。
② 述之：《南洋烟厂罢工中上海报界之原形》，《向导》周报1924年第2卷第84期。
③ 述之：《南洋烟厂罢工中上海报界之原形》，《向导》周报1924年第2卷第84期。

二

在1924年6月18日《向导》周报第71期,署名T. C.的《新闻的侵略》一文,颇受后来中国新闻史学者的重视。其中原因有二,一是人们原来曾经认为"T. C."为李大钊同志的笔名;二是该文所提出的"新闻侵略"一说新颖而深刻,既有浓郁的时代思潮气息,又有政治经济学的理论分析色彩。虽然已经有学者考证出"T. C."不是李大钊同志的笔名,[①] 但这既不减损《新闻的侵略》一文的实际价值,也不影响其作为中国共产党成立初期媒介批评的历史地位。当时《向导》周报是公开发行的报刊,各界人士都可以向其投稿。虽然文章作者是其观点的第一责任人,但发表该文的报刊也理所当然地要成为连带责任人。《向导》周报发表这篇评论的行为本身,就说明了对其观点的认同,何况该文明显是以笔名的形式发表,这也会令读者在阅读该文的时候,无形之中将其归属于《向导》周报所表达的观点,而相对忽略对文章作者政治派别及其身份的追问。

这篇评论源于此前北京及全国一时均轰传孙中山先生逝世,于是全国震惊,京中有数家报纸为文哀悼。造孙中山先生逝世谣言的是路透社与广州中国银行,可是后者的电报仅达于北京,而路透社的谣言则传播于全世界。此项消息传出后,各地都受其影响,特别是广州市面一时间顿呈扰乱不安之象,人心惶惶。作者由此次孙中山先生逝世谣言的传播,提醒人们应明了外国的通讯社在中国宣传的可惊。路透社仗恃其在华的优越地位,仅发布一消息于中国各地,即可使全国革命者人心浮动,广州市面惶然不宁,由此可见其魔力之大。而我们看中国遍地尽是外国通讯社的宣传机关,如东方、路透、中美等,他们挟着资本雄厚的巨大优势,在内地操纵新闻,传播于己有利的消息,暴露华人弱点,企图引起国际公管;表彰外人在内地的言论及事业,以坚固华人对西方的崇拜。有时造谣惑众,图乱国内时局,以浑水摸鱼。外人在中国发展新闻事业还不仅如此,如日、美争在中国设立无线电台,亦是利用消息传播的敏捷,在平时力图操纵中国的金融和商业;在战时亦利用以供军事通信,帮助中国某一派军阀获得胜

[①] 刘建国:《署名T. C.的文章不是李大钊的著作考》,《吉林大学社会科学学报》1980年第5期。

利，国人习焉不察，每每忽视外人在华的新闻宣传事业。实际上世界各国从无允许外人在内地自由传播消息的事，如俄国即是如此。"此种新闻的侵略，只在中国才有。所以广州政府于此次谣言传播后，即毅然驱逐路透记者出境，不可谓非对人散播谣言的罪恶的正当处罚。"① 作者主张，不仅应驱逐在广州的路透社记者，而且中国政府应根本取缔外国利用通讯社在国内各地宣传，应将造谣生事、侮辱中国的外国新闻记者，全部驱逐出境。T. C. 观点的深刻之处，在于他提出了维护国家新闻传播主权这一在当时被很多国人忽视的重大问题，足见其媒介批评的眼光确有独到和深刻之处。

外国新闻媒体对中国的新闻报道和评论，有些不仅有着意识形态的偏见，还确实别有用心。1924年1月初，上海《密勒氏评论报》发表了一篇社论，大略谓美国国内曾发生一种运动，其最近目的为完全撤回美国在亚洲的利益及势力，计划包括准许菲律宾独立并撤回美国利益，及绝对不再参加中国任何对内对外事务两项。此派主张：美国以善法收回借款或者进行清理，即行退出。美国何必烦虑于中国人或菲律宾的幸福！彼等并不重视也不愿得到美国的赞助，且怀疑美国的努力，既然如此，则美国应迅速收拾一切离开，其他国家有以东方为利薮者，与美国有什么关系？美国只要继续保持商业关系，售卖美国的产品于东方而买回所需的原料，美国对于东方的关系应至此而止。此运动的结果，将为美国不再与他国合作从事于改良中国情形的运动，不再参加华会等所决定的国际委员会，也不再参加对华借款，最后将逐渐撤回美国在华的传教、教育及慈善事业。则美国此后将单独采取行动，而以前所辛苦经营之佳良材料，皆将掷诸无用之地耳。

罗章龙讽刺说："在这一篇如怨如诉的妙文中要算将美人一腔孤愤尽情吐出。"② 从中可看出下列几点：一是美国人为中国谋幸福如同担忧菲律宾一样；二是美国对华曾经有无限好意，中国人反以怨报德；三是美国人因此而感万分委屈，实不愿再预闻华事。像这种似谑非谑的论证，我们原本可以不必理会。因为美国对华的德政，中国大多数国民既已对他发生了疑忌，实不劳外人代为曲解。他所谓不参加中国对内对外事项，仍是袭取

---

① T. C.：《新闻的侵略》，《向导》周报1924年第2卷第71期。
② 章龙：《密勒记者语妙天下》，《向导》周报1924年第2卷第51期。

华府会议尊重中国主权的套话。一年以来,经过种种事实的证明,中国人对于此等鬼话久已深恶痛绝,何况彼自称不以东方为利薮的美人,其唯一迷惑的目的依旧是卖他们国家的产品于东方,而买回他们所需的原料。这样矛盾可笑的论调,更是毋庸置办的了。"然而帝国主义者的宣传毕竟不止于诉委屈,他能很巧妙的在诙谐的辞令中装进极有力的意义,所以我们稍经思索,便知道这篇文章里面含有几个最严重的用意。"① 第一,在威胁中国的军阀政府。如他们说将以善法收回借款或清理之,绝对不复参加于对华借款,便是借此以制军阀政府之死命,使军阀政府知所戒惧。第二,在激怒美国侨商及美政府,仿佛告诉他们:华人既已疑忌美人,在华侨商及美政府如不速自为计划,则以前所辛苦经营的佳良材料皆将掷诸无用之地。第三,在申儆国内一班等靠洋大人吃饭的人,如自外交系官僚以至青年会干事等。这明明是说:我们美人在华传教,立学校,办慈善事业,做一切改良运动,均建筑在华人欢迎的基础上,现在既遭华人疑忌,只有收拾一切而去。第四,在煽惑少数迷信美国为友好国家的国民,如表示不复参加华会所决定之国际委员会以资恫吓。罗章龙指出:"总而言之该报记者,渐已于亲美派官僚教徒外,认识中国大部份国民的真正意见,并知此等国民的'疑忌'美国,很足以障碍美国'对于东方之关系',所以不惜闪烁其词利用军阀洋奴的弱点唤起反动以为征服中国民族心理的利器,其用心之险诈,措辞之狡猾,真是十分巧妙呵!"② 罗章龙的分析和揭露可谓细致入微,切中款曲。

当时共产国际在华代表、公开身份是俄文《上海生活报》记者的维经斯基,也曾署名魏琴在《向导》周报上进行媒介批评。1924年12月,孙中山与某日文报纸记者谈话说,他不愿意日本在中国有任何优先权,可是愿意帝国主义者对于中国的关系悉能依照苏俄所走的道路而行,就是说放弃以前用武力掠夺中国人民得来的一切优先权。然而《字林西报》的社论却说孙中山企图抬出日本来抵制其余列强,似乎以为日本对于中国不是外国的关系。这种企图的失败适足证明孙中山及其理想的完全破产。该社论还推论孙中山可以被收买。事实上孙中山只是在问为何各帝国主义者不效法苏俄放弃从中国人民手中所夺得的利权,放弃对付殖民地的关税政策,

---

① 章龙:《密勒记者语妙天下》,《向导》周报1924年第2卷第51期。
② 章龙:《密勒记者语妙天下》,《向导》周报1924年第2卷第51期。

放弃不平等的条约和在中国内地所享有的一切权利。《字林西报》不回答这些问题,反以为提出这种要求和口号的人即是列强的工具和走狗。维经斯基在《英国机关报的狡猾论调》一文中指出:中国自由独立的运动越发展,帝国主义者对运动的原因就越说得狠毒,越说这是过激主义的运动。用不着详细分析《字林西报》这一篇社论。"本报已经屡次引起读者注意到帝国主义报纸对中国的言论是取进攻和自大的形势的。"① 但同时我们也不能默然于这篇社论的侮辱性口气,社论作者更胆敢谩骂到处受民众欢迎的领袖为卑鄙的领袖,足见其仇视中国人民革命运动的险恶用心。

三

相比于《向导》周报,作为中国社会主义青年团中央机关刊的《中国青年》更加注重媒介批评。该刊在第25期刊出了《我们的广告》,声明从第27期以后,将征求"对于青年出版物的批评"作为该刊内容和印刷方面大加改良的举措之一,所以,《中国青年》从第30期起设置了"新刊批评"专栏,恽代英、萧楚女是该栏的作者。在第30、31、32、33、36、40期,分别对《青阳周报》《新学生半月刊》《赤光》《政治生活》《湖南学生联合会周刊》等26种报刊进行了批评。从第51期起,《中国青年》又明显加重了媒介批评的分量,如该期总共刊登了5篇文章,就有《介绍八十一期以后之〈向导〉》和《介绍〈少年国际〉杂志》两篇媒介批评性质的书报介绍。此后该刊还不定期设置"书报介绍""书报述评"等媒介批评专栏,对各种与青年有关的报刊进行批评,引导青年的报刊阅读。

除恽代英、萧楚女外,刘昌群也是《中国青年》重要的媒介批评文章作者。刘昌群是湖北省黄陂县人,1921年12月在私立武昌中华大学就读期间,参与武汉社会主义青年团的建立工作,并于1922年4月担任该团书记,同时负责团属刊物的编辑工作。1922年刘昌群加入中国共产党,并于1923年参加中国社会主义青年团第二次全国代表大会,后来在共青团四大上当选为团中央执行委员,编辑过《中国青年》杂志。发表在《中国青年》上署名仲雯的文章,即出自刘昌群之手,其中发表在《中国青年》第

---

① 魏琴:《英国机关报的狡猾论调》,《向导》周报1924年第2卷第95期。

7卷第3、4期合刊上的《评几种刊物》一文，就是刘昌群撰写的一篇媒介批评性的文章。

刘昌群撰写的《评几种刊物》一文，在《中国青年》该期的封面目录上标题为《评新年出版的几种刊物》，该文一共评述了《新女性》《洪水》《一般》《幻洲》等4种在1927年1月出版的刊物，因为当时一些刊物借"与年更始"的惯例刊行新年号，一方面借以刷新刊物内容和形式，一方面借以推销刊物，因此，该文从1927年1月出版的刊物中专门挑选了作者"已经看到而又在青年界有地位"[①] 的几种刊物加以评述，从媒介批评的角度看，不仅符合《中国青年》"新刊批评"专栏的要求，显得非常自然，也具有一定的典型和代表意义。

在中国现代众多女性期刊中，由著名出版家章锡琛创办的《新女性》月刊，以思想新锐而具有一定的先锋性质，刘昌群在评述《新女性》时，首先肯定该刊创办人章锡琛、周建人等是"思想界注意女性问题而尊重科学"的知识分子品质，赞扬该刊新年号的"内容较前有显著的进步"，[②] 随后认为该刊除杨贤江"以革命的观点叙述近年来《中国的妇女运动》发展的过程一文为该刊中之生色的文章而外，当推《现代女子的苦闷问题》一大题目下所搜集各派知识分子的意见为最丰富"。[③] 特别赞扬该刊这样不分畛域的刊布各种不同观点于一个刊物上的讨论态度，是一种为其他任何博士、学者所视为个人私产的刊物上所难有的现象。该刊在这个宏大的话题下汇集了各种言论共22篇，里面的言论有些论述得非常中肯，例如周作人征引凯本特的言论后认为，非将资本主义的制度完全消灭，妇女不能真的得到自由，妇女的斗争必须与劳工的斗争合在一起。周氏文章的结尾老实地说出在资本主义社会里，妇女在贤妻良母和专心改造社会二者之间不能调和。沈雁冰的文章主张现在妇女应一面为求本身利益而奋斗，一面为改造环境而与同调的男性作政治运动。这些都是《新女性》新年号中有见地的好文章。当然在这22篇文字内，也还有不少充分表现中国人妥协、骑墙劣根性的文字，有些文章的话说得不痛不痒！如第一篇《申报》的主笔陈冷就有云："人类不止一个，性情各有不同，处境又复不一。照现在实际

---

① 仲雯：《评几种刊物》，《中国青年》1927年2月12日第7卷第3、4期合刊。
② 仲雯：《评几种刊物》，《中国青年》1927年2月12日第7卷第3、4期合刊。
③ 仲雯：《评几种刊物》，《中国青年》1927年2月12日第7卷第3、4期合刊。

社会的情形，这两种任务皆极必要。就其性情处境，各为其是，决不发生冲突。"① 刘昌群认为，这简直是一种令人读了如坠五里雾中、不知所云的中庸之论。

对在1926年出版后在青年界深受欢迎的《洪水》杂志，刘昌群在文章中认为，该刊作者大半从事着革命的实际工作，所以该刊此前曾有出版延宕现象。在1927年1月出版的该刊第25期，"内容较前略好"。② 第一篇是成仿吾的《完成我们的文学革命》，内容很痛切地批判了近来青年文艺界所崇尚的趣味、享乐倾向，认为这是一种在小天地中自己骗自己的自足、矜持着的闲暇。成仿吾还在文中批评北新书局大量印卖线装书、无聊的所谓诗哲们的诗歌、"扬鞭集"、"瓦釜集"及"何典"等，认为这些出版物有贻祸青年之嫌，本质上是一种"游玩""不诚实""以感着所谓趣味为目的"的文艺。刘昌群对成仿吾有关文艺出版物的批评，大多予以认同，但他并未一概肯定成氏对《语丝》的有关批评。刘昌群认为周作人等人所办的《语丝》，该刊文字虽以趣味、好玩为多，但亦有不少以讽刺文体出之的反对军阀、研究系和御用文人的文字。这种言论在白色恐怖肆虐、一切言论皆要受制的现状之下，对青年读者还是具有相当的鼓舞和启发作用，是一种迂回的斗争。

对立达学会主办的《一般》杂志，刘昌群认为还要算"思想界比较进步的刊物"，③ 不过他同时认为该刊存在两个明显的缺点，一是具有绅士气，Gentleman的架子太重；二是因为要充分表示"纯文化""超政治"的"一般"立场和态度，所以就什么都谈，结果有时把他们并未透彻了解的问题也大谈一通，如该刊新年号内有一篇《中国统一问题》，虽然写了好几千字，但终是一篇不懂政治、没什么观点的教授类杂感，其中"一切运动大半都是由几个坏分子操纵"之类的话，简直像章太炎或孙传芳秘书的语气。至于《旧伦理观与新伦理观》一文的作者，虽然极力求向新方向阐述，说出"第四阶级乃新伦理观的主人翁"等话，但一则不向近代生活状况的演进中去求伦理观的转变，再则作者既怕"反动"又怕"赤化"，所以只以很齐整的辞句来粉饰内容，七扯八挪地抓了很多学者的名言来表示

---

① 仲雯：《评几种刊物》，《中国青年》1927年2月12日第7卷第3、4期合刊。
② 仲雯：《评几种刊物》，《中国青年》1927年2月12日第7卷第3、4期合刊。
③ 仲雯：《评几种刊物》，《中国青年》1927年2月12日第7卷第3、4期合刊。

自己的渊博，结论终是模糊不清，没有什么独到的观点。

对创造社出版的《幻洲》半月刊，刘昌群赞扬该刊前几期的"十字街头"一栏中有很多精彩的文章，但认为该刊的缺点是不能一期有一期的进步。该刊第6、7期两期"灵肉号"的内容一半失之肤浅，一半失之神秘，因为它把性的问题看得太"灵"了。刘昌群认为该刊在1927年元旦出版的第7期有《银妹》和《哀音》两篇创作，笔墨简净，《欧弗拉河的夕阳》译笔亦甚流丽，但批评《幻洲》所发表的小说，"多嫌太重欣赏或发泄浪漫情绪，不能给予青年以能够反省的印象"，① 并诚实地指出，这或许是自己因为反对"为艺术而艺术"而造成的一种批评偏好。尖锐而不失诚恳，热情而不失冷静，这或许是《中国青年》在媒介批评中所具有的一种话语言说共性。

自中国共产党成立以后，宣传始终是党工作中的重要一环，是党实现其总目标的重要手段和工具。1923年5月，共产国际执行委员会在给中国共产党第三次代表大会的指示中明确指出："共产党作为工人阶级的政党，应当力求实现工农联盟。只有通过坚持不懈的宣传工作和真正实现下述土地革命口号，才能达到此目的。"② 在20世纪20年代，在党的每次代表大会上，几乎都要对党的宣传工作予以回顾、总结和检讨，不仅如此，党还经常对宣传工作进行审议，对报刊宣传问题给出具体的决议和指示。例如1923年11月的《教育宣传问题议决案》中，对此后一段时间内各个领域的宣传工作进行了讨论，就给出了已有的《工人周刊》及《劳动周报》当尽力推销于工人与党员之间的指示，要求凡是能与工人接触的党员同志，都应尽力运用《前锋》和《新青年》《向导》上的社会科学讲义等材料，尽量地使用口语以求其通俗化，向工人群众宣传，用先进的理论武装工人们的头脑，提高他们的阶级觉悟和斗争意识。为实现这一宣传目标，党充分利用《向导》《中国青年》等报刊，积极地对当时各地的报刊进行评介。需要指出的是，党在《向导》《中国青年》上所刊载的绝大多数媒介批评文章，作者往往使用笔名，在淡化媒介批评个人性质的同时，增强媒介批评的政党属性。《向导》曾被誉为当时"黑暗的中国社会的一

---

① 仲雯：《评几种刊物》，《中国青年》1927年2月12日第7卷第3、4期合刊。
② 中共中央办公厅，中央档案馆编研部编：《中国共产党宣传工作文献选编（1915—1937）》，学习出版社1996年版，第484页。

盏明灯"，①成为我国第一次国内革命战争时期影响最大的一份报纸。《中国青年》创办以后，影响迅速扩大，该刊所发表的文章，"迭经《民国日报》《时报》等的专载"。②仅在长沙、保定两处发行量即达1000余份，南京、上海的一些中学国文教师采用该刊文章作为教材。《向导》和《中国青年》的媒介批评自然也水涨船高，这无疑会提高广大青年的报刊鉴别意识和能力，引导他们通过报刊阅读而聚集到革命的旗帜下来，发挥媒介批评应有的思想和舆论引导作用。

小 结

报刊宣传工作是中国共产党成立以后一项极端重要的任务，可以说重视宣传工作是中国共产党领导人民不断夺取革命胜利的优良传统和政治优势。中国共产党自成立以来，始终把报刊宣传工作置于极其重要的地位，并将其领导权牢牢地掌控在自己的手中。正是靠着十分出色的报刊宣传，才使党的纲领路线、思想主张、决策部署和行动策略及时而准确地传播到广大党员与人民群众中去，进而将广大人民群众紧紧地聚集在党的周围，共同去为实现党所确立的目标和任务而奋斗。在中国共产党的第一代领导人群体中，很多人都是报刊宣传工作的行家里手，李大钊、陈独秀、毛泽东、蔡和森、恽代英、周恩来、瞿秋白等人，都有着十分丰富的报刊工作经验，对报刊活动的社会功能与作用、运作流程与规律都有深切的理解和认识。作为马克思主义政党的成员，他们善于把报刊作为社会政治生活的一部分，从意识形态生产和阶级斗争的角度加以分析和评价，在建党初期就逐渐凝聚和形成了中国无产阶级媒介批评的优秀传统。

1922年6月，曾伪装进步的广东军阀陈炯明公开背叛孙中山，逮捕廖仲恺，大肆迫害革命人士。10月，创办不久的《向导》周报在广州就遭到了陈炯明的查禁，而另一家号称社会主义的《珠江评论》则仍能发行。张国焘在《〈向导〉周报与〈珠江评论〉》中，通过比较这两家报刊在同一社会环境的不同境遇，从而揭示两者似同而实异的媒介政治属性。张国焘指出：大家都知道《向导》周报是中国一派革命的社会党人创办的报纸，是争自由、独立

---

① 中共中央党史研究室编著：《中国共产党历史图志》，上海人民出版社2001年版，第74页。
② 《编辑者的话》，《中国青年》1923年第1卷第10期。

与和平的武器,是打倒军阀和外国帝国主义的急先锋。如此,周报就难免要受到军阀国贼陈炯明的蹂躏,这已早在我们的预料之中。现在他果然实行没收和查禁《向导》了,但是同时广州有几个所谓社会主义者所主办的《珠江评论》居然还能存在。"这不是证明《珠江评论》的态度实际出了社会主义的范围么?这个评论能继续存在不是广州社会主义者的羞耻么?就只这件事实即足以证明《向导》是真正社会党人的机关报。广东的工人、青年、社会主义者应该从速觉悟,要即刻向陈炯明下攻击,跟着《向导》所指示的道路前进。"① 这样的媒介批评犹比匕首寸铁一般,简洁却不乏深刻。在早期的中国共产党领导人群体中,张国焘在宣传工作方面的表现并不突出,但正是他此时的马克思主义信仰及其方法论,为他分析媒介及媒介现象提供了锐利思想武器,赋予其媒介批评以一种理论深度和表达力度。

在中国共产党的创建者当中,毛泽东是其中正式接受过新闻学教育的领导人。他不仅在五四运动中创办过《湘江评论》,而且在北京大学新闻学研究会获得了听讲半年证书。党的三大之后,毛泽东不仅当选中央执行委员会委员,还担任了中央局秘书,直接对中央局委员长陈独秀负责,成为他的助手,这意味着毛泽东正式进入中国共产党的领导核心。1925 年 7 月广东政府改组为国民政府后,毛泽东被推荐代理国民党中央宣传部部长职务,随后又以国民党中央宣传部的名义,全面整顿国民党报刊宣传系统工作,创办了一批国共合作具有统一战线性质的报刊,并亲自创办了国民党中央宣传部机关刊《政治周报》,在该刊亲力亲为地发表了政论、时评、新闻和通信等 20 多篇稿件。为了加强刊物的战斗性,该刊专门还开设了一个"反攻"专栏,专门载刊时评,以及时揭露国民党右派和军阀势力的阴谋活动。他在《政治周报》第 3 期发表的《上海〈民国日报〉反动的原因及国民党中央对该报的处置》,就是一篇具有媒介批评性质的文章。他批评《民国日报》已经质变,成了反动派的舆论机关。他分析该报之所以如此转变,主要是"因为这个报从前是叶楚伧等的私人报,去年第一次全国大会后才收归党办,但是自始即不能作为国民党的言论机关。该报经常不登载或删节反帝国主义反军阀文字之该报所认为'过火'者,替帝国主义军阀隐恶扬善无微不至"。② 在毛泽

---

① 国焘:《〈向导〉周报与〈珠江评论〉》,《向导》周报 1922 年第 1 卷第 10 期。
② 子任:《上海〈民国日报〉反动的原因及国民党中央对该报的处置》,《政治周报》1925 年第 3 期。

东的建议下，国民党中央执行委员会通电各地各级党部，申明《民国日报》已为反动分子盘踞及其大悖党义的一系列荒谬行为，并议决对该报派员查办。毛泽东在媒介批评领域的贡献，将在后来的革命实践中得到更为充分的发挥和表现。

需要指出的是，言论和新闻出版自由并不是资产阶级新闻理论的专利。在中国共产党成立初期，党就非常注重对言论和新闻出版自由权利的呼吁和争取，严厉抨击军阀统治强加给言论和新闻自由的桎梏。《中国青年》1926年第6卷第10期（总第135期）曾发表了《革命与言论自由》的社论，阐释革命与言论自由的关系：争取自由，是民众参与一切反革命势力斗争的重要目的之一，因为深知群众爱护自由的心理，所以一般聪明的反革命分子也乘机鱼目混珠地高呼自由，高呼他们也具有反革命的自由。该文指出：自由只能给与革命势力，亦就是只能给与大多数的民众，一切反革命分子不应该有份，因为"倘若我们承认反革命派有反动的自由，同时亦可以说军阀有卖国的自由！在革命势力政权统治之下，我们为巩固革命并求其继续发展起见，当然不应该容许任何反革命派有一切言论行动的自由"，① 否则，结果必妨害革命的进行甚至于动摇革命的根本。这何异于革命的自杀！对言论出版自由的这种阐释，以当时广东国民政府在南方已经占据统治地位的现实为社会背景，是列宁主义新闻思想的一种经典性认识的中国实践，直接影响到后来中国共产党新闻思想体系的建构和理论特色的形成。

中国共产党成立初期所从事的是一项开创性的伟大事业，中国共产党人在走前人所没有走过的道路，不言而喻，党成立初期由于经验的缺乏，在报刊宣传领域也不时地出现这样或那样的工作失误。而中国共产党的伟大之处就在于能够不断地直面现实，从失误中吸取宝贵的教训，在媒介批评领域也是如此。中国共产党成立初期媒介批评的一部分内容，就是对本党的报刊宣传工作进行回顾和总结，这在历次中央宣传的决议案中有着充分的体现。例如1925年中央在《对于宣传工作之议决案》中，就曾直接而严厉地指出："同时大会也承认因为党的幼稚，党的教育宣传还未切实，致使党的理论基础常常动摇不定，尤其对于民族革命理论的解释和鼓吹，《向导》《新青年》《前锋》以及《党报》中的文章，在第三次大会后竟因

---

① 《革命与言论自由》，《中国青年》1926年第6卷第10期。

三次大会关于国民运动决议文的稍欠明了,同时复为防止党中左稚病起见,过于推重了资产阶级的力量,忘了自己阶级的宣传,结果遂发生了右的乖离错误。"[1] 党的批评和自我批评的传统在媒介批评领域,自然也得到了应有的延伸和表现,这无疑为后来中国共产党媒介批评的进一步健康发展打下了一个良好的基础。

---

[1] 《对于宣传工作之议决案》(1925 年 2 月),《中国共产党宣传工作文献选编(1915—1937)》,学习出版社 1996 年版,第 618 页。